ISBN 978-1-5279-9085-2
PIBN 10991544

For support please visit www.forgottenbooks.com

1 MONTH OF
FREE
READING

at
www.ForgottenBooks.com

By purchasing this book you are eligible for one month membership to ForgottenBooks.com, giving you unlimited access to our entire collection of over 1,000,000 titles via our web site and mobile apps.

To claim your free month visit:
www.forgottenbooks.com/free991544

English
Français
Deutsche
Italiano
Español
Português

www.forgottenbooks.com

Mythology Photography **Fiction**
Fishing Christianity **Art** Cooking
Essays Buddhism Freemasonry
Medicine **Biology** Music **Ancient
Egypt** Evolution Carpentry Physics
Dance Geology **Mathematics** Fitness
Shakespeare **Folklore** Yoga Marketing
Confidence Immortality Biographies
Poetry **Psychology** Witchcraft
Electronics Chemistry History **Law**
Accounting **Philosophy** Anthropology
Alchemy Drama Quantum Mechanics
Atheism Sexual Health **Ancient History**
Entrepreneurship Languages Sport
Paleontology Needlework Islam
Metaphysics Investment Archaeology
Parenting Statistics Criminology
Motivational

REVUE SUISSE

ET

CHRONIQUE LITTÉRAIRE.

TOME TREIZIÈME.

XIIIme Année. — VIIIme de la Chronique.

NEUCHATEL

AU BUREAU DE LA REVUE SUISSE

RUE DU TEMPLE-NEUF

A LAUSANNE, CHEZ GEORGES BRIDEL, LIBRAIRE.

1850.

LETTRES ÉCRITES D'AMÉRIQUE.

NEW-YORK. — CHEMINS DE FER ET BATEAUX.

DE NEW-YORK A BOSTON (¹).

VII.

Aspect et mouvement du port de New-York.— Affluence des émigrants. — Leur détresse; condition des classes ouvrières. — Insuffisance des salaires.— Boutiques et magasins ; habitudes des marchands. — La douane. — Le serment prêté sur la Bible. — Anecdote. — Aspect des environs de New-York.

Pour celui qui n'a pas vu Naples ou Constantinople, l'aspect de New-York est, je pense, le plus admirable. Assurément les voyageurs qui, comme moi, y arriveront après une traversée de six semaines, rendue très-pénible par le mal de mer, les tempêtes, un temps toujours mauvais et une nourriture détestable, partageront mon avis. La ville cependant ne brille pas par la grandeur et la magnificence des monuments, par la richesse extérieure, par le luxe et la propreté des rues; elle n'a ni marbres, ni colonnades, ni statues, ni places publiques, mais seulement des briques entassées, des rues sans fin, souvent étroites, toujours boueuses et des trottoirs poudreux. L'art n'a rien fait pour elle, mais la nature lui a tout donné, et la nature est une ouvrière bien autrement puissante que les plus habiles architectes. — New-York est bâti sur une île, au milieu d'une large rivière pareille à un bras de mer et qui est son port (²). Elle s'élève doucement en amphithéâtre sur

(¹) Voir la précédente Lettre, livraison de novembre 1849, tome XII, page 633.

(²) Je devrais dire au confluent de deux rivières : l'Hudson et l'Eart rivière. Mais les lecteurs de la *Revue Suisse* me pardonneront facilement de ne pas leur faire faire un cours de géographie élémentaire.

une colline peu élevée, et se déroule le long des rives du fleuve pendant cinq ou six milles, sans laisser la moindre place vide, le plus petit coin de verdure. Sur les deux bords de la rivière, et vis à-vis sont deux villes nouvelles, Brooklin vers le sud, Hobocken vers le nord, deux filles de New-York, avec lesquelles la cité mère est sans cesse en communication par d'énormes bateaux à vapeur qui sont de véritables ponts mouvants. Tout autour d'elle, à ses pieds, des milliers de navires sont, non pas alignés, mais pressés et agglomérés, comme si toutes les flottes de l'univers avaient été jetées là les unes à côté des autres dans un inextricable dédale. Partout, en haut, en bas, dans toutes les directions, vers tous les points cardinaux, cette rivière aux deux bras, ce port ou cette baie, comme on voudra l'appeler, est couverte de vaisseaux de toutes les formes et de tous les tonnages, arrivant, partant, stationnant, se croisant avec une activité telle que pendant des journées entières l'œil ne peut s'arrêter sur un point fixe de ce tableau toujours mouvant. La fumée des vapeurs, les grandes voiles de toutes formes, les steamers géants croisant le slop ou le vaisseau marchand, celui-ci partant pour la Chine avec sa coque vernie et ses vergues luisantes, l'autre arrivant de l'Inde avec ses voiles en lambeaux et ses mats brisés; et sur les deux rives, une suite sans fin de magasins poudreux, de collines verdoyantes, de blanches villas, de fermes somptueuses et de champs fertiles; tout cela, vu du milieu de la rivière quand on la traverse, ou de quelque point élevé des rives, est un des spectacles les plus grandioses et les plus animés qu'il soit possible de contempler.

New-York n'est pas seulement un port de mer et une ville commerçante, mais véritablement le magasin et l'entrepôt de toute l'Amérique. Boston, Philadelphie, Baltimore, la Nouvelle-Orléans participent plus ou moins au grand mouvement commercial du continent, mais ce sont comme les portes latérales de l'immense cathédrale dont New-York est le véritable portique. C'est là que du Mississipi et des lacs du Nord se dirigent, par les canaux et les chemins de fer, les produits divers du sud et de l'ouest, les cotons, les farines, les viandes salées, et c'est là aussi que deux fois par an, au printemps et en automne, tous les marchands de l'Union se donnent rendez-vous pour leurs emplettes, et remplissent leurs magasins des étoffes, des bijouteries, des denrées coloniales, des produits du sol et des produits de l'industrie du monde

·entier. Aussi, pour les curieux, il n'y a que trois choses à voir à New-York : le port, les boutiques et les étalages des marchands, et surtout la douane et ses immenses magasins.

Comme le port entoure la ville de trois côtés, quelque direction qu'on suive on finit toujours par arriver aux quais. Mais les points les plus intéressants et les plus animés sont vers le nord-ouest, aux débarcadères des steamers : ou encore vers le sud-ouest, où se trouve l'ancrage des grands vaisseaux marchands. Ce sont des quartiers sales et bas, toujours couverts d'une foule empressée, où à peine, le long des rues et des trottoirs, on trouve à s'ouvrir un passage à travers les caisses et les ballots, les charriots pesants, les poutres, les bois de construction, tout le mouvement d'embarquement et de débarquement qui ne cesse pas un moment, ni le jour ni la nuit. Cette prodigieuse activité d'une immense fourmilière où tout semble désordre et où tout arrive à sa place, où l'industrie humaine se montre sous tant d'aspects, m'a souvent attiré et captivé pendant mon court séjour à New-York. J'allais attendre le départ ou l'arrivée des grands bateaux à vapeur qui emportent à chaque heure du jour des milliers de passagers à la fois, et épier quelqu'une de ces scènes d'adieu ou de revoir, peut-être aussi quelqu'un de ces grotesques désespoirs de passagers attardés ; élégies et caricatures, où le rire le plus franc venait couper souvent les larmes prêtes à mouiller les yeux. J'allais aussi sur l'autre rive étudier avec un plaisir de naturaliste les cargaisons des navires au long cours, qui jettent sur les quais des monceaux d'huîtres ou de glaces, à côté de tas de bananes, de limons, d'ananas ou de noix de coco ; les poissons des mers polaires et les dents d'ivoire de l'Afrique ; une foule d'animaux et de fruits inconnus, au milieu des caisses de thé, des barils de sucre brut et des balles de café. Perdu parmi les costumes et les physionomies les plus variées, coudoyant le Malais, l'Indien, le Chinois, le Mexicain, des nègres de toutes les races et des blancs de toutes les contrées, je me plaisais à assister au débarquement de ces cargaisons humaines[1] d'émigrants d'Europe, apportant avec eux tant d'es-

[1] Le mot n'est pas trop fort. Nous savons déjà comment les émigrants sont traités durant la traversée, mais bien plus, à New-York l'*émigrant* est coté à la Bourse comme le sucre ou les farines ; il a sa hausse et sa baisse suivant qu'il *donne* ou qu'il *manque*. Non pas, on le comprend, que les hommes se vendent, mais parce que des arrivages plus ou moins nombreux

pérances, si heureux de toucher enfin la terre, et qui, à peine le pied sur le sol de la nouvelle Canaan, commencent à lutter contre les déceptions et la misère. Et combien en ai-je vus qui, après un jour ou deux passés à parcourir la grande cité, revenaient tristement au navire demander avec instance pour quelques jours une hospitalité toujours refusée.

On ne peut le répéter assez : une moitié des émigrants arrivent à New-York sans ressources, avec la certitude qu'une fois en Amérique toute misère est impossible, et c'est à New-York qu'ils commencement réellement à souffrir et qu'ils apprennent à connaître les plus dures privations. Cette ville est le rendez-vous de toutes les industries peu scrupuleuses, et le premier point de halte de ces vocations à grandes espérances que l'Europe ne satisfait pas, et qui à tort croient trouver en Amérique des juges plus bienveillants ou plus faciles à séduire. C'est l'entrepôt d'une immense quantité d'hommes de métiers de toute espèce, pressés naturellement par les premiers besoins de la vie, et offrant leurs bras au travail à des prix excessivement bas. On peut se faire une idée de l'énorme population inactive qui stationne à New-York ou y flotte, par ce fait-ci, qu'au mois de juin de cette année (1849), les divers navires arrivant d'Europe débarquaient trois mille six cent soixante émigrants en un seul jour. Des sociétés charitables s'occupent avec zèle et activité du placement des émigrants, et les dirigent autant que possible vers l'intérieur ; mais il faudrait des trésors et des efforts surhumains pour satisfaire toutes les exigences et suffire à tous les besoins. Dans le rapport publié par la société allemande, je lis pour cette année l'appel suivant : — « Nous vous le demandons à tous « avec instances, à vous gens de l'ouest ou habitants des campa- » gnes ; adressez-nous tous ceux qui ont besoin de bras, ou qui » peuvent occuper des journaliers, des domestiques, de quelque » manière et à quelque prix que ce soit. Nous avons à placer quel- » ques milliers d'émigrants sans ressources, gens forts, robustes, » recommandables, et qui ne demandent que du travail. Nous en » avons placé cette année quelques centaines comme domestiques » dans les campagnes ; quelques-uns, ouvriers mécaniciens, cor- » donniers ou tailleurs, ont trouvé de l'ouvrage à New-York ; deux

dépendent les profits d'une foule de sociétés pour la vente des terres, pour les canaux, pour les transports, pour tout en un mot ce qui peut dépouiller l'étranger qui passe, à New-York, entre les mains de ces forbans autorisés.

» à trois cents, la plupart jeunes gens de bonne famille et de bonne
» éducation, se sont décidés à travailler aux chemins de fer comme
» manœuvres ; mais il en reste une grande quantité qui ne savent
» comment vivre, et il en arrive tous les jours. » Un autre journal
de New-York fait un tableau effrayant mais fidèle de la misère des
classés ouvrières dans cette grande ville, qui, en fait de paupérisme et de vices abrutissants, n'a plus guère à envier à Paris ou
à Londres. « Nous ne voulons, dit-il, pour donner une preuve de
» la vérité du tableau et de la détresse toujours croissante des
» classes laborieuses, que citer quelques chiffres et quelques faits.
» Le lecteur jugera lui-même. La façon d'une chemise ordinaire
» de coton ou de flanelle se paie six sous (¹). Une bonne lingère
» peut en faire deux par jour, et peut-être en travaillant de cinq
» heures du matin à minuit, une ouvrière très-habile en ferait
» trois. Les chemises fines avec le devant en toile de lin sont payées
» ?5 sous pièce pour la façon ; une bonne lingère peut à peine en
» faire une dans une journée. Ainsi le produit du travail de toute une
» semaine s'élève en moyenne de soixante-dix sous à cinq ou six
» francs pour les plus habiles ouvrières ; et cela sans tenir compte
» des accidents, des interruptions forcées par les maladies, les
» soins du ménage, les jours de fête, etc. Tous les autres objets de
» couture rapportent à-peu-près le même prix ; en travaillant aux
» diverses parties des vêtements, gilets, pantalons, etc. ; les ou-
» vrières gagnent à peine douze sous par journée. Qu'on se figure
» la condition de travailleurs qui ont à payer le logement et la
» nourriture à un prix élevé, et qui le plus souvent ne trouvent de
» l'ouvrage qu'une partie de l'année ou deux ou trois jours de la
» semaine. Car il y a une foule de jeunes ouvrières qui à New-
» York travaillent absolument pour rien, et voici comment. Les
» propriétaires des grands magasins de lingerie et de vêtements,
» reçoivent dans leurs ateliers un grand nombre d'apprenties qui
» y restent pendant six mois, sans salaire et en pourvoyant elles-
» mêmes à leur nourriture ; cela, pour l'avantage d'*apprendre le*
» *métier.* Pour qu'elles soient acceptées, il faut d'abord qu'elles
» sachent coudre bien et habilement. Pendant six mois on les em-
» ploie constamment au même ouvrage, à la couture seule des
» vêtements, et c'est le jour même où leur engagement expire que
» le chef leur donne quelques directions et quelques règles géné-

(¹) Le sou d'Amérique a la même valeur que le sou de France.

» rales sur la coupe ou la taille des habits, et c'est tout. Leur édu-
» cation ainsi complétée, elles sont immédiatement remplacées par
» d'autres et jetées sans ouvrage et le plus souvent sans ressources
» dans la rue, où elles ont la chance de mourir de faim ou de se
» vendre à l'infamie. » Telle est la condition du plus grand nombre
des ouvriers à New-York, car le tableau des autres métiers est
peut-être plus sombre encore, et l'on ne peut s'en étonner, puisque
la *fabrication des vêtements* est une des principales industries de
cette cité qui envoie des cargaisons d'habits dans toute l'Amérique.

J'ai dit : les boutiques et les étalages des marchands. Un Américain ne me pardonnerait guère, je pense, d'appeler de ces noms-
là ses magasins et son office. Je vais expliquer les choses et le lecteur choisira les termes. Il y a à New-York, comme partout, deux
grandes catégories de négociants. Ceux qui vendent en gros d'a-
bord, et traitent dans leurs offices comme à la Bourse ; puis ceux
qui vendent de toute manière dans des magasins ouverts au public.
Les premiers se tiennent d'ordinaire dans des recoins obscurs au
milieu du quartier de la Douane, recoins qu'on ne peut appeler
bureaux, puisqu'il n'y a aucun personnel pour les écritures, mais
mais où se font cependant des affaires d'une importance considérable. Ces recoins-là sont meublés de quelques mauvaises chaises,
d'un pupitre avec quelques papiers et d'une salamandre, vaste
coffre-fort que les Américains ont inventé pour économiser les frais
de police et de sociétés d'assurance contre l incendie. Par la combinaison du fer, du bois et du sable, ces meubles-là, dont les parois ont près d'un pied d'épaisseur, protègent ce qu'ils renferment
contre les atteintes des voleurs et des plus violents incendies. Les
meilleures fausses-clefs et les plus robustes outils des larrons ne
parviennent pas plus à ouvrir leurs serrures et à briser leurs secrets
que le feu le plus ardent à consumer les billets de banque qu'elles
renferment ; les papiers n'y prennent pas même une teinte jau-
nâtre. C'est là du moins ce que garantissent les fabricants de ces
meubles, dont je n'ai jamais eu l'occasion de faire usage.—Ces offices qui, comme des bancs de foire, s'ouvrent le matin pour se
fermer de bonne heure quand le négociant, à l'heure du dîner,
rentre chez lui et cherche dans un autre quartier de la ville une
demeure comfortable, ces offices, dis-je, bien qu'à-peu-près inhabitables, se louent dans les rues populeuses ou marchandes à des
prix fabuleux, et il est tel recoin de huit à dix pieds carrés, qui

rapporte au propriétaire 12 à 1,500 francs par mois. Outre cela , beaucoup de négociants ont des magasins au port et des bureaux ; mais ce dernier accessoire est rare. Les Américains prennent des notes : mais, nous l'avons déjà dit une fois , ils font leurs affaires avec une prodigieuse économie d'écritures, et il est bon nombre de maisons importantes qui n'ont d'autre livre qu'un journal pour les achats et les ventes au crédit. On comprend qu'ainsi les fraudes par faillites sont faciles ; et ce que nous avons précédemment avancé du caractère peu scrupuleux de l'Américain , expliquera comment le commerce aux Etats-Unis est moins sûr et plus diffi- cile que partout ailleurs, et comment la plupart des affaires se traitent forcément au comptant. Les offices à New-York sont aux magasins ce que la tête est à l'estomac. Dans les premiers les af- faires se traitent sans étalage : les seconds sont remplis, non pas comme à Paris pour la belle apparence surtout, mais jusque dans les plus petits recoins de toutes les choses qui s'achètent ou se vendent. La nature multiple du Yankess s'y retrouve comme par- tout ailleurs, c'est-à-dire que les spécialités sont rares et que d'or- dinaire la boutique renferme tout ce qui, à la connaissance du propriétaire, peut lui faire gagner quelque argent. Le mar- chand horloger, par exemple, vend les montres, la bijouterie de toute espèce, la coutellerie fine ou grossière , tous les objets de luxe et de toilette, depuis les lustres et les candélabres des sa- lons jusqu'aux peignes , aux brosses et aux pommades des bou- doirs. Le pharmacien d'Amérique est toujours moitié droguiste et moitié épicier , quelquefois même il vend des livres et des harmo- nicas de tous les calibres; le marchand d'étoffes a les habillements tout faits, les bottes et les chapeaux, et souvent une partie de son magasin est occupée par de la poterie, de la verrerie, ou des us- tensiles de fer ou d'acier ; l'essentiel c'est de vendre beaucoup. Par le même principe les négociants habiles ont parfois dans une seule et même ville, deux, trois, ou même une demi- douzaine de magasins qu'ils abandonnent à des commis et dont ils surveillent la vente. Le fait est commun dans les grandes cités ; et même j'ai vu dans une petite ville de dix mille habitants le même négociant propriétaire de trois magasins de vêtements. A New- York où la concurrence est considérable et les loyers très-chers, où les marchands vivent d'ailleurs avec beaucoup de luxe et en- tretiennent leurs ménages à raison de cinquante à soixante mille francs par an, il arrive fréquemment que les faillites de ces grands ménageurs d'affaires ne laissent pas à leurs créanciers un dividende de trois à quatre pour cent. Le marchand *malheureux* s'éclipse, va reprendre son commerce dans quelque ville de l'intérieur, et arrange ses affaires de telle sorte qu'au bout du compte il finit toujours par vivre dans l'aisance et par laisser une jolie fortune à ses héritiers.

La Douane est la reine de New-York. Elle a pour elle le plus beau monument de la ville, monument massif construit en granit, et tout auprès ses immenses dépôts, qui contiennent certainement plus de richesses que ne pourrait en entasser un riche monarque. Ici, vers les entrepôts, arrivent chaque jour des milliers de charriots, qui du port viennent y entasser les cargaisons des navires. C'est un gouffre où en apparence rien ne se retrouve, et d'où rien ne sort ; car l'encombrement des colis est tel, qu'au premier abord il semble impossible d'y rien démêler. Cependant peu-à-peu, et grâce à de nombreuses catégories, tout arrive aux diverses salles des visites, pour être rendu ensuite à la circulation par des issues différentes, à l'arrière des bâtinents. Là, dans les salles des divers bureaux, affluent les marchands, les courtiers, les agents d'affaires, qui se pressent en longues files pour arriver à leur tour aux divers fonctionnaires des enregistrements ou des permis. Les formalités à remplir sont nombreuses et occupent une foule d'employés, et certes j'abuserais de la patience du lecteur si j'énumérais toutes les démarches que, pendant une journée entière, j'ai dû faire pour obtenir la restitution d'une simple caisse remise aux mains de la douane. Qu'on me permette seulement de décrire le premier acte de cette longue promenade pleine d'ennui. Avant tout, le consignataire est tenu de remettre une déclaration exacte du contenu de la caisse. Cette déclaration doit être signée et appuyée par un serment prêté sur la Bible. En Amérique tout serment se prête de même, en portant le Nouveau-Testament aux lèvres. C'est toujours plus ou moins une profanation, mais à la douane cette pratique se dépouille de tout caractère sérieux et devient même si ridicule qu'il y a dans la persistance de cet usage une espèce de dérision plus coupable encore et surtout plus dangereuse. Au coin d'un vieux pupitre, dans une salle constamment remplie d'une foule bruyante, est un exemplaire du livre sacré, tout couvert de taches et de stigmates. Près de là un vieux fonction-

naire en lunettes toujours baissé sur son papier, est occupé à copier les noms des consignataires et les marques de la chose déclarée. Pendant qu'il écrit, celui qui présente les factures prend la
Bible dans ses mains, la porte vers une partie quelconque de sa
tête et le serment est prêté. C'est une forme, tant seulement, dont
le fonctionnaire s'inquiète à peine, et qui prévient si peu les fraudes
de toute nature, qu'il n'est certainement pas un marchand Américain sur cent qui s'inquiète le moins du monde d'une fausse déclaration et par conséquent d'un faux serment prêté sur la Bible,
pour sortir de la douane ses marchandises aux moindres frais
possibles. Le ridicule, le danger, l'absurdité de ce serment se
montre partout ; car tous les fonctionnaires le prêtent de même,
et il n'est chose de si minime importance à laquelle il ne serve
d'accompagnement. Et pourtant la seule partie de l'Union où il
ait été mis de côté, à ma connaissance du moins, c'est le comté
de Greene dans l'Ohio, à propos d'un fait qui prouve mieux que
tout commentaire quelle importance les Américains attachent à
une chose si sérieuse et si importante en réalité.

Le premier hôtel-de-ville de ce comté, une pauvre hutte en bois,
où les jurés se réunissaient à certaines époques pour administrer
la justice, faire payer quelques amendes ou condamner les plus
turbulents à la prison, était au mois de juin 1804 honoré de la
présence d'un grand jury. Le président, un M. Mc Farlard, avait
revêtu pour cette grande occasion les insignes de sa dignité, suspendu un vieux sabre à son côté, et couvert son chef du chapeau
de cuir bouilli. Il y avait au coin de l'unique chambre de cette
hutte une poutre creusée où reposaient un certain nombre de volumes plus ou moins dépareillés. Un des conseillers, à la recherche
d'une Bible pour solenniser le serment qui devait précéder l'entrée en fonction de MM. les jurés, après avoir longtemps feuilleté
inutilement, met la main sur un livre d'une forme quelque peu
respectable : « Allons, messieurs, dit-il, en voici enfin un qui m'a
tout l'air d'être un Nouveau-Testament ; on peut raisonnablement
s'en servir. » Le serment prêté, et le volume ouvert par quelques
curieux, il se trouva que MM. les conseillers avaient solennellement juré et dévotement imprimé leurs lèvres sur un exemplaire
des *Mille et une Nuits*. C'est, dit-on, le ridicule de cette scène
qui pour ce comté seulement a fait abolir l'usage de jurer sur les
Saints-Evangiles.

Mais ne quittons pas New·York sans contempler quelque pàrtie du cadre admirable qui l'entoure. Il ne faut pour cela que traverser la rivière et gravir les collines granitiques de Mont-Hobocken, qui en suivent le cours vers le nord. A une lieue de la ville à peine, on trouve déjà l'Amérique à-peu-près sauvage, ou du moins la végétation grandiose d'un nouvel hémisphère encore dans sa virginité. Un marais infranchissable, avec de grands serpents dans des forêts de roseaux ; aux bords l'énorme platane (¹) à l'écorce blanche et aux fruits bizarrement suspendus comme par des ficelles ; le magnifique tulipier (²) aux pieds duquel le cormier fleuri (³) incline ses rameaux couverts de grandes fleurs blanches comme la neige, et des arbustes chargés de baies éclatantes dont la forme et le goût ressemblent au girofle de Cuba, ou dont le bois est imprégné des plus doux parfums (⁴). Plus haut, aux pentes de la colline, les chênes au feuillage varié (⁵), les châtaigniers et les noyers dont les fruits ressemblent à peine à ceux d'Europe, des

(¹) *Platanus occidentalis.* Il croît partout au bord des rivières et des marais, s'élève à une grande hauteur et acquiert une dimension vraiment gigantesque. Il n'est pas rare de voir de ces arbres dont le tronc a 8 à 12 pieds de diamètre.

(²) *Lyriodendron tulipifera* cultivé en Europe. Il est, non pas très-commun mais assez répandu dans les forêts d'Amérique.

(³) *Cornus florida,* magnifique arbuste dont les fleurs comme un bouton d'or sont enchassées au milieu de quatre grands involucres parfaitement blancs.

(⁴) *Sassafras officinale* et *Benxoin odoriferum,* deux beaux arbustes assez communs au bord des marais.

(⁵) L'Amérique centrale seulement en a 18 espèces diverses. En comptant les *carya* elle a aussi 8 espèces de noyers et une espèce de châtaignier. Les noix sont très-grosses mais la coque est si dure et si épaisse que le fruit, bien qu'agréable au goût, ne vaut guère la peine d'être récolté. Les caryas ressemblent pour la forme à nos noix d'Europe mais la plupart sont amères. Les châtaignes ont le brou chargé d'épines plus dures encore que celles d'Europe et sont très-petites, à peine de la grosseur de nos noisettes sauvages. Les noisettes aussi ont la coque très épaisses et sont petites et peu huileuses. — On ne trouve d'ailleurs dans les forêts ni les fraises, ni les framboises, ni les mirtilles, mais seulement quelques mûres, et quoiqu'on en ait dit la vie sauvage serait cent fois plus facile et plus agréable dans notre Jura, en été du moins, que dans les forêts du Nouveau Monde. Il y a également dans les forêts quatre espèces de vignes sauvages. Les raisins sont très-petits, de la grosseur de nos groseilles noires ou cassis et d'un goût acide et âpre. Malgré des essais répétés, on n'est pas encore parvenu à cultiver la vigne avec des résultats fort avantageux. Certains fruits, les cerises, les prunes et les poires restent ici toujours de beaucoup inférieurs à leurs congénères d'Europe, les pommes et les pêches seules pour la qualité et la quantité réussissent mieux que partout ailleurs. Aussi ne voit-on lianes qui grimpent ou se pendent aux plus hauts arbres et laissent souvent arriver jusqu'à terre les grappes colorées de leurs raisins acides. Plus haut encore, quelques pas seulement et la scène change. La colline est dépouillée, la .vue est libre tout-à-coup et se repose avec un frisson d'étonnement et d'admiration sur cette ville sans fin couchée aux bords de la rivière sur une étendue de quelques milles ; sur ce port chargé de tant de navires que l'imagination s'effraie d'en supputer le nombre ; sur la baie aux contours gracieux, où les grandes voiles des trois mats sont à chaque instant cachées par les tourbillons de fumée que jettent en passant les steamers gigantesques, et tout au fond, le vaste océan qui ferme l'horizon de son immensité. J'étais assis là sur une pointe de granit. A quelques pas au-dessous mes fils poursuivaient dans la forêt l'écureuil rayé et un grand serpent jaune inoffensif, ou entassaient des gerbes de fleurs nouvelles et éclatantes, la plupart cultivées dans nos serres d'Europe pour leur rareté. Derrière, dans une hutte de chasseur, guinguette primitive, mes compagnons de promenade savouraient la bière et le vin de Bordeaux sous un berceau de vigne sauvage. Quel spectacle et quel contraste pour un Européen nouvellement débarqué. Jusqu'à présent je n'ai rien vu en Amérique de plus beau, ou pour mieux dire, l'Amérique ne m'a semblé belle que depuis là. Plusieurs riches marchands suisses de nos montagnes ont choisi cette position admirable pour y construire leurs cottages, et même pour y établir des fermes malgré les mauvais chemins, un marais à traverser et le sol sec et couvert de granits où la culture semble impossible: je l'avoue, une maison de campagne à cet endroit est pour un Suisse la seule chose qu'il me semble possible d'envier à New-York.

VIII.

De New-York à Boston.—Les steamers et leurs dispositions intérieures. — La culbute méritée.— Chemins de fer ; comfort des wagons.— Légèreté et hardiesse des constructions.— Prudence de l'Américain.

A cinq heures du soir et à sept heures du matin, trois bateaux à vapeur partent en même temps de New-York pour Boston. Pen-

guère d'autres fruits dans les vergers ; mais ces deux espèces sont si abondantes qu'on les vend à très-bas prix, aussi bien que le cidre excellent qu'on en tire, et que souvent même on les abandonne aux bestiaux. Les Américains entendent d'ailleurs parfaitement la *pomiculture*, et ils ont l'excellent esprit de n'admettre dans leurs vergers que les meilleures et les plus belles espèces, dont ils ont une très-grande variété.

dant quelques minutes ils remontent la rivière parallèlement et comme au défi, puis peu à peu se distancent et se séparent pour emporter les voyageurs aux débarcadères des trois chemins de fer qui convergent vers cette dernière ville.

Ces steamers perdent le nom de bateaux, tant ils sont vastes. Ce sont réellement de grandes maisons flottantes, maisons à trois étages presque toujours remplies de voyageurs et de marchandises. Le fond ou la cale entière en est ordinairement occupé par une vaste salle, décorée de tentures, meublée de fauteuils, de canapés et d'une longue table, qui sert aux repas. Des deux côtés et cachés par d'élégantes draperies sont les lits pour la nuit, et quelquefois des cabinets particuliers et fermés, dont on obtient la jouissance moyennant une légère augmentation du prix de passage. Ceux qui ont un cabinet peuvent y enfermer leurs effets ; autrement ils sont remis au préposé en échange d'une contremarque, et ne peuvent être réclamés ou restitués qu'au moment de l'arrivée. L'entrepont est divisé en deux parts. A l'arrière sont les salons et les chambres à coucher pour les dames. Elles y passent la nuit ou y restent le jour avec leurs plus jeunes enfants ; mais la porte en est interdite aux hommes et gardée par une sévère surveillante qui sert de messagère pour les communications conjugales. Là est réuni le comfort et l'élégance des plus riches demeures et des plus voluptueux boudoirs. L'avant de l'entrepont est réservé pour les passagers de seconde classe, et pour les marchandises ; pour les machines, les chaudières et le charbon. Il n'y a là ni fauteuils, ni bancs, ni siéges d'aucune sorte; les voyageurs s'y arrangent comme ils peuvent, sur des caisses et des ballots. Mais, nous l'avons déjà dit, je crois, les Américains de tout rang et de toute condition voyagent toujours aux premières places ; les émigrants seuls prennent l'entrepont par économie ou par nécessité, et les nègres y sont toujours forcément relégués. Comme c'est la seule place couverte où il soit permis de fumer, et qu'ordinairement on y voit quelques tableaux dignes de figurer dans l'album d'un curieux, je n'ai jamais fait de traversée sans aller y flâner de temps en temps ; à la fin de la soirée surtout, et même, je l'avoue, j'ai plus souvent voyagé aux secondes places qu'aux premières, et je sais par expérience comment on y dort. Les nègres se retirent à l'écart dans des coins obscurs où ils restent debout appuyés contre les parois ou assis sur le sol, avec l'immobilité de la résignation. Cette race-là, dans les contrées d'Amérique où elle est le plus libre, semble n'avoir pas encore désappris l'esclavage, et paraît encore accepter les plus dures nécessités de la vie. Le nègre dort debout, assis ou couché, toujours avec l'excessive vigilance que donne la peur. Il est rare de le surprendre les yeux fermés, et je ne me suis jamais approché pendant la nuit d'un groupe de noirs sans voir fixés sur moi une demi-douzaine de ces grands yeux blancs qui m'ont toujours un peu effrayé.. Les émigrants se groupent par familles, et à leur manière de s'arranger on voit que de longs voyages leur ont appris à se caser le mieux possible dans les plus misérables recoins. Une large et chaude couverture est étendue à la meilleure place ; les bambins les plus grands couchés en ligne servent d'oreillers aux plus petits ; le père et la mère s'étendent de chaque côté : quelques vieux vêtements là-dessus, et grands et petits ronflent sans interruption jusqu'au jour avec le calme de l'insouciance et la tranquillité d'une âme honnête. Les sybarites se guindent sur un ballot de coton et font leur oreiller d'une caisse à thé ; quelques natures remuantes comme on en trouve partout, de ces hommes qui sont dans la société ce que le chacal est aux troupeaux, sont dans les entreponts en perpétuelle locomotion. Ils épient ou se cachent, et pour dormir avec tranquillité dans leur voisinage il faut avoir de méchants habits et une valise à-peu-près vide.

L'étage supérieur du steamer est le salon. Entouré de vitrages, ouvert en été, maintenu dans les temps froids à une température convenable, meublé de plus avec une grande élégance, tout y est réuni non-seulement pour faire supporter, mais pour faire aimer les voyages. On peut y rêver à l'aise et suivre sans distraction la série de tableaux mouvants que la marche du navire fait constamment passer sous les yeux. On peut s'y livrer sans interruption à la lecture, à la condition toutefois d'emporter avec soi son livre ou sa bibliothèque. Car comme les Américains ne lisent que les journaux dont ils ont toujours des collections dans leurs poches ou qu'ils achètent à chaque station, il n'y a d'autres volumes dans les steamers que quelques Bibles, déposées là comme dans toutes les chambres des auberges par les agents des sectes ou sociétés religieuses. Les Yankess se réunissent au salon par petits groupes silencieux d'ordinaire, et toujours froids ; rien de ce qui passe sous les yeux ne les émeut ; à peine de temps en temps échangent-ils quelques paroles et semblent-ils reprendre vie à propos d'un paragraphe et d'une nouvelle commerciale de leur journal. Le plus souvent ils s'isolent et s'étendent à leur façon, la tête en bas, les pieds en l'air et posés sur des dossiers de velours ou appuyés le long des tapisseries de soie ou des boiseries dorées. Car en voyage, l'Américain est partout chez lui. Quand il a payé sa place sur un steamer, le navire lui appartient, et il en dispose suivant ses goûts. Sa passion dominante, après celle de mâcher du tabac, c'est d'avoir les pieds en l'air et de s'étendre dans des postures qu'on croirait impossibles, et qui pour nous, Européens, seraient inimitables, tout autant au moins que la manière de s'accroupir des Orientaux. J'ai vu à ce propos à Sandusky une chute dont le spectable aurait été une vraie bonne fortune pour un peintre caricaturiste. C'était au mois de novembre, et il faisait froid. La société, en attendant le souper, faisait cercle autour de l'immense cheminée de l'hôtel. Quelques-uns se pressaient sur un second rang, et dans le nombre, un long Yankess à la figure jaune étalée sous un chapeau de castor à-peu-près sans bords, était parvenu par un prodigieux effort d'équilibre, à s'étendre horizontalement sur deux pieds de sa chaise et à allonger ses jambes du côté du feu, par dessus les épaules de ses deux voisins d'en face. Dans une semblable occasion, un Européen aurait envoyé d'un coup de coude au fond de la chambre les jambes indiscrètes et leur propriétaire, quitte à offrir ensuite une satisfaction raisonnable. Ici la chose était si naturelle, que personne ne semblait s'en être aperçu. Tout-à-coup cependant, la cloche du souper se fait entendre, et comme la cloche des repas est la seule chose qui semble faire sortir l'Américain de sa placidité et le galvaniser pour un moment, chacun se lève et se sauve au plus vite, tandis que mon Yankess, renversé, était brusquement étendu sur le plancher, entraînant avec lui les deux siéges abandonnés qui servaient de point d'appui à ses jambes. Et la société de rire?.... pas le moins du monde. Chacun était en place dans la salle à manger, et le travail des mâchoires allait déjà son train avec le sérieux ordinaire, que l'homme à la culbute se relevait à peine, et frottant son habit, arrangeant sa chevelure, se préparait à rattraper le temps perdu.

En quittant les steamers pour les wagons des chemins de fer, le déplacement se fait avec une activité et une facilité prodigieuse. Le bateau s'approche d'un quai couvert, un pont volant est immédiatement jeté, les voyageurs vont prendre leurs places dans les wagons, les bagages renfermés dans des chars sont immédiatement attelés, et le train se met en route. Ici le voyageur retrouve le même comfort que dans les bateaux. Les wagons ne sont pas comme en Europe des cabriolets ou des voitures à quinze à vingt places ; mais des salons roulants de cinquante à soixante pieds de longueur, où l'on entre par les deux extrémités seulement. Des deux côtés sont alignés, comme les bancs d'une église, deux rangées d'excellents fauteuils à deux places, qui parfois, à la volonté du voyageur, peuvent se baisser au moyen d'un ressort et former des lits pour la nuit. Une allée règne dans toute la longueur ; au milieu est un poêle chauffé l'hiver; et ordinairement, aux extrémités, des cabinets réservés pour la toilette et les différents besoins du voyage. Le plus souvent, il y a à chaque train des salons ou wagons particuliers pour les dames, où les hommes ne sont admis qu'en compagnie et comme patrons ou protecteurs de leurs épouses ou de leurs filles. Comme à chaque station on apporte dans les wagons diverses espèces de rafraîchissements et de nourriture avec les journaux de la localité, on peut ainsi voyager sur les chemins de fer comme dans les steamers, et parcourir d'immenses distances sans quitter la maison roulante, si ce n'est pour passer de temps en temps d'un wagon dans un autre. On peut aussi à volonté jouir des agréments de la société, ou rechercher la solitude. Car les chars, liés bout à bout, communiquant l'un à l'autre par une galerie brisée, il est facile de parcourir tous les salons les uns après les autres, à la recherche d'une place commode ou d'une compagnie suivant son goût. Il n'y a ni la police empressée et pointilleuse d'une foule d'agents, ni la gêne continuelle des ordonnances et des avertissements, ni les frais incessants des pour-boire, des surcharges, de tous ces minimes et insupportables détails qui en Europe rendent souvent les moindres déplacements aussi désagréables que coûteux. Une fois muni de son billet de passage, qu'il peut prendre au bureau ou payer dans les voitures aux conducteurs qui se présentent à chaque station pour la revue, le voyageur n'a plus à s'inquiéter de rien. Il livre son bagage qu'on ne pèse jamais ; pour n'être pas importuné de questions ou réveillé la nuit, il fixe son billet au cordon de son chapeau et descend quand il entend appeler le nom de la localité où il doit s'arrêter. Son bagage est placé sur les bancs du débarcadère quand il y en a un, au bord de la route quand il n'y en a pas ; c'est à lui de soigner le reste.

Pour les chemins de fer, comme pour les bateaux à vapeur, tout le comfort, toute l'élégance, toute la valeur, si on peut ainsi dire, est réservée pour l'intérieur et la commodité des voyageurs; tout ce qui n'est qu'extérieur ou qui n'est pas d'une utilité directe est complètement mis de côté. Cette économie donne aux Américains une extrême facilité pour accomplir en peu de temps des travaux qui seraient gigantesques s'ils étaient exécutés avec les précautions, la solidité, les dimensions des mêmes travaux faits en Europe. Dans les chemins de fer, par exemple, les rails ne sont pas de lourds morceaux de fonte soutenus et appuyés par des boulons fixés dans les bois de support; mais tant seulement des lames de fer de quelques lignes d'épaisseur, percées de trous et clouées sur les poutres comme les fers des roues d'une voiture. Souvent, par le poids des wagons ou la dilatation du métal, elles se brisent et se courbent de diverses manières ; on ne s'en inquiète pas, et tant qu'il n'y a pas impossibilité, les trains passent. J'ai vu ainsi, près du Niagara, des poutres posées au bord d'un précipice insondable, si peu assurées sur le sol et si mal ferrées, que je n'aurais osé y poser le pied de crainte de voir le tout s'écrouler dans l'abîme ; les wagons y passaient parfaitement. Quand l'Américain peut soutenir sa voie ferrée par un échafaudage de poutres entrelacées, et l'appuyer ainsi contre des rochers à pic, ou à travers des torrents, il ne s'amuse pas à couper le roc ou à construire des arches massives ; il la suspend et il n'a pas besoin d'autre chose, car le luxe et la solidité, la durée des constructions ne l'inquiètent pas le moins du monde. Chacun pour soi. Pourvu qu'il passe, il est satisfait ; ses descendants passeront comme ils pourront et vivront à leur guise ; cela ne le regarde pas. Cette maxime le dispense parfaitement de prendre des précautions pour la sûreté d'autrui, aussi n'y a-t-il ni gardiens près des berges et le long des voies, ni barrières sur les bords et près des routes qui les croisent, ni signaux d'aucune espèce. Dans les endroits dangereux, un large écriteau avertit de ne traverser la voie qu'avec précaution, et un sifflet à la machine annonce l'approche d'une locomotive et éloigne gens et bêtes qui sont habitués à se garer. C'est réellement un curieux spectacle que de voir les bestiaux s'enfuir à l'approche des wagons, ou se coller aux barrières et s'effacer dans les recoins avec l'instinct que donne la peur à tous les animaux. Avec les mêmes précautions, c'est-à-dire, grâce au sifflet de la machine qu'on ralentit à volonté, les chemins de fer traversent les villes et les villages, s'étendent tranquillement au milieu des rues et viennent aboutir parfois dans les quartiers les plus populeux. A Philadelphie et à Baltimore seulement, les chars sont séparés de la machine au moment d'entrer en ville et remorqués alors par des chevaux jusqu'au dépôt ; ce sont les seules localités où j'aie vu prendre ce surcroit de précautions.

Ne semble-t-il pas étonnant qu'avec des procédés si hardis, si téméraires en apparence, on n'ait pas à enregistrer une immense quantité de désastres. Je sais qu'il n'y en a pas peu déjà, et qu'un voyage sur un chemin de fer d'Amérique est presque considéré en Europe comme une condamnation à mort. Il faut cependant rendre justice à qui de droit, et affirmer, ce qui est vrai, que proportion gardée il n'arrive pas plus d'accidents ici qu'en France. D'abord, disons-le, les journaux d'Europe sont constamment à l'affût de ce qui peut amoindrir la supériorité des Yankess là où elle paraît avec le plus d'évidence, et il ne tombe réellement pas un cheveu en terre par la faute de la vapeur, sans qu'ils ne fassent aussitôt grand bruit de l'énorme accident. Mais ce qu'ils ne disent pas, c'est que les Américains voyagent cent fois plus que les Européens les plus voyageurs ; que toute l'Amérique est couverte de chemins de fer et de bateaux à vapeur, et que bateaux et wagons sont constamment remplis de passagers. Comment n'arriverait-il pas quelques malheurs? Après l'économie, la prudence est la première vertu des Américains. Ils ne font pas courir au défi leurs wagons ou leurs bateaux, ils partent à heure fixe, mais ils arrivent quand ils peuvent et conduisent la vapeur comme un cheval sans se laisser maîtriser par elle. S'ils coupent une route fréquentée, suivent les bords d'un précipice ou savent le chemin dangereux, ils ralentissent la marche ou même l'arrêtent tout-à-fait et attendent; personne ne se plaint. En passant une fois de Cumberland à Baltimore, le train de retour retardé ne s'était pas rencontré au poste. Après une longue attente la locomotive se remit en mouvement, mais si lentement qu'en vérité nous ne marchions qu'au pas. Le conducteur debout sur les vagons épiait toutes les fumées de l'horizon. On arriva ainsi après un temps fort long à la station voisine, où le train de retour attendait patiemment pour ne pas risquer un conflit. Car le plus souvent, en Amérique, les chemins de fer n'ont qu'une seule voie et un pas de rencontre aux stations principales. Dans une autre course de Boston à New-York, au mois de décembre, la nuit était noire et le brouillard épais. Le bateau était couvert de lumières, et la cloche mise constamment en mouvement. Au matin, le brouillard n'étant pas levé et le danger des chocs devenant de plus en plus grand à mesure qu'on approchait du bas de la rivière, le capitaine fit tranquillement jeter l'ancre et, pendant six heures, conserva la même position avec deux canots à quelques encablures de l'avant et de l'arrière, pour avertir de l'approche de quelque steamer et écarter le danger.

Avec cette facilité d'allures, l'Américain a couvert son immense continent de chemins de fer, ses fleuves et ses lacs de bateaux à vapeur: toutes ses routes de télégraphes, et cela sans dépenses excessives, sans ruines publiques ou particulières, et sans ces pompeuses et vaniteuses louanges qu'on accorde en Europe à quelques lieues de voie ferrée entre deux villes ou deux contrées populeuses, tout comme s'il s'agissait d'un nouveau travail d'Hercule ou de quelque treizième merveille du monde.

Si l'on part de New-York à cinq heures du soir, on arrive à Boston à six heures le lendemain matin; si l'on part le matin, la durée de la course est la même; c'est douze à treize heures de route pour 240 à 250 milles de distance. Mais comme la route faite par un beau temps est charmante; comme la rivière serpente entre des fermes, des collines, des prairies et des forêts, que pour nous, gens d'Europe, tout est à voir dans cette contrée parce que tout s'y montre sous des formes nouvelles, il faut à mon gré, à l'encontre de l'usage des Américains qui économisent le temps et s'inquiètent peu des beautés de la nature, partir de New-York le matin, payer 20 ou 25 francs pour les premières places, et parcourir avec toutes les jouissances possibles, la distance qui sépare ces deux villes. A mon avis on arrive toujours assez tôt à Boston [1].

LÉO LESQUEREUX.

(La suite prochainement.)

[1] Le prix moyen des transports par chemins de fer et bateaux à vapeur est de 20 à 25 francs de France pour 100 lieues; celui des diligences est plus élevé, 40 à 50 fr. En hiver les prix augmentent suivant que les communications deviennent plus difficiles. Ainsi quoiqu'on en ait dit, si les voyages sont plus faciles en Amérique, ils sont aussi chers qu'en Allemagne et en France. Dans certaines circonstances seulement et là surtout où il y a concurrence, les prix deviennent parfois très-bas. Ainsi l'année dernière on faisait pour 25 sous le trajet de New-York à Albany, 70 lieues, aux premières places d'un magnifique steamer. On le voit aussi par les chiffres cités ici, la vitesse de locomotion sur les chemins de fer est plutôt inférieure en Amérique qu'en Europe. On fait d'ordinaire 85 à 90 lieues en 12 heures, rarement davantage.

COUP-D'OEIL

sur la situation politique de la Suisse

A LA FIN DE 1849 (¹).

Arrivés, comme nous le sommes, à la seconde moitié du dix-neuvième siècle, une question se présente assez naturellement aux esprits qui ne vivent pas tout entiers dans le présent, qui tiennent quelque compte du passé et essaient, par analogie, de pressentir l'avenir. Que faisaient, nous demandons-nous, nos aïeux il y a cent ans?.... En 1750, l'antique confédération des Treize Cantons était à la veille de subir de nouvelles destinées. On a remarqué dans l'histoire qu'en général c'est dans sa seconde moitié qu'un siècle revêt le caractère particulier qui plus tard lui fait donner son nom. Or en 1750 le dix-huitième siècle, surtout dans nos républiques un peu rudes, n'était pas encore le siècle philosophe et philanthrope que vous savez. Berne, le canton fort et puissant, avait dû tirer le glaive pour frapper dans ses états romands la tentative du major Davel (1723), et dans ses pays allemands, au sein même de la cité privilégiée, la conjuration du capitaine Henzi (1749), deux conspirations inspirées par cette prétendue égalité politique qui devait être le dernier mot du siècle. A la vérité, on voyait bien percer de divers côtés, surtout dans les cantons lettrés, comme Zurich, des velléités de réforme et des tendances nouvelles; la

(¹) Cet article, qui est une revue générale de la situation actuelle de la Suisse, est dû à la même plume que le travail publié en décembre 1848, sous le titre: *La Suisse à la fin de l'année 1848*. L'importance que nous attachons à ce que la *Revue Suisse* présente chaque année un tableau général et sommaire de notre situation politique, nous a fait passer facilement sur ce que l'article qui va suivre présente peut-être d'incomplet à cet égard. Les mêmes réserves que celles faites pour l'article de 1848 subsistent également aujourd'hui de notre part. (*Note de la Rédaction.*)

philanthropie eut alors sa période doctrinaire ; mais qu'on relise
les ordonnances des cantons plus particulièrement aristocratiques
à cette époque, en matière de droits politiques, d'économie publique, de paupérisme, de commerce, d'instruction publique, et
l'on se convaincra que la législation, dans ces états, était il y·a
cent ans bien plus près du moyen-âge que de l'époque révolutionnaire qui s'avançait.

Or, pour en revenir au siècle actuel, peut-on croire qu'il ait déjà
donné son dernier mot, et à supposer qu'on réponde négativement
(ce qui nous paraît le plus sensé) quel sera ce mot redoutable, et de
quel titre devra-t-on l'appeler et le distinguer des siècles écoulés?..
Le dix-neuvième siècle sera-t-il jusqu'à la fin et avant tout un
siècle politique, comme son devancier fut le siècle philosophique
par excellence ; ou bien deviendra-t-il ce siècle socialiste que l'on
préconise, vers lequel tant de gens voudraient nous pousser et
contre lequel tant d'autres luttent avec énergie? L'ancienne société
va-t-elle recevoir son congé en forme ; est-elle condamnée à mourir, non pas comme la société payenne en se couronnant de fleurs
et au son d'une musique enchanteresse, mais sur le coffre-fort ouvert et vide d'un banquier, et aux cris angoissés des coulissiers de
la Bourse proclamant la banqueroute? La réponse à tant de questions ne peut sortir, heureusement, des faibles conceptions humaines, et l'on reconnaît de plus en plus que le sort des sociétés,
comme celui des individus, repose entre des mains divines.

Nous avons prononcé le mot de socialisme. Qu'il nous soit permis, à ce propos, de risquer une comparaison dont on voudra
bien ne pas tirer des conséquences extrêmes contre lesquelles nous
serions forcé de protester. Quand le christianisme renversa ce paganisme qui avait jeté dans le sol de l'humanité de si profondes
racines, le nouveau culte se présenta d'abord paré de toutes ces
vertus, beau de toutes ces beautés célestes qui devaient le faire
triompher et le faire chérir. Quoi de plus touchant, de plus sublime, que la première société chrétienne! Mais après cette époque
de pureté, lorsque l'élément humain eut pénétré la société nouvelle de ses faiblesses et de ses erreurs, alors vinrent les longs
siècles des hérésies, des schismes, des persécutions, des inquisi-
tions, des bûchers. Tout au rebours, la nouvelle religion sociale
qu'on nous prêche semble avoir pris à tâche de nous étaler dès
l'abord toutes ses plaies, ses hideuses controverses, ses saturnales

en un mot. Faudrait-il cependant se hâter d'en tirer la conclusion que de tout cet enfantement moderne il ne sortira absolument rien? Tandis que la vie chrétienne, si belle et si austère dans ses commencements, s'altère bientôt au point de devenir méconnaissable, ne se pourrait-il pas que l'élément social, qui perce de nos jours sur plusieurs points et dont les débuts sont si laids à contempler, se régularisât et s'épurât à la longue, et se ravivant aux sources du christianisme, s'absorbât en lui, laissant quelques traces bienfaisantes de son passage?

Mais il n'entre pas dans notre sujet d'aborder des questions aussi ambitieuses. Ces réflexions, cependant, dominent tout esprit qui veut examiner la situation actuelle de la Suisse. Elles ont aussi eu leur part d'influence dans les révolutions d'Allemagne et d'Italie, qui ont réagi sur la Suisse d'une manière si pressante dans l'année qui vient de finir.

La Suisse, par le fait même de sa position et après avoir favorisé l'initiative des révoltés, a dû servir d'exutoire aux mouvements révolutionnaires de ses voisins; Allemands, Italiens et même Français sont venus sur notre sol méditer sur l'inconstance de la fortune et sur la difficulté extrême qu'il y a de resaisir une occasion perdue. Cette fois donc nous avons eu en masse ces émigrations politiques qui n'ont cessé de nous visiter périodiquement en détail depuis une quinzaine d'années. La position, de grave qu'elle était seulement dans la période précédente, est ainsi devenue tout-à-fait sérieuse. Ce qu'on n'avait pu, non sans se fatiguer, s'épuiser et se compromettre quelque peu, faire en faveur de quelques centaines d'individus, il a fallu le faire pour des milliers qui arrivaient en armes à nos frontières et en conservant encore des espérances de revanche. Alors on a pu voir à l'œuvre nos hommes politiques. Ceux-là même qui avaient accueilli la nouvelle de la révolution de Février par les salves de leurs plus gros canons, ceux qui avaient fraternisé avec tous les banquets, applaudi à toutes les commotions, harangué toutes les notabilités révolutionnaires, ont paru un instant se recueillir. Le parti conservateur, depuis assez longtemps hors des affaires et assez désireux d'y rentrer, attendait ce moment solennel pour voir le radicalisme à l'épreuve. L'attente n'a pas été longue. Avec une aisance étonnante, un aplomb qui aurait fait honneur à ces vieux roués de la diplomatie si souvent bafoués, les grands meneurs du parti, les gros bonnets de l'ordre, ceux

qui voyaient déjà en espérance toute l'Europe républicaine, se sont
presque immédiatement ralliés au parti de *l'ordre*, à ce parti qu'ils
ont toujours dépeint comme celui de la réaction. A la manière cir-
conspecte dont avaient été accueillis dans le cours de l'été et pendant
que la lutte durait encore, quelques ambassadeurs plus ou moins
extraordinaires que les pays révolutionnés avaient dépêchés en
Suisse, on pouvait déjà comprendre que le radicalisme officiel était
décidé d'en agir ainsi ; mais il faut convenir que la conversion a
surpassé tout ce qu'on pouvait prévoir. Les colonnes de réfugiés,
ces frères et amis de la veille, ont été désarmées sévèrement et ré-
parties dans les cantons déjà las d'hospitalités précédentes. On
leur a accordé, d'assez mauvaise grâce et comme à des gens dont
on est sûr de ne rien retirer, le strict nécessaire pour vivre. A
voir la dureté de certains préfets radicaux vis-à-vis de ces malheureux, on pouvait se convaincre que la consigne avait été sévèrement donnée.

L'étonnement de ceux qui ont la bonhomie de croire à la parfaite sincérité et à la logique des partis, a redoublé quand sont arrivés les arrêtés successifs qui éloignent du sol helvétique les catégories de réfugiés chefs ou plus particulièrement compromis,
ceux-là même avec lesquels on avait correspondu, fraternisé, *travaillé*. Cette mesure pour laquelle, sous le régime de ce pacte de
1815 si méprisé, il aurait fallu convoquer le ban et l'arrière-ban
des législatures cantonales, devant laquelle on aurait hésité des
mois entiers, a été prise soudainement, dans ce que M. Druey aurait appelé jadis un *mauvais quart-d'heure* (1). Les cabinets européens, en vérité, doivent peu déplorer les changements politiques
survenus en Suisse dans ces dernières années! Sous le pacte de
1815 ce pays était insaisissable pour eux, et l'on comprend la célèbre apostrophe de cet ambassadeur de Louis XVIII en quittant *ce
pays de referendum*..... Aujourd'hui ces cabinets obtiennent en
quelques minutes, sans notes apparentes, sans menaces et comme
une chose due et entendue, les points les plus délicats sur lesquels
il aurait fallu jadis batailler et protocoliser un lustre entier.

Mais ce n'est pas tout. Quand, dans l'assemblée nationale, dé-

(1) «Si jamais, dans un mauvais quart-d'heure, le conseil d'Etat oubliait ses
» devoirs, ce qu'il doit au peuple Suisse, je quittera's immédiatement le
» conseil d'Etat et me mettant à la tête de l'*Association nationale*, nous allu-
» merio-s des feux sur les montagnes, etc., etc. » (*Discours de M. Druey à
la clôture du tir fédéral de Lausanne en* 1856.)

·légation directe. du peuple suisse, une opposition composée des éléments du radicalisme abstrait et théorétique, puis du radicalisme qui veut être conséquent quand même, et enfin du radicalisme qui veut embrouiller les affaires et nous brouiller à tout prix avec les puissances, s'avise de demander le *pourquoi* de ce qui a été fait, le gouvernement fédéral et ses amis ont l'air de trouver cette curiosité très déplacée. On congédie les *pères* de la patrie, après des mois laborieusement employés à des choses plus ou moins utiles et plus ou moins importantes, sans daigner leur faire le moindre bout de rapport, leur communiquer le plus petit fragment d'une de ces nombreuses pièces diplomatiques dont le dossier serait si curieux, si édifiant à consulter! Certes l'ancien Vorort était plus respectueux.

La grande question. générale pour la Suisse nous paraît être celle-ci, dégagée de tous ses ambages. Dans le courant de l'année qui vient de s'ouvrir, les autorités fédérales constituées offriront-elles aux gouvernements monarchiques, remontés plus ou moins solidement sur des trônes récemment ébranlés. des garanties suffisantes pour qu'ils se contentent de ce qui se fera encore, comme suite nécessaire de ce qui a déjà été fait? Pour y répondre convenablement il faut d'abord considérer le personnel de l'autorité exécutive en Suisse dans l'année 1850.

M. Henri Druey, ancien conseiller d'Etat du canton de Vaud, vient d'être placé, non sans peine, au timon des affaires fédérales. Il a eu contre lui dans les Conseils les votes de cette minorité radicale dont nous parlions tout-à-l'heure, et dont M. Eytel est le personnage important, et les votes de certains conservateurs non ralliés, qui ne pardonnent pas encore à M. Druey ses excentricités et ses exagérations de la veille. D'autres conservateurs moins rancuneux et plus utilitaires, ont au contraire accepté le nouveau président comme une ancre de sauvetage, comme un homme qui a pu et qui pourra encore obtenir de son parti des concessions pour lesquelles on aurait, il y a peu de temps, lapidé des magistrats de leur bord, s'ils avaient osé, non pas les demander de leur chef, comme on a fait à Berne l'année dernière, mais seulement les proposer. Ainsi M. Druey a gagné chez ses adversaires ce qu'il a perdu dans son propre parti. Cette bizarrerie fait la force et la faiblesse de cet homme politique.

Depuis qu'il a paru dans les affaires publiques, M. Druey n'a

cessé d'avoir des phases ou des veines alternativement conservatrices et radicales. Avant la révolution de 1830, dans son canton
de Vaud, il était une des notabilités agissantes de la majorité compacte qui luttait avec énergie contre l'envahissement du libéralisme de M. Monnard et du général de La Harpe. Son élection au
conseil d'Etat de 1831 ½ fit presque scandale chez les révolutionnaires du moment.

Dans les années qui suivirent, M. Druey chercha à monter petit
à petit, et comme on a pu le voir par sa conduite au tir fédéral
de 1836, dans l'affaire Conseil, et plus tard en 1838 dans celle
de Louis-Napoléon Bonaparte, il distança bientôt tout ce qui, en
Suisse, se piquait de professer des opinions avancées. Vint en 1839
la révolution de Zurich, dans laquelle il abandonna les radicaux
de la Suisse allemande, puis la grosse affaire des couvents d'Argovie qui lui valut les anathêmes de tout le parti révolutionnaire. Au
début de l'affaire des Jésuites il fut un instant perplexe; puis il franchit le Rubicon et se lança à plein collier dans le mouvement qui
aboutit à la révolution vaudoise de 1845. On sait quel il fut ensuite
dans la guerre du Sonderbund et comment il se trouva un personnage marquant dans les fastes révolutionnaires européens, quand
éclata la révolution française de Février 1848. Son nom retentit
dans maint banquet de cette époque; il fut acclamé par Ledru-Rollin. Aujourd'hui M. Druey est en apparence bien changé; il semble
acquis aux conservateurs, mais le vieil homme, la nature révolutionnaire est toujours là. Il rit de ceux qui le taxent d'apostasie et
de contradiction. « Sachez que j'ai encore la tête sur les épaules, »
dit-il aux coréligionnaires politiques qui se hasardent à lui signaler le degré de sa popularité descendante.

M. Druey tient moins à cette popularité qu'à ce qu'on soit convaincu qu'il sait toujours bien ce qu'il fait et qu'il domine la situation. Son rôle d'aujourd'hui était tracé d'avance depuis un voyage
qu'il fit en Allemagne il y a quelques années. « Le socialisme est
» en grand progrès dans ce pays (dit-il à son retour en Suisse) ; il
» va déborder; rien ne pourra arrêter cette propagande d'ouvriers
» voyageant en convois sur les chemins de fer et s'exaltant mu-
» tuellement ; j'ai trouvé des communistes dans toutes les univer-
» sités et jusque dans les bureaux de la *Gazette d'Augsbourg*. Le
» moment approche donc ; mais qu'on n'aille pas s'imaginer que
» tout sera dit..... On fera des fautes ; il y aura réaction. Alors

» nous aurons 'des moments pénibles à passer. Mais après cela le
» vrai règne de la liberté arrivera. » Pour ceux qui savent comment un certain mysticisme religieux s'allie souvent à la politique
du président actuel de la confédération, ce langage sera tout naturellement expliqué.

Eh bien oui! le moment de la réaction est arrivé et M. Druey
cherche à nous le faire traverser le mieux possible. Certes, ce
n'est pas là qu'est le mal, et l'on doit au contraire à M. Druey des
remerciements pour la peine qu'il prend à neutraliser les effets
immédiats de son ancienne politique radicale ; mais on a le droit
de lui demander s'il n'a pas fait un usage bien imprudent du talent que Dieu lui a départi, et s'il n'a pas été pour beaucoup dans
les événements qui ont causé et causeront peut-être encore à la
Suisse tant de charges et d'humiliations.

M. Druey fait consister la vertu du vrai démocrate en une soumission implicite à la volonté du peuple dans sa majorité. Cela est
en vérité très-édifiant, mais pour être sincère il faudrait laisser
davantage cette majorité suivre ses instincts, ne pas la travailler, l'échauffer, l'étourdir, la dominer quand on y trouve son
avantage ou celui de ses idées. Il est commode de croiser les bras
par moments et de dire : « Le peuple ne le veut pas ! » puis de se
démener dans d'autres occasions jusqu'à suer sang et eau pour
amener le peuple à faire notre volonté. On sait assez qu'il y a des
questions plus populaires les unes que les autres, et que tel prend
feu contre les Jésuites qui sera sans animosité contre les princes.
M. Druey qui a, comme il le dit, le *flair* fin et exquis, sait à merveille choisir les bonnes questions où il faut chauffer l'opinion, et
celles où il faut se tenir coi. Hâtons-nous de dire que jamais il ne
fut plus dans le vrai que lorsqu'il vit, d'entrée, que l'affaire des
réfugiés était impopulaire en Suisse, et qu'il ne lui convenait pas
à ce propos de risquer une bataille. On pourra, dans le camp radical maintenant divisé, nuire beaucoup à M. Druey avec ce thème-
là ; il donne prise par ses inconséquences, par ses faiblesses, qui
suivent de près de provoquantes menaces, mais ses adversaires
n'arriveront pas de si tôt à le renverser. Ils ne le pourraient qu'avec l'aide des conservateurs ; ceux-ci se soucient peu, on le conçoit, de faire les affaires du radicalisme extrême.

Par son talent et par sa réputation, M. Druey a plus de prise,
aujourd'hui, sur les populations suisses, que nombre de conser-

vateurs éminents : la diplomatie étrangère le sait, et l'on peut raisonnablement croire que pour ce motif elle aime autant M. Druey
que tel autre au fauteuil de la présidence. Si donc le gouvernement fédéral suit la politique prudente qui l'a dirigé ces derniers
temps, la Suisse pourra continuer à jouir des bienfaits de la paix.
Assurément c'est là le vœu général des populations.

Mais n'allons pas nous imaginer, si par bonheur on nous laisse
tranquilles, que ce soit parce qu'on ait peur de nous..... Le
temps de la forfanterie est passé. Nous ne sommes pas à craindre
parce que nous sommes divisés. Et quand nous parlons de tranquillité, il va sans dire que nous ne voulons parler que d'une quiétude relative. On nous demandera encore beaucoup : il est certains
points, comme par exemple Neuchâtel, sur lesquels il y aura de
rudes assauts à soutenir. Aussi, sans vouloir trop faire de conjectures, on peut cependant, après ce que 1849 a vu, s'attendre en
1850 à-peu-près à tout, si le brasier révolutionnaire ne vient pas
à se ranimer quelque part au point de redevenir volcan.

Quant au retour général du parti conservateur aux affaires, il
ne paraît pas près de se réaliser. La Suisse a été radicalisée trop à
fond pour que cela soit possible. Tout ce qu'on peut attendre, et
ce à quoi il faut s'efforcer, c'est que le mouvement reste stationnaire et ne descende pas à des couches inférieures. Du reste
les conservateurs eux-mêmes ne paraissent pas s'abuser sur leur
impossibilité actuelle comme gouvernement. Aussi la première
chose qu'ils font, quand ils engagent une lutte, c'est d'adopter un
programme semi-radical et quelquefois même des candidats mélangés. Cette prudence fait honneur à leur modération un peu forcée, mais elle les perd comme parti. On l'a vu à Genève ; on le verra
peut-être à Berne, sur une plus grande échelle, au printemps prochain. Certes il est toujours beau pour un parti, meurtri dans les
luttes du *forum*, de chercher à se relever et de tenter pour cela
un dernier et sublime effort. Plus l'entreprise est hardie et plus
elle demande de noblesse, d'unité, de loyauté. Notre politique
suisse ne comporte pas de roueries ni d'intrigues. Elle se réduit
à quelques idées fort simples qui ne trompent que ceux qui veulent les alambiquer. Quand on voit par exemple des ultra-radicaux
de la veille se faire les champions, les agents infatigables du con-
servativisme ; quand on voit des naturalisés d'aujourd'hui, réfugiés d'hier, dont les noms à terminaisons exotiques trahissent

l'origine, parler au nom de la vieille nationalité et des traditions séculaires, on peut dire à coup sûr que la situation n'est pas nette et qu'il y a là dessous quelque *quiproquo* que le scrutin se chargera d'éclaircir.

Le peuple suisse tient encore, beaucoup plus qu'on ne le pense généralement, aux idées conservatrices et aux principes qui faisaient la force de son ancienne aristocratie; quelque travaillé qu'il soit depuis nombre d'années par le radicalisme, on le voit aujourd'hui, par des signes non équivoques, revenir à une plus saine politique, à celle du vrai libéralisme, et comme nous l'avons dit, il est tel de nos premiers magistrats qui est entraîné dans une voie nouvelle et se sent forcé de suivre le mouvement. Ceci nous amène à dire, en dernier lieu, quelques mots de notre position intérieure.

Il est encore beaucoup de personnes qui, malgré une année d'expérience ou peut-être même à cause de cette expérience même, continuent à être un peu sceptiques quant à la durée du système fédératif tel que nous l'a fait la Diète de 1848. Les froissements entre les cantons et le pouvoir central ont été graves et fréquents. Ils auraient pu le devenir bien davantage si, dans l'opposition qui a été faite au conseil d'Etat fédéral, au sujet des réfugiés, on s'était placé énergiquement sur le terrain de la souveraineté cantonale blessée dans ses droits de police, au lieu de faire un appel à une sympathie qui n'existe presque pas. Les prétextes et les causes futures ou actuelles de collision ne manquent pas. Nous ne citerons, sans parler des fortifications de Genève, que le mécontentement du gouvernement bernois, qui naguères, maître et seigneur dans sa république de cinq cent mille âmes, subit aujourd'hui avec impatience le pouvoir qui a été juxta-posé à ses côtés. Zurich est moins près que jamais d'avoir cette université fédérale qu'on lui laissait entrevoir comme fiche de consolation. Le million que coûtera peut-être le séjour des réfugiés et que personne ne paraît disposé à nous rembourser, mettra pour longtemps la gêne dans le budget fédéral. Ajoutons-y les frais de l'armement encore inexpliqué de l'été dernier. Tant que le budget n'aura pas été soldé par un excédent de recettes ; tant que les cantons auront à supporter d'énormes sacrifices financiers sans compensation aucune, on ne pourra pas dire qu'il y ait rien de fini en Suisse. Comment des Etats, jusqu'ici souverains et arbitres absolus de leurs budgets, pourraient-ils aliéner à tout jamais leurs recettes les plus claires pour entretenir un régime qui donne à la Suisse moins de considération au dehors et plus de gêne au dedans. A l'extérieur nous n'avons plus la confiance que les peuples, un peu à la légère, avaient bien voulu nous accorder, et certes nous n'avons pas conquis celle des gouvernements, témoin les procédés de l'Allemagne, de l'Autriche, de la France républicaine même, durant tout le cours de l'année expirée.

Sous le régime du pacte de 1815, la Suisse possédait, à défaut de grandeurs politiques, un trésor qui nous plaçait au niveau et même au-dessus des grandes nations de l'Europe, c'est-à-dire, la liberté commerciale, le système du *laisser faire et laisser passer*. Voilà ce que tous les autres peuples nous enviaient, et nous avons échangé cette belle couronne contre un système soi-disant protecteur, qui probablement ne protégera rien du tout, si ce n'est les traitements des gros fonctionnaires fédéraux. En un mot on savait jadis ce qu'était la Suisse, elle avait dans sa petitesse une individualité respectable et qu'on ne lui disputait pas. Aujourd'hui elle est en train de devenir, aussi bien au point de vue politique qu'au point de vue économique, un état de quatrième ou cinquième ordre comme le Wurtemberg ou Bade, ni plus ni moins. Et ce ne sera ni la réforme monétaire, ni la concentration du militaire entre les mains du pouvoir central, qui nous placeront sur un degré plus élevé ou sur un meilleur terrain. Sans contester les mérites de ces réformes, surtout de la première, nous croyons qu'on ne doit pas s'en exagérer les résultats, ni surtout se faire illusion sur les dépenses qu'elles entraîneront.

Le nouveau système fédératif de la Suisse s'appuie, à certains égards, sur des chiffres en espérance, comme un jeune ménage encore novice dans l'art de dresser son budget. Tant qu'il se contentera de faire des expériences dans le domaine politique, le peuple laissera peut-être le champ libre à ses magistrats, parce qu'au fond il est assez d'accord avec ce qui se fait à Berne dans les régions fédérales. Le peuple ne prendra pas les armes pour la question des réfugiés qu'il n'aime guère. Il ne s'animerait même pas pour la liberté de la presse, s'il prenait fantaisie au gouvernement central de faire un petit bout d'arrêté contre les journaux que la propagande a laissés chez nous comme cadeau d'adieu. Mais quand le peuple verra qu'il faut payer à double et porter son

argent à deux caisses, dans celle de la confédération et dans celles
des cantons, sans qu'il y ait ni profit ni honneur pour personne,
il commencera peut-être à réfléchir et à se fâcher. Certes nous
ne supposons pas qu'il puisse jamais arriver aux autorités fédérales de se voir un jour isolées et délaissées, comme naguères le
parlement allemand. Il y a en Suisse trop de patriotisme et, d'esprit national pour qu'il en soit ainsi. Mais ce qui est possible, c'est
qu'aux prochaines élections les satisfaits d'aujourd'hui se trouvent
désappointés. Il prend parfois des lubies aux populations, témoin
celles de l'Argovie qui viennent de nommer une assemblée constituante d'où presque toutes les notabilités cantonales, qui paraissaient si bien assises, ont été écartées.

La majorité des conseils fédéraux a contre elle bien des éléments, d'abord une minorité radicale ardente, active et qui s'entend à soulever des émotions populaires; elle a ensuite son alliance
tacite avec les aristocraties de plusieurs cantons, qui la flattent, la
cajolent, la consultent et la renseignent, tout cela sans l'aimer.
Cette alliance fait au gouvernement fédéral plus de mal que de
bien. Elle indispose contre lui les populations, et elle ne lui donne
aucun appui efficace. Cette confraternité bizarre et du moment,
qui a pris naissance dans des antipathies et qui n'a par conséquent qu'une force négative, ne trompe personne; et moins encore
que d'autres ceux qui sont ainsi accouplés momentanément. Enfin
la partialité notoire de ce pouvoir central, qui tolère et protège
même le radicalisme là où il est décidément odieux, finira par ouvrir les yeux à bien des gens. On n'aime pas, en Suisse, l'aune
inégale et la partialité qui naît d'antipathies personnelles.

On voit qu'à tout prendre nous sommes loin de voir tout en beau
dans notre patrie Suisse. Mais nous ne sommes pas non plus pes-
simistes et ne désespérons pas. Que si l'on nous demande de résumer et de conclure, nous essaierons de le faire en deux mots.

Dans la période qui a précédé celle où nous sommes aujourd'hui,
les conservateurs avaient la majorité et tenaient le timon des affaires, toutefois en ayant en face d'eux une forte minorité radicale. Ne serait-ce point pour n'avoir pas toujours tenu compte de
cette minorité, pour l'avoir parfois un peu méprisée, heurtée,
traitée cavalièrement que les conservateurs se sont perdus? La
morgue doctrinaire, la suffisance aristocratique, l'aplomb péda-

gogique ont exaspéré des adversaires peu endurants et peu scrupuleux sur le choix des moyens.

Aujourd'hui que les positions sont renversées, et que le radicalisme trône à-peu-près partout, nous voudrions qu'il n'imitât pas la tactique exclusive qui a si mal réussi à ses adversaires terrassés. Nous voudrions qu'il se souvînt plus souvent qu'il n'y a pas si loin d'une faible majorité à une forte minorité, même en ne tenant compte que des considérations numériques, et que l'opposition est loin d'être toujours un mal. Plus de largeur, moins de haine systématique rendraient peut-être les vaincus plus tolérants, moins soupçonneux, moins dénigrants, moins gens à coteries. On dit que la moitié du monde ne sait pas comment vit l'autre moitié. Eh bien, à plusieurs égards on pourrait dire aussi que l'un et l'autre des deux grands partis qui divisent la Suisse se font, faute de ne vouloir ou de ne pouvoir se rencontrer parfois sur un terrain commun, beaucoup plus noirs qu'ils ne sont en réalité. Nous sommes loin de prêcher une conciliation entre des éléments inconciliables. Ce rôle est trop difficile, trop usé et trop inefficace. D'ailleurs les partis juste-milieu ne sont pas possibles maintenant. Mais ce qui ne serait pas de trop, ce qu'on peut demander aux uns et aux autres, dans l'incertitude qui plâne sur l'avenir, et ne fût-ce que par prudence, ce serait une espèce de *trève de Dieu*, une promesse réciproque de ne se servir dans le combat que d'armes courtoises, de ne pas se noircir à dire d'experts. Soyons de notre opinion, rien de plus juste, mais souvenons-nous aussi que nous sommes citoyens et que nous avons en face de nous des hommes et des citoyens. Nous ne sommes plus au temps des excommunications, et chez nous les excommunications politiques ont encore moins de raison d'être que les autres, car qui peut en Suisse se flatter d'être absolument dans le vrai? On dit que la vérité est immuable, mais si elle ne change pas, les passions font faire bien des détours et perdre bien du chemin dans le voyage que chacun de nous consacre à sa découverte.   E.-H. G.

POÉSIE.

NOEL!

—

Enfants et Fleurs, vous, grâce de la vie,
Rivaux touchants d'innocence et d'amour ;
Voici Noël ; Noël tous nous convie,
Mais vous, surtout, êtes rois en ce jour.
A l'aube, enfants, dérobez son sourire,
Fleurs, à la terre empruntez vos couleurs :
Notre allégresse à la vôtre s'inspire,
      Enfants et Fleurs.

Enfants et Fleurs, purs comme la rosée,
De nos déserts baume mystérieux,
Vous ignorez, pour toute ame embrasée,
Quelle fraîcheur vous distillez des cieux !
Un vent plus doux vient caresser la lyre ;
Du cœur blessé vous calmez les douleurs ;
Tout reverdit sous votre aimable empire,
      Enfants et Fleurs.

Enfants et Fleurs, par quels magiques charmes,
Chéris des bons et des méchants jamais,
Au repentir arrachez-vous des larmes,
A l'espérance apportez-vous la paix ?

Serait-ce hélas! que, francs de la tristesse,
Miroirs sans tache et non ternis de pleurs,
D'un ciel perdu vous retracez l'ivresse,
Enfants et Fleurs?

Sainte au front pâle et couronné d'étoiles,
A l'œil profond comme l'éternité,
Fille de Dieu qui lis en Dieu sans voiles,
Ange de paix, chaste Sérénité,
Sur un berceau brilla ton auréole ;
Dans tes rayons consume nos langueurs ;
Comme un encens, que notre ame s'envole,
Enfants et Fleurs !

H.-F. AMIEL.

___

MA TOMBE.

—

Si le bon Dieu veut que je meure
Avant de m'avoir fait souffrir,
Un matin d'Avril, avant l'heure
Où l'on est digne de mourir ;

Je voudrais fermer ma paupière
Au bord de l'onde ; je voudrais
Pour sépulcre une blanche pierre,
Et de blancs rosiers pour cyprès.

Pas de mots graves et moroses,
Sur ma tombe sans appareil,
Non, rien que l'ombre de ces roses
Inscrite par un beau soleil.

Je veux, pour qu'un rêve m'enchante,
Auprès de mon second berceau,

Une voix qui prie ou qui chante,
Une voix d'enfant ou d'oiseau.

Oh! n'attristez jamais les tombes!
Les tombes sont les nids joyeux
D'où nos ames, blanches colombes,
Doucement s'envolent aux cieux.

MARC MONNIER.

7 Juillet 1849.

LÉGENDE.

Un soir, un chevalier, criminel, adultère,
Proscrit, maudit de tous, du faible et du puissant,
Errait par la tempête, au pied d'un monastère.

Vous eussiez dit, à voir l'orage frémissant,
A voir tomber du ciel et la pluie et la foudre,
Qu'un dieu pleurait encor des larmes et du sang.

Le chevalier criait : Bientôt je serai poudre ;
La mer n'a plus assez de flots pour me laver ;
Le ciel n'a plus assez de grâces pour m'absoudre.

Non — il est impossible à Dieu de me sauver,
Comme à moi d'entamer le mur du monastère
Avec ce fer sanglant que nul n'a pu braver.

Comme il disait ces mots, de son lourd cimeterre,
Le chevalier frappa les pierres du saint lieu ;
Et le mur, à grand bruit, s'écroula sur la terre.

Celui qui m'a conté cette histoire aimait Dieu.

MARC MONNIER.

19 Août 1849.

CHRONIQUE

DE LA

REVUE SUISSE.

JANVIER.

Comme décidément il n'y a point eu d'événemens ce mois-ci, nous allons en faire, s'il vous plaît! cela ne coûte rien à personne : on n'en peut pas dire autant des événemens réels. Ainsi, attention! je commence..... comme on dit au daguerréotype.

« La France s'ennuie, » s'écriait M. de Lamartine avant le 24 février. Elle ne s'ennuie plus, elle est lasse, ce qui n'est guère plus amusant et ne vaut guère mieux. Mais enfin elle est lasse, ceci est un fait, et elle a toute la mine d'en passer par où l'on voudra, pourvu qu'on la laisse tranquille et qu'on ne la dérange pas. Elle ne demande qu'à s'étendre de son long sur l'herbe, sans même trop songer

Au berger.

Pauvres moutons, paissez donc à votre aise, ne craignez rien, personne ne vous tondra! Les partis se tendent la main; chacun rejette sa part d'erreur pour ne garder que sa part de vérité et la fondre dans une vérité plus haute, qui ne vient d'aucun système en particulier, mais qui vient de tous; chacun oublie son intérêt propre pour se retrouver dans l'intérêt commun; au lieu de ne penser qu'à soi, chacun ne pense qu'à son voisin, et le voit penser à lui d'un même accord. On ne se dévore plus des yeux, on ne se mine plus sous terre, on ne se débusque plus en traître, on ne se donne plus des croc-en-jambes, on se donne des coups de main. Le pauvre a cessé d'envier le riche, le riche de laisser tomber sur le pauvre ce regard glacé qui semble dire : « Pourquoi me gâtes-tu mon soleil? Va-t-en! à chacun son chemin! » Bref, on s'embrasse, on pleure de joie; tout se concilie et s'arrange : il n'a fallu pour cela que vouloir réellement ce que les conservateurs appellent ordre, les démocrates fraternité, les socialistes solidarité, car c'est une même chose sous trois noms différens; à la condition toutefois que, sortant de l'exclusif et de l'apparence, on n'ait plus seulement le mot, mais la chose, c'est-à-dire un ordre profitant également à tous, une fraternité qui ne soit pas celle des *frères ennemis*, une solidarité dont le lien ne soit pas de nous mettre à tous les pieds dans les ceps, d'enchaîner le corps et l'âme sous prétexte de les émanciper.

Oui, il n'a fallu que cela : — mais quoi? direz-vous. — Ah! vous êtes trop curieux! c'est déjà bien assez de faire des événemens lorsqu'il n'y en a pas, sans être encore obligé de les expliquer. Je ne suis que conteur : laissez-moi donc conter.

Embrasés de ce beau feu qui n'anime pas seulement la France, mais l'humanité tout entière, chaque peuple trouve sa place naturelle au soleil, au lieu de la prendre, faute de mieux, sur celle du voisin. Ils se mettent réciproquement au large, et chacun à la part du lion, parce qu'il a justement celle qui lui convient. L'Allemagne arrive à son unité tant rêvée: contente alors et bien assez grande de sa propre grandeur, elle laisse la belle et féconde Italie renaître à elle-même, la fière Hongrie se gouverner vaillamment à son gré dans ses libres plaines. Le Russe n'opprime plus ses frères, et n'est plus opprimé avec eux sous un sceptre de fer. Tous ensemble ils forment un empire, vaste et magnifique, comme le monde n'en avait pas encore vu de tel. L'Orient est graduellement et pacifiquement reconquis au christianisme et à la civilisation. Le Nord s'est adouci au contact du Midi; le Midi, fortifié au contact du Nord. L'Angleterre ne se tient plus à part; ses vaisseaux sont ceux du monde, et ce n'est plus pour elle seule qu'ils sillonnent les mers. Sa sœur d'Amérique rivalise avec elle, mais ne souhaite pas sa mort et n'attend pas sa succession; elle ne se frotte plus les mains en voyant l'Europe s'affaisser et descendre; son jeune Occident élargit le nôtre, le nôtre élargit le sien. O jours de gloire! entente vraiment cordiale! tout vit, tout fructifie, la terre s'épanouit comme une fleur. Les savants, les artistes participent à cette vie nouvelle. Ils pensent avant tout à l'art et à la science; au lieu de penser avant tout à eux-mêmes. Une belle œuvre, une belle découverte les rend heureux, encore qu'elle ne leur appartienne pas. Ils ne songent alors qu'à la produire, au lieu de l'enterrer bien vite cent pieds sous terre, genre d'infanticide qui, s'il n'était pas devenu inconnu dans ces temps fortunés, serait, non moins sévèrement que l'autre, puni par les lois. Enfin, toutes les opinions religieuses se sont réunies sur un point, en effet bien simple, où elles auraient pu dès longtemps s'entendre, puisqu'il leur est commun : chercher Dieu et l'aimer, au lieu de ne chercher, de n'aimer que soi, et de haïr son prochain.

Ainsi va le monde nouveau. Qu'en dites-vous? J'ai bien envie de vous le donner pour étrennes. Mais vous hochez la tête, vous trouvez ce présent trop beau, et surtout trop facile. Eh bien, essayons-en d'un autre, et tâchons d'inventer mieux, puisqu'il ne nous reste que ce parti dans la disette prolongée de faits qui est le caractère, assez significatif d'ailleurs, de la situation actuelle.

Donc, point de nobles flammes, point de souffle de vie. Un brasier mort, ou qui le paraît du moins; une cendre grise et terne. Mais, par dessous, un feu qui couve et qui couvera toujours, car on l'a déjà cru éteint bien des fois, et il s'est toujours rallumé de plus belle. Mêmes passions, même haine, même aveuglement des deux parts; ou plutôt, tout cela s'étendant et s'enracinant de plus en plus dans les cœurs. Les partis tour à tour vainqueurs et vaincus, et n'ayant appris de la défaite qu'à se montrer impitoyables lorsque leur jour reviendra. L'un, bien décidé à la compression, s'il le faut; l'autre, à la destruction. L'Europe, plus que jamais divisée en deux camps qui se menacent et se tiennent perpétuellement en alerte. Après cinquante ans de révolutions, cinquante ans de révolutions nouvelles; et les crises plus rapprochées et plus fortes, dans ce temps où tout marche à la vapeur. Les opinions religieuses ne reprenant quelque vie que pour recommencer leur lutte toujours mal apaisée. La France ne parvenant à relever la tête que pour aboutir à la guerre civile et à l'invasion étrangère. Les idées et les peuples ne se tenant tête que pour mieux s'entre-détruire et se précipiter mutuellement dans l'abîme. Le Midi, écrasé; le Nord, oppresseur, et l'oppression comme l'écrasement ne laissant à la fin après eux que le sable stérile et le niveau du désert. La libre Amérique grandissant avec la plaie de l'esclavage dans le sein, et, comme sa croissance fut rapide, sa décadence suivant du même pas la nôtre, dont elle pensait n'être que le témoin tranquille et inaccessible. Peut-être; de ce côté-ci des mers, sur des monceaux de ruines, un vaste empire despotique, sous le poids duquel notre Occident s'affaissera plus largement et plus vite; ou bien, à moins que Dieu n'y mette auparavant la main, l'anarchie et la conflagration universelles.

Inventé-je mieux cette fois? ces événemens sont-ils plus à votre gré? Hélas! quand on connaît l'esprit orgueilleux de notre âge, quand on regarde dans le cœur de l'homme, quand on sait que ce qui s'y trouve finit toujours infailliblement par apparaître au dehors, est-il bien sûr que j'invente et que rien de cela ne se réalisera jamais? Mais n'importe! je vois bien que mes inventions vous déplaisent: force est donc de me rabattre sur le peu que nous offre en ce moment cette fausse apparence qu'on appelle la réalité.

— La situation, cependant, se dessine de plus en plus en France, mais dans le vague, dans l'inconnu. On sent, non pas qu'il se trame, mais qu'il se forme indistinctement quelque chose. Seulement personne, ni les plus mêlés, ni même les plus intéressés au drame, ne pourraient dire un peu précisément ce que ce sera. Le point sur lequel tout le monde est d'accord, et sur lequel, à cause de cela, il ne faut peut-être pas trop compter, c'est qu'il ne se passera rien avant les nouvelles élections pour la Présidence. Mais que se passera-t-il alors? que devra-t-on faire pour le préparer? et comment le tout sera-t-il accepté? Nul, là-dessus, n'a de réponse, ni même de confiance. Tout le monde répète : Nous ne sommes pas au bout! Les conservateurs le disent avec crainte, les révolutionnaires avec un sentiment d'amère joie, mais plusieurs d'entr'eux en comptant bien que leur espoir ne sera pas de si tôt réalisé et mettant ainsi leurs intérêts personnels au bénéfice de l'ajournement général. Ainsi, chacun se rassure, mais à court terme. Les affaires reprennent, dans cet esprit et dans cette mesure; il s'en fait beaucoup, mais au comptant:

En attendant, le parti conservateur, et ses diverses fractions dynastiques, va se divisant toujours plus. La peur est le seul lien qui l'empêche de se dissoudre : encore n'est-ce que par soubresauts et sur des qui-vive répétés qu'il serre les rangs, qu'il fait un moment front à l'ennemi. Le président de l'Assemblée, M. Dupin, avait eu une si faible majorité pour sa réélection, qu'il l'a refusée : il a fallu sa démission, pour qu'à une votation nouvelle il obtînt une majorité à son gré suffisante. Les gens ne manquent pas qui vous soutiennent froidement et tout haut, que la république est bonne pour la jeunesse des peuples, mais que vers leur fin elle aboutit infailliblement, sous une forme ou sous une autre, au despotisme. En revanche, on continue d'assurer que le socialisme fait des progrès dans les campagnes et dans les départemens; le rétablissement de l'impôt des boissons a produit à cet égard, comme nous l'avions annoncé, une impression fâcheuse pour les hommes et pour les idées du parti conservateur. Quant au Président, il reste et on pourrait même dire qu'il disparaît davantage dans l'ombre : mais il ne semble pas qu'il y soit aussi inactif que ses détracteurs aiment à se le figurer. Le clergé catholique a évidemment repris un ascendant, que l'on attribue au besoin de l'avoir pour appui. La politique présidentielle a toujours ses promoteurs et ses organes spéciaux dans la presse : un nouveau journal vient encore d'être fondé sous ce titre : *Le Napoléon.*

— Au milieu de tout cela et malgré la lassitude générale qui est sans contredit le trait le plus marqué de la situation présente, l'impatience française n'en subsiste pas moins et n'en fait pas moins des siennes. Ce sont toujours les mêmes hommes qui ne veulent pas se retirer de la scène où ils ont vieilli, et croient pouvoir perpétuer leur rôle; d'autres qui veulent les en chasser, et qui vieillissent déjà avant d'avoir pu prendre leur place; puis toujours les mêmes assauts de paroles, les mêmes tournois de tribune, tantôt pour des folies, tantôt pour des riens; les mêmes chocs de vanité, les mêmes boutades, les mêmes injures, car tous les partis descendent jusque-là : nul ne refuse cette satisfaction à ses adversaires, les vaincus moins encore que les autres; Proudhon, du fond de sa prison, Louis Blanc, du fond de l'exil, se sont (passez-moi le mot) *engueulés*, non moins fort, mais moins amicalement qu'au cabaret. Sur les questions d'amour-propre national et non plus seulement personnel, c'est bien pis, parce qu'ici tout ne s'évapore pas en paroles; la vanité veut des actes, et l'on s'y jette tête baissée, comme dans l'affaire de Montevideo, sans s'inquiéter de ce qu'avec l'Algérie et ses affaires du dedans la France a déjà sur les bras.

— Et cependant là France est bien épuisée, hors d'état, avec ses moyens ordinaires, de soutenir une grande lutte. Dernièrement, à la tribune, M. Thiers a fait de tristes révélations sur la marine, révélations essayées il y a quelques années par le prince de Joinville ([1]), dont le ministère exigea la disgrâce et l'éloignement pour ce fait. M. Thiers a établi par des chiffres que la marine française subit chaque année, même dans son matériel, un déclin rapide, et se voit refoulée non seulement par celle de l'Angleterre, mais par celle des États-Unis, qui commence aussi à primer cette dernière et à lui disputer avec avantage le champ des mers. Les États-Unis sont, suivant l'orateur, la plus grande nation de ce temps-ci : à elle appartient l'avenir.

— On voit que la langue de M. Thiers est toujours en bon état, malgré les mauvais bruits qui en avaient couru, et qu'il n'est pas près de faire à ses adversaires le plaisir de perdre l'usage de la parole ([2]) — M. de Lamartine est aussi rétabli, et de retour à Paris. Il a obtenu du Grand-Seigneur une concession de terre dans l'Asie-Mineure : il y enverra des colons, mais lui-même n'y ira pas : c'est un M. Rolland qui sera chargé de la direction de l'entreprise. L'auteur de *Raphaël* revient, dit-on, avec un autre traité encore, lequel lui assure, de la part de journaux ou de libraires, cent mille francs pour quatre romans. Cela, et l'arrangement de ses affaires, l'aurait remis à flot, et il va commencer une nouvelle campagne: quelle qu'en soit l'issue pour lui, le public du moins en profitera.

— Il va paraître à la fin de ce mois, une nouvelle édition de l'*Histoire de la Révolution d'Angleterre* par M. Guizot. La partie encore inédite, comprenant l'histoire de la république et de Cromwell, viendra plus tard; mais les deux volumes déjà connus seront précédés d'une préface très-ample, que l'on tirera aussi en ouvrage à part. M. Guizot y recherche les causes pour lesquelles la révolution d'Angleterre a réussi : ce sera dire implicitement pourquoi, à ses yeux, celle de France n'a pas eu le même sort.

— *Huet, évêque d'Avranches*, ou le *Scepticisme théologique* ([3]),

([1]) Voir la *Revue des Deux-Mondes*, de mai 1844.
([2]) Voir notre dernière *Chronique*, tome XII de cette *Revue*, p. 734.
([3]) Paris, chez Franck, rue Richelieu, 69, et chez Marc Ducloux, rue Saint-Benoît, 7.

tel est le titre, certainement piquant dans sa seconde partie, d'un ouvrage de M. Christian Bartholmèss, dont on avait déjà, en deux savans volumes, une histoire et une appréciation complètes de Giordano Bruno, l'un des plus grands penseurs de la Renaissance, mais penseur tourmenté; il le fut par lui-même avant de l'être par l'Inquisition. Quant à l'évêque d'Avranches, c'est un de ces vastes érudits du dix-septième siècle, qui a eu toutes les gloires, même celle de l'érudition. Huet a sa place et son rang, comme tel, dans la littérature de son temps, où il n'est aucun amateur de bons livres qui n'ait souvent rencontré son nom.

· Son système philosophique est moins connu (si l'on peut l'appeler un système). La foi, comme la raison, passe certainement par le doute: seulement, ce doit être pour s'élever au dessus et embrasser la vérité par un acte non seulement de la volonté, mais de l'esprit. Dans ce sens, on pourrait en effet soutenir qu'il faut douter, et même beaucoup douter, pour bien croire: c'est-à-dire se déprendre de l'illusion, rejeter l'apparence, pour ne plus voir que les réalités éternelles. Mais Huet ne l'entendait pas ainsi. Il érigeait le doute en système; son scepticisme était absolu et complet. Il pensait que nous ne pouvons rien savoir, que nous ne pouvons que douter de tout, et il fondait là-dessus la nécessité de la foi, en quelque sorte de guerre lasse : on se soumet à son autorité, à celle de l'Église qui l'exerce; il n'y a en nous ni moyen ni droit de la reconnaître et de l'accepter. « Pour croire il est bon de ne pas croire », tel était donc l'adage de Huet, sa formule philosophique. A ce compte, il aurait dû croire beaucoup; mais il ne paraît pas que sa maxime se soit vérifiée chez lui par le résultat : comme il était non moins ingénieux que savant, le doute lui allait mieux que la foi. M Bartholmèss était cependant bien obligé de le prendre au sérieux, lui et sa doctrine : il l'expose et la combat avec autant de savoir et de pénétration que de force logique. Outre une notice biographique, il donne des renseignemens variés, curieux et profonds sur tout ce qui se rattachait naturellement au système de Huet, sur sa polémique avec Descartes, sur ses autorités profanes et sacrées, sur des essais de pyrrhonisme analogues au sien, etc., etc.

Cet ouvrage, assez court, mais plein et substantiel, était en même temps destiné à servir de thèse à l'auteur pour le doctorat. Parmi ses juges se trouvait entre autres M. Cousin, qui a parlé avec éloquence sur la question, et de la manière la plus flatteuse pour l'aspirant. Ses collègues ont voulu témoigner aussi à ce dernier tout le cas qu'ils faisaient de son travail, et chacun à son tour a pris part à la discussion. Cet honneur universitaire, comme toute espèce d'honneurs en général, avait bien son côté fatigant, et risqua de devenir un supplice pour celui qui en était l'objet; car on le retint sept heures de suite dans la lice, et, sans trêve ni relâche, il dut y répondre pendant sept heures à tout venant. M. Ozanam y représentait les idées catholiques et le

principe de l'autorité; mais il trouva parmi les spectateurs un contra-
dicteur inattendu, M. Jules Simon, qui demanda la permission d'ajouter quelques mots et plaida la cause de la philosophie avec chaleur.
Même auprès des catholiques non croyans, la qualité de protestant
n'est pas précisément un titre en France, et M. Bartholmèss est protestant. Cette petite scène de Sorbonne aura donc par là un intérêt
particulier pour plusieurs de nos lecteurs. M. Bartholmèss y a eu un
succès peu commun, et M. Augustin Thierry, l'illustre aveugle, lui a
envoyé demander son ouvrage, désirant se le faire lire, sur le bien qui
lui en était revenu.

A sa thèse principale, sur Huet et son scepticisme, M. Bartholmèss
avait joint, selon l'usage, une dissertation latine, sur *Bernardino Telesio*. C'est aussi un travail neuf et développé. Telesio, né à Cosenza
en 1508, mort en 1588, fut le fondateur d'une célèbre école de philosophie naturelle dans le royaume de Naples, école que François Bacon et Galilée eurent en grande vénération, et qui fleurit pendant plus
d'un siècle sous le titre d'*Académie Télésienne* ou *Cosentine*. L'auteur, après avoir raconté la vie peu connue du penseur calabrais,
passe en revue ses ouvrages et ses principes, et fait connaître rapidement ses disciples les plus distingués, parmi lesquels se trouvent
Persio, Patrizzi, Campanella. Tout, dans cet opuscule concis, est
puisé aux sources originales et dans des documens aussi rares qu'authentiques. Il est dédié à M. Alexandre de Humboldt; *Huet* l'est à
M. Auguste Bœch, secrétaire perpétuel de l'Académie de Prusse, et à
M. l'abbé Gazzera, secrétaire perpétuel de celle de Turin.

—Nous sommes presque en retard pour annoncer le *Dictionnaire de
la Bible* ([1]) par M. Jean-Augustin Bost; car, bien qu'il n'ait paru qu'à
la fin de l'année dernière, la plus grande partie de l'édition est déjà
écoulée; mais la publication d'un tel ouvrage est une entreprise, matériellement même, trop considérable et trop rare dans la littérature
protestante de la France de nos jours, pour que nous ne prenions pas
au moins note que, grâce à l'auteur et à l'imprimeur, M. Marc Ducloux, cette entreprise a eu lieu, et qu'elle a réussi. Comme son titre
l'indique, le *Dictionnaire de la Bible* présente une série d'articles,
rangés par ordre alphabétique, dans lesquels on donne les opinions
et les renseignemens les plus plausibles sur toutes les questions de
critique, d'apologétique, d'histoire, de géographie, sacrées et profanes, de botanique, d'histoire naturelle, etc., que la lecture de la
Bible peut suggérer. Cette seule indication montre quelle est l'importance de ce livre, et quelle lacune il vient combler. Sans doute, il

([1]) A la librairie protestante, à Paris, rue Tronchet, 2, et chez Mme Su-
zanne Guers, à Genève. 2 forts volumes in-8°.

peut laisser encore à désirer sur quelques points; cela était inévitable dans un travail si considérable, malgré le temps et le soin que l'auteur y a consacrés : mais cependant nous n'avions rien d'aussi complet, rien qui réunît, en un seul corps d'ouvrage, les résultats de recherches plus ou moins fragmentaires, éparses dans plusieurs. En outre, M. Augustin Bost ne s'est nullement borné aux sources, malheureusement trop peu nombreuses, qu'il trouvait dans notre langue ; il a mis à contribution les travaux, infiniment plus riches sur cette matière, des Anglais et des Allemands. Il a ainsi rendu un véritable service à tous ceux qui, sans être théologiens de profession, font de la Bible leur nourriture habituelle ; faute d'un tel secours, ils se voient arrêtés, ou demeurent dans le vague, sur une multitude de points de fait qui en éclairent d'autres, mais à la condition de ne pas rester eux-mêmes inexpliqués ou obscurs.

De plus, la Bible n'est pas seulement pour la foi le livre des livres : un esprit non prévenu avouera qu'elle l'est aussi pour l'humanité ; que, sans parler de l'avenir, c'est pour le passé un monument unique et qui le domine tout entier, car l'Ancien-Testament projette des rayons sur tout l'ancien monde, et c'est du Nouveau qu'est sorti le monde moderne. Les personnes donc qui, en dehors de préoccupations religieuses exclusives ou prononcées, désirent connaître la Bible un peu moins mal qu'elle ne l'est d'ordinaire, trouveront dans le *Dictionnaire* de M. Bost une ample et nouvelle matière pour satisfaire leur but d'instruction ou même de simple curiosité : c'est souvent, d'article en article, comme une suite d'excursions historiques ou pittoresques que l'on fait en Orient, dans ce premier centre de la civilisation, dans ces pays jadis florissans, aujourd'hui déserts, où se sont formées les destinées de l'humanité.

— Nous pourrions encore signaler ainsi quelques ouvrages sérieux, pas en grand nombre cependant. De littérature proprement dite, il en est toujours fort peu question. Il revient du monde aux théâtres; mais ils sont loin d'avoir retrouvé leurs beaux jours. Une petite pièce de George Sand, qui l'a tirée d'un de ses romans dont notre *Chronique* a parlé, *François-le-Champi*, attire la foule à l'Odéon. C'est une peinture de mœurs rustiques, avec de petits airs populaires du Berry, que l'orchestre joue dans les entr'actes et qui achèvent de donner à l'ouvrage son parfum de grâce naïve et champêtre. Cet ouvrage a fort réussi : c'est la plus fraîche nouveauté de la saison. Du reste, les temps, disons-nous, demeurent très-médiocrement littéraires. Les journaux, malgré quelques rares exceptions que nous avons signalées, sont d'une stérilité complète ; mais plus le silence est grand, comme il l'est à cette heure, plus ils s'imaginent faire du bruit; et ils vont toujours, roulant toujours leurs grands mots dans le vide. Connaissant d'ailleurs le fort du public, ils n'ignorent point que la médiocrité est

un des plus grands moyens de réussite; mais il faut convenir que
dans ce moment ils poussent l'emploi de ce moyen à l'excès.

Puisse, au reste, l'année qui commence n'avoir pas de défauts pires
que celui-là !

Paris, 12 janvier 1850.

MÉLANGES.

I.

LE MONDE ET J.-J. ROUSSEAU (¹).

J.-J. Rousseau a beaucoup parlé de sa personne dans ses écrits, et
il l'a fait avec une telle franchise qu'il est facile d'y retrouver les divers traits de son caractère. Jean-Jaques fut indolent durant toute sa
vie; incapable de souffrir la gêne ni la contrainte, il aimait cette liberté
dont jouissent les animaux dans les bois. Extrêmement confiant dans
la première moitié de sa vie, il devint ensuite d'une excessive et trop
souvent injuste défiance. Comme auteur il fut dominé par l'amour-
propre, l'amour de la gloriole, et très-susceptible. Il paraît que Rousseau était peu sociable, et que c'est pour cette raison principalement
qu'il ne put se conserver des amis et se fit haïr de tout son siècle. Il
était du reste désintéressé, franc, loyal, indépendant, ami sincère. Je
ne m'étendrai pas sur ces divers traits du caractère de notre philosophe; je veux me borner à le considérer dans le portrait qu'il trace
de sa personne dans la huitième *rêverie du promeneur solitaire.*

En méditant sur les dispositions de son âme aux diverses époques
de sa vie, Jean-Jaques est frappé de n'avoir point conservé de souvenirs agréables de ses moments de prospérité, et d'en avoir, au contraire, de délicieux sur ceux où il a été dans le malheur. D'où vient
une si singulière disposition d'âme? C'est ce qu'il se propose d'expliquer.

La raison pour laquelle Rousseau n'a pas goûté de jouissances au
temps de ses prospérités, c'est qu'alors il ne vivait pas en lui-même:

(¹) Ce morceau est extrait d'une leçon de littérature.

« Mon âme expansive s'étendait sur d'autres objets ; et, toujours attiré
loin de moi par des goûts de mille espèces, par des attachements aimables qui sans-cesse occupaient mon cœur, je m'oubliais, en quelque façon, moi-même ; j'étais tout entier à ce qui m'était étranger, et
j'éprouvais, dans la continuelle agitation de mon cœur, toutes les vicissitudes des choses humaines. Cette vie orageuse ne me laissait ni
paix au dedans, ni repos au dehors.... Jamais je n'étais parfaitement
content ni d'autrui, ni de moi-même. Le tumulte du monde m'étour-
dissait, la solitude m'ennuyait, j'avais sans-cesse besoin de changer
de place, et je n'étais bien nulle part.... Que me manquait-il donc
pour être heureux ? Je l'ignore ; mais je sais que je ne l'étais pas. »
Pauvre Jean-Jaques ! Tu ne sais pas ce qu'il te manquait ?... Mais auparavant, qu'il me soit permis de dire que l'état que décrit Rousseau
est celui de tout homme ébloui du monde, et qui y cherche sa félicité.
Or le monde ne peut donner ce qu'il n'a pas. Ce qui manquait à notre
philosophe, c'est la possession de la vérité chrétienne, c'est la conversion du cœur et cette vue des choses divines et éternelles acquises par
le Sauveur des hommes à ceux qui le suivent sur l'austère mais glorieux sentier du Calvaire. Jean-Jaques, comme tant d'autres, n'est pas
entré dans ce sanctuaire de la grâce, il n'a pas connu cette « vie cachée en Christ » ; autrement, au lieu de se répandre dans le monde et
d'y poursuivre les fantômes de son imagination déréglée, il eût répandu son cœur sur le seul objet qui pût le satisfaire, sur l'Homme-
Dieu, et son âme, changeant de direction, eût marché à la conquête
des vérités éternelles. Alors, au lieu du trouble il aurait rencontré la
paix sur son chemin, et avec elle, de pures jouissances.
Ne trouvant que déceptions dans la poursuite des plaisirs et de la
gloire mondaine, Rousseau se vit obligé de rebrousser chemin ; il se
replia sur lui-même, tourna le dos au monde, et ne voulut plus avoir
commerce qu'avec sa personne. Mais que sa retraite est faite de mauvaise grâce ! Ce n'est pas volontairement qu'il prend une telle détermination, il y est contraint par l'opposition qu'il rencontre ou croit
rencontrer partout. « L'infamie et la trahison me surprirent au dépourvu. Quelle âme honnête est préparée à de tels genres de peines ?....
L'indignation, la fureur, le délire, s'emparèrent de moi ; je perdis la
tramontane. Ma tête se bouleversa, et, dans les ténèbres horribles
où l'on n'a cessé de me tenir plongé, je n'aperçus plus ni lueur pour
me conduire, ni appui, ni prise où je pusse me tenir ferme, et résister au désespoir qui m'entraînait. »
Rousseau a cependant pris son parti, et dans son isolement il a trouvé ce qu'il n'avait pas rencontré dans le monde, le calme et la paix ;
il vit heureux et tranquille. Comment expliquer cela ? « C'est que, dit-
il, j'ai appris à porter le joug de la nécessité sans murmure.... Quand
je vis une génération frénétique se livrer toute entière à l'aveugle fureur de ses guides contre un infortuné qui jamais ne fit, ne voulut, ne

rendit de mal à personne ; quand, après avoir vainement cherché un homme, il fallut éteindre enfin ma lanterne et m'écrier : il n'y en a plus ; alors je commençai à me voir seul sur la terre et je compris que mes contemporains n'étaient, par rapport à moi, que des êtres mécaniques qui n'agissaient que par impulsion, et dont je ne pouvais calculer l'action que par les lois du mouvement.... Dès-lors ils cessèrent d'être quelque chose pour moi. »

Ne considérant plus les hommes que comme des êtres aveugles et sans moralité, Rousseau devait cesser d'être sensible à leurs coups ; on ne s'indigne pas contre une tuile qui vous blesse, parce qu'il n'y a pas en elle d'intention. Cependant il ne suffisait pas d'en être venu là ; Jean-Jaques avait vaincu par le mépris l'ennemi extérieur, les hommes ; mais il lui restait encore à vaincre son amour-propre ; il s'indignait de ce qu'il était méconnu, de ce qu'il n'y avait plus personne pour lui rendre justice et apprécier son mérite. « Je n'eus jamais beaucoup de pente à l'amour-propre ; mais cette passion factice s'était exaltée en moi dans le monde, et surtout quand je fus auteur : j'en avais peut-être encore moins qu'un autre, mais j'en avais prodigieusement. Les terribles leçons que j'ai reçues l'ont bientôt renfermé dans ses premières bornes : il commença par se révolter contre l'injustice, mais il a fini par la dédaigner ;.... alors redevenant amour de moi-même, il est rentré dans l'ordre de la nature, et m'a délivré du joug de l'opinion. »

Voilà donc Rousseau insensible aux maux que pouvaient lui faire les hommes, et de plus indifférent à l'opinion qu'ils pensent avoir de lui. Il vit seul, il ne vit plus que pour lui seul, et dans cet état, « j'ai retrouvé la paix, dit-il, et presque la félicité.... En me rendant insensible à l'adversité, les hommes m'ont fait plus de bien que s'ils m'eussent épargné leurs atteintes. »

Celui qui prendrait au mot notre philosophe sur ce qu'il dit de sa félicité, tomberait dans une grande erreur. Sa malheureuse fin ne prouve que trop les tourmens et les angoisses de son âme. D'ailleurs il se donne les démentis les plus formels dans le morceau même que nous examinons : « Dans les tristes moments que je passe encore au milieu des hommes, jouet de leurs caresses traîtresses, de leurs compliments ampoulés et dérisoires, de leur mielleuse malignité, de quelque façon que je m'y sois pu prendre, l'amour-propre alors fait son jeu. La haine et l'animosité que je vois dans leurs cœurs à travers cette enveloppe grossière, déchirent le mien de douleur, et l'idée d'être ainsi sottement pris pour dupe ajoute encore à cette douleur un dépit très-puéril ; fruit d'un sot amour-propre dont je sens toute la bêtise, mais que je ne puis subjuguer...... un geste, un regard sinistre que j'aperçois, un mot envenimé que j'entends, un malveillant que je rencontre, suffit pour me bouleverser : tout ce que je puis faire en pareil cas est d'oublier bien vite et de fuir ; le trouble de mon cœur disparaît avec l'objet qui l'a causé,.. ou, si quelque chose m'inquiète, c'est la crainte de rencontrer sur mon passage quelque nouveau sujet de douléur. C'est là ma seule peine; mais elle suffit pour altérer mon *bonheur*. »

Voilà donc Jean-Jaques qui se dément de la manière la plus explicite; croit-il échapper à l'objection en attribuant à ses sens cette écharde qui le tourmente encore? S'il n'avait plus de sens pour communiquer avec les hommes, son âme, dit-il, ne serait plus troublée; mais il n'a jamais pu vaincre cet empire des sens : « J'ai cessé tous mes efforts pour cela : je laisse à chaque atteinte mon sang s'allumer, la colère et l'indignation s'emparer de *mes sens;* je cède à la nature cette première explosion, que toutes mes forces ne sauraient arrêter ni suspendre..... les yeux étincelants, le feu du visage, le tremblement des membres, les suffocantes palpitations, tout cela tient au *seul physique;* et le raisonnement n'y peut rien. Mais après avoir laissé faire au naturel sa première explosion, l'on peut redevenir son propre maître en reprenant peu à peu ses sens.... » Et à qui Jean-Jaques attribue-t-il le pouvoir de le calmer? Après ces paroles on est tenté de croire que c'est à la raison; mais non: « c'est, dit-il, mon naturel indolent qui m'apaise. Je cède à toutes les impulsions présentes : tout choc me donne un mouvement vif et court; sitôt qu'il n'y a plus de choc, le mouvement cesse. » O sagesse d'un grand philosophe! où est la victoire que tu as remportée sur toi-même? Où est ce bonheur dont tu te félicites? Je te vois toujours susceptible, orgueilleux, et plus que jamais esclave de l'opinion de tes semblables! Pour expliquer toutes les contradictions dans lesquelles est tombé notre philosophe, il n'y a qu'à considérer la route qu'il a suivie; opposée à celle que nous recommande le christianisme elle ne pouvait que le conduire où il est arrivé. Jean-Jaques s'est détaché du monde en fulminant des imprécations contre l'humanité, le chrétien s'en détache pour obéir à l'attrait des choses divines; Jean-Jaques a trouvé sa prétendue félicité, dans le mépris des hommes, le chrétien retrouve le bonheur en combattant son égoïsme et en s'exerçant à aimer ses frères; Jean-Jaques voulait oublier le monde et l'anéantir dans sa pensée pour pouvoir vivre seul, le chrétien meurt chaque jour à lui-même pour ne plus vivre que pour Dieu et pour ses semblables. Il est inutile de poursuivre ce parallèle : toute personne qui connaît par expérience l'action du christianisme sur le cœur de l'homme, sentira assez le vide de la sagesse de Rousseau et ce qu'il manquait à son cœur. O combien la philosophie, même la plus spiritualiste, paraît triste quand on la considère dans ses effets sur le moral de l'homme! C'est une nourriture délétère qui tue ceux qui s'obstinent à s'en rassasier : le christianisme seul renferme un élément substantiel pour fortifier l'âme et lui donner un vrai développement.   J. Paroz.

II.

UNE BOUTADE DE PANNARD.

—

Charles-François Pannard naquit à Courville près de Chartres en 1675 ; nommé par Marmontel le *Lafontaine du vaudeville* il mérita ce titre par le naturel, la facilité, l'esprit et le sentiment qui distinguent ses œuvres ; sans doute elles ne sont point exemptes de longueurs et de négligences, mais ces défauts sont largement rachetés par le charme qu'on trouve à leur lecture et par les traits saisissants de vérité et de bonhomie dont elles sont semées. Pannard me semble partager avec Bérenger et Désaugiers le sceptre de la chanson ; s'il n'a pas tout l'esprit brillant du dernier ni la haute philosophie du premier, il a plus que tous deux l'entrain et le laisser-aller qu'inspire la *dive* bouteille dans laquelle il trouvait la verve et l'abandon bachique aussi naturellement que sa plume puisait l'encre dans l'écritoire. Cet auteur ne fit point seulement des vaudevilles et des chansons, mais encore plusieurs petites pièces de vers remplies de grâce ; en voici une très-peu connue, qu'il composa dans les circonstances suivantes.

Ayant été faire visite à Auteuil chez l'un de ses amis, qui depuis peu y avait acheté une petite maison de campagne, le nouveau propriétaire reçut Pannard d'une façon propre à lui être agréable, c'est-à-dire à table et la bouteille à la main. Là, tout en sablant du meilleur, l'amphytrion retraça les charmes attachés à sa nouvelle possession d'une manière si animée, que Pannard excité par son ami, lui offrit de peindre en vers les délices de sa position. Celui-ci y consentit, et fit venir une plume et du papier ; mais il n'avait pas d'écritoire, et Pannard dut recourir à la liqueur rouge du raisin pour tracer les vers suivants, délicieux à mon avis.

Boutade.

Un petit asile champêtre,
Un pouce de terre, un étui
Si court, si serré qu'il puisse être
Plaît toujours aux yeux de son maître ;
Rien ne le flatte autant que lui :
Lorsque l'on se promène il est bien doux de dire :
Je marche en ce moment sur quelque chose à moi ;
Ce ruisseau dont le frais m'attire,
Ce tilleul, cet ormeau qu'agite le zéphire,
Cette fleur que je sens, cette autre que je voi,
Sont autant de sujets à qui je fais la loi ;
Tout rit où l'on a de l'empire,
Tout est charmant où l'on est roi.

J. PETITSENN.

III.

NICOLAS DE FLUE.

La Suisse avait atteint le faîte de la gloire ;
Au lieu d'humbles chansons, des hymnes de victoire
Des vieux monts étonnés réveillaient les échos :
Comme un vaisseau que brise un écueil invisible,
Après qu'il a, des flots, dompté l'assaut terrible,
Charle avait, dans nos champs, vu plier ses drapeaux.

Lui, que les rois nommaient le fort, le téméraire,
Leur égal dans la paix, leur vainqueur à la guerre,
En Suisse avait voulu commander à son tour ;
Mais l'humble paysan, que son audace outrage,
Marche au-devant de lui, plein d'un noble courage,
L'attaque avec furie et le bat en un jour.

Mais soudain, dans les cieux, passe un nuage sombre ;
L'ennemi foudroyé, la discorde, dans l'ombre,
Comme une amante en deuil accourt pour le venger.
Du prince fugitif les richesses splendides
Ont éveillé l'envie ; et des mains fratricides
Tirent un fer fumant du sang de l'étranger.

Dans la ville d'Arnold c'est un affreux tumulte :
Sans honte des guerriers se prodiguent l'insulte ;
Par un vil intérêt tous ils sont dominés ;
Mais, aux cris menaçans, soudain un long silence
Succède, et dans l'enceinte un homme âgé s'avance,
Et d'un commun accord les fronts sont inclinés !

Il n'est point de ces rois que la foule idolâtre,
De leurs exploits prenant le monde pour théâtre :
Son sceptre pastoral est un bâton noueux ;
Sa pourpre, un vêtement sombre comme la tombe ;
Une chaîne de fer sur sa robe retombe ;
On dirait à le voir un envoyé des Cieux.

Sa tête a, des vieillards, ceint l'auguste couronne ;
Sur le peuple tremblant, dont le flot l'environne,
Il arrête, pensif, ses yeux noirs pleins de feu ;
Son port majestueux, son imposante taille,
Décèlent un guerrier géant dans la bataille,
Et son maintien austère un prêtre du saint-lieu.

Debout, tel Samuel qui prêchait par l'exemple,
Tel le divin Jésus enseignant dans le temple,
Il dit aux sénateurs de sa voix d'inspiré :
« Frères, je n'entends rien aux choses de la terre ;
Je suis enfant du peuple, un pauvre solitaire,
De ce monde trompeur dès long-temps retiré.

» Le jour brillait à peine ; à genoux sur la pierre,
J'élevais au Seigneur ma timide prière,
Quand son céleste esprit vint parler à mon cœur :
Mon frère, m'a-t-il dit, quitte ton ermitage ;
A Stanz vole porter un bienfaisant message...
La Suisse est en danger ; pars et reviens vainqueur.

» Tel est l'ordre de Dieu : sa justice n'accorde
Le bonheur qu'au pays où règne la concorde,
Où chacun des enfants à son père est soumis.
Suisses, restez unis ! le Seigneur vous l'ordonne ;
Vos cantons divisés, son bras vous abandonne,
Et vous livre sans force au fer des ennemis.

» Comme un gage de paix le Ciel à vous m'envoie ;
Tant que vous poursuivrez une commune voie,
La victoire toujours suivra vos étendards.
Etouffez en son germe une haine fatale ;
Sinon ! adieu l'éclat de la croix fédérale ;
L'édifice ébranlé croule de toutes parts !

» Soyez sourds à la voix des âmes égarées ;
Point de traités secrets, de ligues séparées :
Tous les membres d'un corps forment seuls sa vigueur.
Sur vos frères pourquoi lancez-vous l'anathème ?
Leur sang versé tient lieu d'helvétique baptême ;
Octroyez-leur un rang qu'ils ont dans votre cœur.

» Si l'orage plus tard gronde sur votre tête,
Entre chaque canton divisez la conquête,
Partagez le butin entre les combattans ;
De la même patrie enfans, soldats et frères,
Que l'amour, la justice et les vertus austères
Soient de votre pouvoir les signes éclatans.

» Gardez pures vos mœurs ; on cherche à vous séduire,
Craignez l'or, en nos champs semé pour vous détruire ;
La richesse d'un peuple est dans sa liberté.
Des rois n'allez jamais soutenir le tonnerre,
Car le Suisse est né libre et non point mercenaire ;
L'argent de l'étranger cache un joug détesté.

» Ma mission divine est remplie à cette heure,
Je retourne, joyeux, dans ma pauvre demeure,
D'où je sortis tantôt pour obéir à Dieu.
Je le prierai toujours pour vous, pour la patrie :
Que sa couronne d'or ne soit jamais flétrie ;
Qu'elle vive toujours ! soyez bénis, adieu !.... »

— Il a dit ; et soudain des mains tombent les armes ;
Les guerriers repentans s'embrassent tout en larmes ;
Du livre des douleurs ces jours sont effacés ;...
Mais le saint, reprenant son bâton de voyage,
A regagné, pieds nus, son paisible ermitage,
Murmurant un cantique, humble, les yeux baissés. —

Depuis, à Sachselen dans sa châsse modeste,
Son corps voulut garder une pose céleste :
On le voit recueilli, priant à deux genoux,
Quand au divin séjour sa belle âme ravie
Suit le cours bienfaisant de sa trop courte vie ;
Ange national, il prie encor pour nous !

X. KOHLER.

Novembre 1848.

IV.

SUR UN ALBUM.

A Mlle H. K.

—

Belle comme la blanche rose
Au souffle de l'aurore éclose,
Belle comme un rayon du jour,
Votre jeunesse fortunée
S'épanouit, environnée
De grâce, d'espoir et d'amour.

C'est un parfum qui s'évapore,
Une voix joyeuse et sonore
Qui s'exale en concerts flatteurs;
C'est un charme qui nous entraîne,
Et, comme un songe, nous promène
Dans des mirages enchanteurs.

Pareille à la source limpide
Qui jaillit en trésor liquide
Du sein murmurant du rocher,
Votre âme, urne pure et féconde
Où la vie, où l'amour abonde,
Ne demande qu'à s'épancher.

Votre œil luit ! l'éclair de la joie,
Comme un reflet qu'un astre envoie,
Sur tous les fronts brille soudain !
On s'enivre à votre parole,
Oubliant que l'heure s'envole
Dans ces doux rêves de l'Eden.

Gracieux et paisible empire !
Au charme de votre sourire
Quel cœur par le trouble agité,
Quel austère et sombre visage,
Comme le ciel après l'orage,
Ne reprend sa sérénité !

Moi-même qui, dans ma retraite,
Depuis long-temps oisif poète,
N'éprouvais ni feux ni transports,
Je sens que pour vous, ô mon ange !
Ma voix retrouve une louange,
Mon luth, d'harmonieux accords.

J.-E. PEG-ROUSSEL.

REVUE BIBLIOGRAPHIQUE.

ÉTUDES ÉLÉMÉNTAIRES ET PROGRESSIVES de la parole de Dieu, par
L. Burnier. III. Les Prophètes, 2ᵉ Partie. — Lausanne 1849, G. Bridel,
— Prix 3 fr. Fr.

Ce nouveau volume de M. Burnier est le dernier des trois qu'il consacre
à l'explication de l'Ancien Testament. Il comprend la série des faits bibliques depuis la fondation du temple de Salomon jusqu'au temps de Malachie,
c'est-à-dire la période des prophètes proprement dits. C'était la partie la
plus difficile de son travail, c'était aussi la plus utile ; car c'est dans cette
étude surtout que l'on a besoin d'un guide et d'une explication, tant à
cause de la difficulté des choses en elles-mêmes que pour suppléer à l'imperfection de nos versions de la Bible. Pour avoir une appréciation complète du travail de M. Burnier, il faudrait s'adresser à ceux qui l'ont
pratiqué, et en ont fait un usage journalier soit dans leurs propres études,
soit dans les instructions religieuses qu'ils avaient à donner. Presque tous,
nous en sommes sûr, en parleraient avec une intime reconnaissance. Pour
nous, simple *lecteur* de cet ouvrage, nous pouvons dire que, même à le
lire d'une haleine et plus rapidement qu'il ne conviendrait, l'on y trouve un
grand intérêt ; l'exposition est claire, le récit animé, le coup-d'œil historique
juste, le tout enfin parfaitement simple. Mais ce qui donne surtout à ces
études un mérite à elles, et qui les distingue des autres études élémentaires
sur le même sujet, c'est qu'elles sont en même temps progressives. Il y a
dans l'ensemble des révélations de Dieu un développement comme dans
toutes ses autres œuvres ; la même pensée divine préside sans doute aux
destinées humaines dans tout leur cours ; mais elle se manifeste peu-à-peu ;
les promesses faites à Moïse étaient en germe dans celles qu'avait reçues
Abraham, et devaient elles-mêmes se développer à travers l'époque des prophètes jusqu'à ce qu'elles arrivassent en Christ à leur entier accomplissement ; car l'histoire du peuple de Dieu est l'histoire de son éducation. Envisagée à ce point de vue, elle change de face, elle devient quelque chose de
vivant, quelque chose qui se renouvelle sans jamais se répéter ; telle, suivant la magnifique image employée par Salomon, *la lumière du soleil qui va
toujours croissant, jusqu'à ce que le jour soit arrivé à son midi.* Cette manière
de traiter la série des révélations divines, entrevue déjà par le grand Her-
der (quoique trop humainement peut-être), a été saisie avec intelligence par
les plus grands théologiens de notre époque ; mais elle n'avait pas encore, à
notre connaissance du moins, passé dans l'enseignement élémentaire. On
doit remercier M. Burnier d'être entré dans cette voie, où il a eu à sur-

monter toutes les difficultés que présente nécessairement un chemin non encore frayé.

 M. Burnier fait habituellement usage de ce qu'on appelait jadis la méthode *analogique*, et il le fait le plus souvent avec bonheur ; il a à un haut degré cette seconde vue qui dans le fait aperçoit de prime abord le symbole ; en voici un exemple des plus aimables. Il s'agit des cinquante fils des prophètes qui, malgré la recommandation expresse d'Elisée, se sont obstinés à chercher dans le désert Elie qui a été enlevé au ciel, et reviennent au bout de trois jours, fatigués de leurs recherches inutiles : « Ainsi en est-il, dit » l'auteur, de ceux qui refusent de croire purement et simplement à la Pa- » role de Dieu. Ils se donnent beaucoup de peine quelquefois à la poursuite » de la vérité ; mais la vérité est dans le ciel, comme Elie, et il nous faut » écouter Dieu qui daigne nous l'enseigner.» Cette réflexion est présentée avec tant de grâce et de simplicité, elle est si bien en harmonie avec le fait, qu'elle en devient inséparable pour le lecteur. D'autres fois cependant, dans l'explication des livres historiques, M. Burnier ne se laisse-t-il point trop aller à l'amour du symbole? Ne traite-il pas quelquefois une histoire comme un apologue, et ne permet-il pas des applications qui ne tiennent point assez naturellement au sujet, qui s'y rattachent, il est vrai, mais n'en découlent pas? Voilà le seul reproche que nous eussions à faire à ce livre, duquel nous espérons qu'avec l'aide de Dieu il produira des fruits abondants, et facilitera l'étude de la Bible à bien des hommes qui sentaient le besoin d'un guide dans cette lecture. Peut-être même pourra-t-il y attirer certains esprits qui la négligeaient non par indifférence, mais par paresse, et rebutés par des difficultés extérieures.

VIE DE HENRI PYT, ministre de la Parole de Dieu, par E. Guers. — Un volume in-12, batz 14. A Genève chez Mmes Ve Beroud et Guers, Lausanne chez George Bridel, Neuchâtel, chez J.-P. Michaud.

Vers la fin du siècle dernier, au milieu d'une des gorges boisées du Jura, dans ce bourg de Sainte-Croix que l'industrie fit longtemps grandir et prospérer malgré les inconvénients de sa situation froide et écartée, une jeune faiseuse de dentelles, à peine convalescente d'une grave maladie, allait mettre au monde son premier-né. Angoissé par la crainte, le père se prosterne devant Dieu et, dans un mouvement de foi, fait solennellement le vœu que si sa femme met heureusement au monde un enfant mâle, il le consacrera au service du Seigneur.

Le Dieu qui avait exaucé Elkana et Zacharie exauça aussi la prière de l'horloger. Il eut un fils, et fidèle à son vœu, il alla bientôt s'établir à Genève pour pouvoir lui donner une éducation conforme à sa vocation future. Ce fils était Henri Pyt, oublié du plus grand nombre aujourd'hui dans nos cantons, mais dont la mémoire est en vénération dans plusieurs contrées de la France auxquelles il porta le premier la bonne nouvelle de la réconciliation par le sang de Jésus. C'est cette vie si courte et si pleine, si utile et si humble, qu'une plume amie mais fidèle vient de retracer. Elle est spécialement destinée à ses amis, dit la préface, mais ceux qui n'ayant pas connu Pyt, n'ont point de souvenirs personnels à y retrouver, chercheront et trouveront dans ce petit volume de réjouissants témoignages de la fidélité de Dieu envers ses serviteurs et aussi de la fidélité des vrais chrétiens envers leur Dieu ; car Pyt fut une lettre vivante de l'une comme de l'autre.

Dès l'âge de quinze ans, Pyt se joignait à la petite réunion d'amis, qui à Genève cherchaient le Seigneur; il fréquentait le troupeau morave, chétif résidu, qui avait surnagé au milieu du torrent de la philosophie et des révolutions politiques; et en 1817 il fut l'un des fondateurs et le premier pasteur de cette Eglise du Bourg-de-Four, à laquelle il fut donné de ranimer à Genève le chandelier de la foi.

On regrette dans la vie de Pyt plus de détails sur cette époque intéressante de l'histoire de l'Eglise, le réveil de la Rome protestante. Qui, mieux que l'auteur de la biographie, eût pu nous en retracer le tableau : Mais il a reculé, sans doute, devant le *Quorum pars magna fui* que son nom seul inscrivait sur ces pages, et il se hâte de transporter le lecteur dans le champ d'évangélisation, où s'est si rapidement consumée la vie du bienheureux Pyt.

L'Arriège, la Beauce, l'Irlande et surtout la Flandre, le Bearn et Paris entendirent tour-à-tour sa voix éloquente et chaleureuse, et il est peu de serviteurs de Dieu qui, après un ministère de dix-huit années seulement, soient parés pour l'éternité d'une auréole aussi brillante d'âmes amenées par eux à la justice. Plusieurs ont porté à leur tour soit dans leur patrie, soit au delà des mers, le message d'amour qu'ils avaient reçu de Pyt.

C'est lui qui, pendant son séjour en Flandre, commença la belle œuvre du colportage biblique, oubliée depuis les temps de la Réforme, et qui dès son début porta de si beaux fruits à la gloire de Dieu. Son exemple fut suivi aussitôt en Alsace par son beau-frère, infatigable vétéran de l'armée de Christ.

C'est lui qui, à Bayonne, fut chargé de la publication du Nouveau-Testament en langue basque, d'après le seul exemplaire qui eût échappé aux bûchers de Rome.

Ce fut là aussi que forcé de répondre à un mandement que l'évêque adressait aux réformés, il composa cette *Réponse à l'Evêque de Bayonne*, qui est restée, par sa force et son urbanité, un modèle de bonne controverse.

Plus tard, à Paris et à Versailles, on le vit multiplier son activité chrétienne à la proportion de l'étendue du théâtre où il l'exerçait. C'est dans la biographie même qu'il faut en lire les détails; c'est dans les lettres, dont elle se compose en grande partie; qu'il faut voir quelle mesure, quelle prudence, quelle aménité dans les rapports s'alliaient chez Pyt au zèle de l'évangéliste et à la décision du chrétien, quelle humilité accompagnait le talent de l'orateur.

« Gardez-vous, écrivait-il à l'Eglise du Béarn, de cet esprit étroit et exclusif vers lequel le fait de votre séparation va vous pousser à votre insu. La tactique de Satan est de nous jeter dans les extrêmes. Il est peu d'églises séparées qui n'aient eu, après de pénibles expériences, des pas rétrogrades à faire; heureuses encore quand elles l'ont pu.....

» Une église n'est qu'un Béthesda, un hôpital, d'où l'on ne doit exclure que les morts, mais où l'on doit recevoir celui en qui on ne verrait même qu'un souffle de vie. »

Dissident devant le pêle-mêle du nationalisme, mais non moins opposé aux extravagances d'un faux spiritualisme, Pyt marcha toujours dans un juste-milieu, où il était, il est vrai, accusé de séparatisme par les nationaux et de nationalisme par les ultra-dissidents, mais qui a été la sauvegarde des Eglises à qui il a été donné de suivre fidèlement cette voie.

Quelques mots à l'un de ses élèves nous donneront le secret de son éloquence.

« Soignez vos prédications ; évitez toute prétention à l'éloquence ; jamais un homme n'est éloquent lorsqu'il cherche à l'être, surtout dans la chaire. Le caractère de l'éloquence sacrée c'est la simplicité unie à la noblesse : or cela ne se gagne pas par l'étude ; c'est un résultat de deux sentiments qui doivent toujours vivre dans le cœur d'un serviteur de Christ : 1° le désir d'être compris des petits de son troupeau ; 2°. la vue des grands intérêts dont il est occupé.

» Comment ne pas être simple quand on se voit chargé d'un message comme le vôtre auprès des plus petits, même auprès des enfants, dont l'âme aussi a besoin de Jésus ? Comment ne pas être noble, quand on a devant les yeux la vanité de tout ce qui est grand en ce monde et la grandeur de tout ce qui est dans le monde invisible ? Cher frère, tenez-vous toujours sur la frontière de ces deux mondes, comme prédicateur de l'Evangile, afin que, tandis que vous vous adresserez à ceux qui sont encore plongés dans le monde des sens, vous puissiez, d'un autre côté, voir les merveilles du monde qu'ils ne voient pas, et par la vue de ces réalités, invisibles à l'œil de chair, mais perceptibles à celui de la foi, vous puissiez réchauffer votre foi et trouver quelque chose de ce saint enthousiasme, de ce feu sacré, dont le cœur d'un évangéliste ne doit jamais être vide.

Nous ne dirons rien de l'auteur de la Biographie, il est connu de tous nos lecteurs. L'*Histoire de l'Eglise*(1), le *Camp et le Tabernacle*, et surtout *Jonas* l'ont déjà fait apprécier. Il est rare qu'il s'écarte du langage simple et naturel qui convient au chrétien pour se laisser entraîner au style chatoyant du jour, non qu'il ne sache le manier au besoin, témoin cette pensée : « Tâche ingrate, que de combattre l'erreur sous ses mille faces, de préserver des artifices de celui qui séduisit Eve, tant d'esprits téméraires, courant après la nouveauté, passionnés de l'extraordinaire et du merveilleux, ayant habituellement l'œil au kaléidoscope des doctrines curieuses, et prenant pour des clartés célestes tout ce qui miroite, tout ce qui éblouit ! »

Mais ce ne sont pas là les succès qu'il ambitionne. Lisez la vie de Pyt, vous surtout qui êtes engagés dans la même carrière, et si, après l'avoir lue, vous vous jetez à genoux, pour dire avec lui : « Oh mon Dieu, travailler pour toi, me consacrer tout à toi, te donner toute ma vie, tu le sais, Seigneur, c'est mon désir ; donne-m'en la ferme volonté et la force ! » ce sera sans doute un fruit de son travail plus précieux pour l'auteur que les plus beaux éloges.　　　　　　　　　　　　　　　　　　　H.

(1) Une nouvelle édition est sous presse.

HENRI WOLFRATH, ÉDITEUR.

MES PRISONS.

A Madame Anna G....

I.

Vos prisons? me direz-vous. — Hélas! oui, madame.

Je n'ai blessé ni volé personne, je ne suis, ni négociant, ni con-
trebandier, ni propriétaire, et ainsi il n'y a ni gendarmerie, ni
communisme qui tienne. Serais-je carbonaro ou jésuite ? Dieu m'en
garde! Je n'ai jamais vu de barricades, je n'ai jamais été porté
en triomphe et je ne suis pas décoré. Obscur dans mon humble
sphère, j'ai passé mon chemin sans devancer personne, sans heurter qui que ce soit; je n'ai attiré sur moi ni l'envie, ni la haine,
et, si j'ai cueilli parfois quelques-uns des bonheurs du monde,
mon voisin m'a toujours laissé faire, parce que ma richesse ne
pouvait l'appauvrir.

Pourtant j'ai été en prison, madame, et, si vous le voulez bien,
je vous dirai l'histoire de ma captivité. Lorsque nos malheurs sont
passés, nous les aimons de tout notre cœur et ils nous donnent
une double joie, celle de nous en souvenir et celle de les raconter.
Du reste, ne vous attendez pas à des plaintes ni à des jérémia-
des. J'accueille le malheur en homme bien élevé : je ne lui fais
pas mauvaise mine ; je tâche d'être joyeux avec lui — et, lorsqu'il
s'assied à mon foyer, il lui arrive quelquefois de sourire. N'attendez pas non plus de moi de fortes leçons ou de bons conseils.....
non, madame; le siècle est assez grave, sans que nous pesions sur
vous de toute notre morale et de toute notre érudition. Nous avons
notre mission aussi, nous autres rimailleurs ou poètes : non pas
celle d'instruire — nous laissons aux savants ce privilége — mais
celle de consoler. Or je sais deux moyens de consoler. Le premier
est fort bon : c'est de pleurer avec ceux qui pleurent. Le second

est meilleur peut-être : c'est de rire avec eux. Oui sans doute, écrivains intrépides que nous sommes, au lieu de pleurnicher de grands mots sur le temps qui est dur, sur la guerre et la peste, la démagogie et la tyrannie, les barricades et la bombe, si nous voulions bien vous distraire en parlant d'autre chose, je gage que vous nous en sauriez gré. Pour moi, je vous offre de grand cœur tout mon bien : un peu de gaîté faute d'esprit, et, faute d'érudition, un peu de poésie. Venez donc à moi, lecteurs qui êtes ennuyés; oublions le siècle de plomb que nous traversons ensemble : venez! si je parviens à vous amuser pendant vingt minutes, ce sera autant de gagné sur les soucis.

Je suis arrivé à Naples par le *Scamandre*, sous la protection du drapeau français, avec un passeport en règle, une tenue décente et l'attitude la plus pacifique qui se pût imaginer. On vint à bord, on me fit descendre dans un bateau avec mes effets, on attacha ce bateau à un canot de rameurs et l'on me traîna ainsi sans me dire où et sans m'expliquer pourquoi. Nous eûmes bientôt longé le Pausilype, doublé le promontoire où Virgile allait rêver, rasé Nisida, et, à quelques brasses de cette île, arrêté nos embarcations en face d'un brigantin. Alors les bateliers me demandèrent quinze francs pour cette promenade forcée. Comprenez-vous cela, madame? Généralement, lorsqu'on mène un homme en prison, c'est le gouvernement qui se charge des frais de route. Les gendarmes, les shires et les hommes masqués sont nourris, logés et blanchis par l'État, et le brigand voyage gratis. Moi, je devais ouvrir ma bourse. Cependant je me fis ce raisonnement : le crime est aux frais de sa majesté sicilienne; or sa majesté sicilienne ne paie rien pour moi, donc je ne suis pas criminel. On m'emprisonnait avec tous les coûteux égards dus à mon innocence. Je me préparai donc à subir sans murmurer les conséquences de ma vertu et je tendis trois écus au batelier — mais il recula avec horreur.

— Qu'y a-t-il, lui dis-je?

— Si je touche le bout de votre doigt, on m'enferme avec vous.

Je ne sais pas, madame, si vous saisissez tout ce qu'il y avait de honteux dans ma position. J'étais donc tombé bien bas, puisqu'un lazzarone, un va-nu-pieds, c'est le mot, ne voulait pas recevoir quelques piastres de ma main et craignait, en me touchant, de se salir ou de se compromettre.

— Mais comment faire? lui dis-je enfin. Tu me demandes de l'argent et tu ne veux pas le recevoir.

— Mettez ces écus à la proue du bateau.

J'obéis. Il s'avança avec précaution, saisit délicatement l'argent, le glissa lestement dans sa poche, et, ôtant sa casquette :

— Illustrissime, ajouta-t-il, la bouteille, s'il vous plaît.

— La bouteille?

— Votre Excellence sait parfaitement que tous les chevaliers comme vous donnent toujours quelque chose de plus.

— Oh! puisque mon Excellence le sait, elle y adhère. Tiens, voilà trois sous et va te promener.

— Que la Madone du Purgatoire, sainte Lucie et saint François de Paule soient avec vous.

— Ils me feront plaisir.

Je levai alors la tête et je rencontrai les yeux du capitaine du brigantin.

— On va monter vos effets à bord, mè dit-il.

— Dites-donc, capitaine?

— Monsieur.

— C'est là-haut qu'on va me mettre?

— Oui, monsieur.

— Et pourquoi faire?

— Pour y rester une quinzaine de jours.

— Quinze jours?

— Ou davantage si vous y tenez.

— Merci. Et le gouvernement se charge ainsi de mon entretien?

— Pas le moins du monde.

— Ah! c'est différent.

On hissa mes effets à bord du brigantin et j'y montai enfin moi-même.

— A présent, capitaine, causons un instant, s'il vous plaît?

— Je suis à vos ordres.

— Je suis un bourgeois honnête et modéré.

— Je n'en doute point.

— Pourquoi donc est-ce qu'on m'emprisonne?

— On ne vous emprisonne pas.

— Oui dà?

— Non, monsieur. Vous pouvez vous promener du mât jusqu'à cette cabine (c'était un espace de cinq pieds et demi), puis vous avez sous vos pieds une belle chambre.

— Ah ! voyons ?

Il me fit descendre à la cale. Cette belle chambre était composée d'un banc et d'un couloir. Il est vrai que le couloir avait presque deux pieds de largeur.

— Voulez-vous que l'on transporte ici vos effets?

— Où diantre les mettrez-vous ?

— Sur le banc.

— Et où dormirai-je alors ?

— Où vous voudrez.

— A merveille.

— Commandez-vous autre chose ?

— Parbleu! Apportez-moi une paillasse, un matelas, une couverture.....

— Il n'y en a pas à bord.

— Ah çà! mais.....

— Calmez-vous. Nous vous offrirons ce que nous avons; nous sommes tous à votre service : ordonnez et l'on vous obéira.

— A quelle heure est-ce qu'on dîne ?

— On ne dîne pas ici.

— Et alors!

— Alors?

— Alors que voulez-vous que je fasse? Faut-il que je meure de faim ?

— Ce n'est pas mon intention. Arrangez-vous comme vous pourrez. Vous êtes libre.

— Ah! je suis libre? Vous êtes d'une gaîté charmante. Si c'est comme cela que vous entendez la liberté.....

— Commandez-vous autre chose ?

— Mais sacrebleu oui! Il faut que je mange, entendez-vous..... et, si je ne trouve rien de mieux,.... parbleu! ventre affamé n'a pas d'oreilles, et je pourrais bien emprunter une côtelette à votre individu.

Le capitaine recula avec épouvante. Il me crut réellement anthropophage, et j'eus besoin de beaucoup de douceur pour le rassurer.

— Allons, capitaine, repris-je un instant après, maintenant que vous ne me croyez plus assez cannibale pour vous mettre à la broche, reprenons notre conversation.

— Je suis ici *(Io sono qui).*

— Je m'en aperçois. Il vous arrive de manger quelquefois, n'est-ce pas?

— Oui monsieur.

— Eh bien! comment vous arrangez-vous pour accomplir cette formalité? D'où vous vient votre nourriture ?

— De Naples.

— Je puis donc faire venir de Naples quelques vivres?

— Certainement.

— A la bonne heure! Me voilà sauvé.

— Commandez-vous autre chose?

— Oui, vraiment. Envoyez de suite un de vos hommes à la ville et faites-moi acheter du pain, du vin, un pâté, un poulet froid, un.....

— Doucement, doucement! Mes hommes ne vont pas à Naples. Ils risqueraient d'être fusillés à l'entrée du port.

— Mais, monsieur! qui ne demande rien, n'a rien.

— Parfaitement raisonné.

— Puis-je aller demander moi-même un morceau de pain à la ville ?

— Vous plaisantez.

— Donc, il faut bien que quelqu'un y aille pour moi.

— J'ai eu l'honneur de vous dire, M. le chevalier, que mes gens ne peuvent pas aller à Naples.

— Comment faire alors?

— Il vient quelquefois des bateaux de Bagnoli ou de Pausilype. Vous les chargerez de vos commissions.

— Je respire!

— Commandez-vous autre chose?

— Un de ces bateaux viendra sans doute aujourd'hui. Vous m'obligerez de.....

— Il n'en viendra plus, c'est déjà fait — vous êtes arrivé trop tard.

— Mais il en viendra un autre demain?

— Peut-être; peut-être après-demain, peut-être dans huit jours, qui le sait.

— Et d'ici là ?

— Vous prendrez patience et, pour vous faire passer agréablement votre temps, je mets tout mon brigantin à votre disposition.

— Allons! je n'aurai pas d'indigestion à bord.

— Commandez-vous autre chose ? ⸱
— Votre bonne grâce.
En italien ce mot veut dire : Allez vous promener! Il me comprit
et j'allumai un cigare.

II.

Marine.

C'est le ciel et la mer. Ils ont tout le domaine,
Tout l'espace où mon âme en rêvant se promène
      Et tous les rayons des beaux jours ;
On dirait à vous voir, ô ciel ! ô mer immense,
Un couple d'infinis qui toujours recommence
      Le poème de ses amours.

Oh ! le matin, quand l'un à l'autre se révèle,
Oh ! quand leur mol azur, q e l'aube renouvelle,
      S'unit à l'horizon vermeil ;
Quand l'éther épuré dit leur épithalame,
Qu'il est pur, leur hymen de lumière et de flamme
      Consacré par un beau soleil !

Qu'ils sont heureux le soir, quand la lune amoureuse
Se lève au firmament et blanchit l'onde heureuse,
      Puis s'avance d'un pied tremblant,
Et, promenant au ciel un front pur de madone,
Aux palpitations de la mer abandonne
      Les longs plis de son voile blanc !

Qu'ils sont grands, quand le ciel terrible et sanguinaire
Fait tomber sur les eaux et rouler son tonnerre,
      En les couvrant de ses brouillards,
Et que, laissant monter ses flots aux blanches cimes,
La mer semble évoquer, du fond de ses abîmes,
      Mille fantômes de vieillards !

O mer, jamais alors ta fierté ne déroge !
Ta voix, ta grande voix que la bise interroge
      Hurle et tonne en lui répondant ;

Et tes flots — bras géants soulevés par l'orage —
Semblent vouloir saisir le ciel — et, dans leur rage,
L'étouffer sur ton sein grondant.

Eléments souverains! Sous vos manteaux de fête
Ou vos manteaux de deuil troués par la tempête,
Que de puissance et de beauté!
Que vous étendez loin vos plaines séculaires! —
Qui donc est-il ce Dieu plus fort que vos colères,
Plus grand que votre immensité!

III.

Je venais d'achever mon cigare et ces vers, lorsqu'on me dit que
le prince d'A..... voulait me parler. Je fus surpris de cette visite,
surpris et même un peu embarrassé, car mon costume et mon mobilier n'étaient rien moins qu'aristocratiques. Je répondis cependant que j'étais prêt à recevoir mon noble visiteur.

— Oh! il ne montera pas à bord, m'objecta le capitaine : il est
dans le bateau de sa majesté et ne s'entretiendra avec vous qu'à
distance.

— Ah! c'est le gouvernement qui l'envoie?

— Oui, monsieur.

— Il vient donc pour me questionner?

— Certes.

— Je suis prêt.

Le prince m'embrassa d'un coup-d'œil et s'inclina jusqu'au niveau de la mer. Je lui répondis de mon mieux. Jamais juge et prévenu n'ont fait connaissance avec plus de courtoisie.

— Mille pardons, monsieur, me dit-il, de vous avoir dérangé.
Je ne voudrais pas que ma visite vous fût importune, et, si votre
seigneurie le désire, je reviendrai plus tard.

— Mille grâces, monsieur, je suis à vos ordres.

— Vous êtes trop aimable, reprit-il en français. La mission qui
m'est imposée par sa Majesté m'est pénible, je vous assure, et je
crains fort de déplaire aux étrangers que je visite.

— Ah! monsieur, vous vous acquittez de vos fonctions avec tant
de grâce, que vous ne déplairez jamais.

— Votre amabilité est presque de la galanterie et vous parlez en gentilhomme.

— Certes non ; tout simplement en homme civil, car, en fait de noblesse.....

— Vous avez celle du cœur et c'est la bonne.

— En êtes-vous bien sûr ?

— Mes premières impressions ne m'ont jamais trompé.

— Puissent-elles avoir raison cette fois encore ! Vous disiez donc que Sa Majesté.....

— M'envoie officiellement auprès de vous, et, pour que vous n'en doutiez pas.....

— Oh ! je n'ai pas le moindre doute.

— Vous voyez à mon canot le pavillon royal.

— Ce spectacle me réjouit infiniment.

— Je vous demande de nouveau pardon du dérangement que je vous apporte : vous ne sauriez croire combien le rôle que je dois jouer m'est désagréable, mais il faut que j'obéisse à mon souverain..... et puis je compte sur votre indulgence.

— J'en ai beaucoup, monsieur.

— Ainsi je suis pardonné ?

— Vous l'êtes. Pourrais-je savoir maintenant ce que vous voulez de moi ?

— Rien.

— Ah !... Et ce sont là les instructions que le gouvernement vous a données à mon égard ?

Le prince éclata de rire. C'est l'habitude des Italiens lorsqu'ils ne comprennent pas ce que vous leur dites. Peut-être trouvent-ils le rire intelligent, et veulent-ils s'en servir comme d'un masque à leur ignorance. Imaginez-vous, madame, leur gaîté désopilante en lisant le Werther de Gœthe et les ballades de Geibel.

— Vous devez avoir bien des ennemis, monsieur le prince, repris-je un instant après.

— Pourquoi cela ?

— Parce que le monde est jaloux. Une charge aussi difficile que la vôtre doit être rétribuée largement et ne peut être accordée qu'aux premières intelligences de votre pays.

Le prince eut un accès d'hilarité vraiment homérique. Il mit deux ou trois minutes à se calmer. Enfin il me dit : — Comment vous trouvez-vous à bord ?

— Fort mal.

— Comment, fort mal?... Capitaine!...

— Excellence, répondit mon hôte en s'inclinant fort bas.

— Monsieur se plaint de votre bâtiment.

— Et cependant, Excellence.....

— Taisez-vous! Je vous ordonne de lui fournir tout ce dont il aura besoin, vous m'entendez.

— C'est ce que j'ai fait, Excellence.

— Taisez-vous, corps de Bacchus!

— Je vous demande pardon, dis-je alors en m'interposant; la plus belle fille du monde ne peut donner que ce qu'elle a.

A ce mot, le prince partit d'un troisième éclat de rire, mais si bruyant cette fois, si olympien, qu'il devint contagieux, et se communiqua en un instant au capitaine et à l'équipage.

— Or le capitaine, repris-je en italien, parce que cette hilarité commençait à m'ennuyer, le capitaine n'a rien : il lui serait donc bien difficile de me donner quelque chose. Cependant, monsieur, puisque vous voulez bien m'offrir vos services.....

— Tout ce que vous voudrez. Je mets à votre disposition mon temps, mon avoir, ma personne.....

— C'est beaucoup trop. Je voudrais seulement un matelas....

— Désolé, monsieur. Je demeure à la campagne, monsieur..... et je ne pourrais pas vous en offrir, — mais, s'il vous faut autre chose, ordonnez seulement : je suis votre serviteur.

— J'aurai alors l'indiscrétion de vous demander une tranche de viande et un morceau de pain. Voilà vingt-quatre heures que je jeûne et.....

— Oh Jésus Marie! j'ai le cœur navré. Je sors de table et je n'oserais vous offrir.....

— Offrez, offrez toujours, monsieur, je ne suis pas fier.

— Non, mon cher chevalier, vous ne mangerez jamais mes restes : ce serait d'ailleurs bien difficile, mes valets en ont déjà fait leur profit. Mais, à cela près, je suis tout à vous.

— Que le bon Dieu vous bénisse!

— Adieu donc, *caro mio*, je reviendrai prendre vos ordres. Et toi, ajouta-t-il en s'adressant au capitaine, souviens-toi que ce chevalier est mon ami, et que, si tu le laisses manquer de la moindre chose, je prends tes épaulettes et je les jette à l'eau.

Le prince s'éloigna et revint un instant le soir. Nous causâmes de pluie et de soleil ; nous nous liâmes d'intimité ; nous nous tutoyâmes comme de vieux camarades, mais il ne m'offrit ni un brin de paille, ni un morceau de pain.

IV.

C'était cependant une belle nature que j'avais devant les yeux! D'abord l'horizon sans bornes, l'horizon inconnu où le regard se perd, où il n'y a plus ni mer ni ciel; où l'imagination seule, cette seconde vue de l'homme,. ce Colomb toujours téméraire, mais toujours heureux, qui recommence à chaque instant sa vie, devine et découvre des régions inexplorées et des mondes nouveaux. Puis Ischia, ce banc de gazon que Dieu semble avoir placé là, à la sortie du golfe, pour reposer au seuil de l'infini l'esprit voyageur qui va se mettre en marche. Après Ischia, après la verdure et les fleurs, viennent les ruines, les tristes pensées, mais aussi les grands souvenirs : Misène, Baïa, Pouzzoles, terre jeune et belle il y a deux mille ans, aujourd'hui morte et sentant le cadavre. Derrière les ruines, un long parapet de rochers rongés par la mer, quelques touffes de verdure brûlée par le soleil ; puis des volcans éteints — pauvres vésuves! Comme cette société qui n'est plus, ils tonnaient et flambaient un jour, et maintenant que leur reste-il ? un peu de bruit et de fumée. Enfin, dominant toute cette désolation, les villes détruites, la nature flétrie et les gigantesques édifices qui, incrustés de cendre et de lave, semblent des ossements pétrifiés, s'élèvent les Camaldules, un couvent et une chapelle : c'est la religion du Christ qui plane sur les débris de l'antiquité payenne ; c'est une croix sur un tombeau.

V.

Un bateau de pêcheurs m'apporta de Naples la moitié de ce que je demandais, et je commençai à faire amitié avec l'esclavage. Je songeais à ma position avec plus de curiosité que de terreur. Tous ceux que j'interrogeais sur la cause de mon arrestation me riaient au nez, soit qu'ils ne me comprissent pas, soit qu'il y eût dans cette question quelque chose d'indiscret ou d'étrange. Un mousse, plus modeste que les autres, me dit d'un ton sournois : « Votre

Excellence se moque de nous sans doute. » Je me résignai à l'i-
gnorance et j'attendis.

Du reste, les distractions ne me manquaient pas. J'avais les visites du prince, l'observation de la vie des marins, la contemplation de la nature, la réflexion, la rêverie et la bêtise du capitaine.
Il y avait certes là de quoi tuer le temps. Je me demandais souvent pourquoi Silvio Pellico et tant d'autres avaient été si malheureux, et j'arrivai à cette conclusion, c'est qu'ils avaient
bien voulu l'être. Je revenais toujours à mes chères divagations
sur le bonheur — ce bonheur que l'on nie, parce qu'on ne le comprend pas. — Pauvres gens que nous sommes, qui voulons toujours définir et toujours deviner, malheureux quand nous ne dé-
voilons pas un mystère et criant mensonge à la vérité qui ne se
raisonne point! Le bonheur, vous voulez savoir ce que c'est,
camarades? Vous voulez l'expliquer, comme vous voulez expliquer Dieu, et le condamner au néant, si vous ne trouvez pas de
mot qui le définisse? Le bonheur? C'est l'aube qui nous réveille
et le rideau qui nous cache le jour; c'est l'activité, c'est l'ambition
qui nous enflamme, nous pousse et nous élève en doublant notre
vie, et la molle paresse qui dort, oublieuse de la veille, insou-
ciante du lendemain; c'est la gloire ou la paix, le soleil ou l'ombre,
les lauriers ou le bonnet de coton ; c'est la charité comptant avec
amour les larmes qu'elle essuie ; c'est le mariage et les rires des
enfants au coin du feu, c'est le célibat et son lait de poule, et son
obésité sereine — c'est la richesse qui nous donne de si bons fauteuils et de si splendides repas; c'est la misère, si joyeuse et si
bonne lorsqu'elle est sans reproche et sans peur ; la misère si riche, passez-moi le mot, si riche en espérances — on a tant à espérer quand on a rien! — et si riche en joies, parce que tout est
luxe pour elle : avec un rayon elle se fait toute une étoile et tout
un jardin avec une fleur. Oui, voilà le bonheur, messieurs les pé-
dants ; je vous l'ai montré, docteur Pancrace : casez-le maintenant
où vous le voudrez dans le domaine des perceptions, placez-le dans
les sensations ou dans les idées, dans les choses absolues ou relatives, abstraites ou concrètes, subjectives ou objectives, dans l'ap-
pétibilité ou dans la convenance et obligez-moi de le définir.

Or, pour rentrer dans mes prisons, c'était une étrange captivité
que la mienne. J'avais tout l'équipage à mon service et le capitaine
pour maître d'hôtel. Mes gens m'étaient complètement inutiles :

geôliers et valets à la fois, ils n'avaient besoin ni d'activité, ni de vigilance, pour me surveiller et me servir. Ils partageaient leur vie en deux parties égales, comme disait un poète de mes amis; et employaient l'une à flâner et l'autre à ne rien faire. Ils n'avaient qu'un devoir à remplir, la lessive du bâtiment — aussi ne s'en acquittaient-ils pas le moins du monde. Si j'eusse été zoologue, j'aurais eu de curieuses observations à faire sur ces aimables pontons où l'on avait eu l'attention de me conduire; un entomologiste eût été bienheureux à ma place et je lui aurais cédé de grand cœur tous les avantages de ma position. Lorsque M. Jules Pictet de Genève, le savant naturaliste, m'a dit que le nombre des insectes s'élevait à 362000, je me suis permis une petite moue d'incrédulité; je lui en fais ici mes très-humbles excuses. Ce n'est que trop vrai, et je ne sais même si ce chiffre est réellement assez fort. J'ai compté un nombre fabuleux d'hémiptères, de suceurs et de parasites, et j'ai fait des observations très-curieuses sur les mœurs de ces petits animaux. Mais je vous en fais grâces, madame, et vous conseille d'admirer ailleurs les merveilles de la création.

Sur ce ponton, je n'inspirais à personne ni pitié ni mépris, mais les gens du dehors, les bateliers, le prince et les curieux qui nous visitaient en foule, s'obstinaient à nous fuir avec horreur. Ils refusaient tout ce que nous pouvions leur offrir, même les lettres et les paquets que nous voulions envoyer à terre. Ils n'acceptaient que notre argent, et avec quelles cérémonies encore! ils semblaient nous faire beaucoup d'honneur en nous dépouillant sans pitié. Le capitaine et l'équipage étaient condamnés au même sort que moi, je ne sais pour quel crime. Nous ne pouvions sortir du navire et aucun étranger ne pouvait y monter. Nous étions confinés sur notre brigantin, comme Robinson dans son île, avec cette différence pourtant, que notre retraite ne produisait rien. Tout nous venait de Naples, et je vous laisse à penser si les bateliers qui m'apportaient quelques vivres abusaient de ma position. Etrange destinée! Ce brigantin tenait de la prison et de l'auberge; j'y étais enfermé et dépouillé sans merci; j'étais à la fois volé et traité comme un voleur.

VI.

Un soir j'étais étendu sur mon matelas et j'allais m'endormir, lorsqu'un vacarme épouvantable retentit sur ma tête. Je n'avais jamais rien entendu de pareil. C'était un brouhaha rythmé qui faisait peúr à entendre. Ce qu'on écoute à Genève, le soir, dans l'intérieur des cafés, ces tournois de catarrhes entre les ténors enroués et les violons asthmatiques, ne peut vous donner qu'une faible idée des infamies musicales que j'eus à subir. Je me crus un instant en plein incendie ou en pleine émeute, et je m'élançai sur le pont pour jouer mon rôle de pacificateur ou de pompier.... Eh bien! le croiriez-vous, madame? ces vociférations étaient des chants, et mieux que des chants, des prières.

Oui, madame, on chante faux en Italie, tout aussi faux qu'à Genève, lorsqu'on chante en chœur. Le chœur, soit dit sans calembour, appartient à l'Allemagne, et on ne le trouve que là. Transplanté ailleurs, il fait comme les maladies et les chevaux de l'Orient, il s'altère et se dégrade. Les Italiens ont des voix magnifiques : isolés, ils font des prodiges de mélodie; il faut, lorsqu'on entre dans leurs salons ou leurs théâtres, n'entendre qu'une voix ou qu'un instrument — alors cette voix s'appelle Lablache et cet instrument Paganini. Mais, mettez-les ensemble, ils ne s'accordent pas ; vous croiriez entendre un aboiement de Ledru-Rollin accompagner un miaulement de Thiers : ils sont comme chien et chat, c'est le mot. Voilà peut-être pourquoi la musique instrumentale est un peu négligée dans la patrie de Rossini : en art, comme en politique, c'est l'ensemble, c'est l'harmonie qui leur manque.

Or, lorsque nos marins eurent assouvi leur vandalisme religieux et musical, je demandai à l'un d'eux ce qu'ils venaient de faire.

— Nous venons de chanter le Rosaire de la Madone, me répondit-il.

— Qu'est-ce donc que cela ?

— C'est le Rosaire de la Madone.

— Fort bien ; mais que dit-il, ce rosaire ?

— *Ave Marie, grazie prene, benedette tu, lu frutte de lu vente, Sànte Marie, madre de Die priate pe nuie peccatore, a essere che l'ora de nostra morte, à cusì sie.*

— Voilà tout ?

— Oui, Excellence, et nous chantons cela dix fois.

— Et qu'est-ce que cela veut dire?

— Qui le sait ?

— Comment! tu ne sais pas ce que tu dis là ?

— Non, Excellence.

— Et pourquoi le dis-tu alors?

— Pour prier la Vierge très-sainte.

— Et que demandes-tu à la Vierge?

— Je lui dis : *Ave Marie, grazie prene* — et il recommença son oraison, mélange confus de latin, d'italien et de patois sans suite et sans signification aucune.

— Voyons, repris-je, écoute et réponds-moi.

— Dites, Excellence.

— Quand tu me parles à moi, tu me dis quelque chose.

— Oui, très-illustre.

— Quand tu me fais une prière, c'est pour me demander de l'argent, un cigare, ou n'importe quoi?

— Sans doute.

— Eh bien! quand tu pries la Madone.....

— Excusez, Excellence, vous êtes un seigneur très-respectable, un brave chevalier, mais vous n'êtes pas la sainte Vierge.

— Ah! c'est juste. Ainsi, quand on parle à la Madone, la plus grande preuve de vénération que l'on puisse lui donner, c'est de lui marmotter des sottises.

— Ce ne sont pas des sottises, Excellence.

— Et qu'est-ce que c'est alors?

— *Ave Marie, grazie prene*— et il allait dire pour la troisième fois sa leçon, lorsque je lui ôtai la parole.

— C'est convenu; nous sommes d'accord. Dis-moi [maintenant ton pater.

Voici comment il écorcha la sublime prière chrétienne.

— « *Patre nostre qui es in ciele, San Vincenzo è o nomme* » *tue, fiat a voluntà tue, 'n terra sicut en ciele; da o pane* » *quotadiane mo e bisodie, miette debbite nostre pecchè mitte* » *musse ebbitorebs nostres, evucasse tentazione e librece ogne* » *male, a cusi sie.* »

— A la bonne heure! lui dis-je, tu ne manques pas de latin. Explique-moi maintenant ce que tu viens de dire?

— Moi! s'écria-t-il. Il faut demander cela au sire prêtre.

— Tu n'en sais donc rien?

— Comment puis-je le savoir?

— Et tu crois faire beaucoup de plaisir à Dieu, en lui répétant des choses que tu ne comprends pas?

— Eh! Excellence, je crois que Dieu n'a cure de ce que moi, pauvre homme, je peux lui demander.

Voltaire n'eût pas mieux dit. Ah! M. de Bonald a bien raison, lorsqu'il prétend que la superstition touche à l'athéisme.

Hélas! oui, madame, nous en sommes là. Les Italiens sont arrivés à faire de la piété, du premier de nos devoirs, du premier de nos droits, une sottise et une folie. Parcourez les grandes villes de l'Italie, et vous verrez partout, dans les cérémonies et dans les édifices religieux, le luxe substitué à la solennité et à la gravité l'enfantillage. Les belles églises gothiques de votre Suisse sont traitées ici d'art barbare et grossier. On veut prier dans des théâtres. Et tenez, voici un sonnet que j'ai fait dernièrement à ce propos, dans une église de Gênes.

J'ai trouvé ce matin, dans votre Annonciade,
Des gueux déguenillés qui faisaient ornement,
Un ciel de chrysocale, et, sur la colonnade,
Corinthe et l'Ionie accouplés sottement.

Puis de petits abbés faisant leur promenade
Et devant chaque autel inclinés galamment,
Et j'ouis dans la nef un brin de sérénade,
Des pétards d'allégros lancés au firmament.

J'ai vu des murs de marbre enharnachés de toiles,
Puis, les pâles beautés de Gêne — et, sous leurs voiles,
Des constellations de prunelles en feu ;

J'ai vu tout un bazar ou toute une mosquée
Dans ce riche boudoir de Madone musquée.....
Mais une chose y manque, une seule — et c'est Dieu.

VII.

Un matin, le soleil venait de se lever, — et, par hasard, j'arrivais sur le pont en même temps que le soleil. J'étais heureux comme Ischia qui se réveillait avec l'aube, ou comme l'aube qui se réveillait avec moi. Il y avait entre nous, l'île de verdure, l'aurore et mon cœur, je ne sais quelle fraternité de nonchalance et de joie — et, muets comme la paresse, intelligens comme le bonheur, nous comprenions le silencieux bonjour que nous nous donnions l'un l'autre.

Je m'étais fait avec mes malles, mon sac de nuit et mon manteau le meilleur canapé du monde. Je laissais ma rêverie souffler sur mon imagination et mon imagination s'épanouir en bulles légères ; je me faisais millionnaire et membre de l'Institut, grand homme et grand seigneur ; je comptais toutes les bonnes actions que je ferais si j'étais riche, — on a de si bonnes intentions quand on n'a rien! — et on les accomplit si peu quand on a quelque chose! — je me livrais enfin à ces folles espérances qui ne font jamais de mal, parce qu'elles se dissipent avant de se changer en déceptions — lorsque je vis devant moi le capitaine.

— Monsieur, me dit-il, je vous révère obséquieusement. (C'est une manière de dire bonjour en Italie.)

— Tiens, c'est vous?

— Commandez-vous quelque chose?

— Vous savez que j'ai perdu l'habitude de commander, depuis que je connais votre manière de servir.

— C'est que j'ai un ordre du gouvernement à votre égard.

— Ah! et lequel?

— Vous devez quitter le brigantin, si cela ne vous dérange pas.

— Cela me dérange.

Je dis, et me retournai de l'autre côté pour couper court à la conversation. Le capitaine resta un instant muet, consterné, stupéfait, hébété. Enfin il se hasarda à me frapper sur l'épaule.

— Eh! lui dis-je.

— J'ai reçu un ordre......

— Je le sais. Il faut que je m'en aille, si cela ne me dérange pas, or cela me dérange, donc je reste.

— Mais l'ordre est formel !

— Tant pis pour lui.

— On a envoyé un bateau pour vous prendre.

— Renvoyez-le.

— Un bateau portant le pavillon royal.

— Que voulez-vous que j'y fasse?

— Mais, monsieur, vous faites opposition à l'autorité.

— Dites-donc, capitaine.

— Monsieur.

— Avez-vous jamais été immortel?

— Immortel !

— Oui, monsieur. Nous en avons quarante en France, y compris le duc de Noailles.

— Mais, monsieur, j'ai reçu un ordre.....

— Eh bien ! tout-à-l'heure, lorsque vous êtes venu me réveiller, j'étais un de ces immortels.. Vous concevez qu'il me serait fort désagréable de renoncer à une si haute position.

— *E matto* (Il est fou), s'écria le capitaine, et il allait porter ma réponse aux bateliers, lorsque heureusement pour lui et pour moi le prince arriva sur sa barque pavoisée. Je sentis que j'allais avoir à subir une nouvelle conversation, et que ma délicieuse rêverie, déjà entamée une fois par le capitaine, ne résisterait pas à un second coup. Aussi fis-je ce que j'avais de mieux à faire, j'y renonçai, et, rappelant mon hôte, je lui dis que j'avais changé d'idée et que j'étais prêt à partir.

On nous descendit pêle-mêle, mes effets et moi, dans un large canot royal, et nous battîmes la mer à grands coups de rames. J'ouvris mon parapluie, élevé pour un instant à la dignité d'ombrelle, et je commençai à songer sérieusement à ma position. J'étais prisonnier, c'était un fait, et prisonnier d'Etat sans doute. Mon nom, si peu connu qu'il soit, et ma profession quelque peu littéraire, avaient effrayé le roi de Naples. La police, pressentant mon retour dans cette ville, s'était informée de moi auprès de ses agents dispersés en Europe. Les agents établis en Suisse m'avaient dénoncé comme carbonaro, à cause de mes odes à la liberté. A cette dangereuse révélation, la police s'était émue, et, pressentant mon retour à Naples, m'avait fait surveiller par ses espions. On avait guetté mon arrivée, on s'était emparé de moi, on m'avait jeté sur un ponton provisoire, pour avoir le temps de fixer mon sort et de préparer mon cachot. Le cachot était désigné et j'allais m'y rendre. Telle était incontestablement ma destinée. On allait donc m'enfermer, mais où? Sous une voûte souterraine, dans des caveaux obscurs, humides, ennemis du soleil. Le pilier de Bonnivard, les plombs de Venise, passaient et repassaient devant mes yeux. C'était donc là que je devais mourir ou agoniser vingt ans — et pourquoi? Pour quelques phrases libérales tombées de ma plume, un jour que je pensais à Berthelier ou à Pécolat, à Guillaume Tell ou à Brutus. Et je me faisais de longues phrases à la Silvio Pellico : Malheureux, m'écriais-je, où t'ont mené ta folie et ton orgueil? Tu as voulu faire des vers, insensé? Tu t'es livré cœur et cerveau liés à la littérature? Tu as aspiré à la gloire amère des poètes, et tu as cru que ce vain renom de quelques instants, cette fumée qui survivra à peine à ta cendre, vaut la sérénité de tes beaux jours! Pauvre fou! Tu n'avais donc pas lu ces vers de ton ami Louis Tournier, où il est dit que le laurier se flétrit et la gloire s'efface! Toi qui pouvais mener une vie si calme et si heureuse dans le sein de ta famille, sans ambition et sans vanité, portant un parapluie et un chapeau de soie comme font les gens modérés et honnêtes..... tu as laissé tout cela pour chanter la liberté! Que n'as-tu chanté l'ordre, mon jeune ami? Et si tu voulais, en dépit de tout, entrer au pays de l'intelligence; si tu voulais, comme dirait Vaquerie, escalader les murs de ce gigantesque sérail, que n'as-tu courtisé la science au lieu de caresser la poésie, que n'as-tu mis les parallélipipèdes en hexamètres, ou découvert la planète Leverrier? Et, lorsque M. Duchosal a déclaré la guerre au roi de Naples, que faisais-tu sur la place du Molard? Tu riais, malheureux! — tu aurais dû pleurer à chaudes larmes. Ton rire était bon enfant, on l'a rendu démagogue et te voici prisonnier d'Etat.

Je me faisais des raisonnements de cette force, lorsque nous arrivâmes à une maison de singulière apparence. On me remit avec mes hardes dans les mains d'un homme fort laid, qui semblait être le Cerbère de ce séjour infernal. Une porte s'ouvrit et se referma sur nous. Quelques minutes après j'étais en présence d'un homme tout noir qui devait ressembler à Minos. Il me salua d'un regard et me demanda mon nom.

— Ah! à la bonne heure! me dis-je à part; je vais subir un interrogatoire et je saurai à quoi m'en tenir. Je résolus de rester sur le qui-vive, et je me cuirassai de niaiserie dans ce moment solennel.

— D'où venez-vous, me dit l'homme noir.

— De Gênes.

— Votre profession?

— Epicier.

Ce fut une inspiration effrontée. Cette fois je mentis sans remords. J'aurais été moins fier en répondant : Carbonaro.

— Que venez-vous faire à Naples?

— Je viens essayer d'étendre mon commerce et fuir l'hydre de la démagogie et du socialisme, si j'ose m'exprimer ainsi.

— C'est bien.

— Vous n'êtes pas sans savoir, monsieur, que la féculerie s'améliore de jour en jour dans notre pays, à cause du perfectionnement des râpes..... bien que les socialistes et les démagogues aient tâché, si j'ose m'exprimer ainsi, d'entraver le mouvement industriel.

— Cela suffit, monsieur.

— Ainsi, repris-je d'un air capable, ma râpe, exactement cylindrique, fait environ 900 tours par minute et réduit en pulpe 180 hectolitres de pommes de terre en douze heures, vingt hectolitres de plus que la fameuse râpe de M. Stolz, ce qui a grandement dérangé les calculs des démagogues et des socialistes..... si j'ose m'exprimer ainsi. Or le sucre de fécule.....

— Mais, monsieur, cela ne me regarde pas.

— Bref, on m'a dit que votre auguste souverain et sa digne famille ont toujours été les ardents protecteurs des sciences, des arts, et en particulier de la féculerie, par cela même qu'ils sont ennemis jurés de la démago.....

— Assez, monsieur, j'ai à faire!

— Si j'ose m'exprimer ainsi.

— *Che sciocco!* (Quel sot!) s'écria l'homme noir, et il me tourna le dos.

— Serviteur, monsieur, de tout mon cœur.

Voilà que j'étais fier de passer pour imbécile. Expliquez-moi maintenant, madame, ce que c'est que l'orgueil.

VIII.

Ma nouvelle prison valait mieux que l'autre. On me donna quatre murs, dépouillés de tout ameublement. J'avais apporté mon matelas avec moi, ce fut mon lit et mon canapé. Je mis sur la fenêtre un crayon et un cahier de papier — ce fut mon secrétaire. J'approchai mes malles de ce meuble improvisé, ce furent mes sièges. Il me manquait encore un tabouret ; je pris mon sac de nuit. Je m'étendis sur mon lit et je regardai ma fenêtre, qui laissait voir un superbe carré d'azur. C'était un paysage bleu, un

ciel bleu, une mer bleue — et, entre le ciel et la mer, cette écharpe
bleue de montagnes qui commence au Vésuve et qui s'arrête à
Amalfi. Et que de nuances dans cette couleur ; que de couleurs, dirais-je presque, dans cet admirable tableau! C'était du saphir, des
bluets, des turquoises, de l'indigo ; c'étaient vos yeux, madame !
ici, presque du vert, là, presque du violet: mais du bleu toujours.
Si Théophile Gautier se fût trouvé à ma place, il aurait fait une
symphonie en bleu majeur. Jugez donc si j'étais heureux. Puis il y
avait tant de calme et de sérénité dans ce paysage, qu'il semblait
dormir d'un sommeil divin ; et la brise était si légère, qu'elle ne
soulevait pas un seul nuage, pas une seule vague, et ne ridait ni
la mer, ni le ciel. Eh bien! — étrange contraste entre la nature et
l'imagination! — je fermai les yeux et je fis ces terzines :

Tempête.

Sens-tu le vent du nord qui joue avec les flots?
La vague rebondit, refoulée en arrière
Et fait pâlir le front des vaillants matelots.

Ils frissonnent..... la bise est déjà meurtrière ;
Ils blasphêment — le vent souffle plus furieux :
Leur blasphême chancelle et s'abat en prière.

Ils sont tous à genoux ; ils ont baissé les yeux,
Car on ne le voit plus, sous le nuage sombre,
Cet azur de pardon qui resplendit aux cieux.

Autour d'eux tout est noir — et seul, au sein de l'ombre,
L'éclair, ardent flambeau des tempêtes, l'éclair
Montre à leur épouvante un navire qui sombre.

Et la vague, en hurlant, rouvre son gouffre amer.
A voir sa profondeur qui se dresse et retombe,
Tu dirais que les cieux s'abîment dans la mer.

L'onde a déjà comblé l'espace, immense trombe —
C'est la mort : entends-tu ces plaintes, ces sanglots?
Les plaintes, les sanglots se taisent : c'est la tombe !

Non, c'est le vent du nord qui joue avec les flots.

IX.

Dante, et après lui Soumet, ont dit des choses magnifiques sur l'enfer. Ils ont inventé des supplices d'une horreur effrayante, des tortures morales, et surtout des tortures physiques qui font frissonner l'imagination. Mais, quand ils ont voulu peindre le Paradis, ils ont été plus faibles, peut-être parce que la félicité n'avait pas attaché ses cordes à leur lyre, ni ses fibres à leur cœur. Ils ont confirmé par leurs poèmes une idée qui s'accrédite de jour en jour, c'est que la douleur seule a sa poésie. Etes-vous de cet avis, madame? Moi pas. Bien des gens m'ont dit que le bonheur est monotone : à ceux-là j'ai toujours répondu : Le printemps est plus varié que l'hiver ; les rayons ont plus de couleurs que l'ombre ; tous les pleurs se ressemblent, mais tous les sourires ne se ressemblent pas. La poésie n'est-elle pas la voix de nos sensations et de nos rêves ; — or nos sensations les plus chères ne sont-elles pas les plus douces, et le rêve des rêves n'est-il pas une éternité de bonheur ?

Pour en revenir à Dante et à Soumet, si j'avais eu l'avantage de les connaître, je les aurais conduits à travers mille petites joies, dans un de ces sentiers pleins d'une ombre amoureuse dont parle votre poète, et ce chemin et ces joies, agrandis par leur imagination, sanctifiés par leur génie, auraient peut-être embelli leur Eden.

Et tenez, parmi ces bonheurs, il en est un qu'ils ont connu sans doute, mais auquel ils n'ont pas pensé, c'est celui du poète qui vient de terminer une pièce de vers. Comme il aime ce nouveau-né de son esprit ! comme il le choie, comme il le caresse, comme il le regarde avec fierté et avec amour ! Il le juge sans défauts ; il se reconnaît dans son œuvre, il retrouve en elle toute son intelligence, ou du moins tout son cœur. Il craint de le toucher, cet enfant délicat éclos à peine : mais bientôt l'enfant grandit, l'enfant devient homme, l'homme devient géant ; le père ne regarde plus, il contemple : son amour s'agenouille, c'est de la vénération. C'est de l'orgueil, me direz-vous ? Oui sans doute, mais un orgueil si jeune, si plein d'illusions et de bonté, qu'il ne peut faire de mal, et qu'on pourrait l'appeler une vertu, si la vertu daignait être folle. Puis les jours, les semaines s'écoulent ; le père s'aperçoit bien souvent que son fils, cet Apollon de la veille, est laid comme un gnôme de Goya ; l'amour se refroidit, mais peu à peu, sans déception et sans regrets, et l'on jette au feu l'avorton qu'on portait aux nues.

Les sages nous disent : Méfiez-vous, méfiez-vous de vos premiers jugements! Déchirez souvent, raturez toujours, travaillez avec mauvaise humeur, ne soyez jamais content de ce que vous faites, aimez qui vous censure et non pas qui vous loue, ayez de la sueur au front, luttez avec vous-mêmes, créez-vous des entraves, si vous n'en trouvez pas, bridez l'inspiration, tuez la verve et apprenez à écrire difficilement : voilà comment on arrive. Les sages n'ont pas tort, mais ce style savant, cette maturité d'expression, cette rouerie de logique, cet art lapidaire, et même cette immortalité à laquelle on arrive, tout cela vaut-il bien l'ardeur primesautière et les émotions paternelles de nos vingt ans ?

X.

J'avais donc terminé ces terzines et j'étais heureux comme un père, lorsque je reçus la visite d'un feutre noir et d'une barbe formidable. Ce devait être un conspirateur.

— Comment, vous aussi? me dit-il en entrant avec un accent lombard de première force.

— Oui, moi aussi, répondis-je d'un ton parfaitement calme.

— Mais c'est infâme!

— N'est-ce pas?

— Je descends d'un bateau à vapeur et l'on me jette ici sans me dire pourquoi.

— Et moi, monsieur, on m'a d'abord jeté sur un ponton.

— Ah! monsieur, nous vivons dans un siècle de brutalités.

— J'allais vous faire la même observation.

— Je m'appelle Floribomba.

— Je m'en doutais.

— Et je crois, reprit-il plus bas, que l'on m'a dénoncé au roi de Naples.

— C'est probable.

— Et vous, monsieur?

— Moi aussi.

— Enchanté de faire votre connaissance. Mais comment avez-vous été assez imprudent pour vous précipiter ainsi dans les bras de nos adversaires.

— Et vous, monsieur?

— Moi, j'avais quelques amis à voir à Naples. J'ai toujours eu le malheur de n'être pas assez prudent. C'est ma témérité qui me tue, vous ne le croiriez pas.

— Si, monsieur, au contraire.

— Je vais être votre camarade de chambre.

— Pourquoi cela ?.

— Parce qu'ainsi le veulent nos geôliers. L'un d'eux vient de me conduire ici.

— A la bonne heure! Et vos effets?

— Je n'en ai pas. Je suis comme Diogène — avec une différence pourtant.

— Laquelle?

— C'est que je n'ai pas de tonneau.

— N'importe, nous tâcherons de nous arranger. Vous n'avez probablement ni argent, ni victuailles?

— Non, monsieur?

— Alors prenez la peine de vous asseoir.

Nos dispositions furent bientôt prises. J'avais deux matelas, chacun de nous eut le sien. Un restaurateur demeurait auprès de la prison, il se chargea de notre nourriture. Vincenzo, le geôlier commis à notre garde, nous suivait partout et nous servait tant bien que mal : c'était notre valet et notre ombre. Un petit lazzarone qui n'avait pas le droit d'entrer dans nos cachots, faisait nos commissions et passait à Vincenzo tout ce dont nous avions besoin à travers les grilles et les barreaux de notre nouvelle demeure. Ainsi je regrettai beaucoup moins la première semaine de mon emprisonnement, les distractions du ponton et surtout ce brave capitaine, l'homme le plus risiblement niais de l'univers. Je pouvais toujours être seul, car nous avions une galerie pour nous promener — et, quand la solitude m'était ennuyeuse, je montais dans ma chambre et je causais avec Floribomba. Ce Floribomba était du reste un garçon très-doux et quelques coups de rasoir lui auraient donné un visage de femme. Il massacrait beaucoup de gens en idée : il n'aurait pas tué une mouche en réalité. A le voir,

vous n'auriez pas voulu le rencontrer après minuit dans une rue
déserte ; à l'entendre, vous auriez cru que le czar, l'empereur
d'Autriche et tous les rois n'avaient plus que quelques instants à
vivre ; — mais, au bout de deux jours, vous en seriez venue à le
mener comme un enfant. Il était poète et faisait des vers pitoyables
sur l'indépendance italiénne et la nécessité d'une Terreur pour l'a-
vancement intellectuel des lazzaroni ; mais s'il chantait les choses
d'amour, sa voix était pleine de douceur et de grâce ; il était su-
cré sans être fade, et vous n'aviez pas froid dans sa fraîcheur.'
Floribomba en un mot était un rossignol qui voulait mugir ; je connais cent Italiens qui lui ressemblent.

Je m'amusai à le sermonner. C'est très-agréable de faire de la
morale à mon âge : et, comme la prison est un lieu fort mal fait
pour donner de mauvais exemples, on s'y trouve à merveille pour
donner d'excellents conseils. Je tâchai de lui parler raison — mais
parlez-donc raison à l'enthousiasme! Une chose étonnante, c'est
que les Italiens sont de bonne foi, même quand ils sont le plus ridicules. En voyant souvent en eux si peu de courage et surtout si peu
de constance pour agir, vous croyez que leur ardeur est factice.
Vous vous trompez. Ce qui les agite, ce n'est pas l'ambition, le
désœuvrement ou l'intérêt, comme en Suisse ou en France— non,
mais une imagination primesautière et facile à s'enflammer ; — ils
sont poètes en politique., ils pensent avec le cœur. Nous autres,
les gens du nord, nous ne comprenons pas ces gens d'outremont,
parce que, plus actifs et plus froids, nous ne jugeons que d'après
des faits et des œuvres. Nous ne croyons pas à ce feu intérieur,
à cet enthousiasme qui ne se traduit pas en combats et en victoires.
Là où l'action ne nous montre pas la vie, nous ne voyons que la
mort, et lorsque ces corps que nous prenons pour des cadavres
viennent nous chanter de généreux sentiments, leurs amours et
leurs colères, leur patriotisme et leurs instincts libéraux, nous
disons qu'ils mentent. Ils ne mentent pas, ou du moins si c'est là
un mensonge, ils en sont les premières dupes.

Vous me direz que la foi sans œuvres est morte. D'accord. Ce
n'est pas avec des sonnets que les hommes du Grulli ont fait votre
République, je le sais bien. Et remarquez que je ne suis pas avocat, mais peintre ; je vous dis ce que je vois et ce qui est ; je
crayonne un profil d'Italien, sans vouloir défendre mon modèle ;
je vous envoie mon dessin comme une étude de genre et non

comme un idéal de beauté — et si , nouveau Diogène, je cherchais un homme, ce n'est pas ici que je viendrais le prendre, je vous en réponds.

Ainsi je sermonnais Floribomba, mais je ne pouvais y arriver. Il était furieux de ma sagesse et , lorsque je désapprouvais un seul homme ou un seul acte de son parti, il m'appelait espion ou traître. Je n'exagère pas l'épithète : les Italiens prennent d'ordinaire la plus grossière ; ils appellent cela le mot propre et n'en démordent pas. Etrange destinée de l'homme qui tient un peu à son indépendance! Adoptez-vous une idée politique, vous êtes forcé d'approuver tous les hommes qui la défendent et toutes les actions de ces hommes — sinon, vous êtes mis au ban du parti. Parce que cet homme est votre chef, il est infaillible. Opposez-vous à l'injustice qu'il a commise, ce n'est pas lui que vous attaquez, c'est la cause qui est la vôtre; or attaquer sa propre cause, c'est la trahir. Que devenez-vous alors? Votre faction vous renie ; la faction contraire vous attire ; vous résistez, si vous êtes loyal; si vous êtes faible, vous cédez — et ainsi, martyr de votre indépendance, vous devenez réellement traître, ou bien vous êtes mis à part. Oui, mis à part, tel est le sort de bien des gens — et le dirai-je? des plus honnêtes. Mon Dieu, la triste chose que les partis! — mélange confus d'ambitieux et d'enfants, de dupeurs et de dupes ; attachés, ou plutôt fagotés par une communion de haines , affermis par de l'orgueil et de l'entêtement. « Rien ne ressemble mieux à la vive » persuasion que le mauvais entêtement : de là les partis, les ca- » bales, les hérésies, » et la Bruyère n'avait pas tort.

XI.

Un soir — c'était un soir de lune — j'étais à ma fenêtre et sur le point de faire des vers. Vous savez, madame, qu'il m'est impossible de voir Phébé monter sans bruit à l'horizon désert sans lui dire quelque chose. Et remarquez qu'en changeant de ciel, la reine nocturne change aussi de reflet ; j'avais donc de nouvelles images à évoquer et presque un nouveau langage à prendre, car à Naples on ne parle pas comme ailleurs. J'étais heureux comme Calame a dû l'être, lorsque son tableau du *Lac des quatre cantons*, cette grande peinture pleine de soleil que vous venez de voir à Genève,

lui est apparu tout entier et tout nouveau, sans glaciers, sans cascades et sans tourmente, mais serein, limpide et calme, avec un
splendide carambolage de rayons. Moi aussi je laissais le sapin
des Alpes pour le pin parasol du Pausilype..... mais je crois que
je me compare à Calame : excusez-moi, je vous prie : je le faisais
avec plus de naïveté que d'orgueil. C'est qu'on devient peintre
devant une nature aussi belle , et grand peintre , je vous l'assure,
tant qu'on n'a pas le pinceau à la main. J'allais donc le prendre,
le pinceau de malheur, et vous étiez menacée d'une nouvelle poésie, lorsque j'entendis quelque chose sous mes pieds, un murmure
qui semblait sortir de la mer ; j'écoutai mieux, c'était un chant —
et le croiriez-vous, un chant suisse— un air de M. Grast et des paroles de moi :

Réjouis-toi, terre bénie, etc.

Je vous laisse à penser si j'oubliai mon clair de lune. J'eus
quelques mauvais vers de moins dans mon album, mais une belle
heure de plus dans ma vie. Mon premier mouvement fut de la
surprise, mais cette surprise ne dura pas long-temps ; je ne me
demandai pas comment ces paroles m'avaient suivi par-delà les
Alpes et la mer, pour résonner au pied du Pausilype, comme un
salut de cette Suisse tant aimée que je venais de quitter. Je ne me
demandai pas comment les vagues et les brises italiennes accompagnaient cette chère mélodie, mais je m'accoutumai bien vite à
ce miracle, soit qu'un saut d'imagination me transportât tout-à-
coup au bord de votre lac, soit que j'eusse en mon cœur cet instinct qui est l'antipode de la curiosité, cette vertu qui nous laisse
dans une si heureuse ignorance, ce poétique respect pour tout
mystère qui nous empêche d'en demander le mot.

Le lendemain le secret me fut dévoilé. Il y avait une quarantaine
de Suisses enfermés avec nous dans cette prison. Ils n'étaient arrivés que la veille, car mes compagnons de captivité étaient en
général des nouveaux-venus descendant à peine d'un pyroscaphe
ou d'une diligence. J'en demandai le motif à Vincenzo, mais Vincenzo, par bêtise ou par finesse, ne me répondait jamais rien. Ces
Suisses, probablement à cause de la rupture des capitulations,
venaient se mettre au service de la bombe. Je ne leur en faisais
certes pas mon compliment — et cependant je les plaignais, ces
pauvres hommes, et j'aurais voulu causer avec eux de leur pays.
On ne me le permit pas. Toute communication avec eux m'était

interdite; ils étaient au secret sans doute, et je ne pouvais que les voir et les écouter.

Il m'était difficile de les comprendre, car ils parlaient le dialecte le plus fabuleux qu'ait inventé la tour de Babel. Cependant je concentrai toute la force de ma volonté sur cette partie du cerveau qui est particulièrement consacrée aux idiômes et aux rébus. Je finis par distinguer quelques mots ; j'en entrevis quelques autres, j'en devinai plusieurs et j'inventai le reste. Or voici ce que je retirai de ces laborieux efforts. Ces hommes venaient s'enrôler dans les régiments suisses, mais ils ne sortaient pas tous de vos cantons. Presque tous avaient déjà servi, les uns dans le Sonderbund, les autres dans les troupes fédérales, trois ou quatre en Italie. De ces derniers, deux avaient été soldats de Radetzky, et les autres compagnons de Garibaldi. Le reste était composé de déserteurs autrichiens et de réfugiés badois. Ainsi tous ces gens s'étaient battus les uns contre les autres,— ils auraient pu se tuer il y a quelques mois et maintenant ils fraternisaient sans rancune, et même de si grand cœur, que chaque soir ils étaient ivres. Ils n'avaient pas de cause ; ils avaient déjà fait abnégation d'eux-mêmes ; ils se battaient les yeux fermés, pour le premier-venu, passifs et insouciants comme des Arabes, ennemis hier, frères aujourd'hui et rassemblés pêle-mêle par le hasard sous le drapeau blanc du roi de Naples. L'un d'entr'eux surtout, un Suisse, le boute en train de la bande, et le plus malheureux de tous, car je l'ai vu pleurer comme un enfant, un soir qu'il était seul, avait mené depuis quelque temps une vie étrange. Il était d'un petit village du canton de Berne. Un jour son père le chasse de chez lui, je n'ai pas compris pour quelle faute. Le jeune homme prend son sac et va devant lui. Où ira-t-il ? Il ne le sait pas ; il n'a pas de but, parce qu'il n'a pas d'espoir. Il arrive à Thoun, à Interlaken; personne ne veut de lui ; son malheur l'accuse au lieu de le défendre. Il continue sa route, toujours plus triste et plus seul. A Brienz, il rencontre quelques réfugiés lombards, qui, chassés de Milan par les victoires de Radetzky, traversent la Suisse pour rentrer en Italie. Il se lie avec eux, s'habitue à leur langue, les habitue à la sienne et leur propose de les suivre. Ces réfugiés, comme toujours, appartiennent aux premières familles de la Lombardie et attendent chaque jour des sommes considérables. Mais ils vivent d'aumône et d'hospitalité. Le Bernois leur offre ce qu'il a : peu de chose, mais enfin de quoi soutenir un homme pendant quelques mois. Les Lombards, ivres de reconnaissance, lui serrent la main, l'embrassent, le portent en triomphe et le plantent là pendant la nuit. Le pauvre garçon vend ses hardes et arrive presque nu en Savoie : là il s'enrôle dans l'armée de Charles-Albert et se bat comme un lion en Lombardie. Il est fait prisonnier dans un combat. Les Autrichiens lui offrent des galons de caporal — et, comme ils craignent que sa modestie ne résiste à leur générosité, ils lui promettent, s'il refuse, quelques balles dans la poitrine. Il accepte, passe dans une autre armée, prend part à une lutte acharnée contre les Hongrois, reste sur le champ de bataille et manque d'être enseveli avec des centaines d'Autrichiens. Des paysans l'accueillent ; il peut marcher au bout de quelques jours ; il reprend son chemin, mais il se trompe de route. Au lieu de se sauver en arrière, du côté de Vienne, il se sauve en avant du côté de Pesth. Déjà habitué à changer d'uniforme, il offre ses services à la Hongrie ; la Hongrie accepte — et notre Bernois, plus heureux que jamais, marche de victoire en victoire et monte de grade en grade. Il va rentrer à Vienne avec une épaulette, lorsqu'il est repris par les Autrichiens. Cette fois il est bien mort, n'est-ce pas ? Transfuge et captif, il n'a plus qu'à faire sa prière. Vous vous trompez. On l'attache en qualité de guide, d'espion ou de trucheman à une députation chargée d'examiner les forces de l'ennemi et de conclure un armistice. Ennuyé du rôle qu'il va jouer, non qu'il le trouve honteux, mais parce qu'il n'a plus à se battre, il se sauve encore, rencontre je ne sais quel diplomate français qui va à Florence, se le concilie en le servant et l'accompage. On se bat à Livourne, il y court. Il travaille aux barricades toscanes, glisse de nouveau entre les mains autrichiennes, puis vole à Rome et se place sous le drapeau français. Rome prise, on lui dit qu'une révolution se prépare à Naples et le voici. Etrange figure, n'est-ce pas, madame, que ce soldat à toutes sauces, passez-moi le mot ; ce héros sans bannière, qui, en un an, avait combattu dans vingt batailles, tantôt vainqueur, tantôt vaincu, deux fois captif, dix fois blessé, presque enterré hier, presque officier aujourd'hui, et Piémontais, Autrichien, Hongrois, Livournais, Français et Napolitain tour-à-tour— vie étrange que Dumas raconterait en vingt volumes. — Eh bien ! qu'eussiez-vous dit, madame, en le voyant pleurer ?

XII.

Je végétai ainsi quatorze jours, me couchant tôt, me levant tard, restant le plus long-temps possible à ma toilette et à mes repas, fumant beaucoup, observant plus que jamais, vivant à deux mais vivant seul. — Oui vivant seul, car Floribomba était pour moi une distraction, bien plutôt qu'une amitié. Je ne me méfiais pas de cet homme, et, je l'ai déjà dit, je le croyais d'un excellent naturel; mais nous n'avions pas l'un pour l'autre cette sympathie ouverte et franche qui nous permet de doubler nos impressions en les partageant. Il n'y a rien de si chaste que la rêverie. Elle est humble devant le monde; elle a peur de se montrer; elle craint le rire des gens de peu de foi, des indifférents et des insensibles, parce qu'elle sait que ce rire la tue, et ne s'épanche que dans un seul cœur, lorsqu'elle a compris que ce cœur est assez profond pour la recevoir. Rien de plus odieux selon moi que ces confidences dévergondées qui se promènent sans voile dans un salon, à travers la foule, avec tout l'orgueil de l'impudeur. Eh bien! cette espèce de répulsion instinctive avait raison : j'appris plus tard que Floribomba, le carbonaro, le bon enfant, l'agneau recouvert d'une peau de tigre..... était un espion de l'Autriche. Et n'en soyez pas étonnée, madame. En Italie, sur cinq hommes rassemblés dans la rue, il y a toujours au moins deux espions. L'espionnage n'est pas un métier, c'est une espèce de droit ou de devoir que le peuple se donne. On espionne ici, comme on va au cercle ailleurs, dans ses moments de loisir. Ainsi méfiez-vous, si jamais vous venez en Italie! Méfiez-vous de vos amis, méfiez-vous de moi, oui de moi, madame, car je dis maintenant comme Harpagon : Ciel! à qui désormais se fier? Il ne faut plus jurer de rien et je crois après cela que je suis homme à m'espionner moi-même!

Ainsi je végétais depuis quatorze jours, tuant le temps de mon mieux, habitué à ma nouvelle existence, sans épouvante, sans étonnement, et même sans curiosité, attendant qu'on voulût bien m'éclairer sur mon crime et ma peine, rêvant éveillé, rêvant endormi, lisant quelquefois, jouant au piquet avec Floribomba quand je n'avais rien de mieux à faire et riant, chantant, goguenardant plus que jamais, lorsque Vincenzo vint me dire qu'un médecin m'attendait dans le vestibule.

— Un médecin? lui demandai-je.

— Oui, seigneur Excellence.

— Et pourquoi faire?

— Pour voir si vous êtes bien.

— Va lui dire que je me porte à merveille.

— Pardonnez-moi : il veut voir lui-même votre Excellence.

— Ah par exemple! ceci me semble un peu violent. Est-ce que je devrai aussi payer ce docteur?

— Oui, monsieur.

— Et il va me purger, me saigner?.....

— Peut-être.

— Eh bien! je n'en veux pas..... Les drogues de vos pharmacies ne doivent pas valoir grand'chose, à en juger par celles de vos restaurants. J'ai assez mangé de vos satanés poulets......

En définitive, cependant, je finis par consentir à voir le médecin, sur l'observation de Vincenzo, que, visité ou non, bien portant ou malade, ma bourse aurait le même déficit à subir. Le docteur me lorgna un bon moment à distance, m'examina de la tête aux pieds et m'accorda un disgracieux sourire. Puis il fit signe à un geôlier d'ouvrir la grille et de me laisser sortir.

— Où me conduisez-vous, monsieur? lui demandai-je.

— Où vous voudrez.

— Où je voudrai?

— Oui, monsieur, vous êtes libre.

— Et c'est vous qui me rendez la liberté?

— Pour vous servir.

— Vous êtes donc préfet de police?

— Non, monsieur, je suis médecin.

— Je n'y comprends plus rien. C'est donc la Faculté de médecine qui tient vos prisons?

— Que parlez-vous de prisons?

— On dirait, parbleu! que votre code pénal a été fait par Molière. On livre les coupables aux médecins! C'est un moyen expéditif d'en finir avec eux.

— Mais, monsieur......

— Vous condamnez les floueurs à la crème de tartre, les voleurs à l'huile de ricin et les républicains au laudanum.

— Je crois, monsieur, que nous ne nous entendons pas.

— J'en ai peur.

— Je suis venu constater le bon état de votre santé.

— L'attention est fort délicate.

— Et, comme vous avez une mine florissante, vous êtes libre.

— Mais, monsieur, j'avais, sans me flatter, une mine deux fois plus florissante en entrant dans votre prison. Les poulets de votre restaurant m'ont jauni d'une façon scandaleuse.

— Je le crois, monsieur ; mais la maladie aurait pu se déclarer après votre arrivée. Votre mine alors ne voulait rien dire. *Nimium ne crede colori*, a dit Cicéron.

— La citation me semble parfaitement choisie, cependant je ne sais de quelle maladie vous voulez parler.

— Eh parbleu! du choléra!

— J'étais coupable du choléra?

— Non, monsieur, mais prévenu. L'épidémie est à Marseille.

— Mais je viens de Gênes.

— Avec un bateau à vapeur qui est parti de Marseille. Comprenez-vous maintenant ?

— A-peu-près. Ainsi mes quatorze jours de captivité.....

— Etaient quatorze jours de quarantaine.

— Et ma prison?

— Etait un lazaret.

— Et maintenant, docteur, êtes-vous parfaitement sûr que je n'ai pas le choléra ?

— Oui, monsieur.

— Et si j'allais le prendre à Naples ?

— Il n'y est pas, bien que nous ayons eu diantrement peur il y a quelques jours.

— Comment cela?

— Un ouvrier est mort avec tous les symptômes de ce mal. Les médecins l'avaient déclaré, et moi le premier, car je suis spécialement affecté par le gouvernement à l'inspection des cholériques.

— Le gouvernement ne pouvait faire un choix plus honorable.

— Mille grâces. La police, informée du fait, s'enquit du travail de l'ouvrier. Il était corroyeur. On se rendit chez ses patrons, on fit saisir tous leurs cuirs, on vida le navire qui les avait apportés, les magasins de ceux qui en avaient acheté et l'on jeta tout cela à la mer.

— A merveille.

— Ces premières mesures une fois prises, on sut que l'ouvrier s'était empoisonné avec des champignons.

— Le fait est rassurant et mémorable. Je vous remercie beaucoup de ce récit, mon cher docteur ; je suis enchanté d'avoir fait votre connaissance et je sens le besoin de m'en aller.

— Un moment, cher monsieur. Vous avez un petit compte à régler avec le lazaret.

— Ah ?

XIII.

CONCLUSION ET MORALE.

Compte du lazaret.

Droit d'introduction et pratique . . . . . Fr.   39»10 cent.
Voiture du député d'introduction (L'homme noir) . . . . »   6»52   »
Voiture de pratique. (Je ne sais pas ce que c'est) . . . . »   6»52   »
Au médecin, pour visite de pratique. . . »   8»70   »
Honoraires des gardes pour 14 jours. . . »   60»90   »
Salaire de deux commissionnaires . . . »   6»52   »
Pour-boire au capitaine du lazaret . . . »   6»52   »
Pour la *depennazione della patenta*. (Je ne sais pas ce que cela veut dire) . . . . . »   4»35   »
Huile pour éclairer le lazaret . . . . . »   3»50   »

Total : » 142»63 »

Les frais de brigantin, de nourriture, de mobilier, de barques, de lazzaroni, etc., n'étaient pas compris dans cette note. Ces cent-quarante-deux francs soixante-trois centimes entraient dans la caisse de l'Etat.

Comprenez-vous, madame, pourquoi aux yeux des gouvernements le choléra est une maladie contagieuse ?

MARC M.

Octobre 1849.

QUESTIONS SOCIALES.

ESSAI SUR LA LIBERTÉ, L'ÉGALITÉ, LA FRATERNITÉ, considérées au point de vue chrétien, social et personnel, par Mme L. de Challié, née Jussieu. Paris, Gaume frères, rue Cassette, 1849.

«Toutes les vérités sociales proviennent de vérités qui leur sont supérieures et dont elles relèvent... Dieu et l'âme sont deux faits supérieurs à la société et qui la gouvernent. L'existence de la société a une fin morale relative à l'âme humaine et supérieure à la destinée de l'homme ici-bas.... La liberté sociale ne peut avoir d'autre origine que le libre arbitre..... Tous les droits politiques et civils doivent être en relation directe avec la conscience, tous doivent être fondés sur la liberté morale..... Le libre arbitre de l'homme s'exerce dans la sphère de ses devoirs envers Dieu; sa conscience en est le siége. La liberté extérieure et sociale n'est donc un droit positif et incontestable que là où elle représente la conscience et l'usage moral du libre arbitre; elle n'a de valeur réelle pour l'homme que selon l'usage qu'il en sait faire... L'égalité des hommes entr'eux sur la terre n'a qu'une seule raison et un seul motif, leur égalité devant Dieu..... L'égalité sociale ne doit résider d'une façon absolue que dans l'usage des droits essentiels de l'humanité; au-delà de ces droits l'égalité cesse et l'inégalité des conditions commence, parce que le fait de la liberté qui précède celui de l'égalité, est intéressé dans les inégalités de conditions, qu'il les nécessite et qu'il les produit. Et la notion de l'égalité n'ayant d'autre base vraiment sociale que la valeur morale de l'homme pris individuellement, c'est par le respect de soi et de son semblable que l'égalité doit apparaître dans les rapports dès hommes entr'eux.

» La fraternité a sa source dans l'amour de Dieu pour les hommes: les hommes ne pourront la ressentir avec plénitude, ni la pratiquer d'une manière continue, s'ils ne s'élèvent à la connaissance de Dieu et s'ils ne ramènent la partie aimante et sensible de leur être à la source, au principe et au foyer de l'amour. — C'est, en effet, par la charité chrétienne que le genre humain est revenu à la notion de la fraternité. Mais la charité chrétienne, en fondant la fraternité sociale ne fut pas un principe destructeur de la famille. La famille existait en raison d'une loi fondamentale de la nature humaine.... et comme le seul fait social qui, dans la multiplication et la continuation du genre humain, distinguât l'homme de tous les êtres vivants et qui attestât la dignité de sa nature morale.... Le christianisme sut concilier l'a- mour exclusif et l'amour indéfini ; il les concilia par la charité qui les subordonna l'un et l'autre à l'amour de Dieu..... La fraternité reçut du christianisme son développement moral et sa manifestation so- ciale..... La fraternité a son siége principal dans le cœur des indivi- dus ; c'est par l'action individuelle qu'elle a pris place dans le monde et qu'elle s'est fait jour dans les institutions sociales en y répandant son esprit.... La politique et les lois peuvent ressentir son influence et se modifier selon ses inspirations, mais elles ne sauraient primer ni régler son action sur la société.... C'est à la charité privée et à la vertu individuelle que se trouve confié encore l'avenir social de la fraternité humaine.....

» Tout a commencé par l'âme dans la révolution chrétienne dont on cherche à réaliser le dernier terme aujourd'hui..... C'est par la force individuelle que le Christ a changé le monde..... Cette réalisation so- ciale des principes chrétiens serait, sans nul doute, un grand bien pour le monde; mais s'il est permis d'y trouver une des conséquences sensibles de l'œuvre chrétienne, on ne saurait néanmoins y voir son but principal..... La terre, l'état, la patrie, la société, sont un petit monde pour notre âme ; pour elle ils ne sont pas l'univers. L'univers de notre âme est en elle-même..... La conscience est donc le champ le plus vaste de nos douleurs et de nos joies ; et c'est là le grand pa- trimoine que le christianisme vint restituer au genre humain. » *(Essai sur la Liberté*, etc. *Conclusion*, page 266-281.)

LIBERTÉ! EGALITÉ! FRATERNITÉ! Tel est donc le vrai sens de ces trois mots qui bouleversent l'Europe depuis soixante ans. Que l'homme est habile à matérialiser l'immortelle pâture que Dieu lui avait destinée. Pour cette fois, cependant, voici bien la Vérité dans tout le spiritualisme de sa nature, hôte invisible de l'âme, mais visible, bienveillante, équitable, toujours raisonnable dans ses applications. La raison, en effet, non pas sèche et discuteuse, la raison large, élevée, impartiale, vivifiée par l'amour, la rare fusion de la raison et de l'enthousiasme, c'est là le caractère do- minant du livre de Mme de Challié. Les réelles acquisitions de l'es- prit de notre temps, telles que le sentiment des droits communs à tous, la sympathie pour les classes moins favorisées, s'unissent en elle aux délicatesses de la civilisation qui précéda la nôtre : le respect, l'honneur, la beauté de l'obéissance.

Dans l'ordre de ses recherches, elle a d'ailleurs suivi une marche opposée à celle des hommes de nos jours. La société, dit-on, la société d'abord, l'individu pour la société seulement. L'abandon des droits individuels est à la base des systèmes d'aujourd'hui, que nous réserveront-ils au terme? A coup sûr ce ne sera pas la liberté. On le sait, le socialisme est la négation de l'individualité. Les individus à ses yeux ne sont que des bulles qui naissent à la surface sans cesse agitée de la masse sociale, et qui disparaissent aussitôt pour se reformer ensuite. L'humanité est la seule réalité substantielle.

Nous n'avons pas d'objection contre la doctrine de la réalité de l'humanité. Nous admettons l'unité foncière, la solidarité de cet être collectif et inexplicable, à la fois *un* et *plusieurs*, qui vit de sa vie propre, et qui porte toutes les vies. Rien de plus superficiel que la prétendue opposition entre l'individualité et l'humanité. Ce sont deux principes qui se complètent, ce sont les deux faces de la grande idée de l'homme. Mais, chose admirable! c'est du respect pour l'individu qu'on en est arrivé à celui de la race, c'est la dignité de l'homme qui a fait comprendre celle de l'humanité. Partez de la société, fait matériel, vous ne rencontrerez jamais que la société. Et forcé de mettre en elle l'éternité à laquelle vous pousse la constitution de votre esprit, par un renversement monstrueux vous en viendrez à matérialiser cette idée même d'éternité, et c'est à un infini terrestre que vous vous verrez contraint d'arriver.

Partez de l'âme individuelle, au contraire, c'est à la vérité sociale que vous aboutirez si vous êtes guidé par l'esprit véritable du christianisme. C'est ce qu'a su faire Mme de Challié. Elle nous montre partout les prérogatives de l'ame humaine rayonnant sur le monde et créant les droits sociaux dans ce qu'ils ont d'essentiel et d'impérissable. Ainsi, sans aborder expressément la question abstraite de la réalité de l'humanité, elle l'a implicitement admise par la grande doctrine de la fraternité chrétienne, qu'elle a développée avec autant d'âme que de justesse. Le christianisme suppose au fond la réalité substantielle de l'humanité; si on l'en dépouille il demeure inintelligible. Que deviennent l'incarnation et l'expiation s'il n'y a point de solidarité?

Mme de Challié a traité entr'autres avec supériorité et d'une manière qui nous semble neuve, la question irritante des inégalités sociales dans leur rapport avec la liberté. Elle fait toucher au doigt qu'elles sont la suite et la dépendance de ce principe premier, que la loi ne peut les atteindre directement qu'en violant les droits de la liberté, et qu'à un autre principe est réservée la haute mission de tempérer ces différences toujours affligeantes, quelquefois honteuses. Nul, peut-être, n'a mieux distingué la sphère de la loi de celle où l'esprit vivant de la sympathie chrétienne peut faire circuler une sève nouvelle. Quand on écoute l'expression calme, pleine, grave, de ces grandes vérités, on oublie la misère des passions humaines, et l'on s'étonne que la masse des esprits ne s'y rende pas.

« Il arriva qu'au moment de se réaliser dans les institutions politiques, la notion de l'égalité se sépara du principe religieux qui l'avait d'abord produite et manifestée..... elle devint une notion de justice humaine qui dut chercher son expression totale dans les sources du temps, puisqu'elle n'avait plus de relation avec ce qui est au-delà..... elle ne pouvait donc tarder à devenir quelque chose de violent et d'arbitraire, car, dès qu'on ôte à l'homme le spiritualisme de ses pensées, il veut leur trouver un sens littéral et matériel, or le sens littéral, matériel et sensible de l'égalité est absolument opposé à la liberté humaine. »

» Les exceptions résultent en principe des dons de Dieu et de l'usage de la liberté humaine, et elles se produisent d'autant plus que la liberté individuelle est plus étendue et mieux garantie dans une nation. »

» Le grand nombre ne saurait se passer du petit nombre, et même, dans le doute, le petit nombre se passerait encore plutôt du grand. »

» Chercher hors de la notion chrétienne de Dieu la plénitude de la vérité fraternelle, c'est chercher l'infini dans le fini. »

On est surpris sans doute de voir un esprit de femme nourrir de telles pensées. On se demande quelle impulsion l'a poussée vers des questions qui ne préoccupent guère ses pareilles, si ce n'est par un rapport avec leur position particulière. Mais Mme de Challié a traité ces sujets, sinon avec une intelligence, du moins avec une âme toute féminine. Qu'on ne s'étonne pas de voir le mot *âme* revenir si fréquemment sous notre plume. Ce livre est tout plein d'âme et jamais un homme n'y eût tant mis de la sienne.

Esprit tout intuitif d'ailleurs, elle nous rend la vérité avec le caractère d'évidence sous lequel elle lui est apparue. Rien de timide dans l'exposition de ses principes; elle ne discute pas, elle établit. Avec une conviction moins pleine, avec moins de justesse naturelle, cette manière deviendrait facilement un défaut. Mais ce dogmatisme, tout pénétré d'amour, sent bien plus l'inspiration que le raisonnement. Le travail a dû porter sur la disposition des idées, trop symétriquement arrangées peut-être; les idées elles-mêmes ont l'air d'être arrivées à l'auteur comme si elle les avait contemplées dans un miroir.

Ce mélange d'enthousiasme et de raison exclut la passion, et jusqu'à un certain point l'individualisation; et ici commence le défaut essentiel d'un ouvrage remarquable à tant de titres. Si rien n'est exclusif, âpre, démesuré, presque rien non plus n'est suffisamment incisif. Le livre se maintient constamment dans une lumière égale et limpide, nulle ombre n'y vient accentuer les contours de la vérité. Il ne descend pas sur le terrain des faits ; il ne cherche point à passer de la vérité générale à la vérité particulière. Pensée et style, tout demeure également dans cette sphère élevée et trop peu précise. Ce langage noble sans cesser d'être naturel, d'une clarté transparente, et souvent embelli du reflet d'un enthousiasme contenu, laisse pourtant quelque chose à désirer en fait de concision, de souplesse, de variété, de familiarité. La familiarité est aussi une individualisation. Ceci soit dit sous forme de regret bien plus que de critique. Il en résultera, nous le craignons, qu'un livre dont les idées sont si justes et si bien déduites qu'on en pourrait extraire un catéchisme social, passera sans attirer la moitié de l'attention qu'il mérite, et qu'on prodigue à tant de productions misérables ou funestes.

Mais pour les esprits attentifs il y aura du soulagement à voir la même civilisation qui a enfanté la triste célébrité d'une George Sand, inspirer une œuvre de femme si haute, si pure, d'une réserve à la fois si fière et si modeste. Ni petite vanité, ni humilité fausse, ni allusion à soi-même. Jamais livre féminin ne fut si dégagé de personnalité. Ce n'est qu'un esprit qui s'adresse à nous du séjour de la lumière.

Serait-il possible une fois de comparer deux carrières si différentes, de chercher dans ces deux vies la première impulsion qui précipita dans des courants si opposés des forces peut-être égales, quoique diverses? Ces femmes qui se ressemblent si peu ont toutes deux souffert ; cela est visible, et la réserve de l'une n'empêche pas qu'on ne s'en aperçoive. La lutte désespérée que soutient George Sand contre les institutions sociales, le matérialisme corrupteur que décorent les fascinations de son talent, tout cela n'est au fond que la révolte d'un cœur qui se débat contre sa destinée; et les plus sévères ont une larme pour la femme, malgré tout le mal qu'a fait l'écrivain.

L'insuffisance des objets terrestres, le désaccord entre la vie et les besoins d'une grande âme furent probablement aussi à la source de l'inspiration de Mme de Challié. Mais loin de se retourner douloureusement sur elle-même en exaltant jusqu'à la puissance de l'art les impressions d'une sensibilité pervertie, elle est victorieusement sortie de cette maladive atmosphère, et rien d'amer ne l'a accompagnée. La clarté d'en-haut s'est répandue sur les objets de ses contemplations. Elle se préoccupe aussi de la famille, de l'ordre social, mais c'est pour le consolider en le purifiant par l'esprit d'amour et de vraie liberté.

Y aurait-il dans chaque vie un point unique, le sommet d'un angle d'où partent également la ligne qui monte et la ligne qui descend? Et le malheur ne serait-il pas souvent cet instant suprême? « Toutes les choses extérieures ont une bonne et une mauvaise anse, » disait un vieux moraliste.... « Empoignez un couteau par le manche, il vous servira. Serrez-le par la lame, il vous coupera. »

Si l'on voulait comparer non pas le talent, mais sous quelque rapport la nature de Mme de Challié à celle de quelque autre personne de son sexe, le nom de la marquise de Lambert se présenterait peut-être à l'esprit. De notables différences les séparent, et celles qui ne sont pas littéraires ou qui ne se rattachent pas au mérite supérieur de la concision, sont toutes à l'avantage de notre contemporaine. Mais chez toutes deux la force morale et le sentiment de la dignité personnelle se manifestent à un degré peu commun. Chez Mme de Lambert cependant, c'est plutôt sa dignité propre; chez Mme de Challié c'est plutôt celle de l'âme humaine. L'une se respecte surtout comme personne vraiment distinguée ; l'autre comme créature de Dieu. Toutes deux devancèrent à bien des égards le mouvement de leur siècle; mais tandis que l'amie de Fénélon s'avançait vers la période de l'incrédulité et, par là communiquait à son livre une teinte de sécheresse et presque d'utilitarisme, le spiritualisme chrétien de la fille des Jussieu la rattache à ce qu'il y a de meilleur et de véritablement avancé dans notre époque. Mais toutes deux ont aussi gardé quelque chose de l'âge qui les a précédées. En qualité de moraliste, seul point de vue où nous prétendions les rapprocher, Mᵐᵉ de Challié se trouve, chose étrange pour une femme! un peu inférieure à ce qu'elle est lorsqu'elle s'occupe de la société.

Entendons-nous bien cependant : elle apprécie très-justement l'homme tel qu'il est sorti des mains de son Créateur. Elle reconnaît l'essence de son être dans la volonté, dans la conscience, le devoir, fait complexe, qui atteste à la fois la liberté et la dépendance, la réalité de l'être et la relation de créature. Comme une autre femme à jamais regrettable, Mᵐᵉ la duchesse de Broglie, elle est de ceux qui estiment que « la foi demande la liberté de l'homme, et qu'elle est une vertu. » Mais elle compte un peu trop sur « l'amour désintéressé et généreux de la vérité » qu'elle envisage comme un élément essentiel de notre nature. Cette dignité, cette beauté de l'âme, à laquelle elle revient si souvent, a-t-elle assez compris que ce n'est plus que la splendeur d'une ruine ? La restauration de la nature humaine semble se présenter à elle comme une œuvre accomplie hors de nous et une fois pour toutes, et qui replacerait tout d'un coup notre âme dans les privilèges de sa condition primitive. Peut-être cette vue est-elle un fruit de la doctrine catholique de l'*opus operatum ;* peut-être la vieille philosophie de l'école qui envisage le mal comme une simple suite de l'erreur y a-t-elle sa part ; peut-être aussi la trempe particulière de l'auteur? Un léger accent de victoire qui se trahit dans ses pages nous donnerait à croire qu'elle n'a pas encore mesuré toute la portée du combat qui accompagne le drame suprême de la rénovation individuelle. Ce noble caractère a vaincu le monde extérieur et surmonté l'épreuve de la douleur ; on le sent à quelques indices bien involontaires. Mais l'expérience de la dignité de notre âme n'est pas la dernière. Il nous reste à faire celle de son indignité.

Ainsi, quand Mᵐᵉ de Challié passe en revue les mauvais penchants qui combattent le sentiment de l'égalité, elle montre une sorte d'indulgence comparative pour l'orgueil. Elle le met fort au-dessus de l'envie. Il l'est, sans doute, pour ce monde ; il ne l'est peut-être pas pour celui où le sentiment de ce qui nous manque est la meilleure des préparations.

Elle accorde aussi une trop belle place à l'*honneur*, dont elle attribue l'origine à la sincérité. Mélange du sentiment de sa dignité personnelle et du besoin de l'estime d'autrui, l'honneur est un mobile utile sans doute aux hommes en société, mais dans lequel nous ne saurions démêler rien de supérieur. C'est une de ces délicatesses, que les mœurs chrétiennes ont rendues plus exquises et auxquelles elles ont fourni des applications plus relevées, mais que nous n'oserions qualifier du nom de *vertu*, tant elle nous semble placée sur un terrain ambigu entre la générosité et l'orgueil. L'honneur, disait quelqu'un, est comme le musc, on ne sait s'il sent bon ou s'il sent mauvais.

Mais dans tout ceci il ne s'agirait que de descendre d'un degré de plus dans les profondeurs de notre nature. En tout ce qui concerne les rapports du mécanisme social avec cette nature et avec le christianisme, le jugement de Mme de Challié est net et sagace. Sa foi est élevée, généreuse, animée de l'esprit de liberté, toute pénétrée de sève morale, et, sous ce point de vue, nous ne craignons pas de le dire, son livre nous paraît un signe des temps. A mesure que s'ébranlent les institutions, que s'affaiblissent les croyances traditionnelles, que s'évanouit même, hélas! toute morale qui n'a pas son siége dans la conscience individuelle, on voit chez les âmes d'élite le sentiment du vrai et du bien se fortifier et s'étendre dans la même proportion. Elles en embrassent mieux l'ensemble, elles en reconnaissent, elles en coordonnent mieux les applications. Surtout elles remontent mieux à son principe. L'unité primitive du christianisme et du sens moral est hautement signalée, elle devient l'objet d'une recherche scientifique dans laquelle la Suisse française a certainement sa part à revendiquer. Notre patrie s'honorait du nom de Vinet ; la *Philosophie de la Liberté*, lui donne maintenant le droit d'en ajouter un autre. Chacun à sa manière a continué la tâche sainte dont Pascal fut, dans l'ère moderne, le glorieux initiateur. Rien de plus opposé sous ce rapport que l'esprit de notre temps et celui de nos prédécesseurs. Les hommes du XVIIIe siècle cherchaient à réhabiliter l'humanité et la morale, dont la religion très-peu philosophique de cette époque semblait tendre à se séparer. Dans son intention générale et malgré les papparences, la philosophie d'alors eut quelque chose de moral. Quant à celle d'à-présent elle se divise en deux courants : panthéiste et immorale d'une part ; morale et chrétienne de l'autre. Ce qui vient de Dieu se réunit en Dieu ; ce qui est d'ailleurs se rejoint de soi-même. Ainsi tend à se fermer le grand cycle de la pensée et de la liberté humaines ; ainsi s'accomplit l'évolution capitale dont le terme renferme en soi la plus formidable lutte des temps modernes. La foi au suprême pouvoir de la vérité empêche seule l'esprit de défaillir en face de cette perspective.

Reposons-nous sur quelques-unes des belles pensées de Mme de Challié.

« La vérité est le seul lieu où se consomme l'union des esprits. »

« C'est dans l'individu qu'il faut chercher la donnée première des besoins de la société. »

« Dans le rapport de l'esprit public avec la liberté morale et avec la conscience se trouve placé tout l'avenir de la démocratie. »

« Hors du principe chrétien il n'y a pas de liberté possible pour le monde. »

« C'est par la libéralité que se déclare, mieux que par toute autre chose, le fait et le droit de la possession. »

« Le respect n'est jamais plus vrai, plus naturel, ni plus facile, que dans les âmes assurées de leurs droits, pleines de la conscience de leur valeur propre, qui se tiennent légères et les ailes toutes déployées en présence des événements de la vie, et qui savent garder leur rang ici-bas, parce que, incapables de rien envier, elles sentent en elles une grandeur dont ne saurait approcher aucune des grandeurs de la terre. »

« Les formes diverses que revêtent les sociétés ont toutes pour objet principal d'éprouver la faiblesse et la vertu humaines par de nouveaux moyens. »

« C'est le reflet de notre âme qui fait la noblesse et la grandeur de toutes les choses d'ici-bas, et ce reflet souvent ne luit sur le monde qu'en raison de la contradiction qui existe entre le fait social et la vérité morale, car cette contradiction est nécessaire à l'exercice de notre liberté. La conformité absolue du fait extérieur avec le principe et avec l'idée, serait l'anéantissement de l'usage de la liberté humaine. »

**

CRITIQUE LITTÉRAIRE.

M. ARGANT ET SES COMPAGNONS D'AVENTURES , histoire
périlleuse, par JUSTE OLIVIER. — Paris, Marc Ducloux
et comp., éditeurs , rue Saint-Benoit , 7.

Dans une petite ville de Bretagne, — je vous demande pardon, lecteur impatient, de commencer par vous parler de moi, — je me trouvais un soir pluvieux d'automne assis au parterre du théâtre. Une
troupe ambulante devait représenter le *Mariage de Figaro*. Les quin-
quets étaient allumés , l'heure annoncée allait sonner, quand tout-à-
coup le directeur s'aperçut qu'un acteur lui manquait, un seul, celui
qui jouait Figaro. Au lieu de penser aux noces de Susanne, il était allé
ce jour-là, traîtreusement, sans en rien dire, se marier bel et bien
devant le maire du lieu.... Et il ne revenait pas, enchanté sans doute
de la circonstance atténuante pour faire ce bon tour à ses camarades.

La position était critique. Brid'oison en avait complètement perdu
la parole, et Basile sans doute s'en frottait les mains ; mais le comte
Almaviva était trop grand Seigneur pour se troubler de si peu : il en
avait vu bien d'autres !

Dès que tout fut prêt, il donna le signal, l'orchestre, c'est-à-dire
une clarinette et un tambour, exécuta pour ouverture l'air à jamais
illustre de Malborough, et notre directeur, de son plus grand air, vint
exposer le fait à son auditoire.

« Messieurs, dit-il, un accident funeste menace notre premier rôle :
il ne peut jouer ce soir ; c'est un malheur pour lui ; Aristote l'a déclaré:
nul homme n'est indispensable ; le plus grand se remplace... ou ne se
remplace pas, ce qui revient parfaitement au même, comme vous
allez le voir. Je vous propose de jouer le *Mariage de Figaro* sans
Figaro...»

Je n'aurais pas été fâché de savoir comment l'entendait M. le comte;
le public ne fut pas si curieux. Il n'en voulut pas entendre davantage.
Un tumulte effroyable s'éleva dans la salle; les explications se croi-
saient de la scène au parterre, du parterre à la scène, les projectiles
aussi, le dénouement enfin devenait menaçant, lorsque tout-à-coup,
à la galerie, un petit vieillard chauve, à l'œil vif, au teint frais, offrit
pour arranger l'affaire, de réciter, de lire au besoin le rôle de Figaro.

— « Je ne suis pas acteur ; seulement j'aime la comédie; j'ai vu dans leur temps Préville et Monrose. Tant d'honnêtes gens sont venus ici pour la charmante pièce de Beaumarchais, que je ne puis prendre sur moi de les laisser partir sans l'avoir vue. La comédie sauvera l'interprête ; ceux qui la connaissent m'aidèront de leur souvenir ; les autres me sauront gré de la leur faire connaître ; tous, vous serez indulgents !»

Lecteurs perspicaces, vous avez compris, n'est-ce pas ? et vous allez encourager de vos sympathies ce lecteur qui se lève du milieu de vous, et qui va bravement, sans prétentions, prendre la place d'un écrivain qui nous oublie un moment, égaré à la recherche de la pierre philosophale.

J'y compte ; et cela ne m'empêche pas, je vous assure, de trouver le fauteuil du critique assez mal rembourré et son scapel bien difficile à manier. La plume n'est point un instrument si léger ni si docile qu'on le pense. Nous devons, tous tant que nous sommes, un peu de reconnaissance à ceux qui s'en servent utilement pour nos plaisirs, agréablement pour notre instruction : « Ah ! qu'un héros se doute peu » du mal qu'il donne à le suivre partout où il juge à propos d'égarer » ses pas, ou sa destinée ; si au moins le lecteur s'en doutait !» Cet aveu est échappé précisément à l'auteur et dans le livre dont je viens vous entretenir ; il servira, si vous le voulez bien, de salut de bien-venue pour l'un et pour l'autre.

Toutefois je ne m'y arrêterai pas encore. J'ai besoin, comme certains poltrons, de parler longuement de ma peur pour la diminuer, pour l'amortir, sinon pour la faire cesser tout-à-fait. Les causes ne sont que trop fondées ; mon inhabitude, le sentiment de ma faiblesse insigne d'abord, puis d'autres assez réelles aussi pour ébranler des cœurs plus affermis, non de conscrits à leur première affaire, mais de guerriers illustres couronnés de victoires.

M. Vinet, ici même il y a trois ans, écrivait ces lignes : «On peut » éprouver quelque embarras à rendre compte des vers d'un ami, » dans un journal surtout à la rédaction duquel tout le monde sait » bien qu'il a une grande part. Mais le charme de cette poésie elle-» même peut être assez puissant pour mettre un critique au-dessus, » ou à l'abri de cette impression, fort naturelle d'ailleurs. Un plaisir » en fait désirer un autre ; on veut dire ce qu'on a éprouvé, on tient à » être le porteur d'une bonne nouvelle, et c'en est une que celle de la » première éclosion ou de l'entier épanouissement d'un talent neuf, ori-» ginal, inattendu, d'un vrai talent en un mot, car un vrai talent » est tout ce que je viens de dire. »

Il est heureux pour moi de mettre dès l'entrée tous mes scrupules d'amitié sous une protection si haute ; plus heureux encore de me trouver pressé par la même sympathie, serré par les mêmes liens ; mais cet avantage n'est que pour moi ; vous n'y gagnez rien, lecteur, et je reste, vis-à-vis de vous, assez troublé pour ne jouir qu'imparfaitement du plaisir de causer d'un ami avec des amis, ou avec des compatriotes, ce qui est tout un, on le sait bien. C'est pourquoi si je puis, et dans votre intérêt seul, je n'aurai aucune mauvaise honte de tremper à droite et à gauche ma plume dans les encriers d'autrui, dans celui de M. Vinet principalement. Je n'aurais qu'à le copier au besoin pour remplir ma tâche, tant son excellente étude sur les *Chansons lointaines* a répandu une large lumière sur le talent complexe et divers de M. Olivier. Si c'est là du socialisme anticipé, vous me le pardonnerez, et vous en profiterez sans façon. Les rapines auxquelles nous avons part ont toujours quelque chose de doux qui les fait absoudre aisément.

Mais puisque l'envie de vous plaire, mes chers co-abonnés de la *Revue Suisse*, est si forte chez moi, je ne dois pas renvoyer davantage le moyen le plus sûr d'y parvenir, celui de vous présenter définitivement M. *Argant* et *ses compagnons d'aventures*. Amis nouveaux, mais fidèles désormais, amis d'hier, que vous n'oublierez plus et que sans cesse vous retrouverez, consolateurs dans les chagrins, dans les heures douces, confidents discrets; — accueillez-les comme tels dès le premier jour; car pour eux, l'auteur me l'a confié, ils n'ont pas de plus vif désir que celui de mériter et de gagner de plus en plus vos bonnes grâces.

L'apparence n'est pas toute en leur faveur, j'en conviens; leur extérieur est au moins modeste; point de belles couvertures à gothiques dessins; point d'*illustrations*, pas davantage de vignettes et de lettres merveilleuses au commencement et à la fin des chapitres. Le titre même n'a rien de bien agressif, ni de provoquant. Cette *histoire périlleuse*, on le devine tout de suite, ne peut pas être bien effrayante. *Quel péril* et *quelles aventures*, je vous le demande, attendre d'un héros qui se nomme M. Argant?..... Ce nom-là ne peut jamais être celui d'un conquérant mystérieux et fascinateur, d'un *Lara*, d'un *Manfred* ou d'un *Monte-Christo*. Avant d'ouvrir le livre, tout le monde a compris que M. Argant n'est qu'un vieux bonhomme de l'autre siècle, à cravate blanche et vêtu d'un grand habit à poches insondables; un homme *qui ne sait pas s'il a jamais été jeune*, et en réalité M. Argant a quelque chose encore de plus antique. Ses amis l'appellent *Tircis*. Eh! bien, ce Tircis, ce personnage inutile, toujours en dehors de ce monde, n'y remettant pied que pour heurter à cent ridicules, sans y tomber jamais pourtant, se fait si bien aimer, estimer, admirer même je le soupçonne, et envier par dessus le marché, que dès qu'on l'a connu, on est de l'avis *de ses compagnons d'aventures :* on ne peut plus s'en passer. Vous le voyez, à peine je l'ai nommé, et déjà je m'attarde avec lui le long du bois à la poursuite d'un insecte bourdonnant, ou à la recherche d'une plante; volontiers je le suivrais encore jusque dans le labyrinthe des richesses douteuses de son musée, au lieu d'aller droit à la chose importante, à l'histoire, drame et comédie, car il y a des deux, au roman en un mot, puisqu'enfin c'est un roman, un vrai roman que nous offre aujourd'hui le poète helvé-. tique des *Chansons lointaines.*

Ce n'est pas de sa part un coup d'essai. Les lecteurs de Revue n'ont certainement pas oublié les *Nouvelles* de *Charles Autigny, Malessert* surtout, cette fleur des Alpes, pénétrée à la fois du savoureux parfum de la montagne et de la grâce plus recherchée des cités.

M. Argant ne lui est point inférieur; c'est déjà beaucoup dire, à mon sens; ce n'est pas assez cependant. Il la dépasse de toutes manières; il est, lui, le jeune garçon à la haute stature, aux contours souples et décidés, et quoique plus jeune, il devient tout naturellement le protecteur de sa sœur aînée; ce n'est pas lui ôter quelque chose, c'est lui donner plutôt cette force protectrice de l'appui fraternel. Ou si l'on trouve ma comparaison un peu ambitieuse, je dirai seulement : la plante a grandi, ses rameaux se sont élevés et étendus; . elle a plus d'ombre et plus de fruits. L'œuvre nouvelle, comme les *Chansons lointaines,* est un pas immense fait en avant dans la carrière de l'auteur, et de même qu'on a pu dire après la publication des *poésies,* que la Suisse avait trouvé son poète, son vrai poète national, j'ose ajouter et je le fais avec une joie et une conviction profondes, qu'elle a maintenant aussi dans un genre différent, un écrivain à elle, bien à elle, que nulle nation ne peut lui contester, tant on sent à chaque ligne l'inspiration directe, de cette admirable nature vaudoise.

Relisez, je vous prie, les belles pages que l'illustre critique de Lausanne a consacrées à l'analyse des *Chansons lointaines.* Son habituelle sagacité ne lui avait point fait défaut ; il a si bien découvert la mine abondante de l'inspiration de notre auteur, si bien suivi les méandres de son génie, que toutes ses observations sont justes encore cette fois, et qu'on peut sans effort les appliquer directement au nouvel ouvrage de M. Olivier. Il est bien resté en effet le même homme ; ceci, bien entendu, est un éloge que je prétends lui adresser. Oui, c'est la même plume et le même cœur ; le même remarquable mélange de mélancolie et de gaîté, de fine raillerie et de tristesse, fait. le charme de ses récits, aussi bien que celui de ses vers. Il a conservé surtout cette distinction particulière *d'unir au sens profond de l'i- déal un sentiment très-vif de la réalité.*

L'application des idées de M. Vinet va plus loin encore. En examinant avec soin les singuliers et ravissants petits poèmes renfermés sous le titre commun : *Où vont les jeunes filles,* « Ici : » s'écrie-t-il, ce nous semble, M. Olivier a créé un genre.» Eh bien ! j'ose penser qu'il en eût dit autant après avoir lu *M. Argant;* oui vraiment, M. Olivier a eu encore la bonne fortune de rencontrer un genre original, neuf, bien à lui et à nul autre. Les imitateurs en donneront bientôt la preuve.

Je n'attache pas une grande importance à ce fait; l'essentiel est que l'ouvrage soit bon, et il l'est. Mais si je me suis permis de l'exprimer, ce n'est point de mon autorité propre ; ici ma responsabilité est tout-à-fait à couvert ; c'est un Français, c'est un auteur contemporain et des plus estimés qui l'a déclaré l'autre jour. Voici ce qu'il écrivait : « J'ai enfin lu le livre que vous m'avez envoyé, tout d'une » haleine et avec l'intérêt le plus vif, le plus soutenu. Il y a un grand » charme dans cette forme où *l'humour* et l'églogue se mêlent si heu-» reusement ; c'est un véritable *genre* et *un genre suisse* autant que » j'en puis juger. Il n'y a que vous autres pour savoir errer dans toutes » ces petites routes fleuries de la réalité poétique ; on voit bien que » vous êtes accoutumés aux sentiers des montagnes. »

En effet, la littérature française n'a, que je sache, aucun ouvrage où cette attrayante combinaison de deux qualités qui semblent s'exclure, soit assez complète, assez fondue, pour devenir le caractère propre de l'écrivain, l'essence même de son livre. — Si l'on voulait rechercher plus loin, je ne dis pas un modèle, mais un exemple, un analogue seulement de cette *manière*, peut-être pourrait-on les trouver dans quelques passages de *Swift*, de *Sterne* ou de *Mackensie*, et encore en y regardant de près, l'analogie disparaît aussitôt, et le génie saxon, comme toujours, se trouve profondément séparé du génie romand. M. Töppfer pourrait plutôt, à mon avis, être rapproché de M. Olivier ; la ressemblance est éloignée ; elle échappe au premier examen ; cependant, peut-être est-il possible de démêler une certaine fraternité d'allure et d'origine, un je ne sais quoi qui sent les bords du Léman et la fréquentation des Alpes.

Des étrangers, mieux que nous, distingueront chez l'un et chez l'autre ce parfum montagnard qui reste comme attaché à notre âme, ce goût du terroir, si j'ose ainsi dire ; et ils reconnaîtront le berceau commun de nos deux conteurs malgré la pente toute opposée de leurs pensées. Les unes vont au Rhône, les autres descendent au Rhin, mais semblables aux ondes de ces fleuves, elles remontent en vapeur sur les cimes d'où elles sont tombées et sans cesse elles reviennent planer dans leur ciel.

« Le pays donc, le pays idéal est toujours le point de départ ou le » rendez-vous des pensées de notre poète, » — et cela est si vrai que dans le livre qui nous occupe, dont tous les personnages sont français, parisiens même, ce qui est être Français trois fois, l'auteur a trouvé moyen de voyager à plusieurs reprises en Suisse, d'y prendre même un pied à terre, et d'y nouer et dénouer le nœud de son drame. Je ne jurerais même pas que le *Rouvray* et la petite ville si bien dépeints, ne se trouvassent sur la carte un peu au-delà du Jura, plutôt qu'à vingt lieues de Paris. Ce qui ne veut pas dire que les descriptions n'en soient charmantes, au contraire. Ecoutez celle-ci :

« A leur arrivée, on conduisit Julien et sa mère derrière le château, sous de grands châtaigniers dont les troncs et les bras moussus suivaient les accidents du terrain où ils avaient cru au hasard. C'était un petit mamelon bosselé, dont le noyau de grès, recouvert d'une mince écorce de gazon, poussait même çà et là quelques dalles nues et polies par le contact de l'air ; autour de ces petites terrasses naturelles, se rangeaient dans leur plus belle parure, et comme en un cercle fleuri, les jolies têtes roses de l'œillet des champs. Du sommet aux ondulations de la pente, se dressant, s'inclinant, se groupant dans des positions diverses, les vieux châtaigniers étalaient les masses bien découpées, la couleur chaude et vive de leur feuillage dentelé. Au bas du monticule, en revanche, s'abritait un verger si prospère, qu'on eût dit une salle de verdure où l'œil s'enfonçait de colonne en colonne, d'arceaux en arceaux, sous une voûte de rameaux déjà courbés par les fruits.

, » Plus loin, toute libre et dans sa verte nudité, courait la prairie ; elle s'étendait jusqu'à la rivière qui, pour l'enlacer et l'arrêter, semblait lui jeter une écharpe d'argent. A droite et à gauche de la prairie et du château, couronné en arrière par des collines boisées, s'espaçaient les fertiles guérets. On y voyait passer et repasser, pour le rude combat de l'homme contre le sol, le fermier et ses gens ; les uns le fer à la main, les autres dirigeant les plus gros instruments de guerre, les herses, les charrues, les chars, et menant au pas, excitant de la voix les robustes et vaillants chevaux de labour. Le fermier commandait la bataille à la tête de cette rustique armée, mais Hortense la dirigeait de son quartier-général. C'était, dans les beaux jours, ou sa tente de feuillage sur le monticule, ou la fraîche salle du verger, ou les bords murmurants de la rivière : tantôt on y venait prendre ses ordres dans les cas graves, tantôt elle-même allait reconnaître les postes, visiter les ouvrages, échanger un mot, un sourire intelligent avec les travailleurs. »

Ce serait faire injure à votre goût, chers lecteurs, que d'insister sur le mérite de ce tableau ; il est complet ; aucun trait n'y manque, et chacun de nous lui trouvera sans doute pour modèle plus d'un bon souvenir de son enfance. Je n'affirmerai pas, malgré cela, que ce frais paysage ne se trouve en France, mais cette chasse, ou plutôt cette pêche à l'ours, si originale et qui fournit de si bons traits de caractère à M. Argant, ne paraîtra-t-elle pas un peu invraisemblable à celui qui ignore qu'en Suisse l'ours n'est pas encore tout-à-fait devenu un animal mythologique, et qu'on peut y supposer une chasse à l'ours sans remonter au déluge !...

Cette préoccupation locale constante ne nuit au surplus en aucune façon à la peinture de mœurs qu'a voulu faire l'auteur. Il a regardé avec ses yeux de bon vaudois, il a écrit avec la plume des *Marionnettes*, du *Temps s'en va*, des *Rêves de jeunes filles ;* nous ne nous en plaindrons point ; loin de l'empêcher de bien voir et de bien dire, cette circonstance est une des raisons qui jettent tant d'imprévu, et une marche si originale, si personnelle à tout l'ouvrage.

Il serait d'ailleurs superflu de signaler aux lecteurs habituels de la

Chronique, le talent d'observation de son auteur ; toutefois il me paraît que ce don, car c'en est un, s'est montré ici avec une étendue tout-à-fait remarquable. On le retrouve à un haut degré dans la conception première du livre, dans l'invention des caractères en même temps que dans les plus petits détails ; il guide, il dirige, il domine l'imagination même de l'écrivain, et donne à toutes les combinaisons de son esprit cette vérité de dessin et de coloris, cette justesse d'effets et d'oppositions, cette modération aussi, dirai-je cette retenue, qualités si rares aujourd'hui, mais sans lesquelles il n'est pas d'ouvrages durables.

C'est donc à Paris, avec des Parisiens, que l'histoire commence, se déroule et finit. Cependant vous ne serez pas surpris, je vous ai prévenus, si dès le second chapitre M. Olivier, en magicien habile, vous transporte au pied de la *Blumlis-Alp.* Tout ce premier livre est une idylle agreste et ravissante. Il semble que l'auteur, bien assuré que Julien son héros, la gracieuse Albertine, la belle tante, M. Argant, et même Mlle Aspasie, allaient devenir pour nous une société habituelle, ait voulu leur donner au début un acte de naturalisation pour ainsi dire, un titre de plus à l'accueil bienveillant de cette terre natale, toujours et plus aimée par ceux de ses enfants qui sont dans l'exil. Cette précaution n'était pas nécessaire ; mais elle a inspiré à l'auteur des scènes si gracieuses, qu'à leur tour peut-être elles inspireront le crayon de quelque successeur helvétique d'Apelles, ou plus directement du vieil Holbein.

Et d'ailleurs cette course alpestre n'est peut-être pas tant un caprice national que je veux bien le dire ; elle sert merveilleusement à l'exposition, partie difficile entre toutes et qui embarrasse encore, s'il faut l'en croire, le plus habile de nos constructeurs de machines dramatiques, après trois cents pièces réussies au théâtre. Celle de M. Olivier est parfaite, elle est vive, riante, tandis que le récit des événements antérieurs qui la suit et qui la complète, récit grave, rapide, sérieux, prend par ce contraste une valeur et une beauté particulières.

L'histoire du pauvre John, le mariage de Montaubert, la folie de Lucinde sont des conceptions grandes et fortes, et ce qu'il faut faire remarquer encore une fois, c'est qu'elles restent vraies tout simplement, sans jamais tomber dans l'exagération du mélodrame, écueil où vont sombrer presque tous les romanciers modernes, et où le goût du public paraît tant se complaire. En maint endroit le danger était pressant, la route escarpée ; j'ai eu peur surtout à la mort de Lucinde, mais cet épisode lamentable et un peu exceptionnel peut-être, est présenté avec tant de bonne foi qu'il est impossible de ne pas se laisser gagner par l'émotion. C'est la réhabilitation aussi de ce caractère faible et peu intéressant d'abord ; puis il remet tous les autres personnages à leur vraie place, et sans lui nous n'aurions pas eu l'histoire de M. Argant. Toutes les autres situations appartiennent au cours le plus ordinaire de la vie du siècle ; chacun de nous y retrouvera des impressions et des souvenirs. M. Olivier semblera même avoir connu ou deviné quelques-unes de nos plus secrètes pensées, ce qui est toujours, vous le savez, le cachet d'un maître. N'avons-nous pas tous, comme Julien, pris par les bois pour chercher le bonheur, lorsqu'il venait à nous tout bonnement par la grande route?... Notre orgueil, notre vanité ou quelque demoiselle Frenageot ne nous ont-ils pas aussi fourvoyés loin du but, et trompés sur nos propres sentiments?

Plus d'une lectrice se retrouvera également sans doute dans quelque trait du portrait d'Albertine, et même dans celui d'Hortense, caractère charmant, trempé dans la solitude et dans le chagrin, fort par l'épreuve, et que seule la joie qui lui revient à la fin, met heureusement à part de tant de cœurs blessés à l'entrée de la vie, et qui ne se guérissent plus.

Mme Hubert, Mlle Frenageot, son fiancé l'amateur de cannes fantastiques, qui laisse si philosophiquement sa femme prendre les rênes et conduire la voiture qui l'emporte, sans même garder le fouet pour sauver l'honneur du sexe, comme M. Argant, Montaubert lui-même, Dieu merci, n'ont pas moins de nombreux modèles.

Toutes ces figures sont prises sur nature; l'art profond avec lequel elles sont dessinées se dérobe toujours sous la vérité du contour et du geste. C'est M. Argant surtout qu'il faut suivre de la première ligne à la dernière. Il est, je l'ai dit, un personnage accessoire en apparence. Activement à quoi sert-il? à rien, si vous voulez, et cependant c'est avec raison que l'auteur l'a choisi pour parrain de son livre, et qu'il en porte toute la responsabilité. Son bonhomique profil égaie toutes les perspectives. Sans y prendre gardre, sans s'en douter, son âme rayonne et pénètre dans tous les recoins du tableau. Il le complète avec son digne ami *Silence;* il fait mieux comprendre et mieux aimer ces cœurs généreux, un moment agités et incertains dans leur destinée, par cela seul que lui-même en est compris et aimé. M. Argant n'est pas seulement un philosophe d'un autre temps, un savant candide, également épris des grandes et des petites choses, c'est à mon gré une véritable création, *un type*, s'il est permis de se servir encore de ce mot, dont une école déjà morte a trop abusé. Il est la personnification d'une idée, la représentation en chair et en os, parfaitement vivante de tout ce côté poétique, aérien, céleste, de notre âme souvent étouffé par les devoirs de la vie, mais jamais complètement éteint. Quel est l'homme qui n'a pas bien des fois rêvé une existence semblable à la sienne, dégagée de tous les soins matériels, toujours libre dans les espaces de la pensée, et seulement rattachée à la terre par les liens bénis d'une pure et sainte amitié; la vie idéale en un mot, l'aspiration constante vers les choses intellectuelles, vers la sagesse et vers la beauté divines? Le caractère de M. Argant a bien cette portée; ses naïvetés d'enfant, ses distractions comiques, toute l'ivraie mêlée au bon grain de sa science ne peuvent la lui enlever.

La scène racontée dans le chapitre intitulé : *Un homme heureux* (p. 83), celle du violon (p. 120), suffisent pour appuyer mon opinion. Il faudrait les citer, ainsi que bien d'autres ; mais le lecteur m'en voudrait d'effeuiller le bouquet où lui-même peut choisir à son gré.

La même intention de respect pour son plaisir m'a empêché de raconter et d'analyser plus longuement le fond même du récit, comme aussi d'en rechercher le sens philosophique. Je me serais reproché de fouler d'avance devant lui toutes ces petites routes fleuries que découvre en se jouant la muse de M. Olivier, et de faner d'une main trop empressée le frais duvet des fruits qui se balancent sur les arbres au bord du chemin, et semblent s'offrir d'eux-mêmes aux voyageurs. Dès qu'il y sera engagé, il ne m'en voudra plus, si tant est qu'il désapprouve en ce moment ma réserve. L'intérêt s'éveille à la première page et se soutient jusqu'à la dernière. Ce n'est pas toutefois, et j'en félicite l'auteur, cette impatience haletante, fiévreuse, cette anxiété cruelle et presque douloureuse auxquelles nous ont trop accoutumés les romans galvaniques de MM. Sue et Dumas ; moins encore cette curiosité vulgaire, qui gît dans l'arrangement plus ou moins habile d'une succession d'obstacles matériels. Tout cela n'est qu'un métier dont les secrets sont connus ; l'horrible, le gigantesque, l'imprévu outré et violent, présentent bien moins de difficultés que le simple et le naturel. Et lorsqu'on a lu une fois rapidement les livres où ce genre domine, il n'est plus possible d'y revenir, tandis qu'on reprend sans cesse les autres. Ne sait-on pas bien que M. Arthur finira par épouser Mlle Aglaé, dans toute intrigue dramatique ? Le chemin pour y arriver n'est pas si varié qu'on le croit, puisque toutes les situations de la comédie se résument à *quinze*, suivant le compte d'un amateur mathématicien.

L'intérêt dans l'ouvrage de M. Olivier ne roule pas seulement sur le sort définitif de son héros ; il est avant tout dans le développement bien observé des sentiments, dans l'heureuse succession des incidents, l'analyse délicate des passions de chacun des personnages, et non moins encore dans le charme des détails et des réflexions que le sujet fournit à l'auteur, dans le style enfin, partout sobre, fin, varié, travaillé, trop peut-être quelquefois, mais jamais lent et lourd comme un bateau trop chargé, ou flasque comme une outre vide. Le prosateur ingénieux ne fait défaut nulle part, mais il n'a pas si bien englouti le poète, que celui-ci ne soit toujours à ses côtés et ne reprenne le pas devant lui en mainte occasion. Je ne puis résister au plaisir de copier ici une page où l'un et l'autre vont si bien de compagnie, qu'on sent qu'ils ne peuvent se quitter.

« Hortense prit le paquet, dont les bords, confusément roulés l'un sur l'autre, accusaient une main prompte et inexercée. L'approchant de la veilleuse, elle commençait à le déplier, lorsque du milieu de quelques fleurs d'automne qui semblèrent prendre des ailes, il s'en échappa soudain un de ces petits oiseaux furtifs et légers qui se glissent de broussaille en broussaille et qu'on nomme des roitelets. Sautant et voletant sur le lit, comme s'il se croyait sur un buisson d'aubépine, il finit par aller se loger presque sous la joue d'Albertine toujours endormie, dans l'angle et l'espace libre que faisait là son bras replié.

« Hortense tremblait qu'il ne l'éveillât. Aussi n'avança-t-elle la main qu'avec une précaution extrême ; mais il ne bougea pas et se laissa prendre sans sonner mot. Peut-être la fatigue qu'il paraissait éprouver y fut-elle pour quelque chose ; car il portait, caché sous son aile, un billet de dimension, il est vrai, fort minime, mais qui n'en était pas moins une charge trop lourde pour un si petit messager. Hortense, le retenant captif d'une main, où il était comme muré dans l'albâtre jusqu'à la hauteur du bec et des yeux, délia de l'autre le papier chiffonné, et y lut ce qui suit :

» J'avais mon toit sous la feuillée,
Je régnais sur les prés fleuris ; .
Dès l'aube mon aile éveillée,
S'ouvrait encor toute mouillée...
    Mais je suis pris !

Au moindre vent s'enflait mon aile ;
Elle emportait mes joyeux cris.
Et mes chants faisaient avec elle
Le tour de la saison nouvelle...
    Mais je suis pris !...

Pris en des lacs d'or et de soie,
Par ce regard dont je péris, .
Par cet œil bleu fixant sa proie,
Rayon d'azur où je me noie...
    Pris ; je suis pris ! »

J'engage ceux qui, malgré ces vers et cette scène gracieuse, trouveront mes éloges un peu étendus, à ne pas se contenter de lire une seule fois les *Aventures de M. Argant et de ses compagnons*, à la condition néanmoins, quand ils y reviendront, de n'être pas ce jour-là d'une humeur désespérante. Les plus sages et les plus heureux des mortels ont de ces jours où tout semble mauvais. Beaumarchais a raison : *Pour être amusé il faut être amusable.* Si votre dîner a été mal cuit, si votre santé n'est pas intacte, si votre femme se plaint de vous, et si c'est avec raison surtout, oh ! alors, laissez là tous les livres ; un pauvre auteur n'en peut mais. Pour moi, sans être exempt des-petites infirmités, qui troublent si souvent mal à propos notre cervelle, j'ai joui grandement de l'étude que cet article m'a excité à faire, et j'en remercie l'ami et la circonstance auxquels j'en ai l'obligation, en laissant aux lecteurs et à l'auteur, qui après tout en ont le plus à se plaindre, le soin d'être moins indulgents à cet égard.

J'ai entendu l'autre jour, à propos de M. *Argant*, un curieux qui ne l'avait pas lu, demander : Qu'est-ce que cela prouve? Le mot n'est pas nouveau, on l'attribue à un algébriste célèbre. Après avoir, bien malgré lui, visité le musée des tableaux au Louvre : Qu'est-ce que cela prouve? dit-il en sortant. Rappeler cette application d'une si étrange réflexion, n'est-ce pas y répondre pour toutes les autres?.....

Mais quoi! finirais-je sans un seul reproche? Remplirais-je si mal mon office, que nulle observation ne vint donner raison à la malignité publique? Serais-je assez peu *critique* que l'éloge me coutât moins que le blâme?... Certes non ; je n'ai pas endossé pour rien l'habit tout hérissé d'épines du feuilleton, et j'entends ne pas laisser dormir en paix dans la quiétude mon ami *Silence*. Je le veux mettre aussi mal à l'aise que son camarade Argant, lorsque Mlle Albertine le menace d'un baiser tout printanier, ne fût-ce que pour le pousser à reprendre au plus tôt la besogne et à faire *mieux* que M. Argant. Entre nous, lecteurs, le *mieux* sera de faire aussi bien ; ne le disons pas toutefois à notre ami ; il serait capable de se croiser les bras comme ces paresseux dont parle Dante,

> Che si stavano all'ombra dietro al sasso
> Come l'uom per negghienza a star si pone,

et en vérité nous y perdrions trop. Je lui dirai plutôt qu'il y a encore quelques places où il est resté un peu de convention, quelques passages obscurs ; s'il insiste pour savoir au juste où sont ces défauts, mon embarras sera assez grand je l'avoue, car ils sont plus apparents que réels, et chaque fois que j'ai voulu y porter mon attention j'ai reconnu qu'ils pouvaient bien être à moi, plus qu'à lui, une imperfection de ma vue et de mon goût plutôt qu'une tache dans son ouvrage.

C'est pourquoi je me réfugie aussitôt dans mon abri ordinaire, et sans vouloir discuter mon jugement que je tiens pour inattaquable, je renvoie M. Olivier aux dernières remarques de M. Vinet : les défauts qu'il a indiqués sont légers et de peu d'importance ; il faut un œil exercé pour les découvrir, et sans doute comme il l'a si bien dit : *Il est plus facile de les éviter que de rencontrer tant d'images pittoresques et naïves, tant d'expressions profondes et senties,* tant de beautés de premier ordre, ajouterai-je, en revenant à M. Argant ; mais enfin il est impossible que dans un volume aussi rempli, il n'y ait encore quelques négligences à effacer, quelques corrections à faire, et c'est assez pour que ma haute critique soit parfaitement fondée.   **

CHRONIQUE

DE LA

REVUE SUISSE.

FÉVRIER.

Il y a eu cette fois émotion de nouvelles : point noir à l'horizon (l'affaire de Suisse et l'affaire de Grèce), coup de vent assez vif (autour des arbres de liberté) ; mais le point noir s'éclaircit, le vent a manqué d'haleine, les flots reprennent leur tranquillité lourde et morne, et les nouvelles, dont l'une avait d'ailleurs chassé l'autre, ne font déjà plus le même bruit, il s'en va décroissant.

Au premier abord, on avait· été tenté de voir dans le blocus d'Athènes une manière de réponse menaçante, quoique lointaine, aux dispositions des puissances de l'Est envers la Suisse. Les explications diplomatiques, le sévère accueil fait par la nation et le parlement britanniques à cet acte aussi inqualifiable qu'inattendu, paraissent l'avoir réduit aux proportions d'une brutalité anglaise; cela ne veut pas dire, toutefois, que la politique de l'Angleterre, fort coutumière d'actes pareils, et soucieuse à bon droit de l'ascendant de la Russie en Orient, n'ait voulu essayer par là ce qu'elle pourrait oser un jour, qu'on ne la voie, une fois ou l'autre, répéter dans ces parages quelque coup de théâtre moins innocent, et avec moins de scrupule d'en tirer parti.

Depuis la note des trois puissances (la Russie en fait moralement partie), la Suisse est redevenue le thème des articles et des correspondances de journaux. Passé le premier· moment de surprise et d'éveil, d'inquiétude, sur les complications générales qui pourraient sortir de cette démonstration diplomatique, on s'est calmé bien vite : on paraît croire généralement que le gouvernement fédéral cédera, qu'il est en mesure, avec l'armée et le général. de 1847, de faire céder à son tour les cantons récalcitrans, et de traiter un Sonderbund radical comme on a traité celui des Jésuites. S'il ne le voulait ou ne le pou_ vait pas, il faut entendre comme parlent ceux-là même qui applaudirent et poussèrent, au moins de la voix, à notre révolution suisse, avant que la leur les eût rendus, depuis Février, des conservateurs furieux et à tout prix. Eh bien! disent-ils, si la Suisse ne fait pas droit aux demandes de la Prusse et de l'Autriche, la France se joindra à ces dernières, elle occupera Genève et le canton de Vaud, et ce jour-là vous verrez une forte hausse à la Bourse, parce qu'on y considérera ce fait comme l'extirpation des dernières racines du radicalisme. Voilà ce que l'on dit aujourd'hui; c'est curieux pour qui se rappelle ce que les mêmes personnes disaient hier : curieux, et même quelque chose de plus! car c'est à renverser d'étonnement les pauvres cœurs droits assez simples pour ne rien comprendre et n'avoir pas grand goût à ces revirements de pied en cap. En présence de celui-ci et de tant d'autres dont nous sommes témoin tous les jours, bornons-nous, dans notre rôle d'observateur, à nous écrier, comme déjà nous l'avons pu faire bien des fois : O Versatilité! ton nom est France en particulier, s'il est Homme en général!

Quant au parti rouge, il jette naturellement feu et flamme; mais on voit bien, par dessous, que c'est un feu de paille. La Suisse en elle-même et pour elle, n'intéressera jamais que médiocrement un Français. Pour la grande nation les petits ne comptent pas. La Suisse n'est bonne, dans l'occasion, qu'à jeter à la gueule du loup, pour commencer la chasse. Foin d'elle, quand la chasse est en train, ou quand elle est finie! C'est à peine si elle peut servir encore pour un lambeau de discours ou d'article de journal; — quitte, après, à en rire et à en s'en moquer (de la Suisse, bien entendu, et non pas de l'article ni du discours).

Il va cependant sans dire que le parti rouge ne pense pas grand bien de ses anciens amis suisses du gouvernement fédéral et des gouvernemens cantonaux qui souscrivent à la politique de ce dernier. Bien qu'en revanche il approuve fort cette politique, le parti opposé n'en pense pas mieux pour cela des hommes qui la soutiennent en Suisse, et dont l'intérêt est de l'y faire prévaloir sous peine d'être renversés. Il ne leur en sait donc aucun gré; car ces hommes lui apparaissent sur la défensive contre le parti extrême, et déjà à moitié débordés.

On s'accorde généralement, du reste, à ne voir dans la question des réfugiés qu'un prétexte, qu'une question d'avant-garde, pour ainsi dire : et chacun pense là-dessus selon qu'il espère pour ou contre la révolution, non pas tant en Suisse qu'en France, nous n'avons pas besoin de le répéter.

Mais quelle politique suivra le Président? « La neutralité et l'indé-» pendance de la Suisse, disait dernièrement le *Times*, sont des prin-» cipes à la défense desquels aucun Etat n'est plus intéressé que la » France, et aucun homme en France n'est plus engagé à cet égard »'que Louis-Napoléon. » Le journal anglais exprime ici la pensée de tout le monde. Des personnes qui se prétendent bien informées, croient cependant que, dans le cas d'une crise, Louis-Napoléon ne fera rien en faveur du pays qui fut, au jour de l'adversité, sa patrie de refuge, sinon de sincère adoption. Les journaux qui passent pour recevoir leur inspiration, et parfois leur rédaction, de l'Elysée, évitent de se prononcer trop; leur conclusion finale est plutôt, que, dans dans cette question suisse, la France doit se tenir sur la réserve. Evidemment on espère que tout s'arrangera sans qu'on ait l'embarras de s'en mêler. Déjà on se figure, on dit même la chose faite, si réellement elle peut l'être par le renvoi des réfugiés. Nous n'en laissons pas moins subsister le petit résumé ci-dessus, comme *Chronique* de l'état des esprit sur ce qui a été l'un des événemens du mois.

Après avoir fait éclat, il a soudain pâli, comme tout le reste, devant l'émeute qu'on a risquée, disent les uns, cherchée et en partie manquée, disent les autres, à propos des arbres de la liberté. Nous avons raconté dans le temps avec quelle profusion et au milieu de quel tintamarre on en sema les rues, les boulevards, les places et jusqu'aux moindres carréfours, après Février ([1]). Il est certain que plusieurs gênaient la circulation ; mais plusieurs aussi n'étaient pas dans ce cas ; le grand nombre, d'ailleurs, étaient morts ou mourans de leur belle mort. Il y avait donc lieu à ne pas tant se presser, ou à y aller du moins avec discrétion dans l'attentat que l'on méditait contre eux. Au lieu de cela, voilà le préfet de police qui, un beau matin, les met en coupe réglée. Il fait sans doute des exceptions : il n'en veut qu'aux gênans et aux morts (très-peu gênans quand ce sont des morts à deux pieds, sur lesquels ils ne peuvent plus se tenir debout). Exception fallacieuse! — « A quoi reconnaît-on qu'un arbre est mort? » demandent les agens chargés de marquer les victimes et de les immoler sans pitié. — « A ce qu'il n'a pas de feuilles. » Pauvres arbres, je le crois bien! Février ne pouvait pas leur en donner, quoique Février les eût plantés. Ce bon mot attribué au préfet de police, bon mot plus charivarique que diplomatique, ne fit pas partout également fortune. Il fit rire à la Bourse, mais non pas dans les ateliers. Presque personne ne pensait plus à ces malheureux arbres, tout le monde se mit à y penser. Leur destruction, intempestive ou inutile, était une mesure assez sotte en elle-même ; elle le devint encore davantage par l'exécution, lente, mal combinée, et volontairement ou involontairement agressive et provocatrice. De là, sur quelques points du quartier Saint-Martin qui a toujours les primeurs de l'émeute, de là, disons-nous, des attroupemens, des résistances, suivis de scènes violentes, dans lesquelles des sergens de ville et des ouvriers ont été blessés. Certains arbres furent gardés par des hommes du peuple pendant la nuit ; quel-

([1]) Voir notre *Chronique* d'avril 1848, t. XIe de la *Revue Suisse*, p. 225, et *passim*.

ques-uns se trouvèrent décorés au matin du bonnet phrygien, du niveau et d'autres emblèmes socialistes.·

Un fait surtout vint donner à ce semblant d'émeute un caractère fâcheusement significatif. Le général Lamoricière passait par hasard sur le lieu du rassemblement. Contre son desir, et les sergens de ville, dit-on, n'ayant pas voulu la laisser rétrograder, sa voiture dut s'engager parmi la foule. Reconnu ou non (ce point n'est pas bien éclairci, quoique la version la plus commune prétende qu'il l'ait été et apostrophé en conséquence par des insurgés de Juin, récemment graciés) il fut insulté, menacé, ne se tira de là qu'avec peine, et grace à l'intervention de quelques personnes qui lui firent un rempart de leur corps ; enfin, il parvint à se réfugier, toujours poursuivi, dans un établissement public, d'où il dut encore s'échapper presque par les - toits.

De tout cela, et même de la mésaventure de l'illustre général (ce qui est pourtant un peu fort), l'Opposition a dit, comme toujours, que c'était une affaire arrangée par la police. Pourquoi pas? on l'a bien dit des sanglantes émeutes qui suivirent l'avènement de la monarchie de Juillet. Bien plus : il y a des personnes qui l'ont cru, et qui probablement le croient encore. Que ne peut-on pas dire et faire croire dans notre temps de raison et de scepticisme! ceux qui le disent, en sont quittes, il est vrai, pour ne le croire pas. Un de nos amis a connu un républicain de 1830 qui ne voyait aussi qu'une profonde machination de police même dans la conspiration de Fieschi. — « Cependant, lui disait-on, plusieurs personnes, des officiers, un maréchal de l'Empire, ont été tués ; Louis-Philippe pouvait l'être aussi. — La police, répondait-il, la police! elle ne recule devant rien, et sait toujours s'arranger pour arriver à son but.— Mais enfin, poursuivait-on, Fieschi... est-ce pour les beaux yeux de la police qu'il jouait ainsi sa vie, et qu'il est mort sur l'échafaud? — Fieschi, reprit-il, à bout de raison, mais non pas embarrassé, ni encore moins dissuadé : Fieschi..... Vous ne connaissez pas les Corses ! » Si donc, lecteur, vous n'êtes pas entièrement convaincu que le général Lamoricière est tombé dans un guet-apens profondément combiné d'avance, et auquel il s'est peut-être prêté lui-même de bonne grace, c'est que vous n'y entendez rien : *vous ne connaissez pas les Corses.*

Il faut tout dire cependant : si l'on n'a pas cherché une émeute, on n'a peut-être pas non plus tenu à l'éviter ; et surtout, ce qui est positif, c'est que si la mise en scène a été plutôt tragi-comique, et la cause du trouble généralement blâmée, même dans le parti conservateur, le résultat, en revanche, a été de nature à servir le pouvoir. Les réélections, assez nombreuses, qui doivent se faire dans peu, passent pour devoir lui être généralement contraires. Le parti conservateur est aussi profondément qu'étourdiment et aveuglément divisé. L'émeute de l'autre jour a avorté ; la masse de la population est restée impassible devant les provocations, d'où qu'elles soient venues ; les rassemblemens ont été dispersés, les arbres abattus sans grand déploiement de force armée; une promenade, le long des boulevards, de deux ou trois cents individus chantant la *Marseillaise*, s'est dissipée sans écho dans les faubourgs. Pour Paris, cela ne constitue donc pas une *journée;* mais, sinon en fait, du moins en résultat et comme impression, cela pourtant a suffi pour en rendre le souvenir et la crainte au parti conservateur. Le danger couru par le général Lamoricière, prêtait surtout à ce genre de commentaires, et on n'a pas manqué de s'en servir dans ce sens. Il n'y a donc pas eu une *journée,* mais il y a eu une *leçon,* et le pouvoir espère bien qu'elle ne sera pas perdue pour le parti conservateur, qu'il comprendra la nécessité de se rallier autour de lui contre leurs communs adversaires. ·

Tous deux, en effet, sont gravement menacés par les divisions de ce parti même. Elles sont allées depuis quelque temps à un point dont l'expérience de la vivacité française, qui ne doute de rien, peut seule vous faire admettre et bien comprendre la réalité : c'est à n'en pas revenir d'étonnement pour qui n'a déjà vu bien des fois à l'œuvre cet élan, bon et mauvais, avec lequel ici chaque homme et chaque parti *pousse sa pointe,* comme on dit, suit et abandonne une idée, pour se précipiter dans une autre qu'il quittera de même l'instant d'après. Un vent chasse l'autre ; mais à cela il y a aussi un bon côté, c'est qu'on cherche du moins le vent, si on lui obéit trop à l'aveugle, qu'on marche, qu'on ne reste pas sur place, immobile, essoufflé: ici, les conservateurs se sont remués et ont payé de leurs personnes dans le danger.

À présent, il est vrai, ils n'y pensent plus, et chacun ne songe plus qu'à soi et à sa fraction de parti, pour la pousser en avant, s'il y a lieu. On ne s'en cache point ; nul ne se gêne. A la Chambre même, dans les conversations et les groupes, on parle ouvertement, qui d'Henri V, qui du prince de Joinville, comme de la seule conclusion possible, et il va sans dire que l'impatience française la voudrait et la rêve parfois prochaine. Ceux qu'à tort ou à raison on appelait autrefois les doctrinaires, ont fondé un journal et une réunion politique à part. Leurs anciens adversaires de l'opposition dynastique (qui a sauvé la dynastie, comme on sait), ne les voient pas de bon œil. L'*Assemblée Nationale* elle-même, ce fougueux organe de la réaction les gourmande. « Et dire, s'écrie-t-elle avec colère, que cette coterie a perdu » tous les gouvernemens, et qu'elle se remet à l'œuvre ! Quand elle » apparaît avec ses ailes noires et ses fronts de docteurs, elle annonce » des funérailles. » M. Guizot, assure-t-on, en aurait été pour ses avances à M. Thiers, qui les aurait hautement repoussées : ainsi la catastrophe et les fautes communes n'ont pas effacé les rancunes particulières. Les légitimistes, de leur côté, sont furieux de l'idée qu'on puisse songer, et avoir voulu sournoisement les faire servir, à une autre restauration que la leur : leur principe est très-impopulaire ; il soulève contre lui la fibre intime de l'esprit national, tel que l'ont fait soixante ans de révolutions ; ils n'ont pour eux que quelques départemens, dont ils ne sont pas d'ailleurs aussi sûrs qu'autrefois ; mais ils n'en sont pas moins persuadés qu'au fond ils possèdent le cœur de la France, et qu'à un moment, donné ils l'auront tout entière. Enfin, il n'est pas jusqu'au parti catholique et clérical qui ne se soit aussi divisé : la scission s'est faite surtout depuis la transaction de M. de Montalembert avec M. Thiers sur la loi de l'enseignement et sur la composition du Conseil de l'Instruction publique ; conseil ecclectique s'il en est, car d'après cette loi on y verra siéger pêle-mêle des évêques, des pasteurs protestans, un rabbin, et des philosophes de l'Université.

Ces diverses fractions de parti ont cependant ceci de commun, qu'elles tendent toutes à retourner plus ou moins en arrière, bien que chacune dans son sens et avec son but particuliers. De là vient qu'en France, à l'heure qu'il est, il n'y a plus que deux grands partis en première ligne de bataille : les *blancs* et les *rouges ;* les rouges, toujours unis pour l'attaque, et les blancs profondément divisés. La nuance intermédiaire a presque complètement disparu : les *bleus* n'existent plus à l'état politique ; ils ont passé dans l'un des deux camps, on ne les trouve presque plus entre deux ; le petit nombre de ceux qui veulent simplement la république, qui sont restés républicains modérés, voteront avec les rouges, quoi qu'il en puisse résulter ; cette position, à leurs yeux, est forcée, les rouges ayant seuls assez de consistance pour présenter un point d'appui contre la réaction et, sinon la vaincre, l'intimider.

Les rouges auront donc l'appoint des bleus. Ils ont aussi, dans certains cantons, celui des protestans, qui se défendent ainsi contre l'envahissement des catholiques ; enfin, il est toujours fort question des progrès d'un socialisme tout matériel dans les campagnes. Par ces divers auxiliaires et par leur propre armée, d'une part ; de l'autre, par la division des blancs, les rouges semblent avoir toutes les chances de l'emporter complètement sur leurs adversaires, aux réélections qui vont se faire, le 10 mars, dans une trentaine de départemens. Importantes déjà par leur nombre, elles le seront en outre comme thermomètre de ce que les partis auront gagné ou perdu. On croit, on dit beaucoup que ce thermomètre, dans la plupart des localités, montera de plein saut jusqu'à la ligne rouge. M. de Lamartine, qui revient de son département, assure qu'on aurait peine à y faire passer, sur le nombre, seulement un ou deux *bleus.* Avec le scrutin, il faut cependant toujours faire une part à l'inattendu, et même à l'impromptu. Ce qui s'est passé à l'occasion des arbres de liberté aura peut-être été aussi pour les conservateurs une leçon de prudence et de concorde. Ceux qui ne doutent de rien, et la race en est nombreuse en France, ne se mettent, du reste, nullément en peine du résultat des élections. A la Bourse surtout, les mêmes hommes qui croyaient tout perdu après Février, croient maintenant tout regagné. « Si les élections, disent-ils, amenaient par hasard une Chambre rouge, on la chasserait à coups de baïonnettes. » On prétend être parfaitement sûr de l'armée : elle desire une revanche, car elle n'a pas pardonné au peuple de l'avoir désarmée en Février ; c'est lui qu'elle accuse, et non le pouvoir d'alors, qui la laissa sans ordres, et lui enleva ainsi jusqu'à la possibilité de se défendre.

Mais, dans le cas d'une nouvelle crise, autour de qui se grouperait cet élément de résistance et de force, à supposer qu'il existe au degré où on le représente. La majorité actuelle de la Chambre est divisée en fractions qui font de plus en plus acte de séparation ouverte. Considérée dans son ensemble, la Chambre, à son tour, est en désaccord avec le Président, et on croit, on pousse à une brouillerie entre celui-ci et le général Changarnier. Ce qui est positif et frappant, c'est à quel point le Président est maintenant isolé. Il a toujours eu contre lui les *bleus* et les *rouges*, et les conservateurs à présent le quittent, ils sont, les uns légitimistes, les autres orléanistes, ou se tiennent dans l'expectative, rangés autour de tel ou tel chef parlementaire ; mais du Président, on n'en parle non plus que s'il n'existait pas. Ses journaux se plaignent, qu'avec la constitution et la Chambre, il a les mains liées pour faire le bien, pour agir : c'est demander assez ouvertement le pouvoir monarchique, sous un titre quelconque ; mais il y a loin encore de le demander à le prendre. En même temps on déclare fort nettement dans ces feuilles, que Louis-Napoléon n'a nulle envie d'imiter l'exemple de Charles X, ni de Louis-Philippe ; qu'il est bien « *résolu à ne jamais abandonner l'armée, et à se faire tuer au milieu d'elle plutôt que de se résigner encore une fois à l'exil.*» S'il n'a pas assez de force d'action pour s'élever plus haut qu'il n'est monté, peut-être bien en a-t-il assez d'entêtement, pour préférer mourir là que de descendre. Tout cela n'empêchait pas dernièrement deux députés légitimistes dont nous avons appris ce mot par hasard, de dire entre eux par manière de conversation, mais le plus sérieusement du monde : « Avant trois mois, il sera à Vincennes. » De son côté, l'*Assemblée Nationale* rappelle aux journaux de l'Elysée, qu'en cas de conflit entre le Président et la Chambre, la constitution donne à celle-ci de très-grands et de redoutables pouvoirs.

Voilà où en sont venus les partis, sinon les choses mêmes, car, au fond, la situation n'en est pas, pour l'heure, à de telles extrémités ; mais cela ne veut point dire que les partis ne puissent l'y amener. Ce qui domine en fait de politique dans la masse de la population, c'est toujours l'indifférence et l'atonie générale. On ne s'est encore remis en goût que d'affaires et de plaisirs : la Rente monte toujours à grands pas, sans broncher, et l'on n'entend parler que de bals et de fêtes ;

les dames sont en veine de toilette et de danse`, elles ont surtout la
fureur des bals de l'Elysée. Tout cela veut-il dire qu'on se dépêche de
récolter ou de s'amuser avant l'orage? La disposition des esprits rend-
elle la situation favorable à la monarchie, à l'anarchie, ou à l'affermissement pacifique de ce qui est? Ces trois questions peuvent presque
également se poser, et entre les partis extrêmes qui se tiennent réciproquement en échec, peut-être la république modérée a-t-elle une
chance d'avenir moins mauvaise qu'il ne semble : dans tous les cas,
c'est la dernière.

— Si, au milieu des partis, Louis-Napoléon est politiquement isolé,
il ne l'est pas d'une autre manière ; car on se presse autour de lui
dans toutes les réunions où il paraît ; et il y a foule de courtisans à
l'Elysée. Aussi l'envoyé du bey de Tunis disait-il dernièrement à une
personne de notre connaissance, sa voix lente et grave faisant ressortir encore la bonhomie malicieuse de sa pensée : « Pour moi, je trouve
que c'est toujours la même chose ; ce pauvre Louis-Philippe, je ne
vois pas pourquoi on l'a renvoyé. »

— La *Presse* a tout-à-fait passé à l'Opposition. Elle est au premier
rang des adversaires du gouvernement et de l'état de choses actuels.
C'est une de ces guerres à mort comme celles qu'elle a faites à M. Guizot et au général Cavaignac, guerres sans quartier où elle se porte
avec une fureur si redoutable, vomissant à la fois mitraille et boulets
de sa gueule enflammée. Ce qui échappe au canon du premier-Paris,
le poignard de l'entrefilet, l'escopette du feuilleton l'achèvent. Celle-
ci est aux mains de M. Eugène Pelletan, qui s'en sert avec autant d'audace que d'habileté. Il la tient braquée à la fois sur les conservateurs
et sur le clergé; sur le clergé, par ses articles où il fait rire de l'infail-
libilité de l'Eglise, qui a admis la réalité de la *sorcellerie* puisqu'elle
l'a canoniquement et sévèrement condamnée ; sur les conservateurs,
par ses articles sur la *misère*, qui sont venus après ceux sur le communisme de l'Evangile et des Pères. Il n'est donc pas étonnant que la
Presse, autrefois conservatrice, ait perdu beaucoup de ses abonnés.
De passé soixante mille, elle les a vus, dit-on, diminuer de moitié.
On assure que les prêtres se sont donné le mot pour l'amener à ce
chiffre et le réduire encore, si possible, par leur influence dans les
campagnes et dans les petites localités. M. de Girardin, ajoute-t-on,
répondrait à cette croisade par un de ces coups d'audace qui lui ont
si souvent réussi : il baisserait encore le prix de son journal, et de
vingt-quatre francs le mettrait à dix-huit. Mais que veut M. de Girardin lui-même au milieu de tout cela? pour lui, que veut-il? Certes,
on ne lui reprochera pas de le cacher. « Est-il vrai, demandait recem-
ment l'*Opinion publique*, journal légitimiste, que M. Emile de Girardin ait ambitionné la place de *ministre dirigeant et centralisateur?*»

— « M. de Girardin, répondit aussitôt la *Presse*, a fait bien plus encore que d'aspirer aux fonctions de ministre dirigeant : il a eu l'audace de s'y préparer. » A ce mot flambant nous préférons celui-ci, presque mélancolique ; c'est moins un mot de journal et d'acteur, et mieux un mot de caractère. Nous savons d'assez bonne source qu'il disait dernièrement à une dame : « Avant trois mois je serai premier ministre, ou mort. » Sans doute, avec sa prodigieuse activité, son abondance et sa vivacité pratique de vues, il croit avoir le secret de la reconstitution sociale ; mais, une fois à l'œuvre, le creuset ne lui sauterait-il pas aussi dans les mains, quoi qu'il y jetât d'ingrédiens et plus il en jetterait peut-être ?

— M. Proudhon vient de se faire mettre au secret pour des articles diaboliques en plus d'un sens (car il ne faut pas les prendre complètement au sérieux), qu'on lui avait jusqu'ici laissé impunément lancer de sa prison dans la bouche de son journal, la *Voix du Peuple*. Peu de temps auparavant, il s'était marié. Il a épousé Mlle Pigeard, fille d'un passementier de la rue Saint-Denis. Le père est, dit-on, légitimiste : ce n'est donc pas un mariage politique, ni encore moins communiste, puisque le mariage communiste n'existe pas ; ce n'est pas non plus un mariage d'argent. Voici un trait curieux et inédit, qui nous est garanti comme venant d'un témoin oculaire. M. Proudhon a voulu que dans l'acte de mariage, aux nom et prénoms de sa fiancée, on ajoutât ses titres et qualités, en ces mots : *ouvrière passementière*. C'est un peu de l'enfantillage, mais il est assez caractéristique.

— Le rapport de M. Thiers sur l'*assistance publique*, après avoir été reproduit *in extenso* par tous les journaux conservateurs, a été publié en brochure à part, comme sujet d'un intérêt général ; peut-être aussi non sans quelque but personnel, c'est-à-dire pour ne pas laisser le nouvel écrit d'un rival, de M. Guizot, faire son entrée sans diversion et sans contre-poids. Ce rapport est très-développé, et poursuit le sujet depuis l'enfance jusqu'à la vieillesse : il l'envisage ainsi dans tous ses compartimens, plutôt que sous toutes ses faces, car l'auteur s'en tient presque exclusivement au passé, et n'accorde rien, ou presque rien, à l'avenir. Il est aussi regrettable qu'étonnant, disait un jour M. de Rémusat, qu'un esprit de la force de M. Thiers ne comprenne pas qu'après des événemens comme ceux que nous avons vus, il y a pourtant quelque chose de changé. Pour en revenir au rapport, outre ce qu'il y aurait à dire sur le fond et les conclusions finales, les regards malins ou plus attentifs y ont relevé certains détails, échappés au courant de la plume, mais qui frappent péniblement ; entre autres, ceux-ci : — Il faut des dépôts de mendicité pour que l'étranger, en venant chez nous, *ne soit pas choqué du spectacle affligeant de mendians dans les rues ; —* l'État doit verser le sang de ses soldats *pour soutenir le renom militaire de la nation ; —* la bienfaisance est une vertu *attrayante et exquise;* etc. Ce sont là, dans un sujet aussi grave, de ces traits de légèreté qui trahissent; mais l'ensemble est écrit avec cette facilité claire et vive qui semble épuiser la question, quoiqu'en réalité elle évite de l'approfondir.

— La nouvelle loi sur la *liberté d'enseignement* est en ce moment le principal thème des débats parlementaires. Cette loi est une transaction, comme nous l'avons dit, entre le parti universitaire et le parti clérical, entre M. Thiers et M. de Montalembert; transaction qui pourrait amener de singuliers embarras dans la pratique, par exemple lorsque les évêques du Conseil supérieur de l'Instruction publique voudront faire rayer les *Provinciales* de la liste des ouvrages que doivent connaître les aspirans au baccalauréat. Sans aucun doute, le monopole possédé jusqu'ici par l'Université est exorbitant ; mais c'était aussi une arme défensive contre le clergé, contre les immenses ressources, matérielles et morales, dont il dispose; le clergé est, en outre, rétribué par l'Etat, et beaucoup mieux que ne pourront jamais l'être les instituteurs primaires : c'est là aussi un monopole, qu'il entend bien conserver, même dans le système de la liberté complète de l'enseignement. La fraction du parti clérical qui repousse la loi, veut ce dernier système; mais il ne saurait être logique et juste que dans la séparation de l'Eglise et de l'Etat, — autre question dont M. Vinet aura été le tribun précurseur, et qui commence à surgir çà et là.

— Dans la discussion de cette loi sur la liberté d'enseignement, M. Victor Hugo a eu les honneurs de la tribune. Il lui a dû son meilleur, et peut-être jusqu'ici son seul grand succès oratoire. Ces effets pittoresques qu'il affectionne, se sont mieux adaptés à la réalité pratique; au lieu d'aller se perdre dans un vide sonore, ils ont donné du corps et une sorte de relief sombre au sujet, comme lorsqu'il a parlé de *l'ombre des soutanes.* En s'élevant ainsi contre le despotisme spirituel et le jésuitisme, il a trouvé soudain la corde populaire et sensible qu'il cherchait depuis longtemps sans parvenir à la rencontrer. ·

— M. de Lamartine n'a pas été sans un peu de jalousie de ce discours et du bruit qu'il a fait. Quelqu'un qui lui rendait dernièrement visite, s'accorda la petite malice de lui en parler, et le vit soudain pâlir. — Je vous assure, dit M. de Lamartine en se remettant, que je suis aussi de cœur et d'âme pour cette cause, et que si j'avais été alors à Paris, j'aurais fait le discours de Victor Hugo.

On répète en ce moment, à la Porte-Saint-Martin, le drame de *Toussaint Louverture.* Ce fameux drame si souvent annoncé, et qui doit montrer si M. de Lamartine a aussi le talent de la scène, rétablira-t-il les affaires de la Porte-Saint-Martin, toujours sur le point de tomber en faillite. Il y a longtemps déjà que, financièrement, il n'appartient plus à son auteur; mais pour ce théâtre, sera-t-il*Toussaint-*Louverture* ou Toussaint-*la-Clôture*, demandait un plaisant. Pour vous récompenser de ce mauvais jeu de mots, en voici un meilleur, mais cruel, je vous en préviens; les bons ne le sont guère qu'à ce prix. Dans une société où se trouvait, entre autre, un poète élégiaque du temps de la Restauration, la conversation vint à tomber sur le projet de M. de Lamartine de fonder une colonie en Orient. N'est-il pas déplorable qu'il se voie réduit à une telle extrémité? lui, aller chez les Turcs! qu'y fera-t-il de sa lyre? s'écria le poète élégiaque avec un soupir. — Pardon! il ne s'agit pas de lyre, mais de *tire-lire*, interrompit un des assistans.

Quant à la situation de M. de Lamartine dans l'opinion publique, c'est un fait malheureusement incontestable que personne ne s'occupe de lui, excepté peut-être encore quelques rancuneux acharnés. Ce fait triste sera sans doute passager, mais il existe. Nous en trouvons, dans un journal, l'exposé suivant, que nous consignons ici comme souvenir historique :

« Nous ne sommes pas encore arrivés au second anniversaire, et voici quelle est, en ce moment, la situation politique de l'homme qui fut si grand pendant six semaines.

» Les journaux républicains constataient avant-hier, avec un dédain inexorable, qu'il avait reparu à l'Assemblée nationale ; les plus sérieux ajoutaient qu'il avait pris place derrière M. Léon Faucher ; les plus burlesques l'appelaient le fondateur de la République éolienne, et demandaient si ce n'était pas l'ombre du célèbre poète qu'on avait vu paraître, avec l'ombre d'une lyre, sous les voûtes du palais législatif, pendant que le poète lui-même errait dans quelque allée solitaire, méditant une cinquante-cinquième Confidence, ou un dix-septième Episode de la vingtième année.

» Exilé des honneurs de la discussion politique, du premier rôle gouvernemental et parlementaire, M. de Lamartine est relégué à la quatrième page des journaux, au chapitre des annonces ; c'est là son île d'Elbe, et il y conserve encore un simulacre de royauté. A côté de Mme Talbert, somnambule extra-lucide, des couveuses artificielles, et de toutes les variétés de guérisons pour toutes les variétés de maladies, on lit des extraits du *Conseiller du Peuple*, entourés, précédés, suivis, encadrés d'arabesques admiratives, d'un luxe d'épithètes enthousiastes, une profusion de paroles sublimes, de *talent à son apogée*, de *leçon magnifique*, de *chef-d'œuvre de raison et d'éloquence*, que l'auteur lui-même, s'il y jette les yeux, doit trouver quelquefois gênante. Jamais on ne dit plus souvent et plus bruyamment à un homme, par l'organe de MM. Bigot et Comp^e [1] : « Vous » êtes un héros, vous êtes un sage : vous êtes un conseiller comme il » n'y en a guères, un citoyen comme il y en a peu, un républicain » comme il n'y en a pas. »

— Le roman-feuilleton a reparu dans la plupart des journaux; mais

[1] Société d'annonces.

il n'y fait pas grand bruit : son beau temps est passé ; le monde romanesque lui-même a vieilli ; l'imagination, aussi bien que la réalité,
veut d'autres idées, d'autres héros, et c'est toujours la même chose
qu'on nous conte ; toujours les mêmes conteurs aussi. Balzac est le
seul qui, la tempête politique une fois apaisée, n'ait pas remis la tête
à la lucarne de quelque journal. Mais il ne s'en croit pas plus mort
littérairement pour cela. Il était un jour dans une imprimerie, où son
œil perçant avisa des manuscrits de lui, déjà imprimés il est vrai, qui
étaient gisans pêle-mêle avec d'autres au fond du panier. « Quel gas-
pillage ! mais cela a une valeur ! » s'écria-t-il.

— Les hommes d'imagination, les artistes ne se tiennent pas tous
à l'écart des révolutions ; au contraire, leur organisation vive les y
attire, et ils s'y jettent d'ordinaire tête baissée ; ils figurent dans toutes
les agitations du passé, et dans celles de notre âge on en compte aussi
un bon nombre. Si on les distingue moins en 93, où, en revanche il y
avait foule de philosophes, ce n'est pas qu'ils n'y fussent très largement représentés. Nous trouvons sur ce point, dans le dernier volume de M. Michelet, une page qu'il vaut la peine de transcrire ; c'est
à propos des massacres de Septembre que l'historien se livre aux réflexions suivantes, les entremêlant à sa manière d'images et de portraits :

« Ces exaltés, dit-il, qui, directement ou indirectement (quelques-
uns sans le savoir), poussaient au massacre, étaient, par un contraste
étrange, ceux qu'on pouvait appeler *les artistes et hommes sensibles*.
C'étaient des gens nés ivres, si je puis parler ainsi, rhéteurs lar-
moyans, tous avaient le don des larmes : Hebert pleurait, Collot pleurait, Panis pleurait, etc. Avec cela comme la plupart étaient des auteurs de troisième ordre, des artistes médiocres, des acteurs sifflés,
ils avaient, sous leur philanthropie, un fonds général de rancune et
d'envenimement qui, par moment, tournait à la rage. Le type du
genre était Collot-d'Herbois, acteur médiocre et fade écrivain, auteur
moral et patriotique, homme sensible, s'il en fut, toujours gris, et
souvent ivre, noyé de larmes et d'eau-de-vie. On sait son ivresse de
Lyon, la poésie d'extermination qu'il chercha dans les mitraillades,
jouissant (comme cet autre artiste, Néron) de la destruction d'une
ville. Relégué à Sinamary, essayant d'augmenter la dose d'eau-de-vie
et d'émotion, il finit dignement sa vie par une bouteille d'eau forte. »
» Tous n'étaient pas à ce niveau ; mais tous dans cette classe d'artistes voulaient, selon le génie du drame, pousser la situation jusqu'où
elle pouvait aller. Il leur fallait des crises rapides et pathétiques, surtout des changemens à vue. La mort, sous ce dernier rapport, semble
chose d'art et saisissante. La vie semble moins artiste, parce que les
changemens y sont lents et successifs. Il faut des yeux et du cœur pour
voir et goûter les lentes transitions de la vie, de la nature qui en-
fante. Mais, pour la destruction, elle frappe l'homme le plus médiocre.
Les faibles et mauvais dramaturges, les rhéthèurs impuissans qui
cherchent les grands effets, doivent se plaire aux destructions ra-

pides. Ils se croient alors de grands magiciens, des dieux, quand ils défont l'œuvre de Dieu.»

— On a déjà fait et on refera sans doute encore bien des fois l'histoire de la Révolution française ; car il n'est pas jusqu'à sa partie militaire qui ne demeure controversée. A propos des *Mémoires de Masséna*, rédigés sur ses notes et récemment publiés, on lisait, il y a quelque temps, dans le *Journal des Débats:*

. « Si nous avons dit qu'aucun écrivain n'avait présenté le tableau fidèle des guerres de la Révolution, c'est que nous considérons l'ouvrage du général Jomini plutôt comme un essai vif et animé que comme une véritable histoire. L'auteur ignorait beaucoup de détails, et s'il faut rendre hommage à la sincérité avec laquelle il a débrouillé certaines opérations, deviné quantité d'autres et raisonné sur toutes, cet ouvrage n'est pas à proprement parler une histoire, puisqu'il fait abstraction des temps, des lieux et d'une infinité de circonstances qui n'ont été connues que depuis sa publication. Parlerons - nous de M. Thiers, qui dans son histoire de la Révolution, s'en est tenu le plus souvent à la simple analyse de Jomini, et qui, lorsqu'il s'en est écarté, a commis plus d'une erreur? on sait que sa campagne seule de Marengo lui a valu cent-deux observations de la part du duc de Bellune. »

— Nos lecteurs savent déjà, sans doute, que la brochure de M. Guizot, dont nous parlions dans notre dernière *Chronique*, a paru, il y a une ou deux semaines sous ce titre : *Pourquoi la révolution d'Angleterre a-t-elle réussi? Discours sur l'histoire de la révolution d'Angleterre.* Naturellement l'attention s'était portée d'avance sur cet écrit, avec d'autant plus de curiosité qu'on savait la double portée de la méthode de M. Guizot, déroulant la révolution anglaise comme une lunette d'approche pour mieux voir et juger au travers la révolution française. Mais une fois l'œuvre sortie des limbes de l'attente et de la conjecture, il s'est trouvé qu'elle était précisément telle qu'on l'avait pressentie, supposée, annoncée ; c'est-à-dire qu'elle ne contenait rien de plus que ce que promettait le titre, rien qui dépassât le *pourquoi?* aucune application positive et directe à la France et à la situation du moment. Or, à moins de génie extraordinaire ou d'excentricité extraordinaire, ou d'à-propos extraordinaire, qu'est-ce qui se fait écouter maintenant du public, même un jour? La brochure de M. Guizot a donc tout de suite passé, sans mettre le pied au milieu de la foule ni trayerser la rue, dans cet entresol de la publicité semi-officielle et de convention qu'on appelle les journaux. Ceux qui comptent le plus et dont l'opinion fait poids, se sont empressés de s'en occuper. Quelques extraits de leurs diverses appréciations seront plus piquans pour nos lecteurs que le jugement que nous pourrions porter nous-mêmes sur ce savant et ingénieux ouvrage. Nous voulons seulement no!er un point qui, à la simple lecture, nous paraît ressortir nettement, sinon comme critique proprement dite, au moins comme impression générale.

Soit pour le fond, soit pour la forme, l'auteur s'est tenu, avec autant de tact que de dignité personnelle, à son rôle d'historien, au genre et aux limites de l'histoire. Cependant, s'il n'y a pas d'allusions, de comparaisons marquées, ni même indiquées, il y a bien certainement comme un reflet involontaire de l'homme politique sur l'historien, du sujet et des situations sur les situations et le sujet correspondans. Ce reflet se porte le plus ordinairement sans doute de l'Angleterre sur la France ; mais il va aussi, de la France telle que la comprend et la voudrait M. Guizot, sur l'Angleterre : c'est le plus souvent celle-ci qui sert à juger de celle-là ; parfois, c'est aussi l'inverse. Cela nous semble surtout frappant dans le projet que M. Guizot attribue à Cromwell, savoir, le rétablissement complet, assurément par lui et pour lui, mais enfin *le rétablissement complet de la monarchie anglaise, un roi et deux chambres :* telle était, au dire de M. Guizot, « l'idée qui le possédait, sa pensée constante. » Décidément ici, dans cette analyse, d'ailleurs si remarquable, de l'embarras et des efforts impuissans du tout puissant Protecteur, le trait ne s'est-il pas grossi et transformé sous cette espèce de reflet dont nous parlions tout à l'heure ? Cromwell était un de ces hommes d'exception qui ne peuvent faire et vouloir, en tout genre, qu'une œuvre d'exception comme eux. Lui prêter une vue aussi systématique de monarchie constitutionnelle et pondérée selon nos idées modernes, n'est-ce pas sortir à la fois de la vérité historique et humaine ? Comment se fait-il aussi, pour le remarquer en passant, qu'un homme de la sagacité et de l'érudition de M. Guizot prenne pour point de départ du caractère et de la carrière de Cromwell l'ancienne tradition sortie de l'époque sceptique et légère de la restauration des Stuart, c'est-à-dire l'hypocrisie et l'ambition formant la base de la puissance morale de cet esprit de fer qui assujettit et domina l'indomptable Angleterre ?.... « Cromwell déploya..... cet étrange amalgame d'ardeur et de retenue, d'habileté profonde et d'hypocrisie grossière, qui était à la fois son art et sa nature, » dit M. Guizot. Mais pour qui comprend tout ce que peut une foi, quand elle se sert comme levier d'un cœur puissant et d'une volonté inébranlable, Cromwell, privé de cette force et la remplaçant seulement par la ruse profonde et soutenue, Cromwell, simple fourbe ambitieux, n'est pas possible, bien que souvent il ait pu se servir, en dépit de sa foi, des ressources d'un esprit habile et fallacieux. Ce que l'observation des hommes et des choses nous apprend à ce sujet est confirmé, d'ailleurs, par les travaux récemment faits en Angleterre sur Cromwell et sur son époque : l'opinion ancienne, nous assure un bon juge, Anglais lui-même, y est de plus en plus abandonnée.

Mais venons-en maintenant aux articles de critique dont nous avons promis des extraits.

Le *Journal des Débats* ne consacre rien moins qu'un de ses premiers-Paris à la brochure de M. Guizot. Il en détache les conclusions politiques, les déductions pratiques, cachées sous le voile, et les juge dans un esprit d'acceptation et même de glorification pour la révolution française qui peut surprendre d'une telle part.

« Il est frappant de voir, dans l'écrit de M. Guizot, comment Cromwell lui-même, en pleine possession de la dictature, comprit l'impuissance du système d'exclusion. Avec son instinct d'homme de génie, il chercha des appuis dans toutes les forces vives de la nation : « Etran-
» ger aux passions haineuses, aux prétentions étroites et intraitables
» que les factions portent dans leur empire, il voulait que tous, sans
» distinction d'origine et de parti, Cavaliers et Presbytériens aussi
» bien que Républicains , pourvu qu'ils se tinssent en dehors des me-
» nées politiques, trouvassent pour les intérêts de la vie civile protec-
» tion et sécurité..... Cromwell, protecteur de la République, s'efforça
» de rallier à son gouvernement les forces hautes de la société. Trop
» sensé pour se détacher de ses racines et se livrer à ses ennemis, un
» instinct supérieur l'avertissait en même temps que tant que le pou-
» voir n'est pas accepté et soutenu par les hommes que leur position,
» leurs intérêts, leurs habitudes rendent ses alliés naturels, rien n'est
» complètement ordonné ni solidement fondé.»
» Cette politique de protection fut celle qui plus tard ferma l'ère révolutionnaire en Angleterre, celle aussi qui consacra les résultats de la révolution d'Amérique. Il y eut encore entre les révolutions des deux pays un point de ressemblance des plus importans à rappeler : c'est que l'une et l'autre furent essentiellement nationales, essentiellement locales, et c'est en cela qu'elles diffèrent profondément de la révolution française. Nous reconnaissons que ce caractère particulier dut les rendre plus faciles; cela ne veut pas dire qu'il les rendit plus grandes. Cette autre raison qui les fit réussir, nous la voyons ressortir de l'histoire même de M. Guizot. Il fut permis et à l'Amérique et à l'Angleterre de s'isoler en faisant leurs révolutions, de même qu'aujourd'hui les Etats-Unis se défendent de toute intervention en dehors de leur continent ; ainsi Cromwell put adopter et pratiquer le système de la paix et de la neutralité vis-à-vis des autres nations de l'Europe. « Quand des intérêts anglais, dit M. Guizot, étaient en jeu, réclamant
» protection ou réparation, Cromwell les soutenait énergiquement, en
» les tenant avec soin séparés des questions générales et passion-
» nées. » C'est qu'en effet la révolution d'Angleterre n'avait rien à faire hors de chez elle; elle était avant tout nationale; elle n'était jusque dans ce qui comporte le moins une nationalité, la religion. Aussi sera-t-il toujours impossible de trouver des analogies complètes entre cette révolution et la nôtre, et ceux qui voudraient en chercher dans le nouveau livre de M. Guizot se tromperaient sous beaucoup de rapports.
» Il y a entre ces deux grands événemens des différences profondes, non seulement de moyens, mais de principes. La révolution d'Angleterre a déclaré les droits des Anglais; la révolution française a déclaré les droits de l'homme. Assurément nous apprécions à leur juste valeur

les qualités sages, morales, mesurées, qui ont permis aux grands partis politiques de l'Angleterre de faire sortir d'une révolution un établissement régulier et bien ordonné. Mais il ne faut pas oublier que si la révolution anglaise est arrivée à son terme, c'est qu'elle avait peu de chemin à faire. Elle ne faisait que le tour de l'Angleterre; la nôtre fait le tour du monde : c'est un peu plus long. Qui sait? peut-être arrivera-t-elle un jour, et alors on se demandera pourquoi elle a réussi.

» Moins sectaire dans la forme, la révolution française a été, dans le fond, plus véritablement chrétienne. Elle n'a point établi la prépondérance, la domination d'une religion nationale, mais elle a fait triompher la liberté de conscience. Pendant que la révolution anglaise frappait non seulement les catholiques, mais tous les dissidens d'une exclusion qui s'est prolongée jusqu'à notre génération, la révolution française, en réalisant le grand et sacré principe de la séparation du spirituel et du temporel, émancipait, affranchissait l'âme humaine et l'arrachait au joug de la loi. La société sortie de la révolution anglaise a gardé quelque chose de l'esprit exclusif du peuple juif; pour elle il y a toujours des gentils. Notre société moderne a le cœur et les bras plus larges; elle est plus vraiment humaine; elle est la fille de l'esprit et de la grâce plus que de la lettre et de la loi; elle est le fruit de cette civilisation générale dont M. Guizot a été le peintre immortel.

La révolution anglaise s'est passée d'idéal; elle a été modeste et tempérée, sobre dans ses désirs et bornée dans ses goûts, se traçant une ligne qu'elle ne devait pas franchir. Grâce à ces excellentes qualités domestiques, elle a réussi; n'ayant pas beaucoup de passions, elle n'a pas beaucoup péché. Mais ce n'est pas elle qui aurait ouvert ces vastes horizons que l'année 1789 a fait luire sur le monde; ce n'est pas elle qui aurait développé dans tous les cœurs ces grands principes qui appartiennent à l'humanité plus qu'à la France, et dont M. Guizot a été de nos jours le plus éloquent interprète et le plus puissant généralisateur.»

La *Presse* et son mordant critique, M. Eugène Pelletan, prennent le travail de M. Guizot par un biais non moins inattendu que la profession de foi des *Débats* sur la révolution française. La *Presse*, comme nous l'avons dit, est maintenant dans les opinions les plus *avancées*, et M. Eugène Pelletan est l'homme d'esprit, l'homme impitoyable, qui a désolé l'*Univers* par ses séries de citations des Pères de l'Eglise, prouvant que ces infaillibles autorités de la tradition avaient, comme développement naturel du principe chrétien, les idées les plus communistes et les plus subversives de toute propriété exclusive. Eh bien! la *Presse* et M. Pelletan font patte de velours pour M. Guizot. Après toutes sortes de chatteries et de déclarations d'amitié qui ne caressent le ministre de Louis-Philippe que pour mieux égratigner ceux de la République, M. Pelletan donne les raisons de sa prédilection pour le premier, en le saisissant au collet pour le déclarer atteint et convaincu de socialisme, et l'enrôler, bon gré mal gré, dans la grande armée de l'avenir :

« Lorsqu'on me parlait de sa politique avec irrévérence, je relisais son histoire, et je répétais mentalement cette nouvelle loi de Keppler (la formule historique de M. Guizot):

» La civilisation est, d'une part, la production croissante des moyens » de force et de bien-être dans la société, et, de l'autre, une distribu- » tion plus équitable de la force et du bien-être produits. »

» Mais un jour, plus tard, l'ombre est venue à descendre, pour mon regard du moins, sur cette renommée que j'avais toujours applaudie dans ma solitude. Je sentis sa politique refluer en tristesse au milieu de mon admiration. Voici comment :·

, « J'avais eu la curiosité d'écouter les propos de tribune. J'entendais M. Odilon Barrot dire à M. Guizot : « Vous êtes l'ennemi de la liberté, car vous voulez nous empêcher de dire, dans nos petits soupers con- stitutionnels, des injures à la monarchie.»

· ' » L'apparence était effectivement contre M. Guizot, et, je l'avoue à ma honte, je ne pus pas tenir à cette apparence. Je maudis sur parole l'historien du progrès. Que cette malédiction retombe sur la langue qui m'a trompé.

» Mais, depuis, je suis revenu de mon erreur. Je ne connaissais pas la biographie de M. Guizot. Mais, pour expier son injustice passée, M. Barrot a voulu écrire lui-même cette biographie.

» Il y a mis du reste une admirable délicatesse. Il a été aussi ingé- nieux qu'il était possible de l'être, dans cette œuvre de réhabilitation. Il ne s'est pas servi de la parole pour cela, le prestige de la parole était passé. Il a simplement pris un portefeuille. C'est par ses propres actes qu'il a glorifié les actes de M. Guizot.

» Et, en conscience, le biographe a poussé trop loin l'adulation. Pendant ces dix-huit ans de monarchie constitutionnelle, quand le parti conservateur essayait d'impatroniser en France une politique circons- pecte, qui ne mettait jamais un pied l'un devant l'autre, par la raison qu'en s'exposant à marcher on s'expose à tomber, que la marche même est une chute continuée, d'après les principes de dynamique, M. Guizot a été encore le ministre qui a eu la meilleure inspiration de libéralisme. Il a fait, par exemple, la loi de l'instruction primaire, qui est la plus belle page de la dynastie de Juillet.

» Eh bien! tant que M. Guizot a tenu le pouvoir, il a trouvé en face de lui, pendant douze ans plus ou moins, à tous les carrefours de la politique, un tribun gourmé qui venait régulièrement battre le rappel de la révolution contre la monarchie.

» Si la monarchie décrétait l'état de siége, M. Barrot faisait gronder contre l'état de siége les sourds roulemens de son éloquence. Si la monarchie réclamait une restriction de la liberté de la presse, M. Bar- rot évoquait d'un accent caverneux les immortelles conquêtes de nos révolutions. Si le ministère, boudé par l'Angleterre, se jetait dans l'al- liance jésuitique du Sonderbund. M. Barrot frappait du pied le marbre de la tribune pour déchaîner toutes les inimitiés nationales contre les jésuites. Si M. Duchâtel fermait la porte d'un banquet par mesure de prudence, M. Barrot lançait une révolution sur le pavé pour aller rou- vrir la porte du banquet.

» Et ce même homme, ce même tribun, est venu s'asseoir à la place encore chaude du ministère tombé sous ses paroles ; et, en quelques mois, il a mis l'état de siége sur six départemens, supprimé la liberté de la presse, confisqué le droit de réunion, étouffé dans le sang la république romaine, et planté le drapeau tricolore sur le palais de l'inquisition.

» En vérité, j'éprouve une profonde compassion à rappeler toutes ces prévarications de M. Barrot; quand je songe à son expulsion du ministère.

» On peut tomber du pouvoir par une révolution, cette chute a encore sa grandeur; mais tomber dans son vomissement, par une insurrection d'antichambre, c'est expier trop cruellement quelques heures de portefeuille... »

« .... La vie spontanée des sociétés ne saurait être mécaniquement régie par des procédés artificiels d'équilibre. La théorie des gouvernemens dynamiques est une conception d'histoire. L'histoire, en effet, travaille sur des peuples fossiles rangés dans des musées; elle juge, elle pèse des faits inertes qui se laissent commodément juger et peser. Sous ce rapport, M. Guizot a toujours été quelque peu historien. Il a, en effet, le génie historique plutôt que prophétique. Algébriste toujours exact, il opère admirablement sur des quantités données; mais lorsqu'il faut passer des calculs de l'histoire aux prévisions des métamorphoses de la société, il hésite à prendre parti pour l'avenir. Il adopte volontiers le progrès dans le passé; il le redoute dans le présent.

» Il a magnifiquement apprécié la grande évolution historique de l'émancipation des communes, et, s'il eût vécu du temps des communes, il leur eût certainement trouvé des torts vis à vis de la noblesse. Je ne lui fais pas un reproche de cette disposition d'esprit, car c'est la condition de son talent. On n'est profond historien qu'à la condition d'avoir un génie rétrospectif, lié d'une sympathie secrète pour les anciennes générations.

» Aucun philosophe ne sait mieux tirer une conclusion d'une époque de l'histoire; mais, une fois qu'il a mis le signet au bas de la page, il redoute de tourner la page suivante, pour y lire une nouvelle transformation de l'humanité.

» Et cependant M. Guizot, par cette violence irrésistible de la vérité sur le talent, a formulé cette loi de l'histoire que nous ne saurions trop rappeler à nos lecteurs.

» La civilisation est, d'une part, la production croissante des moyens » de force et de bien-être dans la société, et, de l'autre, une distribution » plus équitable de la force et du bien-être produits. »

» Cette formule renferme toute la doctrine qu'on a baptisée depuis du nom de *socialisme*. »

Avec M. Sainte-Beuve, dans un de ses articles du lundi au *Constitutionnel*, M. Guizot trouve enfin la critique vraiment littéraire, prenant à partie l'historien exclusivement et mettant soigneusement à part, dans cette discussion du fond du talent et des vues, les doctrines politiques, la vie active, et les tendances involontairement socialistes ou non, de l'écrivain. On nous permettra volontiers une longue citation de ce jugement judicieux et profond. Sans nier ce qu'il peut y avoir de légitime et de vrai dans les généralisations historiques, il faut convenir que notre âge en a singulièrement abusé, et qu'elles sont au fond de beaucoup de ses erreurs. Comme elles travaillent sur l'infini, et que l'infini nous échappe, elles sont toujours nécessairement plus ou moins imparfaites. C'est ce côté peu abordé d'une question bien grave, que M. Sainte-Beuve a voulu mettre surtout en relief.

» En attendant que vînt l'heure d'être orateur et ministre, il enseigna à la Sarbonne; il fut le plus grand professeur d'histoire que nous ayons eu. Il a fondé une école; cette école règne, elle règne en partie chez ceux mêmes qui croient la combattre. Dans ses *Essais sur l'Histoire de France*, dans son *Histoire de la Civilisation en Europe*, et *en France*, M. Guizot a développé ses principes et ses points de vue. Plus précis que les Allemands, plus généralisateur que les Anglais, il est devenu européen par ses écrits avant de l'être par son rôle d'homme public. Dès le premier jour qu'il mit le pied dans l'histoire, M. Guizot y porta son instinct et ses habitudes d'esprit : il prétendit à la régler, à l'organiser. Son premier dessein, à travers ce vaste océan des choses passées, fut de saisir et de tracer une direction déterminée sans être pour cela étroit, et sans rien retrancher à la diversité de l'ensemble. Faire acte d'impartialité, admettre tous les élémens constitutifs de l'histoire, l'élément royal, aristocratique. communal, ecclésiastique, n'en exclure aucun désormais, à condition de les ranger tous et de les faire marcher sous une loi, voilà son ambition. Elle était vaste, et, si l'on en jugeait par l'effet obtenu, M. Guizot a réussi. Il a été loué comme il le méritait. Il n'a pas été combattu comme il aurait pu l'être. Daunou seul lui fit quelques observations judicieuses, mais timides. Aucun esprit ferme, au nom de l'école de Hume et de Voltaire, au nom de celle de l'expérience et du bon sens, au nom de l'humilité humaine, n'est venu lui dérouler les objections qui n'auraient rien diminué de ses mérites vigoureux de penseur et d'ordonnateur, qui auraient laissé subsister bien des portions positives de son œuvre, mais qui auraient fait naître quelques doutes sur le fond de sa prétention exhorbitante.

» Je suis de ceux qui doutent, en effet, qu'il soit donné à l'homme d'embrasser avec cette ampleur, avec cette certitude, les causes et les sources de sa propre histoire dans le passé. Il a tant à faire pour la comprendre bien imparfaitement dans le présent et pour ne pas s'y tromper à toute heure! Saint Augustin a fait cette comparaison très spirituelle. Supposez que, dans le poème de *l'Iliade*, une syllabe soit douée, un moment, d'âme et de vie : cette syllabe, placée comme elle l'est, pourrait-elle comprendre le sens et le plan général du poème? C'est tout au plus si elle pourrait comprendre le sens du vers où elle est placée, et le sens des trois ou quatre vers précédens. Cette syllabe animée un moment, voilà l'homme; et vous venez lui dire qu'il n'a qu'à le vouloir pour saisir l'ensemble des choses écoulées sur cette terre, dont la plupart se sont évanouies sans laisser de monumens ni de traces d'elles-mêmes, et dont les autres n'ont laissé que des monumens si incomplets et si tronqués.

» Cette objection ne s'adresse pas à M. Guizot seul, mais à toute l'école doctrinaire dont il a été l'organe et le metteur en œuvre le plus actif, le plus influent. Elle s'adresse à bien d'autres écoles encore, qui se croient distinctes de celle-là et qui ont donné sur le même écueil. Le danger surtout est très réel pour quiconque veut passer de l'histoire à la politique. L'histoire, remarquez-le, ainsi vue à distance, subit une singulière métamorphose, et produit une illusion, la pire de

toutes, celle qu'on la croie raisonnable. Dans cet arrangement plus
ou moins philosophique qu'on lui prête, les déviations, les folies, les
ambitions personnelles, les mille accidens bizarres qui la composent
et dont ceux qui ont observé leur propre temps savent qu'elle est
faite, tout cela disparaît, se néglige, et n'est jugé que peu digne d'entrer en ligne de compte. Le tout acquiert, après coup, un semblant
de raison qui abuse. Le fait devient une vue de l'esprit. On ne juge
plus que de haut. On se met insensiblement en lieu et place de la Providence. On trouve à tout accident particulier des enchaînemens inévitables, des *nécessités*, comme on dit. Que si l'on passe ensuite de
l'étude à la pratique, on est tenté d'oublier dans le présent qu'on a
sans cesse à compter avec les passions et les sottises, avec l'inconsé-
quence humaine. On veut dans ce présent, et dès le jour même, des
produits nets comme on se figure qu'ils ont eu lieu dans le passé. On
met le marché à la main à l'expérience. Dans cet âge de sophistes où
nous sommes, c'est au nom de la philosophie de l'histoire que chaque
école (car chaque école a la sienne) vient réclamer impérieusement
l'innovation qui, à ses yeux, n'est plus qu'une conclusion rigoureuse
et légitime. Il faut voir comme, au nom de cette prétendue expérience historique qui n'est plus que de la logique, chacun s'arroge
avec présomption le présent et revendique comme sien l'avenir.

» M. Guizot sait mieux que nous ces inconvéniens, et il les combat-
trait au besoin avec sa supériorité. Mais il n'en a pas été exempt pour
son compte, et il a autorisé ces manières générales de voir, par son
ascendant. Sa philosophie de l'histoire, pour être plus spécieuse et
plus à hauteur d'appui, n'en est pas moins beaucoup trop logique pour
être vraie. Je n'y puis voir qu'une méthode artificielle et commode
pour régler les comptes du passé. On supprime toutes les forces qui
n'ont pas produit leur effet et qui auraient pu cependant le produire.
On range dans le meilleur ordre, sous des noms complexes, toutes
celles qu'on peut rassembler et ressaisir. Toutes les causes perdues,
qui n'ont pas eu leur représentant ou qui ont été vaincues en définitive,
sont déclarées impossibles, nées caduques, et de tout temps vouées à
la défaite. Et souvent à combien peu il a tenu qu'elles triomphassent!
Les faits très-anciens sont ceux qui se prêtent le mieux à ce genre
d'histoire systématique. Ils ne vivent plus, ils nous arrivent épars,
morcelés; ils se laissent régenter et discipliner à volonté, quand une
main capable s'étend pour les dresser et les reconstruire. Mais l'histoire moderne offre plus de résistance. M. Guizot le sait bien. Dans son
Histoire de la Civilisation en Europe, quand il arrive au XVIᵉ siècle,
c'est alors seulement qu'il se fait quelques objections sur les inconvéniens des généralisations précipitées : c'est qu'alors aussi ces objections s'élèvent d'elles-mêmes de toutes parts, et nous rentrons dans
l'atmosphère, orageuse variable des temps modernes et présens. La
généralisation, qui semble de la profondeur pour les siècles déjà
lointains, semblerait de la légèreté et de la témérité en deçà. Entendons-nous bien : j'admire cette force d'esprit étendue et ingénieuse,
qui refait, qui restaure du passé tout ce qui peut se refaire, qui y
donne un sens, sinon le vrai, du moins un sens plausible et vraisemblable, qui maîtrisé le désordre dans l'histoire, et qui procure à l'étude
des points d'appui utiles et des directions. Mais ce que je relève comme
danger, ce serait l'habitude de vouloir conclure d'un passé ainsi refait
et reconstruit, d'un passé artificiellement simplifié, au présent mobile,

divers et changeant. Pour moi, quand j'ai lu quelques-unes de ces
hautes leçons si nettes et si tranchées sur l'*Histoire de la Civilisation*,
je rouvre bien vite un volume des *Mémoires* de Retz, pour rentrer dans
le vrai de l'intrigue et de la mascarade humaine.

» Nous touchons ici à l'une des raisons essentielles qui font que
l'historien, même le grand historien, n'est pas nécessairement un grand
politique ni un homme d'Etat. Ce sont là des talens qui se rapprochent,
qui se ressemblent, et qu'on est tenté de confondre, mais qui diffèrent
par des conditions intimes. L'historien est chargé de raconter et de
décrire la maladie quand le malade est mort. L'homme d'Etat se charge
de traiter le malade encore vivant. L'historien opère sur des faits ac-
complis et des résultats simples (au moins d'une simplicité relative):
le politique est en présence d'une certaine quantité de résultats, dont
plus d'un a chance de sortir à tout moment.

» Des faits récens ont mis cette dernière vérité en lumière. Je fais
ici appel au bon sens de tout le monde, et je dis: En politique, il y a
plusieurs manières différentes dont une chose qui est en train de se
faire peut tourner. Quand la chose est faite on ne voit plus que l'événement. Ce qui s'est passé sous nos yeux en février est un grand
exemple. La chose pouvait tourner de bien des manières différentes.
Dans cinquante ans on soutiendra peut-être (selon la méthode des
doctrinaires) que c'était une nécessité. En un mot, il y a bien des défilés possibles dans la marche des choses humaines. Le philosophe
absolu a beau vous dire : « En histoire, j'aime les grandes routes, je
ne crois qu'aux grandes routes. » Le bon sens répond : « Ces grandes
routes c'est l'historien le plus souvent qui les fait. On fait la grande
route en élargissant le défilé où l'on a passé, et aux dépens des autres
défilés où l'on aurait pu passer. »

» Esprit positif, et qui savait combiner le but pratique et la vue abstraite, M. Guizot n'avait garde de s'embarrasser trop longtemps dans
ces formules historiques où serait à jamais demeuré un professeur allemand. Lui, il les posait, mais il ne s'y enfermait pas. En 1826, il sut
choisir comme matière d'histoire un sujet qui était alors le plus heureux par les analogies avec notre situation politique, et qui s'appro-
priait, de plus, à son talent, par toutes les sortes de convenances : il
entreprit l'*Histoire de la Révolution d'Angleterre*. Deux volumes
seulement de cette histoire ont paru jusqu'ici, et le récit ne va que
jusqu'à la mort de Charles Ier. M. Guizot, après une longue interruption, s'y remet aujourd'hui, et il signale cette rentrée par le remarquable *Discours* qu'on peut lire. A travers les interruptions et les intervalles, il y a ceci de commun entre le début de 1826 et la reprise
de 1850, qu'il publiait alors cette Histoire comme une leçon donnée
au temps présent, et que c'est encore à titre de leçon donnée à notre
temps qu'il y revient aujourd'hui. En 1826, la leçon s'adressait à la
royauté qui voulait être absolue, et aux *ultra*. En 1850, elle s'adresse
à la démocratie. Mais pourquoi donc une leçon toujours? L'histoire
ainsi offerte ne court-elle pas risque de se détourner, de se composer
un peu?

« Quoi qu'il en soit, les deux volumes publiés de cette *Histoire
de la Révolution anglaise* sont d'un sérieux intérêt, et présentent un
récit mâle et grave, une suite d'un tissu ferme et dense, avec de grandes
et hautes parties. Les scènes de la mort de Strafford et du procès de
Charles Ier sont traitées simplement et d'un grand effet dramatique.

Ce qui était plus difficile et ce que M. Guizot excelle à exposer, ce sont les débats, les discussions, les tiraillemens des partis, le côté parlementaire de l'histoire, la situation des idées dans les divers groupes à un moment donné : il entend supérieurement cette manœuvre des idées. Sorti de race calviniste, il en a conservé un certain tour austère, l'affinité pour comprendre et rendre ces naturels tenaces, ces inspirations énergiques et sombres. Les habitudes de race et d'éducation première, se marquent encore dans le talent et se retrouvent dans la parole, même lorsqu'elles ont disparu des habitudes de notre vie : on en garde la fibre et le ton. Les hommes, les caractères sont exprimés, à la rencontre, par des traits vigoureux ; mais le tout manque d'un certain éclat, ou plutôt d'une certaine animation intime et continue. Les personnages ne vivent pas d'une vie à eux ; l'historien les prend, les saisit, il en détache le profil en cuivre. Son dessin accuse une main d'une grande fermeté, d'une grande assurance ; il sait ce qu'il veut dire et où il veut aller : il n'hésite jamais. Le côté ridicule et ironique des choses, le côté sceptique dont d'autres historiens ont abusé, n'a chez lui aucune place. Il fait très-bien sentir une sorte de gravité morale subsistante chez les mêmes hommes au milieu des manœuvres et des intrigues ; mais il ne met pas la contradiction assez à jour. Il a, chemin faisant, mainte maxime d'Etat, mais aucune de ces réflexions morales qui éclairent et réjouissent, qui détendent, qui remettent à sa place l'humanité même, et comme il en échappe sans cesse à Voltaire. Son style, à lui, est triste et ne rit jamais. Je me suis donné le plaisir de lire en même temps des pages correspondantes de Hume : on ne croirait pas qu'il s'agisse de la même histoire, tant le ton est différent ! Ce que je remarque surtout, c'est qu'il m'est possible, en lisant Hume, de le contrôler, de le contredire quelquefois : il m'en procure le moyen par les détails mêmes qu'il donne, par la balance qu'il établit. En lisant M. Guizot, c'est presque impossible, tant le tissu est serré et tant le tout s'enchaîne. Il vous tient et vous mène jusqu'au bout, combinant avec force le fait, la réflexion et le but.

» Jusqu'à quel point, même après ces deux volumes, et à le considérer dans son ensemble, M. Guizot est-il peintre en histoire ? Jusqu'à quel point et dans quelle mesure est-il proprement narrateur ? Ce seraient des questions très-intéressantes à discuter littérairement, sans complaisance, sans prévention, et même dans ce qu'on refuserait à M. Guizot, il entrerait toute une reconnaissance et une définition d'une originalité de manière à part et qui n'est qu'à lui. Même lorsqu'il raconte, comme dans sa *Vie de Washington*, c'est d'une certaine beauté abstraite qu'il donne l'idée, non d'une beauté extérieure et faite pour le plaisir des yeux. Il a l'expression forte, ingénieuse, il ne l'a pas naturellement pittoresque. Il a parfois du burin, jamais de pinceau. Son style, aux beaux endroits, a des reflets de cuivre et comme d'acier, mais des reflets sous un ciel gris, jamais au soleil. On a dit du bon Joinville, le naïf chroniqueur, que son style *sent encore son enfance* et que « les choses du monde sont nées pour lui seulement du jour où il les voit. » A l'autre extrémité de la chaîne historique, c'est tout le contraire pour M. Guizot. Sa pensée, son récit même revêtent volontiers quelque chose d'abstrait, de demi-philosophique. Il communique à tout ce qu'il touche comme une teinte d'une réflexion antérieure. Il ne s'étonne de rien, il explique ce qui s'offre, il en donne le pourquoi. Une personne qui le connaissait bien disait de lui : « Ce qu'il sait de ce matin, il a l'air de le savoir de toute éternité. » En effet, l'idée, en entrant dans ce haut esprit, laisse sa fraîcheur; elle est à l'instant fanée et devient comme ancienne. Elle contracte de la préméditation, de la fermeté, du poids, de la trempe, et parfois un éclat sombre.

Tout cela dit, il est juste de reconnaître que dans le second volume surtout de l'*Histoire de la Révolution d'Angleterre*, il y a des parties irréprochables d'un récit continu. C'est quand M. Guizot se livre à sa manière favorite, comme dans le *Discours* récent, que tout alors se tourne naturellement chez lui en considérations. La description elle-même du fait est déjà un résultat...

« ..... Que si l'on examine le *Discours* par rapport au sujet même qui y est traité, c'est-à-dire à la Révolution d'Angleterre, il y a beaucoup à louer. Quand je conteste la possibilité pour l'homme d'atteindre aux mille causes lointaines et diverses, je suis loin de nier cet ordre de considérations et de conjectures par lesquelles, dans un cadre déterminé, on essaie de rattacher les effets aux causes. C'est la noble science de Machiavel et de Montesquieu, quand ils ont traité, tous les deux, des Romains. La Révolution d'Angleterre, considérée dans ses propres élémens et dans ses limites, cette Révolution qui s'offre comme enfermée en champ clos, se prête mieux qu'aucune autre peut-être à une telle étude, et M. Guizot, plus que personne, est fait pour en traiter pertinemment, sans y mêler de ces conclusions disputées que chacun tire à soi. On relèverait dans son *Discours* des portraits tracés avec vigueur et relief, notamment celui de Monck, celui de Cromwell. Le talent, enfin, qui nous montre tout cela, est supérieur, est-il besoin de le dire ? Mais, même en ne considérant que les jugemens relatifs à la Révolution anglaise, l'enchaînement des causes et des effets y paraîtra trop tendu. L'auteur, à chaque crise décisive, ne se contente pas de l'expliquer; il déclare qu'elle n'aurait pu se passer autrement. Il lui est habituel de dire : « Il était trop tôt... il était trop tard... Dieu commençait seulement à exercer ses justices et à donner ses leçons (page 31). » Qu'en savez-vous ?

» Restons hommes dans l'histoire. Montaigne, qui en aimait avant tout la lecture, nous a donné les raisons de sa prédilection, et ce sont les nôtres. Il n'aimait, nous dit-il, que les historiens tout simples et naïfs, qui racontent les faits sans choix et sans triage, *à la bonne foi*, ou, parmi les autres plus savans et plus relevés, il n'aimait que les excellens, ceux qui savent choisir et dire ce qui est digne d'être su. « Mais ceux d'*entre deux* (comme il les appelle) nous gâtent tout; ils veulent nous mâcher les morceaux : ils se donnent loi de juger, et par conséquent d'incliner l'histoire à leur fantaisie; car, depuis que le jugement pend d'un côté, on ne se peut garder de contourner et tordre la narration à ce biais. » Voilà l'écueil, et un talent, même du premier ordre, n'en garantit pas. Du moins une expérience tout-à-fait consommée devrait en garantir, ce semble. Les hommes supérieurs qui ont passé par les affaires, et qui en sont sortis, ont un grand rôle encore à remplir, mais à condition que ce rôle soit tout différent du premier et que même ce ne soit plus un rôle. Initiés comme ils l'ont été au secret des choses, à la vanité des bons conseils, à l'illusion des meilleurs esprits, à la corruption humaine, qu'ils nous en disent quelquefois quelque chose; qu'ils ne dédaignent pas de nous faire toucher du doigt les petits ressorts qui ont souvent joué dans les grands mo-

mens. Qu'ils ne guindent pas toujours l'humanité. La leçon qui sort
de l'histoire ne doit pas être directe et raide ; elle ne doit pas se tirer
à bout portant pour ainsi dire, mais s'exhaler doucement et s'insinuer.
Elle doit être savoureuse, comme nous le disions dernièrement à propos de Commynes ; c'est une leçon toute morale. Ne craignez pas de
montrer ces misères à travers vos grands tableaux; l'élévation ensuite
s'y retrouvera. Le néant de l'homme, la petitesse de sa raison la plus
haute, l'inanité de ce qui avait semblé sage, tout ce qu'il faut de travail, d'étude, de talent, de mérite et de méditation, pour composer
même une erreur, tout cela ramène aussi à une pensée plus sévère,
à la pensée d'une force suprême ; mais alors, au lieu de parler au
nom de cette force qui nous déjoue, on s'incline, et l'histoire a tout
son fruit. »

— Il paraît en ce moment un ouvrage aussi curieux qu'important ([1])
sur la politique extérieure de la France pendant les années qui ont
prédédé la révolution. Ce travail, dont les diverses parties ont d'abord
été publiées dans la *Revue des Deux-Mondes*, est entièrement fondé
sur des documens authentiques, la plupart inédits. Le chapitre concernant la Suisse est surtout fertile en révélations de plus d'un genre.
L'auteur, M. d'Haussonville, y prouve pièces en main, et par le menu,
ce qu'on ne savait encore que vaguement et en gros : savoir, la conduite machiavélique de lord Palmerston envers la France et les autres
puissances, dans l'affaire du *Sonderbund*. Pour dire crûment la chose,
il les a jouées sous jambe : quant à la Suisse, il va sans dire qu'elle ne
lui servait qu'à appuyer le pied. « Dans ce double jeu politique, »
comme le caractérise très-nettement une des dépêches de M. Bois-le-
Comte, alors ambassadeur français à Berne, « lord Palmerston pres-
sait les opérations militaires en Suisse, et retardait les négociations à
Londres, afin d'annuler les unes par les autres. » Le chargé d'affaires
anglais près la Confédération, M. Peel, laissa lui-même échapper cet
aveu : « L'on m'a fait jouer un rôle qui me blesse beaucoup. » Aussi,
les quatre puissances, la France, la Prusse, l'Autriche et la Russie,
allaient-elles conclure une alliance qui aurait laissé l'Angleterre iso-
lée, lorsque survint la révolution de Février. Lord Palmerston fut
sauvé : à quel prix pour l'aristocratique Angleterre? Elle a jusqu'ici
trouvé et cherché froidement son profit à semer chez les autres les
vents et les tempêtes; mais, chaque fois, l'orageuse moisson lève
plus terrible et plus vaste qu'on ne se l'était figurée ; elle pousse toujours plus loin ses sillons creusés par la foudre : que dira l'Angleterre,
si elle sent un jour pénétrer aussi jusqu'à elle ce soc de feu qui la-
boure, soulève et paraît vouloir retourner de fond en comble le champ
du monde !   Paris, 12 février 1850.

([1]) *Histoire de la politique extérieure du gouvernement français de 1830 à
1848*, par M. le comte d'Haussonville ; Paris, chez Lévy.

SUISSE. [1]

BALE, 31 janvier 1850. — Vous me demandez, monsieur, de renouer avec vos lecteurs des relations longtemps interrompues par des motifs que vous avez appréciés; je cède sans peine à votre désir, car les modestes fonctions que je dois remplir dans la Revue sont pour moi un gain précieux, si elles me rappellent à votre souvenir et à celui de quelques amis. J'éprouve cependant un certain embarras en prenant la plume, et je n'en sortirai qu'en vous le confessant. Depuis ma dernière lettre il s'est écoulé plus d'une année; mon compte-rendu est chargé d'un arriéré que je ne puis solder, car mes livres sont en désordre et ma mémoire est en défaut: or, j'habite une ville où l'exactitude commerciale est une qualité indispensable. Je réclame donc l'indulgence de mes créanciers si, pour toute récolte de l'an passé, je ne leur offre que quelques glanures.

L'année 1849 s'était à peine ouverte que l'Europe scientifique portait le deuil d'un savant suisse de premier ordre. Jean-Gaspard d'Orelli s'éteignait le 6 janvier, et Zurich, sa patrie, faisait une perte irréparable. On fit alors l'observation qu'à la même époque la France perdait le célèbre archéologue Letronne (14 décembre), et l'Allemagne, Godefroi Hermann, le doyen de ses philologues (1er janvier). Coïncidence curieuse pour tous, mais affligeante pour les amis de la science; car des savants tels que les Orelli, les Hermann et les Letronne n'ont pas de si tôt des successeurs, et après leur mort on ne peut pas s'écrier : Le roi est mort, vive le roi! Quelle vie d'études profondes et de publications immenses et variées que celle d'Orelli, qui s'ouvre en 1787 et se termine en 1849! Elève de Pestalozzi, pasteur à Bergame (1806), professeur à Coire (1814), il déploie déjà pendant toute cette première période de sa vie une ardeur pour l'étude qui préludait dignement aux grands travaux qu'il devait exécuter après son appel à Zurich (1819). Tout le monde estime en lui l'excellent éditeur de Cicéron (œuvre colossale), de Tacite, d'Horace; chacun sait qu'il est peu d'écrivains latins ou grecs sur lesquels il n'ait composé quelque travail plus ou moins étendu. Ce qu'on connaît moins

(1) La réunion des correspondances de Bâle, Genève et Lausanne que la Revue publie ce mois-ci, est une heureuse coïncidence que nous voudrions voir se répéter fréquemment. Présenter un tableau mensuel du mouvement des esprits, des lettres et des sciences dans les principales villes de la Suisse, tel est le but que depuis plusieurs années nous avons cherché à réaliser, sans y parvenir entièrement. Aujourd'hui nous avons l'espoir que les correspondants, dont on va lire les articles, voudront bien continuer leurs envois mensuels, ce dont nous les remercions à l'avance; nous espérons qu'à Berne et à Zurich aussi, quelque ami des lettres et des sciences viendra nous tenir au courant des faits intéressants qui se passent dans ces deux villes. *(Note de la Rédaction.)*

généralement peut-être, ce sont ses travaux sur la poésie italienne, son édition des satires d'Arioste, de la Jérusalem délivrée, des poésies du philosophe Campanella, sa chrestomathie des prosateurs italiens; tout autant d'études appréciées au delà des monts, mais moins populaires chez nous.

L'année 1849 devait être doublement fatale pour la Suisse, car si l'université de Zurich a perdu son immortel philologue, celle de Bâle devait, quelques mois plus tard, porter le deuil d'un des plus illustres théologiens de l'Allemagne moderne. Le 16 juin, de Wette n'était plus; le 7, il présidait encore la régence de l'université dont il était alors le recteur. Il n'est pas un théologien d'une église protestante qui n'ait entendu parler de de Wette, bien mieux, qui n'ait fait son profit de quelqu'une de ses grandes et consciencieuses études sur la Bible. A la base des travaux de de Wette est sa remarquable et savante traduction de la Bible, œuvre de toute une vie, qui n'a cependant rempli qu'une partie de la sienne. Sur ce fondement s'appuient ses études exégétiques et critiques, dogmatiques et morales, parmi lesquelles il faut comprendre les sermons qu'il aimait à prêcher dans l'une ou l'autre des églises de Bâle, sa patrie d'adoption depuis 1822. De Wette a déjà eu son historien, ou plutôt il en a eu plusieurs. Parmi les écrits qui l'ont le mieux apprécié depuis sa mort, nous citerons la brochure de M. le D^r et doyen Schenkel, de Schaffhouse, qui a accepté la succession de son ancien professeur, dont il occupera dignement la chaire le printemps prochain. Nous citerons surtout M. Hagenbach, qui a prononcé l'oraison funèbre d'un collègue qu'il pouvait mieux que personne comprendre ; et qui, plus tard, lors de la fête annuelle de l'université, a captivé par un discours de deux heures un nombreux auditoire, en lui révélant toute la carrière d'un homme qu'on croyait connaître et qu'on ne connaissait qu'à demi. Quelques nuages planaient de longue date sur l'orthodoxie de de Wette. Si M. Hagenbach ne les a pas dissipés complétement aux yeux de tout le monde, il a du moins soulevé ce rideau trompeur, pour faire voir dans les recherches de de Wette la science, la sincérité, la droiture, la sagacité, le sérieux constant qui le distinguent. Ce grand théologien a eu des doutes, et il les a exprimés avec franchise ; mais avec le temps, ils se sont dissipés, et il n'a pas craint non plus de dire et de répéter sous mille formes ce qu'il exprime dans la préface de ses commentaires sur l'apocalypse: « Je ne sais pas quelle sera la destinée de notre chère église protestante; mais, ce que je sais, c'est qu'il n'y a de salut en aucun autre qu'au nom de Jésus-Christ le crucifié....» — Dans une poésie qu'il composa au mois de février passé, il déplore d'avoir dû vivre dans un temps de trouble et de s'être mêlé au combat, mais il se réjouit à la pensée que ses doutes et ses luttes ne lui ont ôté ni la foi, ni l'espérance, ni l'amour. C'est ce que proclama sur sa tombe avec joie, énergie et éloquence M. le Prof. Hoffmann, inspecteur de l'Institut des missions, lorsque les étudiants vinrent, la nuit, à la lueur des flambeaux, rendre un dernier hommage à leur maître bien-aimé.

Les personnes qui ont eu le bonheur de connaître de Wette d'un peu près, l'ont regretté comme ami plus encore que comme savant. Sa physionomie réfléchie, calme, annonçait la gravité et la sérénité habituelle de ses pensées; mais son regard était vif et révélait l'homme de cœur, d'esprit et de goût. De Wette avait des vues larges et son horizon n'était pas borné à la science théologique. Il avait des goûts esthétiques : il aimait à être au courant des productions littéraires : la musique, la culture des fleurs étaient pour lui une jouissance et un délassement. Bien qu'il fût près de sa 70° année, sa vieillesse était vigoureuse, et, chose rare, sa chevelure noire aurait fait envie à beaucoup de jeunes hommes — signe presque toujours certain d'une vie calme et réglée. Né en 1780 à Ulla, près de Weimar, et fils d'un pasteur de village, il vécut en effet dans son enfance de la vie des campagnes, ce qui contribua sans doute à la vigueur de sa santé et de son esprit. À l'âge de 19 ans, il eut l'occasion de voyager en France dans la compagnie d'un jeune homme qui lui était confié. En 1805 il était agrégé à l'université d'Iena ; il fut plus tard professeur de philosophie et de théologie à Heidelberg. Lors de la fondation de l'université de Berlin, en 1810, il y fut appelé. Neuf ans plus tard, une célèbre lettre dans laquelle il voulait consoler Mme Sand, dont le nom rappelle un tragique événement, eut pour suite sa destitution. Lorsque la ville de Bâle lui adressa un appel en 1822, il venait d'être nommé pasteur à Brunswick. — Il devint bourgeois de Bâle en 1829, et tant de liens l'attachaient à cette ville qu'il refusa, en 1834, la nomination de premier pasteur à l'église de Saint-Pierre à Hambourg.

Quelques mois après la mort de de Wette, la faculté de Bâle perdait son doyen dans la personne de M. Fréd. Hagenbach, père du professeur de théologie. Cette mort était un deuil profond pour sa famille ; elle réveillait dans le public de longs et honorables souvenirs, mais elle était dans le cours régulier de la nature. Né en 1771, M. Hagenbach était presque octogénaire ; depuis assez longtemps il avait renoncé à sa nombreuse clientèle, et il se bornait à apporter le précieux tribut de sa longue expérience dans les cas graves où ses collègues le réclamaient. Au commencement de ce siècle, il occupait avec distinction dans notre université la chaire de botanique et d'anatomie ; mais après dix-huit ans d'enseignement il s'était consacré uniquement au soin de ses nombreux malades. Dans ses moments de loisir il cultivait avec une rare prédilection l'étude des plantes, et le résultat de ses laborieuses observations a été sa *Flore bâloise* (Tentamen floræ basiliensis. 3 vol. 1821, 1834, 1843), dont les botanistes font un très-grand cas. Sa famille a généreusement augmenté les collections universitaires par le don précieux de son herbier, composé de 8000 plantes de choix, pour l'acquisition et la préparation desquelles il n'avait épargné ni temps ni dépenses. Ce dépôt a été apprécié à sa valeur et sera religieusement conservé par le professeur actuel de botanique, M. Meisner, dont le jugement dans cette branche fait autorité.

Il se manifeste dans ce moment à Bâle un intérêt tout nouveau en faveur des collections scientifiques, et l'esprit public dont un très-grand nombre de citoyens font preuve, est un fait réjouissant à constater. Il a, non sa source, mais son occasion dans l'inauguration du nouveau Musée, qui a eu lieu avec une grande solennité le 26 novembre. Ce vaste et noble édifice, pris dans son ensemble, répond aux besoins du présent et de l'avenir, et fait honneur au dévouement et à l'habileté de son architecte, M. Melchior Berry, à qui la faculté de philosophie a conféré par reconnaissance le diplome de docteur. La Revue ne peut garder le souvenir des fêtes qui ont solennisé cette inauguration ; mais elle peut faire mention des écrits publiés à cette occasion. Ils sont réunis en une forte brochure in-4°, qui comprend une dissertation sur quelques objets de la collection des antiquités, par M. W. Vischer; un mémoire sur l'ozone, par M. Schœnbein, aux expériences duquel le nouveau Musée donne une large et légitime hospitalité; une dissertation de M. F. Fischer sur la *Danse des morts*, qu'il veut restituer à Holbein qui l'aurait travaillée entre 1520 et 1526. Cette restitution a donné lieu à une lutte courtoise dans un journal local, et la question reste indécise. Tous ces écrits convenaient parfaitement à la fête du jour, mais celui de M. le conseiller et Prof. P. Mérian s'y adaptait plus exactement encore, car il avait pour objet l'histoire des diverses collections scientifiques de Bâle, et surtout celle de la bibliothèque. Elle date de la fondation de l'université (1460), mais à l'époque de la réformation elle n'avait que 250 volumes, parce que les nombreux couvents de Bâle étaient plus favorisés. Ceux du chapitre, des dominicains et des chartreux avaient surtout de riches collections. Après la réformation, la plupart de ces bibliothèques furent peu-à-peu incorporées à celle de l'université; les imprimeurs lui firent don d'un exemplaire de leurs publications, alors nombreuses et importantes; à diverses époques des dons en livres et en argent l'enrichirent, et ainsi se forma le dépôt actuel qui compte environ 70,000 volumes. Comme la bibliothèque de la société de lecture, composée dans un autre esprit, est assez importante, les deux collections réunies fournissent aux études et aux recherches une ressource d'environ 100,000 volumes. Nous ne pouvons suivre M. Mérian dans les intéressants détails historiques qu'il donne sur les collections bâloises; mais quand on y voit qu'elles ont si souvent passé d'un local à l'autre, sans se trouver bien nulle part, on doit les féliciter du logement que le gouvernement, la ville et 455 souscripteurs leur ont procuré. Il est bon d'honorer la vieillesse, surtout si, comme la science, elle sait rester jeune.

Il se forme en ce moment une *société du Musée*, qui se propose pour but d'enrichir les diverses collections, dont quelques-unes, faute de place et de ressources, souffraient un peu. Les membres de cette société s'engagent à faire un don annuel qui ne peut être au dessous de quatre francs; ceux qui aiment mieux donner cent francs à la fois sont membres à vie. Un grand nombre de citoyens font l'un et l'autre, et ne se bornent pas au minimum. Il en résulte que la souscription pour des dons immmédiats est déjà de quatorze mille francs de Suisse; et, ce qui vaut mieux encore, que les souscriptions annuelles vont à plus de mille sept cents francs. Plusieurs particuliers se dessaisissent en outre de tableaux précieux, ou intéressant l'art bâlois. Si cet exemple est largement suivi, les galeries si élégantes et si heureusement éclairées seront bientôt pleines; car, au siècle passé, les Bâlois consacraient de fortes sommes à l'acquisition de tableaux, et beaucoup de maisons en ont leurs salons chargés.

Puisqu'il est question de beaux-arts, il nous semble qu'aucun correspondant de Berne n'a fait mention de l'inauguration de la statue équestre de Rodolphe d'Erlach, qui a eu lieu le 12 mai; nous ne pouvons l'oublier dans une revue rétrospective. Une statue équestre en bronze est une rareté dans notre république; il est plus extraordinaire encore que les ressources seules de la Suisse aient suffi pour exécuter un monument que nous ne connaissons que par la gravure et qu'on dit fort remarquable. Si cette statue, noblement posée sur son piédestal, immortalise le talent de M. le professeur Joseph Volmar, si elle

fait honneur aux fonderies de M. Ruetschi, d'Arau, elle excite l'étonnement par sa seule existence. Au sein d'une république démocratique
et presque sociale, on a consacré en bronze un souvenir. Et quel souvenir? celui d'un d'Erlach, de la plus illustre des familles patriciennes
de Berne. Nous applaudissons à cette nouvelle victoire du vainqueur
de Laupen, mais nous donnons un rameau de sa couronne à M. Théodore de Hallwyl, sans le patriotique dévouement duquel cette seconde
victoire n'aurait pas eu lieu.

— A la revue des *Taschenbücher* (annuaires) que nous avons donnée en 1841, nous devons joindre actuellement un annuaire bâlois
(Basler Taschenbuch), publié par M. le Dr W. Th. Streuber. Cette nouvelle publication (1850) commence une série de notices concernant la
ville de Bâle, ses hommes célèbres, son histoire. Elle a pour but d'intéresser par l'utile; mais elle n'exclut pas ce qui appartient plus directement au domaine de l'imagination, pourvu que l'imagination ne
franchisse pas les frontières bâloises. Marc Lutz, dans son *Rauracis*,
poursuivait un but analogue à celui du nouvel annuaire. M. Streuber,
philologue de mérite et rédacteur de la *Gazette de Bâle*, possède toutes
les qualités de fond et de style qui peuvent garantir le succès de son
entreprise. Il a d'ailleurs de fort bons collaborateurs qui lui resteront
sans doûte fidèles.

— Les *Alpenrosen* (roses des Alpes), déjà connues de nos lecteurs,
ont reparu sous le patronage de Frœlich, Jérémie Gotthelf (Bitzius),
Hagenbach, Dœssekel, Preithard, B. Reber, etc., tous noms de bon
aloi, bien propres à affriander le lecteur. Les roses des Alpes sont capricieuses; on n'en fait pas chaque année la récolte, — nous parlons
de celles de la plaine. Il faut donc en jouir quand il y en a, sans se réserver pour le lendemain.

— La France a son *Illustration;* l'Allemagne, son *Illustrirte Zei-
tung*; voilà ce que chacun sait dans la Suisse française. Sait-on également que depuis l'an passé la Suisse elle-même a une *gazette illustrée* (Neue illustrirte Zeitschrift für die Schweiz) qui se publie à
Saint-Gall, sous la direction de M. F. Tschudi, et sous la coopération
des principaux hommes de lettres de notre pays? S'il nous est permis
d'exprimer un jugement d'après un simple aperçu des numéros de la
première année, cette gazette soutient honorablement son rang entre
ses deux rivales. Son format, comme il convient, est un peu plus petit; ainsi que ses voisines, elle fait quelques emprunts, mais l'élément national y a sa large part, et les portraits d'un assez grand
nombre de Suisses morts ou vivants ouvrent une intéressante galerie
qui se complétera plus tard, si le journal se soutient, ce que nous lui
souhaitons de grand cœur. La coopération de Jérémie Gotthelf pour
la partie littéraire est une garantie de succès. Nous ferons peut-être
plaisir à quelques-uns des lecteurs de la Revue en leur donnant quelques renseignements sur cet écrivain devenu tout-à-coup si populaire,
bien qu'il fût entièrement inconnu, il y a quinze ans. Son vrai nom
est Albert Bitzius, il est citoyen de la ville de Berne. Son père était
pasteur à Morat où il naquit en 1797. Il étudia la théologie à Berne et à
Gœttingen; et il devint en 1832 pasteur à Lützelflüh, dans l'Emmen-
thal. Comme beaucoup d'hommes doués de la faculté d'observer, Jérémie Gotthelf parle peu; et pendant longtemps l'originalité de son

talent resta inaperçue. Il travaillait cependant, nous a-t-on dit, à quelques essais d'ouvrages populaires, mais ils n'étaient pas compris de ceux de ses amis à qui il en faisait la lecture. Ce ne fut qu'à l'âge de trente-huit ans qu'il publia son premier ouvrage, le *Bauernspiegel* (miroir des paysans). Plus tard parurent les *Souffrances et les joies d'un maître d'école*, œuvre saisissante et comique. *Uli le valet, Uli le fermier*, comptent parmi ses meilleures productions ; le nombre en est maintenant très-considérable, car la veine d'un si riche talent, une fois ouverte, est inépuisable. La mission de l'écrivain populaire est belle, grande, mais bien difficile à remplir. Elle suppose avant tout un grand fonds de saine moralité ; puis le don de bien voir, puis le don de bien peindre, puis autre chose encore qui ne se définit pas. La tournure d'esprit des Allemands les rend plus propres à ce genre de composition que celle des Français. Nous souhaitons que M. Porchat nous donne un grand nombre de démentis. ⸗ C.-F. G.

GENÈVE, le 4 février 1850. — L'appel fait pour les cours dont je vous ai parlé, monsieur, dans ma chronique de décembre, a été entendu sans épuiser la portion de la société disposée au rôle d'auditeur. Il ne manquait pas de professeurs qui offraient leur enseignement ; le public, pour des études si variées, ne leur a pas manqué. Les cours annoncés ont été ouverts ; chacun d'eux est suivi par une moyenne de soixante à cent personnes. Cet élément nouveau d'intérêt et de conversation est assez actif pour amortir et neutraliser un peu la politique. Dans plusieurs des réunions, les dames en forment au moins les deux tiers ; seules elles composent celle de M. Choisy, tandis que le cours de M. Naville n'est destiné qu'aux hommes.

Les circonstances expliquent cet empressement. On cherche à détourner les yeux des ruines de tout genre dont l'administration actuelle jonche le sol de l'ancienne république ; après avoir résisté inutilement au torrent qui entraîne nos institutions, notre gloire nationale, nos souvenirs, il a fallu baisser la tête et attendre l'effet du temps et de la réflexion. Un sentiment de haute convenance, joint à des malheurs particuliers qui ont ajouté au deuil public, a interdit cet hiver les fêtes bruyantes ; fallait-il rester les bras croisés ? On a cherché une distraction dans les souvenirs du passé, dans l'étude du cœur humain, dans le champ si vaste de la physique et de la littérature, dans les conjectures de l'avenir. Faute de mieux, on est réduit à étudier. Une autre année plus heureuse, on sera peut-être un peu moins intellectuel.

Le cours de M. de la Rive, qui confirme ses explications par des expériences et les grave de cette manière dans la mémoire, satisfait également l'esprit et les yeux. Il n'a donné encore que les généralités de la physique et les élémens de la chimie. On attend l'électricité, partie brillante et spéciale du professeur. M. de la Rive possède à un trop haut degré le don de l'enseignement pour ne pas en avoir le goût et le besoin. On l'a vu avec bonheur reprendre la place qu'il s'était faite, et où il laissait un grand vide. On aime cette voix simple, nette, bienveillante, qui s'est fait entendre dans toutes les occasions pour le bien du pays. La réunion a pris un air de famille, et il s'est établi une grande affinité, pour me servir d'un terme autorisé dans la circonstance, entre le maître et ses auditeurs.

Le cours de M. Adolphe Pictet est consacré aux épopées nationales comparées entre elles. Jusqu'ici les poèmes d'Homère et les poèmes indiens ont seuls été en scène. Le style de ce cours, qui est lu, est net et d'une parfaite clarté; la science en est profonde. Le professeur introduit ceux qui l'écoutent dans des régions connues de lui seul, pour l'Inde au moins, soumettant les preuves de son admiration à des auditeurs qui seraient fort embarrassés à le contredire. Il s'occupe encore de ces poèmes d'une manière générale; plus tard, il les considérera en détail et en viendra sans doute à des citations qui auront le charme de la nouveauté. Dans un moment où l'esprit se fatigue à suivre des révolutions sans grandeur et sans poésie, où la société succombe sous le poids d'une trop grande civilisation, on se livrera avec bonheur aux récits d'une époque toute différente, aux tableaux d'une nature jeune et primitive dont nous sommes si loin.

Le succès croissant des ouvrages de M. Bungener lui a acquis un public de lecteurs qui l'a suivi dans la salle où il rend compte de la littérature du XVIII° siècle. Sa parole est celle que faisaient attendre ses écrits: facile et brillante. M. Bungener a résolu une question qui semblait au moins douteuse; des discussions savantes, approfondies peuvent-elles être introduites avec succès dans une œuvre d'imagination destinée à piquer la curiosité? Le lecteur, captivé par le naturel et l'intérêt des scènes de la cour de Louis XIV, préoccupé de la lutte entre Mme de Montespan et Bossuet, qui se disputent le cœur du monarque, les voit d'abord avec désappointement s'interrompre pour des dissertations sur l'art de faire des sermons entre les personnages sérieux de l'époque; mais ensuite la discussion présente tant d'intérêt et d'aperçus nouveaux, qu'il faut bien qu'il s'y attache bon gré mal gré, et c'est presque un nouveau mécompte pour lui, lorsqu'il doit les quitter pour reprendre le fil des intrigues de la cour. Il en est de même des questions agitées parmi tant d'hommes différens, de sociétés et de situations variées, dans un autre ouvrage destiné à peindre le milieu du siècle passé. M. Bungener suit évidemment dans ses écrits un ordre chronologique; il a pris Bossuet à son aurore, il l'a suivi dans la plénitude de sa force; il a passé au temps de Louis XV. Aujourd'hui le voici à la fin de son règne. La figure de Voltaire y domine toute la littérature, mais c'est le plus souvent pour l'attaquer au point de vue religieux, qu'il le met en évidence.

M. Chenevière fils nous entretient de l'état et de l'avenir du protestantisme. Ce cours est divisé en deux parties : 1° L'individualisme en opposition au catholicisme. 2° construction d'une théorie ecclésiastique sur la base de l'individualisme.

L'élocution du professeur est nette, facile, souvent brillante, ses idées sont ingénieuses. Mais où en veut-il venir, quelle est cette église qu'il voit dans l'avenir? voilà ce qu'on ne peut savoir; il est occupé encore à combattre le catholicisme. L'importance de ce cours est de soulever pour la première fois des questions de forme ecclésiastique devant un public genevois. On sait combien, dans notre église telle qu'elle était constituée il y a peu d'années, l'élément laïque avait peu de part à ce qui s'y faisait, et combien on aurait jugée indiscrète la prétention d'y exercer la moindre influence; que les temps ont changé! Aujourd'hui, M. l'ancien pasteur de Sacconnex vient lui-même porter la discussion sur un sujet sur lequel on ne nous consultait guère. On regrette que M. Chenevière soit forcé d'effleurer seulement des questions qui demanderaient à être approfondies, et qu'il développerait avec le talent dont il fait preuve.

Tandis qu'aux belles heures de la journée une suite de dames se dirige vers la salle où se font les brillantes et bruyantes expériences de physique, que l'éclat des feux du phosphore et ceux qu'anime l'oxigène pur se réfléchit sur de candides et jeunes visages, sur des chapeaux roses et de fraîches toilettes, un grand nombre d'hommes sérieux se rendent pendant les froides soirées dans une maison de peu d'apparence des rues basses ; on traverse une allée obscure, on monte un escalier tortueux, on arrive dans une salle évidemment disposée pour une classe de très-jeunes enfants ; c'est sur des pupitres destinés à d'autres tailles que se courbent non-seulement des étudians de toutes les dénominations, mais encore des pères de famille, des pasteurs, des professeurs, des docteurs, des négocians, des étrangers de haute position. La salle, accoutumée au bourdonnement, à l'inattention de l'enfance, aux sévères réprimandes du maître, est étonnée du silence et de la sagesse de ces écoliers d'une autre espèce. Tous les regards sont fixés sur le professeur plus jeune que beaucoup de ses auditeurs, et qui, avec l'attitude la moins doctorale possible, explique de la manière la plus simple les sujets les plus difficiles. Celui même à qui les profondeurs du raisonnement peuvent parfois échapper, n'en est pas moins frappé de l'aisance, de la facilité avec lesquelles l'orateur manie le langage métaphysique, et trouve sans le moindre effort, sans le moindre tatonnement, les expressions pour rendre des idées abstraites dont il est complètement maître. Le but de M. Naville est de poser, dans l'observation attentive de la nature humaine, des jalons qui ne permettent pas de trop grands écarts aux philosophes et aux théologiens, qui souvent raisonnent à perte de vue sur l'homme et ses destinées, sans se donner la peine de l'observer. Le cours a été précédé d'une introduction qui touche à un grand nombre de sujets. Le sommeil, l'extase, le somnambulisme, les bêtes, le beau, l'amour, le devoir, le péché, parce que tout cela se rattache à l'homme. Qu'est-ce qui ne s'y rattacherait pas ? Sans sortir de son programme, l'orateur aurait pu prolonger presque indéfiniment son discours préliminaire.

Il nous reste à parler du cours de M. Choisy sur l'espèce humaine. M. Choisy remplit, je suppose, auprès des dames, le rôle que M. Naville a pris pour les hommes. Elles seules sont admises à ses leçons. Ce serait donc à elles à nous expliquer comment leur maître sait donner tant d'intérêt au sujet qu'il traite, à parler des anecdotes dont il l'embellit, et de sa parfaite clarté.

Il y aurait aussi les cours du comité industriel, celui en particulier de M. Pictet de la Rive. Ce nom seul en fait déjà juger favorablement ; mais je suppose, Monsieur, que vous en avez assez sur ce sujet.

Voilà encore, pour notre pays, des remparts que des bandes ameutées au bruit du tambour ne viendront pas renverser. Genève n'est pas complètement ce que quelques-uns voudraient faire d'elle ; un grand centre industriel, un foyer de radicalisme.

Genève, le 7 février 1850. — Depuis que j'ai eu l'honneur de vous écrire, nous avons vu le système de la liberté d'industrie et du commerce dont notre canton était fier jadis, et à juste titre, remplacé par les douanes fédérales, par le système protecteur.

Ce dernier système, il faut le dire, a rencontré dans notre population si divisée, du reste, à d'autres égards, une antipathie presque unanime; son application, qui ne date que de quelques jours, a soulevé déjà de vifs et légitimes griefs, et fait naître d'assez nombreuses plaintes. On devait s'attendre, dans le canton de Genève surtout, à un pareil résultat; pour une population habituée au *laisser faire* et au *laisser passer*, pour une population dont les Conseils ont toujours défendu depuis la restauration le principe de la liberté du commerce et de l'industrie, la transition était brusque, et, tranchons le mot, elle n'était autre pour nous qu'un immense pas à reculons. Il y aurait beaucoup à dire sur cette question qui est d'une haute importance; mais nous pouvons à peine l'effleurer. Ce grave sujet mériterait des développements étendus dont notre petite chronique n'est pas susceptible; aussi nous bornons-nous à ces quelques mots qui ne sont autres que l'expression et le résumé du sentiment qu'ont fait naître chez nous les douanes fédérales. Etablies avant tout dans un but financier, dans un but d'impôt, elles péchent sous ce rapport, par la base, et heurtent les plus saines doctrines. Cet impôt est en effet très-inégal, car il pèse d'une manière différente et inéquitable sur certaines parties de la confédération; il est essentiellement onéreux, car il occasionne des frais de perception considérables et qui sont en définitive une perte sèche pour le pays; il est immoral, car il fait naître la contrebande et toutes les conséquences fâcheuses qui en résultent: il est impolitique dans un pays de liberté, sans parler de bien d'autres inconvénients encore. Il est vraiment triste, lorsque toutes les nations voisines déplorent leurs lourds et embarrassants systèmes de douanes, de nous voir rétrograder jusqu'à admettre, au lieu d'un impôt bien entendu, cette déplorable institution qui sera toujours antipathique à nos idées et à nos mœurs.

Genève a perdu, dans les derniers jours de 1849, une de ses célébrités artistiques M. *Jacques-Laurent Agasse*, qui est décédé à Londres, où il séjournait depuis long-temps. C'était un dessinateur distingué, passionné pour les animaux et particulièrement pour les chevaux, dont il s'occupait sans cesse; sa réputation était assez grande, et son talent très-apprécié, surtout en Agleterre. Quoique absent de Genève, il était resté genevois de cœur. Il est mort à un âge avancé sans avoir revu sa patrie.

M. *M. A. Mulhauser* a publié récemment un petit volume de fables qui n'est point sans mérite; ce volume est divisé en trois sections qui correspondent à trois âges successifs de l'enfance. On s'aperçoit aisément, en lisant ce volume, que l'auteur a fait une étude consciencieuse de l'enfance et qu'il en parle d'après nature. Ce livre mérite des encouragements, quoiqu'il laisse parfois à désirer, au point de vue de l'élégance du style, de la mélodie du rythme et en général au point de vue de la poésie. Un peu plus de vie et de mouvement, quelque chose de plus preste, de plus délié, de plus gracieux, et ce livre aurait une plus grande valeur.

La *Société de Belles Lettres de Genève*, tout en continuant la publication d'une petite revue fort intéressante, a fait paraître dernièrement un recueil de chansons. Ce recueil qui est en quelque sorte une troisième édition des chants *bellétriens*, est aussi le plus complet de tous. Il renferme un certain nombre de morceaux dûs à des membres honoraires de la société ; ceux-là, nous n'avons pas besoin de les encourager. Mais nous voyons avec plaisir que la jeunesse *bellétrienne* de Genève, les jeunes membres de la société, prennent à cœur de soutenir sa réputation et de remplacer dignement leurs anciens. La littérature est loin de faire naître ici l'intérêt dont elle est digne ; à une époque où le côté matériel des choses et des études se développe souvent au préjudice de la vie philosophique et littéraire, nous voudrions pouvoir encourager la société de Belles-Lettres, et c'est pourquoi nous parlons d'elle aujourd'hui, comme nous l'avons déjà fait précédemment dans d'autres occasions. Votre *Revue* qui lui doit plusieurs de ses collaborateurs, nous accordera bien dans ce but une petite place pour témoigner de nouveau notre sympathie à une société dont on ne saurait sans injustice nier les avantages.   *******

Lausanne, 11 février 1850. — Si l'on voulait regarder au nombre de nos établissements d'instruction publique, j'aurais tous les mois beaucoup à vous dire. Comme nous avons deux églises, nous possédons deux académies, deux collèges, et que sais-je ? L'année dernière, m'a-t-on dit, une commune a séparé ses moutons et chaque parti nommé son *moutonnier*. Mais je reviens à l'instruction supérieure. Pour avoir tout à double, nous n'en sommes pas mieux fournis. Notre canton possède assez d'hommes de talent pour former une bonne académie et un centre littéraire intéressant ; mais deux académies, dans une ville comme la nôtre, seront toujours deux établissements étriqués. Au surplus ce n'est pas notre faute. Quand les grands citoyens ont mis à la porte tous nos professeurs distingués, ils avaient sans doute de bons motifs. Nous nous inclinons. Mais n'étant pas arrivés à cette hauteur de lumières où on les éteint pour mieux voir, nous avons préféré ne pas nous priver tout-à-fait du plaisir d'entendre ces hommes, tombés pour être restés fidèles à leurs principes. La fermeté du caractère n'ôte rien au talent.

Dans l'académie nationale et dans le collège cantonal, la marche des études a considérablement changé. Autrefois y dominait l'élément littéraire : la culture classique était assez soignée, plus cependant par son côté idéal que sous le rapport philologique. L'on a voulu, dans la dernière organisation, relever les sciences exactes, peu populaires en général parmi les étudiants. Des cours nombreux sont donnés sur ces matières dans la faculté des lettres et sciences ; mais le résultat pourrait bien n'être pas en raison directe du nombre des leçons. Nos jeunes gens connaîtront mieux les mathématiques, la physique, etc., c'est possible ; leur esprit cependant se portera plutôt d'un autre côté, et peut-être avec d'autant plus de force qu'ils auront trouvé dans l'académie elle-même moins d'aliment à leurs besoins littéraires. Ce fait s'est présenté avant la réorganisation de 1838 ; il se représente encore. Mais un travail après coup comblera chez bien peu, et difficilement encore, le vide de la base. Un amoindrissement déplorable dans les études classiques et littéraires, c'est ce que je vois de plus clair dans le nouveau système. La faute n'en est pas à l'institution essentiellement ; les circonstances, la direction imprimée par l'autorité, l'absence d'idées larges et fécondes dans l'enseignement, le manque d'air, en un mot, contribuent pour beaucoup à tenir l'académie dans un certain terre à terre. Le trait le plus caractéristique de la situation est l'absence de professeur de littérature française. Après avoir langui quelque temps dans le provisoire, cette chaire a fini par mourir dans le *Vacat*. Après Vinet, cela vaut peut-être mieux. — Deux nouveaux professeurs français, MM. Flobert et Koppe, ont été appelés cette année par le gouvernement. Le premier, élève de Michelet, enseigne l'histoire. On pouvait certainement tomber plus mal. Mais, la personne mise à part, quelle anomalie de voir l'enseignement national par excellence, celui qui doit réfléter et résumer notre manière de voir, remis aux mains d'un étranger! L'académie a fait en M. Koppe, savant distingué, une acquisition précieuse pour la chaire de physique. Claires, précises, nourries de faits, marchant toujours au but, ses leçons sont pleines d'intérêt.

Un lycée, en d'autres termes, une faculté des lettres, est venu cet hiver combler la lacune qui existait entre la faculté libre de théologie et le collége qui s'y rattache plus ou moins directement. Il est à regretter que cet établissement, pour pouvoir se soutenir, ait été forcé d'élever assez haut le prix de ses cours. Plusieurs étudiants, qui les auraient suivis, sont entrés dans la faculté des lettres de l'académie nationale. Néanmoins le cours de psychologie de M. Ch. Secrétan et celui d'histoire du moyen-âge de M. Vulliemin comptent de nombreux auditeurs. On s'étonnerait qu'il en fût autrement. Le besoin d'un enseignement solide et élevé, parlant à la fois à l'âme et à l'intelligence, n'est pas encore éteint dans notre jeunesse.

Les étudiants ont eu l'occasion dernièrement de montrer les dispositions qui les animent. Il faut le dire à leur louange, et cela est dû en grande partie à l'influence de la Société de Zofingue, l'hostilité qui aurait pu se former entre les deux académies n'a pas trouvé d'accès dans leurs cœurs. A la fin du mois dernier, la section vaudoise de Zofingue eut l'idée de réunir, dans une soirée littéraire et amicale, les professeurs, les élèves des deux académies, et un certain nombre de ses membres honoraires. Cette soirée a laissé de doux souvenirs dans les cœurs. On s'est rapproché pour quelques instants, et l'on s'est séparé avec le désir d'un rapprochement plus durable. Puisse cette frêle espérance du printemps ne pas se flétrir aux gelées de mars! Pour devoir se combattre, faudrait-il donc cesser de s'aimer? — Je pourrais vous retenir plus longtemps auprès de cette jeunesse, attente de meilleurs jours. Je me tais cependant. La violette me plaît mieux à l'ombre d'une haie que pâlissant au grand soleil. C'est à l'avenir de parler.

Les cours publics de MM. Troyon et Coltomb ont recommencé cet hiver. Je vous en entretiendrai peut-être une prochaine fois.

Bluettes et boutades.

— On dit: *Bête comme une oie*, non sans doute que ce volatile fasse bien des sottises, mais parce que les écrivains en font tomber beaucoup de ses plumes après sa mort.

— Sémblable au papier blanc où sont tracés avec une encre sympathique des caractères que le feu seul rend visibles, notre cœur ne se laisse lire que réchauffé par l'amitié.

— L'amabilité de bien des gens n'est que l'écho de ce qu'ils entendent dire, et leur esprit *meublé* aux frais des autres loge toujours en *garni.*   J. PETITSENN.

REVUE BIBLIOGRAPHIQUE.

ECHOS DES BORDS DE L'ARVE, poésies par Jules Vuy. — Un vol in-12 de 176 pages, prix 2 fr. — Genève, chez Joël Cherbuliez; Lausanne, chez Georges Bridel; Neuchatel, chez Jules Gerster.

Assurément il faut du courage, ou mieux encore une vive foi dans la poésie, pour oser publier de nos jours tout un recueil de vers. Nous félicitons M. Vuy de n'avoir pas reculé devant l'indifférence générale, et de s'être confié à ce petit nombre d'esprits délicats et enthousiastes, qui aiment encore à s'égarer parfois dans les sphères élevées de la contemplation poétique. C'est à eux que M. Vuy semble s'adresser, car dans sa courte et trop humble préface, il destine ses vers à quelques amis, et ne se flatte pas que son volume sorte de « ce cercle intime, modeste et affectueux.» Cette espèce de demi-publicité ne nous déplaît point; elle ressort d'ailleurs du caractère que l'on peut se former de l'auteur par la lecture de ses vers, et qui nous paraît unir une force secrète à une grande modestie, le sentiment de sa faiblesse à un amour ardent pour l'idéal.

Les lecteurs de la *Revue Suisse* ont déjà connaissance de plusieurs des poésies contenues dans le volume qui nous occupe. Il serait donc hors de place de chercher à caractériser ici la valeur d'un poète qu'ils ont pu juger par eux-mêmes. Quelques-unes des pièces de vers de M. Vuy sont restées dans la mémoire de tous, témoin celles intitulées le *Rhin Suisse*, le *Tilleul des confédérés*, le *Cygne*, etç. La vigueur contenue, l'heureux choix des expressions qui font le charme de ces morceaux, dont l'étendue dépasse celle de la plupart des autres pièces, nous fait exprimer le désir que l'auteur aborde plus souvent de pareils sujets, et cherche dans ses futures créations, à remplir un cadre plus large et plus développé.

Ce qui nous paraît faire défaut dans quelques-uns des petits morceaux du volume, c'est le trait, le cri de l'âme, la pensée parfois, qui a peine à se dégager du rythme; il nous suffira de signaler à l'auteur quelques-unes des pièces auxquelles nous faisons allusion, pour qu'il cherche à l'avenir des compositions plus vigoureuses, mieux nourries et accentuées; ce sont *La chapelle, L'étoile, La cloche de minuit, Le malade dans un jardin.*

Nous le répétons en terminant: l'impression que laisse la lecture de ce recueil de vers est douce et salutaire; il y a du charme à suivre le poète dans les sentiers fleuris où son imagination nous entraîne, et où viennent s'offrir à nous des rêves agréables, de riants souvenirs et des pensers d'amour. Ces heures de douces illusions, toujours trop courtes et trop rares, comptent parmi les plus fortunées.

Le défaut de place et de temps nous oblige de renvoyer au numéro suivant plusieurs rendus-compte d'ouvrages.

Imprimerie de H. Wolfrath.

LE VÉSUVE

EN FÉVRIER 1850.

Le carnaval de cette année n'était pas à Naples. Où était-il?...
Au Vésuve. La dernière semaine de la folie a été célébrée par le
volcan. Il a fait des feux de joie à sa manière ; il a éclairé les nuits
du feu de son panache vermeil ; il a déclaré la guerre aux plaines
qui l'environnent, et les a criblées de ses *confetti ;* depuis plus de
vingt ans, on ne l'avait jamais vu aussi beau ni aussi terrible.

Le vendredi gras, nous le regardions de nos fenêtres et nous ne
pouvions voir qu'une bien faible partie de sa splendeur et de sa
colère, car la lave ne roulait pas de notre côté. Mais si nous le
voyions à peine, nous l'entendions bien : ses grondements multipliés, plus forts que ceux de la mer, plus longs que ceux de la
foudre, nous appelaient à lui ; nous lui obéîmes.

Le lendemain, 9 février, nous étions à ses pieds, un industriel,
un avocat, un peintre et moi. Ami lecteur, l'habit ne fait pas le
moine : l'industriel était le plus enthousiaste de nous tous, l'avocat était le plus silencieux, l'artiste était le plus économe, le rimeur d'élégies était le plus gai. L'artiste fut donc chargé de nos
finances.

A Resina, le village où l'on commence à monter, nous fûmes
enveloppés d'une nuée de fournisseurs. Nous voulions des mon-
tures, un guide, des torches et des provisions de bouche ; on nous
offrit des chaises à porteurs, des gendarmes, des cordes et des
bâtons. Nous voulions ne point perdre de temps ; on nous offrit un
gîte jusqu'au soir. Nous déclarâmes que nous ne voulions plus
rien, et nous eûmes alors du pain, du vin, des œufs, du fromage,

11

des flambeaux ; des ciceroni, des chevaux, des ânes et l'offre de partir immédiatement. Une heure après nous étions à l'Ermitage.

L'Ermitage n'est pas, comme le dit Victor Hugo, « un humble autel où prie un prêtre à deux genoux. » En fait d'habitants, il a une collection de bouteilles de Lachryma Christi et un catalogue de noms propres. Ce Lachryma Christi est le plus détestable des vins sucrés. Ces noms propres sont presque tous inconnus et vulgaires. Les Anglais sont spécialement chargés d'enrichir le catalogue et de diminuer la collection.

Mais, en revanche, cette pauvre bicoque, assise sur un plateau au milieu du volcan, domine une nature admirable, la plus belle peut-être qui ait jamais frappé mes yeux. Ce jour-là, l'air était transparent et limpide: nos yeux pouvaient embrasser toute la partie du paysage que la fumée du Vésuve ne couvrait pas. Le regard pouvait descendre jusqu'au pied de la montagne, errer dans la plaine où Portici, cette pierre sépulcrale d'Herculanum, tremblait aux secousses de l'éruption, se baigner dans la mer qui dormait alors, calme et unie comme le ciel, longer le rivage et la haie de villas qui le borde, planer sur Naples et parcourir à vol d'oiseau ses dômes et ses châteaux forts ; s'arrêter au Pausilype et doubler lentement ses promontoires, ou sauter sur lui et rejoindre la mer au pied de Nisida ; puis, continuant sa course aventurière, voguer sur la sérénité de cette onde jusqu'à Baïa, jusqu'à Misène qui ferme le golfe sans fermer l'horizon ; se poser sur Ischia, où le soleil qui décline suspend sa couronne d'or, où le soleil qui meurt éteint sa roue de feu, et se perdre alors, au fond du golfe de Gaëte, dans la ligne bleue où le ciel touche la mer, puis, retrouvant sa route, reculer peu-à-peu, passer encore devant les îles, devant les caps, devant les collines et la grande cité, toucher Caprée et Sorrente, et se perdre de nouveau dans un autre infini, dans un océan de cendre et de fumée.

Mais derrière nous le cône embrasé du volcan nous appelait d'une voix tonnante, la nuit tombait, la fumée commençait à se rougir ; nous avions hâte de marcher. Que devenaient les admirables choses que nous avions sous les yeux ? Bagatelles de la porte : nul de nous ne s'y arrêta. Un chemin rocailleux et inégal nous conduisit bientôt au pied du cône. Là, deux projets s'offraient à nous. Nous pouvions tourner ce cône ou le gravir. En le tournant, nous arrivions aux sources de la lave, au bord d'un nouveau

cratère qui venait de s'ouvrir tout-à-coup; en le gravissant nous
touchions le bord du vieux cratère, nos yeux pouvaient plonger à
la fois dans la gueule du volcan et dans le creux du vallon et contempler d'un regard l'incendiaire et l'incendie. Mais aussi, pour
arriver jusque-là, nous avions à traverser une grêle de feu. Fallait-
il calmer notre fièvre d'admiration? Fallait-il braver le péril? J'é-
tais seul avec un industriel et un guide. Les autres avaient pris les
devants. Mon compagnon de route voulait monter; moins ardent que lui, je lui résistais, mais faiblement, car deux genres
d'orgueil me rendaient téméraire. L'un me répétait ces vers du
Tasse: «Quel bonheur de raconter aux autres les nouveautés que
j'aurai vues et de dire: J'y fus! » (¹) L'autre me grommelait : tu
as peur! Quant au guide, il nous conseillait fortement de ne pas
tenter l'ascension, — vaine sagesse! Nous le regardions du fond
de notre méfiance et du haut de notre témérité, car le Napolitain
est paresseux et lâche. Nous allions donc monter, lorsqu'un Anglais
vint à nous.

— Ces messieurs, fit-il, sont chirurgiens?

Je crus à une mystification stupide et je répondis bêtement:
Mylord est pédicure?

— Ne rions pas, monsieur, il y a là un de mes amis qui s'est
cassé le bras.

— Ah, mon Dieu!

En effet, quelques pas plus loin, nous vîmes sur une chaise à porteur un Anglais fort pâle, mais muet, impassible : vous l'auriez
cru mort. Il avait voulu voir de près le vieux cratère, et une pierre
enflammée l'avait frappé au bras. Nous ne gravîmes pas le
cône (²).

En quittant ce malheureux, après quelques doléances et bons
conseils à son ami, nous entrâmes dans un vallon de cendres, pareil à cette lande de l'enfer, qui, dit le Dante, repousse toute
plante de son lit (³). A notre droite pleuvait aussi «des flocons dilatés

(¹)   Quanto mi gioverà narrare altrui
          Le novità vedute e dire : Jo fui!
                    TASSO.

(²) Au moment d'expédier cet article, j'apprends que cet Anglais est
mort de sa blessure. Le tétanos l'a emporté.

(³) Inf. XIV, 28-31.

» de feu, comme pleuvent sur les Alpes, lorsque le vent se tait,
» des flocons de neige.» Plus haut, la grande bouche du volcan
semblait vomir des imprécations et des blasphèmes : à notre gauche, la montagne de Somma fermait le désert, devant nous apparaissait comme un nuage ardent le nouveau cratère. Hors du reflet
de ces deux incendies, la'nuit était sombre, elle régnait seule derrière nous. La torche du guide éclairait à peine notre chemin. Et
nous nous heurtions à chaque instant, dans cette mer de cendres,
contre un écueil de lave qui semblait surgir à nos pieds. Peu-à-peu
le nuage enflammé s'élargit devant nous ; à mesure que nous
avançions, il empiétait sur l'ombre ; à mesure que nous tournions
la cime tremblante du volcan, nous le voyions s'élever d'un côté
et se répandre de l'autre ; il prit bientôt tout l'horizon. Enfin la
partie du cône qui sépare les deux cratères se découvrit tout entière à nos yeux : la flamme avait usurpé la pente mitoyenne et,
un instant, du vallon jusqu'au ciel, ce fut un seul embrasement,
un seul cratère plus ardent que la Cité de feu, plus terrible que
l'Enfer du Dante !

Nous retrouvâmes nos compagnons au bord de la nouvelle bouche
du Vésuve. Alors, pour reposer notre admiration, nous nous as-
sîmes au coin du feu et nous jouâmes avec les pierres enflammées.
Les guides ne vous montrent pas seulement le Vésuve, mais aussi
le moyen de s'en servir. Dans leurs idées utilitaires, le volcan ne
doit et ne peut être un propre-à-rien. Lorsque la lave est encore
molle et rouge, ils y enferment des shellings, ils y impriment
l'effigie de la reine Victoria, ils y font cuire des œufs que les Anglais dévorent. C'est ainsi que l'enfance, gardant pour elle l'innocence et la naïveté, lègue à l'âge mûr un peu de sa bêtise. On
cherche de petites choses en face des plus grands spectacles de la
nature ; on vole quelques feuilles à des arbres fameux, quelques
pierres aux ruines, on s'amuse avec les pieux souvenirs ; les gouvernements dépouillent les cités mortes pour entasser des bagatelles ; ils en font des magasins qu'ils appellent musées ; et les savants eux-mêmes, les savants pâlissent sur un jouet d'enfants.

Nous trouvâmes foule au bord du nouveau cratère ; les étrangers
pullulaient autour de nous. Les plus distingués étaient espagnols :
nous avons remarqué M. Martinez de la Rosa, le poète dramatique dont les comédies ont fait le tour du monde, et M. le duc de
Ribas, auteur d'une remarquable histoire de Masaniello. Les plus

nombreux étaient Anglais. Ces derniers avaient amené avec eux leurs femmes et leurs enfants, et ces dames m'ont presque réconcilié avec l'Angleterre. Elles affrontent les fatigues et les dangers de l'ascension avec un courage vraiment remarquable. Elles font honte aux femmelettes de France, qui sont fières de leurs migraines et glorieuses de leurs frayeurs. Au plus beau du spectacle, notre avocat avait une idée fixe : il cherchait une française. Dès qu'une caravane arrivait du vallon, il s'élançait vers elle, interrogeait les guides, donnait des conseils aux messieurs et saluait les dames, mais on le remerciait toujours en anglais. Le Vésuve avait beau redoubler de fureur, il lui tournait le dos et cherchait des dames. Dès qu'il en apercevait une nouvelle, il courait de son côté, toussait, se mouchait, admirait tout haut, et s'attirait un regard; il s'approchait alors avec des points d'exclamation, et risquait enfin le point interrogatif... Vaine espérance! — «*Do you speak english. Very well. Thank you. Beautiful indeed.*» C'était désespérant. Nous laissâmes ce chaud patriote à la recherche d'une *payse*, et nous gravîmes quelques pas la pente du cône, pour mieux embrasser la vue.

Voulez-vous recommencer avec moi votre tour de Suisse, ami lecteur? les dénominations empruntées à nos Alpes ne manquent pas. Nous venons de voir *Altorf*, le pont du *Diable* et le trou d'*Uri;* nous avons franchi la *Furca*, nous nous sommes arrêtés au *glacier du Rhône*. Nous avons compté ces petites sources, ces mille filets d'eau qui vont se réunir là-bas, tomber en torrent dans le *Valais*, descendre en rivière dans le *Léman* et sortir du lac en grand fleuve. Maintenant grimpons au *Grimsel* pour regagner l'Oberland; mais la pente est rapide; au bout d'une centaine de pas nous sommes essoufflés et rompus; il faut reprendre haleine et saluer la nature, arrêtons-nous.

Il fait nuit; la Furca est dans l'ombre, nous ne pouvons l'entrevoir. Çà et là, à nos pieds, quelques groupes d'étrangers et de guides se forment, puis se dispersent, se croisent, puis se rassemblent de nouveau; ce sont des ombres mouvantes. Le glacier s'est changé en une vallée de cendres, des torches le traversent de loin en loin qui, secouées sur le sol, laissent derrière elles une traînée de flamme. Toutes les hauteurs, chose étrange! même celle où nous sommes assis, sont des monceaux de pierres et de sables. Le trait du paysage est toujours le même, mais la couleur est nouvelle, mais tout ce qui nous entoure semble fait d'éléments nouveaux. Nous voyions, autour de nous, de l'eau, de la neige, de la verdure et du granit; nous ne voyons plus maintenant que du feu, de la cendre et de la lave. Les sources du Rhône sont des flots de métal fondu qui roulent l'un sur l'autre à travers une épaisse fumée, et cette fumée est rouge de leurs reflets. A quelques pas de nous, un ruisseau sort de terre; nous sommes assis sur les parois d'un vase immense, plein d'une liqueur qui bouillonne, s'irrite, bondit, et, pour jaillir au dehors, fend l'argile qui la presse. Il y a au front du Grimsel deux gouttes de sueur, dont l'une se nomme le lac de la Mort; levez les yeux maintenant, regardez là haut; c'est bien le lac de la Mort; c'est un cratère. Partout sur notre tête, à nos pieds, sous la pierre où nous sommes assis, le sol tremble, l'incendie s'allume, l'éruption éclate, la montagne gronde. La montagne gronde : c'est un bruit continuel et furieux, c'est le mugissement de la tempête sur la mer, de la tourmente sur les monts, — mais non, c'est une voix plus puissante encore, un roulement entrecoupé d'éclats; c'est le tonnerre, — mais non, le tonnerre ne peut tonner toujours. Il y a un instant, vous avez vu la fumée se dissiper, le Grimsel resplendir de lumière, l'éruption s'irriter et prorompre; le lac de la Mort semblait lapider le ciel, — maintenant la fumée revient épaisse et sombre, le cône s'obscurcit, l'horizon se ferme, le lac de la Mort paraît détaché du sol et ouvert là haut, le ciel est ardent, c'est lui qui foudroie : — nous avons vu un combat de Titans, nous voyons le feu de Sodome. A notre droite, à nos pieds, le Rhône enfant, le Rhône de lave se perd dans une mer de fumée, de cendres et de flamme. Il en sortira plus tard; mais, nourri par d'autres ruisseaux, grossi par les avalanches qui croulent du grand cratère, il deviendra grand fleuve; il roulera jusqu'au pied de la montagne; il brûlera des vignobles, des vergers et des champs : les arbres se fondront devant lui comme la neige au soleil; il épouvantera la puissance de l'homme, trop chétive pour l'arrêter; il marchera dans la plaine en conquérant et en oppresseur, il couvrira des maisons, il engloutira des églises, il fera du riche un pauvre et du pauvre un mendiant, et il balaiera devant lui ses victimes : ce sera à la fois une inondation et un incendie : des flots qui flamberont longtemps encore et qui ne se retireront jamais...

Voilà le Vésuve!

Regardez-le, c'est bien lui! voilà ce courroux implacable qui a fait un linceul de cendres à Pompeïa, à Herculanum un sépulcre de lave; c'est encore lui qui tonne : vous l'entendez. Le squelette de Pompeïa a secoué son drap mortuaire, celui d'Herculanum a soulevé sa pierre sépulcrale, mais le volcan vit toujours : le vainqueur, qui les a tués vivants, les menace morts et peut couvrir leur ossuaire. De nouvelles cités, de nouvelles bourgades ont pris naissance; elles tremblent maintenant devant cette même colère, — vivront-elles demain? Une ville future s'élèvera-t-elle sur Portici, comme Portici s'est élevée sur la cité d'Hercule? Les fossoyeurs d'un autre âge trouveront-ils sous la terre deux couches de ruines que les enfants de nos enfants viendront visiter à leur tour? Dans un cataclisme prochain peut-être, Naples doit-il s'engloutir et le Vésuve s'écrouler lui-même? — Dieu seul est grand!

Cependant nous fûmes bientôt rassasiés de ce spectacle. Que voulez-vous, on a beau dire et beau faire, la règle générale nous plaît ; c'est notre milieu, l'air où nous respirons à l'aise, le bercail où nous revenons toujours. L'ordre n'est pas si ennuyeux qu'il vous plaisait de le croire, la paix n'est pas si monotone que vous le disiez. Notre monde idéal, même à nous autres qui ne vivons pas seulement de sommeil et de travail, est-ce une tourmente de chaque instant, une révolution permanente,... vraiment non : tout bonnement une maisonette au bord du lac, où nous puissions vivre seuls et voir un peu de monde; vivre en poète épicier, passez-moi le mot; rêver et reposer sans inquiétude, avec un paysage bleu pour le jour et un oreiller moëlleux pour la nuit. Vous aimiez le désordre, ô Byron! le bruit mêlé de la bise, des torrents, des sapins, de la foudre, de tout ce qui peut rugir, craquer, gronder et tonner à la fois, et c'est bien à vous, grand poète! Mais votre seigneurie aimait aussi la vie bien molle des cités, le repos bien doux des campagnes, la villa Diodati, qui, je crois, n'a jamais reçu d'avalanche... et même les *liquettes* qui vont sur l'eau. — Ne le niez pas, mylord, on vous a vu en liquette! Et toi Frédérick Lemaître, Frédérick le Grand, Kean II, toi, l'homme de désordre et de génie, dont la vie est un chaos de passions, d'enivrements, de désespoirs, d'adorations et de haines, une convulsion de chaque soir... je vous ai vu pêcher, mon cher monsieur, pêcher au cerceau, sur le pont des Bergues. Je ne vous en blâme pas, messire comédien, ni vous non plus, seigneur poète : l'homme est fait

ainsi. Vive l'exception! je le veux bien , si nous n'en faisons pas
une règle. Le Vésuve est sublime, je l'ai dit, je le dis encore,
mais le sublime nous éblouit et nous épuise, — allons-nous-en.

Nous rencontrâmes à l'Ermitage une troupe de jeunes gens qui
arrivaient de Naples. C'étaient des Allemands et des Suisses. Le
chef de file était un Polonais d'Autriche: le mot est reçu; les Polonais sont comme les Juifs, de tous les pays sauf du leur. Ce Polonais était le plus gai et le plus téméraire de tous. Il ne voulait ni
torche, ni guide; il s'offrait lui-même pour conduire et éclairer
ses compagnons. Ils partirent de l'Ermitage en même temps que
nous : eux pour le cratère, nous pour Naples. L'un d'eux avait
exigé un guide et l'avait pris à son compte. Ce guide était Vincenzo Cozzolino, marchand de minéraux à Resina : un homme
probe et sûr, je le recommande à mes lecteurs, s'ils montent jamais au Vésuve. Au pied du cône, grande lutte entre le cicerone
et les jeunes gens. Ceux-ci voulaient tenter l'ascension ; celui-là s'y
opposait de toute sa prudence ; on le prit pour un hypocrite de la
peur, comme disent les Parisiens, et l'on passa outre. Le Vésuve
criblait ses flancs non-seulement de lave, mais de bombes. La lave
ordinaire est poreuse, spongieuse presque, à la vue du moins,
molle quand elle est rouge encore, légère quand elle est refroidie;
si elle tombe sur vous tout enflammée, vous en êtes quittes pour
une brûlure. C'est l'affaire du tailleur. La bombe est bien de la lave
aussi, mais pressée, reserrée, compacte. En tombant, elle s'ar-
rondit, et prend d'ordinaire une forme ovale. J'ai touché des
bombes refroides : elles sont dures et pesantes comme le granit.
Le Vésuve en a vomi quelques-unes du poids de trois quintaux. En
tombant sur vous tout enflammées, elles ne vous brûlent pas seulement, elles vous tuent. Cependant les jeunes gens avançaient
toujours; il y avait entr'eux émulation d'insouçiance et de témérité. Bientôt les plus hardis et les plus vigoureux furent impatiens
de la lenteur des autres. La bande se morcela d'abord en petits
groupes, elle se dispersa bientôt tout-à-fait. Le Polonais et l'un de
ses compagnons étaient déjà au haut du cône et les retardataires
n'en avaient pas gravi la moitié. Le jeune fou avait une bouteille de
Lachryma dans sa poche, il voulut entrer dans la bouche même
du Vésuve et lui porter un toast au milieu des flammes. Il descendit dans le cratère. Une épouvantable grêle de pierres jaillit tout-
à-coup des entrailles du Vésuve et retomba en crépitant sur le cône.

Sauve qni peut! Les jeunes gens redescendirent, ou roulèrent plutôt jusqu'au vallon. Le Polonais était étendu à l'entrée du gouffre. Un jeune homme qui allait redescendre avec les autres l'aperçut de loin et courut à lui, à travers la grèle qui tombait encore. La conduite de ce jeune homme a été vraiment admirable; je ne le connais pas, sa modestie ne m'a pas ordonné le silence; j'en profite, — j'en abuse peut-être, — n'importe! il se nomme Hermann. J'ai dit que le Polonais était étendu au bord de gouffre, il expiait cruellement son imprudence : une bombe lui avait broyé la jambe, il allait mourir. M. Hermann le prit dans ses bras, et, ne pouvant fuir sur cette pente trop roide avec ce fardeau trop lourd, il l'abrita sous un rocher de lave, et se coucha sur lui, pour ne pas être foudroyé. Il fit tous ses efforts pour arrêter le sang, peine inutile! Une bombe éclata sur le rocher qui les couvrait tous deux et en emporta une partie. M. Hermann n'abandonna pas son ami. Il resta étendu sur lui pendant plus de deux heures; il écouta sans les entendre, au milieu de ces tonnerres multipliés, les derniers vœux du moribond; il essuya son dernier sang et ses dernières larmes. Le voyez-vous, cet homme, seul, dans la nuit, sous le feu du volcan: il a de belles années devant lui; mais il oublie cet avenir, mais il le jette en pâture à la mort, et pourquoi? Non pas pour sauver une vie, car il est couché sur un moribond. Non pas pour se grandir aux yeux des hommes, car Dieu seul peut le voir. Non, mais pour ne pas donner le spectacle d'un patient qui agonise sans qu'un ami le console, d'un agonisant qui meurt sans qu'un ami lui ferme les yeux.

M. Hermann laissa le cadavre au bas du rocher où quelques guides allèrent le prendre. A Resina, l'on refusa de l'ensevelir, parce qu'on ignorait sa religion, et qu'on ne peut enterrer que les catholiques!! Je pourrais citer d'autres actes de barbarie — mais non, tenons-nous à la belle action de M. Hermann. Relisez-la je vous prie; dites avec votre cœur ce que je n'ai pas su vous dire, et concluez en faveur de l'humanité. Etes-vous comme moi? J'ai un certain patriotisme cosmopolite, passez-moi le mot, qui m'attache à tous les hommes, et m'enorgueillit de tous les gens de cœur, car eux aussi me sont concitoyens.

L'éruption dura jusqu'au Mardi-gras. Le mercredi, le feu était éteint. J'avais vu le destructeur, j'allai voir la destruction. La rivière de lave avait coulé du côté d'Ottajano. Arrêtée alors par le torrent pétrifié de 1833, elle l'avait enlacé et englouti lui-même, et s'était arrêtée après une course de neuf milles, entre Torre dell' Annunziata et Pompeïa. Lorsque je l'ai vue, mercredi dernier, elle ressemblait à un immense rempart bombardé. Elle avait trois milles de large, trente à quarante pieds de haut. Elle avait donc couvert un terrain de vingt-sept milles carrés ; le Vésuve avait vomi de quoi combler dix cratères. La veille encore, le lieu où la lave devait s'arrêter était le théâtre d'un drame affreux. Des paysans, des fermiers, des vieillards et des femmes se roulaient par terre avec des cris déchirants. Les plus lâches allaient se jeter devant le torrent, pour se laisser entraîner dans ses ondes. Bien peu, était-ce insouciance ou désespoir, songeaient à couper les arbres que la lave allait entraîner, à vider les maisons qu'elle allait engloutir ; nul ne disait : Aidons-nous, afin que Dieu nous aide ! On laissait faire la fatalité, on implorait la Providence et l'on se contentait de maudire ou de pleurer. Quelques femmes étaient allées chercher saint-Antoine, le patron du feu. On le mit au pied d'un arbre, en face du torrent. La lave se ralentit pendant l'espace de quelques minutes, mais saint-Antoine avait été négligé ces dernières années ; il tint rancune : la lave ne s'arrêta pas. Ce fut alors que les mariniers de Torre dell'Annunziata eurent une idée lumineuse. Reprenons les choses d'un peu plus haut.

Il y avait une fois un mauvais tableau, une croûte de rapin qui représentait une femme fort laide tenant dans ses bras un enfant fort laid. Mais deux circonstances rendaient la peinture intéressante. Ce tableau était enchaîné au fond de la mer, et cette femme était une madone. Les marins de Torre dell'Annunziata et ceux de Castellamare se disputèrent longtemps le trésor. C'était à qui pourrait le repêcher sous l'eau. Ceux de Castellamare furent les plus habiles. La madone fut transportée en grande pompe dans leur commune : ils la placèrent dans une église et s'endormirent contents. Mais le lendemain — ô miracle ! — lorsqu'ils retournèrent dans l'église pour revoir leur capture, elle n'y était plus. La Madone, qui avait probablement lu le deuxième chant de la *Jérusalem délivrée*, y avait trouvé dans la huitième strophe un excellent exemple à suivre. Elle s'était échappée toute seule, et, se glissant pendant la nuit le long des sables du rivage, elle s'était suspendue à Torre dell'Annunziata dans l'église des marins. Cette image est devenue ainsi la richesse de ces pauvres gens ; ils l'ont surnommée, ils ne savent pourquoi, la madone à la neige; ils l'invoquent dans les mauvais jours; ils l'emportent quelquefois avec eux. Si dans une course en mer ils sont assaillis par la tempête, ils la prient à deux genoux, et alors, si le vent s'apaise, c'est grâce à la madone, s'il ne s'apaise pas, c'est à cause de leurs péchés. Voulez-vous soulever l'image? Si vous êtes marins, elle ne pèse dans vos mains que deux ou trois livres; si vous ne l'êtes pas, elle pèse un quintal. Un matin, après quelques mois sans pluie, on découvrit de gros nuages noirs à l'horizon. On profita du moment pour implorer la Vierge à la neige et pour la supplier de faire cesser la sécheresse. Eh bien! monsieur, vous me croirez si vous voulez : le soir il tombait des torrents d'eau. L'autre jour enfin, voyant que saint-Antoine ne voulait pas entendre raison, les marins promenèrent en grande procession la madone. La lave s'arrêta.

Quelques-uns attribuent cependant ce miracle à Pie IX, qui se trouve encore à Portici. Ce sont des sceptiques.

Et vous lecteur, vous me direz que la lave devait bien finir par s'arrêter. Vous êtes un incrédule.

MARC MONNIER.

20 février 1850.

LETTRES ÉCRITES D'AMÉRIQUE.

BOSTON [1].

IX.

Désagrémens des fumeurs dans les rues de Boston. — Aspect de Boston et des environs. — Le port. — Le dimanche à Boston. — Le dîner bien gagné. — Le marin américain supérieur au reste de sa nation. — Boston, ville inhospitalière.

J'ai plusieurs griefs contre Boston. Pour expliquer ma mauvaise humeur contre cette ville, qui se nomme l'Athènes de l'Amérique (comme si l'Amérique pouvait avoir une Athènes!), je vais énumérer ces griefs. — L'habitude, on le sait, est une seconde nature. Ma seconde nature, à moi, exige impérieusement chaque jour la fumée d'un cigare, quelquefois même de deux, quand ma bourse est fortunée, ce qui est rarement le cas. Je ne saurais trop dire à quelle partie de mon individu la mauvaise odeur du tabac est profitable; mais il est certain que sans mon cigare à la fin de la journée, ou sans l'espoir de le savourer, je suis beaucoup plus dérangé et mal à l'aise dans mes allures intérieures, que si j'avais oublié mes repas ou si je m'étais levé trop matin. Puis, la fumée d'un cigare, avec la lecture d'un journal intéressant et un bon feu de cheminée, me paraît en hiver le nec plus ultra de la félicité matérielle, et en été le même degré de jouissances s'obtient à mon avis par un cigare savouré en flânant dans les rues pour lire les gazettes vivantes, ou dans les campagnes pour étudier ou épeler un peu le plus intéressant de tous les livres.

[1] Voir la précédente Lettre, livraison de Janvier 1850, t. XIII, p. 5.

Le lendemain donc de mon arrivée à Boston, par une belle matinée de septembre, je m'en allais le long des trottoirs, prendre langue, comme on dit vulgairement, étudier le terrain dans cette nouvelle résidence; et pour cette première parade en ville, je m'étais accordé un fin havanne, reste d'une douzaine achetée à grands frais à New-York. Comme j'arrivais au coin d'une rue très-populeuse et sur un trottoir couvert d'une foule affairée, un beau monsieur, tout vêtu de noir, me fait un léger salut et m'adresse honnêtement la parole. Je suis sourd, on le sait, sourd comme il n'est guère permis de l'être à un homme portant oreilles, et pour l'intelligence de l'aventure, je rétablis le dialogue dans son intégrité. — « Pardon, monsieur, dit l'homme noir, il est défendu de fumer dans les rues de Boston. » — « Réellement fâché, dit l'homme au cigare, mais je suis étranger et ne comprends pas l'anglais.» — «Ah oui! vous êtes Français, il paraît; nous nous entendrons pourtant;» il porte le doigt à sa bouche et ajoute : «cela coûte deux piastres.» — Le doigt inséré entre les dents me fait supposer que l'homme noir désire du feu ou un cigare, je lui offre du feu, et tournant ma poche, il put se convaincre qu'elle était vide, et qu'avec la meilleure volonté du monde un homme ne peut offrir que ce qu'il a. Mais le monsieur paraît peu délicat; il s'est emparé de mon malheureux havanne, et au lieu de s'en servir pour aider à la combustion d'un autre, il l'éteint vivement entre ses doigts et l'empoche. — «Ah ça! dis-je en mauvais anglais mêlé du plus de français possible, finalement que voulez-vous de moi? Je ne vous entends pas; vous me volez mon cigare et vous me barrez le chemin avec une persistance peu honnête. Laissez au moins passer les gens!» — Loin de là, l'homme noir me saisit le bras et, trouvant le langage inutile, élève en l'air deux doigts. — «Quel original! Encore un cigare! Quand je vous dis que vous m'avez empoché mon dernier.» Sur quoi je veux passer et terminer une scène qui attroupe les badauds et paraît les réjouir fort à mes dépends; mais impossible! De quelque côté que je me tourne je rencontre mon homme, et son poignet me serre un peu plus fort, comme pour s'assurer d'une proie encore peu certaine. Je perdais patience, et l'affaire, je pense, allait devenir sérieuse, quand par un fortuné hasard mes yeux se fixent au chapeau de l'homme noir, et je lis le mot *police* très visiblement imprimé sur le ruban(¹). C'est un trait de lumière, et je commence à comprendre. Je suis entre les mains d'un harpagon Américain, et il y a quelque chose à payer ; mais quoi ! Peu de chose sans doute, puisque mon cigarre a été pris en gage. Comme je n'ai pas d'argent sur moi, le sergent de police m'accompagne au logis ; et là enfin, grâce à un trucheman, je parviens à savoir qu'à Boston il est défendu de fumer dans les rues, et que pris en flagrant délit je suis condamné à l'amende de deux piastres et à la confiscation de mon cher et dernier havanne! On paiera! Mais auparavant j'aurai l'explication d'une ordonnance si absurde, dans une ville toute construite en briques, où la combustion est impossible, et si contraire en même temps à la liberté d'un état purement démocratique. L'homme noir, mis en belle humeur par l'assurance de ma soumission et la vue de mon argent, écrit sur mon calepin ces lignes que je copie : — « On ne fume pas à Bos-« ton, parce qu'en Amérique les dames sont souveraines, parce « que les dames de Boston ont les nerfs olfactifs excessivement « délicats, parce que leurs maris sont gouverneurs ou membres » du conseil municipal ; parce qu'enfin dans l'Athènes de l'Amé-« rique, il faut pousser la politesse à ses dernières limites.» Soit ! Les dames de Boston approuvent la mastication du tabac ou *la chique*, et réprouvent le cigarre. Chacun son goût. Mais un Parisien dans mon cas, j'en suis sûr, aurait trouvé que *Bostonnien* est beaucoup plus près de Béotien que d'Athénien.

Voilà mon premier grief ; mon second le voici ! Boston m'a fait chercher pendant sept heures un dîner dans la boue. Expliquons-nous.

Boston a dans l'apparence quelque chose de plus gracieux et de plus coquet que New-York ; ses rues ne sont ni plus larges, ni plus propres, c'est vrai; il n'y a pas non plus un seul monument remarquable; mais toutes les maisons sont bien vernies à l'huile, ordinairement peintes en rouge, ornées de jalousies vertes, et toujours propres au dedans et au dehors comme des cottages hollandais. La colline sur laquelle s'élève la ville est plus élevée, et par conséquent la cité principale se montre avec plus d'avantage.

(¹) C'est la seule marque extérieure distinctive des agents de police à Boston. Le mot *police* est le même en anglais qu'en français, et dans toutes les langues des peuples policés. Ceci appuie parfaitement l'opinion d'un journaliste amériain, qui définit les peuples policés : « Ceux qui ont le plus besoin de police. »

Boston aussi a jeté en face d'elle sur le continent des quartiers distincts, qui sont déjà des villes, et auxquels elle se lie par'd'immenses ponts de bois. Il y a des Bostons de tous les points cardinaux : Est-Boston, Sud-Boston, Ouest-Boston, puis Cambridge et Charlestown, une riche ceinture comme on le voit, qu'un bel esprit d'Athènes comparerait à la ceinture de Vénus sortant du sein des flots. La comparaison serait déplorable. Boston est, il est vrai, bâti sur une espèce d'île, au fond d'un golfe; mais il est entouré de deux côtés au moins de canaux ou de bras de mer, dont l'eau boueuse s'éloigne à marée basse, pour ne laisser que des marais sales ou puants. Rien n'est moins poétique. Le port de Boston, quoique très-vaste, est obstrué dans tout son contour d'une foule de grands magasins ou de dépôts bâtis sur les quais projetés de tous cotés dans la baie. Ainsi on ne peut en voir l'ensemble ou en saisir le mouvement comme à New-York. Chaque débarcadère est un petit port isolé entre des magasins, et il y en a des milliers. Les grands navires de guerre ou les vastes steamers sont perdus là dans le dédale de ce labyrinthe aquatique, comme les vieilles cathédrales de France derrière les masures qui les entourent, et manquent ainsi de la noblesse et de la dignité qu'une exposition convenable peut seule donner.

Or, un jour je reçois d'un ami cette aimable invitation : — « Je » suis ici pour peu de jours seulement; venez me trouver après de- » main matin sur la frégate à vapeur le C...., vous dînerez avec « moi, et nous passerons toute la journée ensemble.» — Le lendemain c'était un dimanche, et mes lecteurs savent déjà avec quelle sévérité ce jour est observé dans toute l'Amérique. Mais à Boston, la ville puritaine, la ville des formes, la ville aristocratique par excellence, le sabbat est bien autrement solennel que partout ailleurs. Au matin de ce jour on ne voit nulle apparence de vie ni de mouvement. Les magasins, les lieux publics, les offices des journaux, les jalousies, les fenêtres, les rideaux, les guinguettes même du port, tout est irrévocablement fermé. Les cheminées sont sans feu, puisque les repas sont préparés le samedi. Pas un animal n'est oublié dans les rues; personne ne s'y montre, ou si quelque passant se hasarde le long des trottoirs, c'est d'ordinaire avec une allure si timide et un pas si peu assuré, qu'on le prendrait pour un homme égaré dans quelque bois dangereux. Je crois réellement

que si un étranger arrivait dans la ville un dimanche (¹) et s'il s'a-
venturait à parcourir, pendant les heures du service religieux
quelqu'une des rues principales, il prendrait le frisson comme s'il
errait seul à Herculanum ou Pompeia, dans une ville de morts et
de tombeaux.

J'étais à la recherche de la frégate, et par conséquent de mon
dîner, dès sept heures du matin. La lettre ne portait aucune indication précise pour la localité; mais je ne doutais pas qu'en suivant tous les détours du port, je ne parvinsse à découvrir quelque
part la dite frégate; un bateau à vapeur ne peut pas être introuvable! Ce jour-là, il pleuvait à la mode américaine, et dans ces
cas là, les trottoirs qui sont des ruisseaux et les rues des bourbiers, sont encore praticables; mais que dire des quais, où se jettent tous les bourbiers et tous les ruisseaux de la ville! C'est sur les
quais, et isolé comme dans un désert de boue, sans la possibilité
de recevoir aucune indication précise, que je me frayais un chemin, forcé de suivre, avec la persévérance d'un ingénieur hy-
draulique, tous les môles, toutes les jetées, forcé de contourner
tous les magasins, pour reconnaître les ancrages et ne pas manquer ma galère. Quel travail! A dix heures j'avais fait le tour du
port, et malgré ma persévérance et les interrogations que j'adres-
sais de temps en temps à quelque matelot que j'apercevais parfois
à la fenêtre d'une cabine, je n'avais trouvé en fait de bateaux portant cheminées que des steamers marchands, sans le moindre petit
canon. Persuadé que j'avais oublié quelque recoin, je reprends la
promenade en sens inverse, reviens autour des quais, des môles
et des battues, et à deux heures après midi me retrouve au point
de départ, tout aussi peu instruit du sort ou de la position de
ma frégate. En échange, j'étais couvert de boue, trempé jusqu'aux
os, accablé de fatigue, et je n'avais pas dîné. De guerre lasse,
j'allais abandonner la partie et retourner au logis, quand un brave
matelot boiteux, qui fumait sa pipe sous l'auvent d'une cabine,
me fait comprendre que les navires de guerre s'ancrent au milieu
du port, que je dois passer de l'autre côté vers Est-Boston, et entrer dans l'arsenal pour obtenir des directions. Une demi-heure
après, j'arrivais en face du C...., et je hélais avec le désespoir d'un

(¹) La chose est à-peu-près impossible, car le dimanche pas une voiture
publique, pas un véhicule, ni bateau à vapeur, ni wagon de chemin de fer,
n'entre dans la ville ou n'en sort.

Robinson oublié dans une île; olié la frégate! Un petit drapeau rouge s'incline en signe de réponse, et bientôt me voilà dans un léger canot transporté au pied de l'échelle, au haut de laquelle le capitaine me tendit la main. Les matelots souriaient. Mon accoutrement contrastait grandement avec la propreté de leur navire, et dans le trajet des quais au vaisseau, je n'avais pas même su tenir et diriger le gouvernail du canot. Quel drôle d'ami le capitaine avait là.

A me voir arriver, le capitaine avait deviné mon histoire. En tout cas, le dîner attendait encore, et heureusement, me dit-il, que nous ne sommes pas en service, mais seulement en vacances d'hiver, car : *tardè venientibus ossa*. Nous n'avons ici que quelques officiers, et il n'y a plus d'heures fixées.

N'attendez pas de moi une dissertation plus ou moins longue sur un navire de guerre, et la description de tous les recoins d'une frégate à vapeur. Cordages, canons et manœuvres sont choses auxquelles je n'entends absolument rien, et je n'ai pas le temps de feuilleter un dictionnaire de marine pour paraître moins ignorant que je ne le suis. J'ai bien tout examiné à l'aise, la sainte-barbe, les dépôts, les hamacs, les armes de toutes espèces, la machine à vapeur bien polie et au repos; mais le capitaine me montrait tout cela en passant, comme à un amateur et avec la conviction que je ne serais jamais un marin.

La cloche annonce le dîner, et nous voilà réunis dans une salle à manger aussi richement servie que celle d'un hôtel garni. La présentation se fait à cinq ou six officiers, dont plusieurs parlent français, et à mon grand étonnement, je ne retrouve plus rien ici de la roideur, de la froide impassibilité, de la repoussante indifférence de l'Américain. Les formes sont sérieuses, mais douces et pleines de bienveillance; il y a dans l'expression de la grâce et souvent de la finesse; la conversation est variée et toujours intéressante; c'est la politesse, le laisser-aller, les bonnes façons d'un salon d'Europe, avec ce quelque chose de grave qui caractérise partout les hommes de l'Océan. Le capitaine a une vaste science et une grande renommée; les officiers sont tous sortis de cette école de West-Point qui forme les dignités de l'armée de terre et de mer. Ils ont voyagé sur tous les points du globe, et comme les natures distinguées savent le faire, ils ont rapporté de partout quelques parcelles de ce que le monde produit de noble et de beau. Le premier lieutenant surtout est un grand jeune homme aux cheveux blonds, aux yeux bleus, doux et rêveurs comme ceux d'une femme; sa parole est toujours accompagnée d'un sourire flatteur, et il y a dans tout son être un sympathique attrait qui commande l'affection et réveille les plus doux sentiments du cœur. Cependant, de temps en temps, quand il écoute quelqu'une des anecdotes guerrières dont un vieux maître d'équipage embellit le dessert, son œil s'anime, il semble qu'un éclair passe entre ses paupières, son corps frémit, et le capitaine, lui posant la main sur l'épaule en souriant, semble lui dire : Patience, ami, votre tour viendra. — Tout ce que j'ai vu de la marine américaine m'a plu, m'a enthousiasmé. Le peuple de l'Océan est un peuple à part et d'une autre nature, et en Amérique, il a l'énergie, le courage, la patience et la religieuse résignation que donne la mer, sans les vices dégradants que notre civilisation d'Europe fait connnaître à nos marins. Sur les navires de guerre, on ne rencontre plus nulle part le Yankee soumis aux pitoyables et mesquines influences d'une politique égoïste, toujours agité et variable, mais l'Américain vrai, ennobli par l'influence d'une éducation distinguée, sûr de lui-même et confiant dans son avenir, parce qu'il sent que sa position et chacun des grades qu'il obtient sont dûs au mérite, à la science ou à la valeur. C'est le vrai représentant d'une civilisation neuve, énergique et religieuse, polie et adoucie déjà par l'intelligence et les lumières de la vieille civilisation d'Europe.

De causeries en causeries, le dîner s'était prolongé jusqu'à la nuit. Puis nous étions montés sur le pont pour une promenade, et bravions impunément la police de Boston par la fumée de nos nombreux cigares. Le temps s'était éclairci. Entre les nuages chassés par un vent violent d'Ouest, brillait de temps en temps une étoile, et vers l'Orient, la lumière incertaine de la lune essayait de lutter contre le voile nébuleux qui l'enveloppait. Autour de nous, les mats et les vergues des navires balancés par la houle bornaient la vue comme les grands arbres d'une forêt que l'hiver a dépouillés, et que l'ouragan secoue. A gauche la ville paraissait sur la colline comme un immense mur de brique avec ses crénelures de cheminées, et percé çà et là d'ouvertures éclairées par les lampes du soir qui commençaient à s'allumer. A droite, tout près de nous, Charlestown jetait à travers les ombres de la nuit les lignes bizarres et fantastiques de ses parcs couverts de canous, de boulets et d'ancres gigantesques; des magasins immenses de la marine, des doggs où s'étalait la carcasse de quelque navire en construction; et derrière les hautes cheminées de ses nombreuses fabriques le grand obélisque du Bunker-Hill([1]). Ce spectacle payait toutes les mésaventures de la journée. Et quand l'heure du retour fut venue, je m'appuyai un instant encore sur les rebords du navire pour saisir d'un coup-d'œil toutes ces douces impressions et les renfermer ensuite dans la case la plus brillante de mes souvenirs.

Mon troisième grief a quelque chose de plus grave. Boston hait et repousse les étrangers avec la malveillance la plus antichrétienne. A moins toutefois qu'ils n'apportent avec eux un nom célèbre ou un de ces grands talents dont l'Europe est fière; car alors Boston les accueille comme des demi-dieux, avec les démonstrations de la plus entière bienveillance. S'il en est ainsi, c'est parce que leur présence ajoute quelques perles de plus à sa couronne et augmente sa renommée. A cela près l'étranger, l'étranger pauvre surtout, est dans cette ville plus que partout en Amérique, un véritable paria, et la grande puritaine, qui trouve chaque année des millions pour ses écoles, pour ses temples et ses missions, n'a pas un morceau de pain pour empêcher le pauvre Samaritain de mourir de faim au bord de la rue, pas un verre d'eau pour sa soif, pas une goutte d'huile pour ses blessures. Et il en est ainsi de tout le reste. Il est repoussé de partout, et même avec son argent trouve à peine à se loger, puisque pour louer une maison, la première condition posée est ordinairement : *que la famille soit américaine* ([2]). L'é-

[1] Colonne de 220 pieds de haut construite en blocs de granit. Sa forme est moins gracieuse et plus massive que celle de l'obélisque du Luxor auquel elle ressemble. Elle rappelle la bataille de 1775 et la destruction de Charlstown par les Anglais. C'est une bataille perdue par les Américains, il est vrai, mais les résultats en ont été aussi favorables à la cause de l'indépendance que ne l'auraient été ceux de la plus brillante victoire. C'est au reste une réflexion qu'on peut faire à chaque ligne en lisant l'histoire des Américains; toutes les fois qu'ils ont été vaincus, ils se sont trouvés ensuite plus énergiques, plus forts et plus unis, tant il est vrai que le malheur n'écrase que l'homme faible.

[2] C'est la condition qu'on trouve au bas de toutes les affiches qui, au coin des rues ou dans les journaux, offrent des appartements à louer ou demandent des employés. *La place, la maison, la chambre, etc., ne sera remise ou louée qu'à un individu ou une famille d'Amérique.*

tranger, personne ne l'occupe, ne l'aide dans son travail, ne lui tend une main fraternelle pour lui donnner une marque de sympathie et une preuve de confiance. Et même, chez les marchands, lorsqu'il est trahi par son langage, paie-t-il chaque chose au double de sa valeur. Rien n'est exagéré dans ce tableau, au contraire; aussi Boston n'est habitable que pour un Américain, et encore faut-il qu'il possède un génie commercial consommé. Car si les Yankee sont les plus habiles négociants du monde, les Bostonniens sont les marchands les plus adroits de l'Amérique. Leur réputation sous ce rapport est telle, que les Juifs mêmes ne se hasardent guère à lutter avec eux, et l'existence de Boston repose absolument sur son commerce.

X.

Importance commerciale et industrielle de Boston. — Ses ponts renommés. — Cambridge, l'université, les étudians et les professeurs. — Accueil fait par les Américains aux savans européens. —Les fêtes à Boston. — Agitation électorale. — Promenade aux flambeaux. — Un bal. — La fête de l'eau à Boston.

Mes griefs une fois exprimés, je m'empresse d'ajouter que je trouve à cette ville de grands mérites. Comme son histoire le dit, elle est pour une foule de choses la première ville des Etats-Unis. Elle a eu le premier bateau à vapeur et le premier chemin de fer; elle a les premières manufactures d'étoffes et des fabriques de souliers qui chaussent toute l'Amérique. Elle a fondé la première société des missions, la première société biblique et la première société de tempérance, et elle possède la première université, la première bibliothèque et le premier vrai musée de l'Amérique. Enfin, si nous voulions énumérer toutes les supériorités de cette ville, nous trouverions encore qu'elle a eu la première gazette, et qu'elle a les ponts les plus longs des Etats-Unis ([1]).

([1]) Boston a été fondé en 1630. En 1675 il avait quatre mille habitants. L'accroissement de cette ville fut d'abord très lent jusqu'en 1790; plus d'un siècle après, elle ne comptait encore que 18,000 habitants. Depuis le commencement de ce siècle et surtout depuis l'établissement des chemins de fer, la fortune et la population de Boston ont augmenté dans une proportion presque géométrique. Le premier rail-rood, celui de Providence, fut établi de cette ville en 1834. L'estimation de la richesse de Boston, qui en 1800 était de 15 millions de piastres seulement, était déjà en 1845 de 136 mil-

Arrêtons-nous un instant sur ces ponts fameux qui ; suivant moi ; ne méritent cependant pas la réputation qu'on leur a faite partout. Comme ils traversent un bras de mer et lient Boston à la terre-ferme, ils sont d'une prodigieuse longueur. Mais comme le bras de mer est si peu profond qu'à marée basse il reste à sec, leur construction n'a rien de grandiose ou de hardi, parce qu'elle ne présentait aucune difficulté. Ce sont des pilotis enfoncés dans la vase, sur lesquels repose simplement une route de planches et de madriers. Ces ponts sont largés, solides et bordés de trottoirs ; ils servent d'arène aux courses des cabriolets, qui lancés au galop des magnifiques chevaux de cette contrée, les traversent à chaque instant au défi. Ils seraient d'ailleurs d'admirables places de promenade, si l'eau qu'ils recouvrent n'était sale et d'une odeur fétide ; s'ils n'étaient exposés aux vents glacés qui soufflent sur la baie pendant une moitié de l'année, ou au soleil ardent qui la brûle pendant l'autre moitié ; si le fracas des voitures qui roulent sans interruption sur les madriers sonores n'était insupportable même pour un sourd ; enfin s'il ne fallait payer pour y mettre le pied. La vue repose sur la baie, sur la ville et ses divers quartiers, sur les plaines verdoyantes de Cambridge ; le matin et le soir surtout, quand les riches marchands arrivent à Boston ou en partent ; quand de tous côtés on voit fuir ou approcher avec la rapidité du vent les longues traînées de fumée des locomotives ; que les ponts tremblent, secoués par les innombrables voitures qui les couvrent, il y a tant de mouvement, de vie, d'animation dans ce spectacle, qu'on peut bien pour un moment oublier les inconvénients, l'eau sale, la bise et le fracas, et avouer que si tout cela n'est pas admirable, le tableau vaut au moins la peine d'être regardé et décrit.

Le pont principal lie Boston à Cambridge, la ville du négoce et la ville de la science. D'un côté est la richesse, le luxe, les maisons pressées dans le moins d'espace possible, la population entassée, les rues étroites et toujours bruyantes, l'autel de Mammon entouré d'adorateurs ; de l'autre l'abandon et la solitude, des maisons bâties çà et là, à de grandes distances, avec des jardins ou des prairies, des rues immenses et sans fin absolument désertes ou même

lions et la population de 114,000 âmes. Dès-lors richesse et population ont énormément augmenté. Le premier journal de Boston a été publié en 1704, maintenant il paraît dans cette ville 112 journaux périodiques, dont la plupart se publient tous les jours, et une moitié au moins ont trois éditions différentes.

à peine tracées; l'autel de la science avec quelques prêtres sans
prosélites. Il serait impossible de trouver un contraste plus rapproché et qui peigne mieux le caractère américain. Cambridge a
l'université la plus célèbre de l'Amérique. Au milieu d'une plaine
de deux à trois lieues de circonférence, et comme perdus dans
des marécages, des forêts et des champs cultivés, on y trouve un
magnifique observatoire avec des instruments parfaits, un superbe
jardin botanique, une bibliothèque de septante mille volumes,
renfermée dans un bâtiment d'architecture gothique, des labora-
toires de chimie et de médecine et toutes les constructions nécessaires aux meilleures études. Fondée déjà en 1638; richement dotée par John Harward, l'université possède un fonds de deux à
trois millions de francs (un demi million de piastres) et paie richement les professeurs qu'elle emploie. A peine cependant est-elle
annuellement fréquentée par trois cents étudiants. Plusieurs professeurs ne donnent jamais de cours, et brillent là, non pas comme
des flambeaux inutiles, mais comme des étoiles inconnues, que
quelques adeptes seuls contemplent, et dont la lumière semble
réservée pour d'autres générations. — Cambridge et Boston
aussi ont plusieurs hommes de science dont la célébrité est bien
méritée. Là est Agassiz notre célèbre compatriote, dont il serait inutile d'énumérer les travaux ; Gray le directeur du jardin botanique et le Candolle de l'Amérique, un homme à peine
entré dans la fleur de l'âge, et dont les œuvres sembleraient avoir
occupé tout une vie (1). Là aussi vient de se fixer notre ami le professeur Guyot qui, à peine arrivé en Amérique, s'est fait un beau
nom par la publication d'un cours sur la géographie physique(2). A

(1) Le professeur Gray a publié, outre divers ouvrages élémentaires : Manuel de botanique pour les Etats Unis du nord, qui contient la description
de toutes les plantes connues des Massachusets au Wisconsin ; un magnifique genera illustré des plantes d'Amérique; et associé avec M. Porrey de
New-York, il publie maintenant une flore complète de toute l'Amérique. Ce
dernier ouvrage a déjà sept livraisons ou demi-volumes, et ne termine pas
encore les Composées.

(2) La terre et l'homme, géographie physique comparée. Ce cours donné
en français à un auditoire d'élite a été immédiatement traduit en anglais et
publié dans les journaux scientifiques les plus distingués. Puis on en a fait
une édition de deux mille exemplaires, déjà à-peu-près épuisée. Ce volume
est recherché même en Angleterre, et une édition française aurait, nous
n'en doutons pas, une réussite assurée. Les éloges donnés en Amérique par
les hommes et les journaux compétents à ce travail savant et consciencieux,
relevé par un style magnifique et des déductions philosophiques d'une haute

Boston la science est dignement représentée par Jacson qui a inventé ou plutôt employé le premier l'éther pour l'enivrement et pour produire l'insensibilité; Gould, collaborateur de Lyell et d'Agassiz, un des meilleurs conchyliologistes de notre époque; les trois frères Cabot, l'un médecin, l'autre juriste, le troisième architecte, qui tous les trois cultivent quelqu'une des branches de l'histoire naturelle avec les succès que donnent les talents et la richesse; Roger, Teschermacher, Bacon, minéralogistes, géologues et chimistes, Eyres, Warren et quelques autres mieux connus et mieux appréciés en Europe qu'en Amérique.

Ai-je besoin de dire que chez ces hommes, instruits la plupart aux écoles d'Europe, les préventions contre l'étranger n'existent pas plus que la foi aveugle dans la supériorité universelle du peuple américain. Ils accueillent tout ce qui se présente de bon et d'utile, de quelque part qu'il vienne, et s'efforcent de le faire accepter à leurs compatriotes. Ce sont les champions d'une cause nouvelle, des réformateurs encore oubliés, mais dont l'exemple et la parole réveilleront un jour les nobles instincts endormis de leur nation.

Dans l'Athènes antique on riait beaucoup. Comment se fait-il que dans l'Athènes moderne, c'est-à-dire, dans l'Athènes d'Amérique, ce qui est un peu différent, on ne rie plus du tout, et que la gaîté y semble prohibée sous des peines plus sévères encore que la fumée du cigare? C'est que le sérieux est la maladie nationale du Yankee, et qu'il semble condamné par la nature à s'ennuyer toute sa vie ou du moins à en avoir l'air. J'ai vu déjà des bals, des fêtes publiques, des spectacles de tous genres, mais je n'ai pu savoir encore où et comment l'Américain s'amuse, tant il se montre partout avec la même austérité et la même froideur d'allures. Chez un peuple aux institutions purement democratiques, je croyais retrouver au moins de l'élan, un peu d'entrain dans les fêtes publi-

portée, font le plus grand honneur à notre compatriote, et les noms d'Agassiz, de Guyot et de Desor, qui vient d'être employé comme géologue dans une exploration au lac Supérieur, proclament hautement sur la terre d'Amérique la valeur scientifique de notre cher et petit pays de Neuchâtel.

(L'auteur ne dit pas que lui-même, après avoir travaillé chez M. Gray deux ou trois mois et reçu de ce savant les témoignages d'amitié les plus flatteurs, a été appelé dans l'intérieur par un riche et savant Mécènes, pour le compte duquel il voyage et prépare la publication d'une Bryologie Américaine.)   (*Note de la Rédaction.*)

ques qui rappelent à toute une nation ses combats pour la liberté ou le premier jour de son indépendance. Voici ce que j'ai vu à Boston.

• Au mois d'octobre passé, il s'agissait d'élire un nouveau gouverneur, et whigs et démocrates faisaient jouer toutes leurs batteries pour monter l'opinion et favoriser la nomination de leurs candidats respectifs. Certes quand on sait que du sort de l'élection dépend la condition future de tous les employés, et le statu-quo ou la perturbation de la marche de tout un peuple, on comprend l'intérêt que les Américains apportent à leurs élections. La vie politique est une nécessité quand elle est liée aux intérêts matériels du plus grand nombre. Partout on voyait suspendus à travers les rues d'immenses drapeaux rouges ou blancs, les uns pour Taylor et Filmore, les autres pour Cass et Buttler. Depuis quinze jours les affaires étaient interrompues, chaque soir les clubs étaient remplis, et les adeptes y couraient pour entendre les discours des orateurs en vogue, pompeusement annoncés tous les jours par les gazettes et les affiches du coin des rues. Les journaux eux-mêmes négligeaient l'*annonce* et accordaient au moins deux de leurs pages à l'énumération des mérites de leurs candidats et des défauts publics, particuliers et même physiques de leurs adversaires. Rien n'était oublié pour stimuler le zèle, ni les promesses, ni les injures, ni les caricatures les plus burlesques et les plus absurdes. Les démocrates à cette occasion avaient eu l'idée d'une grande procession aux flambeaux ; elle venait d'avoir lieu, et avait produit peu d'effet, parce qu'à Boston la démocratie n'est pas en vogue. Les whigs pour faire la contre-épreuve, préparèrent une manifestation semblable, annonçant dans leurs gazettes, dans des affiches et des bulletins sans nombre, semés dans toutes les rues et dans toutes les maisons, que cette manifestation serait une *procession monstre* à laquelle toute la population de la ville se joindrait avec l'enthousiasme le plus irrésistible. Voyons cela. Mais d'abord, la ville est partagée en un certain nombre de quartiers politiques, les wards ; chaque quartier a son club ou son lieu de rassemblement d'où doit partir chaque détachement pour se réunir à une place fixe, en un seul bataillon. «Quelques milliers d'hommes alignés et portant flambeaux, cela doit faire un joli coup-d'œil, disais-je à mes fils en leur rappelant la promenade si pittoresque des armurains de Neuchâtel.» Du bout de la rue arrive une longue file de lumières, je ne dis pas clairsemées, mais si peu apparentes qu'elles figurent des vers luisants alignés. Bientôt j'eus l'explication du mystère. Le flambeau de l'Américain est une lampe en fer-blanc pleine de lard fondu ou de saindoux avec une mèche de deux à trois lignes de diamètre, portée au bout d'un bâton de quatre pieds de longueur. De tous ces lampions qui se vendent sur place tout préparés et allumés à raison de vingt-cinq sous pièce, la plus forte lumière n'égale pas celle de la plus mauvaise lampe de cuisine. Mais qu'importe; l'Américain compte le nombre et ne s'inquiète pas de l'effet. Le moindre coup de vent éteint un millier de ces flambeaux d'un nouveau genre; qu'importe encore; la boîte en fer-blanc reste sur l'épaule, et c'est presque tout aussi visible.

— Les wards arrivaient en pelotons nombreux, précédés tantôt d'une grosse caisse, tantôt de deux ou trois tambours, tantôt de trombonnes, clarinettes, flageolets, et se mettaient à la file les uns des autres par quatre hommes de front, tous silencieux et manœuvrant avec une régularité parfaite. A heure fixe la procession se met en marche en poussant trois vivats pour Taylor et Filmore, ce que les Américains appellent trois *cheers!* Hurrah! hurrah! burrah! et tout rentre dans le silence. Les instruments font de leur mieux pour marquer le pas d'une marche accélérée, mais ne parviennent guère à se faire entendre. Non pas que l'enthousiasme fasse bruire ou mugir la foule, *comme mugit la vague dans la tempête;* Homère n'a rien à faire ici; mais parce que le bruit des pas et des conversations particulières éteint le son des flageolets et des clarinettes, et rien de plus. Cependant, à des endroits fixés et à un signal donné par le chef de bande, les trois vivats pour Taylor sont de nouveau poussés, rapides et modérés; c'est une interruption au silence général. Et de deux ou trois fenêtres partent quelques chandelles romaines qui jettent leurs étoiles sur les toits. Et à deux ou trois fenêtres encore, mais dans des bâtiments publics seulement, brillent une demi-douzaine de chandelles qui doivent figurer une illumination. Le cortège marche et marche toujours au pas de charge, au son des clarinettes, à la lueur des lampions, passe d'une rue dans une autre, monte, descend, tourne, revient au point de départ, et puis, trois *cheers* encore pour Taylor et les lampes sont éteintes, et chacun s'en va chez lui. Quelques spectateurs sur les trottoirs et aux fenêtres; un air indifférent partout, des baillements le long des files; ceci ressemble réellement à une procession de gens qui vont se coucher, ayant pour spectateurs quelques douzaines d'individus qui paraissent impatients de reprendre un sommeil interrompu. Inutile de dire que cinq minutes après le passage du cortége les rues et la ville sont aussi calmes qu'à l'ordinaire (¹). Car l'Américain se promène ou se met en cortége comme il mange, comme il dort, comme il travaille, pour faire une *affaire*. Que ce soit politique, que ce soit religion, que ce soit commerce, peu importe, la manifestation s'exécute toujours avec le même sérieux ou la même uniformité, la même absence de toute impressionnabilité extérieure.

J'ai aussi vu un bal, et un fameux! un bal public à côté duquel nos redoutes de Neuchâtel ressembleraient à des bacchanales. D'abord, me dit-on, car je ne pouvais l'entendre, la musique est incroyablement mauvaise, bonne au plus à faire mouvoir des marionnettes; mais les danseurs ne sont que des automates! — La séparation des sexes est absolue. Les hommes ne regardent les dames qu'à la distance de la largeur du salon. Il est rare que les hommes causent entr'eux; mais c'est un fait inouï qu'ils adressent la parole à leurs danseuses. Le silence est donc complet. Et quand commence la ritournelle, les mouvements se mettent en mesure et voilà Américains et Américaines qui tournent, se croisent, font la chaîne ou galoppent avec tout le sérieux et la mauvaise grâce que nous mettions jadis, nous, bambins de collége, à passer sous la direction de quelque Terpsichore masculin, qui nous torturait les jointures et nous bourrait de révérences, une de ces douces heures réservées à nos joyeuses récréations. Que chacun s'ennuie, cela en a tout l'air; qui chacun baille, c'est un fait.

Ce que j'ai vu de plus curieux en fait de réjouissance publique, et certainement ce qu'il y a eu de plus grandiose sous ce rapport en Amérique, dans le siècle présent, c'est la fête de l'eau à Boston. Pour les Bostonniens, l'eau, l'eau douce entendons-nous, est de beaucoup le premier élément, par la raison qu'ils n'en ont pas. Dans l'origine, les habitans de cette ville n'avaient que des puits ou des citernes, d'où ils ne tiraient que de l'eau saumâtre, de l'eau

(¹) On ne doit pas supposer que ceci est une boutade politique puisque l'auteur, ardent conservateur en Suisse, a donné toutes ses sympathies politiques en Amérique au parti whig, qui est suivant lui le seul vrai gardien de la liberté et de l'union américaine.

de mer tamisée dans une marne blanchâtre. Elle prenait bien la couleur de l'argile, mais elle ne perdait pas pour cela son amertume et son goût nauséabond. Il y a encore de ces puits à Boston ; ils sont publics et fournissent de l'eau à ceux qui ne peuvent payer l'eau douce. J'ai goûté une fois du résidu blanchâtre qu'ils fournissent, et je n'aurai pas besoin d'autre souvenir et d'autre expérience pour me faire apprécier toute ma vie la valeur d'un verre d'eau potable. — Pour satisfaire aux besoins de la population croissante et gastronome, une société, il y a quelques dixaines d'années, amena à grands frais dans la ville une eau douce, fraîche, excellente en un mot, qui naturellement fut distribuée au prix d'abonnement annuel aux particuliers riches ou aisés, et répartie dans les maisons au moyen de tuyaux. Pour assurer des bénéfices à la société, une règle sévère fut établie, et il fut défendu, sous peine de privation complète d'eau douce pendant une semaine, une quinzaine ou même un mois entier, de distribuer la moindre goutte d'eau à ceux qui ne la payaient pas. Une surveillance active, une police particulière des robinets personnels furent établies, de telle sorte que pour douze à vingt piastres par année, un propriétaire avait la chance d'avoir chaque jour un peu d'eau dans sa maison ; mais malheur à lui s'il en sortait un verre en faveur d'un ami L'eau, qui déjà ne lui venait guère, n'arrivait plus du tout, et il fallait avoir recours aux citernes publiques. A mesure que la population de Boston augmentait, les exigences de la société devenaient toujours plus criantes, et il était urgent de lui susciter une concurrence et d'abreuver Boston à une autre source. C'est la ville qui se chargea de ce soin, et qui au moyen d'énormes conduits et après une dépense de vingt millions de francs, amena à Boston les eaux du lac Cochituа, situé à dix-neuf milles de distance(¹). Un immense réservoir, construit en blocs de granit au point le plus élevé de la ville, reçoit le liquide et le distribue aux particuliers suivant les besoins et au prix d'une modique rétribution annuelle, destinée à payer au moins l'intérêt des frais de l'entreprise. Le surplus est réservé pour les incendies et alimente un jet-d'eau qu'on fait jouer, comme les eaux de Versailles, dans

(¹) Cette dépense, dont l'intérêt est payé par les consommateurs, n'a rien d'extraordinaire pour une ville comme Boston. L'aqueduc du Croton qui amène l'eau potable à New-York à 38 milles de longueur et a coûté environ 13 millions de dollars ou 65 millions de francs ; le grand réservoir contient 150 millions de gallons.

de grandes occasions. — Pour célébrer l'arrivée du bienfaisant liquide, Boston avait préparé la fête dont je parle, et cela avec toute
la splendeur que peut créer l'imagination américaine. D'abord, il
fallait se réjouir : puis il s'agissait de frapper un grand coup ; il
fallait renverser la société rivale dont l'eau est claire et fraîche, et
attirer la population par une réclame monstre vers l'eau du Cochitua, qui est trouble toute l'année et chaude en été. Ce dernier inconvénient, au reste, a fort peu d'importance dans une contrée où
la glace abonde (1). De plus, nous l'avons dit, Boston est la ville

(1) C'est dans les environs de Boston, à *Fresch pond* surtout, à une lieue
de Cambridge, que la glace est exploitée pour la consommation de l'Amérique entière et de tous les ports de mer du monde, à-peu-près. On la prend
l'hiver à la surface de petits lacs d'eau pure qui, inutiles sans cela, sont
devenus depuis quelques années une propriété d'une immense valeur. En
1847, Boston a expédié 51,887 tonnes de glace pour les côtes d'Amérique
seulement sur 258 navires de divers tonnages et 22,591 tonnes pour les
ports étrangers ; une bonne partie pour Madras et Calcuta sur 95 navires.
La valeur de ce commerce a été évaluée, en 1847, de 507,650 piastres par
an, ou plus de deux millions et demi de francs qui, on peut le dire, sont
tout bénéfice pour l'état et les propriétaires. Car la glace, le bois, les matériaux pour la conservation et le transport lui-même, seraient perdus sans
ce commerce. — Cette exploitation est fort curieuse, et pour arriver à la
faire avec le plus d'avantage possible, il a fallu de longues recherches, car,
on peut dire que tout ce qui y a rapport a été nouvellement inventé. Les magasins où la glace est renfermée, près des lacs où on l'exploite et d'où, par
des chemins de fer construits exprès, on la transporte à Boston et aux magasins du port, sont de grands hangards tout en bois dont les parois extérieures sont formées de deux rangées de planches entre lesquelles reste un
espace vide qu'on remplit en automne de tan humide. Le tan gèle pendant
l'hiver, et jusqu'à ce qu'il soit sec, c'est-à-dire, jusqu'au milieu de l'été,
la glace souffre peu de déficit. Dans les contrées chaudes, à la Nouvelle-Orléans et à Batavia, les magasins sont bâtis en briques et quelquefois souter-
rains. L'exploitation de la glace ne se fait que lorsqu'elle a été parfaitement nettoyée par des racloirs de toute la neige qui peut la couvrir. On la
coupe alors en blocs de 22 pouces carrés au moyen d'un coupe-glace assez
semblable à une charrue dont le soc serait remplacé par une série de couteaux qui se suivent en augmentant de longueur et qui au passage laissent un
sillon de 2 pouces de profondeur. La machine, tirée par un cheval ; a un
guide qui à chaque fois se place dans le dernier sillon fait, de sorte qu'elle
coupe la glace d'abord en longs parallélogrammes puis en traversant la
surface dans un sens opposé, en carrés exacts qu'on détache facilement de
la masse par des coups de barres de fer. Pour le transport à de grandes distances, on place ordinairement entre la glace et les parois du navire une
couche de sciure de bois. C'est l'État du Maine qui fournit aux Bostonniens
cette sciure, auparavant perdue dans les torrents, et pour laquelle ils
paient maintenant soixante mille francs par année. La consommation de la
glace à Boston même, où elle peut valoir en moyenne 14 à 15 sous le quintal, se monte à 57,000 tonnes par an, et fournit aux propriétaires un bénéfice net de cent mille francs. Cette consommation paraît énorme, mais

puritaine par excellence, et tout ce qui tend à y maintenir le décorum des formes et à purifier les mœurs, y reçoit naturellement le meilleur accueil. Il y a une foule de sociétés morales et religieuses; mais les sociétés de tempérance y sont établies sur de si larges proportions que la population presqu'entière est inscrite sur les listes. Boston ne boit que de l'eau et ne veut boire que de l'eau, même dans les dîners d'apparât et dans les plus grandes fêtes publiques (1). Tout ce qui peut mettre en vue la valeur de cet élément et le faire accepter à l'exclusion de toute autre boisson est accueilli avec enthousiasme (2). Ne sont=ce pas là des raisons suffisantes pour expliquer les préparatifs qui se faisaient au mois d'octobre 1848 pour accueillir la nouvelle fontaine avec tous les honneurs du triomphe.

L'aurore de ce grand jour fut saluée par une salve de cent coups de pétards; l'Américain ne tire pas sa poudre aux moineaux, et réserve les canons pour une autre affaire. Toutes les corporations politiques; civiles et militaires de Boston et des environs, les académies, les écoles, les loges de franc-maçonnerie, les métiers, la population masculine entière en un mot, avait été invitée à se former en un cortége immense qui devait parcourir les principales rues de la ville. A dix heures la procession se met en marche. C'est une file sans fin d'hommes vêtus de noir, se donnant le bras, marchant sur douze de front dans un grave et solennel silence. Chaque corporation est précédée d'un drapeau, ou d'un emblême parlant;

quand dans les chaleurs de l'été on a une fois éprouvé le charme d'un verre d'eau fraiche, et qu'on sait combien cette matière si facile à conserver et à obtenir est saine, on s'étonne que l'usage n'en soit pas encore plus généralement répandu. Malgré les frais de transport, le prix de la glace n'est nulle part fort élevé. Ainsi à Calcuta on la paie 6 sous la livre, comme à la Havanne. A la Nouvelle-Orléans 3 sous.

(1) La fête de l'indépendance est pour l'Amérique, on le sait, la plus grande ou même la seule fête de l'année. Elle est célébrée à Boston par un grand dîner de souscription, par un bal et par une distribution gratuite d'eau glacée au peuple. En 1847, notre célèbre ami le professeur Agassiz, fut invité à ce dîner, et toutes les santés furent portées avec de l'eau. « Imaginez-vous, écrivait à ce propos son spirituel collaborateur, la stupéfaction d'un bourgeois de Neuchâtel buvant sa propre santé avec de l'eau ! »

·· (2) Le ton quelque peu léger de cet article ne doit pas faire supposer que j'aie la moindre antipathie contre les sociétés de tempérance qui ont fait tant de bien à l'Amérique, et qui sont certainement une des causes les plus efficaces de sa prospérité matérielle. J'ai au contraire l'intention d'écrire une lettre entière pour en analyser les effets et en faire connaître la sage ordonnance.

mais les emblêmes sont rares, et deux ou trois se distinguent par un luxe anormal qui excite une haute admiration. Les musées ou théâtres suivent un éléphant en carton traîné sur des roulettes et surmonté de Tom-Pouce en nature. Les journalistes et les libraires en corps ont à leur tête une presse en activité qui jette à la foule un journal avec la description de la fête. Les marchands horlogers et les bijoutiers ont une voiture de pendules. — Sur un vaste char traîné par des chevaux blancs, une dixaine de bouchers, les bras nus, sont occupés à dépecer un bœuf et un porc ; ils coupent, ils hâchent, ils apprêtent, ils cuisent et jettent à la tête des spectateurs des biffstecks et des saucisses toutes rôties. Il y a une voiture encore pour les fleuristes et les jardiniers ; quelques sauvages et quelques chinois pour la société des Indes orientales; des écharpes et des cols rouges ou bleus pour les franc-maçons ou plutôt pour les grands-maîtres des loges, tout le reste porte l'habit noir. C'est la plus longue file d'enterrement que j'aie vue de ma vie, et il fallait une patience surhumaine pour voir le cortége défiler dans toute sa longueur. Rendons justice à qui de droit, cependant. Le cortége est fermé par les pompiers assis sur leurs engins luisants, la tête couverte de leur casque de cuir bouilli (¹), par les marins bronzés qui dans leur riche uniforme suivent un grand bateau où s'exécutent les manœuvres; par les troupes de terre enfin, en petit nombre il est vrai et à uniformes peu variés ; c'est là la seule partie intéressante de la procession.

Après avoir parcouru la ville au pas accéléré, le cortége à cinq

(¹) Les Américains ont naturellement apporté à leurs pompes à incendie les modifications ingénieuses qu'ils font subir à tout ce qu'ils empruntent à l'Europe. Les pistons ne sont plus mis en mouvement par des balanciers de haut et bas, mais par une pression de va et vient beaucoup plus facile. Les pompiers sont assis aux deux bouts de la machine, les pieds appuyés contre la caisse ; ceux d'un côté tirent à eux le levier ; ceux de l'autre le retirent et ainsi de suite, absolument comme des rameurs dans un bateau. Toutes les pompes sont à double usage, aspirantes et foulantes, accompagnées des tuyaux nécessaires enroulés sur un dévidoir porté sur deux roues et qu'un seul homme peut tirer rapidement aussi loin qu'il est nécessaire ; ainsi les pompes sont en activité aussitôt qu'elles sont arrivées sur le théâtre de l'incendie. Les exercices des pompiers sont d'ailleurs fréquents et répétés. Un signal particulier, donné par la cloche du feu, les appelle le jour ou la nuit à leurs pompes, et les chefs, après un exercice plus ou moins long, les renvoient à leurs lits ou à leurs affaires. L'office de pompier semble rude. Il est cependant volontaire et sans rétribution, mais comme il dispense du service militaire peu goûté des Américains, il y a toujours plus de volontaires qu'on n'en peut accepter.

heures du soir arrivait sur le Common de Boston, et se massait en face d'un petit étang au bout duquel est le jet-d'eau qui le premier devait faire jaillir l'eau de Cochitua et la montrer aux yeux des Bostonniens. Ce Common est une grande place de 75 arpents, entourée d'une balustrade en fer, bordée de grands arbres, traversée d'allées bien sablées et avec quelques petites ondulations, du haut desquelles la vue se porte sur les plus beaux quartiers de la ville, sur la baie et les verdoyants paysages qui la bordent vers le Nord. Cette place est pour les étrangers une magnifique promenade. Les indigènes, qui ne comprennent ni le plaisir du mouvement, ni celui de la rêverie en face d'une belle nature, s'en servent comme d'une rue, comme d'un pont de verdure qui mènerait d'un quartier à un autre. Pour cette occasion cependant, ils avaient orné leur Common avec un luxe surprenant. Chacune des portes principales, et il y en avait six, était surmontée d'un arc de triomphe en bois blanc, décoré de quelques bribes de verdure, et relevé d'une devise de circonstance: cela ressemble absolument au cadre d'une porte cochère de modeste dimension. Toutes les devises étaient sérieuses et rappelaient les bienfaits de l'eau. Je n'en traduis qu'une seule; mais je la traduis mot à mot, pour faire juger la poésie de circonstance des Américains :

> Mes bons amis, vous avez de l'eau claire,
> Buvez en ferme ! et narguez l'onde amère...

C'est de l'atticisme tout pur. La nuit commençait à tomber. Les écoles, réunies autour du bassin depuis neuf heures du matin, attendaient. Sur une estrade un chœur nombreux de chanteurs et de chanteuses attendait. Les spectateurs pressés et debout attendaient; plus loin sur une éminence les pétards attendaient aussi, et tout cela depuis le matin, sous un soleil ardent. Enfin le gouverneur de la ville monte sur une petite estrade avec deux ou trois dignitaires et un pasteur. Il fait un discours, le chœur entonne un cantique, le pasteur fait la prière et tout-à-coup, au bruit d'une salve d'artillerie, deux hommes tournent un robinet, et voilà!... Un jet-d'eau de trente pieds de haut, et gros comme le bras, s'élance dans les airs en présence de cinquante mille spectateurs qui poussent trois hurrahs pour le *Cochitua water* (l'eau du Cochitua), et c'est fini! Chacun regagne sa demeure pour dîner. Les plus intrépides seulement attendent le feu d'artifice, fusées, chandelles romaines et serpenteaux, et à huit heures du soir Boston est replongé dans le silence et le calme ordinaire, après avoir eu son plus grand jour de fête.

Certes, il y a dans ces démonstrations calmes, sévères, uniformes, pour ne pas dire pleines d'ennui, un beau côté, un côté moral surtout, mais pour y touver un côté amusant, pour y voir de l'élan, de l'enthousiasme, quelque chose qui sorte du cœur et dépasse la forme: c'est impossible. Et pourtant, peut-être parce qu'il est assez ordinaire d'aimer et d'apprécier ce qu'on n'a pas, c'est précisément le plaisir, l'entraînement de ces fêtes que tous les journaux exaltent. Après de telles manifestations, l'imagination, l'éloquence et la pompe des expressions sont employées comme au défi par la presse périodique de toutes les couleurs pour mettre le peuple au courant de ces jouissances ignorées. Le journal est l'âme du Yankee; le Yankee a paradé à la fête; il est rentré chez lui échiné, à demi-mort de faim, et sans même avoir trouvé l'occasion de sourire; il lit sa gazette le lendemain, et il est content; car là enfin il retrouve quelqu'une des impressions qui lui ont manqué le jour précédent, et dont il ne s'était pas douté le moins du monde. — Ce qui est curieux encore, c'est de lire dans les gazettes du jour la description d'une de ces fêtes où tout est transformé et coloré, de telle sorte que la meilleure volonté du monde est impuissante à y rien reconnaître. Les illuminations de quarante à cinquante bouts de chandelle sont des splendeurs qui effacent l'éclat de tous les luminaires du firmament: « Les flambeaux-lampions sont si nombreux et si brillants, qu'ils ressemblent de loin à la lueur d'un vaste incendie. Les musiques, flageolets et autres sont les harmonies des anges; la pompe des décors, la richesse des costumes, des chariots, etc., est telle que jamais, ni dans les temps présents, ni dans les siècles passés, ni l'Asie, ni l'Europe, ni l'Egypte avec ses pyramides, ni l'Amérique même enfin, n'ont rien vu de semblable. » — Et le Yankee empoche tout cela comme une monnaie de bon aloi.

Léo Lesquereux.

(La suite prochainement.)

POÉSIE.

ENFANT, LE CIEL EST NOIR.

— Enfant, le ciel est noir. Le clocher du village,
Dans un lointain obscur éteint l'or de sa croix.
Le vent sur le gazon fait pleuvoir le feuillage....
Voici que vient la nuit, voici que vient l'orage,
Qu'attends-tu seule, assise à l'ombre du grand bois ?

    — J'attends que le ciel ait plus d'ombre,
    Car le bon Dieu ne peut pourtant
    Laisser ainsi dans la nuit sombre
    Se désoler le pauvre enfant.
    J'attends ce qu'à l'agneau que j'aime
    Tous les soirs je donnais moi-même,
    Un peu de paille, un peu de pain,
    Ou, comme on voit dans les images,
    Qu'un ange, à travers les nuages,
    Vienne et m'emporte dans son sein.

— Mais entends le rameau qui craque de froidure ;
Tes petits bras bleuis... c'est pitié de les voir !
La brebis a du moins sa blanche couverture,
Le passereau, son nid pendu sous la toiture...
Et tu n'as pas d'asile où t'abriter ce soir.

13

— Tu ne sais pas? De la chaumière
On a fermé porte et cloison ;
Plus de sarments, plus de lumière...
On croirait que c'est la prison !
La bonne et vieille Madeleine
Voulait bien, devinant ma peine,
Comme sa fille me soigner ;
Mais ils disaient dans le village,
Que lorsqu'on arrive à son âge
La vie est si dure à gagner !

— Et tes parents? Pourquoi t'avoir abandonnée ?
Sans doute ils sont de ceux dont le bras sans vigueur
Fait chômer à merci la bêche et la cognée,
Qui jamais au logis n'apportent leur journée,
Dont un breuvage ardent a desséché le cœur ?

— Oh ! ne dis rien contre ma mère !
Contre mon père, oh ne dis rien!
Ce n'est pas eux, c'est la misère
Qui me prive de leur soutien.
Sur leurs genoux après l'ouvrage,
Ils me prenaient si j'étais sage
Et pensaient se mieux reposer :
Si trop souvent ma main avide
Ne trouva rien au panier vide...
J'ai toujours trouvé leur baiser.

— Et pourtant tu gémis, frissonnante, amoindrie,
Comme un poussin perdu que la brume a surpris ;
Et le sentier désert sillonne la prairie,
Et je n'entends au loin que le grillon qui crie
Et semble à ton secours appeler par ses cris.

— La saison, vois-tu, fut mauvaise :
Le père, sans pain, sans appui,
Bientôt se sentit mal à l'aise
Et ma mère eut grand soin de lui.

Mais de chagrins toute courbée,
Bientôt, hélas! elle est tombée
Et je pleurais… quand hier enfin
Tous deux ils ont dit leur prière,
M'ont donné la miche dernière,
Et tous deux… ils sont morts de faim.

— Je sais dans la vallée un foyer qui pétille,
Une table couverte, un paisible oreiller,
Une femme au front pur, sainte de la famille,
Qui sourit à qui pleure et vous nomme sa fille,
Quand on est douce et bonne et qu'on veut travailler.

— Le vieux berger de la colline
Qui passait avec son troupeau,
En passant m'a dit : Orpheline,
Va trouver ta mère au tombeau! —
Toi qui reviens d'un long voyage,
Faut-il que je meure à mon âge?
Oh dis-le moi, tu le sais mieux!
Ce Dieu dont l'église est si belle,
N'entend-il plus quand on l'appelle,
Ou s'est-il perdu dans les cieux?

L'étranger prit l'enfant sur sa cavale grise,
Dans son large manteau l'enfouit comme un trésor,
Et le pâtre, accroupi pour éviter la bise,
L'entendit s'écrier : Enfant, quoi qu'on en dise,
Sur les petits enfants le bon Dieu veille encor!

HENRI BLANVALET.

Novembre 1848.

CHRONIQUE

DE LA

REVUE SUISSE.

MARS.

Calme plat, avons-nous répété durant bien des mois : calme plat, du moins à la surface, avions-nous soin d'ajouter ; car au fond se pressent deux coürans contraires, l'un poussant à la réaction, l'autre à la révolution, et tous deux sans doute à des abîmes inconnus dont nul œil ne peut sonder la profondeur. Maintenant, la surface elle-même est troublée ; on voit pâlir et trembler ce miroir, qui, s'il ne cachait pas le fond orageux, semblait le recouvrir comme d'une glace polie et ne le montrer du moins qu'à travers son apparente immobi-lité. Ce ne sont, il est vrai, que des plis légers, l'onde qui frissonne sans s'agiter encore et se dresser dans son lit, les rides et non le froncement de sourcil de la grande mer. Mais ces plis vont et viennent en tout sens, ils courent et se multiplient, le moindre vent les pro-duit, ils ne se dissipent le matin que pour renaître le soir.

Notre dernière Chronique était à peine terminée, qu'à la confiance, à l'insouciance, à la jactance sur le dedans et sur le dehors, sur la Suisse, sur la Grèce, sur les élections, sur la guerre, succédait brus-quement l'inquiétude et la peur de tout cela et de tout. Autant on s'é-tait montré assuré, autant on se montrait effrayé. Et voilà qu'à cette heure, de nouveau on se rassure : l'affaire grecque est en voie de mé-diation ; la Suisse a satisfait aux demandes concernant les réfugiés ; la Prusse suspend ses réclamations sur Neuchâtel ; elle a bien assez à faire, soit chez elle, soit avec l'Autriche, et toutes les deux en Alle-magne, pour songer sérieusement à se lancer dans des complications extérieures ; enfin, les élections partielles, dont le résultat va mettre au jour ce que les partis ont perdu ou gagné depuis une année, s'an-nonceraient maintenant, à Paris, comme devant être plutôt favorables aux conservateurs ([1]). La Bourse en a repris soudain son mouvement de hausse, quitte à retomber demain avec la même pétulance et la même impressionabilité. Alors, on croira derechef tout perdu : la Grèce redeviendra la pomme de discorde qui doit mettre aux prises la Russie et l'Angleterre ; la Suisse, la mine qui, en sautant tôt ou tard, doit donner la secousse au centre et commencer la guerre générale ; enfin, brochant sur le tout, le niveau socialiste apparaîtra suspendu à un fil sur toutes les têtes, comme l'épée de Damoclès.

— Toutes ces variations subites ne veulent point dire qu'il n'y ait rien à craindre parce qu'elles changent et se remplacent sans avoir amené jusqu'ici rien de grave. Au contraire, elles sont pour le moins un symptôme fâcheux du peu de solidité de la situation. La République, comme le dit très-bien M. Emile de Girardin, n'est toujours *en équilibre que sur la pointe d'une baïonnette.* Le moindre choc, un hasard, un moment d'oubli suffiraient à la faire tomber d'un côté ou de l'autre, et ce serait alors dans des précipices : rien ne modérerait, rien n'arrêterait sa chute ; il n'y a plus de pentes ni de contre-pentes pour l'adoucir ; on verserait à pic. Si le parti rouge l'emportait, si l'on avait une révolution nouvelle, avec toutes les déceptions et les haines qu'elle aurait amassées, il est trop probable qu'elle se porterait aux extrêmes : l'absence d'hommes supérieurs et d'idées arrêtées, car elle n'en a pas à cette heure, achèverait de lui ôter toute barrière. En supposant qu'elle n'allât pas jusqu'à l'échafaud, dont 93 a peut-être au moins démontré à tous les esprits la sauvage impuissance, l'effroyable inutilité, elle irait bien certainement jusqu'à la déportation en masse contre ses principaux adversaires, et jusqu'à une tentative à fond de remaniement général de la société. Une révolution nouvelle, en ce moment, ce serait un boulet de canon contre lequel il n'y aurait rien à faire que de tâcher de ne pas se trouver devant lui, si l'on était assez inconnu et assez heureux pour se jeter à temps de côté ([2]). L'équilibre vînt-il, au contraire, à se rompre dans le sens opposé, on entrerait alors nécessairement dans les voies de compression, on aurait le règne de la force brutale, le règne du sabre, peut-être celui du sabre étranger : mais comme les partis mêmes qui déclarent préférer le despotisme militaire au socialisme, sont cependant au fond, dans

([1]) Voir, pour le résultat des élections, à la fin de cette *Chronique*, pages 194 et 195.   *(Note de la Réd.)*

([2]) Nos lecteurs n'oublieront pas, en lisant ce passage et plusieurs de ceux qui suivent, que notre Chroniqueur cherche à esquisser, dans son tableau mensuel, l'état des esprits et les traits si mobiles et si changeants de la situation. A la distance où nous sommes de Paris (ainsi que la grande majorité de nos lecteurs), il peut nous sembler que les prévisions sinistres exprimées dans ces pages sont empreintes de quelque exagération. Espérons qu'il en est ainsi, en effet ; mais ne blâmons pas notre spirituel correspondant de rester le peintre fidèle des fluctuations incessantes du peuple français et surtout des Parisiens.   *(Note de la Rédaction.)*

leurs prétentions et dans leurs idées, inhabiles à le supporter; comme le despotisme a besoin, lui aussi, d'un certain acquiescement, d'une certaine foi nationale, qui ne lui répondrait pas en France ou ne lui répondrait pas longtemps, on aurait, de plus, la perspective de toutes sortes de crises pour secouer le joug, sans avoir mieux après cela de quoi se régler, et au risque de courir encore les mêmes aventures.

Ce qui semble donc seul pouvoir consolider le repos de la France au dedans, pour ne pas parler des difficultés et des périls du dehors, c'est le maintien de la république modérée. Mais, outre les défauts de son organisation actuelle et le peu d'adhérens que sous cette forme elle conserve encore, elle a contre elle, d'un côté, le socialisme qui veut davantage, de l'autre, les partis dynastiques qui ne s'y résigneront jamais, puis la nature et la courte durée de la Présidence, enfin, dans l'esprit national lui-même, un vice capital. Ce défaut, considéré dans sa forme extérieure, c'est la vanité, l'invincible besoin de briller, qui tend ainsi à reconstituer toujours quelque part et de quelque manière une cour, une aristocratie ; vu sous une de ses faces plus cachées, ce défaut est un certain manque de poids dans le caractère. Les Français ne veulent pas deux jours de suite la même chose ; ils vont vite en tout, en idées comme en affaires; mais souvent cela tient aussi à ce qu'ils y sont étourdis et légers. Et surtout ils ne se prennent pas au sérieux ; ils se soupçonnent réciproquement de jouer plus ou moins la comédie, en même temps qu'ils ont, chacun, l'ambition de monter sur la scène : petit ou grand, il leur faut un théâtre, ils mettent partout du théâtre ; ils sont moins des personnages que des acteurs. Or, la république est de tous les gouvernemens celui qui demande le plus à être pris au sérieux ; il faut y aller *tout de bon*, et non pas pour rire ou pour déclamer. Voyez les Américains! dans les grands jours d'élections, c'est aussi, et bien autrement qu'en France, une agitation, un remuement, un branle-bas universel, un débordement de discours, de libelles, d'injures, de calomnies, d'attaques et de ripostes de toute espèce ; tous les moyens sont bons pour perdre politiquement ses adversaires ; puis, les élections passées, rien de tout cela ne fait trace et n'entame la considération privée. Comédie aussi! dira-t-on : oui, comédie d'un moment, mais non pas de toute l'année ; comédie au dehors et non pas au dedans, comédie sur la place publique et non pas dans le caractère : les Américains n'en prennent pas moins la république et la démocratie au sérieux, et ne s'en prennent pas moins au sérieux eux-mêmes ; l'élément théâtral n'est pour eux qu'un moyen, ce n'est pas la vie et le but, l'apparence ne prend pas insensiblement la place de la réalité ; la farce jouée, ils ne restent pas acteurs, ils ne conservent rien du métier, et retournent tranquillement à leurs affaires.

Quant à la Présidence, elle est tout à la fois un avantage et un embarras pour la France et la république. Un embarras, dans sa posi-

tion légale qui lui donne trop ou trop peu de pouvoir, qui la place.
trop haut ou trop bas : c'est une façon de royauté constitutionnelle ;
elle répond ainsi aux grandes ambitions, comme à l'habitude, toujours très-forte en France où les siècles l'y ont enracinée, de tout
rapporter à' un centre visible, de l'avoir pour point de mire, et de
l'exploiter en le courtisant. Mais cette façon de royauté est éphémère,
elle ne doit durer que quatre ans. Tous les quatre ans, elle change,
et tout peut changer avec elle. La France se sait d'un esprit si mobile,
qu'elle a besoin d'un point fixe pour se rassurer elle-même contre sa
perpétuelle mobilité ; mais ce dernier point fixe de la Présidence,
avec la courte durée qui lui est assignée, ne permet plus les longues
espérances, et n'offre qu'un appui vacillant. Les commotions des deux
dernières années ont laissé au fond des âmes, dans la majorité de la
population, un tel besoin de s'en reposer, de s'en remettre, qu'on
entrerait certainement dans une phase de tranquillité, comme après
1830, si le pouvoir exécutif, sous une forme et un nom quelconque,
était établi pour un peu longtemps ; mais il n'en est rien, la constitution s'y oppose, et on n'a plus même à cette heure deux années devant soi jusqu'au jour où il faudra changer de président ou changer
de constitution, et, dans les deux cas, passer par une crise qui peut
tout remettre en péril.

D'autre part cependant, la Présidence a ceci d'avantageux qu'elle
fournit un appât aux grandes ambitions individuelles, qu'elle les détache sourdement des idées monarchiques, pour les tourner vers elle
et les rattacher à la république, qui seule peut leur offrir un rang
aussi élevé. C'est une forte tentation pour ne plus vouloir d'un roi que
d'avoir la perspective de pouvoir le devenir soi-même sous un autre
titre, ne fût-ce que pendant quelques années. Il faudrait bien méconnaître la nature humaine pour croire que les principaux chefs militaires ou parlementaires aient oublié de songer à quelque chose de
pareil. La pensée secrète du général Changarnier, tout légitimiste
qu'on se plaise à le dire, et la véritable cause de l'espèce d'altération
survenue entre lui et le président actuel, ne seraient au fond, à ce qu'on
prétend, que cette pensée et cette cause-là. A plus forte raison, le
général Cavaignac, le général Lamoricière, ou Lamartine et d'autres
encore, peuvent-ils se flatter d'arriver ou de revenir au poste suprême.
En ce sens donc, bien que peu solide en elle-même, facile à ébranler
et risquant d'ébranler à son tour le reste de l'édifice, la Présidence
n'en est pas moins la clef de voûte de la république, et peut faire
beaucoup pour sa conservation.

Reste après cela une difficulté toute individuelle, mais qui n'en est
pas moins grave par sa nature même et par tout ce qu'elle peut faire
surgir. La Présidence est actuellement aux mains de Louis-Napoléon ;
or, la croyance générale est qu'il n'entend pas redescendre au rang
de simple citoyen, et les journaux de l'Elysée le laissent aussi assez

ouvertement pressentir. Comment se tirera-t-on de là ? Si, par un moyen ou par un autre, il garde le pouvoir, triomphera-t-il sans rencontrer une résistance violente ? s'il triomphe, qu'adviendra-t-il de cette dictature prolongée, à supposer que ce ne soit que cela, et que subsistera-t-il de la république ? s'il ne réussit pas, qui l'emportera ? les autres partis dynastiques, ou le socialisme ?

Enfin, admettons que malgré tout, et grâce à tout ce qui se tient en échec autour d'elle, la république demeure, qu'elle reste debout et même se fortifie : elle porte dans ses flancs un enfant qui lui succédera et qui, en lui succédant, la fera périr. Si ménagée soit-elle, la république, avec la marche de l'esprit moderne, n'en est pas moins grosse du socialisme. Sa naissance peut être encore fort retardée ; il est toujours dans les limbes ; il a avorté jusqu'ici ; tout cela ne l'empêche pas de grandir. Le socialisme, dit-on, n'a pas de chefs, ou n'en a que d'usés ; il n'a pas de système clair et unique, il ne sait pas où il va : mais, dans les révolutions, sait-on jamais où l'on va? le savait-on en 89 ? et en est-on moins allé pour cela ? « On ne fait pas la grammaire avant la langue ; on fait d'abord la langue ; la grammaire vient ensuite et se trouve dans la langue même : » voilà la réponse, certainement ingénieuse, que nous avons entendu opposer à cette objection, que le socialisme n'a pas formulé ses idées et serait fort embarrassé de savoir quoi établir à la place de ce qu'il renverserait. Aveugle chez les masses, il se présente ainsi à beaucoup d'hommes éclairés et honnêtes, comme étant lui seul dans le sens du mouvement et de l'avenir. De même qu'après 1830, l'esprit libéral, faisant un pas de plus, se tourna vers la république, l'esprit progressif se tourne maintenant de plus en plus vers le socialisme. Il peut être battu en détail, se tromper de jour, commettre des fautes, manquer de tactique ; mais il n'en fait pas moins des progrès réels, des gains sérieux, soit dans les masses par le nombre et par la ténacité de ses adhérens, soit dans les classes plus élevées, chez la bourgeoisie, chez les savans, chez les artistes, par ceux qui s'y rallient maintenant après l'avoir naguère regardé comme un épouvantail. La réaction est pour beaucoup dans ce résultat ; mais il a une cause plus intime, celle que nous venons de dire tout à l'heure, la marche naturelle de l'esprit moderne ; et n'y eût-il pas eu de réaction, la république eût-elle eu son libre cours, tôt ou tard si ce n'est peut-être plus vite, ce résultat se serait également produit.

— Dans cette impression de crainte, que nous essayons seulement de traduire, et qui s'empare tout-à-coup des esprits quand ils viennent à envisager la situation, il y a sans doute une part de panique, (et M. de Lamartine dans son dernier numéro du *Conseiller du Peuple* n'y voit guère autre chose, il croit, lui, à l'affermissement de la république) ; mais il y a certainement aussi une forte part de réel. Peut-être une autre issue se ferà-t-elle, momentanément du moins, par voie de détournement extérieur, c'est-à-dire par quelques grands événemens européens. Tout semble s'y préparer, et ils rentrent aussi dans l'attente universelle. De plus, outre cette attente vague, mais profonde, il y a des faits qui, pour être encore impénétrables dans leur but, n'en sont pas moins positifs : les armemens énormes, gigantesques, de la Prusse et de l'Autriche, présentant, à elles deux, un effectif sur pied de guerre d'un million de soldats.

A quoi ces armemens sont-ils destinés ? à l'attaque ou à la défense ? L'attaque au dehors semble suspendue, sinon abandonnée, même du côté de la Suisse, par où sans doute elle n'aurait fait que commencer, et où il lui eût été bien difficile de se borner : mais la situation est telle qu'il y a plus que jamais lieu pour chaque puissance à se prémunir contre ses voisins, quels qu'ils soient, et à se tenir prête à toutes les éventualités. Puis, il y a surtout l'attaque et la défense au dedans, c'est-à-dire en vue de l'Allemagne, travaillée à la fois par l'idée de l'unité allemande avec la prépondérance prussienne, et par le mouvement révolutionnaire. Position étrange et dangereuse ! la Prusse et l'Autriche se voient forcées d'armer en même temps l'une contre l'autre et contre la révolution. Et ces armemens sont tels, qu'on se demande si la guerre n'en résultera pas forcément, ne fût-ce que pour trouver où parquer et nourrir ce million de soldats. Joignez-y, derrière et devant l'Allemagne, pouvant d'un instant à l'autre s'abattre sur elle, l'armée russe et l'armée française ; et vous aurez l'effrayante masse de deux millions d'hommes se regardant en silence, l'arme au bras, et n'attendant qu'un signal.   –

La guerre extérieure a toujours servi de dérivatif à la démocratie ; dans l'antiquité comme dans les temps modernes, en Grèce et à Rome comme dans notre Suisse du quinzième siècle et comme cela se montre déjà aux Etat-Unis. Ce dérivatif, qui n'est d'ailleurs que momentané, doit se prêter tout particulièrement au caractère français, sur lequel on l'a déjà vu très-fortement agir après 93. Agirait-il de même aujourd'hui ? A-t-on la pensée de l'employer ? en trouverait-on la force et l'audace ? ou, sans le vouloir, en subira-t-on seulement la nécessité ?

— Du reste, en ce moment toutes les pensées sont tournées du côté des élections. Il n'y a que deux listes, la liste rouge et la liste blanche ; car, ainsi que nous l'observions dans notre dernier numéro, il n'y a plus que deux partis en présence, les *rouges* et les *blancs* ; on les appelle ainsi tout court, et, quand ils parlent l'un de l'autre, ils ne se désignent pas autrement. Chacun des deux a mis en ligne tout son contingent, battu le rappel dans les assemblées préparatoires et dans les journaux. Les deux listes n'ont cependant pas été composées de manière à ne laisser d'hésitation à aucun de leurs soutiens naturels ou forcés. Dans la confection de la liste rouge, il y a eu plus de décision et de passion que de prudence; dans celle des conservateurs, , plus de préférences personnelles, de compérage et d'entourage, que de véritable entente politique et de main heureuse dans le choix des candidats. Le général Lahitte, M. Bonjean, M. Fernand Foy (malgré le souvenir de son père) ne sont pas des noms qui puissent aussitôt fixer l'esprit des votans ; il est vrai que le parti conservateur n'en a plus guère de ce genre qui ne soient pas déjà à la Chambre. L'autre liste avait, dans son sens, des noms plus parlans, plus populaires ; mais à côté de MM. Vidal, représentant les tendances socialistes; Carnot, concédé aux *bleus*, elle a maintenu M. de Flotte, ex-transporté de Juin. Malgré la répugnance et l'effroi que ce souvenir inspire, effroi du reste bien affaibli dans ces esprits français où tout passe si vite, cette liste n'en conserve pas moins autant de chances que la liste opposée. La bataille électorale aura lieu entre forces égales ; aussi le résultat n'en saurait-il être prévu, et selon toutes les vraisemblances le parti vainqueur, quel qu'il soit, ne l'emportera qu'à une faible majorité. Mais un fait bien simple et positif, qui semble plutôt militer en faveur de la liste rouge, c'est qu'avec le *National*, le *Siècle*, la *Presse*, avec les républicains restés tels, mais profondément irrités, et grâce enfin au peu de modération du parti modéré, le parti socialiste est le seul qui fasse des recrues depuis sept ou huit mois.

— M. Emile de Girardin, porté comme candidat socialiste, entre autres par la *Voix du Peuple* et le parti Proudhon, a été évincé de la liste définitive. Il a dû cet échec, soit, en général, au peu de confiance personnelle qu'il inspire, et qui mine, pour ainsi dire, incessamment sous ses pas la carrière qu'il s'ouvre à force de talent et d'audace ; soit, en particulier, à ce que mis en demeure de s'expliquer devant le comité électoral, il a nettement placé le suffrage universel au-dessus même de la république. Il a pris sa défaite d'assez bonne grâce, et a continué de soutenir la liste, bien qu'il n'y fût pas ; mais il a commencé aussitôt à prendre position, à virer de bord contre ses nouveaux alliés, en se cantonnant plus que jamais sur la question de principes, l'omnipotence du suffrage universel, sans vouloir entendre à aucune restriction ni transaction à cet égard. « Est-ce aux arbitres à transiger ? a-t-il dit fièrement à la *Voix du Peuple :* et je suis arbitre. »

— Un livre qui a plus fait de bruit à lui seul que tous les autres ensemble depuis six mois (il est vrai que par le temps qui court, ce n'est pas beaucoup dire) est le pamphlet intitulé les *Conspirateurs*. Aussitôt reproduit presque en totalité par tous les journaux conservateurs, il n'en a pas moins eu sept ou huit éditions en quelques jours. Il est signé *Chenu*, ex-capitaine de la garde de Caussidière à la préfecture de police, dont il dévoile tous les mystères, bachiques et autres, réels ou exagérés. Quel qu'en soit le fonds de vérité, les antécédens de son auteur ne permettent pas de lui accorder une véritable valeur historique. On veut, d'ailleurs, que ce dernier soit incapable d'écrire; on l'aura seulement fait parler, et d'autres auront tenu la plume pour lui. Bien que le moment où cet ouvrage a paru, c'est-à-dire immédiatement avant les élections, lui donne aussi tout l'air d'une machine de guerre destinée à les influencer, il n'en a pas moins exercé une certaine action sur l'opinion publique, même chez les ouvriers : plusieurs ont été fort scandalisés d'apprendre qu'avant la révolution Caussidière vivait d'expédiens assez équivoques. Quant au gros des Parisiens, il y a longtemps qu'ils ne se souviennent plus de l'époque où ils lui donnaient cent mille suffrages, où il était pour eux le *lion* du jour, où ils l'appelaient hautement leur sauveur.

Le fameux maître-Jacques de la police et des clubs, dans lesquels il jouait tour-à-tour son double rôle d'espion et de patriote, De la Hodde, dont nous avons raconté dans le temps la condamnation en tribunal secret par ceux qu'il avait trompés, De la Hodde, disons-nous, a été mis en verve par le livre de Chenu ; il a publié aussi ses révélations ; mais il n'a pas eu le même succès : il avait pu il lui restait moins à dire, le tour était déjà joué.

— On répète aux Français la *Charlotte Corday* de M. Ponsard. Soit raison, soit caprice, Mlle Rachel n'y a pas voulu prendre de rôle. Elle y sera remplacée, dans le principal, celui de Charlotte, par sa sœur, Mlle Judith, plus belle, mais bien moins bonne actrice. Des personnes qui ont entendu la lecture de la pièce, disent qu'elle est traitée dans toutes ses données historiques, y compris les discours de Marat les plus sanguinaires. L'auteur fait parler et agir ses personnages sur la scène du théâtre tels qu'ils ont parlé et agi sur la scène du monde. Il reste désintéressé dans les questions qu'ils agitent : cependant le sentiment général que laisse le drame est plutôt un sentiment girondin, comme conclusion et impression finale.

— Un nouveau volume de l'*Histoire de la révolution française* par M. Michelet, vient encore de paraître. Poussé par une de ses préoccupations favorites, l'historien s'y est étrangement mépris sur la cause qu'il attribue à la guerre civile de l'ouest. Il en fait, avant tout, une affaire de confessionnal, d'influence des curés sur les femmes et des femmes sur leurs maris. Or, ni le chef, Cathelineau, n'était sous une influence pareille, ni les soldats, tous jeunes gens dont aucun n'était marié. En lisant cette singulière équipée de l'historien dans le domaine du fantastique, des hommes qui connaissent très-bien la Vendée, qui sont du pays ou des départemens voisins, et d'opinion nullement royaliste, n'en revenaient pas de stupéfaction et de désappointement : «Le livre, nous disait l'un d'eux, écrivain de mérite, le livre m'est tombé des mains.'»

— L'Espagne, le pays peut-être le plus tranquille du moment, a un publiciste qui ne se montre pourtant nullement rassuré sur l'avenir de sa patrie, en tant surtout que lié à celui de l'Europe en général. C'est M. Donoso Cortès, marquis de Valdegamas, et, sans contredit, l'un des penseurs et des orateurs les plus éminents de notre époque. Il vient de prononcer devant le parlement espagnol un discours, reproduit en entier par l'*Univers* et dont quelques journaux ont donné des extraits ; la *Voix du Peuple* elle-même reconnaît qu'on peut discuter avec lui, qu'il vaut la peine de se mesurer avec un tel joûteur. C'est, si l'on veut, le Montalembert de l'Espagne, mais il nous paraît bien supérieur à l'orateur français par la gravité de l'éloquence et du ton, par la capacité de tête et la puissance de systématisation philosophique. Il rappelle plutôt Joseph de Maistre : c'est la même hauteur et la même fixité de vues, avec peut-être plus de largeur, sinon plus de tolérance et d'esprit de concession, car il ne voit, comme lui, le christianisme que dans le catholicisme. Partant donc en cela d'un point de vue que nous croyons arriéré et exclusif, M. Donoso Cortès n'en montre pas moins avec une grande force que la cause première et profonde du mal qui travaille la société moderne est l'abandon, de plus en plus général, du principe religieux, sans lequel au milieu même d'une civilisation brillante, il ne saurait y avoir que chute, corruption et perte graduelle de vie. A ce sombre tableau l'orateur joint des appréciations pratiques d'un haut intérêt sur les puissances et l'état actuel de l'Europe, que sa haute position diplomatique lui a permis d'étudier de près. Voici ce remarquable morceau ; il ajoutera de nouveaux jours à ce que nous avons dit çà et là sur ce sujet, entre autres sur la Russie :

'« On a parlé ici, Messieurs, du danger que court l'Europe de la part de la Russie, et je crois que pour aujourd'hui et pour longtemps je puis tranquilliser l'Assemblée en lui donnant l'assurance qu'elle n'a pas le moindre danger à redouter de ce côté.

» L'influence que la Russie exerçait en Europe, Messieurs, elle l'exerçait au moyen de la Confédération germanique. Cette confédération a été faite contre Paris, qui était la cité révolutionnaire, la cité maudite, et en faveur de Saint-Pétersbourg, qui était alors la cité sainte, la cité du gouvernement, la cité des traditions restauratrices. Qu'en résulta-t-il ? Que la Confédération ne fut pas un empire, comme elle eût pu l'être alors ; et elle ne fut pas un empire parce que la Russie ne pouvait, en aucun cas, s'accommoder d'avoir en face d'elle un empire allemand et toutes les races allemandes réunies. La Confédération se composa donc de principautés microscopiques et de deux grandes monarchies. Qu'est-ce qui convenait dans l'hypothèse d'une guerre en France ? Ce qui convenait à la Russie, c'était que ces monarchies fussent absolues, et ces deux monarchies furent absolues.

Voilà, Messieurs, comment il est arrivé que l'influence de la Russie, depuis la formation de la Confédération jusqu'à la révolution de Février, s'est étendue de Saint-Pétersbourg à Paris. Mais depuis la révolution de Février, les choses ont changé de face, la tempête révolutionnaire a jeté bas les trônes, brisé les couronnes, humilié les rois; la Confédération germanique n'existe plus; l'Allemagne aujourd'hui n'est plus qu'un chaos. C'est vous dire, Messieurs, qu'à l'influence de la Russie, qui s'étendait de Saint-Pétersbourg à Paris, a succédé l'influence démagogique de Paris, qui s'étend jusqu'en Pologne.

» Voyez ici la différence : la Russie comptait sur deux alliés puissants, l'Autriche et la Prusse; aujourd'hui on sait qu'elle ne peut compter que sur l'Autriche; mais l'Autriche lutte et luttera longtemps contre l'esprit démagogique, qui est là comme partout, contre l'esprit de race, qui est là plus qu'ailleurs, et enfin elle doit tenir toutes ses forces en réserve pour une lutte possible avec la Prusse. Il en résulte que l'Autriche étant neutralisée, la Confédération germanique n'existant plus, la Russie ne peut plus compter aujourd'hui que sur ses propres forces. Et savez-vous de quelles forces la Russie a disposé dans les guerres offensives? jamais de plus de 300,000 hommes. Et l'Assemblée sait-elle contre qui ces 300,000 hommes ont à lutter? Contre toutes les races allemandes représentées par la Prusse; contre toutes les races latines représentées par la France; contre la très noble et très puissante race anglo-saxonne, représentée par l'Angleterre. Cette lutte serait insensée, absurde de la part de la Russie, en cas d'une guerre générale, le résultat certain, infaillible, enlèverait à la Russie son rang de puissance européenne, et la réduirait à n'être plus qu'une puissance asiatique. Vous voyez pourquoi la Russie fuit la guerre, et pourquoi l'Angleterre la veut; et sans la faiblesse chronique de la France, qui n'a pu suivre en cela l'Angleterre, sans la prudence autrichienne, sans la très sage prévoyance de la diplomatie russe, la guerre eût éclaté. C'est parce que la Russie n'a pas voulu, n'a pas pu vouloir la guerre, que la guerre n'a pas éclaté au sujet de la question des réfugiés en Turquie.

» Ce n'est pas mon opinion cependant que l'Europe puisse longtemps n'avoir rien à redouter de la Russie; je crois tout le contraire, mais pour que la Russie accepte une guerre générale, pour que la Russie s'empare de l'Europe, il faut auparavant les trois événements que je vais dire, lesquels sont, remarquez-le, Messieurs, non-seulement possibles, mais encore probables.

» Il faut : d'abord que la révolution, après avoir dissout la société, dissolve les armées permanentes; en second lieu, que le socialisme, en dépouillant les propriétaires, éteigne le patriotisme, parce qu'un propriétaire dépouillé n'est pas, ne peut pas être patriote, en troisième lieu, que se réalise la confédération puissante de tous les peuples slaves sous l'influence et le protectorat de la Russie. Les nation slaves comptent, Messsieurs, 80 millions d'habitants. Eh bien! lorsque la révolution aura détruit en Europe les armées permanentes, lorsque les révolutions socialistes auront éteint le patriotisme en Europe, lorsque, à l'orient de l'Europe, se sera accomplie la grande fédération des peuples slaves; lorsque dans l'Occident il n'y aura plus que deux armées, celle des spoliés et celles des spoliateurs, alors l'heure de la Russie sonnera; alors la Russie pourra se promener tranquillement l'arme au bras dans notre patrie ; alors le monde assistera au plus grand châtiment qu'ait enregistré l'histoire, ce châtiment épouvantable sera le châtiment de l'Angleterre. Contre le colosse qui tiendra d'une main l'Europe et de l'autre les Indes, ses vaisseaux ne lui seront d'aucun secours, et cet immense empire croulera, réduit en pièces, et le lugubre fracas de sa chute et sa longue plainte retentiront jusqu'aux pôles.

» Ne croyez pas, Messieurs, que les catastrophes finissent là ; les races slaves ne sont pas aux peuples de l'Occident ce que les races allemandes étaient au peuple romain : non ; les races slaves sont depuis longtemps en contact avec la civilisation ; elles sont à démi-civilisées ; l'administration russe est aussi corrompue que l'administration la plus civilisée de l'Europe, et l'aristocratie russe ne le cède pas en civilisation à la plus corrompue des aristocraties. Eh bien, Messieurs, la Russie, placée au milieu de l'Europe conquise et prosternée à ses pieds, absorbera par toutes ses veines le poison qu'elle a bu et qui la tue. La Russie ne tardera pas à tomber en putréfaction : j'ignore, Messieurs, le remède universel que Dieu tiendra prêt pour cette universelle pourriture.

» Il n'y a contre cette pressante éventualité qu'un remède, un seul : le nœud de l'avenir est dans l'Angleterre. D'abord, Messieurs, la race anglo-saxonne est la plus généreuse, la plus noble et la plus courageuse du monde ; ensuite, elle est la moins exposée au choc des révolutions : je crois une révolution plus facile à Saint-Pétersbourg qu'à Londres. Que faut-il à l'Angleterre pour empêcher la conquête inévitable de toute l'Europe par la Russie ? que lui faut-il ?

» Il lui faut éviter ce qui la perdrait : la dissolution des armées permanentes par le moyen de la révolution, la spoliation des propriétaires en Europe par le moyen du socialisme, c'est-à-dire, il lui faut une politique extérieure monarchique et conservatrice ; et encore ce ne serait là qu'un palliatif. L'Angleterre, monarchique et conservatrice, peut empêcher la dissolution de la société européenne jusqu'à un certain point et pendant un certain temps ; mais l'Angleterre n'est pas assez puissante, n'est pas assez forte pour détruire cette force qu'il est nécessaire de détruire, la force dissolvante des doctrines propagées dans le monde.

— Dans un ouvrage que M. Audibert va publier sous le titre de *Souvenirs politiques et littéraires* (sur l'Empire, la Restauration et les deux révolutions de 1830 et de 1848), on trouve les détails suivans, qui montrent M. de Chateaubriand, pour ainsi dire, en déshabillé littéraire, l'artiste à son œuvre et dans son atelier.

« Peut-être, dit M. Audibert, sera-t-on curieux de connaître comment M. de Chateaubriand travaillait, curieux aussi de connaître dans quel costume. Je puis satisfaire cette double curiosité.

» M. de Chateaubriand se mettait à l'œuvre vers six heures du matin. Il était coiffé d'un madras, point de cravate ; sa chemise, ouverte sur sa poitrine, la laissait voir à nu, il portait une petite redingote d'étoffe cotonneuse et de couleur marron ; le pantalon était de la même étoffe et de la même couleur. Ses pantoufles ne brillaient pas toujours par une grande fraîcheur. C'est vers midi seulement qu'il s'habillait avec une recherche, un soin, je dirai même avec une coquetterie toute féminine. Il s'occupait particulièrement de ses dents, qu'il savait fort belles.

» D'habitude il dictait en se promenant. Son secrétaire M. Pilorge, jeune homme d'intelligence, d'une patience non moins grande, d'une discrétion à toute épreuve, recueillait la phrase à mesure qu'elle tombait de la bouche de l'écrivain inspiré. Quelquefois M. de Chateaubriand s'arrêtait devant la croisée, il regardait au dehors; ses yeux se tournaient vers le ciel comme s'il eût attendu que la pensée en descendît jusqu'à lui. La pensée venue, il recommençait sa promenade. Une, deux, trois personnes là présentes ne le gênaient pas; seulement elles avaient soin de garder le silence. Quelquefois cependant il les provoquait à le rompre. Quand il lui arrivait de chercher un mot, il demandait qu'on lui vînt en aide. C'est surtout à l'un de ses amis, le plus ancien, le plus intime, le plus assidu qu'il s'adressait. Il s'en servait comme d'un dictionnaire. Il avait également une confiance absolue dans son goût littéraire, qui était exquis. Loin de protester contre aucune de ses observations, il cédait toujours au contraire avec la docilité d'un écolier.»

— Si les rois ne s'en vont pas encore tout-à-fait, comme il semblait il y a deux ans, il est certain que bien des choses regardées autrefois comme essentielles au manteau de la royauté, sont tombées, et ne font plus l'effet que de vieux oripeaux, pour le moins passablement ridicules. En regard de ce qu'est un trône en ce moment, des sombres nuages qui en forment le dais, il est curieux de placer ce qu'il était naguère même en France, sous Louis XVIII, et la puérile étiquette que ce roi, pourtant spirituel, croyait nécessaire à la conservation du sien. Voici ce que nous trouvons dans l'*Ordre*, journal qui passe pour orléaniste.

«Il a paru, il y a trois mois, un joli volume in-18 intitulé : *Des charges de la maison civile des rois, jusqu'à la révolution de juillet* 1830, par A.-L. Chote de Selancy, écuyer, ex-huissier du cabinet de S. M. Charles X. — Paris, imprimerie de Mme veuve Dondey-Dupré, 1847.

» On lit sur la garde de chacun des exemplaires de ce volume la note suivante, écrite de la main de l'auteur.

» Cet opuscule, tiré à cent exemplaires seulement, a été déposé dans les bibliothèques publiques de Paris, et offert aux sommités de notre littérature.—L'auteur ne demande pas qu'on le lise, mais qu'on veuille bien le conserver. — PS. Cet envoi a été retardé par les événemens politiques survenus depuis l'impression en 1847. »

« Il y aurait peut-être assez peu d'à-propos de notre part à entrer et à nous faire suivre par nos lecteurs dans les détails de l'étiquette des cours de l'ancienne monarchie; mais, à coup sûr, on trouvera un intérêt de curiosité à la scène suivante, qui fait connaître un cérémonial qui se reproduisait chaque soir à la cour de Louis XVIII. Ce tableau est encadré dans une note de ce rare volume sur les entrées connues sous la désignation d'entrées de l'Ordre, consistant dans le droit de se trouver dans le cabinet du Conseil, le soir, à l'heure où le major-général de la garde royale et les capitaines des gardes du corps à pied et à cheval de service venaient recevoir le mot d'ordre du roi.

L'ORDRE SOUS LOUIS XVIII.

» La scène se passe dans le cabinet du Conseil, où sont réunis les officiers de la maison civile, ceux de la maison militaire du roi et de la garde royale, *de service* auprès de Sa Majesté, *et qui ont les entrées de l'Ordre*, et quelques courtisans qui, ayant aussi ces entrées, viennent faire leur cour. Le dernier coup de huit heures sonne à la pendule.

» Un huissier de la chambre ouvre les battans de la porte de la chambre à coucher communiquant au cabinet, et annonce : *Le Roi!*

» Sa Majesté entre assise dans un fauteuil roulant, poussé par un garçon de toilette ; et à sa suite : le prince de Talleyrand, grand chambellan de France ; le duc de Duras, premier gentilhomme de la chambre ; le marquis de Boisgelin, premier chambellan, maître de la garderobe ; un premier valet de chambre, et un valet de chambre.

» Le roi, d'une voix sonore : — Halte !

» Le fauteuil s'arrête devant la porte de la chambre, que l'huissier referme. Les deux autres portes du cabinet sont gardées intérieurement, l'une donnant sur la galerie de Diane, par un huissier de la chambre, et l'autre, ouvrant sur la salle du Trône, par l'huissier du cabinet.

» Les officiers entrés avec le roi se placent aux côtés de Sa Majesté ; le grand chambellan à droite, qui est la *première* place ; le premier gentilhomme à gauche, qui est la *seconde* ; et le premier chambellan, maître de la garderobe, à la droite du grand chambellan, qui est la *troisième*. Le roi fait un gracieux salut de la tête au cercle d'officiers et de courtisans qui s'est formé devant lui. Tous s'inclinent respectueusement, et aussitôt s'adressant au premier maître d'hôtel :

» — Duc d'Escars !

» Celui-ci s'avance, et, se courbant à moitié, présente sa boîte ouverte au roi, qui y prend du tabac. Avant de reprendre sa place et sa position verticale, le duc dit à demi-voix :

» — Comment le roi a-t-il trouvé les truffes de Piémont ?

» — Excellentes. En avez-vous eu ?

» — Oui, sire ; le duc de Grammont et moi leur avons fait grand accueil (¹).

» Sa Majesté, parcourant le cercle du regard, parle ainsi à ceux qui le composent :

(¹) Le premier maître d'hôtel présidait la table à laquelle mangeaient les grands et les premiers officiers de la maison civile de service ; le capitaine et le major des gardes du corps, le major-général, et le lieutenant-général de la garde-royale, aussi de service, et les hauts personnages qu'il devait y recevoir. Le roi dînait seul avec sa famille ; mais il invitait quelquefois à sa table des princes étrangers en passage à Paris. Le duc de Wellington est le seul qui, n'ayant point le titre d'Altesse, ait été admis au dîner du roi. — Louis XVIII, contrairement à l'usage, faisait *déjeûner* avec lui le premier maître d'hôtel et ceux qui avaient le droit de dîner à la table que tenait cet officier. — Charles X supprima cette nouveauté.

» — Duc d'Esclignac, comment vont vos jambes ?

» Le duc saluant comme tous ceux auxquels le roi adresse la parole:

» — Assez bien, sire.

» — Monsieur de Montsoreau, avez-vous des nouvelles de Rome ?

» (De M. le comte de la Ferronnays, son gendre, ambassadeur de France.)

» — Sire, j'en ai reçu de très-satisfaisantes ce matin.

» — Monsieur de la Suze, comment va le cardinal ? (M. le cardinal de Périgord, son oncle, archevêque de Paris.)

» — Il est toujours bien souffrant, Sire.

» — Comte de Durfort, avez-vous été à la Bretèche, cette semaine ?

» Et ce disant, le roi avance la main vers le comte, qui, pour répondre au geste de Sa Majesté, s'empresse de tirer de sa poche une tabatière, lui donne du tabac, et en même temps répond à la question qui lui a été faite. (M. de Durfort, en venant à l'Ordre, avait toujours sur lui deux tabatières, dont une destinée au roi uniquement, et il ne prenait de tabac que dans l'autre. Cette manifestation respectueuse était tout à fait dans les mœurs de l'ancienne cour.)

» Le marquis de Dreux-Brézé, grand maître des cérémonies, dont le fils s'est posé d'une manière si distinguée à la Chambre des pairs, tire à chaque instant de sa poche une tabatière d'or dont il fait grincer le couvercle, sans doute dans l'espoir de s'attirer le demande de tabac; mais c'est en vain, le roi n'a jamais voulu s'apercevoir de cette sollicitation, d'ailleurs peu adroite.

» — Duc de Luxembourg, est-ce que vous êtes fatigué ?

»Le duc, capitaine des gardes de service, s'appuyait négligemment sur la console devant laquelle est sa place à l'Ordre. Il se redresse un peu troublé, et prend une attitude plus convenable.

Au comte de Damas, depuis duc et premier gentilhomme de la chambre :

» — Charles, donnez-moi du tabac ?

» Le roi, après avoir dit un mot tour à tour aux personnes présentes, met la conversation générale sur les voyages, la littérature, parle quelquefois gastronomie, rapporte des anecdotes, cite des vers (fort souvent Horace), et se complaît à montrer une mémoire surprenante ; étalage d'érudition qui rappelait bien un peu ces vers de Voltaire sur

» Gresset, doué du double privilége

» D'être au collége un bel esprit mondain,

» Et dans le monde un homme de collége.»

» Enfin, au bout de vingt minutes, une demi-heure au plus, le roi se tourne vers le duc de Tarente, major-général de la garde royale de service, en disant :

— Monsieur le maréchal ?

» Celui-ci s'approche et se penche pour recevoir le mot d'ordre, qu'il redit ensuite à Sa Majesté. Les personnes qui entourent le roi se sont éloignées par discrétion ? mais le mot était rarement dit assez bas pour qu'on ne pût l'entendre, quoiqu'à distance (¹). Après le maréchal, le duc de Mortemart, capitaine des cent-suisses ou gardes du corps

_____

(¹) On a raconté que l'un des derniers mots d'ordre de Louis XVIII avait été *Saint-Denis*, *Givet*. Triste jeu de mots, quel qu'en soit l'auteur !

à pied, reçoit de même le mot d'ordre du roi, que le duc de Luxembourg, capitaine des gardes du corps à cheval, prend le dernier.

» Le premier maître d'hôtel et le premier écuyer prennent ensuite les ordres de Sa Majesté pour le service du lendemain. Le roi fait un nouveau salut, auquel les courtisans et les officiers en cercle répondent par une profonde inclination, et rentre dans sa chambre suivi de tous ceux qui l'accompagnaient à son arrivée. L'huissier de la chambre qui a ouvert les battans, les referme, et garde la porte tant que Sa Majesté s'arrête dans cette pièce, où elle donne l'ordre au premier chambellan, maître de la garderobe et au premier gentilhomme de la chambre pour le lendemain; et celui-ci, après avoir reconduit le roi jusqu'à son cabinet intérieur, transmet cet ordre aux officiers du service de la chambre qui l'attendent à sa sortie. Le grand-chambellan quoique présent, n'intervenait jamais dans le commandement.

» La prise de tabac était regardée comme l'équivalent du bougeoir, que, dans l'ancien régime, au coucher du roi, le premier valet de chambre remettait au seigneur que Sa Majesté désignait, et avec lequel alors elle s'entretenait plus particulièrement. Seulement la nouvelle marque de faveur était répandue sur un grand nombre à la fois.

» Une remarque assez curieuse, c'est que le duc d'Esclignac, habitué de l'Ordre, le marquis de la Suze, le comte de Monsoreau, et quelques autres encore, des plus assidus, entendaient chaque fois Sa Majesté leur adresser la même question, dans les mêmes termes, et sans aucune variante pendant les dix années de son règne(¹), tandis que le comte de Langeac, ancien capitaine des gardes de la porte de *Monsieur*, comte de Provence, et qui avait en cette qualité les entrées de l'Ordre, où il manquait bien rarement d'assister, n'a jamais pu obtenir ni un mot ni un regard de son ancien maître. Il est douteux qu'on puisse citer un autre exemple de semblable tenacité. »

— Mardi, 12, au soir. — Le résultat des élections de Paris, que l'on ne pensait pas savoir d'une manière définitive avant demain, a été connu tout à coup dans la soirée et s'est répandu aussitôt avec la rapidité de l'éclair. Sur environ 250,000 votans, la liste rouge l'a emporté de quelques milliers de voix. Ce résultat est significatif; c'est un événement : l'élection du Président n'avait pas causé plus d'attente et d'anxiété que celle-ci. « C'est la *journée des bulletins rouges*, » s'écrie l'*Assemblée nationale*. D'autre part, un ouvrier disait : « Nous avons battu les blancs, mais nous ne les mangerons. » Il est difficile cependant que quelqu'un ne soit pas mangé à la longue, et même, s'il y a résistance d'un côté ou de l'autre, que la chaudière ne saute pas encore une fois. Que vont faire maintenant l'Assemblée, les partis qui la divisent, et le pouvoir? On croit toujours, de la part de celui-ci, à des projets et même, dans sa position, à la nécessité d'un coup d'état; on

(¹) M. le duc d'Esclignac ayant survécu à Louis XVIII, il n'y a rien eu de changé à sa *phrase*, *celle* de M. le comte de Montsoreau a varié de *Rome à Naples*, où M. de Blacas, son autre gendre, a été ambassadeur.

Et enfin, M. le cardinal de Périgord étant mort avant le roi, force a bien été de stéréotyper une nouvelle *phrase* pour le marquis de La Suze.

veut qu'il en ait cherché l'occasion, avant, pendant et après les élections, dans les rassemblements, d'ailleurs tout à fait pacifiques, qui ont eu lieu ces jours derniers autour de la colonne de la Bastille. En commémoration de la révolution de Février, le peuple y avait déposé des masses de couronnes funéraires avec toutes sortes d'emblèmes très-démocratiques. Une nuit, un agent de police en enleva quelques-uns. Là-dessus interpellation à la tribune, et révocation de l'agent. Puis, les élections à peine terminées, lundi au soir, ordre de la police d'enlever toutes les couronnes, dont on chargea deux fourgons. Malgré tout cela, le peuple, averti par les journaux, ne bougea pas, resta coi. En cela, comme dans tout le reste, le parti socialiste se montra admirablement discipliné. Le peuple obéit au signal, au mot d'ordre, sans sourciller. Il est devenu méfiant ; il a maintenant pour idée fixe de ne pas se laisser pousser dans un guet-apens. Se contentera-t-il longtemps d'agir par le suffrage universel, et le parti qui, en revanche, veut qu'on modifie celui-ci dans un sens conservateur, finira-t-il par l'emporter ? Voilà la question. L'analyse que nous en avons donné en commençant et dans notre précédent numéro, nous dispense de plus longues réflexions. Il est peut-être à remarquer que si la liste rouge a passé tout entière, c'est le candidat des républicains, M. Carnot, et non ceux des socialistes extrêmes, qui est sorti le premier.

Paris, 12 mars 1850.

SUISSE.

Bale, le 10 mars 1850. — La lutte du Synode et du grand Conseil zuricois, nous présente le fait le plus saillant du mouvement des idées de la Suisse allemande pendant le mois de février. L'Eglise du canton de Zurich, bien qu'Eglise d'Etat, a conservé jusqu'ici une indépendance relative, à laquelle elle tient plus que jamais ; mais là, comme ailleurs, le pouvoir civil semble vouloir insensiblement prendre sur lui le fardeau de l'autorité spirituelle, jusqu'ici laissée au clergé. L'affranchissement de l'Eglise sera tôt ou tard la conséquence nécessaire de cette tendance des gouvernements ; ce n'est qu'une question de temps.

Le Conseil ecclésiastique zuricois se composait jusqu'ici de quinze conseillers dont le Synode nommait les deux tiers et le grand Conseil un tiers ; la nouvelle loi réduit cette autorité à sept membres, dont quatre élus par le grand Conseil, et deux seulement par le Synode ; l'antistès (doyen) y appartient de droit.

Le Synode s'est à bon droit ému d'un changement qui, à divers titres, mettra désormais la direction des affaires ecclésiastiques à la remorque des fluctuations politiques ; car il est bon d'ajouter que ce Conseil sera renouvelé périodiquement tous les quatre ans, à la suite du renouvellement des autorités civiles. Le Synode s'est donc assemblé extraordinairement les 5 et 6 février. Il était loin cependant d'être unanime dans son opposition, car 31 membres acceptaient le projet ; mais une majorité de 78 voix, sans repousser le principe rationnel de l'admission des laïques dans le gouvernement de l'Eglise, estima que le projet rattachait trop étroitement l'Eglise à l'Etat, et invita le grand Conseil à ne pas accepter la nouvelle loi. Eventuellement elle demandait neuf membres au lieu de sept ; elle réclamait pour le Synode l'élection de la moitié du Conseil, et d'autres modifications moins importantes. M. le Prof. Vœgelin a surtout développé dans la discussion les idées de la majorité : le principal champion de la minorité était M. le Prof. Alex. Schweizer. M. le bourgmestre Escher représentait le gouvernement au sein du Synode.

Le grand Conseil a discuté le 12 et le 15 cette importante question, et a adopté la loi presque sans modifications. Il paraît qu'une certaine irritation contre le Synode s'y fit jour, puisqu'on proposa même de changer brusquement la composition de cette autorité et d'y introduire des laïques en nombre convenable. Toutefois cette motion fut repoussée à une grande majorité, comme intempestive sans doute ; mais il nous semble impossible qu'avec la composition actuelle du conseil ecclésiastique elle ne soit pas tôt ou tard admise.

— On se préoccupe assez vivement à Bâle d'une réorganisation des écoles, et cette question est devenue en quelque sorte politique par l'obstination qu'y met le parti radical qui a surtout en vue la désorganisation de l'enseignement supérieur. Le but est nettement avoué ; c'est, dit l'organe de ce parti, la question vitale du moment. Il est vrai que la motion faite au sein du grand Conseil par le docteur en médecine M. Fréd. Brenner, frère du juge fédéral, ne comprend pas l'université, mais le parti extrême s'est assez ouvertement déclaré mécontent de cette restriction pour faire attendre un amendement, quand l'instant favorable sera venu de le mettre en avant dans la discussion. Pour le présent on s'applique surtout à convaincre les instituteurs des établissements inférieurs des nombreux avantages matériels et moraux qui résulteront pour eux de la dissolution de l'université. Quoiqu'il fût facile de répondre, la tactique ne manque pas d'une certaine habileté, car elle tend à semer la division dans le corps enseignant et à écraser l'enseignement supérieur sous le poids combiné des haines politiques, des jalousies de métier et surtout de l'indifférence assez générale. Les partisans de l'université n'acceptent pas la lutte : ont-ils tort ? ont-ils raison ? c'est ce que l'avenir démontrera.

. A la suite de la motion de M. Brenner, le Conseil d'éducation a nommé une commission composée de quatre membres, qui a eu successivement des colloques avec des députations de toutes les écoles, tant de filles que de garçons, depuis les écoles primaires jusques et y compris le Pœdagogium.— Si nous restons dans le programme tracé par M. Brenner, nous pourrons avec quelques éclaircissements limiter le.champ de la discussion.

Le système qui domine actuellement peut être appelé un système de concentration. Les quatre écoles-primaires de garçons placées dans les quatre paroisses de la ville n'ont, chacune, que deux instituteurs, et l'enseignement normal n'y est que de trois années. Les enfants qui y entrent à cinq ans en sortent à huit. Le système est le même pour les quatre écoles primaires des jeunes filles. Celles-ci, au sortir de l'école dite *de commune*, peuvent entrer ou dans l'*école réale* (Mædchen Realschule) ou dans l'*école des filles* (Allgemeine Tœchter-Schule), qui est l'établissement public supérieur à l'usage de la bourgeoisie aisée. Le cours de la première institution n'est que de trois ans ; celui de la seconde est de cinq ans.

L'organisation des écoles de garçons a une grande analogie avec la précédente. En quittant l'école primaire, les enfants entrent ou dans l'*école réale* (Knaben Realschule) dont le cours est de quatre ans, ou au gymnase, dont l'enseignement est réparti sur six années. Ici cependant une notable différence. Le gymnase est lui-même divisé en gymnase *humaniste*, dont l'étude des langues mortes fait la base, et en gymnase *réaliste* à l'usage de ceux qui se vouent à la carrière industrielle. Cette division n'a toutefois lieu que pour les quatre classes supérieures, car l'étude du latin ne commence que dans la troisième classe. Dans les deux premières, l'enseignement est parallèle et les élèves y sont classés par la voie du sort.

A l'âge de quinze ans environ, les jeunes gens entrent au Pœdagogium, dont les cours humanistes sont de trois ans, et les cours réalistes, ou *techniques*, de deux seulement. L'université couronne le système.

Ces détails arides ne peuvent intéresser que les lecteurs qui aiment à connaître l'organisation des écoles de notre patrie. Ils sont indispensables pour celui qui tient à savoir sur quoi porte la question actuelle.

Les vues sur une réorganisation sont diverses ; en peu de mots nous pourrons maintenant donner une idée du changement le plus radical qui soit proposé. Il s'agirait de substituer au système de concentration un système de décentralisation. Le nombre des instituteurs des écoles primaires serait augmenté, et le champ d'études assimilé à-peu-près à celui de la Suisse française avec certaines améliorations. Par là tomberaient l'école réale des filles et celle des garçons Les classes inférieures du gymnase deviendraient également superflues. Le gymnase et le Pœdagogium humanistes ne formeraient qu'un seul établissement ; il en serait de même du gymnase réaliste et du Pædagógium technique qui deviendraient une école industrielle.

Voilà en quatre ou cinq lignes un immense bouleversement que nous ne pourrions ni louer ni critiquer en aussi peu de mots. Nous sommes de ceux qui pensent que les systèmes d'écucation ne sont que des moules plus ou moins perfectionnés, dans lesquels on peut fondre ou de l'or ou du plomb. En fait de nécessité de changement, nous ne croyons pas que le feu soit à la maison, et nous estimons que peu de villes ont fait jusqu'ici en faveur de l'enseignement des sacrifices aussi soutenus et aussi bien entendus que la ville de Bâle. Nous ne sommes pas loin de croire toutefois qu'un gymnase de près de 600 élèves, quelque habilement dirigé qu'il soit, a une santé trop florissante, et que, pour éviter une attaque d'apoplexie, il peut être sage de pratiquer quelques saignées. Mais nous ne sommes pas de l'école du docteur Sangrado, et nous ne voudrions pas voir saigner à blanc un sujet trop vigoureux ; nous avons plus peur de l'éthisie que de l'apoplexie. A notre avis, l'adjonction d'un troisième instituteur dans chacune des écoles primaires, et la fondation d'une école industrielle au moyen des éléments réalistes déjà existants, répondraient à des besoins assez généralement sentis, sans compromettre les bons résultats du système actuel. Les autorités appelées à décider là-dessus en premier et en dernier ressort, sont pourvues d'assez de lumières, de sagesse et d'amour du bien public pour que le changement, s'il y en a un, puisse être considéré comme un progrès.

— M. l'ancien bourgmester Burckhardt est mort à Pise, le 1ᵉʳ février. En annonçant aux lecteurs de la Revue cette douloureuse nouvelle, nous nous empresserions de traduire les excellentes esquisses biographiques que la *Gazette de Bâle* et le *Volksbote* ont données de ce respectable magistrat, si plusieurs journaux de la Suisse française ne nous avaient devancé. L'inconstance de la faveur populaire avait attristé la fin de sa carrière ; mais depuis sa mort on ne fait valoir que les éminents services rendus à l'Etat par ce patriote de la vieille roche, qui n'a sans doute jamais été un tribun, mais qui a été un de ces magistrats loyaux, intègres, infatigables, éclairés, dont notre histoire sait garder le souvenir.

— Bâle a, comme la Suisse française ses cours publics. Cette année M. Schœnbein a pris pour sujet l'eau ; M. Jung, le corps humain, et M. Burckhardt l'histoire du moyen-âge. Ces trois cours sont très-fréquentés, surtout le dernier, pour lequel 280 auditeurs se sont inscrits. Il est vrai que les cours de Bâle sont destinés à une plus grande popularité par le prix peu élevé de la souscription qui, pour le cours de M. Burckhardt, n'est que de quatre francs. Si MM. les professeurs de la Suisse française entraient dans cette voie de popularité, ils obtiendraient sans doute un résultat analogue, sans nuire à leurs intérêts. Nous leur indiquons la recette.

— La Société du Musée s'est définitivement constituée, et a choisi M. Schœnbein pour son président. De nouvelles souscriptions ont sensiblement grossi le chiffre donné dans notre dernière chronique.

— Le discours académique de M. Hagenbach sur de Wette, dont nous avons déjà fait mention, vient de paraître à Leipzig avec des annotations et un supplément. Il coûte un florin. Nous le recommandons de nouveau comme la meilleure étude qu'on puisse se procurer sur le grand théologien que Bâle regrette.

— Il existe à Bâle une sorte de prix de vertu, qui ne nous paraît pas avoir les inconvénients du prix Monthyon. Dans le but d'encourager l'attachement des domestiques à leurs maîtres et de combattre la tendance trop commune des serviteurs à changer de place comme on change d'habits, un particulier a légué une petite somme, dont l'intérêt annuel doit être alloué à la personne qui présentera les meilleurs certificats. On ne peut concourir sans être depuis quinze ans au moins dans la même maison. Le prix vient d'être donné pour la première fois ; 54 domestiques étaient sur les rangs ; celle qui a remporté le prix était chez son maître depuis trente-neuf ans. Si de nouveaux dons augmentent le capital, cette nouvelle institution produira d'utiles résultats. Encore un mot : celui qui a eu cette idée n'était, je crois, pas un socialiste.   C.-F. G.

Genève, le 6 mars 1850. — Malgré tout le bruit de nos dernières élections, la politique ne nous absorbe pas entièrement. Cependant les partis qui nous divisent sont loin d'avoir posé les armes, et ils se préoccupent déjà sourdement de la lutte qui doit avoir lieu cet automne à propos du renouvellement intégral du Grand-Conseil. — Un nouveau journal politique a pris naissance : *le Genevois ;* il paraît une fois par semaine, et annonce, dans son programme, qu'il est favorable à *l'aristocratie, c'est-à-dire au gouvernement des meilleurs.* On compte dit-on, parmi ses rédacteurs, MM. Baumgartner et Serment. Ce dernier a été remplacé dans la rédaction du *Journal de Genève,* par M. Adert, professeur au gymnase libre. Le parti opposé, le parti radical (ou plutôt les enfans perdus de ce dernier parti), continue à lancer de temps en temps dans le public quelques numéros du *Revenant,* une de ces petites feuilles où les personnalités abondent, et dont je vous ai déjà plusieurs fois signalé l'apparition aux époques agitées de notre vie politique. — Notre calme intérieur n'existe donc qu'à la surface, et, comme l'automne dernier, nous sommes partagés en deux camps de force numérique à-peu-près égale. Un petit nombre seulement d'hommes impartiaux gardent leur entière indépendance au milieu de cet antagonisme profond, dont ne seront point surpris ceux qui ont étudié notre histoire et qui connaissent notre caractère national.

M. *Pictet-de-Sergy* publie sous ce titre : *Les Eidgnots ou Genève sauvée*, une espèce de trilogie, composée de trois drames en vers, *Pécolat, Berthelier* et *Besançon Hugues*. Ces drames ont pour but de peindre trois époques rapprochées de l'histoire de Genève, et qui ont précédé de peu d'années l'établissement de la Réforme. Le premier de ces drames, *Pécolat*, a paru ; il est suivi de notes historiques fort instructives.

Il serait temps, monsieur, qu'on commençât sérieusement à s'apercevoir qu'une histoire aussi dramatique que la nôtre peut fournir matière à des œuvres théâtrales. Soit qu'on prenne le XVIᵉ siècle, où la lutte eut un caractère éminemment religieux, soit qu'on prenne le XVIIIᵉ siècle, où le combat fut essentiellement politique, toujours est-il que notre histoire présente une vie, un mouvement, une agitation, qui pourraient prêter à des développements dramatiques du plus haut intérêt, et qui prouvent la vérité de ces mots inscrits sur une vieille Bible de parchemin, il y a plusieurs siècles : «*Geneva civitas, situata inter montes, arenosa, parva, gentes semper petentes aliqua nova.*» — Malheureusement, nous n'avons pas encore, en fait d'histoire locale, notre *Jean de Muller*, et en fait de drame, notre *Schiller* ou notre *Shakespeare*.

— Il se fait en ce moment à Genève plusieurs autres publications que je ne puis que brièvement vous signaler. Une des plus importantes est *l'histoire de la destruction du paganisme dans l'empire d'Orient*, par M. le professeur Chastel. L'ouvrage est sous presse, ainsi qu'une 4ᵉ édition du Cours de physique expérimentale par M. le professeur Marcet. Le *Voyage d'un Ex-Officier* (M. le pasteur Martin) a été publié à part, et forme un petit volume in-32.— Le général Dufour, auquel le canton de Genève va vraisemblablement accorder une pension de retraite, fait paraître aussi de nouvelles éditions de deux de ses ouvrages.

Un concours aura lieu prochainement pour la chaire de droit romain et d'histoire générale du droit, vacante dans l'académie. Les candidats sont MM. Hornung, Lefort et Dussaud.

— Les idées de séparation de l'Eglise et de l'Etat, font du progrès chez nous. S'il n'existait pas de traité de Turin pour les communes catholiques du canton de Genève, il est très-probable que la séparation de l'Eglise et de l'Etat serait proclamée d'ici à peu d'années. On assure même que cette question a été incidemment effleurée dans la commission du Grand-Conseil nommée pour examiner le budget de 1850. Le peuple genevois est toujours, comme jadis, essentiellement novateur, *gentes semper petentes aliqua nova;* habitué dès longtemps à la libre discussion, lisant beaucoup, discutant avec assurance les idées nouvelles; le peuple de Genève entrerait facilement dans la voie de la séparation de l'église et de l'Etat, si la circonstance que je vous mentionnais tout-à-l'heure, n'existait point. — En attendant, il règne chez nous la liberté la plus grande sous le rapport religieux. Il serait piquant de comparer à ce point de vue le canton de Genève au canton de Vaud. ***

PORRENTRUY, 10 mars. — La *Revue Suisse* a fait un si bon accueil à notre correspondance jurassienne, que nous sommes intéressés à ne pas l'interrompre, trop heureux de pouvoir initier nos frères de la Suisse romande au petit mouvement intellectuel qui s'est développé chez nous depuis quelques années.

La Société jurassienne d'Emulation est en voie de prospérité ; ce qui le prouve le mieux est l'attention dont elle a été l'objet de la part de personnes chères aux lettres et aux sciences. Nous ne citerons ici que MM. Duvernoy de Besançon, Humbert de Genève ; ce dernier a offert à la Bibliothèque de Porrentruy ses nombreux ouvrages linguistiques, pédagogiques et littéraires, et a bien voulu accepter le titre d'associé-correspondant de la Société. La Société archéologique de Bâle a aussi, par l'entremise de M. Vischer, son président, noué des relations avec sa jeune sœur jurassienne. Une lettre de M. Th. Zschokke d'Arau, nous a aussi appris, qu'à l'instar de notre pays, une Société d'Emulation était sur le point de se former en Argovie.

Nous allons rendre un compte sommaire des principales études soumises à la Société depuis le mois de novembre 1849.

SCIENCES HISTORIQUES. — L'œuvre capitale que nous ayons à signaler est l'apparition prochaine du *Cartulaire de l'ancien Evêché de Bâle.* Dans une correspondance précédente nous avions déjà mentionné ce beau travail, exécuté par notre laborieux bibliothécaire, M. Trouillat. La question financière, qui, jusqu'à cette heure, en empêchait la publication, est maintenant résolue. L'Etat se charge de la moitié des frais d'impression, sous la condition que cette année paraisse le premier volume contenant les chartes antérieures au 13me siècle, et le second, les actes du 13me siècle. Au moment où le Conseil exécutif de Berne prenait cette décision, la Société d'histoire de Bâle faisait des démarches pour tenter elle-même l'entreprise. Nul doute que Bâle ne mette à la disposition de l'éditeur du *Cartulaire* les actes et documents inédits sur l'Evêché que ses archives renferment ; joignez encore à cette communication importante les collections uniques de M. Duvernoy, ouvertes à M. Trouillat, et vous comprendrez le prix qui s'attachera à cette œuvre monumentale.

Une étude historique porte un cachet tout différent. Ce sont des fragments d'un *Journal de la campagne d'Egypte*, de feu M. le capitaine de génie *Thurmann*, présentés par son fils, M. J. Thurmann. Ces lettres se recommandent non-seulement par la fraîcheur et la vivacité des détails, la fidélité des tableaux, mais encore par maintes données biographiques et statistiques complètement inédites.

M. Fallet nous a soumis les deux premières parties d'un travail *sur la Finlande et les Finlandais*, tableau fidèle et piquant, pris sur les lieux, des mœurs et usages finlandais. La langue et la littérature de ce peuple y sont jugées avec connaissance de cause. Je ne dirai rien ici de ces *runas* si populaires et parfois si intimes du *Kalewala*, l'œuvre la plus considérable que possèdent les Finnois, où a puisé souvent avec succès notre spirituel voyageur; j'aime mieux saluer de tout cœur cette excursion de M. Fallet dans la *Suisse livonienne*, en compagnie d'un Neuchâtelois, M. Simon, de Lignières, maître, comme lui, dans l'Institut de M. Krummer à Werro, en 1837.

Avant de passer aux sciences, indiquons ici une thèse philosophique de M. le Dr Greppin de Delémont : *Essai sur l'unité du genre humain*, objet d'un excellent résumé de M. Gressly. M. Greppin établit cette unité par la cosmogonie de Moïse, les faits géologiques prouvant l'identité des espèces dès les temps les plus reculés, l'impossibilité de la génération spontanée, l'histoire des diverses races, la similitude des mœurs. L'auteur conclut en posant l'Inde comme le berceau des races humaines, qui plus tard seront modifiées selon les climats et la nature des pays. — C'était là une grave question ; aussi n'est-il pas étonnant que, tout en rendant justice au travail de M. Greppin, la Société ait été dissidente en plusieurs points et n'ait pas voulu s'engager quant aux conclusions.

SCIENCES PHYSIQUES ET NATURELLES.— M. Gressly a rendu compte d'un nouveau travail de M. Quiquerez *sur les terrains de mine de fer du Val-de-Delémont* avec la carte géologique du Val-de-Bellerive. L'auteur décrit le bassin de Delémont, son fond crevassé en tout sens, ses divers dépôts. Il s'attache surtout à la description des dépôts sidérolitiques avec leurs argiles, minerais, filons, accidens, et arrive à des vues géologiques du plus grand intérêt, en démontrant la provenance volcanique, soit par coulées et éjections, soit par sources chaudes, de la plupart des dépôts de minerais de fer. Cet ouvrage est accompagné de 59 planches et cartes, renfermant plus de 100 dessins supérieurement exécutés et géométriquement exacts. Il serait à désirer pour la science que ce travail soit livré à l'impression.— Nous devons encore à M. Gressly quelques observations géologiques : ainsi, dans la séance de novembre, il établissait le redressement et le ploiement des terrains tertiaires avec les terrains jurassiques.

Plusieurs communications de personnes étrangères à la Société ont ici une place marquée. M. Shuttleworth annonce la découverte de *Clausilia* dans les calcaires d'eau douce des environs de Berne.

M. Vischer-Ooster a trouvé dans les Alpes , au pont de Vimmis, des fossiles qu'a déterminés M. Thurmann; ces fossiles offrent une identité frappante avec les fossiles du terrain portlandien. M. Belley a fait des *observations météréologiques sur Montbéliard*, d'où il résulte que la moyenne de température est à-peu-près la même entre cette ville et Bâle. Enfin le *supplément* de M. Muller *à la flore d'Argovie* de M. E. Zschokke, présente quelques plantes nouvelles.

L'*histoire naturelle* est plus rarement cultivée dans la Société que la géologie. Cependant M. le professeur Ribeaud nous a soumis, en décembre, des notes intéressantes sur la fourmi-fauve. Elles résultent de dix années d'observations et réfutent plusieurs faits qui semblaient jusqu'à ce jour acquis à la science.

La *sylviculture* et l'*agriculture* ont été représentées par MM. Amuat et Choffat.— M. Amuat nous a lu les premières pages d'un travail *sur le reboisement des pâturages communaux*. L'inspecteur des forêts de Porrentruy examine la question sous le point de vue agricole et forestier, et propose pour le reboisement le pin-mélèze de préférence au chêne. M. Amuat, dans la même séance, déposa sur le bureau un cèdre argenté de trois ans, cru en pleine terre près de Porrentruy, et venant de graines apportées d'Algérie par feu le général Common. Cette croissance est utile à constater, car l'inspecteur des forêts, à Alger , M. Renou, ne proposait le cèdre de l'Atlas que « pour repeupler les montagnes des départemens méridionaux de la France. » — La notice de M. Choffat *sur la périodicité des fourrages* renferme des renseignemens précieux pour la classe agricole du Jura. Notre pays est bien en retard sous ce rapport ; nous croyons, comme M. Choffat, que l'introduction de la culture du maïs y opérerait un changement heureux.

LITTÉRATURE. — La poésie a toujours quelques fervens disciples. M. Isenschmid a adressé une pièce intime *à ses amis à Porrentruy ;* M. Kohler a lu deux poésies nationales, et M. Vernier une traduction de l'*Espérance*, de Schiller, accompagnée d'un bon essai de critique sur la traduction des poètes allemands.

Un poème en patois messin, *Chan Heuslin*, a fourni à M. Kohler la matière d'une étude à la fois philologique et littéraire. Ce poème, héroï-comique à la façon du dix-huitième siècle, rappelle le seizième pour le ton et les couleurs. C'est du *gaulois* pur-sang. Le patois messin ressemble extrêmement au patois de l'Ajoie. Sans s'arrêter aux nombreux points de contact que présente l'histoire de la Lorraine et de son pays, M. X. Kohler se demande s'il ne faut pas rechercher le motif de cette ressemblance dans une origine commune des deux dialectes, la langue d'Oil devant être la mère des idiômes du Nord ? Il termine en signalant les beaux travaux de MM. Humbert, de Genève, et d'Artois, de Besançon, sur cette branche de la philologie.

Après avoir résumé les études les plus saillantes de la Société d'Emulation, à Porrentruy, il est juste de jeter un coup-d'œil sur les sections de l'Erguel et de Delémont. L'Erguel a déjà eu deux séances. Elles ont été employées en grande partie à se constituer et à examiner les sujets à traiter dans l'utilité du pays. Peu de lectures y ont été faites : la longueur des débats n'a permis d'entendre ni une étude de M. Fallet *sur les élémens étymologiques de la langue française*, ni la *biographie de Giordano Bruno* par M. Saintes, mais seulement une poésie allemande de M. Isenschmid *sur Saint-Imier*, et un travail de M. le pasteur Bernard *sur l'origine et la multiplication des langues*. L'auteur réfute l'opinion matérialiste qui ne voit dans le langage que le fruit du hasard, et le fait remonter à une source divine.

Le premier dimanche de chaque mois il y a réunion à Delémont ; un jour, section de la Société d'Emulation, l'autre, Société jurassienne d'agriculture; de part et d'autre les premières séances ont été presque exclusivement constitutives. Toutefois outre son réglement calqué sur celui de la Société-mère, la Société jurassienne d'agriculture a déjà publié une brochure : *Des engrais et de leur conservation*, extrait du travail de M. Limouzin-Lamothe par M. Bonanomi, brochure qui, répandue à profusion dans les campagnes, produira de bons résultats. — En section délémontaine, M. Quiquerez a présenté une coupe générale de toute la série des terrains mis a découvert par le soulèvement keupérien de Bellerive, avec une coupe détaillée de chaque étage.

En achevant ce rendu-compte un peu long des travaux de la Société d'Emulation, permettez-moi de vous annoncer encore une bonne nouvelle pour le Jura bernois. Depuis long-temps nous désirions posséder un *Annuaire* semblable à ceux publiés par les départemens français, recueil à la fois statistique, historique, agricole, commercial. Des démarches faites dans ce but par le Comité dirigeant ont été couronnées de succès, et à la prochaine réunion de la Société (17 mars), on arrêtera *définitivement* la publication d'un *Annuaire du Jura bernois pour 1851.*

— La Société jurassienne d'Emulation n'est pas la seule réunion intellectuelle du Jura bernois. La petite Société d'études de Porrentruy, dont la fondation précéda et prépara la première, s'est reconstituée en novembre dernier, après une interruption d'une année, motivée en partie par le départ de son président, M. Daguet. Son champ d'études est purement littéraire. Il y règne ce laisser-aller, cette intimité, impossibles dans un cercle nombreux et astreint à une tenue semi-officielle. Une Société analogue vient d'être créée à Courtelary; ses principaux membres sont MM. Saintes, Fallet et Isenschmid.

— Il n'est peut-être pas sans intérêt de faire une excursion dans la presse bernoise, à la veille de la lutte électorale du 5 mai prochain. De longtemps les partis n'ont mis tant d'ardeur à l'attaque et à la défense. De là une fièvre de journalisme, qui se produit sous toutes les couleurs. Une personne bien informée nous écrivait dernièrement que l'on dépenserait 15,000 L. S. en maculature dans les quatre premiers mois de 1850. Les organes allemands ont considérablement augmenté; dans presque chaque district, les nuances politiques ont des représentans. Nous nous bornerons ici aux journaux politiques français. En 1849, il n'en existait que deux, l'*Helvétie fédérale* et *la Suisse ;* cette année nous avons en outre la *Tribune suisse*, défroque de l'*Helvétie fédérale*, ultra-radicale, la *Patrie*, conservatrice. A côté de ces deux feuilles quotidiennes, l'approche des élections a encore créé deux journaux charivariques hebdomadaires : pour les conservateurs, *Le figaro suisse*, production anodine et sans esprit : pour les radicaux, *Jocko*, sale et dégoutant pamphlet, dont le cynisme révolte les honnêtes gens de tous les partis. Depuis son retour à Porrentruy l'*Helvétie* (cette feuille a repris son ancien titre) n'a plus le cachet communiste qu'elle portait dans la capitale : cependant on désirerait la voir suivre plus exactement la ligne de conduite modérée que lui traçait son nouveau programme. L'*Helvétie* publie chaque semaine un *Bulletin littéraire* qui rend compte des productions nouvelles et nationales, et initie un peu le Jura au mouvement scientifique et littéraire de la mère-patrie.   ***

MÉLANGES.

Bluettes et boutades.

— De même que certains parfums chassent les insectes nuisibles, un amour pur embaume le cœur et en bannit les mauvais instincts.

— Dans ce monde, on fait une mort douce après une vie pure, comme en arithmétique on obtient la preuve d'une règle juste.

— Le duel est à l'usage de ceux qui prétendent tuer les gens pour leur apprendre à vivre.

— Nul propos n'est indifférent adressé à l'innocence; il l'instruit ou l'égare, et la candeur comme la neige ne reçoit rien dans son sein qui n'y imprime une trace ou une tache.

—Descartes mit jadis à la mode le *système des tourbillons:* aujourd'hui les socialistes nous lancent dans le *tourbillon des systèmes.*

— On admire moins les rayons du génie qu'on n'en observe les taches : c'est le soleil qu'on regarde surtout un jour d'éclipse.

— Comme ces eaux qui semblent insondables parce qu'elles sont troubles, nombre d'auteurs s'estiment profonds qui ne sont qu'obscurs.

— Ce qui change le plus dans ce monde est notre manière de le voir.

— L'ingratitude est une lâcheté envers la bienfaisance, qui ne saurait se venger en publiant les services qu'elle a rendus ni en les rappelant à ceux qui les ont oubliés.　　　**J. Petitsenn.**

LE BLASÉ.

Chanson.

J'ai trente ans et de la fortune,
Ma volonté seule est ma loi.
Il faudrait chercher dans la lune
Un être plus heureux que moi :
Malgré ce destin qu'on m'envie,
Qui n'a rien à me refuser,
C'est singulier comme on s'ennuie
Alors qu'on n'a qu'à s'amuser.

Epris d'une fille charmante,
Trop vite on m'accorda sa main.
Un seul jour je l'eus pour amante,
Pour femme, hélas ! le lendemain...
Depuis que mon amour s'appuie
Sur des droits dont il peut user,
C'est singulier comme on s'ennuie
Alors qu'on n'a qu'à s'amuser.

Ma coupe en vain est embaumée
Par le nectar que l'on me sert,
La politique envenimée
Aigrit les vins de mon dessert ;
Depuis qu'on voit cette manie
A tous nos banquets s'imposer,
C'est singulier comme on s'ennuie
Alors qu'on n'a qu'à s'amuser.

Puisque je me trouve à Genève
Un souverain de par la loi,
La noble charte qui m'élève
Devrait m'amuser comme un roi !

Mais en vain la démocratie ,
Sur son trône a sû me poser,
C'est singulier comme on s'ennuie
Alors qu'on n'a qu'à s'amuser.

On nous disait : « le peuple esclave
» Sous le joug gémit attristé;
» Que rien désormais ne l'entrave,
» Sa joie est dans sa liberté ! »
Aujourd'hui que le pouvoir plie,
Qu'avec lui l'on peut tout oser,
C'est singulier comme on s'ennuie
Alors qu'on n'a qu'à s'amuser.

L'artisan ne vit pas du trouble
Dans son industrie entravé ;.
Son bénéfice n'est point double
S'il remue ou bat le pavé :
Lui-même , ainsi que moi s'écrie,
Mécontent de se reposer :
C'est singulier comme on s'ennuie
Alors qu'on n'a qu'à s'amuser !
1850.   J. PETITSENN.

REVUE BIBLIOGRAPHIQUE.

LE NOUVEAU-TESTAMENT DE N. S. JÉSUS-CHRIST, traduit en Suisse par
une société de ministres de la Parole de Dieu, sur le texte grec reçu.
2ᵉ édition enrichie d'un choix de références. — Lausanne. G. Bridel
1849. Prix 18 bz.

La première édition de cette version du Nouveau Testament, connue sous
le nom de *Version suisse*, a paru il y a dix ans; mais l'attention du public
religieux mérite d'être réveillée aujourd'hui sur cet important travail, que
populariseront davantage encore le format commode, l'élégance et la cor-
rection de cette nouvelle édition. La loi que se sont imposée les traducteurs,
a été l'exactitude et la fidélité. Toute traduction doit être une œuvre de renoncement. Il faut que celui qui entreprend de traduire un ouvrage ait foi
en son auteur, qu'il ne se scandalise jamais du sens qu'il présente, qu'il se
persuade ne pas comprendre, plutôt que de lui attribuer quelque erreur,
qu'il ne se permette jamais, par conséquent, d'ajouter ou de retrancher;
qu'il ne cherche à pallier ni à éclaircir ce qui lui semble étrange ou obscur,
qu'il s'efface en un mot, et ne prétende pas expliquer son auteur, mais qu'il
le présente avec toutes ses difficultés , en laissant aux lecteurs le soin de le
comprendre. Ce principe général de traduction, qui peut être quelquefois
susceptible d'exceptions, est absolu quand il s'agit d'une version de la
Bible. Malheur à qui essaie de soutenir l'Arche sainte en l'étayant d'une

main d'homme! Malheur à qui, tout en prétendant rendre la Bible telle qu'elle est, cherche cependant à rendre certain passage plus clair ou plus élégant par une paraphrase ou une addition! Qui vous dit que telle forme qui vous semble imparfaite ne soit pas voulue par l'Esprit qui a inspiré le livre? qui vous dit que dans l'obscurité de telle phrase il n'y ait pas une lumière pour celui qui saura la comprendre? Quel que soit votre sentiment sur la nature de l'inspiration des Livres saints, oserez-vous poser vous-mêmes la limite entre ce qui est de l'Esprit de Dieu et ce qui est de la main de l'homme? Laissez donc à l'auteur suprême de ce Livre la responsabilité de tout ce qui peut vous y scandaliser, et n'interposez pas une pensée humaine entre celle de Dieu et l'âme du lecteur! Peu de traducteurs ont poussé ce renoncement jusqu'au bout, et nous avons même remarqué avec peine, en suivant la série des versions de la Bible, que les traducteurs modernes tendaient à s'écarter de plus en plus de cette fidélité. La Version Suisse est un retour à une meilleure voie; ses auteurs ont été conséquents avec leur principe dans l'exécution de leur œuvre; ils ont poussé l'exactitude jusqu'à s'efforcer de rendre toujours le même mot grec par le même mot français. Ils ont été récompensés de l'abnégation avec laquelle ils ont fait leur œuvre: ils ne cherchaient que la fidélité, ils ont trouvé l'élégance. Le style, en effet, n'est plus alourdi par les longues additions en italique, dont l'avait chargé Martin et surchargé Osterwald; il n'a plus rien de la monotonie que ce dernier lui avait donnée autant qu'il l'avait pu, en passant le niveau sur toutes les nuances de l'expression, en rendant souvent par un même mot français plusieurs mots bien distincts en grec, en préférant toujours le mot vague au mot propre. La Version Suisse, qui est en quelque sorte un daguerréotype du texte original, n'était destinée dans l'intention de ceux qui l'ont entreprise, qu'à être consultée par ceux qui ne savent pas le grec et à accompagner les autres versions comme moyen de vérification; mais il suffirait de peu de chose pour qu'elle pût les remplacer entièrement et devenir la *version reçue* de toutes les Eglises. Il ne faudrait pour cela que quelques concessions sans importance; ainsi, par exemple, quoique nous approuvions la conséquence avec laquelle on a banni de cette version, les *Apôtres* et les *Diacres*, nous pensons qu'il n'y aurait pas d'inconvénients à leur rendre, dans une édition usuelle, l'existence que leur ont accordée l'usage de toutes les langues. Nous sommes heureux de pouvoir annoncer à nos lecteurs qu'il se prépare une version de l'Ancien Testament faite par la même société et d'après les mêmes principes que celle-ci. Les difficultés de ce nouveau travail seront plus grandes encore; il faudra songer non seulement à ce que dans tout l'Ancien Testament le même mot exprime la même chose, mais encore à ce que tout mot hébreu de l'Ancien Testament, correspondant à un mot grec du Nouveau, soit, autant que faire se pourra, rendu par un seul et même mot français: par là les deux parties de l'Ecriture s'éclaireront mutuellement, et bien des difficultés s'aplaniront d'elles-mêmes. C'est ce qu'ont entièrement négligé les anciennes versions: nous pourrions, si c'était ici le lieu de le faire, en donner bien des exemples. Puisse la foi des traducteurs ne pas faiblir dans cette grande entreprise? Puissent-ils ne pas s'écarter un instant de cette abnégation et de cette sainte audace avec laquelle doit être traduite la Parole de Dieu!

H. WOLFRATH, ÉDITEUR.

COURSE DANS LE JURA. [1]

Vous me demandez, monsieur, le récit d'une promenade que j'ai faite, l'été passé, dans le Jura. Il faut que je connaisse l'intérêt et l'admiration que vous inspirent, comme à moi, nos humbles montagnes, pour que j'ose me mettre à l'œuvre et vous envoyer une lettre qui, pour beaucoup de personnes, ne pourrait être qu'ennuyeuse. Un voyage dans le Jura, dirait-on, que peut-il offrir d'agréable et de beau ? Aussi est-ce dans la pensée que je m'adresse à un converti, que j'entre en matière, sans vous importuner d'un long préambule sur le Jura et les richesses qu'il renferme. D'ailleurs, il nous faut partir ; je dis *nous*, car il s'agit d'être le mentor de cinq enfants *de huit à quatorze ans, si j'ai bonne mémoire*. Je vous vois d'ici fronçant le sourcil dans la crainte d'explications pédantes sous prétexte d'instruire cette jeunesse en l'amusant, ou de quelques maladroites imitations de notre spirituel voyageur en zig-zag. Mais je m'efforcerai de vous épargner les unes et les autres, et nous laisserons ces enfants, tout frais éclos du nid paternel, trouver que le monde est bien grand et bien beau, s'égayer à la moindre mouche qui vole et consommer sans fin les produits indigènes, pour cheminer gravement, observer en silence et raconter de notre mieux.

Pendant que nous parcourons les lents et gracieux contours de cette belle route qui nous fait sortir du Val-de-Travers et qui, avec d'autres ou déjà construites ou surtout en projet, fera de notre pays un grand parc, je veux vous parler du plan de notre course. Vous savez que, quand une épidémie règne, chacun en souffre

(¹) Cette lettre contient des données historiques et des détails nouveaux et inédits sur une partie du Jura qui n'a guère été jusqu'ici explorée par les écrivains. A ce double titre, ce travail devait trouver sa place dans la *Revue Suisse*, et sera accueilli favorablement par nos lecteurs.

(*Note de la Rédaction*).

plus ou moins et que les plus robustes mêmes ressentent une influence ; or, vous ne nierez pas qu'une maladie de notre temps soit de remonter aux sources, de rechercher les causes, de découvrir les origines, *principia rerum ;* et quoique les essais ne m'aient pas toujours paru concluants, quoique j'aie vu bien des plantes sécher parce qu'on en avait mis à nu les racines, cependant il m'eût été difficile de ne pas désirer un but de promenade qui me montrât une origine quelconque ; j'ai donc choisi celle d'une rivière, comme la plus facile à trouver et la moins dangereuse à décrire, et j'ai résolu de conduire ma petite caravane *à la source du Doubs,* de cette rivière si remarquable que nulle autre, peut-être, ne présente, dans un cours aussi limité, un plus grand nombre de choses intéressantes.

Parvenus au point culminant de la route, nous apercevons les Verrières, nous apercevons la France! A ce mot, les yeux s'ouvrent tout grands ; mais il y a une douane à passer et les petits touristes n'en ont jamais vu, dès-lors des suppositions étonnantes,.... les battements de cœur qui s'accélèrent et les jeunes filles qui se jettent de mystérieux regards! Mais l'honnête gabelou a vu de loin notre innocence, et le cheval seul subira un examen approfondi, car il faudra écrire son signalement tout au long, crainte de trafic dans l'intérieur ; heureusement ce n'est pas un cheval de parade ; et nous pouvons bientôt partir.

A une lieue de là, nous sommes au pied du Fort-de-Joux où l'on entre réellement en France, car jusquel-à la contrée n'est encore que la continuation de la vallée des Verrières ; mais au Fort-de-Joux le caractère du pays change entièrement. Vous n'avez peut-être pas remarqué cette porte de la France, parce que vous y avez passé, enfermé dans une diligence ou par le mauvais temps ; mais quand on y passe à ciel ouvert et par un beau jour, rien ne paraît plus grand, et ne donne une idée plus imposante du pays dans lequel on entre. Rappelez-vous ces deux sommets, «gigantesque portail taillé par la nature,» comme dit un auteur, séparés par une brèche profonde, au fond de laquelle serpente la route qui conduit à Pontarlier; sur chacun de ces sommets un fort immense: l'un, ancien château féodal tout plein de souvenirs, l'autre commencé, il n'y a que quelques années, et non encore terminé ; au pied de ces deux monts, et assis sur la route, est le riant village de Saint-Pierre; plus loin le hameau moins florissant, mais plus antique, de La-Cluse, et un peu plus loin encore on a contourné le dernier contre-fort de l'Armont, et l'on découvre, à la naissance d'une plaine de plusieurs lieues d'étendue, la petite ville de Pontarlier qui, de là, par l'entassement de ses toits rouges, a l'apparence d'une grande cité. Dans des jours où la lumière est abondante, cette route de Saint-Pierre à Pontarlier est vraiment remarquable et donne une idée de grandeur qui, jointe au nom de France, qui résonne pour la première fois aux oreilles, est bien propre à frapper l'imagination du jeune touriste du Val-de-Travers.

Mais nous avons un grand tour à faire avant d'arriver à Pontarlier, et au lieu de passer entre les deux montagnes couronnées de murailles, nous continuerons dans la même direction. Pendant qu'on prépare notre dîner, nous montons au fort par une rampe très-raide et sous un soleil brûlant. Comme je vous l'ai dit, le Fort-de-Joux est un ancien château féodal, devenu, sous les administrations des derniers siècles, une simple fortification. Les constructions présentent, au premier coup-d'œil, ces deux caractères généraux : elles sont d'époques bien différentes, et chaque année on y en ajoute de nouvelles. Le fort, par sa position et ses remparts actuels, est imprenable d'assaut, il domine les routes voisines de manière à en rendre le passage impossible à un corps de troupes ennemies. Il n'est dominé lui-même que par le dernier sommet de l'Armont, sur lequel on construit maintenant le nouveau fort, à la même place où, au milieu du 13me siècle, fut construite, par Jean de Châlons, une forteresse nommée Roche-sur-la-Cluse ou Molard-devant-Joux ([1]). Cette forteresse était destinée à tenir en respect la turbulente race des sires de Joux, qui descendit alors au rang de vassale et commença à décliner rapidement jusqu'à ce que, plus tard, elle s'éteignit, ou plutôt tomba en quenouille, par le mariage de la dernière héritière avec un seigneur de la famille de Grammont. La maison de Joux, qui paraît avoir été une branche de celle de Salins, fut pendant plusieurs siècles très-puissante. Elle est connue au 11me siècle par ses déprédations et ses exigences envers ses voisins. Les chroniques du prieuré de Romain-Moûtier parlent surtout des cruautés de Amaury 1er, de Joux. Mais au com-

([1]) En construisant le nouveau fort on a retrouvé un mur peu épais au sommet, et un fossé assez long au pied du rocher ainsi que des ossements humains recouverts de terre.

mencement du 12me siècle son fils Landri voulut les réparer, autant qu'il était en lui : en particulier, il fonda ou dota l'abbaye de Mont-Benoît dont je vous parlerai bientôt. La puissance de cette maison de Joux fut sans doute une conséquence de la situation admirable de son principal château. Il dominait la route qui conduisait du comté de Bourgogne dans l'Helvétie romane, et qui avait été déjà une grande voie romaine, mettant en communication directe Avenches avec Besançon par Yverdon. Il suffit de se rappeler les travaux et les écrits de César pour comprendre l'importance d'un tel passage et par conséquent d'un château qui en était le maître ; outre celui de Joux, ses seigneurs avaient fait construire celui de La-Cluse au pied du premier, qui fermait le passage hermétiquement, et dont il ne reste, je crois, aucune trace.

Les sires de Joux furent longtemps les protecteurs ou *avoués* de la ville de Pontarlier, dont le péage était très-important et fut sans doute pour eux une source de richesses, quoique les produits dussent en être partagés entre plusieurs ayant-droit. Je n'oublierai pas de vous rappeler que le château de Joux a appartenu depuis 1477 à Philippe de Hochberg, comte de Neuchâtel, à qui il fut donné probablement par Louis XI, qui avait détruit un grand nombre de châteaux-forts en Bourgogne, mais laissa subsister celui-ci à cause de son importance comme moyen de défense. Il fut pris en 1507 à l'héritière de Philippe par un officier espagnol, puis repris pendant la guerre de trente ans et remis par les chefs de l'armée suédoise à Henri II de Longueville, comte de Neuchâtel, qui l'obtint du roi de France à la paix de Westphalie. Celle des Pyrénées, en 1659, fit rentrer ce château sous la domination de l'Espagne jusqu'à l'époque où Louis XIV s'empara de la Franche-Comté. On voit encore, m'a-t-on dit, au-dessus de la route qui conduit de La-Cluse à Pontarlier, des restes de travaux faits par Louis XIV pour le siège du fort. Depuis, ce château est devenu une des clefs de la France. Au mois de décembre 1813, les Autrichiens entrèrent en France par le Val-Je-Travers dont les habitants, ainsi que ceux des Verrières, durent faire des corvées pour la construction d'une route à travers l'Armont, qui permit aux Autrichiens de tourner le Fort-de-Joux et de parvenir, sans passer sous ses batteries, à Pontarlier, où ils arrivèrent le 24 décembre. C'est pour parer à un semblable danger qu'est construit le nouveau fort qui commande les sommités de l'Armont, à une grande distance, et à l'abri duquel peut facilement se placer un détachement de troupes destinées à empêcher le passage de la montagne. Le souvenir du passage des Autrichiens est très-vivant dans la mémoire des habitants des vallées de Travers et des Verrières, où les troupes allemandes purent d'abord se croire en pays conquis à cause du langage et de la domination d'un prince français. Un de mes voisins me racontait, il y a quelques jours, comme quoi, après un premier voyage fait à l'Armont avec les deux chevaux de son père, il alla s'établir pour quelques semaines dans une ferme des montagnes de Travers, sans rentrer dans la maison paternelle, pour éviter de nouvelles réquisitions en laissant ignorer son retour. Il riait encore dans sa barbe grise de ce bon tour de sa jeunesse. Dès que les Autrichiens furent arrivés à Pontarlier, ils bloquèrent le fort qui n'avait pour garnison qu'une compagnie de vétérans et peu de provisions de bouche. Au bout de quinze jours de siége, le commandant du fort, M. Roubaix, signa une capitulation d'après laquelle ses soldats purent se retirer sur Besançon avec les honneurs de la guerre. Le fort fut ensuite démantelé, les armes et les munitions de guerre enlevées, tous les objets en fer et les arbres de la promenade vendus : les portes, les poutres, les charpentes et les tuiles ne restèrent en place que faute d'acheteurs. Dès-lors, tout a été réparé et il ne reste aucune trace de cet événement.

En parcourant nos montagnes, on est étonné de retrouver un si grand nombre de ruines de châteaux, et on l'est davantage quand on sait qu'il y en a eu un plus grand nombre encore dont il ne reste aucun vestige. L'on ne peut s'empêcher de reporter ses pensées vers l'époque où tant de sommets étaient surmontés de donjons féodaux et de se représenter l'aspect pittoresque que devait présenter alors notre Jura. C'est au milieu du 9me siècle qu'ont été élevés les premiers châteaux que plusieurs causes tendirent à multiplier. D'abord, l'anarchie qui régna pendant plusieurs siècles et pendant laquelle les barons, flattés par les divers compétiteurs des trônes, purent aisément proclamer et défendre leur indépendance. Adson, abbé de la célèbre abbaye de Luxeuil au 10me siècle, fait un triste tableau de cet état de la société. Le concile tenu près de Soissons en 909 a laissé une semblable peinture des mœurs du temps : « Chacun fait ce qui lui plaît, méprisant les choses divines et humaines. » En lisant ce passage on se rappelle involontairement celui du *Livre des Juges :* « Alors chacun faisait ce qui lui semblait bon en Israël. » La faiblesse de l'autorité souveraine faisait la force de ces petites autorités qui depuis Charles-le-Chauve, qui condamnait déjà *ces citadelles menaçantes*, jusqu'à Louis XI qui les détruisit ou en brisa le pouvoir, furent pour les rois de France un continuel danger. La terreur produite par l'invasion des Hongrois (937), qui pénétrèrent jusqu'à la Loire, brûlèrent Besançon et firent d'épouvantables ravages, multiplia aussi en Bourgogne les châteaux-forts qui avaient été les seuls refuges des habitants pendant cette invasion. On pourrait encore assigner d'autres causes à la construction de ces retraites, soutiens de la société féodale. Cette société fut modifiée jusqu'à un certain point et régularisée par la *Trève de Dieu* qui mit un terme aux guerres continuelles des seigneurs. Les temps féodaux sont, sous certains rapports, les temps héroïques de l'histoire moderne, et en lisant les chroniques, on se reporte naturellement aux poèmes homériques qui nous présentent un tableau assez semblable et nous montrent des chefs plus ou moins indépendants, pleins de courage, cœurs et corps de fer, mais dont les mœurs apparaissent souvent aussi grossières et cruelles, même au travers du voile brillant des vers du poète grec. Les princes d'Homère, d'origines différentes, mais habitant un petit pays, resserré par la mer, purent, par un effet de leur rapprochement, se faire aisément une nationalité commune et se réunir pour lutter contre les tribus asiatiques que la puissante Ilion rassembla autour de ses murailles. Dans les temps féodaux, au contraire, les nationalités se perdent plutôt ou sont lentes à se former ; c'est l'individualisme social le plus complet ; l'Eglise put seule, pendant quelque temps, faire un seul corps de ces membres épars et jeter aussi sur l'Asie des bandes innombrables.

Mais vous êtes, sans doute, impatient d'entrer dans le fort et vous me feriez grâce, bien volontiers, de ces réflexions qui se présentèrent à mon esprit à mesure que nous nous élevions et qu'apparaissaient successivement à nos regards les sommets d'alentour. Ils auraient une admirable histoire à nous raconter, s'ils pouvaient rappeler les scènes qui depuis dix siècles se sont déroulées à leurs pieds.

Nous avons une lettre de recommandation pour un officier, et nous verrons devant nous s'abaisser les ponts, se lever les herses et s'ouvrir les portes. L'officier nous accueille avec une amabilité toute française, et sa femme nous accompagne partout avec la plus gracieuse complaisance.

Vous pensez bien que je ne veux vous ennuyer d'aucune description technique du Fort-de-Joux. Nous avons d'ailleurs mieux à faire, et quoique le Mentor ait pu étaler une immense érudition aux yeux de ses petits compagnons, il n'oublie pas ailleurs le *ne sutor*. Il y a beaucoup de choses à voir ici, et précédés par notre aimable cicérone, suivis par un soldat, nous nous mettons en chemin. C'est d'abord la poudrière toute bardée de fer, ce sont ensuite les casemates; caves obscures où nous ressentons une fraîcheur qui contraste tellement avec la température extérieure, que l'on donne l'ordre de passer rapidement dans la crainte des rhumes que pourraient gagner les Télémaques en toile de coton.

Mais à propos de casemates, il y a trois histoires à raconter qui nous feront admirer la richesse légendaire de ces roches et regretter un narrateur plus érudit et plus habile. Suivez-nous sous cette voûte sombre; elle conduit dans un caveau plus triste et plus noir que les autres, qui n'est éclairé que par un jour d'emprunt et dont la meurtrière étroite ne laisse pas même apercevoir le ciel, mais ouvre contre un angle rentrant du mur extérieur. C'est là, nous dit-on, la prison de madame de Joux; personne n'a pu me conter en détail sa lamentable histoire. la tradition dit seulement, que victime de la jalousie de son maître et seigneur, la noble châtelaine y fut enfermée par lui et y mourut au bout de quelques années. Le souterrain, dans lequel nous sommes, fait visiblement partie des plus anciennes constructions; il n'a plus maintenant de destination, le plancher ne consiste même qu'en quelques poutres qui laissent voir dans leurs intervalles un caveau plus profond; c'est là certainement une de ces oubliettes, comme il en existe dans tous les anciens châteaux et non une casemate moderne propre à la défense du fort. A peine eus-je raconté la légende que les enfants se turent, et tout émus se hâtèrent de sortir; pour moi, j'aurais voulu pouvoir interroger ces voûtes et leur demander le secret de ces longues angoisses enseveli là depuis si long-temps. Mais pourquoi le leur demander? N'est-ce pas l'éternelle histoire des passions humaines dont l'aveugle violence n'est pas même appaisée par les larmes de victimes résignées, depuis les barons du moyen-âge, jusqu'à certains *philanthropes* du 19me siècle. Je fus naturellement porté à compléter la légende de madame de Joux par celle d'Ida de Toggenbourg que la *Revue Suisse* nous a racontée. Seulement le comte Ralph me parut bien humain à côté de l'inexorable seigneur de Joux. Pendant que les enfants trouvaient au dehors quelque objet d'amusement, je m'assis seul sur la pierre du soupirail. Au milieu de cette froide obscurité, il me semblait à chaque instant entendre un gémissement. Qu'il a fallu aimer pour pouvoir haïr ainsi, ou plutôt qu'il faut s'aimer soi-même pour se venger ainsi de l'indifférence et même de l'infidélité, et que les ténèbres d'une âme que possède une passion ardente et égoïste, sont plus profondes que celles où gémit si longtemps, avant de s'éteindre, la malheureuse captive!.... Mais je me lève à l'appel renouvelé de mes compagnons qui ne comprennent rien à ma rêverie, et auxquels quelques rayons d'un brillant soleil ont déjà fait oublier les douleurs de la pauvre châtelaine. Quel attrait y a-t-il donc à rechercher ces lugubres histoires : quelle corde vibre dans le cœur à ces mystérieux récits dont les traditions conservent toujours au moins l'idée principale? L'écho des joies humaines se tait, mais le souvenir des grands crimes ou des grandes douleurs ne meurt jamais.

Ces derniers mots vous feront comprendre pourquoi je n'adopte pas les conclusions de la critique moderne qui révoque en doute cette histoire, parce qu'elle ne repose pas sur des documents assez positifs. C'est ce que m'écrit aujourd'hui un savant chroniqueur de Pontarlier, tout en m'informant de l'existence de la complainte de Berthe de Joux rapportée dans un recueil de traditions sur la Franche-Comté. Pour moi, je m'en tiens à la croyance populaire, une prison et une complainte me paraissent des témoignages suffisans : il serait même permis de désirer que tous les faits que nous raconte l'histoire, reposassent sur des fondements aussi solides.

Il faut traverser bien des siècles pour arriver à ma seconde histoire, c'est-à-dire au second prisonnier, puisqu'il ne s'agit de rien moins que du comte de Mirabeau. Vous connaissez les aventures de sa jeunesse, les désordres et les emprisonnements qui précédèrent son mariage avec Mlle de Marignane dont il dépensa tous les biens. Confiné ensuite dans les terres de sa famille, il s'y livra pendant quelque temps à des études sérieuses, mais ayant rompu son ban, il fut renfermé dans plusieurs prisons d'Etat et enfin une nouvelle lettre de cachet l'envoya au château de Joux. On ne montre point sa prison, car sa détention était peu sévère ; il pouvait aller souvent à Pontarlier et était reçu dans la société de cette ville. Là vivait le marquis de Monnier. seigneur de plusieurs villages des environs, qui, dans un âge déjà avancé, avait épousé une jeune femme de beaucoup d'esprit et d'une grande beauté. C'est cette Sophie de Monnier que Mirabeau enleva et avec laquelle il s'enfuit en Suisse, puis en Hollande pendant que les familles de son père, de sa femme et de sa complice, le faisaient condamner par le parlement de Besançon et brûler en effigie. Il revint ensuite purger sa contumace : la sentence fut réformée et il termina cette affaire par une transaction avec le marquis de Monnier, dont la minute est encore en l'étude d'un notaire de Pontarlier. Voilà l'histoire de Mirabeau quant à ce qui concerne le Fort-de-Joux, elle m'inspire une seule réflexion que vous trouverez peut-être bien banale : et c'est après une telle vie qu'on se présente comme le régénérateur de sa patrie, et il suffit d'éminens talens pour la gloire de ceux qui les ont possédés, indépendamment de l'usage qu'ils en ont fait ! N'est-ce point le cas de rappeler ces deux vers de Lamartine :

> Et vous, fléaux de Dieu, qui sait si le génie
> N'est pas une de vos vertus ?

Mais c'est trop vous parler de Mirabeau; pardonnez-moi une digression un peu longue et rentrons dans nos casemates. Il en est une que l'on nomme la prison de Toussaint-Louverture, et c'est bien la plus merveilleuse des histoires, que celle de ce pauvre nègre, enlevé, par ordre de Napoléon, à Saint-Domingue, et venant mourir sur un rocher du Jura parce qu'il a voulu faire dans son île à-peu-près ce que Bonaparte a fait en France : quelle destinée ! Ce descendant de Cam était esclave dans la partie française de l'île quand éclata la révolution de 89. Il rêva de bonne heure l'indépendance de sa patrie, que facilitaient la double domination française et espagnole et des influences anglaises. Toussaint fit preuve pendant cette longue guerre de talents militaires, de bravoure et même de générosité. Mais que fais-je ? Il me survient tout-à-coup un accès de cette maladie dont je vous parlais en commençant, j'allais reprendre Toussaint à son origine et vous répéter ce que vous savez mieux que moi. Il fut dix mois seulement au Fort-de-Joux et y mourut le 27 avril 1803. Il a été enterré au cimetière de La-Cluse. Il n'existe aucune trace de sa captivité, la police a détruit tous les procès-verbaux qui le concernaient. On dit que le

froid a été une des causes de sa mort. Sur ce sommet élevé du Jura,
si souvent nébuleux, et où l'hiver est si long, il ne pouvait parvenir à se réchauffer, et ce puissant corps qui avait supporté facilement les rudes travaux d'une longue guerre, dompté par la température et grelottant sans cesse, inspirait, dit-on, une vive pitié.
Il voyait bien des monts qui lui rappelaient les mornes de sa patrie;
mais il ne retrouvait plus son ciel si pur et son brûlant soleil. Une
autre cause de sa mort si prompte, fut le chagrin profond qu'il
éprouvait au souvenir de la tromperie au moyen de laquelle on
s'était emparé de lui, et les regrets qu'il ressentait d'avoir manqué
de prudence. Il ne pouvait en prendre son parti. Outre le trait de
ressemblance que j'ai déjà cité entre le vainqueur et le vaincu, ne
pourrais-je pas rappeler encore les glaces de la Russie et les regrets de Sainte-Hélène, comme rapports nouveaux et assez frappants entre ces deux hommes qui eurent, quoique dans des proportions bien différentes, des destinées assez semblables?

Du haut de la plate-forme supérieure qui domine tout le
paysage, est-il possible de ne pas penser à ce malheureux nègre,
captif à plusieurs mille lieues de sa patrie, manquant d'espace
pour se promener, de chaleur et d'air pour vivre, et mourant
comme ces nobles animaux des déserts, que l'on renferme dans
d'étroites cellules et dont l'existence étiolée n'est plus qu'une
longue agonie. Vous savez que Lamartine a fait un drame nommé
Toussaint-Louverture, et qui sera, dit-on, représenté à Paris dans
quelques mois. On comprend que le grand poète ait été séduit par
un tel sujet, et il est permis de compter sur un ouvrage d'un vif
intérêt.

La vue dont on jouit de cette plate-forme est bien belle. En
face, le long ruban de la route des Verrières, au fond d'un vallon marécageux, animé par les jolies maisons de Saint-Pierre; à
gauche, le gracieux contour de celle qui conduit à Pontarlier et
traverse la Cluse dont, à cette élévation, les maisons n'ont rien de
triste et de délabré; à droite la route que nous devons suivre et
qui se perd dans une verdoyante vallée, derrière, une autre petite vallée où le Doubs serpente mollement, et au dessus, comme
un nid d'aigle, le nouveau fort qui sera plus pittoresque encore
quand le temps aura bruni les pierres blanches de ses murailles et
l'aura revêtu de cette couche moussue qui donne l'apparence de
roches naturelles aux murs antiques qui couronnent tant de nos

monts. Près de cette plate-forme où gisent silencieuses d'énormes pièces de canons et des piles de boulets, d'obus et de bombes, dont il faut expliquer l'usage à nos grenadiers en herbe, nous trouvons sept ou huit soldats qui semblent réjouis de nous voir et de nous faire observer ces objets qu'ils n'ont eu que trop le temps d'examiner, car nous apprenons, après les avoir quittés, que ce sont de jeunes soldats prisonniers, pour avoir exprimé trop vivement leurs sympathies politiques lors des élections pour l'assemblée législative. Ils viennent d'une garnison de l'Alsace. Nous ne nous attendions pas à trouver ici de petits Toussaint-Louverture.

Avant de quitter le fort, il y a encore une merveille à visiter, c'est le grand puits creusé jusqu'au niveau du Doubs, à environ 500 pieds de profondeur. Ce puits n'est utile qu'en cas de siége, car le fort a de grandes citernes creusées dans le roc qui recueillent les eaux pluviales et les conservent très-fraîches et très-pures. Après la reddition du fort, les Autrichiens jetèrent dans le puits une grande quantité de matériaux pour en rendre l'usage impossible, et enlevèrent le cable; le cable a été remplacé et le puits nettoyé. Lorsque l'on commença la construction du nouveau fort, on disait qu'il y avait une communication entre le fond du puits et le pied de la montagne. L'officier du génie chargé des travaux, reçut l'ordre de descendre dans le puits pour voir si cette prétendue communication existait. Il a vérifié qu'il n'y en avait pas. L'orifice du puits est dans un bâtiment dont le commandant du fort a la clef, que le soldat qui nous accompagnait alla chercher. Le puits a 12 pieds de diamètre et est creusé dans le roc vif sans maçonnerie. Mais un puits de 500 pieds de profondeur n'est pas un point de vue très-clair, et il ne nous suffisait pas d'avoir considéré le mur qui l'entoure et la grue qui dort à côté de l'énorme sceau qu'elle doit élever, il fallait allumer un combustible quelconque et le jeter en bas pour mesurer de l'œil les abimes. Heureusement nous avions un numéro d'un journal de Paris, et pour la première fois je me réjouis de la grandeur du format qui devait prolonger le plaisir. Je fais ranger sur le bord la jeunesse pétulante, et la feuille est enflammée. On ne croirait pas que ce simple appareil pût produire un spectacle si beau. Nos yeux avides suivaient presque avec émotion cette flamme qui descendait en éclairant successivement les nombreuses couches circulaires. La flamme s'éteignit et la cendre incandescante brilla un moment encore comme une étoile au plus profond des cieux et cessa d'être visible avant d'avoir atteint le fond. Combien nous regrettâmes de n'avoir pas avec nous la collection complète du *Moniteur Universel.* Il fallut donc sortir, c'était avec peine, car jamais le plus brillant artifice n'a produit sur nous l'effet de cette flamme portant lentement la lumière dans les entrailles de la terre d'où il semblait à chaque instant voir sortir quelque révélation inattendue ; tant il est vrai que l'image, même la plus faible, de l'infini nous fait toujours rêver et impressionne vivement jusqu'aux esprits légers des enfants.

Maintenant, il faut retourner à Saint-Pierre. Mais pensez-vous que notre aimable guide nous laissera partir sans nous offrir une délicieuse collation qui combattra aussi victorieusement les influences glaciales des casemates que celles des rayons ardents du soleil, et dont l'offre est accueillie avec des sourires non équivoques de la part de ceux dont la dame du fort, si hospitalière, est la maman depuis une heure. Aussi est-elle bien notée dans leur souvenir, et son nom n'a-t-il jamais été prononcé pendant et après le voyage sans une expression de reconnaissance. Enfin nous sommes de retour à Saint-Pierre où l'on prend un dîner assaisonné par la joie la plus expansive de nos petits voyageurs. Je fais à cette occasion l'observation suivante ; c'est qu'il est plus agréable qu'on ne le pense de voyager avec des enfants. D'abord, ils se comportent toujours mieux en route qu'à la maison, et reconnaissants de ce qu'on fait pour eux, ils sont plus prévenants et plus aimables. Leur intarissable babil, leur gaîté soutenue, leurs questions ou leurs observations naïves et leur monstrueux appétit sont des sujets de continuel intérêt. Il y a en eux trop de vie pour qu'ils connaissent ces moments de vide et d'ennui qu'on éprouve si souvent en voyage ; tout leur devient amusement, jusqu'aux contrariétés en apparence les plus grandes. D'ailleurs, comme ils sont toujours disposés à se divertir les uns avec les autres, il est très-facile de s'en isoler par la pensée, et de se livrer, même à côté d'eux, aux méditations les plus sérieuses. Je fais ces réflexions dans le désir que la crainte d'une société trop bruyante et de peu d'intérêt n'empêche pas de procurer aux enfants de réels avantages avec de grands plaisirs en les accompagnant dans des courses propres à les développer utilement. Et aussi n'est-ce rien que d'être témoin de la joie de cet âge où l'on jouit encore sans crainte et sans arrière-pensée, n'est-ce rien que de pouvoir quelque temps redevenir en quelque sorte enfant soi-même ?

A deux heures, nous montons sur notre char à l'allemande (char à bancs), véhicule de couleur locale dans une course jurassienne, mais véhicule à conseiller seulement par un temps comme celui qui nous a favorisés pendant quatre jours. Nous commençons une course délicieuse dans des lieux inconnus, et nous arriverons à Mouthe après trois heures de marche au milieu des plus riantes contrées. La vallée qui commence au pied du fort de Joux, au midi, est étroite et ombragée, et la route souvent bordée par un large ruisseau qui çà et là fait tourner quelque roue, et porte partout avec lui la vie et la fraîcheur. A une demi-lieue de Saint-Pierre s'élève, à gauche, le chemin que nous parcourûmes l'année passée, et qui conduit à Sainte-Croix en traversant le vaste et beau plateau *des Fours*, où apparaissent partout les signes de l'abondance et d'une ingénieuse industrie. C'est dans cet endroit que Henri de Joux, au 13e siècle, appela un certain nombre de Romands pour préparer la résine extraite des sapins qui recouvraient tout le plateau. Cette exploitation qui était d'un grand revenu nécessita la construction d'un certain nombre d'habitations et le défrichement des terrains environnants. C'est sans doute de cette industrie que vient le nom *des Fours*, commune qui est maintenant une des plus considérables de l'arrondissement de Pontarlier.

Ne connaissant pas la route de Jougne, nous avons l'intention de la prendre : heureusement induits en erreur par le luxe de noms gravés sur la pierre des nombreux poteaux indicateurs, nous quittons sans le savoir le chemin de Jougne, et nous allons à droite dans une route nouvelle, qui nous conduira directement à notre destination le long du lac de Saint-Point. Il n'est pas toujours aussi utile et aussi agréable de se tromper. Près de là, sur la route de Jougne, est une fontaine intermittente que nous croyons voir à chaque instant, et que nous ne verrons pas; on en dit des merveilles; mais je ne parle que *de visu* et je vous fais grâce de tout ce qu'on nous en a raconté.

Un peu plus loin, nous apercevons un mendiant qui mange tranquillement le pain de la charité au pied d'une haute perche portant cet écriteau : *La mendicité est interdite dans le département du Doubs* (on en voit un grand nombre de semblables). Par peur des gendarmes, nous ne lui donnons qu'en tremblant notre pite;

quant à lui, il ne tremble pas du tout, et paraît se soucier fort peu de ces excentricités administratives. Sans vouloir, il va sans dire, énoncer une théorie sur ce grave sujet, je ne puis m'empêcher de me dire, à moi-même : Pour qui place-t-on ces écriteaux? Pour les seuls qui sachent lire, c'est-à-dire, pour ceux qui ne mendient point, ne signifient-ils, pas : il est défendu de faire l'aumone? Ah, laissez le pauvre s'approcher du voyageur trop heureux d'entendre sortir d'une bouche reconnaissante de pieuses bénédictions et des vœux pour son voyage. Laissez la main de celui que la Providence a béni, toucher celle de son frère moins favorisé; et sans doute ce rapprochement d'un instant fera plus pour le bien moral de l'un et de l'autre que vos froids arrêts de police qui ont toujours au moins le danger de signaler ces différences que la charité seule peut faire oublier, et de déposer dans l'âme du pauvre un levain d'amertume. Nos petits Neuchâtelois ne savaient que penser de ces écriteaux, et j'en étais à chercher une explication qui pût ne blesser ni la tendre compassion de leur cœur, ni le respect qu'on doit à l'autorité, quand nous vîmes tout-à-coup le lac de Saint-Point qui s'allongeait devant nous, et qui attira tous les regards et toutes les pensées.

Ce lac, que le Doubs traverse dans toute sa longueur, est pourtant peu remarquable. Il ressemble à tous les lacs des hautes vallées du Jura, mais n'est pas, comme plusieurs de ceux que nous connaissons, entouré d'habitations riantes ou de villages industriels, pour donner quelque vie à ses bords endormis; ce n'est pas, non plus, l'imposante solitude de quelques lacs des Alpes où le silence de la nature a plus d'attraits que le bruit fait par les hommes; c'est un lac aux eaux sans couleur, aux bords couverts de joncs, entouré de champs labourés, sans ombrage sur ses rives; on l'aperçoit sans doute avec plaisir au milieu d'un jour d'été, mais on ne désire point de s'y arrêter, et on le quitte sans regret. C'est là sans doute une impression individuelle, cependant le temps était si beau, et nous étions si bien disposés à admirer, que je puis croire que les objets se sont présentés à nous sous leur aspect le plus favorable. J'avais vu ce lac du haut de l'Armont, il y a quelques années, et il m'avait charmé, j'avais même formé alors le projet de notre course; est-ce donc encore l'occasion dire : De loin c'est quelque chose et de près ce n'est rien.

Le petit lac de Remoray, en partie entouré de forêts épaisses, nous a paru plus pittoresque, mais la route que nous suivons n'en approche pas.

Entre les deux lacs, en arrière et sur le penchant d'un côteau rapide, est le grand village de Labergement, qui n'a rien de remarquable qu'une assez belle église qui le domine majestueusement. Le nom de ce village paraît assez singulier à nos jeunes voyageurs jusqu'à ce qu'on leur ait appris que ceux à qui l'on donnait des terres à défricher étaient nommés *abergeants* et leur habitation *abergement*, qui signifie *maison*. Le village de Labergement fut bâti en 1243 par les moines du Mont-de-Sainte-Marie, qui quittèrent les lieux sauvages où était leur abbaye, au milieu des forêts du côté des Fours, pour fonder l'abbaye et le village de Labergement-Sainte-Marie ; ils y appelèrent de nombreux travailleurs à qui ils donnèrent les terres mises en valeur par eux, et se distinguèrent par leur charitable activité et leur influence civilisatrice.

Après avoir traversé une longue forêt, nous entrons dans le vallon de Mouthe où commence le cours du Doubs. C'est une haute vallée, ayant plutôt l'aspect d'un plateau, tant elle est vaste et si peu sont élevées au-dessus de la plaine les montagnes qui la ceignent. Le Doubs qui la parcourt en faisant de continuels circuits est ici un grand ruisseau de quinze à vingt pieds de largeur, au lit régulier, à l'allure indécise, et revêt dès sa source ce caractère tranquille qui est celui de toute la partie supérieure de son cours et qui sans doute lui a fait donner son nom (Dubius). César le nomme *Aldua Dubis*, nom auquel on a voulu trouver une étymologie celtique qui désignerait les nombreuses sinuosités de son cours, *Alda* signifiant en langue celtique une *anguille ;* mais cela n'explique pas le mot *Dubis* qui est sans doute le nom latin et qui s'applique si bien à la lenteur remarquable du cours de la rivière. Il semble, en effet, à chaque méandre qu'elle retourne en arrière ; il faut suivre soi-même une direction fixe pour savoir de quel côté elle coule ou doit couler ; mais rien n'est plus doux et plus gracieux, et en voyant cette onde se complaire à retarder sa marche dans cette riante vallée, on comprend bien la poétique personnification des fleuves de la mythologie grecque. Enfin, en marchant plus vite et plus droit que la rivière, nous atteignons Mouthe à cinq heures.

Avec de petits touristes, la première affaire est, il va sans dire,

de commander un repas, le pittoresque viendra après, s'il le peut.
Or, on nous dit qu'à Mouthe le *goûter* consiste en un gros brochet
du lac de Saint-Point, en un ragoût d'écrevisses du Doubs et en
café à la crême comme on n'en boit qu'à 4,000 pieds âu-dessus du
niveau de la mer. Chacun trouve qu'il est d'une haute convenance
que les voyageurs respectent les usages des lieux qu'ils parcourent, et l'on accepte à l'unanimité la carte proposée par nos excellents hôtes. J'oubliais de vous dire que c'est à l'*Hôtel des trois
Pigeons, ce doux nom d'un agréable augure.* Après un repos et
un repas également restaurants, nous sommes merveilleusement
préparés pour visiter les curiosités du lieu et surtout la source du
Doubs, but essentiel et mystérieux de nos recherches. En chemin
pour y aller, nous admirons une magnifique *maison de commune*
qui sera bientôt achevée et qu'on prend de loin pour un château à
cause des quatre tours massives qui en couvrent les angles et con-
trastent peu agréablement avec les façades centrales qui sont d'un
style moderne. Je ne sais à quel usage ces tours sont destinées,
mais on regrette qu'il ait été mis là tant de pierre, tandis que les
escaliers intérieurs sont en bois et les cloisons en briques posées
de champ. Si l'architecte municipal eût fait, comme nous, une promenade jurassienne, il eût pu voir au Val-de-Travers des constructions communales en même temps utiles et élégantes : l'une,
en particulier, que l'on termine maintenant, lui aurait montré
comment une apparence vraiment monumentale peut s'allier à une
destination simple et pratique, et comment des dépenses qui ne
semblent d'abord faites que pour embellir peuvent concourir à l'u-
tilité et à la durée d'un édifice. Mais trève à la critique qui n'est
peut-être qu'une boutade de vanité nationale, car ce bâtiment, en
dépit de ses tours, aura des salles vastes, bien éclairées et jouissant d'une belle vue sur la vallée, il contiendra des chambres pour
la municipalité, pour les écoles et des logements pour les instituteurs, ensorte qu'en visant au grandiose, on n'a pourtant pas négligé l'essentiel. Les sommes employées à cette construction proviennent du gain d'un procès de la commune avec l'Etat à l'occasion de vastes forêts, et l'on ne pouvait *commémorer* trop solidement le triomphe municipal.

Un peu en dehors du village est l'église qui mérite aussi quelque
attention. Elle m'a paru antique ; je n'ai pu savoir si c'était celle
de l'ancien prieuré de Mouthe. En cheminant vers la source, nous

passons sur un pont d'où nos petits furets ne peuvent découvrir le moindre fretin, et l'un d'eux s'écrie : « C'est comme dans la Mer-Morte..» On lui promettrait, à cause de cette observation, le prix de géographie aux prochaines *Promotions,* s'il ne venait de nous affirmer, avec une conviction tout aussi profonde, que la capitale de la France c'est....: Mouthe. Le lit de la rivière est ici déjà tellement contourné que dans un trajet d'un quart-d'heure nous la perdons de vue et la retrouvons plusieurs fois. Le sol que l'on foule est tourbeux, et pourtant assez productif. Un particulier qui travaille en cet endroit-là, nous dit que ces terrains communaux ne sont pas exploités en grand, mais que la municipalité en donne chaque année une certaine étendue aux familles pauvres qui y trouvent leur combustible et, en y employant les journées où elles n'ont pas d'ouvrage, s'y font en outre un petit revenu par la vente du surplus. Ceci me semble mieux entendu que les tours de la maison de commune. Notre indigène a du bon sens, est assez au courant des affaires générales et me demande des nouvelles de Rome ; par hasard le journal qui a fait un si beau feu au Fort-de-Joux, contenait celle de la prise de la ville par les Français, et je lui communique le fait. Un sourire de satisfaction éclaire un instant sa figure à la pensée d'un nouveau et brillant fait d'armes, mais il ajoute : « Je vois bien ce que c'est, on veut rétablir le gouvernement des prêtres, mais notre père, le Pape, ne le permettra pas. » Sans éclaircir le sens de ces paroles, nous nous quittons en nous serrant la main et nous arrivons au terme de la course. A cent pas de la source est une usine. Avant de laisser l'onde s'endormir dans le fond de la vallée, on l'utilise pour mettre en mouvement des machines ; et nos petits amis vont admirer la rotation diligente d'une scie circulaire et la confection de bardeaux qui, au lieu d'être faits à la main comme dans notre pays, sont sciés en planchettes régulières et forment des couvertures de toits, mieux assises, plus légères et plus belles que les nôtres. Heureusement, tous ces appareils, cessant à cinquante pas de la source, ne lui font rien perdre de son caractère pittoresque. Représentez-vous un léger enfoncement dans la montagne, plein d'ombre et de mystère, au fond duquel le bruit de l'eau a cessé et où l'on trouve une véritable urne naturelle de sept à huit pieds de largeur et de profondeur, remplie d'une eau claire et limpide dans laquelle on n'aperçoit aucun mouvement. C'est là la source du Doubs telle que nous l'avons vue. L'eau sort avec une grande abondance, puisqu'une partie seulement de celle qui coule suffit pour mouvoir de puissans rouages, et cependant on ne la voit jaillir nulle part dans l'enfoncement, et elle semble se renouveler dans le frais-bassin comme par miracle. Celui qui le premier a représenté le dieu d'un fleuve penchant son urne pour en laisser couler les flots, avait-il donc vu cette source merveilleuse ? On cherche involontairement la nymphe du lieu, et cette retraite ombragée paraît un sanctuaire. Un rocher élevé de trois ou quatre pieds s'avance comme un cap dans le bassin ; je parviens à y monter et à faire pénétrer mes regards jusqu'au fond de la cavité, mais je ne vois aucun filet apporter son petit tribut, et la source sort tout entière de l'urne. A deux pieds de la surface, j'aperçois dans l'eau une plante couverte de petites corolles blanches, étoilées, et dont la verdure n'a pas la teinte glauque des plantes aquatiques. Que fait là cette charmante fleur dont l'espèce est assez commune dans cet endroit, mais n'est pas aquatique. Qu'en eussent dit Ovide et Virgile ? quel harmonieux distique ne leur eût-elle pas inspiré? quelle poétique description n'eussent-ils pas su faire des mystérieux parterres de la flore fluviale ? Pour moi, sous cette voûte sombre qui recouvre la source, je bénis la bonté de Celui qui fait sortir de réservoirs inconnus l'onde qui portera au loin la fertilité, et qui ne dédaigne pas d'arroser une faible plante avec cette eau dont les flots s'élanceront des rochers en frappant l'imagination des hommes par leur puissance et leur majesté.

Assis dans cette fraîche enceinte, je cherche à me représenter ce que devaient être ces lieux, lorsque, pour la première fois, un homme en affronta les solitudes et vint y fixer sa demeure. Quel est le mobile qui l'a poussé? Qu'est-il venu chercher sur cette haute montagne toute couverte de forêts, où la voix des eaux et celle des animaux sauvages se faisaient seules entendre? La dévotion a guidé le premier habitant de ces lieux et il est venu y chercher un isolement plus grand et de plus rudes travaux qu'il n'eût pu en trouver ailleurs. Avant de quitter la place, laissez-moi retourner avec vous en arrière, et vous raconter en quelques mots la curieuse histoire de celui qui le premier vint s'asseoir où je suis maintenant assis.

Au milieu du 11ᵐᵉ siècle vivait à Crépy, un comte de Valois et de Vexin, déscendant de Charlemagne par les rois d'Italie et nommé Simon. Ayant perdu dans son enfance sa mère Adela, il fut élevé sous la tutelle de son oncle, Guillaume le conquérant, alors duc de Normandie. Au milieu des agitations de cette époque, le roi des Francs, à la cour duquel vécut souvent Simon, après la mort de son père Rodolphe, crut pouvoir facilement dépouiller le jeune comte orphelin, et l'attaqua par la force et la ruse. Mais à l'école de Guillaume, Simon était devenu un vaillant guerrier, et il défendit son héritage avec tant d'habileté et de courage, pendant trois ans, qu'il obtint une paix glorieuse et qu'on lui offrit ensuite la main de la fille du comte Hildebert, la plus remarquable des nobles dames de l'Auvergne par sa beauté et ses vertus. Mais ce n'était pas sans regret que Simon avait consenti à cette union : depuis longtemps déjà d'autres sentiments animaient son cœur. Le souvenir de ses aïeux lui avait fait un devoir de défendre leur héritage, mais il ne s'était point attaché à ces gloires terrestres ; sous la cuirasse du guerrier il portait un cilice, et ses pensées étaient toujours plus tournées vers la solitude d'une pieuse retraite et la vie monastique. Au moment décisif, il prend un parti ; le jour de son mariage est arrivé, une foule de seigneurs se réunissent chez le comte pour augmenter l'éclat des fêtes qui duraient encore, quand, le soir, Simon de Crépy persuade à son épouse de quitter le monde et la conduit dans le monastère de la Chaise-Dieu avec une amie qui s'associe à son sacrifice. Avant de s'éloigner de ses terres, Simon veut mettre ordre à ses affaires terrestres, quand le nouveau roi d'Angleterre, son tuteur, l'appelle à lui, lui offre la main de sa fille que sollicitaient des princes et des rois, et lui dit avec tendresse comme autrefois Ruth à Nahomi : « Tes joies seront mes joies, mes amis seront les tiens et mes ennemis pareillement. » Mais Simon n'est point séduit par la gloire d'une telle allance, et sous prétexte de consulter le pape sur ce mariage avec une princesse qui est sa parente, il se rend à Rome où Grégoire VII, comprenant tout le parti qu'il peut tirer pour l'Eglise des immenses domaines d'un homme qui désirait devenir moine, lui ordonna d'aller reconquérir le reste de ses états. Avec le secours de Guillaume cela lui fut facile, et cette œuvre achevée il traverse la France, arrive en 1076 dans les solitudes de l'abbaye de Saint-Claude dans le Jura, et y prend, au pied des autels, l'habit religieux, avec quelques seigneurs de sa maison.

Cette abbaye, la plus célèbre du Jura et qui fut fondée à la chute de l'Empire par saint Romain, portait alors le nom d'abbaye de Condat et plus tard celui de Saint-Oyan, le troisième de ses abbés. Il fallait pour pouvoir y être admis justifier de seize quartiers de noblesse, et un chroniqueur ancien rapporte, qu'au milieu du 13e siècle, il y avait parmi les religieux un fils d'empereur, neuf fils de rois, quatorze ducs, trente comtes et vingt barons; il est constant que l'on retrouve, dans les noms des religieux de cette maison, ceux des plus anciennes et des plus illustres familles de France et de Bourgogne. Le parti pris et exécuté par le comte de Valois eut un grand retentissement dans toute la Gaule et son exemple fut suivi. C'est alors que Hughes, duc de Bourgogne, allait s'ensevelir à Cluny, que Guy de Mâcon abandonnait son comté et que l'impératrice Agnès, retirée du monde, mourait loin du trône, vouée au soin des malheureux. Quels temps extraordinaires! Quelle puissante voix que celle de l'Eglise qui criait à tous ces grands de la terre : *Vanité des vanités*, et qui, après en avoir rempli les monastères, en réunissait un grand nombre d'autres sous l'étendard de la croix pour leur faire faire la conquête d'un tombeau vide! Dans d'autres temps, c'est la voix des événements qui fait entendre de telles paroles et qui nous instruit de l'instabilité des choses humaines.

L'année 1076 fut une année de famine. Simon *puissant en jeûne* ne vivait que de pain d'avoine, et donnait l'exemple du courage à supporter le fléau. Mais bientôt l'abbaye lui paraît encore un lieu trop mondain, il y reçoit des honneurs qui lui pèsent, et il ne veut pas accepter sous l'habit monacal une gloire terrestre à laquelle il a fait vœu de renoncer en quittant le monde. Il obtint alors de son abbé l'autorisation de pénétrer plus avant dans la montagne, du côté du Nord, pour fonder une maison dépendante de Condat. Suivi de quelques frères, il s'ouvre un chemin la hache à la main, arrive près de la source du Doubs, commence à défricher ce plateau sauvage et fonde le prieuré de Mouthe, dont le nom (motta ou mutta) signifie une demeure au milieu d'un bois. A peine le premier établissement est-il fondé, qu'il veut qu'on ne refuse le pain de son indigence à aucun des malheureux qui pourraient s'égarer dans ces montagnes. Au bout de peu de temps, souffrant encore de la blessure que lui a faite la chute d'un arbre, il est appelé à la cour par l'abbé de Cluny, dont les droits sont lésés par le roi de France. Il se rend auprès de ce prince. Nouveau

Saint-Antoine, il est reconnu dans les rues, et la foule s'assemble autour de ce seigneur qu'elle a connu si brillant et qu'elle revoit maintenant pâli et maigri par l'abstinence, le travail et la maladie. Chacun veut recevoir de lui une bénédiction, son nom est dans toutes les bouches, et ce n'est qu'avec peine qu'il parvient auprès du roi, qui lui accorde tout ce qu'il demande. De Compiègne, il va en Normandie où le roi d'Angleterre est armé contre son fils. A sa vue, les combattants posent les armes et s'embrassent, et Simon, s'arrachant aux instances de la cour, revient au prieuré de Mouthe. Quelques années plus tard, il le quittte encore à la voix de Grégoire. VII, qui veut l'employer à des missions utiles pour l'Eglise, en particulier au rétablissement d'une discipline régulière dans plusieurs monastères romains. Mais Simon regrettait sa patrie et surtout le prieuré de Mouthe, où son absence était si préjudiciable. Avant de le laisser retourner, le pape voulut encore l'employer à mettre fin à un différent qu'il avait avec Robert Guiscard, duc de Calabre. Simon se rendit auprès de celui qui devait être le premier roi de Naples, et duquel il obtint d'autant plus facilement ce qu'il demandait, qu'il était Normand comme lui. A son retour à Rome, la nostalgie qui avait déjà fait mourir ses compagnons, l'enleva lui-même en 1082, âgé de 30 ans. Il fut enterré dans la basilique vaticane, où sa tante Mathilde d'Angleterre lui fit élever un magnifique tombeau.

N'est-ce pas là une remarquable histoire, et le nom de cet humble solitaire mêlé à ceux de Charlemagne, de Valois, de Philippe I, de Guillaume le conquérant, de Robert Guiscard et de Grégoire VII, n'entoure-t-il pas, comme d'une auréole de pieuse gloire, cette vallée tranquille où il voulut oublier, on pourrait dire expier ses grandeurs? Peut-on douter qu'une bénédiction réelle ait reposé sur les travaux qu'il y commença, s'étonne-t-on de trouver tous les signes de la prospérité et de la paix dans ces lieux honorés à l'aurore de leur histoire par une si belle et si sainte vie, et qui bénissent encore la mémoire de leur pieux fondateur?

L'époque de la fondation du Prieuré de Mouthe est celle où commencèrent les grands défrichemeńs du Jura, qui alors était presque entièrement inhabité et envisagé comme appartenant au premier occupant. Les Romains n'y ont probablement fondé qu'un seul grand établissement, la ville d'Antre, dont on a trouvé les ruines à quelques lieues de Saint-Claude, et leurs routes ne le tra-

versaient qu'à trois endroits, à la Cluse, à Jougne et à Pierre-Per-
tuis. Les défrichemens furent ordinairement faits ou dirigés par
des religieux, et j'aurai encore à vous parler dans cette lettre
d'un de ces défrichements très-considérable et très célèbre. Mais il
est temps de rentrer à Mouthe. A notre retour, le soleil se couche.
Vous savez ce que sont les couchers de soleil dans les hautes vallées du Jura, au soir d'un beau jour d'été. alors que l'astre s'enfonce lentement derrière la montagne en inondant de feu l'hori-
son, et en teignant les nuages d'une couleur pourpre si vive, qu'il
semble qu'au lieu de disparaître, il s'éteint, en versant tous ses
rayons dans les cieux. Les blanches maisons du village se détachent en riantes silhouettes sur ce fond embrasé, le Doubs brille
comme un large ruban d'or qui embrasse dans ses mols replis cet
admirable tableau, et la vallée tout entière est comme illuminée.
Je renonce à vous décrire ce trajet que nous prolongeons jusqu'à
ce que le dernier rayon se soit évanoui, car l'œil suffit à peine
pour jouir de ce splendide spectacle qui, pour comble de joie,
nous prédit encore un beau jour.

Maintenant, je ne puis pas dire tout-à-fait comme La Fontaine :

> Eux repus, tout s'endort, les petits et la mère,

car à peine les *petits* sont-ils endormis que la *mère* profite encore
des dernières lueurs du jour pour parcourir le village du côté de
l'ouest. Cette partie a été presqu'entièrement brûlée, il y a quelques années, mais des demeures plus belles sont déjà rebâties et
les traces du désastre auront bientôt entièrement disparu. En face
de notre auberge est le presbytère, contre le mur duquel se dresse
un immense arbre de liberté avec cette inscription : *A notre vénérable pasteur N. N. Alliance de la religion et de la liberté*. Je
n'ose demander la cause de cet étrange ovation, je continue mon
chemin en méditant ces paroles que je rapproche de celles de
notre indigène des tourbières, et je termine ma méditation en m'é-
criant en moi-même : que dirait de tout cela Simon de Crépy?

Il y a aussi dans cette localité des souvenirs philosophiques
et littéraires. Théodore Jouffroy est né dans un hameau à un
quart de lieue de Mouthe, d'une famille d'agriculteurs. C'est d'ici
qu'il partit pour aller commencer ses études à Lons-le-Saunier et à
Dijon; c'est ici qu'il reçut cette sève vigoureuse que ne connaît
guère l'enfance des villes, et que se fortifièrent au milieu des scènes
d'une vie patriarchale cet amour de l'indépendance qui caractérise

l'habitant des montagnes et ce'respect de la liberté des autres, qui est la limite sacrée qu'une âme honnête ne franchit jamais. Toutefois, ce parti libéral de la restauration, cette opposition dont Jouffroy fut un des principaux chefs, ne se préoccupa-t-il pas trop uniquement d'un des côtés de la question, ne concourut-il pas à affaiblir l'autorité en prétendant éclairer le pouvoir, et son influence ne fut-elle pas d'autant plus dangereuse qu'il y avait dans son sein des hommes plus instruits et plus capables? Jouffroy ne pensa-t-il pas quelquefois, au milieu des luttes de la capitale, à son paisible hameau des Pontets; n'eut-il jamais le désir de venir reposer son âge mûr au milieu des travaux simples et purs qui avaient fortifié son enfance? Hélas, comme ce Doubs dont les gracieux contours réjouirent ses premiers regards, ce n'est qu'au commencement de son cours, que la rivière semble revenir à sa source, mais dès qu'elle a reçu des eaux étrangères, le courant irrésistible l'entraîne sans retour.

Quelque douces que soient les méditations solitaires dans une belle soirée d'été, il faut songer au repos. Mais en est-il, du repos, dans l'hôtel des Trois-Pigeons, la veille de la foire? non; le dortoir échauffé pendant le jour par des feux caniculaires, l'est encore pendant la nuit par la cheminée de bois de la cuisine qui y forme un angle saillant, et le sommeil y est rendu impossible par la conversation de quatre ou cinq commères qui veillent toute la nuit pour préparer les mets du lendemain, et par l'arrivée continuelle des marchands forains, qui viennent se joindre au cercle du foyer. A deux heures du matin, et pendant que les enfants achèvent leur imperturbable sommeil, je recommence ma promenade. Une heure avant le lever du soleil, la brume légère qui flotte à l'horizon s'est empourprée à l'est, et le jour arrive à grands pas. Trève au sommeil, il faut partir; à quatre heures, nous montons en cariole pour aller dîner à Pontarlier.

Jusqu'à Labergement nous suivons la même route qu'hier, mais delà, au lieu de longer le lac de Saint-Point, nous passons entre les deux lacs sur un pont où le Doubs, malgré sa jonction avec la petite rivière qui sort de celui de Remoray, est toujours *dubius*, et nous nous élevons au milieu de belles forêts pour arriver à Malpas qui est aussi à 4000 pieds au dessus de la mer, et où l'on déjeune en conséquence. Le nom de ce petit village me rappelle naturellement le Malpas que nous avons trouvé ensemble sur cette côte roide qui conduit des Brenets au Chauffaud, et pour lequel la fatigue nous fit aisément trouver une étymologie. Mais voici que le Malpas d'aujourd'hui est dans une situation charmante, auprès d'un petit lac, et que les chemins qui y aboutissent sont des plus faciles: vous voudrez donc bien, monsieur, trouver une autre origine, pour ne pas laisser incomplète la partie philologique de mon voyage. J'ajouterai seulement que dans d'anciens ouvrages, j'ai vu le nom de ce village écrit *Malpais*. De Malpas au bord du Dóubs, la route n'offre rien de remarquable que l'aspect des deux forts qui apparaissent de temps en temps au dessus des sommets qui nous entourent, comme s'ils en faisaient parie. Nous rentrons dans la grande route par un beau pont près de La-Cluse, et à neuf heures nous arrivons à Pontarlier.

Au premier coup-d'œil, cette petite ville n'offre à l'étranger qui y arrive qu'une rue large et vivante, des maisons bien bâties, et quelques édifices modernes assez remarquables, en particulier *l'hôtel-de-ville* au centre et *l'École chrétienne* qui la domine au nord; mais quand on sait que Pontarlier est une ville dont l'origine se perd dans la nuit des temps, et dont l'histoire est pleine d'intérêt, on est plus disposé à une respectueuse attention. Je ne veux vous écrire qu'une rapide esquisse de cette histoire, en y ajoutant quelques détails inédits qui m'ont été communiqués.

Le nom d'une ville dont l'origine est inconnue, à cause de son ancienneté, donne naturellement lieu à de nombreuses discussions quant à son étymologie : je pourrais vous citer une douzaine d'étymologies du nom de Pontarlier. S'il m'était permis de choisir je croirais avec Dunod que cette ville est l'ancienne *Ariarica*, romaine, dont le nom joint à celui du *pont* sur le Doubs aurait, par abréviation, formé celui qu'elle porte aujourd'hui. Quand on examine la position de cette ville et qu'on pense à l'importance de la voie romaine qui y passait, on ne peut douter qu'il n'y ait eu là, dès les plus anciens temps, un établissement de quelque importance. Le mot *ariarica* viendrait lui-même de la langue celtique, et désignerait le grand contour que la rivière fait à cet endroit. Je remarque en passant que tous les auteurs aiment les étymologies celtiques, comme si les Romains, le moyen-âge, les Sarrasins et les Hongrois, n'avaient pas passé là et comme si les noms celtiques, dans des lieux qui n'ont pu être habités qu'assez tard, ne devaient pas être très-peu nombreux. A ce propos, et puisque je me permets de vous citer des étymologies, je veux vous citer aussi les derniers mots d'une lettre de Dunod : « Si ces étymologies » ne vous ont pas persuadé, monsieur, je me flatte qu'elles vous » auront amusé et j'en tirerai du moins cet avantage qu'elles au-» ront diminué l'ennui que vous a causé la longueur de cette let-» tre. » Comme je ne puis pas me flatter d'un tel résultat, je coupe court aux étymologies pour en venir à quelque chose de plus positif.

Au 6ᵐᵉ siècle, une population chrétienne habitait Pontarlier et l'église de Saint-Bénigne fut fondée dépendante de celle de Dijon. Ce saint Bénigne fut le premier apôtre des Bourguignons. Au 9ᵐᵉ siècle Pontarlier était déjà une localité importante. Après avoir été ravagée par les Sarrasins venus d'Espagne, dans le 8ᵐᵉ siècle, elle le fut encore par les Hongrois au 10ᵐᵉ. Les guerres féodales furent, dans les siècles suivants, la cause de continuelles agitations; la ville dut être fortifiée et un château construit pour la défendre, dont il reste, je crois, encore quelques vestiges. Ce château fut détruit en 1475 par les Suisses qui s'emparèrent de la ville et la pillèrent, mais durent se retirer devant les troupes bourguignonnes venues à son secours : cela eut lieu probablement après la bataille de Héricourt gagnée par les Suisses et les Autrichiens sur le comte de Romont et les Bourguignons le 13 novembre 1474: Ce furent les préludes des batailles de Grandson et de Morat. A cette époque, Pontarlier était déjà une ville très commerçante, avantage qu'elle devait à sa situation et dont elle jouit maintenant encore. En 1507, les *gens de la comté de Neuchâtel* s'emparèrent de la ville et la pillèrent. Elle se releva de ces désastres, tellement qu'en 1588 un auteur du temps fait une description pompeuse de sa grandeur et de ses moyens de défense. Pendant la guerre de trente ans, Bernard de Weimar, l'un des plus grands capitaines de son siècle, vint à la tête d'une armée suédoise mettre le siége devant Pontarlier qui ne capitula qu'après cinq assauts. Toute la contrée fut livrée au pillage et un grand nombre de villages environnants brûlés. Les paysans abandonnèrent la culture des terres et la peste et la famine ne tardèrent pas à exercer leurs ravages dans toute la contrée. Dans les siècles suivants, de nombreux incendies détruisirent successivement tous les quartiers de la ville, ce qui explique l'apparence moderne de la plupart des maisons actuelles. Maintenant cette petite ville est remarquable par l'activité commerciale qui y règne et l'immense transit dont elle est l'entrepôt. Sa situation à l'entrée des montagnes, à la limite de deux Etats et sur une route très-fréquentée, qui lui donna naissance même avant la conquête du pays par les Romains, est encore aujourd'hui la source de sa prospérité. Elle est le magasin de toutes les localités voisines françaises, vaudoises et neuchâteloises à plusieurs lieues à la ronde ; dans une seule branche de commerce, six maisons du Val-de-Travers y ont, à l'abri des douanes, des établissements dont les produits s'élèvent annuellement à des sommes considérables et sont, pour cette partie de notre pays, une source de prospérité depuis plus de trente ans. La situation de Pontarlier n'est pas non plus sans intérêt sous le point de vue pittoresque. Les sommets élevés de l'Armont, le cours accidenté du Doubs, les gorges profondes dans lesquelles il va se perdre, et la plaine qui s'ouvre au nord-est, composent un tableau qui ne manque pas de variété et de grandeur.

Il y a, en dehors des anciens remparts, une *sablière* dont l'exploitation séculaire a formé une enceinte immense. Cette enceinte est dominée par une promenade plantée de beaux arbres et d'où la vue s'étend au loin sur la plaine. C'est un aspect assez curieux que celui que présentent les couches de nature différente de cette sablière et dont la plus profonde est formée d'un sable très-fin et si compact qu'il a presque la dureté de la molasse et qu'on peut y pratiquer des cavités d'exploitation très-vastes ; mais si je vous parle de cette sablière, c'est surtout parce que cet emplacement a été dans les temps anciens le théâtre de jeux et de luttes qui ont un intérêt historique. Il y avait à Pontarlier, comme dans plusieurs villes de Bourgogne, une *fête de l'arquebuse* ou *tir à l'oiseau* dont l'origine remonte probablement aux temps de la chevalerie ou peut-être à ceux de l'émancipation des communes. Ces fêtes étaient autorisées par les souverains, qui avaient accordé aux corporations qui les célébraient des priviléges et surtout des prix pour ceux qui se distinguaient par leur force ou leur adresse. Elles ont toutes cessé d'exister depuis la réunion du comté de Bourgogne à la France en 1674, du moins dès-lors on n'en retrouve aucune trace. Quand on pense aux rapports historiques nombreux qui ont existé entre la Bourgogne et notre pays qui en a fait longtemps partie, ne peut-on pas rapprocher ces fêtes de celles que l'on célèbre encore chez nous, qui étaient autorisées et dotées par le souverain et portaient même dans bien des communes le nom de *prix de seigneurie* et dans d'autres celui d'*abbayes* (ce nom était aussi celui de corporations semblables en Bourgogne). Le Val-de-Travers, par sa position et son histoire, fut beaucoup plus en relation avec les communes du comté de Bourgogne que les autres parties de notre pays : il n'est pas un village de ce vallon qui n'ait une institution semblable à celles que je viens d'indiquer. Elles ne sont pas toutes également antiques, mais elles ont toutes un caractère commun ; elles sont toutes remarquables par le ton grave et pieux des ordonnances qui en règlent la célébration. Peut-être, si l'on connaissait mieux l'origine et le but de semblables fêtes, mettrait-on plus d'importance à les conserver intactes et à n'en pas changer les formes qui ont toutes un intérêt historique.

La fête dont je viens de vous parler ne doit pas être confondue avec le *tir à la sablière*, ancienne institution dont on ignore la véritable origine. La tradition rapporte que les élèves du collége de Pontarlier étaient allés débusquer des assiégeants du Fort-de-Joux, et que par reconnaissance ils étaient admis à aller au château quand ils le voulaient, mais qu'à cet effet ils devaient s'organiser militairement. En conséquence, ils tiraient à la cible dans la sablière et le plus adroit était le capitaine, nommé *capiol* (caput-scholæ). Les écoliers, ainsi commandés, se réunissaient le dimanche des *Brandons* après le Carnaval, se présentaient chez le lieutenant-général et l'un d'eux lui débitait un compliment. De là, la troupe montait à cheval et se dirigeait du côté du fort. Au pied du fort on lui offrait une collation, puis elle montait à la citadelle, le capiol portant une tête de coq à la pointe de son épée ; le drapeau était bleu de ciel, parsemé d'étoiles. A la porte, le factionnaire criait qui vive ? — France. — *Quel régiment ?* — Capiol. Alors la porte était ouverte et l'on se rendait chez le commandant à qui était aussi adressé un discours de circonstance, il y répondait en faisant servir un déjeûner au jeune bataillon, après quoi l'on rentrait dans la ville. Le capiol portait une cocarde noire à son chapeau, et pendant tout le carême il avait le droit de dispenser ses camarades de leurs pensums et autres punitions. A Pâques, son pouvoir était fini. Le bienveillant correspondant, qui m'a communiqué ces détails, m'a dit qu'il a participé aux deux dernières cavalcades en 1788 et 1789. Dès-lors, il n'en a plus été question.

Si je vous ai rapporté un peu longuement cette histoire, c'est que, outre l'intérêt des détails, il me semble qu'il est tout naturel de la rapprocher de la fête neuchâteloise des *Armourins*. Ces deux fêtes n'ont-elles point une source commune ? Dans les deux villes nous voyons une institution d'origine incertaine, une fête des enfants, une tradition qui suppose une délivrance due à leur perspicacité ou à leur courage ; des discours et des collations, et enfin le droit d'entrer en armes au château. Si l'argument n'est pas à l'abri de la critique, du moins le rapprochement est-il assez curieux pour que vous me pardonniez cette digression.

Pontarlier n'a pas d'églises remarquables : il est question d'en construire une sur l'emplacement de celle de saint Bénigne. Mais parmi les édifices religieux, je n'oublierai pas de vous rappeler le petit temple, bâti, il y a quelques années, par les soins d'une famille neuchâteloise et au moyen de souscriptions, pour une colonie protestante d'une centaine de personnes. Cette petite colonie a beaucoup diminué à la suite des événements de février 1848, un grand nombre d'ouvriers étant partis. Les services sont faits dans ce temple par des pasteurs vaudois et neuchâtelois du voisinage. L'édifice contient aussi une salle d'école et un petit logement pour un instituteur. Enfin, je dois vous dire que l'Hôtel-de-ville renferme une collection de portraits de tous les hommes de la localité qui se sont distingués, semblable à celle que M. le professeur Monvert a commencée dans les salles de la Bibliothèque de Neuchâtel.

Mais il est temps de partir, car nous devons encore aujourd'hui aller à Morteau en passant par l'antique abbaye de Montbenoit. Nous arrivons à Montbenoit à quatre heures par une route des plus agréables, après avoir sans cesse côtoyé le Doubs qui ici se réveille un peu, se hâte davantage, mais à la manière du paresseux qui fait un léger effort pour arriver plus tôt au lieu de repos qu'il aperçoit ; demain nous le verrons dans les magnifiques bassins des Brenets étaler au soleil ses ondes paresseuses.

Ici, surtout, vous aurez à déplorer, monsieur, l'ignorance de votre correspondant, et il faudrait la plume de notre ami Matile ou le pinceau de M. Aurèle Robert pour vous représenter dignement ce que nous avons vu ; ma seule ambition sera donc de vous inspirer le désir d'aller vous-même visiter le vieux monastère qui repose dans ce frais vallon ignoré du plus grand nombre des habitants du Jura dont il est cependant une des gloires. Ce vallon, nommé Val-de-Saugeois, assez étroit pour que la rivière et la route en remplissent le fond, est fermé, au midi, par une chaîne haute et boisée, et au nord par une montagne moins élevée. Ce vallon qui a plus d'une lieue de longueur fut donné par les sires de Joux aux moines de Montbenoit, qui y attirèrent des colons *abergés* à des conditions équitables, et qui y fondèrent plusieurs petits villages dont l'un porte le nom des *Allemands* donné par les colons germains arrivés là à cette époque, c'est-à-dire dans le 13ᵐᵉ siècle. On prétend que tous ces anciens colons du Val-de-Saugeois ont conservé des mœurs plus rudes que leurs voisins avec lesquels ils se sont peu mêlés, et que leur physionomie et leur langage ont un caractère tout particulier qui les fait facilement distinguer des autres habitants des bords du Doubs.

Montbenoit est un petit village de chétive apparence, dont les maisons, presque toutes attenantes les unes aux autres, forment un massif épais autour de l'abbaye dont elles étaient sans doute, aux temps de sa grandeur, des dépendances nécessaires. Représentez-vous une vieille cathédrale entourée de ces nombreuses petites constructions qui presque toujours en déparent l'aspect, transportée dans une profonde mais riante vallée au bord d'une rivière fraîche et limpide, et vous aurez une idée de Montbenoit. Cette abbaye, dont la date de fondation n'est pas exactement connue, est antérieure au commencement du 12ᵐᵉ siècle. Il est probable qu'elle a été fondée par des religieux d'Agaune (Saint-Maurice en Valais) dont elle fut pendant quelque temps une dépendance et qu'elle doit son nom à un ermitage dédié à Saint-Benoit, bâti sur le penchant de la montagne et dont on a retrouvé les fondations. Plus tard elle fut libéralement dotée par les sires de Joux et d'abord par Landri dont je vous ai déjà parlé. On voit encore dans le chœur de l'Eglise une inscription portant, qu'Henri de Joux la dota de nouvelles donations en confirmant celles de ses prédécesseurs. Cette dotation est de 1228.

Quelle que soit la certitude des témoignages qui constatent l'existence de Mont-Benoit au 12ᵐᵉ siècle, quand on visite cet édifice on ne peut s'empêcher de se faire, à soi-même, plusieurs questions. Qui a bâti dans ce vallon retiré cette abbaye et cette église ? Quel est l'architecte qui en a tracé le plan, et quels sont les ouvriers qui l'exécutèrent ? Dans ces lieux où quelques colons seuls s'occupaient péniblement à se faire de grossières de-

meures et à arracher, à un sol aride, une nourriture peu abondante, d'où provenaient les ressources qui pouvaient faire sortir
du sol de magnifiques cathédrales au milieu des bois ? Pour moi,
je ne sais que répondre à ces questions et j'en aurais encore beaucoup d'autres à faire. Je vois bien des concessions des sires de
Joux ; mais pouvaient-ils donner autre chose que le sol ? Je vois
bien dans les siècles suivants des bulles de Papes accordant certains priviléges ecclésiastiques ; mais alors les bâtiments étaient
élevés. Je voudrais que vous pussiez résoudre ces difficultés ; pour
vous aider à les résoudre, je vais essayer de tracer en quelques
lignes, la description de l'état actuel de ces lieux.

L'Abbaye est un vaste bâtiment communiquant avec l'Eglise par
le côté du nord. Sa cour intérieure est entourée d'un portique un
peu bas, mais dont les piliers et les voûtes sont ornés d'admirables sculptures. Les appartements intérieurs servent de logement
au curé, de salles d'hospice où sont soignés quelques malades
par des sœurs de la charité, qui y dirigent aussi des écoles de
jeunes filles. Là ont été recueillis et sont élevés les enfants d'un
protestant pauvre, mort à Montbenoit, il y a deux ou trois ans.

L'architecture de l'Eglise est, comme vous le comprenez par sa
date, encore byzantine et déjà gothique. Je n'ai vu dans aucun
édifice religieux les deux genres aussi distincts que dans celui-
ci. Malheureusement la façade du côté de l'ouest a dû être entièrement refaite, il y a peu d'années, et elle l'a été dans le style le
plus moderne, je dirai même le plus vulgaire qui, de ce côté, lui
donne l'apparence d'une de nos églises de campagne les plus
simples. Or cette façade se relie sans transition avec les autres qui
ont conservé leur aspect antique, ce qui produit la plus désagréable dissonance. Il aurait fallu des sommes trop considérables
pour faire autrement. Mais entrons, et laissez-moi vous dire, en
langage d'ignorant, ce que nous avons vu : D'abord, une voûte
de portail sculptée, je pourrais dire découpée avec une délicatesse
de travail infinie, mais blanchie à la chaux et jointe tant bien
que mal à la muraille reconstruite, puis une nef centrale simple et
assez majestueuse, et deux nefs latérales très-basses et d'inégale
hauteur ; une chaire dont les ciselures me paraissent remarquables, autour de la chaire les statuettes de Jésus et des quatre évangélistes, derrière un autre apôtre tenant d'une main une plume et
de l'autre un cœur enflammé, et le dais, en forme de mitre, orné

de belles nervures; dans le chœur, des stalles, sur chacune desquelles est représenté en relief un trait de l'histoire biblique avec
une énergique naïveté ; on reconnaît facilement plusieurs faits historiques, je me rappelle, en particulier, une Dalila coupant les
cheveux de Samson avec un ciseau à tondre les moutons, plus long
que chacun des personnages : des vitraux anciens magnifiques à
côté de vitraux modernes, par lesquels on a remplacé ceux qui
sont détruits, un petit orgue entre la nef et le chœur, et des autels couverts d'ornements de mauvais goût. On voit à l'extrémité
des renflements des colonnes, plusieurs de ces animaux bisarres
de l'époque byzantine, et autour du chœur, en dehors, entre
chaque ogive est un contrefort, et au dessus de chaque contrefort,
un chien qui aboie; le couronnement du mur du chœur est formé
d'une suite de rosaces à jour très bien faites, mais dégradées.

Je pourrais prolonger beaucoup encore cette description sans
prétendre vous avoir donné une idée tant soit peu claire et complète de cet édifice qui est bien plus remarquable par les détails que
par l'harmonie de l'ensemble. A Montbenoit, on admire une foule
de détails d'une étonnante perfection, mais l'impression générale
est en quelque sorte manquée, on dirait des pièces d'un précieux
travail, juxta-posées sans autre unité que celle qui est commandée
par les nécessités du culte. Si je compare l'église de Montbenoit à
la collégiale de Neuchâtel de style byzantin, qui est à-peu-près de la
même époque, je trouve dans celle-ci, même en tenant compte de
ce qu'a détruit la réforme, beaucoup moins de richesses de détails, moins aussi d'ornements symboliques d'un effet grotesque et
plus de grandeur et de majesté ; si je la compare, d'un autre côté,
à Saint-Ouen de Rouen, l'église du style gothique le plus pur qui
soit peut-être en France, elle lui est bien inférieure sous ce rap-
port-ci : j'admire dans l'église de Saint-Ouen comment le luxe des
détails a pu concourir à l'effet de l'ensemble et contribuer à relever, à idéaliser le sentiment que l'on éprouve en la contemplant.
Mais ne pensez pas, malgré ce que je viens de dire, que l'impression que l'on ressent à Montbenoit, pour être d'une autre nature, soit moins vive et moins agréable. On y est témoin des premiers mais vigoureux efforts d'un art naissant qui a rompu avec
le passé, et qui va créer une époque nouvelle dont on devine déjà
les prodiges; on sent qu'il sortira de ces efforts des résultats admirables, et on assiste avec bonheur, en quelque sorte, à l'enfan-

tement de cet art gothique qui a couvert l'Europe des plus beaux monuments que l'homme ait jamais conçus. A Montbenoit, on voit tous les éléments de ce qu'on admirera plus tard comme la réalisation la plus complète de la perfection architecturale.

· ·Je ne sais si j'aurai pu vous faire partager ou même comprendre les impressions que je ressentais en jetant un coup-d'œil, du centre du chœur, sur le vase tout entier de cette église dont les dimensions ne sont pas très-étendues; maintenant je voudrais, laissant de côté ce sujet à l'égard duquel vous aurez pu facilement mettre en doute ma compétence, vous parler avec quelques détails des anciens rapports de l'abbaye de Montbenoit avec le comté de Neuchâtel. Je crois que ces rapports ont été nombreux; ici encore les lumières me manquent et les documents historiques qu'a épargnés la dévastation des monastères à la fin du siècle passé, sont trop rares pour qu'il soit facile de s'éclairer à cet égard. Ces rapports ont dû être surtout ecclésiastiques et religieux, et exister d'une manière suivie avec le collège de Notre-Dame à Neuchâtel; ceux-ci je les ignore, et je ne vous rappellerai que ceux qui existaient entre Montbenoit et le prieuré de Motiers-Travers, dont les religieux se visitaient souvent en traversant la croupe large et accidentée de la montagne qui séparait ces deux maisons et qui, jusqu'à ces derniers siècles, était peu habitée et rendue dangereuse par les nombreux animaux sauvages qui en infestaient les forêts épaisses et les sombres vallées. On voit encore dans le bois, au dessus du village de Boveresse, un vieux tilleul au pied duquel se reposaient les pèlerins, qui, avant de se remettre en chemin, imploraient la protection de la vierge dont une petite image était déposée dans le tronc, creusé déjà alors par les années. On le nommait «le tilleul de la vierge.» C'est par ce chemin que Olivier de Hochberg, dernier prévôt du chapitre de Neuchâtel, qui après la suppression de ce chapitre avait été nommé prieur de Saint-Pierre à Môtiers, conduisit, lors de la réformation, ses bénédictins à Montbenoit, emportant avec lui un grand nombre de documens historiques d'un grand intérêt pour notre pays, et qui ont été détruits, lors de la dévastation de l'abbaye, à la révolution française. On dit qu'à cette dernière époque, deux moines fugitifs, arrivés à Môtiers-Travers, demandèrent à être conduits auprès de ce tilleul, qui, depuis deux cent cinquante ans, ne voyait plus passer à ses pieds que les humbles habitants des chaumières voisines. Parvenus dans le lieu où il élève encore quelques faibles rameaux, et qu'on découvrit plus facilement par la description que les moines en firent que par le souvenir de traditions effacées par la Réforme, ils le reconnurent tel qu'il était décrit dans les anciens actes de leur abbaye, que malheureusement ils n'avaient pas eu le temps d'emporter.

Un rapport d'un autre genre, c'est l'autorisation donnée en 1342 par le comte Raoul et son fils Louis de Neuchâtel à Jean, abbé de Montbenoit, « pour le remède de leurs âmes, de leurs devanciers et de leurs hoirs, » d'établir une grange sur leurs Joux dans le comté. L'acte de donation, daté du lundi avant la nativité de Notre Seigneur, est consigné en entier dans le précieux ouvrage des *Monuments de l'histoire de Neuchâtel* recueillis par M. Matile. Cette grange nommée *Grange Rollier*, peut-être à cause du nom de son donateur, et qui avait été construite par les moines, dans ces lieux alors inhabités et incultes, n'existe plus. On ignore l'époque de sa destruction. On en voit encore l'emplacement, auprès d'une source, dans le petit vallon de la Ronde-fontaine, appartenant à la juridiction des Verrières. Lors de la sécularisation des biens ecclésiastiques, en vertu d'un décret de l'Assemblée nationale de France, ce terrain retourna au domaine du prince de Neuchâtel qui en reprit possession le 14 février 1791, mais en accorda la jouissance à l'abbé de Montmorency-Laval, dernier abbé de Montbenoit qui le remit en amodiation. Après quelques différents avec l'ambassadeur de France et la municipalité de Pontarlier et après la mort de l'abbé, l'amodiataire régla compte avec le conseil d'Etat de Neuchâtel. Depuis, le pré Rollier, très-étendu et très-productif, surtout dans les années sèches, est exploité au profit de l'Etat de Neuchâtel et rapporte de 700 à 2,100 francs de France en foin. Une forêt, qui fait partie de ce domaine, après avoir été longtemps exposée à des déprédations à cause de sa position près de la frontière, est depuis quinze ans plus respectée, et aura bientôt une grande valeur.

L'ouvrage que je vous ai déjà cité contient aussi un acte d'accensement fait par la comtesse Isabelle le 28 septembre 1383, en faveur des habitants du village des *Allemands*, de prés qui sont situés à l'ouest du pré Rollier, et qui forment maintenant encore le pâturage de cette commune française, voisine de Montbenoit.

Nous quittons l'abbaye et l'église en passant par le cimetière si-

tué sur le penchant d'un côteau, d'où l'on domine tous les bâtiments du monastère. Là s'élève, au milieu de modestes tombes
de gazon, un monument simple en pierre, avec cette inscription :
*Louis-Charles-Alexis, comte Morand, pair de France; né à
Largillat en 1771, mort à Paris en 1835. — Pyramides. —
Moskowa. — Waterloo.* Ce cimetière est certainement plus touchant que celui du Père Lachaise, et l'on comprend l'homme qui,
au terme d'une vie agitée, retrouve des souvenirs dans un vallon
paisible et demande d'y reposer à l'ombre de ces vieux monuments qui, depuis tant de siècles, proclament la puissance de la
foi et la grandeur des espérances chrétiennes.

La route qui conduit de Montbenoit à Morteau est difficile,
mais agreste et pittoresque. Il faut franchir le large plateau, coupé
de belles forêts, qui sépare les deux vallées. De temps en temps,
on aperçoit, sur la gauche, le Doubs qui s'est frayé un chemin
entre deux parois de rochers assez semblables à ceux qui terminent au nord le plan incliné des Planchettes. Ces murailles blanches qui s'élèvent à une grande hauteur avec la route que l'on suit,
et qui sont tantôt droites et tantôt contournées, produisent le plus
charmant effet et encadrent majestueusement ce tableau champêtre.
Mais l'œil est plus charmé encore quand, après une longue descente presque perpendiculaire, on arrive au village de la Grand-
Combe et l'on aperçoit tout-à-coup le riant et gracieux vallon de
Morteau où le Doubs serpente avec son calme et sa mollesse ordinaires. Au milieu du bois que traverse la route pour arriver à la
Grand-Combe, nous voyons à gauche un écriteau placé au lieu
même où mourut, il n'y a pas longtemps, un curé de ce village.
Cet ecclésiastique, d'un âge très-avancé, était allé porter le via-
tique à un malade qui demeurait à quelque distance de sa maison:
à son retour, il mourut subitement, frappé d'apoplexie, dans cet
endroit. Quelle belle et douce mort que celle de ce vénérable pasteur qui, en préparant un de ses frères à quitter cette terre, avait
sans doute pensé que le moment du départ approchait aussi pour lui!

Enfin, après avoir passé le Doubs, on arrive à Morteau en lon-
geant le pied de la colline sur laquelle l'église est construite. Cette
église, actuellement en réparation, fut construite en 1652, l'é-
glise ancienne byzantine et gothique ayant été brûlée lors de l'invasion des Suédois. La vallée, que domine cette église, fut défri-
chée au commencement du 11me siècle par des moines bénédictins

venus de l'abbaye de Cluny à qui elle fut donnée par le dernier roi de Bourgogne, Raoul le pieux. A cette époque, les vallées du Locle et de la Brévine étaient encore inhabitées, et les Brenets (dont la chapelle était une succursale du prieuré de Morteau) la limite de la colonisation bourguignonne du côté du comté de Neuchâtel.

La vallée de Morteau fut, pendant plus de deux siècles, *terre d'église*, ne reconnaissant d'autre maître que l'abbé de Cluny. Celui-ci, en 1240, en remit la suzeraineté aux comtes de Mont-Faucon, dont les terres la bornaient au nord et à l'est et qui avaient, à quelques lieues de distance, un grand château dont on voit encore maintenant les ruines pittoresques. Les sires de Mont-Faucon furent avoyers du prieuré de Morteau jusqu'au milieu du 14ᵐᵉ siècle où cette dignité fut dévolue aux comtes de Neuchâtel. A cette époque des rapports nombreux, conséquence ou cause de ce fait, existaient entre la vallée de Morteau et le comté de Neuchâtel : la commune de Neuchâtel levait à Morteau un droit de *giète* que payaient les bourgeois, comme elle eut aussi des bourgeois à Pontarlier jusqu'à la Réformation.

Il paraît que les habitants de la vallée de Morteau se distinguèrent dans plusieurs occasions par leur courage ; voici quelques traditions à ce sujet. Après la bataille de Morat, un parti de Bourguignons de l'armée du duc traversa le Jura, pillant et rançonnant. A la nouvelle de leur approche, Jean Droz, habitant de Morteau, réunit les hommes pouvant porter les armes, assaillit les maraudeurs et les défit. On dit que le combat le plus meurtrier fut livré dans le petit vallon des Gouttes-Bas (ou Goux-de-Bas) près des Brenets où les gens de Droz tuèrent plus de 500 Bourguignons qui arrivaient en désordre de la vallée du Locle. Les eaux de la Rançonnière furent long-temps rougies de ce sang étranger. Le souvenir de cet épouvantable désastre contraste avec les charmes de ce lieu où l'on ne va chercher ordinairement que le silence de la retraite, ou la brillante fritillaire si connue sous le nom de tulipe de Goutte-bas.[1]

[1] Le fait que nous venons de rapporter, ne peut-il point servir à fixer l'époque où les femmes du Locle, en l'absence de leurs maris, se défendirent avec tant de courage contre des pillards bourguignons, et firent donner le nom de *Crêt-Vaillant* à un des quartiers de ce village ? Quoi qu'il en soit de cette supposition que je livre à votre appréciation, les chroniques qui parlent du fait-

d'armes des gens de Morteau, parlent aussi de tentatives faites aux Brenets, au Locle et lieux voisins. A cette époque, les Brenets faisaient encore partie des terres du prieuré de Morteau. En 1451, Jean de Neuchâtel-Arberg, sire de Valangin, s'en empara, mais dut les restituer en 1455. En 1494, Claude d'Arberg s'en empara de nouveau et les Brenets ne retournèrent plus au prieuré.

Dans le siècle suivant, les principes de la Réforme, reçus dans le comté de Neuchâtel, n'eurent aucun succès dans le prieuré de Morteau. A Villers, les femmes surtout se soulevèrent contre les prédicateurs que les hommes eussent écoutés volontiers et ne leur permirent pas de passer le pont du Doubs. Cette persistance dans l'ancienne doctrine fut la cause d'une nouvelle prise-d'armes. En 1575, l'archevêque de Besançon, effrayé des progrès de la Réforme, fit chasser de la ville Théodore de Bèze et tous les protestants. Les exilés, réfugiés à Neuchâtel, à Montbéliard et à Genève, formèrent le projet de surprendre Besançon et d'en faire une place forte protestante à l'est comme était la Rochelle à l'ouest. Un corps devait partir de Montbéliard pour s'emparer d'une des portes et un autre de Neuchâtel pour s'emparer d'une autre porte. Ce projet eut sans doute réussi sans l'indiscrétion d'un capitaine protestant qui étant venu en éclaireur à Villers, confia le secret à une femme de ce village qui alla le révéler; ensorte qu'au moment où le corps parti de Neuchâtel débarqua à Villers-le-lac, il fut assailli par les gens d'armes du prieuré de Morteau et mis en pièces. Le corps de Montbéliard s'empara d'une porte de Besançon et pénétra dans la ville, mais privé du secours des Neuchâtelois qu'il attendait, il fut exterminé. Jusqu'en 1789, cette délivrance de Besançon y était célébrée par une procession. Quant aux gens de Morteau, ils reçurent de Besançon des lettres de combourgeoisie. Pour compléter le récit, je crois devoir vous rapporter la traduction de l'épitaphe latine gravée sur la tombe des hommes du prieuré morts dans le combat; le style en est simple et énergique : *Voici la tombe consacrée aux héros de Morteau, morts par le fer ennemi. Ecoute, étranger ! Ils vécurent et moururent pour la foi, le roi et la patrie ; ils ne pouvaient ni vivre ni mourir plus glorieusement !*

Mais la tradition la plus vivante dans le souvenir des habitants de la vallée, à cause des ravages qui la signalèrent et des traits de courage qu'elle rappelle, c'est celle du passage des Suédois dont je vous ai déjà parlé à l'occasion du fort de Joux et de Pontarlier. Rien n'égale les horreurs commises pendant cette affreuse guerre de religion, et nous voyons ici la contrepartie des cruautés commises en Allemagne par les Lichtensteiner et les *Convertisseurs* de Wallenstein. C'est pendant le passage des Suédois de l'armée de Weimar, qu'une fille du colonel Muller qui en faisait partie, mourut à l'âge de six ans, d'un mal inconnu qui fit soupçonner le poison. Le corps fut porté en pompe et enterré dans l'église du Locle ; mais des vengeances affreuses furent la suite de cette mort et la cause de représailles aussi horribles de la part des habitants du prieuré. Au dessous du village du Pissoux, au milieu de ces rochers que nous admirions ensemble, l'été passé, du haut du *corps-de-garde des Français*, est une grotte où s'étaient réfugiés les vieillards de ce village et tous ceux qui n'avaient pu fuir ou prendre les armés. Ne pouvant parvenir dans la grotte, les Suédois allumèrent au-dessous un immense feu pour étouffer par la fumée ces malheureux ; mais le vent s'étant élevé, empêcha la réalisation de ce projet abominable. Ce fait donne une idée de la nature de cette guerre. Enfin, comme ils brûlèrent Pontarlier, les Suédois brûlèrent aussi Morteau et les villages d'alentour; ici aussi la peste acheva ce que la guerre et l'incendie avaient commencé. On prétend que les deux tiers des habitants périrent pendant cette invasion. Il n'est pas étonnant que le souvenir en soit resté si vivant. Pour désigner une affreuse calamité, on dit: *le temps des Suèdes*.

Nous sommes demeurés trop peu de temps à Morteau pour que je puisse vous en faire une description. Quant à la ville actuelle, une seule impression m'en est restée, c'est le curieux mélange qu'on peut y remarquer des anciennes croyances et des mœurs modernes, des églises que l'on restaure et des cafés que l'on multiplie, des chapelets suspendus au cou et des chants patriotiques, des vieux quartiers et des maisons élégantes, des étroites rampes pavées et de larges rues macadamisées.

De grand matin, nous sommes en chemin pour terminer notre course, ou du moins la partie de cette course dont je dois vous parler. Nous retrouvons avec plaisir le Doubs que l'on côtoie par la route la plus délicieuse jusqu'à Villers, où on le passe sur un beau pont. A peine arrivés au Brenets, fidèles à notre chère rivière, nous voulons nous laisser encore bercer sur ses eaux, et accompagnés de l'ami qui fait si bien les honneurs de ces beaux lieux, nous allons parcourir sur un léger esquif ces bassins que rien n'égale, et admirer cette cataracte imposante qui couronne si merveilleusement notre promenade, et termine avec tant de majesté la première partie du cours du Doubs que nous avons suivi depuis sa source sans le quitter.

Voilà, monsieur, le récit trop long d'un bien court voyage, mais je n'ai pas eu le temps d'abréger. L'intérêt des lieux et des choses fera peut-être que vous me pardonnerez d'avoir mis si peu d'intérêt et d'agrément dans mon récit même. En vous rappelant les traditions historiques, je n'ai pas voulu citer à mesure mes autorités, ç'eût été une forme bien prétentieuse pour le sans façon d'une rapide correspondance ; mais ce n'a pas été un des moindres avantages de ma course que de m'avoir fait connaître quelques-uns des ouvrages qui ont si consciencieusement retracé l'histoire de la Franche-Comté, et des hommes qui s'en occupent maintenant encore. Ici, comme dans notre pays, et c'est un nouveau rapprochement à faire, je trouve d'éminents magistrats occupant les loisirs que leur laissent d'importantes fonctions, à des travaux scientifiques qui sont une nouvelle forme de leur patriotisme, et composant des œuvres historiques du plus grand intérêt. Je pourrais vous citer là les Dunod, les Droz, les Clerc, les Bourgon, les Duvernoy, les Loiscau, etc., comme ici les Chambrier, les Tribolet, les Petitpierre de Wesdehlen, les Matile, les Huguenin et d'autres encore. Outre ces magistrats historiens, je dois vous citer le nom de plusieurs littérateurs connus, originaires de la Franche-Comté ; ce sont, Jouffroy, dont je vous ai déjà parlé, Charles Nodier, X. Marmier, le voyageur érudit et élégant, et Aug. Demesmay, député du département du Doubs et poète, auteur d'opuscules historiques et de recueils de traditions populaires. Un vœu me reste à vous exprimer, en terminant, c'est que nos montagnes, qui sont si peu connues qu'on pourrait y faire chaque année un voyage de découvertes, soient parcourues davantage à l'avenir, et que quelque Walter Scott jurassien puisse un jour les illustrer, en en faisant revivre les traditions qui s'en vont, et en remettant en lumière, dans d'intéressants récits, les chroniques que l'on possède déjà, et celles que l'on trouverait encore dans des lieux aussi inconnus du plus grand nombre, que les événements dont ils ont été le théâtre.

Janvier, 1850.   * * *.

L'ART ET LE CHRISTIANISME.

Il est un point sur lequel des tendances philosophiques bien diverses ont de nos jours livré bataille ; ce point, c'est l'application de l'art au culte chrétien. Au seizième siècle déjà, la question qui nous occupe apparaît toute palpitante d'un intérêt de lutte et d'opposition : il fallait rompre avec Rome, et pour cela, il fallait à tout prix briser le joug de l'habitude et quitter les errements du passé ; le culte se ressentit de ce mouvement violent et trop souvent anarchique, dont la sphère du dogme était le théâtre ; toutefois le véritable terrain de la lutte n'était pas là ; la Réformation était avant tout une protestation hautement philosophique en faveur de l'esprit contre la lettre, en faveur de la vie chrétienne contre les tendances matérielles et formalistes de l'Eglise. En séparant l'art du culte, séparation dont au reste on a beaucoup exagéré les résultats, les réformateurs obéirent à un instinct populaire plutôt qu'à un principe, et cet instinct qui poussa trop souvent les masses à d'excessives dévastations, avait cependant un fond de vérité ; les populations réformées étaient semblables à l'enfant qui frappe l'objet contre lequel il s'est heurté dans les ténèbres ; elles repoussaient l'art parce que l'art les avait égarées. Il en résulta que dans les pays réformés l'art religieux fut mis en quelque sorte à l'interdit ; mais, remarquons-le, cette répulsion ne préjuge aucunement pour les protestants la question de l'emploi de l'art dans le culte, puisque le protestantisme fait profession de n'être point lié d'une manière irrévocable par une tradition d'Eglise.

Après les scènes turbulentes de la Réformation, il y eut un temps d'arrêt de deux siècles, dans lequel les partis cherchèrent à s'organiser pour la lutte et à gagner l'un sur l'autre du terrain ; pendant cette période, toute préoccupation artistique fut mise au second plan. Enfin parut l'époque sceptique et railleuse par excellence, le dix-huitième siècle. La pensée philosophique qui le dominait devait porter à l'art religieux de bien plus rudes coups que les iconoclastes de la réforme ; ceux-ci n'attaquaient l'art que comme un instrument, ils sauvaient la pensée religieuse, qui est à la base de toute manifestation artistique. Le dix-huitième siècle au contraire, attaquait directement la foi, et sapait ainsi l'art religieux sans avoir l'air d'y prendre garde. Aussi, lorsque l'œuvre de Voltaire et des encyclopédistes porta ses fruits, le catholicisme fut un instant balayé par la tempête, et avec lui l'art religieux, malgré la pieuse naïveté des théo-philanthropes, qui par amour pour l'art cherchaient à le sauver, sans s'inquiéter de lui donner un point d'appui. Le protestantisme eut beaucoup moins à souffrir de ces déchirements, parce qu'il n'avait pas offert aux coups de l'incrédulité une aussi vaste surface d'abus.

Lorsque la réaction religieuse commença à se faire sentir, chacune des grandes fractions du christianisme européen chercha dans son passé des bases pour son avenir ; le protestantisme trouva la Bible, contre laquelle les efforts de l'incrédulité s'étaient déchaînés en vain : il la rendit à la foi et à la raison ; l'occasion eût été peut-être favorable pour accorder quelque chose aussi à l'imagination trop long-temps frustrée ; on ne le fit pas ; on craignit les abus, et les anciennes formes du culte restèrent les mêmes, un peu raides et sèches, surtout dans les pays attachés au rite calviniste. Le catholicisme au contraire, n'osa pas s'appuyer franchement et sérieusement sur la Bible, qu'il avait trop long-temps proscrite ; servi par la plume éloquente de M. de Chateaubriand, il fit appel aux anciennes superstitions, aux légendes, aux pompes extérieures ; il restaura, en apparence du moins, sa vieille hiérarchie, ombre trop vaine de son pouvoir déchu. La part faite à l'imagination dans cette restauration du christianisme catholique fut excessive ; il n'en pouvait pas être autrement : depuis la fin du moyen-âge, la foi, l'amour, l'élément mystique du christianisme, était en souffrance dans le système catholique ; l'élément rationnel ne l'était pas moins ; c'était donc dans l'imagination que résidait en grande partie la force du système. Rien de plus naturel par conséquent, pour ceux qui n'avaient jamais considéré le christianisme qu'au point de vue catholique, que de diriger dans un sens chrétien l'essor de cette faculté.

Mais bientôt, les forces que le catholicisme avait puisées dans ce point d'appui furent tournées, directement ou indirectement, contre la réforme ; il fallut répondre à ces attaques, réfuter les reproches faits au protestantisme qu'on accusait d'être hostile à l'art religieux. Dans cette polémique, la plupart des écrivains protestants se sont laissé dominer par un esprit d'opposition souvent irréfléchi. « Il est vrai, ont-ils répondu, le protestantisme n'a pas favorisé l'art religieux ; mais il est au-dessus de l'art, il a pour lui la Bible ; le culte d'esprit et de vérité est le seul qui lui convienne. » Il y a, ce nous semble, dans ce langage une erreur ; car la concession est bien certainement irréfléchie. Elle serait plus fondée peut-être, si elle était restreinte aux arts plastiques, qui s'adressent exclusivement aux sens ; mais elle sort absolument de la vérité pour ce qui concerne les arts dont l'action sur l'homme est à-peu-près indépendante de la sensation matérielle. L'éloquence et la poésie par exemple, s'adressent directement à l'imagination, et les sens ne jouent, dans l'application de ces deux arts, qu'un rôle instrumental tout-à-fait insignifiant. Il n'en est pas dé même de la sculpture et de la peinture, car ici, la sensation matérielle devient tout-à-fait dominante, et l'impression que l'imagination reçoit ne s'élève et ne s'épure qu'autant que le sujet est capable d'un retour intellectuel, qui la féconde et la mûrit au dedans de lui.

Entre ces deux classes d'arts, il en est une troisième intermédiaire et mixte, dans laquelle les sens ont déjà plus d'action que dans la première, sans toutefois exercer une influence aussi grande que dans les arts plastiques ; l'architecture et la musique, qui ont entr'elles des rapports plus intimes et plus profonds qu'il ne le semble au premier coup-d'œil, forment cette catégorie intermédiaire.

Or, si les arts plastiques, dont le protestantisme redoutait les abus. n'ont pas tenu dans son culte une place aussi marquante et aussi distinguée que dans le culte catholique, les arts que nous appellerons intellectuels, et les arts mixtes, n'ont rien perdu de leur éclat pour être tombés dans des mains réformées.

Il n'est. pas nécessaire d'insister sur les premiers : chacun sait que la Réformation créa presque, dans plusieurs pays, l'éloquence de la chaire chrétienne ; au moins ses adversaires les plus exagérés sont-ils obligés de reconnaître que c'est aux grands hommes qu'elle a produits, que ce genre doit sa force et sa dignité. Sans Théodore de Bèze et, sans Calvin, la France catholique ne citerait peut-être pas aujourd'hui les Massillon, les Bourdaloue et les Bossuet.

Quant à la poésie, les noms de Klopstock et de Milton nous dispenseront de tous développements.

Il en est de même pour la musique, et l'extension donnée à la musique vocale par le mouvement réformateur, soit en France, soit en Allemagne, soit en Angleterre, en est la preuve. On pourrait citer quelques Eglises réformées dans lesquelles ce mouvement ne s'est pas soutenu, mais elles peuvent être considérées comme des exceptions, et si l'on recherche la cause de cet affaiblissement, on la trouve le plus souvent dans des circonstances locales qui n'ont rien à faire avec les principes généraux qui nous occupent.

Enfin, venons-en à un point particulièrement intéressant, l'architecture des édifices sacrés ; sans empiéter sur les considérations plus spéciales que nous aurons à présenter, nous dirons que dans cet art aussi, les protestants ont fait preuve de discernement et de goût, autant que le permettaient l'esprit du temps, leurs ressources pécuniaires, et les sacrifices qu'ils étaient obligés de faire pour des œuvres bien autrement importantes au point de vue chrétien.

Nous pourrions citer ici ce fameux temple de Charenton, qui pouvait contenir 12,000 personnes, et que l'on compte encore aujourd'hui parmi les plus beaux monuments du dix-septième siècle; nous pourrions citer cette majestueuse basilique de Saint-Paul de Londres, à l'érection de laquelle Christophe Wren consacra son immortel génie ; nous pourrions citer enfin beaucoup d'autres monuments religieux plus ou moins remarquables construits par les réformés à diverses époques et dans divers pays. Nous devons avouer cependant qu'on en trouve peu dans lesquels le sentiment religieux domine avec autant de grandeur que dans ces imposantes productions du moyen-âge, que notre siècle admire. Mais si les réformés ont à se reprocher envers ces vénérables monuments beaucoup de vandalismes, beaucoup de restaurations maladroites ou ridicules, si dans les monuments qu'ils ont construits on ne retrouve plus ces belles proportions, ce jour religieux, cette hardiesse de lignes qui caractérisent les églises du XIe et du XIIe siècle, ne peut-on pas faire à-peu-près les mêmes remarques sur les édifices religieux du culte catholique, construits ou restaurés depuis le XVIe siècle jusqu'à nos jours ? Nous ne craignons pas de l'affirmer, les vandalismes, les restaurations maladroites, les constructions dépourvues du sentiment religieux, sont communes aux deux cultes, à partir de l'époque que nous venons de fixer; tout comme aussi l'on peut remarquer chez l'un et chez l'autre d'intéressantes, quoique rares exceptions. Mais il est un sentiment souvent exagéré chez les catholiques, trop peu connu chez les protestants, et sur lequel il convient d'insister, c'est celui de la convenance dans le culte et du respect pour les édifices sacrés ; voilà à-peu-près, selon nous, à quoi peut se réduire ce reproche si souvent fait à la Réforme au sujet de l'architecture religieuse. Ainsi, pour ce qui concerne les arts intellectuels, et ceux dans lesquels les sens ne jouent qu'un rôle plus ou moins subordonné, nous pensons qu'on aurait tort de considérer les réformés comme deshérités du goût et de l'imagination. Quant aux arts plastiques, dont l'application dans le culte est en principe beaucoup plus contestable, nous ferons observer qu'on les retrouve employés, quoiqu'avec réserve, dans plusieurs communions protestantes ; que dans la Suède, le Danemarck, la Norvège, l'Angleterre, et même dans l'Allemagne luthérienne, les églises ne sont point absolument dépouillées de statues et de tableaux, et l'on nous accordera, je pense, que les statues des douze Apôtres, par Thorwaldsen, qui décorent la cathédrale de Copenhague, compensent beaucoup d'images en cire et beaucoup de figurines en bois peint. Nous rappellerons aussi que les derniers *gentilshommes verriers* qui s'occupèrent en France de la peinture des vitraux, étaient protestants.

Ceci posé, et sans vouloir résoudre la question, surtout pour ce qui concerne les arts plastiques, examinons un peu ce que c'est que le culte, et jusqu'à quel point le culte chrétien admet le concours des beaux-arts.

Le culte se présente à nous comme la manifestation extérieure des rapports qui unissent Dieu à l'homme et l'homme à Dieu ; il se compose donc de deux parties. Dans l'une, Dieu se manifeste à l'homme, par l'organe de sa Parole, contenue dans les livres sacrés, et développée par les ministres du culte ; il appelle les fidèles à lui, il les provoque à la sanctification, il les presse de renoncer au monde, de dépouiller l'homme charnel, et de s'assimiler à Celui à la ressemblance duquel ils ont été formés.

Dans la seconde partie du culte, l'homme s'adresse à Dieu, il lui confesse ses fautes, il en sollicite le pardon, il implore les secours du Tout-Puissant et les lumières de la souveraine sagesse, il s'efforce de remonter à la source divine d'où il est sorti.

Voilà pour le culte en général, et de ce double principe appliqué au culte public découlent deux formes que ce dernier peut revêtir : simultanément ou non, il n'importe ; ces deux formes peuvent se résumer en deux mots : *l'enseignement* et *la liturgie*.

L'enseignement peut se manifester de diverses manières : le sermon, le catéchisme, l'exhortation, la lecture, etc. C'est là la partie essentielle du culte, celle à laquelle nous attacherons toujours la plus haute importance, puisque c'est par elle que nous apprenons à connaître Dieu ; à celle-là s'appliquent les arts que nous avons appelés arts intellectuels ; à celle-là appartiennent les ressources de l'éloquence et les charmes de la poésie : et de bonne foi, nous ne comprendrions pas un prédicateur qui se servirait, pour parler du Tout-Puissant, d'un langage bas et trivial, et qui rabaisserait la majesté des enseignements de l'Ecriture par une indécente familiarité ; or, admettre un choix, c'est admettre l'art, car il y a de l'art même dans la conversation d'un homme, dès que cet homme s'énonce en termes modestes, convenables et distingués ; les anciens, avec leur tact délicat, leur sentiment esthétique si prononcé, avaient senti la vérité de cette assertion, et ce n'est pas en vain qu'Homère faisait de la poésie le langage des dieux. Mais c'est surtout de la seconde partie du culte que nous voulons parler, car c'est dans cette dernière seulement que les arts proprement dits trouvent, à notre avis, de nombreuses et fécondes applications. La partie liturgique du culte est vaste et complexe : elle comprend la prière publique, les sacrements, les cérémonies ecclésiastiques ; elle embrasserait même dans un état chrétien les solennités nationales, car rien n'est plus naturel chez un peuple où vit la piété que de mettre les intérêts sacrés de la patrie sous la sauvegarde du roi des cieux.

Ici, en prenant pour point de départ les considérations historiques que nous avons énoncées plus haut, nous regretterons que la réforme, en sauvant la partie essentielle du culte, qui est la prédication, ait trop souvent négligé la partie liturgique ; cette dernière, dans le rite calviniste surtout, est tellement sacrifiée, que le mot de liturgie emporte presque toujours dans les Eglises qui se rattachent à cette forme, une idée d'indifférence et de froideur. On se croit obligé d'écouter un discours, rien de plus ; et c'est à peine si l'habitude et le respect humain retiennent les fidèles, une fois que ce discours est achevé. En serait-il de même si cette partie du culte avait été moins sacrifiée, si l'on avait dans le principe moins méconnu les droits de l'imagination ? De ce grave déficit découlent des conséquences plus graves encore et plus pénibles pour un cœur religieux ; les lieux de culte chez les réformés et chez les calvinistes surtout, n'inspirent presque aucun respect ; pour les causes les plus légères, on altère leur destination : on en fait des salles de casino, des greniers à blé, des lieux d'assemblées politiques ; on y tolère les scènes les plus déplorables, les inconvenances les plus révoltantes, puis, avec la même légèreté, on recommence le culte redoutable de l'Eternel dans ces locaux profanés. S'agit-il des objets du culte, la même indifférence, la même négligence se fait sentir ; nul n'y porte intérêt, nul n'y consacre ses soins, nul ne se fait un devoir de veiller à leur conservation ou à leur renouvellement.

Certes, nous ne voudrions pas voir introduire un luxe profane dans la maison de Dieu, nous ne voudrions pas voir dépouiller les pauvres, ces représentants du Sauveur sur la terre, des dons que leur destine la piété des fidèles, pour revêtir de velours, de damas et d'or les ministres de Jésus-Christ. Ce que nous voudrions, c'est que les convenances les plus élémentaires du culte fussent mieux respectées, c'est que le temple et tout ce qui s'y rapporte fût l'objet des soins et de la sollicitude des fidèles, c'est que tout ce qui se fait dans l'Eglise se fît avec ordre et bienséance, suivant la recommandation de saint-Paul.

Or, ce qui nous manque sous ce rapport, et surtout aux réformés du rite calviniste, c'est l'éducation. Le culte auquel nous sommes habitués, le culte de notre enfance, ne nous paraît pas satisfaire complètement, sous le rapport liturgique du moins, à toutes les exigences du cœur et de l'esprit ; le sentiment du beau y est trop souvent en souffrance ; et, sous ce rapport, le secours puissant qu'il pourrait tirer des arts, et de ceux en particulier que nous avons nommés arts mixtes, lui fait défaut. Nous pensons que l'on a trop exagéré les répugnances naturelles à la Réforme pour ce qui concerne l'extérieur du culte public, et que loin de porter atteinte au caractère à la fois sublime et poétique que la simplicité de nos cérémonies religieuses leur donne, des modifications bien entendues en augmenteraient encore l'énergie.

Nous nous occuperons d'abord des *arts mixtes* dans leur application au culte chrétien, et nous rappellerons que dans cette catégorie nous comprenons l'architecture et la musique, parce qu'elles reposent toutes deux sur le même principe, savoir, l'application des nombres, de l'élément mathématique, à une œuvre d'art destinée à satisfaire dans l'homme le sentiment du beau.

Lorsqu'une Eglise est persécutée, l'emploi des arts dans le culte est nécessairement nul ; les pasteurs, fugitifs et proscrits, distribuent au hasard et comme à la dérobée, la nourriture évangélique à des hommes que l'exaltation de leur foi détermine à tout braver. Une chaumière abandonnée, une caverne, la lisière d'un bois : voilà le temple; le chant, il faut le supprimer, car il trahirait l'assemblée, ou si la sécurité le permet, quelques voix incultes entonnent avec une sauvage harmonie des accords dont tout le prix réside d'ordinaire dans la conformité des paroles avec les événements. Mais, au milieu de pareilles circonstances, la poésie naît comme d'elle-même ; les grandes voix de la nature, l'émotion que chacun apporte à ces assemblées, voilà pour l'imagination toute une source de jouissances plus vives que celles que l'art peut donner. Ces émotions se présentent encore, même en l'absence de tout péril, et dans des circonstances qui n'ont aucun rapport avec celles que je viens d'évoquer.

De nos jours, dans notre pays, une commune rurale veut élever un temple au Seigneur ; après de longs efforts, de nombreux sacrifices, une attente long-temps déçue, la place est choisie, le sol est entamé, les fondements s'élèvent, et déjà l'on peut apercevoir la forme de l'édifice : alors le besoin de se réunir, pour demander à Dieu de bénir cette œuvre, se répand dans la paroisse, et les autorités cèdent à ce désir. Au jour fixé, l'on se rassemble confusément sur la place où le temple doit s'élever; jeunes et vieux, pauvres et riches, se pressent sur un sol inégal, encombré tout à la fois de matériaux et de ruines ; le ciel est gris et sombre : une pluie froide et serrée tombe par intervalles, et nul ne songe à s'en garantir. Tout-à-coup s'établit un profond silence, les têtes se découvrent; le pasteur s'avance, vêtu du costume ecclésiastique, et, suivi des chefs et des anciens de la commune, il pénètre avec eux dans l'enceinte; là, dans ce lieu qui va devenir un sanctuaire, il élève sous la voûte des cieux sa voix émue, il bénit Dieu d'avoir vu ce jour, il implore sa protection pour l'œuvre qui va s'accomplir, et le supplie de rendre son peuple digne de ce nouveau bienfait ; la cérémonie s'achève dans le silence du recueillement, et tous les cœurs sont touchés. Qui se plaignait alors de la brume glacée? Qui songeait à regretter les chants, les sons de l'orgue, les orgues aux formes élégantes et le jour mourant des vitraux? — personne; les ouvriers eux-mêmes, catholiques-romains pour la plupart, écoutaient, pensifs et recueillis comme nous, les paroles qui sortaient de la bouche du ministre, et semblaient fiers de concourir de leurs efforts à l'œuvre sainte du troupeau.

Le culte que nous rendons à Dieu peut donc se passer du secours de l'art, dira-t-on? — Oui : mais les circonstances dont nous venons de tracer le tableau sont rares et passagères; on peut les envisager commes des exceptions : voyons la règle.

La règle, selon nous, c'est un culte public et régulier, le culte que rend à l'Eternel une nation chrétienne, représentée par ses enfants réunis en assemblées religieuses ; assemblées qui sont plus ou moins fréquentées, suivant que la vie chrétienne est plus ou moins réelle, plus ou moins expansive chez cette nation.

Arrivé à ce point de développement et de stabilité, le culte public ne peut plus se passer d'admettre *l'art* dans ses formes extérieures ; et si nous nous servons ici d'une expression qui, dans le langage habituel, emporte avec elle quelque chose d'arbitraire et de factice, c'est que notre langue ne nous en fournit pas d'autre pour exprimer cet essort vers le beau, qui dans le culte doit être avant tout libre et spontané. Tous les climats, toutes les phases de la civilisation n'admettent pas ce culte en plein champ, en présence de la seule nature, dont quelques personnes nourrissent encore aujourd'hui la chimère ; il faut des temples, et qui dit temple, dit une œuvre d'architecture ; il ne s'agit plus que de savoir si on la veut bonne ou mauvaise, religieuse ou profane, convenable ou sordide, en un mot si l'Etat, le consistoire, ou la commune qui veut construire un édifice sacré doit s'adresser à un architecte, ou simplement requérir la main d'œuvre du premier maçon venu. Or, que ferait en pareil cas un particulier qui aurait en main les ressources nécessaires ; irait-il, pour construire un hôtel, une villa, entasser au hasard des matériaux informes ? Ne choisirait-il pas, entre tous les plans qui lui seraient proposés, celui qui lui paraîtrait le plus conforme à ses intentions, et au but de l'édifice ? S'il en est ainsi, les convenances les plus élémentaires réclament que l'on ne fasse pas moins quand il s'agit d'un édifice sacré. D'ailleurs, le culte, même le plus simple, réclame une foule de conditions matérielles que l'art seul peut donner ; il faut un vase sonore pour la prédication, il faut que les auditeurs soient groupés autour de l'officiant d'une manière convenable, qui ne donne place ni aux distractions, ni à la confusion, ni au désordre ; il faut que les actes du culte soient vus et entendus de tous, et que le prêtre lui-même, ou si l'on veut l'ecclésiastique, soit placé de manière à recevoir le moins possible les impressions extérieures qui seraient de nature à le troubler dans l'exercice de ses fonctions, il faut encore, dans l'église, ou près de l'église, un clocher, une sacristie, constructions accessoires, mais qui, selon le degré de convenance observé dans leur établissement, peuvent être pour le culte gênants ou commodes, et devenir pour l'édifice principal une tache ou un ornement. Toutes ces conditions matérielles exigent déjà pour être remplies, que l'architecte d'un édifice religieux soit un homme doué de capacités intellectuelles suffisantes et d'une science assez étendue : mais il faut de plus qu'il soit un artiste, et nous serions tenté de regarder cette qualité comme plus essentielle chez lui que les deux autres.

Il y a en effet dans l'artiste une espèce d'intuition ou d'inspiration, d'un degré moins élevé que l'inspiration religieuse, mais qui souvent surpasse et domine la science elle-même : c'est ainsi que Michel-Ange en traçant la courbe du dôme de Saint-Pierre de Rome, rencontra, dit-on, la ligne la plus propre, dans ses applications mécaniques, au but qu'il se proposait. C'est donc un artiste qu'il faut choisir pour la construction des édifices sacrés. Mais il faut de plus que cet artiste comprenne l'architecture religieuse, que ses pensées aient été tournées de ce côté, qu'il ait fait une étude sérieuse et approfondie de la partie historique de son art. Ce n'est pas qu'une imitation servile des siècles antérieurs puisse atteindre ici et dans aucun cas l'idéal que l'art doit se proposer : il faut de l'originalité, de l'invention; mais, ce que l'on doit puiser dans la contemplation des chef-d'œuvres de l'art, c'est l'inspiration, c'est cette faculté créatrice, qui poursuit un type, mais avec indépendance, et sans s'astreindre à suivre d'une manière machinale les errements du passé. Si donc en littérature tous les genres sont bons hors le genre ennuyeux, on peut dire de même, qu'en fait d'architecture chrétienne, tous les genres sont admissibles, hors le genre profane; et par conséquent, tout édifice dont l'effet est de produire un sentiment de recueillement et de respect, d'isoler la pensée et de l'arracher aux préoccupations du monde pour l'élever à Dieu, aura rempli le but que se propose l'art chrétien. On peut inférer de là que le type de l'architecture religieuse n'a point encore été réalisé; telle est en effet notre opinion, et nous ajouterons qu'il ne le sera jamais complètement, tant que l'Eglise sera militante, ou, si l'on veut, qu'il ne le sera jamais; le type d'un art est un de ces éléments du beau que l'homme poursuit toujours sans jamais les rencontrer ici-bas. Mais, si nous osions donner à ce sujet notre opinion personnelle, nous dirions que de tous les genres d'architecture religieuse usités jusqu'à ce jour, celui qui nous paraît le plus empreint de ce caractère de belle simplicité que nous voudrions voir régner dans les édifices religieux, c'est le style employé du XIe au XIIIe siècle, c'est-à-dire l'époque de la transition entre l'architecture romane et celle qu'on est convenu d'appeler gothique; le terme de transition dont nous nous sommes servi est purement historique, et l'on doit écarter ici cette idée d'infériorité artistique qu'il entraîne ordinairement avec lui. Les époques de transition sont très souvent en effet des époques où l'originalité manque, où l'art marche comme à tatons entre les linceuls du passé et les langes de l'avenir. Telle n'est point l'époque dont nous parlons : on pourrait la nommer le printemps de l'architecture gothique, pour la vigueur et la sève de pensée qu'elle manifesta au dehors; organe d'une foi vive, et comparativement pure, elle est, bien plus encore que le gothique fleuri des siècles postérieurs, l'architecture qui convient à la réforme. On n'y voit point cette surabondance d'ornements qui devient dans les siècles suivants un luxe plus coûteux que celui des autels. On n'y voit point ce développement excessif de la statuaire qu'introduisit plus tard dans les Eglises du nord l'influence

ultramontaine de la Renaissance. Tout y est sobre et tempéré :
les ouvertures, étroites et longues, répandent dans les intérieurs un
jour plus favorable au recueillement que les immenses baies ogivales
du XIVᵉ et du XVᵉ siècle, toutes garnies qu'elles sont de leurs riches
dentelles de colonnettes et de meneaux. Ce mélange du plein ceintre et
de l'ogive permet à l'architecte de varier les proportions; l'union de
ces deux lignes donne à l'édifice un caractère de force et d'élégance,
et l'ogive elle-même, plus arrondie et plus gracieuse que dans les
époques subséquentes, repose harmonieusement sur les faisceaux de
colonnes qui s'élancent du sol à sa rencontre. Le style du bas-empire
est un style payen dégénéré; l'architecture romane est encore lourde
et massive, le gothique proprement dit n'est guère applicable qu'à de
vastes constructions; le style du XIᵉ et du XIIᵉ siècle n'offre aucun
de ces inconvénients. Il a été souvent appliqué à des édifices de dimensions fort restreintes, auxquels il donne un air de majesté et de
grandeur qui frappe l'œil le moins exercé (¹). C'est donc cette époque
que nous recommanderions à l'étude des architectes réformés, mais,
comme nous l'avons dit, pour s'en inspirer librement.

L'emploi de la musique dans le culte est moins contesté que celui
de l'architecture. Il n'est aucune Eglise, il n'est, à notre connaissance,
aucune secte chrétienne, qui proscrive de son culte cet art si noble
et si touchant (²). La musique vocale est, de sa nature, la plus propre

(¹) Nous citerons à l'appui de cette assertion l'Eglise paroissiale de Satigny (ancien prieuré de Bénédictins). Cette Eglise est celle dont parle Madame de Staël dans cette admirable page de l'*Allemagne* où respire toute la
poésie du culte réf. rmé. « J'étais, » dit-elle, « dans une église de campagne,
dépouillée de tout ornement ; aucun tableau n'en décorait les blanches murailles, elle était nouvellement bâtie et nul souvenir d'un long passé ne la
rendait vénérable.....» Cependant, nous nous permettrons une observation;
c'est que la façade occidentale et la voûte de la nef sont, avec le clocher,
les seules constructions modernes de l'église de Satigny. Ces restaurations
faites sans goût étaient assez récentes à l'époque où Mᵐᵉ de Staël écrivait ces
lignes, pour donner au temple dont elle parle l'apparence d'un édifice nouvellement bâti, mais elles n'ont pas suffi à lui enlever la beauté de ses formes et l'harmonie de ses proportions. Le chœur, terminé par une abside
demi-circulaire, offre encore un assez beau spécimen du style gothique primitif : de légères colonnettes ornées de chapiteaux à larges feuilles soutiennent une voûte élégante ; un oculus, et quelques ouvertures de la même
époque éclairent cette partie de l'édifice ; le tout est si simple que nous
n'entreprendrons point d'en donner la description ; mais, vue de l'entrée
ou du milieu du temple, cette abside est encore une des plus belles perspectives d'église que l'on puisse rencontrer. — On retrouve dans cette chapelle, nous disait à ce sujet un architecte qui a déployé dans l'étude des
monuments religieux une ardeur peu commune, on retrouve dans cette chapelle, le style, le goût et presque le génie des artistes qui ont érigé notre
cathédrale de Genève.

(²) Nous n'en exceptons pas les Quakers dont la prédication est une espèce
de récitatif.

à se plier aux exigences du culte, d'abord, parce qu'elle donne à tous les fidèles, ou du moins à presque tous, un rôle actif, ensuite, parce qu'elle revêt les sentiments religieux de formes vives et précises. Elle est appelée à jouer dans notre culte et dans nos mœurs le rôle primitif de la poésie lyrique, son but est l'effusion du sentiment religieux préexistant chez les masses ; elle doit donc être avant tout l'œuvre du troupeau. La musique instrumentale ne pourra jamais revêtir ce caractère d'universalité, elle agit sur les masses, elle les impressionne, mais cette action vient du dehors, cette impression est factice, la spontanéité en est absente, l'effet en demeure incertain.

Ce qui remue véritablement, ce qui touche l'homme du peuple, l'homme de la foule, celui qui est en dehors de l'art, ce n'est pas, (nous le disons appuyé sur l'expérience personnelle), ce n'est pas une ariette d'opéra exécutée sur l'orgue, ce n'est pas un chœur de théâtre couvert du nom pieux de cantique, c'est la voix de tous, c'est, comme le dit le poète :

> Un chant simple mais fort, qu'il aime pour cela ;

c'est cette hymne universelle à laquelle il peut mêler, lui aussi, quelques notes, sans désir de briller et sans crainte d'être aperçu, comme l'épi qui frémit dans un champ de blé mûr, comme le rameau que le vent fait soupirer dans la forêt.

Aussi le rôle de la musique instrumentale dans le culte doit se réduire en général à soutenir le chant ; l'orgue peut et doit, ce nous semble, être l'âme de cette partie instrumentale de la musique sacrée ; toutefois, « il ne doit qu'accompagner et faire ressortir les voix, dont le charme l'emporte sur tous les instruments ; » cette remarque empruntée à M. Théophile Abauzit, nous paraît d'une importance fondamentale relativement à l'état actuel de notre musique religieuse : les églises privées d'orgues sont généralement celles où l'on chante le mieux. D'où vient cela ? ce n'est pas que cet instrument ne convienne parfaitement au rôle qui lui est assigné dans notre culte, mais plutôt de ce que l'organiste se contente ordinairement de suivre à l'unisson le chant des Psaumes, et confond ainsi la mélodie avec l'accompagnement ; il devient par ce fait le régulateur du chant concurremment avec le chantre, et rend le plus souvent inutile la tâche de ce dernier ; c'est lui qui marque arbitrairement l'intervalle des reprises par ces ritournelles souvent peu harmonieuses qui font le désespoir des artistes ; aussi le troupeau est-il très-enclin à oublier que c'est au chantre, et non pas à l'orgue, de conduire et de diriger l'exécution.

De nombreuses et importantes modifications pourraient être faites dans l'application de la musique vocale à notre culte. Des essais plus ou moins heureux, mais toujours louables, ont été tentés dans le but de l'étendre et de le perfectionner ; cependant la méthode suivie dans quelques-uns de ces essais ne nous paraît pas conforme au but de l'institution : nous voulons parler de ces chœurs qui-, dans plusieurs de nos églises, ont été introduits dans le service divin. Sans doute, si l'on pouvait espérer d'accroître graduellement le nombre des personnes qui prennent part à ces exercices et d'y faire participer, dans un temps plus ou moins éloigné, la masse entière du troupeau, ces tentatives seraient utiles, et le but serait digne de l'effort ; mais pour que cette espérance ne fût pas une vaine illusion, il faudrait que la méthode suivie dans ces exercices fût plus simple, que par leur nature même ces chants fussent plus accessibles à tous, enfin que la musique en fût plus grave, plus solennelle, plus religieuse en un mot. La musique d'église est un type presque perdu pour nous ; et ce reproche ne s'adresse pas aux réformés seulement, mais à toute la génération actuelle : si les chœurs que l'on exécute dans quelques-uns de nos temples ne nous paraissent pas de nature à satisfaire aux besoins du culte, nous ne pensons pas que ses exigences soient mieux remplies par ces morceaux d'opéra ou ces ariettes, que l'on exécute dans quelques églises catholiques.

Rousseau, dans son *Dictionnaire de musique*, réclamait avec force contre cet abus (Art. Plain-chant) : « Le chant ecclésiastique, tel qu'il » subsiste encore aujourd'hui, est un reste bien défiguré, mais bien » précieux de l'ancienne musique grecque, laquelle, après avoir passé » par les mains des barbares, n'a pu perdre encore toutes ses pre- » mières beautés. Il lui en reste assez pour être de beaucoup préfé- » rable, même dans l'état où il est actuellement et pour l'usage auquel » il est destiné, à ces musiques efféminées et théâtrales, ou maussa- » des et plates qu'on y substitue, en quelques églises, sans gravité, » sans goût, sans convenance et sans respect pour le lieu qu'on ose » ainsi profaner. » Mais depuis lors, la décadence de la musique sa- crée s'est manifestée dans l'Eglise catholique avec une intensité tou- jours croissante, aussi le poète catholique par excellence, Auguste Barbier, s'écrie avec douleur dans l'ode magnifique intitulée : *Il campo santo :* Plus. . . . .

> De chants simples et forts, et de maîtres puissants,
> Versant, dans les grands jours, de leur harpe bénie,
> Sur les fronts inclinés des torrents d'harmonie.

.. Les chœurs, exécutés depuis quelques années dans nos temples, présentent encore une autre imperfection qui n'est pas moins cho- quante pour le but d'édification auquel ils sont destinés. Ce défaut réside dans les paroles adaptées à ces chants. On ne paraît point s'être inquiété de former un recueil d'hymnes religieuses, graves, solen- nelles et dignes par la beauté de la forme de figurer dans le culte chrétien. A peu d'exceptions près, ces chants, pris au hasard, pour donner un corps à un morceau de musique, sont un ramassis d'idées plates et triviales, et fourmillent de fautes de langue et de versifica- tion ; souvent même c'est de la prose pure et simple. C'est selon nous

un vice capital et qui suffirait, à juste titre, pour faire tomber ces es-
·sais de chants sacrés ; là encore, c'est violer les convenances que
d'apporter dans le culte des ouvrages trop imparfaits pour être produits dans un salon ; mieux vaudrait chanter les notes puiement et
simplement. La musique religieuse doit être avant tout une *poésie
chantée*, et l'influence des paroles est loin d'être insignifiante. Histo-
riquement, cette assertion ne peut être contestée : il est douteux que
la musique de Goudimel, si belle qu'elle soit, et certainement elle
l'est, eût suffi pour inspirer au peuple des Cévennes cet enthousiasme
pour le vieux psautier du désert, si au lieu des inspirations énergiques et touchantes du roi-prophète, elle n'eût revêtu que des paroles
niaises et sans goût.

Ceci nous conduit naturellement à dire quelques mots du rôle de la
poésie dans le culte. La poésie peut revêtir deux formes différentes,
le chant et la récitation (la première seule est universellement admise
dans le culte réformé) ; et une forme intermédiaire, le récitatif : cette
forme est employée avec succès dans plusieurs communions protestantes, comme elle l'était dans l'Eglise primitive, comme elle l'est encore
dans l'Eglise catholique et dans l'Eglise grecque ; elle se prête facilement au chant antiphonique, dont l'avantage est de donner un rôle actif au troupeau dans la partie liturgique du service divin. La liturgie
anglicane et la belle liturgie des Moraves en fournissent des exemples.
Mais, indépendamment de cette forme, notre culte pourrait, si ce
n'est habituellement, du moins dans certaines occasions solennelles,
emprunter un élément intéressant de vie et de dignité à la récitation
proprement dite, ou à la lecture de poèmes religieux ; nous ne voulons pas entrer dans les détails, examiner dans quelles circonstances
cette forme de la poésie chrétienne pourrait être employée avec le
plus de succès, quel genre de poésies il faudrait choisir à cet effet,
à qui l'on en devrait confier la lecture ; mais nous tenons assez à l'idée
que nous émettons ici pour consacrer quelques lignes à combattre le
reproche de nouveauté que l'on pourrait lui adresser. Un usage encore existant de nos jours dans la publication réformée, et qui n'est
que le vestige d'un emploi plus étendu de la poésie sacrée, est celui de
citer dans la péroraison du sermon, quelquefois aussi dans la prière
un fragment plus ou moins considérable de quelque psaume ou de
quelque œuvre poétique analogue au sujet ; or, si cette citation est
bien choisie, si le prédicateur l'articule avec un accent pathétique et
·vrai, elle ne manque jamais son effet ; souvent même c'est la seule
partie du discours que l'auditeur ait retenue et dont il conserve long-
temps encore le souvenir ; ce vieil usage nous met sur la voie de celui
que nous voudrions voir adopter. Ce dernier d'ailleurs se justifie his-
toriquement par des faits, dont il conviendra peut-être de donner une
rapide esquisse.

M. Ampère, dans son *Histoire littéraire*, nous apprend que « dans

» le monde grec d'abord, puis dans le monde romain, les chrétiens
» éprouvèrent le besoin de se servir des formes de la poésie antique et
» de les appliquer aux idées nouvelles. — Saint-Grégoire de Naziance,
» Appollinaire, Synésius, tentèrent les premiers cette contrefaçon
» chrétienne de l'antiquité profane.» Puis il rappelle la tentative d'A-
rator qui avait mis en vers, assez virgiliens les Actes des Apôtres. «Le
» Pape lui fit lire son poème dans l'Eglise de saint-Pierre-aux-liens, et
» cette lecture qui eut un succès immense, sembla un moment conti-
» nuer l'éclat des anciennes lectures payennes. ...... C'est à cet ordre
» de tentatives littéraires que se rapportent les poésies de saint-Avit.»

Saint-Avit, ou Avitus, était, pour le remarquer en passant, évêque
catholique de Vienne au VIᵉ siècle, et l'auteur de plusieurs poèmes
sacrés, dont le plus célèbre retrace, comme le *Paradis perdu* de
Milton, la chute de nos premiers parents. Or, l'examen des Epîtres
que nous a laissés ce prélat, prouve selon nous, qu'à l'exemple d'Ara-
tor, il dut prononcer des discours en vers, dans quelques-unes des
basiliques soumises à sa juridiction; c'est ce qui ressort de l'E-
pître LIᵉ, adressée au rhéteur Viventiolus; voici le commencement de
cette lettre :

» J'apprends que vous m'accusez d'avoir commis un barbarisme
» dans le discours que j'ai prêché dernièrement devant le peuple de
» Lyon à l'occasion de la dédicace de la basilique de cette ville, et
» que vous m'imposez un blâme public pour avoir péché publique-
» ment. J'avoue que cela peut arriver, surtout à moi, qui ai perdu
» par l'âge ce que j'avais acquis de littérature dans les études de ma
» jeunesse. — J'aurais cependant aimé que vous m'eussiez averti seul
» à seul que mes facultés ont baissé, mais puisque vous m'avez accusé
» étant absent, je tâcherai, quoiqu'absent, de me défendre. On pré-
» tend donc que vous trouvez mauvais que dans le mot: *potitur*, j'ai
» fait la seconde syllabe longue, ne suivant pas en cela l'exemple de
» Virgile, qui s'est servi de cette syllabe en disant: *vī pŏtītur*». — A
partir de là Avitus se lance dans la discussion, et s'efforce de prouver par des exemples que Virgile s'est quelquefois écarté de la prosodie accoutumée, et que le même poète, au VIᵉ livre de l'Enéïde, a
donné la même quantité que lui au mot dont il s'agit : (*aurōqŭe pŏtītī*).
De cette curieuse épître il faut conclure, ou que les ecclésiastiques
observaient alors avec beaucoup de soin la quantité dans la récitation
de leurs sermons, ou bien que l'homélie dont il s'agit aurait été écrite
en vers. Il n'y a rien dans cette dernière supposition qui doive nous
paraître incroyable, puisque nous avons vu plus haut que les lectures
de poèmes sacrés eurent souvent lieu dans les églises. Dans une prédication en prose, quelque soin que l'on mît à la prononciation, une
faute de cette espèce, si tant est que c'en fût une, n'eût été que très-
difficilement remarquée par les auditeurs. Mais dans une composition
poétique, elle détruisait toute l'harmonie des vers.

Il n'y aurait donc rien d'étonnant à ce que l'évêque de Vienne, qu
parlait avec tant de facilité la langue poétique; eût lu, en manière
d'homélie, quelque fragment de ses poèmes sur l'Ecriture Sainte, ou
quelque discours en vers composé à cet effet. Par une pareille lecture,
loin de rien faire d'inconvenant, il aurait rehaussé aux yeux du
peuple de Lyon, la dignité de la cérémonie. Peut-être est-il à regretter que notre culte manque aujourd'hui du puissant auxiliaire de la
récitation publique des poèmes sacrés. La Divinité ne saurait recevoir
un plus bel hommage, et l'esprit humain lui-même ne saurait trouver
pour s'élever à Dieu un moyen plus digne de lui que la lyre sublime
des prophètes.

De nos jours, dans une occasion tout-à-fait semblable, un ecclésiastique de la confession d'Augsbourg, M. Masson, inspecteur du diocèse de Montbéliard, a prononcé une prière en vers de sa composition,
dans le service célébré pour l'inauguration du temple de Bondeval,
département du Doubs. Ce service, célébré le 13 juin 1847, est relaté
dans le *Protestant de l'Est*, journal rédigé par M. le pasteur Goguel.
La prière de M. Masson est empreinte d'un sentiment religieux très-
profond, mais elle pèche par la forme ; écrite en vers librés et croisés,
elle perd ainsi quelque chose de cette élévation que donne le mouvement lyrique de la strophe ; telle qu'elle est, néanmoins, cette pièce
peut encore plaider en faveur de l'idée que nous avons émise, ne fût-
ce que sous le rapport historique et à titre de document.

Si de l'emploi des arts mixtes dans le culte nous passons à celui des
arts plastiques, nous abordons une sphère toute différente de raisonnements et de déductions. Nous devons avouer que, dans ce nouyeau
champ d'études, de nombreuses difficultés ont entravé notre route,
et nous ont empêché d'arriver à des principes bien arrêtés. Cette
question se détache en effet, sous quelques rapports, de la théologie
disciplinaire, pour se rattacher à la théologie dogmatique, dont elle a
toujours fait une des branches les plus intéressantes et les plus délicates en même temps.

Si la défense formelle d'introduire les images dans le culte se trouvait perdue dans un de ces nombreux passages du Deutéronome ou
du Lévitique dans lesquels Moïse règle et constitue les formes extérieures du culte juif, nous pourrions la regarder comme une mesure
temporaire dont la destruction du sacerdoce hébreu devait entraîner
la chute. Mais l'on est obligé de convenir que, placée dans cette loi
fondamentale du décalogue, dont Jésus rappela tant de fois à ses disciples l'autorité toute divine, la prescription dont il s'agit acquiert une
force nouvelle. Le décalogue en effet, n'a pas cessé d'être regardé,
depuis les premiers temps de l'Eglise jusqu'à nos jours, comme ayant
force de loi parmi les chrétiens. L'Eglise réformée en particulier, n'a
pas cru devoir effacer de ce code religieux le second commandement,
comme l'avait fait l'Eglise romaine; et certes, indépendamment du

respect dû à la Parole de Dieu, les abus qui s'étaient glissés dans le culte par suite de l'introduction des images, n'étaient pas propres à diminuer aux yeux des réformateurs l'importance de ce commande-ment. Les principaux d'entr'eux cependant, Zwingle, Luther, Calvin lui-même, protestèrent contre le zèle outré des iconoclastes, et gar-dèrent dans leurs écrits un langage ferme et modéré. Mais quelques-uns de leurs disciples, Knox, par exemple, ressuscitèrent ces idées pharisaïques, dont le formalisme touche de si près à la superstition; vers la fin du dix-septième siècle encore, le célèbre Jean Labadie, Jé-suite converti, se distingua par l'emploi qu'il fit de sa fougueuse élo-quence contre ce qui pouvait rester d'images dans la cathédrale de Genève, et en particulier contre les figures d'Apôtres dont les vitraux du cœur sont ornés.

On peut être chrétien sans doute, et même chrétien protestant, et ne point souscrire à ces déclamations. L'esprit du christianisme, cet *esprit qui vivifie*, tandis que *la lettre ne sert de rien*, n'annihile pas, il est vrai, le second commandement du décalogue; mais il le réduit à ses véritables termes qui sont ceux-ci : Tu ne te féras point d'images pour les adorer. Cependant, on est forcé de reconnaître que les repré-sentations anthropomorphiques ont presque toujours pour résultat de jeter dans une idolâtrie réelle la partie la moins cultivée de la société.

Si les admirables types conçus par les grands maîtres de l'art, sont de nature à développer chez l'homme le sentiment du beau, et par conséquent l'aspiration vers le bien, il n'en est pas de même de ces productions d'un art matérialiste et vulgaire, que l'on rencontre à chaque pas dans les églises où le culte des images est toléré. La pré-sence de ces représentations grossières est même, nous en sommes convaincu, l'une des causes qui produisent le plus souvent le culte des images proprement dit. Le penchant de l'homme au fétichisme devient d'autant plus vif, que les objets de son culte sont plus impar-faits; l'attrait du merveilleux, le plaisir que l'homme éprouve à lais-ser son imagination planer dans le vague du mystère, lui font trouver un charme indéfinissable dans la contemplation de ces ébauches. Mais ce plaisir est pris aux dépens de la vérité, il détourne les âmes des grandes vérités de la foi, et les empêche de donner aux enseigne-ments de l'Evangile la place qu'ils réclament. Aussi ne voudrions-nous voir admettre dans les Eglises que les œuvres des grands peintres et des grands sculpteurs, ou des copies fidèles de ces œuvres; et cela, non sans quelques restrictions. Nous repousserions, par exem-ple, ces représentations extérieures de la divinité que les artistes cé-lèbres se sont trop souvent permises. Nous voudrions encore que ja-mais les objets d'art ne devinssent assez nombreux dans une église pour la convertir en un véritable musée, et qu'ils ne fussent point pla-cés de manière à distraire les fidèles de l'attention qu'ils doivent aux actes du culte public.

Mais à côté de ces restrictions, toutes de prudence humaine, se re-trouve, pleine et entière, la question dogmatique dans laquelle la conscience seule peut décider.

Cette grave et importante question, ce n'est pas ici le lieu de l'aborder, encore moins de la résoudre. Parti du seul principe de convenance, nous avons exposé, sur le sujet intéressant qui nous occupe, une série de réflexions déjà trop longue sans doute, mais qui pourrait acquérir, sous une plume mieux exercée que la nôtre, plus d'ampleur et plus d'intérêt. A côté de ce sujet, dans lequel nous nous sommes circonscrit à dessein, se trouve un autre champ d'études sur lequel nous avons été tenté plus d'une fois de faire de téméraires excursions. C'est cette partie extérieure du service liturgique qui ne se rattache à aucune des grandes branches de l'art, et qu'on pourrait appeler la partie décorative du culte divin. C'est là surtout, c'est dans ce domaine, que les églises du rite calviniste pourraient trouver les formes qui leur manquent et qu'il leur importe d'acquérir. Plusieurs questions qui s'y rattachent prendraient de l'intérêt si elles étaient envisagées sous ce même point de vue de convenance qui nous a servi de guide dans ce travail : la place que doit occuper dans nos temples la table de communion, qui peu à peu se substitue à ces planches grossières qu'en certaines localités l'on dresse en toute hâte la veille des solennités : les modifications que l'on pourrait apporter dans le costume des ecclésiastiques officiants : les changements à faire dans la liturgie : l'ordre à suivre pour l'introduction de services du soir, dans lesquels les fidèles élèveraient à Dieu leur âme après les travaux de la journée, voilà des points que l'homme pieux ne jugera jamais indignes de son attention ; mais, on le voit, ces questions se rattachaient d'une manière trop indirecte au rôle des beaux-arts dans le culte, pour leur donner place dans le cadre que nous avions choisi. Aussi nous nous bornerons, en terminant, à les recommander à l'attention des corps ecclésiastiques.

F. Næf.

CHRONIQUE

REVUE SUISSE.

AVRIL.

Vous aurez vu, par le résultat des élections de Paris, que nous n'a‑
vions pas exagéré ce sentiment d'inquiétude vague, mais profonde,
succédant tout-à-coup à la tranquillité et aux fêtes dans lesquelles on
s'était insoucieusement bercé pendant l'hiver. Le sommeil avait fini
par devenir fort agité ; puis, avec le triomphe complet de la liste dé‑
mocratique et sociale, ce fut un véritable réveil en sursaut. La nomi‑
nation de MM. Carnot, Vidal et de Flotte a été un événement, comme
nous avons pu vous le dire encore à la hâte, en faisant partir la *Chro‑*
nique de notre dernier numéro.

Cette nomination est due à l'alliance du parti socialiste et du parti sim‑
plement, mais irrévocablement républicain contre celui qui passe pour
être ouvertement ou secrètement du royalisme de diverses nuances.
Elle prouve la réalité de ce que nous disions depuis quelque temps,
d'un progrès des idées démocratiques et même, dans une certaine
mesure, des idées sociales. Ce progrès est sensible dans la petite
bourgeoisie. C'est un fait, que le socialisme y cause beaucoup moins
de peur qu'il y a un an : on s'accoutume au monstre à force d'en en‑
tendre parler, et de plus, toujours sans le voir. Il semble bien qu'on
en ait vu quelque chose dans les journées de Juin ; mais on oublie et
on se familiarise si vite en France ! puis, l'on aime à se figurer que si
tout le monde passe ainsi plus ou moins au socialisme, il en sera alors
de celui-ci comme d'un poison qui, étendu de beaucoup d'eau, peut
être avalé sans inconvénient, et qui sait ? non sans quelque utilité.
Joignez à cela la nécessité de trouver à la situation une issue quel‑
conque, l'impossibilité de faire rétrograder durablement ni heureu‑
sement la révolution, et le besoin réel, urgent d'une réforme radicale

dans l'administration, car la France est toujours restée l'un des pays les plus exploités du monde, sous toutes les formes de gouvernement. Voilà la véritable explication des élections du 10 mars : elle est là avant tout, et non pas seulement dans ce qui a pu s'y joindre de caprices ou d'intérêts particuliers, d'habileté d'un côté et de fausses manœuvres de l'autre. Pour être plus apaisé et contenu dans son lit, le flot révolutionnaire n'en continue pas moins sa marche ascendante ; il monte des bas-fonds du prolétariat dans la région moyenne de la bourgeoisie : tel est tout le mystère. Un artiste de nos amis, qui a en tout une manière de juger et d'observer aussi juste qu'originale, nous disait à ce propos : « Quand j'ai vu le *Siècle* se rallier à la liste rouge, j'ai parié pour celle-ci, j'ai fait même trois paris en ce sens, et vous voyez que je les ai gagnés tous les trois : le *Siècle*, ajoutait-il, n'est qu'une girouette, mais il marque le vent. » Autant, dans une sphère plus haute, en a fait M. de Girardin ; car s'il aime à marcher contre le courant, c'est aussi parce qu'il se sent de loin appuyé et poussé par l'orage.

Vous avez vu enfin ce qui a suivi les élections; on s'attendait si peu à une telle défaite, que la stupeur a été grande. En retournant la liste rouge et mettant en tête M. Carnot, M. de Flotte à la queue, le scrutin semble s'être moralement, sinon numériquement, prononcé en faveur du parti qui ne veut que la république progressive sans extravagances sociales. Le parti opposé n'a pas seulement voulu distinguer cette nuance : tant le nom même de république l'importune encore, tant il se flatte de pouvoir au moins en esquiver la réalité ! Rien donc, dans le premier instant, ne vint tempérer sa douleur et son abattement. Ce fut une vraie panique, dont le contre-coup se fit ressentir à l'étranger. La Bourse tomba subitement, et de Paris à Pesth, sur tout le chemin de la révolution, il y eut un brusque arrêt à la reprise du commerce et des affaires.

Dans le monde politique, on s'était effrayé outre mesure ; ne s'y rassure-t-on pas trop maintenant ? On espère toujours pouvoir en finir par la compression ; on demande des lois et des actes en ce sens ; sa défaite aura eu du moins le bon effet d'avertir le parti conservateur, de lui faire serrer les rangs ; on prêche l'union aux diverses fractions de ce parti ; le pouvoir s'est nettement prononcé contre l'esprit des élections du 10 mars ; le Président a déclaré vouloir marcher avec l'Assemblée ; on dispose encore de toutes les ressources de l'autorité et de l'administration, de la force au besoin ; la partie n'est pas perdue, on a toujours les cartes en main, il ne s'agit que de la gagner : voilà ce qu'on se dit pour reprendre courage. Mais le désir, la nécessité même d'être d'accord ne font pas qu'on le soit. Le ministère, le Président se plaignent toujours de ne trouver que résistance, parlage, chicanes et inertie dans la majorité parlementaire. Les lois, longuement, péniblement votées, ne le sont donc pas avec un assentiment et un appui moral bien décisifs. Celle au moyen de laquelle le gouvernement voudrait rattacher lés maires à son action directe, est vue de mauvais œil par beaucoup de députés conservateurs, qui partagent les griefs de la province contre l'excès de la centralisation. Celle sur l'enseignement, malgré le coup de sape 'qu'elle donne au despotisme universitaire, profitera-t-elle réellement à la liberté? elle laisse bien des doutes après elle; nul ne sait ce qui en sortira, et le clergé, en faveur duquel elle a été faite; annonce déjà par la voix de plusieurs évêques qu'il ne se prêtera pas à son application. Celle enfin qu'on annonce pour la presse, accuse dans le pouvoir une étonnante stérilité d'idées, même en fait de répression; elle mécontente tout le monde; les journaux conservateurs en ont jeté les hauts cris.

Ainsi, malgré tout, les divisions continuent. Les légitimistes, qui ont eu l'esprit de se cantonner dans l'ombre à la commission des finances, n'ôtent pas un centime au budget des cultes, mais ils pratiquent de vastes coupes sombres dans celui de l'instruction publique? par ces réductions, ils désorganisent sourdement les services, et poursuivent ainsi leur plan favori de rendre tout régime nouveau intolérable à la France, ne doutant pas qu'alors elle ne se jette dans leurs bras. Les orléanistes recommandent la prudence; mais ils passent pour être, au fond, les moins résignés de tous à la république, les légitimistes préférant encore celle-ci à la dynastie de juillet.

Une nouvelle élection doit avoir lieu à Paris, le 28 avril, afin de remplacer M. Vidal qui, élu aussi dans le Bas-Rhin, a opté pour ce dernier département. Voilà une belle occasion de regagner le terrain perdu au 10 mars. Le parti conservateur a mille moyens de s'y ménager d'importants avantages, épurations, sévérité dans la constatation des droits d'électeurs, etc. Il verra sans doute revenir à lui plusieurs de ses déserteurs, effrayés par la stagnation des affaires. La victoire ayant été fort disputée, il suffit d'un hasard, d'un caprice, même du seul *retour des choses d'ici-bas,* pour faire maintenant pencher la balance de l'autre côté. Mais encore faut-il savoir profiter de ses chances et de ses avantages; et l'accord, l'habileté paraissent vouloir manquer ici aux conservateurs, comme pour tout le reste. L'*Union électorale,* sans même consulter les électeurs, a décidé de porter M. Fernand Foy, uniquement parce qu'il avait obtenu précédemment le plus grand nombre de suffrages. Cette brusque détermination a profondément blessé; les légitimistes ont nettement déclaré qu'ils n'acceptaient point ce candidat. Au lieu donc d'une vigoureuse entente, l'esprit et le despotisme des cotteries; des noms que l'on pousse, que l'on impose, mais qui ne rallient pas d'eux-mêmes le grand nombre; une discipline passive, et qui souvent même n'existe pas.

Les fougueux, les ardens répètent hautement, par l'organe de l'*Assemblée nationale* et de la *Patrie*; qu'il n'y a qu'une seule chose à faire: réprimer, frapper, agir! mais pour agir il faut des chefs, et le parti conservateur en a moins que jamais. Ses anciens hommes d'Etat sont impopulaires, ou vieillis et usés. La *Patrie* elle-même, aussi bien que le *Charivari*, ne les appelle plus que les Burgraves, du nom de ces héros centenaires et d'un autre âge qui tiennent de longs discours inutiles·dans un des drames de Victor Hugo. Le détachement, la désaffection, l'indifférence·font aussi un rapide chemin autour du Président, et l'autre jour, en revenant de Vincennes, il a été salué dans le faubourg Saint-Antoine par le cri significatif : *Vive la république démocratique et sociale !· Nous ne voulons que la république, entendez-vous !*

La république : ainsi tout y ramène, comme le faisait déjà observer notre précédent numéro. De toutes les formes.de gouvernement, elle est *celle qui nous divise le moins*, a dit M. Thiers du haut de la tribune, en s'adressant à tous les partis qui se disputent la France. Bien qu'elle soit aussi la plus logique, nous avouons pour notre part ne pas croire beaucoup plus à cette forme-là qu'à une autre, parce que nous croyons peu aux formes, au corps, lorsque l'esprit y manque, et que tout ce que l'homme touche, il le gâte. Mais la république n'en est pas moins le mot comme le fait de la situation, son terrain encore le plus solide ou, si l'on veut, sa pierre d'attente. En avant, en arrière, il n'y a pour le moment que des abîmes. Et que deviendrait l'Europe si la France, par sa chute ou par sa victoire violente, donnait le signal d'un dernier bouleversement !

— Au reste, on commence à le sentir dans le parti conservateur : la république est là seule planche qui tienne encore sur le précipice. Il ne faut donc pas en médire. Le mot d'ordre a été donné dans ce sens. Le *Constitutionnel* revient de plus belle à faire des déclarations d'amour à la république ; il n'en parle plus que la main sur le cœur. L'*Union électorale* qui jamais n'en avait soufflé mot jusqu'ici, étale ce nom tout au long sur ses affiches ; c'est dans l'intérêt de la république, c'est pour la consolider qu'elle appelle les citoyens à réunir leurs suffrages sur son candidat. Mais les acteurs ont beau débiter leur rôle à merveille ; le rôle et les acteurs sont usés : la piperie ne prend pas. Ce peuple-ci à tant vu de ficelles, comme on dit, qu'il faut être réduit à une bien grande pauvreté d'imaginative pour espérer encore l'apprivoiser avec celle-là. Les républicains eux-mêmes démentent à chaque instant leur républicanisme par leurs actes, par leur vanité, leur ambition, leur corruption, leurs mœurs irrégulières, car la république ne saurait vivre sans moralité. Comment donc croire au républicanisme des roués, malheureusement trop nombreux, du parti conservateur? Les exaltés de ce parti se chargent, d'ailleurs, d'arracher le masque. Ils gourmandent ceux qu'ils appellent les Burgraves, ils s'élèvent avec véhémence contre leur « direction somnolente » et leur esprit de temporisation. Dans ce moment, ils s'en prennent surtout à M. Thiers. « Ce Burgrave, disent-ils, recule et veut faire reculer avec lui sur toute la ligne le Président, le ministère et la majorité. » D'après eux, sans accepter la responsabilité du pouvoir pour lui-même, « M. Thiers pèse sur le ministère et sur la majorité pour les décider à ajourner jusqu'après l'élection du 28 avril les lois les plus pratiques contre les révolutionnaires. » Ainsi, dans le parti conservateur, tandis que les uns, suivant ces allégations, voudraient jouer de finesse, les autres veulent jouer le tout pour le tout ; faire sauter la place au risque de sauter avec elle, et si la mine ne leur paraît pas suffisante, ils sont les premiers à l'éventer.

A en croire certain bruit vague, mais assez naturel, et même quelques allégations plus précises, la pensée intime de ceux qui, sans rien oser contre la république, n'en veulent pas en réalité, serait de la réduire le plus possible à la forme et au mot, et pour cela de rendre la présidence héréditaire. On reviendait ainsi à la monarchie déguisée, et peut-être avec le prince de Joinville à la famille d'Orléans.

Les légitimistes, naturellement, sont furieux de voir qu'on puisse s'arrêter, pour tout reconfort, à une si mince perspective ; mais ils n'en sont pas plus d'accord pour cela. Parmi eux aussi, les uns veulent attendre, les autres brusquer l'avenir. M. de La Rochejaquelein a lancé sa proposition d'un appel au peuple pour qu'il ait à se prononcer sur la forme monarchique ou républicaine. Cette proposition a d'abord fait l'effet d'un coup de tête tout individuel ; mais elle est vivement soutenue, dans la *Gazette de France* et des journaux de province, par une fraction du parti légitimiste, tandis que l'autre, représentée par l'*Opinion publique*, ne voit dans M. de La Rochejaquelein qu'un allié compromettant et intempestif.

M. Thiers, lui, ne croit pas à la possibilité des moyens énergiques. Il demande qui veut en prendre la responsabilité. Avec une immense tristesse sur l'état social et sur l'avenir, il pense néanmoins qu'il n'y a pas d'autre parti à prendre que de tâcher de s'en tenir à une quasi-démocratie, et dernièrement, dans une réunion de représentans des diverses nuances conservatrices, il a demandé encore, en s'adressant plus particulièrement aux légitimistes, si l'on était décidé, comme lui, à *déposer ses regrets et ses espérances* pour concourir plus efficacement à la défense de la société.

Quant au Président, il n'est pas fort amusé, comme on pense, de cette idée que légitimistes et orléanistes ne le croient bon qu'à tirer les marrons du feu. Il aurait parfois des velléités de prendre un ministère démocratique, et M. Thiers pousse, dit-on, à un ministère de gauche, à un ministère Dufaure. Les républicains sont encore peut-être ceux qui acceptent le mieux Louis-Napoléon, comme garantie contre les tentatives dynastiques ; s'il avait mieux répondu à l'attente de ceux qui l'ont élu, il ne lui eût pas été absolument impossible d'obtenir des républicains eux-mêmes une prolongation de pouvoir.

Mais il a une répulsion aristocratique et d'instinct contre le *populaire*, et somme toute, en voyant se dessiner la situation, il doit commencer à trouver que *ce n'était pas si facile qu'il croyait.*

— Outre son séjour à Paris, la princesse de Bade, parente de Louis-Napoléon, a fait dernièrement une excursion en Angleterre. Elle y a vu Louis-Philippe et s'est entretenue avec lui. Dans la conversation, l'ex-roi des Français se prit à dire que tout ce qu'il désirait, c'était de voir le prince de Joinville nommé président; et, pour lui, d'aller vivre à Dreux (où sont les tombeaux de la famille) et y mourir *avec sa vieille femme.* Etait-ce là paroles feintes, ou réellement le dernier mot d'un esprit désabusé qui ne s'en fait plus accroire ni à lui ni aux autres? était-ce encore de la tactique, de la diplomatie, ou seulement de la malice? voulait-il faire pièce à la cousine du Président actuel, en lui parlant du successeur possible de ce dernier? Quoi qu'il en soit, nous tenons ce propos d'une source authentique : il nous revient, par une voie directe et sûre, d'une personne en relation depuis long-temps avec la princesse et à laquelle celle-ci elle-même la conté.

M. le duc de Valmy, dans un ouvrage qu'il vient de publier, cite un document fort curieux. C'est la lettre suivante, écrite à Charles X par Louis-Philippe, dans la nuit du 31 juillet 1830 vers une heure après minuit, et remise par lui à un personnage investi de toute la confiance du prince qu'il allait remplacer. La lettre portait pour suscription : *Au roi*, plus bas : *Le duc d'Orléans.*

« M. de *** dira à V. Majesté comment l'on m'a amené ici par force; » j'ignore jusqu'à quel point ces gens-ci pourront user de violence à » mon égard, mais si dans cet affreux désordre il arrivait que l'on » m'imposât un titre auquel je n'ai jamais aspiré, que V. Majesté soit » persuadée que je n'exercerais toute espèce de pouvoir que tempo-» rairement et dans le seul intérêt de notre maison.

» J'en prends ici l'engagement formel envers Votre Majesté. Ma fa-» mille partage mes sentimens à cet égard.

» Palais-Royal, 31 juillet 1830.

» Signé : (Fidèle sujet). »

Avant de porter cette lettre à travers des lignes ennemies, on en fit une copie, celle que publie M. le duc de Valmy. Il affirme, d'ailleurs, « savoir positivement ce qu'est devenu l'original, le moment n'est pas venu de le dire. Ce qui est digne de remarque, ajoute-t-il; c'est que le langage de ce document est conforme de tous points au langage que l'on prête en ce moment au roi Louis-Philippe, et à celui qu'il a tenu dans ses relations avec les cabinets européens. » Enfin, l'auteur formule ainsi l'idée et les conclusions de son ouvrage, lequel est in-tulé : *De la force du droit et du droit de la force :* « La vraie monar-chie, c'est la monarchie du principe héréditaire, inviolable et sacré. La vraie république, c'est la république démocratique et socialiste. La question est désormais posée entre ces deux solutions définitives;

le devoir de tous les hommes d'Etat qui ne veulent pas livrer le peuple à des illusions nouvelles , sera de proposer loyalement et hautement la première ou la seconde ; hors de là il n'y a que des systèmes trompeurs de gouvernement, des fantômes de monarchie et des parodies de république. »

— Voilà M. Emile de Girardin encore évincé de la liste démocratique qui se prépare pour l'élection du 28 avril. Le *National*, la *Voix du Peuple* mettent en avant M. Dupont (de l'Eure). Il eût peut-être été d'une tactique habile de porter M. de Girardin, parce que s'il avait été nommé, on en aurait fait honneur au parti, ç'aurait été une confirmation de la victoire du 10 mars ; s'il ne l'avait pas été, on aurait attribué cette défaite au candidat, au peu de confiance personnelle qu'il inspire : ainsi, dans les deux cas, rien n'aurait été compromis. Mais, dans le comité, il y a des hommes du peuple qui n'entendent rien à ces manéges ; ils veulent aller tout droit, quel que doive être le résultat momentané, et il faut compter avec eux. Les habiles du parti continuent donc à jouer avec leur puissant auxiliaire et à lui tenir le bec dans l'eau. Jusques à quand cela durera-t-il ? M. de Girardin s'était hâté, pour n'être pas prévenu, de remettre lui-même en avant sa candidature ; au premier bruit de celle de M. Dupont de l'Eure, il l'a non moins précipitamment retirée, mais en énumérant avec amertume tous les sacrifices qu'il a faits à la cause démocratique avant et depuis Février, y compris la diminution récente des annonces de la *Presse* et de ses abonnés. M. de Girardin avait ramassé toutes ses forces (et l'on sait s'il en a !) pour asséner ce coup de massue qui, dans sa défaite, devait du moins le venger. Il y a joint même le coup de poignard pour terminer. En acceptant la candidature de M. Dupont (de l'Eure), il faisait toutes réserves , disait-il, quant à la part de responsabilité qui revenait à celui-ci dans le sang versé en Juin , dans la transportation et l'état de siége, lorsque sur sa proposition l'Assemblée décréta que le général Cavaignac avait bien mérité de la patrie. Mais sur tout cela le rédacteur de la *Presse* a trouvé un maître. La *Voix du Peuple* lui répond avec une poignante ironie, rendue plus terrible encore par le sérieux du ton et des idées. Cette réplique l'emporte ainsi de beaucoup sur l'attaque, en vigueur et en habileté. On y trouvera aussi résumée la ligne de conduite suivie en ce moment par la *Voix du Peuple* et par la fraction la plus intelligente du parti dont cette feuille est le principal organe. Comme article de polémique et comme renseignement sur la situation , voici donc ce morceau en entier :

· « M. de Girardin, par un article signé de lui, et publié dans la *Presse*, se désiste de sa candidature. ·

·» Nous prenons acte de ce désistement ; nous en remercions M. de Girardin au nom de la démocratie.

» En se désistant, M. de Girardin a cru devoir faire, non sans un profond sentiment d'amertume, l'état de ses services. Il craint que la République ne l'oublie; il la rappelle à la reconnaissance.

» Nous donnons acte à M. de Girardin de cet état. Nous n'avons jamais été, quoi qu'il insinue, nous ne serons jamais ingrats. Mais nous lui devons un avertissement.

» M. de Girardin a beaucoup fait sans doute pour la Démocratie; il fera davantage encore, nous le lui prédisons; il n'est pas à bout de sacrifices. Il faut qu'il marche avec nous, qu'il combatte, *volens, nolens*, pour un parti qui le reconnaît à peine; qu'il s'efface, qu'il s'humilie, qu'il s'évanouisse, qu'il succombe à la tâche, sans avoir recueilli, peut-être, une parole de remercîment. C'est la vie, c'est le rôle, c'est la récompense d'un révolutionnaire. Est-ce que par hasard M. de Girardin ne s'en serait jamais douté? croit-il qu'on maquignonne avec la Révolution, donnant donnant?

» Et nous aussi, nous avons servi courageusement la cause démocratique; nous avons payé, nous payons tous les jours, de nos personnes, de nos libertés, de notre bien, de notre réputation, de notre popularité, de nos espérances, de nos affections les plus chères. Il n'y a que nos convictions que nous ne sacrifiions point. Nos états de services pourraient, sans honte, figurer à côté de ceux de M. de Girardin, et nous défierions la calomnie d'y découvrir la moindre équivoque. Hier, on s'apprêtait à nous attaquer comme des créatures de M. de Girardin; aujourd'hui on se méfie encore de nos tendances bourgeoises.

» Eh bien! où est notre récompense? où sont nos dédommagements?

» C'est nous qui, depuis ces fatales journées de juin, qu'on rappelle sans cesse, avons préparé tous les succès, réparé toutes les fautes de la démocratie-socialiste; c'est nous qui, plus que personne, avons contribué à faire les élections de septembre 1848, de mai 1849, de mars 1850 : avons-nous une seule voix qui représente nos idées à l'Assemblée nationale? avons-nous obtenu, il y a un mois, une seule candidature, soit à Paris, soit dans les départemens? Sont-ce nos doctrines qui triomphent dans les comités? sont-ce nos ambitions qui siégent à la Montagne? Et quand le pouvoir échappera à cette réaction aussi aveugle qu'impuissante, est-ce dans nos mains qu'il arrivera?

» Nous servons la Démocratie *gratis*.

» Nous faisons la Révolution *gratis*.

» Nous défendons la liberté et le suffrage universel *gratis*, c'est-à-dire par pur amour de la liberté et du suffrage universel.

» Nous voulons le progrès pour le progrès; le triomphe de la Révolution pour le seul plaisir d'empêcher l'humanité de rétrograder: Il n'y a rien, ni dans le pouvoir, ni dans tous les enivremens de la popularité, qui puisse nous tenir lieu de cette récompense, tardive, il est vrai, mais seule digne de nos courages : Nous avons vaincu? nous avions raison!

» M. de Girardin termine le panégyrique de sa personne par un trait perfide à l'adresse de Dupont (de l'Eure). En se retirant, il se venge: il fait dégoutter sur M. Dupont (de l'Eure), un vieillard de 83 ans, le sang des journées de juin; il essaie de perdre un candidat avec lequel il se sent incapable d'entrer en lutte.

» C'est indigne ; c'est inconséquent ; cela ne touche pas à la question.

» C'est indigne : M. de Girardin, par cet affreux sarcasme, a détruit la moralité de son désistement.

» C'est inconséquent, puisque le but de l'élection du 28 avril, comme de celle du 10 mars, est, tout en protestant contre le retour de la monarchie, de reserrer de plus en plus l'union entre la bourgeoisie et le prolétariat, et d'effacer la distinction de vainqueurs et de vaineus de Juin. — Nous l'avons dit mainte fois : en Juin, les ouvriers combattaient pour le travail que leur avait promis le gouvernement provisoire ; la garde nationale combattait pour le suffrage universel, fondé par ce même gouvernement. «Si le droit était de ce côté-ci des barricades, il était aussi de ce côté-là.» Nous ne voulons pas que de pareils conflits se renouvellent : et c'est pourquoi, après avoir fait voter la bourgeoisie pour l'ex-transporté Deflotte, nous voulons faire voter le prolétariat pour l'auteur plus ou moins responsable de l'ordre du jour du 25 novembre 1848, Dupont (de l'Eure).

» Enfin le reproche de M. de Girardin ne touche point à la question, telle qu'elle se pose aujourd'hui.

» Que veut l'*Union électorale?*

» Anéantir, soit par une restauration légitimiste, soit par un escamotage dynastique, le développement politique et social des soixante dernières années ; donner le démenti à quatre générations de révolutionnaires.

» A M. Fernand Foy, au muscadin de 1850, nous opposons le vieux républicain, l'homme qui, dans une seule vie, représente l'opposition d'un demi-siècle.

» Franchement, qu'est-ce que signifie dans tout ceci M. de Girardin? »

Quel coup d'assommoir, et quelle chute! Il y a dans la destinée de M. Emile de Girardin quelque chose de très-singulier. Avec la moitié moins de force, de courage, de persévérance et d'audace, un autre serait déjà vingt fois arrivé au but ; mais lui, quand il semble, dans sa rapide et vigoureuse ascension, n'avoir plus qu'à le toucher, toujours il retombe comme s'il avait alors un boulet de canon sous les pieds. Nul ne roule mieux son rocher contre la pente, tant soit-elle escarpée ; mais près du sommet, le roc impitoyable le rejette soudain au bas de la montagne, et il lui faut tout recommencer. C'est le Sisyphe du journalisme. Son sort ne serait-il pareil à celui de l'autre que par une juste punition des dieux, et l'histoire aurait-elle ici, comme la fable, quelque secrète moralité?

Dans tous les cas, les infortunes électorales de M. de Girardin commencent à friser pour lui le ridicule, et il faut bien toutes ses ressources de désinvolture et de talent pour qu'il n'en soit pas accablé ; un autre assurément y succomberait. Il ne manque pas de journaux prêts à relever le côté grotesque de sa position actuelle. La *Patrie*, par exemple, le fait ressortir avec assez de verve, mais aussi à la fin avec sa violence accoutumée, dans le petit article suivant :

«Décidément M. Émile de Girardin est encore repoussé. Dans un article qui atteint la dernière limite du comique sérieux, le rédacteur de la *Presse* énumère tous les sacrifices qu'il a faits à la cause du socialisme. Il a refusé la préfecture de police, la direction des postes, l'ambassade de Naples (nous ne connaissions pas celle-ci). Il n'est qu'une chose enfin que M. E. de Girardin n'a pas refusée, parce qu'on a eu l'indignité de ne pas la lui offrir, c'est le portefeuille de ministre centralisateur et dirigeant. Parbleu, la belle! le grand mérite à refuser ce que vous ne voulez pas! et que le socialisme doit être flatté d'avoir la préférence de vos faveurs, que d'autres auraient eues, s'ils avaient voulu les payer du prix que vous les faites.

» En écoutant ce pauvre homme s'épuiser en concessions auprès du socialisme qui l'accable de ses dédains, ne semble-t-il pas entendre Arnolphe disant à Agnès :

> Veux-tu que je m'arrache un côté de cheveux?

» Agnès ne veut pas même des cheveux d'Arnolphe. Dans la comédie, elle lui préfère un jeune homme. Ici, ô comble d'humiliation, elle lui préfère un vieillard! — Dupont (de l'Eure) — quatre-vingt-trois années, — une décrépitude. N'est-ce pas dire que mieux vaut encore la décrépitude de l'âge que la décrépitude de l'âme. »

— Les mêmes journaux ne se contentent pas du haut comique pour ridiculiser leurs adversaires; ils ne dédaignent point la farce et le gros sel. Voici comment le *Pays* rédige la profession de foi du citoyen Nail devant un club socialiste pour l'élection des membres du comité électoral :

« Barton, si che ne barle bas pien vrançais, dit l'orateur, che suis Alsacien, ce gui ne m'embêche pas l'aimer la Ripiplique témocratique et te tédesber les plancs. Foilà ma provession de voi : ça vous va-d-il? — » Pas mal, et vous? répond un loustic en blouse. — » Ça va pien, très pien. Che gombrends la guesdion; clie suis brêt à aller bardout, même au Gonservadoire-tes-Arts-et-Médiers. » Le citoyen Nail est reçu par acclamation. »

— La partie des *Mémoires d'Outre-Tombe* relative à la révolution de 1830 est venue tout-à-coup piquer l'attention par un genre d'intérêt auquel on ne s'attendait pas. Elle contient sur les hommes et les choses de cette époque, sur Louis-Philippe, sur M. Thiers, sur les légitimistes, sur M. de Saint-Aulaire, sur M. de Mortemart, des portraits et des épigrammes sanglantes. C'est fort désagréable d'être ainsi assassiné de son vivant par un mort. Et qui sait quels traits vont partir encore du fond de son tombeau! Ceux qu'il a épargnés jusqu'ici se demandent avec inquiétude s'ils ne sont pas couchés aussi sur ses tablettes. Ils n'y sont pas aujourd'hui, mais demain peut-être, en jetant les yeux sur le feuilleton de la *Presse*, ils se verront, comme d'autres, percés de part en part. Le faubourg Saint-Germain lui-même compte de nombreuses victimes dans ces tables de proscription d'un nouveau genre. Ce qui redouble sa fureur, c'est que cette partie des *Mémoires* renferme en outre, sur l'avenir de la société, des vues et des pressentimens remarquables, frappans aujourd'hui 'de justesse, confirmés vingt ans après par les événemens, mais dont les légitimistes ne s'accommodent pas. Et toutes ces trahisons infernales leur viennent de l'homme qu'ils portèrent si long-temps aux nues! il est vrai qu'il fut du petit nombre des royalistes qui, à défaut de foi, restèrent fidèles à eux-mêmes et au malheur. Comparé enfin à d'autres célébrités de ce temps-ci, il sut mettre du moins dans sa vanité une sorte de dignité et de tenue, dont le sentiment populaire lui tient compte et lui sait gré. Tout cela fait que, malgré leurs longueurs, leurs erreurs et leurs illusions d'optique, dont il faut se défier (¹), ces *Mémoires* resteront cependant, et, quand ils ne seront plus lus par les simples curieux, le seront encore à titre de renseignemens sur notre époque par ses futurs historiens.

— Les théâtres ont été très-suivis cette année, non pas assurément qu'ils le méritassent plus que précédemment, bien au contraire, mais parce qu'il est assez dans l'esprit français, et peut-être dans l'esprit humain, de se jeter dans une dissipation éperdue entre la tempête d'hier et la trombe de demain. Le public parisien, lequel se compose, quant au théâtre surtout, d'une immense majorité d'étrangers, ce public facile et peu lettré s'est montré infatigable devant tous les vieux canevas rhabillés à neuf qu'on lui a donnés tout l'hiver sous le titre de nouvelles pièces. Il a même, à sa grande surprise, fait et refait le pélerinage de l'Odéon pour applaudir *François le Champi*, roman rustique et moral de Mᵐᵉ Sand (dont elle a fait un drame plein de charme et de simplicité), tant et si bien que le parisien lui-même, ce curieux indolent qui s'en rapporte aux journaux et aux visites pour les nouvelles des théâtres où il ne va quasi jamais, oui, le parisien pur sang est allé voir *François le Champi*, et tout le beau monde a fait comme lui. Deux solennités pourtant ont rendu quelque intérêt littéraire au théâtre et rempli la salle des Français et de la Porte-Saint-Martin d'un public d'élite : c'étaient les premières réprésentations de *Charlotte Corday* par l'auteur de *Lucrèce*, et de *Toussaint-Louverture* par M. de Lamartine (²). L'un et l'autre drame a réussi et, quoique fort

(¹) Voyez à ce sujet l'article de M. Sainte-Beuve dans le *Constitutionnel*, et en particulier ce qui regarde les portraits de Ginguené, Chamfort, etc., portraits que nous avons cités dans notre *Chronique* de novembre 1848 (*Revue Suisse*, t. XI, p. 696 et suiv.). M. de Chateaubriand s'y montre injuste à l'égard d'hommes qu'il avait autrefois loués. Ainsi lui-même s'est démenti d'avance, en parlant d'eux, à une époque où il les voyait beaucoup, tout autrement qu'il ne le fait de souvenir. Il ne s'est pas rappelé qu'il avait pris soin de contredire sa mémoire ou sa passion par des portraits faits d'après nature, et plus flatteurs comme plus ressemblans, lorsqu'il avait encore les originaux sous les yeux.

(²) Mˡˡᵉ Rachel n'a décidément point voulu du rôle de Charlotte. On dit qu'elle le regrette à présent. Il est joué par Mˡˡᵉ Judith, qui n'est point sœur différent de son rival, a obtenu précisément le même genre de succès; c'est-à-dire un succès qui n'est nullement dramatique. Le spectacle était vrai, curieux, bien posé pour *Charlotte Corday;* merveilleux, poétique et pompeux pour *Toussaint;* mais c'était partout un spectacle, une parade morale et tragique, nullement un vrai drame, une vraie pièce. L'art ancien se meurt, l'art nouveau ne s'est encore révélé à personne, et dans cet entr'acte le talent individuel s'amuse à dérouler ses fantaisies presque uniquement pour les yeux ou pour les oreilles, sans même essayer d'aller jusqu'à l'intelligence ou au cœur. Nos vieux *Mystères* du moyen-âge, qui procédaient aussi par ordre de succession chronologique exclusivement, semblent avoir enseigné leur procédé à nos faiseurs de drames modernes : une chose arrive après une autre comme mai après avril; voilà tout le secret de la combinaison dramatique actuelle. Ah! que Shakespeare entendait bien autrement le secret agencement de la vie et de la passion humaine, où, de conséquence en conséquence, l'âme se fait au fond sa destinée, tout en paraissant flotter dans l'inattendu et dans l'imprévu.

Comme l'indiquent nos réflexions, *Charlotte Corday* est une narration dialoguée et scénique de l'histoire du meurtre de Marat, de ses suites et de tous ses précédens. La facture habile du style de M. Ponsard, les qualités naturelles de son talent sage, élevé, ingénieux et pur, ne pouvaient lui manquer dans cette œuvre nouvelle, toute différente qu'elle fût de *Lucrèce* et d'*Agnès de Méranie*. Mais ce sujet est peut-être trop près de nous; il a toujours échoué sur la scène([1]), et le *Charivari* n'avait tort qu'à moitié dans une caricature où il montrait *Lucrèce* se noyant dans la baignoire de Marat pour s'y être jetée la tête la première.

Tout le monde, dans le drame de M. Ponsard, fait de la politique en très-beaux vers : chose assez peu ordinaire par le temps qui court. Girondins et Montagnards y viennent débattre les intérêts de leur parti absolument comme s'il n'y avait rien de pareil hors de la scène, et, en effet, cette tranquillité plastique du poète, en reproduisant ces tragiques légendes de la première république, a réussi à en faire de la littérature et non pas de l'allusion. Toutefois, beaucoup de gens ont pensé que M. Ponsard était tombé là justement dans une préoccupation d'art qui l'avait par trop distrait du danger et de l'inopportunité de ses souvenirs, tout littéraires qu'on les fît. Le rôle de Marat se

ni parente de la célèbre actrice, comme nous l'avions cru d'abord sur son nom juif, et en ne nous démêlant pas très-bien parmi toutes ces sœurs de Mlle Rachel qui ont suivi leur aînée à la file dans la carrière du théâtre.

([1]) Peu de temps après la révolution il parut une tragédie sur Charlotte Corday. Un seul trait suffira pour en juger. Dans cette pièce éminemment classique, l'héroïne a une confidente, et cette confidente s'appelle Fatime. — Même après M. Ponsard, les plus beaux vers sur Charlotte Corday sont toujours ceux d'André Chénier.

trouve même être le plus fortement écrit, le plus énergiquement dessiné, surtout dans son grand discours où; entre autres, il s'écrie :

> Ami du peuple hier, je le suis aujourd'hui ;
> J'ai souffert, j'ai lutté, j'ai haï comme lui.
> Misère, oubli, dédain, hauteur patricienne,
> Ses affronts sont les miens, sa vengeance est la mienne.
> Je veux, armé du soc, retourner les sillons ;
> A l'ombre les habits, au soleil les haillons !
> Chapeau bas, grands seigneurs, bourgeois et valetaille !
> Vos maîtres vont passer : saluez la canaille.

Nous n'avons cependant pas surpris trace d'émotion quelconque,
en dehors du théâtre, à propos de cette pièce.

Toussaint-Louverture, joué par Frédérick Lemaître, avait excité
une telle curiosité, que toutes les places, retenues longtemps d'avance
et dont les agioteurs dramatiques avaient attrapé quelques-unes, se
revendaient à des prix fous : 20 francs un billet de parterre, 50 francs
une stalle d'orchestre, etc. Le soir venu de cette fameuse première représentation du premier drame de M. de Lamartine, impossible de se
procurer le moindre coin de loge ou de couloir quelconque un peu
acceptable. Cependant, depuis onze heures du matin, une queue formidable s'était formée pour l'amphithéâtre le plus élevé, vulgairement
appelé *poulailler* par ses habitués, qui se communiquent fréquemment leurs impressions par de retentissans *cockerico !* Un de nos amis
s'était mis dans la tête d'assister à cette solennité littéraire (qualifica-
tion consacrée !), et cela sans avoir fait autre chose que de se dire :
j'entrerai ! Point de billets nulle part. Point de bureau ouvert. N'importe ! il avise dans un coin un marchand de contremarques et l'a-
borde : celui-ci possède en effet des coupons de places à l'amphithéâtre populaire, et cède généreusement pour 2 francs 50 centimes
ce coupon que les courageuses blouses de la queue vont payer 50 centimes, et qu'une heure plus tard, pendant le premier entr'acte, on a
vendu jusqu'à 5 fr. Voilà donc notre ami s'installant au cinquième
rang de ce parterre sis au *paradis*, tout grouillant déjà de sa re-
muante population. Chaleur, tapage, bousculades, air vicié, il fallut
tout supporter sans bouger, et par dessus le marché force discussions
politiques où dominaient messieurs les *démoc*, tout ce qu'il y a de
plus *soc*.

Enfin, trois quarts d'heure ne sont pas ainsi bientôt passés, mais ils
passent pourtant. On siffle. On s'impatiente. On s'écrie que *La Tar-
tine* prend bien longuement son café et ne songe pas à son public. On
demande la *Marseillaise*, et puis on la chante en chœur (toujours au
poulailler) pendant que d'autres groupes s'égosillent à demander : la
toile ! la toile !

L'ouverture commence et le silence redescend peu à peu et à grand
peine dans cette foule pressée. Les ambassadeurs, les actrices, les

poètes, les journalistes, les représentans, les gens du monde, les cousins du Président, les belles toilettes et les gants jaunes, tout cela est entassé dans les loges presque pêle-mêle. La toile se lève. O surprise! c'est la Marseillaise qu'on joue à l'orchestre, c'est la Marseillaise que dit le grand chœur de noirs qui remplit la scène; c'est la *Marseillaise des noirs*. La décoration est saisissante et magnifique; c'est une plage de Saint-Domingue avec l'Océan pour fond et des golfes arrondis pour lointains, sous un ciel chaud, brillant, cuivré, qui est d'un effet splendide. Mais ayez donc un charmant rivage et un ciel de feu pour encadrer des faces et des êtres aussi mal gracieux que toute cette bande de nègres, négresses et négrillons qui chantent et qui dansent. Cette fête est ingénieuse et bien destinée, mais elle pose mal, comme effet, la race noire et le drame lui-même. Dans cette Marseillaise nouvelle qui inaugure les divertissemens, M. de Lamartine exprime une impression analogue à celle du spectateur et dit au nègre, avec plus d'énergie que de goût, qu'il porte sur sa peau le deuil de sa race: du reste voici les premiers vers de cet hymne, dont les couplets sont déclamés et le refrain chanté.

> Enfans des noirs, proscrits du monde,
> Pauvre chair changée en troupeau,
> Qui de vous-même, race immonde,
> Portez le deuil sur votre peau!
> Relevez du sol votre tête,
> Osez retrouver en tout lieu
> Des femmes, un enfant, un Dieu.....
> Le nom d'homme est votre conquête!
> Offrons à la concorde, offrons les maux soufferts,
> Ouvrons aux blancs amis nos bras libres de fers.

Quel dommage que, les vers harmonieux coûtant si peu au poète, il n'en ait pas mis en refrain d'un son un peu plus doux et d'une fraternité un peu plus simple!

Comme nous ne voulons ni analyser ni raconter la pièce, suite de tableaux plus ou moins épiques ou brillans, mais rarement dramatiques, nous offrirons plutôt à nos lecteurs ce que cette œuvre a de vraiment remarquable, c'est-à-dire la poésie, le vers, la tirade, tout ce qui peut se montrer lyrique et par conséquent supérieur dans un drame de Lamartine. Voici quelques-unes des *méditations* qu'offre le caractère de Toussaint.

L'escadre française est en vue de l'île. Il est seul dans son cabinet à combiner ses projets de défense. Un prie-dieu, surmonté d'un crucifix blanc, est là, très-apparent. Toussaint s'y agenouille vers le milieu de son monologue.

> Dans un vieux pauvre noir cependant quelle audace,
> De prendre seul en main la cause de sa race;

De se dire : Selon que j'aurai résolu,
Il en sera d'eux tous ce que j'aurai voulu !
Dans mes réflexions du mot fatal suivies,
Je pèse avec la mienne un million de vies.
Si j'ai mal entendu..... si j'ai mal répété
Le sens de Dieu !..., malheur à ma postérité !
Dieu ne sonne qu'une heure à notre délivrance ;
Opprobre à qui la perd ! mort à qui la devance !
Ah ! combien j'ai besoin d'intercéder celui
Dont l'inspiration sur tous mes pas a lui.
Crucifié pour tous ! symbole d'agonie
Et de rédemption ! Quelle amère ironie !
Où se heurte mon cœur lorsque je veux prier !
Quoi ! c'est le Dieu des blancs qu'il nous faut supplier ?
Ces féroces tyrans dont le joug nous insulte,
Nous ont donné le Dieu que profane leur culte,
Ensorte qu'il nous faut, en tombant à genoux,
Effacer leur image entre le ciel et nous.
Eh bien, leur propre Dieu contre eux est mon refuge !
Il fut leur rédempteur, mais il sera leur juge !
La justice à ses yeux n'aura plus de couleur ;
Puisqu'il choisit la croix, il aima le malheur.

Troublé dans sa retraite par l'irruption de la foule effrayée, qui vient lui annoncer le débarquement de l'armée française à Port-au-Prince. il cherche à rassurer et à encourager ses compagnons :

Je connais vos pensers, ne me les dites pas !
Vous craignez les Français ! Votre cœur s'épouvante
De cet art meurtrier dont leur orgueil se vante.
Que peut-il contre un peuple ? Enfans, vous allez voir.
Apportez-moi ces grains de maïs blanc et noir.
Vous ne voyez que blanc quand votre front s'y penche ?
A vos yeux effrayés toute la coupe est blanche ?
Or, pourquoi les grains blancs sont-ils seuls aperçus ?
Peuple pauvre d'esprit ! Eh ! c'est qu'ils sont dessus.
Mais, attendez un peu.

(Il remue la coupe. Les grains blancs en petit nombre se mêlent à l'immense quantité de grains noirs et disparaissent entièrement. Toussaint relève la coupe et la présente de nouveau au peuple.)

Tenez ! le noir se venge.
En remuant les grains, voyez comme tout change.
On ne voyait que blanc, on ne voit plus que noir.
Le nombre couvre tout ! Et ceci vous fait voir
Comment l'égalité, quand l'honneur la rappelle,
Rend à chaque couleur sa valeur naturelle !
Le talent n'y peut rien. Ils sont un — et vous dix.
Haïti sera noir, c'est moi qui vous le dis !
Allez ! et laissez-moi penser pour la patrie.

Par parenthèse, comme il n'est point prouvé que les Français arrivent en ennemis, et qu'ils apportent, au contraire, une lettre ami-

cale du premier consul à Toussaint, celui-ci n'adopte guère la morale
de la Marseillaise noire, car il compte la peste, l'incendie, etc., comme
ses auxiliaires dans la guerre d'extermination qu'il va commencer.

Tout cela, grâce aux beaux vers, a passé sans murmure et avec
mille applaudissemens réitérés, même chez les citoyens du poulailler.

> Le moment est venu de piquer aux talons
> La race d'oppresseurs qui nous écrase : allons,
> Ils s'avancent, ils vont dans un dédain superbe
> Poser imprudemment leurs pieds blancs sur notre herbe.
> Le jour du jugement se lève entre eux et nous.
> Entassez tous les maux qu'ils ont versé sur vous :
> Vos membres dévorés par d'avides insectes,
> Pourrissant au cachot sur des pailles infectes ;
> Sans épouse et sans fils, vos vils accouplemens
> Et le sol refusé même à vos ossemens,
> Pour que le noir partout proscrit et solitaire
> Fût sans frère au soleil et sans Dieu sur la terre.....
> Ils sont là, là tout près, vos lâches oppresseurs ;
> Du pauvre gibier noir exécrables chasseurs,
> Vers le piége caché que ma main sut leur tendre,
> Ils montent à pas sourds et pensent nous surprendre ;
> Mais j'ai l'oreille fine, et bien qu'ils parlent bas,
> Depuis les bords des mers j'entends monter leurs pas....
> Chut !.... leurs chevaux déjà boivent l'eau des cascades,
> Ils séparent leur troupe en fortes embuscades,
> Ils montent un à un nos âpres escaliers,.
> Ils les redescendront sous peu par milliers.

Encore une citation de Toussaint. Il est interrogé sous un travestissement qui trompe l'ennemi, par le général Leclerc qui voudrait apprendre, par lui, quelles sont les dispositions du dictateur de Saint-
Domingue et ses sentimens pour les Français. Voici sa réponse :

> De la haine à l'amour flottant, irrésolu,
> Son cœur est un abîme où son œil n'a pas lu,
> Où l'amer souvenir d'une vile naissance
> Lutte entre la colère et la reconnaissance.
> Le respect des Français du monde triomphans,
> L'orgueil pour sa couleur, l'amour de ses enfans,
> L'attrait pour ce consul qui leur servit de père,
> Leur absence qu'il craint, leur retour qu'il espère,
> La vengeance d'un joug trop longtemps supporté
> Ses terreurs pour sa race et pour la liberté,
> Enfin l'homme vainqueur de ses maîtres qu'il brave,
> Le noir, le citoyen, le grand homme et l'esclave,
> Unis dans un même homme en font un tel chaos,
> Que sa chair et son sang luttent avec ses os,
> Et qu'en s'interrogeant lui-même il ne peut dire,
> Si le cri qu'il contient va bénir ou maudire.
> Soudain sera l'éclair qui le décidera ;
> Mais quel que soit ce cri le monde l'entendra.

Ne vous étonnez pas, Français, de ces abîmes
Où le noir sonde en vain ses sentimens intimes.
Comme le cœur du blanc notre cœur n'est point fait.
La mémoire y grossit l'injure et le bienfait.
En vous donnant le jour, le sort et la nature
Ne vous donnèrent pas à venger une injure ;
Vos mères, maudissant de l'œil votre couleur,
Ne vous alaitent pas d'un philtre de douleur ;
Dans ce monde, en entrant, vous trouvez votre place
Large comme le vol de l'oiseau dans l'espace.
En ordre, dans vos cœurs, vos instincts sont rangés ;
Le bien, vous le payez ; le mal, vous le vengez ;
Vous savez en venant dans la famille humaine,
A qui porter l'amour, à qui garder la haine :
Il fait jour dans votre âme ainsi que sur vos fronts.
La nôtre est une nuit où nous nous égarons,
Lie abjecte du sol, balayure du monde,
Où tout ce que la terre a de pur ou d'immonde,
Coulant avec la vie en confus élémens
Fermente au feu caché de soudains sentimens,
Et, selon que la haine ou que l'amour l'allume
Féconde, en éclatant, la terre, ou la consume.
Nuage en proie au vent, métal en fusion,
Qui ne dit ce qu'il est que par l'explosion.

L'élégie a, dans le drame, un personnage non moins éloquent et plus gracieux ; c'est la nièce de Toussaint, qui aime son fils aîné alors en France. Elle fuit les danses et murmure sa peine en beaux vers :

O mornes du Limbé, vallons, anses profondes
Où l'ombre des forêts descend auprès des ondes,
Où la liane en fleurs, tressée en verts arceaux,
Forme des ponts sur l'air pour passer les oiseaux,
Galets où, les pieds nus, cueillant les coquillages,
J'écoute de la mer les légers babillages !
Bois touffus d'orangers qui, respirant le soir,
Parfumez mes cheveux comme un grand encensoir,
Et qui, lorsque la main vous secoue ou vous penche,
Nous faites en passant la tête toute blanche !
Roseaux qui de la terre exprimez tout le miel,
Où passent en chantant si doux les vents du ciel !
De ces climats aimés rêveuses habitudes,
Que j'aime à vous poursuivre au fond des solitudes !
Que j'aime..... mais vos bois, vos montagnes, vos eaux,
Vos lits d'ombre ou de mousse au fond de vos berceaux,
Vos aspects les plus beaux dont mon âme est avide
Me laissent toujours voir quelque chose de vide,
Comme si de ces mers, de ces monts, de ces fleurs
Le corps était ici, mais l'âme était ailleurs !

Outre la poésie, qui obéit toujours en esclave à M. de Lamartine, son ouvrage est très bien pourvu de ce mérite nécessaire et un peu mesquin qu'on appelle ici la *ficelle :* c'est-à-dire la mise en scène et les effets matériels résultant des tableaux, des surprises, des marches et contremarches. Cette partie du succès appartient, dit-on, à Frédérick Lemaître, dont la vieille expérience a arraché au poète l'intercallation de ces utiles auxiliaires dans l'abondante effusion des flots harmonieux qui se déroulaient sans interruption. Quoi qu'il en soit, la pièce est maintenant tant et si bien mouvementée qu'un malin disait en sortant : Qui, si M. de Lamartine avait commencé plus tôt à travailler pour le théâtre, avec les dispositions qu'il montre, il serait peut-être arrivé à être presque de la force de *Clairville*. Or, ce Clairville, fort inconnu de tout ce qui n'est pas un habitué des petits théâtres parisiens, est un faiseur de pièces d'occasion, très-machinées, qui font de l'argent et qui disparaissent aussitôt.

En résumé, *Toussaint Louverture* est un succès incontestable et incontesté, qui n'ajoute rien à la réputation de M. de Lamartine, qui ne le révèle pas sous une nouvelle auréole de poète. Son sujet, tout grand et beau qu'il fût, présente des difficultés historiques et dramatiques qu'il a pour ainsi dire tournées, sans les surmonter. Mais par le temps de misère littéraire qui court, une pareille œuvre est encore une bonne fortune.

M. Reboul, le poète-boulanger de Nîmes, a fait jouer aussi une tragédie à l'Odéon; elle a réussi autant que possible : mais il faudrait des conditions tout exceptionnelles pour porter à sa valeur une tragédie et surtout une tragédie dont le sujet est un martyr chrétien dans le genre de *Polyeucte*. Pour donner à nos lecteurs une idée, au moins, de la beauté des vers nous en citerons quelques-uns.

LUCILIUS (père de Vivia).

Périssent ces chrétiens dont le fatal poison
En pareille démence a jeté ta raison.

VIVIA.

Mon père, mon esprit n'est point dans le délire :
Dans le fond de mon cœur que ne pouvez-vous lire !
Vous verriez qu'à mon fils, qu'à vous, qu'à tous les miens,
Je n'ai jamais tenu par de plus forts liens.
Non je n'étouffe point la voix de la nature.
Dans le fond de mon cœur, je l'écoute plus pure :
Elle ouvre à mon regard un plus vaste horizon,
Et me dit de franchir le seuil de ma maison.
Du Verbe rédempteur l'avenir se féconde :
La vague qui m'emporte emporte aussi le monde.
Malheur à qui s'oppose à ces souffles divins,
Qui préparent la place à de nouveaux destins !
Le sol est labouré, la céleste rosée
Fait germer la semence en son sein déposée.
Salut à la moisson, fille des nouveaux jours,
Au pain miraculeux qui fait vivre toujours.

— Voilà, par exception, une assez grosse moisson littéraire. Mais qu'on ne s'y trompe pas ! le moment est de toute façon moins littéraire que jamais : en soi et hors de soi, la littérature manque d'air, d'espace et d'haleine ; le souffle de vie ne lui est pas revenu et sans doute ne lui reviendra pas de long-temps.

Paris, 12 avril 1850.

P. S.—15 avril.— Les délégués du parti démocratique et socialiste, se sont formés en conclave (comme ils disent) avant hier à minuit ; la séance a duré jusqu'à midi ; le nom qui l'a emporté ce n'est pas celui de M. Dupont de l'Eure, ce n'est pas celui de M. Emile de Girardin, soutenu encore par 74 voix, c'est, devinez qui?.... Eugène Sue. Il a eu 140 suffrages sur environ 230. Quelques membres ont essayé de combattre cette candidature : « L'Europe nous demande une élection » politique, et nous allons faire une élection romantique. » M. Eugène Sue n'en a pas moins obtenu la majorité, aux acclamations de l'assemblée. Le voilà donc le candidat du parti démocratique et socialiste aux élections du 28 avril. Choix rassurant, s'écrient ironiquement les journaux conservateurs, choix rassurant pour la famille et pour la propriété! Mais ils oublient, ou feignent d'oublier, que ce sont eux qui, les premiers, ont publié, servi au public et popularisé par leurs masses de lecteurs des œuvres telles que les *Mystères de Paris* et le *Juif-Errant*. De quoi se plaignent-ils? ils ont fait circuler le poison, et le poison circule.

SUISSE.

Genève, 8 avril 1850. — Quoique les affaires aient repris et que notre principale industrie chemine mieux qu'il y a quelques mois, il n'en règne pas moins toujours un certain malaise chez nous, et différentes manifestations, qui n'échappent pas aux esprits clairvoyants, nous le prouvent. C'est ainsi qu'il s'est formé, dans différentes branches de la fabrique, des espèces d'associations ou de sociétés d'assurance mutuelle, qui ont pour but d'améliorer la position des travailleurs et de porter un remède aux maux que peuvent faire naître les crises de l'industrie. Le remède sera-t-il efficace? Les saines règles de l'économie politique seront-elles respectées? Pourra-t-on tuer cette *concurrence* contre laquelle on s'élève et qui tient de si près aux idées de liberté? Ces questions et d'autres, l'avenir seul pourra les résoudre, et nous désirons, sans nous faire beaucoup d'illusions à ce sujet, qu'il les résolve d'une manière satisfaisante.

D'autre part, comme nous le disions dans un précédent article, les esprits sont toujours très-tendus à Genève, au point de vue politique,

et il s'est formé comme deux grands courants qui influent sur toutes
les relations sociales et qui, par leur vivacité, rappellent, à certains
égards, l'histoire de Genève durant le XVIIIe siècle. — Les journaux
ont dû vous apprendre que le Grand-Conseil a refusé, par 23 voix
contre 16, la pension de retraite que la commission du budjet proposait d'allouer à M. le général Dufour, en sa qualité d'ingénieur cantonal ; nous ne félicitons pas le Grand-Conseil de cette votation. — Vous
avez su aussi qu'une lutte parlementaire assez vive s'est engagée,
dans le sein du Grand-Conseil, à propos du culte protestant ; ce grave
sujet avait déjà donné lieu à une discussion animée dans la commission du budjet. Après une lutte plus ou moins souterraine mais évidente, entre la vénérable compagnie et le gouvernement, la discussion
dont je vous parle a été comme une manifestation publique de l'état
d'animosité qui divise à Genève le radicalisme et le clergé ; le vent de
la grande révolution faite sous l'influence d'idées sceptiques, souffle
encore au loin sur notre vieille Europe. — Je ne vous dirai rien de
notre système financier ; il préoccupe vivement les hommes qui s'intéressent à l'avenir du canton de Genève ; nous sommes entrés bien
avant déjà dans la détestable voie de la dette publique, et il était
temps de voir licencier enfin les ateliers nationaux qui ont été nécessités chez nous durant un certain temps, *nécessité désastreuse.*
M. le professeur Humbert va publier prochainement un nouveau
glossaire genevois ou vocabulaire critique du langage populaire de
Genève ; il a recueilli, depuis près de quinze ans, un grand nombre
de mots nouveaux, de proverbes indigènes, et il a pu, tout en profitant des travaux intéressants de M. Gaudy sur le même sujet, faire une
œuvre en quelque sorte originale et qui mérite d'être couronnée de
succès. — *Berthelier,* le second des drames annoncés par M. Pictet de
Sergy, a paru, et sera suivi prochainement de *Besançon Hugues,* qui
formera le complément de cette trilogie dramatique genevoise. — Que
je vous mentionne en passant un petit recueil autographié de poésies,
publié, il y a quelques mois, par M. V. Duret, sous le titre de *Juveni-
lia.* Ce recueil, qui est dû à la plume d'un jeune homme, doit être
parfois critiqué au point de vue du bon goût ; on y trouve çà et là de
la bizarrerie, de l'affectation et un style trop échevelé ; cependant, à
les examiner de plus près, il y a dans ces poésies le germe d'un talent réel, de l'originalité, et M. Duret, en se critiquant sévèrement
lui-même, en ne s'arrêtant pas à de simples ébauches, en rentrant
dans cette voie de simplicité et de naturel qui est le caractère des
grands maîtres, obtiendra peut-être des succès que son premier recueil ne lui donnera pas, mais que nous nous plaisons à entrevoir dans
l'avenir. — Indiquons aussi en passant le volume plein d'intérêt que
M. W. Rhey, auteur de *Autriche, Hongrie et Turquie,* vient de publier sous le titre de : *Les Grisons et la Haute-Engadine.* — Un de
nos compatriotes, ancien élève de l'école polytechnique, et qui occupe en France une haute position dans le génie, a publié l'année dernière, sous le titre de *Antibes ancien et moderne,* un travail savant et
consciencieux, qui mérite d'être connu. Nous voudrions pouvoir dévoiler l'anonyme, derrière lequel se cache M. le colonel *** ; qu'il
nous permette tout au moins de lui rappeler, en le félicitant, qu'il fut
un des étudiants de l'académie de Genève, et qu'il est un des dignes
élèves de M. le professeur Pierre Prévost. — M. Thuri a été appelé à
la chaire de botanique, vacante par suite de la démission de M. Al-

phonse de Candole. La chaire de philosophie qui avait été confiée provisoirement à M. Yung, devra être repourvue incessamment. M.᾽ Ernest Naville l'avait occupée précédemment avec beaucoup de distinction; s'il était possible de réparer ce que nous considérons comme une véritable injustice, nous verrions avec plaisir M. Naville réinstallé dans cette chaire à laquelle sa haute intelligence ferait certainement honneur. — Genève a perdu dernièrement M. le docteur Durand, connu par quelques travaux statistiques, et M. le docteur Prévost, savant d'un haut mérite, et qui jouissait en Suisse aussi bien qu'à l'étranger, d'une grande réputation.   ★ ★ ★.

P. S. Nous lisons ce qui suit dans le *Journal de Genève*, n° du 12 avril :

« Nous avons le plaisir d'apprendre à nos lecteurs que les *Bluettes et Boutades* de M. J. Petitsenn viennent d'être réimprimées à Stuttgart, et placées par M. Charles Zoller, recteur de l'Institution-Catherine, dans sa *Bibliothèque française*, choix de livres destinés à la jeunesse allemande des deux sexes. C'est à la fois une distinction flatteuse pour notre compatriote et un honneur de plus pour le nom littéraire de Genève.

» Depuis plus de trois ans, les principales publications littéraires de France : l'*Artiste*, le *Magasin pittoresque*, la *Revue du Lyonnais*, le *Corsaire*, se font honneur des Pensées de M. Petitsenn ; mais en vain a-t-on voulu l'imiter : MM. Ed. Plouvier, Arsène Houssaye, Gérard de Nerval, et d'autres, ont échoué. C'est que les Pensées de M. Petitsenn ne sont pas « de ces petites phrases toutes faites pour ramasser, lesquelles on n'a qu'à se baisser, » comme disait un de ces messieurs. Ce n'est pas de la philosophie, ce n'est pas de la littérature, ce n'est pas de l'esprit : c'est tout cela à la fois; et disons-le sans trop nous enorgueillir, c'est du *genevois*. M. Petitsenn a trouvé son génie dans notre esprit local : tel est le secret et le succès de son œuvre. »

BALE, le 10 avril. — La *Société historique* de notre ville vient de prendre ses vacances jusqu'en automne. Fondée le 30 septembre 1836, elle ne comptait à son origine que 15 membres; maintenant elle se compose d'environ 40 sociétaires. Ce chiffre ne semble pas très-élevé pour une ville de plus de 25,000 habitants; néanmoins il est à présumer qu'il ne se modifiera guère, aussi long-temps du moins que les status actuels subsisteront. Tous les membres sont, en effet, obligés de livrer à leur tour un travail historique qui soit original par la conception du sujet ou par l'étude de nouveaux documents; cette condition, nécessaire à notre avis pour conserver à la société son vrai caractère, éloigne de son sein les simples amateurs, les demi-indifférents, tous ceux qui, par impuissance, défaut de temps ou de goût, reculent devant un labeur de longue haleine. Il est vrai que l'obligation au travail n'entraîne pas ici après soi un trop rude esclavage, car les séances n'ont lieu que tous les quinze jours, et seulement depuis la fin d'octobre à la fin de mars. Chaque réunion n'est, en outre, consacrée qu'à un travail, et il arrive même assez souvent que la lecture d'une seule étude réclame deux séances. Lorsqu'un membre a fait son devoir, il doit donc s'écouler environ quatre ans jusqu'à ce que son tour revienne. Disons cependant que quelques sociétaires plus zélés figurent assez fréquemment en qualité de remplaçants de tel ou tel collègue pris au dépourvu ; mais cet usage, qui prenait des proportions dangereuses, rentrera dans de justes bornes, par suite des mesures que la société a prises cette année.

Huit travaux ont été soumis cet hiver au jugement de la société ; trois d'entre eux ont réclamé deux séances, à cause de leur étendue. Par une rencontre assez fortuite, les recherches ont eu surtout pour objet l'histoire de l'ancienne Rome, parce que nos principaux philologues latins se trouvaient appelés à fournir leur contingent. M. J.-J. Bachofen, qui a malheureusement résigné, il y a quelques années, sa chaire de droit romain, a consacré deux réunions à une lecture captivante de deux fragments d'un grand ouvrage qu'il compose, dit-on, sur l'ancienne Italie. L'un de ces fragments était une description de la campagne de Rome, étudiée sur les lieux, et nourrie de tous les souvenirs que peut donner l'étude approfondie de la littérature classique; l'autre fragment était une histoire du Latium jusqu'à la chute d'Albe. M. Bachofen est un savant de premier ordre, un écrivain nerveux et élégant, et un habile dialecticien, qui défend ses opinions avec autant de courtoisie que de précision et de fermeté.

M. le Prof. Gerlach a plus d'une fois pris place dans notre chronique; il nous suffira donc de dire qu'il a lu un travail sur les plus anciennes légendes du Latium. Si nous ne nous trompons, cette étude, écrite avec l'intérêt de style que M. Gerlach sait associer à de profondes recherches scientifiques, doit être plus tard continuée.

M. le Dr Roth, qui enseigne au gymnase la langue latine, a pris deux séances pour lire la vie de Terentius Varro. Personne n'ignore la rare érudition de M. Roth, qui possède dans son cerveau toute l'antiquité latine. Il a été l'un des fondateurs de la Société historique, et dès lors il en a été un des principaux soutiens.

Si j'ajoute maintenant que M. le Dr Streuber, dont la chronique de février faisait déjà mention, a lu une étude sur le siége de Corinthe par les Romains, j'aurai nommé les quatre savants qui représentent le mieux la littérature latine à Bâle.

M. le Prof. Stähelin, pour qui la langue arabe n'a pas de secrets, a lu une appréciation critique du livre de Josué le Samaritain, continuation apocryphe du véritable livre de Josué. C'est une histoire d'Israël depuis l'élection de Josué comme successeur de Moïse ; elle est écrite en arabe avec des caractères samaritains. Le seul manuscrit qu'on en possède date du XIVe siècle, et est venu d'Egypte aux mains de Scaliger en 1584. Il n'a été publié qu'en 1848.

M. Wackernagel, qui est doublement cher aux Bâlois pour avoir préféré leur modeste université à celle de Vienne, a donné à la société une étude sur l'épopée allemande, du XIIe au XVe siècles.

Deux seuls membres de la société se sont occupés, cette année, de l'histoire de la Suisse. M. le Dr Fechter a étudié les établissements que Bâle possédait au moyen-âge pour venir au secours des indigents. C'est un sujet local, mais qui intéresse Bâle, surtout lorsque l'étude est faite avec cet amour des recherches consciencieuses qui est un côté du talent de M. Fechter. M. le pasteur Cherbuin, maintenant un des maîtres estimés de l'école des demoiselles, a su rendre très-intéressantes ses études sur l'orthodoxie et le piétisme des églises réformées de la Suisse au XVIIe et au XVIIIe siècles. Ce travail étendu, que deux longues réunions n'ont pu épuiser, sera sans doute livré à l'impression ; l'auteur a fructueusement consulté les archives de Bâle, de Berne et de Zurich.

N'oublions pas d'ajouter que la société historique a décidé l'impression d'un quatrième volume de mémoires, choisis parmi ceux qui ont été lus dans son sein. Le choix en a été confié aux soins de la commission présidée par M. le Dr L^s Aug. Burckhard ; et, bien que la composition du livre nous soit connue, nous attendrons, pour en faire connaître la substance, que la librairie Schweighauser l'ait édité:

— La Suisse catholique n'a ni université ni académie, mais elle possède quelques établissements supérieurs d'instruction publique qui, jusqu'à un certain point, suppléent ce qui lui manque. Le canton de Soleure, entre autres, a une faculté de théologie, dans laquelle on donne des cours de patristique latine, de langues grecque et hébraïque, d'exégèse, d'histoire ecclésiastique, de dogmatique, de droit ecclésiastique, de morale, de devoirs pastoraux et de pédagogie. Comme la plupart des écoles supérieures de la Suisse, cette faculté est l'objet des attaques de l'esprit de parti, et elle est même fortement menacée d'une prochaine dissolution, puisque la proposition en a été faite au sein du Grand-Conseil, dans la séance du 28 décembre 1849. On a fait valoir l'université fédérale, dont l'existence future est encore très-problématique ; on a reproché à l'école de n'avoir pas assez d'étudiants, et de ne pas offrir un système d'études assez complet. Toujours les mêmes arguments : on crie à l'insuffisance, non pour améliorer, mais pour détruire et ne rien mettre à la place. — Jusqu'ici le clergé soleurois semble se soumettre patiemment au sort qui menace son école de théologie ; mais, s'il en faut croire les défenseurs de l'établissement menacé, cette apathie n'est pas de l'indifférence ; elle a sa source dans la conviction que l'exercice du droit de pétition n'aboutit à aucun résultat, et dans le dessein de relever l'école sous une autre forme, si l'Etat l'abandonne.

A la suite de toutes les expériences que la Suisse protestante a déjà faites sur le terrain de la science et sur celui de la foi religieuse, il nous a paru intéressant et affligeant tout à la fois de constater que dans l'autre confession les accidents de la crise se reproduisent sous une forme identique.

— Une Revue mensuelle est presque toujours la dernière à donner les nouvelles qui ont le privilége d'occuper les feuilles politiques ; mais la petite gerbe qu'elle glane modestement survit parfois à la grande récolte. Nous annoncerons donc après tous les journaux suisses et après la plupart des journaux étrangers, que le vénérable père Grégoire Girard est mort à Fribourg le 7 mars. Nous espérons que tôt ou tard un ami de la *Revue* étudiera à fond et lui communiquera la vie de cet homme de bien, qui a rendu de si grands services à la cause de l'enseignement : nous nous bornerons ici à une courte biographie, dont nous empruntons les principaux traits à la *Gazette ecclésiastique catholique* de la Suisse allemande.

Né le 17 décembre 1765 à Fribourg, Grégoire Girard entra en 82 dans l'ordre des Franciscains. Après son ordination, il fut appelé à des fonctions pédagogiques dans sa ville natale. Devenu, en 1804, directeur des écoles de sa patrie, il eut des relations étroites avec Pestalozzi, combina sa méthode avec celle de Lancastre, et introduisit en 1816 l'enseignement mutuel dans l'école française de Fribourg, d'où il passa dans tout le canton et.dans les cantons voisins, celui de Soleure, par exemple. Cependant ses ennemis (car il en avait à Fribourg) lui reprochaient injustement de négliger la religion et d'étouffer l'éducation morale sous le trop grand nombre de branches d'enseignement qu'il imposait aux instituteurs et aux élèves. Le clergé surtout se plaignait de ce que les écoles échappaient à son influence. Le Grand-Conseil de Fribourg, circonvenu par toutes ces menées, proscrivit en 1823 l'enseignement mutuel, et engagea par cette décision le père Girard à se retirer à Lucerne dans un couvent de son ordre. Son mérite le fit sortir de sa retraite; car, après l'éloignement de Troxler, le gouvernement de Lucerne lui confia la chaire de professeur de philosophie au Lycée. Ses leçons ont été autographiées sous le titre de : *Esquisse de la philosophie* (4 parties. Lucerne 1827-1831). Les infirmités de l'àge l'obligèrent à résigner ses fonctions en 1834 et à se retirer dans le couvent de son ordre à Fribourg.

.Des témoignages d'estime multipliés devaient couronner la vieillesse de ce réspectable ami de l'humanité. En 1839, il fut élu à la dignité de provincial de son ordre; en 1840, il reçut la croix de la légion d'honneur : en 44, l'Académie française lui décerna le prix Monthyon pour son ouvrage : *De l'enseignement de la langue maternelle dans les écoles et les familles.* La même année il fut nommé directeur de l'école normale et inspecteur des écoles primaires de Fribourg ; et, l'année suivante, il reçut des lettres de membre correspondant de l'Académie française.

Après la guerre du Sonderbund, le nouveau gouvernement, par égard pour lui, suspendit l'abolition du couvent des Franciscains, et le nomma même, en 1848, président d'une commission pour l'amélioration de l'instruction publique. Sa santé ne put toutefois.se relever d'une grave maladie qui l'alita l'année dernière; et maintenant il ne laisse derrière lui que sa mémoire ; mais elle survivra longtemps à sa dépouille mortelle dans le cœur de ceux.qui savent vénérer le dévouement le plus actif uni à la science, au patriotisme et aux vertus les plus modestes et les plus éminentes. Les rangs déjà clair-semés des hommes de l'ancien temps qui honorent la Suisse, laissent un grand vide de plus : la génération plus jeune le comblera-t-elle? En bien peu de temps Vaud a perdu son Vinet, Zurich son Orelli, Bàle son de Wette, Saint-Gall son Scheitlin, Argovie son Zschokke, Fribourg son père Girard : encore une fois, toutes ces.pertes et d'autres encore sont-elles ou seront-elles réparées.   C.-F. G.

————

Lausanne, 11 avril. — Dans ma chronique de février, je vous disais, en finissant, un mot des cours de MM. Troyon et Collomb. Les travaux archéologiques de M. Troyon ne sont pas inconnus à vos lecteurs. Dans un cours donné l'hiver dernier, il exposa l'ensemble de ses recherches sur les antiquités des peuples barbares, spécialement des peuples scandinaves. Cette année, il a.repris et terminé son cours. Si la rouille a couvert les restes du passé, c'est surtout aux yeux des profanes; pour les savants, ces débris sont des flambeaux qui les guident à travers la nuit des vieux âges; mais il est bien difficile de faire saisir au public l'intérêt historique caché sous des énumérations et de petits détails. M. Troyon cependant y a réussi sans ôter à ses leçons leur caractère scientifique; il a su lier les faits entr'eux par des vues générales et les animer par des conjectures ingénieuses et intéressantes. Nous avons l'espérance de le voir un jour communiquer, à un public plus étendu, les résultats de ses patientes et laborieuses études. — M. Collomb a continué également son cours de l'année dernière sur la littérature française contemporaine. Pour trouver à Lausanne un souvenir de Vinet, il ne faut plus le chercher dans les auditoires de l'académie; là sa place est vide, il faut entendre M. Collomb. En l'écoutant, on se reporte au pays, au pays d'autrefois, voulons-nous dire; c'est une atmosphère où l'on se sent revivre, des considérations graves et élevées, la littérature appréciée de haut. Si quelque chose, dans le professeur, rappelle encore le prédicateur, nous ne pensons pas qu'on puisse accuser M. Collomb, comme on l'a fait, d'être trop moraliste. L'homme n'est pas plusieurs, il est un; partout la morale est à sa place, et dans l'art, comme dans toutes les sphères de l'activité spirituelle, c'est la conscience qui juge en dernier ressort. Notre siècle l'a oublié, mais il commence à le payer cher. — Dois-je avouer maintenant une méchante impression, dont je présente d'avance mes humbles excuses à qui de droit? Mon premier mouvement, à la vue de l'auditoire de M. Collomb, a été un sourire, le second, un sentiment de tristesse. Où donc est cette jeunesse, où sont ces hommes studieux du bon et du beau, dont les places restent en vain marquées aux cours publics? Elles sont remplies, il est vrai, et très-bien remplies, mais... mais... il y a beaucoup de mauvaises langues à Lausanne, qui feraient mieux de se corriger que de médire. La supériorité appartient à qui sait la prendre. Et ce propos me rappelle bon nombre de conservateurs, qui ne cessent de maugréer contre les abus. S'agit-il d'aller voter, ils trouvent qu'il fait trop de pluie.

Pardon, j'allais être injuste, car j'oubliais les réunions de la *Société artistique et littéraire*. S'il m'était possible d'y assister, je ferais peut-être amende honorable de ma méchante impression de tout à l'heure. La société fut fondée il y a bientôt deux ans, si je ne me trompe, pour réunir les esprits, loin des agitations politiques, sur le terrain de l'art et de la science. Elle a des réunions périodiques pour les sociétaires et un petit nombre d'invités. Des compositions en prose et en vers, des expositions scientifiques, des récréations musicales, remplissent ces réunions. Ceux qui le peuvent y courent en foule. La société organise aussi de temps en temps de charmants concerts. Mais s'il nous est permis d'exprimer un désir, nous voudrions voir dans la société plus de littérature sérieuse et un caractère plus national.

Nous avons peu de publications littéraires nouvelles, cependant nous en avons. Je vous en citerai d'abord une dont l'auteur nous appartient, bien qu'elle ait paru dans la *Bibliothèque universelle* de Genève. Nous possédons dans notre canton un investigateur non moins savant qu'infatigable. Il veut tout savoir et tout découvrir, mais aussi c'est pour nous le montrer. Pas de coin si retiré dans la patrie de Vaud qu'il ne nous fasse voir caché sous les ombrages, pas d'histoire si poudreuse et si oubliée qu'il ne touche de sa baguette magique, et ne nous rende brillante de nouveauté. Cette fois, il s'agit de Chillon. Nous croyions le château fondé par Pierre de Savoie, l'auteur nous montre sur ce rocher une antique tour, existant au IXe siècle, et renfermant déjà dans ses murs un martyr de la conscience et du courage. C'était le comte Wala, ami de Charlemagne et abbé de Corbie, sous Louis-le-Débonnaire. On nous fait espérer pour l'avenir trois récits encore, faisant suite à celui que nous venons de mentionner. Les quatre époques les plus importantes de notre histoire ont chacune été marquées par un prisonnier de Chillon. Le nom de l'un d'eux est seul célèbre entre tous, mais les autres sont oubliés à tort. Il appartenait, mieux qu'à personne, à l'historien de Bonnivard de réparer cet oubli.

Vous savez qu'un prix, offert par M. Haldimand, devait être adjugé au meilleur ouvrage sur la question de la liberté religieuse dans le canton de Vaud. Ce prix a été décerné au printemps de l'année dernière, et M. Collomb publie maintenant le *Compte-rendu* détaillé des travaux envoyés au concours. Ce compte-rendu est lui-même un ouvrage du plus grand intérêt, et mérite que nous nous en occupions un jour plus longuement. Nous nous contentons aujourd'hui de le mentionner à vos lecteurs.

MÉLANGES.

LES AMANDIERS EN FLEURS.

J'ai dit à Dieu : Pitié du pauvre monde !
Il s'engourdit..... donne-lui le réveil !
Il a bien faim : rends la moisson féconde !
Il a bien froid : rallume ton soleil !
Si l'on maudit cette foule ouvrière,
Bientôt le crime aura vengé ses pleurs.....
Merci, mon Dieu ! tu bénis ma prière :
J'ai déjà vu des amandiers en fleurs.

Adieu la neige et les souffles contraires !
Il va venir, l'enfant rose et joyeux,
Le bien-aimé parmi les mois, ses frères,
Le jeune Avril, ce Benjamin des cieux.
Il va venir, escorté d'hirondelles
Et de zéphirs aux essaims querelleurs ;
J'entends déjà comme un frôlement d'ailes.....
J'ai déjà vu des amandiers en fleurs.

Bientôt Avril ouvrira sa corbeille.
Où nous puisons les richesses du ciel,
Où le labeur se ranime, où l'abeille
Va butiner pour son œuvre de miel :

La voyez-vous qui travaille et bourdonne?
A l'œuvre, amis, et chantez, travailleurs!
Vous blasphémiez... mais le printemps pardonne :
J'ai déjà vu des amandiers en fleurs.

Naples, 30 Mars 1850.   MARC MONNIER.

STANCES

A PROPOS D'UN ENFANT.

Quand je rencontre sur ma route
Un enfant qui sourit, joyeux,
Je l'observe sans qu'il s'en doute
Et je le suis long-temps des yeux.

Quoi! dis-je alors, ce teint de rose,
Cet œil si vif, ce front si gai,
Sur lesquels le bonheur se.pose,
J'ai pu dire un jour : *je les ai!*

Quoi! mon enfance fortunée
Embellissait chaque chemin,
Et je m'amusai la journée
Sans lui prévoir un lendemain?

Quoi! j'eus cet air d'insouciance,
Ces traits par la joie embellis,
Où chagrins, douleurs et science
N'avaient pas imprimé leurs plis?

Quoi! mon cœur fut simple et candide,
Je n'aurais pu craindre un trompeur?
La vierge me rendait timide
Et le vice me faisait peur?

Ma foi, comme une source vive
Qu'aucun doute ne ternissait,
Dans une prière naïve
De mon âme à Dieu jaillissait!

D'un rien ma vue était charmée,
J'admirais tout dans l'univers;
C'était l'ombre sous la ramée
Et le soleil sur les prés verts.

Céleste matin de la vie,
Printemps du cœur épanoui
Que l'on regrette et qu'on envie
Sitôt qu'il s'est évanoui !

Oh ! dans mes souvenirs d'enfance
Combien j'aime à me recueillir !
Mais avec moi, pure innocence,
Pourquoi donc n'as-tu pu vieillir ?

J. PETITSENN.

REVUE BIBLIOGRAPHIQUE.

AVANT L'ÉPREUVE ET APRÈS L'ÉPREUVE. Deux sermons de Jeûne avec des notes, par Jules-Frédéric Othenin-Girard, pasteur aux Brenets.

La *Revue Suisse* rendant compte en 1848 de deux sermons de circonstance, *l'Eglise de Jésus-Christ et le ministère évangélique*, prononcés aux Brenets par le pasteur de cette paroisse, M. Othenin-Girard, en a fait un éloge bien mérité, auquel ont droit également deux nouveaux sermons du même prédicateur : ils ont pour titre, *Avant l'épreuve et après l'épreuve*. Il n'est pas besoin de dire aux lecteurs de la *Revue* que l'épreuve est le terrible incendie qui, le 19 septembre 1848, consuma le village des Brenets presque en entier. Ces deux sermons sont, comme les précédents, et bien plus encore que les précédents, des discours de circonstance. C'est dans ce genre-là que M. Girard déploie le plus et le mieux les beaux dons qu'il a reçus de la Providence. Le prédicateur protestant doit peut-être plus que d'autres profiter des circonstances, pour faire des sermons qui aient un intérêt de spécialité, le culte protestant n'ayant pas les pompes et les solennités variées du culte catholique. Les circonstances générales de l'Europe à l'époque où le sermon *Avant l'épreuve* fut prononcé (17 septembre 1848), devaient rendre bien solennel un sermon de jeûne sur ce texte : « *La cognée est déjà mise à la racine de l'arbre. Tout arbre donc qui ne produit pas de bon fruit, va être coupé et jeté au feu.* »
C'était là un beau et grand sujet, mais qui avait un côté d'une extrême difficulté, on le sent, et M. Girard l'a senti le premier sans doute. Pour le traiter, il s'est inspiré de l'esprit des prophètes. Hélas ! outre le ton de ses paroles, il y avait comme quelque chose de prophétique dans ses paroles mêmes : deux jours après, un affreux incendie semblait réaliser les sinistres pressentiments du prédicateur. Un prédicateur a le droit d'être sévère envers sa paroisse, quand il commence à l'être envers lui-même, comme l'est M. Girard dans ce morceau de son sermon : « Etes-vous ce que vous
» devriez être, ô mes chers et bien-aimés paroissiens ? Et moi, votre pas-
» teur, moi qui, par mes paroles et par mes exemples, devais resplendir au
» milieu de vous, comme un brillant flambeau, mon Dieu ! mon Dieu ! ai-
» je été ce que j'aurais dû être ? Je puis bien, il est vrai, me rendre so-
» lennellement ici le témoignage de vous avoir constamment beaucoup ai-
» més ; mais mes prédications ont-elles toujours été assez scripturaires, as-
» sez onctueuses ? l'accueil que je vous ai fait à la porte de mon presbytère,
» a-t-il toujours été assez empressé, assez cordialement fraternel ? Ai-je eu

» pour vos malades des prières assez ferventes, pour vos affligés des conso-
» lations assez tendres et assez vives, pour,.vos vieillards des encourage-
» ments assez élevés et assez puissants, pour vos jeunes gens et pour vos
» enfants des leçons, des conseils et des avertissements assez sérieux et as-
» sez pressants? Ai-je été assez indépendant auprès des grands et des ri-
» ches, et assez indulgent et généreux auprès des petits et des pauvres? Ah!
» le premier, je courberai encore mon front dans la poussière, et au sou-
» venir de toutes mes faiblesses et de tous mes manquements, je me frap-
» perai aussi la poitrine, en m'écriant avec le péager : « Seigneur! seigneur!
» sois apaisé envers moi qui suis pécheur! »

En étant aussi sévère avec lui-même, M. Girard se donnait le droit de
l'être encore plus qu'il ne l'a été envers ses auditeurs, sans qu'aucun d'eux
pût s'en plaindre ; et il n'avait pas besoin d'employer la tournure suivante
avant de commencer la revue de l'état moral et religieux de sa paroisse :
« Permettez que, m'adressant à vos consciences, je vous aide à faire en cet
» instant le compte de vos voies.» Le successeur des prophètes et des apôtres
n'avait, du haut de la chaire chrétienne, aucune permission à demander.
C'est le cœur qui rend éloquent *(pectus est quod disertos facit)*. M. Girard
l'a donc été. Il a pleuré lui-même ; comment ses auditeurs auraient-ils pu
conserver les yeux secs à l'ouïe du discours de leur pasteur qui avait des
larmes dans sa voix et dans ses paroles? *Si vis me flere, dolendum est primum
tibi* (Si tu veux que je pleure, commence par pleurer toi-même).

Un poète de notre pays, venant d'entendre la prédication d'un de nos
pasteurs, résuma ainsi son éloge :

Je dois être content, vous m'avez fait pleurer.

C'est sans doute ce que pourraient dire souvent les auditeurs de M. Girard, ce qu'ils ont pu dire en particulier après la prédication des deux sermons dont nous rendons compte. Entendons-nous toutefois en reproduisant
ici le vers de M. d'I..... Les auditeurs d'un sermon en général, d'un sermon
de Jeûne en particulier, doivent être surtout *contents* du prédicateur, quand
il les a rendus mécontents d'eux-mêmes.

La prédication est certainement le genre de composition dans lequel les
Neuchâtelois réussissent le mieux ; mais M. Girard a un mérite qui est rare
parmi eux, l'abondance; peut-être même y a-t-il dans son abondance un
peu d'excès. Sa prédication n'est pas un ruisseau, c'est une rivière dont les
nombreux affluents préparent des entrainements et des rapides tels que
ceux qu'on admire tout près des Brenets.

Nous citerons le morceau suivant à l'appui de notre éloge : «Le 19 sep-
» tembre 1848 sera un jour à jamais néfaste dans les chroniques de cette
» localité. Sans doute vous pouvez, vous devez espérer de réparer tous les
» désastres causés par cet affreux incendie; mais enfin comment n'auriez-
» vous pas senti la verge, alors qu'aux lugubres sons de la cloche d'alarme,
» l'embrasement devenant général consuma avec vos maisons le temple du
» Seigneur? Comment n'auriez-vous pas senti la verge en cette horrible
» nuit où, aux sinistres lueurs des brasiers, vous erriez comme des ombres
» éplorées au milieu de vos ruines croulantes et de vos mobiliers dispersés,
» ou, cherchant un instant de repos sur une couche improvisée, vous tres-
» sailliez tout-à-coup aux monotones *qui-vive* des sentinelles du bivouac ?
» Comment n'auriez-vous pas senti la verge ce lendemain de la catastrophe,
» alors qu'au matin, le soleil se levant radieux n'éclaira plus que vos ma-
» sures, alors qu'un peu plus tard et les yeux tout en larmes, il nous fallut
» prendre congé de ceux et de celles qui devaient aller chercher un asile
» ailleurs, alors surtout que, jetant sur l'avenir, sur l'hiver qui était à la

» porte, un mélancolique regard, tous nous songeâmes aux maux et aux
» privations qui nous attendaient? »

Nous ferons à M. Girard le reproche de n'avoir pas mis ses sermons en
vente, de les avoir exclusivement destinés à ses paroissiens ; c'est à-peu-
près comme si l'on voulait réserver la vue du Saut-du-Doubs aux habitants
de la contrée avoisinante. M. Girard nous met par là dans un certain embarras : nous engageons les lecteurs de la *Revue* à se procurer le plaisir que
nous avons eu à lire les sermons *Avant l'épreuve et après l'épreuve* ; et nous
ne pouvons leur dire où ils les trouveront ! Tout le monde n'est-il pas, en
quelque sorte paroissien d'un bon pasteur ?

S'il dit à ses paroissiens dans le premier sermon : « Tout arbre qui ne
» produit pas de bons fruits, va être coupé et jeté au feu, » et dans le second : « Ecoutez la verge et celui qui l'a assignée, » il porte ses regards bien
au-delà des limites de sa paroisse : il trace un tableau de l'Europe dans cette
triste année de 1848 ; et à cette question qu'il s'adresse : Quelle sera l'issue définitive de tant et de si extraordinaires événements ? il répond : « Le
» dernier mot de la crise universelle qui tient le monde en suspens n'a
» point été prononcé ; mais le livre de Dieu est un flambeau à l'aide duquel
» le chrétien sincère peut sonder les profondeurs de l'avenir, et sous l'ins-
» piration de la grâce divine, il ne lui est pas impossible de dire à l'huma-
» nité les destinées qui l'attendent. Si donc les chefs des peuples et les na-
» tions, si les conducteurs de l'Eglise et les troupeaux s'humiliant enfin
» sous la verge du Très-Haut, se rangent franchement sous la croix du sa-
» lut, proclament l'Evangile pour charte fondamentale et renoncent à une
» vie d'égoïsme et d'intérêts tout matériels pour le culte de la charité et du
» spiritualisme, l'aurore d'une ère nouvelle va se lever sur eux ; et ces trois
» mots dont on a dernièrement tant abusé, liberté, égalité, fraternité, de-
» viendront pour tous la plus belle et la plus touchante vérité. Autrement,
» malheur ! oui, malheur ! »

Le prédicateur s'adresse d'autres questions également provoquées par les
maux qui travaillent la société actuelle : « D'épaisses ténèbres enveloppent
» la terre ; d'où jaillira la lumière aux yeux de ceux qui l'habitent ? Les
» flots des plus mauvaises passions mugissent avec fureur ; qui fera taire le
» vent de l'impiété, de l'orgueil et des haines qui les a soulevées ? Où cher-
» cher le remède aux maux qui affligent aujourd'hui toute la descendance
» d'Adam ? Demanderons-nous ce remède aux habiles de la politique et aux
» maîtres de la science ? Mais leurs contradictions et leurs luttes n'inspirent
» guère de confiance en leurs systèmes. Demanderons-nous ce remède à l'é-
» cole qui voudrait par l'organisation du travail et la communauté des biens
» faire régner entre tous l'égalité et la fraternité ? Mais l'expérience n'a-t-
» elle pas suffisamment démontré que, sans la foi et la piété des siècles apos-
» toliques, de telles théories ne sont plus que de dangereuses chimères ? »

Les questions du prédicateur ne sont pas épuisées ; car comme le mal est
évident pour tous, tous proposent un remède : n'en a-t-on pas imaginé plus
de cent pour le choléra ? « Le remède, s'écrie-t-il, le remède qui seul peut
» guérir les maux des habitants de la terre, il ne se trouve qu'auprès de
» Celui qui fait la plaie et qui la bande, qui assigne la verge et qui fait
» grâce aux pénitents qui se convertissent sous ses coups ! » Tous les hommes
sérieux s'associeront à cette manière de voir du pasteur des Brenets.

> Pour être de bons citoyens
> Avant tout soyons vrais chrétiens.

La difficulté de se procurer les sermons *Avant l'épreuve et après l'épreuve*,
était un motif de plus pour faire les citations précédentes, qui donneront aux

lecteurs de la *Revue Suisse* comme un aperçu de la prédication de M. Girard.

Sans le malheur qui a frappé sa paroisse, peut-être ne serait-il plus aux Brenets ; mais comme un bon père semble aimer plus que tous les autres celui de ses enfants qui a le plus besoin de lui, un bon pasteur s'attache d'autant plus à sa paroisse qu'il sent qu'il y a plus de bien à y faire.

La publication des deux sermons de M. Girard est un nouveau sujet de reconnaissance de sa paroisse envers lui. Il termine la préface, qui est une adresse à ses chers paroissiens, par ces mots : «Lorsque je ne serai plus, ces » pages vous rediront la chaleur de mon zèle et les effusions de ma tendre » charité.»

Bien autres choses que des *pages* rediront à la paroisse des Brenets ce que M. Girard aura été pour elle. Si une bonne prédication est une bonne œuvre, une bonne œuvre est plutôt encore une bonne prédication. Il est bien d'être bon prédicateur, mieux encore d'être bon pasteur.

COUP-D'OEIL SUR LES TRAVAUX DE LA SOCIÉTÉ JURASSIENNE D'É-
MULATION. — Porrentrui, brochure 8⁰ de 32 pages, publiée par décision de la Société.

A diverses reprises déjà, nos lecteurs ont pu lire dans cette *Revue* des rendus-comptes sur la formation, la marche et les progrès de la Société d'é-mulation jurassienne, fondée à Porrentrui en février 1847. C'est toujours avec plaisir que nous consignons les succès obtenus par des hommes animés de dévoûment pour le bien public, et sous ce rapport la publication que vient de faire la Société jurassienne témoigne d'un développement heureux et progressif de cette institution.

Le but que se sont proposé les fondateurs, en créant à Porrentrui une association littéraire et scientifique, a été « d'encourager et de propager » dans le Jura l'étude et la culture des lettres, des sciences et des arts ; de » veiller à la conservation et à la prospérité des établissements littérai-» res et scientifiques dans le pays ; de favoriser la recherche des documents » historiques qui intéressent la patrie. » Les débuts de la Société, composée à son origine d'un petit nombre de savants et d'hommes d'étude, et privée de ressources pécuniaires, ont été modestes. Elle a cependant toujours tenu ses séances mensuelles, où s'est faite la lecture d'un assez grand nombre de travaux divers. Puis de nouveaux sociétaires sont venus peu à peu gros-sir la petite phalange, les mémoires, les études se sont multipliés, de telle sorte qu'à la fin de 1849 la Société jurassienne comptait 13 membres fon-dateurs et 48 membres titulaires, et qu'elle pouvait se glorifier d'avoir provoqué et mis en lumière, sinon publié, une foule de travaux importans, relatifs à l'histoire, à la littérature, à la philosophie, à l'éducation, aux sciences physiques et naturelles, et aux beaux-arts. Une société qui compte dans son sein des hommes tels que MM. Thurmann, géologue et botaniste de premier ordre, Daguet, dont la vaste science est bien connue des lecteurs de la *Revue Suisse*, DuPasquier, Péquignot, Xavier Kohler, Trouillat, Ban-delier, Quiquerez, Paroz, Gressly, Bonanomi, Buchwalder et tant d'autres, qui presque tous se sont fait connaître par des publications d'un grand mé-rite, une telle Société, disons-nous, possède des gages assurés d'avenir et de prospérité.

Il importe d'ajouter, à la liste des savants que nous venons de citer, le nom d'un Neuchâtelois, M. Auguste Fallet, chef d'institution à Courtelary, qui après avoir pratiqué avec succès la carrière de l'enseignement à l'é-tranger et particulièrement en Russie, est revenu en Suisse il y a peu d'années. M. le Dr Fallet a déjà publié d'importants ouvrages philologiques ; il possède à fond plusieurs langues orientales, et la liste de ses travaux , tant imprimés que manuscrits, serait déjà trop longue à citer ici. D'ailleurs nous espérons que les lecteurs de la *Revue Suisse* auront bientôt l'occasion de faire plus ample connaissance avec ce savant distingué.

La Société Jurassienne, dans sa séance générale du 20 octobre 1849, s'est adjoint une section d'agriculture, et a dirigé son attention sur les établissements à fonder en faveur des classes indigentes. Nous la félicitons de ces déterminations, pensant que c'est aussi là un champ de travail , où elle pourra faire croître de beaux fruits.

Pourquoi faut-il qu'en terminant cet article un sentiment pénible s'empare de nous au souvenir de ce qui s'est passé récemment dans le canton de Neuchâtel, où le gouvernement, né d'une révolution qui était sensée inaugurer une nouvelle ère de liberté et de progrès, a provoqué, par ses mesures de rigueur, la dissolution de la *Société d'Emulation patriotique* dont Neuchâtel était doté depuis un grand nombre d'années. Cette association , établie sur des bases un peu différentes que sa jeune sœur de Porrentrui, a rendu d'éminents services à notre pays, auquel elle aurait encore pu être d'une grande utilité. Si l'avenir réserve au pays de Neuchâtel des temps plus heureux, nous espérons que cette Société reprendra ses travaux. Alors ce sera peut-être l'occasion de la constituer un peu différemment, et de lui donner plus de vie et d'impulsion.

L'HOMŒOPATHIE, ou la réforme médicale, exposée aux gens du monde, par James Touchon, docteur en médecine. — Florence, imprimerie de Le Monnier. — Se vend à Neuchâtel, chez J.-P. Michaud, prix 1 Fr. fr.

Voici un petit livre qui s'occupe d'un sujet bien vaste et bien grave. Il nous arrive de Florence, et mieux encore, il est publié par un compatriote, par un Neuchâtelois, le premier qui se soit consacré à l'étude et à la pratique de l'homœopathie. Ce sont là des titres suffisants pour que cet ouvrage mérite toute notre attention, et que nous en recommandions la lecture. Si ce livre n'est pas destiné à convertir beaucoup de personnes à la nouvelle doctrine médicale, du moins leur offrira-t-il une lecture agréable et instructive, des détails nouveaux et des observations ingénieuses.

Nous croyons que le but de M. le Dr Touchon , en cherchant à faire connaître l'homœopathie aux gens du monde, sera en partie atteint par l'ouvrage qu'il vient de publier. Il est difficile, en effet, après l'avoir lu, si ce n'est d'être convaincu par l'exposé des doctrines nouvelles, du moins de ne pas reconnaître que l'homœopathie est une science sérieuse etsouvent fort heureuse dans ses applications. Il paraît évident aujourd'hui, par de nombreuses expériences, qu'elle obtient souvent des guérisons là où l'allopathie échoue ordinairement ; nous citerons comme exemple la phtysie pulmonaire; aussi l'ostracisme complet que la grande majorité des médecins allopathes formulent à l'égard de la médecine d'Hahnemann, nous semble-t-il injuste et inconscient. En revanche, il nous paraît également fâcheux que les médecins homœopathes rejettent d'une manière absolue l'allopathie, qui elle aussi opère fréquemment des guérisons remarquables, dans des cas où l'homœopathie échoue. Et ici, nous demanderons d'où vient cette antipathie profonde entre les deux écoles. Suivant Hahnemann, le but d'un remède doit être de pousser à la réaction, d'*aider* au principe vital, à la nature, à expulser la maladie. L'allopathie, de son côté, *combat* le mal suivant la loi des *contraires*; elle applique un remède qui est l'antagoniste du mal. Nous dirons aux homœpathes que s'il est des cas nombreux où la nature ne demande qu'à trouver un *aide* pour chasser le mal, il en est d'autres où le mal est le plus fort, où il s'impose au corps avec puissance et de manière à terrasser la force vitale; peut-être même certaines maladies sont-elles difficiles à guérir parce que le mal trouve dans le corps même des auxiliaires qui le consolident et le font prédominer, sans qu'il trouve de résistance de la part de la nature. Alors il est rationnel, suivant nous, de s'attaquer au mal lui-même, de le combattre d'après les principes de l'ancienne méthode.

Mais nous sommes peu qualifiés pour aborder de tels sujets. Nous terminerons en disant que la lutte engagée depuis nombre d'années entre les deux écoles produit une émulation, une rivalité qui doivent à la fin avoir d'heureux résultats. C'est du choc des idées que jaillit la lumière. Aussi souhaitons-nous la bienvenue au livre de M. Touchon, et désirons-nous que lui-même puisse un jour pratiquer son art dans son pays natal.

EXPOSÉ DES PRINCIPALES ERREURS DE L'ÉGLISE DE ROME, par F. Chapuis, pasteur à Satigny. — Genève, 1850.

Ce petit ouvrage que l'on nous envoie avec prière de l'annoncer dans notre journal, est un résumé de la polémique protestante contre le catholicisme. L'auteur récapitule sous les quatre chefs suivans les reproches que la Réforme adresse à la confession catholique : I. La Bible fermée. II. Le culte matérialisé. III. Le clergé dominateur. IV. Le salut vénal. Pensée nette, exposition calme, style précis, le tout reposant sur une étude sérieuse des questions en litige, tels sont les mérites de ce petit ouvrage. Il sera surtout utile aux pasteurs qui croient devoir entrer dans quelques détails sur cette question dans leur enseignement catéchétique.

Quant à nous, nous ne pouvons nous défendre du sentiment que le temps approche où entre protestans et catholiques *sérieux* la polémique fera place à l'*irénique*, comme on dit en Allemagne, à la science de l'union, et où il n'y aura plus sur le champ de bataille que ces deux adversaires : la foi en Dieu manifesté en chair et la foi à la chair métamorphosée en Dieu. Alors la ligne de démarcation, au lieu de passer entre Eglise et Eglise, passera entre les croyans et les incrédules dans chaque Eglise. Jusqu'à cette lutte-là toute polémique nous paraît conserver nécessairement quelque chose de relatif et de provisoire.

H. WOLFRATH, ÉDITEUR.

LETTRES ÉCRITES D'AMÉRIQUE.

LE NIAGARA. — LA JAQUÈTTE ROUGE.

BUFFALO. [1]

XI.

Souvenir des Alpes. — Voyage au Niagara. — Les deux chutes. — L'île du Goat. — Le spectateur au bord de l'abîme. — La tour. — Vue d'ensemble au pied des chutes. — Table-roc. — Les légendes du Niagara. — Les victimes. — Vue lointaine du pont de fil de fer.

Il y a deux ans, après avoir admiré la chute vaporeuse du Staubach, je quittais dans l'après-midi la verdoyante vallée de Lauterbrunnen, accompagné de mes deux fils aînés qui faisaient leur premier pélerinage dans les Alpes, et d'un excellent ami dont le cœur battait à l'unisson du mien, et savourait ardemment les nobles impressions que nous offrait le spectacle d'une belle nature. Nous gravissions lentement les pentes de la vallée, et à chaque instant notre petite caravane faisait une halte. C'était au bord du sentier une fleur nouvelle; c'était, là-bas, le torrent qui serpentait entre des rochers et se précipitait dans la vallée comme un ruban d'écume; c'était, plus loin, une pointe blanche qui se dressait derrière une forêt de sapins et semblait une coupole de neige dont la base reposait dans la verdure. Chaque instant amenait une nouvelle découverte, un cri d'admiration, une jouissance partagée. Cependant notre guide, excellent homme tout dévoué, muni d'une forte dose de patience, mais en revanche d'une très-minime parcelle d'enthousiasme, ne paraissait guère savourer nos poé-

[1] Voir la précédente Lettre, livraison de Mars 1850, t. XIII, p. 156.

21

tiques impressions, et de temps en temps essayait en mauvais français une polie remontrance. — « Ah! messieurs, nous disait-il, il y a long à monter encore pour aller à la Wenger-Alp; nous arriverons bien tard, ou de ce train là nous n'arriverons pas du tout; le temps a mauvaise mine, et nous aurons de la neige là haut. » — La caravane s'échelonnait le long du sentier, docile pendant quelques moments aux encouragements du guide; puis une petite fleur se montrait dans la fente d'un bloc de granit, et le guide résigné posait son sac et attendait. Cependant le ciel était devenu sombre, la nuit approchait, et quelques larges gouttes de pluie commençaient à faire frissonner les feuilles des hêtres. C'étaient là des admonitions plus éloquentes que celles de notre brave montagnard. A mesure que nous montions la nuit devenait plus sombre, la pluie plus pénétrante et plus froide. Plus haut, nos vêtements humides se couvrirent de quelques flocons de neige; plus haut encore, le sentier se perdit sous un tapis blanc de plus en plus épais; et nos pieds, brûlés le matin sur les routes poudreuses de la plaine, usaient leur dernier reste de forces à se frayer un chemin dans les neiges — Ceux qui ont affronté les tempêtes glacées des Alpes, savent que dans ces circonstances la vie dépend du sang-froid, de l'instinct ou plutôt des connaissances locales du guide. Le nôtre nous rassurait pleinement. Ce mauvais temps était une misère, disait-il, et il connaissait la route à pouvoir la faire en dormant. Vers dix heures en effet nous arrivions au chalet, et un quart-d'heure après, grâce à l'hospitalité quelque peu intéressée de notre hôte, qui avait mis à notre disposition sa garderobe et celle de ses fils, nous étions tous transformés en vachers bernois. Après un souper succulent, devant un bon feu et un bol de punch fumant, égayés par notre burlesque travestissement et par le sifflement du vent qui secouait le chalet, nous savourions un de ces moments de jouissance bien gagnée, qui marquent dans la vie comme des points brillants sur lesquels le souvenir s'arrête toujours avec délices. Cependant notre course était manquée; la Jungfrau, que nous désirions voir de près, serait enveloppée dans son voile de nuages; les fleurs que nous voulions cueillir, seraient sous la neige, et il nous faudrait le lendemain redescendre dans la vallée, avec le regret d'avoir perdu un spectacle grandiose et longtemps désiré. Une journée de marche pénible m'avait valu, on le comprend, un profond sommeil: aussi, quand au matin j'ouvris l yeux, réveillé par un bruit et des secousses inaccoutumées, j'avais perdu tout souvenir des événements de la veille, et n'avais aucune idée des localités présentes. Une éclatante lumière inondait la petite chambre qui m'était tombée en partage, et devant l'unique fenêtre, mes trois compagnons de route, dans toute la naïve simplicité d'un léger déshabillé du matin, étaient debout, immobiles comme trois statues dans la pose de l'admiration. Je m'élance à côté d'eux. Toute trace de tempête a disparu; le ciel est pur; le soleil se lève, et en face de nous, si près qu'il me semblait pouvoir en toucher la base de la main, se dresse la noble Jungfrau dans ses contours aussi purs que les plis du manteau d'une chaste vierge. La cîme éclairée déjà par le soleil, est teinte d'un rose tendre; aux larges flancs s'attachent deux glaciers brillants, dont les vagues énormes semblent pendre sur nos têtes et laissent couler une longue avalanche. L'avalanche glisse de roc en roc avec le bruit du tonnerre; elle lance de précipice en précipice ses cascades de poussière blanche, se cache dans les ravines, reparaît plus bas sur un pan de granit, et semble descendre vers nous, comme pour nous faire mesurer la hauteur de ce géant des montagnes. Les pieds de l'Alpe sont encore cachés dans l'ombre, et à ses côtés s'élèvent le Moine et l'Eiger, ce dernier couronné d'un léger voile de nuages. Il y a dans ce spectacle le calme et la majesté, la grandeur et l'écrasante puissance; l'harmonie des formes, la netteté des contours, la suavité des couleurs, tous les éléments en un mot d'un spectacle sublime. Le sentiment d'admiration que j'ai éprouvé en ce moment à la Wenger-Alp, sentiment qui n'a point de nom, qui ne se décrit pas et qui pourtant fait jaillir les larmes des yeux, Dieu m'a donné de l'éprouver une seconde fois dans ma vie à la vue du Niagara.

Il fut un temps, et ce temps n'est pas loin, où le Niagara comme nos Alpes était entouré de mystère et de poésie. Pour y arriver, le voyageur avait à traverser d'immenses forêts. Pendant de longues journées, il errait, accompagné de quelques sauvages, dans des contrées inconnues; il traversait des rivières dangereuses et profondes; il dressait sa tente au milieu des bois; il apprêtait pour ses repas la chair des daims ou des ours abattus par ses guides, et comme Chateaubriand, il préparait son âme par une mystérieuse initiation et l'abreuvait de poésie par le solennel silence des forêts vierges, ou la splendeur des nuits d'été du Nouveau-Monde. Maintenant, un voyage au Niagara, de quelque partie de l'Amérique qu'on s'y rende, est la chose la plus prosaïque et la moins émouvante qu'on puisse imaginer. Le coffre d'un railroad ou d'un bateau à vapeur vous transporte jusqu'au bord des chutes, de telle sorte qu'en partant de Boston, de New-York, de Philadelphie ou de Saint-Louis, le touriste quitte sa chambre pour se trouver sans transition aucune en présence d'un tableau tout-à-fait en dehors de la civilisation et de ses œuvres. Ce contraste, il faut l'avouer, n'est pas favorable à l'impression; car nos jouissances, même les plus simples, se vivifient par les obstacles, par la lutte et par l'attente, et à ceux qui, après de longues fatigues, entendaient, une journée de distance, le mugissement de la chute planer sur les forêts comme les roulements non interrompus du tonnerre, le Niagara, ce me semble, devait paraître bien autrement imposant qu'à ceux qui, comme moi, y arrivent emportés à travers les ténèbres de la nuit dans des tourbillons d'étincelles qui jaillissent comme un feu d'artifice de la cheminée d'une locomotive. Tel qu'il est cependant, c'est-à-dire dépoétisé par les travaux des hommes, avec des rails qui serpentent au bord de ses rochers à pic, avec un bateau à vapeur qui trempe ses roues dans l'écume de ses chutes, avec un grand pont de bois qui traverse ses rapides; avec une tour bâtie au bord de ses gouffres et qui cache sa cime dans ses vapeurs ou se couronne de ses arcs-en-ciel; avec un immense pont en fil de fer, qui enjambe insolemment les rives qu'il s'est creusées dans le roc depuis des siècles: tel qu'il est cependant, le Niagara restera une des merveilles les plus émouvantes de l'univers. Dieu l'a fait pour être vu. Il se laisse regarder de tout côté et se montre sous une foule d'aspects divers; il se laisse toucher du doigt; on peut même contourner ses foudroyantes colonnes et se cacher derrière ses arceaux liquides, qui jettent jusqu'aux nues la vapeur, l'écume et le bruit.

Le premier coup-d'œil sur les chutes se prend des fenêtres mêmes de l'hôtel. Au milieu d'une forêt verdoyante, on voit s'élever comme d'une chaudière des tourbillons d'épaisses vapeurs que le vent fait onduler, qui tantôt montent vers le ciel, tantôt se couchent sur la cime des arbres, tantôt se noircissent comme les nuées des orages ou se colorent d'arcs-en-ciel circulaires et mouvants. La chute est partagée en deux par une charmante petite île, le Goat, couverte de hêtres énormes, dont les troncs écartés et droits comme des colonnes, portent à une hauteur considérable un dôme de verdure impénétrable aux rayons du soleil. Sans le fracas qui la couvre, cette île serait comme l'île de Saint-Pierre au lac de Bienne, un mystérieux refuge pour les poètes et les rêveurs. Le bras méridional, nous ne disons pas de la rivière, mais du lac, car c'est tout un lac immense qui vient se précipiter dans les gouffres du Niagara, le bras méridional, dis-je, est le plus étroit, et il est traversé par un pont de bois un peu au dessus de la chute qu'on appelle la *chute américaine*. Le coup-d'œil du milieu du pont est effrayant, car les rapides atteignent là une prodigieuse vitesse. Devant, derrière, sous les pieds mêmes du curieux, les vagues écumantes se pressent, s'entassent, s'engouffrent dans les crevasses, tourbillonnent et s'enfuient avec la rapidité de l'éclair pour se précipiter dans l'abîme. Le pont est solide, le parapet est haut, et pourtant l'imagination n'est pas rassurée, et le touriste se hâte de le traverser pour arriver à l'île, où il est accueilli par un honnête surveillant, qui pour un léger tribut lui donne la permission de visiter le Goat et les curiosités qu'il renferme. Mais l Américain se montre ici ce qu'il est partout. Le percepteur est assis dans sa chambre et ne se dérange pas : il faut le chercher au milieu de son musée de curiosités à vendre, ornements de toilettes, bourses, gants, pantouffles et bonnets travaillés par les Indiens du Canada avec les aiguilles colorées du porc-épic, musée qui remplace, on le voit, les magnifiques collections des sculpteurs en bois de l'Oberland. Il n'y a pas un guide, pas un enfant pour vous montrer le chemin, pas un cicerone d'aucune sorte. — L'île?... vous y êtes. — Le bord de la chute américaine? — Le premier sentier à droite vous y conduira. — La grande cataracte? — Vous la trouverez. — Les clefs de la tour?—La tour n'a pas de porte!.. Une fois qu'il a payé son passage sur le pont, l'Américain est libre dans l'île comme si elle lui appartenait, mais il est libre à sa manière, c'est-à-dire libre de se tirer d'affaire comme il pourra. Il prend ses précautions en conséquence, et obtient les renseignements nécessaires, car il sait bien qu'aucun citoyen des Etats-Unis ne viendra se soumettre à la condition de domestique pour un salaire fort peu probable. Un guide, au Niagara, devrait fixer son prix à l'heure, comme un cabriolet de louage; s'il s'en remettait à la générosité de ses pratiques, sa journée ne lui rapporterait pas un centime.

Le Yankee ne donne rien; c'est beaucoup quand il paie un prix convenu d'avance et souvent même long-temps débattu.

En suivant donc le premier sentier à droite, on arrive immédiatement au bord de la première chute. Mais prenez garde, le chemin est étroit et rapide, et toujours arrosé par les vapeurs; il est glissant, et le moindre faux pas vous précipiterait dans l'abîme. D'ici, vous voyez l'onde s'élancer, se courber, se diviser en blanches nappes, et se perdre dans des profondeurs où l'œil ne peut arriver. Elle fait trembler le sol qui vous porte; elle remonte en colonnes qui vous enveloppent. Courbez-vous, et vous pourrez laver vos mains dans l'onde du Niagara au moment même où elle perd son point d'appui et s'enfonce dans le gouffre. Le spectacle n'a rien encore de sublime, parce qu'il est incomplet; mais il est saisissant déjà, et il y a là au milieu des brisants une petite île couverte de noirs genèvriers pliés, couchés, les uns moitié déracinés et pendus sur la chute, les autres frêles et battus par l'onde furieuse, où vous trouverez, j'en suis assuré, comme une image des tortures infligées aux damnés de l'enfer. — En traversant l'île on arrive bientôt au bord supérieur de la grande cataracte canadienne où est construite en guise d'observatoire une haute tour sans porte, au sommet de laquelle s'enroule une étroite galerie en bois bordée d'une mince balustrade. Le spectateur est là complètement baigné, presque aveuglé par les vapeurs que la chute rejette, il résiste avec peine au courant d'air qui le frappe comme le souffle de l'ouragan; il voit à ses pieds une immense nappe d'eau qui disparaît dans d'épouvantables tourbillons d'écume avec un fracas plus épouvantable encore. Toutes ces sensations donnent le vertige; et après quelques secondes seulement d'infructueux essais pour habituer le regard à ce foudroyant spectacle, qui semble un épisode de la destruction de notre globe au milieu du combat des éléments, il se hâte de s'abriter, de chercher un refuge dans la tour. Ici, quel contraste! par l'étroite ouverture qui sert de porte, la vue s'arrête sur un des tableaux les plus calmes et les plus riants qu'il soit possible d'imaginer. C'est, à gauche, les bords de l'île qui descendent en pente douce pour former le rivage; ils sont couverts de chênes, de hêtres et de bouleaux, qui s'inclinent et baignent leurs rameaux dans l'onde du fleuve; c'est le fleuve lui-même, déjà si large ici, qui se perd à l'horizon et semble devenir une mer dont on n'aperçoit plus les rives. C'est de l'autre côté de belles fermes canadiennes, dont les défrichements coupent l'uniformité des forêts comme des carrés en culture dans un immense jardin anglais. Eliminez le fracas, des cataractes et vous croirez avoir devant vous quelque paysage des bords du Rhin ou du lac de Constance. Au pied de la tour le spectacle est le même; mais l'ouragan moins violent et l'ondée moins forte permettent au regard de suivre un instant le pli de ce lac qui disparaît tout-à-coup dans un immense entonnoir de rochers à pic, et les ondulations des colonnes de vapeurs qui en remontent sans cesse, de compter les nombreux arcs-en-ciel qui se forment de tous côtés et qui, ondulant avec la brise, tantôt paraissent s'enfoncer dans l'abîme, tantôt semblent monter vers le ciel comme d'immenses bulles de savon colorées par les rayons du soleil. Il y a là du gracieux et du terrible; le cœur se serre d'effroi à l'idée de la puissance destructive de l'élément du déluge, ou s'épanouit en suivant vers l'azur du ciel l'arc coloré des promesses divines; mais ce n'est là encore que les premiers actes de la scène.

Pendant que nous sommes debout sur cette plate-forme de rochers, luttant à grand'peine contre la force du vent qui menace à chaque instant de nous renverser, faisons une simple observation de physique pour redresser une assertion fausse qui est répétée par tous les touristes et toutes les descriptions. On a affirmé cent fois que, dans sa chute, la colonne d'eau forme de haut en bas un courant d'air si violent, qu'en passant, même à une grande distance de la cataracte, les oiseaux sont irrésistiblement attirés et précipités dans le gouffre. C'est naturellement tout le contraire qui arrive; et les vapeurs qui remontent constamment du fond de l'abîme et qui souvent planent sur les chutes comme un nuage épais, sont ce me semble une preuve assez évidente pour m'épargner une démonstration que le lecteur fera tout aussi bien que moi. Si l'on ne voit pas d'oiseaux autour du Niagara, c'est probablement que le bruit les effraie, et peut-être les empêche de faire entendre les modulations ou les cris qui sont leur langage.

Jusqu'à présent, nous n'avons eu pour ainsi dire que le préambule du spectacle qui nous attend. Revenons par le même chemin, et après avoir traversé le pont, nous nous dirigerons vers une maisonnette bâtie un peu au dessous des chutes, immédiatement au bord des rochers à pics qui depuis la cascade encaissent le lit du fleuve pendant plus de deux lieues avec une élévation constante de cent cinquante à deux cents pieds. Cette maisonnette couvre le haut d'un large escalier de bois qui descend jusqu'à la rivière. Deux charriots, tirés par des cables solides qui s'enroulent autour d'un axe mu par un courant d'eau, transportent les dames ou les voyageurs paresseux pour qui la descente ou la montée de deux ou trois cents marches d'escalier serait une trop rude fatigue. La descente à pied n'est pourtant pas sans agrément pour le curieux. L'escalier est fermé d'un manteau de planches mal jointes, et çà et là le regard tombe, comme à travers des fenêtres tout-à-coup ouvertes, tantôt sur une paroi de rochers, inondée d'un gracieux filet d'eau et toute couverte de mousses verdoyantes; tantôt sur un bloc noir et menaçant qui semble suspendu par une main invisible, tantôt sur quelques lambeaux des grandes cataractes qui préparent à la vue de l'ensemble. Au bas des degrés sont de légers bateaux abrités derrière une pointe de roc. — Les bateliers sont adroits, il n'y a nul danger à craindre, prenons place pour arriver à la rive canadienne en traversant la rivière un peu au dessous des chutes. — La pointe de roc est doublée, et tout-à-coup nous sommes en face d'une des plus grandes et des plus magnifiques scènes de notre création. Là bas est le grand Niagara, sombre, enveloppé de vapeurs, majestueux et terrible. Ses tourbillons d'eau gonflant le fleuve, le soulèvent, le sèment de gouffres tournoyants, et à une grande distance secouent notre nacelle comme un léger ballon. Ici tout auprès est la chute américaine, blanche et gracieuse, tombant en écume sur ses rochers noircis, comme une avalanche sans fin. A ses côtés glissent de légers filets d'eau qui, isolés, seraient de puissantes cascades, mais qui ici, par le contraste, ne paraissent que comme de légères draperies de gaze suspendues aux rochers. La nacelle glisse comme une flèche, entraînée par le courant de la rivière; et le regard se porte avec avidité sur l'une ou l'autre partie de ce tableau, qui ne se peut décrire, sur ces rocs lavés et noircis par la puissance de l'onde qui les creuse plus avant de siècle en siècle, et ébranlés par un tonnerre incessant; sur ces nappes éclatantes de blancheur ou mystérieusement abritées derrière leurs colonnes d'écume; sur ces gouffres dont l'imagination la plus hardie n'oserait sonder les mystères. — Le léger esquif touche au bord, mais le spectacle n'est plus couvert ni caché. Le chemin qui serpente jusqu'au haut de la rampe de rochers et qui de là suit les bords jusqu'à Table-roc, laisse la vue des chutes dans toute son intégrité. C'est dire que j'ai parcouru ce chemin en m'arrêtant et en recueillant à chaque pas de nouvelles émotions et de nouvelles jouissances.

Table-roc, son nom l'indique, est une vaste plate-forme de rochers, qui s'avance directement au coin de la grande chute et la surplombe. La grande cataracte n'est pas comme on la dit ordinairement, en fer à cheval, mais en angle rentrant dont le sommet est au milieu du fleuve, de sorte que Table-roc, à l'extrémité d'un des pieds de l'angle, semble comme une loge d'avant-scène construite exprès pour embrasser d'un coup-d'œil tout l'ensemble du spectacle. J'y arrivais tout-à-coup, en sortant d'un massif de genèvriers où, la tête dans les mains, je m'étais arrêté quelques instants pour tâcher inutilement de débrouiller le chaos de mes sensations tumultueuses. — Voici enfin le grand Niagara dans toute sa gloire. Au niveau de l'œil, le fleuve coule majestueux et tranquille. Sans aucune de ces furibondes secousses qui tourmentent les ondes du côté américain, et qui couvrent d'épouvante les rapides, il arrive au bord de l'abîme ; et là, comme une mer manquant tout-à-coup d'appui, il se courbe gracieusement et s'enfonce dans ses gouffres, où l'œil le suit, où l'individualité toute entière du spectateur semble se plonger avec lui ; écrasée par la sublimité de ce déluge, de ce bouleversement, de ce chaos, sur lequel plane comme un accord de sublime harmonie. Il y a là surtout vers le fond de l'angle, où les arceaux liquides s'engouffrent avec le plus de majesté et de furie, un mystérieux sanctuaire d'épouvante et d'horreur, de tourbillons confondus, de monceaux d'écume entassés, de colonnes de vapeurs chassées, broyées, mêlées par l'ouragan, d'arcs-en-ciel subitement brisés ou renoués, au milieu de fracas sans nom, de voix surhumaines, il y a là, dis-je, un sanctuaire d'épouvante que l'œil en vain cherche à sonder, dont l'imagination se détourne avec horreur, et où pourtant le regard revient sans cesse, comme si le doigt mystérieux du destin était étendu là pour lui montrer la puissance de l'Auteur de toute chose. — Que dire, devant un semblable spectacle ? O toi, pauvre mortel, dont l'orgueil fait la puissance, courbe-toi ! plus bas, plus bas encore courbe-toi ! Cache ton front dans la poussière, et recueille les paroles qui s'élancent des replis les plus profonds de ton âme : Etre humain ! faible atôme ! que comptes-tu devant la puissance de Celui qui a créé de si grandes merveilles ; un peu de.

poussière, un peu de néant; rien! pour celui qui n'a pas élevé son âme par la foi et qui ne l'a pas sanctifiée par l'amour de Dieu. Que de prières ardentes se sont élevées de Table-roc et que de cœurs ont entendu là, pour la première fois, ces voix divines que le chrétien entend partout. — Après cela, descendez au fond du gouffre par les escaliers en spirale qui y conduisent du bord même de Table-roc; pénétrez sous les voûtes mêmes de la cataracte par le sentier glissant et dangereux qui y mène; regardez si vous le pouvez, à travers les parcelles d'eau qui vous aveuglent, ces masses liquides s'écraser à quelques pas de vous sur les blocs qu'elles ont arrachés, ou s'enfoncer et disparaître dans les gouffres qu'elles creusent, et vous n'aurez rien éprouvé de plus.

Je quittais le Niagara le cœur serré par une foule de sensations indistinctes. je marchais le long du sentier lentement, la tête baissée, cherchant à fixer quelqu'une de ces voix qui frémissaient dans mon être; à quelques pas de Table-roc, une femme me barre le chemin et m'arrête, en m'engageant à visiter son cabinet de curiosités indiennes: l'homme! toujours l'homme! Dieu n'a-t-il donc moulé le monde que pour la satisfaction de nos appétits d'argent? J'ai laissé les curiosités indiennes; j'ai retraversé le fleuve dans mon léger bateau, et sur l'autre rive, en me glissant de bloc en bloc pour m'abriter du courant d'air et de l'ondée, je me suis avancé jusqu'au pied de la chute américaine, et là entre les rocs, j'ai cueilli quelques brins des mousses qu'elle arrosait peut-être depuis des siècles. Car je ne rougirai jamais de l'avouer: ces petites choses de Dieu ont aussi leur voix: elles me parlent comme les grandes; et dans les paroles sublimes qu'elles m'ont dites, j'ai retrouvé une foi prête à se perdre sous l'influence des leçons des hommes. Bénies soient-elles, comme l'ange gardien de la vie d'un enfant quand il vient lui parler de Dieu dans un rêve.

Le Niagara a aussi ses légendes, légendes terribles et mystérieuses, comme les abîmes où il s'engouffre. Quelques-unes sont vraies, car il semble que, comme nos glaciers des Alpes, cette grande merveille de la nature fasse payer chaque année, par le sacrifice de quelques victimes humaines, le spectacle qu'elle offre à la curiosité. Mais quelques autres aussi sont fausses, parce que l'imagination aime à attacher ses lugubres conceptions à ce que Dieu a créé de terrible. Parmi ces dernières est l'histoire du fameux nageur Sam Patch. Il parcourait l'Amérique s'arrêtant près des rivières les plus dangereuses et près des cascades profondes ; et là pour une certaine somme fournie par les spectateurs, il se précipitait dans les ondes. Il voulut, dit la légende, essayer ses forces au grand Niagara et se mesurer avec lui : et au jour fixé, en présence d'une foule immense attirée par les annonces répé-tées dans tous les journaux, le nageur s'élança d'une pointe de roc et disparut dans l'écume. — On l'attendit longtemps en vain : on chercha tout le long des rives quelques traces de son cadavre ; jamais rien ne fut retrouvé qui pût dire quelques funèbres paroles sur le destin de Sam Patch, dont la poésie payenne aurait fait certainement un dieu des cascades. — L'histoire est à-peu-près vraie ; mais elle est transposée, et appartient non pas au Niagara, mais aux chutes pittoresques du Genesee à Rochester. — Parmi les faits vrais, je raconterai seulement deux incidents ; non pas qu'ils soient les plus dramatiques, mais parce qu'ils sont les plus récents : le premier s'est presque passé sous mes yeux.

L'année dernière, le jour même de mon arrivée au Niagara, on vit apparaître dans les rapides, un peu au dessus de l'île du Goat, un léger bateau emporté par le courant. Un seul homme le montait. Il paraissait à peine alarmé, mais indécis seulement, et faisait aux personnes qui se pressaient au rivage des signaux, comme pour demander de quel côté il devait diriger son bateau pour échapper au courant. Du côté de la grande chute, les bords de l'île sont bas : les brisants des rapides moins tumultueux, mais le fleuve est très-large et le courant irrésistible porté vers le milieu ou vers l'angle de la chute. Du côté américain, les rapides sont semés de roches sur lesquelles l'esquif devait se briser ; et chacune des rives est de difficile abord. Tandis que le temps se perdait en signaux inutiles ou incompris, le bateau avait franchi la distance qui le séparait de la pointe supérieure de l'île, et emporté comme une feuille au vent de l'ouragan, il s'élançait sur les brisants du petit Niagara. L'homme qui le montait sembla alors avoir perdu l'espoir de le diriger ; et, debout au milieu, parut se préparer à s'élancer à la nage dans un endroit favorable. Quelques spectateurs, pâles de frayeur, s'étaient portés sur le pont, car déjà il n'y avait plus aucune chance de salut. Un seul espoir semblait rester au malheureux dont on voyait les signes de terreur, mais dont on ne pouvait entendre la voix ; c'était de s'élancer au pont et de s'attacher aux piles ou aux madriers. Le bateau secoué dans l'écume des brisants s'avance comme une flèche; il va toucher au pont; celui qui le monte paraît prêt à s'élancer; mais une secousse le renverse, il disparaît dans un tourbillon, et presqu'au même instant, mais déjà en dessous du pont, on le voit élever au dessus de l'eau les bras et la tête et lutter contre l'irrésistible torrent qui l'emporte. Une seconde encore, et le Niagara avait englouti sa proie. On n'a jamais su qui était cet homme; on n'a jamais retrouvé trace de son corps ou de son bateau; le Niagara ne rend pas ses victimes.

Cette année-ci (1849) une famille des Massachussets visitait les chutes. Il y avait avec le père et la mère leur jeune et unique enfant, charmante petite fille de cinq ans, et deux amis rencontrés le jour même à l'hôtel du Niagara. Avant de traverser le pont, la mère effrayée à la vue des rapides, ou avertie peut-être par un pressentiment, insistait pour laisser son enfant à l'hôtel, et la tenir ainsi éloignée du danger. Mais pressée par les instances et rassurée par la promesse d'un des amis qui s'engageait à veiller sur la jeune fille, tous ensemble passèrent le pont pour visiter le Goat. En suivant le sentier dangereux qui côtoie la rivière, l'enfant fait un faux pas, et le jeune homme qui lui donnait la main trop empressé de la retenir, par un mouvement brusque s'élance avec elle dans les flots. Là avec l'enfant dans ses bras, il lutte contre le courant : le père et la mère immobiles d'effroi jettent des cris d'épouvante: le second compagnon s'élance également dans le fleuve, mais forcé de lutter lui-même contre la force irrésistible qui l'entraîne, il s'attache à une branche et se sauve avec peine, tandis que les deux autres victimes sont emportées et précipitées dans le gouffre! La pauvre mère est devenue folle, m'a-t-on dit; puisse sa folie lui ôter le souvenir de cet affreux moment!

Ce n'est pas trop de deux ou trois jours pour visiter le Niagara dans tous ses détails et surtout pour le comprendre. D'abord, le spectacle a quelque chose de si écrasant, qu'il faut quelque temps, je ne dis pas pour rassurer l'imagination, mais pour la calmer et donner à la pensée la force de s unir au sentiment, afin de pouvoir l'analyser et en mesurer la valeur. Puis, après avoir vu les chutes, il faut suivre pendant deux ou trois milles un chemin pittoresque qui côtoie les roches perpendiculaires qui bordent le lit du fleuve. De temps en temps on jouit, par des éclaircies entre les branches de sapin, de points de vue lointains et diversifiés de mille manières sur les cataractes, et l'on arrive ainsi au débarcadère d'un bateau à vapeur, qui chaque jour. et pour une minime somme promène les curieux sur la rivière jusqu'au pied des chutes. En continuant à descendre le lit du fleuve, on rencontre un peu plus bas un merveilleux produit de l'industrie, qui force l'admiration même de l'amant le plus enthousiaste de la nature. Ici, où le lit du fleuve un peu resserré est encaissé entre des rochers à pic de deux à trois cents pieds de hauteur, s'élance d'une rive à l'autre un léger pont de fil de fer qui semble flotter dans l'air comme une corde d'acrobate sans appui, et qui joint l'Amérique au Canada. Il faut se placer au milieu de ce pont, regarder avec le vertige les eaux bleues qui bouillonnent au dessous, chercher dans le lointain les blanches vapeurs qui montent du Niagara, et écouter ses puissants et solennels murmures, pour comparer le génie de l'homme à la puissance de Dieu. Oui, le génie de l'homme avec ses faiblesses et ses misères. Le pont est fermé au milieu d'une forte balustrade que personne ne peut traverser. Les entrepreneurs et les actionnaires sont en querelles pour la propriété d'une œuvre qui promet de larges bénéfices, et chaque partie, en attendant le jugement, s'est emparée d'une moitié de pont et l'exploite pour la curiosité seulement. — Un peu plus bas encore le lit du fleuve, toujours encaissé, se brise à angle droit, et ses eaux rapides s'élancent en un cercle immense avec un impétueux bouillonnement, pour former au centre un gouffre en entonnoir, que l'on compare aux tourbillons du Maëlstrom.

Et maintenant, ajoutons quelques chiffres, pour ceux qui préfèrent l'exactitude des détails à la poésie des descriptions. Les cataractes du Niagara ont une élévation perpendiculaire de 160 à 170 pieds. La largeur de la grande chute est de 1800 pieds ; c'est la même largeur à-peu-près que celle de la charmante île de Goat. La chute américaine n'a que 600 pieds de largeur. La hauteur du lac Érié au dessus du lac Ontario est de 330 pieds, et la vitesse du fleuve aux différents points qu'il parcourt..... Mais ces détails, avec l'énumération des couches de roc que la rivière a creusées, les probabilités de la marche rétrograde du Niagara, et le temps qu'il a mis à fendre les rochers pour se former un lit, tout cela, on le trouvera bien plus savamment décrit que je ne saurais le faire dans le beau *Voyage géologique* de Lyell, ou dans les cours donnés à Boston par nos savants amis les géologues neuchâtelois.

XII.

De Boston à Buffalo. — Développement rapide de Buffalo. — Le canal.— Les marins d'eau douce. — Les débris de peuplades indiennes. — La *Jaquette-rouge*, chef indien. — Ses talents remarquables.

Je n'ai rien dit de ma route de Boston à Buffalo ou au Niagara, car que dire d'une contrée qu'on n'observe qu'à travers les vitres d'un wagon pendant trente-six heures consécutives de voyage en chemin de fer. Quelques grandes villes, Albany, Rochester; une foule de villages; de riches fermes et des champs de maïs encore couverts de leurs produits entassés; des défrichements commencés et des blockhouses d'émigrants partout; d'immenses forêts de chênes, de hêtres et de noyers, dont le sol est chargé d'énormes troncs couverts de mousses; de vastes marais, presque toujours des plaines : tout cela passe sous les yeux comme ces nuages que le vent emporte, et dont l'œil perçoit les formes sans en garder le souvenir. Revenu à Buffalo, je fus forcé de m'arrêter quelques jours. J'avais à traverser le lac Erié dans toute sa longueur; et ces grands lacs, toujours plus dangereux que les mers, sont à cette époque de l'année (au mois de novembre) tourmentés par de si rudes tempêtes que les steamers quittent le port, non plus à jours fixes, mais seulement quand le temps n'est ni trop menaçant ni trop dangereux. C'est une époque intermédiaire entre la saison d'activité et la saison du repos; car en hiver les ports sont fermés par les glaces, et toute navigation dans le Nord est forcément interrompue. Or, en revenant du Niagara, j'arrivais à Buffalo au milieu des tourbillons d'une neige fine et serrée, chassée par un vent impétueux de l'ouest. Il fallait attendre patiemment la fin de la bourrasque et utiliser mon temps par quelques observations locales.

Buffalo est une de ces villes naissantes comme on en trouve partout dans l'Amérique. Sa position, à quelques lieues du Niagara, à l'extrémité orientale du lac Erié, à l'entrée du canal qui le joint au lac Ontario, à la tête d'une ligne de chemins de fer et de canaux qui s'en vont à New-York et à Boston aboutir à l'Océan, en fait l'un des points de passage les plus importants de l'Amérique. C'est un immense entrepôt des produits agricoles de l'intérieur et du

Nord, et des marchandises étrangères que le sud donne en échange : c'est la route de l'ouest, non pas la plus courte, mais la plus écono‑ mique et la plus fréquentée, celle que prennent surtout les émi‑ grants quand la saison la tient ouverte. On comprend donc facile‑ ment comment Buffalo, fondé seulement au commencement du siècle au milieu d'un marais à peine desséché maintenant, brûlé complètement en 1813, et dévasté dans les guerres de l'indépen‑ dance, a pris tout-à-coup un développement immense, et devien‑ dra bientôt une de ces métropoles improvisées, comme Saint-Louis et Cincinnati, qui semblent naître par enchantement, et dont le nom paraît dans la géographie américaine comme celui d'une création spontanée. — Une grande rue bien pavée, bordée de trot‑ toirs et de boutiques pleines d'une foule d'objets hétérogènes ; puis dans toutes les directions et se coupant à angles droits, de longues et larges rues de moins en moins peuplées à mesure qu'elles s'é‑ loignent du quartier marchand, et qui finissent par n'être plus bordées que de quelques maisonnettes en bois, rues souvent sans trottoirs et sans pavés, où errent des troupeaux de vaches et de cochons ; rues dont le sol une fois imbibé est littéralement inabor‑ dable pour les piétons, comme celui des marais dont la ville a pris la place. Un chemin de fer qui traverse la ville pour arriver à son débarcadère en face d'une ligne d'hôtels toujours remplis de voyageurs ; un port couvert de navires de toute forme et de tout tonnage ; steamers immenses, bateaux à voile, pontons arrondis comme des caisses flottantes ; une file de magasins le plus souvent formés de planches mal jointes, tantôt suivant les quais, tantôt s'avançant dans le lac, tantôt enjambant les canaux sur de hauts pilotis, et toujours pleins de marchandises jusqu'au comble, et sur les quais formés de battues en bois sans solidité et sans élé‑ gance, des tas de marchandises, une foule affairée, des caisses et des ballots roulant partout, des guinguettes en plein vent, des câbles qui glissent sous vos pieds, des chaînes qui s'entortillent aux jambes : des matelots lancés à la course dans toutes les directions, abordant les navires ou les mettant à flot, une vraie fourmilière humaine remuée jusqu'à la base ; voilà Buffalo, du moins au mo‑ ment où je l'ai vu. Car les villes naissantes, qu'on retrouve partout en Amérique, n'ont une forme définie que pour un moment ; sui‑ vant les circonstances, elles grandissent, prennent des dimensions colossales, ou disparaissent et se transportent d'un lieu à un autre, de telle manière que chaque année il faut refaire sur un nouveau plan les statistiques et les géographies américaines. Le peuple enfant est à l'aise dans l'immense jardin que Dieu lui a donné pour s'ébattre. Les portes en sont ouvertes à tout venant; et avec ses hôtes, il se transporte et s'arrête là où les fruits sont plus abondants et lui semblent plus faciles à cueillir.

L'aspect du canal, lorsqu'on le suit jusqu'à deux ou trois milles de la ville, a quelque chose de tout nouveau pour un Suisse ; en Europe, un spectacle à-peu-près analogue ne pourrait guère se voir qu'en Hollande. C'est une file non interrompue de grands bateaux ronds et couverts, tirés par des chevaux, comme on les rencontre sur tous les canaux américains. Ils sont habités par une population semi-aquatique, pour ne pas dire amphibie, dont les mœurs ont quelque chose de particulier. Les maîtres ont toujours avec eux leurs familles auxquelles sont réservées des cabines propres et souvent richement ornées. La maîtresse du logis soigne la cuisine des gens d'équipage, et ne sort guère de son salon mouvant que pour assister le dimanche au service religieux dans le temple de quelqu'une des localités où le bateau s'arrête. Ces marins d'eau douce ont l'extérieur rude et quelque peu brutal ou sauvage; mais ils sont en général d'une bienveillance et d'une bonhomie proverbiales. Ils ont des habitudes réglées et ordinairement tempérantes, une lenteur d'allures frappante et une patience à toute épreuve. Cette dernière vertu est d'absolue nécessité: car s'ils n'ont à lutter ni contre les tempêtes des grands lacs, ni contre les calmes de l'Océan, ils ont un ennemi plus dangereux peut-être, l'uniformité et l'ennui. Ils ne connaissent de sentier que celui qui borde leur canal, sentier marqué par le pas lent de leurs chevaux; ils ne sortent de leur immobilité que pour charger et décharger leurs bateaux souvent à de grands intervalles: leur horizon au travers des grandes plaines qu'ils traversent est presqu'aussi invariable que celui de la mer: et souvent des obstacles imprévus, des accidents qui ferment pour un temps des canaux trop étroits, les retiennent au même lieu, non pas des jours, mais des semaines entières. Près de Buffalo, par exemple, le nombre de ces bateaux était si grand et l'encombrement sur le canal si prolongé, que plusieurs étaient en vue de la ville depuis une semaine, et ne pouvaient avancer de plus de vingt pas dans une journée. C'est là qu'il faut voir la pitoyable condition des émigrants embarqués sur les canaux;

Peu habitués au genre de vie américain, ordinairement dépourvus de la dose de patience nécessaire pour de semblables voyages, ils consument, dans une agitation inutile et des lamentations impuissantes, un temps souvent précieux et souvent aussi leurs dernières ressources pécuniaires. En général, cependant, les voyages sur les canaux se font à raison de dix à douze lieues par jour et pour un prix minime. Les chevaux qui les tirent ont leur étable sur le bateau, et sont changés à étapes fixes : les canaux sont bons et parfaitement entretenus, et les nombreuses écluses, qui n'ont ni surveillance ni péages, sont franchies avec la plus grande facilité par les gens de l'équipage, pour qui c'est un devoir toujours observé de remettre les portes des écluses dans l'état où ils les trouvent. C'est là une grande économie de temps et d'argent ; je dirai presque une grande sécurité morale. Car en France, par exemple, où le marin d'eau douce trouve à chaque écluse une guinguette et une compagnie attrayante, la tentation est irrésistible et la démoralisation presque inévitable.

Buffalo touche aux grands lacs du nord, dont les rives sont encore presque partout couvertes de vastes forêts. Il touche à la vie sauvage, puisque dans son territoire et à quatre milles de la ville seulement habite une peuplade indienne à qui les traités ont réservé une contrée de peu d'étendue. C'est le reste d'une grande nation écrasée par la puissance de la civilisation, et qui cache sa mort ou sa ruine dans un coin de l'immense territoire qu'elle possédait jadis. Il y a dans la *réserve* de Buffalo environ neuf cents Indiens, dont près de sept cents appartiennent à la nation des Sénécas. Ils sont maintenant chrétiens et civilisés, habitent des huttes de bois semblables aux huttes primitives des colons, cultivent leurs champs de maïs et de pommes de terre, et n'ont plus rien dans leur extérieur ou leurs habitudes qui rappelle la vie sauvage, si ce n'est peut-être la couleur un peu bronzée de leur teint, la beauté et l'élégance des formes musculaires chez les hommes, qui contraste singulièrement avec la disgracieuse apparence des femmes chargées ordinairement des plus rudes travaux. Un digne pasteur, le Dʳ Wright, est à la tête de leur église, et comme plusieurs ne connaissent qu'imparfaitement l'anglais, il a appris leur langage, afin de leur être plus utile. Toutes ces tribus indiennes auxquelles les traités ont réservé des territoires, et qui sont en contact avec la civilisation des blancs, s'affaiblissent peu-à-peu, et disparaissent les unes après les autres, comme si une malédiction planait sur elles, ou plutôt comme si la civilisation était un de ces arbres puissants qui tuent sous leur ombrage toute végétation étrangère. Une foule de ces primitives peuplades du nouveau monde ne sont plus connues même de nom ; et pour en retrouver la mémoire, il faut en chercher les traces dans les bibles traduites et publiées jadis dans des idiômes maintenant oubliés. En effet, le christianisme a été pour ces peuplades ce qu'est le prêtre pour le condamné ; il a précédé l'exécution d'une loi irrévocable, pour leur montrer le ciel et leur apprendre à mourir.

En visitant l'église de la *réserve* de Buffalo, puis le cimetière du village, où cinq ou six tombes seulement ont des monuments, je lus sur l'un d'eux cette épitaphe : *La Jaquette-rouge, chef de la tribu des Loups, de la nation des Sénécas, l'ami et le protecteur de son peuple, mort le 20 janvier 1832, à l'âge de 77 ans.* — Ce nom m'était connu ; je l'avais lu plusieurs fois dans l'histoire du peuple américain, où il est cité comme celui d'un guerrier célèbre et d'un homme d'état distingué. Aux lieux mêmes où le héros a terminé sa carrière, j'ai recueilli, d'un homme qui a vécu long-temps avec lui, quelques particularités de son caractère. Je les rapporte comme des traits de mœurs précieux à conserver, parce que de jour en jour il devient plus rare et plus difficile de les obtenir, et que l'histoire des peuplades aborigènes d'Amérique sera plongée bientôt dans une nuit impénétrable.

« Le nom indien de Jaquette-rouge était *Sagoyewatha*, c'est-à-dire, celui qui tient éveillé par un pouvoir magique. Pendant la première révolution d'Amérique, les Sénécas combattirent avec les Anglais, et quoique bien jeune encore, l'activité et l'intelligence de ce chef attirèrent l'attention des officiers anglais, qui lui firent présent d'une jaquette rouge richement ornée. De là son nom parmi les blancs. Ce chef avait le vrai type indien par son costume, par son langage, car il méprisait toute langue étrangère à celle de sa nation ; par son respect pour les coutumes de sa tribu, dont il gardait religieusement dans sa mémoire les traditions ; par son antipathie pour la religion et les prêtres missionnaires des blancs, qui suivant lui venaient auprès des Indiens avec de secrètes intentions de rapine, pour les préparer aux traités désastreux qui les dépouillaient de leur territoire. Son extérieur était plein de dignité, son langage éloquent, ses discours remarquables par la poésie des figures, par la force des arguments, par la grâce et la facilité des gestes et de la diction. Il avait une mémoire extraordinaire, et plusieurs fois l'exactitude de ses souvenirs avait embarrassé et confondu les dignitaires américains. Dans un conseil des chefs sénécas, une dispute s'éleva un jour entre le gouverneur Tompkins et Jaquette-rouge, touchant un traité conclu quelques années auparavant. Le gouverneur affirmait une chose, le chef indien soutenait que le contraire était vrai. — « Mais, lui disait-on, vous avez oublié, nous avons écrit cela sur le papier et nous n'oublions pas. » — Alors votre papier ment. Je l'ai écrit ici, » s'écria l'Indien, en plaçant avec dignité sa main sur son front. « Vous Yankee, vous » êtes nés avec une plume entre les doigts, et votre papier parle » sans conscience et sans vérité. L'Indien garde sa science ici; » c'est le livre que le Grand-Esprit lui a donné, et il ne ment pas. » — Une recherche fut faite immédiatement dans les documents, et au grand étonnement de tous, il se trouva que toutes les assertions de Jaquette-rouge étaient vraies jusque dans les plus petits détails, tandis que le rapport remis au gouverneur avait été altéré par quelque secrétaire officieux.

Ce chef indien était l'âme de sa nation, et il était écouté dans les conseils comme un prophète. Il avait été long-temps l'ennemi des Américains, et avait encouragé son peuple à les combattre aussi long-temps que la lutte offrait quelques chances de succès. Mais quand la plupart de ces tribus eurent été détruites, et quand peu-à-peu, par la ruse et par la force, la meilleure partie du vaste territoire qui lui appartenait fut devenue la propriété des blancs, il comprit que le seul moyen de sauver les restes de sa nation était de s'attacher à la destinée du peuple conquérant et de se plier à une indomptable fatalité. Alors avec la même énergie qu'il avait mise à exciter son peuple à la résistance, il lutta pour le forcer à la paix, à la soumission. Dans une des dernières assemblées des chefs de quelques tribus, reste de sa grande nation, il soutenait l'opinion de la paix et de l'alliance avec les Américains en opposition à un jeune guerrier, le *Hibou*, fils du *Serpent-noir*, dont il avait été l'ami, et dont au péril de sa vie il avait un jour emporté le cadavre au milieu d'un combat acharné avec les blancs. L'éloquence guerrière du jeune chef, qui demandait vengeance et qui même avait adressé à Jaquette-rouge quelques paroles injurieuses sur sa pusillanimité, avait fortement ému l'assemblée. — Alors le vieux chef se leva lentement, et croisant les bras sur sa poitrine avec la dignité d'un sénateur romain, il commença son discours avec calme, mais avec un accent tel, que chacune de ses paroles, écoutées dans le plus profond silence, allait au cœur de ses auditeurs.— «Le fils du Serpent-noir a parlé de lâcheté. Sait-il où » reposent les ossements de son père? Je ne vois pas à sa ceinture » les chevelures des meurtriers de sa famille. Le fils du Serpent- « noir a parlé de vengeance. Faut-il qu'au cri du hibou les aigles « se rassemblent et combattent pour lui préparer une proie. Il y a » à la porté de mon wigwam des chevelures pendues que je ne » saurais plus compter. Va les prendre, jeune homme, et tu les « porteras aux filles de ta tribu comme des trophées de ta valeur. « Le Serpent-noir avait un fils; je lui ai appris à lever le tom- » hawk; mais l'oiseau s'est envolé trop tôt et il essaie sa voix « avant d'aiguiser ses griffes. Les cris du hibou effraient à peine « l'enfant qui vient de naître; le loup qui poursuit le daim dans les » grands bois ne s'arrête pas pour l'écouter et lui répondre. — » J'ai vu le temps où les guerriers de notre nation se comptaient « comme les cailloux du rivage: je les ai vus s'avancer au com- » bat: ils ressemblaient aux vagues que le vent d'occident roule » en automne sur nos grands lacs. Ce temps est bien loin derrière « moi. Quand les blancs sont venus vers nous pour la première « fois, avec leur bouche pleine de miel nous offrir l'eau de feu, et » demander avec prière un coin de territoire pour y vivre comme » nos frères, qui donc a refusé de fumer avec eux le calumet de paix? » Le fils du Serpent-noir a-t-il entendu ma voix dans les conseils, » quand je disais à mon peuple : levez contre les blancs la hache » de guerre, allumez dans tous vos sentiers la torche des combats, « et ne l'éteignez que quand il ne restera plus un seul blanc pour » vous tromper et vous séduire. Car ce peuple est venu sur les ailes » du soleil; il a apporté avec lui le tonnerre qu'il a dérobé au » grand-Esprit, et l'eau de feu qui tue le courage de nos guerriers » et en fait des femmes; ce peuple a la ruse du serpent, et l'a- » vidité de la panthère; si vous ne l'écrasez, il vous chassera du » territoire de nos pères. Pendant vingt ans j'ai parlé de même; » ma voix a-t-elle été écoutée?» — Alors passant en revue avec une prodigieuse exactitude les combats, les traités, les ventes de territoire qui avaient appauvri et affaibli sa nation, il s'écriait en ter-

minant : « Le fils du Serpent-noir a-t-il été vers la grande mer où
.» le soleil se lève, où tous les jours ses rayons jettent au rivage
» des canots plus grands que la hutte de nos conseils, d'où sort à
» chaque instant une nouvelle tribu de blancs; a-t-il vu près de la
» mer, le long des fleuves, dans les forêts où jadis nous chassions
» les ours et les daims, les grands villages où s'entassent les enne-
» mis de notre nation. Levez l'écorce du vieux tronc pourri sous
» l'herbe, et essayez de compter les fourmis qui s'y cachent. Ils
» ont la ruse, ils ont la force ; le plus faible de leurs enfants a
» plus de science que nos vieillards et vous voudriez lutter contre
» eux, quand nos guerriers sont morts, quand ceux qui restent se
» comptent comme les étoiles d'un ciel de tempêtes, quand nos
» jeunes gens ont perdu le courage dans l'ivresse, et que nos
» femmes ont appris à parler au Dieu des blancs. Non, non, il
» n'est plus temps ! Enterrez la hache de guerre, ou l'étincelle va
» tomber sur l'herbe desséchée de la prairie et l'ouragan va souf-
» fler sur les feuilles mortes du grand chêne. J'ai posé la hache
» pour toujours, non pas parce que mes jours ont été longs, ou
» parce que mon bras est devenu faible, mais parce que le Grand-
» Esprit m'a choisi pour veiller sur les restes de ma tribu, et pour
» en être le père. J'ai combattu avec la hache, j'ai lutté avec la
» lance de la parole; que celui-là qui a fait plus que moi se lève et
» m'accuse. Oui ! j'ai enterré la hache; mais malheur, malheur à
» celui qui osera la soulever ! J'entends déjà les cris des corbeaux
» qui s'assemblent pour se percher sur son cadavre. »

Quelques mois avant la mort de ce chef, le temps avait fait de si
graves atteintes à sa santé, qu'il reconnut parfaitement l'approche
de son heure dernière. Il parlait souvent de sa fin prochaine, et
toujours avec le calme d'un philosophe Il visita alors tous ses
amis les plus intimes, passant la journée dans leurs cabines et
parlant avec eux de la condition future de son peuple, de la manière la plus touchante et la plus impressionnable. Il leur disait:
Qu'il s'en allait de cette terre, et que bientôt la voix de ses conseils ne serait plus entendue ; il remontait jusqu'aux périodes
les plus éloignées et les plus obscures de l'histoire de sa nation, et
avec une intelligence qui semblait participer de la divination, faisait ressortir les fautes, les erreurs, les privations qui avaient
amené sa décadence. « Je vais vous quitter, leur disait-il, et quand
» je ne serai plus, et qu'on n'entendra plus mes conseils et mes

» avis, la force et l'avarice des blancs l'emportera. Pendant bien
» des hivers, j'ai bravé la tempête, mais je suis un vieux arbre et
» je ne puis plus résister. Mes feuilles sont tombées, mes rameaux
» sont brisés, et chaque souffle de vent m'ébranle. Bientôt mon
» vieux tronc sera couché dans l'herbe, et le pied insultant de
» l'ennemi de l'Indien se posera sur moi sans crainte, car je ne
» laisse après moi personne pour venger cette injure : Ne croyez
» pas que je pleure sur moi-même! Je m'en vais rejoindre les es-
» prits de mes pères dans un séjour où la vieillesse ne pénètre ja-
» mais! Mais mon cœur devient faible quand je songe à mon
» peuple qui bientôt va être détruit et oublié pour toujours!»([1])
Il y a dans ces paroles du vieux chef indien plus de mélancolie et
d'éloquence réelle qu'on n'en trouverait dans une douzaine d'élégies des meilleures poètes américains.

Après deux jours d'attente, le temps reprend un aspect favorable, et me voilà embarqué pour Sandusky, petite ville à l'autre
extrémité du lac Erié. Pour vingt-deux fr. de Fr. j'ai ma place
aux premières cabines, un bon lit et trois excellents repas par jour
pour tout le temps que durera le voyage([2]). Ces grands lacs sont
comme des mers intérieures, et bientôt nous perdons de vue le rivage. Mais le ciel est brumeux, le vent se reprend à souffler, et
bientôt un ouragan chargé de glace et de neige fond sur nous. Le
capitaine cherche un refuge dans un port voisin, et à ses frais nous
attendons patiemment que la tempête se passe. La patience est une
vertu facile en voyage pour les passagers de première classe qui
trouvent sur les steamers américains le comfort du logis et souvent
plus; de bonnes cabines, la jouissance d'un salon parfaitement

([1]) Ces quelques mots de l'histoire de Jaquette-rouge sont empruntés en
très-petite partie au 14e volume du *New-York Mirror*, et bien plus aux
narrations de quelques personnes de Buffalo qui ont long-temps vécu avec
ce chef distingué. On comprend facilement que je ne me mets pas en frais
de poésie pour jeter de l'intérêt sur les tribus indiennes. Mais je crois qu'il
est utile de rétablir un peu les écarts de l'histoire faite par les Américains,
et je ne négligerai aucune occasion de dire des vérités quand même elles ne
serviraient que comme épitaphes pour les pauvres et les faibles. C'est la
vengeance de l'histoire.

([2]) Près des grandes villes, New-York et Boston, la nourriture n'est pas
comprise dans le prix du passage. Dans tout l'ouest, sur l'Ohio, le Mississipi et les lacs, on voyage à raison de cinq francs pour cent milles, nourriture comprise, quelque longues que soient les traversées. Ainsi faits les
voyages sont une économie.

chauffé, une table excellente, quelques livres, et pour les plus exigeants des cartes et une guinguette approvisionnée d'huîtres et de liquides de toute espèce. Mais il n'en est pas de même pour les émigrants auxquels je vais souvent me mêler par sympathie. Ils grelottent dans l'entrepont ouvert à tous les vents et voient avec angoisse disparaître leur petite provision qu'ils sont forcés de renouveler à grands frais dans les boutiques du port.

La plupart de nos passagers sont de beaux jeunes gens, d'une taille élevée et bien prise, marins des lacs. La saison est finie pour eux, et ils s'en vont à Détroit chercher des occupations pour l'hiver. Tous écrivent parfaitement et sont pleins d'obligeance à me donner sur mon calepin une foule d'explications intéressantes. L'un d'eux surtout, encore tout jeune et déjà manchot (il a perdu son bras emporté d'un coup de hache destiné à couper un câble dans une tempête), s'est fait mon cicerone et presque mon ami : il me parle de ses lacs avec amour, il me décrit les tempêtes qui les bouleversent, il me raconte ses naufrages, puis écoute avec un étonnement presqu'incrédule la description de nos Alpes, de leurs avalanches et de leurs terribles ouragans. Nous étions partis le jeudi ; le dimanche arrive : malgré un temps passable, le bateau reste ancré au port. La guinguette aussi resta fermée tout le jour, et les cartes, qui amusaient quelques-uns de nos jeunes compagnons, furent remplacées par des Bibles et des livres de dévotion. «Vous ne trouveriez pas, me disait mon ami le manchot, un seul marin américain qui voulût toucher des cartes le dimanche. Ce serait profaner le jour du Seigneur, et nous avons trop besoin que Dieu nous aide et nous garde, pour nous mettre en guerre avec lui.» ([1])

Après neuf jours de lutte nous arrivâmes enfin dans la baie de Sandusky ; c'est un voyage qui se fait souvent en quarante-huit heures. — Le bateau est au quai depuis un quart d'heure ; depuis un quart d'heure aussi j'ai mon sac de nuit à la main, que mon compagnon manchot me répète toujours : *But not in a hurry*: ne vous pressez pas. Et personne en effet ne fait mine de bouger et

---

([1]) Cette idée se retrouve en effet chez tous les matelots américains qui paraissent admettre le châtiment matériel comme conséquence de la non observation du Dimanche. En passant du Havre à New-York, le charpentier du navire était indigné de voir des Allemands jouer aux cartes sur le pont le Dimanche. « Comment voulez-vous, s'écriait-il, que notre voyage soit heureux ! »

de quitter la place. Serais je donc le seul passager pour Sandusky? Dans les circonstances critiques, j'ai admis pour me diriger en voyage une méthode quelque peu excentrique, mais parfaitement convenable à un sourd. Pour éviter des explications écrites et toujours plus ou moins incomplètes, je m'arrange à me procurer un chef de file, qui fasse la même route que moi, et qu'à son insçu je suis comme son ombre. Ainsi, je puis être à-peu-près sûr d'arriver. — A Sandusky, mon homme attendait sans prendre souci de sa malle encore enfermée dans la cale. Enfin les bagages sont reconnus, et nous voilà une douzaine de passagers déposés à onze heures du soir sur un quai absolument désert, sous un ciel chargé de brillantes étoiles, et par une température de douze à quinze degrés au-dessous de zéro. Aussitôt le grand steamer s'éloigne, et de Sandusky ou de rail-road on n'aperçoit aucune trace. - A quelques minutes de distance brille une lumière. C'est là, qu'abandonnant malles et bagage, toute la troupe se dirige au pas de course. Cette lumière est la lueur d'un feu; mais le feu brûle dans la chambre d'une ferme, entourée de hautes palissades, gardée par deux énormes dogues et d'ailleurs bien fermée. Peu importe, nous escaladons les barrières; les dogues font grand bruit, mais ne mordent personne, et après quelques instants de pourparlers, échangés avec les habitants encore invisibles, la porte s'ouvre et nous sommes introduits dans une chambre à immense cheminée où brûle un tronc d'arbre. Une partie de la famillle dort dans un lit de dimension vraiment patriarcale; la fermière, qui s'est levée pour nous recevoir, apporte des paniers de fruits qui sont partagés comme ils sont offerts, sans prétention et sans reconnaissance, comme une chose due. Car dans les campagnes l'hospitalité est encore une vertu générale, et par conséquent un mérite qui n'est ni reconnu ni apprécié comme tel. — Après une demi-heure d'attente et à un signal donné, chacun se lève, et sans même adresser un remerciement à l'hôte, la troupe reprend le chemin du rivage. A la place du grand steamer, il y a maintenant un tout petit bateau à vapeur: j'apprends enfin que la ville est située à quelques milles plus haut, sur la rivière trop peu profonde pour les navires d'un fort tonnage. Il n'y a plus ici ni premières ni secondes places mais une toute petite cabine où sont entassés déjà une vingtaine d'individus, et où nous parvenons encore à pénétrer après de grands efforts. Il n'y a pas de siéges, et d'ailleurs il n'y aurait aucun moyen de s'asseoir. Pressé dans un coin par les individus qui s'appuient sur moi, et la nature devenant plus forte que la volonté, pour la première fois de ma vie je m'endors debout et ne me réveille qu'à Sandusky. — Il est maintenant une heure de la nuit, le froid semble d'autant plus vif et plus pénétrant que la température de la cabine était étouffante; toutes les lumières sont éteintes, et dans ces villes naissantes, aux rues immenses et dépeuplées, où chercher un hôtel. Heureusement j'ai mon chef de file. Il s'éloigne rapidement, je suis la même direction, et bientôt il est installé avec moi dans la salle du bureau des postes, gardé par un vieux nègre. Il y a là un poêle de fer chauffé au rouge, des canapés qui semblent préparés pour nous recevoir, et où nous nous installons à l'aise en attendant le départ du rail-road, qui à cinq heures vient, comme un omnibus pacifique, nous prendre à la porte pour nous emporter vers la capitale de l'Ohio, de cette immense contrée que nous aurons le temps de parcourir et d'examiner à l'aise.

Ces petits détails n'ont aucun intérêt, c'est vrai, mais ils vous peignent l'Amérique et vous montrent les façons du Yankee, pour la commodité duquel l'univers semble créé. Ne croyez pas que mon compagnon eût sur les canapés du bureau des postes un droit d'introduction plus légitime que le mien. En Amérique tout ce qui est ouvert est réellement public, et il n'y a d'inviolable que le foyer domestique. Ainsi les boutiques, les magasins, les bureaux des postes ou des administrations, les offices des journaux, tous ces lieux sont envahis par la foule des curieux ou des oisifs, et en hiver servent de point de rassemblement à tous ceux qui craignent le froid. Les dames mêmes entrent dans le premier endroit à leur convenance, s'étalent à une place avantageuse, puis s'éloignent quand elles ont satisfait leur curiosité ou rétabli leur température à un degré convenable. Timidité, modestie, respect de certaines convenances, ce sont là des mots qui certainement sont rayés du dictionnaire du Yankee.   **LEO LESQUEREUX.**

(La suite prochainement.)

CORRESPONDANCE.

DE QUELQUES LOCUTIONS USITÉES EN SUISSE.

Genève, 1er Mai 1850.

On annonce une troisième édition du *Glossaire genevois* par M. Gaudy, augmentée par M. le prof. Humbert d'un grand nombre de ces locutions nées dans notre pays, qui n'ont point reçu la sanction de l'autorité grammaticale, et dont nous nous servons tous par de continuelles infractions aux lois du beau langage. Ces messieurs ont la bonté de les signaler pour nous engager à les éviter. C'est un service qu'ils nous rendent ; cependant, qu'on me permette un mot en faveur de ces expressions réprouvées qu'on voudrait bannir du lieu de leur naissance.

Nous jouissons, dans les cantons de la Suisse française, d'une complète indépendance politique. Il est un point, cependant, pour lequel nous relevons de l'étranger ; je veux parler de la langue dont les lois se discutent loin de nous et sans nous. Grammaticalement et littérairement nous sommes traités en peuple conquis, gens corvéables et taillables à merci, et pour ajouter à la difficulté de cette position, nous dépendons d'un gouvernement absolu, même pour ses états de famille, car le français se ressentira toujours du despotisme qui a présidé à sa formation. Il y a encore du Richelieu dans l'Académie et dans son Dictionnaire qui ont survécu aux deux branches de la maison de Bourbon, et qui sont restés en dehors des formes républicaines. Cette langue si claire, la première fixée, n'a été que trop tôt arrêtée dans son développement ; elle a été appauvrie par son code, par la guerre qu'on a faite aux mots populaires et gracieux, par la défense d'en créer de nouveaux. Elle a été durement régentée par une cour souveraine de quarante juges prononçant en dernier ressort, et vers laquelle tous les serfs littéraires tournent les yeux.

Mais encore ceux qui vivent dans le voisinage du pouvoir et qui respirent la même atmosphère peuvent se façonner à ses exigences et espérer quelque faveur ; une expression que le besoin a fait naître peut de la rue monter dans l'antichambre, pénétrer même dans le cabinet d'un seigneur académicien, qui touché de l'avoir entendue de la bouche d'un de ses enfans, daigne dans un jour de popularité la présenter pour être admise dans le livre d'or de la noblesse grammaticale; mais jamais de grâce semblable pour les mots indigènes du Kamtschaka français. Les goûts, l'esprit d'une nation se retrouvent dans l'idiôme qu'elle a façonné pour son usage. Avec des institutions et des mœurs différentes de ceux qui ont dicté la loi, serons-nous obligés de nous soumettre à des règles qui n'ont pas été faites pour nous, de renoncer aux expressions dont nous avons besoin, d'étudier celles dont nous ne savons que faire?

Serait-il possible de sortir de cette position anormale? c'est dans cette pensée que je viens vous entretenir, Monsieur, d'un travail que je médite sous le titre de *Dictionnaire de la Suisse française, nouvelle grammaire*, etc., vous demandant la permission d'analyser ici quelques-unes de ces expressions si réprouvées.

Je débute par un mot en usage inofficiellement, non-seulement dans nos cantons, mais je crois encore partout où l'on parle français. Ce mot c'est: *ma payse*, qui me semble plein d'expression et d'images. Observez qu'il n'a point de masculin, et qu'il est réservé aux sentimens qu'une femme peut faire naître. Le masculin serait: compatriote, concitoyen, qui ont une toute autre portée. Avec eux on cause politique. Mais *une payse* que l'on rencontre à deux ou à trois cents lieues de chez soi (car observez que l'on n'emploie ce mot qu'à l'étranger); ma payse a une plus grande valeur encore. Son titre seul dit déjà tant de choses; il peint l'exil, le regret des joies de la patrie, des souvenirs qui ont un si grand charme dans l'éloignement. Vous ne l'aviez jamais vue peut-être votre *payse*, n'importe! il y a un lien, il y a cent liens qui vous unissent. Vous vous trouvez avec elle sur un pied d'intimité. Vous avez mille points de contact, mille choses à lui dire. L'attrait que vous ressentez pour elle se mesure par la distance de votre pays et par la différence des degrés de latitude. Il se pourrait, hélas! que la distance diminuant, la sympathie en reçût quelque atteinte; que celle qui vous était si précieuse dans un autre continent par exemple, perdit un peu de son prix sur le bâtiment qui vous ramènerait en Europe, que votre sentiment se trouvât déjà émoussé au Hâvre, et qu'à la vue des tours de Saint-Pierre vous prévissiez sans froissement de cœur l'obligation de vous en séparer.

Il est des hommes doués de puissantes facultés, qui sauraient exprimer en deux mots ce que j'ai à dire; mais moi, pour me faire comprendre il me faut recourir à une histoire toute entière; je demande donc la permission de placer ici une anecdote de voyage qui m'a été racontée par un de mes camarades, et qui explique ma pensée.

— « Je me trouvais, me disait mon ami, dans le Mecklembourg, et j'étais en route pour me rendre dans le château d'un grand propriétaire qui m'avait par écrit invité à aller le voir. Fort jeune alors, peu habitué au monde, je n'étais pas sans appréhension sur l'accueil que je recevrais dans cette maison dont les habitants m'étaient inconnus et où tout était étranger pour moi. Depuis mon départ je luttais avec un demi mal du pays que je ne m'avouais pas à moi-même, mais que les bouleaux, les grandes plaines marécageuses que je traversais, et la façade grise du château que je découvrais à l'horizon, ne tendaient pas à diminuer.

» Je fus reçu dans cette grande demeure avec une bonté qui me mit à l'aise : la vieille dame de la maison me questionna sur ma famille et sur mon pays. Nous avons ici, me dit-elle, une de vos compatriotes, elle sera bien heureuse de vous voir. En effet ; au milieu des grosses filles du château, à la chevelure blonde, j'avais distingué une jeune personne aux traits intelligents, aux yeux noirs, qui au moment où je descendais de voiture s'étaient fixés sur moi d'une façon toute particulière. Je demandai la permission de lui parler un moment.

» Quelle fut ma surprise, lorsqu'aux premiers mots elle me répondit par mon nom. — « Je vous ai reconnu tout de suite, monsieur. Je vous ai souvent vu dans la rue de Beauregard lorsque vous reveniez de vos leçons ou lorsque vous montiez à cheval; mais vous n'avez pas fait attention à moi. Je me suis bien souvent promenée le dimanche sur la Treille. Comment se portent M. votre père et Mme votre mère. Et Marianne, est-elle toujours avec vous ? C'est ma cousine. Quel bonheur de voir ici quelqu'un de cette chère ville de Genève! »

» J'avais quitté la Suisse de mon plein gré pour voir le monde et m'instruire. Je désirais prendre une idée de la grande agriculture du Nord, on devait me montrer le haras du château, les grands champs de colza ; comment se faisait-il que tant de choses que j'étais venu chercher si loin pâlissent tout-à-coup devant une jeune domestique vaudoise qui devint mon premier intérêt, parce qu'elle avait prononcé les mots magiques pour moi, la Treille et la rue Beauregard. Il s'établit à l'instant entre nous une grande intimité toute fondée sur nos souvenirs, sur une conformité dans nos goûts et nos regrets.

» Charlotte me raconta naïvement le motif qui l'avait engagée à suivre de Genève une famille étrangère à Paris. Une fois hors de Suisse, cédant au désir d'améliorer promptement sa position et se laissant entraîner par les hasards de sa destinée, elle s'était trouvée sans y avoir beaucoup réfléchi, à une distance de son pays qui l'effrayait. Du reste elle était contente de ses maîtres, chargée de donner un peu l'habitude du français à de jeunes enfants; moitié institutrice et moitié femme de chambre, elle était mieux placée que les autres domestiques. — « Ces Allemands, me disait-elle, sont tout-à-fait bons. C'est étonnant cependant combien ils vivent différemment que chez nous. Il y a ici des habitudes singulières. On ne comprend pas pourquoi, à chaque mot, par exemple, que l'on dit à Monsieur ou à Madame, il faut ajouter M. le baron, Mme la baronne. Au commencement je l'oubliais toujours. On sait bien qu'ils sont barons, quelle nécessité de le leur répéter sans cesse? Encore trois ans ici, ajoutait-elle, c'est bien long! Ah! monsieur, vous êtes plus heureux que moi. Vous pouvez faire ce que vous voulez. Si j'étais comme vous !.... » Moi aussi j'eus du plaisir à lui dire tant de choses que je ne savais à qui raconter et qu'elle écouta avec intérêt.

»Elle me montra avec un grand empressement les environs du château. On avait parlé d'un lac dans le voisinage. — « Un lac, répéta-t-elle avec un sourire d'orgueil national, oui, je vais vous faire voir le lac de ces braves Allemands. » Nous traversâmes un petit bois et nous nous arrêtâmes à quelque distance d'une espèce de marais de deux lieues environ de circonférence au centre des rivages bas et uniformes qui s'élevaient en pente insensible. A droite et à gauche on apercevait à perte de vue des pâturages couverts de chevaux et de moutons, interrompus par de noires tourbières; sur un seul point l'uniformité des bords était coupée par un groupe de cabanes ombragées de saules et de bouleaux. — « Voilà, s'écria Charlotte en haussant les épaules, ce qu'on appelle ici un lac. Ah! monsieur, reverrai-je encore le nôtre. Trois ans! je puis tomber malade, je puis mourir ici. Il n'y a rien qui m'attriste davantage que cet affreux lac. » Et elle fondit en larmes.

» Il faut que je l'avoue : pendant mon séjour au château mes études d'agriculture se réduisirent à peu de chose, et ma payse prit la meilleure part dans mes pensées. Il était tout-à-fait illogique, j'en conviens, que je fusse venu sur les bords de la mer Baltique pour passer mon temps avec une jeune vaudoise : c'est cependant ce qui arriva.

» Lorsque je quittai le château, le maître et la maîtresse m'accompagnèrent avec une grande bonté à ma voiture, les domestiques groupés sous le péristyle me saluèrent respectueusement. Charlotte s'approcha, me prit la main, me retint pour me faire ses adieux et me charger de ses commissions ; elle avait les larmes aux yeux. Continuant ma route et fort désireux de voir finir mon voyage de plaisir, j'étais à Hambourg peu de jours après.

» La position d'un voyageur dans une grande ville de commerce, lorsqu'il n'y est pas attiré par des affaires, est plus difficile que partout ailleurs. En route, il a le mouvement et les incidens de la course; mais en arrivant, ses compagnons qui ont leurs occupations et leur famille le quittent, et il se voit relégué dans une chambre d'un bruyant hôtel, où il se retire inconnu et délaissé. Il en sort muni d'un guide pour parcourir les rues, visiter les bibliothèques et les musées, banale pâture qu'on jette à tout étranger désœuvré. On me fit voir l'Elbe couvert de bâtiments, j'aperçus de loin le pays de Hanovre et je foulai le sol danois. Puis je m'aventurai à présenter mes lettres de recommandation à quelques chefs de maisons qui, impatients de se débarrasser de moi, me dirent deux ou trois phrases consacrées dans les comptoirs et m'offrirent de l'argent. Enfin je regagnai ma chambre solitaire : un grand plaisir m'y attendait, des lettres de mes parents ; transporté au milieu d'eux, j'oubliai mon isolement, les rues sombres

de Hambourg, la mine froide et financière de MM. A. et C⁰. Dans le
nombre des lettres, j'en distinguai une pliée carrément, écrite sur du
papier grossier, elle était de Charlotte; je lui avais écrit après avoir
quitté le château, la priant de me répondre. Pauvre Charlotte! combien j'aurais aimé la retrouver dans cette grande ville où je me trouvais plus seul que dans le Mecklembourg!

— « J'ai été bien reconnaissante, mon bon monsieur, me disait-
elle, de l'amitié que vous m'avez témoignée pendant le temps que
vous avez passé ici. Ces jours ont été les plus heureux pour moi depuis mon arrivée. Il est vrai que cela fait terriblement d'être du même
pays. Ah! mon cher monsieur, je me suis bien *ennuyée de vous* depuis que vous êtes parti. Pardonnez-moi de vous parler aussi franchement, mais je ne puis m'en empêcher avec vous qui avez été si bon
pour moi. J'ai pleuré en lisant votre lettre lorsque vous parliez de Genève, de Château-d'OEx et d'autres endroits que je ne reverrai pas de
long-temps. Lorsque vous serez arrivé, saluez de ma part,.... etc.»

» Trois ans après mon voyage, auquel je ne pensais guère (c'est
toujours mon ami qui parle), je montai sur le bateau à vapeur; c'é-
tait un des jours splendides d'été où le lac est si beau. L'*Helvétie* avec
sa carène rouge et or, son long drapeau flottant à l'arrière se déta-
chait majestueusement sur les côtes vaporeuses de la Savoie. Tout-à-
coup je reconnus Charlotte parmi les passagers du pont de devant;
j'allai lui souhaiter la bienvenue. Elle me reçut comme un ancien ami;
que de choses nous avions à nous dire. Le Mecklembourg, le vieux
château, tout ce qui nous était arrivé depuis trois ans; les souvenirs
d'Allemagne augmentaient sa joie de se retrouver en Suisse. Ce n'é-
tait plus la pauvre exilée triste et abattue. Elle était dans sa plus brillante toilette. Un grand chapeau de la paille la plus fine protégeait un
bonnet brodé, laissant voir ses cheveux arrangés avec soin; maîtresse
maintenant d'elle-même, ayant accompli la tâche qu'elle s'était imposée, le bonheur éclatait dans ses yeux, dans sa contenance, dans
ses paroles. Elle portait fièrement la tête, heureuse de respirer l'air
natal, de revoir son lac, son canton, ses montagnes.

» Je la quittai avec regret pour aller joindre les amis qui m'attendaient, mais long-temps je fus occupé d'elle et des sentiments qui l'a-
gitaient. Je la voyais seule à la pointe du bateau où le mouvement de
l'air faisait flotter son fichu de soie et les rubans de son chapeau, elle
portait ses regards tantôt sur les grands oiseaux blancs qui semblaient
guider le bâtiment, tantôt sur les montagnes dans la direction de
Château-d'OEx, où se plaçaient tant de souvenirs et le grand secret de
sa vie, première cause de ses voyages, dont elle m'avait fait l'aveu
dans ses momens d'épanchement en Allemagne. »

Après cette digression bien longue, il faut l'avouer, dans un essai
de grammaire, je reviens à la phrase de Charlotte dont je veux faire

l'analyse. Cette phrase est celle-ci : « *Ah ! mon cher monsieur, combien je me suis·ennuyée de vous.* J'ai eu à ce sujet une discussion avec un classique zélé que je m'efforçais d'initier aux beautés du langage inofficiel.

— Expliquez-moi, lui disais-je, vos pensées sur le mot *ennuyer*.

— Mes pensées sont celles de tout le monde, celles de l'Académie. *Ennuyer*, verbe actif qui indique une idée pénible. *Cet homme ennuie tous ses auditeurs.*

— Mais considéré comme verbe réfléchi.

— Alors il révèle un sentiment qui vient de l'intérieur. Il est plus triste encore de porter en soi le germe de l'ennui que de le devoir à une circonstance extérieure.

— Mettez-y un régime.

— Dans les verbes réfléchis c'est le pronom personnel qui est le régime : *Je m'ennuie*, c'est-à-dire, *j'ennuie moi*. C'est une action que le sujet de la proposition produit sur lui-même.

— Et cependant cette phrase : *Je me suis bien ennuyée de vous?*

— Cela ne se dit pas.

— Cela se dit dans de certaines circonstances. Figurez-vous, M. le professeur, une jeune et jolie personne, d'une instruction il est vrai fort inférieure à la vôtre, qui viendrait vous dire : *Ah ! monsieur, je me suis bien ennuyée de vous.* Que lui répondriez-vous ?

— Je lui répondrais que je ne sais pas ce qu'elle veut dire.

— En auriez-vous le courage? vous la récompenseriez bien mal de son ingénuité.

— Qu'elle aille se promener avec son ingénuité et son détestable langage.

— C'est que votre grand savoir vous égare. N'allez pas vous imaginer qu'elle veut vous faire un mauvais compliment. Bien loin de là, sous cette forme le verbe *ennuyer* prend la signification opposée à celle que vous lui donnez. *Je me suis ennuyée de vous* est le contraire de *vous m'avez ennuyée.* Que de sentiment, que de tableaux, que de choses dans cet aveu !

Inutile ! Toutes mes séductions ne purent obtenir du savant la moindre déviation à ses principes.

Ajoutons que *ennui*, chez les habitants de la campagne, exprime quelquefois un grand chagrin. « Avec les trois enfants que j'ai perdus, disait une paysanne, j'ai eu tellement *d'ennuis,*» se rapprochant ainsi de la haute poésie. Les héroïnes de Racine parlent sans cesse de leurs *profonds ennuis.*

Maintenant je passe à une particule dont, dans le langage très-négligé, on se sert dans notre pays. Au début je déclare que je n'en conseille l'usage à personne même dans la tenue la plus familière.

Après cette concession aux grands principes, je me permettrai de l'analyser et de chercher à prouver qu'elle n'est pas inutile.

Il s'agit de la particule : *voir*. L'impératif a quelque chose d'absolu que *voir* tempère.

Un fermier dit à son valet : *Apporte-moi mon fouet*. Mais s'il s'adresse à un ami, à un homme qui n'est pas sous ses ordres, il y ajoute le mot *voir*, qui est une espèce d'excuse et qui équivaut à la périphrase : *Auriez-vous la bonté ?* des gens polis. *Apporte-moi voir mon fouet*, c'est-à-dire : Si cela ne te donne pas trop de peine.

Ce n'est pas tout. Je rencontre M. K...., homme obligeant, qui sans que je le lui eusse demandé m'avait rendu un service.

— Je vous remercie mille fois, lui dis-je.

— Ah ! monsieur, pensez *voir !*

C'est-à-dire : avec les sentiments que j'ai pour vous, pouvais-je vous oublier ? C'était tout naturel, cela allait sans dire.

Ce *voir* me fait pénétrer dans le cœur de M. K...., je sais que je puis compter sur lui.

Autre nuance : *Ce que je vous dis est bien vrai, demandez-le-lui voir ?* C'est-à-dire : demandez, mais avec adresse, choisissez un bon moment, n'arrivez pas à brûle-pourpoint. Peut-être même vaudrait-il mieux s'en abstenir. Dans ce cas, pour que la phrase fût complète, il faudrait y ajouter *un peu. Demandez-le-lui voir un peu*, c'est-à-dire gardez-vous de le faire.

Il y a une nouvelle expression que je vois poindre. Une expression ! Je devrais dire une image dont je sais gré à mes compatriotes. *Aller gendre*, verbe neutre, c'est-à-dire sans régime simple. On comprend au premier énoncé que dans l'union dont il s'agit, on a moins pensé aux jeunes époux qu'à leurs parents, et que ceux-ci sont destinés à jouer un grand rôle dans le futur ménage. C'est un tableau avec des caractères variés. Hélas ! il me faut encore recourir à une histoire.

Un de mes amis avait un fils qui lui donnait peu de satisfaction ; il n'était pas méchant, mais inappliqué et incapable d'aucun effort. On le vit se traîner péniblement de pension en pension. Sa prétendue éducation finie, il fallait en faire quelque chose. Comme il avait conservé une écriture assez régulière, on pensa au commerce et on l'envoya en qualité d'apprenti dans une maison de Marseille, après que son père, homme prudent et circonspect, lui eut répété souvent que tout ce qu'il avait pu entendre dire sur la fortune de ses parents étant fort exagéré, c'était à lui, Philippe, à chercher les moyens d'acquérir une position indépendante.

On n'ose pas trop approfondir la manière dont le jeune apprenti passa son temps dans une grande ville ; les années d'épreuves terminées, on lui chercha une place de commis : on n'en trouva point, il attendit long-temps sans impatience. Comme cependant ce qu'il avait appris dans la maison de banque l'avait mis sur la voie des affaires, il en sut assez pour perdre à la bourse une somme que son père lui avait confiée. Il courut le monde, puis à trente ans il revint sans ressources et sans avenir. Alors sa famille, bien décidée à s'en débarrasser à tout prix, avisa une demoiselle qui ferait son affaire.

On comprend l'héroïne de ce roman peu compliqué. Une fille douce, résignée, peu jolie, et sa mère, fantasque, difficile, dont la réputation avait effarouché les prétendants. On dit à cette dame : « Prenez Philippe, nous vous le donnons, vous en ferez tout ce que vous voudrez. Vous gardez votre fille et vous acquérez un fils; » et au jeune homme : « Cherche à te faire aimer de la mère. » Celui-ci, qui commençait enfin à réfléchir et qui en avait assez de sa vie vagabonde, découvrait à l'église, les jours de foule, une place pour la dame âgée et lui procurait un chauffe-pieds; c'était à elle qu'il donnait le bras au sortir des soirées, la demoiselle venait ensuite. Un dévoûment si touchant reçut sa récompense. On exigeait seulement de Philippe qu'il ne prît pas de vocation afin de pouvoir se consacrer à sa nouvelle famille. Il se soumit à tout et il n'eut qu'à apporter son bonnet de nuit chez Mme D.... C'est ce monsieur que vous voyez, dans les beaux jours de février, entre deux dames à la promenade, retenant un petit chien lorsqu'on a quelque crainte de la rage. C'est son état, il le sait bien. Il est *allé gendre*.

Il serait inutile de pousser plus loin ce spécimen. Ce que j'ai dit suffit pour donner une idée de tout l'ouvrage. Eh bien, qu'en pensez-vous? — Vous! un Dictionnaire! vous! une Grammaire! me répondra-t-on, je le crains. Non, non, vous faites de trop longues histoires. Il est vrai que voilà huit, neuf grandes pages pour expliquer seulement quatre mots : *Ma payse,* le verbe réfléchi *Je m'ennuye,* l'auxiliaire *voir,* et le verbe neutre : *Aller gendre.* Une grammaire n'est peut-être pas ma spécialité. Il faut savoir se juger. J'y renonce donc et j'attendrai la nouvelle édition du *Glossaire* de MM. Gaudy et Humbert. Mais tandis que ces Messieurs rassemblent des locutions dans le but fort louable de les faire éviter, moi je les étudierai pour me pénétrer toujours plus de l'aplomb et du bon sens populaire dans la formation de son langage, et de l'impossibilité presque absolue de remplacer les mots auxquels on fait la guerre.   M.

CHRONIQUE

DE LA

REVUE SUISSE.

—

MAI.

Entre le parti qui veut plus que la république et le parti qui n'en veut pas, la France se trouve lancée dans une impasse; elle s'y avance avec une effrayante rapidité. Elle ne peut plus reculer, et que l'un des deux partis qui la poussent à l'envi parvienne à faire une trouée dans l'autre et à se mettre un moment au large, la France, pour cela, en sera-t-elle sauvée? Comment l'espérer? Le parti de la résistance n'attend plus rien que de la compression ; il l'avoue hautement ; il veut jouer son va-tout; mais à supposer qu'il réussisse, ce sera toujours à recommencer. Le parti du mouvement gagne du terrain tant qu'il ne s'agit que de marcher en avant dans tout le vague et l'inconnu des idées; mais il en perd aussitôt que, par une victoire, il est mis en demeure de les réaliser. La France, et l'Europe, semblent arriver à ce moment qui se présente dans l'histoire de tous les peuples, où la liberté n'a plus de règle, l'autorité plus de base, parce que la foi manque à toutes les deux; où les forces extrêmes sont aux prises, où il n'y a plus d'autre parti que celui des riches et des pauvres exploités par des ambitieux, où enfin, au lieu de la *transformation*, on trouve d'abord, et d'ordinaire pour long-temps, quelquefois pour toujours, la *dissolution* sociale.

Le mal est dans l'homme ; c'est là qu'il faut le voir ; c'est là qu'il faut s'en garer. Au lieu de cela, chaque parti ne le voit que dans le parti opposé; mais, chez lui, tout est bien. Dans les âges de foi, même erronée, les croyances et les mœurs servent comme de rempart contre le mal commun à tous: espèce de garde-fous, si l'on veut, mais qui avertissent au moins du précipice s'ils n'empêchent pas toujours d'y tomber. Dans les âges comme le nôtre, où le doute a fait table rase de tout en même temps que l'orgueil de l'esprit ne doute de rien, ce mince parapet n'existe plus, la haie du chemin est brûlée, on côtoie l'abîme à plaisir, et chaque parti, sans le voir, y verse à son tour.

Tel est le résultat final de la situation où nous sommes : dans tous les mouvemens grands ou petits par lesquels tantôt un parti tantôt l'autre cherche à s'en emparer et à l'attirer à soi, c'est toujours le mal humain qui se trahit en définitive ; un acte d'impuissance et de mort, plutôt que de véritable force et de vie.

Ainsi de l'élection du 28 avril : elle a tourné contre les conservateurs, qui avaient jeté sur cette élection leur dernier enjeu de légalité ; mais elle n'en a pas moins compromis le parti vainqueur. Elle en a laissé éclater de nouveau les instincts mauvais, réveillé par là de trop justes défiances, et, en exaspérant les vaincus, elle a rendu plus difficile aux vainqueurs de conserver cette position d'attente où ils ont tout à gagner.

Les chefs le voudraient, mais le pourront-ils devant les provocations du camp opposé et avec l'impatience de leur propre armée? Dans l'élection déjà, la queue de cette armée l'a emporté sur la tête. Les chefs portaient, les uns, M. Dupont de l'Eure, les autres, M. Emile de Girardin ; les plus décidés et les plus mêlés au peuple par leurs occupations journalières étaient pour la candidature d'un soldat. Les premiers, les habiles, ne la croyaient en revanche ni possible ni politique à l'égard de la bourgeoisie. Celle de M. Dupont de l'Eure eût été un calmant, une victoire sans menaces; mais le gros du parti le repoussait absolument, à cause de son ordre du jour en faveur du général Cavaignac et de sa dictature, ordre du jour si perfidement rappelé (car on n'y pensait guère) par M. Emile de Girardin. La candidature de celui-ci paraissait hasardée. On se rejeta donc sur M. Eugène Sue. Ce ne fut qu'une transaction, mais une transaction facilement acceptée par la masse, bien que dans le conclave les partisans de la candidature d'un soldat lui aient maintenu leurs votes jusqu'à la fin.

C'est M. Vidal qui a mis en avant cette idée d'Eugène Sue. Il a conduit le tout avec beaucoup d'adresse, et le succès a couronné sa tactique; mais il n'en est pas plus populaire pour cela : au contraire, on se défie de lui, et il a déjà dû comparaître devant les délégués du parti socialiste pour y donner des explications sur sa conduite et sur ses antécédens. Quant à Eugène Sue, on compte peu sur lui : on sent bien que ce n'est pas un homme politique, et que ce choix fortifie moins qu'il ne déconsidère.

Le parti conservateur a aussi à se reprocher bien des fautes, dont quelques-unes datent de loin : toutes ont contribué à sa défaite ; celles-ci doivent la lui rendre plus amère. Il a élevé, grandi, choyé M. Eugène Sue. C'était son péché mignon. Puis, le serpent réchauffé dans son sein, couché sur le lit de roses et nourri de la plus fine fleur de l'aristocratie, s'est tout-à-coup retourné contre lui : il lui rend au centuple les poisons qu'il en avait reçus.

Nous avons dit aussi maintes fois combien le parti conservateur était divisé ; il l'est encore profondément aujourd'hui. Il n'a retrouvé de l'entente pour l'élection qu'au dernier moment, lorsque peut-être il était déjà trop tard pour qu'une candidature, même d'inspiration, eût le temps de pénétrer partout et de rallier toutes les voix. L'Union électorale et les orléanistes les plus prononcés, portaient M. Fernand Foy, beau-frère de M. Piscatory. Les légitimistes le repoussaient absolument ; ils en donnaient une assez piètre raison, disons-le, du moins celle qu'ils avouaient publiquement (l'opposition du général Foy sous la Restauration). D'autres accusaient violemment cette candidature d'être imposée par une coterie, par une usurpation et presque par un tour d'escamotage de l'Union électorale. C'est alors que parut soudain celle de M. Leclerc. Elle prit tout d'un élan et fut accueillie avec enthousiasme. Les meneurs ne se contentèrent pas de cela, ils crurent devoir la chauffer, et la chauffèrent maladroitement.

M. Leclerc, simple négociant, mais ancien soldat de Waterloo, de Badajoz et décoré de Juillet, avait été, en Juin, à l'attaque des barricades avec un de ses fils ; il l'en avait rapporté blessé à mort, puis avait rejoint sa compagnie et, avec son second fils, était resté sous les armes jusqu'à la fin des événemens. C'était assez beau comme cela, c'était simple et vrai ; mais on voulut mieux ; on fit un récit épique et même fantastique : le fils était tombé frappé de *dix-sept* balles, le père était un homme d'un caractère antique, il s'était non-seulement conduit, mais il avait parlé en Romain. Bientôt on en vint à le promener de salon en salon comme un objet de haute curiosité ; on voyait son portrait chez les marchands d'estampes du boulevart. Bref, tant et si bien soufflèrent les souffleurs, que ce beau feu commença visiblement à baisser au bout de quelques jours. Du camp opposé on ne se faisait pas faute non plus d'y jeter des seaux d'eau et d'en aller puiser dans ce but au grand réservoir commun, toujours rempli, toujours ouvert, la calomnie. M Leclerc n'avait rien fait que de très vulgaire. Comme homme privé, ses affaires étaient en désordre ; son passé commercial, suspect ; (nous savons de bonne source que c'est un négociant parfaitement honorable et sur la probité duquel il n'y a pas le moindre doute parmi ses confrères). Un journal rouge ne l'appelait déjà plus que *le marchand de papiers de la rue Saint-Joseph ;* mais surtout le mot d'ordre était de le représenter comme le candidat de la guerre civile. M. de Flotte, au contraire, l'ex-transporté de Juin, avait été le candidat de la conciliation. Les journaux conservateurs, à leur tour, ne manquaient pas de revendiquer ce dernier titre pour M. Leclerc, quoique les plus fougueux d'entr'eux eussent salué sa candidature comme un heureux cri de combat pour monter à l'assaut de nouvelles barricades. Tel est le jugement sain des partis ; ils croient l'incroyable, ils ne le disent pas seulement. Ne lit-on pas, dans les mémoires de Garat, que plusieurs Girondins avec lesquels il était lié, lui assurèrent et lui parurent intimément convaincus que Robespierre était un agent des Bourbons?

L'origine de la candidature de M. Leclerc servit aussi à la miner sourdement. Elle était sortie à l'improviste, on ne sait d'où, et on ne le sait pas bien encore maintenant. On a même dit que c'était M. de Girardin qui avait joué ce tour de Jarnac à ses bons amis les socialistes, lorsqu'ils lui firent si traîtreusement faux-bond. Est-ce lui réellement qui a eu le premier cette idée? En ce cas, ne pouvant pas la produire, il se serait donc contenté de la passer à d'autres et de leur faire généreusement part de sa découverte. Le fait est que M. Leclerc était parfaitement oublié, comme ici l'on oublie, et, certes, on s'y entend! Tout-à-coup son nom est prononcé, affiché, acclamé. Mais, passé le premier moment de surprise et d'enthousiasme, il courut bientôt un vent que cette candidature était l'œuvre des légitimistes; et par le fait, depuis qu'elle a échoué, un des journaux de ce parti, la *Gazette de France*, a tenu à honneur, dit-elle, de réclamer la priorité qui lui appartient dans toute cette affaire : c'est un de ses rédacteurs, M. Alexandre Weill, écrivain fougueusement spirituel et attaché auparavant à des journaux d'une couleur différente, qui, dans un article développé, aurait le premier mis en avant la candidature de M. Leclerc. Quoi qu'il en soit, cette origine légitimiste fit un mauvais effet. A peine soupçonnée, le parti démocratique la donna pour certaine, et M. Leclerc lui-même pour un légitimiste renforcé! Seulement, disait-on, il ne l'a pas toujours été; car on ne voulait pas perdre l'occasion de s'égayer aux dépens des légitimistes qui, rejetant M. Fernand Foy avec des cris d'anathème, parce que son père avait fait de l'opposition constitutionnelle à la politique des Bourbons, avaient eu la main si heureuse que de pousser à sa place un décoré de Juillet.

Il y eut ainsi bien des complications et des dessous de cartes dans cette candidature, et même, sous la chaleur avec laquelle elle fut prise par le gros du parti, un certain fond persistant de froideur. L'Union électorale se fit très fort tirer l'oreille pour se résoudre à l'accepter et à abandonner la sienne : elle ne s'y résigna qu'au dernier moment. Toutefois cette candidature fut généralement regardée comme un coup du ciel, et l'on ne mit pas en doute qu'elle ne passât à une grande majorité. Cette confiance a pu contribuer aussi à la défaite, en fournissant un oreiller de sécurité à ces bons conservateurs, toujours très nombreux, qui veulent qu'on les conserve, mais qui entendent ne pas même se donner la peine de lever pour cela le bout de leur doigt, armé d'un bulletin de vote. Ce n'est cependant qu'une perte de temps bien légère, quelques minutes ; mais il est vrai d'ajouter que pour plusieurs c'eût été aussi courir la chance presque certaine de ne pouvoir plus se dérober au service de garde-national.

A toutes ces causes, hostiles ou non, qui allaient cernant, éteignant
cette candidature si bien allumée et si envahissante à son début, il
s'en joignit une autre plus active et plus directe, sortant du sein du
parti conservateur et qui a certainement jeté sur elle le plus de discrédit. Nous voulons parler des provocations, des cris de guerre de
l'*Assemblée nationale*, de la *Patrie*, du *Napoléon*, et d'autres fougueux soutiens de l'ordre pour lesquels cette candidature devint
l'occasion d'articles incendiaires et menaçans ; puis surtout les mesures arbitraires et vexatoires du préfet de police lui firent un fâcheux
accompagnement qui indisposa ou refroidit le public. M. Carlier
défendit soudain la vente en public et en magasin de la *Presse*, de
l'*Événement* (espèce de succursale de la *Presse* sous le patronage de
M. Victor Hugo) et d'autres feuilles démocratiques ou socialistes. Pour
un habile homme, et M. Carlier passe pour très-habile, c'était se
tromper étrangement, c'était ne pas connaître le caractère parisien.
Le Parisien déteste qu'on le dérange et qu'on le vexe. Bien des conservateurs, des bourgeois paisibles sont habitués à acheter le soir leur
journal, et ce n'est pas toujours la *Patrie* ou telle autre feuille de
cette couleur, seules exceptées de la mesure ; ils s'en allaient furieux
lorsque demandant l'*Événement,* par exemple, ils ne le trouvaient pas
à l'étalage du marchand, surveillé de près par un agent de police. La
distinction arbitraire établie entre les journaux, l'intention de porter
un préjudice matériel aux feuilles proscrites, avait aussi quelque chose
d'odieux qui blessait les sentimens d'équité et de justice. Très sceptique et très indifférent au fond , le Parisien, cependant, tient à la générosité des manières, à ce qui sent la bonne compagnie ; il aime les
formes, la convenance, le bon ton ; il veut qu'on les respecte ; la brutalité comme la grossièreté lui répugne. La mesure du préfet de police,
tout le monde l'a jugée ainsi, fut donc une petitesse et une très-grande
faute, s'il ne s'agissait que de nuire à certains journaux ; si l'on se
proposait quelque chose de plus, comme on l'a dit, c'était trop peu
pour une provocation ; à la responsabilité d'une pareille tentative on
joignait le ridicule de manquer son but.

Tout cela aidant, malgré un candidat peu acceptable et peu accepté,
le parti démocratique et socialiste obtint une majorité considérable,
une majorité de près de dix mille voix.

Il y a sans doute dans ce résultat beaucoup de cet esprit d'opposition qui est aussi un des caractères distinctifs de Paris et du Parisien :
le pouvoir, la police, le parti conservateur ont excité, irrité cet esprit,
il a répondu ; ils ont pesé dans un sens, il a pesé dans l'autre, au risque de rompre à son tour l'équilibre en ne croyant que le rétablir et
donner une leçon. Le simple bourgeois de Paris n'accorde d'ailleurs
pas une importance extrême à telle ou telle élection ; il pense que la
grande affaire est celle de l'issue générale, de la manière dont on sortira de la législature et de la présidence actuelle, dont on arrivera en

1852; jusque là, et en attendant, il dormirait volontiers sur l'une et l'autre oreille. C'est la Bourse (dont il se préoccupe et qu'il aime assez peu), c'est le haut commerce qui ont surtout patroné la candidature Leclerc. Ajoutez que, dans la classe commerçante, il y a quinze, trente, cent commis pour un patron ; que ceux-là, quoi qu'il leur en puisse arriver, votent presque tous à l'inverse de celui-ci, ne fût-ce que par pique et pour lui faire niche ; qu'enfin il y en a beaucoup qui pensent comme l'un d'eux s'ils ne disent pas comme lui aussi agréablement : « Moi, je suis pour ce qui peut amener du *boucan*, telle est mon opi- » nion. »

Il faut tenir compte de toutes ces explications ; mais il n'en reste pas moins évident, comme nous le répétons presque de mois en mois, que le socialisme fait de sensibles progrès dans la petite bourgeoisie, qu'il n'y inspire plus une répugnance instinctive, que peu à peu on s'y accoutume : on ne sait pas mieux ce que c'est, mais on n'en a plus si peur ; on attend, on admet vaguement quelque transformation sociale, non-seulement comme une éventualité probable, mais comme une nécessité de l'avenir.

Tel est donc le sens de l'élection du 28 avril : maintien de la république, développement, application du principe démocratique, et tendances socialistes. Aussi le parti conservateur en est-il resté profondément ému. Puis, après le premier moment de colère et de stupeur, il paraît s'être décidé à agir. Il sent que l'heure presse, que ses forces s'écoulent rapidement, et qu'il lui faut se hâter s'il veut pouvoir profiter de ce qui lui en reste. Le général Changarnier a déclaré dans un cercle d'hommes politiques, qu'avec le suffrage universel et du train dont allaient les choses, il ne répondait plus de l'armée dans six mois; quelques-uns lui font même dire : dans six semaines; mais il nous revient d'un témoin auriculaire qu'il a seulement dit : dans six mois; ce qui, certes, n'est pas trop pour tout ce qu'on aurait à faire. Il y a quelque temps déjà que M. Carlier, le préfet de police, doit s'être exprimé dans le même sens en conseil des ministres.

Le *Constitutionnel*, qui faisait des déclarations d'amour à la république (¹), s'est mis brusquement à rechercher ce qu'il appelle la *solution*. Dans une série d'articles dus à la plume de notre ancienne connaissance de l'*Époque*, M. Granier de Cassagnac(²), il fait l'analyse des diverses fractions du parti conservateur, légitimistes, orléanistes, impérialistes, et propose, comme expédient, comme *interim*, la prorogation de la présidence à Louis-Napoléon pendant dix ans. Mais cette solution, d'ailleurs tout empirique, porte plutôt sur une question qui ne doit venir qu'en seconde ligne, celle de concilier momentané-

(¹) Voir notre dernière *Chronique*.
(²) Voir notre *Chronique* de novembre 1845, *Revue Suisse*, t. viii, page 704, et le t. ix, p. 292, 452, etc.

ment les diverses opinions dynastiques, pour arriver ensuite à la solution définitive; elle n'offre pas de quoi résoudre le point capital, sauver d'abord le parti conservateur en agissant tout de suite, quitte à voir plus tard laquelle des fractions de ce parti l'emportera.

Cette solution serait donc une fausse manœuvre, si elle n'est pas une fausse attaque destinée à donner le change sur la vraie. Les journaux de province, plus libres ou plus indiscrets, commencent à laisser échapper quelle serait celle-ci : une dictature militaire, au moyen de laquelle on écraserait le parti socialiste, et on se donnerait le temps de s'entendre pour la conclusion dernière. Or, le dictateur, il n'est pas jusqu'à M. Amédée Achard, une autre de nos connaissances de l'*Époque*, qui ne l'ait nommé, lorsqu'il termina un de ses derniers feuilletons de l'*Assemblée nationale* par cette péroraison dans le genre de Bossuet : « Le Dieu des armées décidera. Et l'on sait quel est son » lieutenant à Paris ! » Signé : « Amédée Achard. » Ceci ne veut point dire, comme on pourrait croire, que M. Amédée Achard soit à Paris le lieutenant de Dieu. Non; rendons justice à la modestie de M. Amédée Achard : ce lieutenant auquel il se permet seulement de décerner son brevet, c'est le futur dictateur dont nous parlions tout à l'heure, c'est le général Changarnier. Mais pour établir la dictature et mettre sous elle toute la France en état de siége, il faudrait une journée ou tout au moins une émeute. L'aura-t-on, ne l'aura-t-on pas? voilà la question ouverte ou secrète que se fait tout Paris à l'heure qu'il est. Une commission, composée des principaux chefs du parti conservateur, — les *Dix-sept*, comme disent leurs adversaires, — le *Comité de salut public*, comme leurs partisans les appellent d'un nom de bien sinistre mémoire, cette commission vient de présenter à la Chambre, sous les auspices du ministère, un projet de loi pour régler, c'est-à-dire pour restreindre le suffrage universel. Par les conditions qu'il impose, surtout par celle de trois ans de domicile politique au lieu de six mois, ce projet de loi, s'il était adopté, réduirait, dit-on, de trois millions le nombre des électeurs, et cette coupe sombre tomberait naturellement sur les ouvriers, toujours un peu nomades, vivant tantôt ici tantôt là. Le souffriront-ils? descendront-ils dans la rue ou n'y descendront-ils pas?

L'intérêt évident du parti socialiste est de laisser faire, de se tenir coi : il a toujours été battu dans l'émeute, il a toujours gagné dans le calme; ce qu'on lui enlèvera par la loi électorale, il le regagnera, même sous l'empire du suffrage restreint, par ce qui l'a fait gagner jusqu'ici, et il se retrouvera dans toute sa plénitude et sa force en 1852. L'immense majorité, assure-t-on, veut donc laisser faire, laisser passer, tout au plus protester par des pétitions. Cependant, restreindre le suffrage universel, c'est violer l'esprit de la constitution en s'abritant sous la lettre de quelques articles ambigus, c'est frapper la révolution en pleine poitrine, et que sait-on après ce qui suivra? Une minorité déterminée serait donc, assure-t- on encore, pour répondre dès à présent à l'attaque. Elle compte dans son sein des hommes pour lesquels, personnellement, c'est presque une question de vie ou de mort; car, si l'on en vient à la dictature, ils courraient grand risque, maintenant qu'il y a une loi et un lieu de déportation, d'aller faire bientôt connaissance avec le vallon muré de Vaïthau dans les parages de Noukahiva. Si cette minorité descend dans la rue, que fera la majorité? y laissera-t-elle la minorité toute seule? ou bien par entraînement, par point d'honneur, malgré le souvenir toujours très profond des journées de juin, est-ce qu'elle la suivra?

S'il n'y a pas d'insurrection, pas d'émeute sur la loi électorale, que que feront le Comité de salut public, les chefs et les hommes décidés du parti conservateur? On veut qu'ils soient très résolus à tout tenter pour sortir de la situation où ils se voient de plus en plus acculés par les succès électoraux et les progrès de l'ennemi. Mieux vaut, disent-ils, tout risquer à présent, quand nous avons encore la chance de vaincre, que d'attendre le jour peu éloigné où nous sommes certains de périr. Le général Changarnier se croit sûr de la victoire en ce moment, si l'on peut agir. Mais le pourra-t-on, les ouvriers y donneront-ils lieu? et s'il y a un combat, une bataille dans les rues est sujette à bien des hasards, à bien des accidens imprévus. Les deux vainqueurs de Juin, les généraux Cavaignac et Lamoricière, n'ont pas voté l'urgence demandée et obtenue de la Chambre pour la discussion de la loi électorale. Si la constitution est violée, le général Lamoricière doit avoir déclaré qu'il prendrait son fusil. Les gardes-nationaux républicains ne seraient plus, comme en Juin, à l'attaque des barricades; plusieurs seraient derrière. On se défie du gros de l'armée, et, suivant le bruit public, il serait question, en cas d'affaire, de la consigner pour n'agir qu'avec des corps particuliers dont on se croit sûr.

Enfin, si la révolution doit se clore ou se poursuivre par une nouvelle journée, quel que fût le résultat de celle-ci, elle serait affreuse. Les conservateurs de ce pays ne sont nullement nos conservateurs innocens de là-bas. Les partis ne se feraient point de quartier: entre eux c'est tacitement entendu. Tout moyen de guerre serait bon. Ce ne serait plus seulement des pavés, des meubles et des ustensiles que l'on jetterait sur les troupes dans les rues, mais toutes sortes de projectiles et de préparations fulminantes, que l'on a essayées, dit-on, au milieu des forêts et qui porteraient au loin le ravage à travers les rangs comme ils l'ont fait sur les arbres des bois. Dans le premier moment, ce serait un massacre, une boucherie; et après, pour les chefs du parti vaincu, quel que fût le vainqueur, tout au moins la déportation. Nous n'inventons rien, nous ne faisons que répéter ce que chacun dit tout haut ou tout bas. Les journaux discutent chaque matin, les uns l'opportunité de l'insurrection, les autres la nécessité de sortir de l'état actuel, de l'état légal. Le système de la patience et de la temporisation semble vouloir l'emporter dans les masses, d'autant plus que les ouvriers sont fort disposés à voir dans toute personne qui leur parle de s'insurger un agent de la police. En revanche, le parti conservateur est lancé, il joue un jeu terrible : cela se sent, cela se voit, bien qu'on n'en sache pas les détails. Le parti contraire va-t-il tout perdre ou tout regagner à ce jeu? ou bien tout simplement le déroutera-t-il, et pourra-t-il le dérouter long-temps?

Voilà où en sont venues les choses depuis l'élection du 28 avril.

— La nomination de M. Eugène Sue a mis ou remis en circulation toutes sortes de descriptions et d'anecdotes sur sa personne, sur son passé, sur ses premiers romans, empreints d'opinions et de morgue aristocratiques, sur sa conversion aux idées sociales, qui ne l'empêchent point de mener une vie asiatique dans son château des Bordes en Sologne, etc., etc. Sans nous porter garant de tout ce qui se dit à haute voix et s'écrit à demi mot, nous avons par devers nous des preuves que sa morale personnelle était en rapport avec celle de plusieurs de ses héros. En voici une, assez embarrassante à dire, et c'est pourtant encore celle qui l'est le moins. Il y a quelques années, une dame qui faisait collection d'autographes, pria un de nos amis de tâcher de lui en procurer un d'Eugène Sue. Un ancien directeur de Revue avait, de celui-ci, une soixantaine de lettres, telles que peut en écrire un auteur à un directeur avec lequel il n'est d'ailleurs pas lié d'une façon particulière. Le propriétaire de cette correspondance la mit à la disposition de notre ami pour y prendre ce qui lui conviendrait. Or, sur ces soixante lettres d'affaires, sur tout ce volumineux paquet, il ne s'en trouva pas une seule, mais pas un simple billet, qu'il pût être question de jamais présenter à une dame, même à une dame faisant collection d'autographes, bien qu'en cette qualité elle dût regarder avant tout à l'écriture et se montrer indulgente pour le reste : non-seulement le sens et les mots, mais l'écriture elle-même, le texte enrichi de dessins à la plume, s'y opposaient ; c'était du Rabelais illustré. Voilà comment on acquiert le droit de mépriser les hommes et de faire fi de tout dans ses livres : en faisant d'abord fi de soi et de sa propre dignité.

Au reste, M. Eugène Sue n'est plus que le dandy des jours anciens, car il touche à la cinquantaine, étant né en 1801 ; en outre, sa taille a malheureusement gagné en quantité ; lorsqu'il a fait son entrée à la Chambre, le public féminin des tribunes a dû être fort désapointé de voir apparaître un gros garçon grisonnant, dont la tournure n'avait rien de poétique ni même de satanique ; le public masculin aura pris la chose plus philosophiquement. On dit que M. Eugène Sue, dès qu'il se sentit envahi par l'embonpoint, a long-temps et énergiquement combattu cet ennemi intime et railleur du dandysme ; comme lord Byron, il le fatiguait et le mettait au régime ; mais rien n'y a fait, le monstre est resté maître de la place. Ce serait alors, à en croire un malin causeur de feuilleton, que le romancier vaincu aurait commencé à ouvrir les yeux sur les vices de notre état social, et qu'il serait retourné contre lui, après en avoir trop bien profité.

— M. Proudhon a été furieux de ce choix d'Eugène Sue par le cónclave des délégués socialistes. Il en a écrit à son parti une lettre des plus dures, comme il sait les faire, et qui aurait achevé de le dépopulariser si elle eût été rendue publique. Suivant à son idée actuelle de rapprochement du prolétariat et de la bourgeoisie, il voulait une candidature démocratique, mais modérée, celle de M. Dupont de l'Eure. Il trouvait avec raison celle de M. Eugène Sue compromettante et provocatrice : il prévoyait ce qui effectivement en est résulté. Pour se soulager et passer sa colère il fit dans la *Voix du Peuple*, à l'adresse des conservateurs, un article des plus virulens, auquel il eut le tort de mêler des interprétations sinistres sur l'armée, et sur la récente catastrophe d'Angers où près de deux cents soldats venaient d'être engloutis dans la Maine par l'écroulement subit d'un pont suspendu. Détenu à la Conciergerie, il s'était engagé à ne plus écrire sur des sujets de politique active et quotidienne. On prit occasion de cet article pour le sequestrer complétement, pour retrancher tout adoucissement à sa captivité, et il fut transféré à Doullens, la prison d'état de Raspail, de Blanqui, de Barbès, de Sobrier et des autres condamnés du 15 mai. Il eut encore le temps d'adresser une lettre à son parti, laquelle se terminait par ces mots : « Adieu, je succombe sans peur » et sans reproche. » Que ce soit orgueil ou conviction, franchise ou calcul, trait de caractère ou combinaison stratégique, sentiment vrai d'indépendance ou besoin superbe d'isolement, le fait est qu'il avait hardiment exposé sa popularité dans le camp radical par ses admonitions au prolétariat, ses appels à la bourgeoisie, et surtout par sa critique foudroyante des divers systèmes et utopies socialistes. Personne ne les a si bien abimés. Toutes les batteries des conservateurs n'y pouvaient rien, ils restaient toujours debout. Lui, se levant soudain au milieu de ces systèmes, il les a démontés en un tour de main, les laissant après lui informes et mutilés. Tout le monde le reconnaît si on n'est pas plus disposé pour cela à lui en savoir gré. La *Gazette de France* contenait à ce sujet un article digne d'être conservé ; elle y résume très bien l'œuvre de M. Proudhon envisagée sous ce point de vue, mais en cousant le tout, à son ordinaire, de son fil d'idées légitimistes.

« M. Proudhon, dit-elle, vient d'être transféré à Doullens. Ainsi nous ne verrons plus, dans la *Voix du Peuple*, les articles de cet écrivain. Le pouvoir a agi dans son droit ; mais a-t-il bien servi la cause de l'ordre ? nous nous permettons d'en douter.

» Il y avait deux hommes dans la personnalité politique de M. Proudhon : l'homme de parti et le publiciste.

» Le premier était, nous en convenons, un ennemi dangereux pour
la société. Sa polémique n'était pas seulement vive, acérée, passionnée ; il y avait du venin à son épée.

» Le second portait dans le monde des idées cette hardiesse révolutionnaire qui se complait dans la destruction et qui s'attaque même à
Dieu pour avoir le droit de ne ménager personne. C'était le feu, dévorant tous ses élémens et se dévorant lui-même ; c'était la révolution, mangeant ses propres enfans et allant au suicide par une invincible pente ; c'était le génie du néant, s'enivrant de la lumière logique
et se faisant un plaisir de diriger son ardent foyer sur tous les esprits
arbitraires engagés avec lui dans la voie du mal, afin de régner seul
sur les ruines de l'humanité.

» Dans un temps d'ordre et d'autorité M. Proudhon aurait été un
agent funeste, car c'est peut-être le plus grand remueur d'idées qui
ait paru sur la terre ; et les idées qu'il remue ne sont pas celles qui
existent à la surface, ce sont celles qui servent de base à l'édifice de
la vie humaine. Il ne s'attaque pas aux tuiles ni même aux charpentes
de cet édifice ; il s'attaque aux masses de pierres placées dans les
fondemens.

» Mais dans un temps de confusion et d'anarchie comme celui où
nous vivons, la mission que s'était donnée M. Proudhon n'avait plus
les mêmes dangers ; car en pourchassant les idées il les empêchait de
se poser dans le mal ; et en ébranlant tous les faits, il découvrait les
principes.

» Nous l'avons dit plus d'une fois dans cette feuille : personne n'a
rendu de plus grands services à la cause de l'ordre que M. Proudhon.

» Si le socialisme n'existe plus à l'état d'utopie, c'est à lui que nous
le devons.

» Ce n'est ni M. Thiers, ni aucun orateur de la majorité, ni aucun
écrivain de la contre-propagande de la rue de Poitiers, qui a tué la
théorie communiste, c'est M. Proudhon.

Il l'a tuée de la seule manière dont les théories puissent être atteintes : dans l'intelligence de leurs adeptes.

» C'est lui qui en a fini avec les économistes de l'école de Fourier, en
prouvant la folie de cette école, non pas à nous qui en avions sondé
le néant, mais aux esprits qu'elle avait séduits.

» C'est lui qui a montré le despotisme de Méhémet-Ali dans le libéralisme de M. Cabet.

» C'est lui qui a fait évanouir la doctrine de M. Louis Blanc en montrant qu'elle n'était qu'un communisme icarien déguisé.

» C'est lui qui a percé le ballon de la triade construit par M. Pierre
Leroux.

» Il résulte de ces exécutions faites par le glaive de M. Proudhon que
le socialisme n'a plus aujourd'hui de philosophie ni de système éco-
nomiste. La science sociale qu'il prétendait posséder s'est évanouie. Il
n'existe plus à l'état d'école ni de doctrine, il n'est plus qu'une passion sans objet avouable, sans défense contre la raison et la justice.
Il ne peut se légitimer aux yeux des masses.

» M. Proudhon a rendu à la société un service bien plus grand encore :
il a prouvé que l'idée républicaine elle-même n'était que le résultat
d'un mal entendu entre les monarchistes.

» Nous avons cité sa lumineuse discussion, dans laquelle il établit : que toute délégation de la souveraineté du peuple détruit la démocratie et va à la monarchie.

» Qu'il n'y a de République réelle que celle où un peuple se gouverne lui-même sans assemblée et sans magistrats ;

» Que toutes les fois qu'on ne veut pas accepter l'absence de gouvernement, l'anarchie, on est monarchiste ; ...

» Que la royauté étant une délégation de la souveraineté gouvernementale de la nation, non-seulement la *présidence*, mais la position de représentant ne diffère plus de la royauté en principe ; que les représentans sont des *rois* pour le temps de leur mandat ; que le gouvernement est monarchique ; que tout l'ordre social est un ordre monarchique ; que toute la dissemblance réelle entre la République et la Monarchie consiste dans le nombre de rois ;

» Que toute la question se réduit à savoir si, dans l'intérêt d'une société, une royauté partagée vaut mieux qu'une royauté unitaire, si une royauté pour quatre ans vaut mieux qu'une royauté héréditaire ;

» Qu'ainsi toutes ces questions, qui doivent être résolues par l'intérêt commun, n'impliquent que des opinions, ne constituent pas une opposition de principes, et, par conséquent ne valent pas la peine qu'on se divise, qu'on s'égorge, et qu'on suspende la vie de la société.

» Qu'on devait donc savoir si on voulait un gouvernement, ou si on croyait pouvoir s'en passer. Mais que, si les citoyens reculaient devant l'état d'*an-archie*, il n'y avait plus entre eux que des questions de monarchie.

» Toutes ces vérités avaient été souvent présentées par nous ; mais nous les disions à des royalistes ; M. Proudhon les a dites à des républicains et à des démocrates.

» La question exposée par lui l'était dans les termes les plus favorables, selon nous, à sa solution ; car il n'y avait que M. Proudhon au monde qui pût accepter l'anarchie dans sa signification absolue. La raison du genre humain ne pouvait sérieusement se porter à ce terme opposé de la monarchie.

» Nous le déclarons, nous regrettons vivement, dans l'intérêt de la pacification universelle, qu'on ait brisé la plume hardie qui avait tracé ces vérités.

» Sans doute, M. Proudhon vendait, en quelque sorte, ses services à la société au prix de blessures sanglantes que lui faisait sa polémique de parti. Mais il ne les vendait pas trop cher en raison de leur valeur.

» D'ailleurs, il restera dans la presse socialiste assez d'écrivains qui pourront faire au pouvoir les mêmes blessures ; il n'y en a pas qui puissent lui rendre les mêmes services.

» Nous regrettons donc la liberté de M. Proudhon ; nous croyons que la société n'a rien à gagner aux rigueurs dont cet écrivain est l'objet.»

La *Voix du Peuple*, suivant à l'exemple du maître, frappe encore de temps en temps sur les systèmes socialistes de ses alliés révolutionnaires. Ainsi, elle vient de donner un fameux coup de poing sur la tête de Fourier et de ses adeptes. La *Démocratie pacifique* s'était hasardée à lancer une petite pierre dans le jardin de l'auteur des *Contradictions économiques* (Proudhon). «La *Voix du Peuple*, avait-elle dit, n'a puisé dans les lumières de son révélateur Proudhon qu'une science de contradictions économiques, religieuses, philosophiques, politiques et morales..... Il peut être pénible pour l'orgueil de M. Proudhon et de la *Voix du Peuple*, d'être forcés, en proclamant la *liberté absolue*, la *souveraineté de l'individu*, d'aboutir à la théorie de Fourier; mais ce principe une fois admis, ils ne peuvent refuser de rendre hommage à Fourier qu'en tombant eux-mêmes dans le communisme violent ou dans l'abîme des contradictions.» Et la *Démocratie* avait intitulé son article contre les idées proudhonniennes : *La doctrine des contradictions*. Celui de la *Voix du Peuple* est intitulé : *La doctrine de l'orgie :* elle avait reçu un caillou, elle rend un pavé.

« Comme Pierre Leroux, dit-elle, l'a si complétement démontré dans sa *Revue sociale*, l'application des lois de l'attraction aux destinées humaines et l'idée de série ont été empruntées, par Fourier, à Saint-Simon, de même qu'il a emprunté au supplément du voyage de Bougainville, par Diderot, l'idéal de sa société future. Fourier n'est qu'un plagiaire effronté.

» Sous l'empire, il prodiguait à Napoléon l'encens le plus grossier ; sous la restauration, il voulait que la France payât à la famille royale, au clergé, aux émigrés cinq à six milliards pour leur traitement depuis 1791, car, suivant lui, l'émigration était « un acte légal et louable. » Voilà pour son patriotisme.

» Ses élèves l'imitèrent, non-seulement sous Louis-Philippe, mais naguère encore, lorsqu'au lendemain du 24 juin ils demandaient pour le général Cavaignac cinq ans de dictature.

» Le socialisme de Fourier est à la hauteur de son patriotisme. Divinisation du ventre, raffinemens de la débauche, morale de la brute, voilà toute sa théorie.

» Sa prétention consiste en ce que chaque homme absorbe par jour « une quantité de nourriture égale au douzième de son poids, » en ce qu'il se gorge de mets mille fois comme les plus gloutons de nos jours, et que ses débauches atteignent jusqu'à l'hyperbole de l'infamie. »

(Suit l'indication de quelques-unes des monstruosités de la phanérogamie, dont Fourier se promettait aussi la diminution du nombre des enfans : « la phanérogamie, ou pluralité d'amans; en d'autres termes, la prostitution organisée, est, en effet, « un très puissant moyen de stérilité,» comme il le dit lui-même. »)

« Que les phalanstériens ne viennent pas nous dire qu'ils écartent ou renient ces monstruosités de leur maître. Ils n'en ont pas le droit, parce que c'est la conséquence forcée, l'application pure et simple de la théorie des passions, qui fait toute leur doctrine.

» Ils n'en ont pas le droit, puisqu'ils nous renvoient sans cesse à Fourier et à son génie. Ils n'en ont pas le droit, parce qu'en dehors de cela il n'y a rien qui soit autre chose qu'un plagiat.

» En politique, anti-démocrate et contre-révolutionnaire, en économie sociale, malthusien et théoricien de l'orgie, voilà tout le bagage de Fourier et de sa doctrine.

» La liberté! on ne peut pas même en concevoir la notion dans un système où l'homme n'est qu'une machine à passions, un être *passif*, comme l'exprime le mot même de passion, c'est-à-dire un rouage aveugle uniquement mû par des appétits, comme la brute.

» Contre-révolutionnaires et malthusiens; la promiscuité, voilà leur règle ; l'appétit, voilà leur science ; la satiété, voilà leur but.

» Est-ce là du socialisme? est-ce là de la démocratie? Non, c'est la doctrine de l'orgie : voilà tout. »

Voilà, certes, un coup de poing bien asséné! mais il n'en reste pas moins que si l'on voit tout dans l'homme, si on lui donne pour règle unique la liberté absolue, on le livre à toutes ses passions en le livrant à lui-même, et l'on arrive ainsi fatalement, logiquement, à la *doctrine de l'orgie*, quels qu'en soient le système et le nom particuliers. Tel nous a toujours paru le côté original de Fourier, l'immorale folie, mais aussi l'épouvantable hardiesse de sa conception.

— Le nouvel ouvrage de Daniel Stern, l'*Histoire de la révolution de* 1848, contient, entre autres, de nombreux détails sur tous ces systèmes socialistes de nos jours et sur leurs auteurs, sur Saint-Simon, Fourier, Raspail, Buchez, Pierre Leroux, Cabet, Proudhon, etc. Quant au Communisme, il ne s'est incarné dans personne, il ne s'est pas produit sous une forme scientifique et dans une théorie arrêtée, mais il n'en a été pour cela que plus populaire.

L'auteur établit très nettement cette différence. « La hiérarchie théocratique de Saint-Simon, dit-il, et les combinaisons compliquées de l'arithmétique fouriériste ne pouvaient point saisir l'esprit des masses. Il y avait là beaucoup trop de doctrines et d'érudition. Le retentissement de ces deux écoles apprit au travailleur que des philosophes s'occupaient sérieusement d'améliorer son sort ; mais la simplicité du génie populaire ne fut point touchée par des théories qui parlaient le langage de l'abstraction et de la science. Vint enfin le Communisme, qui, s'adressant au sentiment et à l'instinct, laissant de côté toute notion philosophique ou scientifique, devait s'emparer aisément des âmes simples, d'autant plus qu'il prenait pour mot de ralliement, alors même qu'il dissimulait le moins ses projets spoliateurs, une parole émouvante, facilement comprise et retenue : fraternité! »

Ce livre pique aussi la curiosité et parfois la malice du lecteur par les portraits des principaux hommes politiques du règne de Louis-Philippe et de la révolution de Février : le roi lui-même, MM. Guizot, Thiers, Odilon-Barrot, Ledru-Rollin, Lamartine, et une foule d'autres, posent chacun à leur tour. Voici, par exemple, le portrait de M. Emile de Girardin, pris dans les derniers jours de la monarchie de Juillet..... « Non loin de Lamartine, mais seul aussi, pâle, impassible, et comme enveloppé de dédain, un homme dont le silence semble une menace et l'attitude un reproche : M. de Girardin. Etrange apparition que celle de cet homme dont on feint de se détourner, mais dont on interroge sans cesse et malgré soi la pensée secrète ! Sa lèvre est sarcastique, son regard terne, sa voix sans timbre et pourtant impressive ; on dirait l'acier qui se croise avec l'acier. Quoi qu'il veuille et quoi qu'il dise, le sort a fait de lui un révolutionnaire ; quelque chose de fatal le pousse ; ce bâtard d'une société bâtarde est une protestation vivante contre elle...... (¹) » Et ailleurs encore : « Flatté lâchement aux jours de triomphe par de prétendus amis politiques qui s'abritaient derrière son audace, mais ne voulaient point partager son impopularité ; renié plus lâchement encore au lendemain d'un échec ; sans autorité dans la Chambre; ne pouvant exercer sur les masses cet ascendant que donnent les dévoûmens enthousiastes, M. de Girardin n'en était pas moins, par l'âpre vigueur de sa dialectique, par son habileté à tendre des pièges, par sa familiarité avec l'utopie (²), par une science de l'effet merveilleusement appropriée à l'état de nos mœurs, par la justesse acérée de son sens critique, un redoutable adversaire. »

Ce sont là les portraits en pied, mais il y a, en outre, les médaillons et les bustes, les rapides et malignes esquisses : — « M. Marrast, l'*aristocrate* du *National*, que l'on devait bientôt appeler le *marquis* de la République : sa verve épigrammatique semble obéir à je ne sais quelle secrète prudence ; tout en attaquant M. Thiers, on dirait qu'il l'envie ; — M. de Rémusat, le plus nonchalant, le plus sceptique, mais le plus bel esprit de France ; — M. Dupin : le savant légiste, le rude et souple frondeur d'une dynastie qu'il aime ; — M. Duchâtel, soucieux, las, ennuyé ; — M. de Salvandy, dont la confiance supérbe et le zèle retentissant ne semble pas soupçonner un danger, même lointain ; — M. de Falloux, ambitieux circonspect ; — M. Berryer, le grand virtuose de la légitimité ; » etc., etc.

Tracés ainsi d'une main élégante et ferme ; d'un pinceau facile, mais naturellement distingué, ces portraits, ces détails biographiques ou pittoresques se mêlent heureusement à l'exposé essentiellement narratif du mouvement des idées et des faits. Sur quelques points, on pourra les trouver tantôt sévères, tantôt flattés ; mais ils restent cependant la plupart dans un effet modéré, dans une nuance moyenne, et l'on sent que l'auteur, malgré ses opinions avancées, est en garde

---

(¹) « M. de Girardin attribuait au vice de sa naissance l'entrave de son ambition : « J'ai fait pour moi-même tout ce qu'il est possible à un homme » de faire, mais je n'ai pas pu m'engendrer, » disait-il à ce sujet. »

(²) « M. de Girardin est un *roué chimérique*, disait M. Guizot en faisant allusion aux systèmes administratifs et politiques incessamment exposés et renouvelés dans la *Presse.* »

contre l'excès, non seulement par bon goût, mais par un désir vrai d'impartialité. Ses relations personnelles avec quelques-uns des principaux auteurs du drame de Février, particulièrement avec Lamartine, ont pu influencer ses appréciations, mais aussi les éclairer : cette circonstance a dû surtout lui valoir bien des renseignemens de première main, utiles ou curieux Est-il résulté de tout cela une histoire définitive de la révolution de 1848 ? personne ne saurait s'y attendre : cette révolution est trop bouche close sur son avenir pour ne pas l'être beaucoup encore sur son passé. L'ouvrage que nous annonçons restera néanmoins comme source contemporaine et comme tableau d'ensemble, comme récit soutenu d'événemens qui domineront longtemps le monde, directement ou par leurs suites.

¹L'écrivain bien connu dans la presse sous le pseudonyme de Daniel Stern, l'auteur du roman de *Nélida* (¹) et d'essais politiques dont notre *Chronique* a parfois cité des fragmens, relève de sa propre pensée, il exerce sur elle sa propre suzeraineté : ce n'est pas toujours le cas des plumes féminines, même de celles qui, en de belles mains, transforment tout ce qu'elles touchent comme l'aiguille d'or ou la baguette des fées. On dirait que les femmes, malgré la chaleur avec laquelle elles embrassent et défendent une opinion, conservent dans le commerce des idées quelque chose de leur nature souple et surtout forte par le dévoûment : elles les reçoivent, plutôt qu'elles ne les trouvent ; elles les épousent, plutôt qu'elles ne les maîtrisent. On sent que Daniel Stern s'est fait davantage les siennes ; ses vues historiques ont de la netteté, de la décision, et témoignent d'un esprit qui ne s'asservit du moins qu'à lui-même. Après cela, sans avoir le droit de juger des tendances et de la portée d'un ouvrage dont le premier volume seul est publié, nous ne pouvons espérer cependant de trouver dans celui-ci, mieux qu'ailleurs, ce qui manque partout dans notre âge, une conclusion ; car l'homme et la terre n'en sont pas une. L'homme a beau faire : devînt-il le maître du monde, il ne serait pas au terme et le verrait reculer devant lui sur cette voie, en proportion de ce qu'il y aurait avancé.

— Il paraît ainsi de temps en temps quelques livres nouveaux, particulièrement des publications historiques. Mentionnons surtout, en attendant d'y revenir si les événemens du jour nous en laissent la place, un grand travail de M. Augustin Thierry sur Richelieu et le gouvernement de Louis XIV. Les protestans y sont jugés avec une intelligence et une impartialité qu'ils trouvent rarement en France parmi les écrivains, non-seulement de l'opinion contraire, mais de toute opinion et sans opinion. Ce travail a paru dans la *Revue des Deux-*

(¹) Voir notre *Chronique* de juillet 1846, *Revue Suisse*, t. IX, p. 540-545.

Mondes, le seul recueil de ce genre qui se soutienne ; encore le fait-il avec plus de poids que d'influence ou d'agrément. Puisque l'occasion s'en présente, nous avons à cœur de citer aussi un article de cette même Revue (n° du 15 février), dû à la plume d'un de nos amis et collaborateurs, M. Charles Clément. Il a été fort apprécié des bons juges : c'est une étude solide et neuve sur Nicolas Poussin. M. Charles Clément a décrit et apprécié les principaux chefs-d'œuvre du grand peintre français; il a fait ressortir aussi, par le peu qu'on sait de sa vie, ce qu'il y avait d'antique et de fort, de simple et d'original dans son caractère comme dans son talent.

— Rien de purement littéraire ne fait sensation. Les romans-feuilletons, même ceux d'Eugène Sue, se lisent médiocrement et surtout ne passionnent plus. Le *Constitutionnel* va donner prochainement *Geneviève*, histoire d'une servante, par M. de Lamartine ; la *Presse*, bientôt à la fin des *Mémoires d'Outre-Tombe*, va reprendre de l'A- lexandre Dumas avec les *Mémoires d'un Médecin*, cette fois non plus sur le règne de Louis XVI, sur l'histoire du *Collier*, mais sur la révolution et sur la Terreur. Nous avons raconté la première représentation de *Toussaint-Lou- verture*. Comme chacun le prévoyait sans le dire, la pièce ne s'est pas soutenue. Elle contient sans doute nombre de beaux vers ; mais ils manquent leur effet, souvent même ils en produisent un faux, parce qu'ils ne sont pas à leur place ; et quant au fond, il est essentiellement lyrique et individuel : ni par l'action morale, ni, malgré beaucoup d'incidens, par l'action extérieure où l'intrigue, il n'est véritablement dramatique. Ce défaut est moins prononcé dans *Charlotte Corday* ; aussi frappe-t-il moins à la lecture ; mais il l'est assez, cependant, pour qu'au théâtre, cette pièce qui faisait d'abord de très fortes recettes, ne soit déjà plus bien suivie, et qu'on s'attende aussi à en voir cesser les représentations. — L'Odéon vient de donner, arrangé par M. Gérard de Nerval et rimé par M. Méry, le *Chariot d'enfant*, drame indou qui date de trois mille ans.

— Paris, toujours dans l'attente, reste avec cela fort tranquille. Des patrouilles parcourent les rues au milieu d'une population parfaitement paisible. La fête de la proclamation de la République au 4 mai, favorisée par le plus beau jour, s'est passée non-seulement sans bruit, sans le plus petit souffle de quoi que ce soit, mais sans le moindre accident. Les ouvriers paraissent de plus en plus vouloir faire la sourde oreille; les organes du parti n'abordent même pas tous, comme moyen de protestation, l'idée du refus de l'impôt, si l'on restreint le suffrage universel. Il n'est d'ailleurs plus aussi sûr que le projet de loi électorale passe d'emblée, ni surtout sans amendement. Cela n'empêche pas qu'il ne coure toujours toutes sortes de bruits, quelques-uns singu-

liers, quelques-uns atroces : projet des rouges de miner et de faire
sauter un quartier de Paris ; d'autre part, besoin d'une émeute pour
arriver à avoir une dictature militaire, dont les journaux ne parlent
déjà plus à mots couverts ; rapprochement entre la branche aînée et
la branche cadette, aux dépens du prince-président ; etc. Ce qu'il y a
de plus clair pour le moment, c'est le grand nombre de soldats qui
viennent frapper le regard dans la foule ; c'est le chiffre de 135,000
hommes massés à Paris et dans les forts environnans.

Paris, 15 mai 1850.

SUISSE.

Bale, le 10 mai. — Bien què la ville de Bâlé ait un renom honorable
dans l'histoire des idées religieuses, elle n'est cependant pas la patrie
des sectes. La foi chrétienne, qui y est si vivante, y reconnaît encore
pour symbole la pure doctrine de la Réformation. Le caractère bâlois
se prête peu aux nouvelles théories des prédicateurs ambulants, parce
que la raison et l'examen le préservent d'un entraînement irréfléchi
et d'un enthousiasme évaporé. Le Bâlois craint tellement de se livrer
inconsidérément, qu'il s'est fait de la réserve une seconde nature, et
que son enthousiasme, quand il en a, s'enveloppe d'une triple écorce,
en guise de cuirasse. Mais, si l'écorce est froide, le cœur ne l'est pas ;
de là vient qu'ici on agit plus qu'on ne parle, on pense plus qu'on ne
dit. Une telle nature effraie et chasse les papillons voyageurs, tandis
qu'elle finit par attirer les étrangers que cette première impression
n'effarouche pas.

Néanmoins une nouvelle secte religieuse a conquis dans notre ville
un certain nombre d'adhérents, et elle a eu le privilége d'occuper à
plusieurs reprises l'attention publique : c'est à ce titre que je crois nécessaire d'en entretenir un moment les lecteurs de la Revue! Cette
secte est celle des Irvingiens, introduite et propagée par un ecclésiastique, que sa consécration dans notre université n'a pas préservé du
contact des idées anglaises. A plusieurs reprises il a été publiquement
invité à s'expliquer sur sa doctrine ; et, conformément aux usages des
Irvingiens, il s'y est refusé. Un membre du clergé bâlois, M. le pasteur Stockmeyer, répondant au vœu du public, vient de publier sur
ce sujet une brochure lucide, modérée et grave (¹) ; elle contribuera
à arrêter sans doute les faibles progrès d'une secte, qui, par le voile

(¹) Kurze Nachricht über den Irvingismus, zunächst für die evangelischen
Geméinden Basels, von Immanuel Stockmeyer, Pfarrer bei Saint-Martin.
Basel, bei C. Detloff. 1850.

dont elle s'enveloppe, s'expose à toute la juste sévérité de la critique.

Les Irvingiens dissimulent une partie de leur doctrine, du moins jusqu'à ce qu'ils puissent se dévoiler sans danger, et ils réussissent souvent, en ne prêchant que sur certains points, à captiver leurs auditeurs. Ils affectent même de repousser toute filiation avec Edouard Irving, et ils s'appellent modestement l'*Eglise catholique apostolique*, comme en font foi les listes du récent dénombrement de la population bâloise. A leurs yeux, le catholicisme et le protestantisme sont également dans l'erreur, quoiqu'ils se rapprochent plus du premier que du second; et leur mission est d'amener à eux toutes les communions chrétiennes, en les rattachant toutes à la grande tradition apostolique dont ils sont les seuls interprètes. En réalité... ils ajoutent une secte à toutes les autres, et augmentent la confusion dont ils se plaignent.

Par quel moyen prétendent-ils régénérer l'Eglise et jeter catholiques et protestants dans les bras les uns des autres! Ont-ils découvert dans la Bible un symbole qui aurait échappé aux recherches de dix-huit siècles? Hélas! non; leur grand secret est de passer assez légèrement sur la doctrine, et d'attacher la plus extrême importance à de minutieux et souvent futiles détails d'organisation extérieure, que M. Hagenbach appelle dans son journal un *mécanisme hiérarchique et liturgique*. Leur culte a un très-grand rapport avec celui de l'Eglise catholique romaine, du moins quant à une pompe extérieure qui ne peut avoir pour effet que d'occuper les yeux pour distraire le cœur. Ils ne peuvent appuyer sur la Bible leur rituel si compliqué, mais ils ont la prétention de continuer l'œuvre de Saint-Paul là où il l'a laissée, et de la terminer.

Ils vont même plus loin que le catholicisme avec leur quadruple hiérarchie d'apôtres, de prophètes, d'évangélistes et de pasteurs ou diacres. — Le pape est remplacé par un collège de douze *apôtres*, qui reçoivent leur mission immédiatement du Seigneur, tandis que les autres ordres ne la reçoivent que médiatement, par l'imposition des mains des apôtres. Leurs *prophètes*, qui sont revêtus de dons surnaturels, et leurs *évangélistes*, qui sont au nombre de soixante, ont, ainsi que les apôtres, l'Eglise tout entière pour champ d'activité. La quatrième classe, au contraire, celle des pasteurs et diacres, à le service des communautés. Chaque communauté a son *ange*, appelé par la voix des prophètes et ordonné par l'imposition apostolique. Six *anciens* ou prêtres partagent la responsabilité de l'ange dans la surveillance et le gouvernement de la communauté, mais ils sont sous son autorité. Six aides assistent à leur tour et suppléent les anciens. Enfin un *diacre-chef* et six autres *diacres* s'occupent des affaires temporelles du troupeau, et sont secourus dans cette tâche par des *sous-diacres* et des *diaconesses*. — Dans les assemblées générales de l'Eglise, chacune des quatre grandes classes est représentée par un délégué qui devient une *colonne*. Voilà, certes, un nombre de charges suffisant pour satisfaire tous les Irvingiens qui ont de l'ambition.

En somme on peut croire que cette secte n'a pas d'avenir, parce qu'elle subordonne la vérité chrétienne à des questions de culte et de constitution, et parce qu'elle fuit en toute circonstance le grand jour de la discussion, faisant ainsi l'aveu de sa faiblesse et de son impuissance. La dissimulation dont elle se couvre et la rareté des sources rendent d'autant plus précieux le travail de M. Stockmeyer, auquel doivent recourir les personnes qui voudraient plus de détails sur ce sujet.

Si la chronique de la Revue s'occupe rarement de politique intérieure, elle peut constater certains résultats avantageux pour la Suisse, une fois qu'ils appartiennent à l'histoire. A ce titre il lui est permis de consigner dans ses archives que la réforme monétaire helvétique date du mois d'avril 1850, et qu'il s'est formé dans les conseils nationaux une assez forte majorité pour l'adoption du système français. Cette réforme est une des plus heureuses qu'il soit possible de réaliser, parce qu'elle était en même temps une des plus indispensables. C'est là de l'unitarisme d'une saine politique à l'intérieur et d'une politesse bien entendue à l'égard des nombreux étrangers dont la Suisse est la résidence habituelle ou momentanée. Cette réforme a aussi son côté moral, car elle préviendra bien des erreurs et bien des fraudes dont les voyageurs étaient victimes en passant de Genève à Constance ou de Bâle à Lugano. La bourse de bien peu de Suisses pourrait se vanter d'avoir constamment échappé aux piéges que lui tendait la valeur différente des écus de France et d'Allemagne, des florins, des batz, des schellings, valeur qui peut varier pour le voyageur trois ou quatre fois dans une même journée. Au bout de vingt ans on sourira en se rappelant que l'écu de cinq francs valait autrefois trente-cinq batz à Bâle, trente-quatre à Zurich, trente-trois et demi à Glaris, trente-quatre et demi à Lausanne, trente-six et un creutzer à Neuchâtel; on examinera curieusement le médailler des amateurs qui auront eu l'idée de recueillir à temps tous les bizarres échantillons du système monétaire des vingt-deux cantons. — Avis à ceux qui ont le loisir de préparer cette page historique d'un genre spécial.

La bataille monétaire qui a précédé la décision des Conseils de la nation mériterait aussi un historien spécial. Si elle n'a pas été sanglante, elle a été du moins ardente, surtout dans la Suisse allemande où les opinions étaient plus partagées. La lutte était proprement entre le florin et l'écu de cinq francs, entre l'Allemagne et la France. Lorsque les partisans du florin s'aperçurent qu'ils allaient avoir le dessous, ils se rallièrent à l'idée d'un système de franc national, qui n'était que le florin revêtu des couleurs helvétiques. Déployant la bannière du patriotisme monétaire, ils provoquèrent dans la Suisse orientale

des pétitions qui se couvrirent avec enthousiasme de milliers de signatures. Ils décidèrent alors que les partisans du franc de France avilis-
saient la dignité de la patrie.

« La loyauté helvétique, dit une brochure publiée à Saint-Gall ([1]),
l'honneur helvétique a été depuis des siècles le plus sûr passeport au
travers du monde civilisé. Il ne pourrait nous convenir d'ouvrir avec
le canon les portes des villes. — Or ce qu'on ne peut pas faire de force,
on veut l'accomplir par la ruse. Chaque franc suisse, exactement de
la dimension d'un français, et entouré, escorté, couvert de milliers
de ses voisins, doit se glisser jusqu'aux extrémités du monde en qualité de suisse-français ou de français-suisse. Quiconque peut se résoudre à un tel déguisement fait le plus triste aveu de notre propre
nullité. Toute l'histoire de nos pères ne dit-elle pas que là loyauté n'a
pas besoin d'une telle dégradation? Imprimez sur le vrai franc ou batz
suisse la quotité d'argent pur ou de vérité qu'il renferme; et, si l'on
ne découvre pas de mensonge, il passera dans tout l'univers pour ce
qu'il vaut, comme le franc de France. Il n'aura pas besoin de courir
le monde à la dérobée, mais le front levé, etc. »

Le patriotisme saint-gallois se révéla toutefois sous un jour différent, lorsqu'un député de ce canton au conseil national eut l'idée
vraiment singulière de proposer que, si l'on adoptait le franc de
France, Saint-Gall conservât seul son ancien système monétaire. Aurait-il fait la même proposition, si l'on eût adopté le florin, monnaie
étrangère pourtant, et, par conséquent, *dégradante* pour l'honneur
national?

Heureusement les vrais intérêts de la Suisse se firent jour, grâces
aux efforts des hommes compétents en cette matière; nous citerons
seulement MM. Fueter, J. Trog ([2]), et surtout M. Speiser, directeur de
la banque de Bâle, qui a brillamment justifié la confiance dont le conseil fédéral l'a honoré en le choisissant pour éclairer l'opinion dans
une question si difficile ([3]). Le nouveau système monétaire a popularisé en Suisse le nom de M. Speiser, qui restera indissolublement lié
au récit de ce fragment de l'histoire nationale.

La grande salle du nouveau musée, qui n'avait encore servi qu'à
l'inauguration de l'édifice, vient de s'ouvrir pour deux solennités concernant nos établissements supérieurs d'éducation. L'une est la pro-
motion annuelle du Pædagogium; elle a offert ceci de remarquable
que, pour la première fois, le discours d'usage et le rapport ont été

([1]) Noch ein Wort über die eidgenœssische Münzfrage, von einem West-
schweizer. Saint-Gallen. — Scheitlin et Zollikofer.

([2]) Die Betheiligung des Mittelstandes bei der Münzfrage, von J. Trog,
Mitglied des Nationalrathes. Solothurn.

([3]) Sechs Aufsætze über die Münzfrage, von Speiser. Bankdirector in
Basel.

prononcés en français devant un public allemand. Cette courtoisie à l'adresse d'une branche importante de l'institution a été, ce semble, favorablement accueillie du public. Le rapport a constaté que les cours avaient été suivis par soixante et onze élèves, âgés de quinze à vingt ans. L'autre solennité était le discours d'entrée de M. le Prof. Schenkel qui succède à de Wette, comme notre chronique l'a déjà rapporté. M. Schenkel s'est ouvert avec franchise, talent et énergie sur sa mission théologique et sur sa foi religieuse; il s'est surtout montré l'ardent adversaire du panthéisme, contre lequel il faut désormais réunir toutes les forces qu'on dépensait naguère contre le rationalisme, bientôt mort de vieillesse. Lorsque, le soir du même jour, M. Schenkel a prêté serment devant le Sénat académique, M. Hagenbach, recteur actuel, a fait ressortir le précieux avantage qui résulte de l'appel d'un professeur *suisse*, qui joint à la science germanique la solidité de caractère et la connaissance des intérêts religieux de notre patrie. Le choix est en effet des plus heureux qu'on pût faire, et, si Schaffhouse a beaucoup perdu, Bâle n'a pas moins gagné.

— *La société du bien public* de Bâle qui, depuis soixante et dix ans, rattache son nom à tout ce qu'il y a d'institutions philanthropiques dans cette ville, se propose d'étendre sa sollicitude jusque sur les animaux, car elle a ouvert un concours ayant pour but l'exposé des moyens les plus efficaces pour faire cesser la cruelle habitude de les maltraiter. Elle distribue aux concurrents le programme des questions à résoudre. Ce sujet intéresse si directement la morale publique, qu'on doit faire des vœux pour le succès de cet appel.

C.-F. G.

Lausanne, 11 mai. — La Société d'Histoire de la Suisse romande a tenu ici le 1er de ce mois, sa séance du printemps. Un nombre assez grand de sociétaires s'était rendu à l'invitation du comité, mais peu de membres des cantons voisins. M. Vulliemin présidait la séance. M. Herminjard, qui travaille depuis long-temps à une biographie du réformateur Viret, lut à l'assemblée des documents intéressants, accompagnés de quelques réflexions, sur les querelles et les procès que Viret, alors pasteur à Lausanne, eut à soutenir avec quelques Libertins de Genève, réfugiés sur les terres bernoises.

M. Gaullieur a fait dernièrement dans les archives de la bibliothèque de Genève une découverte du plus haut intérêt. C'est un recueil de lettres originales du duc Louis de Savoie à son père Amédée VIII, devenu le pape Félix V, avec les réponses de ce dernier. Ces lettres, dont M. Gaullieur a lu des fragments assez considérables, jettent un jour tout nouveau sur l'histoire de la Haute-Italie au milieu du 15me siècle. On y voit le duc Louis, prince faible et facilement dominé, demander souvent à l'expérience de son père des conseils qu'il ne suit pas toujours. Alors déjà la maison de Savoie convoitait le duché de Milan vacant par la mort du dernier Visconti. Le duc s'était allié avec les Milanais, pensant plus tard leur faire bien payer sa protection, mais il échoue devant l'habileté de François Sforce. Louis dirige aussi ses regards vers le royaume de Chypre, et son père l'avertit de songer plutôt à pacifier ses états, où la noblesse est divisée en deux camps. Tous les germes de la décadence future de la maison de Savoie se dévoilent déjà dans ces lettres. — La mort du chancelier Walperga, favori d'Anne de Chypre, noyé dans le lac par ordre de Philippe de Savoie, fut l'objet d'une notice de M. Poncet, de Gex. — M. Blanchet fit un rapport verbal sur les monnaies de l'Evêché de Lausanne, conservées au Musée cantonal. — Dans un mémoire plein d'intérêt, M. Blavignac, de Genève, exposa l'histoire de l'architecture sacrée dans la Suisse romande dès les premiers siècles de l'ère chrétienne. Ce mémoire n'était qu'un fragment d'un ouvrage plus considérable, et l'auteur s'attacha surtout à la description de l'église de Romainmôtiers. M. Blavignac n'est pas seulement un infatigable investigateur de nos vieux monuments, un érudit en architecture, c'est un homme d'un grand talent, dans l'esprit duquel les moindres faits se groupent et se classent, un véritable historien de son art. — Enfin M. Verdeil nous lut un chapitre encore inédit de son Histoire du canton de Vaud, sur les Etats du pays pendant la domination de Berne. A la fin du 16ᵐᵉ et au commencement du 17ᵐᵉ siècle, leurs Excellences, mal affermies sur leurs fauteuils, avaient jugé prudent de laisser revivre les vieilles libertés du pays. Plus tard, mieux assurées contre les prétentions de la Savoie, et n'ayant rien à craindre de leurs sujets allemands, elles les comprimèrent de nouveau. M. Verdeil, fait ressortir sous un jour nouveau ce moment de répit dans la servitude, peu remarqué par les historiens.

Vous voyez que la séance fut richement remplie. Cependant quelques personnes qui attendaient un mémoire de M. de Gingins sur le rôle de Jacques de Romont dans les guerres de Bourgogne, furent, dit-on, assez désappointées en apprenant que le dîner s'impatientait. On leur promit ce travail pour dessert, dans le prochain volume des *Mémoires de la Société.* Soyons donc plus patients que le dîner.

La réunion d'été aura lieu cette année à Morat, immédiatement avant ou après la séance de la Société générale d'Histoire suisse, qui doit se réunir dans la même ville. Cette coïncidence promet d'intéressantes journées aux amis de l'histoire nationale.

MÉLANGES.

GILBLAS.

Gilblas fut l'un des serviteurs
De l'archevêque de Grenade ;
Au sein d'un troupeau de flatteurs
De franchise il faisait parade ;
Quand de bravos intéressés
Ils avaient la bouche remplie,
Gilblas seul, disait : « Vous baissez,
» Monseigneur, dans votre homélie. »

Hélas ! ce fidèle valet
Fut renvoyé pour sa franchise :
Aux gens du monde elle déplait,
Et même aux princes de l'Eglise.
Mais je veux remplacer Gilblas,
Pour dire, en ces temps de folies,
Aux jongleurs dont chacun est las :
Vous baissez dans vos homélies.

Farceurs qui ne possédez rien
Que l'art d'en imposer aux autres,
Qui du peuple voulez le bien.....
Pour en doter vous et les vôtres :
Des Danaïdes vieux tonneaux,
D'où nos vins s'échappent en lies,
Tribuns grandis par vos journaux,
Vous baissez dans vos homélies.

Socialistes qui prêchez
Des dogmes si peu *sociables*,
Doux anges qui vous écorchez
En vous battant comme des diables ;
Dans la fange où vous professez
Vos doctrines se sont salies,
Truands qui vous éclaboussez,
Vous baissez dans vos homélies.

Bienfaiteur des pays lointains
Et des exotiques misères,
Te souciant peu des destins
De ceux qui ne sont que tes frères !
Ton offrande à la Chine en deuil
Est faite, quand tu la publies,
Moins aux Chinois qu'à ton orgueil...
Tu baisses dans tes homélies.

« Mettons tous nos biens en commun, »
Crie un cuistre à mine friponne,
Lui-même n'en ayant aucun,
Sa part, à coup sûr, sera bonne :
Rouge, en ton système embusqué,
Communiste aux ruses vieillies,
Le sens *commun* t'a démasqué,
Tu baisses dans tes homélies.

Chacun de nous a son Gilblas :
C'est la raison qui le conseille;
Mais l'amour-propre ne veut pas
Que sa voix choque notre oreille ;
Comme l'archevêque, il maudit
Toutes franchises peu polies,
Et chasse un valet qui nous dit :
Vous baissez dans vos homélies.

J. Petitsenn.

REVUE BIBLIOGRAPHIQUE.

ESQUISSE D'UNE HISTOIRE UNIVERSELLE, envisagée au point de vue chrétien, rédigée pour servir de guide dans l'enseignement des écoles secondaires et des maisons d'éducation, par A. Vulliet, directeur de l'Ecole normale de la Société évangélique de France. — Troisième édition, revue et considérablement augmentée. Deux volumes in-12. — Lausanne, G. Bridel: 1848.

La première édition de l'ouvrage de M. Vulliet a été publiée en 1843 ; trois éditions en cinq ans sont, par le temps actuel, et pour un livre qui ne flatte aucune des idées favorites du jour, une recommandation si rare que nous n'y aurions pas ajouté la nôtre si ce travail n'avait pas à nos yeux un mérite tout particulier. Rien n'est plus difficile, on l'a souvent remarqué, que de bien donner des leçons d'histoire : rien de plus rare aussi qu'un bon manuel destiné à servir de guide dans cet enseignement. La masse des faits à reproduire est immense : comment ne pas tomber dans l'encombrement en voulant éviter la sécheresse, et d'un autre côté comment ne pas rapetisser une époque historique si l'on ne s'attache qu'aux faits saillants et aux figures les plus apparentes ? D'autre part les faits eux-mêmes se prêtent aux interprétations les plus divergentes, et peuvent servir de véhicule aux principes les plus divers : quel tact heureux, quelle sûreté de coup-d'œil, quelle fermeté de raison ne sont pas nécessaires dans le choix d'un point de vue d'où l'écrivain puisse dominer les événements, sans rien ôter à cette réalité objective trop souvent sacrifiée par l'historien ! L'ordre enfin, dans lequel il convient de présenter les faits, la méthode historique, sont choses singulièrement difficiles, et dont une assez longue pratique de l'enseignement peut seule donner le secret. Il faut dire toutes les choses essentielles, les présenter dans toute leur vérité, leur donner enfin le relief et la vie. L'écrivain historique doit réunir ainsi les connaissances les plus variées, posséder l'esprit de renoncement que peut seul produire un amour de la vérité aussi passionné qu'il est désintéressé, connaître les lois éternelles d'après lesquelles se doivent juger les faits, ajouter enfin à ces dons si rares, et plus rare encore du style qui, chez l'historien, devrait toujours présenter l'alliance heureuse de la couleur et de la sévérité. Nous n'hésitons pas à dire que l'auteur de l'*Esquisse* possède à un haut degré toutes ces qualités, et que nous ne connaissons aucun manuel de l'histoire ancienne qui puisse à tous ces égards être comparé au sien. Chaque peuple est étudié sous toutes ses faces : au récit de son histoire s'ajoute un tableau de sa civilisation, de sa vie morale et religieuse, tracé d'une main ferme et sûre. On sent à chaque page que l'écrivain porte en son cœur cette vraie lumière de la foi qui permet de saisir dans leur vérité les actions des hommes, et de retrouver les voies de Dieu dans le labyrinthe des événements. Son livre enfin, par cela même qu'il repose sur les résultats les plus solides des études scientifiques, est en parfait accord avec les livres saints. Cette troisième édition contient plusieurs additions très importantes qui la mettent au niveau des derniers progrès de la science. Si c'était ici le lieu d'entrer dans la critique des détails , nous n'aurions que bien peu d'observations à présenter à M. Vulliet ; ainsi les premières pages de l'histoire d'Egypte nous semblent ne pas assez faire sentir, surtout à de jeunes lecteurs, tout ce que ces récits ont d'incertain; nous aurions aimé à trouver une note sur les contradictions d'Hérodote, d'Eratosthène, des Manéthon et des Papyrus. Disons en finissant que les juges d'appel d'un manuel sont les élèves, et que l'*Esquisse* , à leur tribunal , a pleinement gagné sa cause ; ils préfèrent ce livre à tout autre et plus ils avanceront dans leurs études, plus ils en apprécieront tout le mérite, car ce guide est une vraie histoire universelle aussi bien faite pour l'âge mûr que pour la jeunesse, pour les savants que pour les ignorants.

UNE HISTOIRE CONTEMPORAINE, par l'auteur des *Réalités de la vie domestique*, *Veuvage et célibat*, etc. — Un vol. prix 2 fr. — Genève, chez Mmes veuve Beroud et Guers.—Paris, librairie protestante.—Lausanne, chez Georges Bridel.

La plupart des ouvrages publiés jusqu'ici par l'auteur des *Réalités de la vie domestique* ont été, dans cette *Revue*, l'objet d'une appréciation ; ces ouvrages si pleins d'attrait, dont plusieurs ont eu les honneurs d'une seconde édition, sont connus du plus grand nombre de nos lecteurs. Il est donc superflu de chercher à caractériser de nouveau le talent de l'aimable écrivain, qui persiste à se couvrir du voile transparent de l'anonyme. Ce talent se retrouve tout entier dans l'*Histoire contemporaine* qu'il nous raconte aujourd'hui. Même sobriété de détails, même charme dans les tableaux de famille où l'auteur se complaît, même vérité dans l'analyse des mobiles qui font agir le pauvre cœur humain.

Quant à l'histoire en elle-même, elle n'est que trop *contemporaine* ; en effet; il s'agit de l'amour du gain, de la recherche de l'argent. Aujourd'hui la passion des richesses semble plus générale et plus ardente que jamais ; les masses populaires elles-mêmes sont emportées par ce délire, et sous la main des intrigants et des ambitieux qui les flattent, elles se révoltent, elles s'agitent, réclament à grands cris l'impossible, c'est-à-dire un bonheur matériel, une plus grande somme de biens, souvent même le partage des richesses. Ah! la faute en est, en partie du moins, à la classe aisée qui donne aux classes inférieures un exemple funeste. Non content d'une position modeste, d'une honnête fortune, on se consume en efforts pour augmenter facilement et promptement ses biens, souvent même on fait usage de moyens peu scrupuleux pour y arriver. Le pauvre, qui est témoin de cette avidité, se croit autorisé à suivre l'exemple d'hommes qu'il juge plus instruits que lui, et bientôt, mécontent de son sort, il entre dans une voie au bout de laquelle il trouve l'oubli de Dieu, la transgression des lois divines et humaines, enfin la révolte à main armée.

Nous ne voulons pas déflorer à l'avance le charme qui s'attache à la lecture d'une *Histoire contemporaine*, en analysant ici les diverses phases du récit. Il serait également oiseux de signaler les légères imperfections du livre. Notre seul désir serait de pouvoir déterminer beaucoup de personnes à en faire la lecture. Ce serait des heures agréablement et utilement employées.

ALFRED MALVAL aux Etats-Unis de l'Amérique du Nord, par J.-F. Masson de Villeneuve. Genève 1849. 2 vol. in-8°.

Le roman de mœurs n'est guère cultivé dans la Suisse Romane. M. G. Mallet ·et ·Mme ·Tourte-Cherbuliez ont presque seuls acquis dans ce genre une réputation méritée. C'est donc avec plaisir que nous signalerons l'entrée dans l'arène de M. Masson. Notre tâche est d'autant plus douce que cet auteur s'efforce de peindre des mœurs simples et pures, et qu'il ne s'est pas épris, comme la plupart des jeunes littérateurs, des célébrités régnantes en France. Ce n'est point à l'école immorale et fausse des Eug. Sue, des Georges Sand, que s'est inspiré M. Masson; il suit la saine tradition, et puise dans le *cœur* les impressions de joie ou de tristesse qu'il communique à ses lecteurs. Lisez cet ouvrage attachant et vous vous convaincrez de la justesse de notre jugement. *Alfred Melval* est avant tout une *œuvre de cœur.*

Sur quoi repose la donnée du roman? Un jeune homme sans fortune se rend en Amérique chez un négociant ancien ami de son père. Par sa bonne conduite et son travail il se fait bientôt chérir de son patron, et parvient non seulement à secourir sa mère, mais encore à placer auprès de lui son second frère, jeune et belle âme, type de franchise et de probité. Alfred et Edouard sont aimés des filles de leur maître; ils les épousent, et leur bonheur se complète par celui de Mme Melval et de son troisième fils. Ce cadre, simple en lui-même, est bien rempli. L'amour filial ne forme pas tellement le fond du tableau, qu'il ne s'y détache encore quelques scènes non moins morales. Telle est, entre autres, la peinture des suites funestes de la passion du jeu.

Cependant cette œuvre, d'une grande sensibilité, laisse à désirer sous le rapport de l'exécution. Sans doute un des motifs pour lequel peu de nos jeunes littérateurs abordent le roman est la grande difficulté que présente la peinture des caractères. M. Masson n'a point tourné cet écueil. Les caractères d'*Alfred Melval* ne sont pas assez accusés : ils ne semblent qu'ébauchés. Alfred et Edouard ne diffèrent que par la timidité du premier; il n'y a guères une nuance plus forte entre Eléonore et Amélie. Le roman demande une étude sérieuse des personnages puisée dans le cœur humain. Ici M. Masson laisse bien à désirer. Nous en dirons autant du style de l'ouvrage, qui dans le premier volume surtout, réclamerait plus de pureté et d'harmonie. La phrase est parfois trop allemande; le dialogue exigerait plus d'enchaînement, plus de vivacité.

Nous appuyons sur ces remarques, car *Alfred Melval* nous a trop intéressé pour ne point le traiter en ami. M. Masson continue ses études de mœurs; ainsi nos observations peuvent lui être profitables. Nous tenons fort à voir ses nouveaux ouvrages atteindre un degré de perfection qui désarme en tout point la critique. Quand on débute sous de si heureux auspices, on doit viser à un entier succès. L'avenir, nous en sommes sûrs, le réserve à M. Masson.

Nous regrettons que ce drame de famille si touchant n'ait point, au moins, son prologue et son dénouement à Montreux plutôt qu'en Franche-Comté. Etre de Villeneuve, vivre dans un pays où les Alpes et le Léman se disputent les paysages les plus frais et les plus intimes, et ne point les reproduire dans ses écrits, c'est une faute grave que nous ne pardonnerions point à M. Masson si nous ne savions de bonne part qu'elle sera bientôt réparée. Nous souhaitons d'avance la bienvenue au *Cœur suisse* qui paraîtra sous peu de jours; nous nous ferons un plaisir de le faire connaître aux lecteurs de cette Revue.
K.

SALMIGONDIS SATIRICO-POLITICO-POÉTIQUE, pár F.-A. P. — Se vend au bénéfice des pauvres, à Genève, chez J. Cherbuliez, à Neuchâtel, J. Gerster.

M. Coste, ancien rédacteur du journal *Le Temps*, avait là coutume de réunir à sa table l'auteur de l'ouvrage analysé dans sa feuille et celui de ses collaborateurs qui en avait fait la critique, le lendemain même du jour où elle avait paru dans le feuilleton. Il résultait naturellement de cet usage que les comptes-rendus du journal étaient sans cesse écrits avec les ménagements et la convenance qui leur manquent trop souvent aujourd'hui ; or si la perspective de dîner une fois avec l'écrivain dont ils analysaient l'ouvrage, rendait ainsi les rédacteurs du *Temps* circonspects et polis, combien à plus forte raison ne dois-je pas être tenu à parler avec réserve de l'œuvre d'un auteur qui s'assied à ma table comme à mon foyer, et avec lequel mes relations sont aussi agréables que suivies !

Toutefois il me sera facile de concilier les égards dus à l'amitié avec les exigences de la critique, car le livre de M. F.-A. P. annonce un homme d'esprit par son contenu et un philantropé par sa destination.

Le titre de *Salmigondis* qu'il lui a donné pourrait encore êtré celui de notre époque, où tant d'idées folles, graves, morales, mauvaises, se heurtent et se coudoient dans leur circulation parmi nous. Ainsi, dans le volume que j'annonce, l'épigramme, l'ode élevée, la chanson, la pièce anacréontique, se trouvent réunies et se font ressortir par leur contraste; il y a dans ce recueil et dans chacun des genres qui y sont traités, des morceaux piquants, spirituels et parfois philosophiques, mais on y trouve aussi des pensées rendues avec un peu d'obscurité, la poésie n'y est pas toujours pure et châtiée, on y reconnaît trop de promptitude dans le travail, quelque négligence dans l'expression, défauts que l'auteur me semble éviter lorsqu'il veut en prendre le soin. Ainsi, *l'Emeute*, les vers *sur un beau papillon éclos à la fin de l'automne*, les couplets *sur les gamins*, l'ode à *l'immortalité*, sont fort supérieurs sous ce rapport à quelques pièces qui les avoisinent.

Voici une épigramme sur le portrait d'un babillard qui me paraît originale.

> De Babillas venez voir le portrait,
> L'homme est vraiment reproduit trait pour trait;
> De l'art d'Hornung c'est l'une des merveilles,
> A ce point il est ressemblant
> Que l'on tremble qu'il soit parlant,
> Et qu'on se bouche les oreilles.

En résumé ce livré pourra distraire d'une manière agréable ceux qui demandent à la poésie autre chose que des vers euphoniques flattant toujours l'oreille, ou des banalités irréprochablement rimées; et qui veulent encore que la pensée domine dans un vers disant bien ou mal quelque chose.

J. PETITSENN.

SOUVENIR DE LA SÉANCE GÉNÉRALE DES ÉTUDIANS. — Neuchâtel, 1850. — Se vend chez J. Gerster, prix 3 batz.

Il serait intéressant de présenter, dans une étude comparative, le tableau du mouvement littéraire des diverses sociétés d'étudians fondées dans la plupart des villes de la Suisse et en particulier de la Suisse romane. Peut-être même, pour qui posséderait les données et les matériaux nécessaires,

y aurait-il quelque importance à écrire l'histoire de ces sociétés, en retra-
çant leur origine modeste, leur tendance et leurs développemens inaperçus,
racontant les écarts que firent quelques-unes d'entr'elles en s'immisçant
dans les mouvemens politiques des cantons, et délaissant les muses pour
l'intrigue et les menées révolutionnaires. On verrait, dans le récit de l'historien, à quelles causes il faut rattacher les fautes et les égaremens de plusieurs de ces associations, et quelles furent celles qui résistèrent à l'entraînement et restèrent dans le champ paisible et fécond qu'elles s'étaient tracées. — Une plume habile pourrait revêtir un semblable sujet d'un intérêt
véritable, et il ne lui serait sans doute pas difficile de retrouver, dans la
vie d'étudiant de tel homme politique aujourd'hui aux affaires et monté sur
le pavois, les causes secrètes ou du moins l'influence première qui l'a dirigé
plus tard dans sa vie politique.

Nous doutons fort, cependant, qu'une pareille histoire se publie jamais.
En revanche, nous possédons plusieurs publications périodiques entreprises
par les principales réunions d'étudians. La Société de Lausanne publie le
Zofingien, qui porte aussi le titre quelque peu ambitieux de *Revue des sections romanes*; les étudians de Genève ont également leur journal, où l'on
n'a pas de peine à trouver des productions poétiques pleines de fraîcheur et
de grâce, ainsi que des articles en prose où la maturité de la pensée s'allie
à la précision du style. — Aujourd'hui c'est la Société des étudians de Neuchâtel qui affronte le grand jour de la publicité (publicité restreinte et modeste, puisque les journaux dont nous parlons sont autographiés). A défaut
d'un journal, dont elle a eu la sagesse de s'abstenir jusqu'à présent, elle
fait paraître une brochure intitulée : *Souvenir de la séance générale des étudians.* Cette séance, qui a eu lieu le mois dernier devant un public choisi
et nombreux, nous avait laissé des doutes sur l'opportunité de semblables
tentatives. Ces doutes, la brochure ne les dissipe pas, mais elle nous ré-
concilie avec plusieurs morceaux de vers et de prose, qui ne nous avaient
captivé qu'à demi à l'audition, et qui ne sont pas sans charme à la lecture;
plusieurs même dénotent un véritable souffle poétique chez leurs auteurs.

Certes nous ne pouvons, dans ce rapide et déjà trop long rendu-compte,
entrer dans aucun détail de critique. Mieux vaut terminer par un mot d'encouragement, et en vérité c'est bien un sentiment d'affectueuse sympathie
qu'inspirent les efforts de cette vaillante et laborieuse jeunesse, qui cherche, en dehors des entraînemens du jour, à s'approprier les dons exquis de
la science et de la poésie.

SEPPEL, OU L'INCENDIE DE LA SYNAGOGUE DE MUNICH, par Gustave Nieritz. — Traduit de l'allemand. — Se vend chez Georges Bridel, à
Lausanne, J.-P. Michaud, à Neuchâtel, veuve Beroud et Guers, à Genève. — Prix : 1 ff.

Ce doit être une réjouissante nouvelle pour les enfants entre les mains de
qui des parents, attentifs à leur développement moral, ont déjà mis les
Contes de Nieritz, que de leur annoncer l'apparition de l'un de ces charmants récits, qui captivent si vivement leur intelligence tout en déposant
dans leur cœur des germes salutaires. Chez Nieritz, en effet, les histoires
qu'il destine à ses jeunes lecteurs ne sont pas de ces insipides anecdotes
comme il n'y en a que trop, où l'on donne aux enfants un langage souvent

au-dessous de celui de leur âge, et où l'action du livre ne roule que sur d'insignifiants badinages. Ici, au contraire, il y a le nœud saisissant d'un événement dramatique, au milieu duquel se dessine vigoureusement la figure du héros, d'un enfant qui se trouve de bonne heure en contact avec les hommes et les choses, et qui, tout en gardant chacun des caractères qui distinguent l'enfance, fait preuve d'une intelligence vive et d'un cœur bien doué.

Un mérite bien rare encore des récits de Nieritz, c'est qu'ils ont pour les adultes un attrait presque aussi vif que pour les enfants. C'est ainsi que dans *Seppel*, par exemple, l'intérêt qui s'attache au développement du sujet ne se ralentit pas un instant. Un crime involontaire, commis par un trabant et sa sœur, la bonne d'enfant d'un riche capitaine de la bourgeoisie de Munich, attirent sur une pauvre famille juive que l'on accuse du meurtre, les persécutions de toute la populace et les rigueurs de la justice. Les scènes variées qui passent sous les yeux du lecteur lui font connaître les mœurs du moyen-âge et surtout la triste condition des Juifs à cette époque; mais un enseignement plus élevé ressort de tout le livre; il montre aux jeunes gens, comme le dit l'auteur, « toute la pesanteur du joug de la religion » juive, et leur fait apprécier par le contraste l'immense bonheur d'être de » vrais chrétiens..... » — « Combien souvent, dit-il encore ailleurs, n'a-t-» on pas abusé du beau nom de *liberté*! combien souvent ce mot n'a-t-il pas » servi de manteau à l'égoïsme, à l'ambition et à la méchanceté! L'histoire » du monde de tous les temps, mais surtout celle de nos jours, ne nous ap-» prend que trop que les soi-disant héros de la liberté n'ont fait que forger » de pesantes chaînes à ceux qui se laissaient prendre à leurs beaux dis-» cours et à leurs paroles dorées. » — Enfin un enseignement plus important découle encore de ces pages, c'est qu'en réalité il n'est qu'une liberté vraiment digne de ce nom, et un seul Etre au monde l'a acquise à jamais à ses disciples; cet être c'est Jésus-Christ!

H. WOLFRATH, ÉDITEUR.

LAUSANNE , CENTRE PROTESTANT

AU XVIIIe SIÈCLE.

L'article suivant a été lu par son auteur, M. Frédéric de Charrière, à la séance de la Société d'histoire de la Suisse romande, tenue
à Rolle le 7 juillet 1848. Quelques mois plus tard la mort enlevait cet
esprit d'élite à ses nombreux amis et à la science. Voici en quels
termes M. L. Vulliemin, dans un *Coup-d'œil sur les publications de
la Société d'histoire de la Suisse romande*, présenté dans sa séance
du 20 juin 1849, apprécie les qualités éminentes de M. de Charrière, et
son talent comme historien : « Les derniers mois ont été marqués pour
nous par une perte que nous avons vivement sentie. Nos yeux cherchent vainement ici Frédéric de Charrière. Ce cœur aimant et généreux, cet esprit aimable, cette grâce originale, cet amour antique et
naïf de la patrie vaudoise, ce sens juste et droit, cette intelligence
ornée de connaissances diverses et des fruits d'une patiente investiga-
tion, laisseront long-temps un grand vide dans nos réunions. J'ai vécu
dans l'intimité de Frédéric de Charrière. Je l'ai toujours vu sensible,
ouvert au bien, facile à émouvoir, et jamais je n'ai surpris chez lui un
mouvement d'irritation, une parole de haine. Je n'ai pas connu de caractère plus libre d'amour-propre. Toujours je l'ai vu consciencieux et
indulgent, sévère pour lui-même et d'une inépuisable bonté. Il se donnait, sans exiger de retour. Il était savant et ne montrait aucune prétention. Il aimait l'étude pour elle-même, et, chez lui, l'amour de l'é-
tude se confondait avec l'amour de la patrie. Il chérissait la liberté et
se plaisait, dans ses recherches historiques, à en suivre les traces.
C'est lui qui nous a révélé ce qu'ont fait les anciens monastères pour
l'affranchissement des paysans, pour l'amélioration de la culture et
pour le développement du droit communal. Après avoir écrit, les
chartes en main, l'histoire du petit empire monacal de Romainmotier,
il avait commencé celle de l'abbaye de Haut-Cret, dont les moines laboureurs ont défriché les monts de Lavaux, et celle du monastère de
la reine Berthe, à l'abri duquel ont grandi les franchises de la ville de
Payerne. Nous attendions de Frédéric de Charrière toute cette partie

de l'histoire du Pays de Vaud, qui se rattache le plus immédiatement à l'origine de nos communes et des premières franchises populaires. Ces études restent inachevées. Telles qu'elles demeurent, elles forment une belle partie du monument que vous vous efforcez d'élever à notre patrie. On y trouve, en même temps qu'une_consciencieuse exactitude, quelque chose de ce qui prêtait tant de charme à l'esprit de de Charrière, tant d'attrait à son caractère. Nous qui l'avons connu, nous aimons à y retrouver des traces de la chaleur de son cœur, de son abandon, de sa fine bonhomie, de sa douce et constante gaîté.»

Personne n'ignore que Genève a été au XVIᵉ et au XVIIᵉ siècles le centre du protestantisme français, pour ne pas dire du protestantisme en général; mais ce qui est beaucoup moins connu, c'est l'importance du Pays de Vaud et de Lausanne en particulier comme centre protestant durant tout le XVIIIᵉ siècle.

Notre histoire nous est encore si peu familière, que parfois des ouvrages étrangers nous révèlent le sens moral de faits et d'institutions jusqu'alors incompris. C'est dans l'*Histoire des Eglises du désert*, de M. Ch. Coquerel, ouvrage appuyé partout de documens authentiques, que nous allons puiser principalement.

Louis XIV touchait, en 1715, à la fin de sa vie. Après avoir fait sortir de France quatre cent mille protestants par la révocation de l'Edit de Nantes; après avoir fait périr près de dix mille réformés par le feu, la roue et toute espèce de supplices; après avoir, par les dragonnades et tous les excès d'une soldatesque barbare, plongé dans une désolation sans exemple des milliers de familles, il crut avoir atteint le but qu'il s'était proposé, la ruine du protestantisme français. Des médailles étaient frappées en mémoire de l'extinction de l'hérésie. Mais alors même le protestantisme renaissait de ses cendres par les soins d'un enfant qui, né dans le Vivarais en 1696, n'avait pas vingt ans lorsqu'en 1715 il mit la main à l'œuvre. Cet enfant, le vrai restaurateur du protestantisme en France, était Antoine Court (¹).

L'œuvre entreprise par cet homme remarquable n'était pas facile. D'une part le fanatisme, qui avait allumé la guerre des Cami-

(¹) Depuis le moment où M. de Charrière écrivait ces pages, il a paru un ouvrage qui a popularisé les noms des principaux personnages dont il est ici question; nous voulons parler des : *Trois sermons sous Louis XV*, de M. Bungener, où l'histoire du protestantisme français pendant le XVIIIᵉ siècle se trouve dramatisée avec beaucoup de vérité et de talent.

(Note de la Rédaction.)

sards, avait laissé de profondes traces, et faisait encore les plus tristes ravages dans les Cévennes. D'autre part, les protestants étaient toujours placés sous la hache d'un code de lois vraiment draconniennes, qui subsistèrent durant tout le XVIII siècle. Tout pasteur protestant découvert en France était aussitôt envoyé au gibet; tout fidèle convaincu d'avoir assisté à un culte au désert, était condamné aux galères pour la vie. Les femmes voyaient de sombres prisons se fermer sur elles à jamais; les enfants étaient enlevés et envoyés au couvent.

Et ce n'étaient pas là des lois sans application; plus de la moitié des signataires du premier Synode tenu en 1716 après la mort de Louis XIV, périrent dans les supplices. Dès 1744 à 1752 seulement, Antoine Court fait monter à plus de huit cents, dont quatre-vingts gentilshommes, le nombre des protestants condamnés, pour leur foi, à diverses peines. Les troupes étaient d'ailleurs constamment employées à faire la chasse aux assemblées, et lorsqu'une de celles-ci était découverte, elle était fusillée sans pitié. Dans une *seule* de ces surprises il y eut une trentaine de morts et deux cents blessés. Voici, enfin, un trait caractéristique : en 1744, Etienne Arnaud, de Dieu-le-Fit, fut condamné aux galères pour avoir enseigné le chant des psaumes, et on avait attaché au pilori une édition des psaumes de David et un *Nouveau Testament*. Long-temps les témoins de ces scènes affreuses existèrent dans le Pays de Vand, et les descendants de plusieurs se retrouvent encore au milieu de nous: Si nous ne nous trompons, c'est alors qu'émigrèrent les de Salgas, les de Richaud, les Bonnard, les de Montrond, les Terrisse, Fraisse, Briatte, Court, Audra, Holmède, Nogarède, Massip, Roger, Teissier, Brousson, Loire, Raffinesque, et bien d'autres encore.

On est surpris de trouver une semblable barbarie au milieu du tolérantisme et des idées humanitaires du XVIII siècle, et plus encore de ce qu'aucun philosophe, ni Voltaire, ni Montesquieu, ni Rousseau n'en dissent un seul mot; mais toute cette lutte se passait dans l'obscurité. Dans les rapports envoyés au roi on émoussait tout l'odieux de la conduite des soldats, et en général les Eglises du désert étaient fort peu connues. A la vérité, Rousseau, en qualité de citoyen de Genève, ne pouvait prétexter son ignorance; il devait connaître l'état des protestants, et c'était, semble-t-il, une belle cause à prendre en main; mais les beaux-esprits avaient vraiment bien d'autres soucis que de s'occuper de religionnaires obscurs, qui avaient la folie de prendre au sérieux les obligations de la conscience! Un esprit plus humain ne se fit jour qu'après l'assassinat juridique de Calas; c'est seulement de cet événement qu'il faut dater une réaction dans l'opinion publique en faveur de la tolérance.

Ce qui manquait surtout à l'œuvre de réorganisation entreprise par Antoine Court, c'étaient les pasteurs instruits. Il sentit donc avec ses rares collègues la nécessité d'un établissement pour en former, et dans ce but, de choisir une ville protestante hors de France, ayant une académie, des professeurs habiles, et des fidèles généreux et disposés à veiller sur la direction et sur les besoins de cette école des ministres du désert. Genève fut écarté, comme excitant trop de soupçons en qualité de centre protestant. On adopta Lausanne. Antoine Court voyagea en Suisse; on recueillit des souscriptions, et le séminaire français de Lausanne fut fondé. Berne fut son appui. Le plus profond secret fut gardé, et ce séminaire, institué vers 1730, fournit seul des pasteurs à toutes les Eglises de France pendant le reste du XVIIIᵉ siècle. Ce fut, dit M. Coquerel, l'académie étrangère de Lausanne qui sauva cette fois les Eglises protestantes du pays. Et, en effet, selon toute apparence, cet établissement empêcha seul le protestantisme de s'y éteindre ou peu s'en faut.

Bientôt Antoine Court vint lui-même s'y fixer, avec le titre de député général des Eglises, et en devint l'âme. Pour plus de sûreté la direction du séminaire et ses dépenses étaient sous l'inspection d'un second comité résidant à Genève. Ce dernier envoyait des députés pour assister aux examens et aux consécrations des étudiants qui avaient lieu après trois années d'études faites à Lausanne.

C'est le cas de réfuter une erreur très-répandue: on croit qu'un séminaire existait aussi à Genève, mais c'est à tort; au XVIIIᵉ siècle il n'existait d'autre séminaire français que celui de Lausanne, qui fournit exclusivement de pasteurs toutes les Eglises françaises.

Parmi les professeurs des premiers temps on nomme MM. Salchli, Besson, Alphonse Turretini, Ami Lullin, professeur genevois d'histoire ecclésiastique, mort en 1756; le doyen de l'établissement Georges Polier de Bottens, professeur d'hébreu et père de Mᵐᵉ de Montolieu; Ruchat, l'historien de la Réforme. — Lors de

la dissolution du séminaire, en 1812, après la fondation de la faculté de Montauban, par Napoléon, l'œuvre, toujours grande, avait
perdu quelque chose de sa pureté évangélique; le professeur Durand en était le chef par l'importance de ses services. Il avait donné
pendant 27 ans des soins réellement paternels aux jeunes Français.
On cite encore les professeurs Samuel Secretan, Fréderic Bugnon,
Daniel Levade, E. Al. Chavannes, mort en 1800, Verrey-Francil-
lon, Chavannes-Bugnon; enfin, à Genève, M. de Végobre, mort il
n'y a que quelques années.

Les séminaristes français recevaient dans l'origine vingt-quatre
livres de Suisse par mois. Il paraîtrait même que les fonds destinés, non-seulement au séminaire, mais encore aux *pasteurs* français, passaient en grande partie par les mains du comité de Lausanne, car celui-ci se chargeait de trois cent-vingt livres sur le
traitement des pasteurs, et de cent-soixante livres sur celui des
proposants du désert. Malgré les entraves de la police, les fonds
venaient ou se balançaient régulièrement de Suisse en Languedoc
par les soins d'Antoine Court, entre les mains du célèbre pasteur
Paul Rabaut, qui lui-même avait fait ses études à Lausanne vers
1740.

Lors de l'arrestation du pasteur Rochette, qui le dernier subit le
martyre avec trois frères Grenier, gentilshommes verriers de la
comté de Foix, en 1762, on trouva sur lui son attestation d'études,
datée de Lausanne du 25 octobre 1759, signée par Antoine Court,
pasteur, et par le professeur Polier de Bottens. Antoine Court, le
fondateur du séminaire et le restaurateur du protestantisme français, mourut à Lausanne en 1760. Dans l'année 1762 on renforça
les études au séminaire; on créa un lecteur pour la rhétorique et
la philosophie. On détacha de la chaire de théologie la controverse
avec l'Eglise romaine, et on en chargea le fils d'Antoine Court,
le ministre Court-de-Gébelin, auteur bien connu du *Monde primitif;* celui-ci, ne se dissimulant pas le travail qu'allait lui donner
« cette mer immense, » c'est ainsi qu'il s'exprime, déclarait qu'il
allait surtout s'appliquer à faire traiter la controverse avec dignité
et sans invectives. Toutefois dès l'année suivante, Court-de-Gébelin
alla s'établir à Paris comme agent et député des Eglises.

Ce qui est vraiment remarquable, c'est l'ombre et le silence qui
si long-temps entourèrent cet utile établissement. Le gouvernement français feignait probablement d'ignorer son existence. L'abbé

Lenfànt, jésuite, qui périt dans les massacres de septembre 1792, avait reçu des renseignements sur le séminaire d'un confident de M. de Lentzbourg, l'évêque de Lausanne : « C'est un secret dont » je n'avais jamais ouï parler, s'écrie-t-il, et je ne puis comprendre » comment il est venu à votre connaissance. »

Voici les découvertes de l'évêque. « Il existe à Lausanne un sé-» minaire distinct en tout point de l'académie qui est pour les » Suisses. Là se trouvent vingt ou ving-quatre Français protes-» tants. Ils y restent trois ans sous des professeurs distincts de ceux » de l'académie. Les uns sont consacrés par ces maîtres en chambre » privée, les autres, les Languedociens surtout, retournent chez » eux avec un acte de capacité, et prennent les ordres des mains » mêmes du synode de la province. Un comité de sept à huit per-« sonnes, laïques et ecclésiastiques, souvent les plus comme il faut » de la ville de Lausanne, soignent les personnes, les mœurs, les « intérêts de ces jeunes gens, les placent eux-mêmes en diverses » pensions, et leur donnent de trente-six à quarante livres de » France par mois. Ils ne disent point d'où ils tirent tous ces fonds » et gardent un profond secret à cet égard. M. de Bottens qui en « était jadis chef, dit un jour à un de ces jeunes français qui lui » demandait d'où provenait cet argent : *Que vous importe, pourvu* » *que vous l'ayez régulièrement?* Voilà quelques renseignements « sur cet établissement auquel la France réformée doit peut-être » plus de deux cents pasteurs, et qui est à Lausanne sans nulle ap-» probation ni protection du canton, qui ne s'en mêle point, n'en » demande aucun compte, et est sensé en ignorer l'existence. »

Ces découvertes, l'abbé Lenfant n'entendait pas les laisser oi-sives, car en 1787 encore, en reproduisant tous les argumens de l'intolérance avec une logique perfide, il dépeignait à Louis XVI cet établissement comme soudoyé par deux puissances étrangères. « Le voile du mystère qui couvre, disait-il, ces rapports entre les « ministres d'une secte essentiellement anti-monarchique et des » gouvernements républicains, suppose un projet ténébreux ; ce « secret seul suffit pour donner des inquiétudes au gouvernement. »

C'est ainsi que l'on obligeait par d'atroces persécutions les protestans français à couvrir leurs démarches d'une ombre épaisse, puis on leur faisait un grief de ce secret auquel on les avait obligés. Il faut ajouter que M. de Végobre, cet ami des Eglises, du désert, si dévoué, si respectable, qui est mort il n'y a que quèlques années à Genève, affirme que ces secours pécuniaires reçus des étrangers, n'ont jamais, même à l'époque des guerres les plus acharnées, été accompagnés d'aucune mention de services politiques à rendre. C'était une œuvre pure. C'est aussi le cas de faire remarquer que depuis la guerre des Camisards allumée par une détresse sans nom, la conduite politique des protestants français fut non-seulement sage, mais réellement admirable. Jamais ils ne se soulevèrent malgré l'oppression affreuse qui les écrasait ; jamais ils ne tendirent la main aux ennemis du dehors. C'est peut-être encore là l'exemple le plus évangélique èt le plus beau qu'ils aient donné.

Tel fut, messieurs, le séminaire de Lausanne et telle son influence. Sans lui, répétons-le, le protestantisme se fût, à vue humaine du moins, presque éteint en France. Lorsque Antoine Court commença sa courageuse entreprise, le protestantisme était comme gisant dans son sang ; c'était presque un cadavre qui ne donnait encore signe de vie que dans les convulsions et l'agonie du fanatisme. Mais bientôt il se relève... la vie et le courage rentrent en lui. Successivement, et toujours sous le feu de la plus redoutable persécution, il se réorganise dans le Languedoc, bientôt après dans le Dauphiné, puis dans le Béarn, dans la Guyenne, dans le Poitou et jusqu'en Normandie. Et telle fut l'utilité du séminaire qu'en 1763, peu après la mort d'Antoine Court, il y avait déjà près de cent pasteurs en office dans les Eglises du désert.

'On voit que cet établissement donnait une haute importance religieuse à Lausanne. La source de cette institution était française sans aucun doute : mais sa position géographique et sa direction morale étaient essentiellement vaudoise et genevoise, et son action fut immense.

Ajoutons encore qu'un pareil foyer de vie religieuse devait nécessairement réagir autour de lui. Des jeunes gens en sortaient sans cesse pour aller affronter et subir parfois le martyre ; il est difficile que le rayonnement du zèle qui les animait ne se fît pas sentir à l'Eglise vaudoise. Ce foyer ne se peut guère supposer dans un milieu entièrement mort. Nous nous exagérons donc selon toute apparence l'étendue de la tiédeur religieuse de notre pays, du moins pendant la plus grande partie du XVIIIe siècle.

Rappelons en terminant quelques faits isolés.

En 1754, un synode provincial du Haut-Languedoc, arrêta : «Que
» M. de Chezeaux, le célèbre et religieux astronome suisse, serait
» prié de travailler incessamment à un ouvrage qu'il avait promis
» de faire sur la tolérance.»

En 1757, il y eut émotion dans les Eglises de France, à l'apparition d'une lettre sur les assemblées religieuses du Languedoc.
Cette lettre, qui avait tout l'air de sortir de la plume d'un faux
frère, était du ministre Allamand de Bex. C'était une critique assez
hautaine et méprisante du culte public. Il est vrai qu'Allamand,
homme d'un esprit d'ailleurs très-distingué, n'avait du christianisme que le nom : c'était un pur esprit fort, sur lequel on peut
lire quelques détails dans l'ouvrage intitulé *Le Canton de Vaud*,
de M. Olivier, et dans l'*Histoire de la Philosophie* de Dugald
Stewart.

Enfin, voici des rapports de mœurs et de superstition étranges
entre des pays aussi distants que le Languedoc et la Suisse française : des réglemens sévères de discipline furent promulgués en
France par les synodes, sur le *rançonnement des époux*, sur ceux
qui se mêlent *de guérir les maladies d'hommes et de bêtes par
des paroles mystérieuses*, sur les charivaris, etc.

En résumé, messieurs, il est évident que la Suisse romande
entière et non pas seulement Genève, comme on le croit d'ordinaire, fut, depuis la Réforme, le levier protestant pour agir sur les
pays de langue française; et ce qui n'est pas moins remarquable,
c'est le moyen employé pour assurer le point d'appui de ce
levier. Jamais, sans la haute réputation militaire des Suisses,
jamais sans la bonne épée de Berne, la réforme n'eût pu, semble-
t-il, s'asseoir solidement ni à Genève, ni à Neuchâtel, ni à Lausanne. Il est donc vrai de dire que dans un certain sens, les
grandes journées de Saint-Jacques, de Grandson, de Morat, de Novarre, de Marignan, de Cérisoles, ont servi à l'affermissement
du protestantisme français. Tel est l'enchaînement bizarre des
choses de ce monde. Telle fut l'enveloppe, l'écorce protectrice de
l'individualité et de la liberté religieuse.

F. DE CHARRIÈRE.

UN NUAGE.

J'étais sorti de chez moi un dimanche matin pour aller au devant de mon fils qui devait me faire une visite dans mon habitation au pied du Jura. Il est superflu d'expliquer comment je me trouvais éloigné des miens dans cette demeure isolé; je me borne à dire que quelquefois, un peu fatigué de cette profonde solitude, j'étais impatient de revoir celui dont je me trouvais séparé depuis assez long-temps. .

On était, à cette époque, dans un de ces momens de crise politique par lesquelles la génération actuelle est condamnée à passer si souvent. Les lettres que j'avais reçues la veille m'annonçaient qu'un nouveau mouvement venait d'éclater à Paris. On se battait avec acharnement; rien n'était encore terminé. La société se trouvait encore menacée d'une complète dissolution. Pourrait-elle résister à des efforts si souvent répétés ? J'avais passé une pénible soirée à récapituler ce que je venais d'apprendre et à en examiner les conséquences en les portant au pis, comme il arrive souvent. Sans être personnellement en jeu dans les événemens, ils pouvaient cependant m'atteindre de tant de manières ! Je me laissais entraîner aux plus sombres tableaux. Une occupation, un peu de société, la voix d'un ami eussent suffi pour me ramener à des idées moins sombres; mais j'étais seul, en proie à mes conjectures. Il faut pardonner à un esprit, fatigué par les années et par les vicissitudes de la vie, de ne pas conserver son équilibre.

Le matin, l'interruption forcée de mes pensées et la bienfaisante lumière du jour avaient amorti les préoccupations de la veille, ou plutôt je ne m'en occupais pas, tout entier au bonheur que j'attendais. Pour apercevoir Emile plus vite, j'allai me placer sur une colline qui domine la route. Le soleil n'avait pas encore paru lorsque je pris mon poste d'observation. Une zône lumineuse l'annonçait, de légers nuages roses flottaient dans le ciel, tout promettait une belle journée. Un souffle léger, venant de la montagne, rafraîchissait ma tête apesantie par les pénibles rêveries de la nuit.

C'est là-bas, pensais-je, que je le verrai, dans une heure, dans une demi-heure peut-être; avec cette douce attente, je cédai à l'impression de paix de tout ce qui m'entourait, je voyais le bonheur dans ces belles campagnes et dans ces demeures heureuses du jour du repos. Là on ne s'occupe pas des révolutions, à peine le bruit lointain de la chute des trônes y parvient-il. Tout proclamait autour de moi la puissance et la bonté de Dieu, la feuille qui s'ouvrait humide de rosée, l'insecte rampant à mes pieds, comme l'astre brillant que j'allais voir paraître. Pourquoi donc se laisser aller à des craintes prématurées, qui peut-être ne se réaliseront jamais? Une longue expérience ne m'a-t-elle pas appris combien est vaine la prévoyance des hommes, combien elle est inutile. C'est à la pensée d'une protection supérieure qu'il faut s'attacher pour rendre nos momens de bonheur plus durables, et c'est près d'elle qu'un être faible et dépendant doit s'abriter contre la crainte de maux qui n'existent encore que dans son imagination.

Malheureusement je vis alors qu'un amas de nuages voilait le soleil à son lever; les teintes riantes que j'avais admirées avaient disparu; tout était changé; les cimes du Jura étaient grises, le ciel décoloré, les oiseaux ne chantaient plus, la campagne me parut déserte. Je crus même voir l'approche de la pluie. Le mauvais temps contrarierait Emile, l'empêcherait peut-être de se mettre en route. Le pauvre garçon serait privé d'un plaisir qu'il attendait depuis long-temps, et ce jour serait pour moi une journée d'ennui et d'amer mécompte.

Alors tout ce que je voyais prit un autre langage. Ces braves gens qui s'étaient promis une distraction aux travaux de la semaine allaient être retenus dans leur obscure demeure. Que de parties de plaisir ajournées! Mais il est rare qu'en s'attendrissant sur les maux d'autrui on ne soit pas assez promptement ramené à ses propres sentimens. Les sombres pensées de la veille et de la nuit qui m'avaient accordé quelque relâche, vinrent tout-à-coup m'assaillir, faisant payer chèrement le répit qu'elles m'avaient donné. Je retombai dans mes désolantes récapitulations. Quelle affreuse secousse, que de sang, que de ruines! Quelle main serait assez puissante pour soutenir l'édifice social contre des attaques si répétées? Je vis ma position complètement changée, je vis l'Europe entière qui croulait, et Emile, cet enfant, objet de tant de sollicitude, sans position et sans soutien après moi.

Ne l'a-t-on pas observé : quand une fois l'esprit est ébranlé, la porte s'ouvre à tous les soucis, à toutes les suppositions. Après les inquiétudes qui peuvent être légitimes, arrivent celles qui n'ont pas le sens commun. Je pris tout-à-coup des craintes pour la santé de mon fils. Ne serait-il pas possible que loin de moi il fût souffrant et malade? Que serait-ce si c'était non la pluie mais une grave indisposition qui le retînt? Dans ce moment je portai avec anxiété mes regards du côté où il devait arriver, personne sur la grande route, pas un char, pas même le bruit d'une voiture dans le lointain. Non! pensai-je; il ne viendra pas, et je resterai dans l'incertitude sur la cause qui l'a empêché de se mettre en route. Dévoré par mes suppositions, je m'imaginai.... Ah! s'il en était ainsi, il ne fallait pas perdre de temps, il fallait tout de suite se procurer une voiture et courir..... Mais quelle faiblesse! et que deviendrai-je si je me laisse envahir par toutes les suppositions ridicules qu'il plaît à mon méchant esprit de me présenter?

Dans cette douloureuse anxiété, je m'assis sur les débris d'une ancienne muraille qui couronne la colline. C'étaient, disait-on, les restes de fortifications élevées au moyen-âge contre les irruptions des barbares. On avait trouvé près de là des armes, des ossements, des tombeaux ; ce sol rappelait de grands malheurs, des temps de ruine et de destruction. Un vent froid soufflait mélancoliquement dans les branches de quelques chétifs arbrisseaux ; pas un cri, pas une figure humaine, pas même un oiseau dans la campagne attristée. Une vieille femme seulement, courbée par la misère, ramassait à quelques pas de moi des débris de bois mort, en fredonnant une espèce du chant monotone. Elle trssaillit en m'apercevant. — Vous n'êtes pas le garde champêtre, me dit-elle, voyez, monsieur, je ne prends que des épines qui ne sont bonnes à rien. C'est pour ma fille qui est bien malade.

— Votre fille est malade?

— Une pauvre femme qui depuis deux ans n'a pas quitté son lit, et avec cela deux petits orphelins. Elle demeure là au bas du coteau.

Cette maison, qui se groupait au milieu des arbres au haut d'une verte pelouse, je l'avais distinguée dans le moment où je voyais tout en beau : j'y avais placé une famille heureuse, un gai repas matinal, de l'aisance, des idées de bonheur. Ah! la vie! la vie! m'écriai-je avec angoisse, le passé, le moment présent, l'avenir,

tout est également triste et menaçant. Cachant mon visage dans
mes mains pour ne rien voir, je me laissai aller à de désolantes
pensées.

Tout-à-coup les mots : *Mon père! mon père!* frappent mon
oreille. Je me lève et je vois Emile qui gravit en courant la colline.
J'étais dans ce moment si loin de la pensée de le voir, que mon
premier sentiment fut une extrême surprise. Comment se faisait-il
que dans l'affreux bouleversement où m'avait amené ma sombre
méditation, cet enfant me fût resté?

— Emile, serait-ce toi?

— Eh oui! c'est moi. Embrassez-moi mon père. N'êtes-vous pas
content de me voir? Ne m'attendiez-vous pas? Vous me l'aviez
permis : vous vous en souvenez.

— Tu n'es donc pas malade?

— Mais pourquoi serais-je malade? Qui a pu vous dire?...

— Personne, cher enfant, personne. C'est une supposition ridicule. Je vois, grâce à la bonté de Dieu, qu'il n'en est rien, absolument rien. — En effet, son regard, son visage rayonnaient de
joie et de santé. L'exercice qu'il venait de prendre ajoutait à l'a-
nimation de ses traits. Je le regardais, je l'embrassais, n'osant
croire tout-à-fait à la délicieuse apparition qui venait faire crouler
le triste échaffaudage de misères que j'avais pris peine à construire. Le murmure d'une source donne moins de bonheur au malheureux perdu dans des sables brûlans que cette voix pure et gaie
n'en avait porté dans mon cœur. Alors nuages sombres, craintes
de l'avenir, funeste pressentiment sur les destinées humaines dis-
parurent comme balayés par le vent.

— Cher enfant! comment as-tu pu arriver jusqu'ici?

— Je suis venu à Nyon par la diligence. De là je n'ai pas mis une
demi-heure. Je vous voyais de loin, je vous appelais depuis long-
temps, mais vous ne vouliez pas me répondre.

— Tu es parti de grand matin?

— A quatre heures. Il faisait à peine jour. Et cependant je ne
m'étais couché qu'à minuit. Hier c'était la fête de M. Richard, et
nous avons joué la comédie à la pension. Combien nous nous
sommes amusés! Il y a un élève qui est si drôle, si drôle! Il avait
une immense perruque. C'étaient des rires dans toute la salle. Je
vous le raconterai à la maison.

— Et des nouvelles? M'apportes-tu des nouvelles?

— Excellentes, dans quinze jours on aura une semaine ʹde congé. Je viendrai la passer ici.

— Une semaine! dis-je en posant mon bras autour de son cou, et tu prétends rester long-temps avec moi.

— J'ai encore une demande à vous faire. Il y a à la pension un jeune étranger que j'aime beaucoup; il demeure trop loin pour retourner chez lui, je lui ai promis de vous.....

— Mais, pauvre garçon! tu me parles toujours de ta classe. Ce sont des nouvelles politiques que je veux.

— Oh! je pense que tout va bien!

— Tu le crois? je serais tenté de le croire aussi ; car depuis l'arrivée d'un homme aussi bien informé que toi, je me sens presque complétement rassuré. Cependant on écrivait qu'à Paris une affreuse insurrection.....

— Attendez, je crois avoir entendu que l'on se battait depuis deux jours.

— Tu n'en sais pas davantage, ce ne serait pas cependant une petite affaire.

— Nous étions si occupés de la fête, que je n'y ai pas fait grande attention.

— Quoi qu'il en soit, Emile, c'est un grand bonheur de te voir, je ne t'attendais plus aujourd'hui.

— Mais pourquoi?

— Le mauvais temps, la pluie.

— La pluie, dites-vous, mon père, la pluie?... regardez!

Le nuage n'y était plus, le soleil répandait dans la vallée des flots de lumière, les oiseaux chantaient, les cloches de vingt villages se mettaient en mouvement. Sur toutes les routes des promeneurs, des groupes, des chars, des troupeaux.

— Voyez notre maison, comme elle est joliment éclairée au milieu des sapins. Voilà la fumée qui se détache sur la montagne, elle m'annonce que Jeannette pense à notre déjeûner; je n'en suis pas fâché, car je meurs de faim. Mes chardonnerets, comment se portent-ils? Et l'âne, et mon jardin? Oh! que je me réjouis de voir tout cela.

Mon cœur était plein de joie. Les affaires de Paris, pensai-je, s'arrangeront comme elles pourront. Au fond, je suis persuadé que ce ne sera qu'une bourrasque, dont on se tirera comme de tant d'autres.

G. M.

L'OCÉAN

ET SON ROLE DANS LA NATURE. (¹)

De quelque côté qu'on envisage l'océan, soit que notre regard se perde dans son immensité sans limites et sans repos, soit que notre intelligence l'étudie comme un agent des puissances de la nature ; détermine le rôle qu'il a joué dans l'histoire de notre planète, ses rapports avec l'histoire naturelle, comme siége principal de la vie animale, ou enfin, au point de vue historique et économique, signale son influence sur la civilisation et sur le développement de l'humanité, toujours il fait sur notre esprit une grande et forte impression.

Nous avons l'intention de l'examiner sous ces aspects divers; mais d'abord nous croyons convenable de dire quelques mots sur ses rapports avec l'humanité, sur la manière dont les différentes nations l'ont considéré depuis les commencements de l'histoire.

On peut dire qu'il y a, entre le liquide élément et notre nature intime, une affinité profonde, indépendante de toute condition extérieure, puisqu'on la retrouve également chez l'homme sauvage et chez l'homme civilisé (²). L'impression produite naturellement par le spectacle des eaux devient plus vive dès qu'elle se joint à l'idée d'étendue. Sous la forme de l'océan, elle est alors l'emblême de tout ce qui est vaste, illimité, incommensurable. Nous l'adoptons immédiatement comme la plus sensible image de l'infini.

(¹) L'article dont nous donnons ici la traduction est de M. E. Desor, que nos lecteurs n'ont certainement pas oublié. Cet article, écrit en anglais, a été publié par une Revue américaine de Boston.

(²) Ceux qui vivent sur le bord de la mer, d'un lac ou d'un grand fleuve, ont souvent observé des enfants, même ceux d'un caractère étourdi et gai, demeurer de longues heures immobiles à regarder l'eau.

C'est, comme l'a dit un poète, *l'infini visible qui fait sentir aux yeux les bornes du temps et entrevoir l'existence sans bornes.*

Il serait sans doute intéressant, au point de vue philosophique, de rechercher pourquoi cette image est si naturelle et si généralement reçue. Il est évident que l'*étendue* seule ne la peut suggérer, puisque d'autres scènes du monde, un désert, une prairie, dont les dimensions, sans égaler celles de l'océan, dépassent néanmoins de beaucoup les bornes de notre vue, ne nous impressionnent pas de la même manière. La vivacité des impressions océaniques n'est pas non plus leur caractère frappant. Celles que produisent les hautes montagnes, les glaciers, les grandes cascades, ne sont pas moins fortes, souvent même elles ont quelque chose de plus excitant. Mais cette émotion est d'une nature toute différente. Ce qui nous frappe et nous touche ici, c'est, outre la grandeur des formes, ce qu'elles ont de défini, leur profil distinct, leur contraste avec les objets environnants, en un mot leur individualité.

L'océan n'a pas de forme définie, pas d'individualité : pour cette raison il ne peut être décrit, et c'est précisément dans cette absence de forme saisissable que nous devons chercher le secret de son action sur nous.

S'il est vrai que la forme solide, avec ses contours décidés, — un cristal, par exemple, — soit la plus parfaite expression de la matière, la forme liquide, au contraire, toujours dépourvue de ce qui fait une ligne fixe et précise, toujours changeante, toujours *impressible* dans toutes ses parties, ne doit-elle pas nous rappeler, jusqu'à un certain point, cette essence insaisissable que nous sentons vivante en nous, qui est le fondement de notre organisation, et qui n'a également ni forme ni limite ?

« *Essayer de peindre l'océan, c'est essayer de peindre une âme,* » a dit un critique éminent. Cependant il y a dans l'océan une beauté réelle, une réelle poésie, en quelque sorte pressentie par tous les enfants, mais que peut seul comprendre le voyageur qui, du sommet d'un rocher élevé, a contemplé longtemps les brillantes et chaudes couleurs des cieux se confondant à l'horizon avec le ton doux et tranquille de la surface des ondes, ou celui qui, dans une tempête, a suivi tout un jour la forme à la fois arrêtée et mobile des vagues, à mesure qu'elles s'évanouissent et qu'elles se remplacent dans une succession sans fin. Celui-là encore qui a vu sur l'océan des Tropiques, par une belle nuit d'été, les étoiles resplendissant d'un même éclat à la surface des abîmes et dans la voûte céleste, peut comprendre pourquoi les anciens avaient fait sortir de la mer la déesse de la beauté.

Ce charme naturel est une raison suffisante de l'intérêt qui s'attache à tout ce qui regarde l'océan ; intérêt ressenti par les hommes même qui n'en ont qu'une idée confuse, et qui fait oublier au chasseur de chamois l'attrait et les dangers de ses montagnes, au pionnier les sentiers de ses vastes forêts, en écoutant les récits du marin qui leur redit les merveilles de l'océan. Les aventures d'Ulysse elles-mêmes auraient-elles le même charme, sans ses luttes contre les vagues et contre la tempête ?

Admettant ainsi un rapport direct entre notre nature intime et la mer, nous ne devons plus nous étonner de cette influence bienfaisante qui se montre jusque dans les dispositions généreuses, dans le caractère franc et ouvert, quoique rude, du simple matelot. L'océan est véritablement un ami pour l'homme. Non-seulement il procure des plaisirs à celui pour qui la vie a des sourires, mais il a des consolations pour le malheureux. L'âme souffrante trouve en lui l'assurance instinctive qu'il y a quelque part des espaces semblables où pourront librement se déployer les puissances de son expansive sympathie.

Cette affinité mystérieuse nous explique l'importance que les différentes cosmogonies donnaient à l'Océan, et nous fait comprendre pourquoi la plupart d'entr'elles s'accordent à le regarder comme l'origine de toutes choses. Suivant la mythologie hindoue, Brahma fit sortir la terre de l'océan en frappant ses flots avec le mont Mérou. Homère représente l'océan comme la source de tout ce qui existe :

Ὠκεανοῦ, ὅςπερ γένεσις πάντεσσι τέτυκται *(Iliade* XIV, 246.)

et des dieux eux-mêmes ; il l'appelle le père des Dieux :

Ὠκεανόν τε, θεῶν γένεσιν καὶ μητέρα Τηθύν *(Iliade* XIV, 201.)

La même idée se reproduit plus tard, dans les écoles philosophiques de la Grèce, surtout chez les Eléates et les Ioniens, qui considéraient l'eau comme l'élément primitif de tous les êtres. Nous savons aussi que les Stoïciens représentaient Neptune comme l'esprit de l'univers manifesté dans le liquide élément.

Κατὰ τὴν εἰς τὸ ὑγρον διατασιν *(Diog. Laert.* VII, 147).

Chez les tribus indiennes de l'occident, nous retrouvons la
même pensée : dans leur tradition, le Grand-Esprit, sous la forme
d'un castor, apporte des profondeurs de l'Océan une *bouchée* de
terre, avec laquelle il bâtit une île, et cette île devint ensuite le
continent américain.

Quand les nations de l'antiquité eurent atteint un certain degré
de civilisation et essayé de personnifier les forces de la nature,
elles assignèrent un rang éminent à l'Océan. D'après la position
topographique des peuples, et les avantages ou les inconvénients
que la mer avait pour eux, ils l'envisageaient quelquefois comme
une divinité propice, et quelquefois comme une puissance ennemie. Pour l'Egyptien qui trouvait sa prospérité dans le Nil et dans
ses inondations périodiques, Osiris ou le Nil était le dieu bienfaisant, et Typhon (à la fois la mer et le désert) la divinité hostile,
l'élément destructeur, dont les invasions étaient redoutées comme
les plus grandes calamités. Pour les Phéniciens qui attendaient leur
fortune des flots, l'Océan devenait le génie tutélaire, et l'histoire
nous apprend que ces hardis navigateurs avaient coutume d'offrir
de nombreux sacrifices au dieu de la mer, avant de s'embarquer
pour leurs expéditions aventureuses. Les Grecs plaçaient Poseidon
(le dieu de la mer) parmi les divinités protectrices de l'Hellade,
et Neptune, chez les Romains, comptait un grand nombre de
temples où des sacrifices de toutes sortes lui étaient offerts.

Dans la mythologie scandinave les divinités océaniques ne tiennent pas un rang si élevé. Ran ou Rana, la déesse de la mer, est représentée sous la forme d'une vieille femme effrayante : elle vit
au fond de l'océan et s'empare sans miséricorde de tous les malheureux naufragés. Son mari, le dieu Æger, est plus particulièrement l'emblême de la mer en tourmente. Il était, à ce qu'il paraît, redouté aussi des anciens Bretons, et, suivant Carlyle, il existe
encore des traces de cette tradition dans quelques parties de l'Angleterre. Les pêcheurs du Nottingham, quand la violence du vent
repousse la mer dans la rivière *Trent*, disent : *Voilà Æger qui
vient.*

Les principales mythologies (celles des Egyptiens, des Phéniciens, des Grecs, des Romains), sont nées sur les rivages d'une
mer intérieure. Cette circonstance amena bientôt ces peuples à
faire une distinction entre l'Océan ('Ωκεανός) et la mer (Πόντος),

c'est-à-dire la Méditerranée. L'Océan était pour eux un fleuve immense entourant également la terre et la mer, mais sans mêler ses ondes à celle-ci. C'est ainsi qu'il est représenté sur le bouclier d'Achille. Nous retrouvons la même image dans les poètes grecs plus modernes, et jusque dans le Prométhée d'Eschyle, écrit à une époque où les connaissances géographiques en avaient dès longtemps démontré l'absurdité (¹).

Il était naturel que l'Océan, ainsi séparé de la mer, apparût aux anciens sous un aspect plus vague, quoique non moins imposant. Suivant Homère, c'est la source première d'où découlent toutes les eaux de l'univers, celles des fleuves, des rivières et des ruisseaux, aussi bien que celles de la mer (Iliade XXI, 196). Le mythe du vieil Océan, quittant son palais au bord du grand fleuve, aux extrémités de la terre, pour épouser sa sœur Thétis, repose sur la même idée, puisque cette union devait produire toutes les rivières de l'Europe et de l'Asie. Le soleil sort le matin du palais de l'Océan; il retourne s'y coucher le soir (Iliade VIII, 485; XVIII, 240); sur ses vagues sommeille le crépuscule (Iliade, XIX, 1 ; XXII Odyss. 197), et les étoiles se baignent dans son sein (Iliade V, 6) à l'exception d'une seule, l'étoile polaire (Iliade XVIII, 489; Odyssée, V, 275).

Disons maintenant un mot de l'océan dans ses rapports avec la nature animée.

Ce serait une grande erreur de considérer l'océan comme stérile et désert; depuis long-temps les naturalistes ont reconnu au contraire qu'il est le principal siége de la vie animale. Sans doute la terre a des animaux plus parfaits, notre espèce surtout, et c'est pourquoi nous sommes naturellement portés à rattacher plus étroitement l'idée de vie au nom de cette mère commune qu'à celui de l'océan. Moins uniforme d'ailleurs, la terre présente de plus favorables conditions au développement d'une variété plus grande de fonctions et d'organes, parmi lesquels il en est que nous regardons volontiers comme essentiels à la vie animale, par exemple la faculté de prononcer des sons et d'exprimer de cette manière des sensations de plaisir ou de peine. Or, presque tous les animaux

---

(¹) C'est Hérodote qui, le premier, combattit l'idée de considérer l'océan comme un fleuve, en disant qu'il y avait de vastes mers au midi et à l'occident, mais qu'on ne savait rien du nord.

marins sont muets, et leurs sens sont en général moins délicats ; leurs moyens de locomotion moins parfaits que ceux des animaux qui vivent sur la terre.

Cependant il ne faut pas oublier que, pour le nombre des espèces, aussi bien que pour celui des individus, l'océan, l'eau du moins, l'emporte de beaucoup sur la terre, de sorte que le total de vie est infiniment plus considérable dans l'eau. Les zoologues divisent généralement le règne animal en treize classes ([1]). Eh bien ! il en est *six* exclusivement aquatiques : les trois classes du genre des *Radiés*, les Méduses, les Echinodermes et les Polypes, qui tous appartiennent à la mer, à l'exception de quelques Polypes d'eau douce. Dans les Mollusques, deux classes sont aussi complètement aquatiques, et chez les Vertébrés, il y a la grande classe des Poissons. — Il n'est enfin aucune des sept autres classes, sauf celle des Oiseaux ([2]) qui ne contienne quelques espèces aquatiques. Les mammifères ont l'ordre important des Baleines; celui des Reptiles, les Tritons et beaucoup d'espèces du genre des grenouilles; les Insectes, un très-grand nombre d'insectes d'eau: les Crustacés ou Crabes, les Vers et les Limaçons sont encore pour la plupart aquatiques: ainsi dans l'état présent de la science, on peut affirmer que les deux tiers du règne animal sont aquatiques, et cette proportion ne peut manquer de s'accroître, les races marines étant beaucoup moins connues que les races terrestres. C'est aux premières aussi qu'il faudrait joindre, ou à-peu-près, toutes les espèces fossiles ; — mais nous n'en parlons pas ici.

Quiconque a vu dans une mer tranquille et claire la quantité d'animaux de toutes sortes, crabes, limaces, vers, étoiles, polypes, qui vivent parmi les herbes, peut se faire une idée de ce que cachent les demeures sous-marines. Un voyageur distingué (Darwin) a remarqué que nos forêts les plus habitées sont des déserts en comparaison des régions correspondantes de l'océan. Et ces animaux que nous pouvons suivre, observer dans leur élément lorsqu'ils sautent, courent, nagent, s'échappent, tournent,

([1]) Mammifères, oiseaux, reptiles, poissons, crustacés ou écrevisses, insectes, vers, céphalopodes ou seiches, gastéropodes ou limaçons, acéphales ou bivalves, Meduses, échinodermes (oursins et étoiles de mer), et polypes.

([2]) On reconnaît si un animal est aquatique ou terrestre par l'élément dans lequel il est né. Les oiseaux ne déposant pas leurs œufs dans l'eau, on peut donc les considérer avec certitude comme animaux terrestres, bien que plusieurs espèces vivent presque exclusivement *sur* l'eau.

rampent, se balancent parmi les herbes, ne sont rien en comparaison de cette multitude de créatures infinies et imperceptibles aux yeux (les *infusoria et les foraminifera*), dont le nombre grossit tous les jours par les études au microscope, et qui tous sans exception sont aquatiques. La simple aigrette d'une algue, un faisceau de polypes sont des forêts tout aussi couvertes d'animaux qu'un bas-fond avec ses plantes touffues le paraît à l'œil nu. Ces petits animaux ne sont pas comme les plus grands, limités aux rivages et aux bancs de sable; on les trouve jusque dans les plus grandes profondeurs de l'Océan, là où nulle autre espèce, à ce qu'il semble, ne peut subsister. M. le professeur Bailey a reconnu plusieurs espèces nouvelles d'*infusoires* dans du limon pêché sur les côtes des Etats-Unis, à une profondeur de plus de six mille pieds; et, suivant Ehrenberg, non-seulement chaque mer, mais jusqu'à un certain point, toutes les différentes profondeurs de l'océan ont des espèces particulières qu'on ne trouve pas ailleurs.

. Le nombre des individus dans les espèces marines n'est pas moins remarquable. Il suffit pour en être frappé de réfléchir un instant à la quantité de poissons, turbots, soles, maquereaux, morues, harengs, etc., au nombre de langoustes, homards, crabes, coquillages, etc., qui sont pris tous les ans sur les côtes des Etats-Unis et sur celles de l'Europe. Et pourtant en dépit de cette effrayante et périodique destruction, toujours on en retrouve en nombre égal.

La phosphorescence de la mer est une autre preuve de l'immense quantité d'animaux qu'elle renferme. Pour s'en faire une idée, il faut voir, dans une belle nuit d'été, la mer étinceler à chaque coup de palette des roues d'un bateau à vapeur, comme un fer rouge sous le marteau, et s'assurer par un examen attentif que chaque étincelle est un petit animal. Il faut voir aussi, pendant le jour, la mer se couvrir de ces charmantes, petites, et transparentes créatures de la classe des méduses (Beroe, par exemple), et se souvenir que ces petits êtres sont la seule nourriture des plus grandes baleines. Enfin, je dois rappeler à l'esprit ces îles de corail des mers méridionales, véritables archipels construits par des animaux du genre des Polypes, si petits que plusieurs d'entr'eux sont presque microscopiques.

La variété des espèces n'est pas moins prodigieuse à de grandes profondeurs. Dans une excursion sur les bas-fonds de Nantucket, il suffisait de jeter la drague pour retirer une riche collection d'animaux marins, appartenant la plupart à des espèces nouvelles, ou du moins qui n'avaient pas encore été décrites de ce côté de l'Atlantique. Parmi les espèces ainsi obtenues, il en est une qui mérite une attention particulière, comme exemple de l'incalculable somme de vie animale existant dans les abîmes de l'océan. Elle appartient au genre connu des naturalistes sous le nom de *Salpa*. Ce sont de petits animaux de la grandeur d'une petite fève, gélatineux, transparents, et, ce qui est leur particularité la plus frappante, attachés l'un à l'autre en double rang, de manière à former de longues guirlandes qu'on appelle *Colonies,* et qui ressemblent à des colliers de cristal. Ces curieux animaux n'avaient jamais été remarqués sur cette côte. Les premiers qui furent pêchés au détroit de *Vineyard*, apparaissaient isolément. Quelques semaines plus tard, pendant le mois de septembre, le vaisseau étant à l'ancre dans la baie de Nantucket, immédiatement après une forte averse, la surface de l'eau fut soudainement couverte de corps allongés comme de longs vers transparents. Le pilote, interrogé sur ce phénomène, assura que c'était le frai du poisson bleu (*Temnodon saltator*, Cuv.) qui s'élevait à la surface après une pluie chaude, ainsi qu'il l'avait observé plusieurs fois. Quelque naturelle que parût cette explication, à cause du grand nombre de ces poissons qui viennent à cette saison frayer dans la baie, elle ne pouvait satisfaire complétement le naturaliste qui se trouvait à bord du vaisseau. Il voulut étudier mieux ce prétendu frai, et s'en procura plusieurs cordons. Quelle ne fut pas sa surprise en trouvant qu'il n'avait pas sous les yeux des œufs de poisson, mais des êtres complets, vivants, qui non-seulement se mouvaient par des contractions successives, mais encore, en raison de leur grande transparence, lui permettaient d'examiner de la manière la plus distincte la circulation au dedans de leurs corps! Cet étrange phénomène s'évanouit subitement au coucher du soleil; quelques jours après il se renouvela dans de plus grandes proportions encore, et on pouvait l'observer à une profondeur de cinq pieds. Une évaluation modérée peut porter le nombre des guirlandes à cinquante par pied carré, et comme chacune compte au moins trente individus, leur nombre total par mille carré n'était pas au dessous de 500,000,000,000, sans compter les individus isolés (¹).

_____

(¹) Les salpas font partie de ces animaux chez lesquels on a observé ce

Ce fait, en nous présentant un exemple de la prodigieuse quantité des êtres invisibles qui vivent au fond de la mer, nous permet, en même temps de concevoir comment les baleines qui, autrefois, nous le savons, vivaient en grand nombre dans ces parages, y trouvaient une ressource abondante pour leur nourriture, en l'absence de ces autres animaux également gélatineux (*Beroe* et *Pteropodes*), dont elles se nourrissent dans les régions plus septentrionales.

Si nous remarquons que chaque espèce marine est circonscrite dans des limites qu'elle ne dépasse jamais, en d'autres termes qu'elle est soumise à des lois de distribution et d'association aussi précises, si ce n'est plus, que celles qui président à la distribution des espèces terrestres, nous reconnaîtrons que pour le zoologue aussi bien que pour le philosophe, les conditions de la vie aquatique et les accidents particuliers du lit de l'Océan qui modifient ces conditions, ne sont pas moins importants à connaître que tout ce qui a rapport à la terre-ferme.

Une autre réflexion augmente encore l'intérêt de ces recherches. C'est principalement par l'étude des animaux marins, et de toutes les conditions de sol, de température, de climat, de profondeur sous lesquelles ils vivent, que nous pourrons juger des conditions de la terre dans les époques géologiques primitives, autant du moins que l'on peut comparer les débris des espèces fossiles, leur réunion, leur distribution au travers des couches du globe, avec les espèces analogues encore vivantes.

L'océan a aussi une grande importance au point de vue botanique. Quoiqu'il soit vrai que les plantes marines soient moins nombreuses et moins variées que les plantes terrestres (la terre étant le principal siége de la vie végétale), il y a néanmoins des groupes entiers de plantes qui vivent dans l'eau, comme les Algues et les Fucus.— De même que dans le règne animal, les espèces aquatiques appartiennent aux rangs inférieurs. Les polypes et les algues, les derniers des animaux et les dernières des plantes, vivent exclusivement dans l'eau. Dans le liquide élément les deux règnes se rencontrent. On y trouve également ces semences de Confervées,

bizarre mode de reproduction connu sous le nom de *génération alternative*. Les petits ne sont jamais semblables à leurs *parents* mais à leurs *grands-parents* ; ainsi les salpas, réunis en cordons, produisent des salpas isolés tout-à-fait différents par leur forme, et ceux-ci à leur tour en produisent qui forment les guirlandes.

qui tournent comme les infusoires, et ces animaux qui ont toutes les apparences d'une plante, d'une racine, d'une tige, d'une branche, et dont les fleurs sont des êtres vivants. L'étude comparative de ces formes océaniques peut seule faire comprendre les rapports qui existent entre les deux règnes, et résoudre peut-être un jour la grande question qui a si long-temps divisé les savants ; je veux dire celle de savoir où est la limite entre les plantes et les animaux, si toutefois elle existe.

L'infériorité des espèces marines et aquatiques n'est pas simplement une règle générale applicable aux grandes divisions : elle se retrouve jusque dans les détails. Non-seulement pris dans leur ensemble et comme formant un tout, les plantes et les animaux de mer sont au dessous des animaux et des plantes terrestres, mais encore si nous portons notre attention sur ces groupes, classes, ou genres, qui ont à la fois des espèces dans les deux éléments, nous retrouverons généralement la même loi observée. Ainsi parmi les mammifères, les baleines tiennent incontestablement le dernier rang : les tritons et les grenouilles parmi les reptiles; parmi les insectes, il en est de même; et sans aucun doute, le petit nombre de limaçons qui vivent sur la terre sont supérieurs aux nombreuses tribus aquatiques. Il ne faut pas oublier non plus que dans les espèces qui, par suite d'une métamorphose, changent de conditions d'existence et passent d'un élément dans l'autre, le progrès va constamment de l'eau à la terre. Le têtard, exclusivement aquatique, respire par le moyen de branchies, tandis que, transformé en grenouille, il est pourvu d'un appareil respiratoire complet. Les mousquites sont d'abord de petits et informes vers vivant dans l'eau, puis ils deviennent ces insectes sans repos qui remplissent l'atmosphère. On ne connaît pas d'exemple d'un animal devenant aquatique dans son état parfait, après avoir vécu sur terre dans un degré inférieur. Le progrès se dirige invariablement dans un sens différent. Ce point devient plus important si l'on se souvient que les premiers êtres et les premières plantes qui parurent sur la terre à l'époque primaire ou palæontologique étaient aquatiques, et que ce n'est que plus tard (à l'époque de la formation du charbon) que l'on trouve pour la première fois des animaux et des plantes terrestres.

De quelque côté que l'on envisage les lois de la création organique, soit dans sa distribution actuelle sur la terre et dans les eaux,

soit dans sa distribution au travers des âges géologiques, soit
enfin dans les révolutions physiologiques de quelques espèces d'a-
nimaux, on est sans cesse ramené à l'élément liquide comme au
point de départ de tout progrès. Nous pouvons donc dire que
les investigations modernes vont toutes à confirmer cette grande
idée vaguement pressentie par les poètes et les philosophes anciens,
lorsqu'ils appellent l'océan la source de toutes choses.

Nous allons maintenant considérer l'océan au point de vue physique et géographique.

La mer couvre plus des deux tiers de la surface de notre globe:
sa distribution est importante à étudier : nous savons que loin
d'être également répartie, il y a au contraire à cet égard la plus
grande diversité. Il semble que la terre a été resserrée autour du
pôle nord, tandis que la partie opposée de la sphère est presque
toute couverte par les eaux. L'hémisphère septentrional pourrait
être appelé continental, l'autre mérite le nom d'océanique.

Des rapports de la mer et de la terre, de la manière dont ce
grand corps d'eau salée est séparé par les continents, il est résulté
plusieurs bassins désignés sous le nom d'*océans :* l'océan Atlantique, l'océan Pacifique, l'océan Indien. A certains égards ces bassins peuvent être regardés comme de simples golfes du grand réservoir du pôle sud.

Chacun de ces océans a un caractère propre, indépendant des
particularités qui lui viennent du climat et des animaux qui vivent
dans son sein. Le trait principal de l'océan Pacifique est évidemment dans le nombre infini des îles et des archipels dispersés sur
toute son étendue. Au contraire l'océan atlantique a peu d'îles,
mais ses rivages sont plus variés ; nul autre ne se combine avec la
terre d'autant de manières ; nul autre n'offre autant de promontoires s'avançant dans la mer, autant de golfes et de rades pénétrant dans les terres. Il présente par cette raison un grand développement de côtes dans un espace restreint, comme on le voit aux
États-Unis et plus encore en Europe, ce qui a eu une influence marquée sur la civilisation. L'Atlantique est en outre remarquable par
son grand nombre de mers intérieures. Bien que liées encore à
l'océan, ces mers sont néanmoins si complètement entourées de
terres, qu'elles se dérobent, jusqu'à un certain point, à son influence, et qu'elles ont ainsi une physionomie particulière : la Bal-

tique par exemple et surtout la Méditerranée. On peut y ajouter la baie d'Hudson et le golfe du Mexique. Moins caractérisé que les deux précédents, l'océan Indien prend cependant de ses longues péninsules un trait individuel qui n'est pas sans importance pour la navigation.

Une étude attentive ne doit pas s'arrêter à la forme et à l'étendue de l'océan : sa profondeur mérite aussi d'être examinée. On peut dire, comme règle générale, qu'elle est moins grande près des côtes. Celles des Etats-Unis sont bordées dans toute leur longueur d'une zone de terrain jaune appelé suivant sa forme particulière des noms divers de bas-fonds, écueils, bancs, récifs, dont la connaissance est de la plus haute importance pour les marins. Une semblable zone existe le long des rivages de l'Europe et surtout autour des Iles Britanniques. Des raisons géologiques font supposer que, dans une époque antérieure, l'Angleterre touchait à la France et l'Irlande à l'Angleterre. C'est même ainsi que plusieurs naturalistes distingués ont essayé d'expliquer la similitude des plantes et des animaux de la Grande-Bretagne avec ceux du continent, supposant que leur migration avait eu lieu alors que cette connexion existait encore.

Nous ne possédons pas un nombre suffisant de sondages pour nous permettre une comparaison entre les profondeurs des différents océans : toutefois il est permis de croire que, sur ce point aussi, ils ont une diversité marquée. Laplace a voulu démontrer par des considérations astronomiques, que la profondeur de l'océan devait être proportionnelle à l'élévation des continents. De récents travaux ne paraissent pas confirmer cette idée. En effet, suivant le calcul de M. de Humbold (qui naturellement n'est qu'approximatif), les hauteurs des continents, en supposant leurs inégalités réduites au même niveau, seraient 600 pieds pour l'Europe, 1050 pour l'Amérique, et près de 1100 pour l'Asie. Or, les sondages que nous connaissons, quoique peu nombreux, autorisent néanmoins cette assertion, que la profondeur moyenne de l'océan excède de beaucoup ces chiffres. Il n'y a pas d'océan dans lequel on n'ait trouvé la profondeur de plusieurs mille pieds. Dans l'océan Arctique, dont le fond est très-inégal, au 76° latitude nord, Scoresby n'atteignit pas le fond à 7200 pieds. Le capitaine Ross a trouvé plus de 6000 pieds dans la baie de Baffin. Les officiers chargés d'inspecter les côtes des Etats-Unis ont fait en maint endroit des sondages de 6000 à 8000 pieds. Mais les grands bassins des mers méridionales sont entre tous remarquables par leurs immenses profondeurs. Nous savons que le capitaine Ross a sondé 15000 pieds à l'ouest du cap de Bonne-Espérance, et n'a pas atteint le fond, à l'occident de Saint-Hélène, avec une ligne de 27600 pieds, profondeur presque égale à la hauteur du pic le plus élevé de la chaine de l'Himalaya. En combinant ces faits avec d'autres considérations sur la forme des continents environnants, quelques géographes modernes sont arrivés à cette conclusion, que la profondeur moyenne de l'Atlantique doit être au moins de deux milles et demi, et celle de l'Océan pacifique de trois milles au moins.

Quant aux inégalités du fond de l'Océan, plusieurs navigateurs pensent qu'elles sont plus considérables même que celles de la terre. Suivant le capitaine Wilkes, les grandes dépressions ou vallées sous-marines courent presque à angle droit avec les grandes chaînes de montagnes du continent américain. A l'équateur, une grande dépression s'étend vers le cinquième parallèle de latitude sud : là une arête se dresse tout-à-coup; au quinzième parallèle une autre dépression; dix degrés plus au sud une nouvelle élévation; et la profondeur augmente et diminue ainsi deux fois jusqu'au cercle polaire.

Quelque important que soit l'océan, examiné à tous les points de vue que nous venons de parcourir, ce n'est pas là son seul ni même son principal titre à notre attention. Etudier les phénomènes de l'univers, dans leurs rapports les uns avec les autres, n'en rechercher que le côté agréable ou utile, serait juger les œuvres de Dieu d'une manière trop étroite et se tromper sur leur véritable signification. Chaque objet, dans la nature, possède une individualité propre, avant de former une partie de l'ensemble. Un chêne, par exemple, se combine dans la forêt avec d'autres arbres pour fournir la nourriture des animaux des bois, l'abri des habitants des airs; son feuillage touffu nous réjouit de sa verdure, nous rafraîchit de son ombre : mais penserons-nous que le chêne et le feuillage n'ont pas d'autre rôle et d'autre but dans la nature? Ou encore, nous déclarerons-nous satisfaits de ce que nous savons sur l'étoile polaire, parce qu'elle est le phare sauveur du matelot luttant contre la tempête, ou parce que sa lumière est le guide fidèle de l'esclave dans son nocturne pèlerinage vers la terre de la liberté ? De même, l'océan n'existe pas seulement pour remplir un but d'utilité immédiate, ou comme partie harmonique de l'univers. Avant que le premier canot s'aventurât sur ses vagues, il baignait les continents comme aujourd'hui ; avant qu'aucun être habitât dans son sein, ses eaux couvraient l'étendue de notre sphère. Alors comme à présent, il avait un sens indépendant de sa forme et de ses liens avec le monde matériel, il était déjà l'océan majestueux et puissant. Pour le comprendre complètement, ce n'est donc pas assez d'étudier sa forme et sa condition actuelles : il faut le suivre dans son histoire et dans ses développements.

La doctrine d'après laquelle l'océan est la source ou le point de départ de toutes choses, cette doctrine annoncée dans les vieilles cosmogonies et posée comme un principe par les écoles philosophiques des Grecs, est maintenant démontrée par les recherches géologiques. En effet la géologie nous enseigne nonseulement que les rapports de la mer avec les continents ont varié suivant les époques géologiques, mais encore, en remontant les âges, elle nous fait arriver à une époque où, suivant toute probabilité, la terre-ferme n'existait pas, et où le globe entier était couvert d'eau. C'était la période du *chaos*. Ce mot n'implique en aucune manière l'idée de confusion : il veut dire simplement l'absence de séparation, une homogénéité générale renfermant les principes de tous les éléments qui devaient se développer plus tard. Dans ce sens un œuf est un chaos, quoiqu'il contienne les éléments du jeune poulet qui peut en sortir un jour.

Les matériaux qui forment la plus grande partie de la terre-ferme, furent préparés dans le sein des eaux. En traçant sur une carte géologique les formations aquatiques successives, nous arrivons ordinairement à un point où des pays entiers sont représentés seulement par quelques îles. Petit à petit ces îles se sont agrandies, les espaces qui les séparaient se sont remplis, et de vastes étendues de terre ont paru là où l'océan régnait en maître absolu. Ce n'est pas ici le lieu de rechercher le rôle des différents agents physiques dans la formation des continents : pour le faire, il faudrait entrer dans le domaine de la géologie, et discuter de nouveau toutes ces vieilles questions si souvent agitées et qui ont amené, au commencement du siècle, la célèbre controverse entre les Vulcaniens et les Neptuniens.

Laissant donc de côté pour un moment les agents qui ont formé les continents, nous poserons comme un fait que, dès que la terre-ferme eût été formée, un antagonisme s'établit entre elle et le liquide élément. De cette opposition sortit une série d'actions et de réactions qui constituent non-seulement les traits caractéristiques des différentes parties de la terre, mais encore qui sont les conditions de toute vie terrestre. Il nous suffit de rappeler au lecteur ces évaporations continuelles au moyen desquelles l'océan imprègne sans cesse l'atmosphère d'une portion de ses eaux, et les envoie à la terre sous forme de pluie et de rosée, pour faciliter le développement de la vie animale et végétale, impossible sans elles. Supprimer l'océan, ce serait non-seulement détruire les habitants des eaux, mais encore éteindre toute vie sur la surface de la terre, et conséquemment lui ôter son but.

C'est ainsi que les continents qui, dans la langue géologique, sont les fils de l'océan, restent après leur naissance sous sa dépendance, et ne s'affranchissent jamais de son contrôle. Le désert lui-même qui jamais ne reçoit une goutte de pluie, subit son influence: quelque arides que soient ses sables, quelque brûlante que soit son atmosphère, néanmoins l'océan lui procure une certaine humidité, sans laquelle il serait complètement inabordable.

Là n'est pas la seule action de l'océan sur la terre: il agit encore directement sur elle en modifiant ses rivages. Nous n'avons besoin que de jeter les yeux au hasard sur les côtes de la mer, pour découvrir des marques plus ou moins évidentes de l'action océanique. Tantôt des promontoires sont enlevés par la violence des vagues, tantôt des baies sont comblées, ici des îles disparaissent, là de nouvelles îles s'élèvent. En un mot un changement perpétuel s'opère dans la forme des rivages, et dans la profondeur des eaux.

En général l'attention de l'homme se porte d'abord et essentiellement sur la puissance de destruction de l'océan. Les invasions, les ravages de toutes sortes dont il est cause, sont enregistrés partout. Certainement, ces effets sont les plus frappants. Quelquefois, en peu d'années, nous voyons un rivage disparaître et la mer enlever jusqu'aux dernières traces d'une terre jadis cultivée et habitée. Le malheureux qui a vu son champ disparaître à ses yeux, sa maison engloutie, se souvient long-temps de ce désastre et n'en sépare plus la pensée de celle de l'océan.

Les hommes de science eux-mêmes, les géologues et les géographes, en parlant de l'océan, ont signalé de préférence ce pouvoir destructeur. Il n'y a pas d'ouvrage de géologie qui ne rappelle cette action funeste comme l'une des causes qui modifient le plus la forme de la terre. L'histoire de certaines contrées, de la Hollande, par exemple, n'est qu'une longue lutte entre l'homme et l'océan. Sans ce combat incessant qui a stimulé son activité, il est probable que ce peuple, placé dans des conditions si défavorables, n'aurait jamais atteint le bien-être et la puissance dont il jouit.

A ces influences hostiles et violentes il en faut ajouter d'autres, moins remarquées à cause de leur action lente et graduelle, mais non moins sérieuses. Nous voulons parler de ces accumulations de matériaux qui forment des bancs, comblent des baies, obstruent les côtes, et rendent ainsi la navigation pleine de difficultés. On a appelé cette action lente, mais puissante de la mer, sa *force constructive* en opposition à sa force *destructive*. On peut l'observer presque sur tous les rivages et particulièrement sur ceux qui sont formés de terrains mouvants. Cette influence n'est pas limitée aux côtes où la terre et l'eau sont en contact immédiat : elle se fait sentir à une distance considérable de la terre, partout où l'existence de récifs et de bas-fonds a été reconnue par les ingénieurs de la marine. Une action semblable s'étend d'un bout à l'autre de la côte des Etats-Unis, et si ses effets ne sont pas bien connus, cela vient de ce que le phénomène ayant l'océan tout entier pour théâtre, sa durée est proportionnelle à l'étendue de son champ d'opération.

Dans un pays composé de terrains mouvants comme la côte des Etats-Unis, ou celle du nord de l'Europe, si l'on compare la forme et la structure des rives avec la forme et la surface du sol sous-marin de la mer adjacente, comme on le voit par un temps calme et mieux encore par des sondages, on ne peut manquer d'être frappé de leur remarquable similitude. Ce sont les mêmes détails, les mêmes contrastes, les mêmes ondulations, avec des aspérités, des vallées, des plateaux et des plaines, de sorte que l'observateur est naturellement conduit à cette conclusion, que la terre a été autrefois couverte par l'eau. Et cette conclusion ne se présente

nulle part avec plus de force que dans le·voisinage des terres .
basses, telles que les *Clefs de la Floride* et l'*île Longue*. Aussi
dans ces parages a-t-elle été instinctivement admise.

Les moyens dont la nature se sert dans ses constructions sous-
marines sont de différentes espèces, et méritent une attention particulière. Dans les mers tropicales, où la vie est si intense, ce sont
les Polypes, c'est-à-dire, de petits et souvent microscopiques animaux qui sont chargés de ces travaux gigantesques. Les Clefs de
la Floride leur sont dues en très-grande partie. Pour les régions
froides et tempérées, où ces animaux n'existent pas, les formations sous-marines sont plus particulièrement l'ouvrage des agents
physiques, des courants et des marées. Ce sujet est de la plus
haute importance, et n'a pas encore éveillé l'intérêt qu'il mérite.
C'est tout récemment que, pour la première fois, il a été l'objet
de quelques recherches dans nos parages. Nous espérons y revenir dans une autre occasion. Pour le moment, nous devons
nous borner à noter, comme un fait général, la ressemblance qui
existe entre la direction des marées et la distribution de ces constructions océaniques que nous désignons sous le nom de *bancs* et
de *bas-fonds*.

Nous aurons une idée de l'importance de ce travail océanique,
si nous nous souvenons que les formations sous-marines, attribuées
à son influence, ne sont pas limitées au voisinage des terres :
et s'étendent au contraire à une très-grande distance. La preuve
en est fournie par ces vastes bancs que l'on trouve au nord-est du
continent américain, par les bassins de Newfoundland, le Banc-
vert, le Banc-de-sable, etc. Si toutes les parties de ces grands
bancs sont formées, comme nous devons le croire, de matériaux
mouvants, ainsi que les bancs de sable plus rapprochés du rivage,
il est évident que leur structure et leur mode de formation sont de
la plus haute importance pour l'étude de semblables dépôts, qui
maintenant sont au-dessus des eaux, mais qui à une autre époque
ont été formés et élevés de la même manière par l'action de l'o-
céan. Un jour, peut-être, tous ces bas-fonds s'élèveront du sein
des ondes pour devenir l'habitation des tribus de la terre, après
avoir été long-temps la demeure des populations marines. Alors le
géologue des âges futurs, voulant explorer avec son marteau et sa
pioche ces terres nouvelles, sera peut-être en proie aux mêmes
doutes et aux mêmes incertitudes que ceux que nous éprouvons

aujourd'hui. Mais, comme nous aussi, il aura de bien douces jouissances, s'il découvre dans ces riches domaines, sur ce sol maintenant en voie de formation, quelque fait nouveau, quelques analogies jusque-là inaperçues, au moyen desquels il pourra lier son époque avec les temps antérieurs, et découvrir dans ces nouveaux royaumes la même infinie Providence qui, de nos jours et dans tous les âges, a présidé aux destinées du globe.

Ainsi, pour comprendre et pour expliquer la forme du sol que nous habitons, il faut retourner à l'Océan. C'est là, au fond des abîmes insondables, qu'est le laboratoire des continents. Malheureusement nos connaissances sur la création et la réunion des différentes élévations sous-marines, sont extrêmement imparfaites. L'esprit de l'homme a été jusqu'ici tellement préoccupé de l'idée qu'elles sont dangereuses pour la navigation, que nous pouvons leur appliquer ce que les vieux poètes disaient des régions infernales, plus redoutées que connues. Cependant nous avons de bonnes raisons d'espérer que les pélerins de la mer qui se suivent avec un si louable zèle sur les rivages des deux continents (grâce aux idées libérales et éclairées qui commencent à prévaloir dans les gouvernements), ne manqueront pas de nous initier de plus en plus aux mystères de ces grandes opérations qui s'accomplissent en silence dans le sein des mers

E. Desor.

CHRONIQUE

DE LA

REVUE SUISSE.

—

JUIN.

L'émeute n'est pas venue : ce n'est point faute de l'avoir attendue sans désemparer. Manquait-elle au rendez-vous : partie remise ; disait-on, mais elle arrive, on voit déjà briller sa jupe et son bonnet rouges. Le mercredi, on l'annonçait pour le samedi ; le samedi, pour le lundi. Absolument comme dans la vieille chanson :

> Lundi, pour une semaine,
> Partit la mère à Suzon.
> J'allai trouver l'inhumaine.....

L'inhumaine reçoit très-bien le galant, qui lui demande la permission de *venir la voir un matin* :

> Oui, monsieur, répondit-elle,
> Vous pouvez venir demain.

Puis le lendemain, le mardi, elle le renvoie au mercredi, le mercredi au jeudi, et ainsi de suite jusqu'au dimanche, où le galant espère être au bout de ses peines et pouvoir enfin déclarer son amour ; mais on lui rappelle, toujours le plus courtoisement, le plus gracieusement du monde,

> Que, dans l'église romaine,
> Le dimanche on ne fait rien.

C'est ainsi que Suzon à la jupe rouge, que Suzon-l'émeute s'est tirée d'affaire. Un moment on a cru qu'elle allait réellement céder aux agaceries de ses nouveaux poursuivans et aux velléités de ses anciens adorateurs (¹) ; mais elle a bravement triomphé de la tentation : ceux-ci disent que c'est sagesse ; ceux-là soutiennent que c'est peur ; mettons *prudence*, ce mot élastique conciliera peut-être les deux opinions. Que la peur (et certes on l'éprouverait à moins, en présence de cent mille hommes rassemblés en ce moment à Paris), que la peur, disons-nous, ait été pour quelque chose dans cette résolution, une telle attitude est toujours bien curieuse et nouvelle dans le caractère du peuple français, avec ses habitudes et ses antécédens en pareille situation.

· Les républicains modérés de la veille et du lendemain, s'il en reste encore de ces derniers, y voient le symptôme d'un nouvel esprit qui se forme dans le peuple, d'un esprit plus vraiment démocratique, plus grave et plus sain ; les socialistes, un gage de force et de victoire assurée pour 1852. Nous ne savons. Le parti qui veut le maintien de la révolution et ses conséquences, n'est sans doute pas *aplati*, comme se l'imaginent un peu trop facilement les vainqueurs ; mais il y a bien aussi quelque abattement dans son calme. Il a vu changer sa victoire électorale en défaite ; il est non-seulement pressé, repoussé, mais cerné de plus en plus par l'ennemi ; il croit n'avoir perdu que sur le terrain matériel, et il espère bien le reconquérir ; mais, en politique, le terrain matériel entraîne toujours avec lui une partie du terrain moral ; on n'en est pas moins battu pour l'être sans coup férir, et, en France surtout, être battu n'a jamais bon air, ne fait jamais bien.

D'autre part, la majorité parlementaire et le pouvoir ne sont pas au bout. Ils ont montré plus de résolution et d'accord qu'on ne s'y serait attendu. Ça été un coup de maître de rassembler à Paris et d'avoir au besoin sous la main un tel nombre de soldats : on était sûr ainsi des uns par les autres ; les incertains, les hostiles se trouvaient noyés dans la masse, et le lien de la discipline se resserrait d'autant. Malgré tout cela, le revers de médaille ne saurait être dissimulé, et il est facile de voir que les plus triomphans même des organes du parti vainqueur ne se le dissimulent pas. On a vaincu, mais sans combat ; on en voulait un, et on ne l'a pas eu. L'ennemi s'est enfui, sans qu'on ait pu le saisir corps à corps. C'est la tactique des Russes contre les Français : un conservateur, M. Vesin, l'a dit tout haut ; sa franchise a paru fort sotte et fort déplacée à ses collègues de la majorité, mais le vide que l'ennemi fuyant fait autour du vainqueur ne laisse pas d'inquiéter. On n'a pu en finir d'un seul coup ; il faudra en frapper un second, un troisième : jusqu'où cela devra-t-il et pourra-t-il aller ?

La loi électorale est votée : reste à savoir comment elle fonctionnera, et quand ? si on va s'en servir pour tout mettre en branle dès à-

(¹) Voir la *Chronique* de notre numéro de mai, pages 356 et 357 de ce volume.

présent, ou si ce n'est qu'une machine en réserve pour 1852 ; et alors qu'en sortira-t-il ? avec la moitié moins d'électeurs, le suffrage restreint aura-t-il nécessairement un résultat bien différent du suffrage universel ? Avant la révolution, le cens à deux cents francs n'avait pas empêché d'envoyer à la Chambre une Opposition triomphante ; là nouvelle loi réduira bien moins le nombre des électeurs que le cens ne le faisait ; dans la petite bourgeoisie en particulier, nullement nomade de sa nature, elle ne le réduira pas du tout, et la petite bourgeoisie est essentiellement opposante, car elle tend instinctivement à hériter de la grande. Bref, on sait le mot sérieusement plaisant de M. Dupin : « La loi électorale est votée, maintenant il en faudra faire une sur la manière de l'appliquer. » Puis d'autres lois sont sur le chantier : la loi sur les maires, pour soumettre ceux-ci à la nomination et à l'action du pouvoir ; une loi sur le domicile, pour expulser de Paris le principal fond de l'armée de l'émeute. On voudrait arriver à renvoyer une cinquantaine de mille hommes qui ne justifieraient pas de leur but et de leurs moyens de séjour dans la capitale : Paris, ainsi expurgé, continuerait, à ce prix, à être le siége du gouvernement. D'autres ne sont pas si clémens. On reprendrait le mot de Henri III : « tête trop grosse pour le corps, » mot réalisé un siècle plus tard par Louis XIV, et Versailles redeviendrait la capitale officielle. Sur tout cela la désunion pourrait bien recommencer.

Elle a même recommencé tout d'abord sur le projet dont les ministres ont fait suivre immédiatement la votation de la loi électorale, savoir, un surcroît de traitement qui donnerait au président de la République une liste civile quasi-royale de trois millions six cent mille francs, dix mille francs par jour. La Chambre s'en est émue, la Bourse en a baissé. C'est peu spartiate, il faut l'avouer, ou, si l'on aime mieux, cela ne sent guère son Washington. C'est donner gain de cause à l'opinion publique qui voit dans ce projet de dotation un pot-de-vin stipulé avec le président pour la part qu'il a prise à la loi du suffrage restreint en la sanctionnant. Les royalistes, les légitimistes surtout sont alarmés de ce nouveau moyen d'influence donné au rival naturel du comte de Paris ou d'Henri V. Mais il exige, et, quand il s'y met, il est très-exigeant : si on ne lui tient pas parole, il ne la tiendra pas non plus. Les habiles ne sont peut-être pas fâchés de le voir en définitive compromis par ce qui compromet le plus en politique, une affaire d'argent ; mais, nous le savons de bonne part, il entend bien jouer au plus fin, profiter pour lui de la réaction et non point la servir pour les beaux yeux d'un autre prétendant. Malgré une commune victoire, les élémens de division subsistent donc toujours dans les deux grands pouvoirs constitutionnels et dans le parti conservateur.

Le mouvement rétrograde est cependant trop puissant et trop emporté pour ne pas continuer et s'accroître, si l'on ne peut prévoir encore où il aboutira. Mais sur quoi s'appuie-t-il en définitive ? sur la force, sur l'armée. Or, l'armée sort du peuple. elle s'y renouvelle tous les jours, et le peuple peut bien s'arrêter, céder même ou être contenu sur une foule de points qu'il a pu croire plus ou moins follement avoir gagnés depuis la révolution de Février; mais sur le fond et sur l'esprit de cette révolution, on aura bien de la peine à le faire rétrograder; on en aurait presque moins à l'enchaîner; seulement il faudrait pour cela une volonté et un bras de fer. Un homme qui, par la nature de ses occupations, voit le peuple et lui tient de près, nous disait encore aujourd'hui : « Toute émeute sera écrasée; mais si l'on touchait à la forme du gouvernement, il y aurait à Paris et dans les provinces un de ces branle-bas universels, une de ces situations devant lesquels l'armée la plus aguerrie et la mieux disciplinée se débande et ne tient pas. » Après cela, sans doute, il faut toujours tenir compte du chapitre, aussi fécond qu'imprévu, des accidens, des revirremens, des surprises, de la mobilité du peuple français et de ses engouemens passagers. Mais si le cas extrême était brusqué, abordé de front, ouvertement posé, pourrait-on compter sur l'armée? ce n'était pas l'opinion de notre interlocuteur.

Il est certain qu'elle est toujours secrètement et vivement travaillée par le socialisme. Les chefs y sont obligés à un qui-vive et à une lutte perpétuelle contre ce dernier. Parfaitement renseignés, du reste, par la police, aussitôt qu'un de leurs hommes s'est laissé gagner, on lui fait sa feuille de route et on l'expédie pour l'Algérie. Dans le nombre des soldats il en est, je présume, plus d'un qui se contente de boire le vin des socialistes en faisant semblant de boire du même coup leurs doctrines; c'est pour lui tour de vieille guerre; en revenant à la caserne, il rit dans sa barbe de la crédulité du bourgeois. Mais dans le nombre il y a aussi des conversions sincères et qui en engendrent d'autres à leur tour. Voici un fait bien significatif et que nous pouvons garantir. C'était immédiatement après les journées de Juin. Un corps d'artillerie, appartenant à la garnison d'un des principaux forts des environs de Paris, reçut avec des huées le commandant qui venait le haranguer, et lui répondit par le cri de *Vive la république démocratique et sociale!* Voyant la tournure que prenait l'affaire, le commandant, homme résolu, se mit à la tête d'un régiment de troupes d ligne, et lui fit croiser la baïonnette contre les artilleurs en émeute. Il demandèrent quartier; mais il n'en continua pas moins de marche sur eux, et ils ne s'en tirèrent pas sans blessés, ni peut-être pis. C fait sans doute est exceptionnel; la lutte contre l'envahissement d socialisme dans l'armée prend rarement des proportions aussi consi dérables; mais elle existe, et, pour n'avoir lieu qu'en détail, elle n'er est pas moins incessante. De là une tension continuelle et dangereuse Ç'à été même un des motifs déterminans pour agir dans un sens d compression, pendant que l'on pouvait croire être encore à temps e en mesure d'agir.

Ainsi, en définitive, l'armée : l'armée française, si elle tient bon, sinon, dans le cas d'une conflagration européenne, l'armée russe qui s'échelonne dans le lointain, et qui serait alors la dernière muraille de la vieille société en ruine.

Nous sommes donc toujours ramenés à notre refrain : la force ou l'anarchie, voilà tout ce que l'avenir semble amonceler ; un despotisme ou un cataclysme. Dans l'entre-deux, qui va se rétrécissant de plus en plus, que deviendra la liberté ? Mais qui aime la liberté !

Quoi qu'il en soit, une chose est certaine et se montrera telle un jour : c'est que, si la liberté doit finir par se perdre aussi dans notre âge, tous les partis, comme l'homme en général et les peuples et les partis de tous les temps, l'auront malheureusement mérité. Et puis son règne n'est peut-être pas plus de ce monde que le règne de Celui qui a dit : « La vérité seule vous rendra libres. »

— Après ce peu de réflexions générales sur une situation fort grave, mais encore impénétrable à ceux-là même dont elle fait en ce moment la victoire, venons-en à quelques points plus particuliers qui en forment le nœud ou qui serviront à l'éclairer et à la caractériser.

Ce nœud est certainement très-embrouillé, bien que chacun se flatte à part soi de savoir quel est l'Alexandre qui seul pourra le trancher.

On parle toujours beaucoup, même ouvertement et jusque dans les journaux, d'un moyen de conciliation entre les deux branches dynastiques et les divers prétendans. A en croire ces bruits vagues, mais persistans et répétés, il y aurait eu des pourparlers, des négociations, des voyages en Angleterre dans ce but. Le traité serait même fort avancé. Henri V adopterait le comte de Paris ; on n'ajoute pourtant pas qu'il divorcerait pour épouser la duchesse d'Orléans, comme avaient bien voulu l'imaginer quelques folles têtes lors du premier vent de cette idée. Quelles que soient la réalité, la possibilité de ce projet, les légitimistes n'y donnent pas tous la main. Il est certain que, dans ce mode de conciliation entre la branche aînée et la branche cadette, le principe de la légitimité ne serait pas sauvé ; il y faudrait la condition qu'il ne nâquît point d'enfant à Henri V de son mariage actuel ni d'un autre, car la loi salique fait le roi légitime, elle ne peut pas être annullée par lui. Or, cette condition, comment la poser autrement qu'en conjecture et en espérance ? ce serait recommencer l'histoire des mariages espagnols, au moment même où la grossesse de la reine Isabelle donne un démenti à la politique de Louis-Philippe. On prétend aussi que la duchesse d'Orléans, les ducs d'Aumale et de Joinville prêtent médiocrement l'oreille à cet arrangement, bien qu'adopté, dit-on, par l'ex-roi et quelques-uns de ses anciens ministres, M. Thiers lui-même et M. Guizot. Puis, surtout, il y a *un troisième larron* pour *saisir maître aliboron*, si ce rôle est destiné encore une fois à la république.

— Dans l'arrangement supposé, on arrange bien une part à Louis-Napoléon; mais ce n'est pas la part du lion; on le traite comme son oncle traita ses collègues du consulat; on lui fait sa fortune, et de plus on lui conserve un rang princier dans la monarchie renouvelée: moyennant quoi, on pense le tenir et en avoir bon marché. Les uns vont même jusqu'à dire que c'est chose déjà conclue, qu'il accepte ces conditions; suivant d'autres, il se montrerait encore un peu récalcitrant, et le correspondant parisien d'un journal belge attribue ce propos à l'un des principaux acteurs du drame secrètement à l'étude en attendant le grand jour de la représentation : « Si le président ne » veut pas nous aider à restaurer Henri V, nous le refourrerons en » prison.»

On n'est donc pas aussi sûr de lui qu'on le voudrait bien. Et l'on a raison. Son refus de concours est non-seulement dans sa dignité et dans sa ligne d'ambition personnelle, il est dans son caractère entier, entêté et fataliste. Il croit à son étoile et à son nom. L'on oublie trop que; s'il n'est pas un grand homme, il aspire à l'être. Il peut avoir l'esprit court, mais il n'en va que plus droit devant lui, et il se jette trop tête baissée dans une entreprise pour accepter de s'en retirer par une porte de derrière, fût-elle dorée. S'il fallait en croire tous les bruits qui courent sur son compte, le pouvoir aurait très-fâcheusement influé sur ses mœurs privées, mais il ne l'a pas changé: les hommes de ce genre d'esprit froid, mais arrêté, ne changent et surtout ne cèdent guère.

Aussi Louis-Napoléon n'entend-il point être dupe, il entendrait plutôt le contraire : ceci nous revient de très-bonne part, avons-nous dit, et nous pouvons ajouter: de très-près, d'une source impartiale et directe. «Si la réaction réussit, disait-il dernièrement, j'en profiterai; si elle en venait à vouloir se tourner contre moi, je serai toujours le plus fort.» Il compte sur son nom, et il croit toujours à ses six millions d'électeurs. Cela est si vrai, qu'il soutenait à un représentant, M. Rigal, comme on l'a pu voir par une lettre publique de ce dernier, que la restriction du suffrage universel regardait seulement les élections pour l'Assemblée Nationale et nullement celle du Président. Le lui a-t-on fait croire, ou le croit-il de lui-même? Son exigence impérieuse et à l'heure, dans l'affaire de la dotation, tient-elle uniquement à sa situation et à ses besoins personnels? serait-ce aussi un tour qu'il joue à la réaction pour la diviser de nouveau? ou bien tout simplement, un mauvais pas dans lequel, l'y voyant pencher de lui-même, certains meneurs l'auraient aidé à tomber? S'il obtient la dotation; ce qu'il aura perdu en considération morale, il le regagnera en influence matérielle. Avec la victoire de la réaction, sa position est donc toujours très-forte. Le fait est, pour employer une expression vulgaire, qu'il tient le manche de la poêle, et qu'il serait en mesure de la renverser dans le feu, si on faisait mine de la lui enlever. Les ouvriers l'ont surnommé *Badinguet*, et ils appellent ainsi entre eux ceux de leurs camarades qui perdent leur temps. Il serait certainement fort embarrassé, malgré ce qu'il se figure, s'il voulait remettre la main, à l'heure qu'il est, sur ses six millions d'électeurs; même avant la nouvelle loi électorale, une bonne partie s'étaient envolés; mais dans le cas extrême où il s'agirait de choisir entre lui comme président à long terme, avec les formes républicaines conservées, ou Henri V avec la monarchie, qui sait s'il ne les retrouverait pas? . . .»

— La monarchie n'en'a pas moins ses partisans : les uns païens et calmes, mais persuadés qu'on y arrivera; les autres, frénétiques, et voulant à tout prix mettre flamberge au vent. On n'a qu'à lire, pour s'en convaincre, certains articles de la *Patrie* et de l'*Assemblée Nationale*. La *Mode*, journal ultra-royaliste, a trouvé moyen de renchérir sur ces feuilles, déjà si âpres et si provoquantes. Elle appelle la guerre civile à grands cris : c'est pour elle une guerre « *sainte* » et un fait « *adorablement providentiel.*» Elle continue ainsi pendant toute une longue page. On n'a jamais vu un pareil hurlement de sang. Marat n'est pas pire, et au moins ne se piquait-il pas d'être fashionable.

— Ce qui est encore plus caractéristique, parce que c'est plus froid et moins étourdi, ce sont les articles et les livres dans lesquels on parle du passé de l'église romaine avec une hauteur superbe et qui se sent appuyée, et où l'on défend ce passé à outrance. Un chanoine d'Angers, nommé l'abbé Morel, puis l'*Univers* après lui, ont ainsi défendu l'Inquisition, dans son principe, dans son dogme et dans son histoire. Si les choses tournent de ce côté, et par plus d'un point elles y penchent, on peut s'attendre à revoir la fameuse *loi d'amour* de la Restauration contre le sacrilége. L'esprit français est capable de tout dans sa mobilité et son inconsistance. Avis aux protestans ultra-conservateurs. Quant aux voltairiens, on en a déjà vu et on en reverra peut-être encore tenir un cierge.

Le père Lacordaire ayant un peu renié l'Inquisition, reniée aussi par les gallicans de la *Gazette de France*, le journal ultramontain le tance vertement, et ajoute que, d'ailleurs, il est certain que le père Lacordaire ne pourrait refuser de signer avec lui la bulle où est condamnée cette proposition de Luther : « Il est contraire au Saint-Esprit » de brûler les hérétiques *(comburi hœreticos).* » L'*Univers* déclare donc vouloir « défendre envers et contre tous la sainte Inquisition, parce qu'elle appartient au passé de l'Eglise, et qu'il n'y a RIEN, absolument RIEN dans le passé de l'Eglise qui ne soit digne de l'affirmation et de l'amour de ses enfans. »

« A la bonne heure! lui répond l'*Evénement,* voilà qui est parler!
» L'*Univers* déclare qu'il n'y a RIEN, entendez-vous, RIEN dans le

passé de l'Eglise qui ne soit ADMIRABLE. ·

» Certes·, nous sommes loin de dire, nous, qu'il n'y a rien d'admirable dans le passé de l'Eglise, et nous ne voulons méconnaître et renier aucune des vertus, aucune des grandeurs dont le catholicisme a si souvent et de si haut, donné l'exemple à la civilisation.

» Mais l'*Univers* nous semble imprudent d'oser écrire en face de l'histoire que TOUT a été admirable dans le passé de l'Eglise.

» » Prenons quelques exemples au hasard pour mettre l'admiration quand même de l'*Univers* à l'essai. Au onzième siècle, une courtisane, qui est publiquement la maîtresse de tous les princes de l'Italie, s'assied sur le trône des papes, et y fait asseoir son fils après elle. L'*Univers* admire. Plus tard, au commencement du quinzième siècle, un homme de bien, Jean Huss, est brûlé vif à Prague. L'*Univers* s'extasie. A la fin du même siècle, le pape Alexandre VI est l'amant avoué de sa propre fille. L'*Univers* éclate d'enthousiasme.

» Au XVIe siècle, dans la nuit du 24 août 1572, des milliers de calvinistes sont massacrés dans leur lit, après une fête de réconciliation que les catholiques leur ont donnée. L'*Univers* bondit et ôte son chapeau devant le balcon du haut duquel Charles IX chassait aux huguenots. Au XVIIe siècle, après la révocation de l'édit de Nantes, dix mille protestans sont traqués dans les montagnes des Cévennes par les dragons de M. de Louvois, et invités à coups de fusil à se convertir. L'*Univers* ne se tient pas d'aise. Au XVIIIe siècle, le cardinal Dubois, ministre de Louis XV, est publiquement payé par l'Angleterre pour lui vendre les secrets de la France ! L'*Univers* se pâme. »

L'*Univers*, sans vouloir dire que l'Inquisition, comme tout tribunal humain, n'ait pu quelquefois se tromper, n'en soutient pas moins l'établissement et les principaux actes de ce tribunal de feu, notamment ce qu'il a fait pour l'Espagne, sauvée par lui des Maures, des Juifs et de l'hérésie, et la condamnation de Galilée. Relativement à ce dernier, la feuille ultramontaine écrit en toutes lettres, que, s'il y a un reproche à adresser à l'Inquisition, c'est de l'avoir traité avec trop de ménagement.

Voilà ce qui s'imprime et se publie tout haut : ce ne sont pas seulement des élans fanatiques de quelques cerveaux montés et solitaires. M. de Falloux a fait aussi dans un de ses livres l'apologie de la Saint-Barthélemy. Il y a toute une école nombreuse et puissante, remontant à Joseph de Maistre, qui professe pleinement ces doctrines et ce culte du passé.

— La discussion sur la loi électorale a donné lieu à une manifestation d'un autre genre, mais qui signale aussi le retour aux bonnes doctrines, la même tolérance et la même douceur de caractère. Un orateur faisait observer que Béranger, ayant été condamné autrefois dans un procès politique, ne pourrait plus, d'après la nouvelle loi, être électeur : — « Tant mieux ! » s'est écrié une voix de la droite. Un journal s'indigne du fait ; l'*Univers* le reprend, et répète : Tant mieux !

— Les trois discours qui ont le plus marqué dans cette discussion sont ceux de MM. Thiers, Victor Hugo et Montalembert. Le premier s'est laissé emporter contre son ordinaire. Il a fait le procès à la *vile multitude*, que l'on retrouve, à toutes les époques, au service du despotisme aussi bien que de l'anarchie, et brisant les idoles qu'elle avait élevées. N'est-ce pas elle encore, a-t-il dit en terminant sa péroraison, qui, lors de l'entrée des Alliés, s'attela à la statue de l'empereur pour la renverser? Or, il est de notoriété publique et prouvé par des documens, que ce furent quelques gentilshommes royalistes qui firent cette belle équipée. Quant à MM. Victor Hugo et de Montalembert, la mesure n'est pas le caractère de leur éloquence. Celle du second est acerbe, violente, irritante avec intention, presque méchante; un journal catholique a dit assez hardiment et naïvement la chose : M. de Montalembert, orateur religieux, ne brille pas précisément par la charité. L'éloquence de M. Victor Hugo, en revanche, est d'une solennité monotone; elle reste trop souvent creuse et redondante. Depuis qu'il est dans l'opposition, il se montre habile, cependant, à trouver la fibre populaire et à la remuer d'une corde un peu grosse, mais retentissante. Directement et violemment pris à partie par M. de Montalembert, il lui a répliqué, et leurs discours ont dégénéré en combat singulier. Ils ne s'en sont retirés ni l'un ni l'autre sans blessures. On aurait cru voir, observait plaisamment le général Cavaignac, deux vieilles portières, le point sur la hanche, se disant à qui mieux mieux leurs vérités ([1]).

— Si le passé a ses fanatiques, il faut convenir que le présent a bien aussi les siens. Ceux de M. Victor Hugo ignorent toutes les bornes, mais ils sont plus ridicules que dangereux. L'*Evénement*, dont nous citions tout à l'heure une spirituelle réplique à l'*Univers*, perd non-seulement son esprit, mais presque l'esprit, lorsqu'il s'agit de son dieu et qu'il se met à chanter ses louanges. Ce n'est pas alors une

([1]) Les journaux conservateurs ne se sont pas fait faute, en cette circonstance, de remuer les vieilles opinions et même les vieux péchés de Victor Hugo pour les opposer à ses opinions actuelles. Voici ce qu'on lisait, par exemple, dans la *Liberté* :

« Un de nos poètes célèbres, après avoir traîné sur la scène un des plus grands rois de France et l'avoir livré aux huées du parterre, en le lui montrant dans une maison de débauche, s'est trouvé lui-même pris en flagrant délit de double adultère.

» C'était sous la monarchie.

» Une princesse de la maison de France a intercédé pour qu'on cachât la faute et qu'on pardonnât au coupable.

» La royauté a oublié l'offense faite à la royauté.

» Aujourd'hui le poète, qui est représentant dans une Assemblée républicaine, après avoir été membre de l'une des chambres de la monarchie, attaque et calomnie cette royauté. »

plume, c'est un pavé qu'il tient dans la main, et les plus gros sont. les meilleurs. Voici celui qu'il lui jetait dernièrement à la figure, une lettre signée Philoxène Boyer et adressée à M. Victor Hugo :

« J'aurai perdu ma mélancolie profonde, dit M. Philoxène, seulement *le jour où la France aura remis entre vos mains ses destinées*, comme je vous remets, moi, obscur, ma pensée, mon âme, tout ce qui, en moi, a chance de vivre..... ·   -

» Vous, Monsieur, vous planez dans un milieu plus haut, dans une atmosphère plus sereine. Attaché encore à la terre par l'amour et la diligente bienveillance, vous n'y appartenez déjà plus par l'indépendance de votre jugement, par la solitude majestueuse de votre pensée, étrangère aux rumeurs! Napoléon et Chateaubriand ont subi ce malheur irréparable que je nomme l'incomplet dans la destinée : l'un s'est éteint dans l'exil insupportable de Sainte-Hélène, assujetti à un major anglais, lui si follement entêté du pouvoir ; l'autre, est mort dans l'indifférence et l'oubli public, lui si tristement avide d'applaudissemens et d'hommages ; punition équitable infligée à ces deux égoïsmes démesurés, terrible revers supporté par ces deux victorieux insatiables de triomphes! A cause de leur génie, ils ont pensé se mettre en dehors de la loi commune, et ils ont appris ce que coûte une prétention pareille. Vous au contraire, Monsieur, qui vous êtes fait accessible à tous, vous qui avez vécu dans la familiarité de tous les êtres faibles et doux, du peuple et des enfants, des vieillards et des femmes, vous qui êtes monté de la monarchie à la démocratie, vous qui, dans l'art, êtes parvenu à des sommets du *Rhin* et des *Burgraves*, où tous peuvent vous contempler, et où pourtant vous seul avez pu parvenir ; vous enfin, qui avez de plus en plus tâché de conquérir la qualité d'*homme* au milieu du châtiment qui les a frappés, vous méritez un prix et vous l'aurez. Chaque jour amène par une transition insensible, le succès des opinions hier à peine défendues par quelques rares initiés pénétrés d'une intuition sympathique. Eh bien! il en sera de même, j'en ai la confiance entière, pour le rêve qui occupe mes veilles et mes songes. *Le Christ aura pitié de l'Europe; les peuples sentiront passer sur leurs fronts le souffle qu'ont déjà ressenti les penseurs, et je vivrai assez pour vous saluer, moi le dernier de vos fidèles,* PRÉSIDENT DE L'UNIVERSELLE RÉPUBLIQUE, CHEF DU CONCILE OECUMÉNIQUE DES NATIONS, PAPE INTELLECTUEL *siégeant dans votre Paris, pendant que le Pape religieux, uni avec vous en Jésus-Christ le commun Maître, continuera à siéger dans sa Rome.* »

— M. de Lamartine, assure-t-on, va décidément faire un voyage de quelques mois dans le Levant, à Smyrne, pour visiter les terres qui lui ont été concédées par le Grand-Seigneur. Dernièrement, il assistait à un dîner diplomatique, à l'Elysée : « Il n'y avait là, disait-il plaisamment, que~~moi~~ à qui je n'inspirasse pas une complète aversion. » Sa société se compose actuellement de légitimistes ; il en est entouré, et il passe déjà pour revenir avec eux à ses premières opinions. — La publication de son nouveau roman, *Geneviève, histoire d'une servante*, vient de commencer dans le *Constitutionnel*.

— On annonce les *Mémoires de Lélia* ou de George Sand ; ceux aussi de Lola Montès. — Le *Chariot d'Enfant*, ce drame indien traduit et arrangé par MM. Méry et Gérard de Nerval, a eu un succès de curiosité, mais qui n'est guère allé au-delà.

— Il paraît toujours de temps en temps quelques livres, particulièrement sur la révolution de 1848, dont chacun veut donner son histoire et dire son mot, dans cet intervalle de tranquillité et avant la reprise de nouveaux événemens. Après M. de Lamartine et Daniel Stern (voir notre dernier numéro), voici maintenant M. Elias Regnault, chef de cabinet de M. Ledru-Rollin, qui publie une *Histoire du Gouvernement provisoire*. L'auteur a dû être bien renseigné; il parle avec modération, finesse et impartialité, même de son patron. M. Louis Blanc, au contraire, dans des fragmens sur le même sujet, fait main basse sur tout le monde, sur M. de Lamartine comme sur le général Cavaignac. M. Garnier Pagès publie de curieux détails sur l'état des finances après Février, état tel que M. Goudchaux fut sur le point de se brûler la cervelle, qu'il prit la fuite, et que M. Garnier-Pagès ne voyait plus pour lui-même d'autre épitaphe que ces mots : « Ci-gît le ministre de la banqueroute. » C'est Dieu seul, dit-il, qui nous a sauvés.

— Un petit livre excellent, mais qui en conséquence n'aura pas un succès de mode, est celui que M. Emile Souvestre vient de publier sous ce titre : *Un philosophe sous les toits*. Il a voulu, comme il dit, « mettre en goût de la pauvreté, » en montrer les humbles joies, assaisonnées d'une bonne conscience et du plaisir que l'on goûte et que l'on reçoit en s'entr'aidant. Il suppose, pour cela, un célibataire, vivant d'une petite place, et notant mois par mois, avec reconnaissance, ce qui lui est venu et ce qu'il a pu procurer de bonheur, au milieu des adversités inséparables de toute vie humaine. De là, pour chaque mois, une historiette où de courtes réflexions, pleines de sentiment et de vues profondes, se mêlent à un récit dont le sourire ou les larmes sont toujours purs. C'est non-seulement un ouvrage excellent, mais charmant. Nous en appelons aux souvenirs des lecteurs du *Magasin pittoresque*, qui le connaissent déjà en partie sous le titre du *Calendrier de la Mansarde*.

— La situation reste la même depuis quelques jours, la majorité toujours assez embarrassée de sa victoire et se dispersant en quelque sorte dans le vide où la laisse un ennemi insaisissable : aussi a-t-on dit de sa position, que c'était *le sauvé-qui-peut du triomphe*. Elle commence, en outre, à se diviser sur le projet de la dotation. Si ce projet ne passe pas, que fera le président? Changer son ministère? mais où en prendre un autre qui soit réellement différent? la gauche n'accepterait pas d'en faire partie, à moins qu'on ne retirât la loi de restriction sur le suffrage universel. Donner sa démission? ce serait jouer gros jeu et risquer, non-seulement de tout perdre, mais de tout céder à un autre. On est cependant trop intéressé au bon accord pour ne pas finir par s'entendre, au moins momentanément. Le mouvement rétrograde est trop fort pour s'arrêter court sans danger, et pour ne pas triompher de certaines répugnances. Des idées qui passent pour chimériques la veille, le lendemain sont mises en avant et préconisées. La proposition, par exemple, de transférer le siége du gouvernement à Versailles paraissait une lubie de son auteur, le général de Grammont : eh bien, dans la commission nommée pour l'examiner, elle a trouvé une majorité pour la prendre en considération. Seulement, le président aime la vie de Paris, et ne se soucie pas de s'aller enterrer à Versailles. Ainsi, toujours le président, dans les choses moindres comme dans les grandes! Il faut en tenir compte. Décidément, s'il n'est pas la pierre de l'angle, il est au moins la pierre d'achoppement.

Paris, 12 juin 1850.

SUISSE.

Genève, *le 10 juin* 1850. — Depuis ma dernière lettre, une espèce de scission a éclaté à Genève, entre le parti radical proprement dit et le parti socialiste. Ce dernier parti qui est loin d'être entièrement insignifiant, a pour l'un de ses principaux chefs M. Galeer, dont le nom a été déjà souvent répété dans les journaux. — Cette scission a été manifestée au grand jour par la publication d'un nouveau journal, *le Citoyen*, qui est rédigé par M. Galeer, et qui est en guerre plus ou moins ouverte avec le gros de l'armée radicale. Le *Revenant*, ce petit journal où les personnalités abondent, dirige en ce moment toutes ses batteries contre M. Galeer, et, comme il s'agit d'une guerre civile entre gens qui marchaient récemment encore sous le même drapeau, il ne l'épargne guères.

Les élections municipales qui viennent d'avoir lieu dans la ville de Genève, et auxquelles un petit nombre de conservateurs seulement ont pris part, ont été entièrement favorables au parti radical ; les principaux socialistes n'ont pas été élus. Dans les communes rurales, les élections ont été faites en général dans un sens conservateur.

On a réimprimé dernièrement le *Tableau historique et politique des révolutions de Genève dans le 18me siècle.* Cette publication est une affaire de parti. M. le chancelier Marc Viridet a aussi mis au jour des documents inédits relatifs à Rousseau.

Il y aura; cet été, chez nous une exposition de tableaux. Ce ne seront plus comme l'année dernière des tableaux de peintres contemporains qui figureront dans le Musée Rath, mais bien des tableaux d'anciens maîtres que divers amateurs ont consenti, avec beaucoup de complaisance et de patriotisme, à laisser exposer en public. En 1851, nous aurons de nouveau une exposition de tableaux contemporains. — Le concours pour la chaire de droit romain a eu lieu ; trois hommes de mérite y ont pris part. L'un d'eux a eu le malheur d'être dangereusement malade au milieu même du concours. L'académie a conféré aux deux autres, MM. Hornung et Lefort, le grade de docteurs en droit. Nous ne savons pas encore si une nomination aura lieu. Disons quelques mots de l'ouvrage publié à cette occasion par M. Hornung: *Idées sur l'évolution juridique des nations chrétiennes et en particulier sur celle du peuple français.* L'auteur s'occupe dans cet ouvrage de l'évolution du droit dans le monde, depuis la chute de l'empire romain. La *Revue Suisse* annonçant un compte-rendu spécial de ce travail savant et original, nous devons nécessairement nous borner à quelques lignes à ce sujet. Aussi les bornes de cette chronique sont restreintes, et nous ne devons pas les dépasser. Qu'il nous soit permis seulement de rappeler que deux professeurs allemands du plus haut mérite, deux publicistes de renom, MM. Mittermaier et Warnkönig, ont accueilli avec éloges l'ouvrage de notre compatriote, dans lequel ils ont vu une *ébauche de l'histoire philosophique du droit des nations germaniques-chrétiennes, histoire conçue à un point de vue nouveau et original.* M. Warnkönig considère M. Hornung comme *un restaurateur de la vraie science du droit dans les pays français.*

Il paraît à Genève depuis le commencement de l'année dernière, un petit *Bulletin de jurisprudence* qui intéressera peut-être quelques-uns de nos confédérés, et que je dois en conséquence leur signaler.

M. Petitsenn s'occupe, dit-on, d'une nouvelle édition fort augmentée de ses *Bluettes et boutades.* Cette nouvelle publication d'un ouvrage qui a fait son chemin en France et en Allemagne, et qui est populaire chez nous, sera, nous n'en doutons pas, accueillie avec une faveur à laquelle est accoutumé le spirituel écrivain et à laquelle il a droit. Nous nous plaisons à écrire ces lignes dans un moment où l'auteur du *Fantasque,* un des hommes qui font le plus d'honneur à Genève, est poursuivi ou plutôt honoré d'épigrammes de mauvais goût, auxquelles ses réponses pleines d'ironie et de verve ont riposté si habilement, qu'il a su mettre, comme on dit, tous les rieurs de son côté. — Mentionnons aussi en passant une nouvelle publication de M. Merle-d'Aubigné.

La peine de mort a été prononcée vers la fin du mois dernier contre un homme condamné pour assassinat. Depuis plus de vingt ans, l'échafaud ne s'est point dressé chez nous. Aussi est-ce avec une véritable peine que tous les gens éclairés de notre canton, ont vu des *bravos* accueillir, dans la salle même, des séances criminelles, une condamnation capitale qui eût dû inspirer, à une partie de notre population, des sentiments plus sérieux. ⋆⋆⋆

Neuchâtel, 10 juin 1850. — Il arrive rarement à la *Revue Suisse* d'avoir à entretenir ses lecteurs de ce qui se passe, dans la ville où elle se publie, sous le rapport du mouvement des esprits et des faits scientifiques et littéraires. A part l'examen critique des ouvrages publiés à Neuchâtel, nous n'avons pas eu occasion, comme plusieurs de nos collaborateurs le font pour Bâle, Lausanne et Genève, d'écrire une chronique mensuelle neuchâteloise. Si nous eussions voulu à tout prix remplir cette tâche, nous n'aurions guère trouvé à traiter que des faits portant un caractère politique, et qu'il ne convient pas à un recueil mensuel et littéraire d'aborder ; on comprend que la triste situation actuelle de notre pays ne soit nullement favorable au développement des arts, des sciences et des lettres.

Aujourd'hui nous ne sortons de notre silence que pour remplir un douloureux devoir, celui de nous joindre à l'expression unanime des regrets causés par la mort récente de l'un de nos savants compatriotes, M. DuBois de Montperreux. Les journaux politiques de notre ville ont publié chacun à cette occasion d'excellents articles nécrologiques : la *Revue Suisse* ne croit pas pouvoir rendre un plus bel hommage à cet homme distingué, qu'en consignant dans ses pages l'article publié par une main amie dans le *Neuchâtelois* (23 mai 1850). M. DuBois de Montperreux avait droit à ce témoignage de notre part, car à certains égards la *Revue Suisse* pouvait le compter au nombre de ses collaborateurs. En effet, il a publié dans notre volume de 1846 (p. 672), un travail historique assez étendu, intitulé : *Le château de Pounié*, épisode de l'histoire de Lithuanie, que nos lecteurs n'ont sans doute pas oublié. — Enfin, en reproduisant sa biographie, nous croyons être agréable à ceux de nos lecteurs neuchâtelois qui sont à l'étranger, et qui n'en auraient pas encore eu connaissance.

« La vie de tout homme qui a contribué d'une manière quelconque à l'illustration de sa patrie, mérite d'être connue dans ses moindres détails, et chaque circonstance qui s'y rattache acquiert une valeur spéciale ; car ces détails expliquent souvent toute une carrière, mieux que des faits en apparence plus importants et plus saillants ; c'est souvent déjà dans les études, dans les jeux, dans les goûts de l'enfance, nous dirons même dans ses défauts, que se révèle le génie futur, comme

le bouton renferme déjà la.fleur toute formée, à laquelle il ne manque
que le parfum et le coloris.

» En consacrant quelques lignes de souvenir à l'ami dont nous dé-
plorons la perte récente, nous venons ajouter aux faits déjà connus
sur sa vie ceux que notre mémoire ou des informations prises à bonne
source nous ont permis de recueillir. Cette existence simple et modeste, ennemie du bruit et de l'éclat, s'est éteinte dans l'intimité de la
famille, dans un village de campagne, loin du bruit des grandes villes,
où M. DuBois de Montperreux était plus connu peut-être que dans sa
propre patrie, qui devait cependant recueillir l'héritage de son nom.
Mais nous trouvons dans cette existence mieux que l'illustration et la
gloire ; elle nous offre de beaux exemples à proposer à l'imitation de
nos jeunes gens, au commencement de leur carrière active. Lutte opiniâtre et persévérance contre les obstacles qui nous séparent du but
que nous nous sommes fixé ; conscience scrupuleuse du devoir qui nous
maintient debout et fermes au milieu des chutes ; sentiment profond
de la valeur de tous les instans de la vie que Dieu nous a accordée et
qu'il ne nous permet pas de dissiper sans profit pour nous et pour
notre prochain ; ardeur toujours nouvelle et toujours vive pour s'approprier ce qui manque aux têtes les mieux organisées, et pour combler les lacunes d'une éducation qui paraît toujours incomplète, quand
on connaît l'étendue du champ de la science et qu'on le voit s'agrandir
toujours davantage, à mesure qu'on avance : toutes ces qualités, M. Du-
Bois de Montperreux les possédait au plus haut degré ; on peut dire de
lui qu'il a fait sa carrière, et que tout ce qu'il a acquis, il l'a conquis
au prix de ses fatigues, de ses efforts et de ses veilles.

» Ce qui est plus rare encore, c'est de trouver ces heureuses dispositions pour la science unies à un caractère aussi doux, aussi calme
dans les relations de la vie sociale et privée. Car le caractère moral de
l'homme n'est pas toujours en accord parfait avec les facultés de la
tête et de l'esprit. Cet accord existait cependant chez M. DuBois de
Montperreux. M. DuBois était bienveillant, débonnaire dans toute l'é-
endue du mot, plein de bonhomie, si nous osons ainsi dire, ne soup-
çonnant jamais le mal, rendant justice au plus petit mérite, s'effaçant
en toute occasion ; il marchait dans la voie morale du droit et du juste,
sans se douter même qu'il fût possible de s'en écarter. Au milieu des
émotions d'une vie agitée de voyages et d'études, au centre de la vie
factice et ambitieuse des grandes capitales, dans les salons des grands,
comme dans la chaumière des petits, il était toujours le même et avait
gardé, sans s'en douter, toute la simplicité du village : heureuse faculté
des êtres privilégiés, dont le monde ne parvient pas à fausser les notions instinctives du vrai et du juste.

» M. DuBois est né à Môtiers, le 28 mai 1798. Il passa sa première
enfance à Bevaix, et après avoir été trois ans à Saint-Aubin dans la
pension de M. Chanel, il fut envoyé au collège de Neuchâtel, à sa solli-

citation ; car ses parens le destinaient au commerce. L'enfant, au contraire, demandait instamment qu'on lui permît d'étudier ; il voulait *apprendre*, disait-il déjà à cet âge. Il entra dans la troisième classe et parcourut successivement les deuxième et première classes, se montrant constamment écolier appliqué et recueillant toujours aux promotions les fruits de son zèle et de ses progrès. Il fit ensuite sa philosophie avec M. Petitpierre et avec M. Chaillet, qui le détourna de la carrière théologique à laquelle il désirait d'abord se vouer. En 1817, il partit pour Saint-Gall, où il passa deux ans en qualité de sous-maître dans une pension de cette ville ; il en revint très malade en février 1819 et eut beaucoup de peine à se remettre. Cette même année, il partit pour la Lithuanie et entra en qualité de précepteur dans la famille de M. de Ropp ; il resta pendant dix années consécutives au milieu de cette famille respectable, qu'il ne quitta que quand ses élèves furent en âge d'aller à l'université. C'est dans cette retraite de Lithuanie, où il trouva heureusement une excellente bibliothèque et de belles collections artistiques de diverse nature, que ses études prirent comme providentiellement un caractère déterminé et la direction dont elles ne se sont plus écartées depuis. M. de Ropp avait hérité une terre considérable, sur laquelle il n'y avait que de misérables cabanes : tout était à faire, à rebâtir, à reconstruire, pour lui rendre sa valeur. M. DuBois, pour qui commencer une étude était déjà l'avoir terminée, se mit à étudier l'architecture et le fit de manière qu'il fut en peu de temps à même de venir en aide à M. de Ropp ; il lui fit tous ses plans de reconstruction, tant pour les bâtimens présens que pour les constructions à venir, et ces plans ont été fidèlement suivis, même après son départ.

» En quittant la Lithuanie, M. DuBois vint en Podolie et en Volhynie, où il fit quelque séjour, toujours observant, étudiant et recueillant les matériaux qui devaient servir de base au grand ouvrage qu'il méditait ; il comptait commencer alors son grand voyage autour du Caucase (1829) ; mais la guerre entre la Russie et la Turquie l'en empêcha, et il accepta, en attendant de pouvoir réaliser ses plans bien arrêtés, la place de gouverneur auprès d'un jeune seigneur polonais qu'il conduisit à Berlin, où il passa deux années (1829 - 1831) à se préparer toujours mieux à son voyage dans l'intimité des principaux savants de cette célèbre université. Il fit aussi à cette époque, avec son élève, un voyage en Suède et en Danemarck et plus tard sur les bords du Rhin. Plusieurs de ses amis et des membres de sa famille ont conservé les lettres qu'il leur écrivait de ces intéressantes contrées, lettres si vives de couleurs locales, si remplies d'observations originales et qui sont de véritables modèles d'un journal de voyage, tel que l'écrivent des hommes supérieurs, car rien n'était indifférent à M. DuBois. Ces lettres promettaient déjà tout ce qu'il devait réaliser plus tard. Pendant son séjour à Berlin, il publia sous les auspices de M. de Buch, qui lui avait voué un véritable attachement, un opuscule in-4° (Berlin 1831) intitulé: *Conchiologie fossile* ou *aperçu géognostique des formations du plateau volhynien-podolien*, avec 8 planches lithographiées et une carte de son champ d'observation. En juillet 1831, il quitta de nouveau Berlin pour revenir en Podolie, où il s'arrêta encore 7 à 8 mois pour explorer les bords du Dnieper. Tous ces voyages étaient pour lui l'occasion de travaux importants ; partout il relevait des cartes, mesurait des niveaux, dressait des plans, creusait la terre pour en déterrer les monuments enfouis du passé, qu'il dessinait soigneusement. C'est quelque chose d'incroyable que la quantité de plans, de cartes, de coupes de terrain, de vues pittoresques que M. DuBois a exécutés et qui seuls auraient suffi pour occuper la vie entière d'un homme moins bien doué que lui. Il s'attachait particulièrement aux nombreux monuments épars dans ces vastes contrées, restes d'une civilisation déchue et qui lui servaient de jalons pour retrouver les traces des migrations des peuples dont il s'était fait la tâche de retrouver les origines, à défaut d'autres traditions. Quelques amis ont eu le bonheur de l'accompagner dans plusieurs de ces voyages ; ils étaient toujours surpris de sa prodigieuse activité et de l'étendue et de la variété de ses connaissances. Le règne des plantes aussi avait une part dans ses sympathies, et chaque localité ne manquait pas de lui offrir quelque espèce caractéristique, soit pour telle ou telle forme géologique, soit pour l'aspect général de la contrée. La botanique lui doit donc aussi plusieurs découvertes intéressantes.

» Au printemps de 1832, il vint en Crimée, et c'est après en avoir encore exploré les monuments, qu'il commença son grand voyage auquel furent consacrées les années 1832-1834, au milieu de fatigues, de privations et de dangers de toute espèce, car M. DuBois voyageait souvent seul ou accompagné seulement de quelques guides. Ce voyage est maintenant du domaine de la science et lui a valu, de la part du monde savant, d'honorables marques de distinction, qui sont venues le chercher dans sa modeste retraite de Peseux, et que jamais voyageur n'a mieux méritées que lui. Ce voyage porte le titre de *Voyage autour du Caucase, en Colchide, Georgie, Arménie et en Crimée*, avec un *atlas géographique, pittoresque, archéologique, géologique,* etc., 6 vol. in-8°. A son retour, en 1834, il se rendit chez son ancien patron et ami en Lithuanie, chez M. de Ropp, où il passa l'hiver, puis revint à Berlin en 1835, où il entendit encore plusieurs cours, cherchant jusqu'au dernier moment à se pourvoir de toutes les connaissances nécessaires à la rédaction de l'ouvrage qu'il voulait laisser à la postérité. C'est en 1836 qu'il revint dans sa patrie, d'où il fit un voyage à Paris. En 1843, il fut attaché à l'académie de Neuchâtel en qualité de professeur d'archéologie.

» Telle est cette honorable carrière, si remplie, si active, que la Providence vient d'interrompre d'une manière si douloureuse, le 7 mai dernier. M. DuBois avait rapporté de ses voyages une fièvre intermittente qui le reprenait chaque année au printemps avec une nouvelle intensité et qui n'avait cédé à aucun traitement. Cette fièvre le minait sourdement sans ralentir son activité. Il travaillait encore quelque temps avant sa mort, jusqu'à ce que sa faiblesse toujours croissante lui fit pressentir que sa dernière heure approchait. Il l'a vue venir en remerciant Dieu de tous les biens dont il l'avait comblé, des grâces qu'il lui avait accordées, et jusqu'au dernier moment ses pensées se sont portées sur sa patrie, qu'il chérissait avec l'affection instinctive qu'un enfant conserve toujours pour la mère qui l'a nourri et élevé. »

POÉSIE.

MON NID.

—

Dans les champêtres lieux où se cache ma vie,
Il est un bois touffu qui me retient souvent;
Je rêve en ce réduit, qui de loin me convie,
Abrité des regards, du soleil et du vent.

L'ombre y descend du haut des arbres séculaires
Sur un mince gazon de mousse parsemé;
L'oiseau remplit de chants leurs cimes tutélaires,
Sans craindre un ravisseur pour son nid bien-aimé.

Un ruisseau paresseux, sous de verdoyants cintres,
Qui traîne un cours obscur dans l'herbe enseveli,
Lave le tronc d'un chêne, et pour étude aux peintres
Offre le pied noueux de ce géant vieilli.

Par de graves pensers là mon âme élevée
Partout rencontre un Dieu qu'elle implore et bénit,
Là, des bruits d'ici-bas la muse est préservée,
Le chrétien trouve un temple et le poète un nid.

Doux nid qui de l'enfance évoque les images,
Parfums évanouis d'un âge d'or lointain,
De l'album de ma vie en remontant les pages
J'y respire le soir les senteurs du matin.

Puis, je songe aux amis de la simple nature
Qui dans cette retraite ainsi que moi viendront
S'entourer de fraîcheur, de calme, de verdure,
Un amour dans le cœur, une pensée au front.

Un couple intimidé plein de trouble et de grâces
Peut-être de s'aimer y fera le serment,
Et sur l'herbe foulée imprimera les traces
De deux genoux tombés auprès d'un pied charmant.

D'enfants épanouis une troupe mutine
Accourra célébrer la fuite des autans,
Alliant dans ses jeux, sous la frêle églantine,
Les roses de son âge à celles du printemps.

Un vieillard qui donna tous ses jours à la terre ,
Y viendra consacrer à Dieu quelques moments,
Plaçant un repentir rêveur et solitaire
Entre sa dernière heure et ses égarements.

Ah! plus heureux celui qui durant sa carrière,
Cherchant l'ombre des bois et leur feuillage épais,
Ne voit sur son chemin, s'il regarde en arrière,
Qu'un sort obscur voilé d'innocence et de paix.

J. Petitsenn.

UNE PAGE D'ALBUM.

A Alexandre de Rothschild.

Oui, vous avez pour vous tous les trésors du monde;
Vous avez à vos pieds la fortune féconde,
Et jamais vos désirs n'ont supporté d'affront;
Le caprice est chez vous comme un roi qui commande,
Et chacun ébloui s'étonne et se demande
Comment tant de bonheur sur un si jeune front !

Mais qui dira jamais où le destin s'arrête?
Un ciel pur trop souvent présage une tempête,

Et le chêne orgueilleux qui plane à l'horizon,
Ce chêne dont l'aiglon va mesurer le faîte,
Peut demain à son tour mesurer le gazon.

Et cependant pour vous mon cœur est sans alarmes ;
Des pauvres que, la main pleine de charités, (¹)
Vous avez secourus en pleurant de leurs larmes,
La phalange est nombreuse et veille à vos côtés.

Car au saint tribunal où monte la prière,
Notre Dieu tout-puissant écoute la première
La voix du malheureux dont on fut le soutien.
Tout tombe et fuit et meurt, et tout nous abandonne,
Excepté le denier qu'au mendiant on donne.
Oh ! mon enfant, pour vous je ne redoute rien.

Naples, mai 1850.   HENRI BLANVALET.

REVUE BIBLIOGRAPHIQUE.

HISTOIRE DE LA DESTRUCTION DU PAGANISME DANS L'EMPIRE
D'ORIENT, par M. le professeur Chastel. Un vol. in-8°. — Chez tous
les principaux libraires.

*L'Histoire de la destruction du Paganisme dans l'Empire d'O-
rient*, par M. le professeur Chastel, ouvrage couronné par l'académie
des Incriptions et Belles-lettres, vient de paraître. Il pourrait sembler
superflu de faire l'éloge d'un travail, objet d'une si flatteuse distinction;
cependant j'éprouve le besoin de dire l'impression qu'il a fait naître
chez moi. Ce serait une habitude heureuse pour celui qui lit un ouvrage
marquant, de se croire tenu à en rendre compte.

Dans une composition telle que celle-ci, provoquée par un appel, et
qu'on pourrait appeler de *commande*, dont l'auteur n'a pas eu l'initiative, et qui n'a pas été chez lui le résultat d'une préférence réflé-

---

(¹) Nous avons connaissance de plusieurs traits bien touchants de la charité de M. A. de Rothschild, dont la main adolescente n'est jamais lasse de
faire des heureux. Ce qui ajoute du prix à ses bienfaits, c'est qu'il n'é-
pargne au besoin ni démarches ni interventions personnelles, plus précieuses
souvent que l'or. N'est-ce pas en rivalisant de bonnes œuvres et de créations utiles, que la jeunesse opulente accomplirait la meilleure propagande
anti-socialiste !   *(Note de la Rédaction).*

chie, on pourrait s'attendre à quelque chose de contraint et de gêné,
résultant de l'obligation d'accomplir une tâche, peut-être à un ton un
peu déclamatoire; enfin on pourrait y trouver la trace d'un travail
trop précipité. Il n'y a rien de tout cela dans l'ouvrage de M. Chastel.
On serait tenté de croire que par une faveur toute spéciale, le corps
savant, chargé de décerner le prix, est venu lui offrir un sujet dont il
le savait depuis long-temps occupé; et que l'écrivain n'ait eu qu'à
mettre en œuvre des matériaux recueillis d'avance. Telle a été du
moins mon impression en lisant un ouvrage fondé sur des recherches
qui témoignent de la connaissance de tous les documens de l'époque,
écrit de ce ton simple et posé qui suppose à l'auteur le temps nécessaire non-seulement d'étudier son sujet sous toutes les faces, mais encore de l'approfondir et de le résumer avec le calme de la réflexion.
   L'histoire de la destruction du paganisme dans l'Empire d'Orient
est venue remplir une lacune qui existait dans mon esprit. Je me demandais quels pouvaient être le culte et les convictions, à la fin de la
République romaine et sous les empereurs, de tant d'hommes distingués par la culture de leur esprit, qui semblaient avoir la connaissance du vrai Dieu, et qui cependant restaient en apparence fidèles à
cette mythologie repoussée par la raison, vieillie et méprisée de ceux
qui s'y soumettaient, bonne tout au plus pour la poésie et la littérature. Les historiens qui disent seulement les faits et les dates sans descendre aux détails et aux nuances, sans entrer dans les replis du cœur,
ne me faisaient point comprendre les croyances religieuses de l'époque. C'est ce secret que M. Chastel a su trouver, et qu'il vient nous dévoiler; il ne fait nullement parade de la profonde érudition qui l'a rendu
maître de la situation. Ce n'est pas un enrichi qui vante à tout propos
son opulence, il ne s'en sert que pour éclairer sa marche et convaincre ses lecteurs, il nous fait vivre dans ces temps reculés. Chaque
phrase est un coup de pinceau qui dessine la situation. On comprend,
on voit les chrétiens, les rhéteurs, les Néoplatoniciens, l'empereur
Julien et tous les fils qui les font agir, on voit la lutte entre ce culte
qui croule et des convictions pleines de foi et de vie. On voit les philosophes bâtissant un système de mythologie bâtard pour l'occasion,
et je crois me rendre compte maintenant, sous le rapport religieux,
de l'époque qui a précédé Constantin et de celle qui l'a suivi, aussi
bien que de l'époque actuelle.
   Les chrétiens, inébranlables devant les humiliations, les châtimens
et la mort, protégés par leur obscurité, forment une colonne serrée, les
persécutions raffermissent leur foi et augmentent leur nombre. Rien
ne peut les arrêter. Cette secte, d'abord inaperçue et méprisée; remplit le forum, le palais, la capitale et les provinces.
   Réveillés de leur orgueilleuse sécurité, tous ceux qui la redoutent
plus par crainte de la vie austère et des vertus des chrétiens, que par

attachement pour l'ancien culte, se liguent contre l'ennemi qui menace de les envahir.

Ce sont les vieux Romains encore sous le prestige de la religion de leurs ancêtres, les conservateurs à tout prix, les aristocrates obstinés qui voient dans les dieux l'ancienne Rome, sa gloire, son existence républicaine à laquelle ils croient encore. Ce sont des patriciens qui se rappellent avec quel mépris leurs pères parlaient de ces Nazaréens, pauvres, exclus de tous les postes importans, qu'on disait souillés de crimes. Ce sont des hommes de plaisir, voyant avec effroi les progrès d'une secte qui ordonne une vie pure, qui prêche l'égalité et la charité.

Ce sont enfin les poètes, les littérateurs, les rhéteurs, les sophistes, les philosophes, derniers restes d'un temps de gloire qui a passé, continuateurs sans génie de leurs devanciers, qui par respect pour Homère et Virgile, par souvenir d'Athènes, par le désir de conserver leur académie, leurs écoles, leur position, se liguent contre ceux qui, depuis qu'ils sont protégés par l'autorité, brisent les images des dieux, proscrivent leurs noms et abattent les temples. Ils s'indignent de voir les héritiers du judaïsme s'installer sur les débris de la sagesse antique.

Les adeptes de l'école d'Alexandrie, réunis sous le nom de Néoplatoniciens, se chargent de rallier tous les mécontens et d'opposer une digue aux envahissemens du christianisme; ce ne sont point par des dissertations religieuses qu'ils cherchent à soutenir une religion insoutenable, mais par des argumens philosophiques. La cause du paganisme était trop en discrédit, les idées morales avaient fait en théorie trop de chemin pour qu'on pût songer à ramener sérieusement les peuples aux divinités d'Homère et à toutes celles que les Romains y avaient ajoutées par égard pour les nations conquises. Les Néoplatoniciens n'adhèrent aux anciennes croyances que par concession, par politique, que par le désir d'augmenter le nombre de ceux qu'ils réunissent sous leurs drapeaux. Ils ne se servent de ces croyances si fort au dessous de leur tendances spirituelles, qu'en les commentant, qu'en leur donnant une portée et une signification qu'en réalité elles n'ont jamais eues. Pour justifier l'attachement conservé à l'ancienne religion, ils y cherchent une pensée philosophique.

Pourquoi prendre à la lettre, disent-ils, les récits des poètes? l'apparente absurdité qu'ils présentent ne vous avertit-elle pas elle-même qu'ils recèlent un sens sublime et profond. Ce sont des vérités précieuses que la divinité nous a transmises couvertes d'un voile. Ce sont des allégories, d'ingénieux symboles sous lesquels il lui a plu de nous révéler la nature intime des choses, et qu'il s'agit seulement de savoir comprendre et interpréter.

On ne fonde pas une religion avec des mythes, des allégories et des idées abstraites; l'échaffaudage des Néoplatoniciens embarrassés par

leurs moyens de défense, devait crouler devant les croyances positives et la rude franchise des chrétiens.

« Point tant de détours ! s'écrie Saint-Grégoire de Naziance. Si vous
avez de bonnes choses à m'apprendre, dites-les-moi par leur nom, et
pour m'enseigner la vérité, ne me faites point passer par l'erreur.
Ces mythes scandaleux dans lesquels il vous plaît de voir tant de profondeur, sont-ils vrais ou faux. S'ils sont vrais, que deviennent vos
dieux? Mais s'ils sont faux, pourquoi nous enseigner le vice en vue de
nous faire aimer la vertu. »

Voilà les réflexions qui se présentaient aux hommes réfléchis; quant
au vulgaire, cette obscure métaphysique lui paraissait aussi peu intelligible que peu séduisante; à voir les sages prendre tant de peine pour
détourner le sens des choses les plus claires, il en concluait que la
vieille religion n'était plus soutenable.

Cependant le moment vint où le christianisme devait éprouver un
mouvement rétrograde. C'est le règne de Julien, que M. Chastel raconte de manière à laisser une idée parfaitement nette de la situation;
il fait comprendre le caractère de ce jeune empereur si vivement attaqué par quelques historiens, si pompeusement prôné par d'autres, et
qui a dû à son éloignement pour le christianisme, l'enthousiasme des
déclamateurs du siècle passé.

Julien avait beaucoup souffert des empereurs de la famille qui l'a-
vaient précédé sur le trône. Le christianisme au nom duquel on exerçait tant de rigueurs, ne se présentait à lui qu'entouré d'amers souvenirs. On avait massacré ses parens, on l'avait retenu en captivité, on
l'avait envoyé en exil, on l'avait accablé d'obligations religieuses qui
lui étaient odieuses. On l'avait fait chrétien malgré lui, on prétendait
le faire évêque. Il est facile de comprendre les préventions qui existaient chez lui contre le culte de ses persécuteurs; il avait trouvé
toutes ses consolations dans l'étude de la philosophie et de la littérature
grecque. Comme Frédéric II, encore prince héréditaire, et dans une
position qui a quelques rapports à la sienne, il paraissait tenir plus à
la science et à la sagesse qu'à la puissance; il aspirait à se faire un
nom dans la nouvelle école et à en être le restaurateur. Appelé tout-
à-coup à la dignité impériale sans l'avoir désiré, il ne négligea rien
pour ramener le paganisme; il anéantit tous les décrets qui avaient été
portés contre le culte des dieux, et il combla de faveur les amis qui
avaient adouci les peines de sa jeunesse; mais il n'attaqua leurs adversaires qu'avec une tolérance qui ferait honte à un Philippe II, à un
Louis XIV et à tant d'autres princes chrétiens; persuadé que les persécutions ne tendaient qu'à augmenter leur foi, il leur refusa la satisfaction du martyre. Que pouvait un règne si court contre de tels
hommes? Julien rallia facilement à lui les gens sans conviction, les
masses qui se laissent entraîner, les philosophes, les sophistes négligés sous ses prédécesseurs, les orateurs, les grammairiens, les dis-

coureurs, avides au quatrième siècle de distinctions et de faveurs comme ils le sont de nos jours. L'encens fuma de nouveau sur les autels des dieux, des temples s'élevèrent pour les divinités payennes, et cependant avant sa mort, le jeune empereur désespéra de son projet favori, il prévit ce qui arriverait après lui. En effet tous ces personnages que la politique avait détachés du culte du vrai Dieu y revinrent lorsque les successeurs de Julien y revinrent eux-mêmes. Après cette impuissante réaction, que pouvait le paganisme philosophique, abandonné de toutes parts, contre une Eglise sortie victorieuse de la lutte, et qui n'ayant jamais demandé grâces à ses adversaires, n'était disposée à leur faire aucun quartier. La constance et le courage qu'elle avait montré dans les mauvais jours allaient se changer en esprit d'exclusion et en tendance à une suprématie absolue à laquelle elle prétendait. Le christianisme, dans la plénitude de sa force, qui s'était montré plus admirable au temps de sa persécution qu'il ne le fut dans la prospérité, ayant des dogmes arrêtés, ne se prêtait à aucune concession, à aucun ménagement pour ses rivaux, il repoussait les Néoplatoniciens et leurs théories, comme il avait repoussé les Gnostiques, les Manichéens et toutes les transactions qu'on avait essayé de faire avec lui. Les derniers débris de la philosophie, après la chute de son impuissant système religieux, ne tardèrent pas à disparaître. On eut peu de motifs de regretter ces rhéteurs, ces sophistes, ces orateurs, devenus inutiles, restes surannés d'un état de choses qui n'existait plus, en face du génie rude et inculte, mais plein de verve et de foi de la littérature chrétienne naissante, dans la personne des pères des Eglises grecque et latine.

C'est un heureux emploi du temps que celui consacré à un ouvrage qui vient jeter du jour sur une époque peu connue, et qui ouvre une source d'idées nouvelles, à une lecture qui a la force de nous arracher à notre propre situation, pour nous transporter dans celle qu'elle décrit. C'est à regret que l'on quitte des évènemens et des personnages auxquels on s'était associé pour rentrer dans la vie du moment, avec ses petits détails et sa politique, qui ne se développe que goutte à goutte, tandis que le livre à la main nous étions maître d'une situation toute entière. Dans le mouvement des affaires et les frottemens de la société, on perd bientôt de vue les intérêts éloignés auxquels on s'était identifié; personne dans la rue ne s'avise de nous parler de l'empereur Julien et des Néoplatoniciens, mais partout on bourdonne Paris et ses élections, l'Allemagne et ses congrès. Et quand on rentre dans son cabinet fatigué du présent ou agité de ses trop saisissantes émotions, on retrouve le bon compagnon des premières heures de la journée, ouvert à la page où on l'avait laissé; c'est avec bonheur qu'on revient au Bas-Empire, à sa grande révolution, à l'invasion des Barbares: évènemens mémorables qui pourraient, hélas! présenter plus d'un trait de ressemblance avec la situation actuelle.

Peut-être après avoir si bien expliqué l'époque sous le point de vue historique, M. Chastel, laissant les causes secondes, eût-il pu s'étendre davantage sur l'influence que la doctrine chrétienne exerce par elle-même indépendamment des circonstances; sans doute cette influence est sous-entendue dans tout l'ouvrage, sans doute encore il ne s'est pas cru appelé par le programme à aborder les considérations morales; cependant un chapitre sur l'effet produit par cette doctrine si nouvelle, si étonnante pour les peuples de cette époque, en complète opposition avec les croyances absurdes et immorales, ou vagues et insaisissables auxquelles ils avaient obéi, n'aurait pas été déplacé.

Qu'on se représente un payen fatigué des subtilités de l'école, un esprit droit, un homme de cœur, las de s'agiter dans le vide, de chercher en vain un but, une explication à la vie, et qui tout-à-coup entrevoit ce qu'il a long-temps demandé; il doit renoncer à bien des préventions et faire des sacrifices, mais une nouvelle existence, un nouveau jour se levait pour lui, le contraste de la doctrine des chrétien, du positif de ses dogmes, avec l'incertitude des systèmes dont on l'a bercé, le saisit. Un voile tombe de ses yeux; le voilà prêt à payer de sa vie des convictions qui lui sont chères.

Dans le chapitre intitulé : *Le Christianisme envisagé avec les besoins et les idées du temps*, l'auteur explique mieux l'effet produit par la vie pure et dévouée des disciples de Jésus-Christ, par leur charité et leur foi, qu'il n'entre dans l'examen de leur doctrine; abstraction faite des circonstances et des dispositions du moment, la valeur de la morale évangélique est indépendante des événemens; et des chrétiens de nom seulement ont pu s'éloigner de son esprit sans porter atteinte à sa sublimité. Il y aurait beaucoup à dire sur ce sujet, l'auteur l'a à peine effleuré; il l'a cru réservé pour un ouvrage d'une autre direction que le sien.　　　　　　　　　　G. M.

DE LA QUESTION SOCIALE, OU DES CONDITIONS DE LA PAIX INTÉ-
RIEURE, par J. Trottet, broch. de 83 pages, Paris, librairie protestante, rue Tronchet, 2 ; Lausanne, chez G. Bridel; Neuchâtel et Genève, chez les principaux libraires ; prix : 1 ff.

Les bouleversements politiques dont nous avons été les témoins ont réagi sur les esprits, dans ce qu'on appelait autrefois le camp libéral, de manières bien diverses. Les uns, effrayés, auraient presque envie d'en revenir à l'autorité pure, un petit nombre reste fidèle aux théories de 1830, d'autres ont marché en avant, et pensent qu'il faut des réponses nouvelles à des besoins nouveaux. L'auteur de la brochure que nous examinons est du nombre de ces derniers. Profondément convaincu qu'un renouvellement social, accompli librement par les individus, est le seul moyen de combattre efficacement le socialisme, il expose les bases de ce renouvellement, en ayant surtout égard à la position de la France. Le développement des diverses classes de la société, dans ce pays, a été jusqu'ici complètement exclusif; la noblesse a régné d'abord, puis la bourgeoisie, et maintenant le prolétariat aspire à une domination tout aussi exclusive. Pour rétablir l'équilibre et l'harmonie, pour transformer cette masse confuse et hostile en une classe organisée, concourant avec les autres à l'accomplissement du but de l'humanité, l'auteur propose deux moyens, l'un extérieur et matériel, l'autre moral. Le premier de ces moyens, c'est l'association. Dans la société actuelle, le travailleur reste isolé, hors d'état d'améliorer sa position présente, sans ressource contre les mauvaises chances de l'avenir. Faut-il s'étonner qu'il murmure et cherche à renverser une organisation qui l'écrase ? Mais ce qu'il ne peut faire, d'autres doivent le faire pour lui. En fournissant les fonds pour la création de vastes établissements, à la fois agricoles et industriels, où seraient reçus les ouvriers avec leurs familles, les personnes aisées donneraient aux prolétaires, au moyen des économies faites sur les achats en grand et d'un léger prélèvement sur le produit du travail, la faculté d'améliorer peu à peu leur position et de devenir eux-mêmes propriétaires. Ces établissements, s'ils se multipliaient, pourraient, en se confédérant, amener au bout d'un certain laps de temps, la transformation complète de la classe des prolétaires et détruire le paupérisme. Mais ce renouvellement a pour condition un renouvellement religieux. L'auteur esquisse à grands traits le développement historique de l'antiquité et de la société chrétienne. L'antiquité, dont le mouvement est préfiguré dans les trois castes supérieures de l'Inde, passe de l'empire sacerdotal des Égyptiens au despotisme monarchique des Perses, arrive à sa phase la plus brillante dans les républiques de la Grèce et de Rome, et s'écroule avec elles. Le mouvement de la société, depuis l'avènement du christianisme, présente des phénomènes analogues. Annoncé dans les trois grands types de l'époque apostolique, Pierre, Paul et Jean, il commence par l'Église de l'autorité, celle de Pierre ou le catholicisme. Le protestantisme, au nom du principe subjectif de Paul, constitue l'Église de la liberté. Mais ces deux principes ont fait leur temps. La société française en particulier, qui n'a reçu du protestantisme que l'élément négatif, a perdu la base de ses croyances, fondées sur le catholicisme, et n'a rien pour les remplacer. L'humanité chrétienne attend un principe plus complet. Ce principe, c'est celui de l'amour ou de la personnalité morale, qui doit établir l'Église définitive, celle de Jean. Ce principe est le seul capable de répondre aux besoins de l'époque, de régénérer et de sauver la société, et d'accomplir sa destinée. Tel est, en quelques traits, le résumé des idées émises dans la brochure. Nous croyons n'avoir rien omis d'essentiel.

Commençons par reconnaître, non seulement les bonnes intentions, mais le talent élevé et profond de l'auteur. Sa brochure n'est point un travail superficiel, digne peut-être de quelque intérêt, mais oublié aussitôt que lu. Ses idées sont fécondes, il fait penser; le sens moral et religieux parle dans son livre autant que l'intelligence, il a mis le doigt sur la plaie et sur le vrai remède. Pour éviter l'abîme ou pour en sortir, la société, nous en avons la conviction, n'a qu'une ancre de salut, l'amour chrétien, largement, complètement appliqué. Si donc nous avons à présenter quelques critiques, même importantes, elles n'entament pas la base des idées de l'auteur, auquel nous unit une fraternité de convictions et de pensée.

La partie économique des questions sociales offre toujours, pour les esprits habitués à saisir les choses par le côté idéal et spéculatif, de graves difficultés. M. Trottet en convient lui-même; et nous n'oserions pas dire que dans le moyen indiqué par lui, il les ait toujours résolues. C'est une chose bien remarquable combien, en matière d'organisation, les esprits même les plus positifs sont enclins à faire un peu de roman. Les idées les absorbent; ils oublient les hommes et le mal, et la réalité renverse leurs calculs. Sera-t-il par exemple, bien facile, possible, ou même bon d'éloigner des grandes villes tous les travailleurs? comme le demande la brochure. Une foule d'industries sont liées au séjour des villes; le moyen indiqué par M. Trottet est bon sans doute, mais il n'est que partiel. Du reste, ces établissements peuvent exister même au sein d'une capitale; et nous croyons qu'à côté d'eux rien n'empêche la création d'associations analogues, mais non réunies en un même local. Nous avons cependant une objection plus grave. M. Trottet veut organiser la classe des prolétaires, confédérer tous les établissements d'associations, leur donner des représentants, un gouvernement même. Ne voit-il donc pas qu'ainsi non-seulement il égale le prolétariat aux autres classes de la société, mais qu'il l'en rend le maître? La bourgeoisie, la noblesse, sont-elles organisées? Pourront-elles résister à cette masse compacte qui les pressera de toutes parts? Ce qu'il s'agit d'obtenir, c'est l'organisation de la société, non d'une seule classe. Les institutions politiques et sociales de notre temps portent l'empreinte d'un dissolvant individualisme; c'est là qu'il faut porter le remède.

La partie la plus importante de la brochure de M. Trottet est celle consacrée à l'examen de la question religieuse. L'auteur est là sur son terrain. Il n'était pas facile d'esquisser en quelques pages le développement entier de l'histoire. M. Trottet s'en est tiré avec bonheur. Il a su dégager des faits la loi philosophique et morale qui les résume, et il en poursuit l'évolution à travers les âges, dans une déduction nourrie, forte de logique, et pleine de vues profondes. Il n'a pas échappé cependant à l'inconvénient d'un résumé trop rapide. On ne suit pas sans peine cette argumentation, pesante d'idées, mais un peu abstraite pour le vulgaire des mortels. Nous nous demandons même si M. Trottet n'a pas trop cédé à l'attrait de la formule historique. S'il est bien difficile de découvrir les lois de la nature dans la multiplicité infinie des phénomènes, que sera-ce de l'histoire, où doit entrer en ligne de compte un facteur bien plus fécond, la liberté humaine? Nous ne partageons pas l'opinion de ce mathématicien, qui croit à la possibité de réduire la loi du développement social en formule algébrique. L'histoire ne se plie pas à nos systèmes, elle les fait sauter toujours par quelque endroit, et, pour en revenir à la brochure de M. Trottet, la symétrie parfaite qu'il veut établir entre le développement de l'antiquité et celui du monde moderne, nous a paru n'être pas toujours juste. Est-il bien exact aussi de parler de trois théologies, de trois Eglises dans le siècle apostolique? Nous comprenons parfaitement la pensée de M. Trottet; dans sa base nous l'admettons, mais elle aurait eu besoin d'un correctif. Si Pierre, si Paul, si Jean ont compris l'Evangile chacun selon leur individualité particulière, chez tous pourtant c'est le même Evangile. Il n'y avait pas trois Eglises, mais une Eglise, réunissant en une puissante synthèse de vie les éléments divers qui plus tard devaient se séparer dans l'histoire. Cette disposition à systématiser tient sans doute un peu à la brièveté de la brochure; il était impossible de tenir compte de tout; mais cette circonstance ne suffit pas pour justifier un point où l'auteur nous semble être décidément incomplet. Il appelle de tous ses vœux l'Eglise définitive, celle de l'amour, mais on pourrait aisément le mal comprendre. Il semble qu'il s'agisse d'un christianisme nouveau, inconnu jusqu'à nos jours, et que la brochure de M. Trottet fait pressentir sans l'expliquer. N'était-ce pas ici le lieu de montrer l'unité profonde qui unit les diverses phases du développement chrétien, et de faire voir la même vie se manifestant sous des formes diverses? Pierre, Paul, sont à la surface ; le fond, c'est Christ. En faisant cela, l'auteur eût donné la meilleure définition de cette Eglise de Jean, qui doit unir les contrastes, accomplir l'évolution chrétienne et harmoniser tout dans l'amour. Il eût mieux fait que la démontrer, il l'eût montrée.

Ce mot nous amène à présenter quelques observations sur le style de l'auteur. C'est la partie la plus faible de la brochure. Çà et là se rencontre une expression vive, heureuse, profonde, mais elles sont rares. M. Trottet a écrit pour la France ; je ne sais s'il trouvera dans ce pays beaucoup de lecteurs. Sa brochure est une argumentation en forme : son style est *démontreur*, si l'on nous passe le terme, marchant d'abstraction en abstraction, de conséquence en conséquence, même sans nécessité. Argumentez, si vous voulez, raisonnez, enfermez vos lecteurs dans un réseau de logique, mais il faut avec les Français que cette logique coure et ne se traîne pas, qu'elle parle aux yeux, à l'imagination comme à la pensée ; convainquez, persuadez surtout ; le lecteur sous-entendra de lui-même les *donc*, les *parce que*, les *c'est pourquoi* et les *or*. Nous désirons vivement que M. Trottet cherche à rendre son style plus concret, plus vivant, plus palpable. Qu'il y emploie tous ses efforts, car sans cela il sera peu lu, et un talent comme le sien est fait pour de meilleurs destins que celui d'être relégué au fond d'une bibliothèque.

Quelqu'un a déjà remarqué une parenté de tendance entre la brochure de M. Trottet et les *Conférences* de M. de Pressensé. Plus brillant dans la forme, ce dernier nous semble avoir beaucoup moins bien saisi la question de principe. S'il combat le socialisme, c'est pour lui donner ensuite la main sans le vouloir. Partant du principe de charité, qui doit de plus en plus prédominer dans le christianisme, il demande que ce principe soit inscrit dans la loi. La séparation de l'Eglise et de l'Etat est, nous le croyons, presqu'un dogme pour M. de Pressensé; nous ne comprenons pas qu'il puisse arriver à une conclusion pareille. Sans doute, nous le pensons aussi, le principe de la charité trouvera peu-à-peu, et dans une certaine mesure, sa place dans la loi; mais c'est le fausser, c'est le socialiser, que de vouloir l'écrire dans les codes avant de l'avoir réalisé dans l'Eglise. M. Trottet est plus conséquent et plus profond; à la charité forcée, à la providence de l'Etat, il oppose la charité libre, le dévouement chrétien. M. de Pressensé se place à la circonférence, et de là cherche le centre; M. Trottet a pris position au centre, et saura bien, quand il le voudra, trouver la circonférence.

C'est là le vrai mérite de sa brochure. Le socialisme, reconnaissons-le, est autre chose qu'un vain épouvantail. Se servant de besoins vrais au profit de détestables principes, il remue la société jusque dans ses profondeurs. Seules, les mesures de compression, les victoires de rue même ne feront que le renforcer; les discours les plus sages, les livres les plus savants, les plus éloquents seront des digues impuissantes contre un flot qui monte toujours. Pour le vaincre nous n'avons qu'un moyen, c'est d'opposer le socialisme de la liberté à celui de l'esclavage. A la haine, à l'orgueil, au déchaînement de toutes les passions, opposons les sacrifices de l'amour; que le christianisme ne soit pas en nous un système de doctrine, mais une vie; que l'individualisme fasse place à la véritable solidarité; que nous sentions

suivant l'expression de M. Trottet, « vivre les autres au fond de notre conscience, et nous n'aurons pas à craindre.» Ainsi nous éléverons les voûtes
de l'Eglise de l'avenir, mais en bâtissant sur le fondement de l'antique
Eglise, de l'Eglise éternelle ; ainsi nous réaliserons le christianisme de Jean,
ou, pour mieux dire, le christianisme de Christ.   A. S.

LES MISSIONS INTÉRIEURES, traduit de l'allemand d'après Wichern et
Allémann, par Armand de Mestral, ministre de l'Eglise libre du canton
de Vaud. — A Lausanne, chez Georges Bridel, à Genève et Neuchâtel,
chez les libraires habituels. — Prix : batz 2 et quart.

Voici une brochure de peu d'étendue et d'une apparence modeste, qui est
à nos yeux bien mieux remplie de bonnes pensées, de réflexions utiles et de
faits intéressants, que maint gros volume publié récemment, où l'auteur
expose des idées inapplicables sur les moyens propres à délivrer la société
du mal qui la dévore. C'est qu'ici, il faut le dire, le sujet est d'une richesse extrême. Il s'agit des *missions intérieures*, c'est-à-dire, de cette œuvre qui, parallèlement aux *missions extérieures* destinées à évangéliser les
nations encore payennes, cherche à répandre de plus en plus, au milieu
des nations déjà chrétiennes, le remède divin de l'Evangile, en d'autres
termes à favoriser et seconder l'action des membres vivants de l'Eglise sur
ceux qui ne le sont pas.
Cette œuvre des missions intérieures a reçu une impulsion puissante lors
de la grande conférence tenue à Wittemberg au mois de septembre 1848,
où près de cinq cents membres des différentes Eglises protestantes d'Allemagne, représentant le clergé, la noblesse, la magistrature et la science,
comprirent qu'il fallait se hâter de lutter avec force contre l'incrédulité et
l'esprit révolutionnaire qui ravagent l'Allemagne, et fondèrent la Société dite
des missions intérieures. Selon ses statuts, le but de cette œuvre est de
*travailler à délivrer le peuple allemand de sa misère spirituelle et corporelle,
par la prédication de l'Evangile et par les bienfaits de la charité chrétienne.*
Aujourd'hui les ramifications de cette Société s'étendent sur toute l'Allemagne, et dans sa seconde session qui a eu lieu en septembre 1849, la conférence de Wittemberg a pu entendre, sur les progrès de l'œuvre, les détails
les plus réjouissants de la bouche de M. Wichern, l'un des membres les
plus actifs et les plus dévoués à cette belle et sainte cause.
C'est de ce travail de M. Wichern, et du beau mémoire de M. Allémann,
lu à Coire le 2 août 1848 au sein de la conférence générale des pasteurs
suisses, que sont extraites les pages substantielles de la brochure que nous
analysons. En la lisant, on est étonné de la variété infinie de formes que la
charité chrétienne sait revêtir pour répandre ses bienfaits. Il y a les *œuvres
d'évangélisation*, qui s'appliquent aussi bien aux riches qu'aux pauvres;
ce sont entr'autres les sociétés bibliques, les conférences bibliques, les
écoles du dimanche, les sociétés pour la dissémination des traités et livres
religieux. Il y a les évangélistes, pour les localités où la population est ou
trop forte ou trop disséminée ; puis les agents pour visiter les pauvres et les
malades. Nous trouvons ensuite les *œuvres de protection* et les *œuvres de restauration*; parmi les premières nous citerons les comités de bienfaisance et
les sociétés des amis des pauvres, les caisses et magasins d'épargne, le

salles d'asile ; et surtout un genre d'association qui n'est que trop négligé jusqu'ici, savoir celui qui a pour but le protectorat à exercer sur les ouvriers des villes. Parmi les secondes, nous trouvons les sociétés de visiteurs des malades, les asiles pour les incurables, pour les aveugles, les sourds-muets et les vieillards, les sociétés de tempérance, les maisons de refuge, etc., etc.

Les détails donnés sur toutes ces institutions par la brochure de M. de Mestral nous font souhaiter vivement de la voir entre les mains de beaucoup de lecteurs ; ce sera peut-être susciter un plus grand nombre d'ouvriers à la moisson. Pour mieux faire comprendre l'importance capitale des missions intérieures à l'époque actuelle, nous terminerons en citant un passage aussi remarquable par l'à-propos des réflexions que par la force du style.

« Si l'intérêt pour cette œuvre s'est réveillé fortement dans ces derniers temps, c'est que les révolutions qui ont éclaté à la fois sur tous les points de l'Europe ont révélé toute la profondeur du mal. A aucune autre époque peut-être on n'avait pu se convaincre aussi bien que tous les désordres qui portent le deuil dans la famille et dans la société, découlent d'une source unique : l'irréligion. Si l'on voit crouler en tous lieux l'autorité des magistrats, l'autorité paternelle, l'autorité de l'âge, de l'expérience et de la vertu, si l'on voit remettre en question toutes les institutions sociales, c'est que l'autorité du législateur suprême est ébranlée dans les cœurs. Les meneurs n'auraient pas réussi si facilement à entraîner les populations au parjure, à la révolte et à l'assassinat, si le terrain n'avait pas été préparé dès longtemps par les apôtres de l'athéisme et du rationalisme, qui travaillaient les uns dans les chaires des universités, d'autres au sein des parlements et des conseils de la nation, d'autres encore au milieu des ateliers et sur la place publique. C'est la haine de l'homme naturel contre le christianisme qui s'est fait jour dans toutes les révolutions modernes, depuis les bords du lac Léman jusqu'à ceux du Tibre et du Danube. Ce malheureux démagogue qui, sous les voûtes de Saint-Paul de Francfort, s'écriait plein de rage : « Il faut en finir avec l'Eglise ! Détruisons l'Eglise ! » n'était que l'écho de la pensée générale.

» La liaison étroite qui existe entre les mouvements politiques et la guerre contre l'Evangile ressort, avec la dernière évidence, tant des actes que des écrits des révolutionnaires. Ceux qui ont pour dernier but de bouleverser la société, non pas précisément pour supprimer la propriété, mais pour la faire passer en d'autres mains, c'est-à-dire pour s'enrichir des dépouilles de leurs victimes, ont compris par un très-juste instinct que les croyances religieuses opposent encore une barrière puissante à l'accomplissement de leurs desseins. Aussi s'efforcent-ils de persuader aux peuples que le christianisme empêche le développement de l'humanité, et d'exciter la défiance contre les chrétiens sincères et actifs, tant catholiques que protestants, qu'ils englobent tous dans la dénomination générale de JÉSUITES. Ils proclament l'avénement prochain d'une nouvelle religion dans laquelle l'humanité elle-même sera élevée sur l'autel et dont le culte consistera dans la satisfaction de toutes les passions et de tous les instincts charnels. A leur point de vue, l'homme n'est fait que pour la terre, — au-delà du tombeau, il n'y a..... rien ! La foi à la vie à venir est ce qu'il importe surtout de déraciner dans l'esprit des populations. D'autres visent au même but par un moyen différent, ils travaillent à donner une idée complétement fausse de l'Evangile ; à les entendre, l'Evangile est le code de l'ère sociale nouvelle; Jésus-

Christ est *le premier des révolutionnaires* ; il fut crucifié par *les aristocrates* de son temps ! ceux qu'on appelait autrefois *chrétiens* s'appellent aujourd'hui *communistes!* — Il faut voir dans les écrits de Marr, de Weitling, de Proudhon et de bien d'autres, avec quelle orgueilleuse confiance en eux-mêmes les chefs de la propagande se vantent d'être les ennemis personnels de Dieu et de laisser bien loin derrière eux Voltaire et Diderot. Il faut lire ces affreux couplets qui faisaient naguères le tour de l'Allemagne, saluant d'une triple malédiction les rois, la patrie et le Seigneur des seigneurs : « Maudit soit Dieu ! disent-ils, le Dieu aveugle et sourd, qu'en vain nous invoquâmes, en qui en vain nous mîmes notre espoir ! Il s'est joué de nous ! Il nous a trompés !»

SUR QUELQUES OBJETS DE LA COLLECTION D'ANTIQUES DU MUSÉE DE BALE, par M. le Prof. W. Vischer. (Uber einige Gegenstände der Sammlung von Alterthümern in Museum zu Basel, von Prof. Vischer). Bâle. 1849. Broch. in-4° de 14 pages.

Cet opuscule ne touche point à la littérature, cependant sa recension n'est pas sans intérêt ; il est un nouveau témoignage de l'activité intellectuelle de la ville de Bâle. — La plupart des antiques déposés au Musée ont été décrits dans des ouvrages spéciaux ; les pièces les plus curieuses proviennent d'Augusta. M. Vischer détermine ici quelques objets laissés dans l'ombre jusqu'à ce jour. C'est d'abord un buste en marbre d'un superbe travail, haut de huit pouces et portant sur un piédestal quadrangulaire une inscription et deux vers grecs. Ce buste est en tout semblable à celui de Modius Asiaticus, qui décore le cabinet d'antiques de Paris, et a exercé la sagacité de Montfaucon, Marion du Mersan, Bouillon et Visconti. Ce dernier, dans son *Iconographie grecque*, dit «que l'excellence de la sculpture le rend un des plus beaux » morceaux de ce genre qui nous restent de l'antiquité et paraît devoir mé- » riter au personnage qu'il représente une espèce de célébrité posthume.» M. Vischer établit d'abord quel est ce personnage mal défini par les archéologues, et le détermine ainsi : *Modius l'Asiatique, médecin de l'Ecole méthodique*. Ce Modius était sans doute originaire de l'Asie Mineure et florissait sous Adrien. Passant à l'examen du buste de Bâle, sous le rapport artistique, et ayant égard à l'ignorance où l'on est sur son origine, il lui enlève tout caractère d'originalité, et le regarde comme une copie remarquable du buste de Paris.

M. Vischer consacre la seconde partie de son opuscule à décrire plusieurs statuettes eu bronze, une Minerve, un Mercure, des piédestaux dont l'un porte l'inscription : *Tauricus Carati de suo d. d.*, qui laissaient des doutes sur leur provenance nationale. Le savant professeur a retrouvé le rapport que faisait sur ces objets M. le bibliothécaire d'Annone ; ils ont été découverts à Waldenbourg en 1788. Ce rapport très détaillé est consulté avec fruit par M. Vischer, et il en donne de nombreux extraits. M. Vischer conclut des nombreuses antiquités trouvées à Waldenbourg et de la position géographique de cette localité, qu'elle devait être une ville militaire importante sous les Romains; il remarque aussi la nouveauté pour le pays des noms tracés sur le piédestal sus-mentionné.

Nous reconnaissons dans ces pages l'auteur des *Découvertes de tumuli dans le Hardt.* C'est toujours la même entente parfaite de l'antiquité, jointe à une patience laborieuse et à une saine critique. M. Vischer est président de la Société archéologique de Bâle; nul doute que celle-ci n'augmente encore le champ déjà si riche de ses découvertes sous une direction si pleine de zèle et si éclairée.   K.

PAYSAGE. — Etudes et sujets divers, par *F. Prévost,* — Berne 1850. — Lithographie de C. Durheim. Première livraison, prix batz 28. — En vente à Neuchâtel, chez MM. les libraires et Lichtenhahn; à Lausanne, chez Martignier et Moratel; à Genève, chez Mme Beroud et Guers; à Paris, chez Delarue, 10, rue J.-J. Rousseau.

Une question dont la solution n'est pas aussi facile qu'il le semble au premier abord, surgit dans l'esprit des personnes chargées d'enseigner les premiers élémens du dessin. Suivant les unes il faut mettre sous les yeux des élèves des modèles dessinés dans toute la rigueur mathématique des lignes et des objets, sans ombres ni hachures; ce sont ordinairement des figures d'ustensiles, de meubles, de bâtimens, des croisemens bizarres d'ornemens et de traits; l'élève qui s'applique à imiter ces exemples, acquiert de la rectitude dans le tracé et l'habitude de soigner les plus menus détails; cette méthode lui sera donc d'une grande utilité pour les études subséquentes en géométrie et en physique. Un autre procédé consiste à faire dès l'abord copier à l'élève des représentations d'objets tels qu'ils se présentent dans la nature; avec leurs lignes inégales et irrégulières, leurs agencemens sinueux, leurs courbes capricieuses et leurs ombres nuancées. Ce sont des pans de murs en ruine, les larges flancs d'un tronc séculaire, une chaumière aux murs lézardés et au toit chancelant, un rocher anguleux se reflétant dans une eau paisible. Il nous paraît que les études faites d'après ce procédé, lorsqu'on a en vue d'amener l'élève à pouvoir voler de ses propres ailes et dessiner d'après nature, atteindront le but désiré plus facilement et plus complètement que celui dont nous avons parlé en commençant. La main de l'élève y gagne à coup sûr de la souplesse, de la grâce et de la vie; il apprend à traiter largement son sujet, à charpenter hardiment ces chalets qui reposent sur la pente de la montagne, à bien grouper ce groupe d'arbres dont les masses de feuillage éclairées par le soleil se détachent vivement des profondeurs obscures; il donnera du mouvement à cette eau qui serpente, du relief à ce terrain tourmenté.

C'est en vue de ce résultat que M. Prévost a entrepris de publier une série de livraisons contenant des études et paysages divers; la première, qui est en vente, nous fait désirer vivement qu'un bon ac-

cueil vienne encourager l'auteur dans son entreprise. M. Prévost a
toutes les qualités nécessaires pour son œuvre; le choix de ses sujets
dénote un goût d'artiste éclairé, èt la manière dont ils sont traités
révèle une facture magistrale, une entente parfaite des difficultés à
vaincre, enfin un sentiment vrai de la nature. On voit que ses modèles ne sont pas composés ingénieusement dans le cabinet, mais
qu'ils sont pris dans la nature tels qu'elle les fournit. Chez lui rien de
bizarre, d'étrange, de grotesque, aussi nous ne doutons pas que
beaucoup de jeunes dessinateurs trouveront plaisir et profit à reproduire les exemples de ce maître. Lorsque les livraisons suivantes auront paru, nous ne manquerons pas d'en prévenir nos lecteurs.

TROIS SIÈCLES DE LUTTES EN ÉCOSSE, ou deux rois et deux
royaumes, par J.-H. Merle d'Aubigné, 1850. — 1 vol. in-12, bz 24.
— Chez Georges Bridel, à Lausanne et tous les principaux libraires.

Au retour d'un voyage que l'auteur fit en Allemagne, en Angleterre et en Ecosse, il reçut de ses amis la demande de leur faire part
de ses souvenirs; ce désir donna naissance à des lectures qui furent
suivies avec un extrême intérêt, et que leur importance engage l'écrivain à publier. L'Ecosse s'est toujours distinguée par sa fidélité envers
ses rois. C'est en Ecosse que les Stuarts revenant de France ou de
Hollande, allaient chercher des adhérens. Il y a encore chez quelques
écossais une vieille rancune contre Cromwell qui battit leurs ancêtres
à Dumbar. Tout en se montrant dans ce nouvel ouvrage l'ami des
presbytériens d'Ecosse, le célèbre historien de la réformation, fidèle
à ses anciennes prédilections, annonce qu'il n'abandonnera pas celui
dont il s'est constitué l'avocat zélé.   G. M.

H. WOLFRATH, ÉDITEUR.

LETTRES ÉCRITES D'AMÉRIQUE.

DESCRIPTION DE L'OHIO. [1]

XIII.

Comparaison entre les divers Etats de l'Amérique du nord. — Limites et constitution géologique de l'Ohio. — Fertilité du sol. — Voies de communication. — Produits agricoles. — Climat et température. — Origine des fièvres. — Les saisons. — Accroissement énorme de population. — Préférence à donner à l'Etat de l'Ohio pour l'émigration.

Columbus, mars 1850.

Si j'avais dû choisir moi-même l'un des Etats de l'Amérique du Nord pour le parcourir, l'étudier et le décrire, mon choix ne serait probablement pas tombé sur l'Ohio, car au premier coup d'œil, et pour un naturaliste curieux, il offre fort peu d'intérêt. Et pourtant, après un an de séjour dans cet Etat, après en avoir parcouru la plus grande partie, je suis forcé de reconnaître que pour les lecteurs à qui ces pages sont destinées, comme pour moi-même, c'est précisément cette partie de l'Amérique, qui méritait le mieux d'être bien explorée. Ainsi, comme toujours, la Providence a tout disposé à mon égard beaucoup mieux que je n'aurais su le faire moi-même. Partout ailleurs, en effet, mes observations auraient été partielles et incomplètes. Les Massachussets ont une industrie très-développée, un commerce immense, de grandes ressources pécuniaires, une civilisation fécondée par des études un peu plus sérieuses qu'on ne les fait dans aucune autre partie des Etats-Unis. Mais le sol en est généralement sablon-

(¹) Voir la précédente Lettre, livraison de mai 1850, t. XIII, p. 297.

neux et peu fertile, les propriétés y sont à haut prix, et autant par ces raisons que par le peu de bonne volonté des habitants envers les étrangers, l'émigration ne s'y porte que faiblement. Le New-York a sa métropole peuplée d'un demi-million d'habitants, et un immense territoire encore désert et presque inconnu ; vers le nord s'étend une vaste contrée accidentée et pittoresque, couverte de montagnes, de lacs et de rivières infranchissables, où la difficulté des communications et la rigueur du climat seront long-temps encore un obstacle aux établissements permanents et surtout aux établissements européens. La Pensylvanie et les Etats du sud sont des pays à esclaves; les émigrants riches y ont seuls quelques chances de succès. Le commerce y est presque nul, la population faible, le travail des blancs peu rétribué, et le climat insalubre, de telle sorte que dans plusieurs contrées, les indigènes eux-mêmes sont forcés à des migrations annuelles pour éviter des maladies presque toujours mortelles. On a beaucoup vanté le Tennessee et les Alléghanies. J'ai vu dans le Nord, près de Buffalo et ailleurs, bon nombre de familles américaines qui avaient quitté leurs établissements primitifs pour aller s'établir dans ces montagnes, où il y a plusieurs colonies suisses : après de grandes souffrances et des pertes douloureuses, toutes ces familles sont revenues les unes après les autres reprendre leurs fermes dans l'Ohio, ou en défricher de nouvelles. L'Indiana et l'Illinois ne sont guère qu'une continuation de l'Ohio. Ils sont situés sous la même latitude; ils ont le même sol, le même climat et les mêmes produits; mais leur population est beaucoup moins forte et s'augmente beaucoup moins rapidement, parce que, plus éloignés des ports de mer et des grands débouchés, et privés de communications faciles, les produits acquièrent moins de valeur et s'écoulent avec peine. Le Wisconsin et l'Yova, enfin, comme les contrées au-delà du Mississipi que les Américains appellent le Grand-Ouest, touchent encore à l'état sauvage. Les émigrants y ont à lutter maintenant contre tous les obstacles que les pionniers rencontraient dans l'Ohio il y a un demi-siècle. Nous en ferons plus loin le tableau, pour ne rien laisser dans l'ombre de ce qui peut influencer la détermination de ceux de nos compatriotes que la nécessité ou le goût peut appeler en Amérique.

En prenant pour limite occidentale de l'Amérique le grand Mississipi qui séparera bientôt les Etats-Unis en deux parties égales, l'Ohio se trouverait à-peu-près exactement au centre. Au nord, le lac Erié le borne dans toute sa largeur, lui donnant ainsi une voie de communication naturelle et puissante avec les contrées du nord et de l'est, le Canada, le New-York, la Pensylvanie, etc. Par le lac Erié, par les chemins de fer et les canaux qui y aboutissent depuis New-York, Boston et Philadelphie, par le lac Ontario et le Saint-Laurent, tous les ports de l'océan sont ouverts aux produits de l'Ohio. Au sud et à l'ouest, cet Etat est bordé par la *Belle-rivière* (car c'est là ce que signifie le mot indien *Ohio*) navigable pour les plus grands steamers du moment où elle touche les frontières; et comme elle se jette dans le Mississipi, elle ouvre ainsi à notre État les ports du golfe du Mexique. La nature seule a fait beaucoup pour le commerce de l'Ohio. Les habitants ont profité de ces avantages et les ont étendus. D'excellents canaux ont été creusés dans toutes les directions, indépendamment des facilités offertes à la navigation intérieure par les lits des rivières. Un chemin de fer joint le lac Erié à l'Ohio, et bientôt ce grand État, traversé déjà par la route nationale, le sera encore par le chemin de fer gigantesque qui va s'étendre de l'océan Atlantique au Pacifique (¹). Quel État, au centre d'un vaste continent, pourrait offrir des voies de communication plus faciles, plus nombreuses et plus étendues.

La province de l'Ohio, forme un carré à-peu-près exact de 220 milles de côté, mais comme elle est échancrée en plusieurs points par les cours d'eau qui la bornent, la surface est généralement évaluée à 40,000 milles carrés ou à 25 millions d'acres, dont 17 millions seulement sont soumis aux taxes, et par conséquent devenus des propriétés particulières. Le sol de cette vaste contrée est presque partout à-peu-près plat et cultivable. Vers le sud et l'est seulement, s'étend une chaîne de collines peu élevées, que la nature semble avoir placées là comme d'inépuisables réservoirs de combustibles et de minéraux utiles: la houille, le fer et le sel y abondent. On peut affirmer, sans crainte d'être contredit, qu'il n'est aucune partie de l'Amérique dont le sol soit aussi fertile que celui de l'Ohio. Ce fait est extraordinaire, car une plaine de 40,000 milles

(¹) L'Ohio a déjà 820 milles de canaux, dont la construction a coûté 80 millions de francs, et qui, tous frais déduits, rapportent annuellement environ 3 millions de francs. Il a de plus 150 milles de chemins de fer déjà en activité, et près de 300 milles en construction.

carrés ne se comprend guère que comme un désert improductif, et par conséquent inhabitable; d'autant plus que le sol primitif, comme la Gest des plaines d'Oldenbourg, est un composé de sable quartzeux et de cailloux roulés, terrain d'erratisme ordinairement stérile. Mais ici, comme dans quelques parties de la Russie, la nature a pourvu d'une manière admirable à l'irrigation et à la fertilisation de cet immense jardin. Depuis l'Ohio, le sol s'élève insensiblement vers le nord, pendant 150 milles environ, pour former là, à 450 pieds au-dessus du niveau du lac Erié, un plateau continu couvert de vastes marais, inépuisables réservoirs qui jettent vers le sud et vers le nord, vers l'Ohio ou le lac Erié, une foule de rivières fertilisantes. Ces rivières, au lit peu encaissé et aux inondations fréquentes, ont couvert leurs larges vallées d'un limon noir et épais qui donne maintenant à l'agriculture les plus magnifiques récoltes. La vallée du Scioto au centre, celle du Mushingam à l'est, celles surtout des deux Miami vers l'ouest, ont été souvent appelées le Paradis de l'Amérique. Sous l'influence de cette irrigation naturelle, de magnifiques forêts ont couvert ces plaines, forêts composées essentiellement de hêtres, de chênes, de noyers, d'érables, qui souvent atteignent des proportions gigantesques, et dont les débris entassés depuis des siècles, ont augmenté l'épaisseur du terreau et l'ont enrichi de telle sorte, qu'après les défrichements et pendant plusieurs années tout engrais est superflu. Ainsi l'Ohio est déjà maintenant et deviendra de plus en plus le grenier de l'Amérique, peut-être même celui d'une partie de l'Europe. Voici quelques chiffres qui viendront à l'appui de cette assertion. Dans les vallées du Miami, on obtient en moyenne de 50 à 75 boisseaux de maïs par acre dans les bonnes expositions, et 25 boisseaux de blé pour la même étendue de terrain. Dans la vallée du Scioto et aux environs de Colombus même, il y a des sols cultivés depuis soixante ans en maïs, sols qui n'ont jamais reçu d'engrais, et qui continuent à rendre de 50 à 75 boisseaux de maïs par acre. En 1846, un propriétaire a retiré dans cette même vallée 15,000 boisseaux de maïs de cent acres, soit 150 boisseaux par acre. Ce sont là, il faut le dire, des produits extraordinaires et qui dépassent de beaucoup la moyenne ; car hors des vallées arrosées par les rivières, où le sol est naturellement très-cher, on ne peut guère estimer le *rendement* d'un acre cultivé sans engrais à plus de 15 à 20 boisseaux de maïs ou 8 à 10 boisseaux de blé.

Les rapports annuels de la Société agricole de l'Ohio ne peuvent
fixer encore la quotité exacte des produits ; mais ils établissent
d'une manière évidente ce fait - ci, que les neuf-dixièmes de la
surface du sol sont cultivables, et qu'avec un peu de soin et un
mode de culture un peu mieux entendu, cet état nourrirait facilement quinze à vingt millions d'habitants.

Malgré l'uniformité apparente de sa constitution géographique
et géologique, l'Ohio présente assez de diversité dans le climat
surtout, pour s'adapter et s'approprier aux diverses industries
agricoles. Les fruits réussissent partout ; mais dans le nord, sur le
revers penché vers le lac Erié et qu'on appelle la Réserve, il y a
de grandes prairies, moins fertiles en blés, où le maïs ne peut
croître, mais qui sont d'excellents pâturages, et nourrissent déjà des
bestiaux en prodigieuse quantité. C'est ainsi que cette contrée livre
maintenant au commerce annuellement seize millions de livres de
fromage, et quatre millions de livres de beurre, tandis que dix ans
auparavant tout l'Ohio ne fournissait pas même un million de livres
de fromage. En établissant le prix de ces produits au minimum,
c'est-à-dire à six sous par livre, c'est, on le voit, un revenu annuel de six millions de francs pour une industrie qui n'est encore
qu'à son commencement. Dans les collines sèches du sud-est, la
production de la laine ou l'éducation des moutons commence à
s'établir, et paraît devoir être dans peu de temps d'une haute importance pour l'Etat. En 1847, le nombre des moutons était de
2,000,000 ; en 1848 de 3,600,000 ; ce qui fait une augmentation
annuelle de plus de 70 pour cent. Si cette augmentation se continuait seulement ainsi jusqu'en 1855, il y aurait dans l'Ohio 255 millions de moutons, dont le produit, en le comptant au taux de
deux livres de laine par bête, serait 510 millions de livres de laine
ou un revenu de plus de 800 millions de francs (la livre de laine
estimée seulement à trente sous). Si cette augmentation est supposée trop forte, en échange il faut croire que la qualité des laines
et les prix iront en augmentant. La même progression se remarque
dans le nombre de toutes les espèces d'animaux domestiques, de
sorte qu'en 1848, ce riche Ohio nourrissait cinq cent mille chevaux, deux mille mulets, un million de bêtes à cornes, et deux
millions de porcs. Qui pourrait, à la lecture de ces chiffres, regretter la disparition des troupeaux de daims et de cerfs qui, il y

a cinquante ans, erraient encore en paix dans les forêts de l'O-
hio (¹).

Le climat de l'Ohio est tempéré et généralement salubre. Il peut
être comparé pour la partie centrale, du moins, à celui de Neuchâtel ou de Genève, un peu plus chaud en été, un peu plus froid en
hiver. Le printemps commence en mars, et malgré tout ce qu'on a
dit de la luxuriance de la végétation américaine à cette époque, il
s'annonce avec une très-modeste apparence. Les rivières sont gon-
flées : les bois et les prairies basses sont inondées sur de vastes
surfaces ; les fleurs sont rares, les gazons ne se montrent nulle
part, car le sol des forêts, toujours couvert de feuilles, n'a guère
d'autre végétation que celle des arbres. Ces arbres eux-mêmes se
parent d'une manière si insensible de leur parure verdoyante, que
l'œil remarque à peine du changement. Et d'ailleurs, l'uniformité
gâte tout. Là où il n'y a ni collines, ni montagnes, l'œil n'aperçoit qu'un premier plan, et toutes les variétés lui échappent. Il lui
manque le splendide contraste de la tendre verdure du hêtre avec
la sombre coloration des sapins, du blanc alizier qu'on voit de
loin suspendu comme un drapeau sur un rocher noirci ; de toutes
ces teintes variées qui font d'une journée de printemps, dans nos
vallées alpines ou jurassiques, le spectacle le plus gracieux et le
plus doux sur lequel le regard puisse s'arrêter. L'été est très-chaud
et très-sec. En 1845, depuis le 1ᵉʳ avril au 2 juillet, il ne tomba
pas une goutte de pluie dans tout l'Ohio, et dès-lors, après un
demi pouce d'eau tombé ce jour par un orage, le temps resta sec
jusqu'à la fin du mois de septembre. Cette sécheresse était extraordinaire et avait, en dehors des vallées, détruit la plus grande
partie des récoltes. Cependant chaque année plus ou moins, la
chaleur est accablante et les pluies rares et de courte durée. A mesure que les forêts s'éclaircissent, cet inconvénient deviendra de
plus en plus sensible. L'année dernière, mon thermomètre s'est
élevé plusieurs fois à l'ombre à 40° cent. Ces chaleurs excessives
et l'action d'un soleil ardent sur un sol marécageux ou chargé
d'humidité, causent dans l'Ohio, comme dans toute l'Amérique, ces
fièvres froides ou intermittentes dont on a fait à tort, ce me semble,

(¹) Je ne parle pas des produits de moindre importance, de la vigne cultivée sur les bords de l'Ohio près de Cincinnati, des fruits, pêches et pommes dont on tire un cidre excellent, des volailles qui pullulent partout, des
légumes dont les Américains ne se nourrissent pas volontiers et qui cependant croissent partout avec une extraordinaire luxuriance.

un épouvantail pour les émigrants; ces fièvres règnent toujours plus ou moins dans les premiers défrichements ou les premières éclaircies, parce que les arbres environnants empêchent les courants d'air comme les murailles d'un puits. Les miasmes s'entassent, et ils ont alors une influence pernicieuse, analogue à l'effet produit par les gaz qui se dégagent des fosses pleines de matières en putréfaction. Cet effet est quelquefois subit et vraiment remarquable. Nous nous promenions un jour avec quelques amis dans une forêt pleine d'ombre et de fraîcheur, tout auprès de la ville. Une éclaircie se présente: c'est un petit marais au bord duquel un de nos compagnons s'arrête et se baisse deux ou trois minutes à peine, pour chercher quelques coquilles. Quand il revient à nous, sa figure est changée et maladive, ses yeux sont plombés, il a peine à se tenir debout et à revenir au logis, et le soir il est saisi d'un accès de fièvre tremblante. Bien que cette maladie, dont le symptôme le plus ordinaire est un violent frisson qui revient tous les deux ou trois jours à la même heure; bien, dis-je, que cette maladie ne soit pas dangereuse, elle est très-désagréable, et dure souvent fort long-temps: mais la cause étant connue, il est ainsi plus ou moins facile de l'éviter. Avec un régime moins substantiel que celui des Américains, avec la précaution de ne pas arriver en Amérique pendant l'été, d'ouvrir les défrichements dans la direction des courants d'air, et de choisir pour les habitations un terrain un peu élevé, les émigrants échapperont le plus souvent à ces influences délétères.

L'automne est la plus belle saison; il a réellement des splendeurs auxquelles, en Amérique du moins, rien ne peut être comparé. A cette époque, les plaines marécageuses, devenues sèches, sont couvertes d'une végétation si luxuriante et si colorée, que de loin on les prendrait pour des massifs de roses ou de dahlias aux mille nuances, et qu'en y pénétrant, on se trouve littéralement caché sous un dôme de verdure et de fleurs, comme disent les poètes. A cette saison la température est modérée, l'air est pur, les nuits sont fraîches: le calme et la douce mélancolie de ces forêts américaines, quand les chênes, les noyers et les hêtres ont pris chacun une coloration différente, quand çà et là une feuille jaunie tombe en tournoyant au pied des troncs lisses, élancés comme des colonnes aériennes dont les cimes se perdent dans l'ombre, quand à travers les branches on voit le soleil se cacher à l'horizon derrière quelques nuages frangés de pourpre, ne peuvent être décrits que par des élans d'admiration et de prière.

L'hiver ne se montre guère qu'à la fin de décembre; il amène quelques pouces de neige qui dure rarement plus d'un jour ou deux, mais au mois de février il souffle ordinairement du nord-ouest un vent glacé qui abaisse la température jusqu'à.— 18 et 20° cent. Ce froid excessif dure deux ou trois semaines, et il est facilement combattu par l'abondance des combustibles, bois et houille qui sont à un prix extrêmement bas.

Il y a, on le voit, entre les températures extrêmes de l'année une grande différence, et il sera facile d'en tirer des conclusions pour expliquer l'abondance et la qualité de certains produits, ainsi que l'infériorité de quelques autres.

Avec de tels avantages naturels et acquis, avec un sol fertile, une position admirable pour la facilité des transports; une industrie encouragée par des cours d'eau abondants et des mines inépuisables de combustible, avec une constitution libérale et protectrice pour tout ce qui est bon et utile, il n'est pas étonnant que la prospérité de l'Ohio, comme sa population, croisse chaque année dans une progression qui dépasse de beaucoup les chiffres des plus hardis statisticiens. En 1836 le revenu de l'Etat s'élevait à un million et demi de francs; dix ans après, en 1846, il s'élève sans taxe extraordinaire à passé trente millions. Le premier établissement permanent dans cet Etat fut fondé en 1788, à Marietta sur les bords de l'Ohio, aux frontières de la Virginie; le premier recensement officiel, fait en 1800, accuse déjà 45,000 habitants; celui de 1810, 230,000; celui de 1830, 900,000; celui de 1840, 1,500,000; et maintenant la population dépasse de beaucoup deux millions d'habitants. Pour comprendre la valeur de cette progression, il faut la comparer avec la marche de la population pendant la même époque dans d'autres états de l'Amérique et dans les Etats-Unis en général. Ainsi, de 1810 à 1820, la population de l'Ohio s'accroît de 120 pour cent par année; tandis que dans les Massachussets, la progression est de 10 pour cent; dans la Virginie de 9; dans le Kentucky, de 38; et dans tous les Etats-Unis, en moyenne de 34. De 1820 à 1830 l'accroissement est, pour l'Ohio, de 61; pour les Massachussets, de 16; pour la Virginie, de 13; pour le Kentucky, de 21; et pour tous les Etats-Unis, de 33. De 1830 à 1840, où s'arrêtent les derniers recensements officiels, la population s'augmente dans l'Ohio de 62 pour cent; dans les Massachussets, de 20 ; dans la Virginie, de 2 ; dans le Kentucky, de 13; dans les Etats-Unis, en moyenne, de 34. Ces rapports valent la peine d'être médités et d'être pris en considération par nos émigrants suisses, qui s'en tiennent d'ordinaire à des rapports particuliers et toujours plus ou moins trompeurs, parce qu'ils n'ont pour base que le bien-être plus ou moins facilement obtenu de celui qui les écrit. Je comprends qu'ils aiment à se diriger vers les pays de montagnes, car je sais par. ma propre expérience combien est lourd le poids que la nostalgie fait sentir à l'âme dans ces vastes plaines. Mais les Alleghanies qui les attirent ont un sol peu fertile; les vallées sont privées de communications faciles, le commerce est local, et l'on se trouve dans ces Etats où l'esclavage est encore en vigueur, et qui sont ainsi rongés par un cancer qui semble incurable et qui les menace de ruine. Les terres y sont peut-être à plus bas prix; cependant une grande partie de l'Ohio qui n'a encore que cinquante habitants par mille carré, attend et accueille les colons; et partout on trouve à vendre d'excellentes fermes à des prix encore très-bas, quoiqu'ils augmentent tous les jours. Ce n'est pas d'ailleurs le bon marché qui doit décider l'établissement d'une famille, mais plutôt les chances de réussite et d'avenir. On peut être assuré que là où la population s'accroît d'une manière si constante et si prodigieuse, où surtout cet accroissement ne s'arrête pas après le premier élan qui porte l'émigration vers l'ouest, toutes les chances sont favorables [1].

XIV.

Constitution politique de l'Ohio. — Echantillons des débats parlementaires. — Législature. — Premiers habitants du pays. — Enumération des tribus indiennes. — Anciens monuments. — Les mounds et leur usage. —. Hypothèse. — Les savants et le vieux fermier. — Les premiers pionniers. — Influence de l'esclavage sur la prospérité des états.

Avant d'entrer dans les détails historiques, il ne sera pas inutile de dire quelques mots de la constitution politique de l'Ohio. On sait que tout étranger en arrivant en Amérique, ou plus tard s'il

[1] La rareté du numéraire, dans une contrée presque toute agricole, empêche les transactions au comptant. Les fermes ou les terrains à défricher s'achètent ou se paient par termes avec un intérêt modique, et il arrive fort souvent que les fermiers ont gagné leur propriété avant l'échéance du der-

le. veut, est libre de devenir citoyen américain trois ans après en
avoir pris l'engagement ¡devant le secrétaire d'une cour de justice
quelconque, et après avoir juré : *Que c'est de bonne foi son intention de devenir citoyen des Etats-Unis, et de renoncer pour
jamais à toute allégeance et fidélité à tout prince, potentat,
Etat ou souveraineté étrangère.* Moyennant vingt-cinq sous il reçoit un certificat du serment prêté, et quand il le veut, pourvu
toutefois que trois années soient écoulées depuis la promesse, il
est reconnu citoyen et peut en exercer tous les droits. Mais les priviléges du citoyen Yankee sont de peu d'importance et assujettis-
sent au contraire à une foule de petits inconvénients: le service de
la milice, le service des pompes à incendie qui exempte du premier; tous les embarras des petites administrations locales; de
telle sorte qu'il est à peine une moitié des émigrants qui fassent
usage de leur certificat et se fassent reconnaître Américains. Les enfants arrivés dans les Etats-Unis avant l'âge de vingt-un ans, sont
de droit citoyens à cet âge. Bien que chaque État ait une constitution différente, ces constitutions se ressemblent toutes dans les
points essentiels. Dans l'Ohio, l'autorité législative est remise au
sénat et à une chambre de députés qui se réunissent annuellement
en assemblée générale. Les membres des deux chambres sont élus
par comtés, d'après la population. Les députés sont élus pour une
année; et pour être éligible un homme doit avoir au moins vingt-
cinq ans, avoir résidé dans l'Etat pendant une année et avoir payé
une taxe. Leur nombre ne peut dépasser soixante et douze, ni
être au dessous de trente-six. Le sénat est composé de membres
élus pour deux ans; le nombre des sénateurs ne peut pas dépasser
une moitié ni être inférieur à un tiers de celui des députés. A l'heure
ou j'écris, les chambres sont assemblées; il y a trente-six sénateurs
et soixante-douze députés si bien partagés pour le nombre en
wighs et en démocrates, (ce sont les deux dénominations politiques), qu'il a fallu six semaines à ces messieurs pour s'organiser
et choisir leurs présidents, leurs secrétaires, etc. Toutes les vota-
tions amenaient invariablement dix-huit d'un côté et dix-huit de
l'autre au sénat, et trente-six pour et trente-six contre à la chambre

nier terme de paiement. Car là où les moyens de communication sont si
nombreux, les produits se vendent toujours et avec avantage. Seulement
faut-il se souvenir que la main-d'œuvre est très-chère, et que ceux-là seuls
ont des chances de réussite comme fermiers, qui sont habitués au rude travail de la terre ou qui ont de nombreuses familles pour leur aider.

des députés, de telle sorte que pendant long-temps on pouvait douter si l'Ohio aurait sa législature annuelle ou devrait s'en passer. Du reste ces messieurs, que j'ai vus à l'œuvre dans leurs salles respectives, gagnent consciencieusement leur argent en faisant des discours sans fin contre la détestable immoralité de leurs adversaires, ou en lisant à haute voix les articles de journaux qui condamnent ou insultent le parti contraire au leur. Les orateurs Yankee ne sont ni des Démosthènes ni des Cicérons, mais ils ont un imperturbable sang-froid, ils se jettent les uns aux autres les plus grosses injures ou les plus violentes accusations avec un sans-gêne égalé seulement par l'indifférence avec laquelle elles sont reçues. « Ainsi, disait l'un d'eux, pour être sénateur présentable, » il faut avoir la peau d'une salamandre également insensible au » feu, à l'eau tiède et même à la glace.» — «Oui, disait un autre, » le cuir d'un rhinocéros, comme l'est celui de l'honorable orateur » qui voudrait nous assimiler à des caméléons, n'est pas de trop » pour émousser les flèches des injurieux reproches que mérite » tant de persistance à violer la constitution.» Et naturellement, en semblable occurrence, les deux partis prétendent invariablement au droit de dominer leurs adversaires. Pour s'accorder, ces messieurs ont fini par réunir leurs voix sur un locofocos, c'est-à-dire, une espèce de tiers-parti qui commence à naître, et qui n'a la confiance de personne.

Mais revenons à la constitution de l'Ohio. — L'assemblée générale des deux chambres a seule le pouvoir de faire les lois de l'Etat; l'assentiment ou la signature du gouverneur ne sont nullement nécessaires pour que les décisions soient valides. — Le système judiciaire comprend trois différents degrés: la cour suprême, la cour de justice ordinaire et les juges de paix. Les juges de paix sont choisis pour trois ans par le peuple lui-même, et dans chaque comté respectivement. Ils sont chargés du maintien de la paix, mais n'ont aucun pouvoir civil dans leur district. L'Etat est divisé en neuf circuits judiciaires pour les cours de justice ordinaire, qui sont composés d'un président et de trois juges élus par la législature. Ces cours siègent trois fois l'an dans chaque circuit. La cour suprême est formée de quatre juges qui s'assemblent une fois l'an dans chaque comté. Ces juges sont nommés également par la législature pour sept ans. L'autorité exécutive est remise à un gouverneur élu tous les deux ans par le peuple. Il doit avoir au moins trente ans, et avoir résidé dans l'Etat pendant quatre ans. C'est le commandeur en chef de la milice, espèce de garde-nationale sans paie, sans uniforme et sans exercice; un corps qui dans les guerres des Etats-Unis joue un rôle peu glorieux. Un soldat de milice américaine répond assez bien à l'idée que nous nous faisons des soldats du pape. De plus, le gouverneur commissionne tous les officiers civils et militaires, ces derniers pris naturellement dans les rangs des riches marchands, qui pour être drapiers ou marchands-tailleurs, n'en sont pas moins propres à faire des colonels ou des généraux de milice. Enfin tout citoyen américain est électeur dès qu'il a vingt-un ans, s'il a séjourné une année dans l'Etat. Ajoutons à cela que l'Ohio possède un grand nombre d'écoles pour lesquelles l'Etat dépense annuellement près d'un million et demi de francs. Toutes ces écoles sont gratuites; mais pour leur entretien, chaque père de famille paie une taxe proportionnée au nombre de ses enfants. L'Etat possède de plus un grand nombre d'institutions qu'on nomme académies, et où l'on acquiert, en payant, une instruction quelque peu plus étendue; puis, un hospice des sourds et muets, un hospice des fous, une école des aveugles, et un pénitentiaire, établissements que nous examinerons plus tard en détail.

Lorsque les premiers colons vinrent s'établir dans l'Obio à la fin du siècle passé, ils y trouvèrent quelques tribus d'Indiens, tribus hostiles et toujours en guerre les unes avec les autres, un moment unies avec les Anglais dans leurs guerres contre les Américains, puis abandonnées par ceux qui s'en étaient servis comme d'une arme dangereuse, et bientôt détruites ou expulsées. C'étaient les Shawanesses, les plus anciens habitants de l'Ohio, suivant leur propre affirmation, hostiles aux blancs dès leur première apparition, et qui maintenant sont retirés au delà du Mississipi. Un fait tout récent donne une preuve de leur férocité. Un colonel américain revenant des plaines de l'ouest, avait pris avec lui dans sa famille une jeune Indienne d'une figure charmante et d'une intelligence remarquable, avec l'intention de lui donner une éducation convenable et chrétienne. Dans sa route il est rencontré par trois guerriers Shawanesses qui, la reconnaissant comme fille d'une tribu hostile, se jettent sur elle et l'enlèvent avant que les blancs aient eu le temps de se reconnaître et de la défendre. Arrivés dans leur village, ces guerriers sont aussitôt entourés par toute la tribu, qui pousse des cris forcenés. La pauvre jeune fille, toute tremblante, se jette aux pieds d'un jeune chef, le suppliant de la protéger et lui offrant d'être toute sa vie sa servante ou son esclave. Pour toute réponse le Shawness lui enfonce son tomahwask dans le crâne, enlève sa chevelure, et toute la population se jette sur le cadavre et le met en lambeaux. Sa tête seule est réservée pour être promenée de village en village au milieu des démonstrations d'une joie délirante. Le gouvernement a envoyé un peloton de soldats; on a saisi un des chefs qui restera en ôtage jusqu'à ce que le meurtrier soit livré et pendu.

C'étaient ensuite les Wyandots ou Hurons, c'est-à-dire une des grandes tribus des Hurons. Ils habitaient les bords du lac Erié, et leurs restes sont maintenant disséminés dans le Canada. Puis les Miamis, qui habitaient le sud et qui ont laissé leur nom aux plus fertiles vallées de l'Ohio. Ils ont cédé leur territoire aux Etats-Unis, et sont maintenant éteints ou oubliés. Les Delawares, soumis aux Cinq-Nations qui leur donnaient le titre dégradant de *femmes,* habitaient toute la vallée de Schuylkill. Les Eriés et les Andastes, qui avaient leurs villages au sud du lac Erié, mais dont l'histoire est restée inconnue. Les Six-Nations ou les Iroquois enfin, confédération de cinq ou six nations hostiles aux autres tribus indiennes. Comme toutes les autres, ces tribus ont été détruites ou repoussées vers l'ouest, où elles s'affaiblissent et disparaissent chaque jour sans laisser aucune trace. Tel est le sort des peuples ou des hommes dont les actions ne dépassent pas l'individualité, et dont les noms ne sont pas inscrits sur de nobles travaux ou de grands monuments.

L'histoire ancienne de l'Amérique centrale ne peut donc s'arrêter avec le moindre intérêt ou même avec quelque confiance sur les peuplades sauvages et dépossédées. Il faut qu'elle remonte plus haut, qu'elle cherche plus loin et s'appuye sur les nombreux monuments d'une civilisation effacée, monuments qu'on ne retrouve nulle part plus nombreux, plus évidents et mieux conservés que dans l'Ohio. Là un vaste champ est ouvert aux plus hardies conceptions, et les théoriciens en ont profité à l'aise pour établir, sur les populations primitives de l'Amérique, une foule de données qui ne sont que des hypothèses sans preuves, souvent même contredites par les faits. Mais avant de parler de ces systèmes, il est bon de dire quelques mots des antiquités elles-mêmes, de ces *mounds* sur lesquels on a déjà beaucoup écrit.

Les mounds sont en général des dômes ou pyramides en terre, de hauteur et de dimensions très-variables. Les uns ont la forme conique, s'élèvent en degrés et sont terminés en pointe : d'autres sont en pyramides tronquées et ont au sommet une surface plane plus ou moins étendue; d'autres encore ont la forme semi-globulaire. Quelques-uns sont pleins ou massifs, d'autres creusés de cavités plus ou moins vastes. Le plus grand que j'aie eu l'occasion d'examiner (près de Whorthington, quatre lieues de Colombus) est de la seconde espèce, et présente au sommet une arène plane de 40 pieds de diamètre. Il a 330 pieds de circonférence à la base, et environ 50 pieds de hauteur. On trouve dans l'Ohio une grande quantité de ces mounds, tantôt isolés, tantôt réunis en groupes placés d'ordinaire au confluent de grandes rivières et dans des situations stratégiques avantageuses, ce qui les a fait envisager comme des ouvrages de fortifications. On ne peut douter, en effet, qu'un grand nombre de ces mounds n'aient été élevés comme moyens de défense, puisqu'on les retrouve souvent combinés avec d'autres ouvrages qui ressemblent à des murailles d'anciennes villes.

Circleville, près de Scioto, dix lieues au sud de Colombus, est bâti sur le lieu même où s'élevait jadis une forteresse de construction et de dimensions remarquables. Il y avait là, en effet, deux enclos liés l'un à l'autre, l'un formant un cercle exact de soixante toises de diamètre, l'autre un carré parfait de soixante et dix toises (la toise de seize pieds). L'enclos carré était fermé d'un mur en terre de dix pieds de haut, et avait sept ouvertures ou portes protégées chacune par un mound en terre. L'enclos circulaire était environné de deux murailles séparées par un fossé, et la hauteur du fond du fossé au haut des remparts était de vingt pieds environ. Au centre était un mound de dix pieds de haut, de trente pieds de diamètre au sommet, et de quelques toises à la base. A l'est de ce mound, enfin, il y avait un pavé demi circulaire, formé de cailloux tels qu'on les trouve dans le lit de la rivière voisine.

En emportant la terre qui composait ce mound, on trouva près de la surface supérieure deux squelettes en partie consumés par le feu, entourés de charbons et de cendres, avec quelques briques très-bien cuites Il y avait de plus un grand nombre de pointes de flèches, la poignée en corne d'une petite épée ou d'un grand couteau portant une virole d'argent vers le bout où s'insérait la lame; mais la lame avait été détruite par la rouille; un grand miroir de talc, de trois pieds de long sur dix-huit pouces de large, et sur ce miroir, l'apparence d'une plaque de fer consumée par la rouille. A quelque distance de l'enclos circulaire il y avait encore un mound élevé, qui paraît avoir été le cimetière commun, car il contenait une immense quantité de squelettes humains de tout âge et de toute stature. Une partie de ces travaux ont été détruits pour faire place aux constructions récentes, mais on en reconnaît encore facilement les contours principaux. D'ailleurs on trouve une foule de fortifications ou de villes semblables et de dimensions beaucoup plus considérables, dans l'Ohio et dans la vallée du Mississipi. Elles commencent à se montrer nombreuses à l'ouest de l'Etat de New-York, sur les rives méridionales du lac Ontario: de là elles descendent le long des grandes vallées de l'Ohio et du Mississipi, et s'étendent jusqu'à Mexico. Ici, les mounds prennent des dimensions plus grandes, et ressemblent aux pyramides égyptiennes de second ordre. On sait qu'à l'époque de l'invasion ils étaient appelés *Theocalis* par les sujets de Montéxuma, et *Oratorios* par les Espagnols. Il y en avait alors dans le voisinage et l'intérieur de toutes les villes, et les quatre grandes cités auxquelles on a donné le nom de Mexico, en contenaient plus de deux mille. En temps de paix, ils servaient aux cérémonies religieuses, aux adorations et aux sacrifices; c'était en temps de guerre le dernier asile des guerriers poursuivis, car là ils pouvaient se défendre avec avantage. Placés de la base au sommet, ayant au haut leurs familles et tout ce qu'ils avaient de plus cher, ces guerriers échelonnés semblaient former, comme le dit Solis, une montagne vivante. C'était donc là ces hauts lieux dont nous parle déjà la Bible, où tous les peuples anciens s'en allaient adorer et prier, comme pour s'approcher davantage de Celui qu'ils croyaient n'habiter que le ciel; c'était là ces lieux de refuge où le faible s'abritait sous la protection du *Maître* des puissants. Et c'était là aussi les mausolées honorables qui servaient de sépulture à ceux que leurs exploits élevaient au dessus du reste de la nation.

Il semblerait au premier coup-d'œil qu'on peut en attribuer la construction à la race d'hommes qui habitaient Mexico à l'époque des conquêtes de Cortès. Plusieurs auteurs l'ont affirmé, s'appuyant surtout sur la ressemblance des ossements trouvés dans les mounds de l'Ohio et dans ceux de Mexico. Cependant, il ne paraît pas en être ainsi, car à l'époque de l'invasion, les Mexicains ne savaient rien dire de leurs Théocalis, sinon qu'ils ne les avaient pas construits eux-mêmes, mais que c'étaient les monuments de peuples anciens venus du Nord, les Olmées ou les Toultées. Sur ces faibles données, plusieurs historiens d'Amérique, remontant à des siècles fort éloignés, aux siècles des Pharaons, ont vu par l'imagination leur vaste territoire occupé, non-seulement par des peuples civilisés, mais par des populations aussi nombreuses que celle de la vallée du Nil au temps de la construction des pyramides. Ce qui autorise cette idée, ont-ils dit, ce ne sont pas les grands arbres ou leurs débris qui couvrent maintenant ces vieux monuments comme le sol des plaines environnantes ; ce n'est pas non plus les ossements qu'ils renferment et qui d'ordinaire tombent en poussière dès qu'ils ont été exposés à l'air, mais la destination même de ces monuments. Il est clair, en effet, disent-ils, qu'ils n'ont été élevés que pour servir de base à d'autres édifices ; que ces édifices ont été construits en pierre ou en briques, et que puisqu'il ne reste aucune trace des matériaux ni sur les mounds, ni dans le voisinage, il faut qu'ils aient été détruits par l'action du temps, et qu'ainsi un grand nombre de siècles se soient écoulés depuis la destruction des peuples qui les ont élevés. A ce raisonnement fait à l'encontre de toute logique, ces mêmes historiens ajoutent des chiffres. Ils assimilent ces mounds, qui ne sont le plus souvent que des monceaux de terre d'une dixaine de pieds d'élévation, aux pyramides égyptiennes ; et de leur grand nombre concluent à des millions d'êtres humains pour les construire. Plusieurs même fixent des quotités exactes, et donnent les dimensions et les traits de ces races éteintes, dont ils font des peuples de géants. Ce sont là autant de systèmes élevés par une imagination patriotique et prévenue, et que la simple observation fait aussitôt crouler. Il est facile de remarquer en effet que, si l'espace de temps a été assez long pour détruire des constructions en pierre ou en maçonnerie, à plus forte raison aurait-il dû aplanir la plupart des mounds et réduire en atômes les ossements qu'ils contiennent. Des murailles en terre ont résisté : à plus forte raison seraient-elles debout si elles avaient été construites en briques. Et l'examen des ossements trouvés, n'établit en rien la supériorité physique des races antérieures. Il y a eu quelques squelettes de dimensions colossales. Mais qu'est-ce que cela prouve? Près de Coshocton, dans l'Ohio, on a découvert un cimetière renfermant un grand nombre de squelettes qui avaient évidemment été enterrés dans des cercueils, puisqu'on y a trouvé des parcelles de bois et de clous; et chose remarquable, tous ces squelettes étaient de dimension pygméenne et n'avaient pas plus de trois ou quatre pieds et demi de longueur. Tous les tombeaux étaient rangés en ligne régulière, comme les tombeaux d'Europe, et les corps avaient été ensevelis les pieds vers l'est. Faudrait-il tirer de cette découverte des conclusions opposées? Non, mais reconnaître que cet immense continent américain est comme un lieu de migration pour les peuples venus de contrées différentes, et apportés sur les flots tantôt de l'est, tantôt de l'ouest; que long-temps avant la découverte de Colomb, des hordes européennes et des hordes asiatiques y avaient passé tour à tour, et que le grand courant de l'émigration actuelle ne s'y porte qu'en suivant le lit tracé et creusé à l'avance par ces modestes ruisseaux dont Dieu seul connaît les sources. On a trouvé dans l'Ohio des vases de formes variées, des ustensiles en cuivre, des haches antiques, même des médailles romaines. Dans le comté de Lorain, même Etat, on a découvert en 1838 une espèce de colonne tronquée en pierre, surmontée par deux cornes, et sur laquelle est grossièrement dessiné un bateau avec une voile; sur un côté on lit cette inscription : *Louis Vagard*. — *La France* 1533. Cette date est marquée en trois endroits différents.

Moi aussi, si j'en avais le temps, et surtout si j'osais supposer aux amis qui me lisent une patience d'Américain, c'est-à-dire une patience plus éprouvée que ne le comporte d'ordinaire la nature humaine, je me plairais à faire des théories grandioses sur les populations primitives de la contrée que j'habite. Je pourrais, comme tout autre, torturer la philosophie de l'histoire, et combinant mes quelques bribes de connaissances géographiques, tirer de la nature même des continents, des déductions sur les peuples qui les habitent maintenant ou qui les ont habités jadis. A l'Asie, la tête immobile et fière, l'influence du commandement et la première impulsion. A l'Europe, le cœur et le sentiment : la meilleure part peut-être si elle était bien dirigée. A l'Amérique, les membres agissants ou extérieurs, les bras, les jambes si l'on veut, tout ce qui se meut sous une impulsion donnée, qui cherche la nourriture ou le bien-être matériel, un corps nu à l'état sauvage, convert de haillons lors de l'apparition des émigrants, et maintenant paré d'habits de soie, de bracelets et de chaînes d'or. Ou bien encore, je prendrais les civilisations à leur berceau dans l'orient pour les suivre jusqu'à leur point de halte au bord de l'océan sur les rives de la France et de l'Espagne. Puis, traversant avec elles la vaste mer, ou sur de frêles canots ballottés par les tempêtes et poussés par la main de Dieu, ou sur les steamers des temps actuels, ou sur les ballons aériens de l'avenir, je les verrais atteindre leur terme de développement sur ces rivages aurifères de la Californie, où l'homme semble destiné à mourir de faim et de misère à côté des monceaux d'or qu'il envie comme les seuls vrais biens de l'humanité. — Ou bien enfin, je pourrais rappeler mes souvenirs de voyageur, comparer les tumuli que j'ai vus si nombreux en Scanie, avec ces mounds que je rencontre partout dans l'Ohio et dont la forme est absolument la même. Puis, transportant avec l'aide de l'ouragan quelques-unes de ces hordes scandinaves qui démembraient le colosse romain ou repeuplaient les Gaules, créer de ce côté de l'océan un peuple robinson arrivé demi-civilisé avec les instruments divers qu'on retrouve dans les mounds, et redevenu sauvage sous l'influence des forêts du Nouveau-Monde. A quoi tout cela servirait-il?.... La question n'en serait pas moins obscure. Les explications les plus simples sont souvent les plus concluantes. Dans une assemblée d'une des sociétés historiques de l'Ohio, où les faits que nous avons rapportés étaient savamment et surtout longuement discutés ; un bon vieux fermier qui avait écouté trois jours sans témoigner la moindre impatience, se lève à la fin de la dernière séance, et obtenant la permission de dire quelques mots sur la question, parla à-peu-près de la sorte : « Vous avez discuté trois jours, messieurs, sur la longueur des » jambes de nos premières peuplades, et avez conclu que notre » pays était habité jadis par des géants. Vous avez pris pour texte » la diversité des langues des Indiens et prétendez que cette va- » riété d'idiômes prouve une haute antiquité. Voici ce que j'ai vu

» et ce que j'ai entendu moi-même, dans le temps où nous échan-
» gions des coups de carabine avec les Indiens, au lieu de faire
» tranquillement des discours sur leur origine : A l'attaque d'un
» de nos retranchements près du fort Sandusky, les Shawanesses
» étaient conduits par un guerrier d'une stature herculéenne. Lui
» seul, après force bravades pour nous déloger, s'approcha des
» palissades tout à point pour recevoir une balle dans l estomac.
» Sa chute fut le signal d'un combat acharné, et peu s'en fallut
» qu'elle ne fût la cause de notre ruine. Nous, jeunes gens, nous
» nous élançâmes hors du retranchement pour avoir la chevelure
» ou même la tête du Shawness, car alors une tête d'Indien nous
» valait toujours quelques piastres. Les Shawanesses de leur côté
» se jetant au devant de nous avec des hurlements de forcenés
» pour défendre et emporter le corps de leur chef, la mêlée devint
» furieuse et générale. Après force coups de hache ou de tomah-
» wask, il nous fallut leur céder la place. Mais dès-lors, il m'est
» resté une idée : c'est que ce peuple de géants que les faiseurs de
» livres ont inventé, n'a pas d'autre fondement que la découverte
» de la carcasse de quelque chef de tribu. Car, messieurs, les In-
» diens n'apprécient que la force physique, ne choisissent pour
» chefs que des hommes de six à sept pieds, et ne se donnent la
» peine d'enterrer un peu honnêtement que leurs plus vaillants
» guerriers. Et maintenant, voici ce que me disait un jour un vieux
» Huron à qui je servais d'interprète : — « Cette race était jadis la
» nôtre, et nos chasseurs poursuivaient le daim dans les mêmes
» forêts. Mais nos pères ont levé la hache contre leurs frères, ils
» ont brisé le calumet qu'ils fumaient ensemble au wigwam des
» conseils, ils sont devenus ennemis irréconciliables, et ils ont dé-
» sappris la langue de leur enfance pour n'avoir plus rien de com-
» mun avec ceux qui les avaient chassés de leurs villages. » — Or,
» ajoutait mon vieux Yankee, voici ma logique qui n'est ni longue
» ni embrouillée : Les sauvages sont toujours plus ou moins en
» hostilité les uns contre les autres ; une fois en guerre, ils ne
» veulent plus rien avoir de commun avec leurs ennemis, pas
» même l'idiôme, donc autant de tribus autant de langages. Et
» vous aurez beau chercher, vous ne trouverez ni dans le Huron,
» ni dans l'Iroquois ni dans aucun autre patois sauvage, du grec,
» du latin, ou même de l'arabe ou du chinois. »

Le vieux fermier dont je rapporte les paroles, n'en est pas moins, malgré la simplicité du langage, un des meilleurs et des plus savants historiens des premiers établissements de l'Ohio. Pour cela, il ne lui faut ni bibliothèque nombreuse ni savante combinaison de faits; il rapporte ce qu'il a vu et rien de plus. Et nous l'avons dit une fois déjà, on rencontre encore partout, dans les campagnes et dans les villes, grand nombre de ces premiers pionniers qui, par leurs luttes, leurs efforts, leur persistante énergie et souvent par les plus cruelles souffrances, ont préparé l'état actuel et posé les bases de la prospérité de leur belle patrie. C'est une race d'hommes déjà distincte de la race actuelle. Ils ont les formes athlétiques et nerveuses des hommes habitués dès l'enfance aux rudes travaux des défrichements ; ils ont dans le regard la mobilité inquiète des chasseurs ; dans tous les sens la finesse des sauvages ; dans l'allure, un calme, une régularité qu'aucune émotion n'altère ; et dans le cœur et l'âme, une religion sincère qui se manifeste surtout dans les formes ; une bienveillance réelle et active, mais aussi quelques traces de ces passions du tigre ou du lion, de ces accès de colère et de férocité dont la manifestation contraste singulièrement avec leur dévotion et leurs prières de tous les jours. Ce sont d'ailleurs des hommes tempérants, la plupart riches propriétaires, qui donnent aux travaux publics les derniers restes d'une existence commencée dans les guerres avec les sauvages et au milieu des bois. Nous disons qu'à ces premiers habitants de l'Ohio est due la prospérité actuelle de l'Etat. En effet, ils venaient la plupart des contrées de l'est, des Massachussets ; ils apportaient avec eux la haine de l'esclavage et les habitudes religieuses ; ce sont là les deux premiers éléments qu'ils ont fait prédominer dans la constitution de l'Etat, et sans aucun doute les deux colonnes les plus fortes de l'édifice. De 1801 à 1802, plusieurs compagnies s'étaient formées pour acheter des terres dans l Ohio et y former des établissements. Après le temps des explorations, les divers émissaires de ces sociétés revinrent sans avoir acheté une seule acre de terre, dans la crainte, disaient-ils dans leurs rapports, que la constitution qu'on élaborait alors n'autorisât l'esclavage. Que l'on compare la marche de la population dans l'Ohio et dans le Kentucky, deux états limitrophes, deux contrées également favorisées, mais dont la dernière a certainement plus d'avantages naturels, et l'on verra, par les chiffres que nous avons donnés plus haut et bien plus encore par ce que nous dirons en parlant de l'esclavage en Amérique, quelle funeste infériorité distingue les pays esclaves de ceux où le travail libre a seul été admis. — Aussitôt après avoir reçu l'avis que la constitution de l'Ohio prohibait l'esclavage, le colonel Kilbourn acheta du district militaire des Etats-Unis tout le comté de Franklin où est maintenant Colombus, et au mois de décembre 1803, une centaine de familles des Massachussets vinrent commencer les défrichements. Obéissant à la lettre aux articles de leur association, la première cabine élevée dut servir comme maison d'école et comme temple protestant. Le premier dimanche après l'arrivée de la troisième famille, le service divin eut lieu, et à l'arrivée de la douzième famille on ouvrit l'école. Qui pourrait douter que cette attachement aux devoirs religieux et ce soin de l'éducation n'aient laissé leur empreinte favorable sur le caractère des hommes des temps actuels.

· Léo Lesquereux.

(La suite prochainement.)

RODOLPHE BROUN

ET LA RÉVOLUTION POLITIQUE OPÉRÉE PAR LUI A ZURICH,

EXPOSÉ D'APRÈS LES DOCUMENTS

par M. le professeur HOTTINGER.

(Schweizerisches Museum für historische Wissenschaften; Frauenfeld, Beyel, I^{ter} Bd. 2 n°, 3 Heft.)

Lorsqu'une constitution politique a pu se maintenir dans ses traits principaux pendant quatre siècles et demi, on ne saurait attribuer le bouleversement qui l'amena, à l'ambition d'un meneur habile soutenu par une irritation passagère de la populace contre le gouvernement ou ceux qui le composent : il faut nécessairement que cette révolution émane d'un besoin profond ou d'une tendance de l'époque. Cette vérité ne paraît pas avoir été suffisamment appréciée par les historiens suisses quant aux changements que l'administration politique de Zurich subit par le fait de Rodolphe Broun. Tschoudi et Müller, que la plupart des autres écrivains ne font que répéter, font ressortir d'abord l'embarras d'une section du Conseil, lorsqu'on le somma de « rendre compte des revenus; » puis viennent les plaintes de la bourgeoisie sur le refus d'une enquête, sur l'audace et le despotisme de la majorité des conseillers, sur les sentences injustes rendues par eux. Après quoi nous voyons Broun profiter de ce mécontentement des bourgeois pour satisfaire des désirs de vengeance en même temps que son ambition personnelle, et, fort de l'appui de la multitude, humilier la classe riche et établir une constitution, en apparence plus libérale que la précédente, mais qui fut la base d'un régime despotique bien plus dangereux que le premier. Enfin toute l'histoire se termine par la mort du démagogue et par les menées ambitieuses de ses fils; la bourgeoisie résiste à ceux-ci, et donnant un libre cours à sa colère, renverse enfin leur pouvoir, pour rétablir ses droits et son ancienne liberté.

L'auteur de l'exposition qui suit s'en était référé jusqu'à ce jour au récit des deux historiens que nous venons de nommer. Cependant, appelé à faire un examen plus exact et plus approfondi des documents originaux de l'époque de Broun, après en avoir fait une confrontation sérieuse avec l'histoire générale, il a cru devoir considérer toute cette crise sous un nouveau point de vue, qu'il vient soumettre à la discussion bienveillante des amis de l'histoire nationale.

L'espace compris entre la fin du onzième siècle et les premières années du quatorzième, forme dans l'histoire des villes allemandes le commencement d'une ère nouvelle. L'acquisition de leurs franchises les plus importantes date en effet de cette époque. Presque partout il s'était établi, à côté du gouvernement impérial ou du pouvoir patrimonial, une autorité municipale à part, dont la force et l'influence augmentèrent à mesure que la bourgeoise eut davantage conscience de son existence propre. — Les familles auxquelles leurs biens, la ferme de leurs domaines, et quelquefois le négoce, assuraient un revenu assez considérable, et qui pouvaient ainsi s'abstenir d'un travail manuel, avaient seules le privilége de siéger dans ces Conseils, et il est dès-lors facile de comprendre qu'après avoir été un apanage particulier, ces places devinssent peu à peu héréditaires([1]). Le reste des habitants, dont les artisans formaient la classe principale, se trouvait nécessairement dans une position subordonnée vis-à-vis de ces patriciens; et, dans les grandes villes mêmes, cette position ne différait pas beaucoup de

---

([1]) A Bâle, ces familles portaient le nom d'*Achtbürger*, par la raison que les *huit bourgeois* qui entraient chaque année dans le Conseil se choisissaient exclusivement dans leur sein. Ce corps était composé, outre ces premiers magistrats, de huit autres bourgeois élus l'année précédente, et de huit chevaliers. — V. Ocus, *Histoire de Bâle*, 1, 479. — Ailleurs, comme à Augsbourg, Strasbourg et Zurich, on leur donnait simplement le nom de *familles* (*Geschlechter*).

celle des *clients* chez les Romains. Dans sa chronique d'Alsace, Kœnigshoven donne une esquisse claire de cet état de choses. Ainsi, à propos de l'introduction des artisans dans le Conseil de Strasbourg, il dit : « Enfin le pouvoir passa des mains des seigneurs
» dans celles des artisans , ce dont ces derniers avaient grand
» besoin, les nobles poussant à l'excès leur pouvoir ; car lorsqu'un
» tailleur, un cordonnier, ou un artisan de quelque classe que ce
» fût, réclamait d'un seigneur le prix de son travail ou de ce
» qu'il pouvait lui avoir fourni en espèces ou autres marchandises,
» le seigneur payait si bon lui semblait : sinon, le pauvre artisan
» n'osait le poursuivre devant les tribunaux, et si ce dernier per-
» sistait dans sa demande, le seigneur le battait, et il n'obtenait
» pas d'autre salaire. C'est ainsi que les seigneurs usaient de leurs
» priviléges et montraient leur mauvais vouloir aux pauvres gens.
» Aucun artisan ne pouvait donc compter d'être payé, à moins
» de s'adresser à un noble, qu'il servait comme son maître, et
» qui en retour le protégeait et lui donnait secours pour recouvrer
» ce qui lui était dû. Tel noble de Strasbourg, possédant de grands
» biens, recevait de trois à quatre cents quarterons d'avoine des
» artisans qui le servaient, et qui en retour recevaient de lui aide
» et protection contre la tyrannie des seigneurs. » On comprendra aisément de tels rapports, si l'on se représente de quelle façon cette classe particulière d'artisans se forma. La fabrication des simples vêtements , des meubles ou ustensiles, ainsi que la construction des maisons, fut d'abord exclusivement dévolue aux femmes et aux esclaves, jusqu'à ce que les relations extérieures eussent amené, peu à peu, le besoin de mettre dans ces travaux plus d'art et de variété. C'est alors que se forma une classe spéciale d'industriels, qui cependant n'étaient pas tous affranchis du servage *(Hörigs)*; on ne se souciait guère de leurs gains et bénéfices. Dans le but de perfectionner et d'assurer leur profession, ces artisans se fixèrent presque tous dans les villes, où ils devaient trouver en effet bien des allégements et plus de liberté.

Cependant l'antipathie n'en subsista pas moins entre les patriciens et les artisans, et ces derniers ne pouvaient y porter remède qu'en s'affranchissant de la nécessité d'une profession(¹). Avec

---

(¹) A Bâle, ils cherchaient alors à se procurer la somme nécessaire pour avoir place dans le Souverain-Conseil, et prenaient ainsi le titre d'*Acht-*

l'augmentation de leur fortune et de leur savoir-faire, il était naturel qu'ils cherchassent à obtenir aussi une plus grande mesure d'indépendance. Le plus sûr moyen d'y parvenir consistait dans l'établissement de corporations `dont les statuts protecteurs (¹) étaient soumis à la ratification de l'empereur ou du pouvoir patrimonial. Selon la réussite de cette démarche, ils essayaient par les mêmes moyens de se constituer en tribus *(Zünfte);* et celles-ci acquirent bientôt une telle importance dans la communauté qu'on finit par ne pouvoir plus refuser à leurs tribuns *(Zunftmeister),* ou à toute autre personne élue dans leur sein, de siéger dans le Conseil. — Cette émancipation de la classe des artisans et leur introduction progressive dans l'administration publique, par des moyens plus ou moins violents, sont un des traits les plus caractéristiques du quatorzième siècle (²).

Telle était aussi alors la situation de Zurich. Un patriciat formé de chevaliers et de familles privilégiées y vivait en frottement con-

---

bürger, comme le dit Beinheim dans sa Chronique : « Die Achtbürger, das » sind die von der Stube, die dieselbig Stube kauft hand und fast vorby » den Zünften gsyn sind und jetzt müssig gan wellend. » V. Ochs, *op. cit.,* I, 481.

(¹) Comme, par exemple, qu'aucun membre de corporation ne pourrait travailler pour un noble qui ne se serait pas acquitté envers un autre membre de cette corporation : ainsi dans les brefs des tribus des charpentiers, des tonneliers et des charrons de Bâle, déjà en 1248. — « Preteræa si ali- » cui predictorum operariorum de laboribus suis a quo quam nondum fuerit » satisfactum, nullus alius illius debitoris opus sibi assumet, donec de pre- » mio suo quisquam quereletur. » — V. Ochs, *op. cit.,* 1, 323.

(²) Nous voyons, entre autres, vers la fin du treizième siècle, un Conseil composé par parties égales de nobles, de négocians et d'artisans, s'établir à Fribourg en Brisgau par suite des changements constitutionnels qui eurent lieu en 1293 avec l'approbation du comte Egon de Fürstenberg. A Spire, après une violente résistance des patriciens , les artisans obtinrent en 1304 l'entrée du Conseil; il en fut de même à Strasbourg en 1332, et à Augsbourg en 1368. Dans tous ces endroits, plusieurs familles privilégiées, poussées par le ressentiment, quittèrent leur ville natale. A Hanau, en 1332, et à Schwä-bisch-Hall , en 1340 , la constitution dut être acceptée par suite d'ordre impérial. A Cologne, les artisans ne purent obtenir qu'en 1370 le droit de siéger dans le Grand-Conseil, et encore cela ne se fit-il qu'à la suite de longs désordres. A Nürnberg, leur révolte échoua en 1349 , et rien ne fut changé à l'ancien ordre de choses. Leur introduction se fit à Mayence en 1332, et à Bâle en 1337, un an après la réforme de la constitution de Zu-rich. — V. Schreiber's *Urkundenbuch,* 1 , 132.— Lehmann's *Speyer'sche Chro-nik,* B. VI , cap. 2. — Hullmann's *Ursprung der Stände,* III , 219 et sq ; — Ochs, *Geschichte von Basel,* II , 46.

tinuel avec une classe industrielle mécontente , qui n'attendait
qu'une occasion pour s'affranchir du joug. Il est très-probable que
la première idée des corporations et tribus a, déjà antérieurement,
pris naissance dans cette classe. Du moins la sévérité des prescriptions dans les statuts « statuts judiciaires» *(Richtebrieve)* le ferait
supposer : on y voit, entre autres, que tous ceux qui oseraient
parler de corporations, de maîtrises ou de sûretés exigées avec
serment, devaient être punis par la destruction de leur meilleure
maison et dix marcs d'argent d'amende. Les Conseils pouvaient se
croire assurés par une telle loi contre toute tentative de changement de la part des artisans, et agir par conséquent avec plus de
despotisme; et cependant, ce fut précisément ce qui détermina le
bouleversement violent qui suivit.

On ne peut dire néanmoins positivement par quelles fautes les
Conseils ont amené cette révolution. Les interrogatoires individuels,
que nous savons, d'après des documents certains, avoir été commencés et transcrits, n'ont pu jusqu'à présent se retrouver. Mais
il paraît que les plaintes avaient plus spécialement pour objet les
vices judiciaires, car des arrêtés rendus déjà quatre ans auparavant font supposer l'existence de mesures prises en vue d'y porter
remède. Ces mesures pourtant n'atteignirent pas leur but , si nous
en jugeons par les plaintes qui se trouvent dans l'introduction de
la « lettre jurée» *(Geschworne Brief)* contre les conseillers déchus : « Ils sont accusés de n'écouter pas les plaintes, de traiter
» les pauvres durement et ignominieusement, et de dissiper les
» biens de la bourgeoisie sans en rendre compte à personne.» —
Six mois plus tard, l'empereur Louis, en donnant son approbation à la révolution politique récemment accomplie, sanctionna la
nouvelle constitution par un acte plus explicite encore dans l'énumération de ces griefs. — Dans ces deux documents, et en particulier dans le dernier, ce qui ressort, ce n'est pas autant l'opposition de la classe ouvrière au patriciat, que celle plutôt d'un Conseil despotique d'une part, et de la communauté opprimée de
l'autre, cette dernière présentant ses griefs aussi bien par la
bouche des nobles que par celle des roturiers. Mais l'essentiel
était toujours d'obtenir à la classe ouvrière les droits et priviléges
de la bourgeoisie; la nouvelle constitution ne laisse aucun doute a
cet égard. Seulement pensait-on obtenir plus facilement la confirmation impériale en mêlant les nobles aux opprimés , ce qui

donnait plus d'autorité à la réclamation. Sans doute que les chevaliers et les familles qui étaient soupçonnés de quelque prévention pour le parti populaire, devaient s'attendre en tout cas au mauvais vouloir de leurs pairs. Au moins ne leur contestera-t-on pas le mérite d'avoir saisi la tendance de l'époque. Broun marchait à leur tête. — Pour bien juger cet homme et sa position, il est nécessaire de rétablir l'ordre des dates plus exactement que les historiens ne l'ont fait jusqu'à aujourd'hui. Puis, après avoir esquissé le caractère de cette révolution politique et de la nouvelle constitution qui en fut le résultat, nous passerons en revue la conduite tenue à l'égard des conseillers déchus, ainsi que la politique extérieure de Broun et les changements survenus après sa mort.

I. — FIXATION DES DATES.

Tous les écrivains qui jusqu'à présent ont déroulé le tableau de cette crise, sans excepter même Müller et Salomon Hirzel (*Zürcherische Jahrbücher*), s'en réfèrent aux deux sources principales, à la Chronique de Boullinger, mais surtout à celle de Tschoudi. Voici, en abrégé, comment ce dernier nous en peint le développement.

La première des trois sections du Conseil, chargées chaque année du pouvoir à tour de rôle, venait de déposer ses fonctions le 30 avril 1335. La seconde section, qui allait lui succéder pendant les quatre mois suivants, était particulièrement l'objet de la haine de la bourgeoisie, qui s'opposa alors à ce que le pouvoir lui fût remis avant qu'elle eût rendu compte de son administration précédente. Elle brava cependant l'opposition et prit les rênes du gouvernement en menaçant même les turbulents de peines sévères. — Mais le 24 juin, une émeute éclata et plusieurs des conseillers prirent la fuite. La bourgeoisie, sous la direction de Broun, établit un gouvernement provisoire, composé en majeure partie des membres de la première section, et décréta une enquête sur l'administration antérieure, ainsi que la punition des coupables. — La commune se rassembla à cet effet le 4 juillet, mais les parents des conseillers en fuite vinrent demander pour ceux-ci une prolongation du terme de comparution, ce qui leur fut accordé. Après avoir déchargé de toute responsabilité sept conseillers favorables au peuple, la bourgeoisie renvoya le jugement définitif au 6 août. Ce jour-là, vingt-quatre conseillers échappés ou restés en ville comparurent avec quelques bourgeois devant la commune, et furent condamnés à des amendes, un certain nombre aussi à un exil plus ou moins long. Par contre cinq conseillers et neuf bourgeois firent défaut et furent condamnés à un exil perpétuel et de plus à la peine de mort s'ils tentaient de remettre le pied sur le territoire. La bourgeoisie, dans laquelle des opinions très-opposées avaient répandu des germes d'irritation, se rassembla de nouveau, quelque temps avant Noël, aux Carmes déchaussés (*Baarfüsser*), et, sur l'avis pressant de Broun, posa les bases d'une nouvelle constitution, qui consacrait l'établissement de constables (*Konstaffler*) et de treize tribus, et fixait le mode d'élection et le nombre des nouveaux conseillers. Rodolphe Broun fut en même temps élu bourgmestre à vie. Mais l'élection du nouveau Conseil, ainsi que son installation, furent renvoyées au 26 juin 1336; jusqu'alors le pouvoir devait rester aux mains du bourgmestre et de quatre adjoints. Tschoudi mentionne toutes ces particularités avec une telle assurance, qu'on comprend aisément comment les auteurs qui vinrent après lui le reproduisirent. Mais son récit ne coïncide pas en tous points avec celui de Boullinger. D'après ce dernier, la première émeute, la fuite des conseillers et l'assemblée de la commune, doivent avoir eu lieu toutes trois le même jour, soit le 7 juin 1335. Le 4 juillet et le 6 août furent uniquement employés à l'enquête et au jugement de la section moyenne, comme aussi à l'établissement d'un gouvernement provisoire sous la direction de Broun. La fuite et le jugement des autres conseillers n'eurent lieu qu'à « la fin de l'automne, avant Noël.» — Du reste l'exposition de Boullinger, déjà entachée d'inexactitude en ce qui concerne la constitution, est plus abrégée et moins claire que celle de Tschoudi, ce qui explique la préférence que Müller et Sal. Hirzel accordent à cette dernière dans leurs récits.

Ces deux exposés, toutefois, sont en contradiction formelle avec les documents découverts jusqu'à ce jour. Il ne s'en trouve pas un qui permette de conclure, et d'aucune façon, à l'existence d'un mouvement soit pendant l'année 1335, soit pendant les quatre premiers mois de 1336 : quelques-uns, au contraire, le nient formellement. L'exposition de Tschoudi concorde avec des documents trouvés par Hirzel dans les *Archives intérieures ;* mais ce dernier n'en cite aucun : et plus loin il en donne d'autres qui sont en contradiction avec Tschoudi et avec son propre récit. Nous allons jeter un coup d'œil sur ces documents eux-mêmes.

Selon l'usage d'alors, les actes les plus importants du gouvernement, les lettres de vente, les contrats, etc., étaient signés par tous les conseillers à la fois. Les Archives de l'Hôpital à Zurich possèdent trois pièces de ce genre, datées des 17 mars, 29 août et 12 décembre 1335, avec les noms des membres des trois sections de cette année, preuve indubitable que, jusqu'à la fin de celle-ci, ces sections étaient restées en pleine jouissance de leurs pouvoirs et prérogatives. — De plus, nous trouvons dans les Archives du département des finances une quatrième pièce, datée du 20 janvier 1336, et renfermant une nouvelle liste des membres de la première section, liste qui coïncide complètement avec celle de l'année 1335, si ce n'est que le nom de Rüdger Manesse a remplacé celui d'Henri Manesse ; mais, à la date de ce document du moins, tous les autres membres, Henri Bilgeri, Conrad Thye, Henri Störi, Ulrich Fütschi, Nicolas Bilgeri, Lüthold Gmürser et Jean Bilgeri ; sont encore en place ; et cependant ces derniers, s'il fallait en croire Büllinger et Tschoudi, auraient été condamnés, l'année précédente déjà, à l'amende, à l'exil ou à la mort par contumace. — Le fait que l'ancienne constitution était encore en vigueur, non-seulement dans les quatre premiers mois de 1336, mais jusque dans le second tiers de cette année, est suffisamment établi par deux décrets du gouvernement, sans indication du jour il est vrai, mais confectionnés *sub consulibus quadragesimalibus* ([1]) de 1336, et par un troisième décret rendu *sub consulibus aestivalibus* de la même année. En outre, Kopp a mis au jour trois pièces des Archives de Lucerne, datées des 12 et 16 mai et du 18 juillet 1336, et toutes relatives à des difficultés à décider par arbitres entre les ducs d'Autriche et le gouvernement lucernois. Les deux premières désignent comme arbitres trois des conseillers zuricois déchus, et dans la troisième leurs noms sont remplacés par ceux de trois membres du nouveau gouvernement de Zurich,

---

([1]) Les trois sections du Conseil, dans l'ancienne constitution, portaient le nom de « Consules quadragesimales, aestivales et autumnales. » — Les deux Conseils semestriels, dans la nouvelle constitution, portaient celui de « Consules baptistales et natales. »

ce qui nous permet de fixer d'une manière certaine l'éloignement des premiers entre le 16 mai et le 18 juin 1336. — Cette dernière date est aussi celle d'une pièce d'après laquelle Henri Manesse dut, en qualité de propriétaire de la tour du Hard, si importante à cause du pont près duquel elle se trouvait, « prêter au bourgmestre » serment de fidélité et d'obéissance jusqu'à la mort, comme aussi » de tenir tous actes et articles relatifs aux changements et à la » justice de Zurich, jurés récemment en commun par tous les » bourgeois, pauvres et riches.» La nouvelle constitution elle-même fut scellée le 16 juillet dans la *lettre jurée*. — Il existe aussi trois actes datés du 25 juillet, le premier contenant le jugement de destitution et de bannissement provisoire de *douze* membres de l'ancien gouvernement, le second l'acte de soumission et de paix (*Urphede*) [1] des mêmes individus, et le troisième enfin l'acte de soumission de neuf autres conseillers auxquels on avait accordé le domicile dans la ville. Enfin les lettres de confrérie établies le 21 août, par les tribus des serruriers et des boulangers, portent la signature des membres du nouveau gouvernement.

Il ressort clairement de la confrontation de ces divers documents que toute cette révolution, loin de s'étendre dans un espace de quatorze mois (du 30 avril 1335 au 24 juin 1336), comme Tschoudi et les autres historiens voudraient le faire croire, se restreint réellement à l'espace bien plus court de deux mois et demi. L'émeute, la remise d'un pouvoir extraordinaire aux mains de Broun, la discussion et l'acceptation de la constitution, l'élection des nouveaux conseillers et leur installation, le procès et le jugement de vingt-un des anciens conseillers, et la déposition de l'acte de soumission de ces derniers, tous ces faits doivent s'être passés depuis les premiers jours de mai jusqu'au 18 juillet. Nous verrons plus loin quelle peut être l'influence d'une telle vérification de dates quant au jugement à porter sur Broun et sur la révolution politique en question.

[1] *Urphede* (d'après Adelung : *Urfehde*), ancien terme qui n'a plus d'usage que dans la jurisprudence, désignait le serment par lequel on promettait de ne pas tirer vengeance d'une injure, d'un exil ou d'un emprisonnement. Ce serment, reste des temps du talion, était surtout exigé des prisonniers libérés ou des bannis réintégrés. C'est dans ce sens qu'il était usité à Zurich. *(Note du Traducteur.)*

II. — LA RÉVOLUTION POLITIQUE ET LA NOUVELLE CONSTITUTION. ·

Nous avons suffisamment montré, dans ce qui précède; que la cause véritable du changement de constitution de Zurich gît avant tout dans une tendance à s'élever, manifestée par les artisans de plusieurs villes allemandes. Ils avaient acquis dans ces villes une importance toujours plus grande par leur nombre et leur activité. Sans Rod. Broun, la révolution n'eût pas moins éclaté, plus tôt ou plus tard, quoique sans doute avec un caractère et sous des formes différentes. Telle qu'elle eut lieu, elle emprunta ce qu'elle eut d'original à la personne de Broun, qui était appelé à en être le chef soit par sa perspicacité, soit par ses relations de famille, ses richesses et la place qu'il occupait au Conseil. Il n'existe aucune preuve d'un soulèvement de bourgeois opéré par ses discours, comme Müller voudrait l'affirmer, et si la prudence recommandait quelque chose, c'était bien plutôt de chercher à apaiser le mécontentement général. — Il paraît certain que, six ans auparavant, Broun avait été condamné, conjointement avec un autre conseiller, le chevalier Rod. Biber, à une amende de 550 livres, avec la clause formelle qu'il ne pourrait jamais être apporté d'allégement à cette peine. Certaines injustices commises envers une dame de Lunkhofen doivent en avoir été le motif, d'après quelques actes du reste très-vagues. On ne peut nier que les deux condamnés n'en eussent conservé un souvenir amer; mais chez Biber ce sentiment ne fut pour rien, et chez Broun pour très-peu de chose dans le fait de la révolution. Le premier fut même l'un des conseillers bannis, et quant au second, le soin avec lequel il se maintint au-dessus de tout esprit de parti, au moins jusqu'à la nuit du meurtre.(*Mordnacht*), le sang-froid avec lequel il calculait tout, témoignent que, s'il avait pu être animé quelque temps par un sentiment de vengeance, ce sentiment céda la place à la direction supérieure que toutes les forces de son âme devaient nécessairement suivre dans une crise aussi dangereuse.

Les orgueilleux patriciens de Spire, de Strasbourg, de Cologne, d'Augsbourg, de Nürnberg, n'eussent jamais consenti, si ce n'est en cédant à la force, à laisser les artisans entrer en jouissance de droits égaux aux leurs. Ceux de Zurich, qui d'ailleurs s'en référaient à une loi positive, n'étaient pas plus disposés à de telles concessions. De leur côté, les artisans de Zurich, aussi bien que ceux des villes ci-dessus, ne pouvaient attendre plus long-temps l'égalité qu'ils réclamaient. Les plus perspicaces dans les deux partis ne se dissimulaient pas que la lutte allait éclater. Broun, qui avait apprécié à leur juste valeur les circonstances générales de la ville, prévoyait bien que la victoire resterait à la classe industrielle, qui avait sur le pratriciat en décadence l'avantage du nombre, de l'activité, d'une plus grande aisance et d'un courage plus décidé; mais il était patricien lui-même, et les idées de lustre et de grandeur ne s'effacent pas promptement dans l'esprit de ceux qui en ont été nourris dès l'enfance. Il désirait donc aussi peu la domination des artisans que l'abaissement de la classe jusqu'ici privilégiée; mais il cherchait plutôt à relever cette dernière par une épuration, en n'accordant aux besoins de l'époque que le strict nécessaire. Voilà pourquoi, aidé de quelques confidents patriciens comme lui, il crut devoir se mettre à la tête du mouvement. On prévoit déjà les obstacles qu'il rencontrera dans sa carrière future, obstacles que les pleins-pouvoirs dont il fut revêtu lui permirent seuls de surmonter. Là aussi nous trouvons la vraie explication de la constitution qui porte son nom.

. Il l'avait préparée long-temps d'avance et retravaillée avec ses affidés, et elle paraissait en effet satisfaire aux besoins les plus pressants. L'établissement des tribus et le droit accordé à leurs tribuns de siéger dans les Conseils, étaient bien propres à éblouir les artisans, qui n'auraient pu, du reste, vu la multitude des affaires accumulées dans l'espace de quelques semaines, procéder à un examen plus détaillé de cet acte, et ce dernier, une fois consacré par le serment, restait inviolable. — La suite de cette révolution dans ses diverses phases devient facile à comprendre si les dates que nous avons établies sur les documents sont exactes; il n'en serait pas de même s'il fallait admettre, comme Tschoudi, un espace de quatorze mois rempli par des mouvements populaires, des indécisions et de fréquentes assemblées de la commune. Six mois seulement auraient suffi pour éclairer le peuple sur les dangers que présentait ce plan adroit d'une nouvelle oligarchie. Examinons-le d'un peu plus près.

Dans la nouvelle constitution nous voyons reparaître une connétablie formée par un patriciat privilégié; ces connétables avaient seuls le droit de porter et de garder la bannière de la ville. Treize conseillers élus dans leur sein formaient, avec les treize tribuns *(Zunftmeister)*, le nouveau Conseil semestriel. Mais le nombre des nobles ayant souffert une diminution assez considérable, surtout par suite des bannissements, Broun le compléta en adjoignant à la connétablie les marchands en gros, les drapiers *(Gewand-schneider)*, les changeurs, les orfèvres et les débitants de sel, combinant ainsi une aristocratie de richesse avec celle de naissance. Il comptait particulièrement sur l'appui de cette aristocratie nouvelle; et, quoique relatif à tous les bourgeois, on peut supposer que c'est à elle plus spécialement que devait s'appliquer cet article de la *lettre jurée* : « Ils doivent au bourgmestre fidèle appui *(Warten)* [1]. — Il est fort possible que l'expression *Warten* désignât dans le commencement, d'une manière plus spéciale, la convocation à ces assemblées extraordinaires des bourgeois, qui, déjà sous l'ancien régime, constituaient, en y comprenant les membres du gouvernement, ce corps d'Etat plus étendu, connu plus tard sous le nom de Grand-Conseil. A en juger par certaines clauses de la *lettre jurée*, les convocations de bourgeois ont dû continuer également sous le gouvernement de Broun ; mais, à part quelques documents de la fin du quatorzième siècle, nous n'avons pas d'autre donnée sur leur nombre, leur position et leur mode d'élection.

L'élément aristocratique se maintint donc dans la nouvelle constitution, mais tempéré par un élément démocratique représenté par les tribus et leurs chefs. Tout artisan était inscrit dans une *corporation* suivant la profession qu'il exerçait. Plusieurs corporations réunies formaient une *tribu;* celle-ci représentant davantage les intérêts politiques et militaires, tandis que les intérêts industriels prédominaient dans la corporation. C'est ce qui ressort clairement de quelques lettres de confrérie de l'époque de Broun qui nous sont parvenues et qui seules sont dignes de foi. Elles ne peuvent en tout cas être confondues avec les lettres de son temps, dans lesquelles les affaires de corporation sont entre-mêlées aux affaires de tribu ; cependant, pour celles-ci la concordance est plus exacte que pour les premières. On voit que le gouvernement accordait aux corporations as-

[1] *Warten* (regarder à), dans le vieux langage germanique, s'entendait du leude qui se donnait à un chef et lui faisait hommage.
(Note du Traducteur.)

sez libre champ, se réservant seulement de prendre connaissance
de leurs décisions et de les rejeter ou approuver ensuite. Mais la
tribu tout entière, comme corps électoral politique et en sa qualité
de société militaire (*Kriegsgesellschaft*), avait encore plus d'importance à ses yeux, et les décisions de ce corps étaient en général
conformes à la législation. Pendant que, suivant les formes et les
statuts aristocratiques de la connétablie, le bourgmestre et quelques
conseillers sortants, nommés par lui, choisissaient les membres
du Conseil, les élections des tribus se faisaient librement dans
leur propre sein : conséquemment à leurs principes démocratiques, elles nommaient un tribun et six directeurs (*Vorsteher*),
dont la mission se bornait à soutenir le tribun de leurs conseils
dans les affaires de la tribu ([1]).

Une fois reconnues par l'Etat et mises en mesure d'exercer elles-
mêmes la police du métier, comme aussi de se rassembler à volonté pour la discussion de leurs affaires spéciales, on peut supposer que les corporations mirent tous leurs soins à obtenir
l'extension de leurs droits et l'assurance progressive de leurs
monopoles ; et, cependant, dans le commencement du moins, nous
n'en trouvons que peu de traces. D'ailleurs les connétables, toujours puissants vis-à-vis des artisans, se seraient difficilement laissés engager dans des difficultés et des tracasseries de cette nature.
Müller cite comme preuve d'une recrudescence subite de vexa-
tions, une requête présentée en 1336 par quelques citoyens, en
vue d'obtenir la liberté d'acheter le pain, le vin, les peaux et les
autres choses de première nécessité chez les marchands de la ville

([1]). Il est vraisemblable que, plus tard, lorsque le Grand-Conseil fut
constitué en autorité permanente, la charge des six directeurs se fondit, ou
en partie, dans les attributions de ce corps, ce qui n'aurait pu avoir lieu
dans sa position primitive ; sans cela la *lettre jurée* aurait évidemment dit
quelques mots sur les *six (Sechser)*. Dans les premiers actes de tribus qui en
fassent mention, leurs obligations se bornent à « siéger près du *tribun*,
» quand il le requiert ou la confrérie par lui, à l'aider et à prendre soin
» avec lui de tout ce qui peut être utile et profitable au métier ; » tandis
que, à l'article qui concerne le tribun, ses obligations à l'égard de la ville
et sa position comme conseiller sont formellement énoncées. Il sera bon de
comparer ce que dit Müller (*Histoire de la Confédération suisse*, traduction
Monnard, t. II, p. 593, soit L. II, chap. 2) du mode d'élection des tribuns et des six, avec la charte de la tribu des serruriers, sur laquelle il
s'appuie (elle est reproduite en entier dans l'original allemand de ce travail). — Dans la tribu des merciers, dont il cite une charte (postérieure),
le mode d'élection adopté date du siècle suivant.

ou de la campagne, qui vendaient ces provisions en meilleure qualité et à de plus bas prix, requête sur laquelle il fut décidé que
tous ceux qui se permettraient de la représenter une seconde fois
seraient punis de cinq ans d'exil et dix marcs d'argent d'a-
mende, ou par une peine corporelle. Mais ce fait allégué par Müller paraît prouver justement le contraire. On peut supposer d'après
cela que la défense ci-dessus existait déjà sous l'ancien gouvernement: et, en effet, nous trouvons dans la *lettre de justice* (*Richte
brieve*) une disposition pareille, dont le but était bien moins l'avan-
vantage des métiers, que de conserver et d'assurer la libre ouver-
turê dans la ville d'un marché où tous les objets de consommation
devaient être apportés. Seulement à la fin de ce siècle, l'influence
des tribuns ayant obtenu un plus grand poids dans le Conseil, la
position constitutionnelle des connétables et leur propre considération ayant, d'autre part, beaucoup baissé, et la ville ayant de
plus acquis un territoire, cette action fâcheuse et restrictive sur la
discipline des métiers, qui n'avait pas trouvé place dans l'ancienne
constitution de Broun, se dévoila enfin sous toutes ses faces.

Mais au dessus des deux éléments rivaux qui se balançaient dans
la nouvelle constitution, au dessus de l'aristocratie et de la démocratie, en trônait un troisième, l'élément monarchique, représenté
par un bourgmestre unique, irresponsable, élu à vie, assumant
sur lui un pouvoir vraiment princier, et dont la succession, en cas
de mort, était déjà fixée à l'avance. — D'après la *lettre jurée,*
on était tenu de lui prêter serment, et ce serment prévalait sur celui qui était dû à l'Etat et au gouvernement. Chargé, conjointement
avec deux chevaliers, désignés par lui, et quatre autres membres
du Conseil sortant, de choisir dans la connétablie les nouveaux
conseillers, le bourgmestre était déjà assuré du dévouement d'une
moitié du gouvernement au moins; mais l'autre moitié aussi, soit
les treize tribuns, quoique librement élus par leurs tribus, devaient lui être présentés et lui promettre toute obéissance, comme
aussi de concourir de toutes leurs forces à son bien et à l'éloignement de tout danger de sa personne. Dans les élections douteuses
il avait droit de terminer le différend en donnant sa voix à l'un ou
à l'autre des candidats. Il pouvait seul, dès que cela lui semblait
utile à la marche des affaires, appeler aux séances du nouveau
Conseil deux ou trois membres de l'ancien ; seul aussi il pouvait
accorder à des jeunes gens, avant l'âge légal de 20 ans, la permis-

sion de prendre part aux élections et aux discussions politiques des
bourgeois. Tandis que les autres membres du gouvernement se relevaient de six en six mois, il restait inamovible, et de cette manière il était seul en mesure de voir dans son ensemble la marche
générale des affaires de l'Etat; toute opposition, du reste, devenait
ainsi plus difficile.

Au moins nous serait-il permis d'attendre quelque limitation de
ce pouvoir dans un ordre judiciaire indépendant? Mais, sauf la
Cour suprême (*Blutgericht*), présidée par le bailli impérial, il
n'existait pas de corps de justice; la constitution n'en fait aucune
mention particulière, et tous les autres actes qui nous sont parvenus du temps de Broun gardent également le silence là-dessus. Le jugement des conseillers déchus se fit devant la commune,
et quant aux sentences de mort prononcées après la nuit du massacre (*Mordnacht*), il n'est pas possible encore de dire si elles ont
été rendues par le bourgmestre au nom du Conseil, ou par le bailli
impérial au nom de la *Cour suprême*. Dans des cas moins graves,
le Conseil jugeait en dernier appel, ainsi que dans les simples affaires de police soumises sans intermédiaire à son jugement. —
Voilà donc une face importante de plus dans le haut pouvoir du
bourgmestre.

III. — CONDUITE TENUE A L'ÉGARD DES CONSEILLERS DÉCHUS.

La révolution politique avait atteint de la manière la plus sensible un nombre considérable des bourgeois les plus riches et jusqu'alors les plus puissants de Zurich, ainsi que leurs familles. Leur
sort devait naturellement exciter la compassion des amis qu'ils
pouvaient avoir dans la noblesse des environs, et leur faciliter les
voies pour obtenir du secours à leur cause dans le cas possible
d'une contre-révolution, voire même pour gagner dans la ville
des adhérents secrets, surtout parmi les mécontents ou parmi ceux
qui regrettaient ce qui s'était passé, momentanément aussi chez
ceux de la classe inférieure du peuple qui s'étaient laissés d'a-
bord entraîner par la peur. Le gouvernement ne pouvait espérer
de se maintenir dans les premières années sans un pouvoir extraordinaire, concentré sur un petit nombre de personnes. La
nouvelle constitution, dans sa forme originale était donc réelle-

ment le résultat d'un besoin de l'époque, mais son application devait aussi en dévoiler les vices : le plus dangereux certes était de garder dans son sein le germe d'un despotisme bien autrement dangereux que celui qui venait d'être renversé. Il était hors de doute que les adversaires de ce régime ne manqueraient pas de profiter de cette circonstance pour accumuler leurs accusations. Le maintien du nouvel édifice exigeait par conséquent l'énergie jointe à la prudence : c'est ce que présentait précisément le caractère de Broun. Le plus difficile dans tout cela consistait à dresser une procédure en forme contre les conseillers déchus. Broun avait compris l'importance de cette tâche et, jusqu'à la nuit du massacre du moins, il avait cherché à y satisfaire par des expédients et sans y mettre aucun esprit de passion, si nous en jugeons sur les documents qui, comparés avec les événements postérieurs, mettent en plein jour aussi l'hypocrisie et la haine irréconciliable des seigneurs déchus. Broun connaissait sans doute à fond ce mauvais côté chez ses ennemis, ce qui nous éclaircira plusieurs détails de sa conduite qui paraissent singuliers au premier abord.

Vu le nombre des accusés et de leurs adhérents et la nature même de l'accusation, il ne pouvait être question de la peine de mort, ni de l'expropriation. En échange, l'exil des plus dangereux pouvait se justifier aux yeux de chacun, ainsi que leur confinement dans des districts bien déterminés, et une surveillance sévère de ceux qui étaient restés en ville. Mais une disposition plus dure fut celle-ci : qu'à l'exception d'un petit nombre d'entre eux, reconnus innocents, aucun des anciens conseillers ou de leurs fils vivant alors ne pouvait à l'avenir être reçu dans les connétablies ou dans les tribus ; aucun ne pouvait être porté dans le Conseil, disposition certes encore plus dure. Les suites d'une sentence aussi déshonorante s'étendirent au-delà d'un demi-siècle. La conduite tout-à-fait irréprochable de quelques individus qui se virent enveloppés dans le malheur de leurs pères ne put toucher le législateur irrité. C'était donc un allégement presque insignifiant que de permettre d'avance à quelques-uns d'entre eux, si du moins on était satisfait de leur conduite, d'être députés à l'assemblée de la bourgeoisie. On ne peut cependant accuser ces décrets d'avoir été le fruit de la haine ou de la passion, vu qu'ils atteignaient également tous les accusés : il serait plus juste d'en reconnaître la nécessité, en se rappelant les serments et autres traités secrets jurés

en commun par les conseillers déchus (à la suite de la nouvelle
constitution, confirmée par l'empereur Louis), aussi bien que les
dispositions douteuses de plusieurs bourgeois, qui auraient pu
aisément se laisser gagner par les anciens conseillers, après les
relations intimes qu'ils avaient eues avec ces derniers au sein des
tribus.

Néanmoins Rodolphe Broun ne crut pas devoir pousser plus loin
la sévérité de ses mesures. Celles qu'il avait adoptées exigeaient
déjà, si inévitables qu'elles fussent, une grande prudence, et ne
pouvaient également pas se maintenir trop long-temps. Il est vrai
que les jugements et les engagements des condamnés se faisaient
sous forme d'un contrat librement conclu entre eux et le nouveau
gouvernement, contrat signé et juré par eux et par leurs fils. Ils
y déclarent reconnaître eux-mêmes que la nouvelle constitution
mérite sous tous les rapports la préférence sur l'ancienne, qu'ils
ont été justement punis, qu'ils supporteront humblement et sans
contradiction les amendes qui leur sont imposées, qu'ils renoncent
librement à toute part ultérieure dans le gouvernement, qu'ils resteront dévoués au bourgmestre, lui promettant toute amitié comme
à ceux aussi qui ont amené ces changements, et enfin qu'ils le té-
moigneront au premier soupçon d'une entreprise ourdie contre ces
chefs ou contre la nouvelle constitution. Ils abandonnent au gouvernement leurs propriétés comme garantie, s'engageant à n'en
rien soustraire ou donner sans son autorisation. En cas de violation
du serment, ils déclarent abandonner aussi leur vie à l'Etat. Ces
jugements furent confirmés par l'empereur en même temps que la
nouvelle constitution. Mais, cette même année déjà, nous verrons
combien leur intention de tenir parole était peu sérieuse au fond.

On peut dire que la source première de la perfidie et des espérances secrètes nourries par les conseillers déchus, comme aussi
l'occasion des mouvements dans les années suivantes et même celle
du massacre nocturne, se trouvent surtout dans les circonstances
personnelles du comte Jean de Habsbourg-Rapperschweil. Sous
l'ancien régime il était devenu débiteur de la ville à des conditions
moins avantageuses pour celle-ci que pour quelques conseillers pris
isolément (¹). Un changement politique qui éloignait ses amis du

(¹) Il existe, entre autres, un document du 11 juin 1328, d'après lequel
la ville, sans exiger du comte Jean d'autre sûreté que de la laisser intacte
en cas de besoin, cautionne pour lui une somme de 65 marcs qu'il doit à
« Prühundt le jeune. »

timon des affaires ne pouvait que lui être préjudiciable: et ceux-ci,
de leur côté, pouvaient bien espérer que, dans son propre intérêt,
il engagerait le puissant dynaste, proche parent des ducs d'Autriche, à les soutenir dans leurs plans de reprendre le pouvoir. Et,
de fait, Rapperschweil et toutes les autres possessions du comte
étaient ouvertes aux bannis, qui, ne se souciant pas le moins
du monde des jugements portés contre eux, y attirèrent bientôt
parents et adhérents. Ceux-ci y accoururent en tel nombre, que,
déjà en novembre 1336, il fut décrété à Zurich que tous ceux
qui quitteraient la ville par suite des changements apportés, n'y
pourraient en aucun cas rentrer : ce qui n'empêcha pas qu'il ne se
formât à l'extrémité supérieure du lac un Zurich *extérieur*, qui,
avec une constitution propre, reconnue et considérée sur pied égal,
et même visiblement favorisée par l'Autriche, tint en échec l'ancien Zurich, tantôt par les armes, tantôt en se servant des traités
et des chartes.

Vitoduran, d'accord, au moins sur les points essentiels, avec
le récit que nous venons de donner, et qui mériterait d'ailleurs, en
sa qualité de contemporain et peut-être aussi en partie comme
témoin, d'être consulté par les historiens postérieurs, nous apprend qu'à la première nouvelle qu'on eut à Zurich d'une violation
de serment de la part des extérieurs, le gouvernement prit parmi
la noblesse environnante des chevaliers à sa solde et en même
temps un chef d'artillerie distingué. Du moins existe-t-il encore
quelques actes dans lesquels le comte Ebrard de Nellenbourg, le
chevalier Eglof Omo, Eglof de Wildenstein, Heinz d'Eitlingen,
Benz Sedele, Ebrard de Buchenstein, Burchard *(le magister ma-
chinarum)* de Berne, attestent leurs services de l'année 1337
comme exactement indemnisés. — La police dut aussi exercer une
surveillance toujours plus sévère dans l'intérieur des murs; plusieurs sorties furent tentées contre Rapperschweil ([1]), et le Conseil

([1]) D'après Vitoduran, Broun fut blessé dans une de ces sorties, après
s'être défendu vigoureusement; mais il échappa à la captivité, grâce à ses
douze gardes, tous dévoués à sa personne. — A Zurich, quelques bourgeois
accusés d'être en rapports frauduleux avec les extérieurs, durent être exécutés, ainsi qu'un incendiaire ou meurtrier qui avait réussi à s'introduire
dans la ville. — Quoiqu'il ne reste pas le plus petit document confirmant
l'un ou l'autre de ces faits, on ne peut rejeter le rapport des contemporains.
Cependant aucun des conseillers ou bourgeois mentionnés dans les jugements
ci-dessus ne peut être compris dans le nombre des exécutés, puisque nous
les voyons reparaître dans les événements subséquents.

s'empara comme indemnité des biens que les extérieurs possédaient encore dans la ville. — En même temps une querelle s'engage entre Jean de Habsbourg et le comte Dithelm de Tockenbourg, qui paraît ici au nom des Zuricois, soit comme leur allié, soit pour son propre intérêt, et les nobles ennemis tombent tous deux dans un combat à outrance près de Grynau. — Des bannis arrêtés sont ramenés dans les murs de Zurich, et par revanche les extérieurs emmènent à Rapperschweil des bourgeois de Zurich. On rivalise de représailles, de dommages réciproques. Alors paraissent comme intermédiaires, pour rétablir la paix, l'empereur Louis et le duc Albert d'Autriche, ce dernier en sa qualité de tuteur des trois fils du comte de Habsbourg : et par l'introduction dans ce traité d'une médiation entre les *intérieurs* et les *extérieurs*, les précédents rapports entre la ville et ses conseillers condamnés subissent des modifications importantes en faveur de ces derniers.

En effet, ce traité remet aux extérieurs la peine encourue pour violation du serment et des promesses scellées, lève la peine d'exil dans des districts éloignés prononcée contre les plus coupables, et leur accorde liberté de demeurer réunis sur les propriétés du comte de Habsbourg et de leurs amis, comme aussi de s'approcher à une lieue de la ville, de laquelle ils restent encore exclus pendant cinq ans, à moins toutefois que la bienveillance du Conseil et des bourgeois ne la leur rouvre volontairement plus tôt. Les prisonniers seront échangés. Tout ce qui a été vendu ou séquestré sur les biens des extérieurs leur sera rendu, et le Conseil s'engage à ne pas imposer leur fortune à un taux plus élevé que celle des autres bourgeois. Ils sont sans doute tenus de payer à la ville 600 marcs, en indemnité des pertes qu'ils lui ont occasionnées ; mais sur cette somme Zurich est tenue à son tour d'indemniser les fils du feu comte. — L'empereur signa comme garant pour Zurich, et le duc Albert pour les jeunes comtes de Habsbourg, pour les extérieurs, personne ; seulement, en cas de violation du traité par ces derniers. les comtes ne pourront plus leur donner asile, mais devront joindre leurs efforts à ceux de l'empereur et du duc d'Autriche pour les réduire à l'obéissance.

D'où peut provenir chez le bourgmestre un si prompt retour à la douceur, et surtout envers des gens dans la conduite desquels la haine et la ruse n'étaient que trop évidentes ? Probablement de la conviction qu'il avait acquise que leur puissance et leur audace,

quelque petite valeur qu'on leur eût d'abord attribuée, dépassa ent
cependant de beàucoup cette première appréciation ; qu'on pouvait avec raison craindre de leur part pour l'avenir une alliance
avec l'Autriche ; et que l'empereur lui-même leur témoignait un
certain intérêt au moins, en recommandant d'agir avec tous les
ménagements possibles vis-à-vis d'eux.—D'après ces expériences,
le bourgmestre chercha à régler sa politique future à l'extérieur.

IV. — POLITIQUE EXTÉRIEURE DE BROUN.

Si industrieuse et considérée que Zurich se fût montrée jusqu'alors, elle restait toujours dépourvue de territoire propre. Les
dispositions de la noblesse environnante et celles de l'Autriche, qui
l'entourait de ses domaines et seigneuries, ne pouvaient donc être
chose indifférente pour cette ville. L'ancien gouvernement avait
contracté avec les ducs des rapports d'amitié marqués peut-être de
trop de complaisance : nous en citerons comme preuve le traité
conclu après l'assassinat de l'empereur Albert en vue d'accélérer
le siége de la Schnabelburg : —le bref de protection présenté à la
ville par les ducs Fréderic et Léopold, en 1315, accepté avec confirmation des franchises : — les secours en hommes qu'il fournit
pour le combat de Morgarten ; — et enfin la lutte entre les deux
empereurs rivaux, dans laquelle on voit le Conseil prendre le parti
de Frédéric. — On pourrait même ajouter à ces faits les tentatives
de l'empereur Louis pour hypothéquer la ville aux ducs Albert et
Otto, si toutefois l'assertion de Tschoudi, que ce dessein provenait
chez l'empereur d'un mouvement de mauvaise humeur que devait
lui donner l'attachement de Zurich à l'Autriche, peut se soutenir.
Cependant les franchises de la ville étaient trop explicites contre
une pareille mise en hypothèque, pour que l'empereur, dès qu'elles
lui auraient été connues, n'eût de suite rapporté une décision aussi
légèrement prise. Mais ce n'était que fort à contre-cœur que l'Autriche abandonnait de telles espérances. Il n'est pas prouvé que
quelques membres du Conseil déchu n'aient pas travaillé dans l'intérêt de cette puissance ; toujours est-il que le but de son ambition
se trouvait réduit à rien par les changements survenus dans les
personnes et dans la forme du gouvernement. Le plus petit rapport des *extérieurs* avec l'Autriche, la moindre prévenance de leur

part devaient donc augmenter l'inquiétude de Broun ; mais tandis qu'un caractère droit et héroïque n'eût pas balancé un instant à opposer une énergique résistance, surtout en contractant une alliance avec les plus dangereux ennemis de l'Autriche, les Waldstätten, Broun, au contraire, inspiré par sa politique rampante, suivit pendant treize années une marche toute opposée.

Il espérait, en effet, en mettant beaucoup de sévérité dans l'exécution des traités, et tant qu'il n'y avait aucun danger à le faire par des concessions, ôter tout motif de plainte aux *extérieurs* et amener aussi le chef de l'empire à tenir son engagement de protéger la ville. D'après son plan, on chercherait à procurer à l'Autriche les mêmes avantages qu'elle comptait retirer de relations étroites avec les *extérieurs*, et le moyen à employer pour cela, moyen qui du reste avait l'avantage d'être plus droit et moins deshonorant, consistait à renouveler les conventions de service et secours réciproques avec ce pays ; — de plus, on chercherait également à gagner les comtes de Habsbourg pour la ville par un accommodement amical pour leurs dettes envers elle. Le bourgmestre pensait empêcher ainsi la formation de nouvelles liaisons entre ses puissants voisins et les *extérieurs*, et amener ces derniers à ne plus pouvoir se passer du pardon de la ville. C'est pour la même raison qu'il ne crut pas devoir refuser le retour à quelques suppliants, pour autant qu'il pourrait se fier à eux, cherchant par tous les moyens à disloquer la masse dangereuse des *extérieurs*, tout en tenant sous sa main ceux qui étaient rentrés, et le faisant soit par une surveillance secrète ou publique, soit par des dispositions réglementaires fort sévères. Ce qui suit justifiera suffisamment notre manière de voir.

Le 21 novembre 1338, à peine une année après la conclusion du traité entre le duc Albert et l'empereur Louis, ce dernier se crut obligé de recommander au Conseil de Zurich le strict maintien de la paix jurée. « Lors même, disait-il, que nos amis ne tien- » draient pas exactement leurs engagements et ne s'acquitteraient » pas de leurs redevances, nous vous laissons leurs biens à prendre » et à vendre ; car nous voulons que vous acquittiez à leur place » les sommes stipulées : en revanche nous vous permettons de vous » indemniser en prenant leurs biens et en en vendant autant qu'il en » faudra ; car nous voulons que les articles du traité soient exécu- » tés. » Broun suivit volontiers cette direction, et vraisemblablement porta vigoureusement la main sur les biens de ceux des *extérieurs* qui ne voulaient se soumettre à aucune disposition des traités ; il faut croire qu'il attachait un grand prix à cette pièce, puisqu'il en réclama l'attestation l'année suivante par le prieur de Wartensee. —L'opposition des *extérieurs* n'en aurait pas moins continué peut-être, si le résultat de la bataille de Laupen ne fût intervenu pour les décourager tout-à-fait, eux et leurs protecteurs. Quelques-uns d'entr'eux s'étant alors adressé à la reine Agnès et au duc Frédéric d'Autriche, en les priant d'intervenir pour une nouvelle réconciliation, le bourgmestre consentit aisément, sur la demande de ces princes, à s'y employer. On réclama en même temps l'assistance, par députations, des villes de Constance, Saint-Gall, Lindau, Ravenspurg, Ueberlingen, Fribourg en Brisgau, Schaffhausen et Rhéinfelden. Le résultat de cette réunion, qui se tint à Kőnigsfelden vers la fin de janvier 1340, fut en tous points favorable au bourgmestre, en mettant ses adversaires complètement à sa merci. Par une charte du duc Fréderic, du 24 janvier 1340, et par une seconde, de la même date, signée par quatorze *extérieurs* présents, contresignée et scellée par les députés des villes ci-dessus, il est stipulé que les dits *extérieurs* s'en remettent sans condition à la bonne volonté du bourgmestre et du conseil de Zurich. « Ils » doivent convenir librement entre eux, lisons-nous, d'un mode de » jugement et de paix, afin que les bourgeois, riches et pauvres, » respectent et leur assurent leurs revenus, leurs héritages et ceux » de leurs enfants, leurs corps et leurs biens, leur honneur et leurs » libertés. » — Le bourgmestre et le Conseil conservent « le droit » de disposer du bien des *extérieurs* pendant qu'ils demeurent en » ville aussi bien que pendant leur absence. » — De leur côté, le bourgmestre, le Conseil et les bourgeois de Zurich leur promettent paix et constante amitié pour l'avenir, en restant dans les mêmes termes avec la ville et les bourgeois et reconnaissant également ceux qui leur sont préposés.

Par ce traité, que les extérieurs consacrèrent à Kőnigsfelden par un serment solennel, ils pouvaient bien avoir obtenu ce qui leur importait le plus, de nouvelles sûretés pour leurs propriétés ; mais le bourgmestre était trop fin pour leur rendre sa confiance à cause de cela. La peine de cinq ans d'exil, prononcée avant le traité, ne fut point abrégée non plus Sans doute qu'à l'issue de ce terme, soit dès 1343, il fut permis de nouveau à plusieurs de rentrer, comme le prouvent d'abord un acte du 16 janvier de cette année en faveur de dix bannis, un second du 3 février pour trois, et un dernier du 21 janvier 1345 pour trois autres bannis. Mais en même temps la peine fut prolongée pour plusieurs autres et acceptée par eux-mêmes, ainsi que l'attestent trois actes du 8 janvier 1348. — L'inquiétude du bourgmestre, quant à de nouvelles tentatives de résistance, se trahit facilement dans les déclarations détaillées et identiques entre elles exigées de ceux qui obtinrent la permission de rentrer ; tout comme aussi son habileté et sa prudence se déploient dans les mesures préventives qu'il prit à cette occasion.

Simultanément avec le traité dont nous venons de parler, nous en voyons conclure un second avec les comtes de Habsbourg. Les trois nobles frères déclarent, sous sceau et seing privé, en date du 1ᵉʳ octobre 1343, s'engager et lier par constante amitié et perpétuelle alliance envers les bourgmestre, Conseil et bourgeois de Zurich, et le jurer par les saints, afin qu'on puisse voir et témoigner qu'ils mettront tous leurs efforts à augmenter et affermir la dite amitié de jour en jour davantage. Puis, passant à ce qui concerne leurs intérêts pécuniaires, ils s'engagent dans le dit acte à payer les dettes contractées par leur père et depuis lors envers la ville de Zurich, avec cette clause, toute en leur faveur, que, pour le cas où ils ne pourraient, sur un avis préalable de la ville, la payer en entier et comptant, celle-ci aurait le droit de saisir leurs biens, mais sous la surveillance et les prescriptions d'une commission du gouvernement zuricois qui leur serait adjointe, — et toutefois sous la condition expresse que « le marc d'argent serait » reçu au taux de dix marcs et la livre d'argent au taux de dix livres. » — Cet accommodement, humiliant sans doute pour les comtes, mais aussi très-préjudiciable à la ville, n'avait d'autre raison que le vif désir de mettre fin plus promptement à toute discorde avec des voisins aussi inquiétants.

Cependant Broun ne s'en tint pas là dans son système de complaisance ; l'année suivante ce fut le tour de l'Autriche. Pour des motifs qu'il ne nous a pas été possible d'éclaircir, les fonctionnaires autrichiens se trouvaient en querelle ouverte avec Beringer de Landenberg ; et Zurich avait pris le parti des premiers, qui lui durent une bonne part de leur réussite dans l'attaque et la destruction des forts de Hohen-Landenberg et Schauenberg. Le duc Frédéric, par un acte daté de Brugg, 2 octobre 1344, reconnaît effec-

tivement ce service, et assure en retour aide et protection à la ville,
pour le cas où Landenberg proférerait des menaces de vengeance
contre elle. — Le choix que Zurich fit, comme médiateurs, d'abord
des conseillers et baillis autrichiens dans sa querelle avec Lucerne
en 1347, puis de la reine Agnès en 1350 dans un différend avec
Bâle et Strasbourg, semblerait indiquer la continuation de ces bons
rapports avec l'Autriche; le plan bien connu du bourgmestre d'entrer dans une union formelle avec les ducs, justifierait fortement
cette supposition; mais une nouvelle catastrophe vint encore en
retarder l'exécution.

Jusque là, Broun n'avait qu'à se féliciter du résultat d'une politique si bien calculée : les extérieurs étaient humiliés, leur cause
séparée de celle des comtes de Habsbourg, par suite du traité
spécial conclu avec ceux-ci : et, d'un autre côté, Zurich et son
gouvernement avaient grandi en considération au dehors. Mais
l'ennemi avec lequel il avait à faire, n'avait accordé quelque chose
aux circonstances du moment que par hypocrisie, réservant ses
forces pour des temps plus propices, vers lesquels se portaient
toutes ses espérances. On peut croire que celles-ci prirent un nouvel élan lorsque le sceptre impérial passa dans des mains nouvelles,
quoique Broun se hâtât encore cette fois de demander au nouvel
empereur, Charles IV, qui le lui accorda, la confirmation des antécédents (coutumes) de la constitution et des franchises de Zurich.
Il reste malheureusement trop peu de documents qui puissent jeter
quelque lumière sur les menées nouvelles et violentes qui caractérisent le milieu du quatorzième siècle. Leur confrontation nous suffira cependant pour tracer un tableau assez exact des antécédents
et des préparatifs de la nuit du massacre.

Disons d'abord que la position financière des comtes de Habsbourg n'avait en rien changé : soit qu'il leur eût été impossible de
payer argent comptant, même sous les conditions favorables stipulées en leur faveur, soit qu'ils n'eussent pu s'entendre avec les
Conseils de Zurich sur l'estimation des hypothèques et sur la
vente des biens, toujours est-il que leur dette n'était pas encore
acquittée. Peut-être cherchaient-ils aussi à gagner du temps dans
l'espérance que quelque changement politique viendrait à leur
aide.

Les extérieurs aussi désiraient un changement, et, dès 1349,
après s'être entendus avec leurs adhérents demeurés dans l'en-

ceinte de la ville, ils réunirent tous leurs efforts pour une dernière tentative. Une pièce, en date du 17 août, nous fournit les premières données sur ce sujet. Par cet acte «les extérieurs de Zurich » et tous ceux qui . sur cette affaire, se sont engagés récipro- » quement, qui en savent quelque chose ou ont à s'en mêler, » déclarent que, comme leur gracieux seigneur, le cómte Jean de » Habsbourg, a promis, sur leur prière à tous, de leur prêter aide » et de soutenir leur cause, par actes et paroles, en toute fidélité,» ils se sont engagés à le décharger de toutes ses redevances, soit au comte de Tockenbourg, soit aux Zuricois. En foi de quoi ils lui désignent onze ôtages, tous, à l'exception de deux, pris dans le nombre des conseillers condamnés. En scellant cet acte, ces dérniers violent donc encore une fois le serment prêté au Conseil zuricois.

Une seconde pièce, très-remarquable, nous introduit dans les plus profonds replis de ce tissu de ruse et de mensonge. C'est une espèce de procès-verbal sur parchemin, dans le style et l'écriture de ce temps, sans date, mais portant les caractères indubitables de l'authenticité (1). Il ressort de cet acte qu'un certain nombre d'ex-térieurs avaient cherché par des promesses brillantes, et par écrit, à attirer de leur côté Henri Grawe, dont le père avait souffert par la révolution, et en exprimait tout son mécontentement. Le jeune homme donne connaissance de ces offres au bourgmestre, qui l'engage à prêter l'oreille à tout pour lui en faire rapport ensuite. Grawe obéit; et son père, déjà gagné par les extérieurs, se rendant à Rapperschweil pour affaires d'argent, il l'accompagne, prête le serment réclamé, et découvre de cette manière le projet formé de renverser l'ordre nouveau à Zurich; toutefois rien n'est décidé encore relativement à l'exécution. Il est question d'empoisonner le bourgmestre, de l'assassiner clandestinement, et en général de meurtre, comme aussi d'exécuter tous ceux qui feraient quelque opposition. «Que n'avons-nous pas,» dit-on, «pris à temps le » bourgmestre et trois des novateurs!» Le manuscrit ajoute qu'il s'agit ici de Jean Müller, Henri Biher et Jacob Broun, désignés éventuellement par la commune, avec Rûdger Manesse, comme successeur du bourgmestre, et qui formaient sans doute son

(1) D'après un passage de son livre, Müller doit déjà avoir eu connaissance, par une copie du moins, de cet acte, qui ne passa qu'en 1784 de mains privées aux Archives d'Etat de Zurich.

Conseil secret. Grawe apprend aussi des conjurés « qu'ils ont assez
» de gens à Zurich prêts à leur donner aide de corps et de biens,»
et qu'il pourra aisément les reconnaître lui-même à un signe convenu, qui consistait à se passer réciproquement une fève dans la
main. Dans une seconde conférence, on discute les moyens à mettre
en œuvre pour « dépister les gardiens de la maison de ville, s'em-
» parer des ponts et connaître le nombre des partisans de la
» bonne cause.» Il n'est fait nulle mention du comte Jean de Habsbourg, pas plus que de la noblesse étrangère.·

Ce rapport remis au bourgmestre et communiqué à une partie
au moins du Conseil, comme le prouvent les procès-verbaux de ce
dernier, coïncidait d'une manière remarquable avec d'autres rapports sur les mêmes faits qui leur parvinrent vers la fin de 1349;
ils devaient donc se tenir d'autant plus sur leurs gardes. Un document du 7 novembre nous apprend que, le même jour, le chevalier Jean de Steinegg, Jean de Langenhard et Burchard le Peyerer
s'engagèrent pour un an au service et à la solde des Conseils de
Zurich. Ils reçoivent leur paie d'avance et promettent formellement
« d'avertir les Conseils et les bourgeois tous ensemble de ce qui
» pourrait venir à leur connaissance qui pût être dangereux à
» ceux-ci.» Il existe également trois dépositions individuelles des
mêmes, identiques pour l'essentiel, et confirmées par leurs sceaux
et signatures, dans lesquelles ils rendent compte des tentatives
faites sur eux pour les gagner à la conspiration de Rapperschweil.
Dans celle de Steinegg, qui est la plus étendue, ce chevalier déclare que Ulrich de Matzingen est venu pour l'enrôler avec un
certain nombre de ses hommes au service du comte Jean de Habsbourg, et que sur sa demande contre qui cette guerre était dirigée, il lui fut répondu « qu'elle ne l'était pas contre une ville pour
» laquelle il eût à objecter quelque chose,» que, du reste, aucun
seigneur ou noble du pays n'était atteint, et qu'il n'y aurait qu'a-
vantage pour les participants. Steinegg ayant fait remarquer que
quelques-uns de ses hommes pourraient bien, par suite de leurs
mauvais rapports avec le seigneur de Landenberg (adversaire de
l'Autriche), être vus de mauvais œil à Rapperschweil, on chercha
à le tranquilliser, en l'assurant que «Landenberg enrôlait pour
« cette affaire aussi bien que le comte de Habsbourg.» Là-dessus
Steinegg se laissa engager et reçut en même temps du comte Henri
de Hohenburg la promesse de la remise de quelques cavaliers. —

Matzingen réussit de même, sans indiquer d'avantage le véritable but de la conspiration, à y faire entrer le comte de Heiligenberg, le cadet. Cependant Steinegg découvrit bientôt d'une manière certaine que les conjurés n'avaient eu autre chose en vue dans leurs projets que Zurich même, et, « lorsque, » c'est ainsi qu'il clot sa déclaration, « j'appris tout cela, je ne voulus plus être dans l'af-
» faire et contremandai les hommes du comte Henri de Hohen-
» burg ; et je veux aussi que tout ce qui est écrit devant moi vienne,
» comme de droit, à la connaissance du bourgmestre, du Conseil
» et des bourgeois de Zurich, afin qu'ils y puissent jeter les yeux
» en quelque temps et lieu qu'il leur conviendra. »

A l'exception du traité conclu par les extérieurs avec le comte Jean de Habsbourg, tous les documents que nous venons de passer en revue étaient dans les mains du bourgmestre quelque temps déjà avant la nuit du massacre. Il n'est donc plus possible d'admettre que la conjuration ait surpris Broun à l'improviste. Il y aurait plu-tôt lieu à s'étonner de ce qu'il n'en prévint pas l'exécution et ne s'assurât pas des coupables à lui connus. Cependant, ici encore il est parfaitement conséquent avec la politique qu'il avait adoptée. Il voulait prouver d'une manière irrécusable à l'empereur et à l'Autriche que la première violation des traités n'était pas du fait de Zurich. Son intention évidente, en laissant s'accomplir la conspiration, était de rendre aux conjurés toute excuse impossible, comme toute dénégation et tout retour en arrière. Il fallait que cette criminelle entreprise s'exécutât de telle sorte que ses acteurs pussent être jugés et punis selon toute la sévérité du droit et des lois, et que l'annulation complète d'un parti irréconciliable rendît impossible à l'avenir toute menée quelconque. En agissant avec circonspection, Zurich n'avait rien à craindre; tout individu sur lequel pouvait peser le plus léger soupçon était soigneusement observé; toutes les mesures avaient été préparées en silence, et le bourgmestre pouvait attendre dès-lors tranquillement une catastrophe dont, plus que tout autre, il devait désirer l'explosion.

(La suite au prochain n⁰).

CHRONIQUE

DE LA

REVUE SUISSE.

———

JUILLET.

Comme nous le disions, en terminant notre *Chronique* du mois passé, on a fini par s'entendre sur le projet de dotation présidentielle : c'est ainsi que dans le public on appelle couramment cette nouvelle augmentation de traitement et l'acte législatif qui l'établit à la barbe de la constitution. Sa barbe : on la lui tire en effet ; mais s'il vous répugne de la voir ainsi sous les traits d'un animal barbu et cornu, bien que ses cornes ne fassent guère peur, choisissons pour la représenter un animal plus innocent, une poule par exemple, et dans ce cas ce sera la poule aux œufs d'or. Elle avait pondu pour le Président de la République un tout petit œuf de six cent mille francs ; le ministère et la Chambre le couvent, et voilà, ô merveille ! qu'il en sort peu à peu un poulet de trois millions, sans compter ce qu'il valait à son origine et ce qu'il pourra gagner encore en avançant en âge : c'est ainsi qu'on devient aigle de notre temps. Tout cela ne s'est pas fait sans de belles paroles : « honneur, dignité de la France, nécessité de la représentation dans un pays qui n'est républicain que de nom, secours, fêtes, voyages, distribution intelligente, seconde Providence..... » et autres paroles sacramentelles. Quant au mot de dotation, il va sans dire qu'il n'a pas été prononcé, ni celui de liste civile, ni aucun autre mot mal sonnant : on s'est même assez disputé sur la forme et pour la forme ; on a été sur le point de se brouiller ; mais, grâce à une rédaction convenable, les millions ont passé : c'était l'essentiel. Il a fallu cependant que le général Changarnier parût sur le champ de bataille ; mais il lui a suffi de monter à la tribune et d'y prononcer quelques mots, pour rallier ceux qui faiblissaient. Il a donc décidé la victoire : le Président le lui aura-t-il pardonné ?

Le Président (nous avons vu qu'il le sait (¹), et maintenant ses journaux parlent hautement dans ce sens) est en position de secouer ceux
qui penseraient se servir de lui seulement comme d'une honnête
monture pour découvrir la route et arriver à leurs fins. Il espère bien
être toujours à temps pour les désarçonner.

Le fameux projet de réconciliation des deux branches paraît être
dans ce moment un peu en désarroi. Une fraction des légitimistes,
représentée par la *Gazette de France* et l'*Opinion publique*, n'y croit
pas, n'en veut pas entendre parler. Elle dit aux autres, représentés
par l'*Union* qui serait, elle, pour la vie tranquille et commode, arrangée du mieux, mais surtout le plus tôt que l'on pourra, elle leur
dit : « Ne voyez-vous pas que vous faites les affaires de l'orléanisme,
que vous êtes joués ? » Et par le fait, ce sont plutôt les anciens orléanistes qui l'emportent à la Chambre, qui en dirigent s'ils n'en composent pas la majorité. Grande fureur des légitimistes à chaque découverte de ce genre, et à chaque nouvelle victoire remportée en
commun, nouvelle désunion du parti conservateur.

Rien de certain n'a transpiré sur les visites à Saint-Léonard, où
Louis-Philippe, dont la santé donnait un moment de sérieuses inquiétudes, est venu avec sa famille passer quelques semaines au bord de
la mer. On s'est surtout occupé du voyage de M. Thiers. Suivant une
lettre insérée dans l'*Univers*, il n'aurait pas été invité à Saint-Léonard, comme d'autres personnages politiques, M. de Broglie, M. Molé, M. Guizot, qui s'y sont rendus à-peu-près en même temps que lui.
Il y serait allé de lui-même, heurtant à la porte qu'on ne lui aurait
ouverte que par politesse. Son instinct seul l'aurait poussé, et son besoin de *frétiller dans les affaires*, ce sont les expressions de la lettre.
Toujours d'après la même autorité, son but, dans cette visite, était
de miner les idées de rapprochement entre la branche aînée et la
branche cadette. Avec ceux des membres de l'ex-famille royale qui
passent pour y pencher, il l'aurait fait par voie d'insinuation, en représentant la nécessité d'attendre et de ne pas engager l'avenir comme
la seule ligne de conduite prudente et de nature à servir en général
la cause de la royauté ; mais avec la duchesse d'Orléans il aurait été
plus ouvert ; il aurait travaillé à l'affermir dans sa répugnance à adhé-
rer à tout projet qui pourrait compromettre les droits et l'avenir de
son fils. Cette lettre est fort curieuse et pleine d'un venin subtil à l'endroit de M. Thiers. Malgré ses récentes concessions au clergé, le parti
clérical se défie en lui du vieux révolutionnaire et du voltairien On a
été fort intrigué de savoir quel était l'auteur de ce coup si perfidement
porté. On l'attribua d'abord généralement à M. de Montalembert. Là-
dessus, l'*Univers* déclara qu'on se trompait, que la lettre n'était point
de ce dernier ; mais si ce n'est pas sa plume, c'est sa main qui a

(¹) Notre *Chronique* de juin, page 597 de ce volume.

frappé : il est probable, en effet, que la mystérieuse correspondance sort tout simplement des bureaux de l'*Univers;* le rédacteur, en chef, M. *Veuillot*, dont elle a tout le cachet, l'aura écrite après une conversation avec M. de Montalembert et d'autres personnes de ce bord qui revenaient comme lui de Saint-Léonard.

Outre les célébrités politiques, de simples particuliers, des artistes, M. Scribe, M. Halévy, M. Samson de la Comédie Française, sont allés présenter leurs hommages à la famille exilée. Les visiteurs sont de plus en plus nombreux. Il nous revient d'une personne qui a fait aussi ce pélerinage, le mot suivant de l'ex-roi : « Ne vous pressez pas, ne précipitez rien; il faut laisser le Président user la République et la République user le Président ; accordez-lui tout ce qu'il demandera. » Voilà, en substance, ce que Louis-Philippe répète à tous ceux qui viennent le voir.

Quant à la République, l'œuvre n'est déjà pas mal avancée, sans toutefois que nul puisse dire comment elle aboutira ; mais il est certain que si vous criez un peu trop haut *Vive la République!* vous courez grand risque d'aller en prison ; tandis que le vœu contraire s'exprime sur tous les tons impunément. Spectacle étrange et peu honorable! De quelque opinion que l'on soit, il est difficile de ne pas recevoir cette impression de celui que la France donne en ce moment.

Evidemment la nation est lasse; pas le moindre symptôme de remuement ; les sociétés secrètes se reforment, signe infaillible, disait dernièrement un des secrétaires du préfet de police, que l'émeute n'espère plus rien des masses, rentrées dans une complète immobilité. Les affaires commerciales reprennent activement. Les nouvelles politiques font encore hausser ou baisser la Rente, alarment ou excitent les spéculateurs, mais n'ont pas l'air d'occuper le moins du monde les petits commerçans. On a oublié hier, on ne pense pas à demain, et à force de ne plus penser à rien on a confiance. Un homme fort pourrait tout oser. Les faibles même oseront beaucoup. On va sans doute procéder de manière ou d'autre à quelque changement dans la constitution. Il est presque impossible qu'il ne se passe pas des événemens graves pendant cette année et la suivante; mais on en verra peut-être de très-considérables s'accomplir sans beaucoup de bruit. Les grands mouvemens politiques semblent vouloir s'arrêter pour quelque temps. Les esprits n'y sont pas tournés, sans l'être précisément autre part.

Dans ce vide et cette attente de la situation, il faut donc que notre *Chronique* cherche ailleurs, au risque de n'y pas trouver non plus grande nouveauté.

— Les *Mémoires d'Outre-Tombe* ont maintenant achevé de paraître. Sans revenir sur ce que nous en avons dit à plusieurs reprises, au fur et à mesure de leur publication dans le feuilleton de la *Presse*, notons seulement comme un fait, qu'ils ont gagné dans l'opinion et porté plus vivement coup en avançant. La dernière partie, surtout, a singulièrement frappé. Ecrits avant la révolution, on dirait qu'ils datent d'aujourd'hui, que l'auteur parle réellement du fond de la tombe, comme si de là il assistait encore à ce qui se passe au dessus et en donnait son avis. Ou plutôt on oublie qu'il est mort, on le croit toujours du nombre des vivans, tant sa voix se mêle et répond à la nôtre. Si l'ouvrage, suivant l'intention première de l'auteur, n'avait vu le jour que beaucoup plus tard, ce genre d'effet eût été certainement amoindri. L'avenir, que Chateaubriand ne croyait pas si près, s'est chargé de solder ses prévisions à courte échéance. Ses mémoires ont ainsi paru au bon moment, en paraissant juste à ce moment-là. C'est dans les derniers volumes qu'éclate avec le plus d'étendue et de vigueur perçante, cette intuition, cette vue quasi-prophétique des hommes et des événemens. En outre, les traits éloquens ou sarcastiques y pleuvent dru comme grêle; nul n'échappe, ils arrivent de tous côtés, les uns à l'improviste et de flanc, les autres à découvert et par larges colonnes serrées. Les légitimistes en ont leur bonne part; Louis-Philippe et l'orléanisme en sont criblés. Si Chateaubriand épargne mieux le parti républicain, si parfois même il le caresse, il n'en ménage pas les vues extrêmes; le triomphe des idées socialistes ne lui apparaît que comme une catastrophe inévitable et peut-être nécessaire pour ouvrir à l'humanité, sur les ruines du vieux monde, le chemin du désert vers la terre promise d'un monde nouveau.

De ces rudes arrêts du justicier d'outre-tombe, chacun cite ce qui lui convient : les républicains (et ils sont les moins gênés dans leur choix), la sentence de mort de la royauté; les légitimistes, celle de Louis-Philippe et de son gouvernement; mais ils se taisent sur le reste; quant aux orléanistes, ils passent le tout sous silence, n'ayant en effet presque rien à citer. La *Gazette de France* admire tout haut; mais elle a aussi ses raisons pour faire ses réserves; seulement elle les fait tout bas : par exemple dans l'anecdote suivante, qui lui sert à deux fins, car en empruntant à M. de Lamartine un trait contre Chateaubriand, après en avoir frappé celui-ci, elle le retourne à l'instant contre celui-là. « En lisant, dit-elle, les *Mémoires d'Outre-Tombe*, tout le monde a remarqué des jugemens contradictoires, des contrastes d'opinions, des déductions et des conséquences en désaccord avec les prémisses. C'est comme une bascule continuelle entre le principe monarchique et la république. Quelqu'un faisait dernièrement cette remarque devant M. de Lamartine, qui a répondu : « Chateaubriand parle aux deux côtés. Quand il a eu des flatteries et des » encouragemens pour un parti, il semble s'en repentir et se tourne » vers l'autre pour le cajoler aux dépens du premier et réciproque- » ment.» Cette appréciation de M. de Lamartine est remarquable et

paraît juste; mais en la faisant, il a oublié qu'on aurait pu lui dire:
De te, nomine mutato.»

A ces opinions contradictoires se joignent, comme nous l'avons dit,
des réminiscences incomplètes, des souvenirs infidèles. A travers tout
cela cependant, à travers les accès, les boutades et l'étalage continuel
d'une personnalité sans frein, d'une mélancolie dédaigneuse et superbe, il est impossible de méconnaître un certain fond politique toujours subsistant : c'est, d'une part, une fidélité individuelle, de rôle et
de caractère, à la royauté légitime ; de l'autre, un esprit néanmoins
sympathique aux idées modernes de démocratie et de progrès. Chateaubriand ne s'en dissimule pas le côté faible, obscur ou exagéré ;
mais il en sait mieux toutefois le vide que la nature de ce vide et sa
cause, et ce qui peut seul le combler. C'est ainsi le camp démocratique, à tout prendre, qui est le moins en butte et qui a le mieux applaudi à ces flèches de Parthe, derniers et sinistres adieux de René
en se retirant vers les solitudes du tombeau.

Parmi les portraits qui terminent les *Mémoires*, les portraits en pied
de Louis-Philippe et de Talleyrand sont d'un mordant de couleur et
d'une rudesse de touche effrayante. Quant à la ressemblance, nous
laisserons nos lecteurs en juger. Nous voulons seulement les conserver
ici dans notre petite galerie particulière, où ceux même de nos lecteurs qui les connaissent déjà seront bien aises de les retrouver au besoin, et de pouvoir les comparer avec d'autres, le Louis-Philippe de
Chateaubriand, par exemple, avec celui de Lamartine, tel que nous
l'avons emprunté à l'*Histoire des Girondins*(1).

« LOUIS-PHILIPPE.

» *Paris, rue d'Enfer* 1857.

» Si, passant de la politique de la légitimité à la politique générale,
je relis ce que j'ai publié sur cette politique dans les années 1831, 1832
et 1833, mes prévisions ont été assez justes.

» Louis-Philippe est un homme d'esprit dont la langue est mise en
mouvement par un torrent de lieux communs. Il plaît à l'Europe qui
nous reproche de n'en pas connaître la valeur ; l'Angleterre aime à
voir que nous ayons, comme elle, détrôné un roi ; les autres souverains délaissent la légitimité, qu'ils n'ont pas trouvée obéissante. Philippe a dominé les hommes qui se sont approchés de lui ; il s'est joué
de ses ministres, les a pris, renvoyés, repris, renvoyés de nouveau
après les avoir compromis, si rien aujourd'hui compromet.

» La supériorité de Philippe est réelle, mais elle n'est que relative ;
placez-le à une époque où la société aurait encore quelque vie, et ce
qu'il y a de médiocre en lui apparaîtra. Deux passions gâtent ses qualités : son amour exclusif de ses enfants, son avidité insatiable d'accroître sa fortune : sur ces deux points il aura sans cesse des éblouissemens.

» Philippe ne sent pas l'honneur de la France comme le sentaient
les aînés des Bourbons ; il n'a pas besoin d'honneur : il ne craint que

(1) Voir notre *Chronique* de mai 1847, p. 565 du t. X de la *Revue Suisse.*

les soulèvemens populaires comme les craignaient les plus proches de
Louis XVI. Il est à l'abri sous le crime de son père ; la haine du bien
ne pèse pas sur lui : c'est un complice, non une victime.

» Ayant compris la lassitude des temps et la vileté des âmes, Philippe s'est mis à l'aise. Des lois d'intimidation sont venues supprimer
les libertés, ainsi que je l'avais annoncé dès l'époque de mon discours
d'adieu à la chambre des pairs, et rien n'a remué ; on a usé de l'arbitraire ; on a égorgé dans la rue Transnonain, mitraillé à Lyon, intenté
de nombreux procès de presse ; on a arrêté des citoyens, on les a retenus des mois et des années en prison par mesure préventive, et l'on
a applaudi. Le pays usé, qui n'entend plus rien, a tout souffert. Il
est à peine un homme qu'on ne puisse opposer à lui-même. D'années
en années, de mois en mois, nous avons écrit, dit et fait tout le contraire de ce que nous avons écrit, dit et fait. A force d'avoir à rougir,
nous ne rougissons plus ; nos contradictions échappent à notre mémoire, tant elles sont multipliées. Pour en finir, nous prenons le parti
d'affirmer que nous n'avons jamais varié, ou que nous n'avons varié
que par la transformation progressive de nos idées et par notre com-
préhension éclairée des temps. Les événements si rapides nous ont si
promptement vieillis, que quand on nous rappelle nos gestes d'une
époque passée, il nous semble que l'on nous parle d'un autre homme
que de nous : et puis avoir varié, c'est avoir fait comme tout le
monde.

» Philippe n'a pas cru, comme la branche restaurée, qu'il était
obligé pour régner de dominer dans tous les villages ; il a jugé qu'il
lui suffisait d'être maître de Paris ; or, s'il pouvait jamais rendre la capitale ville de guerre avec un roulement annuel de soixante mille prétoriens, il se croirait en sûreté. L'Europe le laisserait faire, parce qu'il
persuaderait aux souverains qu'il agit dans la vue d'étouffer la révolution dans son vieux berceau, déposant pour gage entre les mains des
étrangers les libertés, l'indépendance et l'honneur de la France. Philippe est un sergent de ville : l'Europe peut lui cracher au visage ; il
s'essuie, remercie et montre sa patente de roi. D'ailleurs, c'est le seul
prince que les Français soient à présent capables de supporter. La dégradation du chef élu fait sa force ; nous trouvons momentanément
dans sa personne ce qui suffit à nos habitudes de couronne et à notre
penchant démocratique ; nous obéissons à un pouvoir que nous croyons
avoir le droit d'insulter ; c'est tout ce qu'il nous faut de liberté : nation
à genoux, nous souffletons notre maître, rétablissant le privilége à ses
pieds, l'égalité sur sa joue. Narquois et rusé, Louis XI de l'âge philosophique, le monarque de notre choix conduit dextrement sa barque
sur une boue liquide. La branche aînée des Bourbons est séchée sauf
un bouton ; la branche cadette est pourrie. Le chef inauguré à la Mai-
son-de-Ville n'a jamais songé qu'à lui ; il sacrifie les Français à ce
qu'il croit être sa sûreté. Quand on raisonne sur ce qui conviendrait à
la grandeur de la patrie, on oublie la nature du souverain ; il est persuadé qu'il périrait par les moyens qui sauveraient la France ; selon
lui, ce qui ferait vivre la royauté tuerait le roi. Du reste, nul n'a le
droit de le mépriser, car tout le monde est au niveau du même mépris. Mais quelles que soient les prospérités qu'il rêve en dernier résultat, ou lui, ou ses enfans ne prospéreront pas, parce qu'il délaisse
les peuples dont il tient tout. D'un autre côté, les rois légitimes, délaissant les rois légitimes, tomberont : on ne renie pas impunément son

principe. Si des révolutions ont été un instant détournées de leur cours, elles n'en viendront pas moins grossir le torrent qui cave l'ancien édifice : personne n'a joué son rôle, personne ne sera sauvé.

» Puisque aucun pouvoir parmi nous n'est inviolable, puisque le sceptre héréditaire est tombé quatre fois depuis trente-huit années, puisque le bandeau royal attaché par la victoire s'est dénoué deux fois de la tête de Napoléon, puisque la souveraineté de Juillet a été incessamment assaillie, il faut en conclure que ce n'est pas la république qui est impossible, mais la monarchie.

» La France est sous la domination d'une idée hostile au trône : un diadème dont on reconnaît d'abord l'autorité, puis que l'on foule aux pieds, que l'on reprend ensuite pour le fouler aux pieds de nouveau, n'est qu'une inutile tentation et un symbole de désordre. On impose un maître à des hommes qui semblent l'appeler par leurs souvenirs, et qui ne le supportent plus par leurs mœurs ; on l'impose à des générations qui, ayant perdu la mesure et la décence sociale, ne savent qu'insulter la personne royale ou remplacer le respect par la servilité.

» Philippe a dans sa personne de quoi ralentir la destinée ; il n'a pas de quoi l'arrêter. Le parti démocratique est seul en progrès, parce qu'il marche vers le monde futur. Ceux qui ne veulent pas admettre les causes générales de destruction pour les principes monarchiques, attendent en vain l'affranchissement du joug actuel d'un mouvement des Chambres ; elles ne consentiront point à la réforme, parce que la réforme serait leur mort. De son côté, l'opposition devenue industrielle ne portera jamais au roi de sa fabrique la botte à fond, comme elle l'a portée à Charles X ; elle remue afin d'avoir des places, elle se plaint, elle est hargneuse ; mais lorsqu'elle se trouve face à face de Philippe, elle recule, car si elle veut obtenir le maniement des affaires, elle ne veut pas renverser ce qu'elle a créé et ce par quoi elle vit. Deux frayeurs l'arrêtent : la frayeur du retour de la légitimité, la frayeur du règne populaire ; elle se colle à Philippe qu'elle n'aime pas, mais qu'elle considère comme un préservatif. Bourrée d'emplois et d'argent, abdiquant sa volonté, l'opposition obéit à ce qu'elle sait funeste et s'endort dans la boue ; c'est le duvet inventé par l'industrie du siècle ; il n'est pas aussi agréable que l'autre, mais il coûte moins cher.

» Nonobstant toutes ces choses, une souveraineté de quelques mois, si l'on veut même de quelques années, ne changera pas l'irrévocable avenir. Il n'est presque personne qui n'avoue maintenant la légitimité préférable à l'usurpation, pour la sûreté, la liberté, la propriété, comme pour les relations avec l'étranger, car le principe de notre souveraineté actuelle est hostile aux principes des souverainetés européennes. Puisqu'il lui plaisait de recevoir l'investiture du trône du bon plaisir et de la science certaine de la démocratie, Philippe a manqué son point de départ : il aurait dû monter à cheval et galoper jusqu'au Rhin, ou plutôt il aurait dû résister au mouvement qui l'emportait sans condition vers une couronne : des institutions plus durables et plus convenables fussent sorties de cette résistance.

» On a dit : « M. le duc d'Orléans n'aurait pu rejeter la couronne sans » nous plonger dans des troubles épouvantables » : raisonnement des poltrons, des dupes et des fripons. Sans doute des conflits seraient survenus ; mais ils eussent été suivis du retour prompt à l'ordre. Qu'à donc fait Philippe pour le pays? Y aurait-il eu plus de sang versé par son refus du sceptre qu'il n'en a coulé pour l'acceptation de ce même sceptre, à Paris, à Lyon, à Anvers, dans la Vendée, sans compter ces flots de sang répandus à propos de notre monarchie élective eñ Pologne, en Italie, en Portugal, en Espagne? En compensation de ces malheurs, Philippe nous a-t-il donné la liberté? Nous a-t-il apporté la gloire? Il a passé son temps à mendier sa légitimation parmi les potentats, à dégrader la France en la faisant la suivante de l'Angleterre, en la livrant en otage; il a cherché à faire venir le siècle à lui, à le rendre vieux avec sa race, ne voulant pas se rajeunir avec le siècle.

» Que ne mariait-il son fils aîné à quelque belle plébéienne de sa patrie? Ç'eût été épouser la France: cet hymen du peuple et de la royauté aurait fait repentir les rois; car ces rois qui ont déjà abusé de la soumission de Philippe ne se contenteront pas de ce qu'ils ont obtenu: la puissance populaire qui transparaît à travers notre monarchie municipale les épouvante. Le potentat des barricades, pour être complètement agréable aux potentats absolus, devrait surtout détruire la liberté de la presse et abolir nos institutions constitutionnelles. Au fond de l'âme il les déteste autant qu'eux, mais il a des mesures à garder. Toutes ces lenteurs déplaisent aux autres souverains; on ne peut leur faire prendre patience qu'en leur sacrifiant tout à l'extérieur: pour nous accoutumer à nous faire au dedans les hommes-liges de Philippe, nous commençons par devenir les vassaux de l'Europe.

» J'ai dit cent fois, et je le répéterai encore, la vieille société se meurt. Pour prendre le moindre intérêt à ce qui existe, je ne suis ni assez bonhomme, ni assez charlatan, ni assez déçu par mes espérances. La France, la plus mûre des nations actuelles, s'en ira vraisemblablement la première. Il est probable que les aînés des Bourbons, auxquels je mourrai attaché, ne trouveraient même pas aujourd'hui un abri durable dans la vieille monarchie. Jamais les successeurs d'un monarque immolé n'ont porté long-temps après lui sa robe déchirée, il y a défiance de part et d'autre: le prince n'ose plus se reposer sur la nation, la nation ne croit plus que la famille rétablie lui puisse pardonner. Un échafaud élevé entre un peuple et un roi les empêche de se voir: il y a des tombes qui ne se referment jamais. La tête de Capet était si haute que les petits bourreaux furent obligés de l'abattre pour prendre sa couronne, comme les Caraïbes coupaient le palmier afin d'en cueillir le fruit. La tige des Bourbons s'était propagée dans les divers troncs, qui, se courbant, prenaient racine et se relevaient provins superbes: cette famille, après avoir été l'orgueil des autres races royales, semble en être devenue la fatalité.

» Mais serait-il plus raisonnable de croire que les descendans de Philippe auraient plus de chances de régner que le jeune héritier de Henri IV? On a beau combiner diversement les idées politiques, les vérités morales restent immuables. Il est des réactions inévitables, enseignantes, magistrales, vengeresses. Le monarque qui nous initia à la liberté, Louis XVI, a été forcé d'expier dans sa personne le despotisme de Louis XIV et la corruption de Louis XV; et l'on pourrait admettre que Louis-Philippe, lui ou sa lignée, ne paierait pas la dette de la dépravation de la régence? Cette dette n'a-t-elle pas été contractée de nouveau par *Egalité*, à l'échafaud de Louis XVI, et Philippe son fils n'a-t-il pas augmenté le contrat paternel, lorsque, tuteur infidèle, il a détrôné son pupille? *Egalité* en perdant la vie n'a rien racheté; les pleurs du dernier soupir ne rachètent personne; ils ne mouillent que la poitrine et ne tombent pas sur la conscience. Si la branche d'Orléans pouvait régner au droit des vices et des crimes de ses aïeux, où serait donc la Providence? Jamais plus effroyable tentation n'aurait ébranlé l'homme de bien. Ce qui fait notre illusion, c'est que nous mesurons les desseins éternels sur l'échelle de notre courte vie. Nous passons trop promptement pour que la punition de Dieu puisse toujours se placer dans le court moment de notre existence: la punition descend à l'heure venue; elle ne trouve plus le premier coupable, mais elle trouve sa race qui laisse l'espace pour agir.

» En s'élevant dans l'ordre universel, le règne de Louis-Philippe, quelle que soit sa durée, ne sera qu'une anomalie, qu'une infraction momentanée aux lois permanentes de la justice: elles sont violées, ces lois, dans un sens borné et relatif; elles sont suivies dans un sens illimité et général. D'une énormité en apparence consentie du ciel, il faut tirer une conséquence plus haute; il faut en déduire la preuve chrétienne de l'abolition même de la royauté. C'est cette abolition, non un châtiment individuel, qui deviendrait l'expiation de la mort de Louis XVI; nul ne serait admis après ce juste à ceindre le diadême, témoin Napoléon-le-Grand et Charles X le Pieux. Pour achever de rendre la couronne odieuse, il aurait été permis au fils du régicide de se coucher un moment en faux roi dans le lit sanglant du martyr.

» Au reste, tous ces raisonnemens, si justes qu'ils soient, n'ébranleront jamais ma fidélité à mon jeune roi; ne dut-il lui rester que moi en France, je serai toujours fier d'avoir été le dernier sujet de celui qui devait être le dernier roi.» .

« M. DE TALLEYRAND.

» Paris, 1838.

» Au printemps de cette année 1838, je me suis occupé du *Congrès de Vérone*, qu'aux termes de mes engagemens littéraires j'étais obligé de publier; je vous en ai entretenu en son lieu dans ces *Mémoires*. Un homme s'en est allé; ce garde de l'aristocratie escorte en arrière les puissans plébéiens déjà partis.

» Quand M. de Talleyrand apparut pour la première fois dans ma carrière politique, j'ai dit quelques mots de lui. Maintenant son existence entière m'est connue par sa dernière heure, selon la belle expression d'un ancien.

» J'ai eu des rapports avec M. de Talleyrand, je lui ai été fidèle en homme d'honneur, ainsi qu'on l'a pu remarquer, surtout à propos de la fâcherie de Mons, alors que très-gratuitement je me perdis pour lui. Trop simple, j'ai pris part à ce qui lui arrivait de désagréable, je le plaignis lorsque Maubreuil le frappa à la joue. Il fut un temps qu'il me recherchait d'une manière coquette; il m'écrivait à Gand, comme on l'a vu, que j'étais un *homme fort;* quand j'étais logé à l'hôtel de la rue des Capucines, il m'envoya, avec une parfaite galanterie, un cachet des affaires étrangères, talisman gravé sans doute sous la constellation. C'est peut-être parce que je n'abusai pas de sa générosité qu'il devint mon ennemi sans provocation de ma part, si ce n'est quelques succès que j'obtins et qui n'étaient pas son ouvrage. Ses propos couraient le monde et ne m'offensaient pas, car M. de Talleyrand ne pouvait offenser personne; mais son intempérance de langage m'a délié, et, puisqu'il s'est permis de me juger, il m'a rendu la liberté d'user du même droit à son égard.

» La vanité de M. de Talleyrand le pipa ; il prit son rôle pour son génie ; il se crut prophète en se trompant sur tout : son autorité n'avait aucune valeur en matière d'avenir : il ne voyait point en avant, il ne voyait qu'en arrière. Dépourvu de la force du coup-d'œil et de la lumière de la conscience, il ne découvrait rien comme l'intelligence supérieure, il n'appréciait rien comme la probité. Il tirait bon parti des accidens de la fortune, quand ces accidens, qu'il n'avait jamais prévus, étaient arrivés, mais uniquement pour sa personne. Il ignorait cette ampleur d'ambition, laquelle enveloppe les intérêts de la gloire publique comme le trésor le plus profitable aux intérêts privés. M. de Talleyrand n'appartient donc pas à la classe des êtres propres à devenir une de ces créations fantastiques auxquelles les opinions ou faussées ou déçues ajoutent incessamment des fantaisies. Néanmoins, il est certain que plusieurs sentimens, d'accord par diverses raisons, concourent à former un Talleyrand imaginaire.

» D'abord les rois, les cabinets, les anciens ministres étrangers, les ambassadeurs, dupes autrefois de cet homme, et incapables de l'avoir pénétré, tiennent à prouver qu'ils n'ont obéi qu'à une supériorité réelle : ils auraient ôté leur chapeau au marmiton de Bonaparte.

» Ensuite les membres de l'ancienne aristocratie française liés à M. de Talleyrand, sont fiers de compter dans leurs rangs un homme qui avait la bonté de les assurer de sa grandeur.

· » Enfin, les révolutionnaires et les générations immorales, tout en déblatérant contre les noms, ont un penchant secret vers l'aristocratie : ces singuliers néophytes en recherchent volontiers le baptême, et ils pensent apprendre avec elle les belles manières. La double apostasie du prince charme en même temps un autre côté de l'amour-propre des jeunes démocrates : car ils concluent de là que leur cause est la bonne, et qu'un noble et un prêtre sont bien méprisables.

» Quoi qu'il en soit de ces empêchemens à la lumière, M. de Talleyrand n'est pas de taille à créer une illusion durable ; il n'a pas en lui assez de facultés de croissance pour tourner les mensonges en rehaussemens de stature. Il a été vu de trop près ; il ne vivra pas, parce que sa vie ne se rattache ni à une idée nationale restée après lui, ni à une action célèbre, ni à un talent hors de pair, ni à une découverte utile, ni à une conception faisant époque. L'existence par la vertu lui est interdite ; les périls n'ont pas même daigné honorer ses jours ; il a passé le règne de la Terreur hors de son pays, il n'y est rentré que quand le forum s'est transformé en antichambre.

» Les monumens diplomatiques prouvent la médiocrité relative de Talleyrand : vous ne pourriez citer un fait de quelque estime qui lui appartienne. Sous Bonaparte, aucune négociation importante n'est de lui ; quand il a été libre d'agir seul, il a laissé échapper les occasions et gâté ce qu'il touchait. Il est bien avéré qu'il a été cause de la mort du duc d'Enghien ; cette tache de sang ne peut s'effacer : loin d'avoir chargé le ministre en rendant compte de la mort du prince, je l'ai beaucoup trop ménagé.

» Dans ses affirmations contraires à la vérité, M. de Talleyrand avait une effrayante effronterie. Je n'ai point parlé, dans le *Congrès de Vérone*, du discours qu'il lut à la chambre des pairs relativement à l'adresse sur la guerre d'Espagne : ce discours débutait par ces paroles solennelles :

« Il y a aujourd'hui seize ans qu'appelé, par celui qui gouvernait
» alors le monde, à lui dire mon avis sur la lutte à engager avec le
» peuple espagnol, j'eus le malheur de lui déplaire en lui dévoilant l'a-
» venir, en lui révélant tous les dangers qui allaient naître en foule
» d'une agression non moins injuste que téméraire. La disgrâce fut le
» fruit de ma sincérité. Etrange destinée que celle qui me ramène,
» après ce long espace de temps, à renouveler auprès du souverain
» légitime les mêmes efforts, les mêmes conseils! »

» Il y a des absences de mémoire ou des mensonges qui font peur :
vous ouvrez les oreilles, vous vous frottez les yeux, ne sachant qui
vous trompe ou de la veille ou du sommeil. Lorsque le débitant de ces
imperturbables assertions descend de la tribune et va s'asseoir impassible à sa place, vous le suivez du regard, suspendu que vous êtes
entre une espèce d'épouvante et une sorte d'admiration ; vous ne savez si cet homme n'a point reçu de la nature une autorité telle qu'il a
le pouvoir de refaire ou d'anéantir la vérité.

» Je ne répondis point ; il me semblait que l'ombre de Bonaparte
allait demander la parole et renouveler le démenti terrible qu'il avait
jadis donné à M. de Talleyrand. Des témoins de la scène étaient encore assis parmi les pairs, entre autres M. le comte de Montesquiou ;
le vertueux duc de Doudeauville me l'a racontée, la tenant de la bouche du même M. de Montesquiou, son beau-frère ; M. le comte de
Cessac, présent à cette scène, la répète à qui veut l'entendre; il croyait
qu'au sortir du cabinet le grand électeur serait arrêté. Napoléon s'é-
criait dans sa colère, interpellant son pâle ministre : « Il vous sied
» bien de crier contre la guerre d'Espagne, vous qui me l'avez con-
» seillée, vous dont j'ai un monceau de lettres dans lesquelles vous
» cherchez à me prouver que cette guerre était aussi nécessaire que
» politique. » Ces lettres ont disparu lors de l'enlèvement des archives
aux Tuileries en 1814 (¹).

» M. de Talleyrand déclarait, dans son discours, qu'il avait eu le
malheur de déplaire à Bonaparte en lui dévoilant l'avenir, en lui révélant tous les dangers qui allaient naître d'une agression non moins injuste que téméraire. Que M. de Talleyrand se console dans sa tombe,
il n'a point eu ce malheur, il ne doit point ajouter cette calamité à
toutes les afflictions de sa vie.

» La faute principale de M. de Talleyrand envers la légitimité, c'est
d'avoir détourné Louis XVIII du mariage à conclure entre le duc de
Berry et une princesse de Russie ; la faute impardonnable de M. de
Talleyrand envers la France, c'est d'avoir consenti aux révoltans traités de Vienne.

» Il résulte des négociations de M. de Talleyrand que nous sommes
demeurés sans frontières : une bataille perdue à Mons ou à Coblentz
amènerait en huit jours la cavalerie ennemie sous les murs de Paris.
Dans l'ancienne monarchie, non-seulement la France était fermée par
un cercle de forteresses, mais elle était défendue sur le Rhin par les
Etats indépendants de l'Allemagne. Il fallait envahir les électorats ou
négocier avec eux pour arriver jusqu'à nous. Sur une autre frontière,
la Suisse était pays neutre et libre ; il n'avait point de chemins ; nul

» (¹) Voyez, au tome III, la mention de l'enlèvement de ces lettres par
M. de Talleyrand, au sujet de la mort du duc d'Enghien. »

en violait son territoire. Les Pyrénées étaient impassables, gardées par les Bourbons d'Espagne. Voilà ce que M. de Talleyrand n'a pas compris ; telles sont les fautes qui le condamneront à jamais comme homme politique : fautes qui nous ont privés en un jour des travaux de Louis XIV et des victoires de Napoléon.

» On a prétendu que sa politique avait été supérieure à celle de Napoléon : d'abord il faut se bien mettre dans l'esprit qu'on est purement et simplement un commis lorsqu'on tient le portefeuille d'un conquérant, qui chaque matin y dépose le bulletin d'une victoire et change la géographie des Etats. Quand Napoléon se fut enivré, il fit des fautes énormes et frappantes à tous les yeux : M. de Talleyrand les aperçut vraisemblablement comme tout le monde ; mais cela n'indique aucune vision de lynx. Il se compromit d'une manière étrange dans la catastrophe du duc d'Enghien; il se méprit sur la guerre d'Espagne de 1807, bien qu'il ait voulu plus tard nier ses conseils et reprendre ses paroles.

» Cependant un acteur n'est pas prestigieux, s'il est tout-à-fait dépourvu des moyens qui fascinent le parterre : aussi la vie du prince a-t-elle été une perpétuelle déception. Sachant ce qui lui manquait, il se dérobait à quiconque le pouvait connaître : son étude constante était de ne pas se laisser mesurer ; il faisait retraite à propos dans le silence ; il se cachait dans les trois heures muettes qu'il donnait au whist. On s'émerveillait qu'une telle capacité pût descendre aux amusemens du vulgaire : qui sait si cette capacité ne partageait pas des empires en arrangeant dans sa main les quatre valets? Pendant ces momens d'escamotage, il rédigeait intérieurement un mot à effet, dont l'inspiration lui venait d'une brochure du matin ou d'une conversation du soir. S'il vous prenait à l'écart pour vous illustrer de sa conversation, sa principale manière de séduire était de vous accabler d'éloges, de vous appeler l'espérance de l'avenir, de vous prédire des destinées éclatantes, de vous donner une lettre de change de grand homme tirée sur lui et payable à vue ; mais trouvait-il votre foi en lui un peu suspecte, s'apercevait-il que vous n'admiriez pas assez quelques phrases brèves à prétention de profondeur derrière lesquelles il n'y avait rien, il s'éloignait de peur de laisser arriver le bout de son esprit. Il aurait bien raconté, n'était que ses plaisanteries tombaient sur un subalterne ou sur un sot dont il s'amusait sans péril, ou sur une victime attachée à sa personne et plastron de ses railleries. Il ne pouvait suivre une conversation sérieuse; à la troisième ouverture des lèvres, ses idées expiraient.

» D'anciennes gravures de l'*abbé de Périgord* représentent un homme fort joli ; M. de Talleyrand, en vieillissant, avait tourné à la tête de mort ; ses yeux étaient ternes, de sorte qu'on avait peine à y lire, ce qui le servait bien ; comme il avait reçu beaucoup de mépris, il s'en était imprégné, et il l'avait placé dans les deux coins pendans de sa bouche.

» Une grande façon qui tenait à sa naissance, une observation rigoureuse des bienséances, un air froid et dédaigneux, contribuaient à nourrir l'illusion autour du prince de Bénévent. Ses manières exerçaient de l'empire sur les petites gens et sur les hommes de la société nouvelle, lesquels ignoraient la société du vieux temps. Autrefois on rencontrait à tout bout de champ des personnages dont les allures ressemblaient à celles de M. de Talleyrand, et l'on n'y prenait pas garde ; mais, presque seul en place au milieu des mœurs démocratiques, il paraissait un phénomène : pour subir le joug de ses formes, il convenait à l'amour-propre de reporter à l'esprit du ministre l'ascendant qu'exerçait son éducation.

» Lorsqu'en occupant une place considérable on se trouve mêlé à de prodigieuses révolutions, elles vous donnent une importance de hasard que le vulgaire prend pour votre mérite personnel; perdu dans les rayons de Bonaparte, M. de Talleyrand a brillé sous la restauration de l'éclat emprunté d'une fortune qui n'était pas la sienne. La position accidentelle du prince de Bénévent lui a permis de s'attribuer la puissance d'avoir renversé Napoléon, et l'honneur d'avoir rétabli Louis XVIII : moi-même, comme tous les badauds, n'ai-je pas été assez niais pour donner dans cette fable! Mieux renseigné, j'ai connu que M. de Talleyrand n'était point un Warwick politique : la force qui abat et relève les trônes manquait à son bras.

» De benêts impartiaux disent : « Nous en convenons, c'était un » homme bien immoral ; mais quelle habileté! » Hélas ! non. Il faut perdre encore cette espérance, si consolante pour ses enthousiastes, si désirée pour la mémoire du prince, l'espérance de faire de M. de Talleyrand un démon.

» Au-delà de certaines négociations vulgaires, au fond desquelles il avait l'habileté de placer en première ligne son intérêt personnel, il ne fallait rien demander à M. de Talleyrand.

» M. de Talleyrand soignait quelques habitudes et quelques maximes, à l'usage des sycophantes et des mauvais sujets de son intimité. Sa toilette en public, copiée sur celle d'un ministre de Vienne, était le triomphe de sa diplomatie. Il se vantait de n'être jamais pressé ; il disait que le temps est notre ennemi et qu'il le faut tuer : de là il faisait état de ne s'occuper que quelques instants.

» Mais comme, en dernier résultat, M. de Talleyrand n'a pu transformer son désœuvrement en chefs-d'œuvre, il est probable qu'il se trompait en parlant de la nécessité de se défaire du temps : on ne triomphe du temps qu'en créant des choses immortelles ; par des travaux sans avenir, par des distractions frivoles, on ne le tue pas : on le dépense.

» Entré dans le ministère à la recommandation de Mme de Staël, qui obtint sa nomination de Chénier, M. de Talleyrand, alors fort dénué, recommença cinq ou six fois sa fortune : par le million qu'il reçut du Portugal dans l'espoir de la signature d'une paix avec le Directoire, paix qui ne fut jamais signée ; par l'achat des bons de la Belgique à la paix d'Amiens, laquelle il savait, lui, M. de Talleyrand, avant qu'elle fût connue du public; par l'érection du royaume passager d'Etrurie ; par la sécularisation des propriétés ecclésiastiques en Allemagne; par le brocantage de ses opinions au Congrès de Vienne. Il n'est pas jusqu'à de vieux papiers de nos archives que le prince n'ait voulu céder à l'Autriche : dupe cette fois de M. de Metternich, celui-ci renvoya religieusement les originaux après en avoir fait prendre copie.

» Incapable d'écrire seul une phrase, M. de Talleyrand faisait travailler compétemment sous lui : quand, à force de raturer et de changer, son secrétaire parvenait à rédiger les dépêches selon sa convenance, il les copiait de sa main. Je lui ai entendu lire, de ses Mémoires commencés, quelques détails agréables sur sa jeunesse. Comme il variait dans ses goûts, détestant le lendemain ce qu'il avait aimé la veille, si ces mémoires existent entiers; ce dont je doute, et s'il en a conservé les versions opposées, il est probable que les jugemens sur le même fait et surtout sur le même homme se contrediront outrageusement. Je ne crois pas au dépôt des manuscrits en Angleterre; l'ordre prétendu de ne les publier que dans quarante ans d'ici me semble une jonglerie posthume.

» Paresseux et sans étude, nature frivole et cœur dissipé, le prince de Bénévent se glorifiait de ce qui devait humilier son orgueil, de rester debout après la chute des empires. Les esprits du premier ordre qui produisent les révolutions disparaissent; les esprits du second ordre qui en profitent demeurent. Ces personnages de lendemain et d'industrie assistent au défilé des générations; ils sont chargés de mettre le visa aux passeports, d'homologuer la sentence : M. de Talleyrand était de cette espèce inférieure, il signait les événemens, il ne les faisait pas.

» Survivre aux gouvernemens, rester quand un pouvoir s'en va, se déclarer en permanence, se vanter de n'appartenir qu'au pays, d'être l'homme des choses et non l'homme des individus, c'est la fatuité de l'égoïsme mal à l'aise, qui s'efforce de cacher son peu d'élévation sous la hauteur des paroles. On compte aujourd'hui beaucoup de caractères de cette équanimité, beaucoup de ces citoyens du sol : toutefois, pour qu'il y ait de la grandeur à vieillir comme l'ermite dans les ruines du Colisée, il les faut garder avec une croix ; M. de Talleyrand avait foulé la sienne aux pieds.

» Notre espèce se divise en deux parts inégales : les hommes de la mort et aimés d'elle, troupeau choisi qui renaît ; les hommes de la vie et oubliés d'elle, multitude de néant qui ne renaît plus. L'existence temporaire de ces derniers consiste dans le nom, le crédit, la place, la fortune; leur bruit, leur autorité, leur puissance s'évanouissent avec leur personne : clos leur salon et leur cercueil, close est leur destinée. Ainsi en est arrivé à M. de Talleyrand; sa momie, avant de descendre dans sa crypte, a été exposée un moment à Londres, comme représentant de la royauté-cadavre qui nous régit.

» M. de Talleyrand a trahi tous les gouvernemens, et, je le répète, il n'en a élevé ni renversé aucun. Il n'avait point de supériorité réelle, dans l'acception sincère de ces deux mots Un fretin de prospérités banuales, si communes dans la vie aristocratique, ne conduit pas à deux pieds au-delà de la fosse. Le mal qui n'opère pas avec une explosion terrible, le mal parcimonieusement employé par l'esclave au profit du maître, n'est que de la turpitude. Le vice, complaisant du crime, entre dans la domesticité. Supposez M. de Talleyrand plébéien, pauvre et obscur, n'ayant avec son immoralité que son esprit incontestable de salon, l'on n'aurait certes jamais entendu parler de lui. Otez de M. de Talleyrand le grand seigneur avili, le prêtre marié, l'évêque dégradé, que lui reste-t-il? Sa réputation et ses succès ont tenu à ces trois dépravations.

» La comédie par laquelle le prélat a couronné ses quatre-vingt-deux années est une chose pitoyable : d'abord, pour faire preuve de force, il est allé prononcer à l'institut l'éloge commun d'une pauvre mâchoire allemande dont il se moquait. Malgré tant de spectacles dont nos yeux ont été rassasiés, on a fait la haie pour voir sortir le grand homme ; ensuite il est venu mourir chez lui comme Dioclétien, en se montrant à l'univers. La foule a bayé, à l'heure suprême de ce prince aux trois quarts pourri, une ouverture gangréneuse au côté, la tête retombant sur sa poitrine en dépit du bandeau qui la soutenait, disputant minute à minute sa réconciliation avec le ciel, sa nièce jouant autour de lui un rôle préparé de loin entre un prêtre abusé et une petite fille trompée : il a signé de guerre lasse (ou peut-être n'a-t-il pas même signé), quand sa parole allait s'éteindre, le désaveu de sa première adhésion à l'Eglise constitutionnelle ; mais sans donner aucun signe de repentir, sans remplir les derniers devoirs du chrétien, sans rétracter les immoralités et les scandales de sa vie. Jamais l'orgueil ne s'est montré si misérable, l'admiration si bête, la piété si dupe : Rome, toujours prudente, n'a pas rendu publique, et pour cause, la rétractation.

» M. de Talleyrand, appelé de longue date au tribunal d'en haut, était contumace ; la mort le cherchait de la part de Dieu, et elle l'a enfin trouvé. Pour analyser minutieusement une vie aussi gâtée que celle de M. de La Fayette a été saine, il faudrait affronter des dégoûts que je suis incapable de surmonter. Les hommes de plaies ressemblent aux carcasses de prostituées : les ulcères les ont tellement rongés qu'ils ne peuvent plus servir à la dissection. La révolution française est une vaste destruction politique, placée au milieu de l'ancien monde : craignons qu'il ne s'établisse une destruction beaucoup plus funeste, craignons une destruction morale par le côté mauvais de cette révolution. Que deviendrait l'espèce humaine, si l'on s'évertuait à réhabiliter des mœurs justement flétries, si l'on s'efforçait d'offrir à notre enthousiasme d'odieux exemples, de nous présenter les progrès du siècle, l'établissement de la liberté, la profondeur du génie dans des natures abjectes ou des actions atroces? N'osant préconiser le mal sous son propre nom, on le sophistique : donnez-vous de garde de prendre cette brute pour un esprit de ténèbres, c'est un ange de lumière ! Toute laideur est belle, tout opprobre honorable, toute énormité sublime ! tout vice a son admiration qui l'attend. Nous sommes revenus à cette société matérielle du paganisme, où chaque dépravation avait ses autels. Arrière ces éloges lâches, menteurs, criminels, qui faussent la conscience publique, qui débauchent la jeunesse, qui découragent les gens de bien, qui sont un outrage à la vertu et le crachement du soldat romain au visage du Christ ! »

Voilà un terrible revers de médaille à l'une des plus fameuses illustrations du siècle. Chateaubriand nous donne-t-il aussi le revers de la sienne dans ses mémoires? pas ni complètement ni distinctement, alors même qu'il étale le mieux son ennui de la vie et de lui-même. Ce revers de la médaille de René, car c'est aussi une des plus brillantes de notre âge, il serait cependant assez piquant et assez juste de le montrer ici à la suite de ceux qu'il s'est plu à nous révéler chez quelques-uns de ses rivaux de gloire contemporaine. Nous le trouverons dans un article récent de M. Sainte-Beuve, qui est aussi un rude graveur quand il s'y met et que le sujet comporte les tons vigoureux et sévères. Cet article est intitulé : *Le Chateaubriand romanesque et amoureux*. Nous allons donc lui emprunter les principaux traits qui vont à notre but.

« En abordant la politique brûlante de 1830, l'homme de polémique a rencontré et rouvert quelques-unes de nos plaies d'aujourd'hui ; il les a fait saigner et crier. Chaque parti a vite arraché la page qui convenait à ses vues ou à ses haines, sans trop examiner si le revers de la page ne disait pas tout le contraire et ne donnait pas un démenti, un soufflet presque, à ce qui précédait. Les républicains y ont vu la prédiction de la république universelle, sans trop se soucier du mépris avec lequel il est parlé, tout à côté, de cette société présente ou future et de ces générations avortées. Les royalistes ont continué d'y voir de futures promesses d'avenir. de magnifiques restes d'espérance, je ne sais quelles fleurs de lis d'or, salics, il est vrai, par places, de beaucoup d'insultes et d'éclaboussures, et à travers lesquelles il se mêle, sous cette plume vengeresse, bien autant de frelons que d'abeilles ; mais l'esprit de parti est ainsi fait, qu'il ne voit dans les choses que ce qui le sert. Tous les ennemis du dernier régime y ont découvert à l'envi des trésors de fiel et de colère, un arsenal d'invectives étincelantes. La plume de M. de Chateaubriand ressemble à l'épée de Roland d'où jaillit l'éclair ; mais ici, sur ces choses de 1830, c'est l'épée de Roland *furieux*, qui frappe à tort et à travers dans le délire de sa vanité, dans sa rage de n'avoir pas été tout sous le régime bourbonnien, de sentir qu'il ne peut, qu'il ne doit rien être par honneur sous le règne nouveau, dans son désir que ce monde dont il n'est plus, ne soit plus rien qui vaille après lui. *Après moi le déluge !* telle est son inspiration habituelle. « La légitimité ou la République ! s'écrie-t-il : *premier ministre dans l'une, ou tribun dictateur dans l'autre !*» Tel est son programme manqué, ce sera celui de bien d'autres ; c'est son dernier mot en politique. Je le lis écrit de sa main dans une lettre intime du 29 octobre 1832. Il va se dévorer, se ronger, en attendant, entre les deux rêves. Cette rage singulière, par momens risible et misérable, par momens sublime dans ses éclats de Juvénal, redonne souvent à son génie d'écrivain toute sa coloration et toute sa trempe. Mais je reviendrai à fond sur ce prodigieux caractère de l'homme politique (si on peut appeler cela un homme politique), qui se révèle désormais à nu, et sans plus de masque, dans toute son humeur massacrante et sa verve exterminatrice : aujourd'hui je ne veux parler que du Chateaubriand romancier, romanesque et amoureux.

» C'est là aussi un côté bien essentiel de Chateaubriand, une veine qui tient au plus profond de sa nature et de son talent. Il y a longtemps que je me suis défini Chateaubriand : *un Epicurien qui a l'imagination catholique.* Mais ceci demande explication et développement. Les Mémoires, là comme ailleurs, disent beaucoup, mais ne disent pas tout. M. de Chateaubriand a la prétention de s'y être montré tout entier : « Sincère et véridique, dit-il, je manque d'ouverture de cœur ; mon ame tend incessamment à se fermer ; je ne dis point une chose entière, et je n'ai laissé passer ma vie complète que dans ces Mémoires. » Eh ! non, il ne l'a pas laissé passer tout entière ; on l'y trouve, mais il faut un travail pour cela.

En ce qui touche ses amours, par exemple, les amours qu'il a inspirés et les caprices ardens qu'il a ressentis (car il n'a guère jamais ressenti autre chose), il est très discret, par soi-disant bon goût, par chevalerie, par convenance demi-mondaine, demi-religieuse, parce qu'aussi, écrivant ses Mémoires sous l'influence et le regard de celle qu'il nommait Béatrix et qui devait y avoir la place d'honneur, de

Mme Récamier, il était censé ne plus aimer qu'elle et n'avoir jamais eu
auparavant que des attachemens d'un ordre moindre et très-inégal ou
inférieur. Le passé était ainsi sacrifié ou subordonné au présent. Le
maître-autel seul restait en vue: on déroba et on condamna toutes les
petites chapelles particulières.

» Quand on sut que M. de Chateaubriand écrivait ses Mémoires, une
femme du monde qu'il avait dans un temps beaucoup aimée ou désirée, lui écrivit un mot pour qu'il eût à venir la voir. Il vint. Cette
femme, qui n'était pas d'un esprit embarrassé, lui dit : « Ah çà ! j'es-
» père bien que vous n'allez pas souffler mot sur.... » Il la tranquillisa
d'un sourire, et répondit que ses Mémoires ne parleraient pas de toutes ces choses.

» Or, comme tous ceux qui ont connu M. de Chateaubriand savent
que ces *choses* ont tenu une très-grande place dans sa vie, il s'en suit
que ces Mémoires, où il dit tant de vérités à tout le monde et sur lui-
même, ne contiennent pourtant pas tout sur lui, si l'on n'y ajoute
quelque commentaire ou supplément. Nous serons très-discret à notre
tour, nous efforçant seulement de bien définir cette corde si fondamentale en ce qui touche l'âme et le talent du grand écrivain.....

..... » J'ai prononcé le mot d'homme à bonnes fortunes : il convient
de l'expliquer à l'instant et de le relever. M. de Chateaubriand était
un homme à bonnes fortunes, mais il l'était comme Louis XIV ou
comme Jupiter.

» Ce que voulait M. de Chateaubriand dans l'amour, c'était moins
l'affection de telle ou telle femme en particulier que l'occasion du
trouble et du rêve, c'était moins la personne qu'il cherchait que le regret, le souvenir, le songe éternel, le culte de sa propre jeunesse, l'a-
doration dont il se sentait l'objet, le renouvellement ou l'illusion d'une
situation chérie. Ce qu'on a appelé *de l'égoïsme à deux* restait chez
lui de l'égoïsme à un seul. Il tenait à troubler et à consumer bien plus
qu'à aimer. On nous a assuré que, quand il voulait plaire, il avait
pour cela, et jusqu'à la fin, des séductions, des grâces, une jeunesse
d'imagination, une fleur de langage, un sourire, qui étaient irrésisti-
bles, et nous le croyons sans peine. « Oh! que cette race de René est
» aimable ! s'écriait une femme d'esprit qui l'a bien connu ; c'est la plus
» aimable de la terre.» Pourtant il n'était pas de ceux qui portent dans
l'amour et dans la passion la simplicité, la bonté et la franchise d'une
saine et puissante nature. Il avait surtout de l'enchanteur et du fascinateur.

» Ce que Chateaubriand est dans ses écrits à l'état idéal, il l'était
aussi plus ou moins dans la vie, auprès des femmes qu'il désirait et
dont il voulait se faire aimer. Il ne se piqua jamais d'être fidèle : les
dieux le sont-ils avec les simples mortelles qu'ils honorent ou consument en passant? Tant qu'il put marcher et sortir, la badine à la main,
la fleur à sa boutonnière, il allait, il errait mystérieusement. Sa journée avait ses heures et ses stations marquées comme les signes où se
pose le soleil. De une à deux heures, — de deux à trois heures, — à
tel endroit, chez telle personne ; — de trois à quatre, ailleurs ; — puis
arrivait l'heure de sa représentation officielle hors de chez lui; on le
rencontrait en lieu connu et comme dans son cadre avant le dîner.
Puis le soir (n'allant jamais dans le monde), il rentrait au logis en
puissance de Mme de Chateaubriand, laquelle alors avait son tour, et

qui le faisait dîner avec de vieux royalistes., avec des prédicateurs, des évêques et des archevêques : il redevenait l'auteur du *Génie du christianisme* jusqu'à nouvel ordre, c'est-à-dire jusqu'au lendemain matin. Le soleil se levait plus beau; il remettait la fleur à sa boutonnière, sortait par la porte de derrière de son enclos, et retrouvait joie, liberté, insouciance, coquetterie, désir de conquête, certitude de vaincre, de une heure jusqu'à six heures du soir. Ainsi, dans les années du déclin, il passait sa vie, et trompa tant qu'il put la vieillesse.

» Les Mémoires nous feraient croire vraiment qu'il se convertit tout-à-fait dans ses vingt dernières années, et qu'il n'adora plus qu'une Beatrix unique. Tout cela est bon pour les lecteurs qui ne l'ont pas connu, ou pour ceux qui ne voient jamais de la scène que le devant. J'ai sous les yeux des lettres, presque des lettres de cœur, adressées par Chateaubriand à une personne distinguée, qu'il se gardera bien de nommer dans ses Mémoires (fi donc! il faut de l'unité dans les œuvres de l'art) Cette vive, courtoise et assez affectueuse correspondance, nouée à Rome en 1829, marquée d'interruptions et de retours, va jusqu'en avril 1847, c'est-à-dire bien près de sa fin. Quelques lettres sont charmantes, et, même quand elles ne le sont pas, elles restent toujours naturelles, ce qui n'est pas commun chez lui.

» La vérité finale et *vraie* sur lui, la voulez-vous? Il va nous dresser son dernier inventaire et déposer le bilan de son âme :

«(*Dimanche*, 6 Juin 1841.) J'ai fini de tout et avec tout : mes Mé-
» moires sont achevés ; vous m'y retrouverez quand je ne serai plus.
» Je ne fais rien ; je ne crois plus ni à la gloire ni à l'avenir, ni au pou-
» voir ni à la liberté, ni aux rois ni aux peuples. J'habite seul, pen-
» dant une absence, un grand appartement où je m'ennuie, et attends
» vaguement je ne sais quoi que je ne désire pas et qui ne viendra
» jamais. Je ris de moi en bâillant; et je me couche à neuf heures.
» J'admire ma chatte qui va faire ses petits, et je suis éternellement
» votre fidèle esclave; sans travailler, libre d'aller où je veux et n'allant
» nulle part. Je regarde passer à mes pieds ma dernière heure. »

« Religion et morale à part, il n'y a qu'à s'incliner, convenons-en, devant l'expression d'une si désolée et si suprême mélancolie.

» Eh bien! cet homme-là que nous avons vu à la fin, assis, muet, maussade, disant *non* à toute chose, cet homme cloué dans tous ses membres, et qui se ronge de rage comme un vieux lion, il a sous main des retours charmans, des éclairs. S'il peut s'échapper encore un instant, s'il peut se traîner, un jour de soleil, au Jardin-des-Plantes auprès de celle qui du moins sait l'égayer dans un rayon et lui rendre le sentiment du passé, il s'anime, il renaît, il se reprend au printemps, à la jeunesse; il se ressouvient de Rome, il s'y revoit comme par le passé : « Voyez-vous toujours ce chemin fleuri qui part de l'Obélisque » de Saint-Jean-de-Latran? » Il retrouve la grâce, l'imagination, presque de la tendresse. Et même quand il ne peut plus bouger de son fauteuil, et quand tous le jugent baissé et absent, il mérite que celle qui avait si bien senti et fait durer sa nature poétique, dise encore de lui :

« Chateaubriand est dans une belle langueur. On est charmé, en le » voyant, de sa manière si distinguée, si fine, si douce, si différente et » si au dessus de tout. Son ennui, son indifférence ont de la grandeur; » son génie se montre encore tout entier dans cet ennui; il m'a fait l'ef- » fet des aigles que je voyais le matin au Jardin-des-Plantes, les yeux

» fixés sur le soleil, et battant de grandes ailes que leur cage ne peut
» contenir. En les quittant, je trouvais Chateaubriand assis devant sa
» fenêtre, regardant le soleil, ne pouvant marcher, et ne se plaignant
» qu'à peine et doucement de son esclavage..... »

» J'ai dit les défauts, je n'ai pas voulu taire le charme. De quelque
nature qu'il semble, et si mélangé qu'on le suppose, il dut être bien
puissant et bien réel pour être ainsi senti et rendu en avril 1847, exactement le même qu'il avait paru cinquante années auparavant à Amélie ou à Céluta. »

— Chateaubriand et Talleyrand (le Chateaubriand vrai, comme celui
des *Mémoires d'Outre-Tombe*), ce sont bien les deux antipodes ; mais
ils n'en ont pas mieux été pour cela, l'un ou l'autre, de grands gé-
nies politiques, de grands hommes d'Etat. Même en admettant que le
jugement du premier sur le second soit trop sévère, il nous paraît
juste sur un point essentiel : d'autres bouches que des bouches rivales
en avaient déjà fait la remarque, aucune œuvre considérable et de
durée, parmi celles auxquelles il a été mêlé, n'appartient en propre
à M. de Talleyrand. Il a laissé un nom, il n'a pas laissé un monument :
l'histoire dira sa finesse, elle aura plus de peine à dire sa pensée. Il
restera sans doute comme type de diplomate ; mais dans ce genre le
prince de Metternich, joignant à l'habileté la force et la réalisation,
en présente un bien plus caractérisé. Quant à M. de Chateaubriand,
ni le congrès de Vérone, ni la guerre d'Espagne, qui revient comme
un perpétuel dada dans ses Mémoires, ne le sauveraient de l'injure du
temps si le ministre et l'ambassadeur ne pouvaient pas se mettre à l'a-
bri sous le manteau de René.

— Robert Peel, dont la mort prématurée vient d'exciter des regrets
si universels, voilà le véritable homme d'Etat qui ne laisse pas seulement une grande renommée, mais une œuvre immense. Quelle différence entre lui et les précédens, sans en excepter même Louis-Philippe ! mais quelle différence aussi entre le génie de l'Angleterre et le
génie de la France : de l'Angleterre qui se hâte de prévenir les révolutions par des réformes, de la France qui, loin de les prévenir, ne
sait pas même faire des réformes avec des révolutions ! Nous n'ignorons pas ce qu'on peut répondre, que la France travaille sur les idées
et pour tous, l'Angleterre pour elle seule et sur les faits ; mais il n'en
est pas moins déplorable qu'elle n'ouvre la route que pour y chance-
ler bientôt et se montrer incapable d'arriver au bout. Sans doute il est
grand, il est beau d'avoir une mission généreuse ; mais ne pas la manquer serait encore plus beau.

Parmi toutes les appréciations que les journaux ont données de la
vie et de l'œuvre de Robert Peel, la plus remarquable et la plus claire
nous a paru être celle de M. John Lemoinne dans le *Journal des Débats*. Nous allons en extraire les passages les plus caractéristiques.

» Jamais peut-être on n'avait vu une pareille unanimité dans la douleur publique. C'est que jamais aussi une grande nation n'avait perdu un citoyen et un serviteur qui lui eût été plus profondément dévoué, qui lui eût plus entièrement consacré ses jours, ses nuits, son travail, son courage, son intelligence, sa vie. Sir Robert Peel a été, depuis son entrée dans la vie jusqu'à son dernier moment, l'homme public par excellence, l'homme des affaires de son pays. Il ne faut point s'étonner que par un exemple unique, la Chambre des Communes se soit fermée le jour de sa mort. C'était comme sa propre voix qui venait de s'éteindre, tant elle était habituée à s'exprimer depuis près d'un demi-siècle par cet organe respecté et écouté comme un oracle. En perdant sir Robert Peel, la Chambre des Communes a perdu une partie de sa vie, une partie d'elle-même, car il était, selon une expression intraduisible, *the great commoner*. La Chambre et lui étaient identifiés l'un à l'autre, inséparables l'un de l'autre; il y avait vingt ans qu'en quittant le ministère il avait déclaré qu'il vivrait et mourrait dans la Chambre des Communes; et jamais il n'aurait accepté des honneurs qui l'auraient enlevé au théâtre aimé de ses succès et de son influence. Sa vie privée, modèle de bonnes mœurs et de bienfaisance, tient peu de place dans son histoire. C'est la publicité, ce sont les affaires, le gouvernement, le maniement des hommes et des majorités qui constituent sa véritable vie. Il vécut, combattit et mourut sur le théâtre des affaires publiques. C'était la destinée pour laquelle il avait été élevé, pour laquelle il avait grandi.

» Sir Robert Peel n'était point un homme de principes; il ne concevait et ne faisait rien *à priori*; souvent il n'apercevait et ne défendait la justice qu'au moment même où elle allait passer de la théorie dans les faits. En ce qui touche, par exemple, l'émancipation catholique, il est incontestable que M. Fox, que M. Grattan, que M. Canning, que lord Grey, que lord John Russell avaient sur M. Peel une véritable supériorité, car ils réclamaient l'émancipation au nom de la justice, au nom des principes, tandis que M. Peel, après l'avoir long-temps combattue, ne l'accordait que par des motifs de nécessité et d'opportunité. A ses yeux, ce n'était pas le droit qui triomphait, c'était la force; le duc de Wellington disait en même temps que lui dans l'autre Chambre que c'était la crainte de la guerre civile qui lui forçait la main; c'était l'élection de Clare, c'était O'Connell porté sur les bras d'une nation qui enfonçait les portes du parlement.

» Mais aussi M. Peel avait un incomparable instinct pour deviner les grandes crises et pour aller au devant. Deux fois surtout il en a donné la preuve éclatante. C'est ainsi qu'il a fait l'acte d'émancipation au bord de la révolution française de 1830, et qu'il fit plus tard la réforme commerciale sur le seuil de la révolution de 1848. Dans ces deux occasions, on peut dire hardiment qu'il a sauvé son pays d'un bouleversement. Qu'on se figure l'état dans lequel eût été l'Angleterre, si au moment de la réforme parlementaire était venue se joindre l'insurrection de l'Irlande et des catholiques! Bien qu'amorti par cette heureuse concession, l'ébranlement communiqué par Paris fut encore si violent qu'il renversa le ministère anglais, emporta d'assaut la réforme, et mit en poussière le parti tory.

» Mais le couronnement de sa vie politique, ce fut l'abolition des *corn-laws* et la réforme générale du code commercial; en un mot l'établissement de la liberté du commerce. Le souvenir de ces grands actes est présent à tous les esprits ; vouloir les apprécier ici, ce serait entreprendre la revue de toute la politique anglaise de ces dernières années. Le nom de Peel y est attaché d'une manière indestructible ; il y brille en caractères qui ne feront que grandir avec le temps ; car la révolution pacifique que ce grand ministre a accomplie n'est encore qu'aux premières phases de son développement et de son expansion. Ajoutons que cette fois encore, l'instinct prévoyant de sir Robert Peel fut presque du génie. Il est indubitable, et lord John Russell le proclamait hier encore, que si l'Angleterre a échappé à la subversion générale de l'Europe en 1848, elle le doit aux audacieuses réformes que sir Robert Peel venait d'accomplir. Sans le pain à bon marché, sans la vie à bon marché, sans la conscience que la classe gouvernante avait rempli son devoir envers la classe gouvernée, l'Angleterre aurait eu peut-être son explosion comme le continent. Si, au moment de l'incendie général, la Ligue n'avait pas été dissoute par le fait même de son triomphe, ce Parlement populaire aurait constitué un centre et un foyer de révolution qui aurait pu donner une tout autre issue à la journée du 10 avril.

» Il n'y a pas d'homme qui ait fait des brèches plus terribles à la vieille Constitution anglaise telle que l'entendaient les docteurs et que l'enseignait la tradition. Il a renversé cet équilibre parlementaire, cet arrangement si harmonieux et si commode qui faisaient que les destinées de l'empire étaient réglées par les influences, et se décidaient dans les clubs *comme il faut*, à Brooke's ou à White's, à Lichtfield-house ou à Lansdowne-house, c'est-à-dire dans des salons clos aux profanes comme le sérail du Sultan.

» Sir Robert Peel doit donc être regardé comme un des plus grands destructeurs de l'ordre établi en Angleterre depuis deux cents ans. L'aristocratie le sentait bien et se révoltait ; mais il pesait sur elle de tout le poids dont l'esprit du siècle pesait sur lui-même. Contre les cris ou la sourde colère des grands, il se sentait soutenu et porté par le flot de l'opinion. Il savait juger et calculer l'idée qui avait la majorité dans le pays sans l'avoir encore dans les partis parlementaires ; il possédait merveilleusement ce thermomètre indéfinissable qui monte ou descend sous la pression mystérieuse du dehors. Il puisait dans la couche profonde des masses la source de sa force, et c'est cette source, grandissant comme un fleuve, qu'il faisait passer à travers les Chambres, et avec laquelle il courbait la tête des partis et des coalitions. Ce n'était point de l'esprit de faction, car nul ne montra jamais un plus grand respect pour les décisions parlementaires, mais c'était une pression morale ; il faisait toujours entendre aux Chambres que l'heure était venue de céder ; elles obéissaient en frémissant, mais elles obéissaient.

» C'est pourquoi, devenu, surtout dans la dernière période de sa vie, le représentant des besoins généraux du pays plus que des intérêts d'une classe, il n'eut jamais la sympathie des partis. Tous le considéraient, le respectaient, le ménageaient ; aucun ne l'aimait. Solitaire dans la pensée, dictateur dans l'action, il n'éprouvait et n'inspirait aucun besoin de confiance : il n'y eut jamais entre lui et ses amis politiques ce courant d'électricité qui attachait des amis enthousiastes et dévoués à M. Fox, à lord Grey, et en attache encore à lord John Russell.

» Mais c'était un ministre sûr, *a safe minister*. La Banque, la Bourse, le commerce, tout ce qui tremblait entre les mains des whigs, se ras-. surait dans les siennes. Il eut toujours pour lui cette grande sanction, le succès; et le succès ne vient pas tout seul. Il avait du bonheur, mais il faisait tout ce qu'il fallait pour en avoir. Le fait est que lorsqu'il entrait au ministère, il y trouvait tout en désordre et en baisse, et que lorsqu'il en sortait, il y laissait tout en ordre et en hausse.

» Sir R. Peel n'était pas, nous l'avons déjà dit, un homme de principes. Cela ne veut pas dire qu'il fût sans principes, dans l'acception habituelle du mot. Mais il n'allait point jusqu'à la philosophie des choses; il était avant tout un homme de pratique, de conduite et d'application. Il ne cueillait les idées qu'au moment où elles étaient mûres ; il faisait chaque chose en son temps ; il aurait pu prendre pour devise : *Age quod agis*. Il semblait comprendre lui-même cette tournure de son esprit, et ne songeait pas à s'en trouver humilié. Il rendait à César son bien avec une admirable magnanimité. Ainsi, quand il fit l'émancipation catholique, il déclara que tout l'honneur en appartenait à M. Fox, à M. Canning et aux whigs; et quand il abolit la législation sur les céréales, il proclama dans la Chambre des Communes que le véritable auteur de la mesure et le véritable triomphateur était M. Cobden. On eût dit qu'il ne tenait pas aux honneurs de l'invention, et qu'à ses yeux l'action était tout. Et en effet, lui seul savait agir ; il était véritablement créateur dans la réalisation des idées des autres, et sans lui ces idées seraient restées à l'état théorique pendant de longues années encore. Aussi, quand il fallait en venir aux actes, c'était vers lui que la nation se tournait. Il était le grand administrateur, le grand organisateur de tous les départemens ; il apportait toujours au service public une énorme faculté de travail, une mémoire prodigieuse, une masse inouïe de science acquise et d'instruction accumulée, et le fruit d'une expérience non interrompue des affaires. Même en dehors du pouvoir, comme il l'était depuis quatre ans, il restait encore le « ministre consultant » ; rien ne se faisait sans lui, et lord John Russel a eu le bonheur de pouvoir le remercier publiquement, quelques heures avant sa mort, du concours puissant et désintéressé qu'il lui avait donné. Il était en Europe un des grands soutiens de la paix, et il avait constamment concouru à la maintenir avec le roi Louis-Philippe, pour lequel il avait conservé un sincère respect, et qu'il avait entouré d'hommages dans son exil. *Cecidit fortis :* le plus vulgaire des accidens a brisé contre la terre cet homme puissant, pendant que l'écho de sa voix retentissait encore dans l'enceinte des Communes. Ses dernières paroles avaient été, par une sorte de pressentiment, des paroles de paix et de conciliation. Il comprenait le danger des temps, et sentait qu'ils étaient trop sérieux pour qu'il fût permis de jouer aux partis et aux coups de majorité ; il ne voulait plus d'autre rôle que celui de modérateur et d'arbitre. Dans les temps où des classes se soulèvent contre les classes, où les guerres civiles deviennent des guerres serviles, où les forces ennemies de la société sont toujours prêtes à s'élancer les unes sur les autres en écrasant entre elles la civilisation, des hommes comme sir Robert Peel sont d'un prix inestimable ! et leur perte est irréparable. Il n'y a plus aujourd'hui en Angleterre qu'une seule grande autorité individuelle, le duc de Wellington. Quand cette colonne de granit qui sépare encore les élémens grondans de la lutte aura disparu, alors aucune force humaine ne restera plus pour arrêter le choc, et Dieu seul sait ce qui en sortira. »

— En furetant dans nos archives, nous sommes tombés sur un petit morceau que nous y avions oublié, après l'avoir recueilli autrefois à votre intention. Ce sont les noms de députés à l'Assemblée Constituante, rangés à la suite les uns des autres, de manière à former des lignes et un sens. Voici cette bizarre nomenclature :

> Armand Marrast, Mauvais, Marquis.
> Sénard, Mulé, Normand.
> Bastide, Canut, Rouillé.
> Pori-Papy, Noirot, Crépu.
> Thiers, Abbat, Proudhon.
> Buvignier, Casse, Carreau.
> Montalembert, Desveaux, Tranchant.
> Ledru-Rollin, Levet, Laissac, Dargent, Crémieux, Laydet.
> Leblanc, Mouton, Beslay, Considérant, Faucher, Lherbette.
> Pierre Leroux, Person, Toupet.
> Reboul, Boulanger, Pézerat, Dupin.
> L'abbé de Lamennais, Vieillard, Boussingault.

— Les fameuses Lettres de Londres par lesquelles l'*Assemblée Nationale* frappe d'estoc et de taille dans la politique étrangère, sont de M. Capefigue, qu'un journal conservateur appelle à ce propos « l'Alexandre Dumas de la politique. » L'inverse est-elle vraie, et ne serait-ce pas faire tort à M. Alexandre Dumas de dire qu'il est le Capefigue du roman?

— Rien de nouveau, du reste, dans la presse et dans la littérature. La plupart des journaux, sauf les articles politiques, sont presque toujours d'une nullité désespérante. Et dans ces articles, c'est toujours la même méthode, qui pourrait bien finir un jour par lasser : Force cris et peu d'aide. Paris, ce 10 juillet 1850.

SUISSE.

Bale. 8 *juillet*. — Le 16 mai, notre société de musique a exécuté dans l'église française l'oratorio de Spohr « les dernières heures du Sauveur, » et le Psaume 42 de Mendelsohn. Je saisis cette occasion pour constater l'élan remarquable qu'a pris l'étude de la musique à Bâle depuis un certain nombre d'années, et pour rendre justice au remarquable talent et à l'habile direction de M. Reiter. On sait de quelles difficultés est ordinairement accompagnée l'exécution d'un oratorio dans nos cantons, et quels efforts surhumains il faut faire dans le but de trouver le nombre indispensable de voix pour les solo, pour les chœurs d'hommes et de femmes et pour la gigantesque intrumentation qui nourrit tout l'ouvrage. Plusieurs de nos cantons ne peuvent se donner cette jouissance; pour d'autres, plus heureux, l'exécution d'un oratorio est un événement rare et longuement préparé. Grâce à l'énergique impulsion donnée par M. Reiter, il n'en est pas de même à Bâle. Chaque année nous entendons un oratorio, annoncé deux jours d'avance dans les journaux, afin que le public en ait connaissance, puis exécuté avec un aplomb étonnant. L'orchestre et les chœurs n'ont qu'une seule répétition d'ensemble, sur le succès de laquelle on compte tellement que les billets d'entrée se paient un florin, comme le lendemain. C'est là, certes, un résultat qu'il est permis d'appeler brillant, pour peu qu'on soit au courant des obstacles. Je ne crois pas que, hors de Paris et de son académie de musique, une seule ville de France pût exécuter plus facilement un oratorio. En Angleterre, les artistes de profession de toute une province se réunissent ordinairement pour une telle solennité. L'occasion se présentera peut-être de mentionner une autre fois les nombreuses sociétés de chant qui entretiennent et propagent ici le goût musical.

— Notre nouveau Musée est enrichi d'une importante œuvre d'art. C'est une statue de Psyché en marbre blanc, due au ciseau de M. Ferdinand Schlœth, Bâlois d'origine, mais établi à Rome. Ce travail, qui a été exécuté pour le modeste prix de cent louis, est le fruit d'une souscription qui était destinée, à la fois, à augmenter nos collections et à encourager un artiste de mérite pendant la crise de Rome de l'année dernière. A ce propos je rappellerai ici, après tous les journaux, que le compte final de la commission du Musée vient d'être présenté. Il en résulte que l'édifice, sans l'emplacement donné par l'université, a coûté 302,000 francs de Suisse. L'Etat y a contribué pour 184,000 fr., la commune de Bâle pour 16,000, l'université pour 15,000, un grand nombre de particuliers pour 70,000. La mise à intérêts de plusieurs de ces sommes n'a pas donné moins de 17,000 francs, qui complètent le chiffre total.

— La cérémonie des promotions du gymnase et de l'école réaliste a eu lieu le 20 juin dans la cathédrale. Il résulte du rapport publié à cette occasion que les leçons du gymnase ont été suivies par 520 écoliers, et celles de l'école réaliste par 596. Ce chiffre énormément élevé s'explique, si l'on réfléchit que l'école réaliste et une partie du gymnase doivent suppléer les écoles primaires, qui ne sont ici que des écoles de jeunes enfants, ainsi que nous l'avons dit ailleurs. Néanmoins il y a tout lieu de se féliciter de l'état prospère de ces deux importants établissements, qui ont un nombreux personnel de maîtres capables et sont animés d'un bon esprit. Il est à remarquer que sur les 396 élèves de l'école réaliste, 112 seulement sont bourgeois de Bâle, et que, par conséquent, 284 sont étrangers. Bâle-Campagne y est représenté par 114 enfants, le reste de la Suisse par 100; les 70 autres n'appartiennent pas à la Suisse. Cette statistique ne donne cependant pas une idée exacte de la proportion de la population, car la bourgeoisie bâloise est plus fortement représentée au gymnase.

— La chronique de la *Revue* ne peut passer sous silence la mort de M. le pasteur Appenzeller, bien qu'elle date du 28 mars. Ce vénérable écrivain était né à Berne, en 1775; mais il n'était encore qu'un enfant, lorsqu'il suivit à Saint-Gall ses parents. Il fit ses études dans cette ville, et se vouait à la théologie, lorsque des embarras de famille l'obligèrent à y renoncer momentanément pour subvenir à son existence. Il trouva une place dans une maison particulière et plus tard un emploi à l'école de Winterthur où il enseigna pendant neuf ans. Il réussit à terminer ses études, et il devint membre du clergé de Schaffhouse. La perte de sa femme lui porta un coup si sensible, qu'il accepta la petite cure de Brutten, afin de vivre dans une plus profonde retraite. Ses regrets lui inspirèrent alors sa *Gertrude de Wart*, son meilleur ouvrage, et *Wendelgarde de Linzgau*. C'est aussi à cette époque de sa vie que se rapporte son *Pot-pourri*. Plus tard, toutefois, il se remaria et accepta du gouvernement de Berne la place de directeur du gymnase de Bienne. En 1818, il fut appelé au poste de premier pasteur de la commune allemande de la même ville, et il a rempli cette charge jusqu'à sa mort, c'est-à-dire pendant trente-deux ans. Bien que ses occupations fussent dès-lors trop nombreuses pour lui permettre des productions de longue haleine, il publia cependant quelques œuvres qui rappellent l'un ou l'autre de ses premiers écrits. Citons : *Au revoir* (auf Wiedersehen), *Les années* (die Jahrgänger), *les Heimathloses*. Dans le genre historique, il a écrit *Thomas de Wyttenbach;* et, comme œuvre d'édification, l'*Approche de la Sainte-Cène*. L'imagination paraît avoir été la qualité dominante du talent de M. Appenzeller, dont la perte a été vivement sentie de tous ceux qui ont eu l'avantage de l'approcher. N'ayant eu qu'une seule fois l'occasion de voir cet homme respectable, je ne puis en faire le portrait: cette tâche conviendrait mieux à une plume bernoise.   C. F. G.

LAUSANNE, 1ᵉʳ *juillet* 1850.—Depuis l'année 1847, la *Revue Suisse* a vu s'expatrier l'un de ses collaborateurs les plus distingués, M. Frédéric Chavannes. Dans cette même année, notre journal a publié son *Essai sur l'histoire de la versification française au 16ᵐᵉ siècle*, divisé en quatre articles. Ce morceau, fruit de recherches habiles et de rapprochements ingénieux, est comme une sorte d'adieu que son auteur fait, non pas à la poésie, mais à la partie critique de ce champ de la littérature auquel il a consacré quelques loisirs de sa jeunesse et de son âge mûr. A cette époque il était occupé de l'enseignement des mathématiques et souvent encore de la prédication de l'Evangile, qui devait concentrer bientôt toutes ses facultés et devenir le grand intérêt de sa vie. Le même volume X^e de la *Revue* contient un autre morceau, *Alexandre Vinet*, dans lequel M. Chavannes traite du caractère de Vinet et de sa carrière littéraire et religieuse avec une supériorité fort appréciée par ceux-là même qui ont le mieux connu l'homme éminent que nous pleurons encore. Enfin la *Revue Suisse* doit aussi à la plume de M. Chavannes, depuis qu'il est devenu l'un des pasteurs de l'Eglise wallonne d'Amsterdam, un travail remarquable sur le *Port-Royal* de M. Sainte-Beuve. Dès-lors il n'a recommencé à écrire qu'après avoir exercé son ministère pendant plus d'une année près du troupeau dont les premiers membres furent ces protestants nommés partout *réfugiés*, et que la France catholique sema en pays étrangers. Au mois de juillet 1849 il a publié le premier numéro d'un journal intitulé *Un messager de l'Evangile* (¹), recueil périodique par lequel il se propose de suppléer à l'insuffisance et à la rareté des visites qu'il peut faire aux membres de l'Eglise à laquelle il est attaché. « Ce sont, dit-il dans son introduction, des raisons tirées uniquement de son ministère spécial qui le conduisent à l'essai qu'il tente aujourd'hui. Toutefois, il ne lui est pas interdit d'espérer que ces lignes, qu'il trace dans l'esprit de son ministère, pour le bien des âmes, à la gloire du Sauveur, pourront franchir les bornes du champ qui lui est assigné, et qu'elles seront conduites par la providence de Dieu vers ceux à qui elles pourront être utiles, qu'elles viendront ainsi leur adresser un mot à propos. »

Il nous semble à propos aussi de citer quelques paroles de ce *Messager* bien venu, parmi les amis et les compatriotes de son auteur. Les six premières livraisons que nous avons sous les yeux contiennent des discours, des fragments religieux et quelques jugements sur des ouvrages de littérature sérieuse.

Nous choisissons quelques pensées sur la fuite du temps à l'occasion du renouvellement de l'année :

Le renouvellement de l'année.

« Le moment où une année s'engloutit dans le passé, où surgit d'un avenir obscur le premier jour d'une année nouvelle, est toujours un moment sérieux, un appel direct d'en-haut à faire un retour sur nous-mêmes, sur nos alentours qui sont une partie de nous-mêmes, sur notre sort qui est un miroir de ce que nous sommes, sur notre avenir qui est la moisson de notre passé. C'est alors aussi que le phénomène incompréhensible du temps attire notre pensée sur ses redoutables mystères, et que le néant du moment présent, entre les abîmes du passé et les nuages de l'avenir, nous saisit et nous accable souvent.

» Tant que notre pensée et notre action ne se rapportent qu'aux

(¹) Amsterdam, chez Delachaux et fils, libraires, Kalverstraate, 53.

choses d'ici-bas, le temps est notre ennemi. Il emporte nos joies, il menace nos biens, il trompe nos espérances. Le passé, objet de regrets stériles, est un asile douloureux dans lequel on cherche un abri contre les ennemis du présent et les craintes de l'avenir. On s'attache au temps, on veut le retenir dans sa fuite, et cependant les heures présentes sont à charge, on ne cherche qu'à les dissiper, on ne pense qu'à *tuer le temps*. Cependant cette hostilité du temps n'est encore qu'une apparence, elle cache et couvre le vrai danger et le vrai mal. Le temps est notre ennemi, hors de la foi, parce que tous nos péchés, de toute nature, s'accumulent dans les trésors du passé, pour être la semence et la menace de l'avenir. C'est cette implacable fidélité du passé qui fait le fond de notre angoisse, quand notre pensée se porte en avant, et qui nous empêche de considérer l'avenir avec un regard ferme et confiant. Mais la foi est la victoire sur le temps. Car en Jésus, le chef et le consommateur de la foi, notre passé se désarme. Là est le mystère et la vertu du pardon. Notre avenir est affranchi de notre passé et à chaque moment notre vie recommence. Nous pouvons toujours ressaisir la puissance du bien, que chaque péché nous enlève, et rentrer avec Dieu, par la médiation de Christ, dans les relations de l'obéissance et de l'amour. Ainsi le temps devient notre ami, par la grâce de notre Sauveur. Le temps, c'est le moyen dont la patience de Dieu se sert pour amortir les forces vives du péché et pour donner lieu à la repentance et à la conversion. Le temps, c'est entre ses mains le moyen dont il assure notre sanctification et par lequel il ne permet pas que chaque chute nouvelle soit une chute définitive. Aussi, à mesure que le cours des temps emporte, avec les débris de l'homme extérieur, les lambeaux sanglants du vieil homme, l'homme nouveau se renouvelle et se fortifie. Le temps communique au fidèle toutes les bénédictions et les grâces de son Dieu. Le passé lui raconte les bienfaits de son Père céleste, le présent lui donne, s'il veut en jouir, toutes les saintes et douces faveurs de la communion du Sauveur, et par l'esprit de Dieu, il salue l'avenir, désormais sans menaces, comme devant réaliser toutes ses espérances dans les profondeurs lumineuses de l'avenir. »

A la suite de ce fragment remarquable nous citerons quelques pages du discours intitulé : *Les Béatitudes*, en choisissant une partie de l'explication donnée à ces mots : « Bienheureux ceux qui mènent deuil. »

« Lorsque nous avons reconnu l'existence du royaume de Dieu et que nous désirons sérieusement de lui appartenir, nous sommes, par là, immédiatement conduits à juger sainement des choses d'ici-bas. C'est alors qu'elles se montrent à nous dans leur nudité et dans leur douloureuse réalité. Alors une tristesse légitime s'empare du cœur de l'homme et le ravage. Alors le descendant et l'héritier d'Adam connaît toute l'amertume de son sort; et il mène deuil. Ce n'est pas que l'homme indifférent aux biens célestes ne souffre des misères humaines et ne soit exposé aux coups de l'affliction; mais sous la verge qui le frappe, il s'endurcit ou il s'abat, il se distrait, il se révolte ou il se désespère; il passe souvent successivement par ces divers états, mais il ne connaît pas les larmes véritables. Privé d'une jouissance, il en poursuit une autre. Accablé par des douleurs qui s'accumulent, il s'efforce d'en détourner son attention. Il cherche à s'enivrer à la coupe de l'étourdissement. Il s'adonne aux soucis multipliés des affaires, ou il demande des distractions aux dissipations du monde, trop souvent il ne dédaigne pas même de mendier un soulagement trompeur aux plaisirs les plus coupables et les plus grossiers. D'autres fois il s'abandonne au désespoir. Loin de se détacher des biens de la terre, son cœur s'y reprend avec une ténacité d'autant plus violente qu'il reconnaît qu'il en est irrémédiablement privé. Au lieu de s'humilier, il se révolte, il murmure ; son âme se roidit, sa volonté, contrainte par un pouvoir supérieur, se concentre en elle-même et s'obstine : c'est de la fureur, c'est de la souffrance, ce n'est pas un véritable deuil.

» Ce deuil naît, nous l'avons vu, de la recherche et de l'estime des biens véritables, et de l'épreuve toujours mieux faite, que ces biens ne sont pas d'ici-bas. Dans une telle disposition d'âme, l'homme en proie aux afflictions de la terre, est moins sensible à ce que les coups qu'il subit ont de direct par rapport à lui, qu'au caractère qu'ils impriment à notre destinée terrestre. S'il pleure ses proches, la mort lui apparaît alors dans ce qu'elle a de surnaturel et de funeste ; la condamnation qu'elle lui révèle, grandit, à ses regards, dans sa terrible et mystérieuse justice, dans son effrayante universalité. Est-il en proie aux déceptions si douloureuses auxquelles les hommes, quels qu'ils soient, nous exposent toujours ? est-il poursuivi par des jugemens injustes, par des procédés violents et tyranniques ? ce qui le frappe avant tout, c'est cette misère morale qui s'attache à toutes les œuvres humaines, c'est ce qu'il y a de manqué et de vicieux dans les plus nobles caractères, c'est cette rouille du péché, qui s'attache à tout, qui ternit tout, qui détruit tout. Toujours, partout, cet aspect désolé de l'humanité déchue le frappe et le tourmente. Les contradictions douloureuses auxquelles nous sommes en proie ; ce drame qui se poursuit au sein de l'humanité tout entière, et qui se renouvelle et se varie, sans s'épuiser, au sein de chaque être qui paraît, souffre et disparaît à son tour ; ces calamités innombrables qui s'attachent à tout ce qui porte le nom d'homme comme une fatalité, et qui, sous un regard attentif, se manifestent toujours comme une juste rétribution ; tout cet ensemble funèbre fait naître, dans son âme déchirée, un deuil profond, une douleur sans mesure, le plus vrai, le plus juste, le plus noble sentiment que puisse hanter un cœur d'homme tant qu'il n'a pas trouvé le relèvement et la paix.

» Aussi, bienheureux est celui qui mène deuil, à quelque amertume qu'il soit en proie, car cette douleur n'est pas de la terre, ni dans son origine, ni dans sa nature. Tenant à notre condition mortelle par ce qu'elle a de poignant, elle tient, par un autre côté, à cette tendre compassion que les anges éprouvent à la vue de nos corruptions et de nos désordres, à cette miséricorde éternelle, par laquelle les entrailles de notre Père se sont émues en notre faveur. Cette douleur, elle est un pressentiment de l'Evangile. Celui qui la ressent est d'autant mieux disposé à comprendre et à croire la *Bonne Nouvelle*, qu'il est plus profondément, je dirai, plus mortellement atteint. Aussi la délivrance viendra ; lors même qu'elle se ferait attendre et long-temps attendre, son jour fixe s'approche avec une invariable fidélité, ce jour doit luire enfin, car la promesse est infaillible : « Bienheureux ceux qui mènent deuil, car ils seront consolés. »

H. WOLFRATH, ÉDITEUR.

NAPOLÉON ET Mme DE STAEL.[1]

◆◆◆◆◆◆◆◆◆◆◆◆

Les souvenirs de l'empire français ont repris depuis peu de temps un tel caractère d'actualité, que si j'entreprenais d'en évoquer quelques-uns à une faible distance du lieu où nous sommes réunis, je serais accusé peut-être de faire de la politique et non de l'histoire. Mais, à une demi-lieue de la frontière, j'aurai sans doute le privilége de n'encourir le reproche d'aucun des partis qui se surveillent à nos portes, si j'essaie de caractériser en peu de mots l'influence que Napoléon a exercée sur la littérature de son temps, en la rapprochant plus particulièrement de l'opposition de Mme de Staël et des persécutions dont elle a été l'objet. Si, dans l'exposé de ce système et le tableau de cette lutte, l'empereur n'a pas le plus beau rôle, la faute n'en est pas à l'historien. Là où Napoléon est grand, sa grandeur est à l'abri de toute atteinte; et celui qui nierait sa gloire militaire semblerait vouloir se mesurer avec sa statue d'airain fièrement posée sur la colonne. Mais quand le génie des batailles dépose son glaive pour prendre le sceptre, quand le vainqueur de l'anarchie échange sa couronne civique contre une couronne d'or, quand l'homme du destin, ou, pour mieux dire, de la

---

(¹) M. Girard, chargé par la conférence des professeurs de Bâle de présenter en séance publique le rapport sur l'ensemble des cours donnés au *Pædagogium* pendant l'année scolaire qui vient de s'écouler, l'a fait précéder du discours que nous communiquons à nos lecteurs.

(Note de la Rédaction.)

Providence, veut se faire à lui-même sa destinée, alors l'auguste auréole qui ceignait son front disparaît, et nous avons devant nous, non le héros, mais l'homme, un homme que la critique sérieuse ose atteindre, parce qu'elle le voit de près.

· Le reproche le plus fondé, le plus grave, que la pensée humaine puisse adresser à Napoléon, c'est de l'avoir étouffée, c'est d'avoir méconnu les droits impérissables de l'esprit et de l'âme de l'homme, c'est d'avoir, lui, le fils et l'héritier d'une révolution faite au nom des principes de liberté, c'est d'avoir comprimé à la fois les excès de cette liberté et le principe lui-même. A l'origine de son pouvoir sa mission, sans doute, était difficile, et tous les esprits qui voulaient le retour de l'ordre et le salut de la société s'inclinaient sans murmure sous un joug qui leur paraissait nécessaire. Bonaparte d'ailleurs favorisait encore certaines tendances littéraires et religieuses qui n'allaient pas à l'encontre de sa politique du moment. A cette époque, madame de Staël ne pouvait se défendre d'une vive admiration pour un héros dans lequel elle ne soupçonnait pas encore son plus redoutable ennemi. L'immortel auteur du *Génie du christianisme*, Châteaubriand, en colorant de son gracieux pinceau la poésie de la religion chrétienne, entrait dans les vues du premier consul, qui sentait le besoin d'asseoir la société sur le fondement des croyances éternelles. L'illusion de Châteaubriand et des écrivains monarchiques devait durer plus long-temps que celle de Mme de Staël, qui fut assez passagère ; en effet, les uns voyaient dans le premier consul le restaurateur futur de la monarchie des Bourbons, tandis que la fille de M. Necker, mieux inspirée par sa profonde sagacité et par ses sentiments libéraux, entrevit de bonne heure l'avenir. Le dix-huitième siècle n'était pas encore expiré que les hostilités avaient commencé entre Mme de Staël et le premier consul ; en 1804 au contraire, c'est-à-dire l'année même du couronnement de l'empereur, Châteaubriand remplissait encore une mission diplomatique dans le Valais ; et il fallut un acte

aussi décisif, aussi odieux que l'assassinat d'un Bourbon, du
malheureux duc d'Enghien, pour ouvrir les yeux du chantre
des *Martyrs*, et le faire passer dans le camp de l'opposition.

Ce n'est donc pas sous le consulat, mais sous l'empire
que nous devons chercher toute la plénitude de la pensée de
Napoléon, que nous devons voir sa volonté absorbant toutes
les volontés, que nous devons assister au singulier spectacle
d'un grand peuple dont presque toutes les têtes convergent
vers une seule tête, et n'ont de pensée que sa pensée, de
vie que sa vie, de désirs que sa faveur. Alors la dignité de
l'homme s'évanouit, et la flatterie recula les bornes connues
de la bassesse. Alors on vit un grand fonctionnaire de l'empire écrire sous le buste de l'empereur : *Voilà mon Dieu!*
et sur le code de la conscription : *Voilà ma loi!* Alors on
entendit un préfet haranguer le vainqueur d'Austerlitz par
ces mots devenus tristement célèbres : *Quand Dieu eut fait
Bonaparte, il se reposa.*

Au sein du sénat, du corps législatif et du conseil d'état,
l'opposition n'existait pas, les discussions s'élevaient rarement jusqu'à la hauteur de principes généraux; on s'appli-
quait à connaître d'avance les volontés de l'empereur et à se
prononcer chaleureusement pour son opinion. Sous le premier consul, il n'en était pas tout-à-fait de même du tribu-
nat; mais ce corps dut payer de son existence ses velléités
d'opposition. Benjamin Constant, qui en était membre et
qui passait pour agir de concert avec Mme de Staël, avait le
premier donné le signal de la résistance depuis le 18 brumaire; mais, le jour même où il parla, la frayeur de tous
leurs amis fut générale et le salon de Mme de Staël devint désert. Joseph Bonaparte reçut de son frère l'ordre de n'y plus
mettre le pied, et elle fut elle-même citée à comparaître devant le ministre de la police, qui la rendit en quelque sorte
responsable du discours de Benjamin Constant. Il ne se trouvait toutefois pas dans ce discours une seule parole qui dût
blesser personnellement le premier consul. N'oublions pas

qu'alors le XIXe siècle n'était pas encore ouvert, et nous comprendrons quelle devait être sous l'empire la liberté de discussion dont jouissaient les grands corps de l'état.

Si la liberté de la tribune n'existait pas de fait, la liberté de la presse n'existait pas de nom. A aucune époque de l'histoire de France la censure n'a été aussi rigoureuse. Sous le consulat du moins, elle s'attaquait de préférence aux journaux et respectait encore les livres, mais sous l'empire elle eut pour domaine, non-seulement les journaux, les livres modernes, les brochures, les théâtres, les œuvres d'art, mais encore les classiques anciens, Tacite surtout dont on retrancha tout ce qui aurait pu émanciper la jeunesse. Un tel système favorisait et facilitait sans doute les plans de Napoléon. Quand il voulait masquer la marche de ses corps d'armée, il faisait défense aux journaux d'en faire mention, et les journaux obéissaient. En 1807, Châteaubriand écrit dans le célèbre *Mercure de France,* un article un peu trop franc : le *Mercure* est supprimé. — Lorsque, en 1810, le livre sur l'*Allemagne,* de Mme de Staël, est soumis à la censure, celle-ci l'examine scrupuleusement, rogne ci et là, permet l'impression ; puis, l'ouvrage une fois imprimé à 10,000 exemplaires, la police se ravise, les 40,000 volumes sont confisqués, mis au pilon et l'auteur exilé, sans autre forme de procès, sans que le libraire ruiné reçoive la moindre indemnité. Si d'autres œuvres suspectes étaient déjà en circulation et ne pouvaient pas, comme le livre de l'Allemagne, être saisies en bloc chez le libraire, la police avait trouvé le moyen de les faire insensiblement disparaître, en les rachetant partout où elle le pouvait, en obligeant les propriétaires de bibliothèques à en livrer le catalogue exact, pour qu'à leur mort les œuvres à l'index passassent dans les mains de l'autorité qui les anéantissait aussitôt. Il eût été difficile de pousser plus loin la rigueur et les précautions.

La fondation de l'université de France est empreinte, comme tout le reste, de cet esprit centralisateur qui met toutes les forces vives de la nation entre les mains d'un seul homme. C'était, si l'on veut, une grande pensée que celle de concentrer toute l'instruction publique sous la direction unique d'un grand'maître; mais cette pensée était au bénéfice d'une grande ambition, car au-dessus de M. de Fontanes, était Napoléon, toujours Napoléon, qui dictait d'un mot ses volontés aux extrémités de l'empire. Ce n'était certes pas M. de Fontanes, académicien classique et élégant, qui se plaisait à faire des lycées autant de séminaires de petits soldats, qui enrégimentait la jeunesse française presque au sortir du berceau, et convertissait les écoles en auxiliaires de la conscription. Les sciences mathématiques et physiques étaient les seules qui fussent convenablement enseignées, soit parce qu'elles étaient nécessaires dans les armées, soit parce que leur étude ne pouvait inspirer d'ombrage à Napoléon. Un peu d'histoire, quelques notions imparfaites des langues, pour la forme une année de philosophie, le tout au son du tambour, en uniforme et avec accompagnement d'exercices militaires; puis, au bout de tout cela, l'épaulette et le chemin de la frontière, voilà comment se faisaient les études d'une jeunesse qui s'enivrait de rêves de gloire et vivait en pensée sur les champs de bataille. On ne disait guère à ces jeunes Lycéens qu'ils eussent une âme, on leur parlait peu de Dieu, mais en revanche beaucoup de l'empereur. Que devenaient au milieu de tout cela le spiritualisme de Mme de Staël et les croyances religieuses de Châteaubriand?

Les développements qui précèdent nous font déjà comprendre que la littérature proprement dite doit avoir subi la même nécessité, doit avoir été asservie au même despotisme que l'université, la presse, la tribune et la pensée. Napoléon, dont la puissante organisation savait tout comprendre et tout apprécier, aurait fait naître et prospérer, s'il l'eût voulu, une brillante et nouvelle école littéraire. Doué lui-même à un haut degré de la concision du style et du nerf de la pensée, il a prouvé par ses proclamations, par ses bulletins, par sa correspondance avec Joséphine, par son manuscrit de l'île d'Elbe, qu'il aurait pu être un homme d'art et de style, s'il n'avait pas été appelé à une plus haute destinée. Partout où il crut pouvoir favoriser, les arts et les sciences, sans compromettre son système égoïste, il s'empressa de le faire avec grandeur, obéissant en cela aux instincts de sa primitive nature. Il sentait d'ailleurs que le culte de l'art importait à la grandeur de son empire. Les peintres, les sculpteurs et la plupart des savants n'eurent qu'à se louer du sort que leur fit Napoléon.

Il en fut de même encore de quelques branches de la littérature proprement dite, mais de celles seulement qui étaient inoffensives de leur nature, comme la poésie descriptive, didactique ; ou de celles encore vers lesquelles Napoléon se sentait particulièrement attiré, comme la tragédie. Sur ce dernier point, comme sur plusieurs autres, Napoléon se rapprochait des goûts du cardinal de Richelieu qui, lui aussi, avait la passion de la tragédie, qui en faisait lui-même de fort mauvaises avec l'aide de cinq poètes à ses gages. Aucune époque n'a été si heureuse que l'empire pour les faiseurs de tragédies. Le grand tragédien Talma vivait presque dans l'intimité de l'empereur, et faisait valoir par son admirable talent les tirades creuses et les vers pâles des trop classiques représentants de Melpomène. Les portes du conseil d'état, de l'académie française s'ouvraient à deux battants devant un succès dramatique, et une forte pension venait témoigner à l'heureux auteur d'une tragédie aujourd'hui oubliée toute la satisfaction du souverain. La tragédie d'*Omasis* valut à Baour-Lormian deux mille écus de pension et quelques critiques que l'empereur se plaisait à faire. Luce de Lancival dut à sa faible tragédie d'*Hector* six mille francs de pension, la croix et le fauteuil d'académicien. C'était là, il est vrai, un succès sans exemple et qui donna lieu de supposer, sans aucune probabilité, que Napoléon se couronnait lui-même.

La tragédie n'est cependant pas si inoffensive de sa nature qu'elle pût trouver grâce et faveur en toute circonstance. Elle devait, pour être accueillie, remplir certaines conditions indispensables. L'empereur n'avait de goût que pour la tragédie calquée sur le moule antique, tragédie académique, correcte de style, vide d'action, étroite, guindée, compassée, ménageant à Talma de longs monologues où il pût déployer à l'aise son talent de déclamation. Le drame, comme genre et surtout comme innovation dangereuse et de mauvais exemple, déplaisait à Bonaparte et il le flétrissait du surnom de *tragédie de femmes de chambre.*

La tragédie, en outre, devait choisir avec soin ses sujets pour n'offrir aucune allusion suspecte, aucune intention même éloignée de miner le principe d'une autorité absolue. C'était ce que savaient fort bien les types du genre, MM. Baour-Lormian, Briffault, Delrieux, Luce de Lancival. Je n'ose nommer l'auteur des *Templiers,* car Raynouard eut le tort d'avoir composé et voulu mettre sur la scène sa tragédie des *Etats de Blois.* La censure y mit bon ordre; car elle estimait dangereux de rappeler le souvenir de ces célèbres Etats où le duc de Guise traitait avec le roi d'égal à égal, où les députés divisés en deux camps s'exerçaient à l'insurrection et discutaient hautement le principe de la royauté. Il est vrai de dire que l'œuvre proscrite de Raynouard était d'une faiblesse qui en diminuait le danger, et qu'après la Restauration, la curiosité que la proscription avait éveillée ne tint pas contre l'ennui qui s'emparait des auditeurs. Il est temps d'ajouter pourtant, à l'honneur de la France, que le sceptre de Napoléon ne put asservir toute la littérature, et qu'un assez grand nombre d'écrivains protestèrent contre l'esclavage de la pensée, soit en conservant leur indépendance, soit en faisant une opposition aussi franche que le leur permettaient les circonstances ([1]). L'aimable poète Ducis refusait obstiné-

---

([1]) Cette appréciation de notre collaborateur est d'accord avec celle exprimée par Ch. de Lacretelle dans son *Histoire du Consulat et de l'Empire,* lorsqu'il dit : « J'entends souvent prononcer avec un accent de dédain le
» nom de *littérature impériale.* On dirait qu'elle a été toute empreinte des
» stigmates de la servitude; mais à coup sûr elle s'est inclinée moins pro-
» fondément devant Napoléon que les empereurs et les rois de l'Europe, que
» le pontife suprême, que les cardinaux et les prélats de France, que nos
» consuls, que le sénat, que tous les corps constitués, que maint chef de
» l'émigration et de la chouannerie, et que maint déclamateur de clubs. La

ment de faire partie du Conseil d'Etat pour se livrer dans la retraite à ses goûts favoris et chanter en vers coulants son petit ruisseau et son petit jardin. Ginguené se livrait à de patientes études pour faire diversion à ses regrets politiques. Delille, que la vieillesse et la cécité préservaient de l'ambition, refusait de sacrifier son indépendance, et se contentait du surnom de Virgile français que lui donnaient des amis un peu trop bienveillants. Marie-Joseph Chénier, l'ancien conventionnel, dont les tragédies républicaines, supérieures à celles de l'empire, avaient été plus d'une fois de courageuses protestations contre la Terreur, ne s'inclinait pas non plus devant l'arbitraire volonté de l'empereur.

A ces écrivains et à plusieurs autres il faut joindre Destutt-Tracy, Cabanis, Maine de Biran, Camille Jordan, Royer Collard et en général les penseurs qui s'étaient livrés à l'étude des sciences morales, politiques ou philosophiques ; — écrivains à systèmes, professant pour la plupart des sentiments libéraux qui dataient de la constituante, et commettant aux yeux de Napoléon l'irrémissible faute de raisonner leur obéissance et de discuter les droits de l'homme. Napoléon, qui savait flétrir d'un mot, les appelait *idéologues*, et ce mot, dans la bouche du peuple, devenait synonyme de *conspirateur*.

L'école de Mme de Staël avait quelque affinité avec les penseurs que je viens de nommer, mais elle se caractérisait par une opposition plus couverte, plus spirituelle, plus pratique, et par là même plus dangereuse. Avant l'exil de Mme de Staël, son école était son salon, et ce salon était une grande puissance. Là brillait surtout Benjamin Constant, rêveur de

» littérature a loué beaucoup, mais des actes admirables ; nul cri d'assenti-
» ment, nul éloge, nulle excuse ne lui est échappée pour des actes qui ont
» mérité l'animadversion de l'histoire. Des hommes tirés des prisons, de
» l'exil ou des déserts de Sinnamary, devaient-ils être sans voix pour bénir
» leur libérateur ? Je ne sais s'il leur était possible de prévoir les excès dé-
» sastreux de son ambition, mais il leur était beaucoup plus difficile de les
» prévenir, qu'à des confidents intimes dont le pouvoir allait expirer avec
» le sien. » (Tom. II, p. 19). *(Note de la Rédact.)*

nature, mais poussé à l'action par Mme de Staël. Une fois excité, c'était dans le salon un causeur d'une verve incomparable, à la tribune un grand orateur, dans la lutte de plume un publiciste éminent, et dans le silence du cabinet un illustre écrivain, abordant avec un égal succès les questions les plus élevées de la philosophie religieuse et l'analyse la plus délicate du cœur humain. Là se trouvaient régulièrement quelques amis qui plus tard restèrent fidèles à Mme de Staël dans son exil : de Sismondi, qui, sous l'empire, termina l'histoire des républiques italiennes, Adrien et Matthieu de Montmorenci, deux grands noms de l'histoire de France; MM. de Narbonne, de Sabran, fidèles au système de M. Necker, Mme Récamier, femme d'un goût exquis et d'une beauté devenue cèlèbre.

Mais la reine de ces Tuileries de la rue du Bac était en toute circonstance Mme de Staël. A l'époque dont nous parlons, elle n'avait pas encore un nom européen, mais elle faisait déjà ombrage au premier consul, qui savait rester calme sous le feu de l'artillerie, et qui s'agitait impatiemment sous le feu croisé de plaisanteries spirituelles, *gâtant l'opinion,* comme il le disait lui-même. Nous ne pouvons connaître exactement la puissance extraordinaire qu'exerçait Mme de Staël par son talent de conversation; mais si les divers témoignages de l'histoire du temps et surtout celui de Mme Necker de Saussure ne nous renseignaient là-dessus, l'irritation profonde et croissante de Napoléon suffirait pour nous convaincre que personne ne l'a jamais égalée en ce point.

Si l'opposition de Mme de Staël n'eût été que le résultat d'une irritation toute personnelle contre Bonaparte, notre sympathie pour sa cause ne serait pas grande, mais nous n'avons aucune raison sérieuse pour l'admettre. Malgré son exil, malgré toutes les tracasseries ridicules et mesquines dont elle est sans cesse l'objet, nous la voyons garder dans la chaleur de sa polémique une sorte de dignité. Elle ne dissimule pas sa haine, mais sa haine est toute politique et ne va jamais jusqu'à l'injure. En ce point, comme en beaucoup d'autres, elle garde bien plus de mesure que Châteaubriand, qui, sans avoir été l'objet d'une persécution ouverte, salua la chute de Napoléon par un pamphlet dont l'éloquence ne peut dissimuler l'injustice. Ce que Mme de Staël veut pour l'Europe, c'est la liberté, et le seul moyen de la conquérir, c'est la chute de celui qu'elle appelle un *tyran*; voilà le thème qu'elle développe sous toutes les formes dans ses *Dix années d'exil*. Son animosité a si peu un caractère personnel qu'après les malheurs de Napoléon, elle va jusqu'à prendre sa défense. A la suite de la bataille de Waterloo, un de ces hommes qui servent tous les gouvernements, croyant faire sa cour à Mme de Staël, dit en sa présence qu'après tout Bonaparte n'avait ni talent ni courage. «C'est aussi par trop rabaisser la nation française et l'Europe, lui répondit-elle avec vivacité, que de prétendre qu'elles aient obéi pendant quinze ans à une bête et à un poltron.»

· Non, de petits griefs d'amour-propre ne pouvaient donner l'impulsion de toute une vie à une femme dont les ouvrages sont constamment empreints d'une rare élévation de pensée. Nous croyons cependant que Bonaparte avait à ses yeux le très-grand tort de ne pas faire assez de cas de M. Necker, qu'il appelait un *régent de collége bien lourd*. Mme de Staël pardonnait tout plutôt qu'une injure adressée à son père, qu'elle a toujours vénéré d'un amour sans pareil, et qu'elle considérait comme le plus grand homme d'état de la France. Attaquer M. Necker, c'était prendre Mme de Staël par son côté faible; et, au fond, ses *Considérations sur la révolution française* n'ont eu pour but que de défendre le système de son père en l'opposant à celui de Bonaparte. Il y avait entre le nom de M. Necker et les principes libéraux de Mme de Staël un tel rapport, qu'elle-même aurait eu de la peine à distinguer si son hostilité contre Napoléon avait plus pour cause sa vénération pour son père que ses propres idées à elle; ces deux sentiments se confondaient dans son âme.

Napoléon avait si fort le sentiment de la puissance exercée par Mme de Staël, qu'il fit à diverses reprises des avances indirectes, afin de l'engager du moins à se taire. Sous le consulat, il envoya auprès d'elle son frère Joseph pour lui faire diverses propositions; il lui offrait entre autres de restituer les deux millions que l'état devait à M. Necker; il voulait la prendre par l'intérêt, mobile qui devait le moins réussir auprès d'elle. « Qu'est-ce qu'elle veut donc? » s'écriait-il en homme habitué à acheter les consciences. « Mon Dieu! répondit-elle, il ne s'agit pas de ce que je veux, mais de ce que je pense. »

Plus tard, sous l'empire et même pendant les cent jours, Napoléon renouvela ses offres de réconciliation. Il ne s'agissait, lui disait-on, que d'une simple formalité à remplir, de quelques phrases à la louange de l'empereur glissées dans une préface; aussitôt après, l'exil cessait, la route de Paris lui était ouverte, elle pouvait retourner dans sa chère rue du Bac, que les bords majestueux du Léman ne pouvaient lui faire oublier, dans ce salon qui avait fait ses délices, au centre de ce Paris qui, pour elle, était l'Elysée terrestre et dont le souvenir seul humectait sa paupière et tourmentait son cœur. Cette ligne, cette phrase qu'on paiera des deux millions dus à son père, et, bien mieux pour elle, qu'on paiera de la liberté, elle ne veut pas l'écrire, parce que ce serait renier ses principes, renier ceux de son père et le culte qu'elle lui porte. Elle préfère un exil qui dura quinze ans et qu'elle pouvait croire éternel; elle préfère s'enfermer à Coppet, ou errer dans toute l'Europe qui, pour elle, avec ses idées et la nature de son talent, est une vaste prison.

Et pourtant Napoléon était allé plus loin encore dans ses concessions. En 1811, lorsque naquit le roi de Rome, le préfet de Genève, qui avait ses instructions, demandait à Mme de Staël, non l'éloge de l'empereur, mais une page en faveur du nouveau-né, que chantaient alors toutes les muses de la France. La réponse qu'elle fit est connue : elle se bornait à faire des vœux pour que la nourrice fût bonne.

Ce serait le moment de raconter les diverses persécutions,

que Mme de Staël a subies, mais je ne m'étendrai pas longuement sur ce sujet qui est développé tout au long dans ses
Dix années d'exil, ouvrage publié par son fils après sa mort.
Jusqu'en 1803, elle ne fut l'objet que d'une sourde surveillance et put habiter Paris. A cette époque commence son exil :
le prétexte fut le roman de *Delphine*, mais le motif réel fut
un écrit politique de son père contre Bonaparte. Elle se retire
d'abord à dix lieues de Paris, change fréquemment d'asile
pendant que Joseph et Lucien Bonaparte font d'inutiles démarches en sa faveur. Au mois de septembre, le commandant de la gendarmerie de Versailles lui donne 24 heures
pour partir; elle doit habiter à 40 lieues de Paris. Plus tard,
on la perd un peu de vue; elle est allée à Coppet, en Allemagne, en Italie, et quand elle surveille en 1807 l'impression de *Corinne*, la police la laisse se rapprocher jusqu'à 12
lieues de la capitale. La publication de *Corinne* augmente
sa gloire, mais renouvelle son exil, car elle a chanté l'Italie
qui est alors une province française, et n'a pas dit un mot
de Napoléon. Bien plus, elle a donné dans l'ouvrage le beau
rôle à un Anglais, à l'un de ces éternels ennemis de Napoléon, et n'a fait parler un Français que pour le couvrir d'une
nuance assez prononcée de ridicule. L'intention politique
était évidente, et l'on comprend que Napoléon ait pu dire
au fils de Mme de Staël qui intercédait plus tard pour sa
mère, en promettant qu'elle ne s'occuperait plus de politique : « Bah! de la politique! n'en fait-on pas en parlant de
morale, de littérature, de tout au monde. »

La nouvelle rigueur de son exil engage Mme de Staël à
partir une seconde fois pour l'Allemagne; elle séjourne une
année à Vienne, revient en Suisse, passe deux ans à composer son livre de l'*Allemagne*, le fait imprimer en 1810 et
a la douleur de voir son ouvrage confisqué avant d'avoir vu
le jour. Elle est maintenant confinée à Coppet, avec défense
de s'en éloigner de plus de deux lieues. En 1812, elle con-
certe habilement ses projets de fuite en Angleterre; mais,
pour y arriver, elle doit passer par l'Allemagne, par la Russie

où l'armée française la poursuit jusqu'à Moscou ; par la Suède enfin, d'où elle se rend à Londres jusqu'à la restauration.

Hâtons-nous de le dire : dans cette lutte d'un grand homme et d'une faible femme, c'est le grand homme qui perd la partie, c'est la faible femme qui a tout l'avantage. Napoléon a le pouvoir de faire souffrir Mme de Staël, mais ces souffrances mêmes nous intéressent à elle, et elles teignent d'une nuance de ridicule le grand nom de Napoléon. Aussi long-temps que les écrits de Mme de Staël seront lus, et ils le seront long-temps, le système adopté par l'empereur pour asservir la littérature et comprimer la pensée, ce système sera marqué au front du sceau de la réprobation. La grande révolution de 1789, si désastreuse dans son histoire, a du moins consacré le grand principe de la liberté de la pensée, qui désormais est acquis à l'humanité, et qu'un Napoléon même n'a pu violer impunément.

Je ne pourrais terminer sans faire observer que la gloire et le génie littéraires de Mme de Staël, non-seulement n'ont pas souffert, mais ont considérablement grandi par les persécutions dont elle a été l'objet, et qu'en restant à Paris, elle n'aurait pas été pour l'empereur un adversaire aussi redoutable que dans l'exil. C'est l'exil qui a retrempé sa pensée, c'est la solitude qui a donné de l'élan à ses facultés, ce sont ses voyages forcés en Italie et surtout en Allemagne qui ont enrichi la littérature de deux ouvrages si remarquables. Le livre de l'*Allemagne* n'est pas seulement un livre, c'est une action, c'est une grande protestation au nom de la liberté contre la servitude, au nom des sentiments les plus élevés contre l'égoïsme, au nom du spiritualisme contre le matérialisme. Le silence le plus absolu sur Napoléon et la France est gardé dans ce livre, écrit cependant à une époque où l'Allemagne était presque une province française ; mais quelle éloquence dans ce silence ! Quelle leçon pour la France d'abord que cette étude d'un monde nouveau, d'un monde spirituel où toutes les victoires des armées françaises ne pouvaient avoir accès ! La France possédait l'Allemagne, mais l'Allemagne dominait la France de toute la hauteur de son spiritualisme : voilà quelle était la pensée du livre, et Napoléon, avec son génie, sut bien ce que cela voulait dire. Il crut étouffer cette voix dangereuse, il crut avoir déchiré jusqu'à la dernière feuille du manuscrit, mais il en restait une copie. Cette copie, c'est la morale du drame, c'est l'intervention de la Providence, qui laisse rarement l'injustice porter tous ses fruits. Cette copie, c'est la source de toutes les éditions d'un livre qui a porté moralement, mais bien tard, un coup de mort au système de Napoléon, qui a donné à la France l'utile leçon de respecter ses voisins et d'agrandir à leur exemple le domaine de sa pensée ; cette copie, c'est le programme de l'indépendance des lettres, c'est la proclamation d'une nouvelle littérature que Napoléon avait fait sommeiller pendant quinze ans, et qui s'est réveillée à la voix de Mme de Staël pour faire la gloire de la restauration. Le *Génie du christianisme* et le livre de l'*Allemagne*, séparés par l'absolutisme de l'empire, se tendent la main pour inspirer la brillante école qui a précédé la révolution de juillet.

RODOLPHE BROUN

ET LA RÉVOLUTION POLITIQUE OPÉRÉE PAR LUI A ZURICH (¹),

EXPOSÉ D'APRÈS LES DOCUMENTS

par M. le professeur HOTTINGER.

(Schweizerisches Museum für historische Wissenschaften; Frauenfeld, Beyel, Iᵗᵉʳ Bd. 2 n⁰, 3 Heft.)

Il y avait chez le bourgmestre autant de certitude de faire échouer le projet des conjurés, que chez ces derniers de réussir dans leur plan. Leurs relations étendues et importantes au sein de la noblesse environnante, l'appui qu'ils s'étaient assuré dans la ville, les troupes nombreuses que le comte de Habsbourg avait à sa disposition, tout contribuait à leur inspirer cette confiance qui ne s'arrête plus à des mesures de prudence trop inquiète. — Sous prétexte de rendre visite à une parente, alors dame chanoinesse et plus tard abbesse, le baron de Bonstetten entra en plein jour dans la ville, et tous ceux qui le purent, sans exciter de soupçons, ne manquèrent pas de le faire. Les autres, ayant à leur tête le comte de Habsbourg et les chefs des *extérieurs*, profitèrent du dévouement, réel ou apparent, des gardes, pour se faire ouvrir vers minuit une des portes. Si l'on ne peut affirmer que Broun les attendît pour ce moment précis, il est du moins assez probable qu'il en fut averti aussitôt : ce qui est certain, c'est qu'il s'attendait à leur arrivée pour l'une de ces nuits, et avait fait ses préparatifs (²). La propor-

---

(¹) Voir la première partie de ce travail dans notre précédente livraison, page 446 de ce volume.

(²) Naucler (C*hron.*, fol. 895, ed. Col. 1544), s'appuyant sur un passage de la chronique égarée d'Eberhard, Müller dit : « at Thuricenses, *prœmoniti, prœparatis insidiis* multis occisis comitem capiunt, etc.

tion des morts justifie fortemént cette assertion, car leur nombre
du côté des conjurés excède de plus du double celui des Zuricois.
D'ailleurs, le fait seul que la tentative échoua si promptement et si
heureusement, suppose de la part du bourgmestre des mesures
préventives et une direction habile. Il existe de plus un récit, du
reste fort laconique, d'un témoin oculaire, qui donne peut-être in-
complètement la liste des morts, des prisonniers et des exécutions qui suivirent immédiatement. Les documents restants n'y ajou-
teraient que peu de chose.— Jusqu'à la fin du seizième siècle, une
chapelle bâtie sur les bords de la Limmat rappelait l'action alors
très-connue de certain pêcheur, sans nous laisser de données plus
positives sur sa personne ni sur ceux qu'il avait noyés ; une
fête annuelle consacre encore l'intrépidité des bouchers, et les
chroniques postérieures nous transmettent aussi d'autres particularités du même genre; — mais comment s'y fier quand elles ne
s'appuient sur aucun document et ne fournissent aucune garantie
d'authenticité : nous ne nous y arrêterons donc pas. Qui a pu voir,
par exemple, les larmes couler des yeux du bourgmestre et de son
domestique lorsqu'ils échangèrent leurs vêtements, ainsi que Hirzel
voudrait le faire croire? et en comparant l'anecdote de l'apprenti
tailleur, dans la conspiration lucernoise, avec celle de l'apprenti
boulanger, dans celle de Zurich, n'est-on pas tenté de prendre
l'une pour la simple copie de l'autre?

Quoi qu'il en soit, ce qui reste incontestable, c'est que le Zurich extérieur est anéanti et la tranquillité rétablie dans la ville,
en ce sens du moins qu'elle ne devait plus voir dans la personne
de ses propres habitants ses plus dangereux ennemis.

La punition qui suivit fut sans contredit dure et effroyable ; mais
elle trouve son excuse dans les engagements (*Urphede*) des condamnés, dans la violation répétée des serments, dans l'infamie qui
pèse sur les auteurs d'une surprise nocturne avec des alliés (¹) et
sans déclaration préalable, dans le pressentiment que le bourgmestre et ses adhérents avaient de leur propre sort si le résultat
avait été différent, dans les passions d'une multitude exitée par
une entreprise si criminelle, et en général dans la manière de voir

(¹) Rappelons seulement ici les expressions de l'alliance entre Zurich et
les comtes de Habsbourg, traité qui n'était point éteint. (voir plus haut,
page 467 et suiv.).

à cette époque. En tout cas cette journée eut une influence décisive sur la position de Broun et sa conduite politique à l'avenir.

Broun, par une observation persévérante des menées et des relations des *extérieurs* dans l'espace de quatorze ans, s'était toujours plus convaincu que leur destruction complète était de la plus urgente nécessité. Jusqu'à ce moment la ville se trouvait divisée entre deux partis irréconciliables, qui maintenaient dans ses murs la méfiance et un esprit de ruse servile, paralysant toute activité morale. Mainte concession avait été faite, maint affront accepté, dans le seul but d'empêcher l'empereur d'Autriche de prendre le parti des bannis, dont les plaintes ne tarissaient pas et qui trouvaient tous les jours quelques amis ou défenseurs de plus. Les partisans du nouvel ordre de choses sentaient l'impossibilité de le maintenir sans un chef d'un caractère énergique et d'une adresse extraordinaire : ils crurent le trouver dans la personne de Broun. Celui-ci était leur maître sans doute, mais, pour pouvoir espérer d'être le maître à Zurich sans contestation, il fallait en avoir fini avec une opposition si puissante par ses ramifications. Il eut donc soin de profiter du moment favorable. Le pays environnant avait aussi besoin de paix. Tel fut le motif de la sortie sur Rapperschweil avec les alliés de Schaffhouse, cinq jours avant la nuit du massacre; telle fut aussi la raison de l occupation de la ville pour tenir en bride les indociles habitants de la Marche, et de l'assermentation de ses bourgeois en qualité de sujets de Zurich jusqu'à la prochaine conclusion d'un traité de paix avec le comte détenu; enfin de l'arrestation et de l'emprisonnement d'un nombre considérable de bourgeois de Bâle et de Strasbourg qui allaient en pélerinage à Einsiedlen, ce que Broun fit pour se venger des nobles de l'Alsace, qui, poussés probablement par les comtes de Habsbourg et soutenus par ces deux villes, ne cessaient d'inquiéter le commerce zuricois.

Le bourgmestre ne doutait nullement que ni l'empereur, ni l'Autriche ne désapprouvaient ces mesures, même celles contre Rapperschweil; l'Autriche surtout, pensait-il, ne pouvait manquer de reconnaître les ménagements qu'il avait gardés envers le comte de Habsbourg (¹); elle devait par conséquent employer toute son influence sur ses frères humiliés, pour qu'ils s'engageassent à

_____

(¹) Le comte avait été mis en prison dans la nuit du massacre.

rester en paix à l'avenir, comme l'avaient déjà fait récemment les amis de Bonstetten et les Landenberg en vue d'obtenir une réconciliation. Quant à la querelle avec les villes d'Alsace, il la regardait comme passagère, et de fait elle se termina par la médiation de la reine Agnès, à des conditions également acceptables pour les deux parties. Consolidée dans son unité, Zurich était dès lors en rapports convenables avec ses voisins les moins puissants. Quant à l'Autriche, Rodolphe Broun espérait contracter avec elle une alliance de six ans par l'intermédiaire de baillis qu'elle avait dans les provinces les plus rapprochées: effectivement, la charte de cette alliance, telle que le Conseil et la commune de Zurich la jurèrent et signèrent le 4 août de cette année, existe encore. Son contenu(¹) montre clairement jusqu'où s'étendaient les plans du bourgmestre, avec quel soin il les avait médités et ce qu'ils avaient de flatteur pour la ville.

Au point où les choses en étaient venues, Broun pouvait à bon droit se regarder comme le libérateur de sa ville natale, comme le vrai créateur de sa tranquillité et de sa considération extérieure, et recueillir les fruits qu'il avait droit d'attendre de sa prudence comme de sa persévérance. Mais si ce moment fut le plus beau de sa vie, pour un caractère ambitieux et arrogant comme le sien il en devint aussi le plus dangereux. Aveuglé par la vanité, il sortit de sa voie ordinaire de circonspection. Zurich, qui jusqu'à présent n'avait porté ses armes que dans le cercle fort restreint de ses environs, se vit alors en face d'ennemis d'une tout autre importance et transportée subitement sur la grande scène de la politique allemande. — Nous entrons ici dans une période nouvelle de l'histoire de cet homme remarquable, période plus sombre, où son action est bien plutôt déterminée par la force des circonstances que par des efforts consciencieux vers un but positif, comme elle nous a paru l'être jusqu'à ce jour.

Le résultat de la prise de Rapperschweil n'avait pas répondu aux espérances du bourgmestre. Les frères du comte détenu, vivant à Laufenburg, et ses autres amis refusaient d'entrer en négociation soit pour sa mise en liberté, soit pour traiter la paix ou quelque arrangement, et le bruit courait que l'Autriche s'en mêlerait et que

(¹) Cette charte est reproduite en entier dans les pièces justificatives de l'article original, v. *Schweizerisches Museum*, 1ᵉʳ Band, zweites Heft, 241.

le duc Albert lui-même arriverait sous peu dans ces contrées. Broun désirant auparavant mettre fin à cette affaire, menaça de prendre des mesures plus sévères. La reine Agnès intervint de nouveau et obtint une trêve, ce qui n'était évidemment qu'un moyen de gagner du temps. Cependant, malgré l'occupation prolongée de Rapperschweil, dont les frais devenaient aussi toujours plus considérables, le commerce de Zurich ne cessait d'être inquiété par les sujets du comte dans la Marche et par les hommes du château d'Alt-Rapperschweil, situé sur la rive gauche du lac; Broun s'empara de ce château et, après l'avoir rasé, ravagea toute la Marche. Les comtes, qui prétendaient tenir une grande partie de cette contrée, comme le château, en fief ducal, devaient presque désirer cette issue, puisque l'offense atteignait dès lors le duc avec eux, ce que le bruit public confirmait aussi (¹). Aussi alléguérent-ils cette attaque comme motif capital pour refuser de prendre part à un traité de paix arrangé par le commandeur de Klingnau et auquel Zurich venait d'accéder. Il est probable aussi que le duc ne renvoya que par ce motif la confirmation de l'alliance conclue entre les baillis autrichiens et Broun, dont il est fait mention plus haut.

De telles circonstances durent ramener les esprits avec plus de force encore à l'idée d'une alliance avec la Confédération des quatre Waldstätten. C'est du moins ce que paraîtrait confirmer un message de Zurich aux Schwitzois, immédiatement avant la prise d'Alt-Rapperschweil, renfermant l'assurance que ce fort serait gardé de manière à leur ôter toute crainte de dommage, ou bien rasé de fond en comble. On peut croire aussi que l'espérance seule de relations de cette espèce et de l'appui qu'elle en pouvait attendre décida Zurich à traiter Rapperschweil avec tant de dureté. Cependant on ne saurait attribuer ce projet d'alliance au bourgmestre, vu le penchant secret pour l'Autriche qui l'a constamment dirigé; plutôt serait-ce le fait d'un parti toujours plus considérable, fatigué des variations de la politique et décidé à en finir par un dernier coup. Broun voyant ce parti attirer de son côté la majorité des bourgeois, crut devoir également s'y joindre, ce qui

(¹) Tschoudi reproduit la charte, assez équivoque du reste, de ce fief, datée du 15 septembre 1330. Plus tard les Zuricois prétendirent n'avoir eu aucune connaissance de cette pièce, ni en général des rapports de vassalité des comtes vis-à-vis du duc.

nous donne la raison de la nouvelle attaque qu'il tenta aux environs de Noël contre Rapperschweil, et dans laquelle, après avoir rasé les murs de la ville et du château, il força la majorité des habitants à quitter sans délai leurs demeures, pour détruire ensuite celles-ci complètement (¹).

Excités par les plaintes des gens de Rapperschweil et par les doléances de leurs seigneurs, inquiétés peut-être aussi par l'esprit belliqueux et remuant qui se manifestait dans Zurich, les nombreux amis et parents des comtes de Habsbourg prirent à l'égard de cette ville une position qui trahissait toujours davantage leur méfiance. Il n'y avait plus de sûreté pour le commerce, dont les transports se trouvaient interrompus ; il n'était plus permis de douter des dispositions tout-à-fait hostiles d'une grande partie de la haute noblesse, en particulier des comtes Eberhard de Kybourg et Imier de Strasbourg, de ceux de Fürstenberg, Froburg et Montfort, du margrave de Bade et du comte Hugues de Hohenberg, landgrave d'Alsace. Plus tard, dans leurs actes de réconciliation, conservés aux archives de Zurich, nous les voyons donner expressément comme cause de leur inimitié leurs rapports avec les comtes de Habsbourg.

Une alliance avec les confédérés devenait donc toujours plus urgente. Le document qui en constate la conclusion, et qui porte la date du 1ᵉʳ mai 1351, selon toute apparence rédigé par Broun lui-même, est beaucoup plus explicite et détaillé que les actes d'alliance antérieurs de ces pays, soit entr'eux, soit avec Lucerne. Toute la sollicitude de Broun pour le maintien de la constitution de Zurich et du pouvoir personnel qu'elle lui défère, se retrouve dans cette pièce ; la position avantageuse qu'il y réserve à cet Etat vis-à-

(¹) Sans parler de la coïncidence des chroniqueurs suisses et autrichiens, qui nous autorise suffisamment à admettre l'exactitude de ces faits, nous citerons encore la sentence arbitrale du 13 octobre 1351 entre l'Autriche et Zurich, reproduite par Tschoudi, et qui donne lieu d'admettre que la destruction d'Alt-Rapperschweil avait excité la colère du duc Albert bien plus encore que la conduite tenue à l'égard de la ville de Rapperschweil elle-même. Il est sûr que si les Zuricois avaient réellement agi dans ce dernier cas avec toute la cruauté dont quelques chroniqueurs et Müller surtout les accusent, l'acte arbitral se serait exprimé là-dessus avec plus d'énergie. En outre, le duc Albert, lorsqu'il chercha à relever Rapperschweil en 1354, y trouva encore des habitants et même des bâtiments debout. Du reste Martin Usteri a déjà blâmé sévèrement *(Neujahrsblatt der Feuerwerkergesellschaft in Zurich, auf das Jahr 1824)* l'exagération des récits antérieurs.

vis des autres confédérés, ainsi que la précaution qu'il prend d'assurer à la ville pour l'avenir pleine liberté d'action, même pour nouer dans l'occasion de nouvelles alliances, en ressortent avec autant de clarté. Les quatre Waldstätten prennent l'engagement formel de répondre immédiatement à la première demande de secours que le Conseil ou seulement le bourgmestre de Zurich pourrait leur faire pour la défense de la constitution et des lois. Mais quant à la réciprocité envers eux de la part de Zurich, il n'en est pas question. Dans les autres actes d'alliance, il n'est pas fait mention non plus de deux articles ajoutés à celui-ci, et qui sont sans doute dans l'intérêt de tous les contractants, mais bien plus encore dans celui de Zurich, vu la plus grande étendue de ses rapports et de son commerce avec l'étranger. Ces articles statuent : 1° Que tout membre de l'alliance pourra arrêter sur son territoire, au cas qu'ils s'y introduisissent, et forcer à dédommagement ceux qui offenseraient des Confédérés, même en dehors des limites de pacification indiquées par l'acte; — et 2° qu'aucun laïque ne peut citer un autre laïque pour dettes devant une cour cléricale. — Le traité d'union des trois cantons primitifs n'accordait à aucun d'eux le droit de discuter isolément sur quelque alliance particulière à traiter; celui des quatre Waldstätten interdisait au moins à chacun d'en contracter : le nouvel acte de confédération avec Zurich consacrait donc un progrès marqué, en reconnaissant ce droit à chaque allié, réservant toutefois aux Confédérés réunis celui d'apporter à l'alliance commune tels changements, diminutions ou adjonctions qui leur sembleraient nécessaires.

On trouvera sans doute singulier que Broun se soit engagé dans un traité avec les Confédérés, tandis que son esprit était tout préoccupé d'une alliance à former avec l'Autriche. Il n'avait cependant d'aucune façon renoncé à celle-ci, et la réserve introduite dans le premier traité, relativement aux alliances postérieures de chaque allié en particulier, n'avait pas d'autre motif que de lui assurer la possibilité d'un contrat avec l'Autriche. Dans sa position vis-à-vis de ce pays, ses relations avec les Waldstätten ne pouvaient même que lui profiter; s'il lui suffisait de réclamer l'appui des Confédérés pour intimider le duc, d'un autre côté, il n'avait qu'à user de son influence sur eux pour se mettre dans les bonnes grâces de ce prince. Les documents attestent surabondamment que telle était réellement la politique du bourgmestre. Une minorité aristocratique, composée en grande partie de membres du gouvernement, le suivait dans cette voie dangereuse. Mais la majorité des bourgeois, que ses tendances démocratiques poussaient davantage du côté des nouveaux confédérés, s'était prononcée pour ceux-ci. Sur ces entrefaites Albert d'Autriche, qui jusqu'alors s'était peu embarrassé de ses possessions de l'Autriche antérieure et de leurs relations avec les Waldstätten et Zurich, ayant commencé à voir celles-ci sous un aspect plus sérieux, venait de se transporter lui-même dans ces pays. Il ne pouvait se dissimuler que l'alliance des quatre cantons, évidemment formée contre l'Autriche, devait acquérir plus de force par l'accession de Zurich, par l'inclination ostensible de Berne pour eux, enfin par l'esprit général qui se manifestait dans les pays voisins, et les efforts téméraires de la bourgeoisie pour parvenir au pouvoir : — toutes ces circonstances devaient l'inquiéter fortement. Les droits de la noblesse environnante n'étaient plus respectés, et si l'on n'apportait pas un prompt remède à tous ces maux, la chute du pouvoir autrichien devenait inévitable, et l'on pourrait voir le gouvernement de ces contrées passer dans la main des artisans ou des paysans. Des mesures énergiques, au besoin l'emploi des armes pour maîtriser ces projets audacieux, ne répugnaient point au caractère d'Albert, qui était bien décidé à ne pas laisser enlever à l'Autriche le moindre de ses droits. D'accord sur ce dernier point, la reine Agnès avait pourtant une expérience personnelle trop intime des hommes et de l'état des choses dans ce pays, pour consentir à agir de la même façon. elle aurait plutôt préféré la voie de la ruse et des transactions, et, par l'intermédiaire d'un parti qui lui était acquis dans la ville, elle comptait amener peu-à-peu Zurich à abandonner la cause des confédérés, ou exciter la méfiance de ceux-ci contre leur nouvel allié. Ainsi pourrait s'expliquer la réception pleine de bienveillance que le duc fit à la première députation zuricoise. Mais lorsque ce prince se fut convaincu que l'attachement de la ville pour les confédérés était inébranlable, il n'attacha plus une grande importance au dévouement d'un parti impuissant en face d'une majorité aussi décidée. Il commença à réclamer de Zurich des indemnités et dédommagemens pour un grand nombre de torts qu'il disait avoir soufferts de sa part, appuyant cette sommation par la mise en mouvement d'une armée, composée d'alliés et de sujets.

Mais les troupes confédérées le prévinrent, et arrivèrent avant lui dans les murs de Zurich.

A dater de ce moment et pendant quatre ans, le siége, les sorties, les attaques et les escarmouches se succèdent alternativement avec des moments de trève, des conférences ; l'on vit le chef de l'empire attaquer la ville en personne. Puis, le 25 juin 1355, un traité de paix termine ces hostilités, et tout en donnant une prépondérance positive à Zurich sur ses confédérés, vient aplanir les voies pour une alliance plus étroite avec l'Autriche, projet que Broun ne peut perdre de vue. Pendant toute cette période de luttes les Zuricois donnèrent des preuves éclatantes d'héroïsme et de persévérance, aussi bien isolément que dans les rangs de leurs alliés, et ne cherchèrent jamais leur salut que dans leurs propres forces, après celles qu'ils trouvaient dans l'alliance fédérale. — Le bourgmestre fit toujours mine d'être en tous points d'accord avec eux ; mais aussitôt qu'il se présente une occasion de traiter, il la saisit, et essaie de regagner le terrain perdu. Il conduit si bien son affaire, que la position douteuse dans laquelle il parvient à placer Zurich entre l'Autriche et les Confédérés, donne enfin de graves soupçons à ces derniers, et que les bourgeois eux-mêmes se demandent ce qui peut être arrivé? Mais Broun réussit en définitive à faire croire aux Zuricois qu'il n'y a rien dans tous ses actes qui ne soit dans leur véritable intérêt. Il sera bon cependant d'entrer dans quelques détails pour confirmer ce que nous avançons.

A peine le premier siége avait-il commencé, que des médiateurs bienveillants proposèrent une trève et l'établissement d'une cour arbitrale pour le rétablissement de la paix. A des conditions honorables, Zurich pouvait bien accepter cette offre, vu le résultat incertain de la lutte et le devoir qui lui était imposé de veiller à la sûreté des bourgeois domiciliés ou possédant des fonds hors de ses murs. Mais le bourgmestre ne s'inquiéta nullement de ces conditions, soit par crainte vis-à-vis de l'Autriche, soit pour gagner celle-ci par un semblant de confiance. Seize des principaux bourgeois de Zurich se présentèrent comme ôtages à la demande du duc Albert, sans que ce dernier fût tenu à réciprocité sur ce point. La reine Agnès fut ensuite applée à présider la cour arbitrale. Pour trancher des questions sur lesquelles les juges différaient, elle prononça une sentence qui reportait tout le tort de la paix violée sur les Confédérés, et sans tenir compte de toutes les iniquités commises envers Zurich, condamna cette ville à une indemnité entière et fort considérable. Sur la moindre protestation de Broun, sur un appel de sa part à la résistance, ses combourgeois et les confédérés n'auraient pas tardé à reprendre les armes courageusement. Mais n'ayant que son intérêt en vue, il considérait celui de Zurich et des Waldstätten comme tout-à-fait subordonné. — La ville accepta sans délai et confirma par serment un traité aussi funeste pour elle, dont l'acte scellé et signé fut remis au duc. Aux récriminations, le bourgmestre était en droit de répondre que de cette manière non-seulement l'alliance avec les confédérés se trouvait sauvegardée, mais aussi que les ôtages seraient remis en liberté, et que le turbulent Jean de Rapperschweil, la cause unique de tous ces troubles, restait au pouvoir de Zurich jusqu'à complet acquittement de la rançon. Cependant, sur ce dernier point justement, le duc commentait le traité dans un sens tout différent, prétendant que la mise en liberté du comte s'y trouvait implicitement entendue, parce que, s'il ne l'était pas nominalement, il était toujours tacitement compris parmi ceux de ses vassaux dont le traité faisait mention. Aurait-il été possible au bourgmestre d'arranger encore une telle difficulté entre ses combourgeois et le prince? nous l'ignorons. Mais déjà avant que la chose eût pu se faire, la mort de la duchesse ramena Albert à Vienne, où il passa l'hiver, ce qui interrompit toutes les transactions. Du reste le parti fédéral dans Zurich ne s'y était laissé engager que très-difficilement. Le bourgmestre crut devoir de nouveau se rattacher pour le moment à ce parti, le départ du duc ayant affaibli la puissance autrichienne dans ces contrées, ce qui ôtait toute inquiétude à Broun. — Sur ces entrefaites les Glaronnais, sommés par leur bailli de prendre les armes pour le duc, se tournèrent au contraire du côté des Confédérés, qui n'hésitèrent pas à venir en armes à leur secours, et forcèrent le bailli à prendre la fuite. Le signal était ainsi donné à de nouvelles hostilités, qui durèrent tout l'hiver. C'est aussi à la fin de l'année 1351 que l'on doit reporter le combat de Tätweil, l'un des événements dans la carrière de Broun qui nous démontre le mieux tout l'équivoque de sa conduite.

Sur ce fait, les documents isolés ainsi que les registres du conseil ne nous fournissent, à vrai dire, aucun éclaircissement; les seules chroniques du quatorzième et du quinzième siècle qui nous soient parvenues et nous donnent le narré du combat, ne font aucune mention du bourgmestre ([1]). Cependant l'accord général des histoires du seizième siècle les plus circonstanciées, celles des défenseurs aussi bien que des adversaires de Broun ([2]), permet de croire que leur allégué sur son évasion avant ou au commencement du combat s'appuie, soit sur un document important aujourd'hui introuvable, soit sur une tradition très-accréditée à cette époque ; il en serait de même du fait de son entrée triomphale à Zurich, avec l'escorte, qui serait allé le chercher bannière en tête au château de Schœnenwerd. Mais une saine critique de l'histoire a tout aussi bien le droit de rejeter parmi les pures suppositions tout ce qué ces divers récits, peu concordants du reste sur les détails, avancent en confirmation de l'un de ces faits, comme commentaire ou comme embellissement, et cela d'autant mieux que le plus ancien de ces récits porte une date de cent soixante dix ans plus récente que le fait lui-même. Ou ne serait-il pas plus conséquent encore d'imputer cet enlèvement solennel de Broun aux conseils de Zurich, ou du moins à une aristocratie nouvelle créée par lui, plutôt qu'à des bourgeois, à des gens si favorables à la démocratie? D'ailleurs il est à croire que, pour ces derniers et pour les confédérés, l'homme prépondérant, le véritable héros c'était Manesse. — Mais en l'absence de tout document sur ce point, nous laisserons la question indécise, et nous nous bornerons aux détails sur lesquels des témoignages authentiques nous laissent le moins de doute.

Après que le bailli autrichien Walther de Stadion et la plus grande partie des nobles qui l'accompagnaient eurent payé de leur vie une nouvelle tentative de pénétrer dans le pays, les Glaronnais cherchèrent à contracter une alliance encore plus étroite avec Uri, Schwytz et Unterwalden, alliance que la proximité, des coutumes et un genre de vie tout semblables devaient d'ailleurs amener tout naturellement. La politique leur faisait désirer d'entrer dans des rapports semblables avec Zurich, qui était leur marché principal et formait de plus un boulevard contre l'Autriche, tandis qu'eux-mêmes, par leur voisinage de la Marche et du

([1]) Krieg, Jüslinger, Hüpplin, Albert de Strasbourg, Etterlin, Félix Faber.

([2]) Byel, Brennwald, Hans Füsslin, Bullinger, Tschudi, Guillimann.

Gaster, se trouvaient bien placés pour en observer la turbulente population et pour donner au besoin un prompt coup de main. Zurich pouvait-il désirer mieux ? Broun, que sa conduite à Tâtweil devait rendre plus souple vis-à-vis de ses combourgeois, n'avait au fond aucun motif de combattre cette alliance, car, à ses yeux aussi, elle donnait plus de force à Zurich, et, auprès de l'Autriche il pouvait toujours légitimer sa condescendance à cet égard par la force des circonstances et par l'introduction dans la lettre d'alliance (*Bündesbrief*) d'une réserve qui obligeait les Glaronnais à continuation « d'hommage et service, qu'il est juste et » utile à chacun de rendre à son seigneur selon l'usage. » Du reste, les quatre Cantons conservaient le « droit d'ajouter et retrancher. »

Cependant le duc Albert était revenu dans ces contrées. Les confédérés, fiers de leurs premiers succès, craignaient si peu sa puissance qu'ils n'hésitèrent pas à lui enlever Zug par assaut, pour se venger de quelques hostilités antérieures de la garnison de cette ville et en rendre le retour impossible ; puis ils reçurent les habitants dans leur alliance. Mais l'acte qui confirme officiellement cette accession ne fait aucune réserve pour les droits de l'Autriche, tandis que Broun, ainsi qu'il l'avait fait déjà dans le traité d'alliance de Zurich, réussit à y intercaler l'engagement formel de protéger sa personne et la constitution établie par lui, et de faire droit à ses avertissements comme à ceux du conseil zuricois.

L'inquiétude croissante d'Albert, quant aux progrès de la nouvelle Confédération était bien naturelle, et l'on peut comprendre la colère que devait lui causer un tel mépris de ses droits. Après avoir renouvelé ses avertissements de tous côtés, il mit une seconde fois le siége devant Zurich. Mais, défendue par ses confédérés, la ville résista vigoureusement et les ennemis mécontents commencèrent à se décourager ; les ressources pécuniaires du duc étaient épuisées, et parmi ses officiers supérieurs eux-mêmes plus d'un désirait la paix. Pour faciliter ce résultat, l'électeur Louis de Brandenbourg provoqua une entrevue des divers partis à Lucerne. Albert, sans doute, était toujours bien décidé à obtenir la rupture de l'alliance fédérale et à ramener Glaris et Zug à leur devoir ; mais il ne se dissimulait pas non plus que, pour en venir là, il avait besoin de ressources plus considérables et d'un certain temps de repos. Il ne crut donc pas devoir refuser sa ratification au traité de paix projeté, dont les points les plus essentiels étaient d'ailleurs si peu précisés, qu'il pouvait aisément y trouver un motif de recommencer la guerre dans le moment favorable.

Il profita avant tout de cet intervalle pour gagner l'empereur à sa cause et faire ainsi de sa querelle avec les confédérés un intérêt de l'empire entier. Charles IV était à la veille de son expédition de Rome; mais, s'il sentait plus que jamais dans cette occasion le besoin de relations amicales avec l'Autriche, il savait aussi apprécier les ressources financières et le dévouement des villes impériales. Il se montra donc dès l'abord disposé à une médiation, et se rendit en personne à Zurich dans les premiers jours d'octobre 1353. L'esprit des bourgeois s'était élevé à une certaine fierté par suite des avantages de la dernière paix. Les ôtages, qui avaient subi des traitements injustes de la part du duc et dont la ville-ressentait douloureusement la longue absence, venaient d'y rentrer; le comte de Habsbourg était sorti de prison, mais humilié et impuissant, et avait prêté un serment par lequel il s'engageait, pour lui et pour tous ses parents, à une réconciliation solennelle avec Zurich, acte qui fut suivi d'un grand nombre d'autres du même genre; — enfin le commerce et les relations étaient débarrassés de toute entrave. — Les confédérés purent donc manifester tout leur orgueil, et avec d'autant plus de raison que Berne lui-même venait d'entrer dans l'alliance perpétuelle des Waldstætten.

Toutes les pompes ecclésiastiques et civiles, animées par la joie publique, furent déployées pour la réception du chef de l'empire dans les murs de Zurich. Toutes les franchises accordées à cette ville par Rodolphe de Habsbourg et ses descendants furent ratifiées par lui; mais il s'exprima avec beaucoup de modération sur les griefs de l'Autriche. Les Zuricois s'engageant à maintenir la paix avec ce pays à des conditions égales, sur la demande de Charles en donnèrent une déclaration, mais abrégée, au duc, qui en fut peu satisfait et réclama de l'empereur un appui plus énergique. Celui-ci, lors de sa seconde apparition à Zurich au mois d'avril 1354, exigea qu'en sa qualité d'arbitre, on lui abandonnât la décision finale de toutes les difficultés pendantes. Le duc y consentit, ainsi que les Confédérés, tout en réservant expressément les alliances contractées. Il ne fallait rien de plus pour irriter Charles, qui objecta que ces alliances n'étaient d'aucune valeur sans sa propre confirmation ; il accorda cependant à la ville une trêve de quatre semaines, mais ce terme écoulé les Zuricois ayant déclaré vouloir maintenir l'alliance avec les confédérés, selon l'acte signé remis à ces derniers, l'empereur, alors à Regensburg, renonça le 24 juin à son office de médiateur. Voilà donc Zurich en guerre ouverte avec l'empire.

Une armée considérable se forme aussitôt, à grands frais d'argent et d'hommes, et l'empereur lui-même se met à sa tête avec une suite brillante des princes et de seigneurs les plus puissants ; et cependant, au bout de quelques semaines, quelle honteuse déroute ne dut-elle pas subir ? Il y a réellement une énigme là-dessous; la retraite presque subite d'une armée dix fois supérieure en nombre aux assiégés ne s'explique point par les faits ; — l'étendart de l'empire flottant sur les murs de Zurich, pas plus que la querelle qui venait de surgir récemment sur les préliminaires du combat, ne nous l'explique pas davantage. Il ne serait pas trop imprudent d'admettre l'existence de quelque action secrète en jeu, supposition qui nous ramène à la politique de Broun.

Dans l'espace des trois années qui s'écoula depuis l'annullation de la paix proposée par la reine Agnès jusqu'à la fin de cette guerre, Zurich montra une conduite franche et irréprochable. Au prix de plus d'un sacrifice, elle resta fidèle au serment prêté à ses confédérés, et vis-à-vis de ses adversaires, dans les transactions comme dans les combats, elle sut maintenir ses principes et et conserver sa dignité. La grande majorité de la bourgeoisie tenait décidément à cette ligne de conduite, et Broun, soit de propre volonté, soit par nécessité, n'en suivit pas d'autre. Mais ses intimes et lui-même ne travaillaient pas moins à la réalisation d'un but tout différent. Ils avaient d'ailleurs trop de répugnance pour un système politique qui rattachait toujours plus étroitement les intérêts de Zurich à ceux des Waldstætten, et éloignait toute espérance de nouer des relations honorables et lucratives avec un voisin puissant, pour oser renoncer à toute probabilité de luttes à l'avenir comme dans le présent. Ce que le bourgmestre avait principalement en vue était de voir la constitution établie solidement, et Zurich grandir en considération; il espérait aussi que sa puissance dictatoriale et sa propre considération y gagneraient en même temps qu'elles s'affermiraient. Pour parvenir à ses fins il pensait pouvoir faire intervenir l'empereur aussi bien que les confédérés. Avec la bonne foi connue de ces derniers, il lui était aisé de les mettre dans l'illusion et de les conduire à son gré ; quant à l'empereur il paraît l'avoir gagné par des promesses secrètes lors de sa présence à Zurich ; et il n'est pas impossible que ces ouvertures aient amené de quelque manière le prince à se retirer si promptement de Zurich avec son armée. Le plus grand adversaire de la politique de Broun dans ces circonstances c'était le duc Albert lui-même, soit qu'il se méfiât, d'après les antécédents, de la réalité de l'influence que Broun pouvait exercer sur ses concitoyens au profit de l'Autriche, soit que sa colère, sa fierté, son caractère prompt et décidé ne pussent s'accommoder de basses intrigues, dont le résultat, d'ailleurs, se faisait attendre longtemps. Il continua en conséquence la guerre seul pendant une année, jusqu'à ce que la fatigue, les instances de ses amis et de ses inférieurs, et le besoin qu'on sentait de sa présence dans d'autres lieux, l'amenassent à en appeler une seconde fois à l'arbitrage de l'empereur, que les confédérés acceptèrent encore volontiers, à la condition de ne pas être molestés sur leurs alliances. Les plans de Broun et son action jusque là plutôt occulte, vont se dérouler dès-lors plus complètement à nos regards.

Le congrès pour le rétablissement de la paix s'ouvrit à Regensburg, sous la présidence de l'empereur. Albert s'y était rendu en personne, et probablement aussi des députations des divers cantons de la Confédération. Charles s'était assuré d'avance du bourgmestre zuricois. L'essentiel, pour tous deux, était d'amener sourdement une division dans les intérêts communs des confédérés, en remettant à chaque canton une charte de médiation à part, et qu'ils s'engagèrent à leur expédier cachetées. De la sorte, les députés suisses, à part les détails qu'on jugea à propos de leur communiquer, n'eurent aucune connaissance de ces actes. Les envoyés se présentèrent d'abord à Zurich avec le traité de paix particulier de cette ville. Broun ne trouvant aucune modification à y apporter, y apposa sur-le-champ sa signature et invita la commune à le jurer. Cependant le bruit se répandit bientôt que cette pièce ne concordait pas en tous points avec les traités spéciaux des cantons alliés, et après l'avoir examinée en présence des députés fédéraux, Broun fut forcé de déclarer qu'il avait lu cet acte assez précipitamment et que, poussé à bout par les députés autrichiens et n'ayant pas eu le temps de l'exposer au Conseil réuni, il n'avait pas cru devoir refuser sa signature, ce qui avait dû engager un petit nombre de membres à apposer aussi la leur. Mais la bourgeoisie ayant dès-lors prêté le serment, ne pouvait revenir en arrière sur ce qui était fait : toutefois on chercherait à obtenir de l'empereur quelque modification aux articles contestés. — Ces derniers portaient essentiellement sur les points suivants : les confédérés s'engageaient à rendre tout ce qu'ils s'étaient approprié dans cette guerre, en terres, personnes, villes, châteaux, etc. : en cas de refus Zurich est tenu de prêter appui au duc : la suppression de l'alliance avec Zug et Glaris était implicitement entendue ; Zurich devait de même prêter son appui à l'Autriche en cas de refus de la part de ces pays (que le duc nomme dans cet acte « ses Waldstætten ») de s'acquitter des dîmes ou services qui pourraient être requis d'eux. Un auditeur spécial nommé par trois baillis autrichiens et trois conseillers zuricois réunis décidera de toute contestation entre le duc et les Waldstætten. Enfin Zurich ne pourra en appeler aux alliances avec les confédérés pour se dispenser de tenir ses engagements. On se demande ici comment cette ville aurait pu compter encore sur la confiance de ses alliés en acceptant et jurant de telles conditions? Il n'y avait plus communauté d'intérêts ; Zurich prenait entr'eux et l'Autriche une position intermédiaire et penchait même davantage en faveur de ce dernier pays. Si les cantons ne renvoyèrent pas aux Zuricois leurs traités d'alliance, il faut l'attribuer à la conviction qu'ils nourrissaient que toute cette intrigue n'était pas l'œuvre de la ville, mais d'un parti travaillant dans son sein, et qui, après s'être acquitté de ses engagements à l'égard de la bourgeoisie, se joindrait de lui-même à la majorité plus éclairée. Mais ce parti avait gagné déjà une telle influence, qu'il ne devait pas craindre d'aller encore plus loin, Le traité entre l'Autriche et Zurich, que Broun appelait depuis si long-temps de tous ses vœux, fut enfin conclu en 1356 pour le terme de cinq ans, par l'intermédiaire d'Albert de Buchheim, agissant pour l'Autriche, et le duc le ratifia immédiatement. Cet acte imposait à la ville exactement les mêmes obligations, plus étendues cependant à quelques égards, envers son nouvel allié qu'envers les confédérés ; il contenait même la réserve expresse « que le nouveau traité ne pourrait nuire en rien aux en-»gagements (*Sühne*), et aux devoirs que Zurich est tenu de remplir

» envers les seigneurs, et qu'elle veut aussi remplir selon les ter-
« mes du bref ci-dessus. » — Il en ressort clairement que Broun
n'avait point signé par erreur le bref en question et qu'il ne regrettait point de l'avoir fait. Il est vrai que l'intérêt des confédérés est réservé, mais les quatre Waldstætten seulement sont
compris sous cette dénomination, Zug et Glaris ne sont point
mentionnés. Comme toujours, le devoir imposé à l'Autriche de
protéger la constitution de Zurich ainsi que son bourgmestre ou
ses descendants, est de tous les articles le plus explicite.

Depuis ce moment, les rapports de Zurich avec la maison
d'Autriche continuent sur le meilleur pied, pendant que les confédérés persistent à réclamer l'annulation des articles ci-dessus,
mettant en œuvre pour y parvenir toutes sortes de promesses et
de moyens de conciliation. — Après la mort d'Albert, le duc
Rodolphe, son fils, appelé par l'empereur à la charge de bailli
impérial, se rendit à Zurich. Le bourgmestre en profita pour gagner sa confiance; il y réussit en effet, jusqu'à devenir le confident des princes en même temps que leur agent servile; il est
impossible d'en douter du reste, après un examen rapide des documents contemporains, qui nous montrent Broun admis comme
conseiller intime dans les grâces et dans la protection spéciale des
princes, et prêtant serment, en retour, de travailler jusqu'à sa
mort, par tous les moyens secrets ou publics, à leur profit et contre
tout ce qui leur pourrait être préjudiciable. Il s'engage de plus,
à s'opposer au besoin à toute puissance étrangère, à l'exception
de l'empereur, de la ville de Zurich et des confédérés. Ces derniers cependant ne peuvent être un obstacle à l'exécution des articles de la charte ducale, ainsi que de l'alliance conclue entre le
prince et lui. En retour, ainsi que pour tous les services qu'il
avait déjà rendus ou devait rendre à l'Autriche, il lui est accordé
une gratification de mille florins, reversible en cas de mort sur la
personne de ses héritiers, et en outre cent florins de pension via-
gère (¹).

Les trois documents que nous venons de mentionner nous expliquent suffisamment toute la politique de Broun, même dans la
seconde période de son administration. Son crime n'est pas tant

(¹) Deux mois plus tard, l'alliance de Zurich et de l'Autriche fut ratifiée
pour trois années encore.

d'avoir cherché à lier Zurich à l'Autriche par un contrat d'amitié réciproque, mais d'avoir poursuivi ce projet alors même qu'en le réalisant il faisait prendre à sa patrie une position déshonorante; — puis d'avoir, forcé par les circonstances, donné son assentiment à l'alliance fédérale : mais plus encore d'avoir approuvé l'accession de Zug et de Glaris à la Confédération, pour violer ensuite son serment à ses confédérés dès que l'occasion se présente de s'arranger avec l'Autriche ; — et enfin d'avoir trompé volontairement ses propres concitoyens en les plaçant entre deux alliés, ennemis naturels l'un de l'autre ; car si les Zuricois tenaient à rester fidèles à chacune de leurs alliances, leur position prenait évidemment un caractère de duplicité très-fâcheux. Broun seul, sans doute, avec son habileté et son peu de bonne foi pouvait maintenir quelque temps cet état de choses à un tel point, mais en tout cas il ne pouvait lui assurer une bien longue durée.

Du reste, son traité personnel avec le duc nous fournirait déjà une preuve du peu d'assurance qui lui restait de conserver une position aussi brillante parmi ses concitoyens ; dans cette prévision il cherchait de côté et d'autre un pied-à-terre pour sa personne. Dès lors, n'étant plus le maître de sa volonté ni de ses actions, et obligé toutefois de prendre ouvertement le parti de l'Autriche, il aurait peut-être, en vivant plus long-temps, conduit sa patrie au bord du même abîme devant lequel elle se trouva quatre-vingts ans plus tard par suite de la politique tout aussi fausse d'un de ses successeurs. Mais heureusement pour Zurich et pour lui-même, Broun mourut dans l'année qui suivit la conclusion de ce traité. Ce dernier égarement de son esprit n'eut ainsi aucune conséquence, tandis que l'histoire continue à honorer sa mémoire comme celle du créateur d'une nouvelle constitution et de l'acte qui réunit Zurich à la Confédération. Et en effet les bases les plus solides de l'existence politique tant intérieure qu'extérieure de Zurich, pendant les siècles suivants, ne se trouvent que là.

Un court aperçu des événements qui ont rempli l'espace entre la mort de Broun et celle de son successeur viendra peut-être à propos en cet endroit comme complément et confirmation de ce qui précède. Sans oublier tout ce qu'elle lui devait, la ville se sentit pourtant délivrée d'un joug par la mort de ce redoutable autocrate, et l'on ne sera pas surpris qu'elle ne pût consentir à la continuation d'un pouvoir exceptionnel comme celui que Broun s'était arrogé, et dont ses successeurs auraient aussi su faire leur profit. Lassée également des tergiversations de l'Autriche et des confédérés, Zurich chercha à se rattacher d'une manière plus étroite à ces derniers, et à se débarrasser des traités avec l'Autriche qui y portaient obstacle. L'empereur lui vint en aide pour cela. A mesure qu'il connut mieux les qualités éminentes et l'esprit élevé de son gendre, le duc Rodolphe, ses dispositions d'abord bienveillantes pour ce prince firent place à la jalousie et à la méfiance, et il commença à travailler sous main contre une plus grande extension de la puissance autrichienne. Tel est le motif de la ratification que l'empereur donna en 1362 aux alliances des confédérés [1], à l'exception de celles de Zug et de Glaris, et de l'assurance qu'il donna à Zurich, après avoir conclu un traité de réciprocité avec cette ville [2], de ne jamais séparer Rapperschweil de l'empire, au cas que cette localité fût enlevée dans une guerre contre l'Autriche avec l'aide des Zuricois, à la protection et à la garde desquels elle serait alors remise [3]. Depuis ce moment le parti aristocratique au sein du Conseil rechercha aussi la faveur impériale de préférence à celle de l'Autriche, et peu après nous voyons le prieur Bruno Broun, nommé chapelain impérial, et le fils du bourgmestre Manesse, admis parmi les officiers de confiance de Charles, et enfin le bourgmestre lui-même honoré de la charge de bailli impérial à Saint-Gall. Lorsque, après le terme convenu de dix ans, l'Autriche réclama par des envoyés le renouvellement du serment à la charte de 1355, cet acte à double sens, il ne fut répondu que par des échappatoires, et de nouvelles et pressantes sommations en 1366 et

---

[1] Acte du 27 février 1362 aux Archives d'Etat de Zurich.

[2] Acte du même jour, aux dites Archives.

[3] Acte du 31 mars aux dites Archives. — Le duc Albert avait acheté en 1354 Rapperschweil au comte Jean de Habsbourg, tombé dans la misère; puis il en avait fait à la hâte relever les remparts. En 1357, le duc Rodolphe construisit le pont du lac, et l'année suivante, le comte Jean lui vendit encore ses propriétés dans la Marche. Parmi tous les services que Broun rendit à l'Autriche, celui d'avoir facilité à ce pays l'acquisition et l'agrandissement d'une propriété située entre Zurich et ses alliés de Schwytz et de Glaris, n'est certes pas le moins important.

1368 ne furent pas mieux reçues (1). Par contre la bourgeoisie
montra qu'elle était pour sa part sérieusement décidée à rétablir
et cultiver ses rapports d'amitié avec les confédérés. — En 1370,
les fils du bourgmestre Broun, profitant de la faiblesse dont le
Conseil avait depuis long-temps donné des preuves, et se reposant
sur la puissance de leur famille et sur le nombre de leurs adhérents, exécutèrent, dans la proximité de la ville et malgré la publication de la paix des foires, l'enlèvement de l'avoyer Gundol-
dingen, de Lucerne, et de son compagnon Jean in der Aue; le
tocsin appela la multitude sous les armes, et la commune, assemblée ainsi de plein gré, se chargea du jugement en lieu et place
du Conseil. Il ressort clairement des ordonnances rendues à cette
occasion, que, dans le Conseil, le parti aristocratique avait si bien
réussi à intimider une partie de leurs collègues, qu'il y eut une
quantité d'abus et de délits auxquels le Conseil n'osa pas toucher.
On crut pouvoir remédier à ces excès en augmentant le pouvoir des
tribuns, qui étaient autorisés, en cas de négligence de la part du
Conseil, à prendre, seuls ou réunis aux conseillers qui s'enten-
draient pour cela avec eux, les dispositions nécessaires pour l'exécution des lois et de la police. En même temps on songea à donner
à la charge de bourgmestre un caractère plus en harmonie avec
le principe démocratique, et cela surtout à l'occasion d'une révision de la « lettre jurée, » en 1373. La préférence jusqu'ici accordée au serment prêté en mains du bourgmestre disparut, et les
connétables furent également déchargés de l'obligation d'obéissance particulière qu'ils étaient tenus de lui rendre. En cas de difficultés aux élections des tribuns, le bourgmestre n'avait dès lors
droit de jugement que conjointement avec le Conseil; les élections
des conseillers par la connétablie étaient à l'avenir du ressort du
Conseil sortant tout entier. Les rapports entre le bourgmestre et le
Conseil prirent aussi une face différente quant à la franchise des
expressions; dans certains cas celle-ci fut poussée jusqu'à la dureté
et même jusqu'à la menace. Ainsi, lorsque Manesse voulut se faire
droit de son propre chef dans son démêlé avec les bourgeois
d'Ulm, sur une plainte du Conseil de cette ville, celui de Zurich
répondit qu'on avait averti très-sérieusement le bourgmestre et

(1) Actes du 1er novembre 1565, 26 décembre 1566 et 4 janvier 1568,
aux Archives d'Etat de Zurich.

exigé de lui la promesse de suivre à l'avenir et loyalement la voie de justice (¹). L'avertissement fut bien plus sévère encore lorsque le Conseil eut connaissance que l'hypothèque sur bien-fonds que le bourgmestre et Ulrich Manesse avaient remise contre cent marcs à Malterer, de Fribourg, avait dès-lors été vendue ailleurs, la lettre de vente étant accompagnée du sceau de la ville en bonne forme. Le bourgmestre avoua tout, pendant que Malterer voulut se faire indemniser par la ville : « Il est décidé à l'unanimité, » dit le régistre (²), « par le Conseil et les bourgeois, que le bourgmestre est » tenu de pourvoir, jusqu'à la Saint-Jean prochaine, à déposer ses » garanties et cautions, afin que Malterer soit sans sujet de plainte; » et si le bourgmestre ne satisfait pas à ces obligations; les bour- » geois le regarderont pour lors comme déchu et eux-mêmes comme » déchargés de toute obligation à son égard. » — En 1378, là même affaire se renouvela à l'occasion de son fils. En récompense de ses *bons services*, l'empereur avait abandonné à ce dernier plusieurs années de suite le profit des redevances impériales de Zurich : et depuis peu il lui avait fait parvenir l'ordre de le partager avec son *secrétaire des cuisines*, Henri Nas. Manesse n'en continua pas moins à percevoir la redevance tout entière, sans en faire part au dit Nas, qui porta enfin sa plainte devant la ville. On lit à ce sujet dans le protocole : « Après avoir parlé au bourg- » mestre et à son fils, on les engage à payer au dit Henri Nas les « deux cents florins dûs. S'ils ne le font pas et que la ville ou les » bourgeois dussent se voir encore entrepris ou tracassés pour cela, » le Conseil et les tribuns ne se tiendront plus pour redevables au » bourgmestre des cent florins que la bourgeoisie lui donnaient » annuellement jusqu'à ce jour » (³). — Mais la mort de Manesse mit fin à ces contrariétés et à bien d'autres encore, en 1383.

Dans la force de l'âge le héros de son peuple, tourmenté dans sa vieillesse par des besoins économiques et par les désordres de sa propre famille, il fut, comme son prédécesseur, un exemple de ce qu'il y a de dangereux pour un Etat libre à confier exclusivement et sans interruption le pouvoir suprême aux mêmes mains. Profi-

(¹) *Régistre municipal* de Zurich, 24 octobre 1372.

(²) *Régistre municipal* de Zurich, 2 mars 1374.

(³) *Régistre municipal* de Zurich, 2 janvier 1378.

tant de ces expériences, la commune résolut de ne plus nommer
le Conseil et le bourgmestre que pour la durée de six mois, en les
remplaçant en tout cas par d'autres individus; elle décida de plus
« qu'à l'avenir le bourgmestre ne recevrait pour son office aucun
argent de la commune, et cela après mûre délibération » (¹).

———

Les pièces justificatives étant au fond sans intérêt pour des lecteurs français, ont été supprimées. Ceux qui désireront en prendre
connaissance, les trouveront dans l'original allemand de ce travail,
dont le titre est indiqué en tête de cette traduction.

(¹) *Régistre municipal* de Zurich, 26 novembre 1383.

POÉSIE.

LE VIEUX CHÊNE.

Sous mon chêne vert, enfans du village,
Dansez et chantez vos chants les plus doux :
Il sera toujours l'ami du jeune âge,
Il se fait enfant pour rire avec vous !
Ouvrez vos yeux bleus et vos bouches roses,
Et tout le printemps chantez et dansez !
Mon vieux chêne vert a vu bien des choses :
Il reste debout lorsque vous passez.

Sous mon chêne vert, amants du village,
D'oiseaux et de fleurs venez deviser :
Il est confident du jeune langage
Que parle un regard, que chante un baiser.
Ouvrez à l'amour vos ames écloses,
Car déjà l'espoir vous a fiancés !
Mon vieux chêne vert a vu bien des choses :
Il reste debout lorsque vous passez.

Sous mon chêne vert, anciens du village,
Vieux à cheveux blancs, venez vous asseoir,
Car vos souvenirs frôlent son feuillage
Où luit le passé dans l'ombre du soir.
Venez y compter, sans regrets moroses,
Vos premiers beaux jours gaîment traversés!
Mon vieux chêne vert a vu bien des choses :
Il reste debout, lorsque vous passez!

25 novembre 1849.   MARC MONNIER.

CHARME ET MYSTÈRE.

A Mlle H. K.

Lorsque ta voix à mon oreille
Tinte comme un écho des cieux,
        Mon luth s'éveille,
        Harmonieux.

C'est toi la muse qui m'inspire!
A ton accent doux et vainqueur,
        Avec ma lyre,
        Vibre mon cœur.

Quand tes yeux, miroir de ton ame,
Eclairent mon front soucieux,
        Soudain leur flamme
        Brille en mes yeux.

Ils s'illuminent de ta joie,
Comme aux rayons du jour nouveau
    Sourit, verdoie
    Un gai coteau.

Comme une harpe éolienne,
Je sens mon ame tressaillir
    Lorsque la tienne
    Pousse un soupir.

Chaque émotion qui palpite
En ton sein, doux trésor voilé,
    Remue, agite
    Mon cœur troublé.

Quel charme enivrant et suprême,
Par une harmonieuse loi,
    Fait de moi-même
    Un autre toi?

Dans mon ame, triste ou ravie,
Comment jettes-tu tour-à-tour
    La mort, la vie
    L'ombre et le jour?....

J.-É. PEG-ROUSSEL.

CHRONIQUE

DE LA

REVUE SUISSE.

—

AOUT.

« La méthode des journaux pourrait bien finir un jour par lasser : » nous ne nous doutions pas de tirer à bout portant ni si juste en terminant ainsi notre revue du mois de juillet. Elle était à peine partie qu'il surgissait de la discussion d'une nouvelle loi sur la presse deux amendemens inopinés.

Le premier demandait que tous les articles d'un journal fussent signés, et signés d'un nom véritable. Là dessus chaude alarme parmi les intéressés. Ceux qui crièrent le plus, il faut le dire, ce furent les feuilles conservatrices, et surtout, parmi elles, les puissances de premier ordre, comme les *Débats* et le *Constitutionnel*. Evidemment, ce rayon de jour qui cherchait à s'insinuer dans leurs arcanes ne leur était pas agréable. Les *Débats* en perdirent un moment la tête, et lorsqu'il aurait fallu montrer plus d'esprit que jamais, ils ne surent montrer que leur mauvaise humeur. Une partie de la presse légitimiste en fit autant. Celle, au contraire, qui persévère dans l'opposition par défiance des orléanistes et du pouvoir, approuva la mesure. La presse radicale de même, à l'exception du *National*, qui vise à la haute école, au classique du genre et voulait conserver intactes les grandes traditions de l'art. Le *Charivari*, comme à son ordinaire, fit bonne et spirituelle contenance; mais on pouvait cependant distinguer au milieu de ses rires quelques soupirs étouffés. A bien compter donc, dans plus de la moitié du camp menacé et dans ses quartiers les plus divers, sous le pavillon comme sous la tente, parmi les troupes légères comme parmi les gros bataillons, au centre comme aux avants-postes, ce fut un concert de plaintes à fendre le cœur. « On n'entend rien, s'y écriait-on, à la manière dont se fait un journal; on détruit toute son économie intérieure; on brise son unité collective : la presse est amoindrie, la presse ne s'en relèvera pas.» — «Nous l'entendons bien ainsi! répondaient quelques voix plus brutales ou plus franches : la presse est une puissance, et une puissance usurpée, un état dans l'état; c'est l'Inquisition moderne : à la tribune, nous combattons le visage découvert, et la plume qui nous poignarde dans l'ombre d'un article anonyme, est tenue par un homme masqué.» — «Nous vous avons soutenu, nous vous avons fait nommer,• reprenaient les victimes, d'une voix altérée : l'amendement ne passera pas, il est impossible qu'il passe!» Il passa, au contraire, à une fort belle majorité. L'opposition radicale et l'opposition légitimiste, l'opposition romantique, ou l'*Evènement*, l'opposition à tout jamais, ou la *Presse*, applaudirent à ce nouveau régime de publicité : les uns pour faire bonne mine à mauvais jeu; les autres, pour faire en même temps pièce à leurs adversaires; quelques-uns sans doute par conviction et voyant là un moyen de donner à la presse un peu de respect d'elle-même, de mesure et de sincérité.

Mais voilà que, blessée à la tête par cet amendement qui exige la signature des articles politiques, la presse reçoit un nouveau coup dans le flanc, on pourrait dire : dans le cœur, puisqu'il touche à la caisse. Le premier lui avait été porté par deux chevaliers légitimistes, MM. de Tinguy et de Laboulie; le second lui vient de M. de Riancey, l'écuyer de M. de Montalembert. Il propose de frapper le roman-feuilleton d'un centime de timbre par exemplaire et par numéro. Cet amendement n'est pas moins bien accueilli; il passe comme sur des roulettes. Ainsi, un journal qui a trente mille abonnés, payera (outre le timbre ordinaire qui a été rétabli) trois cents francs par numéro pour le roman-feuilleton seulement, c'est-à-dire plus que ne lui coûte ce dernier, qui ne lui coûte déjà pas mal. Il y avait là de quoi allonger bien des mines, particulièrement celles des grands journaux, dont le feuilleton et les primes sont le principal moyen d'allécher les abonnés. Aussi, parmi eux, le nombre de ceux qui avaient passé à la loi son amendement sur la signature, diminua-t-il visiblement; et surtout, le second lui aliéna la gent porte-plume, qui en jeta les hauts cris. Elle n'appelle plus cette loi que *la loi de haine;* mais il n'en est pas de même dans le public : la presse jouit d'une si belle réputation, qu'il est resté fort indifférent au dur soufflet donné par la tribune à sa rivale, pour ne pas dire qu'il en a entendu le bruit avec un secret plaisir.

Le but qu'on se propose sera-t-il atteint! c'est bien douteux. Le roman-feuilleton est immoral; mais détruira-t-on son immoralité et le détruira-t-on lui-même en le taxant? puis, une chose étant reconnue immorale, est-il bien moral d'en tirer de l'argent? c'est lui donner patente et sanction légale : ceci, comme on l'a dit avec malice, mais non sans quelque fond de vérité, ne rappelle-t-il pas un peu la vente

des indulgences et ce passé de l'Eglise catholique où, selon l'*Univers*,
il ne se trouve « rien, absolument rien qui ne soit digne de l'affirma-
» tion et de l'amour de ses enfans ? » (¹)

Ensuite, et quoi qu'on pense du principe, les puissans, les habiles
sauront bien se tirer d'affaire ; il se publiera moins de romans-feuilletons, sans contredit ; mais les journaux riches se piqueront, malgré la
dépense, de continuer à en servir au public ; seulement ils n'en ad-
mettront plus que de ceux qui ont fait la réputation du genre, justement ceux-là même que la loi voulait frapper, car les autres, signés
d'un nom vulgaire, passaient presque tous inaperçus. Il n'y aura ainsi
plus de débutans. La *Presse* s'est déjà déclarée en ce sens. Elle annonce, en outre, des combinaisons mystérieuses, sur le résultat desquelles elle ajourne à un avenir prochain M. de Riancey et M. de Montalembert ; ils verront, dit-elle en ricanant, ce que l'on gagne à vouloir
comprimer la plus incompressible des libertés modernes. Ce sont, à
ce qu'il paraît, des machines qui tireraient à la fois, avec grande économie de frais, des ouvrages et le journal. Le *Constitutionnel* donnera
des masses de feuilletons de toute espèce, politiques, historiques,
anecdotiques, littéraires, des voyages, des comédies, des proverbes :
il y aurait bien du mal si, parmi tant de formes diverses, il ne s'en
trouvait pas une et même deux, les deux dernières par exemple, où
l'esprit de l'ancien roman-feuilleton parvînt de nouveau à s'incarner.
Chacun prend ainsi ses mesures selon son génie et ses moyens. L'*Assemblée nationale* publie une liste de plusieurs centaines d'ouvrages
parmi lesquels elle donnera des primes à choisir à ses abonnés. Les
primes sont en effet un moyen tout trouvé, et il ne sera pas difficile de
les composer de manière à satisfaire à tous les goûts par la variété des
mets. En un mot, la loi n'arrêtera que les petits et les faibles dans ce
monde bourdonnant de la presse et des journaux ; elle ne prendra pas
ceux qui ont de bonnes pattes et de larges ailes :

> Où la guépe a passé, le moucheron demeure.

Il en sera de même de la signature. On a voulu atteindre par là cette
puissance occulte qui se glisse partout et qui assassine sans se laisser
voir ; jeter un peu de lumière dans ces arrière-boutiques des journaux
où se trament tant de choses que l'on ose bien faire, mais dont on ne
se vanterait pas ; effrayer ces plumes vénales qui défendent tour à
tour le pour et le contre, et dont on a vu quelques-unes se répondre
à elles-mêmes dans des feuilles de différentes couleurs ; imposer, enfin, une responsabilité plus réelle à ces rédacteurs en chef qui n'ont
de rédacteur que le nom, et qui sont plutôt des entrepreneurs politiques et littéraires spéculant, pour leur fortune, leur position, leur
influence, sur leurs ouvriers, sur leur marchandise et sur le public.

(¹) Voir notre *Chronique* de Juin, page 598 de ce volume.

Les gros bonnets du journalisme se sont montrés fort irrités, au premier moment, de cette tentative de pénétrer dans leurs sanctuaires. La réflexion a dû bientôt leur rendre toute leur tranquillité. Un directeur de journal qui n'écrit jamais rien lui-même, qui s'en est fait une loi et dont on dira peut-être, à tort ou à droit, qu'il serait incapable de la violer, ce directeur n'en est pas moins pour cela, n'en est que mieux une puissance (exemple : celui de la *Revue des Deux Mondes*) : laissant toujours la plume à ses rédacteurs, il passe d'autant mieux pour la diriger. Comme par le passé, un rédacteur en chef ne paraîtra donc qu'autant qu'il voudra ; et quant aux signatures particulières, elles seront, dans un article marquant, un nouvel élément de réputation pour son auteur, dans les articles collectifs, compromettans ou obscurs, une charge que l'on se répartira en famille au moment de mettre sous presse : il se trouvera toujours des étourdis ou des pauvres diables pour en prendre l'endos. Bref, nous sommes dans un siècle où l'on a poussé à la dernière perfection l'art de savoir se retourner : cet art est devenu depuis long-temps une partie essentielle de l'art d'écrire ; c'était déjà celui de Protée, et le journalisme, ce Protée moderne, en sait trop toutes les ruses pour ne pas se tirer encore du filet que vient de jeter sur lui la nouvelle loi.

Celle-ci pourra bien amener, suivant le train que prendront les choses, une transformation, une révolution dans la presse quotidienne ; mais elle ne la tuera pas, elle ne sera pas le signal de sa chute, bien qu'elle en soit peut-être l'avant-coureur.

Ce qu'elle a jusqu'ici laissé voir de plus clair, c'est la jalousie de la tribune envers la presse, la rivalité sourde de ces deux reines de l'opinion, rivalité qui en est presque venue à une déclaration de guerre. Toutes les deux, au reste, ont chacune leur genre de péril qui leur donne l'alerte : la presse, les coups de filets législatifs pour la mettre en cage et lui rogner les ailes ; la tribune, les coups d'Etat pour faire taire sa voix. Il est douteux, tant leur sort est lié, tant leur vie est commune, que l'une succombe sans avoir la consolation de penser que l'autre la suivra de bien près. — Déjà, après avoir essayé d'enchaîner la presse et restreint le suffrage universel, l'Assemblée se voit à son tour ou se croit menacée. Elle a cité à sa barre et condamné à une forte amende le journal le *Pouvoir*, qui passe pour l'organe intime de la Présidence ; peu s'en est fallu, quelques jours après, qu'elle ne mît en jugement le ministère lui-même, sur ce qu'il paraissait vouloir prendre sous sa protection un autre journal non moins violent contre l'Assemblée. Celle-ci a fini par comprendre, qu'en accordant tout à la réaction, elle faisait les affaires du Président, et nos lecteurs se rappelleront peut-être à ce sujet un mot curieux de ce dernier(¹).

La majorité s'est dès lors divisée. Par peur des orléanistes et des bo-

(¹) Voir notre *Chronique* de Juin, page 597 de ce volume.

napartistes, les légitimistes pur-sang ont voté avec les montagnards, ou ont vu ceux-ci voter avec eux (les feuilles légitimistes ont la candeur de tenir à cette dernière manière de s'exprimer et de l'appeler une différence capitale); ils ont fait ainsi échouer les mesures et les combinaisons du gouvernement, entre autres dans le choix des membres d'une commission de permanence qui doit remplacer l'Assemblée pendant sa prorogation, du mois d'août au mois de novembre: fort peu des candidats du gouvernement ont été élus; au contraire, plusieurs des antagonistes de la politique présidentielle l'ont emporté sur eux. De ce nombre est le général Lamoricière qui, faisant allusion à des bruits de coups d'état, s'était énergiquement prononcé du haut de la tribune contre ce qui serait, dit-il, « l'Empire moins le génie et la » gloire.» Aussi, un des journaux de l'Elysée l'appelle-t-il «l'insulteur du Président.»

Ces journaux, comme en général tout ce qui est présidentiel, malmènent très-fort l'Assemblée; ils ont hâte de la voir en vacances, et voudraient, je crois bien, l'y voir indéfiniment. Elle, de son côté, est évidemment sur la défensive et plus qu'en *délicatesse* avec le pouvoir exécutif, bien qu'elle soit toujours réactionnaire pour le reste. C'est sous l'empire de ce sentiment que la majorité s'est brusquement disloquée et déplacée; cela s'est fait presque du jour au lendemain; déjà elle n'appartient plus à ceux qui la dirigeaient et la menaient au doigt et à l'œil il y a quelques semaines. Les légitimistes qui ne se prêtent pas à la conciliation, à la fusion, les légitimistes *pointus* comme les appellent leurs adversaires, ont rompu avec ceux des conservateurs de toutes nuances qui sont pour la *vie commode*, comme disait un de leurs journaux, pour la *temporisation féconde,* comme disent les *Débats.* Les partisans de la vie commode avant tout et n'importe par qui ni de quelle manière, ont ainsi vu diminuer leurs rangs et leur influence; mais, en présence d'un fait accompli, il n'est pas douteux que leur nombre ne se trouvât considérablement augmenté, en un clin-d'œil. Mais le fait s'accomplira-t-il? Nous tenons de la même source qui nous a toujours bien renseigné sur le Président, que maintenant il s'en va répétant volontiers: « Je ferai un appel au peuple.» Mais le peuple, que répondrait-il? Louis-Bonaparte a montré jusqu'ici plus de volonté que d'action ; et l'action ne lui a été heureuse que lorsqu'il a été porté par elle, mais non pas lorsqu'il l'a brusquée. En attendant, on discute ouvertement, de part et d'autre, le pour et le contre d'un Dix-huit Brumaire. Voilà où l'on en est ; et où l'on en sera peut-être encore long-temps.

— Parlons un peu du roman-feuilleton, pour le cas où il faudrait réellement lui faire nos adieux. De ses quatre illustrations de premier ordre, M. Alexandre Dumas est la seule actuellement en évidence. M. Eugène Sue est à la Chambre: il n'y parle jamais, il est vrai; mais il est peu probable qu'il puisse y écrire de nouveaux *mystères* au milieu des interruptions et des orages. Mme Sand n'a rien publié depuis assez long-temps. M. de Balzac est revenu de ses voyages très-gravement malade; on disait même, il y a quelques jours, qu'il était mourant. Quant à M. Alexandre Dumas, il parait toujours aussi infatigable qu'inépuisable. Il se tourne à la fois vers tous les pays et tous les âges. Outre l'histoire de France, qu'il aura bientôt fini de *romancer* depuis Philippe-Auguste jusqu'à Louis-Philippe, suivant le plan qu'il s'était fixé à lui-même, c'est maintenant la Hollande, ses Jean de Wit et ses fleuristes, ses échafauds et ses parterres qu'il exploite dans la *Tulype noire ;* d'autre part, dans *Dieu dispose,* récit qui nous semble bien posé et assez profondément engagé, c'est l'Allemagne et ses etudians, leurs *Kneipes* et leurs sociétés secrètes, leurs *Tugendbund* et leurs *Commerces de Renards.* Tout cela parait à la fois dans différens journaux, et ne l'empêche point de donner bon an mal an une demi-douzaine de pièces de théâtre : on ne sait, du roman ou du drame, lequel est pour lui le travail, et lequel le délassement. S'il est difficile qu'il gagne et atteigne le durable à cette fécondité sans relâche, il ne perd rien du moins de sa verve et de sa facilité. Pour tout dire, sa fécondité a bien aussi certaines explications secrètes et particulières : non-seulement l'histoire universelle lui est un sujet tout trouvé, qu'il met en coupe réglée pour le feuilleton ou pour le théâtre ; mais encore il suit la maxime de Molière et de tant d'autres qui l'ont pratiquée sans mot dire : il *reprend son bien où il le trouve*, il emprunte aux vivans et aux morts, à ses contemporains comme à ses devanciers, et reçoit même de la main à la main la besogne plus d'à moitié préparée. Il faut lui rendre cette justice, en revanche, qu'il ne se contente pas d'y apposer sa signature; non, s'il ne change et ne refait pas tout, il recopie du moins tout lui-même : il y tient, il s'en est fait une loi sacrée. On nous assure que, de tous ses ouvrages, il n'en est pas un seul qui ne soit tout entier de son écriture depuis la première ligne jusqu'à la dernière. Ainsi, la postérité pourra dire de lui : *On le voyait écrire, écrire, écrire ;* mais nous n'entendons point par là qu'elle doive ajouter : *Il compilait, compilait, compilait.* Un si déterminé et si étourdissant conteur a beau enfourcher l'idée d'un autre, il ne se laisse mener par elle que s'il trouve la monture à sa guise et pour gagner plus rapidement du chemin.

— Parmi les derniers romans-feuilletons qui auront échappé au régime et à la griffe du timbre, il faut mentionner aussi *Geneviève*, par M. de Lamartine. Publié dans le *Constitutionnel*, ce petit ouvrage est maintenant terminé. Il arrivait à peine à sa dernière page, que la *Presse* commençait, de son côté, les nouvelles *Confidences* faisant suite aux premières. Elles reprennent l'histoire de la vie et des impressions de l'auteur au moment où nous avait laissés le principal épisode de sa jeunesse et le plus particulièrement poétisé, *Raphaël*. Ainsi, pendant son nouveau voyage en Orient, où son étoile déclinante fait encore de lui un petit prince féodal sous la suzeraineté de la Porte, M. de Lamartine n'en reste pas moins présent devant le public européen par des œuvres dont l'une n'attend pas l'autre et qui ne vous donnent presque pas le temps de respirer.

Geneviève a été cependant peu goûtée, peu remarquée ; sans le nom de l'auteur elle aurait passé inaperçue. Il y a là pourtant, comme toujours, de belles pages de description, des morceaux touchans, et même plus d'événemens et d'action que dans les autres productions romanesques de M. de Lamartine ; mais ses défauts s'y retrouvent aussi, et dans un cadre qui gênait l'essor de ses grandes qualités.

Geneviève est une pauvre fille, toute dévouée à sa jeune sœur. Pour continuer à lui servir de mère, elle lui sacrifie tout, jusqu'à un amour partagé ; elle renonce au mariage et rompt avec son fiancé, dont la famille, supposant de tout autres motifs à Geneviève, la juge sévèrement ; mais ce n'est là que le commencement de ses catastrophes. Sa sœur, devenue grande et belle, contracte un mariage secret avec un soldat. Obligé de la quitter avant de l'avoir reconnue pour sa femme, il est tué dans une bataille. Elle-même meurt bientôt de chagrin, après avoir donné le jour à un fils. Geneviève veut alors sauver au moins la mémoire de sa sœur. Sur l'avis d'une vieille et bonne sage-femme dont elle est sûre, elle consent avec désespoir à ce que le nouveau-né soit déposé à la porte d'un hospice des *Enfans-Trouvés.* La sage-femme, qui s'est chargée de ce soin, est surprise, accusée et jetée en prison. Geneviève alors vient prendre sa place et se donne pour la mère de l'enfant. On la croit ; sa réputation, auparavant sans tache, est perdue ; elle mène, durant plusieurs années, une vie d'humiliations, de souffrances et de misère. Son innocence est enfin reconnue malgré elle, et elle retrouve le fils de sa sœur, lequel ne lui avait pas été rendu ; mais il passe pour celui d'une autre villageoise qui, l'ayant recueilli, l'avait substitué au sien, mort par accident ; le petit garçon la croit sa véritable mère, et ne veut pas la quitter. Geneviève a au moins, pour consolation, de passer sa vie auprès d'eux.

Cette petite histoire, on le voit, sans être bien fortement *intriguée*, est assez *incidentée* pourtant dans sa simplicité. Sauf certains ressorts qu'il ne faudrait pas trop rigoureusement presser, elle a une intention morale. L'auteur en a même voulu faire un ouvrage pour le peuple, un ouvrage d'imagination, un roman où la classe inférieure fût réellement en scène, pût se reconnaître elle-même dans un récit romanesque, s'y retrouver avec intérêt et avec fruit.

Or, c'est là le difficile : la littérature populaire, l'art populaire. L'art repose sans doute sur un sentiment universel et humain ; mais pour le reste il suppose, il exige l'étude, le métier, l'apprentissage, comme les arts mécaniques eux-mêmes. L'homme le plus né musicien, Mozart, par exemple, n'en est pas moins obligé de passer de longues années à exercer son instrument; avant de s'en rendre maître, à chercher son génie avant de le trouver, et l'homme le plus né pour goûter la musique ne sentira pas du premier coup toutes les beautés de *Don Juan*.

Un avantage du roman, avantage inappréciable s'il n'était pas contrebalancé par tant de difficultés et d'écueils de toute espèce, inhérens aussi au genre lui-même, c'est précisément d'être de sa nature aisément populaire, facilement accessible et compréhensible pour tous ; je dirai plus : c'est d'être la forme populaire par excellence, savoir le récit, le conte, et, comme le prouvent la fable et la parabole, la véritable forme populaire de l'enseignement. La grande difficulté de faire un bon roman pour le peuple, et qui le serait par là même pour toutes les classes de la société, n'est donc pas avant tout dans l'expression, dans le style : il suffit que l'expression soit claire, simple, franche et appropriée au sujet; elle n'est pas non plus dans le rang des personnages : il suffit qu'ils soient hommes. Elle est avant tout dans le fond, dans le sujet lui-même; elle consiste en ceci : que l'ouvrage, outre son intérêt humain, universel, ait bien l'intérêt particulier au roman, et pourtant que cet intérêt soit moral. Romanesque et moral : tel est le problème. Dire que les deux termes en sont contradictoires, c'est condamner la vie et le cœur humain ; c'est leur demander plus que de se changer, c'est leur demander de ne pas être.

Au surplus, M. de Lamartine ne se pose point cette question ; il admet le roman ; il le conçoit, à sa façon, moralement et romanesquement populaire ; mais il s'est trompé, disons-nous, en croyant que, pour atteindre ce but, il fallait nécessairement emprunter au langage et à la vie du peuple la forme et le sujet de son œuvre. La première condition de toute œuvre pour qu'elle devienne universelle et populaire, c'est d'être profondément humaine, c'est de réaliser un des types généraux de l'humanité. Peu importe que Tartuffe soit du peuple ou n'en soit pas, que don Quichotte soit gentilhomme, et que Robinson ne soit d'aucun rang de la société puisqu'il est long-temps toute sa société à lui seul. L'essentiel est qu'ils soient hommes par les bons ou les mauvais côtés, qu'on les croie vivans, qu'ils semblent exister en chair et en os et ne pouvoir jamais cesser d'être ; voilà pourquoi ils sont populaires et de notre connaissance à tous; voilà pourquoi, en disant un Robinson, un don Quichotte, un Tartuffe, tout le monde comprend sans autre explication : quand on voudra parler d'une pauvre fille dévouée, dira-t-on désormais une Geneviève? Nous doutons, d'ailleurs, que le peuple accepte volontiers d'autres héros puisés dans son obscure histoire que ceux qu'il en aurait tirés d'abord et déjà poétisés lui-même : il connaît trop sa propre réalité et sa misère pour qu'on la lui peigne jamais à son gré; il la sent trop aussi peut-être, elle lui est trop présente, pour qu'il songe à l'idéaliser.

Quant à la forme, un écrivain, quel que soit son génie, ne parviendra jamais à parler comme le peuple, ni si mal, ni si bien : en croyant prendre le langage populaire, il ne fera qu'un pastiche plus ou moins heureux pour les littérateurs; en croyant sortir de l'art, il y sera plus que jamais. Cette tentative ne pouvait réussir à personne moins qu'à M. de Lamartine, car s'il a une admirable flexibilité dans la voix, nul, en revanche, ne sait moins en changer. Aussi reconnaît-on la sienne dans celle de tous ses héros. De plus, il a besoin de dire *Je* pour avoir tout son essor, pour être parfaitement à son aise; or, il est si accoutumé à donner ce tour à ses récits, que lorsqu'il ne peut pas l'employer pour son propre compte, il en transporte le bénéfice à ses personnages. C'est ce qu'il a fait pour Geneviève : elle raconte elle-même son histoire, et comme il a voulu donner à cette héroïne rustique le langage d'une femme de sa classe et des montagnes où elle est née, on sent encore mieux que c'est lui qui parle par sa voix. Cela se sent jusque dans ses récits plus intimes et plus personnels : ainsi, dans les nouvelles *Confidences,* sa mère, s'entretenant avec lui, se sert à plusieurs reprises du mot d'*aspirations,* alors que certainement ce grand mot du siècle n'était pas encore inventé. De même, pour citer un exemple d'un autre genre, Geneviève dit quelque part d'une belle jeune fille, qu'elle avait des yeux *couleur de peau de prune :* on reconnaît là le poète qui a cherché et cru trouver l'expression rustiquement idéale. Il se trahit ainsi dans maints endroits. Quelques-uns produisent un effet quasi grotesque : parfois, en écoutant la pauvre servante, on se représente involontairement Lamartine sous la coiffe.

Malgré ce défaut dans l'exécution et ce qui peut manquer à l'ensemble pour en faire une création vraiment populaire, cette petite nouvelle de *Geneviève* offre cependant des détails remarquables à plus d'un égard; et surtout elle est curieuse à noter, comme étude, dans *l'œuvre* de M. de Lamartine. C'est ce qui nous a fait nous y arrêter quelques instans.

— Dernièrement un homme de lettres, de date encore récente, et qui cherche aussi à prendre rang dans le feuilleton, M. Charles Monselet, rencontre par hasard dans un lieu public M. Gustave Planche, l'homme au cœur de rocher pour les mendians d'éloges et pour la littérature courante. Se trouvant placés à côté l'un de l'autre, la conversation s'engage et se poursuit, toujours ainsi *de côté,* sur des sujets indifférens. Enfin M. Monselet, abordant la conversation *en face,* se tourne vers son interlocuteur et lui dit tout-à-coup : — «Voyons, je sais supporter la critique, dites-moi franchement ce que vous pensez de mes ouvrages.» — Comme je ne les ai pas lus, lui répond M. Planche d'une voix douce, je ne puis vous dire ce que j'en pense : quand je les aurai lus, je vous le dirai. »

— M. Proudhon, dans sa prison, est comme le Titan captif sous le volcan révolutionnaire qui s'est refermé sur lui. De temps en temps il remue, il rugit, et l'on voit alors jaillir dans les airs une pluie de feu, de soufre et de pierres ; elle brûle et elle écrase : on ne pourrait dire lequel des deux elle fait le mieux, il suffit qu'elle fasse l'un et l'autre du même coup. Ainsi doivent l'avoir éprouvé les imprudens qui se sont attiré l'éruption dernière : ce n'étaient que quartiers de roche par ci, douches de flamme par là, à chacun une bonne pouffée de cendre dans les yeux, et, les englobant tous à la fois, une rouge coulée de lave. Le tout est adressé *aux citoyens Ledru-Rollin, Charles Delescluse, Martin Bernard, et consorts, rédacteurs du PROSCRIT, à Londres.* Louis Blanc n'y est pas oublié. Ils avaient publié dans ce journal une espèce de manifeste dans lequel ils faisaient appel au peuple, l'invitant à revenir à eux, à abandonner les *ferrailleurs d'idées* pour rentrer dans la tradition révolutionnaire. Ils lui soumettaient leur programme, rédigé en dix articles, comme le décalogue, observe M. Proudhon. Celui-ci reprend successivement chacun de ces dix articles et, leur lâchant une bordée de son feu souterrain, il les réduit en cendres l'un après l'autre. Voici, pour quelques-uns, la figure qu'ils font et comment ils se tordent dans ce terrible creuset.

« *Politique extérieure : Guerre aux rois, fraternité des Peuples.* »
« Tel est votre premier et votre plus grand commandement. Certes, vous ne vous êtes pas ruinés en fait d'invention : vous n'avez eu qu'à copier la rubrique de 93. Malheureusement, ces quatre mots, qui faisaient frissonner nos pères, et les lançaient par millions sur les champs de bataille, n'excitent plus que le sourire des contemporains. Savez-vous pourquoi ?

» C'est que le monde a vu que la guerre aux rois et la fraternité des Peuples avec le système économique existant étaient un non-sens ; c'est que la royauté n'est autre chose que la clef de voûte de l'ordre social qu'il s'agit de réformer et que vous vous obstinez à défendre ; c'est enfin, qu'après les guerres de dynasties nous aurons les guerres de races, aussi long-temps que le problème social, ce problème dont vous détournez les yeux, n'aura pas été résolu.

» Que nous parlez-vous de guerre aux rois et de fraternité des Peuples, quand vous ignorez le premier mot des questions économiques ? Les rois, entendez-vous, ne sont que la conséquence légitime, l'expression nécessaire de l'organisme social que vous soutenez, que du moins vous ne désavouez pas. A l'exemple de nos pères, dont l'erreur en cela fut du moins excusable, vous prenez à rebours la Révolution : vous cherchez la réforme sociale dans la réforme politique, ne voyant pas que l'institution politique est le produit du système économique. Aussi, votre démocratie n'est toujours que de l'absolutisme : votre République universelle, le pastiche de la monarchie universelle.

» Là est votre incurable illusion et la source de votre politique détestable. Un simple traité d'union douanière avec la Belgique résolvait, tout en respectant l'indépendance du peuple Belge, la question si grave de notre frontière du Rhin. Au lieu de cette solution économique et socialiste, vous n'avez su imaginer rien de mieux que votre ridicule expédition de Risquons-Tout. C'est ce que vous appelez de la politique révolutionnaire!

» *Association volontaire.*»

» Vraiment, je ne puis comprendre que des hommes qui ont joué, qui ont la prétention de jouer encore un rôle dans les affaires de leur pays, ramassent ces banalités de la plus impuissante démagogie. L'*association volontaire!* Eh! qui diable s'inscrira jamais en faux contre l'association volontaire! Tout ce que l'on demande, c'est qu'elle ne soit jamais forcée. Long-temps avant Février, il existait des associations d'ouvriers; tous les jours il s'en forme de nouvelles, malgré les tracasseries de la police, qui, dans ses folles terreurs, les prend quelquefois pour des sociétés secrètes. Parmi ces associations, toutes volontaires, les unes prospèrent, les autres langissent et se liquident: qu'est-ce que tout cela signifie? Qu'est-ce que cela nous apprend? Et que fait aux travailleurs, fort peu identifiés sur la matière, que vous leur promettiez, au nom de la République, l'autorisation de s'associer volontairement?

» La question à résoudre, citoyens, question supérieure encore à celle du crédit, et sur laquelle le Peuple invoque le secours de vos lumières, ce n'est point l'*association volontaire,* ce qui est presque aussi niais que le *travail volontaire;* c'est le mode de constitution de la société.

» Je m'explique.

» C'est un préjugé généralement répandu, que le principe d'assolion, plus largement appliqué, doit régénérer le monde, et qu'en lui est le problème de l'avenir. Mais là s'arrête l'hypothèse: la formule manque à la réalisation. Sera-ce la société universelle de biens et de gains, définie par le Code civil, et si commune au moyen-âge; ou bien la société commerciale, en nom collectif, en commandite, ou anonyme? Sera-ce seulement la participation, ou le secours mutuel? Louis Blanc prend pour devise de l'association ouvrière : *De chacun suivant ses facultés, à chacun suivant ses besoins. De chacun, à chacun,* cela se décline, comme la ballade de *Trissotin.* Etes-vous pour la théorie du Luxembourg? Préférez-vous, au contraire, la formule triadique et mystique de Pierre Leroux; ou la combinaison passionnelle de Fourrier? Comment, enfin, car c'est là le problème qu'ont essayé de résoudre, après le Code civil et le Code de commerce, tous les chefs d'école; comment des travailleurs peuvent-ils librement et volontairement s'unir, de manière à conserver toujours leur individualité et leur indépendance, à exercer leur autorité et leur initiative, à ne répondre chacun que de leurs propres œuvres, à n'éprouver et n'inspirer jamais ni jalousie, ni mécontentement, à produire tous ensemble la plus grande somme de valeurs, et avec le moins de frais possibles? Voilà ce qu'ont besoin de savoir bourgeois et ouvriers; ce que demandent à grands cris les associations parisiennes, engagées dans des difficultés inextricables. Et vous leur répondez comme Marphurius à Sganarelle: Associez-vous, si vous voulez; ne vous associez pas, si vous ne voulez pas! Quels puissans réformateurs vous faites.

» A présent renversons la thèse.

» Est-il bien certain que l'association, dans le sens légal et vulgaire du terme, aussi bien que dans toutes ses déterminations utopiques, soit une donnée de l'avenir ; qu'elle doive faire partie du programme de Février?

» Est-il sûr que cette idée vague d'association, sous laquelle se cache la pensée secrète d'une dictature communiste, ne soit pas une conception anti-progressiste, une idée essentiellement contre-révolutionnaire ?

» A ce propos, écoutez ce que je m'en vais vous dire, et que vous me paraissez ignorer tout à fait. Je ne vous ferai pas de dissertation : je vous rapporterai seulement un fait.

» Depuis environ quinze mois, tout le monde, en France, a été frappé du mouvement qui s'est opéré dans l'esprit des paysans. Le paysan, réactionnaire en juin 1848, après les prédications du Luxembourg, réactionnaire encore au 10 décembre, tant qu'il crut que la Révolution avait pour but de rendre commune la terre, l'industrie, la famille, la consommation et le travail, le paysan est devenu révolutionnaire le jour où le comité de la rue de Poitiers lui a appris, par ses petits livres, que le Socialisme c'était le partage des biens. Ce jour-là le paysan fut conquis à la révolution : il devint l'espoir de la démocratie, la terreur de l'absolutisme! En effet, ce que demande le paysan, c'est la terre, la terre, qui lui assure l'indépendance et la propriété, la terre, qui réalise pour lui le *chacun chez soi, chacun pour soi*. Le paysan est le moins communiste, j'ai presque dit le moins sociable des hommes. Aussi, tandis que le législateur du Luxembourg élabore, dans le *Nouveau Monde*, ses plans de communauté agricole, où chacun sera contraint de travailler pour tous, sous la direction d'un ingénieur imposé par l'Etat, et d'après les articles d'un réglement dressé par l'Etat, les paysans, dans toutes les provinces, réclament une diminution de fermage, des baux de 50 et 99 ans ; les plus exaltés parlent même de détruire les titres de propriétés, ou, pour employer leur expression pittoresque, de *brûler tous les papiers*([1]). Se peut-il, je le demande, une opposition plus radicale entre les tendances d'un Peuple et les théories de ses prétendus réformateurs ?

» Et maintenant, dites-moi, qui donc ici est dans la tradition de 89 et 93, dans la vraie tradition révolutionnaire, du paysan qui, suivant une loi dès long-temps reconnue par la science économique, réclame des institutions à l'aide desquelles, sans spoliation ni bouleversement, la terre sera rendue aux mains qui la cultivent ; ou des déclamateurs qui, sans nulle intelligence des besoins du Peuple, l'entretiennent d'association volontaire, de communauté agricole et d'exploitation par l'Etat? Est-il clair qu'une des plus grandes œuvres de notre siècle sera une Révolution agraire, opérée en conséquence des idées de 89, et par cette raison même en opposition des idées babouvistes et communautaires! Et si la tendance la plus authentique du pays, en ce qui concerne le travail agricole, est la négation absolue des théories d'association actuellement en vogue, est-il possible d'admettre que ces théories reçoivent leur application dans le travail industriel ?

([1]) Cette expression et le fait qu'elle signale, s'il est réel, ne manqueront pas de frapper ceux de nos lecteurs qui savent que la Suisse a déjà eu ses *brûleurs de papiers* au commencement de ce siècle : il est vrai qu'il ne s'agissait alors que des droits féodaux. (*Note de la Rédaction.*)

» Eh bien! vous qui, en reniant le Socialisme, avez cru pallier votre apostasie en conservant dans votre programme cette énorme balourdise de l'*Association volontaire*, que dites-vous de votre habileté? Comprenez-vous le danger qu'il y a pour les chefs de parti à improviser des formules de réforme? Et vous croyez-vous toujours des hommes de révolution, parce que vous êtes maîtres passés en phrases creuses et en mots vides de sens? Allez donc à l'école du paysan!

« *L'Éducation gratuite est obligatoire.*»

» Bon! M. de Montalembert et les ignorantins nous en offrent autant que vous. Que veulent-ils donc, si ce n'est que nous leur livrions nos enfans pour les élever à leur guise. Bien loin d'en exiger une rétribution, ils leur donneront encore des petits livres et des images. Croyez-moi, chers citoyens, sur cette question comme sur toutes les autres, vous êtes en retard avec l'opinion. L'*éducation gratuite et obligatoire*, de même que l'*association volontaire*, ne, signifie plus rien pour nous. Ce qui préoccupe les esprits, ce ne sont plus les frais, c'est le régime des écoles. Osez dire, par exemple, avec Edgar Quinet, que l'enseignement doit être exclusivement civil, c'est-à-dire scientifique et professionnel, mais point du tout religieux; qu'en fait d'éducation, comme de gouvernement, le spirituel doit être séparé du temporel, ainsi que cela se pratique depuis longues années en Hollande, à la grande satisfaction des familles et de l'État. Osez, dis-je, avec l'auteur d'*Ahasverus*, lancer cet anathème au catholicisme; et nous croirons que vous avez le souffle révolutionnaire. Alors cette question résolue, nous vous en poserons d'autres, sur lesquelles nous appellerons de nouveau l'effort de votre génie.

..... » Est-ce sérieux ce que vous venez de faire, citoyens proscrits? Quoi! c'est avec cela que vous comptez faire la guerre aux rois, apaiser les jalousies nationales, conjurer les guerres de races, établir la fraternité entre les peuples, constituer la démocratie européenne! C'est ainsi que vous prétendez continuer la Révolution et résoudre les problêmes du travail, du crédit, de l'association, de l'impot, de la propriété, de l'État! C'est en vertu de ces belles conceptions que vous infligez le blâme à la presse et aux représentans, vos ex-collègues! C'est sur de pareils considérans que vous motivez votre deuxième appel aux armes!.....

» Appeler le Peuple aux armes! Mais vous en êtes donc encore à savoir pourquoi votre manifestation du 13 juin n'a pas abouti, pourquoi elle ne pouvait aboutir? L'insurrection, sachez-le donc pour votre gouverne, l'insurrection, malgré toutes les déclarations et glorifications démagogiques, porte en soi quelque chose de défavorable, comme la guerre et le supplice; quelque chose qui fait que la conscience du Peuple y répugne, et que les citoyens n'y vont qu'à contre-cœur. Et ce n'est pas une doctrine que je prêche, c'est un fait que je constate. L'insurrection n'a de succès qu'autant qu'elle réussit à se dissimuler. On dirait que le Peuple, même dans la plus juste des causes, rougisse de se révolter. La Révolution de 1830 s'est faite au cri de *Vive la Charte!* celle de 1848 à celui de *Vive la réforme!* Bien loin qu'il y eût dans ces cris rien d'insurrectionnel, c'était une protestation contre l'insurrection. La passion et l'entraînement peuvent ensuite convertir en Révolution un mouvement qui d'abord n'avait rien que de pacifique et de légal: jamais on a vu l'insurrection de tout un Peuple s'avouer dès le premier moment comme telle. Votre appel aux armes, proféré du haut de la tribune, a rendu l'insurrection impossible au 13 juin 1849, impossible au 31 mai 1850, impossible peut-être pour bien des années encore.

» Et puis, il ne faut pas vous le dissimuler: le Peuple, ainsi que la bourgeoisie, n'a nulle confiance en vous. Le peuple rit de vos pasquinades politiques et sociales; il vous a connu à l'œuvre; il a jugé la puissance de vos moyens et la fécondité de vos ressources; il a vu poindre, sous votre initiative, cette réaction que vous condamnez aujourd'hui, mais, dont le principe est toujours vivant dans vos cœurs; il a senti que vous, qui parlez sans cesse de tradition révolutionnaire, vous aviez perdu le fil de cette tradition; il se convaint tous les jours, par la lecture de vos manifestes, que vous êtes aussi étrangers à ses aspirations qu'ignorans de la marche de ses idées, et de la situation de ses intérêts; il sait, enfin, que vous n'êtes que des hommes d'autorité et de pouvoir, et pour rien au monde il ne se soucie de remettre une seconde fois ses destinées entre vos mains.

» Tranquillisez-vous donc, et, quoi qu'il arrive, ne vous excitez pas le cerveau, ne vous échauffez point la bile. Acceptez en toute résignation le repos que vous fait l'exil, et mettez-vous bien dans la tête, qu'à moins d'une transformation complète de votre esprit, de votre caractère, de votre intelligence, votre rôle est fini. La révolution du dix-neuvième siècle est chose plus grave que vous ne paraissez le croire: c'est ce qui explique, dans notre brave et intelligente nation, cette attitude calme, ce système d'expectative qui vous révolte. Qu'est-ce, en vérité, que la loi contre la presse, devant la perspective d'une Révolution agraire? Qu'est-ce que la mutilation du suffrage universel, devant cette question du crédit gratuit, devant cette négation de la productivité du capital, qui ôte toute réalité au principe propriétaire? La question révolutionnaire, elle est bien au-delà de la guerre de Rome, de la liberté des journaux et des restrictions du suffrage universel; elle est entre le principe de liberté, que vous n'avez jamais compris, et le principe d'autorité, que vous comprenez encore moins. La réaction n'est pas arrivée à son terme: après avoir éliminé tour à tour les socialistes, les seuls représentans de la Révolution, puis les démocrates de la *Réforme* et du *National*, puis les républicains modérés du *Siècle*, puis les parlementaires de la vieille opposition, elle est entrain d'expulser encore les orléanistes du *Courrier français* et des *Débats*, avec les légitimistes de la *Gazette*, de l'*Opinion publique* et de l'*Union*. La réaction se résume aujourd'hui dans le *Pouvoir* et l'*Univers*, l'Empereur et le Pape, Charlemagne et Grégoire VII. Il faut qu'elle aille jusque-là sous peine de reculer; et si elle recule, elle tombe dans la Révolution.

» C'est là aussi que l'attend le Peuple. La réaction et la Révolution se définissent l'une par l'autre: les travailleurs, avec un instinct admirable, l'ont compris. Aussi ne doutent-ils pas de la victoire. Grâce au ciel, l'esprit humain est plus que jamais indomptable, le peuple ingouvernable, le producteur inassociable. Que la Révolution vienne quand elle voudra; il n'y a plus de place pour les dictateurs, les gouverneurs, les exploiteurs, les directeurs: à chacun le travail; à chacun le capital et le gouvernement.

» Voulez-vous donc, citoyens, servir encore votre patrie, travailler au progrès, contribuer au triomphe de la Révolution? Croyez-moi, devenez d'autres hommes. Mettez au crochet votre défroque parlemen-

laire, rengainez votre phraséologie, brûlez-moi ces vieux oripeaux du jacobinisme ; étudiez la philosophie de l'histoire, de l'économie politique et du droit. Tenez, voulez-vous que je vous dise toute ma pensée ? Je ne connais qu'un mot qui caractérise votre passé ; et je saisis cette occasion de le faire passer de l'argot populaire dans la langue politique. Avec vos grands mots de guerre aux rois et de fraternité des peuples ; avec vos parades révolutionnaires, et tout ce tintamarre de démagogues, vous n'avez été jusqu'à présent que des *blagueurs*.
» Salut et fraternité.

» P.-J. PROUDON. »

— Une lettre bien différente, et reproduite aussi par tous les journaux, est celle de M. Guizot à un de ses amis, pour décliner l'honneur d'être nommé par l'Institut membre du conseil supérieur de l'Instruction publique, tel que l'organise la nouvelle loi. Celle-ci est l'œuvre de M. Thiers et de M. de Montalembert : ils s'y sont fait des concessions mutuelles, l'un sur l'université, l'autre sur l'Eglise, et n'ont réussi qu'à les mécontenter toutes deux. Essai de transaction bâtarde, cette loi est donc, avant d'avoir fonctionné, déjà perdue à moitié dans l'opinion publique. M. Guizot n'en attend rien de bon : il donne ainsi une leçon détournée à ceux qui l'ont faite. L'opposition lui en sait naturellement très bon gré, et, on doit le dire, elle est d'accord ici avec le sentiment général. Aussi, dans ce moment, l'opposition ménage et relève M. Guizot, pour rabaisser d'autant son rival, M. Thiers. Dans l'état des esprits, irrévocablement partagés en deux camps, l'un détestant tout ce qui est clérical, l'autre n'étant pas non plus sans raison de se défier des études universitaires, M. Guizot ne voit de solution possible au problème que la liberté complète. Il ne croit à aucune tentative d'accommodement entre les deux partis. L'incontestable droit des familles à choisir le mode et les établissemens d'éducation qu'elles préfèrent pour leurs enfans, voilà, selon lui, le vrai principe dans cette discussion, et le seul qui puisse la terminer heureusement. Il est donc pour l'Enseignement libre, bien qu'il ne soit pas, il le déclare, pour l'Eglise libre et séparée de l'Etat ; par nécessité sans doute, et non par erreur logique, il ne pousse pas le système jusqu'à son point culminant.

— Cette idée de la séparation de l'Eglise et de l'Etat, de l'ordre civil et de l'ordre religieux, M. Vinet en a été le premier et l'éloquent apôtre. Elle est bien sienne. On l'appelait son utopie ; il l'a long-temps prêchée dans le désert à un petit nombre de fidèles : maintenant qu'elle en sort, qu'on la met en avant, qui pense à lui, et surtout si elle triomphe, qui la lui rapportera ?
Elle paraît vouloir entrer définitivement dans le grand public. M. de Lamartine l'avait accueillie lorsqu'il était au pouvoir. L'année dernière, un de nos amis que ses affaires conduisirent un jour chez M. de Girardin, fut amené par le cours de la conversation à soutenir cette

idée et à l'exposer dans ses principaux détails. Qu'il l'ait fait avec originalité et avec verve, c'est ce dont ne douteront nullement tous ceux
qui connaissent M. Ducloux, notre ancien éditeur de Lausanne, actuellement fixé à Paris. M. de Girardin le retint pendant plusieurs heures, fut très frappé de ses argumens, et se montra décidé à s'occuper,
sérieusement de cette question : aujourd'hui il la prêche hautement ;
elle fait partie du programme de la *Presse*. On la voit percer aussi
dans d'autres journaux. Elle est la conclusion pratique du livre récent
de M. Edgar Quinet sur *l'enseignement des classes populaires*, ouvrage auquel on s'accorde assez généralement à reconnaître un mérite
de simplicité, de sincérité et de nouveauté, sans doute relative, mais
réelle. Enfin M. Guizot, comme nous venons de le dire, se prononce
aussi dans un sens analogue pour ce qui regarde l'enseignement.

La séparation plus ou moins complète de l'ordre civil et de l'ordre
religieux, rencontrera non-seulement des difficultés, mais il en sortira, surtout dans les pays catholiques, une situation bien grave et
d'une immense portée. Même réduite à la sphère de l'instruction publique, elle y donne au clergé l'avantage de la position ; il n'y perd
rien, et il y gagne. Ne fût-ce qu'au point de vue matériel, par le célibat et l'association monastique, il ferait encore mieux aux établissemens laïques la concurrence toujours redoutable du bon marché. Le
clergé le sait fort bien : aussi est-il le premier à réclamer contre le
système de l'instruction par l'Etat et le monopole de l'Université. C'est
la crainte, en revanche, de voir sans cela les études tomber sous l'influence et la domination cléricales qui a long-temps justifié ce monopole aux yeux même de libéraux avancés. Ils l'envisageaient comme
une sorte de mesure de salut public nécessaire pour repousser l'ennemi et le tenir au moins à distance. L'Université est maintenant bien-
modifiée, bien battue en brèche par le fait de la nouvelle loi. Il y
avait d'ailleurs beaucoup à dire sur l'ensemble et les tendances de son
enseignement ; il est loin d'offrir aux familles toutes les garanties légitimes, tant pour la sécurité morale que pour des études vraiment
bonnes, élevées, mais appropriées aux besoins de notre âge, et pour
le judicieux emploi du temps qui leur est consacré : à tous ces égards,
l'Université avait plutôt perfectionné et tendu sa routine qu'elle ne
l'avait réformée. Il est peu probable qu'elle se relève et qu'elle reprenne en droit sa position, si, en fait, par le personnel, par les no-
minations administratives et de coteries, elle parvient à la maintenir
avec quelque apparence. Tout le monde sent qu'elle est démantelée,
et que l'on entre dans une nouvelle phase. Le mouvement des esprits
se tourne donc d'un autre côté ; il aborde de plus en plus l'idée de la
séparation générale du temporel et du spirituel, comme la seule idée
logique et le seul moyen aussi de neutraliser l'influence du clergé.

Le clergé, même son parti extrême, ne voit pas d'aussi bon œil la
séparation de l'Eglise et de l'Etat que la liberté de l'enseignement.

Ici encore, dans le système d'indépendance absolue, c'est lui cependant qui aurait toujours de prime abord la position la plus forte. Séparé de l'Etat, le clergé catholique n'en resterait pas moins un Etat par lui-même : son organisation, sa hiérarchie, son unité, son dogme d'autorité, tout ce que sa constitution lui fournit naturellement de ressources matérielles et morales, lui continuerait une position à part, lui donnerait des moyens d'action et de lutte que n'auraient point les établissemens laïques ni les autres croyances. L'esprit du siècle, le retrouvant ainsi sur son chemin, chercherait à le frapper dans ce qui fait sa force même ; or, sa force est dans son unité, et son unité dans la papauté. C'est bien alors qu'on verrait une autre révolution et une autre guerre!.... Mais que dis-je? tout y pousse : la première République, l'Empire, le vaste ébranlement de Février, ces trois grands flots du siècle ne sont-ils pas tous forcément venus battre les murs du Saint-Siége, de la vieille forteresse à demi écroulée, comme pour l'avertir et la reconnaître? Ce n'étaient là que les premiers mouvemens de la vague : quel sera donc l'orage!.... Un despotisme, que l'Eglise romaine subirait dans l'espoir de le dominer, pourrait bien retarder la tempête, mais non pas la comprimer ni la dissiper à jamais. Les sociétés finissent ou se renouvellent comme elles ont commencé, par une révolution religieuse, car il n'y a pas d'autre véritable révolution sociale : l'idée religieuse est le fond de toute société, elle en est la base. Je crois donc bien, quant aux avantages et aux périls de la séparation complète des institutions civiles et religieuses, et quant au résultat final, que tout se résout ici en une question de foi, comme tout se résout ainsi en définitive pour les peuples et les individus : mais qui aura la foi? qui aura la plus haute et la vraie? et l'histoire ne prouve-t-elle pas malheureusement qu'il en est de la foi, de ce centre moteur de toute vie morale, comme du soleil qui éclaire successivement les diverses parties de la terre et, suivant le mouvement de celle-ci, les abandonne pour diriger ses rayons ailleurs?

Paris, 9 août 1850.

SUISSE.

Neuchatel, le 9 août 1850. — Notre ville a vu se réunir cette semaine dans ses murs la Société des pasteurs suisses. Cette réunion a lieu annuellement depuis assez long-temps déjà, et chaque année des membres du clergé neuchâtelois avaient eu le plaisir d'y assister, sans que jamais ils eussent eu jusqu'ici l'occasion de rendre aux pasteurs des autres cantons l'hospitalité qu'ils en avaient reçue. Il y a trois ans qu'ils firent, à Berne, l'invitation à la Société de se réunir à

Neuchâtel, après la réunion qui devait avoir lieu à Coire l'année suivante. L'intention de la section neuchâteloise n'était pas seulement de rendre aux autres sections l'accueil bienveillant qu'elle en avait reçu, mais aussi d'offrir un point de réunion et d'échange aux pasteurs de la Suisse française et de la Suisse allemande. Neuchâtel seul, par sa position géographique et ecclésiastique, paraissait propre à atteindre ce but. L'année dernière il y avait impossibilité absolue à donner suite à cette invitation, qui avait été cordialement acceptée ; cette année-ci la section neuchâteloise n'a pas vu d'obstacles insurmontables à la réalisation de ce projet, et le succès a dépassé son espérance.

La réunion a été ouverte par un culte célébré dans le temple du haut ; le discours chaleureux de M. le pasteur Ladame, de la Chaux-de-Fonds, sur ce texte : « *Sois fidèle jusqu'à la mort, et je te donnerai la couronne de vie* », a vivement ému l'assemblée, et lui a imprimé une impulsion qui l'a dominée jusqu'à la fin. Les séances ont eu lieu à l'Oratoire des Bercles, sous la présidence de M. le pasteur J. DuPasquier. La première a été consacrée à la lecture du rapport et à la discussion qui a suivi sur cette question : « Quelle serait la forme » de discipline la plus conforme aux indications de l'Ecriture sainte?» La solution proposée par le rapporteur, M. Godet, a été celle-ci : Ne serait-ce pas la discipline qui, tout en frappant le plus complètement de nullité la profession chrétienne du pécheur opiniâtre, se garderait de briser cette profession. Le manque de temps n'a pas permis à l'assemblée de se livrer à une discussion approfondie de cette question. Un dîner cordial, dans le beau local mis à la disposition de la Société par l'obligeance de M. de Rougemont, puis une promenade en bateau à vapeur à l'institut de Préfargier, ont terminé la première journée.

Le lendemain, le sujet à l'ordre du jour était cette question : «Que faire en vue de la centralisation possible des études théologiques dans une université fédérale?» Le rapport présenté par M. l'archidiacre Baggesen a donné lieu à une discussion pleine de vie et d'intérêt. Malgré la diversité des opinions sur la convenance d'un grand centre théologique pour les églises suisses, il y a eu accord sur la nécessité impérieuse de l'existence d'une faculté théologique préparatoire dans chaque canton, et la nomination d'une commission a été décidée dans le but de s'occuper activement de cette grave question.

Plusieurs propositions ont ensuite été soumises à l'Assemblée ; la plus intéressante était celle de la section de Bâle-campagne, qui demandait une pétition aux autorités fédérales dans le but de remédier aux profanations publiques dont le jour du dimanche a été l'objet dans ces dernières années, spécialement par le fait des autorités militaires. Le comité de cette section, qui sera le comité central l'année prochaine, a été chargé de recueillir le plus de renseignemens possibles à cet égard, et de préparer les démarches ultérieures. [L'invitation de Bâle-campagne a été acceptée pour l'année prochaine.

Dans la réunion d'adieu, qui a eu lieu le soir aux Bercles, M. le pasteur Ruffenacht, de Watteville, canton de Berne, a vivement intéressé l'assemblée par les détails qu'il a donnés sur la marche et les succès de la Société de tempérance dans sa paroisse. Cette Société, formée spontanément par deux hommes qui lui ont proposé de s'adjoindre à eux, travaille avec une énergie dont les fruits se font sentir déjà, non pas seulement dans la paroisse, mais dans tout l'Oberland bernois.

Il a été doux aux membres de la section neuchâteloise, qui avaient eu à lutter contre bien des difficultés, parmi lesquelles la plus grande était certainement le sentiment de leur insuffisance, d'entendre l'un des membres les plus remarquables du clergé bernois terminer cette dernière réunion par ces paroles : « J'ai assisté à bien des réunions de la Société pastorale, mais je n'ai assisté à aucune qui m'ait édifié comme celle-ci. Je n'ai pas apporté d'Esprit avec moi, mais j'en remporte chez moi ([1]), et elle m'accompagnera à mon retour dans ma paroisse cette parole : « Sois fidèle jusqu'à la mort, et je te donnerai la » couronne de vie. » — Ce qui a le plus contribué à produire cet effet sur les pasteurs de la Suisse allemande, n'est-ce point le caractère nouveau pour eux de la piété de la Suisse française; tandis que les discussions scientifiques avaient dominé dans les réunions précédentes, ils se sont plutôt trouvés ici en face de la simple vie, et ce contact les a rafraîchis. Peut-être aussi y avait-il quelque chose d'émouvant à voir réunis ensemble et confondus dans une discussion fraternelle les membres des deux Eglises vaudoises, ainsi que ceux des deux Eglises genevoises. — D'un autre côté, les pasteurs de la Suisse française ont pu juger, par les quelques exemples qu'ils ont eu sous les yeux, de l'énergie sérieuse et concentrée qui caractérise la piété de leurs collègues de la Suisse allemande.

La bénédiction de Dieu a reposé sur cette réunion : elle s'est manifestée d'un côté par l'absence de toute allusion au domaine politique, et de toute parole qui ait troublé l'harmonie, et de l'autre par l'empreinte chrétienne très-marquée et l'impression édifiante qui se sont fait sentir dans toutes les délibérations.

Genève, juillet 1850. — Nous avons eu ce printemps un événement musical, ce qu'à Paris on nomme une *solennité musicale ;* c'est l'exécution des *Chœurs d'Athalie* mis en musique par Mendelsohn, auteur de l'oratorio de *Paulus,* et de tant d'autres compositions de premier ordre. Permettez-moi, M. le rédacteur, de consacrer spécialement à ce fait artistique les lignes qui vont suivre, et qui étaient destinées à paraître déjà dans votre numéro de juin.

([1]) « Ich habe keinen Geist mitgebracht, aber ich nehme Geist mit nach Hause. »

Athalie, ce chef-d'œuvre de Racine, a été rarement donnée au, théâtre; Racine n'a jamais eu la satisfaction de l'y voir; on l'essaya seulement au château de Versailles : l'envie et les préjugés s'opposèrent à cette représentation jusqu'à la Régence (1717). Puis, comme les *Chœurs d'Athalie*, originairement mis en musique par Lully, exigeaient que les chanteurs de l'Opéra se transportassent au Théâtre Français, il fallait une permission royale. Ce n'est même que depuis la réforme dont Talma fut le principal auteur et qui introduisit plus de vérité dans la mise en scène, les costumes, les décors, qu'*Athalie* a pu être jouée avec la splendeur qu'exige un drame dont les personnages sont une reine, les officiers de sa cour, deux grands-prêtres, une multitude de Lévites, et dont la scène est le vestibule du temple de Jérusalem orné pour la grande fête des Prémices ou de Pentecôte et pour la cérémonie d'un couronnement. Jusque vers la fin du siècle dernier les deux côtés de la scène des théâtres étaient envahis par plusieurs rangées de siéges réservés à des seigneurs et à d'autres privilégiés, et ne laissant qu'un espace de quelques pas à des acteurs vêtus à la mode du jour.

La beauté des *Chœurs d'Athalie*, si naturellement introduits et liés à l'action, a captivé plusieurs compositeurs, et récemment Mendelsohn, mort trop tôt il y a trois ans, aussi grand musicien que grand philosophe : inspiré ici par un sujet judaïque, il s'est surpassé et s'est élevé à la hauteur du poète. Disons en passant que notre époque offre plusieurs noms juifs éminents dans les beaux-arts : les compositeurs Mendelsohn, Meyerbeer et Halevy, les tragédiennes Rachel, et ses sœurs Sahra et Rebecca; nous avons à Genève l'excellent chef d'orchestre M. Bloch, directeur du Conservatoire, et l'habile M. Julius Eichberg.

Mendelsohn a écrit pour une traduction allemande d'*Athalie*, et son œuvre a été jouée et accueillie avec transports à Berlin et ailleurs. Depuis très long-temps M. Bungener proposait d'essayer ces chœurs à Genève; cette entreprise paraissait trop grande, mais l'amour de l'art a fait surmonter tous les obstacles. La *Société de chant sacré* et la *Société de musique du Conservatoire* ont réuni leurs moyens et obtenu un succès bien difficile qui les honore, et servira d'encouragement à de nouvelles entreprises qui développent, comme celle-ci, la culture des arts et perfectionnent le goût public. Cet exemple sera sans doute suivi en Suisse, et surtout par la *Société artistique* de Lausanne.

Le chef choisi pour diriger l'exécution de cet *Oratorio* était M. Wehrstedt, artiste plein d'imagination et de sentiment poétique, et tellement dévoué à son art, que depuis plus de vingt-cinq ans il exerce *gratuitement* la *Société de chant sacré*, qui sous cette heureuse direction donne chaque année de beaux concerts et a pu aborder *Athalie*. Honneur à lui! Honneur aussi à M Bartholony, dont la munificence a fondé et entretient le Conservatoire de musique où se forment tant d'élèves et qui développe dans Genève le goût des bonnes études musicales. Noble et patriotique emploi d'une grande fortune!

Il y avait environ 120 exécutants artistes ou amateurs, dont plusieurs sont des maîtres de première force, comme MM: Bloch, Eichberg, Fezio, Gœtz, Henry, Hess, Muller, Sabon, etc. Les solos ont été chantés par des voix admirables, palpitantes de sentiment et dont les accents vont au fond des cœurs. La *Prophétie*, un des plus beaux morceaux de la poésie française, devait être récitée et avait été, avec raison, confiée à M. Thomas, étudiant, membre de la section de récitation des *Amis de l'Instruction*, et qui est doué d'une voix belle, expressive, et d'un sentiment profond qui émeut. L'effet de ces beaux vers aussi bien dits a été très-grand. Probablement il eût été mieux que le récitateur fût invisible, *vox clamans in deserto*, car la personnalité préoccupe souvent les auditeurs : on s'était bien trouvé de cette précaution à la seconde exécution du *Désert* de Félicien David, dont les vers étaient dits par M. Tirard, excellent récitateur des *Amis de l'Instruction*.

Qu'il me soit permis de hasarder deux critiques sur ce magnifique chef-d'œuvre musical d'*Athalie*. J'admire la beauté expressive des phrases mélodiques de la *Prophétie*, mais Mendelsohn s'est évidemment mépris en donnant une expression plaintive et non menaçante aux vers : *Pleure, Jérusalem, pleure, cité perfide....* il ne fallait pas pleurer, mais tonner. J'admire aussi la beauté de l'accompagnement de la prophétie; mais je crois que la récitation française ne doit pas être gênée par un accompagnement ; tout au plus tolère-t-elle un léger *tremelo* d'instruments à cordes. Les modulations déroutent l'attention de l'auditeur; puis la récitation ne pouvant se mesurer comme la musique, est gênée par la mesure de celle-ci; le récitateur se surveillera-t-il pour marcher avec le musicien? non, car distrait il n'aurait plus l'abandon du sentiment; c'est à celui qui l'accompagne à se régler sur lui; et comment deviner et suivre les élans, les ralentissements, les repos qui, bien que préparés, sont cependant inspirés par l'émotion du moment, et varient à chaque répétition. — Non-seulement les belles voix des instruments sont un piége, entraînent et détournent le récitateur, elles étouffent encore sa voix, surtout avec la langue française si abondante en voyelles nasales et en *e* muets. Racine, premier récitateur de son temps [1] le sentait si bien qu'il a eu soin d'indiquer que la symphonie *recommence*, que le récitateur *l'interrompt*. Les compositeurs français l'ont aussi toujours senti, et je ne crois pas qu'il y ait d'exemple de récitation française accompagnée autrement que par de très-légers accords : dans la *Rédemp-*

[1] Louis XIV le retenait souvent à coucher pour l'entendre lire, comme Napoléon de Talma.

tion (¹) d'Alary qui a paru ce printemps à Paris, avec succès, la récitation du monologue biblique qui s'y trouve n'a pas été accompagnée, et l'effet de cette voix en a été augmenté et a coupé agréablement avec la musique Mendelsohn n'était pas ¦récitateur français et probablement n'a voulu appliquer cet accompagnement qu'à la traduction allemande, selon un usage que j'ai observé en Allemagne et que peuvent tolérer la force rythmique, la sonorité, la prosodie d'une langue si ferme et accentuée. Je crois donc qu'il faut considérablement adoucir cet accompagnement : or on ne peut affaiblir le son des instruments à vent que jusqu'à un certain point au-dessous duquel la note n'est plus juste : il faudrait donc les écarter et ne laisser qu'un vague frémissement de cordes.   JOHN RUEGGER

MÉLANGES.

Bluettes et boutades.

— Reconnaître le mérite de ses rivaux, c'est honorer sa défaite ou rehausser son triomphe.

— Deux causes éloignent nos amis ; leur prospérité qui n'a plus besoin de nous, et notre infortune qui aurait besoin d'eux.

— Si long que soit le temps où vous ne l'avez vu, il n'est rien de tel qu'un créancier, pour reprendre la conversation avec vous juste au point où il l'avait laissée.

— On frémit pour certains états, si les contribuables y soldaient leurs impôts comme les magistrats y paient leurs dettes.

— Partout l'égoïste ne laisse d'autre trace que celle de ses pas.

— Bien des gens feignent d'ignorer leur position, afin qu'on ne croie pas qu'ils la supportent.

— La beauté et la laideur disparaissent également sous les rides de la vieillesse ; l'une s'y perd, l'autre s'y cache.

— En fait d'écus et d'années, l'avare et la vieille coquette ne nous font jamais leur compte juste.

— Il semble à l'envieux que ce qu'on accorde de mérite aux autres est retranché du sien.   J. PETITSENN.

(¹) Sorte de *Mystère*, plein d'un rare talent et où l'on trouve d'étranges choses, comme une romance chantée par saint Pierre, une par la Vierge Marie, etc.

BULLETIN BIBLIOGRAPHIQUE.

Nous avons reçu, à peu de jours d'intervalle, les deux premières livraisons d'une *Revue de Théologie et de Philosophie chrétienne*, qui paraît à Strasbourg sous la direction d'un jeune savant, M. T. Colani, licencié en théologie. Ces deux cahiers ne renferment qu'un petit nombre d'articles anonymes; les autres sont signés du directeur et de MM. Edouard Verny, pasteur de l'église luthérienne à Paris, Reuss professeur à Strasbourg, Edmond Schérer et Edmond de Pressensé. « L'union des rédacteurs de la *Revue* dans la poursuite d'un but com- » mun, le libre développement de la science sur la base commune du » salut en Jésus-Christ, n'impliquent point une solidarité absolue. Cha- » cun d'eux, conservant son indépendance, répond individuellement » des opinions qu'il émet. » Cette déclaration figure dans le titre même du journal; elle était dans l'intention de ses fondateurs, et, peut-on ajouter, elle résultait de leurs principes mêmes, avant que la nouvelle loi française sur la presse, exécutoire à partir du mois d'octobre, en détruisît plus ou moins le mérite en imposant l'obligation de signer les articles.

Il n'y a donc d'autre unité promise pour ce recueil, que la liberté scientifique sur la base du salut par Jésus-Christ. C'est parfaitement bien à notre avis. Cette déclaration promet une assez grande diversité, de l'opposition même entre les articles, et des discussions dans le journal, de collaborateur à collaborateur. Une discussion de ce genre conduite avec dignité, avec charité, dans un esprit chrétien et libéral, ne pourrait offrir que des avantages et pour le journal et pour le public. Cependant, à ne prendre que les deux premiers numéros que nous avons sous les yeux, la *Revue* se présenterait comme l'œuvre d'une école assez unie, assez serrée, que nous ne désignerions point exactement, mais que nous ferions reconnaître en l'appelant l'école de M. Schérer. Elle se compose d'un certain nombre de théologiens nourris du christianisme sincère et sérieux de Néander, de Nitsch et des principaux docteurs pieux d'Allemagne, mais qui, placés en face d'adversaires diamétralement opposés à ceux de leurs maîtres, ont pris, par la nécessité des circonstances, une couleur un peu différente et peut-être moins douce. Selon cette école, la foi au Christianisme n'est pas une conviction logique qui s'appuie sur une démonstration, non plus que sur l'autorité des livres dans lesquels le Christianisme nous a été transmis; la foi est un acte volontaire d'adhésion à Jésus-Christ, fondé sur le besoin intérieur que nous éprouvons de Jésus-Christ. Dès-lors l'école n'a plus de raison pour craindre d'ébranler cette autorité, de critiquer les prémisses de cette démonstration, persuadée qu'elle est que le nombre des fidèles ne saurait être diminué par ces tentatives qui ne touchent point au vrai fondement. Elle revendique la plus entière liberté de critique vis-à-vis des documents écrits du Christianisme et du Mosaïsme, et non contente de la réclamer, elle en use. On serait tenté de croire que la *Revue de Théologie* a été fondée à l'occasion de la controverse sur l'inspiration, soulevée par la démission de M. Schérer et dans le but de faire prévaloir la thèse de ce dernier. Ce jugement ne serait pas fondé. L'intention de créer une *Revue* de science chrétienne est beaucoup plus ancienne que l'incident que nous rappelons; elle est née de besoins plus généraux, de besoins réels et profondément sentis. L'apparence que nous signalons provient sans doute uniquement de la circonstance que les fondateurs de la *Revue* ont été réduits à eux-mêmes pour la composition des premières livraisons; mais nous savons que leur dessein n'a rien d'exclusif et qu'ils se proposent au contraire d'ouvrir franchement leur recueil à toutes les opinions scientifiques.

Il est fort à désirer que les chrétiens éclairés de France, et de notre Suisse en particulier, qui, sans partager les vues de MM. Schérer et Colani sur l'inspiration, comprennent combien le Christianisme a besoin dans ce temps-ci d'études théologiques fortes et libres, profitent de l'occasion qui leur est offerte. Un même but les convie, une œuvre est avant tout nécessaire au point de vue de leurs convictions, c'est d'établir la vérité du Christianisme, en montrant qu'il répond seul à l'intimité de notre nature et aux besoins permanents de l'humanité.

C'est dans ce champ que nous appelons également les auteurs des premiers articles; c'est cette direction que nous voudrions voir prendre à la *Revue*. Nous ne méconnaissons point l'importance des questions de critique, et la nécessité de les traiter avec une entière indépendance; mais le système organique de la doctrine chrétienne nous paraît à la fois plus important et plus urgent. En effet, tant que la dogmatique la plus répandue contredira sur quelques points les systèmes de philosophie accrédités, et non seulement la philosophie mais ce que la plupart des hommes appellent sincèrement la raison, et la conscience morale telle que l'a faite le développement historique de l'humanité, tant que l'accord parfait entre le Christianisme, la conscience et la raison, n'aura pas été mis en pleine lumière, les coups portés contre l'autorité serviront le rationalisme au moins autant que le Christianisme intime et mystique des rédacteurs, quelle que soit la sincérité de leur foi et la loyauté de leurs intentions. Si l'œuvre négative qu'ils considèrent eux-mêmes comme une grande partie de leur tâche, paraît nécessaire pour débarrasser le terrain de préventions qui feraient obstacle à l'établissement de la vérité, et pour réfuter préalablement les objections, l'œuvre positive n'est pas moins nécessaire pour rassurer les consciences des fidèles et prévenir les conclusions prématurées des indifférents. Il faut donc les poursuivre simultanément, en insistant plutôt sur la seconde. Nous avons un plus grand besoin de la vérité qui lève les doutes que de l'érudition qui les augmente.

Un mot encore avant de terminer cette annonce. La *Revue de Théologie* a droit à toutes les sympathies de nos églises. Les chrétiens les plus convaincus et les plus graves , ont exprimé l'idée que les bases scientifiques de notre foi ont besoin d'être révisées; on trouve dans les écrits de Vinet et d'A. Monod, des passages très-significatifs dans ce sens. Le sentiment qu'ils éprouvaient est partagé par un très-grand nombre de chrétiens instruits et de membres du clergé. Un organe de discussion scientifique sérieuse et libre était donc un besoin pressant.

Cependant, la *Revue* ne s'adresse qu'à un nombre de lecteurs circonscrit, quoique beaucoup plus grand qu'il n'est nécessaire pour assurer la durée de cette publication; mais si elle ne trouvait d'appui que parmi ceux qui adoptent dans toute leur étendue les opinions développées dans les premiers articles qui ont paru, elle ne pourrait peut-être pas se soutenir, et dans tous les cas elle n'atteindrait pas son but. Il ne faut pas qu'il en soit ainsi. Il faut qu'elle soit lue et reçue par ceux qui adhèrent, par ceux qui hésitent et par ceux qui combattent, par tous les amis de la libre discussion. L'étouffer par une indifférence calculée et par le dénigrement, serait indigne de nos églises. Ce serait de la part des adversaires une confession d'impuissance, ce serait la désertion du libre examen.

Nous espérons donc que cette *Revue*, qui, par son bas prix, est à la disposition de tout le monde, sera soutenue par tous les hommes capables de comprendre l'importance des questions soulevées et la nécessité de les discuter loyalement.   C. S.

H. WOLFRATH, ÉDITEUR.

LETTRES ÉCRITES D'AMÉRIQUE.

LES PIONNIERS. (¹)

XIV.

Réalités et vicissitudes de la vie du pionnier. — Récits lamentables. — Lutte des pionniers contre les sauvages. — Humanité des Indiens pour leurs prisonniers. — Perfidie et cruauté des blancs. — Scènes de carnage. — Expédition des blancs contre les Indiens moraves. — Déroute et fuite. — Capture du chef de l'expédition. — Son supplice. — Délivrance de l'un de ses compagnons.

Quand on ne la voit que de loin, qu'on la juge par exemple depuis l'Europe, avec les bribes de poésie que nos idées acquises y mêlent involontairement, l'existence des pionniers américains ne paraît pas sans charmes. On l'accompagne d'incidents pittoresques, d'inventions et de découvertes à la Robinson, de chasses heureuses, de longues promenades dans les bois, d'une vie de famille douce et solitaire, que sais-je? d'une bibliothèque même, et de ces beaux raisonnements anti-sociaux, auxquels la réalité d'un jour suffit pour donner le plus éclatant démenti. Nous avons beau faire et beau dire, le bonheur de l'homme n'est senti, n'est réel qu'autant que des compatriotes ou des amis le partagent ou en sont les témoins. Nous aurons beau mettre en jeu notre orgueilleuse raison, appeler à notre aide les plus puissantes de nos réflexions philosophiques d'autrefois, nous ne détruirons pas en nous ces besoins de sociabilité dont l'habitude a fait une seconde nature. Ils sont une part de notre être; ils tiennent à notre âme et à notre perfectionnement bien plus peut-être que nous ne l'avions cru d'a-

(¹) Voir la lettre précédente, livraison de Juillet dernier, page 425.

bord ; c'est l'air que nous respirons sans le voir, mais qui n'en est pas moins indispensable à notre vie. Dès que ces liens sociaux sont brisés, tout l'être souffre d'un malaise inexplicable, d'un vide qu'on ne peut définir ; c'est comme un poison subtil qui rend toute souffrance doublement douloureuse, et détruit le sentiment de tout ce qui jadis était pour nous jouissance et plaisir. Et d'ailleurs la réalité seule est assez pénible et assez dure. Dans les circonstances favorables, c'est-à-dire dans les temps actuels, le pionnier a des voisins qui lui aident à construire une hutte formée de blocs de bois et ouverte à tous vents. A lui le soin d'en garnir les interstices, de se procurer portes et fenêtres, et d'abattre à coups de hache les arbres qui entourent sa demeure pour planter le maïs nécessaire à sa nourriture. Dans son unique chambre, il a sa femme et ses enfants malades de la fièvre ; il a pour tout repas sa farine de maïs bouillie ou cuite en gâteaux ; lui-même est atteint de maladie : et bientôt, de tous les membres de la famille, il n'en est pas un peut-être qui ait la force ou le courage de donner les soins aux plus faibles. Telle est la réalité sans poésie : le découragement, la fièvre, la faim, la mauvaise nourriture, le manque de secours et souvent la mort. Que de familles venues d Europe ont commencé ainsi ! Mais prenons les choses au mieux. Le pionnier est à l'aise, il a sa charrue et ses chevaux, ses défrichements commencés qu'il étend chaque jour. Au pain de ses repas il ajoute la chair de ses porcs, et peut-être déjà un peu de lait, s'il a pu se procurer une vache. Après la fatigue d'un travail sans interruption, il rentre le soir dans sa hutte. Il trouve ses enfants un peu plus sauvages et indociles, sa compagne triste et découragée, et lui-même, reportant sa pensée sur ses gaies conversations d'autrefois, sur le verre de vin ou de bière partagé avec ses amis, sur tout ce qu'il avait et qu'il aimait jadis, il oublie l'abondance que Dieu lui donne pour pleurer ce qu'il a perdu.

Abordons l'histoire, et les faits parleront encore plus haut. Voici ce que raconte dans une de ses lettres un riche fermier allemand des environs de Sandusky : « En 1837 nous vînmes nous établir dans la Réserve, et ma hutte bâtie, nous y entrâmes avec nos cinq enfants et nous mîmes courageusement à l'œuvre au commencement de l'automne. Nos provisions nous semblaient suffisantes ; mais une partie de notre maïs était moisi, et personne de nous ne pouvait supporter cette nourriture, qui fut cependant bientôt la seule. Ma femme et trois des enfants prirent la fièvre au commencement de l'hiver; comment et avec quoi les soigner? nous n'avions ni médecins ni remèdes. Bientôt moi-même je devins malade, et il ne resta de valides que les deux petits qui ne pouvaient nous aider en rien; ainsi chaque matin le moins faible de nous se levait, allumait le feu, cuisait un peu de maïs pour la journée, et chacun s'arrangeait ensuite suivant ses forces. Cependant l'hiver, de plus en plus rude, continuait: il fallait nous procurer un surplus de provisions, sans quoi nous étions tous menacés de mort par la faim ou par la maladie. La fièvre me prenait de deux jours l'un, et j'avais quinze milles à faire pour atteindre Sandusky, où à cette époque il n'y avait encore que deux ou trois magasins. Quoique bien faible, je me mis en route après avoir recommandé à Dieu ma famille et moi-même, et le soir j'arrivai à Sandusky, où je dus rester le lendemain, parce que c'était mon jour de fièvre. Le troisième jour je rapportais à la ferme quelques livres de farine de blé, un peu de thé et de sucre qui devaient nous être de grand secours: mais en traversant la rivière gelée, la glace céda près du bord, et je m'enfonçai jusqu'au cou dans une boue épaisse, d'où je ne sortis qu'avec des efforts désespérés, et après avoir abandonné la part la plus pesante de mes vivres. Comment décrire mon retour à la ferme? je ne le saurais: j'étais à moitié gelé et presque mourant de faim et de fatigue. En entrant dans la maison, je tombai inanimé sur le plancher, et deux de mes enfants parvinrent à me mettre au lit. Pendant mon absence, ma pauvre femme était morte! »

Ce sont là les épisodes des temps actuels, les misères des pionniers ou défricheurs dans un Et·t qui compte déjà un ou deux millions d'habitants. Mais remontons jusqu'au commencement du siècle actuel, et nous aurons la peinture des souffrances qui atteignaient les pionniers dans les forêts inexplorées.

Joël T. et sa femme furent les premiers habitants du comté d'Ashlabula, Ohio. Ils vinrent tous deux du Connecticut, avec une paire de bœufs et trois jeunes enfants, au mois de mai, et Joël eut bientôt défriché un petit champ de maïs sur les bords de la rivière où le sol était excellent. Vers le premier juin, la famille n'ayant plus de provisions, le père se mit en route avec ses bœufs à travers les bois pour atteindre les établissements les plus voisins, a vingt milles de distance, sans autre guide que sa boussole de poche.

Avant son retour, la famille fut réduite à la dernière extrémité, car les racines que les enfants cherchaient dans les bois ne pouvaient leur donner une nourriture suffisante. A la fin du quatrième jour, comme deux des enfants paraissaient près d'expirer de faim, et que la mère ne cessait de prier Dieu et de se traîner à la porte de la hutte pour épier le retour du père, elle vit une dinde sauvage se poser dans le champ de maïs qui commençait à lever. L'espoir de sauver ses enfants lui rend ses forces : elle s'élance à la carabine de son mari, trouve pour toute munition une charge de poudre et une balle, prépare son arme avec les plus grandes précautions, et de la porte même de sa hutte tire sur l'oiseau et le tue. Le père arriva le lendemain, et la famille fut sauvée.

En 1810, un surveyeur à cheval passant près de la hutte d'un colon à qui il avait à remettre une lettre, heurte à la porte, et étonné de ne recevoir aucune réponse, pénètre dans la ferme par la fenêtre qu'il soulève, car la porte était fermée. Il trouve dans un même lit trois cadavres, celui du père, ceux des deux enfants, et auprès d'eux la femme prête à rendre le dernier soupir. Il lui fait avaler quelques gouttes de whiskey, prépare et fait bouillir de la farine, et ranime peu à peu la jeune femme. Le père et les enfants étaient morts de faiblesse causée par la fièvre ou la faim. La femme, ainsi sauvée, a épousé le surveyeur; elle est maintenant une excellente mère de famille, riche fermière de ma connaissance.

A ces misères naturelles, ajoutons les inquiétudes causées par les sauvages et les attaques mêmes des Indiens, et écoutons quelques récits de faits dont la date ne remonte pas plus haut que 1812. — Cette année-là, vivait sur la rivière Mohican, à un demi-mille du lieu où est maintenant le village de Pétersbourg, un M. Martin Ruffner, d'origine allemande; il habitait sa cabine avec un seul jeune domestique ou un aide. Environ deux milles au sud était la demeure des Seymour, famille composée du père, de la mère, d'un fils et d'une fille. Un soir le garçon de Ruffner, envoyé près de la rivière pour réunir les vaches, revint en courant annoncer qu'il avait aperçu quatre Indiens se dirigeant vers la demeure des Seymour. Ruffner saisit sa carabine, et par un chemin détourné prend sa course et arrive chez ses voisins avant les Indiens. Au moment où, averti par Ruffner, le jeune Seymour s'élançait par la porte de derrière pour chercher du secours à la ferme la plus rapprochée, les sauvages entrent dans la maison et commencent l'attaque. Ruffner était vigoureux, et fit une résistance désespérée, car sa carabine fut trouvée brisée en morceaux et lui-même percé de deux balles et les doigts coupés d'un coup de hache. Le père, la mère et la fille Seymour étaient étendus près de lui, assommés et scalpés. — Quelque temps auparavant, quatre familles de Pensylvanie descendirent l'Ohio dans un bateau et s'arrêtèrent près de l'endroit où s'élève maintenant Portsmouth, à l'embouchure du Scioto. Les quatre chefs de ces familles laissant là les femmes et les enfants sous la protection de la Providence, s'avancèrent vers le nord, pour examiner un peu ce paradis de l'ouest dont on parlait tant alors. Dans leur campement de la première nuit, ils sont surpris par des Indiens qui en tuent deux : les deux autres s'enfuient, parviennent à l'endroit de leur première halte, mais leurs femmes et leurs enfants ont disparu, et dès lors on n'en a plus ouï parler.

A l'époque de la vente des terres, dans les vallées des Miami, un grand nombre d'aventuriers s'étaient réunis près du lieu où est maintenant Cincinnati Tous étaient accompagnés de leurs familles: comme il arrive d'ordinaire, les uns ne possédaient plus rien, parce qu'ils avaient payé de tout leur argent le sol qu'ils avaient acquis; les autres n'avaient jamais rien possédé et attendaient du hasard ou de la générosité de leurs compatriotes la possession de quelques portions de terre cultivable. La position de ces émigrants était déplorable; rester où ils étaient réunis, c'était attendre une mort presque certaine par la famine; s'avancer dans les forêts pour les défricher et les cultiver, paraissait fort dangereux, puisque les Indiens en embuscade massacraient tous ceux qui s'éloignaient du lieu de rassemblement. A la fin, après avoir enduré toute espèce de privations, les plus déterminés résolurent de braver les conséquences d'un établissement sur les terres devenues leur propriété. Dans ce but, ceux dont les terres étaient voisines se réunirent en une même famille; chaque parti commença par construire une forte maison en blocs de chêne (blockhaus) pour servir de forteresse et de lieu de refuge; tout autour furent dressées les cabanes de chaque famille, entourées d'une forte palissade, et ainsi protégés, ils commencèrent leur défrichement. Une moitié des hommes étaient occupés aux travaux de la terre, tandis que l'autre surveillait les environs ou cherchait à la chasse la nourriture nécessaire à la petite colonie. Eh bien, malgré toutes ces précautions, qui tenaient jour et nuit en éveil ces courageux pionniers, chaque jour amenait de nouvelles catastrophes et des combats à mort contre les Indiens. — Faire l'histoire de ces temps là, où les blancs luttaient contre les premiers propriétaires du pays pour les déposséder, serait réellement entasser meurtres sur meurtres et raconter sans interruption les actes les plus épouvantables. Non pas que ces scènes sanglantes soient le fait des sauvages seulement, mais, disons-le, bien plus encore des hommes civilisés. Ceux-là se défendent ou se vengent; ceux-ci attaquent et se baignent dans le sang de propos délibéré et pour le seul plaisir de tuer. Et si, au milieu de ces scènes de désolation, on parvient à arrêter le regard sur quelque trait qui rafraîchisse le cœur et console l'humanité, c'est le plus souvent à la race indienne qu'il faut l'emprunter. Ainsi les Indiens avaient fait un grand nombre de prisonniers qui furent rendus au dernier traité de paix, et la plupart avaient été traités avec tant de bienveillance par les sauvages, et s'étaient si facilement habitués à leur genre de vie, que malgré les liens de famille qui les rappelaient chez les blancs, il fallut employer la force pour les ramener à leur primitive condition.

Voici comment John Brickell, fait prisonnier dans son enfance, raconte sa séparation d'avec son père adoptif l'indien Pooshies, quand après le traité de Greenwill il fut ramené aux établissements des blancs: «Au premier printemps nous nous approchâmes du fort Défiance, et arrivant sur la rive opposée, nous saluâmes le fort par une décharge de mousquets; il nous répondit par un salut de treize coups de canon, et nous campâmes à cette même place. Le même jour Pooshies me dit que nous devions aller au fort, et comme nous allions partir, tous les enfants m'entourèrent en pleurant, me demandant si j'allais les laisser pour toujours. Je leur dis que je n'en savais rien. Lorsque nous fûmes entrés dans le fort, et que nous fûmes assis au milieu des officiers, Pooshies se leva et m'adressa la parole en ces termes : — «Mon fils, voilà des hommes « de la même couleur que la vôtre. Peut-être y a-t-il là quelqu'un » de vos parents; mais peut-être aussi vos proches parents sont- » ils bien loin d'ici. Vous avez vécu long-temps au milieu de nous; » je vous conjure de déclarer si je n'ai pas toujours été pour vous » un père, si je n'ai pas toujours agi envers vous comme un bon » père l'aurait fait pour son fils.» — Je dis alors à haute voix

» qu'il en avait été comme il l'affirmait. — « Je suis bien aise que
» vous le reconnaissiez, continua-t-il alors. Vous avez vécu long-
» temps avec moi, vous avez chassé pour moi, mais notre traité
« dit que vous devez être libre. Si vous choisissez de vivre avec
» les blancs, je n'ai pas le droit de dire une parole, mais si vous
» voulez rester avec moi, votre peuple ne peut vous le défendre.
» Maintenant réfléchissez; faites votre choix et répondez quand
» vous aurez pris votre décision. » — Je gardai le silence pendant
quelques instants, songeant tantôt aux enfants que j'avais quittés
tout en larmes, tantôt aux Indiens qui m'aimaient, tantôt aux
blancs dont j'avais gardé le souvenir, et cette dernière pensée
l'emportant, je m'écriai : « Je veux suivre les hommes de ma na-
» tion. » Alors le vieux chef mit sa main sur ses yeux et me dit :
« Je vous ai élevé, je vous ai appris à chasser, vous êtes mainte-
» nant un bon chasseur, et vous avez toujours été meilleur pour
» moi que mes propres fils. Je deviens vieux, et je ne puis plus
» courir les bois et tuer le daim. J'avais cru que vous seriez le
» support de ma vieillesse. Je m'appuyais sur vous comme sur un
» bâton, maintenant mon appui est brisé; vous me quittez, et moi
» je suis perdu. » Alors il retomba tout en pleurs sur son siége ; je
pleurai avec lui, puis nous nous quittâmes, et je ne l'ai jamais
revu. »

Qui pourrait écouter sans émotion le discours suivant d'un vieux
chef Mingo, le dernier d'une race anéantie par les armes des Américains : « J'en appelle à tout homme blanc, qu'il dise si l'un d'entre
» eux est jamais entré dans la hutte de Logan sans qu'il lui ait
» offert à manger; si quelqu'un d'eux s'est jamais présenté à lui
» nu, et qu'il ne lui ait pas donné des vêtements. Pendant la der-
» nière guerre, Logan est resté dans sa hutte plaidant sans cesse
» pour la paix. Telle était mon affection pour les blancs, que ceux
» de ma nation me montraient au doigt. Et j'aurais toujours agi de
» même. Mais l'année dernière, de sang-froid, Cresap a tué tous
« mes parents sans épargner mes femmes et mes propres enfants.
» Pas une goutte de mon propre sang ne coule plus dans les veines
» d'aucune créature humaine. Ces meurtres criaient vengeance. Je
« me suis levé contre les blancs, j'en ai tué un grand nombre ;
» j'ai savouré pleinement ma vengeance. Maintenant je suis heureux
» que la paix se fasse. Mais que personne ne croie que je parle
» ainsi par crainte. Que m'importe la vie ! je ne tournerais pas le

» dos pour sauver mon existence ; quels yeux reste-t-il pour
» pleurer sur Logan ? »

L'Ohio, disent les historiens, n'a point été enlevé aux Indiens,
et il n'est pas un pouce de terrain de cet Etat qui n'ait été acheté
et payé aux diverses tribus. Quoi! quand ces nations eurent été
presque anéanties, affaiblies et démoralisées par les guerres et
l'eau de feu des Blancs, refoulées dans des recoins inhabitables,
et que toute résistance eut été un signal de destruction, alors ces
races, les unes après les autres ont accepté des capitulations offertes
par grâce, et emportant la terre des tombeaux de leurs ancêtres,
sont parties pour les déserts du grand Ouest. Là les mêmes scènes
de meurtres et de désolation se renouvellent maintenant, et se suc-
cèderont jusqu'à la complète destruction des indigènes.

Je ne fais point de l'histoire, on le voit, mais je cherche à tracer
un tableau quelque peu fidèle des temps passés et des temps actuels. autant pour fixer l'opinion que pour expliquer si possible
quelques-uns des traits du caractère américain. Or ce tableau ne
serait pas complet, si je montrais seulement les pionniers exposés
aux attaques des sauvages, et tombant, le crâne fracassé, sous les
coups du tomahwak, et si je laissais dans l'ombre les atrocités qui
expliquent et qui excusent bien souvent la haine meurtrière des
nations indiennes. Qu'il me soit donc permis de citer encore deux
épisodes émouvants, pour montrer comment les Américains procédaient, il y a cinquante ans, dans l'œuvre de la civilisation, et
comment les Indiens se vengent.

Les premiers habitants du comté de Tuscarawa, (nous ne sortons pas de l'Ohio), furent les missionnaires moraves et leurs familles. Frédéric Post et Jean Heckwelder avaient pénétré bien
avant dans les forêts d'Amérique, au commencement des guerres
de la révolution en 1764. D'autres ouvriers de la même œuvre les
avaient suivis, et le nom de David Zeisberger rappelle l'un des
plus intrépides prédicateurs de la religion du Christ. Ces missionnaires avaient trois stations sur les bords du Tuscarawa, et bientôt s'élevèrent autour d'eux trois villages d'Indiens convertis au
christianisme, Schönbrun, Gnadenhutten et Salem, à peu de distance de la ville actuelle la Nouvelle-Philadelphie. Ces villages moraves étaient placés à mi chemin à-peu-près des colonies des blancs
sur l'Ohio, et des tribus guerrières des Wyandots et des Delawares qui habitaient près de Sandusky, et qui engagées en quel-

que sorte au service des Anglais, s'opposaient à l'établissement des colonies dans l'Ohio. Ainsi placés entre deux partis ennemis, les établissements moraves cherchaient, par amour pour la paix, à faire accepter leur territoire comme terre neutre; et ils avaient gardé leur position sans trop de souffrances jusqu'à la fin de 1781. Au mois d'août de cette même année, un officier anglais accompagné de deux chefs Delawares et de trois cents guerriers, arriva à Gnadenhutten, et sous le prétexte d'une plus grande sécurité et en employant la menace, força ces pauvres Indiens à abandonner leurs villages et leurs récoltes et à se retirer avec lui sur les bords du lac Erié. Les missionnaires furent envoyés prisonniers à Détroit. — Après avoir cruellement souffert du froid et de la faim pendant l'hiver, une partie des Indiens convertis obtinrent la permission de retourner à leurs villages de Tuscarawa pour récolter les maïs qu'ils avaient laissé sur pied au départ. Cent cinquante d'entr'eux, hommes, femmes et enfants, arrivèrent à Gnadenhutten vers la fin de février, et tout heureux d'être délivrés de leurs oppresseurs anglais, se mirent à l'œuvre et se rétablirent dans les huttes de leurs trois villages.

A cette même époque, des déprédations avaient été commises par des Indiens hostiles sur les bords de l'Ohio et sur les frontières occidentales de la Pensylvanie et de la Virginie; les blancs résolurent d'en chercher vengeance, et il se forma dans ce but une compagnie de volontaires sous le commandement du colonel Willamson. Ceux-ci se mirent en marche vers les villages moraves, et dans la nuit du 5 mars s'arrêtèrent à un mille de Gnadenhutten. Le lendemain, voyant les Indiens occupés à leurs maïs de l'autre côté de la rivière, seize des hommes de Willamson la traversèrent deux à deux sur un mauvais bateau, et les autres guerriers entrèrent au village, où ils ne trouvèrent qu'un homme et une femme qui furent incontinent massacrés. Les seize guerriers américains, quoique bien armés, s'approchèrent des Indiens avec précaution, et voyant qu'ils avaient avec eux leurs carabines dont ils se servaient pour tuer le gibier, ils les abordèrent avec des paroles affectueuses, se disant envoyés pour les conduire au fort Pitt, où ils avaient été plusieurs fois bien traités auparavant. Il ne faut pas s'étonner que sans aucun soupçon ces pauvres Indiens se montrèrent prêts à retourner au village où, à leur arrivée, ils furent désarmés, liés et enfermés dans deux maisons bien gardées. En même temps, les blancs avaient envoyé de Gnadenhutten à Salem un messager indien pour annoncer la détermination de leurs frères de se rendre au fort Pitt; de sorte que peu après le reste de ces Indiens convertis arriva à Gnadenhutten, où tous furent également désarmés, liés et enfermés comme les premiers. Alors la troupe de milices volontaires se forma en tribunal de guerre pour décider du sort de ces Indiens, et le colonel Willamson posa la question ainsi : Faut-il les tuer, ou les emmener prisonniers au fort? que ceux qui votent le dernier moyen s'avancent. Seize seulement répondirent à l'appel de la clémence, et le meurtre fut résolu.

Alors la sentence fut annoncée, par des hommes qui se disaient chrétiens, à cette pauvre peuplade de convertis, et il leur fut ordonné de se préparer à la mort. Il y avait là des mères entourées de leurs jeunes enfants, des directeurs et des chefs qui avaient courageusement travaillé à l'œuvre de leur mission ; des femmes remarquables par leurs connaissances et leurs vertus. L'une d'elles qui parlait parfaitement anglais, se jeta aux pieds du colonel Willamson, demandant merci pour son peuple! il la repoussa durement! En ce moment se montra dans cette jeune église la force et le secours de la foi en Christ. Pas une plainte ne se fit plus entendre; ils commencèrent leurs prières au Maître de tous les hommes. Ils demandèrent d'être reçus dans ce lieu où il n'y a plus ni oppresseurs ni opprimés, et entonnant un cantique chrétien dont les bois d'alentour renvoyaient les échos, ils oublièrent qu'ils allaient mourir. Avant la fin des chants sacrés, le massacre commença. A coups de carabines, à coups de haches, à coups de couteaux, l'œuvre de destruction se poursuivit jusqu'à ce qu'on n'entendît plus un soupir pour attester la présence de la vie. Deux jeunes Indiens échappèrent seuls et comme par miracle pour être jusqu'aux temps actuels les témoins de la cruauté sauvage des blancs envers leur race infortunée. Il y avait là près de cent cadavres entassés ; avant son départ, Willamson fit mettre le feu au bâtiment qui les contenait, puis s'avança vers Schœnenbrunn; mais il avait été devancé par la nouvelle de ses atrocités, et le reste des Indiens s'étaient enfuis. Ainsi furent perdus en apparence le fruit de dix ans de travaux pour la cause de la civilisation et de la religion chez les Indiens. Mais les voies de Dieu ne sont pas nos voies, et les pensées du Seigneur ne sont pas nos pensées.

Après cette première expédition, une seconde campagne fut résolue de la part des blancs. On peut la considérer comme le pendant de la première, puisque le but avoué était de finir l'œuvre commencée par Willamson, de massacrer et de piller les Indiens chrétiens qui restaient près de Sandusky, puis d'anéantir les villes des Wyandots sur la même rivière. Telle était alors la haine acharnée des blancs contre les Indiens, que tous ceux qui composaient cette seconde expédition avaient pris l'engagement de n'épargner la vie d'aucun de ceux qui tomberaient entre leurs mains, amis ou ennemis. Le 25 mai 1782, quatre cent quatre-vingts volontaires, tous des bords de l'Ohio ou des contrées voisines, se réunirent près de Lancastre, la vieille ville des Mingos, et procédèrent d'abord à l'élection de leur chef. Les candidats étaient le colonel Willamson et le colonel Crawfort. Ce dernier fut choisi, et accepta, dit-on, cette mission peu honorable avec grande répugnance. La petite armée suivit d'abord la première route de Willamson sur les villages moraves où il y avait encore abondance de maïs sur pied, mais où les Indiens n'étaient pas revenus ; elle s'y reposa dans la conviction que les Wyandots ignoraient leur marche et qu'ils seraient facilement surpris. Cependant, malgré le secret de l'entreprise, il n'en était pas ainsi et, depuis le jour du rassemblement, l'armée avait été entourée et suivie d'espions, de telle sorte qu'aucun de ses mouvemens n'était inconnu aux Peaux-Rouges. Rien d'extraordinaire n'arriva jusqu'au 6 juin où, ayant avec les guides quitté les villages moraves, les blancs s'avancèrent sur la rivière Sandusky pour piller et détruire les villes des Wyandots. Là ils ne trouvèrent que des ruines. Les villages avaient été abandonnés et en partie brûlés; quelques huttes seulement restaient sur pied. La question était de savoir si la petite armée, qui commençait à perdre courage, devait continuer vers le nord une poursuite qui paraissait inutile, ou s'en retourner vers l'Ohio après une campagne sans résultat. Dans cette alternative, il fut résolu qu'on s'avancerait encore vers Sandusky pendant une journée, et que si l'on ne rencontrait ni villes à détruire ni Indiens à massacrer, il serait temps de prendre la route du sud. Vers deux heures de l'après-midi de ce même jour, comme l'avant-garde des volontaires traversait une prairie couverte de hautes herbes, elle fut tout-à-coup attaquée et refoulée par une troupe d'Indiens cachés dans les taillis, et bientôt après s'engagea un combat général qui dura jusqu'à la nuit. Le lendemain, bien que la petite armée, après des pertes sérieuses, eût maintenu sa position, le nombre des Indiens paraissant augmenter de plus en plus, la retraite fut résolue. Nous ne dirons rien de cette retraite où la troupe des blancs, continuellement harcelée par les Peaux-Rouges, qui massacraient tous ceux qui s'écartaient des lignes ou restaient en arrière, arriva au point du départ considérablement diminuée. Nous suivrons seulement jusqu'au bout la destinée de son chef, le colonel Crawfort.

Celui-ci, au commencement de la retraite, s'était placé en tête des milices, et vers la fin du jour, s'apercevant de l'absence de son fils, de son beau-fils et de ses neveux qui l'avaient accompagnés, il fit halte et laissa défiler la troupe, s'informant d'eux et les cherchant inutilement dans les rangs. Resté quelques instans en arrière, il veut rejoindre sa petite armée en déroute : mais son cheval est à demi-mort de fatigue, et c'est avec peine qu'il parvient à s'écarter de la route où il craignait d'être atteint bientôt par les Indiens. C'était le soir ; l'obscurité s'avançait, et dans sa marche incertaine, il rencontra au bord d'une prairie le docteur Knight ; un de ses amis, qui se trouvait comme lui égaré et ignorant le chemin à suivre. Prenant pour direction l'étoile polaire, et voulant éviter les localités où ils auraient pu rencontrer des sauvages à leur poursuite, ils s'avancèrent vers le nord, puis vers l'est, marchant ainsi toute la nuit à travers les forêts et les prairies. Le lendemain matin, ils trouvèrent dans les hautes herbes quatre de leurs compagnons d'infortune, dont l'un était grièvement blessé ; ils marchèrent encore tout le jour, et prirent ensemble un peu de repos pendant la nuit. Le jour suivant, comme ils se remettaient en route au point du jour, ils furent attaqués par un parti d'Indiens qui tuèrent deux de leurs compagnons, et firent prisonniers le Dr Knight et le colonel Crawfort : les deux autres parvinrent à s'échapper. Les captifs furent conduits au camp le plus voisin, où ils trouvèrent neuf de leurs compagnons d'infortune faits prisonniers comme eux : de là on les mena vers la vieille ville des Wyandots qu'ils n'avaient pu atteindre dans leur expédition. Là, on les fit marcher et parader pendant quelque temps au milieu des Indiens, qui poussaient des hurlements de mort, et en leur présence, leurs neuf compagnons furent assommés et scalpés en divers lieux de la ville qui semblaient avoir été marqués d'avance. Le sort de Crawfort devait être plus terrible, car il était connu comme chef de l'expédition, et il était réservé pour servir d'expiation au massacre des Indiens moraves. Les Indiens Delawares l'avaient réclamé pour l'exécution du supplice, et le lendemain il fut conduit avec le Dr Knight dans l'un de leurs villages, où immédiatement les apprêts furent commencés, et où tous deux furent mis entièrement a nu et attachés à de solides poteaux dans une hutte bien gardée. Là, quelques instants avant d'être conduit en présence de ses bourreaux, le colonel Crawfort apprit qu'un chef indien de sa connaissance se trouvait dans une hutte voisine; il demanda qu'il lui fût permis de le voir, et on le fit aussitôt appeler. Ce chef se nommait Wingenund; il connaissait parfaitement Crawfort, et comme il avait été reçu avec bienveillance dans sa maison, il lui était sincèrement attaché; c'est pourquoi il s'était retiré dans une hutte écartée pour n'être pas témoin du supplice. Wingenund, en entrant dans la hutte, paraissait troublé et violemment agité; ce fut lui cependant qui adressa le premier la parole au prisonnier : — «N'êtes-vous pas le colonel Crawfort?» lui dit-il. — «C'est moi.» — «Ah oui! malheureusement oui,» s'écria l'Indien tout hors de lui. — «Eh quoi! lui dit Crawfort, ne vous souvient-il plus qu'une alliance d'amitié a toujours existé entre nous, et que nous avons toujours été heureux de nous rencontrer l'un l'autre.» — «Oui, je me souviens de tout cela, je sais que nous avons plusieurs fois bu dans la même coupe, je me souviens que vous avez toujours été pour moi bon et bienveillant.» — «Alors j'espère que notre amitié d'autrefois reste la même.» — «Il en serait ainsi, répondit sévèrement Wingenund, si vous étiez là où vous auriez dû rester, et non pas ici.» — «Et pourquoi pas ici? dit Crawfort; j'espère que vous n'abandonnerez pas un ami dans le malheur. C'est maintenant le moment de m'aider et de faire pour moi ce que je ferais pour vous si vous étiez à ma place.» — «Colonel Crawfort! vous vous êtes placé vous-même dans une situation qui m'empêche, moi et mes amis, de faire la moindre chose pour vous; vous vous êtes joint à cet exécrable Willamson et à son parti, à cet homme qui, il y a quelques jours à peine, a tué un si grand nombre d'Indiens moraves qu'il connaissait comme amis. Il savait, le lâche! qu'il ne risquait rien en massacrant ce peuple qui ne se servait pas de ses armes pour combattre, et qui ne savait que prier!» — «Mais je vous assure, Wingenund, que si j'avais été avec lui ce jour-là, ces meurtres ne seraient pas arrivés. Ce n'est pas moi seulement, mais tous mes amis, mais tous les hommes de cœur qui réprouvent un acte semblable.» — « Je le crois, dit Wingenund, en l'interrompant brusquement, car sa parole était rapide et entrecoupée comme celle d'un homme bouleversé par les plus violentes émotions. Je le crois, mais tous ces amis, ces hommes de cœur n'ont pas empêché cet exécrable monstre de se mettre en route une seconde fois pour s'en aller tuer le reste de ces Indiens inoffensifs et imbéciles. Je dis imbéciles, parce qu'ils ont ajouté foi aux paroles de l'homme blanc plutôt qu'aux nôtres. Nous leur avons prédit souvent comment ils seraient traités par ce peuple qui les appelait amis. Nous leur disions alors, et ils l'ont vu, qu'il ne fallait mettre aucune confiance aux paroles de l'homme blanc ; que toutes ses promesses, si souvent répétées, n'étaient faites que pour nous tromper et nous tuer ensuite plus facilement.» — « Je suis peiné de vous entendre parler ainsi à un ami dans le malheur, répondit tristement Crawfort ; car je vous l'assure, quand j'ai appris que Willamson allait se remettre en campagne, je ne me suis joint à lui que pour l'empêcher de commettre de nouveaux meurtres.» — « C'est ce que les Indiens mes frères ne voudraient pas croire, quand bien même je l'affirmerais moi-même.» — « Et pourquoi pas?» — « Parce qu'il n'aurait pas été en votre pouvoir d'empêcher Willamson de suivre sa volonté.» — « Comment! pas en mon pouvoir? s'écrie Crawfort ; a-t-on tué quelque Indien morave depuis le jour de notre départ de l'Ohio?» — « Non, c'est vrai, et le sardonique sourire de Wingenund était perçant comme la flèche acérée d'un Delaware : non, vous n'en avez point tué. Mais vous vous êtes avancés d'abord vers leurs villages que vous avez trouvés déserts, et c'est seulement alors que vous avez marché contre nous. Si vous n'aviez cherché que des guerriers à combattre, vous ne seriez pas allés d'abord entourer avec tant de précautions ces établissements chrétiens où il ne reste plus un être vivant. L'indien n'est pas un enfant à la mamelle, et nos espions ont suivi tous vos pas. Il vous ont vus vous réunir aux bords de l'Ohio : ils ont surveillé votre passage sur la rivière et vos marches de tous les jours ; ils ont visité vos campements, et ils nous ont avertis quand vous avez quitté les villages moraves pour venir à nous. Tous vos pas ont été surveillés. Le lieu de l'attaque était marqué d'avance, et vous même, colonel Crawfort, avez été suivi pas à pas jusqu'au moment où vous avez été pris et conduit ici. De même en a-t-il été de Willamson, le lâche, qui en entendant le sifflement des balles de nos guerriers s'est enfui, parce qu'il n'avait plus à tuer des femmes et des enfants: mais il s'est échappré et vous avez été pris; c'est sur vous que retombera la vengeance. « — Crawfort baissa la tête, il sentit que sa dernière espérance venait de se briser et qu'il était inutile de feindre davantage : saisi d'une vive émotion, il s'écria : « Que vont-ils donc faire de moi ? N'y a-t-il aucun moyen d'arrêter leur fureur ? Oh Wingenund ! vous qui devriez être un ami pour moi, aidez-moi à saûver ma vie, et vous recevrez une riche récompense.» — «Si Willamson avait été pris avec vous, moi et quelques amis, en faisant usage de ce que vous m'aviez dit, nous aurions peut-être réussi à vous sauver, ou du moins nous l'aurions essayé. Mais maintenant nul homme au monde n'oserait plaider en votre faveur. Le roi d'Angleterre lui-même, s'il était ici avec tous ses trésors, ne pourrait vous sauver. Le sang des innocents moraves, des femmes et des enfants surtout si cruellement et si horriblement massacrés, crie vengeance. Les parents de ceux qui ont été égorgés et qui sont venus parmi nous, demandent vengeance et attendent. Toute la nation veut la vengeance. Les Shawanesses, qui sont nos frères, ont réclamé votre compagnon pour se venger sur lui, et tous les peuples qui sont nos alliés crient de toute part vengeance, vengeance ! Car les moraves dont vous alliez achever la destruction se sont enfuis au lieu de venger eux-mêmes leurs frères ; ainsi l'offense est devenue nationale, et toutes les tribus indiennes en ont accepté leur part.» — »Mon sort est donc fixé, dit Crawfort, et il ne me reste qu'à me préparer à une mort épouvantable.» — «J'en suis navré; mais je ne puis rien faire pour vous, colonel Crawfort, qui autrefois étiez mon ami. Si vous aviez suivi ce précepte de l'Indien, que le bien et le mal ne peuvent habiter ensemble dans le même cœur, et qu'ainsi l'honnête homme ne doit pas se joindre à un mauvais compagnon, vous ne seriez pas dans cette lamentable situation. Vous voyez, maintenant qu'il est trop tard, quel homme était ce Willamson qui vous a abandonné. Supportez votre sort en brave; c'est tout ce qui vous reste à faire. Adieu, Crawfort! les voici qui viennent à vous; pour moi, je vais me retirer dans un lieu solitaire et pleurer sur vous.» — Alors les Indiens se jetèrent sur Crawfort, et Wingenund se retira en versant des larmes comme un enfant.

Voici comment le Dr Knight, témoin de l'évènement, raconte la mort de Crawfort : — « D'abord on nous conduisit près du feu; le colonel était nu; on le fit asseoir, puis les Indiens se jetèrent sur lui et se mirent à le frapper de coups de poings et de coups de verges. Je fus ensuite traité de la même manière. Lorsqu'ils furent las de nous battre, ils attachèrent une corde au pied d'un poteau d'environ quinze pieds de haut, lièrent les mains de Crawfort derrière le dos, et fixèrent le bout de la corde entre ses poignets. Cette corde était assez longue pour qu'il pût s'asseoir ou faire en marchant deux ou trois fois le tour du poteau et revenir par le même chemin. Le colonel s'adressant alors à Girty(¹), lui demanda s'ils avaient l'intention de le brûler vif; celui-ci l'affirma, et Crawfort répondit qu'il était prêt à supporter patiemment toutes les tortures. Là dessus un chef Delavare fit un discours aux Indiens, et dès qu'il eut fini de parler, tous poussèrent d'affreux hurlements d'approbation.

Les Indiens prirent aussitôt leurs fusils, et se mirent à tirer à poudre sur Crawfort, commençant depuis les pieds jusqu'à la nuque. Il dut recevoir plus de soixante-dix charges de carabine, car son corps en était devenu tout noir. Puis ils se pressèrent autour de lui, et autant que je pus le voir, ils lui coupèrent les oreilles; du moins, quand ils s'éloignèrent. je vis le sang couler des deux côtés de la tête. Le feu était à dix ou douze pieds du poteau; il était fait de grandes buches de chêne qui brûlaient par le milieu; chaque bout, séparé par le feu, avait environ six pieds de long. Trois ou quatre Indiens, tour à tour, s'avançaient, saisissant une de ces bûches enflammées, et de chaque côté s'approchaient de Crawfort et appliquaient sur son corps nu les extrémités brûlantes. Les femmes se servaient de casseroles qu'elles remplissaient de charbons et les lui jetaient sur le dos et les épaules, de telle sorte qu'en peu de temps il n'eut plus sous les pieds que des charbons brûlants. Jusqu'alors et au milieu de ces affreuses tortures, le colonel avait gardé le silence. Ses yeux pleins de sang semblaient sortir de leurs orbites. Tout à coup il pousse un cri épouvantable et appelant Girty par son nom : « Girty! Girty! pour l'amour de Dieu, tue-moi! » Girty, par dérision, lui répondit qu'il n'avait pas de fusil. (Nous croyons devoir supprimer la suite du récit de l'horrible fin de Crawfort.)

(¹) Ce Girty était un blanc passé à la vie sauvage, comme il y en avait beaucoup alors.

» Lorsque le malheureux colonel eut cessé de vivre, l'Indien qui me gardait me conduisit à la demeure d'un chef Delaware où je fus lié pour la nuit. Le lendemain, les Indiens me délièrent et me peignirent tout en noir, m'annonçant que j'allais partir pour la ville des Shawanesses, à quarante milles de distance, pour y être traité comme mon ami le colonel. Nous passâmes près du lieu où Crawfort avait été brûlé; on ne voyait plus que ses os mêlés aux cendres du feu : je pense qu'après sa mort ils avaient jeté son cadavre dans le brasier. »

Telle est en substance la narration du docteur Knight; il serait inutile de chercher à la rendre plus dramatique. On ne me pardonnerait guère de passer sous silence le sort de l'historien lui-même. Voici en peu de mots le récit de son évasion. Le Dr Knight avait été confié à la garde d'un jeune guerrier indien qui devait, nous l'avons dit, le conduire dans une ville des Shawanesses, à quarante milles de Sandusky. Le premier jour, ils firent environ vingt-cinq milles et se couchèrent pour la nuit. Au matin les moustiques étant devenus insupportables, le docteur supplia l'Indien de le délier pour qu'il pût lui aider à faire du feu pour les éloigner un peu. L'Indien y consentit. Pendant que le Shawnes était sur ses genoux et sur ses coudes, soufflant le feu, le Dr Knight saisissant une bûche à demi-brûlée, en frappa la tête de l'Indien assez violemment pour le faire tomber en avant dans le feu. Cependant la bûche s'était brisée, et le sauvage quoique blessé s'était immédiatement remis sur les jambes. Le docteur s'empara de la carabine de l'Indien, mais il l'arma avec tant de violence que le ressort se brisa et l'arme lui resta inutile. L'Indien désarmé se sauva en poussant un hurlement de vengeance, et le docteur Knight errant dans les forêts, sans autre nourriture que des racines et des baies sauvages, arriva à l'Ohio et dans sa demeure après vingt-un jours de marche continue. Il était mourant de faim.

Nous voudrions encore esquisser quelques portraits de ces natures demi sauvages, demi civilisées, moulées par des événements semblables à ceux que nous venons de raconter, et qui se reproduisent tous les jours. La mine est si riche, que pendant bien des années encore elle fournira des matériaux intéressants, non pas aux romanciers seulement, mais aux historiens de ces contrées nouvelles. Nous le répétons encore comme avertissement aux émigrants : ces scènes de meurtres, ces luttes continuelles, cette vie d'émotions palpitantes, n'ont fait que changer d'arène. Le Visconsin combat maintenant comme l'Ohio combattait il y a un demi-siècle, et les rapports qui nous arrivent aujourd'hui même parlent de populations en fuite, d'établissements ruinés, de villages détruits par le feu et de colonies entières massacrées par les sauvages. Mais ces rapports ne disent qu'une partie de la vérité. Ces désastres sont causés par le désespoir d'une peuplade bannie, exilée dans un territoire où elle ne trouve ni gibier pour se nourrir, ni sources pour s'abreuver. Les guerriers se sont réunis, ils ont juré de reprendre leurs plaines et leurs forêts enlevées par les blancs, ils sont revenus, et ainsi a recommencé une lutte qui ne finira qu'après l'extermination complète des tribus indiennes.

LÉO LESQUEREUX.

LES DEUX AVENCHES,

ou

HISTOIRE DE LA POLÉMIQUE SOULEVÉE AU COMMENCEMENT DU XVIIIᵉ SIÈCLE SUR L'EMPLACEMENT DE L'ANTIQUE CITÉ D'AVENTICUM. (¹)

De toutes les querelles qui ont divisé le monde savant, il en est peu qui aient fait autant de bruit que celle suscitée, à la fin du dix-septième siècle et au commencement du dix-huitième, par le Jésuite Pierre-Joseph Dunod, au sujet de l'emplacement de l'ancienne ville d'*Aventicum*. Quand l'on songe que le sol de cette cité historique, que ces monumens de tous genres, temples, forum, théâtres, palais, sculptures, qui le disputent en authenticité, sinon en grandeur, aux ruines de la ville des Césars, ont vu méconnaître leur nom et leurs titres les plus incontestables, on est tenté de rire de tout ce qu'il peut y avoir parfois d'idées paradoxales et de contradictions bizarres dans notre pauvre esprit humain. Et cependant la chose fut très-sérieuse; on vit rarement entre savans une guerre de plume plus vive et plus acharnée. De 1697 à 1710, plus de vingt volumes ou mémoires très-profonds furent écrits pour prouver que l'antique *Avenches* n'avait jamais existé en Helvétie, mais bien de l'autre côté du Jura, en Franche-Comté, l'ancienne Séquanie, près du petit lac d'Antre, situé dans les terres de l'abbaye de Saint-Claude, à deux lieues de la ville de Saint-Claude et à une demi-lieue de la petite ville de Moirans, toutes deux chef-lieux de canton dans le département actuel du Jura. Il

(¹) Ce travail a été lu à la réunion de la Société d'histoire de la Suisse romande, qui a eu lieu à Moral les 1 et 2 août de cette année.

existe même des cartes où la situation d'Avenches est marquée telle que nous venons de l'indiquer, au bord de ce petit lac de forme à peu près circulaire, dont les eaux se déversent dans le ruisseau qui forme notre lac de Joux et la rivière d'Orbe, après s'être perdues dans une caverne.

Bien que ce grand procès sur l'emplacement d'Avenches soit terminé et jugé depuis longtemps, et que des inscriptions parfaitement décisives, trouvées postérieurement à la polémique soulevée par le père Dunod, aient prononcé souverainement contre ce spirituel et savant Jésuite, il n'est pas sans quelque intérêt de rappeler l'historique de ce différent. Nos connaissances sur notre *Aventicum Helvetiorum* sont déjà assez étendues, et nous cherchons journellement à les augmenter encore. A titre de curiosité ainsi que de voisinage, il convient d'étudier aussi l'*Aventicum* ou *Antricum Elutiorum* que le père Dunod a voulu lui opposer. Voici donc les faits et les raisonnemens sur lesquels il basait son système assez compliqué, et qui faillit convaincre des gens très-érudits.

A la fin du XVIIe siècle, on s'aperçut qu'il existait près du petit et du grand Villars, communes voisines de la petite ville de Moirans en Franche-Comté, à côté du lac d'Antre, et à Jeure([1]), village au bas de la même vallée, au bord du Lizon, des restes de superbes édifices romains. On remarqua surtout un monument bien conservé qu'on appelle aujourd'hui le Pont des Arches, et qui paraissait être une partie d'un double aqueduc construit de pierres de taille énormes, solidement reliées, sans mortier, par des crampons de fer, et dans lequel coulait le ruisseau ou *bief* d'Heria. On ne tarda pas à reconnaître la forme d'un grand amphithéâtre et de bains, dont on crut encore distinguer les hypocaustes, les vestiges d'un bâtiment pavé de marbre blanc et incrusté de pièces de porphyre, de jaspe, de granite et de serpentin, qui avaient de trois à six lignes d'épaisseur; ces premières découvertes donnèrent l'éveil. On fit des fouilles, et ce qu'on avait pris pour des pointes de rocher sortant de terre, fut reconnu pour être des débris d'édifices romains, entr'autres des fragmens de portes et de fortifications. Mais on ignorait l'époque de la fondation et le nom de cette ville romaine qui paraissait avoir été considérable.

([1]) *Vicus Jurensis* : au pied du Jura.

Le père Dunod, de Saint-Claude, savant Jésuite, qui déjà avait fait des découvertes d'antiquités en Normandie, entreprit de rendre à sa patrie une cité illustre de l'empire romain, qu'une longue série de malentendus et d'erreurs grossières avaient trop long-temps, selon lui, implantée dans les déserts de l'antique Helvétie. Voici comment il procéda dans ce but :

Parmi les débris d'antiquités trouvés près du lac d'Antre, on avait cru reconnaître les restes d'une fonderie romaine, des pierres calcinées, et des médailles de la plupart des empereurs. Partant de ces données, et se rappelant fort à propos qu'une Notice de l'empire d'Occident, destinée à le faire connaître dans toutes ses provinces, routes, établissemens publics, ne désignait que cinq lieux monétaires, tandis que selon d'autres auteurs il y en avait six, Dunod se demande si la ville d'Antre ne serait pas ce sixième lieu, d'autant mieux que parmi les médailles qu'on y a trouvées, beaucoup ont un *A* dans leur exergue. La tradition porte aussi que tout près de cet endroit existaient des mines d'or et de plomb.

Allant plus loin, l'ingénieux Jésuite se ressouvient que Ptolémée, dans sa géographie, a appelé Avenches *Aventicum Helvetiorum*, et qu'il l'a placée cependant en Franche-Comté, dans cette pro-vince de l'empire romain appelée *Maxima Sequanorum*. Or évi-demment il y a ici erreur de copiste, reproduite de manuscrits en manuscrits, et il faut lire *Aventicum Elutiorum* au lieu d'*Elve-tiorum*. «*Elutia*, d'après Pline, *dicuntur metalla auraria in quibus aqua immissa elutis sordibus metallum ostendit.*» On ap-pelle *Elutia* les lavoirs dont on se sert pour séparer les parcelles d'or de toute matière étrangère. Qu'aurait à faire chez les Helvé-tiens une ville des Séquaniens? Mais alors que faire de cette ville antique dont les ruines reposent près du lac de Morat, et qui a dû cependant être quelque chose? Le père Dunod n'hésite pas à cer-tifier que notre Avenches était le *Forum Tiberii* que Ptolémée nomme avec *Gannodurum* comme villes de l'Helvétie. Cette der-nière n'est autre que l'antique Soleure, et non point *Stein am Rhein*, et quant au *prétoire* ou *forum de Tibère*, c'est incontestablement au bord du lac de Morat qu'il faut le placer et non point à *Keiser-stuhl* près de Zurzach, comme on l'avait fait mal à propos si long-temps.

Ce système fut développé dans un premier écrit qui parut en 1697 à Paris, sous ce titre : « *La découverte de la ville d'Antre, en Franche-Comté, avec quelques questions curieuses,* entr'autres celle-ci : « Jusqu'où la province des Séquanais s'étendait-elle au temps de Jules-César et d'Auguste? » Le *Mercure de France* (¹) prit feu et reproduisit presqu'intégralement cette dissertation, qui bientôt fut suivie d'une seconde plus emphatique : « *La plus belle découverte que l'on a faite, depuis un siècle, de la ville d'Antre, Avantre ou Avanche toute bâtie de jaspe et de marbre.* » Dunod, ne se donne pas pour l'auteur de ce second écrit ; mais il est évident qu'il y a identité parfaite entre ses idées et celles de l'anonyme. Le *Journal des Savans*, (Nᵒ du lundi 20 janv. 1698), rendit compte de ces ouvrages, et garda une prudente réserve en prenant ses conclusions. Il paraît croire avec Dunod à l'existence d'une grande ville romaine près du lac d'Antre, donnant à penser qu'elle fut ruinée par Attila, lorsqu'il passa par les Gaules en 452 pour aller en Italie. Du reste, ce journal appelle toute l'attention des antiquaires et des historiens sur les questions formulées par Dunod.

La thèse de ce père Jésuite fit en effet beaucoup de bruit. Le premier qui répondit à l'appel fut, il faut le dire, un étranger à la Suisse, un Lorrain, le père N. André, ex-provincial et prieur des Carmes. Ce savant religieux, dans une lettre datée de Besançon, le 1ᵉʳ mars 1698, et la même année imprimée sous forme de dissertation à Dijon, réfute de point en point l'hypothèse de Dunod (²). Il la discute essentiellement au point de vue scientifique, sans trop s'attacher à la topographie des deux cités mises en controverse. Il combat d'abord la trop bonne opinion que le père Dunod paraît avoir de Ptolémée, géographe égyptien, écrivant sur les mémoires d'un Syrien, Marin de Tyr, surtout lorsqu'il s'agit de la situation précise d'une ville des Gaules. Serait-il surprenant que l'un de nos géographes d'Europe se rendît coupable d'un écart de sept à huit lieues sur la latitude d'une ville de la Perse ou de l'Asie-mineure? Et même, qui peut dire que Ptolémée se soit trompé en plaçant Avenches chez les Séquanais, lorsque l'on sait que de son temps la partie de l'Helvétie dans laquelle est Avenches, ou l'Helvétie romande, avait été unie à la province séquanaise, qui avait pris de cet agrandissement le nom de *Maxima Sequanorum.*

(¹) Nᵒ de mai 1698 page 239, sq.

(²) Lettre en forme de dissertation sur la prétendue découverte de la ville d'Antre en Franche-Comté. Dijon, in-12 de 204 pages.

L'Helvétie proprement dite était alors restreinte et confinée vers le Haut-Rhin en remontant ce fleuve dès l'embouchure de l'Aar. Eutrope ne nous dit-il pas : « *Cesar vicit Helvetios qui nunc Sequani vocantur.* » Les notices de l'Empire mettent dans la province séquanaise Avenche, Nyon, Yverdon, et ne laissent en Helvétie que *Gannodurum* et *forum Tiberii, Vindonissa* (Windisch) ayant été réunie à la Rhétie. Certes le père André ne prétend pas nier qu'il y ait eu vers le lac d'Antre une ville ou du moins un bourg. Mais sans s'arrêter à l'hypothèse que cette ville pourrait être Isarnodore, qui existe encore sous le nom d'Isernore, il suppose que vers ce petit lac les rois de Bourgogne pouvaient avoir eu une ferme ou métairie royale, puisque l'histoire nous apprend qu'ils faisaient battre monnaie, comme aussi les princes Francs de la première race, dans de simples villages ou près de leurs maisons de campagne. C'est là ce qui pourrait à la rigueur expliquer les débris d'usines, de forges et de fonderies trouvés au lac d'Antre. Mais pour une ville de la grandeur de Lyon, telle que Dunod la suppose, comment aurait-elle subsisté dans un lieu sauvage, sans forêts pour les constructions et le chauffage, sans plaines pour la culture du froment, sans collines pour la vigne, sans fleuves et sans routes pour le commerce? Quant à l'étymologie du lac d'*Antre,* il est ainsi nommé parce que ses eaux sortent d'une caverne et s'écoulent par une autre. S'il y avait eu jadis, comme le prétend le P. Dunod, des mines d'or à Antre, on en trouverait encore des traces aujourd'hui; car l'on n'abandonne pas ainsi de telles exploitations.

Après le savant Lorrain, ce fut un Suisse, un Bernois, Daniel Aubert, originaire d'Avenches, qui entra en lice, mais avec des armes bien inégales, du moins quant aux moyens de publicité. Il était régent de poésie et de belles-lettres au collège de Lausanne, et fort imbu, à ce qu'il paraît, de certaines idées religieuses. Il se disait « l'un des quatre témoins dont LL. Excellences de Berne se sont servies pour découvrir l'hérésie et les hérétiques, et prétendait avoir souffert pour cela des épreuves et des afflictions telles que celles qui accompagnent la vérité de l'Evangile et de la croix de J.-C. » Il paraît que Leurs Excellences étaient plus curieuses d'utiliser Aubert comme prosélyte que comme savant, car elles ne lui fournirent pas même les moyens de publier son livre en réponse au père Dunod par la voie de l'impression Il dut le communiquer manuscrit à son antagoniste, qui lui fit néanmoins l'honneur d'une longue réfutation imprimée. Le travail d'Aubert, que nous connaissons donc essentiellement par les citations de Dunod, est divisé en trois grandes lettres adressées à son ami Fevot, proposant à Sallavaux, près d'Avenches. La première est du 19 août 1698, la seconde du 5 et la troisième du 9 septembre de la même année.

« On remarque, dit Dunod, que l'auteur suisse a plus de connais-
» sance de la haute antiquité que le Lorrain, mais que le Lorrain
» a plus déchiffré de parchemins que le Suisse. Le Lorrain ne doute
» de rien, le Suisse sait douter en savant. La jalousie pourrait bien
» faire avancer le Lorrain, mais l'honneur de la nation suisse de-
» vait arrêter le Suisse. Car enfin le Suisse, en soutenant que la
» province des Séquanais s'est étendue sous les Romains jusques
» en Suisse, soutient sans y prendre garde que les Helvétiens étaient
» sujets ou cliens des Séquanais, ce qui ne peut être du goût de la
» nation suisse, dont César a loué la valeur, qui est connue de toutes
» les nations du monde. »

Quoi qu'il en soit, Daniel Aubert avait raison sur tous les points essentiels. Il oppose d'abord à Dunod le passage si décisif de Tacite, qui, aux chapitres 67, 68 et 69, du premier livre des Histoires, dans l'éloquent récit de la révolte des Helvétiens contre Cécina, général de l'empereur Vitellius, nomme en toutes lettres Avenches la capitale de leur nation, *Helvetiorum gentis caput*. Il montre ensuite comment, lors du remaniement des provinces de l'empire, l'Helvétie occidentale fut incorporée dans la grande Séquanaise. Puis il s'appuie sur l'itinéraire d'Antonin, qui place *Aventicum Helvetiorum* sur le grand chemin de Milan à Mayence, précisément entre *Minidunum* (Moudon) et *Petenisca*, que l'on croyait alors être Payerne, Bienne ou Buren ([1]). Il cite aussi l'autre itinéraire de la grande route que les Romains avaient ouverte de la Souabe à Lyon et Langres, qui met Avenches entre *Petenisca* et *Ebrodunum* (Yverdon). Passant ensuite aux inscriptions, Pierre Aubert transcrit celles que Stumpf

---

([1]) Voici le passage de l'Itinéraire :

Vibiscum, M.P IX.
Minidunum M.P VI.
Aventicum Helvetiorum MP XIII.
Peteniscam MP XIII.
Salodurum MP X.
Augusta Rauracorum MP. XXII.

et Tschudi ont rapportées, et en toute première ligne celle que Guilliman de Fribourg donne comme l'ayant vue intégralement avec ses dernières lignes qui appellent Avenches :

COLONIA PIA FLAVIA CONSTANS
EMERITA
AVENTICUM HELVETIORUM FOE-
DERATA
PATRONO.

Cette inscription, si décisive, se voyait au coin de la muraille du temple paroissial de la ville d'Avenches, où Tschudi, Stumpf et Guilliman attestent l'avoir vue. «*Legebatur,* dit Tschudi, *in angulo Templi Aventici adhuc anno millesimo quingentesimo trigesimo sexto* (1536) *sed inde ac templum ipsum corruptum; insignes prorsus vetustatis reliquiæ, sed an injuria temporum, an hominum insignor.* Leçon sévère et méritée, donnée en passant à l'incurie de l'administration bernoise qui, comme nous le verrons bientôt, sembla prendre à tâche après la conquête du pays de Vaud, de laisser périr tous les monumens et les témoins de l'antique splendeur du pays Romand.

Cette pierre si regrettable fut, en effet, au rapport même d'un écrivain bernois, Marquard Wild, abattue avec le temple, brisée et mise en pièces par les ouvriers. Sa valeur probante, comme pièce au procès, n'était pas alors remplacée par l'heureuse et incontestable restitution que fit Ruchat, en 1707, de cette grande inscription, au moyen d'un fragment retrouvé au bois de Chatel, où il servait avec d'autres pierres dans une construction destinée à fermer la source des fontaines d'Avenches.

Les antiquaires prirent beaucoup d'intérêt à cette polémique sur Antre et Avenches, comme on peut s'en convaincre en lisant tous les recueils scientifiques et les *acta eruditorum* du temps. En 1706, un anonyme publia à Paris deux dissertations dans lesquelles il résuma tout le débat et pesa les raisons des divers antagonistes (1). Il conclut entièrement en faveur d'Avenches en Suisse,

(1) Deux dissertations sur la ville nommée anciennement *Aventicum.* Chez Pierre Cot. Rue Saint-Jaques 1706, in-8°, 122 pages. Cet anonyme était Ph. Moreau, de Maulour. On trouve une analyse de ces deux mémoires dans le *Journal des savans* du 4 juillet 1707. On voit par ce compte-rendu que le *Journal des savans* n'est pas loin d'abandonner Dunod et son système.

mais sans avoir vu ni l'une ni l'autre des localités. Du reste son travail est substantiel et plein de faits.

L'intrépide père Dunod ne perdit rien de son assurance et ne rabattit aucune de ses prétentions en présence de tant d'adversaires. Il résolut de répondre à tous à la fois, et c'est ici que la lutte va prendre un nouveau caractère de vivacité et d'ardeur. Rassemblant toutes ses forces et aiguisant cet esprit dont il était abondamment pourvu, il publia à Besançon, sous la rubrique d'Amsterdam, 1709, deux assez gros volumes, l'un de 254 pages et l'autre de 216. Ils sont intitulés :

Le premier : [*La découverte entière de la ville d'Antre en Franche-Comté, qui fait changer de face à l'histoire ancienne, civile et ecclésiastique de la même province et des provinces voisines.*

Le second : *Les méprises des auteurs de la critique d'Antre, avec la notice de la province des Sequanais, rétablie par la découverte de la ville d'Antre.*

Pour traiter son sujet avec plus de connaissance de cause, et afin d'avoir la supériorité sur ses adversaires, au moins sous le rapport d'une perquisition consciencieuse, puisque ceux-ci n'avaient pas été visiter les antiquités du lac d'Antre, le père Dunod vint à Avenches. L'inspection des lieux, loin de le dérouter, ne fit que le mettre plus en train et en quelque sorte en belle humeur. En effet, dans son nouvel ouvrage il ne s'agit plus seulement d'une seule ville. Il entreprend de prouver qu'il n'est pas dans la Suisse romande une seule localité ayant un nom antique qui ne doive être transportée dans la Franche-Comté ou Séquanie. Réfutant pied à pied toutes les autorités qu'on lui oppose, et commençant par Tacite, Dunod prétend que le passage de cet illustre historien relatif à Avenches a été altéré. En voici, dit-il, la preuve irréfragable : Tacite dit que les Helvétiens, après avoir été défaits par Cecina, jetèrent leurs armes et se retirèrent sur le mont VOCE-TIUS, *in montem Vocetium perfugere.* Si par *Vocetium* il faut entendre les Vosges, avec le grand critique Juste Lipse, comment supposer qu'une armée battue en Suisse se retire en Lorraine à plus de trente lieues du théâtre de sa défaite? Il est certain que ce passage avait embarrassé tous les interprètes de Tacite avant qu'il fût établi que le mont *Vocetius* ou *Bocetius* n'est autre que le *Wotzberg* ou *Botzberg* dans notre Jura.

Dunod, allant plus loin, prétendit que tous les manuscrits de Tacite avaient été altérés dès le XIe siècle par Marianus Scotus, qu'il ne restait presque rien de l'original, et que les copistes, dans le passage en question, ne comprenant pas la valeur du mot technique *Elutiorum*, lavage d'or, pour y trouver ùn sens avaient mis *Helvetiorum*.

Ayant fait si bon marché de Tacite, Dunod n'est guère embarrassé d'Eutrope, qui dit que les Helvétiens étaient devenus Séquaniens. Suivant lui, cet auteur secondaire a été altéré par Elie Vinet, régent de rhétorique au collége de Bordeaux, qui en le remaniant à l'usage des écoles, a eu certain intérêt de faire ici un changement. Quant à *Maxima Sequanorum*, cela ne signifie pas la Séquanie très-grande ou agrandie; mais *la province séquanienne de l'empereur Maxime*. Passant à l'Itinéraire d'Antonin, « tout le monde » sait, dit le père Dunod, qu'il est à présent si altéré qu'il est au » fond méprisé de tous les savans. C'est une pièce que les con- » naisseurs n'estiment plus et qu'ils rejettent presqu'entièrement. » Il confond les villes, les provinces, les routes, d'une manière » qui égare et qui perd ceux qui le suivent. L'auteur de cet iti- » néraire pourrait bien être un asiatique, écrivain inconnu, qui » s'appelait comme l'empereur Antonin Auguste. »

Il ne faut pas oublier, pour expliquer le scepticisme du père Dunod, qu'à cette même époque il était pour ainsi dire de mode chez quelques auteurs de sa compagnie, de lutter de dialectique et d'audace pour défaire pièce à pièce toute l'antiquité. Ainsi un savant Jésuite attribuait les tragédies d'Eschyle à un Père de l'Eglise, et le père Hardouin prétendait que de tous les auteurs anciens, Pline le naturaliste, Virgile en ses Géorgiques, Horace dans ses Satyres et ses Epîtres et Cicéron seuls, étaient authentiques et antérieurs au XIIe siècle. Il ne serait pas sans intérêt de rechercher jusqu'à quel point ce scepticisme de la fin du XVIIe siècle, en matière d'érudition et d'antiquités, a influé sur le scepticisme philosophique et religieux du XVIIIe siècle.

Après s'être si lestement débarrassé des témoignages anciens, on comprend que le père Dunod est fort à l'aise avec les modernes. Il regarde comme fausses et forgées toutes les inscriptions d'A-venches : « Je reconnus, dit-il, en parlant de celle citée plus haut, » qu'elle n'avait point l'air d'antiquité; convaincu d'ailleurs de

» l'altération de Tacite; entrevoyant de toutes parts l'erreur, le
» mensonge et l'imposture, je résolus de partir. »

Le témoignages de Stumpf, de Simler, de Tschudi, de Guilliman,
ne sont rien pour lui. Qui jamais a entendu parler de ces gens-là?
Quant à Plantin, qu'il vit en passant à Lausanne dans son voyage,
il en fut très-médiocrement satisfait, et il revint convaincu qu'il
existait en Suisse une fabrique d'inscriptions fausses et suppo-
sées (1). Ce qui donnait quelque force à cette accusation du père
Dunod, c'était, il faut le dire, cette fameuse inscription romantique ou romanesque tant de fois citée, rapportée par Gruter dans
son grand *Recueil d'inscriptions* publié à Heidelberg en 1601,
et copiée par les auteurs suisses comme authentique:

IULIA ALPINVLA HIC JACEO
INFELICIS PATRIS INFELIX PRO-
LES
DEAE AVENT. SACERD.
EXORARE PATRIS NECEM NON
POTUI
MALE MORI IN FATIS ILLI ERAT
VIXI ANNOS XXIII.

Nos antiquaires suisses n'avaient pas su se garantir contre les
charmes de cette espèce de poésie lapidaire, évidemment imaginée
pour illustrer le texte de Tacite (2). *In Julium Alpinum e princi-
pibus, ut concitorem belli, Cæcina animadvertit*, etc.

Passant à des objections d'un autre ordre, Dunod plaisante
agréablement le père André, qui fait frapper des monnaies romaines par des rois bourguignons, dans une métairie située dans un
site sauvage et solitaire, tel que celui du lac d'Antre. Mais alors, lui
objecte soudainement le père André, comment voulez-vous placer
dans ce site sauvage et désert une ville magnifique de la grandeur

(1) A part les inscriptions bien authentiques qui nomment AVENCHES expressément, on peut citer celle-ci qui ne laisse aucun doute sur la situation
de cette ville et sur ses communications avec l'Aar par le lac de Moral :
« IN HONOREM DOMVS. DIVIN. NAVTÆ ARVRANCI ARAMICI SCHOLAM
DE SVO IXSTRVXERVNT I. D D D. — C'est-à-dire : Les *nautes* ou bateliers de l'Aar ont élevé cette école à leurs frais dans le lieu décrété par les
Décurions en l'honneur de la divine maison impériale.» Cette inscription,
bien conservée, est autrement authentique que celle de Julia Alpinula, que
personne n'a vue.

(2) *Histor. I*, Cap. 68.

de Lyon? «Vous croyez m'embarrasser ? riposte Dunod. Antre n'é-
» tait pas une ville comme les autres. C'était là où s'était réfugié
» le culte des Druides toléré dans cette partie des Gaules sous l'ad-
» ministration romaine. Or on sait que le séjour du grand-prêtre
» des Druides était dans une solitude de montagnes et de forêts.
» Tout près de là était une ville sacrée pour fournir à la subsistance
» des prêtres et des écoliers, aux sacrifices publics et particuliers,
» et à l'abord de tout le monde, puisqu'on y allait en pélerinage
» de tous les endroits du pays. Voilà justement le lac d'Antre où
» l'on trouve une ville splendide et une solitude fort avenante. Ma
» ville d'Antre était entre Equestris, Châlon, Mâcon, Genève et
» Lausanne, et tirait sa subsistance de ces six villes. »

Apportant à son tour de nouveaux argumens en faveur de son premier mémoire, Dunod cite victorieusement un passage de Grégoire de Tours, qui dit que l'abbaye de Saint-Oyen, aujourd'hui Saint-Claude, était voisine de la ville d'Avenches, *Aventicæ adjacet civitati*, à quoi les partisans de l'Avenches en Helvétie répondent très-raisonnablement que *civitas* dans ce passage doit s'entendre du pays, du territoire, du canton ou *Pagus* d'Avenches, et nullement de la ville Ce passage ainsi entendu, Saint-Claude, qui n'est qu'à quatre lieues de notre frontière, est presque aussi voisin du lac de Morat que du lac d'Antre.

Arrivé au bout de sa longue polémique, le père Dunod tire enfin ses terribles conclusions, qui tendent à bouleverser toutes les notions reçues touchant la géographie de l'ancienne Helvétie. Il débaptise toutes nos villes, et leur consacrant à chacune un chapitre particulier, parfois aussi long que celui d'Avenches, il corrige et rétablit comme on va voir la notice civile de l'ancienne province des Séquanais, trop long-temps frustrée de ses plus belles cités au profit de l'obscure contrée des Helvétiens :

1° La province *Maxima Sequanorum* ne s'est jamais étendue sur le versant oriental du Jura, et elle tire son nom de l'empereur Constantin dit Maxime.

2° Ses villes sont :

CIVITAS VESONTIENSIUM, *Besançon.*

CIVITAS DIDATIUM, *Dole.*

CIVITAS NEVIDUNUM EQUESTRIS, *Poligny-Groson.*

CIVITAS AVENTICUM ELUTIORUM, *Avenches des mines d'or et de plomb*, sur le lac d'Antre.

Civitas Augusta Rauracorum , *Mandeure*.

Castrum Rauracense , *Bâle*.

Castrum Argentariense , *Montbéliard* au confluent de l'Alduä et du Doubs.

Castrum Ebrodunense, la ville de *Broye* au confluent de la Saône et de l'Oignon.

Castrum Viridunense, la ville de *Verdun*, au confluent de la Saône et du Doubs.

Portus Abbucina, *Le petit noir,* sur le Doubs, à trois lieues plus bas que Dôle.

Olino , le camp des Romains , *Cita* et *Charrii*, près de Vesoul.

Avenche Noldenolex, *Moyran,* près du grand Avenches des mines d'or et de plomb, sur le lac d'Antre.

Se prévalant, après cette énumération étrange, d'un arrêté rendu en 1699 par les échevins et conseil de la ville de Dôle pour la restitution et la conservation des antiquités et des véritables noms des lieux anciens, le père Dunod propose d'arrêter la déclaration suivante pour être exécutée, de la part des savans et curieux, partout où l'on respecte la littérature et où l'on se soumet à la vérité. Qu'on nous permette de citer textuellement ce plaisant arrêt de proscription rendu contre toutes nos localités historiques.

« I. Personne ne doutera plus que la ville d'Antre, nouvellement découverte en Franche-Comté, ne soit l'Aventicum de Ptolémée, l'une des cinq cités de la province des Sequanais.

» II. La ville d'Avenches en Suisse est condamnée à perdre le nom qu'elle porte et qu'elle avait usurpé sur la ville d'Antre; car on ne prescrit jamais contre la vérité. La ville d'*Avenches* en Suisse est de plus condamnée à reprendre son ancien nom de *Marché de Tibère, forum Tiberii.* En cas de désobéissance et de contumace on l'appellera en punition *Pisibris,* comme on faisait au Xᵉ siècle, témoin le testament de la reine Berthe (¹). A moins qu'elle ne préfère garder le nom de *Wiflisbourg* qui est tout ce qu'il lui faut.

» III. Tous historiens et géographes, faiseurs de cartes de géographie et graveurs, seront obligés à l'avenir de ne plus marquer Avenches dans la Suisse, mais de la placer au lac d'*Antre*, à peine de mépris des exemplaires et de regarder ceux qui les débiteront comme des ignorans.

(¹) *De propriâ trado donatione,* dit ce testament, *ipsum oppidum paterniacum, unam ecclesiam ad carcerem et capellam ad Pibirsim cum dependentiis suis,* etc.

» IV. On soumet à toutes les peines portées par les lois contre l'ignorance crasse, tous ceux qui soutiendront désormais en nùl endroit que les Helvétiens aient été autrefois de la province des Séquanais, ni que les grandes et fortes barrières de séparation du mont *Jura* aient jamais été levées entre ces deux peuples, ni par Auguste ni par aucun empereur romain.

» V. On ne recherchera plus jamais les anciennes villes des Séquanais en Suisse, sous peine d'y faire un voyage à ses frais, pour reconnaître par soi-même la fausseté de cette opinion vulgaire. Pour ceux qui s'obstineront à défendre cette erreur sans vouloir faire le voyage ni en Suisse ni à la ville d'*Antre*, ils seront à la fin condamnés à passer pour lourdeaux.

» VI. La ville de *Nyon*, sur le lac de Genève, se fera justice à elle-même sur la fausse inscription qui est sur une de ses portes en gros caractères, où il est marqué qu'elle est l'ancienne *Equestris* des Romains. Si elle ne se fait pas cette justice, tous les savans la lui feront. On lui laisse le nom de Nyon pour le bien de la paix, sans l'obliger à reprendre son ancien nom de *Benevisse*.

» VII. La ville d'*Hyverdun* est condamnée de même à ne jamais prendre le nom latin de *Castrum Ebrodunense*, de ne pas même se vanter d'être ville ancienne, bien loin d'aspirer à l'ancien nom de *Gamnodure* qui est Soleure, la seule ville qui puisse se vanter d'être la sœur de Trêve; à condition cependant que la ville de *Soleure* fera vérifier et renouveler ses titres où il appartient, dont ce distique marqué sur une de ses tours en est un :

In Celtis, nihil est Soloduro antiquius urbe
Exceptis Treviris, quarum ego dicta Soror.

» VIII. Il est défendu à tous les historiens modernes de porter désormais les bornes de l'ancienne province des Séquanais contre Constance, Strasbourg, Orléans et Lyon, mais de les remettre au Rhin, au Rhône, à la Saône et au mont Jura, car ces fleuves et ces montagnes n'ont changé ni de place ni de situation.

» IX. Il est interdit à ceux de Neuchâtel d'appeler leur ville *Noldenolex aventicus*, la cité de Noidenolex au département d'Avenches, ou le petit Avenches, vu que ce nom appartient à Moiran, dont les habitans pourront rebâtir leur ancienne ville après qu'ils y auront découvert les mines d'or et de plomb qui ne sont nullement épuisées, au sentiment des connaisseurs.

» X. On accorde la même permission aux habitans de Groson, de Mandeure, du Petit-noir et de Broye, de rebâtir les villes d'Equestris, de Rauraque, d'Abuccina et de Broye, de la même grandeur et de la même magnificence que ces villes étaient autrefois. Le fond de ces dépenses sera pris sur l'or du Doubs lorsqu'on en aura découvert la mine.

» XI. Il est permis à la ville de Verdun d'intenter procès à la ville de *Windisch* en Suisse, pour l'usurpation qu'elle a faite du titre de *Castrum Viridunense* qu'elle a déguisé en *Vindonissense;* à condition que Verdun soutiendra les frais du procès, car n'étant plus de la Franche-Comté, la province n'y entrera pour rien.

» XII. Tous les savans et les curieux sont priés de n'avoir plus tant d'égard ni de respect pour les passages qu'on soupçonnera d'avoir été tronqués, altérés et corrompus dans les anciens auteurs profanes. Mais on s'appliquera de toutes parts à les corriger et rétablir. On se tiendra en garde contre les anciens copistes.

» XIII. Tous ceux qui soutiendront à l'avenir que les suffragans de Besançon ont été les évêques d'Avenches en Suisse, de Nyon et de Bâle, seront condamnés à faire un fond de pension à deux savans qui visiteront toutes les archives du comté, et qui verront tous les titres des anciennes abbayes, pour écrire ensuite l'histoire ecclésiastique et civile du comté de Bourgogne.

» XIV. Lorsqu'on aura établi une académie à Besançon, on remettra sur son bureau si Marius, d'Avenches, est vraiment l'auteur de la chronique qu'on lui attribue.

» XV. On examinera encore à fond dans cette assemblée de gens de lettres, par où les Helvétiens passèrent autrefois dans les Gaules, et si César a bien dit la vérité à leur égard.

» XVI. Partout où l'on découvrira des anciens monumens, les honnêtes gens du voisinage seront obligés d'en donner avis aux savans et curieux, et d'empêcher qu'on ne rompe rien.

» XVII. Il est défendu sous des peines arbitraires à tous les paysans qui trouveront des médailles, de les nettoyer, d'en ôter le verni; mais ils les porteront aux curieux des villes voisines, qui leur paieront au poids les médailles d'or et d'argent. Pour celles de bronze, elles seront payées selon le prix de la chose à peu près, et non point selon le prix d'estimation des connaisseurs.

» XVIII. Il est défendu sous des peines encore plus grandes à tous orfèvres, fondeurs, chaudronniers, de fondre des médailles d'or, d'argent, de bronze, avant que des antiquaires jurés et savans médaillistes les aient vues et examinées.

» XIX. Toutes les villes considérables de la Franche-Comté sont priées de fonder des médaillers et des musées dans leurs villes ou aux environs.

» XX. On dégrade dès à présent dans la Franche-Comté tous les jeunes gens d'honnête famille, qui ont de l'esprit, qui n'étudient point et qui ne sont point curieux. On les livre à la fainéantise et à l'oisiveté; on les abandonne à la crapule et à la débauche, et on les déclare indignes des grands emplois de leur province. On les condamne à ne jamais s'y distinguer, ni rendre un service considérable à la patrie.»

C'est par ce persifflage spirituel et de bon goût, qui prouve qu'à part ses idées fixes sur certains points d'antiquités, le père Dunod était un homme de grand sens, que le savant Jésuite prend congé de ses lecteurs.

Le *journal de Trévoux* (n° de septembre 1710) applaudit à ces conclusions, et mit les savans de la Suisse en demeure de répondre. On sait quelle était l'autorité de ce recueil en matière scientifique.

Le gant fut en effet relevé par un Bernois, Marquard Wild, bibliothécaire de la ville de Berne et plus tard membre du conseil des Deux-Cents. Cet érudit publia en 1710, à Berne, un volume in-8° de 266 pages, dont le titre seul est une curiosité et donne une idée du style et de la manière de l'auteur. Il convient de le transcrire :

« APOLOGIE

» *Pour la vieille cité* d'AVENCHE *ou* AVENTICUM *en Suisse*,

» Au canton de Berne, et située dans une des quatre contrées ou « départemens de l'Helvétie appelée *Urbigène*,

opposée

» à un nouveau traité mis au jour par l'auteur de la découverte de » la ville d'Antre, qui par une hétérodoxie en fait d'histoire toute » pure, et contre la foi historique tant ancienne que moderne, » place et établit le dit *Aventicum* sur les ruines de la ville d'Antre » en Franche-Comté, prétendant par là et par une interprétation » entièrement fausse de Ptolémée, d'avoir trouvé les moyens et la » machine pour transporter des villes entières d'une province à » l'autre par un seul trait de plume. »

Tout l'ouvrage est de ce style, ce qui ne l'empêche pas d'être plein d'une saine érudition et d'abonder en raisons convaincantes, tant les bonnes causes se passent de la magie de la forme. C'est absolument l'inverse du livre du père Dunod, où étincelle, dans l'exposé de mauvais argumens, un esprit presque attique. Le livre de Wild est dédié, comme de raison, aux hauts, magnifiques et puissans seigneurs de Berne. Il les remercie de ce qu'ils ne se lassent pas de contribuer à l'avancement des arts par l'érection de nouvelles chaires de professeurs et par l'augmentation de leur bibliothèque. Mais il est ce qu'Horace appelle : *Studiorum serus*, et

il ne s'est détourné de ses occupations administratives que pour recueillir ce que MM. Patin, les fameux numismates, ont bien voulu
laisser dans ce pays de tant de belles médailles qui font aujour-'
d'hui l'ornement des plus beaux cabinets. « De plus, n'ayant été
» élevé *qu'au pied* des muses allemandes, il ne faudra pas se for-
» maliser s'il vient à tomber dans des expressions un peu dures.'
» Quoi qu'il en soit, depuis le *ravissement* des médailles dont il
» vient de parler, on n'a pas manqué du depuis d'en avoir un peu
» plus de soin. Sus donc, chers compatriotes, amateurs de la muse
» Clio, armez-vous avec moi pour l'apologie aventinoise, contre le'
» charme transjurain prêt à nous ravir la fleur de nos villes, qui
» souffre déjà assez sous le joug de ses propres cendres et ruines,
» ayant été subjuguée par les Barbares. Mais à propos de subjec-
» tion, s'écrie l'auteur en continuant, je vous avoue que respirant
» ici en deçà les monts un air libre et républicain, j'ai hésité long-
» temps si je devais prendre en main la défense des marques si
» éclatantes d'un esclavage tout pur que la ville d'Avenches a sup-
» porté ! » La réflexion est, on en conviendra, quelque peu inattendue de la part d'un vieux bernois administrant une partie des
conquêtes de Leurs Excellences dans le Pays de Vaud.

Abordant ensuite article par article ce qu'il appelle la *chimère
antrique* du père Dunod, Wild là réfute victorieusement, surtout
au moyen des inscriptions décisives, dont la plupart lui furent
fournies par M. de Graffenried de *Villard sus Morat*. Ces inscriptions, disséminées dans les caves et les bâtiments de la terre de ce
seigneur bernois, provenaient évidemment d'Avenches, d'où elles
avaient été transportées à une lieue de là, à Villard, comme matériaux de construction. Parmi celles-là figurent des dédicaces à la
déesse *Aventia*; entr'autres celle-ci :

DEAE AVENTIAE
ET GENIO INCOLARUM
T. JANUARIUS
FLORINUS
ET P DOMITIUS
DIDYMUS
CURATORES COL.
EX STIPE ANNUA

ADJECTIS DE SUO.

H S N. I D.

(Quindecim millia Numeros sesterciorum).

M. Graffenried, de Villard, était un amateur d'antiquités, et il raconte comment les baillifs d'Avenches faisaient transporter dans leurs caves du Vully et ailleurs les belles inscriptions lapidaires de cette ville. « Moi-même, dit-il, étant allé trouver l'ancien bailli » d'Yverdon, mon parent, je trouvai au milieu de la montée de » Cheyre une inscription où il y avait *Cato* ou *Catoni* joint à » d'autres lettres. Je me reproche de n'être pas descendu de che- » val et de ne l'avoir pas donnée à mon valet pour la mettre en » sûreté au premier village. » Qu'on juge d'après ce zèle d'un antiquaire amateur, de la sollicitude que mettaient d'autres classes de la population dans la conservation des ruines d'Aventicum.

L'ouvrage de Wild, bien que Sinner, il y a près d'un siècle, le qualifiât d'ennuyeux et de presqu'oublié, à cause de son style dur ([1]), fit beaucoup d'honneur à son auteur. Le célèbre Cuper (Cuperus Gisbertus) lui écrivit : « *Placuit mihi valde aventicum tuum. Tua et Helvetiorum causa agitur, qui ægrè ferrent sibi eripi Aventicum. Ne que dubito tamen quin urbs magna fuerit eo loco ubi est hodiè Antre, et fateri debeo Jesuita Du Naud, antagonista tuus, cum musis rationem suam non infeliciter deduxisse* ([2]).

On voit par ces expressions, qui donnent à entendre que les raisons de Dunod n'avaient pas paru trop inférieures à celles de Wild, que le dernier mot n'était pas encore dit.

Le père Dunod se tut néanmoins et mourut une dixaine d'années après, non sans avoir fait pour l'Helvétie allémanique ce qu'il avait entrepris pour l'Helvétie romande. En 1716 il donna *ses lettres sur les découvertes faites sur le Rhin*, où il bouleverse toute l'ancienne géographie de la Suisse septentrionale. Mais ceci n'est pas de notre ressort, et pour en revenir à notre sujet, ce fut son homonyme, son neveu, le célèbre professeur Dunod de Besançon, qui eut l'honneur de porter le dernier coup aux prétentions de la ville d'Antre. Ce savant, dans le premier volume de son *His-*

([1]) *Voyage dans la Suisse occidentale.* 1781. T. II, p. 282.

([2]) Voyez cette correspondance dans le *Museum helveticum*, t. I, pag. 66. Zurich 1746.

toire des Séquanais, avoue qu'il lui en coûta un peu de ruiner le système de son parent. Mais il voit la vérité avant tout. C'est par des argumens d'un autre ordre, et pris dans l'histoire ecclésiastique essentiellement, qu'il prouve en faveur d'Avenches en Suisse. « Avenches, Nyon, Yverdon en Suisse étaient bien, dit-il, dans la Séquanaise, et cela est bien prouvé par la qualité de suffragant de Besançon qu'a l'évêque de Lausanne. On sait que les provinces ecclésiastiques ont été réglées sur le plan des civiles. Le diocèse d'Avenches s'étendait tout le long du mont Jura, comme nous l'apprend l'ancienne monnaie qui porte *Sedes Losanœ* d'un côté. et de l'autre *Civitas Equestris* qui est Nyon en Suisse, à quatre lieues de Saint-Claude. Marius, évêque d'Avenches, a signé au second concile de Mâcon, en 585. Le siége de cet évêque ne pouvait pas être à Moirans près du lac d'Antre, qui a toujours été du diocèse de Besançon.

« D'ailleurs, si, comme l'affirme le père Dunod, Avenches-des-Mines-d'Or au lac d'Antre a été complétement ravagée par Attila en 452, au point que toute population disparut de la contrée, Marius, évêque de cet Avenches, n'a pas pu figurer au concile de Mâcon. en 585.» Cette objection n'aurait probablement guère arrêté, pour le dire en passant, le jésuite douteur, s'il eût encore été de ce monde quand son neveu la souleva. Il aurait répondu sans doute en niant, avec le père Hardouin, l'authenticité des conciles antérieurs à celui de Trente.

Le professeur Dunod, dans son *Histoire des Séquanais,* publiée en 1735, ne s'est pas borné à conclure en faveur d'Avenches en Suisse. Il a pensé avec raison que pour vider complètement le débat, il fallait rechercher ce qu'avait été la ville d'Antre. C'est à quoi il est parvenu au moyen des *Acta Sanctorum* ou des légendes des saints. Celle de Saint-Martin, religieux en Italie, porte qu'il s'enfuit par humilité pour éviter d'être nommé évêque, et qu'il se retira en Bourgogne, dans le mont Joux, où était un monastère appelé Condat, auprès de la ville de Mauriana, sur un ruisseau nommé Suria : *Cœpit pergere in partes Burgundiœ, in locum qui dicebatur Juga montium ubi erat monasterium Condarense prope urbem Maurianam super rivulum Suriœ.* Pendant qu'il y était, les Sarrasins s'approchèrent de la ville pour la brûler, *venerunt ad urbem ut illam concremarent ;* Saint-Martin sortit du monastère pour prêcher la foi à ces infidèles, mais ils lui firent subir le martyre en 731.

L'histoire nous apprend en effet que ce fut dans ce même temps que les Sarrasins s'emparèrent d'Arles, firent des incursions dans la haute Bourgogne et y brûlèrent plusieurs monastères. On sait que le monastère de Condat est celui qui fut appelé plus tard de Saint-Claude, du nom d'un de ses abbés, et que le lac d'Antre est situé sur un monticule de la chaîne du Jura, que la légende appela St-Lupicin, parce que ce fondateur du monastère de Condat s'y retira, dit-on. Il est évident enfin que la rivière *Juria* est le *bief d Héria* qui coule dans les fameux aqueducs de Villars et dont les copistes ont un peu altéré le nom. On trouve dans les débris de la ville d'Antre ou *Mauriana,* des preuves incontestables de l'incendie qui la détruisit complètement. La cité prétendue d'Avenches-aux-Mines-d'Or, *Aventicum Elutiorum*, n'était donc autre que *Mauriana* dont les habitans, après l'incendie, ont été fonder à demi-lieue de là la petite ville de *Moirans* encore existante et chef-lieu de canton du département du Jura. Le nom latin de Moirans est en effet *Morianum* ou *Mauriana.*

Une question plus difficile à résoudre était celle de savoir quand l'ancienne Mauriana avait été fondée. La tradition constante, jointe à la preuve fournie par l'étymologie de son nom, était qu'elle devait son origine à une colonie africaine. Ses armoiries portaient une tête de Maure. Les inscriptions trouvées lors de la découverte de la ville d'Antre viennent à l'appui de cette conjecture L'une de ces inscriptions porte :

MARTI AVGVSTO
Q PETRONIVS METELLVS
M PETRONIVS MAGNVS
VNA CVM MILITIBVS NILIACIS.

La pierre carrée où cette inscription est gravée a été placée dans l'angle d'une métairie bâtie sur les anciennes constructions. On a trouvé au lac d'Antre la médaille de la colonie de Nîmes, où l'on voit les têtes d'Auguste et d'Agrippa et au revers un crocodile attaché à un palmier, avec la légende : COL. NEM. *(Colonia Ne-mausum).*

Ces *niliaci milites* étaient des soldats de l'Egypte qu'Auguste, après sa victoire sur Antoine et Cléopâtre, avait envoyés dans les

Gaules. Il n'est point improbable qu'ils aient construit *Mauriana* pour veiller à la conservation des voies romaines et protéger de là les confins de la Séquanie. La plupart des inscriptions d'Antre prouvent la profession militaire de ses habitans; elles sont en l'honneur de Mars et de Bellone. En 1802, on en a découvert plusieurs de ce genre, et dans le lac une portion de table de cuivre, fragment d'un calendrier relatant probablement les fastes de la colonie. Le dessin de tous ces fragmens se réduit cependant à peu de chose, et qu'est-ce que cela à côté des mònumens de notre *Aventicum,* qui est du très-petit nombre des villes anciennes ayant conservé nettement ses limites et ses murs d'enceinte, son *forum,* dont une colonne de marbre blanc haute de 37 pieds est encore debout, ses thermes dont les bassins sont revêtus de placages en marbre pareil, ses temples, son théâtre placé le long du *forum,* et dont l'orchestre et les gradins attestent l'existence dans cette ville d'une grande population (1), son amphithéâtre formant comme un cratère près de la place actuelle du casino. Il n'y a pas beaucoup de cités antiques qui puissent, en dépit de tout ce que l'étranger lui a ravi et lui ravit encore tous les jours, de ce que Berne lui a pris durant une domination de plusieurs siècles, former comme Avenches un musée avec ses propres débris, musée riche en colonnes, chapiteaux, inscriptions, peintures à fresques, pavés en mosaïques, bronzes, statues et statuettes, amphores, vases et instrumens de toute espèce.

Il ne nous reste plus qu'un mot à dire sur la manière dont tous ces fragmens précieux ont été réunis. Berne ne fut pas toujours aussi insensible qu'elle s'était montrée dans les deux premiers siècles de sa conquête, à l'honneur de l'antique Avenches et à la conservation de ses monumens. L'ouvrage de Wild parut donner quelque émulation au gouvernement patricien, et de nombreux morceaux de tous genres allèrent enrichir la bibliothèque et le musée de Berne. En 1760, un antiquaire bernois qui a bien mérité des lettres, Schmidt, publia un recueil d'antiquités trouvées à Avenches, avec d'assez bonnes gravures (2). En 1788, l'architecte Ritter, direc-

---

(1) L'habile antiquaire, M. de Caumont, a mesuré naguères pour la première fois le théâtre d'Avenches. Il a pris les dimensions de la corde qui correspond au diamètre de l'orchestre. Il a trouvé 135 pieds. La largeur du massif occupé par les gradins est de 75 pieds. La scène devait être garnie extérieurement d'un portique qui donnait sur le *forum*.

(2) Recueil d'antiquités trouvées à Avenches et à Culm. Berne 1760 in-4°.

teur de la douane de Berne, donna son Mémoire de quelques antiquités de la Suisse, consacré spécialement à Avenches dont il trace entre autres l'enceinte dans une grande planche, en rectifiant le plan levé en 1769 par l'arpenteur David Fornerod. La rectification de Ritter, bien que remarquable à divers égards, laissait cependant encore à désirer.

Après l'émancipation du Pays de Vaud, le gouvernement cantonal fut long-temps préoccupé de trop de choses à l'extérieur et à l'intérieur pour donner une attention spéciale à Avenches. Cependant, quelques citoyens de cette localité, entr'autres l'honorable M. d'Oleyres, tout en gémissant de cette incurie, réunissaient chez eux les objets d'art antiques à mesure qu'on les découvrait. Enfin le 24 janvier 1824, le Conseil d'Etat autorisa M. Reynier et le colonel de Dompierre, de regrettable mémoire, à faire arranger l'antique tour carrée des ruines de l'amphithéâtre d'Avenches pour placer les antiquités trouvées et celles que l'on trouverait encore dans les environs. M. d'Oleyres s'empressa ; avec un zèle désintéressé, d'y faire déposer tout ce qu'il avait réuni chez lui. On y mit aussi divers objets appartenant à la commune. Quelques dons furent faits par des particuliers. Les conservateurs, MM. de Dompierre et d'Oleyres, achetèrent tout ce qui valait la peine d'être placé au musée au fur et à mesure que les objets se trouvaient. Ainsi s'est formée cette collection intéressante qui occupe les deux salles du plein-pied et de l'étage de la tour en question, qui prit le nom de musée Vespasien en l'honneur de cet empereur, dont le père exerça, au dire de Suétone, des fonctions financières ou qui fit valoir ses capitaux en Helvétie(1).

Malheureusement les républiques, surtout au temps ou nous vivons, ont peu de fonds à consacrer aux recherches qui ont l'art et l'antiquité pour objets. Il n'y a pas de dotation particulière affectée au musée. Les conservateurs des antiquités cantonales ont ensemble un crédit de fr. 20 de Suisse par objet, et ne peuvent dépenser ensemble plus de 500 fr. sans autorisation. C'est bien peu quand l'on songe qu'il se fait dans la contrée un commerce d'objets antiques d'une véritable valeur, et que nous avons vu vendre à Genève tel objet venant d'Avenches, principalement des bronzes, 200 et 300 fr. à des amateurs de Lyon, de Paris et de Londres.

Cependant, malgré cette pénurie, de bonnes choses se font de

(1) *Fœnus apud Helvetios exercuit.*

temps à autre. Récemment(¹) M. Duvoisin, géomètre arpenteur, a dirigé des fouilles pour compléter et rectifier le plan d'enceinte de la ville ancienne d'Avenches. En comparant son travail, dont une copie est déposée au musée, avec celui de Ritter, on peut voir combien est plus satisfaisante l'idée que l'on peut se faire aujourd'hui de cette grande cité qui gisait assise sur un terrain élevé vers le sud-ouest, et s'inclinait doucement vers le nord-ouest jusqu'au bord du lac de Morat. Quand, dans ce plan rectifié, on compare l'espace occupé par la ville actuelle avec l'étendue de l'ancienne ville, même en supposant que tout ce vaste espace ne fût pas également habité, on est frappé d'étonnement, et l'on éprouve quelque chose de cette mélancolie que vous fait ressentir la campagne de Rome.

Dans ce moment même M. d'Oleyres dirige de nouvelles fouilles dont le résultat a déjà été de mettre au jour un immense bâtiment à double colonnade de marbre blanc cannelé avec portique portant une inscription sur laquelle on lit le mot SCHOLA, sans qu'il soit possible de déterminer encore s'il s'agit d'une école dans le sens le plus usité de ce mot, *Loous ubi ars aliqua publice docetur*, ou bien de ces *Scholæ*, sortes de salles d'attente, de casinos ou de portiques, où ceux qui venaient au bain attendaient en se promenant et en causant, que les baigneurs occupant les bains eussent fait place à d'autres. C'est dans ce sens que le mot est employé par Vitruve : SCHOLA *est porticum in circuitu labri, ita dicta ut occupato ab his qui priores venissent labro, in schola cœteri circumspectantes recte stare possent.*

Nous ne saurions mieux terminer qu'en remerciant, au nom de tous les amis de la science historique et des arts, les personnes qui à Avenches veulent bien consacrer leur sollicitude à entretenir et à compléter ce qui existe. Leur dévouement supplée à la faiblesse des ressources officielles, et l'on peut dire en voyant le résultat de leurs efforts, qu'il n'est rien d'impossible à une intelligente persévérance et à un amour éclairé de son pays.

Juillet 1850.　　　　　EUSÈBE-HENRI GAULLIEUR.

(¹) En 1844.

ÉTUDES HISTORIQUES.

—————

IDÉES SUR L'ÉVOLUTION JURIDIQUE DES NATIONS CHRÉTIÉNNES, et en particulier sur celle du peuple français, par J. Hornung, avocat. Genève, 1850. — Se vend chez les principaux libraires de Neuchâtel, Lausanne et Genève, prix fr. 2»50.

L'histoire du droit, cette mine féconde en aperçus jusqu'ici négligés, cette clef de l'histoire et de la politique modernes, a été dans ce siècle l'objet d'études sérieuses, mais presque toujours fragmentaires. Les Allemands ont cherché à retrouver leur droit primitif, les Italiens, les Français, ont travaillé dans le même but, mais chacun pour soi d'ordinaire ; ensorte que le champ le plus riche, celui qu'offre la comparaison des divers droits et des diverses nationalités, est resté peu exploré ; 'on ne l'a guères abordé qu'accidentellement et en passant. Exceptons *Ganz* toutefois, dont la remarquable *Histoire du droit de succession* forme une partie assez importante de l'histoire générale du droit considéré dans son développement historique le plus complet.

L'ouvrage substantiel que vient de publier M. Hornung est aussi un fragment de l'histoire comparée de notre droit européen; c'en est l'histoire extérieure saisie sous un point de vue net et original ; toute la vie juridique des temps modernes est résumée et appréciée dans cet écrit plein de choses et plein de promesses.

Le point de vue général de M. Hornung est assez celui de l'école de Savigny ; le droit est un produit naturel, spontané, de la nationalité, de la vie intime du peuple; la science, l'abstraction, peuvent le développer, le perfectionner, mais non pas le créer. Mais M. Hornung ne se contente pas de remonter aux sources du droit, comme l'école historique allemande; il n'est pas seulement philologue, il cherche un idéal au moyen duquel il jugera des progrès qu'on a faits et de ceux qui restent à faire : cet idéal que M. Hornung appelle *droit humain*, repose, si nous avons bien compris, sur deux conditions : une nation autonome et des hommes moralement libres ; une nation qui a des mœurs à elle, une tradition, une vie démocratique, puis des hommes possédant cette individualité ferme et maîtresse d'elle-même que donnent la liberté politique et les convictions religieuses. D'après cela on conçoit aisément la prédilection toute particulière qu'éprouve notre auteur, pour l'ancien droit des nations germaniques d'un côté et pour le protestantisme de l'autre. Nous n'avons rien à dire contre ces prédilections, nous serions même très disposé à les partager. Toutefois nous craignons qu'une prédilection décidée, quelque fondée qu'elle puisse être, ne nuise quelquefois à l'impartialité stricte, à la largeur de vues qu'on doit désirer avant tout dans un sujet tel que l'histoire du droit.

La vérité et le progrès ne sont pas toujours d'un seul côté ; M. Hornung l'avoue lui-même quelquefois ; mais je suis persuadé que lorsqu'il fixera son attention sur les détails intérieurs de l'organisation sociale, et non plus seulement sur les caractères généraux des divers systèmes juridiques, il rendra lui-même plus justice à certains éléments, à certains côtés de l'histoire de notre civilisation moderne qui se sont trouvés en lutte avec ceux vers lesquels il se sent particulièrement attiré.

Admettons, si l'on veut, la supériorité morale et surtout la supériorité d'énergie de l'élément germanique dans les origines de l'époque moderne. Est-ce à dire que les villes d'Italie et du midi de la France qui conservèrent les traditions du municipe romain et de la civilisation antique, n'aient été qu'une cause de désorganisation pour les nouveaux Etats fondés par la conquête germanique ? et faut-il pousser le germanisme jusqu'à regretter même ce que Charlemagne emprunta à l'antiquité et aux races romandes dans sa tentative puissante pour sortir l'Europe de la barbarie où elle tombait de plus en plus ? J'aime aussi ce caractère de liberté primitive, de grandeur individuelle, de simplicité naïve, de pureté morale qu'on trouve dans les anciennes institutions et dans les anciennes mœurs de la race germaine ; mais sur le sol de l'empire d'occident, cette race s'était bien vite corrompue ; pour ne pas se corrompre elle eût dû rester à demi sauvage dans ses vastes forêts. Ne voyons-nous pas dans l'histoire les Lombards, les Burgondes, les Francs à peine établis dans leurs nouvelles demeures, se livrer avec frénésie à tous les vices, à tous les excès ? Le zèle réel pour la religion sublime à laquelle ces peuples se sont récemment convertis, ne les préserve point de la contagion. L'avarice, la violence, la sensualité sordide, le mépris avoué de toute espèce de droit, tels sont les traits distinctifs de la société européenne dans les siècles qui suivent immédiatement la chute de l'Empire. Est-ce là ce que nous devrions tant regretter ? En se substituant à un pareil ordre de choses, disons-le, à un pareil désordre, à un pareil cahos, la féodalité n'a-t-elle pas rendu un service véritable à la société. « La féodalité, nous » dit M. Hornung, a détruit le système germanique dans l'Europe cen- » trale, qui se ressent encore de ce bouleversement. » Je crois plutôt que la féodalité est le résultat de l'effort que la société fit pour sortir du bouleversement produit par la conquête et par l'amalgame informe d'une civilisation décrépite et de la barbarie germanique juxta-posées.

La féodalité est caractérisée par M. Hornung au moyen de ce mot :
« Eclipse du droit. » — « Le droit, dit-il, disparaît comme principe ;
» dans chaque territoire la volonté du maître remplace l'ancien droit ;
» pour les vassaux le droit est une concession, c'est-à-dire que le droit
» en lui-même n'existe plus. » Cette appréciation ne me semble pas
tout-à-fait juste.

La féodalité est une restauration de la société politique, basée sur
le principe du droit privé et de l'obligation personnelle. La société
n'existait plus, les libertés politiques des nations germaniques avaient
déjà succombé sous un despotisme qui lui-même était impuissant à
maintenir l'ordre général. L'association hiérarchique des vassaux servit à reconstituer l'Etat ; la possession de la terre fût la base de l'édifice, le contrat d'homme à homme, le ciment. Dites, si vous voulez,
que la féodalité a été une époque d'éclipse pour le droit public, pour
l'idée d'Etat telle que la concevait l'antiquité, et telle que les temps
modernes l'ont reproduite, cela est vrai ; mais il faut se borner là.
Sans doute le droit ne fut pas toujours observé en fait pendant le règne
de la féodalité ; cela est l'accident inséparable d'une époque très agitée ; mais l'idée du droit était en honneur dans le système féodal, c'é-
tait le lien de tout l'édifice ! Le suzerain était lié par ses engagements
et par les usages vis-à-vis des seigneurs ses vassaux, le seigneur était
lié de la même manière vis-à-vis des hommes qui habitaient et culti-
vaient son fief ; les droits et les devoirs étaient toujours réciproques.
Si le suzerain manquait à ses devoirs, les vassaux pouvaient en appeler à un tribunal supérieur dans la hiérarchie ; à l'empereur, par
exemple, ou même ils étaient autorisés à se coaliser pour contraindre
leur seigneur à remplir son devoir envers eux (¹). Dans les degrés inférieurs, il en était de même, et les serfs étaient également en droit
de refuser de remplir leurs obligations envers un seigneur qui demandait plus que ce qui lui était dû, ou n'accordait pas à ses hommes la
protection qui était son devoir.

L'introduction de la féodalité dans les pays demeurés purement germaniques a pu porter atteinte aux anciennes libertés nationales, je ne
le contesterai pas ; mais dans les Etats de l'Europe centrale et méridionale ces libertés ne pouvaient être détruites, car elles n'étaient
plus, et même pour la classe des conquérants, classe relativement
peu nombreuse ; elles n'avaient existé qu'un instant. Observons en
outre que les Etats secondaires ont conservé leurs anciennes institutions assez intactes ; et qu'en Angleterre, la féodalité normande dut
s'allier aux Saxons pour imposer au roi les garanties de liberté politique sur lesquelles repose la constitution. Ainsi l'influence contraire

(¹) Les assises du royaume de Jérusalem réservent expressément ce droit
des vassaux à se liguer pour contraindre même par la force leur seigneur
au respect du contrat féodal.

à la liberté nationale qu'a exercée la féodalité se limite, tout compte fait, à l'Allemagne, dans laquelle encore les villes impériales et la noblesse immédiate conservèrent assez de liberté.

Si M. Hornung nous a paru en général trop sévère à l'égard de la féodalité, s'il nous a semblé qu'il n'accordait pas à ce vaste et Ingénieux système la place et le rôle qu'il mérite dans l'histoire de notre civilisation, nous sommes forcé d'en dire autant du jugement qu'il porte sur le catholicisme. « Comme la féodalité, dit-il, le catholicisme » détruisit la personnalité humaine et par suite le droit humain; » et ailleurs: « Le papisme fit du christianisme le monopole du clergé, » comme les seigneurs s'étaient appropriés le droit laïque; les papes » nièrent tout droit opposé au leur non pas seulement dans le domaine » spirituel mais aussi dans le domaine temporel; le droit des papes » tendit à détruire celui du clergé et le droit ecclésiastique à détruire » le droit laïque, à lui ôter toute puissance morale, de là l'impuissance » juridique du moyen-âge. »

Au point de vue religieux et absolu, oui, le catholicisme en refusant à l'individu le droit de libre examen, en plaçant comme un intermédiaire entre Dieu et la conscience, porte atteinte jusqu'à un certain point à la liberté humaine; comme protestant je dois bien l'accorder. Mais au point de vue juridique, au point de vue historique, le catholicisme a-t-il détruit la personnalité humaine! Pour ma part je prétends qu'il l'a relevée; qu'il a puissamment contribué à son développement.

Voyez ce qu'était la personnalité humaine dans l'Empire romain, voyez ce qu'elle est encore chez les chrétiens orientaux parmi lesquels le catholicisme ne s'est pas produit; voilà le vrai point de comparaison; car si, pour prouver que le catholicisme porte atteinte à la personnalité, on comparait la condition de celle-ci dans le sein du catholicisme et dans le sein du protestantisme, on raisonnerait à faux; le protestantisme est lui-même issu du catholicisme, et le protestant ne serait pas ce qu'il est, si le catholicisme n'avait pas existé. Nierez-vous donc l'influence civilisatrice de l'Eglise durant le moyen-âge? mais ce serait méconnaître complètement le moyen-âge. Même sur le terrain du droit proprement dit, l'action du catholicisme fut plutôt dans le sens de ce que M. Hornung appelle assez heureusement le *droit humain*. Il tendait à adoucir les rigueurs du régime féodal, il favorisait les serfs et les basses classes, comme à Rome déjà l'Eglise avait cherché à favoriser les esclaves, il intervenait entre les oppresseurs et les opprimés, il soumettait les puissants aux lois de la justice, il s'efforçait de diminuer les guerres intestines, fléau de cette époque; dans la sphère du droit privé, il rendait la loi plus équitable à l'égard des femmes, si maltraitées dans le droit germanique aussi bien que dans le droit féodal. M. Hornung semble reprocher au droit canonique d'avoir donné à l'Europe la procédure inquisitoriale; aime-t-il beaucoup mieux le combat judiciaire et les ordales du fer rouge et de l'eau bouillante; moyens de conviction généralement usités dans les justices laïcs, alors qu'à l'exemple des tribunaux ecclésiastiques on commença à rechercher la vérité par le témoignage. La procédure inquisitoriale peut ne pas valoir notre procédure orale actuelle, mais je ne sais comment on pourrait nier qu'elle ne fût pour le 12ᵉ siècle un immense progrès.

Le moyen-âge féodal et catholique n'est pour notre auteur qu'un temps d'arrêt dont il faut se hâter de sortir; la révolution des communes, l'opposition faite à Rome au nom de l'Empereur par le parti gibelin, le droit romain qui tend à se substituer au droit féodal et au droit canon, la renaissance de l'antiquité classique, en un mot tout ce qui tend à détruire le système du moyen-âge sera donc envisagé par M. Hornung comme une restauration partielle du droit humain; la grande réforme religieuse du 16ᵉ siècle accomplit cette restauration; la réforme contenait en elle tout le droit moderne individuel et national; le droit protestant se réalisa surtout en Angleterre et dans l'Amérique du nord; en Angleterre il est plus national, aux Etats-Unis, société fondée par des individus, il est plus individuel. En Allemagne et en France, le droit protestant a aussi pénétré, bien qu'il s'y soit beaucoup moins incorporé et identifié à la vie du peuple. L'Allemagne a poussé la science juridique jusqu'à ses dernières limites, la spéculation y a produit des travaux philosophiques et historiques d'une grande profondeur. En France, où l'Etat domine tout, surtout depuis la révolution, l'œuvre juridique a été l'œuvre de l'Etat; la France à demi protestante par son gallicanisme, protestante dans le sens négatif par sa philosophie, a formulé juridiquement les idées protestantes, elle les a codifiées. Il est probable que l'amour-propre français ne sera pas très-satisfait du rôle que M. Hornung fait jouer à la France dans le procès de la civilisation moderne, et protestera contre l'avenir qu'il semble lui réserver; nous avouerons que, pour ce qui nous concerne, cette dernière partie qui traite de l'évolution juridique du peuple français est peut-être celle qui nous a le plus frappé par la nouveauté et la vérité des vues.

La France, selon M. Hornung, n'ayant pu s'assimiler réellement les idées germaniques et protestantes, des idées qu'elle en a reçues n'a pu tirer que des réalisations purement extérieures et formelles. La France manquant d'une nationalité commune substantiellé, il lui faut par conséquent l'unité mécanique de l'Etat pour maintenir le faisceau de ses nationalités locales; des idées politiques et juridiques ne suffisent pas pour créer une nation, et cependant depuis la révolution, la France n'a d'autre substance spirituelle que des idées de cette espèce; elle n'est qu'un Etat où le moteur est au sommet au lieu d'être à la base, aussi elle ne peut avoir de vie politique que par des révolutions violentes dans l'intervalle desquelles elle est abandonnée au machinisme de la centralisation administrative. Le code est une œuvre abstraite et rationnelle, mais le droit n'a pas en France sa réalité historique et populaire. Le peuple français a exercé et exerce toujours une très grande influence au dehors ; il a vulgarisé et propagé des principes qui étaient enveloppés dans la vie intime d'autres nations ; il a contribué aux progrès du droit européen en combinant rationellement le droit romain et le droit germanique, mais les sources véritables de la vie sont ailleurs que dans la civilisation française ; la France n'est que le lieu d'une transaction entre les nationalités juridiques de l'Europe; elle a été au point de vue politique, comme un théâtre d'expériences, un moyen ; elle a été le centre juridique de l'Europe, mais maintenant qu'elle a fait son œuvre, elle semble n'avoir plus sa raison d'être; elle est au milieu de l'Europe comme une cause de dissolution, elle cherche sa voie sans pouvoir la trouver, elle est toujours en dehors d'elle-même; sa première révolution a été une copie, la seconde est une copie de la première, le socialisme seul est nouveau, et le socialisme c'est la dissolution.

On trouvera peut-être que ce compte-rendu n'est pas assez un résumé. Mon excuse est que l'ouvrage même était un résumé, une course rapide à travers un sujet immense ; pour être intelligible il aurait donc fallu suivre l'ouvrage pas à pas, le reproduire et non l'analyser. D'ailleurs si je me suis livré à quelques discussions sur des points où mes vues ne concordaient pas tout-à-fait avec les siennes, que M. Hornung y voie une preuve de la sérieuse estime que son livre m'a inspiré. C'est avec un sincère plaisir que j'ai vu un compatriote traiter avec tant d'intelligence un sujet aussi important que négligé de la part du grand nombre, et je ne puis que l'encourager de toutes mes forces à persévérer vaillamment dans ces nobles études.   E. S.

MÉMOIRES ET DOCUMENTS publiés par la Société d'histoire de la Suisse romande, tome VIII.

Les lecteurs des *Mémoires de la Société de la Suisse romande* ont éprouvé une agréable surprise en recevant le tome VIII de cette collection, qu'on peut lire d'un bout à l'autre lors même qu'on ne se pique pas d'être ni antiquaire ni savant archéologue. N'est-il pas vrai que quelquefois les transactions des Sociétés d'histoire nous arrivent tellement hérissées de latin et de français inintelligible, tellement riches de noms et de développemens sur des points de peu d'importance, que le pauvre abonné qui n'a pas le bonheur d'être un érudit, tout en admirant la profondeur des recherches, est forcé, pour en comprendre la valeur, d'attendre le moment où viendra quelqu'un qui saura les mettre en œuvre.

Outre des détails qui sont faits pour intéresser, ce volume contient

sous le titre d'*Épisodes de la guerre de Bourgogne*, un coup-d'œil
jeté sur cette guerre, rédigé dans un point de vue nouveau et fort
original ; car tandis que tous les historiens suisses et étrangers se sont
réunis pour admirer la valeur des Suisses, laissés presque seuls aux
prises avec un prince qui était l'objet de la terreur de tous les souverains, que ces historiens se sont accordés à vanter le service que les
Confédérés ont rendu à l'Europe épouvantée de l'effrayante ambition
de Charles-le-Téméraire, M. le président honoraire de la Société de la
Suisse romande déplore ce résultat ; il ne semble occupé qu'à amoindrir la gloire du Corps helvétique : il affirme que la chute de la maison
de Bourgogne a engendré toutes les guerres qui ont ensanglanté l'Europe, depuis la bataille de Guinegate jusqu'à celle de Fontenoy. Quoi !
toutes les guerres ! La Réformation n'y a été pour rien, même pour
celle de Trente-ans ?...

Au reste, souvenons-nous que l'écrivain ne prétend point donner
l'histoire complète de la guerre de Bourgogne, ce sont seulement des
épisodes ; s'il eût intitulé son ouvrage : *Conclusions en faveur du duc
Charles et de la maison de Savoie contre le Corps helvétique et les
Bernois en particulier*, aucun reproche ne pourrait lui être adressé.
Sans doute tous les faits qu'il cite sont exacts, mais c'est par l'esprit
qui perce dans ses jugemens, par la manière de présenter les choses,
par ses omissions surtout, qu'il est facile de comprendre son tendre
intérêt pour la maison de Savoie et son indulgence pour le duc de
Bourgogne. Sympathies qui, à son inçu, pourraient l'avoir entraîné
trop loin.

Au dire de l'auteur, tous les torts sont du côté des Confédérés; tout
au moins ce ne sont que les leurs qu'il s'attache à faire ressortir ; il
semble que ce soient eux seuls dans cette guerre qui pillent et massacrent. Ils pillent et massacrent, c'est vrai : « cruautés, s'écrie-t-il, qui
ne peuvent être excusées ni par les rigueurs de la guerre, ni par la
rudesse des temps. » Mais sont-ils les seuls ? Et l'affaire de Grandson,
et la tromperie de Ramswegg ? pour celles-là l'historien n'a pas l'air
de s'en beaucoup émouvoir. Tous les adjectifs employés par lui sont
invariablement dirigés contre les Bernois. *La guerre de Bourgogne
est le résultat déplorable du triomphe de la faction française. Les
manœuvres pour y engager les Suisses sont des manœuvres déplorables, malgré la longue et futile énumération des griefs avancés
par les Bernois*. Le duc aurait-il été donc un modèle de douceur et
de support? aurait-il craint cette guerre? Mais celle pour l'archevêché
de Cologne où il se jeta sans autre motif que son dépit contre l'Empereur? Et celle contre la Lorraine qui amena sa perte, avait-elle d'autres motifs que son projet de créer un royaume de Gaule-Belgique,
qui devait s'étendre de la mer du Nord à la Méditerranée, et qui sans
doute aurait compris les paysans révoltés de l'Helvétie.

Au fait, par le titre qu'il a adopté, M. de Gingins n'était rigoureuse-

ment tenu à parler ni des craintes que le caractère de Charles et son
ambition insatiable pouvaient donner à ses voisins, ni de ses propos
méprisans contre les Suisses, offense à laquelle ceux-ci se montrèrent
toujours fort sensibles, ni de son refus de rétrocéder à un de leurs
alliés, l'archiduc Sigismond dont il était seigneur engagiste, le comté
de Ferrette et une partie de l'Alsace, lorsque Sigismond lui offrait le
paiement de la somme due ; ni du sire de Hagenbach, de ses cruautés,
de ses mauvais rapports avec les cantons, de sa mort. Tous ces motifs, il faut l'avouer, paraîtraient aujourd'hui insuffisans pour amener
une lutte aussi acharnée. Le seul *casus belli* que l'auteur discute,
c'est la saisie de quelques chariots de peaux de moutons, grief, il faut
en convenir encore, qui semble bien disproportionné avec ses conséquences. A cela il faut ajouter l'ardeur belliqueuse des cantons, l'ambition de Berne qui ne négligea jamais une occasion de s'agrandir, les
excitations secrètes de Louis XI, ses prodigalités, ses pensions, ses
caresses. En fallait-il beaucoup plus pour envenimer à cette époque
une querelle et amener une guerre avec un homme tel que Charles de
Bourgogne. Lorsque les Suisses eurent une fois, imprudemment peut-
être, excité son courroux, il ne leur restait plus qu'à défendre leur
existence. Leur mérite, c'est de n'avoir pas désespéré ; la pensée
même ne leur en est jamais venue.

Ce n'est pas considérer un sujet dans son ensemble que d'attaquer
à petits coups et de se borner à taire ce qui contrarie, de passer sous
silence la noble témérité avec laquelle les Suisses se lancèrent dans
une lutte dont des états bien plus puissants rejetaient sur eux la responsabilité, de taire leur dévouement les uns pour les autres. Les
cantons orientaux étaient désintéressés dans la question ; ils regar-
daient la guerre de Bourgogne comme une querelle particulière de
Berne. A peine la comprenaient-ils, et cependant ils se trouvèrent
toujours là, au moment du danger, malgré la faiblesse du lien qui les
unissait politiquement alors. Ces traits et tant d'autres sont attestés
par tous les historiens. Prétend-on refaire l'histoire de la guerre de
Bourgogne et donner une autre physionomie à Charles-le-Téméraire
que celle que les contemporains lui ont laissée ? alors il faut reprendre
le sujet complètement, démentir Philippe de Commines et attaquer
point par point. Hélas ! que deviennent les notions historiques que
nous avions soigneusement acquises dans notre jeunesse ? Un Allemand du XIXme siècle refait l'histoire romaine de Tite-Live. On vient
nous affirmer que Cromwel est un saint homme, malgré Charles Ier
et les mémoires du temps. De nos jours il faut s'attendre à tout.

En voilà trop peut-être sur ce sujet, hâtons-nous d'en sortir pour
arriver à ce qui fait le mérite de l'ouvrage, à ce qui paraît être le but
de M. de Gingins, dont les travaux ont jeté un si grand jour sur l'histoire de la Suisse.

Le tableau de l'Helvétie romande avant la conquête des Bernois n'était pas facile à faire dans l'état de morcellement et d'indivision des pouvoirs d'alors. L'auteur expose avec une parfaite clarté l'état politique et commercial du pays sous la multitude de pouvoirs qui le régissaient; le baron de Vaud, l'évêque de Lausanne, les seigneurs de Grandson, de Mont, d'Aubonne, etc., reconnaissaient la suzeraineté de la maison de Savoie. La noblesse et les bourgeois entretenaient des relations avec les habitants de la Franche-Comté et de la Bourgogne, ils tiraient de ces provinces les denrées qui leur manquaient et y trouvaient un débouché pour leurs bestiaux, de sorte que leur sympathie s'adressait à la cause bourguignonne, tandis qu'ils considéraient les Suisses habitant de l'autre côté de l'Aar et de la Sarine comme des étrangers, auxquels ils donnaient le nom générique d'Allemands. Puis viennent des renseignements positifs sur le rôle que jouèrent pendant la lutte les différents membres de la famille de Savoie. L'auteur assigne à chacun sa place. Du côté bourguignon, la duchesse régente quoique sœur de Louis XI, Jaques comte de Romont qui donna au duc tant de preuves de dévouement, et Jean-Louis, évêque de Genève; tandis que deux autres beaux-frères de la duchesse, le comte de Genevois et son frère Philippe soutenaient les intérêts de la France; enfin une foule de détails sur les personnages marquants de cette guerre et sur les familles nobles du pays.

S'il y a plusieurs manières d'écrire l'histoire, il y en a plusieurs aussi de la lire, de la comprendre et d'en jouir. On peut la lire, se la retracer du moins, hors de son cabinet, en rase campagne, en action pour ainsi dire. C'est ce qu'on pourrait appeler *l'histoire dans le paysage.*

L'ancienne histoire me semble avoir beaucoup de charmes dans le bassin de notre lac, où tant de monuments des siècles passés viennent rappeler à la paisible population actuelle l'existence agitée de ses pères courbés sous tant de servitudes, exposés à tant de guerres par les caprices de leurs petits seigneurs ou de leur grand suzerain.

Au sommet d'un des derniers coteaux de la chaîne des Alpes, s'élève une tour qui domine les têtes arrondies des châtaigniers pressés autour d'elle; inaccessible elle sert de refuge au pinson perché sur l'églantier qui a cru au milieu des pierres où il remplace la bannière féodale. La solitude de ces lieux, des débris de fortifications, des murailles couvertes de ronces, me disent que là peut-être se sont passées de grandes choses; irai-je demander cette histoire à l'enfant du village voisin qui *youle* au sommet d'un arbre pour occuper son oisiveté. Il ne sait pas qu'il y a six ou sept siècles, un de ses aïeux accompagna le maître de ce manoir à la Terre-Sainte, et qu'après avoir raconté les merveilles de Jérusalem et de la cour des Empereurs d'Orient aux habitants de son hameau, il reprit la bêche qu'il a léguée à ses descendants. Alors je pense avec reconnaissance à l'infatigable travailleur qui s'enferme dans des archives glacées, qui le soir à la lueur d'une lampe se courbe sur des contrats de vente, sur de vieilles chartes pour y glaner quelques documents, quelques mots qui peignent les mœurs du temps pendant lequel le protonotaire impérial ou le moine lettré transcrivait lentement sa chronique.

Grâce aux travaux de ces hommes studieux, les noms de la reine Berthe, des comtes de Gruyère dans leur alpestre demeure, du cardinal Schinner, de Pierre de Savoie, de Bonnivard, de ce Viala contemporain de Louis-le-Débonnaire, dont on a conté dernièrement l'intéressante histoire colorée du prestige que la poésie et la tradition ont imprimé au souvenir du moyen-âge, vinrent donner de la vie à la population moderne, et animer par le contraste la campagne et les rives du lac. Grâce à eux, des bruits lointains et affaiblis de guerre, des scènes féodales dans leur gracieuse simplicité, viennent se mêler aux impressions d'un riant paysage, et donner un nouvel intérêt aux travaux des plaines, du vignoble et des montagnes.

Les manoirs des barons de la patrie de Vaud, sont devenus en général le séjour de familles aisées qui les ont embellis en faisant peu à peu disparaître des moyens de défenses devenus inutiles; les fossés ont été changés en jardins ou en vergers, l'étroite entrée a été élargie. Les embellissemens du luxe ou de l'aisance, des meubles modernes décorent les salles où sous de vastes cheminées d'immenses pièces de viande attendaient le retour des chasseurs, et les réfectoires ou retentissait la lente psalmodie des chants religieux.

Sur la côte méridionale du lac, séjour d'une antique noblesse dévouée à ses princes, mais peu favorisée de la fortune, en cheminant sous les ombrages qui la couvrent, on arrive à de vieux châteaux qui ont été métamorphosés en fermes; des chars de récolte en obstruent l'entrée, des flaques d'eau couvrent le pavé inégal d'une cour en désordre; mais dans l'intérieur, des lambris, des armoiries sculptées, des restes de peinture attestent que ces demeures ont eu de plus beaux jours. Les murailles féodales, par leur élévation, semblent protester contre le rôle qui leur est assigné. Au dehors, des bois, des charmilles chères au siècle passé, le bassin encombre d'un jet-d'eau tari depuis long-temps, annoncent que là existait un parterre pour les récréations des dames et des chevaliers.

Quelles ont été les destinées de ces nobles demeures? Quel rôle ont joué leurs propriétaires? Dites-le à ceux qui ne savent pas déchiffrer les anciennes écritures et interroger avec tant de patience les manuscrits. Dites-le nous, mes bons messieurs, vous qui travaillez avec tant de dévouement pour les historiens futurs, et qui ne dédaignez pas les plaisirs des simples promeneurs.   G. M.

CHRONIQUE

DE LA

REVUE SUISSE.

—

SEPTEMBRE.

Les voyages du Président et la mort du roi Louis-Philippe fournis_
sent des colonnes aux journaux et une série de menus détails à la cu_
riosité publique.

Nous n'avons ni à juger ici, ni à reproduire les assertions contradic_
toires de la presse et des partis sur le caractère ou la politique de
l'ex-roi des Français : depuis deux ans ils appartiennent au domaine
de l'histoire ; ils ne sont plus du présent, mais du passé. Cette *émo_
tion générale*, qui suivant le *Journal des Débats* a suivi la nouvelle
de Claremont, était aussi froide que l'intérêt qu'on prend aux récits
des vieux temps. Et pourtant le genre de mort même de Louis-Philippe
le montre éminemment notre contemporain, si les choses se sont bien
passées comme on les rapporte à l'unanimité, et si le roi est mort, non
d'une maladie déterminée, mais de l'impossibilité de vivre. Cette mys_
térieuse et inévitable atteinte portée par une puissance morale au
principe vital a déjà frappé, à notre connaissance, plusieurs intelligences souples et vigoureuses, plusieurs fortes constitutions. Il faut
plus que du courage et du savoir-faire pour traverser les temps si
troublés, si agités et si incertains où nous vivons ; il faut plus que de
la patience, plus que de la force, il faut de la foi. Très-habile, on
croit à l'habileté, très-obéi, on croit à la puissance, très-prévoyant,
on croit à la logique des choses et des intérêts : puis Dieu permet
qu'une chiquenaude renverse le glorieux édifice si long-temps cons_
truit et caressé, tout croule, et l'homme reste enseveli dans les dé_
bris de son ouvrage, tellement par la pensée il s'y était identifié.

A Dieu ne plaise que, fouillant la conscience d'un homme qui a rendu ses comptes à un autre tribunal, nous jugions les secrets de cette âme ferme et concentrée, qui livrait si peu de chose d'elle-même dans l'immense foyer d'action dont elle était le centre et le moteur. Toutefois, le dernier acte religieux lui-même, accompli par le roi sous l'influence de Marie-Amélie et terminé par lui en lui demandant si elle était satisfaite, montre Louis-Philippe bon époux, ce qu'il fut toujours, plutôt que bon chrétien.

Les oraisons-funèbres-apothéoses n'ont pas manqué à cette courte maladie, ni à ce lit de mort d'un père de famille respecté et regretté. Le tranquille sang-froid du moribond n'a point démenti le calme et la présence d'esprit qu'il montrait en face des dangers imprévus qu'il eut si souvent à braver dans sa carrière souveraine. Ce n'est pas la faute de ses panégyristes si cette qualité du courage négatif n'est pas comptée à sa mémoire comme de l'héroïsme; de la même façon que sa fermeté monte au rang de noblesse et de dignité. Comme ce règne et cette intelligence sont l'idéal de toute une classe de conservateurs, ils n'en comprennent ni tout le fort ni tout le faible ; ils restent, jusque après la fin du drame dans la fiction légale et reconstruisent un roman avec le passé, comme si ce n'était pas assez de mensonges constitutionnels renversés comme cela !

MM. Guizot, Duchâtel et Salvandy sont allés voir, ces jours derniers, à Claremont la famille royale dans son deuil, que partagent les cours de Belgique, d'Angleterre et d'Espagne. On a dit des messes funéraires à Dreux, à Neuilly, et jusque dans la chapelle des Tuileries où le général Changarnier se trouvait. Etrange marque de respect, mêlé de la plus profonde indifférence chez la foule.

Du reste, par contradiction avec le fond des choses, le vent est assez aux idées monarchistes ou despotiques, comme nous le dirons plus loin. Le sol tremble : il est vrai, et ses secousses sont imprévues, ses éruptions subites : ainsi le général Haynau, si fameux par sa sévérité en Hongrie, vient d'échapper au plus grand péril de mort en visitant une fabrique à Londres sans se douter que sa réputation *autrichienne* l'y eût le moins du monde accompagné. Les ouvriers anglais ont montré, par ces violences auxquelles personne ne s'attendait, la solidarité et la direction de leurs opinions.

Il y a partout des signes qui indiquent combien le fond même de la société est en tourmente. Mais par cela même peut-être aussi éprouve-t-on plus vivement que jamais la tentation de construire des édifices vastes et forts sur ce terrain dangereux, pour essayer de le dompter et de l'annuler. Y parviendra-t-on ? Voilà ce que vont nous apprendre peut-être l'expérience de quelques années encore. En attendant, tout se dépêche de vivre et de relever la tête, comme s'il n'y avait pas un instant à perdre pour cela : le luxe refleurit ; les capitaux circulent ; les entreprises se relèvent ; le commerce lui-même entrevoit un nouvel horizon.

Les voyages du président lui ont valu un accueil, en général, assez mélangé. Leur but n'était guères douteux : la prorogation de l'Assemblée devait le tenter pour faire une épreuve de sa popularité et de l'effet de sa présence dans les départemens.

Si l'on prend la moyenne des récits extrêmes, on trouvera plus de représentation ou de curiosité que d'enthousiasme. Sans parler de quelques manifestations assez vives contre les idées de réaction ou d'usurpation, manifestations dans lesquelles on a même voulu voir des germes ou des échappées de complot, le cri de *Vive la République!* a été assez fort et assez fréquent. S'il n'a pas dominé, celui de *Vive le Président!* n'a guère eu davantage ce caractère ; beaucoup moins encore celui de *Vive Napoléon!* dans un sens impérial ou dictatorial.

Le sentiment général est, au fond, que le voyage n'a pas tenu ce qu'il promettait, qu'il a fait un peu *fiasco ;* la Bourgogne, de Dôle à Besançon, s'est montrée très-hostile aux desseins qu'on suppose à Louis-Napoléon et très-peu charmée de sa personne. Les postillons, cependant, dont il payait le zèle avec une pièce d'or de dix francs, toute neuve, étaient dans l'enthousiasme.

Après cela, il faut reconnaître que, dans ce voyage comme dans toutes les autres manifestations publiques, on sent au fond, comme trait significatif du moment, le désir du calme et de la sécurité, la crainte de tout changement où il y aurait de nouveaux risques à courir, le sommeil des masses, la difficulté de les remuer, bref un temps d'arrêt dans le mouvement révolutionnaire, situation qui peut faciliter bien des choses. C'est ce qu'exprimait le mot, réel ou inventé, d'un ouvrier de Lyon: « A quoi bon des coups d'Etat! *ça ira tout seul.* » C'est ce mot qu'on appelle, d'après le journal qui l'a cité le premier, « le *Ça ira* du *Constitutionnel.* »

Il est remarquable, cependant, que le versatile journal revienne sensiblement, depuis le voyage, à parler avec respect et avec amour de la constitution, et qu'il trouve le cri de *Vive la République!* un cri tout-à-fait constitutionnel.

Quels que soient les projets du Président (et peut-être ne les connaît-il lui-même qu'à l'état de désirs ou de desseins) la *monarchie légitime* n'a point perdu ses espérances, ni la république démocratique sa certitude d'arriver. Les partis donc n'abdiquent nullement en face des éventualités de l'avenir, des coups d'Etat, des changemens à la constitution, etc. Ces changemens, qui peuvent ouvrir la porte à bien des chances opposées, sont d'ailleurs demandés par la grande majorité des conseils généraux en province.

« *Abnégation ou persévérance,* je suis prêt à l'une ou à l'autre», a dit aussi le Président, comme s'il n'était plus si sûr maintenant de ce qu'on lui demandera.

L'Assemblée paraît être très-décidée à s'opposer à toute tentative d'usurpation. Elle serait sûre, le cas échéant, de l'épée du général Changarnier, qui, dit-il, à ce qu'on prétend, se ferait fort d'envoyer Louis-Napoléon à Vincennes.

Si, donc, sa position n'est pas aussi avancée et aussi sûre par lui-même, ou par la force des choses, qu'il s'en flattait avec ses partisans personnels, la crainte des trames légitimistes, en revanche, pourrait le servir et, dans un moment donné, lui rallier forcément même le parti républicain, au moins quelques-unes de ses nuances.

. Au reste, les légitimistes se voient déjà, à l'heure qu'il est, bien et dûment joués par les orléanistes et les bonapartistes. — Ils sont furieux.

Ils ont été dupes, et l'on commence à agir contre eux. On blâme leur pélerinage à Wiesbaden auprès d'Henri V. La police a fait des razzias d'estampes légitimistes chez les marchands de nouveautés, où elles s'étalaient depuis quelque temps : on y voyait même Henri V en costume royal.

Aujourd'hui même, chez le fameux papetier Jeanne, au passage Joubert, est exposé un grand buste de Louis XVI en marbre blanc, très-beau d'expression et de travail.

. Un libraire de Londres avait obtenu du roi Louis-Philippe de poser pour M. Dubuffe, qui a peint ensuite la reine. Ces deux portraits se gravent en ce moment et se vendront ainsi beaucoup en Angleterre et en France.

Le Président de la République a emmené avec lui dans ses voyages, un peintre bien connu de nos lecteurs et du public français : M. Morel Fatio. Cela nous vaudra sans doute de charmantes marines et nous permettra d'assister à quelques-unes des scènes pittoresques des fêtes navales de Cherbourg. Voilà les arts eux-mêmes enrôlés par tous les partis.

Le projet de conciliation des deux branches paraît être abandonné aujourd'hui, et ne fait plus l'effet que d'une haute comédie.

Un journal a publié une lettre, très-probablement apocryphe, du prince de Joinville, dans laquelle il se prononcerait soit contre la *monarchie d'expédient* (comme celle de Juillet), soit contre les *présidences princières*, et poserait en fait qu'il n'y a plus d'autre idée et d'autre parti possible pour la France que celui *de la monarchie légitime* ou *de la république démocratique*.

La duchesse d'Orléans passe pour être inébranlable dans sa résolution. Elle attendrait. lui fait-on dire, ce que la France décidera : son fils sera roi, ou le premier sujet de son cousin (Henri V) ; c'est à la France seule de prononcer.

Il a paru beaucoup d'union dans la famille d'Orléans au moment de la mort de son chef, et la mère du comte de Paris a eu un long entretien particulier avec l'illustre vieillard.

—M. Romieu, ancien préfet de la monarchie de juillet, et chargé récemment d'une mission secrète de l'Elysée dont il passe pour être un des familiers, vient de publier un livre curieux à plus d'un titre : l'*Ère des Césars*. Il croit que nous y sommes parvenus, que le *césarisme*, comme il l'appelle, est le mot de notre temps ; qu'il n'y a plus rien que la force, qui, dit-il, est aussi une idée ; que les Assemblées délibérantes, comme autrefois le Sénat romain, ne sont plus rien, tellement elles se sont déconsidérées : qu'elles courberont la tête et feront tout ce que l'on voudra ; qu'il n'y a plus que les soldats, les *prétoriens*. Des guerres civiles, des bouleversemens auxquels, dit-il, nous ne pouvons échapper, surgiront ainsi des généraux, des *Césars* de province, et sur ceux-ci, suivant les occurrences, un César unique qui dominera plus ou moins de temps suivant son habileté, sa fortune et son génie.

Ceci nous rappelle un mot que nous avons recueilli dernièrement de la bouche de M. Augustin Thierry, l'illustre et clairvoyant aveugle : « Nous sommes un objet de commisération même pour les Américains du sud, qui nous voient placés et forcés de choisir entre *les généraux* ou *les socialistes*. »

L'ouvrage de M. Romieu se ressent assurément de l'esprit sceptique, ironique et paradoxal de l'auteur. Mais malgré ce qu'il y a de faux, de borné, de *court-voyant* dans ce calque historique d'une époque sur une autre, malgré tout ce qui donne à la nôtre, quel que soit son avenir, une physionomie et un esprit si différent de celle des *Césars*, on ne saurait nier qu'il ne se trouve cependant aussi dans l'ouvrage de M. Romieu, sur bien des points, un sentiment vrai de la situation, de la réalité.

— La mort de M. de Balzac a été l'événement littéraire de cette quinzaine. L'*Evénement*, qui lui a consacré son premier-Paris, a même voulu y voir, suivant sa manière hyperbolique, le fait capital du moment.

M. Victor Hugo a prononcé l'oraison funèbre. Il a dit, en tout autant de termes, que Balzac réunissait Tacite et Suétone. — Voilà qui n'est pas trop mal : et qui sait pourtant si Balzac en aurait été satisfait, lui qui, dans son cabinet de travail, sur une statuette de Napoléon, avait collé avec un pain à cacheter une bande de papier où se lisait cette inscription : *Ce qu'il n'a pu achever par l'épée, je l'achèverai par la plume*. Puisqu'on donnait du Tacite à Balzac, on pouvait bien lui donner du Shakespeare, du Molière, et on n'y a pas manqué.

M. Victor Hugo ne passait guère pour voir de bon œil la vogue du roman-feuilleton, ni pour en admettre la légitimité. Mais un rival mort n'a plus rien d'offusquant, et, lorsqu'il ne s'agit plus que de sa statue on ne lui chicane pas le piédestal.

Continuant à faire de la littérature sans s'en douter, M. V. Hugo a cru s'élever à un discours religieux, en harmonie avec la circonstance, lorsqu'il a fait du génie un argument en faveur de la vie future. Com - ment croire, a-t-il dit en parlant de Balzac, que *tant de génie ne devienne pas une âme!* Mais il ne sait pas qu'il ne parlait là que de la gloire humaine et de notre pauvre immortalité, qui n'est qu'un débat un peu plus long contre la mort.

Un autre orateur, M. Louis Desnoyers, parlant aussi de l'autre monde, dans ce monde si sérieux des âmes, a représenté M. de Balzac y entrant triomphalement ses romans à la main, *Vautrin*, *Eugénie Grandet*, *La Peau de Chagrin*, les *Parens pauvres*.

Comme talent, la réputation de M. de Balzac s'affermira, s'éclaircira, grandira même, nous le croyons, sans que nous voulions dire par là qu'elle atteindra le point culminant du génie. Il a à un haut degré les qualités, mais aussi les défauts de notre temps. Nous n'avons pas attendu à aujourd'hui pour reconnaître en lui un observateur et un peintre, doué, dans son genre, du talent créateur ; et nous ne sommes pas non plus de ceux qui traitent légèrement la valeur littéraire du roman, son rapport avec la société moderne, et la place énorme qu'il a prise dans la littérature actuelle ([1]).

Mais sans parler de bien des détails immoraux dans ses livres, Balzac avait sur la vie une idée bien dangereuse qui a dû s'infiltrer dans ses ouvrages, alors même qu'il prétendrait s'en être rigoureusement tenu à la peinture de la réalité telle qu'elle est, idée d'ailleurs fausse à ce point de vue. Il croyait que la vie est un jeu et doit être traitée comme telle ; que le tout est de bien jouer, et que le vrai, le bon, le juste est le succès.

C'était, chez lui, conviction mêlée même quelquefois d'une sorte de manie, dont certains détails de ses romans offrent la preuve. Il y affecte les combinaisons les plus multipliées, comme celui du joueur profond qui attaque ou se défend. Cela est surtout sensible lorsqu'il expose certaines situations mercantiles et tous les calculs d'une position ou d'une spéculation matérielle. On voit qu'il en jouit, qu'il s'y livre avec fureur, et nous savons qu'il en était ainsi pour lui dans le fait de la composition.

Il portait ces calculs dans sa vie privée, [et il y joignait, nous assure-t-on, un égoïsme profond, quelque chose de méchant.

Il avait, comme beaucoup de ses confrères, le système d'acheter et de ne pas payer. Il était souvent poursuivi pour dettes, et s'ingéniait à échapper par des ruses. Il faisait racheter par des tiers les billets qu'il avait souscrits, et les créanciers qui, n'en espérant plus grand'-chose, les avaient cédés à vil prix, apprenaient ensuite que c'était lui

([1]) Voir entre antres notre dernière *Chronique* et ce que nous avons dit du roman populaire à propos de *Geneviève* par M. de Lamartine, page 547 de ce volume.

qui leur avait joué ce bon tour. On croit qu'il avait de l'argent caché en divers endroits. Il vivait et logeait d'une manière mystérieuse. Il passait même pour avoir plusieurs logemens. Quelques personnes auxquelles il se confiait seulement, ordinairement des dames, étaient chargées de donner le change aux créanciers ou aux huissiers. Un jour, il se trouvait dans une de ces maisons où la facilité de s'évader lui était garantie par un jardin, communiquant avec un autre logis voisin, qui donnait sur une autre rue. Un homme, vêtu en garçon de bureau, sonne et demande à lui parler : on répond qu'il ne loge pas là, qu'il n'y est pas. — C'est fâcheux ! réplique l'homme, en montrant un sac qu'il portait; j'avais quelque chose à lui remettre. Où pourrais-je donc le trouver? — Ici! s'écrie M. de Balzac, qui était derrière la porte et se hâtait de tendre la main pour recevoir son argent. — En ce cas, je vous arrête! fit l'inconnu en le prenant par le bras. Voici mon mandat : je suis garde du commerce et il y a long-temps que je vous cherche. — Bien joué! dit alors Balzac, comme ne pouvant s'em - pêcher d'applaudir.

Sa fécondité était certainement remarquable; mais elle n'avait pas la facilité, par exemple, de celle d'Alexandre Dumas. Il est vrai qu'il ne puisait pas, comme celui-ci, dans l'histoire toute faite ou dans les idées des autres : son genre ne comportait guère des préparateurs et des faiseurs de canevas. Aussi était-il parfois épuisé. On le voyait alors souffrant d'un mal réel, et se pressant la tête, prenant son front épuisé, s'écrier: «Plus rien! mon cerveau est vide, je ne puis rien trouver. »

Il n'avait rien publié depuis quelque temps; mais il avait rassemblé une foule de matériaux, principalement pour des *Scènes de la vie militaire*, l'une de ces séries de romans dont l'ensemble, tel qu'il le rêvait, devait former une œuvre immense et multiple, qu'il avait intitulée : *la comédie humaine.*

Dans ce sens, son œuvre reste inachevée. Il avait la gloire, il revenait plein d'idées, il avait épousé une comtesse russe, Mme Eve R...wuska, celle à qui il a dédié *Seraphita-Seraphitus*, mais à peine l'a-t-il amenée à Paris, introduite dans la maison qu'il avait ornée pour elle de toutes les merveilles des arts, qu'il est pris plus violemment d'un mal déjà ancien, une hypertrophie du cœur, d'autres disent: un ramollissement de la mœlle épinière, mal fréquent dans un siècle qui travaille et qui souffre surtout du cerveau. Et il s'éteint en quelques jours. Le jeu de la vie, si elle n'était que cela, serait un bien triste jeu; car la dernière partie est toujours gagnée par cet infaillible joueur qui s'appelle la mort.

— M. de Lamartine a commencé une nouvelle phase de cette infatigable épopée qu'il n'écrit pas mais qu'il fait. Le poète, l'historien, l'homme d'Etat, le publiciste, sont remplacés par le fondateur d'une nouvelle colonie, par le seigneur suzerain d'une vingtaine de lieues de pays, en Syrie, par le spéculateur qui cherche maintenant à placer ses terrains productivement, et à y envoyer des hommes et des capitaux.

Les environs de Smyrne sont délicieux, l'une des plus belles contrées du monde, mais (nous tenons ce fait d'un de nos compatriotes qui a long-temps habité cette ville et parcouru la contrée voisine) ils sont incultivables, étant inhabitables à cause de la fièvre. On n'ose pas y passer la nuit, excepté sur quelques collines.

Le sultan aurait tout à gagner à y attirer des colons. Le pays qu'il a cédé à M. de Lamartine ne lui rapporte absolument que le droit payé par les caravanes qui en font un de leurs lieux de campement (environ 5,000 fr.) Mais la difficulté est de les habiter d'une manière un peu permanente. On y prend des fièvres mortelles, fièvres qui règnent même à Smyrne, mais avec moins de rigueur. C'est quelque chose de pareille à la *mala aria* de la campagne de Rome, mais beaucoup plus redoutable.

— Paris n'a vécu, cet été, que pour les chemins de fer, les ballons et la *villégiature*. Les trains de plaisir, si prompts et si bon marché, qui posent le bourgeois pour trois jours au beau milieu de Londres et le rapportent immédiatement derrière son comptoir, ont remplacé la baguette des fées; en attendant que les vaisseaux aériens s'emparent à leur tour invinciblement des populations les plus sédentaires, pour leur faire voir, d'une après-midi, tous les clochetons de la Chine ou tous les chercheurs d'or du Sacramento.

Même sur les trains ordinaires le mouvement des chemins de fer est énorme, cet été. La ville, dépeuplée de ses habitans naturels, s'emplit de provinciaux et d'étrangers, par toutes les lignes, à toutes les heures. On dit que cela ne se fait pas précisément au profit des mœurs; les théâtres, en revanche, s'en trouvent fort bien, et n'ont pas fait saison morte, à cause de cela. Tous les dimanches trois ou quatre ballons partent de Paris avec des voyageurs auxquels il n'est pas encore arrivé d'accident, malgré les chances diverses de cette locomotion aérienne. M. Lepoitevin, l'aëronaute de l'hypodrome, est même descendu deux fois de suite à la même place, pour manger le même dîner, dans le même château. Voilà des habitudes bien étrangement établies, et une manière de tomber des nues en bon lieu, qui ne laisse pas d'avoir son charme. Demain M. Lepoitevin s'élève dans les airs monté sur un âne, en costume de Sancho Pança ; dans la nacelle sous laquelle l'animal est suspendu se tiendront Don Quichotte de la Manche et l'incomparable dulcinée du Toboso. La navigation aérienne devient déjà du spectacle et de la comédie, avant même d'être une réalité positive. En attendant que la science ait trouvé le grand secret, si cherché maintenant, de diriger les ballons, on se joue d'eux et avec eux, comme d'une puissance domptée. Poussé par un besoin d'amusement féroce, l'homme, ce roi de la création, taille des robes de bouffon dans son manteau de souverain, et emploie les forces vives de la nature à des parades, à des parodies moqueuses, dont la petitesse contraste étrangement avec la grandeur des agens d'exécution.

— Nous avons à enregistrer une perte sérieuse pour les lecteurs sérieux ; c'est la cessation du journal le *Semeur* après dix-neuf ans d'existence et un ensemble de travaux dignes du plus grave intérêt. Le respect que nous sentons pour ce recueil et pour la pensée qui l'a toujours dirigé, nous empêche de discuter ses motifs de silence ; mais nous nous associons vivement aux regrets de tout son public, qui était, certes, un public de choix et de valeur.

Paris, 12 septembre.

SUISSE.

Bale, 1ᵉʳ *septembre* 1850. — Ma chronique, monsieur, est un peu en retard ; mais la canicule n'est pas favorable à la correspondance : chacun émigre et va chercher de l'ombre à la campagne ou la santé dans les établissements de bains. Dieu merci ! la Suisse a été, cette année, sillonnée en tous sens de voyageurs étrangers qui ont ramené l'aisance là où il y avait eu détresse à suite des convulsions européenes. S'il est vivement à regretter que les étrangers n'amènent pas avec eux l'âge d'or, il faut bien prendre son mal en patience et se contenter de l'âge d'argent.

L'été n'est pas seulement la saison des touristes ; c'est aussi la saison des sociétés fédérales. Combien il y en a ! et il n'y en a pas trop, car la plupart de ces sociétés secouent la paresse individuelle, chassent l'égoïsme cantonal, activent l'amour de la patrie et les intérêts de la science ou de l'industrie. La *Revue*, comme de juste, a rendu un compte détaillé de la société fédérale des pasteurs, qui a eu lieu a Neuchâtel les 6 et 7 août. — Elle accordera bien deux lignes à la fête fédérale de gymnastique, qui a réuni à la Chaux-de-Fonds, le 25 juillet, plus de 500 jeunes athlètes ; ils ont été reçus à merveille, et ont fait merveille, dit-on ; la chronique bâloise a bien le droit de s'en féliciter, puisque deux jeunes Bâlois ont remporté deux des trois premières couronnes. — Trois jours après, le 28, environ mille chanteurs, se rangeant sous 34 bannières, faisaient retentir de leurs voix mâles les voûtes de l'église de Lucerne ; c'était la fête fédérale du chant. La ville n'avait pas seulement prêté un de ses temples et l'admirable perspective de son lac, chaque citoyen avait rivalisé d'hospitalité et d'urbanité. Dix-sept sociétés ont concouru pour les prix d'honneur en présence d'un juri présidé par le vénérable maestro, M. Ed. Schnyder de Wartensee. Neuf ont été couronnés dans l'ordre suivant : Saint-Gall, Winterthur, Bâle, Berne, Olten, Aarau, Zurich (harmonie), Fribourg, Zurich (société de la ville). La proclamation des prix a donné lieu à quelques récriminations; le public accordait la palme aux Zuricois et le jury avait autrement décidé. Cette divergence provenait de ce que le public appréciait le mérite général des chanteurs, tandis que le jury basait sa décision sur la perfection d'exécution des chants. M. X. Meyer, de Lucerne, a publié une élégante description de la fête, avec lithographies et vignettes. — Le 1 août, la société helvétique d'histoire se réunissait à Morat, sous la présidence de M. Vulliemin. Une étude du continuateur de Jean de Muller sur Pierre de Savoie, et la proposition de fonder un journal périodique, ont offert, ce semble, le principal intérêt de la séance. Le lendemain, la société historique de la Suisse romande se réunissait dans la même ville (¹). — Le 5 août, M. Frei-Hérosé présidait à Aarau la société helvétique des sciences naturelles. On y entendait d'intéressantes observations de l'illustre Léopold de Buch, de Berlin, sur de gigantesques oiseaux fossiles de la Nouvelle-Zélande; M. Schœnbein et M. Mœllinger y exposaient quelques découvertes faites par chacun d'eux dans sa sphère d'activité. La section de botanique décidait l'établissement d'un herbier suisse sous la direction de M. Nægeli. La société de Zurich était en outre invitée à nommer une commission chargée d'examiner les livres populaires qui existent sur l'histoire naturelle, et de faire son rapport touchant la publication d'un nouveau manuel. D'autres travaux, d'autres mémoires, d'autres vues intéressantes se faisaient jour dans les diverses sections; aussi la sérénade aux flambeaux donnée à la société par les élèves de l'école cantonale n'était-elle que justice. — La jeunesse devait avoir son tour. Le 16 et le 17, les étudiants suisses se réunissaient à Zofingen. C'est aussi une fête fédérale, et l'une de celles qui laissent le plus de souvenirs au cœur de ses membres, alors même que l'âge ne leur permet plus d'y prendre part. Les beaux temps de cette société sont passés peut-être, car l'esprit de parti et les passions se sont glissés dans son sein et l'ont divisée; mais il nous paraît que ceux qui sont restés fidèles à l'antique devise luttent courageusement, et nous les en félicitons. La société a décidé cette année qu'elle n'entrerait en aucune communication officielle avec d'autres sociétés, et qu'elle s'abstiendrait de toute manifestation politique. La première décision se justifie peut-être par la position hostile des sociétés rivales; mais nous réservons notre entière approbation pour la seconde. Il y aura donc encore en Suisse une société dans laquelle nos jeunes étudiants pourront se tendre la main, sans se demander auparavant s'ils se rangent sous la bannière blanche on sous la rouge. Il s'entend de soi-même que tous ont néan-

(¹) Voir plus loin, p. 629, un compte-rendu de ces réunions.

moins une bannière; mais celle-ci est rouge et blanche; on n'a pas besoin de demander sa couleur. — Voilà une nomenclature de quelques-unes de nos fêtes fédérales de cet été; je ne puis me flatter de les avoir toutes nommées. En remontant un peu plus haut dans le temps, je devrais indiquer la semaine des fêtes religieuses de Bâle qui attirent plus d'étrangers que toutes les autres. Si la fête des missions proprement dite n'a pas un caractère national, mais plutôt un caractère universel, il n'en est pas de même de la fête de la société auxiliaire protestante; société purement helvétique, qui prend chaque année plus d'extension, et dont les rapports constatent l'heureuse influence.

— Dans le domaine de l'industrie, il convient de mentionner que la ville de Schaffhouse a ouvert, le 5 août, une exposition qui paraît avoir vivement intéressé la population de ce canton. Celle de Frauenfeld (Thurgovie) semble attirer encore un plus grand concours de visiteurs. Ailleurs on ne pense qu'à la grande exposition de Londres, qui aura lieu l'an prochain. Personne n'ignore que le conseil fédéral a nommé une commission, qui s'occupe de cette grande affaire d'intérêt et d'amour-propre national, sous la présidence de M. le docteur Schneider, de Berne. La Suisse est l'atelier de certaines branches d'industrie, qui pourront sans aucun doute soutenir brillamment la concurrence avec l'étranger: l'horlogerie de Genève et de Neuchâtel, les rubans et les étoffes de soie de Bâle et de Zurich, les magnifiques broderies de Saint-Gall et d'Appenzel, d'autres branches de l'activité nationale feront honneur à notre pays.

— L'exposition des produits des beaux-arts a fait son pélerinage ordinaire au travers des villes de la Suisse allemande, et elle doit maintenant l'avoir terminé. Nous l'avions vue à Bâle, alors qu'elle se mettait en route: nous l'avons retrouvée depuis à Zurich, mais considérablement engraissée. Il paraît que les voyages lui conviennent; aussi lui conseillons-nous de voyager souvent: il y a plaisir pour nous et profit pour elle. — L'exposition de Turin vient de révéler de la façon la plus honorable le nom d'un jeune peintre de Lucerne, M. Robert Zünd, qui y a exposé deux vues du lac de Brienz, l'une prise le soir, l'autre, le matin. On s'est arraché la propriété de ces toiles, et les journaux piémontais en ont fait un éloge très-vif. — M. Hauser, le célèbre artiste bâlois, qui séjourne ordinairement à Rome, est pour quelques mois à Bâle. Il a exposé dans un salon de la société de lecture trois travaux de sa main : ce sont les portraits de Garibaldi, de Lola-Montès et d'Overbeck. Ce dernier surtout est un vrai chef-d'œuvre d'exécution. — Un autre peintre établi à Rome, M. Luthy, de Soleure, a fait cadeau aux conseils de la nation de deux dessins, l'un à la plume, l'autre à l'aquarelle. C'est la constitution fédérale encadrée de vignettes. Espérons qu'il n'y a pas de satire là-dessous. — On espère à

Bâle que les dessins et les aquarelles de Jérome Hess deviendront la propriété du musée. La chronique a oublié d'annoncer la mort de ce peintre d'un talent original; elle date déjà de quelques mois. Si cet artiste avait eu autant de régularité de vie et d'activité de travail que de dons naturels, il aurait été un des grands peintres de la Suisse. Il ne laisse presque pas de monuments sérieux, mais un grand nombre d'ébauches et d'aquarelles, dont la tendance humoristique va parfois jusqu'au grotesque. — L'attention publique s'est portée en divers endroits sur les dessins de nos futures monnaies. La critique semble être plus fréquente que l'éloge; on critique l'inscription en trois langues; on critique l'amalgame des feuilles de chêne et des roses des Alpes; on critique les vingt-deux étoiles; mais que ne critique-t-on pas? S'il est impossible de contenter tout le monde, il sera bon cependant d'avoir pour soi le bon goût.

— La question des chemins de fer en Suisse est grandement à l'ordre du jour. Le conseil fédéral vient d'appeler des experts, pour la question financière. L'un d'eux est M. le conseiller d'Etat Geigy, de Bâle, qui s'est depuis long-temps occupé de ce grand intérêt national. — L'ingénieur anglais, M. Swinburne, pense qu'il est possible de traverser le Jura en perçant une ligne de Zeglingen à Lostorf. Par ce moyen, le chemin serait dirigé sur Aarau et non sur Olten. — M. l'ingénieur La Nica vient de terminer le tracé de la nouvelle route du Bernina (Grisons), qui traversera les Alpes dans une longueur de sept lieues, et sera de 900 pieds plus élevée que le Splügen. Du côté du sud, deux lieues et demi sont déjà terminées; la pente est de 8 pour cent. Cette route paraît devoir offrir aux voyageurs les horizons les plus majestueux et les plus variés. — De son côté M. l'ingénieur Sulzberger, de Frauenfeld, croit avoir trouvé un moyen de faire franchir les plus hautes montagnes aux vagons des voies ferrées, par un système assez semblable à celui des écluses sur les canaux. Si nous ne nous trompons, il serait question d'une succession de plans horizontaux et obliques; ces derniers seraient franchis en mettant à contribution les propriétés physiques combinées de l'eau et de l'air. Une telle idée, reconnue réalisable, contribuerait puissamment à la mise à exécution de tout notre réseau de chemins de fer. Mais...

— L'université de Bâle a fait une conquête précieuse en enlevant à son tour à celle de Berne un professeur de médecine, M. Miescher, que Berne avait enlevé à Bâle. M. Miescher est Bernois et non Bâlois, comme l'ont dit par erreur quelques feuilles politiques. — M. le professeur Honneger, de Zurich, n'a pas accepté le rectorat de la nouvelle école cantonale des Grisons, qui lui était offert. — L'université de Zurich conserve pareillement M. le Prof. Hass, qui était appelé à Tubingen. — Le gouvernement zuricois a appelé au poste de professeur extraordinaire de théologie M. le pasteur Bidermann, ancien élève de l'université de Bâle. On lui confie en outre l'enseignement de la religion au gymnase supérieur ; ce qui engage la gazette de Bâle à faire la réflexion suivante : « Ce que le gouvernement d'avant 1839 n'aurait pas osé, le nouveau conseil de l'instruction publique, se fiant à l'apathie régnante, n'a pas craint de le faire : il confie en effet l'enseignement religieux de la jeunesse à un homme qui a de beaucoup dépassé Strauss dans son système théologique. » — Le synode des écoles zuricoises s'est assemblé le 26 août à Kussnacht ; il se composait de 300 instituteurs. La question d'une révision totale des écoles y a été débattue et a été favorablement accueillie. — M. Xavier Bronner, ancien professeur à l'école cantonale d'Aarau, est mort le 12 août dans cette ville, à l'âge de 92 ans. Il laisse plusieurs ouvrages, entre autres une Statistique historique et géographique du canton d'Argovie, en deux volumes.

— La bibliothèque de Bâle a reçu plusieurs dons de valeur. Ainsi, de M. Preiswerk une collection de livres modernes en langue espagnole ; de M. le conseiller Burkhardt-Furstenberger un assez grand nombre de bons ouvrages de jurisprudence ; de M. Raillard, plus de 300 ouvrages de médecine. L'université de Zurich a été sans doute mieux partagée encore par la mise en possession du legs de M. Dubois de Montperreux, qui était primitivement destiné à Neuchâtel. — Une dame de Bâle, qui habite ordinairement Munich, et qui est bien connue par sa libéralité et son goût pour les beaux-arts, doit avoir fait don à notre musée d'un certain nombre de tableaux, qui contribueront à l'enrichir.   C.-F. G.

————— —————

LAUSANNE, 10 *Septembre*. — Vous n'avez pas, monsieur, de chroniqueur dans la Suisse centrale ; permettez-moi d'en usurper aujourd'hui la place, et de vous retracer quelques souvenirs d'un séjour à Berne et dans les Petits-Cantons. Vous ne m'en voudrez pas de vous parler un peu politique ; nos petites affaires suisses ont souvent un sens plus profond qu'il ne semble ; d'ailleurs chacun a son dada, et, pour moi, je l'avoue, la nomination d'un bon syndic à Treycovagnes ou à Prévon'oup, m'intéresse parfois plus que les voyages du Président de la République française.

C'est toutefois de mieux qu'il s'agit. Le revirement politique opéré ce printemps dans le canton de Berne, est certainement un des faits les plus remarquables de notre histoire depuis 1830. Deux assemblées populaires rivales, réunies le même jour et délibérant à 200 pas l'une de l'autre sans qu'il en résulte de conflit, une opposition triomphan! par la simple voie des élections, malgré toute l'influence qu'un gouvernement actif et très-manœuvrier, soutenu d'une légion de fonctionnaires, faisait peser dans la balance ; puis, après le succès, le calme et la modération du parti vainqueur, qui ne craint pas de laisser refroidir l'élan populaire, et attend patiemment l'époque fixée par la Constitution pour la nomination des fonctionnaires locaux ; voilà des faits bien propres à fixer l'attention des hommes sérieux. Il me tardait de voir de plus près l'état des choses, d'observer autant que possible les dispositions du peuple, et de me convaincre par mes propres yeux que les accusations de réaction, d'aristocratie, etc., étaient de vains épouvantails. Mon espoir n'a pas été trompé. Sans doute il y a réaction, réaction du sens droit et pratique de l'esprit suisse, blessé dans ses intérêts, dans ses habitudes, dans ses convictions, contre les théories sans base de jeunes gens formés à l'école d'un étranger ; mais ce n'est point un pas rétrograde. Le nom que se donnaient les partisans de l'opposition, celui de *Bernois*, par opposition au titre de *Nassoviens*, dont ils gratifiaient leurs adversaires, exprime la vraie signification du mouvement. Sous le point de vue politique, cette révolution, d'autant plus profonde qu'elle est plus légale, est un grand pas dans la démocratie. Le principal auteur du mouvement, c'est le peuple des campagnes. Les chefs du parti n'ont pas créé l'opposition, ils ont marché avec elle et l'ont organisée.

Un changement de personnes et de politique générale serait trop peu pour répondre aux besoins actuels. Il s'agit maintenant de constituer la souveraineté populaire ; c'est l'opinion des hommes les plus distingués du parti vainqueur, entre autres du président du gouvernement. Et si le mouvement porte tous ses fruits, l'on verra tôt ou tard Berne la patricienne adopter des institutions assez analogues à celles des Petits-Cantons, avec la Commune pour base politique et des landsgemeinde de délégués. Ce but est indiqué déjà dans le programme de Munsingen. Les effets heureux et féconds de ce changement s'étendront sur la Suisse entière. Il serait difficile d'y méconnaître une direction toute providentielle.

De Berne aux Petits-Cantons, la distance est grande. Là, le bonheur de la victoire ; ici, la résignation d'un parti vaincu. Mais la différence n'est pas seulement dans les évènements des dernières années, elle est dans la nature, dans les populations elles-mêmes. Pour qui passe, par exemple, du Hasli dans l'Unterwald, le contraste est frappant. Plus de spectacle grandiose, mais un paysage frais, aimable, éclatant de verdure ; dans le peuple, moins de masse et de puissance, mais plus de grâce, plus de souplesse, et dans l'air je ne sais quoi de gai et de pur. Le voyageur qui arrive plein des glorieux souvenirs du passé, s'étonne au premier abord ; mais un examen plus attentif fait voir sur ces figures si contentes de la vie, l'empreinte d'une race héroïque et vigoureuse. C'est bien le même petit peuple, dont l'œil embrasse toute la demeure du haut de la moindre colline, et qui donna cependant à l'histoire suisse ses plus beaux caractères, qui affronta seul sans trembler les armées de la grande république, et qui n'a pas changé. On se demande quels motifs, depuis 1830, ont pu faire mettre les cantons primitifs au ban de la Suisse. Avec plus de ménagements à leur égard, on eût évité le Sonderbund. L'ultramontanisme eût jeté bien moins de racines dans les Waldstetten, sans les attaques injustes et ignorantes dont ils furent les objets jusqu'en 1844. Je ne parle pas de ce qui suivit. A l'heure qu'il est, un travail lent s'opère dans les esprits ; l'épreuve a produit ses effets salutaires : le parti extrême a perdu sa force, et la défiance à l'égard des protestants en général diminue chez les hommes éclairés. Si on leur tendait franchement la main, ils l'accepteraient volontiers, et la réconciliation des cœurs, qui n'existe pas encore, se joindrait à la paix extérieure. Les radicaux ont détruit ; pour fonder un ordre nouveau, le concours de toutes les forces vives de la nation est nécessaire, et je crois qu'avec de la persévérance on l'obtiendra. Il se peut que je sois optimiste en ceci ; mais de tous les pays de l'Europe, la Suisse me semble être celui dont il faut désespérer le moins.

Le temps me presse, et je ne puis vous parler, comme j'en avais l'intention, de l'exposition de peinture suisse, des tableaux de Deschwanden de Stantz, et de l'exposition de Lausanne qui a lieu en ce moment. Ce sera, j'espère, le sujet d'une prochaine lettre.

RÉUNION DES SOCIÉTÉS D'HISTOIRE SUISSE ET D'HISTOIRE DE LA SUISSE ROMANDE.

La *Revue Suisse*, dans son n° d'Août, n'a pu rendre compte de la réunion qui a eu lieu à Morat les 1 et 2 Août 1850; nous y suppléerons aujourd'hui, en indiquant sommairement les travaux présentés dans ces deux séances.

La *Société d'histoire suisse* s'est tenue le premier jour. M. Vulliemin, son honorable président, dans le discours d'ouverture n'a point voulu traiter la question à l'ordre du jour, *la tâche de la politique suisse vis-à-vis de l'étranger*, craignant de froisser certaines opinions, et à choisi pour étude *la formation d'un corps d'Etats indépendants dans la Suisse occidentale, au 13ᵉ siècle*; c'est une notice complète sur la vie et les travaux de Pierre de Savoie, surnommé le petit Charlemagne. M. de Wyss a soumis un excellent Memoire sur l'*Helvétie romaine* et ses circonscriptions civiles et ecclésiastiques, résumé très-bien fait des données existantes sur cette époque de notre histoire. M. *Fetscherin* a lu de nombreux extraits de la *biographie du capitaine Samuel Henzy*, chef d'une conspiration bernoise, décapité en 1749. La Société a accueilli favorablement la proposition de fonder une *gazette historique*. M. le président a aussi appelé l'attention des sociétaires sur l'ouvrage important que publie actuellement par souscription M. de Sinner, *la Bibliographie de l'histoire Suisse*.

Les sociétaires ont visité le soir le tilleul vénérable de Villars-les-Moines, et M. Engelhardt a exposé la chronique de la bataille de Morat.

La journée du 2 Août a été consacrée à la *Société d'histoire de la Suisse romande*. La séance a offert des travaux variés. M. Gaullieur a lu un Mémoire *sur les rapports internationaux de la Suisse et de la Savoie*, pendant la guerre de la succession d'Espagne, et un travail sur *les deux Avenches* (V. le présent n°). M. Troyon a établi la prove- nance gallo-romaine de divers objets d'antiquité, trouvés à Morat, en y rattachant plusieurs traditions et légendes du nord, encore vivantes dans nos contrées. M. Quiquerez a présenté ses ouvrages manuscrits sur l'ancien évêché de Bâle ; c'est la première partie de son travail sur *Moutiers-Granval ;* il a esquissé l'histoire de cette abbaye et rappelé la fortune de la célèbre bible d'Alcuin. M. X. Kohler a extrait d'une histoire littéraire de l'ancien Evêché de Bâle, un chapitre sur la *poésie politique* au 15e siècle. M. Daguet, qui prépare la biographie complète du P. Girard, a communiqué quelques pages, toutes de cœur, des *Mémoires* du célèbre pédagogue. M. Blanchet a déposé sur le bureau l'inventaire complet du *musée d'Avenches*, et rapporté ce qui se fait à Lausanne pour le classement des anciennes monnaies épiscopales. Le soir de ce jour, la Société s'est rendue à Avenches, dont elle a vi- sité les monuments et le musée, sous la conduite de l'honorable anti- quaire de cette ville, M. d'Oleyres.

La plus franche cordialité a régné entre les sociétaires. Morat n'a rien oublié pour rendre son séjour agréable à ses hôtes. Il y a eu le 1er Août, en leur honneur, un concert très-bien exécuté, illuminations, promenade aux flambeaux sur le lac ; de son côté, le gouvernement de Fribourg a donné 100 fr. à la *Société d'histoire Suisse*. L'on voit que sous tous les rapports, la réunion de Morat est bien faite pour laisser de durables souvenirs chez les personnes qui ont eu le plaisir d'y assister.

PORRENTRUY, 9 septembre 1850. — Voilà bientôt six mois que nous n'avons entretenu les lecteurs de la *Revue Suisse* des travaux de la *Société jurassienne d'Emulation ;* il ne faut point induire de ce si- lence que cette Société n'existe plus : ce serait une grave erreur ; seu- lement elle a eu quelques mois de vacances forcées durant la crise politique du canton de Berne ; cela se comprend, les agitations popu- laires nuisent aux lettres : *inter arma silent musœ.*

Cet intervalle cependant n'a pas été du temps perdu pour la So- ciété ; son bureau poursuivait sa tâche avec un zèle louable : ainsi en mai on livra à l'impression un *Rapport* très-bien fait de M. Thurmann, relatif à l'*Observation des phénomènes périodiques dans le Jura ber- nois et sur ses lisières, pour l'année* 1849. De nouvelles relations se nouaient avec les Sociétés scientifiques suisses et étrangères. Une ville voisine, Montbéliard, nous communiquait les *Statuts d'une Société médicale et scientifique*, fondée dans ses murs le 25 mai dernier, avec invitation aux sociétaires jurassiens de seconder son œuvre pa- triotique.

Les moyens de publicité se sont aussi accrus pour nous depuis quel- ques mois. Le manque d'un recueil empêchait la Société d'imprimer ses travaux : les *Mitheilungen* de la *Société d'histoire naturelle de Berne* ont ouvert leurs colonnes à M. Thurmann. Celui-ci en a profité pour publier, sous forme de *Lettres écrites du Jura*, le résumé d'é- tudes substantielles soumises à la Société d'Emulation : deux de ces lettres ont déjà paru : la première est consacrée à une communication de M. Gressly relative *à la géologie du Val de Lauffon :* la seconde

aux *observations* de M. Belley *sur la température de Montbéliard*.
La *Revue Suisse*, depuis une année, daigne accueillir les rendus-
comptes de nos séances : la même faveur, pour la partie scientifique,
nous est accordée par M. G. Mortillet, rédacteur des *Alpes*. Cette dernière circonstance rendra notre tâche de chroniqueur de la *Revue* plus
facile. Dorénavant nous ne porterons plus une main profane sur des
sujets scientifiques qui ne sont pas de notre domaine, nous bornant à
esquisser les travaux littéraires ou de nature historique.

HISTOIRE. — M. Thurmann a achevé la lecture du *Journal de la
campagne d'Egypte* de feu M. le capitaine de génie Thurmann. Nous
avons déjà dit quelles qualités recommandaient ces lettres, et ne les
aurions plus fait figurer dans notre rendu-compte, si l'une d'elles ne
nous eût présenté un intérêt littéraire tout particulier. Le capitaine
Thurmann donne la copie d'un cantique arabe, écrit sur les murs d'un
santon de Sidi-Jouseph ; cette pièce, sans doute inédite, est une page
de sublime poésie, profondément orientale par les pensées et le coloris. — M. X. Kohler a fait un *Rapport* détaillé sur la *dissertation*
de M. Ch. Desmoulins *sur deux rocs branlants du Nontronais*. Le
travail de M. Desmoulins, à la fois géologue et archéologue distingué,
avait un attrait spécial pour nous. L'Ajoie renferme plusieurs monumens druidiques ; de plus, non loin de Montbéliard, existent le *rouler*
et le *lichaven* de Champey, autant de points de rapprochement avec
les rocs du Nontronais. M. Desmoulins établit la non-nécessité des
rocs-branlans pour le culte druidique, et après avoir censulté l'opinion des archéologues et des géologues sur les rocs de la Francherie
et de Saint-Estèphe, il conclut que ceux-ci appartiennent à la géologie
par leur origine et à l'archéologie par leur usage.

PÉDAGOGIE. — Deux lectures ont été entendues traitant de cette matière. M. Dupasquier, directeur du collége, a tracé l'historique de cet
établissement ces quinze dernières années ; il a insisté sur son organisation et sur les changemens éventuels que celle-ci pourrait subir.
M. X. Kohler a présenté un rapport sur les ouvrages classiques de
M. Péter, qui tous, et surtout le *Corrigé de la nouvelle cacologie*, témoignent des études sérieuses et de la parfaite entente de leur auteur
dans l'enseignement. Après l'examen de ces livres, on comprend les
succès obtenus dans l'instruction publique par M. Péter.

La section d'Erguel, de son côté, ne reste pas inactive. Nous avons
déjà indiqué en mars quelques travaux de ses membres ; nous allons
en compléter la liste jusqu'à ce jour, regrettant vivement de n'avoir
point de données suffisantes pour les caractériser chacun en particulier.
M. le pasteur Guerne a présenté une étude *sur l'origine de la langue
latine ;* M. Fallet, un travail *sur l'Ethiopie et la langue éthiopique ;*
M. Bernard un *essai de statistique*, où l'élégance de la forme rachète
heureusement l'aridité du fond. M. Isenschmid enfin, vouant un égal
amour aux sciences les moins amies en apparence, la philosophie et
la poésie, a présenté la première et la seconde partie de son *histoire
de la philosophie*, et quelques poésies jurassiennes, entre autres une
pièce toute de cœur sur le vénérable doyen Morel. Quelques rensel-
gnemens agronomiques précieux ont été fournis par M. le notaire Bel-
richard.

Dernièrement il s'est fondé à Porréntruy une nouvelle société scientifique ; elle prendra le nom de *société d'utilité publique ;* une commission de cinq membres a été chargée d'élaborer les statuts. Son

champ d'études différera un peu de celui de la *société d'Emulation;* seulement on s'attachera de préférence à l'industrie et au commerce, branches assez négligées dans la *société d'Emulation.* Il est à regretter que cette nouvelle association ait été créée dans des circonstances fâcheuses,.et dès le jour de son apparition présentée sous un jour politique. La presse bernoise, à ce sujet, a débité les choses les plus absurdes, et fait les suppositions les plus malveillantes sur la *société d'Emulation,* à tel point que le bureau de celle-ci s'est vu obligé de recourir à la voie des journaux pour réfuter les imputations dont elle était l'objet. La politique n'a jamais franchi le seuil de la salle des réunions jurassiennes; hors de là, la société n'est plus responsable des opinions et des actes de ses membres. — Au reste, ce petit orage se dissipe déjà, et nul doute que la réunion générale de la société qui se tiendra à Moutiers le 23 septembre, ne soit nombreuse et bien remplie. ★★★

MÉLANGES.

LE RETOUR DES CROISÉS.[1]

DIALOGUE ENTRE LE COLONEL GUAPPO ET LE MARQUIS MISTIFLOR.

MISTIFLOR.	Comment, c'est toi, Guappo ?
GUAPPO.	Comment! c'est toi, marquis ?
MISTIFLOR.	Nous voilà revenus de ce pays conquis....
GUAPPO.	Où tu fis le Don Juan...
MISTIFLOR.	Où tu singeas l'Hercule...
GUAPPO.	Mais toujours malheureux !...
MISTIFLOR.	Mais toujours ridicule !
GUAPPO.	Quels beaux plans nous faisions en prenant notre élan, Bras dessus, bras dessous vers les murs de Milan !
MISTIFLOR.	Tu devais égorger les Croates infâmes ;
GUAPPO.	A Vienne, tu devais ensorceler les femmes.
MISTIFLOR.	Toi, pourfendre toujours,
GUAPPO.	Toi, butiner partout...
MISTIFLOR.	Tu n'as rien massacré,
GUAPPO.	Tu n'as rien pris du tout.

(¹) Cette scène est tirée d'une comédie inédite, intitulée : *Une perle dans, la mer.* Guappo et Mistiflor sont partis ensemble pour la croisade contre l'Autriche ; ils se sont sauvés ensuite, chacun de son côté, et ils se retrouvent à Naples dans une promenade publique.

MISTIFLOR.   Dis-moi, te souvient-il du siége de Vérone?....
GUAPPO.   Te souvient-il, dis-moi, de certaine matrone?....
MISTIFLOR.   A t'entendre, on plaignait l'Autriche.
GUAPPO.   En t'écoutant,
On plaignait les jaloux... et pourtant...
MISTIFLOR.   Et pourtant...
GUAPPO.   Oh! ce fut un roman délicieux. La dame,
Te voyant à ses pieds jouer de cœur et d'ame
Et faire en longs soupirs fumer ton encensoir,
Un matin de juillet te dit : Venez ce soir.
'Tu vas au rendez-vous où l'amour te convoie ;
Tu suspends au balcon ton échelle de soie,
Et tu prends un essor... non pas de séraphin...
Le balcon sombre est là... ton pied l'enjambe enfin...
Tu t'élances — mais non ! Roméo, tu te cabres,
On rallume soudain lustres et candélabres,
Et tu tombes à plat dans un salon damné
Où deux mille seigneurs viennent te rire au né.
MISTIFLOR, piqué. — A Vérone, disais-je, un bouillant volontaire
Qui vantait hautement sa vertu militaire,
Le matin du combat, plantant là son drapeau,
Se sauva comme un vil : tu le connais, Guappo ;
Et, malade de peur. il courut jusqu'à Nice,
Pour cacher son dépit, sa honte... et sa jaunisse.
GUAPPO, furieux. Vous êtes un niais !
MISTIFLOR.   Vous un lâche !
GUAPPO.   Morbleu !
MISTIFLOR.   Corbleu !
GUAPPO.   Monsieur ! !
MISTIFLOR.   Monsieur ! ! !
GUAPPO.   Adieu monsieur.
MISTIFLOR.   Adieu.
(Ils se tournent le dos et marchent devant eux, chacun jusqu'à l'une des
   • extrémités de la scène. Arrivés là, ils s'arrêtent tout-à-coup.)
GUAPPO.   Mais pourtant...
MISTIFLOR.   Cependant...
GUAPPO.   Le courroux que j'attise...
MISTIFLOR.   La haine que j'allume...
GUAPPO.   Est folie...
MISTIFLOR.   Est sottise...
GUAPPO.   En effet, s'il allait raconter...
MISTIFLOR.   En effet,
S'il allait découvrir...
GUAPPO.   Ce que...
MISTIFLOR.   Ce que j'ai fait.

GUAPPO. Non, non, cet homme-là ne doit pas être hostile.
Tâchons de prendre un ton moins haut !

MISTIFLOR.   Changeons de style.

GUAPPO. Il ne s'éloigne pas.

MISTIFLOR.   Il reste là ,

GUAPPO.   Tout doux,

MIRLIFLOR. Soyons courtois.
(Ils se rapprochent avec force gestes à la napolitaine.)
            Guappo...

GUAPPO.   Marquis...

MISTIFLOR.   Embrassons-nous !
(Ils s'embrassent. Quelques personnes entrent sur la scène.)

GUAPPO, bas. On vient !

MISTIFLOR, très-haut.   Cher colonel !

GUAPPO, tendrement.   Mistiflor de mon ame !

MISTIFLOR. Guappo !

GUAPPO.   Mon cœur palpite, ami.

MISTIFLOR.   Le mien se pâme.
Depuis quand de retour? dis-moi.

GUAPPO.   Depuis hier.

MISTIFLOR. Et moi depuis un mois.

GUAPPO, distrait.   J'en suis heureux et fier.

MISTIFLOR. Eh bien ! avons-nous fait ensemble des conquêtes :
Toi sur les ennemis...

GUAPPO.   Et toi sur les coquettes !

MISTIFLOR. Ton nom signifiait héros ou matador.

GUAPPO. Au lieu de Lovelace, on disait Mistiflor.

MISTIFLOR. Dis-moi, te souvient-il du siége de Vérone ?

GUAPPO. Te souvient-il, dis-moi, de certaine matrone ?...

MISTIFLOR. Tes exploits sont connus.

GUAPPO.   Les tiens sont bien plus forts.
Et je ne peux moi-même y croire sans efforts.
D'ordinaire, l'amant qu'une beauté captive
Suspend à la fenêtre une échelle furtive,
Et rampant, plein d'effroi, mal crédule au destin,
Escalade sans bruit le boudoir clandestin.
Toi, tu prends pour témoin la ville stupéfaite,
Tu choisis un beau soir de folie et de fête :
Entrant par le balcon comme Jupiter-dieu,
Tombant comme une bombe en plein bal, au milieu
De deux mille seigneurs, multitude inquiète,
Tu vas, ô Roméo, saisir ta Juliette.

MISTIFLOR. Mais toi, c'est bien plus fort !

GUAPPO.   Non, mon cher.

MISTIFLOR. Comment non!
A Vérone, en Juillet, méprisant le canon,
La bombe impériale et l'Autriche alarmée,
Le matin du combat, tu dépassas l'armée.
Achille... au pied léger, tout seul, tu débordas
Au-delà des drapeaux — et, devant nos soldats
Contemplant stupéfaits ta manœuvre imprévue,
Tu t'élanças si loin... qu'on te perdit de vue!...
LES AUDITEURS. Ah diable!
MISTIFLOR. Quel assaut, Guappo!
GUAPPO. Quel rendez-vous
Mistiflor!
MISTIFLOR. Colonel!
GUAPPO. Marquis!
MISTIFLOR. Embrassons-nous!
(Ils s'embrassent.)

Avril 1850. MARC MONNIER.

BULLETIN BIBLIOGRAPHIQUE.

CONCOURS HALDIMAND. Rapport sur les mémoires présentés au concours, par A. Colomb. Lausanne, chez Georges Bridel. Prix 2 fr. 25.

Nous arrivons bien tard pour annoncer un excellent ouvrage que beaucoup de personnes ont déjà lu. Le besoin d'en remercier publiquement l'auteur nous empêche seul de garder maintenant le silence. Chacun se souvient du concours Haldimand. Le prix proposé par notre généreux concitoyen, pour le meilleur écrit populaire destiné à défendre la liberté des cultes dans le canton de Vaud, ne put être adjugé en entier à un seul des concurrens. Il fut partagé entre le mémoire de M. Jottrand, avocat à Bruxelles, et celui de M. Girard, professeur, à Bâle. C'est dire qu'aucun des travaux envoyés ne répondait complètement au programme du concours. Les deux mémoires couronnés ont paru, distingués chacun par un mérite particulier; mais le public eût regretté de ne connaître que le nombre des autres ouvrages envoyés au concours. Pour compléter son œuvre, M. Haldimand chargea M. Colomb de faire un rapport analytique sur tous les travaux présentés. Cet ouvrage est celui que nous annonçons; mais ce n'est point un rapport ordinaire. Comment un esprit élevé, un cœur dévoué à la sainte cause de la liberté religieuse, eût-il pu se borner à une froide analyse de chaque mémoire, à un simple compte-rendu? M. Colomb a choisi une autre marche. Ce n'était pas chose facile que de s'identifier avec des travaux d'auteurs si divers, d'en dégager la pensée générale, de donner à chaque idée particulière sa place et sa valeur, en un mot, de faire un tout, au moyen d'éléments si hétérogènes. L'auteur du Rapport a vaincu la difficulté de la manière la plus heureuse. Son travail est un nouveau mémoire, peut-être le plus serré et le plus complet de tous, un mémoire résumé, si l'on veut, mais le résumé d'un homme supérieur, qui possède et domine son sujet. La marche du livre est d'une simplicité, d'une netteté et d'une clarté remarquables; tout est lié, tout s'enchaîne, tout court au but. La logique en est ferme et puissante; l'un après l'autre, les arguments des adversaires de la liberté religieuse sont attaqués et écrasés; si quelque chose pouvait les convaincre, ce serait le livre de M. Colomb. Mais autant parler au socialisme de liberté, qu'à un aveugle du soleil. On oublierait presque de s'arrêter aux qualités de style de l'ouvrage, tant la pensée a par elle-même de vigueur, d'élévation et d'éloquence; le langage n'en est que l'expression sévère, sans recherche comme sans effort; l'auteur semble avoir dédaigné, pour la noble cause qu'il défend, d'employer une autre arme que la simple et nue vérité! Nos lecteurs en jugeront par la citation suivante, empruntée au Chap. VI. *Des effets de la persécution.*

» Que deviendra le patriotisme, dont on fait aujourd'hui si pompeux étalage, chez un peuple qui permet l'oppression des consciences, ou qui la voit du moins sans s'émouvoir? Il faiblira, comme tout le reste, devant l'intérêt personnel. Il deviendra plus rare de jour en jour, jusqu'à ce qu'il ne soit plus qu'un souvenir et qu'un vain nom. Le culte de la patrie suppose nécessairement le culte du devoir. Il n'y a de véritable citoyen que l'homme consciencieux. Ni les talents, ni les lumières ne suffisent tout seuls à assurer le bonheur d'un pays; pour ne pas devenir funestes, pour ne pas se changer en flammes dévorantes, ces dons brillants ont besoin de s'épurer au foyer de la conscience. C'est elle qui développe et fortifie toutes les facultés de l'âme; c'est elle qui les dépouille de leur égoïsme, pour les faire concourir à la prospérité commune. Privé de ce flambeau, l'homme n'est plus que le jouet ou que l'instrument docile des partis. N'obéissant plus à la loi morale, il cède, comme la pierre, à la loi de la pesanteur, et se laisse entraîner du côté où le poussent l'intérêt et la passion. Sans la conscience, plus de sentiments désintéressés, plus de nobles sacrifices, plus de dévouements modestes et silencieux. Sans la conscience, plus de vertus civiques, plus d'énergie morale, plus de ce courage qui ne craint pas de se ranger avec le bon droit du côté de la minorité. Sans la conscience, plus de citoyens, plus d'hommes.» (pag. 158).

Ce peu de mots suffiront pour donner une idée de l'ouvrage de M. Colomb. Engager à le lire ceux qui ne l'ont pas fait encore, c'est leur promettre une noble jouissance, qu'ils ne regretteront pas. Ce livre restera, parmi tous ceux qui ont été consacrés à la défense de la liberté religieuse, comme un des plus éloquents et des plus populaires. Populaire, avons-nous dit; et cependant il ne l'est pas complétement; il ne s'adresse qu'au public cultivé. La question de la liberté des cultes serait-elle donc incapable de pénétrer les masses et de se frayer un chemin jusque dans la conscience générale? Nous ne le croyons pas; peut-être le moment n'en est-il pas encore venu, et devons-nous l'attendre pour posséder sur ce sujet un écrit entièrement populaire. Quoi qu'il en soit, nous l'appelons de tous nos vœux; car la question est vitale, elle touche aux plus hauts intérêts de l'humanité.

A. St.

H. WOLFRATH, ÉDITEUR.

FRAGMENTS INÉDITS

DES CONFESSIONS

DE J.-J. ROUSSEAU,

tirés des manuscrits de la Bibliothèque de Neuchâtel.

Les *Confessions* de J.-J. Rousseau n'ayant été publiées qu'après la mort de leur auteur, il n'en existe aucune édition qui ait en elle-même des garanties suffisantes d'exactitude et d'intégrité ; c'est par conséquent aux manuscrits qu'il faut recourir pour juger de la valeur relative des éditions de ces ouvrages. On connaît deux manuscrits autographes des *Confessions* : l'un, demeuré entre les mains de Rousseau, passa après sa mort à sa veuve qui plus tard l'offrit à la Convention. Ce manuscrit est encore conservé à Paris à la Bibliothèque de l'Assemblée nationale ; c'est celui dont s'est servi Didot pour son édition complète de J.-J. Rousseau, donnée en 1801. Il est aisé néanmoins de se convaincre que le texte de ce manuscrit n'est point celui que Jean-Jacques destinait à être mis sous les yeux de la postérité ; les variantes qui le caractérisent servent toutes à prouver qu'il n'y avait pas encore mis la dernière main, et que par conséquent l'édition des *Confessions* publiée par Didot est fort inférieure à la première édition que Dupeyrou, Moultou et le marquis de Girardin avaient publiée à Genève en 1781 et qu'ils avaient reproduite plus tard à la suite de la collection complète des OEuvres de leur illustre ami. Cette édition avait été faite d'après deux manuscrits confiés par Rousseau à Dupeyrou et à Moultou, et entièrement conformes entre eux; celui qui fut remis à Moultou est en entier de la main de J.-J. Rousseau, c'est là le second manuscrit autographe des *Confessions*; celui que reçut Dupeyrou est une copie que Rousseau avait fait faire et qu'il avait revue et corrigée lui-même avec soin. Ce volume se trouve maintenant à la Bibliothèque de Neuchâtel; les héritiers de Dupeyrou l'y ont déposé en 1794 avec les autres papiers que J.-J. Rousseau avait confiés à ce dernier. Nous avons comparé ce manuscrit à l'édition de Genève, et nous avons trouvé les deux textes tout-à-fait pareils, si ce n'est, il va sans dire, que les noms propres et les morceaux retranchés dans les premières éditions, et rétablis plus tard d'après l'exemplaire de Paris, se trouvent au complet dans notre manuscrit. On lit aussi au revers du feuillet destiné à porter le titre, une sorte d'avant-propos que les premiers éditeurs n'ont pas trouvé bon de publier : on comprendra sans peine leur motif; il était cruel pour ces amis passionnés de Jean-Jacques de retrouver en tête de son livre un nouveau monument de la défiance et de la misanthropie qui l'avaient tourmenté jusqu'à la fin de ses jours. Comme ces quelques lignes n'ont été rétablies dans aucune édition, nous croyons intéressant de les transcrire ici :

« Voici le seul portrait d'homme, peint exactement d'après nature et dans toute sa vérité, qui existe, et qui probablement existera jamais. Qui que vous soyez, que ma destinée ou ma confiance ont fait l'arbitre du sort de ce cahier, je vous conjure par mes malheurs, par vos entrailles, et au nom de toute l'espèce humaine, de ne pas anéantir un ouvrage unique et utile, lequel peut servir de première pièce de comparaison pour l'étude des hommes, qui certainement est encore à commencer; et de ne pas ôter à l'honneur de ma mémoire, le seul monument sûr de mon caractère qui n'ait pas été défiguré par mes ennemis. Enfin, fussiez-vous vous-même un de ces ennemis implacables, cessez de l'être envers ma cendre, et ne portez pas cette cruelle injustice jusqu'au tems, où, ni vous, ni moi, ne vivrons plus; afin que vous puissiez vous rendre au moins une fois le noble témoignage d'avoir été généreux et bon, quand vous pouviez être malfaisant et vindicatif : si tant est que le mal qui s'adresse à un homme qui n'en a jamais fait ou voulu faire, puisse porter le nom de vengeance. »

Parmi les papiers déposés par les héritiers de Dupeyrou à la Bibliothèque de Neuchâtel, il existe en outre un *troisième manuscrit autographe des Confessions,* duquel aucun éditeur n'a fait usage jusqu'ici. C'est un volume in-4° portant le titre suivant écrit de la main de l'auteur : *Les Confessions de J.-J. Rousseau, contenant le détail des événemens de sa vie, et de ses sentimens secrets dans toutes les situations où il s'est trouvé.* Il ne comprend que les trois premiers livres et une partie du quatrième, et se termine au moment où Rousseau quitte Lausanne ; en voici les derniers mots : « Je n'apportai pas de cette ville des souvenirs bien rappelans. Je sais seulement que..... » Rousseau a laissé ce manuscrit inachevé, sans doute parce qu'il aurait eu trop à y changer. Il est évident en effet que c'est là le plus ancien manuscrit des *Confessions,* celui qui rend la pensée de Rousseau dans sa forme la plus imparfaite, il est vrai, mais la plus franche et la plus spontanée. Plusieurs phrases qui se lisent dans les manuscrits postérieurs ne se trouvent pas encore dans celui-ci ; d'autres au contraire ont été retranchées plus tard par l'auteur. Nous en donnerons un exemple assez remarquable tiré de la fin du Livre II ; il s'agit de la calomnie dont Rousseau se rendit coupable au sujet du vol du ruban chez Mme de Vercellis. Nous citons tout le passage, en soulignant ce que l'auteur a supprimé dans les manuscrits postérieurs :

« Ce souvenir cruel me trouble quelquefois et me bouleverse au point de voir dans mes insomnies cette malheureuse fille venir me reprocher mon crime, comme s'il venoit d'être commis. *Cent fois j'ai cru l entendre me dire au fond de mon cœur : Tu fais l'honnête homme, et tu n'es qu'un scélérat. Je ne saurois dire combien cette idée a empoisonné d'éloges que j'ai reçus, et combien souvent en moi-même elle me rend tourmentante l'estime des hommes. Cela va quelquefois au point de me faire regarder comme une confirmation de mon crime de souffrir que l'on pense bien de moi.* Cependant je n'ai jamais pu prendre sur moi de décharger mon cœur de cet aveu dans le sein d'un ami; la plus étroite intimité ne me l'a jamais fait faire à personne, pas même à Mᵐᵉ de Warens. Tout ce que j'ai pu faire étoit d'avouer que j'avois à me reprocher une action atroce, mais jamais je n'ai dit en quoi elle consistoit: *car, si je connoissois quelqu'un qui en eût fait une pareille dans toutes ses circonstances, je sens qu'il me seroit impossible de ne pas le prendre en horreur.* Ce poids est donc resté jusqu'à ce jour sans soulagement sur ma conscience, et je puis dire que le désir de m'en délivrer en quelque sorte a beaucoup contribué à la résolution que j'ai prise d'écrire mes confessions. »

On dirait que Rousseau ait épanché d'abord sans réserve les remords que faisait naître en lui le souvenir de sa mauvaise action, et qu'ensuite il ait hésité à les exprimer aussi ouvertement.

Voici encore une autre citation du même genre tirée du commencement du Livre IV :

« Ce n'est pas quand une vilaine action vient d'être faite que le sentiment en est cruel, c'est quand on se la rappelle; car le souvenir ne s'en éteint point : *le tems efface tous les autres sentimens, mais il aigrit le remords et le rend plus insupportable, surtout quand on est malheureux, qu'on se dit qu'on mérite de l'être, et qu'au lieu de trouver en soi la consolation qu'on y cherche, on n'y trouve qu'un nouveau tourment. Je crois que les heureux ont peu de remords; mais celui qui commet le mal doit s'assurer de l'être toute sa vie; autrement il ne sait pas quel avenir il se prépare dans ses malheurs.* »

Les trois fameux paragraphes par lesquels commence l'ouvrage dans toutes les éditions imprimées ainsi que dans les autres manuscrits, sont remplacés dans le nôtre par une introduction de douze pages ; Jean-Jacqués y expose les motifs qui l'engagent à écrire ses confessions. Il y a peut-être dans ces pages quelques longueurs, un peu de bavardage, et les hommes de style préféreront sans doute les paroles retentissantes dans lesquelles Rousseau évoque *la trompette du jugement dernier,* et se présente *son livre à la main, devant le souverain Juge.* Mais les vrais amis de Rousseau regretteront, ce nous semble, qu'il n'ait pas maintenu l'introduction plus simple qu'il avait écrite d'abord et que nous allons mettre sous leurs yeux :

« J'ai remarqué souvent que, même parmi ceux qui se piquent le plus de connoître les hommes, chacun ne connoît guères que soi, s'il est vrai même que quelqu'un se connoisse: car comment bien déterminer un être par les seuls rapports qui sont en lui-même, et sans le comparer avec rien? Cependant cette connoissance imparfaite qu'on a de soi est le seul moyen qu'on emploie à connoître les autres. On se fait la règle de tout, et voilà précisément où nous attend la double illusion de l'amour-propre: soit en prêtant faussement à ceux que nous jugeons les motifs qui nous auroient fait agir comme eux à leur place: soit dans cette supposition même en nous abusant sur nos propres motifs, faute de savoir nous transporter assez dans une autre situation que celle où nous sommes.

» J'ai fait ces observations surtout par rapport à moi, non dans les jugemens que j'ai porté des autres, m'étant senti bientôt une espèce d'être à part, mais dans ceux que les autres ont portés de moi; jugemens presque toujours faux dans les raisons qu'ils rendoient de ma conduite, et d'autant plus faux pour l'ordinaire, que ceux qui les portoient avoient plus d'esprit. Plus leur règle étoit étendue, plus la fausse application qu'ils en faisoient les écartoit de l'objet.

» Sur ces remarques j'ai résolu de faire faire à mes lecteurs un pas de plus dans la connoissance des hommes, en les tirant, s'il est possible, de cette règle unique et fautive de juger toujours du cœur d'autrui par le sien; tandis qu'au contraire il faudroit souvent pour connoître le sien même commencer par lire dans celui d'autrui. Je veux tâcher que pour apprendre à s'apprécier, on puisse avoir du moins une pièce de comparaison; que chacun puisse connoître soi et un autre, et cet autre, ce sera moi.

» Oui, moi, moi seul, car je ne connois jusqu'ici nul autre homme qui ait osé faire ce que je me propose. Des histoires, des vies, des portraits, des caractères! Qu'est-ce que tout cela? Des romans ingénieux bâtis sur quelques actes extérieurs, sur quelques discours qui s'y rapportent, sur de subtiles conjectures où l'auteur cherche bien plus à briller lui-même qu'à trouver la vérité. On saisit les traits saillans d'un caractère, on les lie par des traits d'invention, et pourvu que le tout fasse une physionomie, qu'importe qu'elle ressemble? Nul ne peut juger de cela.

»Pour bien connoître un caractère il y faudroit distinguer l'acquis d'avec la nature, voir comment il s'est formé, quelles occasions l'ont développé, quel enchaînement d'affections secrètes l'a rendu tel, et comment il se modifie pour produire quelquefois les effets les plus contradictoires et les plus inattendus. Ce qui se voit n'est que la moindre partie de ce qui est: c'est l'effet apparent dont la cause interne est cachée et souvent très compliquée. Chacun devine à sa manière et peint à sa fantaisie; il n'a pas peur qu'on confronte l'image au modèle, et comment nous feroit-on connoître ce modèle intérieur, que celui qui le peint dans un autre ne sauroit voir, et que celui qui le voit en lui-même ne veut pas montrer?

»Nul ne peut écrire la vie d'un homme que lui-même. Sa manière d'être intérieure, sa véritable vie n'est connue que de lui; mais en l'écrivant il la déguise; sous le nom de sa vie, il fait son apologie; il se montre comme il veut être vu, mais point du tout comme il est. Les plus sincères sont vrais tout au plus dans ce qu'ils disent, mais ils mentent par leurs réticences, et ce qu'ils taisent change tellement ce qu'ils feignent d'avouer, qu'en ne disant qu'une partie de la vérité ils ne disent rien. Je mets Montaigne à la tête de ces faux sincères qui veulent tromper en disant vrai. Il se montre avec des défauts, mais il ne s'en donne que d'aimables; il n'y a point d'hommes qui n'en ait d'odieux. Montaigne se peint ressemblant, mais de profil. Qui sait si quelque balafre à la joue ou un œil crevé du côté qu'il nous a caché, n'eût pas totalement changé la physionomie? Un homme plus vain que Montaigne, mais plus sincère, est Cardan. Malheureusement ce même Cardan est si fou qu'on ne peut tirer aucune instruction de ses rêveries. D'ailleurs qui voudrait aller pêcher de si rares instructions dans dix tomes in-folio d'extravagances?

»Il est donc sûr que, si je remplis bien mes engagemens, j'aurai fait une chose unique et utile. Et qu'on n'objecte pas que, n'étant qu'un homme du peuple, je n'ai rien à dire qui mérite l'attention des lecteurs. Cela peut être vrai des événemens de ma vie : mais j'écris moins l'histoire de ces événemens en eux-mêmes que celle de l'état de mon ame, à mesure qu'ils sont arrivés. Or les ames ne sont plus ou moins illustres que selon qu'elles ont des sentimens plus ou moins grands et nobles, des idées plus ou moins vives et nombreuses. Les faits ne sont ici que des causes occasionnelles. Dans quelque obscurité que j'aie pu vivre, si j'ai pensé plus et mieux que les rois, l'histoire de mon ame est plus intéressante que celle des leurs.

» Je dis plus. A compter l'expérience et l'observation pour quelque chose, je suis à cet égard dans la position la plus avantageuse où jamais mortel, peut-être, se soit trouvé, puisque sans avoir aucun état moi-même, j'ai connu tous les états ; j'ai vécu dans tous, depuis les plus bas jusqu'aux plus élevés, excepté le trône. Les Grands ne connoissent que les Grands, les petits ne connoissent que les petits. Ceux-ci ne voient les premiers qu'à travers l'admiration de leur rang et n'en sont vus qu'avec un mépris injuste. Dans des rapports trop éloignés, l'être commun aux uns et aux autres, l'homme, leur échappe également. Pour moi, soigneux d'écarter son masque, je l'ai reconnu partout. J'ai pesé, j'ai comparé leurs goûts respectifs, leurs plaisirs, leurs préjugés, leurs maximes. Admis chez tous comme un homme sans prétentions et sans conséquence, je les examinois à mon aise ; quand ils cessoient de se déguiser, je pouvois comparer l'homme à l'homme, et l'état à l'état. N'étant rien, ne voulant rien, je n'embarrassois et n'importunois personne ; j'entrois partout sans tenir à rien, dînant quelque fois le matin avec les Princes et soupant le soir avec les paysans.

»Si je n'ai pas la célébrité du rang et de la naissance, j'en ai une autre qui est plus à moi et que j'ai mieux achetée ; j'ai la célébrité des malheurs. Le bruit des miens a rempli l'Europe ; les sages s'en sont étonnés, les bons s'en sont affligés : tous ont enfin compris que j'avois mieux connu qu'eux ce siècle savant et philosophe : j'avois vu que le fanatisme qu'ils croyoient anéanti n'étoit

que déguisé; je l'avais dit avant qu'il jetât le masque (¹); je ne
m'attendois pas que ce seroit moi qui le lui ferois jeter. L'histoire
de ces événemens, digne de la plume de Tacite, doit avoir quelque
intérêt sous la mienne. Les faits sont publics, et chacun peut les
connoître; mais il s'agit d'en trouver les causes secrètes. Naturellement personne n'a dû les voir mieux que moi; les montrer c'est
écrire l'histoire de ma vie.

» Les événemens en ont été si variés, j'ai senti des passions si
vives, j'ai vu tant d'espèces d'hommes, j'ai passé par tant de
sortes d'états, que dans l'espace de cinquante ans j'ai pu vivre
plusieurs siècles, si j'ai su profiter de moi. J'ai donc, et dans le
nombre des faits et dans leur espèce, tout ce qu'il faut pour rendre
mes narrations intéressantes. Peut-être malgré cela ne le seront-
elles pas, mais ce ne sera point la faute du sujet, ce sera celle de
l'écrivain. Dans la vie en elle-même la plus brillante, le même défaut pourrait se trouver.

» Que si mon entreprise est singulière, la position qui me la fait
faire ne l'est pas moins. Parmi mes contemporains il est peu d'hommes dont le nom soit plus connu dans l'Europe et dont l'individu
soit plus ignoré. Mes livres couroient les villes tandis que leur auteur ne couroit que les forêts. Tout me lisoit, tout me critiquoit,
tout parloit de moi, mais dans mon absence; j'étois aussi loin des
discours que des hommes; je ne savois rien de ce qu'on disoit.
Chacun me figuroit à sa fantaisie, sans crainte que l'original vînt
le démentir. Il y avait un Rousseau dans le grand monde, et un
autre dans la retraite qui ne lui ressembloit en rien.

» Ce n'est pas qu'à tout prendre j'aie à me plaindre des discours publiés sur mon compte (²); s'ils m'ont quelquefois déchiré
sans ménagement, souvent ils m'ont honoré de même. Cela dépendait des diverses dispositions où le public étoit sur mon compte,
et selon ses préventions favorables ou contraires, il ne gardoit pas
plus de mesure dans le bien que dans le mal. Tant qu'on ne m'a
jugé que par mes livres, selon l'intérêt et le goût des lecteurs,
on n'a fait de moi qu'un être imaginaire et fantastique, qui chan-

(¹) Voyez la préface de mon premier *Discours,* imprimé en 1750.

(²) J'écrivois ceci en 1764, âgé déjà de cinquante-deux ans, et bien
éloigné de prévoir le sort qui m'attendoit à cet âge. J'aurois maintenant
trop à changer à cet article; je n'y changerai rien du tout.

geoit de face à chaque écrit que je publiois. Mais quand une fois j'ai eu des ennemis personnels, ils se sont formé des systèmes selon leurs vues, sur lesquels ils ont de concert établi ma réputation qu'ils ne pouvoient tout-à-fait détruire. Pour ne point paroître faire un rôle odieux, ils ne m'accusoient pas de mauvaises actions vraies ou fausses, ou s'ils m'en accusoient, c'étoit en les imputant à ma mauvaise tête, de façon toutefois qu'on crût qu'à force de bonhomie ils prenoient le change, et qu'on fît honneur à leur cœur aux dépends du mien. Mais en feignant d'excuser mes fautes ils chargeoient sur mes sentimens, et paroissant me voir dans un jour favorable, ils savoient m'exposer dans un jour bien différent.

» Un ton si adroit devint commode à prendre. De l'air le plus débonnaire on me noircissoit avec bonté; par effusion d'amitié l'on me rendoit haïssable, en me plaignant on me déchiroit. C'est ainsi qu'épargné dans les faits, je fus cruellement traité dans le caractère, et qu'on parvint à me rendre odieux en me louant. Rien n'étoit plus différent de moi que cette peinture. Je n'étois pas meilleur, si l'on veut, mais j'étois autre. On ne me rendoit justice ni dans le bien ni dans le mal : en m'accordant des vertus que je n'avois pas, on me faisoit un méchant, et au contraire avec des vices qui n'étoient connus de personne, je me sentois bon. A être mieux jugé j'aurois pu perdre parmi le vulgaire, mais j'aurois gagné parmi les sages, et je n'aspirai jamais qu'aux suffrages de ces derniers.

» Voilà non seulement les motifs qui m'ont fait faire cette entreprise, mais les garants de ma fidélité à l'exécuter. Puisque mon nom doit durer parmi les hommes, je ne veux point qu'il y porte une réputation mensongère; je ne veux point qu'on me donne des vertus ou des vices que je n'avois pas, ni qu'on me peigne sous des traits qui ne furent pas les miens. Si j'ai quelque plaisir à penser que je vivrai dans la postérité, c'est par des choses qui me tiennent de plus près que les lettres de mon nom : j'aime mieux qu'on me connoisse avec tous mes défauts et que ce soit moi-même, qu'avec des qualités controuvées, sous un personnage qui m'est étranger.

» Peu d'hommes ont fait pis que je n'ai fait, et jamais homme n'a dit de lui-même ce que j'ai à dire de moi. Il n'y a point de vice de caractère dont l'aveu ne soit plus facile à faire que celui d'une action noire ou basse, et l'on peut être assuré que celui qui ose avouer de telles actions avouera tout. Voilà la dure mais sûre preuve de ma sincérité. Je serai vrai; je le serai sans réserve : je dirai tout; le bien, le mal, tout enfin. Je remplirai rigoureusement mon titre, et jamais la dévote la plus craintive ne fit un meilleur examen de conscience que celui auquel je me prépare; jamais elle ne déploya plus scrupuleusement à son confesseur tous les replis de son ame que je vais déployer tous ceux de la mienne au public. Qu'on commence seulement à me lire sur ma parole; on n'ira pas loin sans voir que je veux la tenir.

»Il faudroit pour ce que j'ai à dire, inventer un langage aussi nouveau que mon projet : car quel ton, quel style prendre pour débrouiller ce chaos immense de sentimens si divers, si contradictoires, souvent si vils et quelquefois si sublimes, dont je fus sans cesse agité? Que de riens, que de misères ne faut-il point que j'expose, dans quels détails révoltans, indécens, puérils et souvent ridicules ne dois-je pas entrer pour suivre le fil de mes dispositions secrètes, pour montrer comment chaque impression qui a fait trace en mon ame y entra pour la première fois? Tandis que je rougis seulement à penser aux choses qu'il faut que je dise, je sais que des hommes durs traiteront encore d'impudence l'humiliation des plus pénibles aveux; mais il faut faire ces aveux ou me déguiser; car si je tais quelque chose on ne me connoîtra sur rien, tant tout se tient, tant tout est un dans mon caractère, et tant ce bizarre et singulier assemblage a besoin de toutes les circonstances de ma vie pour être bien dévoilé.

»Si je veux faire un ouvrage écrit avec soin comme les autres, je ne me peindrai pas, je me farderai. C'est ici de mon portrait qu'il s'agit et non pas d'un livre. Je vais travailler pour ainsi dire dans la chambre obscure; il n'y faut point d'autre art que de suivre exactement les traits que je vois marqués. Je prends donc mon parti sur le style comme sur les choses. Je ne m'attacherai point à le rendre uniforme; j'aurai toujours celui qui me viendra, j'en changerai selon mon humeur sans scrupule, je dirai chaque chose comme je la sens, comme je la vois, sans recherche, sans gêne, sans m'embarrasser de la bigarrure. En me livrant à la fois au souvenir de l'impression reçue et au sentiment présent, je peindrai doublement l'état de mon ame, savoir au moment où l'événement m'est arrivé et au moment où je l'ai décrit; mon style inégal et naturel, tantôt rapide et tantôt diffus, tantôt sage et tantôt fou, tantôt grave et tantôt gai, fera lui-même, partie de mon histoire. Enfin, quoi qu'il en soit de la manière dont cet ouvrage peut être écrit, ce sera toujours par son objet un livre précieux pour les philosophes : c'est, je le répète, une pièce de comparaison pour l'étude du cœur humain, et c'est la seule qui existe [1].

» Voilà ce que j'avais à dire sur l'esprit dans lequel j'écris ma vie, sur celui dans lequel on la doit lire, et sur l'usage qu'on en peut tirer. Les liaisons que j'ai eues avec plusieurs personnes me forcent d'en parler aussi librement que de moi. Je ne puis me bien faire connoître que je ne les fasse connoître aussi, et l'on ne doit pas s'attendre que, dissimulant dans cette occasion ce qui ne peut être tu sans nuire aux vérités que je dois dire, j'aurai pour d'autres des ménagemens que je n'ai pas pour moi-même. Je serois pourtant bien fâché de compromettre qui que ce fût, et la résolution que j'ai prise de ne point laisser paroître de mon vivant ces mémoires, est un effet des égards que je veux avoir pour mes ennemis en tout ce qui n'intéresse pas l'exécution de mon dessein. Je prendrai même les mesures les plus certaines pour que cet écrit ne soit publié que quand les faits qu'il contient seront par trait de temps devenus indifférens à tout le monde, et je ne le déposerai qu'en des mains assez sûres pour qu'il n'en soit jamais fait aucun usage indiscret. Pour moi je serois peu puni qu'il parût de mon vivant même, et je ne regretterois guères l'estime de quiconque pourroit me mépriser après l'avoir lu. J'y dis de moi des choses très odieuses et dont j'aurois horreur de vouloir m'excuser ; mais aussi c'est l'histoire la plus secrète de mon ame, ce sont mes confessions à toute rigueur. Il est juste que ma réputation expie le mal que le désir de la conserver m'a fait faire. Je m'attends aux discours publics, à la sévérité des jugemens prononcés tout haut, et je m'y soumets. Mais que chaque lecteur m'imite, qu'il rentre en lui-même comme j'ai fait, et qu'au fond de sa conscience il se dise, s'il l'ose : *Je suis meilleur que ne fut cet homme-là.* »

Plusieurs des variantes de ce manuscrit pourraient servir à jeter du jour sur divers points particuliers de la vie de

---

[1] Cette dernière phrase : *Enfin quoi qu'il en soit,*.... etc., paraît avoir été ajoutée postérieurement par Rousseau, ainsi que les deux notes ci-dessus.   *(Note de l'éditeur.)*

J.-J. Rousseau. Par exemple, au lieu de ces mots : « Ainsi se perdait en niaiseries le plus précieux tems de mon enfance,.... » on lit (page 44 du manuscrit) :

« Cependant on délibérait si l'on me feroit artisan, procureur ou ministre. J'avois assez de goût pour le ministère, comme l'ont tous les enfans, qui trouvent qu'il est beau de prêcher : mais le petit revenu du bien de ma mère à partager entre mon frère et moi ne suffisoit pas pour pousser mes études. On prit le parti de me mettre chez Masseron , etc. »

A la même page, un peu plus bas, on lit en marge cette note au crayon, de la main de Rousseau : *Repris ici à Wootton.* Ces mots prouvent que Jean-Jacques avait déjà commencé à écrire les *Confessions* pendant son séjour à Môtiers, et ce fait est confirmé par une note de l'introduction que nous avons citée plus haut : *J'écrivais ceci en 1764,* etc. M. de Musset-Pathay paraît supposer que les *Confessions* n'ont été entreprises qu'en Angleterre.

Quant à la deuxième partie des *Confessions,* on sait que, d'après les intentions de Rousseau, elle n'aurait dû paraître qu'en 1800. Mais une édition altérée et fautive ayant été publiée à Genève à l'insu de Dupeyrou, celui-ci se détermina à en donner à Neuchâtel, en 1790, une édition correcte et conforme au manuscrit. La copie qui servit à cette édition avait été faite en 1780 par le notaire Jeannin sur le manuscrit autographe appartenant à Moultou ; elle se termine par une déclaration en forme de Dupeyrou et de Jeannin qui l'avaient collationnée sur l'original et qui en garantissent la parfaite exactitude. Elle est aussi déposée à la Bibliothèque de Neuchâtel et ne diffère en rien du texte imprimé. Quelques lignes inachevées se trouvent cependant en face du titre ; les mêmes motifs qui avaient engagé l'éditeur à ne pas donner au public les lignes que nous avons citées plus haut (page 4), l'auront porté à supprimer aussi celles-ci. Elles, doivent néanmoins trouver ici leur place pour compléter les fragments inédits des *Confessions* :

« Ces cahiers, pleins de fautes de toute espèce et que je n'ai pas même le tems de relire, suffisent pour mettre tout ami de la vérité sur sa trace, et lui donner les moyens de s'en assurer par ses propres informations. Malheureusement il me paroît difficile et même impossible qu'ils échappent à la vigilance de mes ennemis. S'ils tombent entre les mains d'un honnête homme,.... »

Le malheureux Rousseau s'est arrêté là, sans doute par découragement. L'événement a condamné sa méfiance envers ses contemporains.

B.

· UN ÉPISODE

DE LA VIE DES EAUX.

NOUVELLE.

Jules *Dürner à Albert Dubourg, à Paris.*

Bains de Saint-Gervais, le 10 Août.

Que d'impressions différentes depuis que je suis ici, cher Albert!
Je quittais Lausanne à regret, j'aurais voulu regagner le temps
que ma maladie m'avait fait perdre, j'aurais voulu pouvoir témoigner à ma mère et à ma sœur toute ma reconnaissance pour leurs
bons soins : il a fallu obéir à la Faculté toute-puissante. Je partais
convalescent ; tu comprends que de recommandations sur ma
santé, sur le régime, sur les imprudences !

L'air vif, les belles montagnes m'ont bientôt donné de la force.
J'ai eu des moments charmants dans ces promenades solitaires où
je me laissais entraîner à toutes mes pensées. Il ne manquait que
toi: quelquefois je me figurais que tu étais venu me joindre ici,
qu'assis sous les sapins nous nous livrions aux plus hautes considérations. Puis à cette phase contemplative, en a succédé une plus
attrayante encore.

Deux dames se partagent les hommages de la brillante société
que j'ai trouvée ici. Une marquise piémontaise arrivée en splendide
équipage, avec une demoiselle de compagnie spécialement destinée
à lui présenter les verres d'eau, plus, deux laquais dont on voit la
livrée bleu et argent se détacher de loin sur la verdure; et une

baronne prussienne dans une tenue moins aristocratique, mais plus attrayante par sa figure, sa gaieté, quelquefois même sa folie.

Tandis que la marquise est le représentant de l'ancien régime, l'Allemande avec son laisser-aller, ses courses aventureuses, son amour pour les arts et la nature, est l'expression des idées du moment. Elle a quitté sa famille et son pays pour cheminer selon son caprice, ne cachant pas ses opinions assez peu en rapport avec le titre qu'elle porte, ce qui ne met pas de sympathie entre les deux dames. Les partisans de l'une vantent son opulence et son crédit à la cour. Les autres assurent qu'avec moins de prétentions la baronne est réellement d'une souche plus ancienne. Mais comment soutient-elle son rang? répond-on, cette femme errante et incomprise, tour à tour évaporée et mélancolique, cette demi Corinne qui court le monde toujours seule. Où est son mari?' On ne l'a jamais vu avec elle, ni à Berlin, ni à Paris, ni aux eaux d'Ems ou de Wisbaden.

Aujourd'hui, m'étant joint à la nombreuse caravane qu'elle entraîne chaque soir dans les hauteurs, nous nous sommes trouvés en face d'un glacier qu'on a parlé d'escalader. On a porté des défis. J'ai dû à mon habitude des montagnes et des passages difficiles, de dépasser les beaux messieurs dont la baronne est entourée. Comme j'avais disparu derrière les blocs de glace, on avait été inquiet un instant, j'ai été accueilli par des applaudissements, et la belle dame a placé sur ma tête une guirlande qu'elle avait tressée elle-même.

Cette société brillante, ces guides, ces mulets, arrêtés dans une vallée sauvage, formaient un tableau qui restera dans mon souvenir. L'avouerai-je? j'ai senti mon cœur ému lorsque la baronne m'a appelé de sa voix séduisante et m'a témoigné le bonheur qu'elle avait éprouvé, disait-elle, en me voyant reparaître, ayant eu le temps de se reprocher son imprudence, et comme les moindres incidents ont de l'importance dans la vie des eaux, cette distinction quelque insignifiante qu'elle soit, m'a valu de l'intérêt de la part des baigneurs. Cette vie toute nouvelle me paraît charmante, et je n'éprouve aucune impatience de la voir finir.

A Mademoiselle Belcombe à Genève.

Je suis arrivé très-heureusement ici, ma chère fille. Le cocher s'est tout à coup détourné de la grande route pour descendre dans un vallon pressé entre le torrent et le rocher, auquel sont adossés des jardins et des habitations. J'avais l'impression de me diriger vers un couvent ou la demeure d'un cénobite, lorsqu'à l'extrémité de cette étroite gorge, j'ai vu une nombreuse et brillante réunion. Singulier contraste que ces robes blanches sur le bord d'un ruisseau des Alpes! Mon modeste équipage, couvert de poussière, s'est lentement frayé un passage dans les groupes animés. On entourait des mulets et des ânes tout équipés; chacun a choisi sa monture; on a hissé les dames sur leurs haquenées, puis les troupes se sont mises en route pour les régions élevées.

Une heure après la vallée était solitaire, le soleil l'avait abandonnée. Rien que les valétudinaires et les gens de service autour de la maison. Hommes, femmes, cavaliers et piétons, tous ceux qui avaient pu marcher avaient gagné la vallée supérieure.

A la nuit les voyageurs, annoncés par les sonnettes et les claquements de fouet, sont revenus. Le souper a été animé par les récits de leurs courses. Il y avait eu un défi à qui s'aventurerait le plus au loin sur un glacier, et une belle dame allemande, du haut d'un trône de granit, avait donné une couronne de rhododendron au vainqueur.

La table abandonnée, on s'est précipité au salon. De la cellule qui m'a été préparée et où j'étais impatient de me retirer, j'entends la musique. Quelquefois la maison, légèrement construite en bois, semble soulevée par le mouvement des danses.

Que faites-vous à cette heure, chers enfants, tandis que votre compagnon habituel se trouve lancé dans un tourbillon qui lui fait éprouver l'impression de l'isolement? Je te vois, ma bonne Amélie, remplissant ton rôle de petite maman, avertissant ton frère que le moment de se coucher est arrivé, allant faire l'inspection de ses habillements pour le lendemain. Que Dieu soit avec vous pendant cette nuit et vous réveille doucement! Nous ne sentons jamais mieux le besoin de sa protection, qu'en pensant à ceux que nous aimons, lorsque nous en sommes éloignés. Je me dis encore qu'il faut que nous soyons bien heureux, puisqu'il nous en coûte tant de nous séparer.

Mon voyage a été agréable: les impressions sérieuses du départ ont peu à peu cédé au mouvement de la route. Assez long-temps le souvenir de mes deux enfants que j'avais laissés dans une rue sombre, celui de ma chère Amélie refoulant ses larmes pour me serrer une dernière fois la main, ont prévalu sur les montagnes et les brillants lointains. Je me demandais pourquoi j'en jouissais seul; ces belles vues se coloraient d'une teinte sérieuse Cependant j'ai admiré les bosquets de Maglan, la cascade d'Arpennaz, la vue du pont de Saint-Martin. Je me suis rappelé ma joie, il y a trente ans, lorsque je fis cette course avec deux amis dont l'un n'existe plus et l'autre est bien loin. Que de sujets de réflexions!

Il me semble qu'il y a long-temps déjà que je vous ai quittés. Encore vingt jours! Mais il faut s'habituer à un genre de vie nouveau, ensuite tout va plus vite. Adieu, les danses ont cessé, les lumières s'éteignent. Il faut nous séparer.

A la même.

Saint-Gervais, 14 Août.

Si tu étais ici, Amélie, tu admirerais la variété des toilettes des dames; le costume du matin n'est pas celui de la promenade; à chaque époque de la journée, nouvelle transformation. J'ai encore dans la tête une petite robe d'indienne rose que j'aime mieux que tous ces falbalas.

Auprès des dames viennent se grouper les hommes de la société, entre autres un comte de Blangy, compagnon assidu d'une baronne allemande, fort animée, qui joue le premier rôle ici; puis un peu en arrière, un jeune homme à la figure timide, qui a tout l'air d'un étudiant, qui parle peu, mais dont les regards se portent avec une naïve admiration sur Mme de Blitzdorf.

Dans le cercle d'une marquise piémontaise, on raconte d'anciennes anecdotes sur la cour de Louis XV et de Louis XVI: auprès de la baronne on parle de Gœthe, de Schiller, de la comtesse de Rossi et de Mlle Rachèl.

Inaperçu au bas de la table, j'écoute en silence, profitant de ma position pour comprendre une fraction de la société que je n'avais pas été appelé à connaître. Je vois que tandis que la grande majorité de l'espèce humaine reste stationnaire dans le lieu où la Providence l'a fait naître, il est une partie de la population haut placée qui regarde l'Europe comme son domaine; l'été aux bains, l'hiver à **Paris** ou à **Rome**, cherchant partout la distraction et le plaisir, gens qui se lient facilement, se quittent et se retrouvent sur les grandes routes, dans les capitales ou au pied du Mont-Blanc. Etrange existence! J'aime peu ces femmes qui courent le monde sans mari, et j'avoue que je me sens disposé à approuver les jugements un peu sévères contre celles qui ont soif de célébrité et qui lui sacrifient tout.

La population stationnaire de ce monde c'est nous, ma pauvre fille, qui combinons pendant une semaine une course à Salève, et qui n'avons pas pu encore trouver le moment pour le petit voyage que je vous promets depuis deux ans. Quoique faisant partie de la nation sédentaire, je me suis cependant accordé le plaisir d'une ascension à l'étage de la montagne qui domine les bains. Je me suis juché avec quelque peine sur un mulet, et conduit par une jeune paysanne, je suis arrivé dans cette magnifique vallée. Josette s'est de plus chargée des frais de la conversation. Elle m'a parlé de tous les baigneurs, surtout de la belle dame allemande qui est devenue populaire par son affabilité, par son enthousiasme pour les montagnes, par sa hardiesse à escalader les pics et les glaciers. Tous les matins la jeune fille est admise auprès d'elle au moment de sa toilette, et celle-ci s'amuse à la faire causer. « Ces messieurs, me disait Josette, se disputent à qui accompagnera madame la baronne. Ne veulent-ils pas conduire la mule? c'est vraiment une pitié de voir comme ils s'y prennent! Laissez, messieurs, qu'elle leur dit; Josette en sait plus que vous. Et cependant madame la baronne est quelquefois fort triste. Il m'est arrivé de la trouver en pleurs. — Vous avez l'air toute drôle aujourd'hui, madame. Est-ce que vous seriez malade, que je lui ai dit. — Non, ma pauvre Josette, ce sont des affaires qui me sont revenues dans la tête et que tu ne peux comprendre. — Cela passera, madame, il faut faire une bonne promenade; irai-je chercher la mule? — Je crois que tu as raison, j'irai seule avec toi. »

En causant, Josette et moi, nous laissions à nos pieds le cours du Bonnant et l'étroite entrée des bains. Quel pays, chère amie! Je change encore de projet; c'est ici que je veux vous amener l'année prochaine; il y a une jolie maison où l'on reçoit les étrangers, à quelques pas de la vieille église et de ses beaux arbres; près de là un pont sur le torrent que l'on voit à une grande profondeur; à quelque distance le hameau de Saint-Nicolas. Nous passerons là un temps charmant.

Après avoir vu les derniers rayons du soleil disparaître sur les hauteurs, je suis redescendu, toujours escorté de ma conductrice, regrettant de ne pouvoir faire chaque jour une semblable promenade; je ne me sens pas encore assez de forces pour entreprendre à pied une si rude montée; les courses à mulet souvent répétées finiraient par devenir coûteuses. Je me reprocherais, mes bons amis, une dépense qui n'est pas nécessaire et un plaisir que je ne puis partager avec vous.

A Monsieur Belcombe aux bains de Saint-Gervais.

Genève, 16 Août.

Je n'espérais pas de lettre aujourd'hui, mon bon père; Auguste a persisté, il est revenu triomphant, agitant de loin celle qu'il rapportait. Continuez à nous donner de bonnes nouvelles, c'est le plus grand plaisir que vous puissiez faire à vos enfants, qui quoique sentant vivement le vide que vous laissez, cheminent heureusement.

J'ai été triste en vous voyant partir seul et faible encore. C'est la première fois que j'ai compris les exigences de l'économie. Ensuite j'ai repris courage; je cherche à me rendre digne de la confiance que vous mettez en moi. Avec le sentiment de ma responsablité, j'ai annoncé à mes amies que je n'irai pas les voir tant que vous serez absent: hors de la maison je suis un peu inquiète, je crains qu'Auguste ne néglige ses leçons, ou qu'il ne fasse enrager Jeannette. Mais je me hâte de vous annoncer que jusqu'ici il a été sage et qu'il écoute ce que je lui dis. Le jour de votre départ il a conservé un air sérieux qui m'aurait inquiétée s'il eût continué. Jeudi, étant allé passer la soirée chez un de ses amis, je lui avais fait promettre d'être de retour à neuf heures; à neuf heures et demie ne le voyant pas, je suis allée l'attendre à la fenêtre. Le temps m'a paru long, surtout après avoir entendu sonner dix heures. Mais ensuite j'ai distingué un pas précipité et je l'ai vu rentrer en courant. Vous comprenez qu'il avait vingt bonnes raisons d'expliquer son retard, et rien de ce qui m'était passé par la tête en l'attendant, n'était arrivé.

Comme hier il avait fini ses leçons de bonne heure, nous sommes allés faire le tour des jardins. De longues stations auprès des pécheurs et au confluent, où Auguste s'amusait à faire voler des pierres sur l'eau, nous ont retenus. Il faisait presque nuit quand nous avons pensé au retour. En voyant la grande roue, je me suis rappelé l'histoire de M. Tŏpfer, et j'étais, je l'avoue, un peu effrayée en passant devant le cimetière. Avec vous je n'aurais pas eu l'idée d'avoir peur. Vous comprenez que je n'en ai rien dit à mon camarade, seulement j'ai hâté le pas. Nous avons bientôt retrouvé du monde et le gaz qui éclairait la ville. Il y a maintenant beaucoup d'étrangers à Genève et on rencontre souvent des voitures de poste. Ce sont, je pense, ces gens inquiets et inoccupés, dont vous parlez, qui traversent l'Europe dans tous les sens. C'est une existence dont je ne voudrais pas, et cependant je leur envie de voir tant de choses. Je me réjouis déjà de notre séjour à Saint-Gervais l'été prochain. Que ce serait joli, Auguste et moi, d'aller vous faire une visite! Mais cette année c'est impossible, je le sais.

Je profitais, il y a deux jours, de votre absence pour réparer quelque chose au meuble de votre cabinet de travail. Vous savez, cher père, que le maître de cet appartement, quoique très-bon et très-indulgent en général, a une certaine jalousie sur sa retraite intime, et qu'il n'en permet l'entrée qu'à de certains moments et à certaines conditions; je travaillais avec activité, pensant que d'un instant à l'autre je pouvais être surprise dans mon occupation de contrebande; mais lorsque je me suis rendu compte que j'avais le temps nécessaire, que vous ne reviendriez point ni le lendemain, ni le surlendemain, qu'en levant la tête j'ai vu ces livres bien rangés, ces portraits silencieux, partout l'aspect de la solitude.... Ah! mon père; soignez-vous bien, évitez tout accident, que deviendrais-je si j'apprenais que vous êtes malade loin de moi !

Je suis un peu piquée contre ces dames qui ne s'ocupent pas de vous, mon bon père. Dans le fond, tant pis pour elles. Mais c'est qu'aussi vous vous en tenez, j'en suis sûre, fort éloigné. Qu'elles viennent ici, et elles verront combien vous êtes aimé et estimé.

Il y a maintenant à Plainpalais un cirque où l'on va beaucoup, et souvent de la musique à l'île Rousseau. Sophie me presse de l'y accompagner, mais comme je ne sais pas ce que vous en pensez, je lui ai dit qu'il était inutile de m'en parler.

A Mademoiselle Belcombe.

Combien j'aurais aimé, chers enfants, entendre votre conversation dans cette promenade fraternelle sur les bords de l'Arve ; et passer un quart-d'heure avec vous. Quand on sort d'un cercle intime d'affections et de prévenances, on est d'abord un peu surpris de la profonde indifférence que l'on rencontre au milieu d'étrangers. Cependant ne t'inquiète plus, Amélie, la belle dame dont je t'ai parlé, est venue d'elle-même à moi : probablement elle a eu pitié de mon isolement. Avec cette grâce affectueuse qui caractérise les femmes du Nord, elle m'a fait beaucoup de questions sur notre pays, sur Rousseau, sur Mme de Staël.

— Vous avez connu Mme de Staël, monsieur, s'est-elle écriée, c'est un nom qu'on n'oubliera jamais.

— J'étais fort jeune, madame, lorsqu'on me fit l'honneur de me présenter à elle, et surtout fort intimidé, quoiqu'elle fût indulgente, et qu'elle cherchât à faire valoir ceux qui l'entouraient.

— Que vous êtes heureux! l'auteur de Corinne. Ah! dites-moi tout ce que vous en savez.

— Oserai-je vous l'avouer? madame, lorsque hier à table, vous parliez de nos poètes, lorsque vous disiez qu'il fallait causer avec des Français, mais lire les écrivains allemands et réfléchir avec eux, j'ai pensé à Mme de Staël, mais à Mme de Staël plus jeune et plus belle.

— Qu'est-ce que vous dites? Vous êtes donc un flatteur, monsieur, comme les autres. Moi qui vous prenais pour un philosophe.

Ma pauvre Amélie, me voilà changé sur le compte de Mme de Blitzdorf; je la jugeais légère, inconséquente, et maintenant je m'accuse de sévérité; je me persuade que sous une apparence frivole, il y a de la bonté et des sentiments sérieux. Je me trouve enrôlé dans sa suite. Quand elle arrive à table et que, comme une reine qui ne veut mécontenter aucun de ses sujets, elle distribue des sourires et de gracieux saluts, il y a pour moi, à raison de mon âge, quelque chose d'affectueux et d'amical, un regard plus arrêté. Je suis flatté des attentions de cette dangereuse syrène, sans me rendre compte qu'il convient sans doute à une femme légère et étourdie d'avoir auprès d'elle un homme grave à cheveux gris.

A la même.

Mme de Blitzdorf est véritablement pleine de bontés pour moi. Il y a quelquefois ici des retards de la poste. N'ayant rien reçu de Genève depuis ta lettre du 16, il m'a pris une vague inquiétude; elle s'est aperçue de mon désappointement, et n'a rien négligé pour me distraire. Ce matin elle m'a engagé à une promenade, et nous nous sommes assis sur un banc qui domine les bains. Bientôt nous avons vu Catherine, la jeune femme de chambre, sortir de la maison, traverser le pont sur le Bonnant et se diriger vers nous, une lettre à la main. C'était la tienne, cher enfant, qui venait d'arriver: cette attention m'a touché profondément. Aussi dans la joie de mon cœur, et quoique la baronne se fût discrètement éloignée, m'a-t-il été impossible de ne pas lui en lire quelques passages. Il faut que je t'explique comment je me trouve tout à coup si lié avec cette brillante dame. Brillante, oui! j'ai appris que son nom est connu dans toute l'Allemagne par son talent de musique, son amour pour les arts, ses relations avec les hommes distingués. Elle a fait, dit-on, beaucoup de passions. Je suis loin d'en être surpris.

J'avais cru pouvoir lui demander le motif qui l'amenait aux eaux.

—Mes maux, m'a-t-elle répondu, sont nerveux, ce ne sont ni ces bains, ni ceux d'aucun autre pays qui me délivreront.

— Et alors pourquoi rester ici? me suis-je écrié, fort gauchement, je l'avoue.

— C'est que.... a-t-elle répondu en hésitant. C'est que je ne sais pas trop où aller. Je ne suis pas plus mal ici qu'ailleurs. Puis elle s'est tue et m'a quitté.

Ce mot qui avouait une pénible disposition de l'âme, m'a frappé. Elle avait donc une peine qu'elle cachait sous l'apparence de la gaieté! Quoique mon intention ne fût point de découvrir un secret, elle m'avait mis sur la voie de le soupçonner. N'était-ce point une tentative dans le désir de s'ouvrir à moi? Elle avait cherché l'homme le plus sérieux autour d'elle pour une confiance qui pesait sur son cœur. Peut-être aussi cette tristesse n'était-elle que momentanée. Ce n'était peut-être qu'un embarras financier, auquel ces grandes dames un peu étourdies sont exposées comme les plus humbles fortunes. Mais je ne voulais plus la questionner, me reprochant l'indiscrétion qui avait provoqué un aveu inattendu.

Rentré dans ma chambre, je lui écrivis à peu près tout ce que je viens de dire. A peine ma lettre fut-elle partie que je me demandai si je n'avais pas fait une démarche ridicule auprès d'une femme qui n'avait point mis à ses paroles la signification que je leur avais donnée. Dans ce moment la jeune femme de chambre, frappant à ma porte, m'a prié d'aller chez sa maîtresse.

J'ai trouvé Mme de Blitzdorf ma lettre encore à la main, paraissant réfléchir profondément. Elle est venue à moi, et elle m'a placé à côté d'elle. «Que vous êtes bon, monsieur, s'est-elle écriée! Vous me voyez vivement touchée. Non, je ne m'étais pas trompée lorsque j'ai désiré faire connaissance avec vous, et que je me suis permis toutes les avances.

«Non, mon cher monsieur, je n'ai pas besoin d'argent, mais je vous avoue que j'en accepterais de vous avec moins de répugnance que de tout autre. Je n'ai pas besoin d'argent, mais j'ai besoin de tant de choses. J'aurais besoin des conseils d'un ami, et je ne désespère pas de faire de vous cet ami. Au moins, a-t-elle ajouté en riant, ce ne sera pas ma faute.

— Je dois d'abord, madame, vous demander pardon de la question que je vous ai adressée si maladroitement, mon intention n'était pas de vous faire de la peine.

—Faire de la peine à quelqu'un, vous!.. Ce serait difficile à supposer, votre expression de bonté, monsieur, ce que vous m'avez dit de votre manière de vivre, de Mlle votre fille.... .

Il faut que je t'avoue que je n'avais pu m'empêcher de lui parler de mes enfants. Tu vas me gronder, toi qui m'accuses de faire ton éloge à tout venant.

— Vous avez une famille qui vous aime. Ah! que vous êtes heureux!

— Mais vous, madame, vous avez, je l'espère, ce bonheur, qui me semble en effet le plus grand de tous.

Elle secoua tristement la tête. — J'ai des parents à Berlin, mais à Berlin je n'y retournerai jamais. J'y ai éprouvé des peines, ces peines qui durent toute la vie. Je suis la femme errante, sans ces devoirs qui donnent du prix à la vie. Aujourd'hui ici, demain là, selon le caprice du moment ; connue partout, fixée nulle part.

— Quoi, madame! vous comblée de tant de dons, vous l'objet de l'admiration, de l'envie peut-être! Combien on juge mal sur l'apparence! Vous avez beaucoup d'amis.

— Oui, des amis, au moins je connais beaucoup de gens, de ces amis avec lesquels on forme de beaux projets pour le reste de la vie, et qu'on ne trouve plus lorsqu'on en aurait besoin. Moi-même je me sens quelquefois fatiguée de la société. Ces gens du monde se ressemblent tous, et répètent les mêmes choses. La société n'est jamais l'expression des sentiments profonds qui nous préoccupent, elle n'est bonne qu'à les faire oublier un instant. Ici, dans l'atmosphère des Alpes, au bruit des cascades, le langage du monde semble déplacé, on voudrait un peu plus de naturel et de sérieux·

Dans ce moment Catherine est venue l'avertir qu'on l'attendait pour la promenade.

— Dis, Catherine, que je n'irai pas aujourd'hui.

Mais madame de Blitzdorf joue un trop grand rôle pour qu'on se soumette à cette réponse. Nous avons vu entrer le comte de Blangy, l'homme le plus brillant des bains, comme aussi le plus satisfait de lui-même. Il parut surpris de voir la baronne seule avec moi.

— Madame on vous demande d'une voix unanime. Chacun dit que sans vous il n'y a pas de bonne fête. Nous avons le projet d'une charmante course.

— Présentez, je vous prie, monsieur, mes excuses à ces dames. Aujourd'hui je n'irai pas.

— Le temps est si beau, le coucher du soleil sera magnifique, au retour nous aurons la nouvelle lune.

Mais elle ne se laissa point persuader.

. — Caprice de jolie femme, s'écria le comte. Vous n'en avez pas besoin pour vous faire désirer. » Et la prenant par la main, il l'attirait à lui. « J'ai assuré que j'aurais assez d'influence pour vous persuader.

— Eh bien, monsieur, allez dire que vous vous êtes trompé, répondit la baronne blessée de son ton familier.

Il la regarda, fit un geste de dépit, laissa tomber sa main et sortit de manière à montrer son mécontentement.

— Ces Français!... s'écria-t-elle lorsqu'il fut parti.

Je m'étonnais de me trouver dans la retraite intime d'un belle dame, avec ce demi désordre que permet le genre de vie qu'on mène aux bains : des robes pendues à la paroi, les parures de la veille éparses sur les chaises, cette atmosphère d'élégance qui entoure une jeune femme et tout ce qui lui tient. Et cependant ces préoccupations mondaines contrastaient avec la position de la chambre, s'ouvrant sur une pente couverte de sapins. L'air est imprégné de la vapeur du torrent et retentit du fracas de sa chute. Le soleil disparaissait de la vallée, tandis que sur les sommités tout était splendide.

— Je me suis attachée à ce logement, me dit Mme de Blitzdorf, et j'ai refusé de le quitter, lorsqu'on m'en a offert un autre; cette vue sérieuse me plaît. Vous me croyez probablement, monsieur, légère, futile. En effet j'ai souvent le besoin de sortir de moi-même et d'oublier bien des choses; ensuite il vient des moments où je cherche la solitude: je voudrais une autre existence que celle que le monde peut donner, je voudrais quelqu'un qui me comprît, qui écoutât ce qui remplit mon cœur et le trouble quelquefois. Figurez-vous qu'il m'est venu dans la tête de passer l'hiver ici, seule avec Catherine. Oui l'hiver, en face de ce torrent, au milieu des neiges. Que cette vallée chargée de frimats doit être imposante! ¡L'âme doit s'épurer et s'élever au milieu de si grands tableaux. Je ferais connaissance avec les bons paysans du village, je partagerais leurs intérêts, je soignerais les malades, je vivrais de leur vie. Ce serait une existence toute nouvelle. Le soir, dans cette cellule, nous entendrions, Catherine et moi, au coin du feu, gémir les ouragans. Vous souriez, monsieur, vous avez l'air de douter de mes projets, vous demandez à quoi serviraient toutes ces robes, tous ces rubans. Ah! alors il n'en serait plus question. Je me ferai des sabots et un gros manteau comme celui de Josette. Je lui ai déjà demandé le nom de la meilleure tailleuse de Saint-Gervais, mais elle ne veut pas croire à mes projets. »

Singulière femme dont je ne puis encore comprendre la véritable position! Si je ne savais qu'elle appartient à la haute société, ses récits me feraient penser qu'elle a mené la vie d'une artiste.

Mme de Blitzdorf m'a ensuite proposé une promenade à pied; elle s'est fait accompagner par sa femme de chambre, fille d'un de ses fermiers, qu'elle traite avec une extrême bonté. Catherine a un attachement passionné pour sa maîtresse, et elle a l'air heureuse de me voir auprès d'elle. Ne regrette plus le domestique que tu voulais mettre à ma suite, cette jeune fille est pleine d'attentions pour moi, et elle est à l'affut de tous les petits soins qu'elle peut me rendre.

. — Ne craignez-vous point, ai-je dit à la baronne en la quittant, que vos bontés ne me fassent, en dépit de mon âge, une trop vive impression ? — Que je le voudrais ! s'est-elle écriée, que je voudrais vous laisser un souvenir moins passager que celui d'une rencontre en voyage !

Jules Dürner à Albert Dubourg.

Bains de Saint-Gervais, le 25 Août.

En arrivant, mon projet était de faire des courses, puis de lire et de travailler un peu ; j'avais apporté un ouvrage que je comptais terminer. Je n'ai rien fait, je n'ai pas ouvert un livre. J'ai trouvé aux bains une société élégante dont, avec mes habitudes et ma timidité, je me suis tenu d'abord éloigné. Parmi les dames, il en est une dont je t'ai déjà parlé, Albert, qui joint à la beauté, à la grâce et à tout ce qui peut séduire, beaucoup d'entrain et d'animation. Je l'écoutais et je l'admirais de loin. Elle était fort entourée. Un M. de Blangy, aux brillantes manières, prétendait l'accaparer. Ce Français ne parlait que de son pays, n'admirait que son pays, Paris et toujours Paris. Il préférait le bois de Boulogne aux plus beaux cites de cette vallée. Mme de Blitzdorf, qui a un sentiment très-vif de ce qui est grand et beau, se récriait, le plaisantait, et se livrait à son admiration pour la ravissante contrée que nous habitons.

Jaloux de prouver à la belle dame qu'elle était comprise, j'essayai quelques vers qui rendissent ses pensées, m'efforçant d'y mettre un peu de coloris et d'imagination ; et après une nuit agitée, je me hasardai à les lui présenter.

Le succès a dépassé mes espérances. Mes stances ont été louées fort au delà de ce qu'elles méritaient. En qualité d'Allemande et de femme à pensées grandes et élevées, elle m'a su gré d'introduire un peu de poésie dans une réunion où l'on déploie plus d'esprit, de cet esprit superficiel, épigrammatique de la société, que de sentiment. Bien plus, Mme de Blitzdorf a eu l'idée de mettre en musique mes pauvres vers, il fallait y faire quelques changements. Nous nous en sommes occupés ensemble.

Je m'étais représenté ces grandes dames comme fières et dédaigneuses ; au contraire, Albert, la baronne, qui jouit d'une si grande réputation en Allemagne, me demandait mon avis avec un regard si doux et d'une voix si pleine de bonté, que j'en étais troublé. Elle me disait qu'elle avait travaillé ainsi avec les grands maîtres. Elle s'interrompait pour me raconter leur vie, leurs bizarreries. Je la vois oubliant la musique, s'accouder sur le piano pour me parler de Weber, de Beethoven, de Rossini. Près d'elle je sentais le froissement de ses vêtements, je l'entendais respirer. Ah ! qu'elle a dû me trouver gauche et stupide ! « A quoi pensez-vous, me disait-elle, allons, réveillez-vous. Il me faut un autre vers que celui-ci. » De ce moment, tu le comprends, adieu mes courses solitaires et mon travail sur les pères de l'Eglise grecque.

J'étais sûr de la rencontrer de bonne heure à la fontaine, je la revoyais à la promenade du matin, puis au dîner, à la course du soir, au souper, au salon. Ici, elle a captivé tout le monde, maîtres, domestiques, paysannes, tout le monde parle de Mᵐᵉ de Blitzdorf. Elle est la reine de la contrée, et le soir dans les cabanes de la vallée, on raconte ce qu'elle a fait, ce qu'elle a dit, la robe qu'elle portait. Ces femmes du Nord ont une grâce dont je n'avais pas même l'idée. Je l'ai vue quitter la danse la plus animée pour se mettre au piano ; alors tout prenait encore plus d'entrain et de vie. Ce que j'admire plus que son talent si remarquable, c'est sa facilité, sa complaisance, l'expression qu'elle sait donner à l'air le plus simple par son entraînement, son sourire, par un gracieux balancement de tête dont elle accompagne ses notes, et que je n'oublierai jamais.

Je me suis laissé aller à cette vie entraînante, à cet intérêt de chaque jour, de chaque heure. Ces six semaines pendant lesquelles j'ai perdu de vue le reste du monde, ont été un rêve continuel dont je sors, maintenant que l'heure de quitter a sonné impérieusement. « Quoi ! vous voulez déjà nous quitter ? » m'a dit un jour la baronne, et ce mot seul a arrêté tous mes préparatifs ; mais je n'ai plus de prétexte pour prolonger, le docteur m'a donné mon congé depuis long-temps. Ma mère ne comprend rien à mes retards : après m'avoir beaucoup écrit, elle a fini par me dire qu'elle n'écrira plus. J'ai résisté à ses lettres et je résiste à son silence.

Non, je pars. Il faut reprendre ma vie, cette vie laborieuse que j'aimais. Ma sœur, qui se réjouit de me revoir, nos soirées de famille, nos séjours d'automne dans notre petite maison du vignoble, qui étaient une fête pour moi, je crains que tout cela ne me paraisse bien pâle.

Que je voudrais te retrouver à Lausanne, et combien tu me manqueras ! Je t'aurais parlé de cette vallée si pleine de souvenirs, du chalet isolé, où nous entrâmes un jour pour nous mettre à l'abri de l'orage, du petit jardin du presbytère où le curé nous invita à nous reposer. Je possède la rose cueillie en face des glaciers, au vent froid de la montagne, qu'il offrit à Mme de Blitzdorf, et qu'elle oublia en descendant de cheval. Ces montagnes, ces orages, ces gracieuses chaumières, ces ravissantes soirées, s'associeront toujours à celle avec qui je les ai vus, et à cette vie pleine d'impressions fortes que je ne retrouverai jamais.

Adieu ! tu comprends que je ne confie qu'à toi tant de sentiments intimes. Dans mes rêves je regrettais de n'être pas propriétaire d'un château féodal, avec des titres et un brillant uniforme !... Ris, Albert, ris du pauvre étudiant. Au moins je ne mourrai point sans avoir entrevu ce que pourrait être la vie, s'il était donné aux pensées les plus folles de se réaliser.

—

A M. Belcombe, à Saint-Gervais.

Genève, 29 août.

Je vous remercie, mon père, de vos récits, qui m'amusent extrêment. Moi aussi, j'ai une très-petite histoire à vous faire.

Hier au soir j'étais triste. Vous savez qu'il y a des jours malencontreux. Dans votre dernière lettre, vous ne disiez pas un mot de vos projets: j'en tirais la conclusion que votre absence se prolongerait plus que vous ne l'aviez pensé, que peut-être vous n'étiez pas bien portant. Le vent soufflait d'une manière lugubre, je travaillais silencieusement à côté d'Auguste, qui griffonnait ses leçons, lorsque nous avons vu entrer M. le pasteur Lenoir, qui ignorait votre départ, et qui, je crois, a été déconcerté de ne pas vous voir. Ce pauvre M. Lenoir, vous le savez, sa figure sérieuse, ses longs récits, sa prononciation traînante ne m'avaient pas donné de l'attrait pour lui. Quand nous le voyions paraître, lorsque nous avions le projet d'une lecture agréable, moi qui savais qu'il ne nous quittait irrémissiblement qu'à dix heures, je faisais un peu la mine. Vous m'en avez grondée. J'ai pris la résolution de réparer mes torts, et je l'ai accueilli le mieux que j'ai pu. Après nous avoir beaucoup questionnés sur votre santé, il s'est levé, mais on voyait que c'était à regret ; il lui en coûtait de renoncer à la manière dont il avait arrangé sa soirée. «Ne voulez-vous pas prendre le thé ici, monsieur, comme lorsque papa est à la maison,» lui ai-je dit, Il a paru incertain. «Eh bien! a-t-il répondu, je resterai,» et il s'est rassis. Je n'avais pas cependant un bien bon goûter à lui offrir ; vous vous rapelez que nous l'accusions de n'y être pas insensible. J'étais embarassée de recevoir un étranger sans vous ; je ne savais si je devais sortir pour aller faire mes arrangements de ménage ; craignant que ce ne fût impoli, j'en ai laissé la responsabilité à Jeannette.

Après le thé, Auguste, qui jamais n'avait été si pressé de se coucher, nous a quittés. J'avais dit à M. Lenoir tout ce que j'avais pu inventer ; lui, il était encore plus sérieux qu'à l'ordinaire. Je ne pouvais comprendre comment la soirée finirait. Tout à coup il s'est réveillé, il s'est rapproché de moi, et d'une voix solennelle, qui m'a presque fait peur : «Ma chère demoiselle, m'a-t-il dit, quand votre père est à la maison, il ne m'arrive guère de m'adresser directement à vous, parce que la conversation d'un homme sérieux est peu agréable à une jeune fille, mais je vous regarde et je vous suis sans que vous vous en doutiez. Vous ne savez probablement pas que j'ai une affection toute particulière pour vous. — Il s'est arrêté un moment. «Vous étiez de l'âge de ma pauvre Caroline, a-t-il ajouté les larmes aux yeux. Vous étiez son amie. En vous voyant grandir et vous développer, je me dis : Voilà ce que Caroline serait. Cette chère enfant, vous en souvenez-vous encore?

Heureusement Caroline Lenoir n'est pas entièrement effacée de mon esprit ; j'ai pu raconter un trait de notre enfance fort insignifiant, mais qui a touché le père. J'ai pu dire le chapeau et la robe qu'elle portait ce jour là. C'étaient les choses qui m'avaient frappée.

— Votre père est plus heureux que moi, s'est écrié M. Lenoir. Ah! je suis loin de lui porter envie, mais il a une fille qui est devenue son amie. Et moi, il ne me reste qu'un fils qui est à plus de cent lieues. Quand reviendra-t-il?

De ce moment nous avons été à l'aise, il m'a raconté beaucoup de détails sur Caroline, il paraissait satisfait d'en parler. Nous avons été surpris d'entendre sonner onze heures. En partant il m'a serré la main avec affection.

Je juge maintenant M. Lenoir tout différemment que je le faisais.[1] Je l'aime beaucoup ; je ne permettrai plus à Auguste de contrefaire la manière dont il prend sa prise de tabac.

—

A Mademoiselle Belcombe.

Saint-Gervais, 29 août.

Nos beaux jours sont finis, chère Amélie, ces longues pluies ont décidé bien des départs. La marquise a quitté, suivie de sa nombreuse escorte. Le jeune étudiant, après avoir retardé autant qu'il l'a pu, fait en soupirant son paquet. Le comte de Blangy, piqué et, mécontent, ne dissimule pas son impatience de sortir de ce trou de Saint-Gervais pour commencer la chasse dans les parcs des environs de Paris. Je ne regrette point l'agitation passée. Ces journées, où la promenade est impossible, si pesantes pour la plupart des baigneurs, ont été pour moi pleines d'intérêt. Ecoute, j'ai un long récit à te faire.

Hier, Mme de Blitzdorf m'invita à prendre le café après dîner dans sa chambre. Elle mit le feu à un fagot dont la flamme vint répandre un peu de gaîté dans la sombre atmosphère où nous vivons.

— Je me suis reprochée, me dit-elle, de vous avoir fait des demi confidences, qui ne vous auront laissé que des idées vagues. Aujourd'hui je suis décidée à vous parler avec un entier abandon ; ce jour pluvieux prête à un pareil entretien. Nous aurons le temps de causer paisiblement. Et d'abord je dois avouer une circonstance de ma vie, dont je ne me résigne jamais qu'avec peine à parler. Je suis séparée de mon mari. Qu'allez-vous penser de moi, monsieur ? Je n'ignore point la réprobation attachée au divorce dans votre pays.

« Cet aveu, je le sais, me fait déchoir dans votre esprit. Ne me condamnez pas encore. En Allemagne, on ne met pas à la rupture du mariage toute l'importance qu'on y attache chez vous. On voit dans la société de fréquents exemples de pareilles séparations. Orpheline de bonne heure, je n'ai presque pas connu les joies de la vie de famille dans la maison paternelle, et j'ai passé ma première jeunesse au pensionnat. Là on m'a peu occupée des devoirs de la vie. On ne s'est attaché qu'à développer les dons extérieurs et les talents dont on avait cru découvrir le germe chez moi. On n'a que trop bien réussi. J'ai pu croire que ces talents étaient la chose importante de la vie, et que les succès de la vanité faisaient le bonheur.

»En sortant de pension, on m'envoya à Paris, où j'ai passé deux ans à terminer mon éducation; là s'est développée ma passion pour les arts. Ensuite mon tuteur qui était impatient de se débarrasser de moi, me maria très-jeune à un officier de la garde, croyant avoir rempli consciencieusement sa tâche en consultant toutes les convenances de position et de fortune. Et cependant, monsieur, les premiers temps de ce mariage, où j'avais été à peine consultée, ont été les seuls de ma vie qui me laissent d'heureux souvenirs; mais hélas! ils n'ont pas été bien longs. Mon mari était doux et aimable, trop peut-être, car s'il eût pris davantage le ton d'un supérieur, si dès le commencement il eût cherché à faire fléchir mon caractère.... que dis-je, l'aurait-il pû? Léger et un peu futile, il aimait une vie facile: il était d'ailleurs forcé, par les devoirs de sa place, d'être souvent éloigné de moi. Je voulais aussi, pour lui comme pour moi, des succès, j'avais le désir de le rendre heureux, mais à ma manière. Mon activité, mon besoin de célébrité le fatiguaient Nous ne pouvions nous entendre; de là de pénibles discussions, nous nous éloignâmes; pas un ami véritable pour nous éclairer sur notre position, pour guider notre inexpérience; au contraire, de fâcheuses influences. Il eut de grands torts, j'en fus instruite. Dans quelle intention me rendit-on ce déplorable service? Je les lui reprochai avec violence; ce n'était pas le moyen de le ramener. Alors je jouai l'indifférence. Lui aussi, il a pu croire que j'oubliais.....

» Il est au dessus de mes forces de m'arrêter sur ce moment qui a décidé de ma vie. Il est cependant une heure marquante qui se représente sans cesse à moi, et dont je dois vous parler.

»Les formalités de la séparation étaient entamées, lorsque je vis tout à coup Max arriver pâle et ému. Il venait, disait-il, reconnaître ses torts, et me demander d'oublier tout ce qui s'était passé. Il aurait fallu que j'eusse été préparée à cette idée qui m'était si brusquement présentée. Mon irritation était extrême, je m'imaginais alors qu'elle devait toujours durer, au moins je voulais jouir de mon triomphe, et faire chèrement acheter la grâce qu'on implorait. Je prolongeais mes refus, je n'opposais aux touchantes sollicitations de mon mari qu'un visage froid et impassible. Ah! monsieur, que j'ai été durement punie de cet excès d'aveuglement. Tout-à-coup, Max croyant avoir fait tout ce que sa dignité lui permettait, changea de manière et me quitta avec des paroles vives. Il me quitta au moment peut-être où j'allais céder : intérieurement, dans le fond de mon cœur, j'étais attendrie. Je le vis s'éloigner avec regret; s'il se fût retourné, s'il eût dit encore un mot, je revenais à lui. Il ne le dit pas. J'eus la pensée de le prononcer ce mot et de le rappeler. Mon orgueil s'y opposa. Je crus qu'il reviendrait, je l'attendis, il ne revint pas, et tout fut accompli.—»

Te représentes-tu, ma bonne Amélie, ton pauvre père devenu sans l'avoir cherché, le confident d'une jeune et séduisante étrangère, au fond d'une vallée des Alpes. Je crois que cette situation extraordinaire, dans l'absence complète d'occupations où nous sommes ici, à la chute du jour, à la flamme inégale du feu qui nous éclairait, ajoutait à l'abandon avec lequel la charmante pénitente m'ouvrait son cœur et à l'attention que je lui portais. — Maintenant, retiré dans ma petite chambre, je trouve du plaisir à rassembler pour toi les traits les plus saillants d'un récit qui s'est prolongé pendant plusieurs heures, interrompu par des moments de silence, et par quelques larmes qu'on cherchait à dissimuler. Je vois le regard plein d'expression de Mme de Blitzdorf, j'entends sa voix émue. En venant raconter tout cela à ma confidente habituelle, je suis heureux d'échapper au désœuvrement des baigneurs, aux plaintes dont la maison retentit par un temps qui ne permet pas de sortir. Mais écoute, j'ai encore beaucoup de choses à te dire.

— « Oui, nous eussions pu être heureux, s'écria Mme de Blitzdorf, si avertis par la sévère expérience que nous venions de faire, nous eussions pris un esprit de support, si nous nous fussions soumis à quelques sacrifices, et qu'en allant au fond de notre cœur, nous y eussions retrouvé des sentiments d'affection l'un pour l'autre. Tout n'était pas perdu. Ah si j'avais prévu!.... Que de fois je me suis rappelé le moment où on m'a offert une réconciliation que j'ai obstinément refusée. Ce moment ne peut s'effacer, il se représente toujours plus cruellement à mesure que j'avance.

Ne pouvant être heureuse, je voulus au moins briller; je cachai mes sentiments sous l'apparence de la frivolité, et je réussis à tromper les autres. Ici commence pour moi une existence nouvelle; je m'éloignai de la société où j'avais vécu, sans me préoccuper de ce qu'elle pensait de moi. La société ne pardonne guères que l'on veuille secouer ses entraves: je cherchai des distractions dans mon goût pour les arts, je m'entourai d'artistes, de savants, de littérateurs. — Vous savez peut-être que j'ai obtenu quelques succès dans cette carrière toute d'amour-propre. Entrez dans le premier magasin de musique d'Allemagne, demandez les œuvres de Sidonie, c'est mon nom d'artiste, et on vous présentera un recueil de romances et de chants populaires qui se répètent encore dans les jardins des faubourgs comme dans les fêtes des maisons opulentes, sur les bords du Rhin ou de la mer Baltique. On se souvient peut-être encore de ces représentations dramatiques, où les personnages les plus marquants demandaient à être admis, et m'accablaient d'applaudissements. Il y a dans ces moments de surexcitation une ivresse qui fait paraître la vie belle, mais ensuite on retombe. Il est rare d'ailleurs qu'on ne paie pas des succès de ce genre par des mécomptes. L'amour-propre mis en jeu devient exigent.

— Vous me paraissez pour le moment, madame, avoir renoncé à tout cela.

— Je veux vous confier ce qui a amené ce changement si complet. Vous serez le premier à qui j'en aurai parlé. Ecoutez-moi, monsieur, et vous aurez pénétré jusqu'au fond de mon cœur.

J'assistais un jour à une grande revue; je ne sais quel attrait m'attachait à un officier que je voyais dans l'éloignement passer et repasser rapidement, et dont je suivais les brillantes manœuvres; tout à coup je le reconnus et je détournai la tête : c'était Max, que je n'avais jamais revu. Tandis que je m'efforçais de porter ailleurs mon attention, j'entendis ce qui se disait autour de moi. Probablement on avait oublié ce que nous avions été une fois ; on vantait sa grâce, on parlait de ses succès et de la faveur dont il jouissait auprès d'un des princes de la famille royale.

N'ayant pu m'empêcher de reporter mes regards sur lui, je fus frappée du changement qui s'était opéré; il avait pris quelque chose de plus grave ; il me fut impossible de ne pas admirer sa figure pleine d'aisance et de dignité. Il causait à une jeune dame: c'était sa femme, entendis-je dire à côté de moi; sa femme! à l'instant je me sentis frappée comme d'une commotion. Il était remarié! Leurs regards étaient si tendres; elle me paraissait si jeune, si jolie. Je ne saurais vous dire ce que j'éprouvai, du regret, de la jalousie, une amère douleur. J'aurais été si heureuse de ses succès. Une fois il était tout pour moi, et maintenant rien, absolument rien. Il appartenait à une autre qui l'aimait, qui le rendait heureux; avais-je le droit de me plaindre?

— Si vous avez éprouvé des regrets, madame, je suis bien persuadé que lui aussi.....

— Vous le croyez? s'écria-t-elle, en fixant sur moi un regard pénétrant; vous le croyez... Je l'avais cru aussi. Je l'ai cru jusqu'au moment où j'ai appris ce second mariage. Il me semblait qu'il pouvait encore exister entre nous je ne sais quel rapport, que tout lien n'était pas complètement rompu; mais depuis qu'une autre a pris ma place!...., Savez-vous ce que je voudrais maintenant avoir été, et ce que je ne serai jamais? Une bonne femme toute simple. C'est pour cela que la Providence nous a faites, et celles qui s'en écartent n'en recueillent que de l'amertume. Chaque fois que je rencontre une mère de famille, quelque pauvre, quelque chargée d'enfants•qu'elle soit, je me dis qu'elle a mieux que moi rempli sa vocation. Non, je n'avais pas pris mes devoirs au sérieux. Ah! si.....

Un jour, peut-être, après ma mort, un écrivain découvrant quelque part mon nom, une de mes lettres égarées, un de mes cahiers de musique, inventera d'écrire un morceau sur moi; il vantera mes talents, ma sensibilité, il me classera dans le nombre des femmes malheureuses, incomprises, des Corinne, des D^{lles} d'Aïssé. C'est la mode aujourd'hui. Belle consolation! Maintenant je promène ma vie dans les différentes parties de l'Europe, j'y trouve de la distraction, des moments de jouissance, mais jamais le bonheur.

Il y a quelques jours, continua-t-elle, que me promenant seule près du pont du Bonnant, j'atteignis un groupe de gens du pays; en tête marchait la mère, portant le diner de son mari et traînant un marmot que suivaient deux enfants plus âgés, puis venaient l'âne et la chèvre qui étaient de la promenade, en qualité de membres de la famille.

Je cheminais, écoutant ce que je pouvais comprendre de leur patois, et me mêlant à la conversation. Un peu fatiguée, je m'assis sur le gazon, la femme posa son panier à côté de moi, les enfants s'arrêtèrent, et le reste de la troupe se mit à paître en attendant.

J'avais questionné cette femme, elle m'interrogea à son tour sur mon mari et mes enfants, s'étonnant qu'ils ne fussent pas avec moi, et quand je lui dis que je n'en avais point, elle parut touchée, elle me plaignit, pensant sans doute que comme femme et comme mère, elle était au-dessus de moi. Elle avait raison : jamais je n'aurais osé lui avouer la vérité. Je connais trop la réprobation atta-chée à ma position.

Figurez-vous qu'elle me donne de l'embarras, quand je puis supposer que derrière moi on chuchotte : *C'est une femme divor-cée*. Cette réprobation, je l'ai vue partout dans ce pays: chez vous-même, monsieur, quand je vous ai avoué mon état, vous avez fait un saut en arrière. Oui, oui, vous ne pouvez le nier, je l'ai très bien vu, — ajouta-t-elle en riant. C'est un trait caractéristique de cette femme extraordinaire de passer rapidement, les yeux encore humides, d'un sentiment sérieux à un sentiment différent. — Faut-il vous le répéter, monsieur, dans certaines parties de l'Allemagne, le divorce est aussi habituel que dans la République romaine, au temps de Jules César, et dans nos romans, c'est un épisode presque indispensable à une femme qui vise à la célébrité.

Vous m'avez demandé un jour, continua Mme de Blitzdorf, ce qui me retenait ici ; voyez ! — Elle se leva et alla chercher des robes, des tabliers et des bonnets. qu'elle plaça devant moi.

— En apercevant tard de la lumière dans ma chambre, on me plaisante ; on prétend que j'écris au ministre, que je rédige mes impressions de voyage, que je me livre à une improvisation musicale. Voilà ce que nous faisons Catherine et moi. Je sais que j'aurais pu trouver tout cela dans les magasins de Sallenches, mais j'ai voulu que la pauvre famille à laquelle je suis attachée fût habillée de ma main. Puisque vous êtes toute seule, m'avait dit la femme, il faut souvent venir me voir. J'ai profité de cette invitation, et ils sont devenus mes amis. — »

Ma main se fatigue, chère Amélie, et se refuse de continuer; quelle lettre ! huit, neuf pages. Une heure du matin ! Lorsque je reçois des impressions un peu vives, il m'est impossible de ne pas les partager avec toi. Il y a certainement quelque chose qui séduit dans tant d'abandon. Quel droit avais-je à la confiance de Mme de Blitzdorf? Puis-je lui refuser ma sympathie et l'intérêt le plus vif?

Et monsieur ton frère, que dit-il? quand verrai-je de sa belle écriture?

Genève, 31 août.

Mon cher père,

Je vous assure que j'ai voulu souvent vous écrire, et que j'en ai toujours été empêché par toutes sortes de choses. Je veux cependant absolument le faire avant votre retour.

Aujourd'hui Amélie est fort occupée, elle me charge de vous dire qu'elle veut mettre la maison en bon ordre pour être ensuite toute entière au plaisir de vous voir.

Il faut d'abord que je vous avoue une sottise que nous avons faite, mais que nous avons ensuite bien payée. Pendant le quart d'heure, on a détêlé l'âne d'une laitière, et on a amené la charette au haut de la vallée du collége, et on l'a lancée de toutes nos forces. Elle s'en est allée en bondissant de saut en saut jusque dans la rue, où elle a manqué de renverser un pauvre monsieur qui passait, et elle est venue se heurter contre la maison vis-à-vis. On s'est attroupé, et nous nous sommes réfugiés dans la classe, croyant qu'on ne saurait pas que c'était nous. Mais voilà que tout à coup la porte s'ouvre, et nous voyons entrer la grosse laitière rouge et furieuse. Monsieur a demandé qui l'avait fait ; on n'a voulu dénoncer personne ; il a fallu donner entre nous six francs. Je suis sûr qu'elle y a beaucoup gagné. Chacun a donné ce qu'il pouvait, et de plus dix pages de la *Chrestomatie grecque* à copier par toute la classe sans préjudice des tâches ordinaires. De sorte que hier depuis quatre heures jusqu'à neuf, sauf un instant pour le goûter, je n'ai pas bougé de ma table. Amélie m'a tenu compagnie, elle aurait bien voulu m'aider, mais elle ne sait pas écrire le grec.

J'aurais encore beaucoup de choses à vous dire, mais voilà l'heure qui sonne. Ce sera pour une autre fois.

Adieu, cher père, je me réjouis de vous voir. Je vous embrasse tendrement et fort à la hâte.

P. S. Excusez mon écriture et mes fautes, je n'ai pas le temps de relire.   G. M.

(La suite au prochain n⁰).

CHRONIQUE

DE LA

REVUE SUISSE.

—

OCTOBRE.

Les signatures des articles de journaux ont été la curiosité du mois, mais une pure et vide curiosité ; car elles n'ont rien appris à ceux qui ne savent pas en même temps les personnages, leur passé, leur présent, leurs faits et gestes, leur rôle, leurs nombreux rôles, leurs changemens de visage et d'habit, changemens qui n'empêchent pas de les reconnaître et d'observer en eux un caractère parfaitement, sinon très-proprement soutenu. Les signatures disent le nom, elles ne disent pas l'homme ; le public n'entend ainsi qu'un mot, qu'un son de plus dans les airs ; il lit les noms des acteurs sur l'affiche, mais il ne pénètre pas mieux pour cela dans les coulisses, où se cachent les secrets du métier ; il n'assiste qu'aux graves parades de la scène, et non aux pasquinades et aux pirouettes qui leur succèdent une fois le rideau baissé.

La seule chose un peu amusante dans cette histoire ou, si l'on veut, cette comédie de la signature, c'est de suivre les efforts et les combinaisons de certains rédacteurs en chef qui n'écrivaient guère, pour avoir l'air d'écrire maintenant et pour se conserver en place apparente à côté des rédacteurs réels. Il y a plaisir à les voir tailler leur plume et l'allonger de correspondances et de citations. Mais ils ont beau faire ; malgré la peine qu'ils se donnent pour parader à leur tour sur le front des colonnes de leur journal et sauver ainsi la dignité du commandement, ils n'en sont pas moins comme des rois en campagne, que l'on trouve surtout à la suite de l'armée, parmi les équipages et les fourgons : l'honneur des coups n'est plus collectif ; il revient davantage à ceux qui les ont tirés.

Que résultera-t-il de tout cela pour la puissance de la presse? Il est assez frappant déjà qu'elle tend à s'individualiser, et par conséquent à s'éparpiller et à s'affaiblir. Le tour et l'allure du premier-Paris lui-même en sont quelque peu modifiés : on n'y dit plus *nous*, comme autrefois ; le *je* s'y montre et s'y fait progressivement jour ; le rédacteur en chef comme ses lieutenans, chacun cherche à se faire valoir soi, et non plus seulement le journal, à s'y mettre en relief.

Soit par esprit de tracasserie, soit dans le simple but d'exiger la stricte application de la loi, soit dans celui de la pousser à l'absurde pour arriver à son abrogation, le parquet se montre fort rigoureux sur la signature ; il la veut pour les moindres entrefilets : des poursuites sont déjà commencées contre plusieurs journaux, accusés de s'être mis en faute à cet égard.

Tout ceci occupe et remue le monde des journalistes ; le public ne s'en aperçoit guère, c'est à peine s'il en rit tout bas. Le *Journal des Débats* constate un fait réel, s'il n'est peut-être pas bien habile à lui de l'avouer : « la presse, dit-il, est abandonnée par l'opinion ;» cela est vrai surtout de la presse conservatrice, dont le parti n'a plus aucune foi aux idées ; mais sa rivale a et aura long-temps encore un public croyant, sinon aux hommes ou à tel ou tel organe, à tel ou tel système d'opposition, du moins à ce qu'ils représentent bien ou mal.

— Au reste, la question à l'ordre du jour dans la presse et dans le public, est celle de la présidence et de ce que tentera Louis-Napoléon. L'on ne met guère en doute qu'il ne veuille tenter quelque chose : il y est poussé par son caractère, par son entourage et par sa situation. En ce moment, les voyages s'étant terminés sans autre résultat que des acclamations mélangées et, à la rentrée à Paris, une scène de bastonnade jouée par les dix-décembristes sur le dos de leurs adversaires, Louis-Napoléon passe force revues, après lesquelles il donne d'amples collations aux officiers et aux soldats. Ces péroraisons bachiques sont naturellement fort goûtées de tous ceux que l'on convie à s'abreuver à ce fleuve d'éloquence d'un nouveau genre ; elles paraissent en outre avoir monté la tête à un certain nombre de régimens. Ceux surtout de cavalerie auraient défilé devant le président en tirant leurs sabres et criant : « Vive Napoléon ! vive l'Empereur ! » et mal en aurait pris, dit-on, à quelques autres qui auraient persisté à proférer timidement le cri constitutionnel de Vive la République ! ils étaient sûrs, pour le moins, de ne pas rester en garnison à Paris, qui est aussi pour le soldat un idéal de garnison.

Ces revues et leurs suites n'ont pas manqué de réveiller aussitôt les bruits de coups d'Etat. Ces jours derniers à la Bourse, qui en a baissé, on fixait même la proclamation de l'Empire au jeudi 10 octobre, parce que ce jour là il doit y avoir à Versailles une grande revue de cavalerie. Puis, ce bruit a passé comme tant d'autres, et la

Bourse s'est rassurée, ce qui ne veut pas dire qu'elle ne se remettra pas à trembler demain pour le même motif, ni qu'il n'y ait absolument rien sous ces bruits.

. Voici quelques points que l'on peut tenir pour assez constans, sinon à l'état de projets, de plan arrêté, du moins comme résultant de la force des choses, de l'état des esprits, et formant le nœud de la situation :

Nous savons de la source qui nous a toujours si bien et si particulièrement informés, que Louis-Napoléon se sent dans ce moment de plus en plus pressé d'agir. Le mois de mai 1852 est encore assez loin ; mais il paraît qu'on en remarque déjà les approches à l'Elysée : la considération des ministres pour le Président et l'influence personnelle de celui-ci diminuent sensiblement à mesure que l'on avance vers ce terme fatal. De là, nécessité de mettre au plus vite ce qui reste de temps à profit.

Les dépenses extraordinaires, les voyages, les revues ont épuisé l'allocation ; de nouveau la bourse est vide, et il y en a plus d'une à remplir. Les Bonapartes sont restés aussi dépensiers et aussi avides que sous l'empereur ; mais, comme eux, le neveu est aussi pauvre que l'oncle était riche. Les fournisseurs les traitent comme de simples mortels sans argent, et nous connaissons une marchande de meubles qui ne leur livre rien à crédit. — « Général, vous savez que c'est au comptant, » disait-elle dernièrement à l'un d'eux. Un personnage vint un jour vers elle, et lui annonça qu'un autre membre de la famille voulait acheter pour vingt mille francs de meubles : « Je vous ferai avoir cette commande, ajouta-t-il, mais il est entendu que vous me donnerez le vingt-cinq pour cent. » Voilà, sur la situation intime, des renseignemens sans doute d'un ordre inférieur, mais qui n'en sont pas moins significatifs et curieux. Or, une nouvelle demande d'argent ne serait pas seulement difficile, elle serait ridicule : représentez-vous l'air piteux, et la déconsidération, l'aplatissement qui en résulterait. Un changement de titre au contraire, une prorogation, une augmentation de pouvoir la ferait passer tout doucement, tout bellement, comme un accessoire naturel.

Mais, d'autre part, un coup-d'Etat ne se présente pas avec de grandes chances d'acclamation ni même d'assentiment populaire. Cela n'empêcherait point sans doute, s'il réussissait, de l'accepter quelque temps comme un fait accompli ; car la France est en ce moment au repos, à l'état passif, tournée à subir. Cependant, elle l'est plus encore à rester tranquille, n'importe comment, à redouter tout mouvement brusque, tout dérangement nouveau : elle sait qu'elle est toujours sur la pente, et elle craint, si elle fait un pas quelconque, d'y glisser de plus belle sans savoir où se retenir. A Paris surtout et dans le monde politique, le sentiment général est même assez prononcé contre toute tentative violente. Le Président n'a pas pour lui la majorité de la Chambre. La Commission de permanence qui la remplace pendant les vacances parlementaires, se défie de ces revues, de ces libations, de ces vivats qui les terminent, et demande à ce sujet des explications. Les légitimistes et les républicains sont naturellement conjurés contre toute idée d'empire ou de dictature napoléonienne; les orléanistes ont aussi leur arrière-pensée et leurs espérances. En outre, on entend des hommes d'ordre, n'appartenant à aucun parti prononcé, déclarer que dans le cas de quelque tentative d'usurpation, si l'on venait à dissoudre la garde-nationale récalcitrante, ils n'hésiteraient pas à faire le coup de fusil dans les rues contre les soldats gagnés à la cause de l'usurpateur.

Dans cet état de choses, le président, pense-t-on, se rabattra de l'Empire, qui est toujours son rêve, sur un changement à la constitution et une prorogation de pouvoir. On demanderait l'une et l'autre chose à l'Assemblée nationale. Si elle s'y refusait, le président, pour se rendre populaire, quoique sa nature le porte peu vers les masses, proposerait le rappel de la loi sur la restriction du suffrage universel. Si l'Assemblée résistait encore sur ce point, le président espérerait un appel du peuple, ou du moins un mouvement dont il profiterait.

Les journaux bonapartistes commencent déjà à manœuvrer dans ce sens. Suivant l'une de ces feuilles, le *Pays*, la révision de la constitution, révision demandée par les conseils-généraux, et la prorogation de la présidence, sont une seule et même chose, sont deux nécessités identiques, auxquelles l'Assemblée ne saurait manquer de faire droit. Le *Constitutionnel*, dont le propriétaire et le directeur, M. L. Véron, déclare être au mieux avec l'Elysée, entre également dans cette voie; il se contente aussi d'une prorogation, et ne l'étend même qu'à trois ou quatre ans; enfin, il déconseille ouvertement l'entrée aux Tuileries, car, dit-il, *on y devient fou*. Si on ne devenait fou que là! mais *domus mutata non mutat mores*.

Réduit à ces termes et revêtu d'un vernis de légalité, le coup d'Etat serait probablement accepté sans autres suites. La France est lasse et ne demande qu'à respirer. L'idée sociale persiste et fait son chemin dans l'ombre; mais les socialistes, cernés de toute part, serrés de près, n'osent remuer, et les légitimistes sont en déroute.

L'idée de l'appel au peuple pour ramener la France à la légitimité, idée jetée en avant par la *Gazette de France* et assez étourdiment relancée par M. de la Rochejacquelein, avait déjà divisé les hommes de la droite; le pélerinage de Wiesbaden et la circulaire qui l'a suivi, ont achevé de porter la confusion dans leur camp : cette circulaire déclare, entre autres, que le comte de Chambord retient à soi la direction politique de son parti, surtout elle censure l'idée de l'appel au peuple comme contraire au principe même de la légitimité; et cette idée elle l'est en effet, la censure est logique; mais elle a aussi le défaut maladroit de percer à jour le manteau démocratique sous lequel la légitimité cherche à s'abriter pour se rallier les idées modernes. Le parti légitimiste sans doute subsiste toujours; mais le terrain qu'il était parvenu à se faire depuis la révolution et d'où il allait de plus en plus haussant la voix, s'est subitement écroulé sous lui, et il a maintenant vis-à-vis de ses rivaux le désavantage d'avoir à reconstruire sa position.

Quant aux orléanistes, une simple prorogation de la présidence ne ferait pour eux que laisser les choses en suspens, et ils ont le temps d'attendre avec le jeune âge du comte de Paris. De plus, le prince de Joinville, paraîtrait décidément avoir des chances, pour le cas d'une nouvelle élection, d'être nommé président. Des républicains mêmes, des républicains de la veille, nous disaient que, suivant les circonstances et s'il fallait absolument en passer par un prince, ils lui donneraient leurs voix. Les d'Orléans, ajoutaient-ils, ont le défaut d'être princes, et c'est un défaut qui jamais ne se peut corriger complètement; mais ils ont été élevés comme nous et avec nous, ils ont quelque chose du sentiment libéral et moderne. Le prince de Joinville passe en outre pour avoir le sentiment très français, et on lui en tient compte : il ne peut vivre en Angleterre, il y meurt de *spleen*, il déclare vouloir rentrer en France à tout prix, même au prix de sa liberté, aimant mieux y vivre captif que libre ailleurs. On se rappelle aussi que, dans les derniers temps, il ne dissimulait pas son opposition à la politique de son père, qu'il en était venu à tomber par là dans une quasi-disgrâce, qu'on l'éloignait de la cour ou qu'on l'y tenait dans une sorte de quarantaine. Tout cela lui conserve et lui fortifie un souvenir populaire.

Bien des gens donc, et jusqu'à des républicains modérés, s'accommoderaient, faute de mieux, d'un président princier, pour que du moins l'idée de la république fût sauvée. Ils pensent que trois ans de prorogation useraient le dernier bout de Louis-Napoléon. Seulement, usé ou non usé, quitterait-il la place sans résistance? des personnes qui ont pu le connaître et bien étudier son caractère, répondent que non, que rien n'usera sur ce point sa ténacité. Quoi qu'il en soit, voilà bien des chances de pousser encore le temps de l'épaule pendant une couple d'années, sans secousse trop vive : c'est évidemment ce que veut le grand nombre ; mais il y a toujours le chapitre des accidens et les retours imprévus de ce mobile esprit français, dont le sommeil même est capricieux et léger.

— Une dame de l'Empire, qui en cette qualité est un peu de l'Elysée, disait gravement à un de nos amis, en termes plus expressifs que nous ne pouvons le rapporter : — « Je vois souvent le président ; nous causons affaires, et je lui prêche un système de fusion. Il y a là une douzaine de femmes à l'Elysée ; je lui conseille donc de faire la cour aux unes et aux autres successivement : eh bien, pas du tout : c'est toujours à la même ! décidément il n'entend rien à la politique. »

— On parle d'une Anglaise qui a beaucoup d'influence dans les hautes régions du pouvoir. C'est elle, veut-on, qui aurait fait donner à son compatriote Lumley le privilége du Théâtre Italien. Il a fallu pour cela l'ôter assez iniquement au célèbre chanteur Ronconi, qui avait pris la direction de ce théâtre pendant les mauvaises années, l'avait soutenu de sa fortune particulière, s'y était obéré, et à qui on l'enlève avant l'expiration du terme pour lequel on le lui avait assuré, alors que de meilleurs temps pouvaient lui venir en aide.

— Dans la conversation particulière, Louis-Napoléon a de l'entraînement et de la bonhomie. Ainsi, la première fois que M. James Fazy fut reçu à l'Elysée dans sa mission à Paris, et avant que l'entourage officiel vînt se mettre entre deux, il retrouva presque en lui un ancien concitoyen. Louis-Napoléon le prit à part dans l'embrasure d'une croisée, et, le traitant comme une vieille connaissance, « Mon cher Fazy, s'écria-t-il familièrement, qui diantre nous aurait dit qu'un jour nous serions l'un et l'autre présidents d'une république ! »

— Un journal, l'*Intérêt public*, de Caen, rapporte la conversation suivante que M. Thiers, maintenant de retour à Paris, aurait eue à Baden, en revenant de son voyage en Allemagne. Ce journal étant légitimiste, il est suspect à l'endroit de M. Thiers, qu'il massacre à plaisir ; mais il y a des traits piquans sur les hommes et sur la situation : en particulier, ceux qu'au dire du narrateur M. Thiers aurait décochés dans le cours du dialogue contre M. Berryer, « qui pose et n'agit pas,» contre tel qui « se croit un cheval anglais pur sang et qui ne marche qu'à ressort, » contre les princes, « qui sont toujours bien, » etc. Voici, du reste, le morceau tel quel, le lecteur en prendra ce qu'il voudra.

« M. Thiers a érigé en pachalik l'appartement qu'il occupe à son hôtel de Baden-Baden. Il vit là, dit-il, loin du bruit et y souffre d'un pli de rose. Il y fait litière de grandes dames ; il y croque des princesses (la princesse Bagration, par exemple, qui lui fait visite) de la dent la plus superbe.

» Il s'y montre plus fidèle que jamais à la religion du scepticisme, à la politique du persifflage, à la pratique du sarcasme le plus insolent contre quiconque possède un rang dans le monde, une renommée éclatante, quiconque est investi d'une puissance. L'orgueil perd l'homme, la fatuité perd M. Thiers.

» Ce grand enjôleur de palais, de salon et de tribune, quand il veut s'en donner la peine, est le plus insupportable des hommes quand c'est un autre que lui qui tient le dé dans les lieux qu'il daigne honorer de sa présence. Et notez qu'il n'honore de sa présence aucuns salons ministériels, jamais celui de M. de Montalembert, presque jamais celui de M. Molé. A peine paraît-il dans ceux du président de l'Assemblée, si ce n'est quand il est invité à dîner, et encore s'éclipse-t-il au bout d'un quart-d'heure. Il hausse les épaules, ou tourne les talons, à toute conversation qu'on écoute, et qui n'est pas la sienne, pour montrer le peu de cas qu'il fait de tout esprit qui n'est pas le sien.

» C'est cette fatuité suprême, cette outrecuidance gigantesque de M. Thiers qui dissolvent les ministères, témoin celui de la *grande coalition*.

» Président des commissions, M. Thiers vous qualifie familièrement la République une et indivisible de *canaille*, même de quelque chose de mieux, ou bien traite M. Armand de Melun et son frère de *socialistes*, aussi coutumier de l'épigramme que des lunettes qu'il porte sur le nez, que des gilets multicolores, des pantalons bariolés, et dont il n'aura pas manqué de faire l'exhibition dernièrement à la cour du roi des Belges.

» Prenons place dans les salons de Baden et écoutons :

» Un légitimiste y arrivait de Wiesbaden, après une journée de marche et voulait savoir à quoi s'en tenir sur les sentimens de M. Thiers, touchant la branche aînée, la branche cadette et les principaux chefs de parti.

— « Vous venez de Wiesbaden ? dit nonchalamment M. Thiers de sa petite voix flûtée.

— « Oui, j'y ai été ravi de la tenue, de l'aplomb de M. le comte de Chambord autant que de sa belle figure, de sa bonne grâce et de sa haute raison. L'épreuve était rude ! il n'y avait pas à Wiesbaden que des fidèles ; tous ceux qui ne sont pas sortis convaincus ont été surpris et émus.

— « Mon Dieu ! répond M. Thiers avec la même nonchalance, c'est comme cela, *les princes sont toujours bien*, mais les partis ne sont pas aussi faciles à manier ; entre vous et nous d'abord, il y a des différences ; vous croyez à l'hérédité, vous autres ; nous croyons, nous, au droit constitutionnel. Là-dessus (comme ce ne sont que des principes) *il y aurait encore moyen de s'entendre....*, ajouta-t-il en hochant la tête.

» Mais les hommes, mon cher, les hommes, c'est autre chose !

— « Berryer est cependant bien facile à votre sujet, dit l'interlocuteur.

— « Oui, Berryer, il y a long-temps que je le connais ; c'est un bon enfant, qui pose plus qu'il n'agit. Les légitimistes passeront par dessus ou par dessous lui, non sans qu'il s'en doute, car il ne manque pas d'intelligence, mais sans qu'il les en empêche. Berryer est un chaud orateur, mais c'est un roi fainéant. — A chacun son lardon.

— « Vous connaissez, poursuit le visiteur, les négociations de Salvandy ?

— « Oui, de Salvandy et autres, je sais cela ; mais, voyez-vous, cette fusion, moi seul je puis en parler.

» Tous les autres sont des butors !

— « Et vous, M. Thiers, aurait-on pu lui répondre, vous êtes la mouche — Mirabeau-mouche — la mouche à l'aile légère s'envolant au premier bruit, comme le 24 février.

— « Vous ne voulez donc pas de la fusion ? reprend l'interlocuteur.

— « Mon Dieu ! je ne l'admets ni ne la repousse.

— « Vous trouvez mauvais qu'on négocie.

— « Non, pas absolument.

— « Eh bien ! alors ?

— « Je ne vois pas d'inconvéniens à ce qu'on négocie en paroles, parce que les paroles volent et *qu'on peut toujours les désavouer....*

— « Vous craignez qu'on écrive ? »

— « Oui, cela engage, cela s'imprime et on est compromis.

» Le légitimiste s'apercevait que M. Thiers avait une effroyable peur, au moment où il parlait, que les deux branches ne s'unissent. par un écrit quelconque. M. Thiers espérait de son interlocuteur, à cet égard, quelqu'éclaircissement, et c'était pour cela qu'il avait daigné l'entretenir.

— « En somme, vous êtes opposé à un rapprochement, reprend le visiteur. Vous ne voulez pas que Mme la duchesse d'Orléans donne au pacte de famille son adhésion.

— « Je ne dis ni oui ni non, répond M. Thiers; mais le jour où il serait utile qu'elle le donnât, *je n'aurais qu'un mot à dire*, et la chose se ferait. »

» Réduire tout le monde à l'état de marionnettes et tenir les fils, tel serait pour M. Thiers la suprême félicité sur cette terre. Vous allez voir qu'il ne pardonne pas qu'on se moque de lui.

— « Patience ! patience ! reprend-il ; n'allons pas si vite. *Tel se croit un cheval anglais pur sang*, qui ne marche qu'à ressort, et les ressorts, c'est nous qui les faisons mouvoir. »

» Quand il disait *nous*, il voulait dire *lui*. Et changeant tout à coup de comparaison :

— « Il savonne la planche sur laquelle il glissera un beau matin ; il arrivera jusqu'au seuil de la porte, et crac ! on la fermera sur lui. »

» Lisez : *Je la fermerai.*

» Vous connaissez maintenant l'homme ; le voilà de pied en cap, dénigrant tout pour s'admirer tout seul, dans le délire de son outrecuidance incomparable, de son inépuisable fatuité.

» Vous m'écriviez un jour qu'il vous avait fait l'effet, pendant son séjour à Bruxelles, de ne vouloir qu'une chose, se rendre possible. Avec sa souplesse d'esprit, M. Thiers sera toujours possible. quoi qu'il arrive; mais sa manie, il faut dire son démon, le pousse à ne vouloir d'aucune situation, d'aucun dénouement qui n'ait été créé par lui; comme si M. Thiers pouvait créer : *tripoter* n'est pas agir.

» Ainsi que vous traitez autrui, M. Thiers, il vous est fait ici à vous-même ; c'est la peine du talion.»

—On dit le général Cavaignac très-souffrant de la poitrine. La maladie serait même arrivée à ce période où la vie peut se prolonger encore, mais où il n'y a plus d'espoir de guérison. La postérité commencerait donc bientôt pour lui, et certainement, de quelque manière qu'elle le juge, elle ne l'oubliera pas. Ses amis même lui reprochent d'avoir manqué d'initiative et laissé passer l'occasion, d'avoir mieux su représenter ses idées que les faire valoir : en général on pourrait peut-être dire de lui qu'il a été plutôt supérieur par l'*attitude* que par l'*action*. Mais il restera toujours deux choses qui maintiendront son nom à une grande hauteur dans l'histoire de notre temps: les journées de Juin, d'abord, bien qu'il soit difficile de ne pas reconnaître qu'il y ait eu de sa part au commencement, sinon du calcul, comme l'en accusent ses ennemis, du moins une sorte d'hésitation et d'attente, ensuite, la manière simple et digne dont il a quitté le pouvoir. Il devait trouver que l'on était ingrat envers lui, et pourtant, devant une assemblée qui lui était sympathique, qui aurait voulu le voir élu président, il ne s'est pas permis une plainte, pas même une phrase. Cette abstention serait rare en tout temps; elle est presque unique dans le nôtre, qui, s'il est plus retenu sur certains points que ses devanciers, ne brille pas précisément par la continence de la langue : c'est où il se dédommage.

— M. de Lamartine a publié dans la *Presse* une série d'articles sur l'Angleterre : c'est la contre-partie du livre de son ex-collègue M. Ledru-Rollin sur la *décadence* de ce pays.

« M. Ledru-Rollin, dit un journal, trouve en Angleterre des monstruosités sociales et religieuses qui font de nos voisins le dernier des peuples, et qui devraient faire mettre l'Angleterre au ban des nations civilisées.

M. de Lamartine signale au contraire les œuvres qui « donnent en ce » moment à l'Angleterre une prééminence incontestable sur le reste de » l'Europe et sur nous. »

M. Ledru-Rollin voit dans l'aristocratie commerciale, dans l'aristocratie politique, dans l'aristocratie judiciaire, dans l'aristocratie cléricale de ce pays autant de monstres qui s'engraissent des sueurs du peuple.

M. de Lamartine s'écrie de son côté : « Plût à Dieu que la France plé-» béienne et propriétaire pût prendre leçon de cette aristocratie intel-» ligente ! »

M. Ledru-Rollin place tout espoir d'amélioration future dans le progrès des idées radicales.

M. de Lamartine s'exprime en termes fort dédaigneux sur « ces » chartistes fanatisés de sophismes qui pérorent dans le vide des salles » populaires,» et qui ne sont que des «*fantômes évoqués d'une autre* » *époque.*»

M. Ledru-Rollin croit au progrès de l'esprit révolutionnaire en Angleterre.

M. de Lamartine assure qu'une main surhumaine a enlevé *tout le venin qui travaillait le corps social de ce pays.*»

Telles sont les conclusions diamétralement opposées où arrivent les deux anciens membres du Gouvernement provisoire, probablement par le même procédé d'examen.

— M. Emile de Girardin se donne carrière plus que jamais. Il propose dans son journal une manière d'échange entre Louis-Napoléon et le parti républicain. Le premier rétablirait le suffrage universel, et le second, rentré par là en possession de la pleine souveraineté du peuple, lui ferait bon marché de la constitution, qui s'oppose à la prorogation des pouvoirs. Est-ce flair politique de la part du rédacteur de la

Presse ou simplement besoin de combinaisons et de systèmes? court-il en avant, ou court-il après? C'est ce qu'on est embarrassé de décider, et il est à remarquer qu'on éprouve toujours de l'embarras dans ce qu'on doit penser de M. Emile de Girardin.

— Nous avons rapporté dans le temps l'accusation intentée à M. Libri, immédiatement après la révolution de Février, pour détournemens frauduleux de livres et de manuscrits dans les bibliothèques de France, dont il était inspecteur ([1]). Malgré la brochure par laquelle il avait essayé de se défendre, les preuves de sa culpabilité se sont, il paraît, trouvées si palpables et si accablantes, qu'il vient d'être condamné, par contumace, à dix ans de prison. Le *National* a donné toutes les pièces du procès.

— On continue, dans le monde et dans la presse, à s'entretenir de Balzac et à parler de lui, mort, comme on ne lui a pas donné la satisfaction d'en parler de son vivant. Il passe décidément à l'état de grand homme. Même pour ceux qui le sont sans conteste et d'emblée il y faut bien un peu d'aide de la part du public, qui se laisse faire et de l'opinion, qui se laisse diriger : il faut gazer, voiler, mettre en lumière, dissimuler un défaut, faire ressortir une qualité; flatté ou non, il faut un portrait convenu, arrangé, ressemblant à ce qu'on se figure plutôt que répondant de tout point à l'original. Les Français excellent dans cette sorte de création ou de fiction, comme on voudra l'appeler: avec les écrivains, elle consiste surtout à confondre l'homme et l'auteur, à donner celui-ci pour celui-là, et à cacher du premier tout ce qui pourrait nuire à l'effet du second dans l'esprit des simples ou des délicats. Mensonge, direz-vous: mensonge patriotique, vous répliquera-t-on: quant à nous, nous ne voulons pas disputer. Balzac est donc en train de subir cette transformation artistique, pour arriver peu à peu à la canonisation littéraire, dont l'auréole illumine et voile tout à la fois. Quel est, au reste, l'écrivain célèbre, français ou étranger, ancien ou moderne, qui n'en ait été revêtu à son tour, et qui ne perdît plus ou moins à en être dépouillé?

Après tout cependant, même au point de vue purement littéraire, il n'a guère paru dans ces derniers temps, sur Balzac, de travail vraiment critique et complet que celui de M. Sainte-Beuve dans le *Constitutionnel:* il y est apprécié comme auteur, dans l'ensemble et les points principaux de son œuvre, avec un esprit libre et ouvert, avec une indulgente impartialité. D'autres articles publiés par divers journaux, ne sont la plupart que des causeries et des impressions personnelles, entremêlées d'anecdotes dans lesquelles on a plus cher-

([1]) Voir notre *Chronique* d'avril et de juin 1848, pages 233 et 564 du tome XI de la *Revue Suisse.*

ché le pittoresque et le fantastique que sérieusement étudié le caractère. En voici quelques-unes d'assez bizarres, entre autres sur la manière d'écrire de l'auteur d'*Eugénie Grandet*, sur ses rêves de fortune et les singuliers moyens qu'il prétendait avoir de s'enrichir. Nous les empruntons à un feuilleton de l'*Ordre* par M. Gustave Desnoiresterres.

« Pas un de ses livres dont il n'ait demandé jusqu'à six ou sept épreuves successives, épreuves qui subissaient, chacune, de telles modifications qu'à la sixième M. de Balzac n'avait pas conservé un mot du texte primitif.

» D'une conscience qui n'avait d'égale que sa fécondité, il remaniait, refaisait, récrivait à outrance, sans se fatiguer, sans se rebuter, courant après cet idéal qu'il entrevoyait à des hauteurs inconnues du vulgaire et dont il s'avouait encore être loin. *Pierrette* ne fut tirée que sur la vingt-septième épreuve. Il n'y a que l'écrivain médiocre qui sourit à son œuvre et la trouve bien peignée tout d'abord. Il est rare que l'homme de génie soit satisfait, même après les applaudissemens de la foule. *Si j'écris quatre mots, j'en effacerai trois*, disait Boileau. Balzac souvent en effaçait quatre sur quatre.

» Cet amour de la perfection coûtait quelquefois quinze cents à deux mille francs de corrections à M. de Balzac. Ses libraires, qui se souciaient peu qu'une période fût plus ou moins léchée, et qui savaient, par expérience, que le commun des lecteurs ne s'attache que médiocrement à la forme, mettaient toujours à sa charge les modifications et additions qu'il apportait à son premier travail, et le célèbre romancier payait de sa poche et fort cher ce que ceux-ci considéraient comme une manie, un travers dont il était juste que leurs intérêts ne fussent pas victimes. A la *Revue de Paris*, de son plein gré, M. de Balzac, pour avoir ses coudées franches, avait abandonné cinquante francs sur les deux cent cinquante qu'elle lui payait par feuille.

» Voici en quels termes il confesse ce besoin continuel de retoucher et de remanier : « Tout art a ses difficultés, chaque artiste travaille à sa manière; les combattans attaquent le taureau comme ils peuvent. M. de Châteaubriand a fait de prodigieux changemens entre ses manuscrits et ce qu'on appelle le *bon à tirer*. Bien plus, j'ai lu la préface d'une onzième édition d'*Atala* qu'il dit ne ressembler en rien aux précédentes éditions. Buffon a fait de même. Ingres, en peinture, procède ainsi : il a, dit-on, refait dix fois le Saint Symphorien. Je me suis laissé dire la même chose de Meyerbeer. Ce malheur atteint avant tout l'artiste; quant au spéculateur, il agit en conséquence. Je travaille ainsi, malheur qui m'oblige à ne dormir que six heures dans les vingt-quatre, et à en consacrer près de seize à constamment élaborer mon pauvre style dont je ne suis pas encore satisfait. Ce malheur, heureux en ce qu'il préserve le public d'une fécondité indéfinie, n'est ignoré de personne; il a dans la typographie une horrible célébrité; j'ai eu la plaisante surprise d'entendre crier dans l'atelier de M. Everat : *J'ai fait mon heure de Balzac, à qui à prendre sa copie?* car les ouvriers font cela par corvée. »

» Nous avons eu sous les yeux des épreuves de M. de Balzac. Si vous avez jamais assisté à des feux de peloton, vous pourrez vous faire une idée de ces pages d'impression d'où s'élançaient en tous sens, se heurtant, se croisant, se confondant, de longues lignes au bout desquelles se trouvait la modification apportée ; car, quelque larges que vous les supposiez, les marges eussent toujours été insuffisantes à contenir ce monde de changemens et de corrections. Imaginez-vous encore un bouquet d'artifice ; c'était à en avoir des éblouissemens ! Aussi M. de Balzac n'outre-t-il rien en racontant ce petit débat, entre les compositeurs, à qui se repasserait sa copie. Il était l'épouvantail et la terreur des ouvriers typographes.

» Ces remaniemens n'étaient pas toujours heureux, et on eût pu leur faire parfois le reproche d'Eschine aux discours de Démosthènes, de sentir l'huile. Un jour, — c'est l'*Artiste* qui raconte cette curieuse anecdote, — un écrivain qui imprimait un ouvrage chez le même éditeur que Balzac, trouva sous ses yeux quelques pages que l'auteur d'*Eugénie-Grandet* avait annulées sur l'épreuve pour les remplacer par une rédaction nouvelle. L'écrivain dont il est question eut la velléité de lire les deux variantes, et demeura tout surpris de reconnaître combien ce que voulait détruire M. de Balzac était supérieur à ce qu'il y substituait. Il prit sur lui de maintenir la première rédaction, et c'est celle que le public connaît. Il s'agit tout bonnement d'une des choses les plus belles qu'ait écrites M. de Balzac : la mort de la mère d'Eugénie Grandet. L'écrivain dont nous parlons a cru curieux de garder la seconde version, et de la faire relier en regard du texte si heureusement sauvé, comme pièce de curieuse comparaison. »

. . . .

« Ayant rencontré un jour dans les rues de Paris le poète Lassailly, dont l'accoutrement annonçait assez la misère, il l'emmena avec lui : — Nous travaillerons ensemble, nous ferons du théâtre, lui dit-il. Notre homme se laisse faire. L'on arrive aux Jardies ; il était cinq heures, l'on se met à table. Lassailly mange en homme qui a à combler l'arriéré. Enfin, l'on se lève. — Allez vous coucher, lui dit alors M. de Balzac. Lassailly regarde d'un air hébété son hôte, qui le conduisit sans mot dire dans la pièce qu'il lui destinait. Au fait, il n'y avait pas d'inconvénient grave à obéir ; Lassailly se mit au lit sans chercher à pénétrer les motifs de M. de Balzac, et il ne tarda pas à ronfler comme un tuyau d'orgue. A minuit, l'heure classique des revenans, le pauvre poète est réveillé en sursaut. Il aperçoit à son chevet un fantôme tout vêtu de blanc. C'était le châtelain des Jardies enveloppé dans une robe de moine qui lui servait de robe de chambre. — « Allons, levez-vous, nous allons travailler. » Lassailly commença à comprendre pourquoi on l'avait envoyé si prématurément se coucher ; c'est qu'aux Jardies on faisait de la nuit le jour. Cela dérangeait bien un peu ses habitudes ; mais il n'en fait rien paraître, et suit M. de Balzac. On travaille toute la nuit. Il avait beau lutter, le sommeil l'emportait sur sa volonté de se tenir éveillé. — « Prenez-moi cela, » lui disait de temps en temps l'auteur d'*Eugénie Grandet* en lui présentant une tasse. M. de Balzac, qui aimait le sommeil, et qui s'arrachait des draps avec une peine incroyable, buvait constamment du café. Sans cet auxiliaire, il n'eût pas été le plus fort.

» Ils travaillaient l'un et l'autre ainsi jusqu'à six heures. A six heures du matin on *soupait*, et l'on allait se recoucher pour un peu.

» Un pareil régime était plus que suffisant pour achever de détraquer la tête de ce pauvre Lassailly. Balzac le rendit complètement fou.

. .» M. T·** coudoie par hasard notre. poète dans la rue de Ménars; ils se serrent la main.

« — Eh bien! que faites-vous? lui demanda M. T***, et vos travaux?.. — J'ai fait une comédie cette nuit, et je vais la lire aux Français.' — Comment! cette nuit! Comme vous y allez! — Oui; Balzac veut que ce soit fait d'un seul sujet: il prétend que cela vaut toujours mieux. — Et vous allez lire aujourd'hui même? — Oui; on m'a donné heure pour midi. — Diable! vous n'avez pas trop de temps; il est trois heures. — Bah! ils m'attendront. — Est-ce que vous n'avez pas autre chose en train? — Si fait. Une comédie aristophanesque dans le goût des *Nuées;* il n'y aura que des animaux dans ma pièce. — Est-ce que' vous comptez la faire représenter à la salle Richelieu? — Là ou à l'O-déon; j'y réfléchirai. — Et quel est le sujet? — C'est intitulé *les Tau-pes* ou *la Négation du soleil.* — Le titre est piquant. — N'est-ce pas? Il s'agit de nommer un roi à l'élection. Les taupes ne veulent plus du droit divin. Beaucoup de candidats se mettent sur les rangs. Le Soleil est un des principaux, mais ce n'est pas celui qui a le plus de chances. Il y a, comme vous pensez bien, des réunions préparatoires; les prétendans font valoir leurs titres. Grand tapage, .grands coups de sonnette. Enfin un orateur demande la parole; c'est une forte tête, un logicien rigoureux, aimé des masses qu'il tourne et retourne à sa fantaisie; tout le monde fait silence : «Mes chers concitoyens, dit-il d'une voix sonore et doctorale, le Soleil est le candidat d'un grand nombre, je le sais; mais il n'est pas le mien Quels sont ses titres sérieux à notre choix? à quoi sert-il? à quoi est-il propre? Je vote pour la Lune.' La Lune brille la nuit; le Soleil n'éclaire que le jour, quand on n'en a que faire..... » Ce discours paraît victorieux. Le Soleil a trois voix; la Lune est élue à la presque complète unanimité..... Que trouvez-vous de cela? — C'est très-joli, répondit M. T***; mais je ne vois pas d'actrices capables au Théâtre-Français de vous jouer la lune. — C'est là mon inquiétude, » fit ce pauvre Lassailly, qui s'en alla rêveur.

. . . .

« L'idée fixe de Balzac, idée qu'il caressait sans cesse et à laquelle il ne renonça jamais, c'était de devenir riche, mais riche comme un nabab. Et ne croyez pas que l'intervalle existant entre sa médiocrité présente et cette opulence princière qu'il appelait de tous ses vœux lui semblât infinie. A l'entendre, dans trois mois, six mois au plus, sa fortune était faite. Comme il ne procédait jamais que par millions dans ses calculs, et que son esprit sans cesse en fermentation lui trouvait à chaque instant de ces magnifiques combinaisons qui feraient la richesse d'un royaume, tant que l'expérience et l'application ne venaient pas contrarier tous ses plans, il n'y avait pas de motifs pour qu'il ne se pensât pas bien près du but, dans les moments où il était le plus à court de numéraire.

» Il emprunte à l'un de ses amis une faible somme que celui-ci est heureux de pouvoir mettre à sa disposition. Ce dernier, douloureuse-ment impressionné de voir qu'un homme comme M. de Balzac pût avoir recours à la bourse d'un ami pour un chiffre si misérable, ne lui cacha pas l'étonnement pénible que cela lui causait. A quoi bon être le plus grand écrivain de son temps si l'on ne savait arriver, avec tout son génie, non pas à la fortune, mais à l'aisance que le petit marchand est presque sûr de conquérir pour ses vieux jours, après quelques années de travail et d'efforts ? M. de Balzac l'arrêta court, et lui prenant le bras :

« — Mon cher, lui dit-il, je ne me trouve pas tant à plaindre qu'il vous semble. Je n'ai qu'à réaliser.

L'ami ouvrait de grands yeux.

« — Cela vous surprend, poursuivit M. de Balzac très-sérieusement. Je vous aurai pourtant bien vite convaincu. J'ai déjà créé quelque chose comme cinq mille types dans ma *Comédie humaine* ; j'en ai encore plus de neuf mille à mettre au monde. Eh bien ! que cela, l'un dans l'autre, me rapporte vingt-cinq francs par tête (et vous avouerez que le chiffre est modeste), cela fait déjà deux cent vingt-cinq mille francs. Voyons, suis-je un homme ruiné ? »

Une autre fois, c'était une bague verte qu'il avait dénichée je ne sais où, et qui valait à elle seule tous les trésors de Visapour et de Golconde. M. de Balzac prétendait que M. de Humbold l'avait reconnue pour l'anneau d'Ali, Ali-Ben-Abou-Taleb, Ali le cousin de Mahomet, que les Mahométans considèrent comme un martyr, et au tombeau, duquel on va en pélerinage des contrées les plus lointaines ! Vous comprenez l'importance de la trouvaille. Il n'y avait qu'à faire le voyage de Perse pour en revenir avec des galiotes chargées d'or. Toutefois le voyage ne se fit pas, et la bague d'Ali est restée dans un coin où M. de Balzac l'a parfaitement oubliée depuis. »

Le même critique explique le talent et justifie le caractère de Balzac, en le représentant, suivant le mot de M. Philarète Chasles, comme un *voyant*, comme une sorte d'halluciné.

» Ce qu'on a écrit de plus juste sur M. de Balzac, c'est que c'était un *voyant*. Rien ne peint mieux en effet cette faculté d'observation organique fonctionnant sans qu'il y parût et le plus souvent à son insu. Il entrait dans un salon, il ne s'occupait de rien, il ne regardait rien, il parlait, il riait, il pérorait, il avait la conversation banale du premier venu ; enfin c'était un instrumentiste faisant sa partie dans la symphonie qui se jouait, et non un spectateur qui écoute et qui juge. Il sortait, et, une fois sorti, c'était comme s'il n'eût jamais posé le pied dans cette maison. Il avait tout oublié. Mais décrivait-il un salon analogue, que ce fût six mois ou dix ans après, ses souvenirs se faisaient jour aussitôt ; quand nous disons ses souvenirs, c'est faute du mot propre ; car, n'ayant rien observé, il n'avait rien à se rappeler ; c'était plutôt une affaire d'intuition et de seconde vue, que le baron Dupotet trouverait, lui, le moyen d'expliquer par le magnétisme, cette grande clef des choses inexplicables. Quoi qu'il en soit, cette pièce lui apparaissait, comme à travers une chambre noire ; pas un ustensile, pas un objet, pas un détail d'ameublement ne lui échappait ; jusqu'aux moindres chinoiseries des étagères, tout, il consignait tout, avec cette précision d'un juge de paix qui préside à un inventaire. En ce sens, mais en ce sens seulement, c'était bien, comme on l'a dit, un commissaire-priseur. Du reste, nous avons tous en nous, quoique à un degré infiniment moindre, cette faculté si merveilleusement développée chez M. de Balzac. Ainsi l'enfant voit, mais voit sans cette intelligence et cette critique propre à l'être raisonnant ; rien ne le frappe, ou ce qui le frappe est si confus et les étonnemens se succèdent tellement, qu'un fait en a bien vite chassé un autre. Vous croyez cela ? c'est une-erreur : l'enfant emmagasine, il fait ses provisions pour plus tard ; et dans la suite, devenu homme, il sera tout étonné de se ressouvenir de circonstances sans signification autrefois et de descendre dans les catacombes les plus profondes du premier âge......,

« Balzac était tout entier dans ses livres et dans son travail : c'est là qu'il faut le chercher et le juger. Pour ce qui était de sa vie de loisirs, c'était quelque chose de si décousu, de si disparate, de si bizarre, de si extravagant, qu'il échappe par là même à tout contrôle. Et n'en tirez aucune conséquence défavorable à son caractère. Supposez un plongeur qui revient sur l'eau après y être demeuré un long-temps : c'est, durant quelques secondes, un besoin de respirer à pleins poumons, qui se traduit par des aspirations bruyantes, des nazillemens tumultueux, un tapage et des gestes désordonnés. Après être demeuré à travailler sans relâche toute une journée dans son cabinet, — cette sorte de récipient pneumatique, - M. de Balzac, lorsqu'il sortait de là, était comme fou, sa soif d'activité se traduisait de mille façons ; tout alors était fébrile et exagéré dans ses paroles et dans sa conduite : ou il 'vous riait au nez, ou il vous brusquait, ou il vous accueillait avec les démonstrations d'un contentement outré ; et l'homme superficiel, le visiteur frivole s'en retournait avec la conviction que M. de Balzac avait quelque chose de dérangé dans la cervelle. Il ne se disait pas que tout obéit ici-bas à une inexorable loi d'équilibre à laquelle on n'échappe que momentanément, et que M. de Balzac était en train de dépenser les forces physiques qu'il avait démesurément condamnées au sommeil. »

. Sur ce point cependant d'hallucination morale et littéraire, notre panégyriste avait eu soin de prendre d'avance ses précautions, lorsqu'au commencement de son article il pose la question qui termine le passage suivant :

' '« M. de Balzac n'a pas constamment habité Ville-d'Avray, il a demeuré aussi à Chaillot et à Passy, où il avait cessé tout-à-fait d'être abordable. Vous demandiez l'illustre écrivain, on vous répondait : « Mme de Brignolles. » A Chaillot, M. de Balzac avait pris un appartement au nom de Mme Dupont, ce qui lui valut un billet de garde ainsi conçu : « A M. de Balzac, dit Mme Dupont. » Dans les derniers temps surtout, il était passé à l'état de mythe ; on le niait...... Vous le rencontriez à l'angle d'une rue où vous le perdiez aussitôt de vue ; il se pouvait que vous ne le revissiez plus de deux années. Vous l'aperceviez à dix pas de vous, vous songiez à l'aborder : zeste ! le voilà disparu ; par où ? vous l'ignoriez ; mais il était là tout à l'heure, et il avait cessé d'y être. Que vous dirai-je ! c'était l'homme insaisissable même pour ses amis. Que de gens sous le charme, que de cœurs reconnaissans ont fouillé tout Paris sans avoir réussi à dénicher cette ombre inabordable ! Cet homme a-t-il été aimé, mon Dieu ! aimé jusqu'au délire par de pauvres femmes auxquelles il rendait la jeunesse et le bonheur pour quelques années encore ! Oh ! s'il eût voulu ! mais il dédaignait ou semblait dédaigner la curiosité enthousiaste qui se mettait en quête de lui. Etait-ce cette horreur des âmes délicates pour tout ce qui tente de pénétrer dans leur vie ? Etait-ce pur manége, coquetterie habile, cette coquetterie qui s'enfuit vers les saules ? C'est ce que nous ne saurions trop décider; au reste, si tout n'était pas naïf et vrai dans ces efforts perpétuels pour échapper à ces investigations bienveillantes, trop flatteuses en définitive pour qu'il ne trouvât pas, au dedans de lui, une excuse et un pardon, il en arrivait de la sorte à occuper de soi autant et plus que certains de ses confrères infiniment plus accessibles; le résultat était le même. Indépendamment de ses merveilleuses facultés d'écrivain, M. de Balzac aurait-il été le plus grand et le plus habile comédien de son temps? Qui sait? »

Voici, enfin, l'histoire du mariage de M. de Balzac, telle qu'elle est entrée dans le domaine public.

« *Le Médecin de campagne* venait de paraître. Balzac, un matin —, c'était en 1833 — reçoit un paquet et l'ouvre: cela renfermait un livre et une lettre. Vous ne soupçonneriez pas quel était ce livre: l'*Imitation de Jésus-Christ!* La lettre était grave, digne et tendre. On priait M. de Balzac d'accepter ce témoignage étrange d'une admiration qu'on se sentait impuissante à rendre. On eût désiré payer au prix d'un royaume le plaisir, la volupté indicible que son ouvrage avait causé; on eût payé bien plus cher encore le bonheur inestimable d'un tête-à-tête avec l'homme de génie qui avait conçu et écrit de si merveilleuses pages. Mais on était étrangère; mais on était loin de Paris, et il ne dépendait pas de soi de voler vers cette capitale du monde intellectuel. L'on ne pouvait raisonnablement espérer qu'un simple désir, le désir d'une inconnue, déterminât le déplacement d'un homme aussi occupé que l'auteur de *la Peau de chagrin* et de tant d'autres merveilleux récits; mais si le hasard, un hasard impossible, le poussait vers Neuchâtel, c'était là que résidait pour l'heure son admiratrice passionnée. La lettre était signée: «Eveline de Hanska, née comtesse Rzewuska.»

» Balzac ne fit pas l'injure à cette missive étrange de la confondre avec ces banalités que tous les cœurs dévastés croyaient devoir lui adresser de tous les départemens de la France. Il eut comme un éblouissement, une illumination: quelque chose lui faisait pressentir l'influence angélique qui, à partir de ce moment, allait semer de célestes voluptés son existence de damné. Cette femme n'était pas, ne pouvait pas être une femme ordinaire. Pour s'être sentie attirée vers lui par la lecture d'un livre comme *le Médecin de campagne*, il fallait que ce fût une âme élevée, un esprit hors ligne, une intelligence délicate; car, si *la Femme de trente ans* lui avait valu plus de vingt remercîmens parfumés et en pattes de mouche, *le Médecin de campagne* ne lui avait acquis que l'admiration d'un petit nombre de gens graves, en dehors du public des romans. Et puis cette *Imitation de Jésus-Christ*, sous laquelle s'abritait la lettre de madame de Hanska, lui inspirait pour cette femme ce sentiment respectueux que commandent l'austérité et la haute convenance dont ne se départent pas les nobles natures dans les démarches les plus exceptionnelles.

» Pour les imaginations ardentes, impressionnables et romanesques, il n'est ni obstacles, ni distances. M. de Balzac, toute affaire cessante, monte en chaise de poste, et le voilà sur la grande route de Neuchâtel, rêvant, pour oublier les heures, à celle qu'il allait chercher et qui ne comptait guère à ce que ce désir, si timidement formulé, se réalisât.

» Mme de Hanska pouvait avoir trente ans alors. Jolie de figure, elle commençait à être envahie par cet embonpoint charmant de la seconde

jeunesse. Au bout d'un quart-d'heure, elle et M. de Balzac s'entendaient comme s'ils se fussent toujours connus. Celui-ci, qui arrivait avec la plus haute idée de cette femme, découvrit qu'elle dépas-
sait de beaucoup l'opinion qu'il s'en était faite. Mme de Hanska, à une
instruction presque universelle, joignait un esprit charmant et une
finesse, une sûreté de critique et d'appréciation qu'on rencontre plus
rarement chez les femmes que d'autres qualités plus brillantes et qui
frappent davantage. Son intérieur se composait de son mari et de sa
fille, un tout petit enfant que M. de Balzac tenait sur ses genoux en
conversant avec la mère. Nous ne nous appesantirons pas sur cette
première rencontre, qui fut le point de départ de ce mutuel et profond attachement que la mort seule pouvait rompre; seulement dirons-nous qu'elle ne fut pas sans exercer une notable influence sur le
talent et dans les travaux de M. de Balzac, comme en fait foi sa dédicace de *Seraphita* à Mme de Hanska.

Les propriétés de M. de Hanska font partie de la Pologne russe; c'est
à Wierzchownia, près de Berdidchéff, qu'il habitait, et c'est là que
M. de Balzac est allé rejoindre sa veuve. Bien des années, dix-sept
ans, je crois, se sont écoulées entre le premier jour où ils se sont
serré la main et celui où, libres tous deux, ils ont pu se la tendre et
se consacrer l'un à l'autre. Quoique séparés par d'énormes distances,
ils se sont plusieurs fois rencontrés. Mme de Hanska fit une apparition
à Paris, et M. de Balzac ne regardait pas à quelques cents lieues quand
il s'agissait de voir cette moitié intellectuelle de lui-même. Une nuit,
aux Jardies, il va réveiller un de ses amis qui dormait du sommeil le
plus profond. — «Vous ne venez pas avec moi; je pars. — Et où allez-
vous à cette heure» — En Pologne; m'accompagnez-vous? — Ma foi,
non. — Eh bien! bonne nuit. — Et vous, bon voyage.»

M. de Balzac retrouvait à Ville-d'Avray quelque temps après cet
ami :

« — Ah! mon cher, lui dit-il avec un sentiment débordant, je ne l'ai
vue qu'un instant! mais quel bonheur de l'avoir vue!

Après la mort de M. de Hanska, aussitôt que les convenances lui permirent d'aller où l'appelait son cœur, il vola vers Wierzchownia. Hélas! ce voyage long et pénible devait lui être fatal aussi bien qu'une
course à Kiew, — cet antique berceau de la Russie, — dont il revint
très-souffrant, et qui fut la première révélation inquiétante de la maladie à laquelle il succombait quelques mois plus tard.»

On ajoute à cela une autre anecdote. Une Anglaise se présente un
jour à la maison de campagne de Balzac, aux Jardies. Elle est introduite, et se retire on ne peut plus satisfaite de la conversation et des
manières du célèbre romancier. Le lendemain elle revient, cette fois
dans l'intention, annonce-t-elle, d'acheter la maison qui lui a plu.
— Mais ma maison n'est pas à vendre, répond le propriétaire. — Peut-
être changerez-vous d'opinion quand vous saurez le prix que je veux
y mettre : je vous en offre quinze-cent mille francs. — Balzac demeure
confondu. — Mais, poursuit l'étrangère, j'entends la maison et tout
ce qu'elle contient, meubles, tableaux, manuscrits.... — Ils valent
peu de chose..... — Et le maître lui-même, conclut (en riant, ou en
soupirant? l'histoire ne le dit pas) l'étrange visiteuse. C'était un ma-

riage qu'on lui proposait, le croyant assez homme d'esprit, ajouta la dame, pour ne pas s'offenser du tour donné à la proposition. Balzac se confond en remerciemens, mais refuse. Il avoue que son cœur est pris : Et la personne, ajoute-t-il, dont me vient une offre si flatteuse, est bien faite pour comprendre que je dois rester fidèle à cet amour, bien qu'il soit sans espoir. — Voilà l'anecdote : mais les gens soupçonneux la révoquent en doute, et prétendent que tout au moins il doit y avoir eu quelque circonstance atténuante, ou aggravante, dont on ne parle pas et qui expliquerait le refus.

On nous rapporte un autre épisode plus sérieux et resté jusqu'à présent inédit. Ce récit vient d'une personne qui a beaucoup connu Balzac, qui avait pour lui une amitié sincère, et qui le représente comme naturellement bon, mais *halluciné* dans sa vie privée aussi bien que dans ses ouvrages. D'après elle, il répugnait à se marier; il craignait pour sa liberté d'artiste. Il redoutait, en outre, les embarras et les dehors de *l'existence aristocratique* que lui aurait faite son mariage : il avait chez lui et pour lui plutôt les goûts bourgeois. Mme de Hanska est une femme de beaucoup d'esprit et d'attrait, mais, comme cela se voit souvent parmi les Russes, d'un charme plus intellectuel que sensible, plus de la tête que du cœur : elle exerçait sur Balzac une sorte de fascination; elle le séduisait, elle répondait à ses rêves. Cependant, avec ce caractère, cette liaison avait eu ses interruptions et ses orages. Quelques jours avant de partir, Balzac se rendit chez une dame avec laquelle il avait eu autrefois des relations intimes. Il lui proposa de recommencer à vivre ensemble, ajoutant que ce serait pour toujours, qu'ils ne se quitteraient plus. Elle lui demanda alors de l'épouser; il répondit qu'il avait promis de n'épouser que Mme de Hanska, qu'il n'épouserait qu'elle, mais qu'il préférait ne pas se marier et que, si elle acceptait, il ne partirait pas et, ne se marierait jamais. Cette personne, qui en pleure aujourd'hui toutes les larmes de ses yeux, se piqua, refusa, malgré toutes les promesses et les offres de Balzac, et le laissa partir. Il se mit ainsi en route avec indécision et anxiété et comme poussé fatalement. Dans cette disposition d'esprit, suivie d'un genre de vie tout nouveau, son affection organique du cœur qui eût exigé surtout du calme et des ménagemens, s'aggrava tout à coup. A son retour, quatre jours avant sa fin, il fit venir cette même personne, et lui ouvrit son cœur; il lui dit : « *Je suis allé chercher* » *la mort;* si vous aviez voulu je ne serais pas parti. »

Telle est la version vraie, suivant un témoin non seulement directement informé, mais d'une sincérité entière et d'un esprit fort capable d'apprécier sainement les faits. Cette version secrète ne contrarie point, d'ailleurs, la version publique et classique, celle sans doute qui demeurera : elle la complète, elle la fait rentrer dans le ton du caractère de Balzac, et donne à sa vie un dénouement que n'eût pas désavoué pour quelqu'une de ses œuvres celui qui avait voulu être le peintre de la réalité.

— Malgré la saison, celle où Paris se repeuple de son monde le plus parisien et où chacun se remet sous les armes, il ne s'annonce encore aucune nouveauté littéraire, et la politique est toujours à l'attente pour la rentrée de l'Assemblée nationale au mois prochain. La dernière revue, dans laquelle outre l'infanterie quarante-huit escadrons de cavalerie ont manœuvré et défilé devant le président sur le plateau de Satory, s'est passée sans autre incident que les vivats accoutumés. L'infanterie a défilé bouche close, mais quelques escadrons ont crié, après leurs chefs, Vive Napoléon ! Vive l'empereur ! Quant aux spectateurs, très-nombreux, ils étaient de l'indifférence politique la plus parfaite et n'ont pas donné signe de vie dans un sens ni dans l'autre : c'étaient soixante mille curieux, rien de plus, soixante mille badauds. Telle a été cette revue, la *bataille de Satory*, comme l'appellent les rieurs.

La commission de permanence s'est émue des vivats militaires ; elle a eu des séances agitées ; mais il n'en est rien sorti jusqu'à présent, et l'on voit bien qu'au fond elle répugne à agir, que les hommes purement politiques ne savent trop que faire, si même ils n'ont peur. La Chambre aurait grand besoin d'être soutenue dans l'opinion ; mais par la loi sur la signature, elle s'est mis à dos toute la presse, qui pourrait bien le lui revaloir dans l'occasion. Personne, au reste, ne sait rien, ne prévoit rien ; chacun marche au jour le jour ; les notabilités se réservent ; les illustrations militaires sont humiliées de voir la France et leur épée sous Louis-Napoléon ; le général Changarnier qui est le héros du monde de la Bourse, et a su se maintenir dans de bonnes relations à la fois avec les légitimistes et les orléanistes, passe pour suivre toujours sa tactique d'ambition personnelle, sans se découvrir, sans se livrer, sans se séparer, sans se compromettre. Le président est naturellement taciturne, il ne dépose pas même ce caractère avec ses ministres : cette qualité négative est au moins nouvelle en France, le pays des indiscrets. On croit cependant toujours à un projet pour la rentrée de la Chambre. Louis-Napoléon disait dernièrement à une dame : « Je prévois des troubles, dans cinq ou six semaines. » Cela signifie-t-il qu'il y compte ! Se passera-t-il réellement quelque chose et comment le tout se terminera-t-il ? Nul ne saurait le dire, mais le sentiment général est toujours qu'il y aura une solution momentanée, un haut-le-corps, un coup de collier, et sans trop de secousse. Malheur à la France, si le char venait à verser ! Les renseignemens sur l'état des campagnes dans certains départements sont de plus en plus fâcheux et unanimes : les paysans n'ont pris du socialisme que la partie crue et grossière ; les livres publiés par le comité conservateur de la rue de Poitiers pour combattre le poison parmi eux, n'ont servi qu'à le leur inoculer ; les

paysans sont purement et simplement *partageux*; leurs idées à ce sujet pourraient se formuler ainsi : « *Donne-moi de ce que t'as, je ne te
donnerai pas de ce que j'ai.* » Si les choses tournaient à la guerre civile, celle-ci ne manquerait donc ni de partis et de chefs, ni de ses
brandons les plus affreux : tous les élémens sociaux y tomberaient en
dissolution. Et probablement elle trouverait dé l'écho près d'elle et au
loin. La manifestation contre le général Haynau montre ce qui fermente
même en Angleterre; la Hesse, ce qui pourrait éclater en Allemagne,
malgré la haute comédie politique par laquelle l'Autriche et la Prusse
essaient encore de donner le change et de temporiser. Effectivement,
toutes les nouvelles d'Allemagne s'accordent à représenter ce pays
comme en dissentiment profond avec ses princes et se démocratisant
dans l'opinion, en attendant de se démocratiser dans les faits.

· Paris, 14 octobre 1850.

SUISSE.

EXPOSITION DE TABLEAUX

AU MUSÉE ARLAUD.

> « En fait de peinture l'appréciation est
> extraordinairement difficile, et bien peu
> sur le grand nombre des connaisseurs eux-
> mêmes méritent d'être écoutés sans ap-
> pel. » R. TOEPFER.

Lausanne, 1er octobre.

Voici deux hivers que la Société littéraire et artistique réunit périodiquement le public intelligent et esthétique de Lausanne. Jusqu'à présent la science, la littérature, la musique se disputaient à l'envi les
applaudissemens des auditeurs. Chacune des trois muses avait ses
grands et ses petits moyens de séduire.

La musique, la plus répandue, la mieux comprise, se donnait bien
un peu des airs de supériorité; mais au son de ses accords s'évanouis-
saient les murmures. — La littérature appelait à son secours toutes ses
voix : prose, poésie, déclamation, voire même la comédie qui venait
parfois secouer ses grelots dans la salle. — La science, indiscrète, cherchait à dévoiler les secrets de la création, et jetait sur la foule étonnée
l'éclat de ses combustions chimiques ou les mystérieux aérolithes de
la géologie.

Or, il y avait en outre un comité de peinture que l'on s'obstinait à
nommer dans les réunions générales, sans trop savoir à quoi bon, si
ce n'était toutefois pour donner raison au titre de la société. Mais voici
la peinture qui cette fois ravit la bonne part et vient nous offrir cet
été des richesses toutes nouvelles.

Un tableau d'histoire, peu de portraits, beaucoup de tableaux de genre, quelques marines et des paysages à l'infini; voilà ce dont nous avons à entretenir aujourd'hui les lecteurs de la' *Revue.* Ajoutons-y des fleurs, des émaux et un petit nombre de morceaux de sculpture. — La plupart des tableaux sont à l'huile, quelques-uns à l'aquarelle, au fusin, à la gouache, à la fumée. — Dans le compte-rendu rapide et concis que nous allons entreprendre de cette première exposition lausannoise, il nous arrivera peut-être de faire quelques omissions involontaires, et de ne consacrer qu'une ou deux lignes à des toiles qui mériteraient, pour chacune d'elles, un article développé; sur ces deux points, nous prions le lecteur indulgent de ne pas rejeter la faute en entier sur nous, mais aussi sur l'abondance du sujet et le peu d'espace dont nous pouvons disposer aujourd'hui dans ce recueil.

Nous commencerons notre revue par les genres inférieurs : dessins, aquarelles, émaux; fleurs, et nous nous élèverons ensuite par gradation jusqu'aux princes de l'art, jusque sur l'*échafaud de Davel.*

Fleurs. — Les dames ont toujours eu le monopole de la peinture des fleurs. Si nous ne leur disputons guère ce gracieux champ d'études, c'est bien par le sentiment de notre impuissance. Comment exprimer aussi bien qu'elles tout ce qu'il y a de grâce dans les plis d'une corolle, de fraîcheur dans l'incarnat d'une rose, de moëlleux dans le velouté d'un camélia, de mystère dans les profondeurs d'un calice?

Mmes Avril, J.-G., Emilie Reinhard, Susanne Rey, rivalisent et se surpassent dans leurs aquarelles, celle-là par un groupe élégant, la seconde par la fraîcheur du coloris, la troisième par un laisser-aller qui atteint souvent à la grâce, la quatrième enfin par une touche chaude et par la transparence de ses tons.

On admire aussi un *Nid de pinsons* et un *Bouquet* de Mme Borel-Jaquet, tous deux à la gouache. C'est un travail d'un fini vraiment exquis et d'un charmant dessin.

Enfin Mme D'Albert-Durade couronne cette poétique guirlande. Les tons de ses fleurs ont quelque chose de plus mâle. L'aquarelle atteint sous son pinceau la vigueur de l'huile, et la surpasse en moëlleux et en transparence. Un bouquet tout éblouissant de fraîcheur, et dont l'air paraît caresser les légères pétales, est posé sur un vieux livre, le Livre de la vérité. Les fleurs en prennent un parfum de sainteté et le livre un air de jeunesse. C'est le *Souvenir du Jubilé,* une des plus remarquables peintures de l'exposition.

Nature-morte. — Nous avons à signaler ici les aquarelles allégoriques de Mlle Julie Miéville, et une *nature-morte* de M. Chaumont jetée avec une exquise nonchalence, mérite que nous entendîmes du reste exprimer avec beaucoup plus d'énergie par un de nos grands connaisseurs, qui montrait cette aquarelle à M. Diday, en accompagnant son geste de ces mots : « C'est d'un chic étonnant ! » — Quel dommage que des termes si commodes ne puissent être introduits dans la langue écrite! — Citons encore un fort beau groupe de *Fruits du midi* de M. Perret, et un *Tableau de fruits* de M. Emmanuel Chapelet, peint à l'antique, mais un peu dur. J'en passe peut-être, et des meilleurs.

Emaux. — Nous aurons peu de chose à dire des émaux et miniatures, qui font plus d'effet dans le secret du boudoir ou dans la toilette des dames que dans les salles d'une exposition de peinture. Cependant tout le monde a remarqué les beaux cadres de M. Hess, *Le Christ* de Mme Wagnon-Chantre, un admirable, portrait par M. Glardon jeune, et ce bijou microscopique intitulé *Le Renard et les raisins*, par Mme Frédérica Dufaux. Les miniatures de M. Bel, qui rappellent Isabey et ses coups de vent dans des écharpes d'azur, sont d'une rare beauté. Le portrait, de l'auteur est une œuvre originale, pleine de vie et de couleur.

Avant que d'en venir au paysage, qu'il nous soit permis de louer en passant le modelé et la pureté de dessin des médaillons de M. Doret. Nous regrettons de n'en pouvoir dire autant des trois bustes de circonstance qui garnissent la petite salle, sans l'orner.

Paysage. — Il nous tarde d'arriver au paysage. Et d'abord commençons par des productions qui, quoique plus modestes, ne le cèdent pourtant en rien à la plupart des tableaux à l'huile, soit pour le talent, soit même quelquefois pour l'effet. Ainsi, les délicieux petits dessins à la plume de M. Marius Steinlen, la mystérieuse poésie des paysages à la fumée de M. Georges, cette charmante *Etude du bois de Vernand* de M. Perotti, et surtout les larges et vigoureuses compositions au fusain de M. Delapeine, ne révèlent-elles pas des talents d'autant plus sérieux qu'ils s'en tiennent encore à la recherche de la ligne, culte qu'on ne devrait jamais abandonner trop tôt? :

Puis, nous avons aussi les aquarelles de M Knebel, d'un style sobre et pur, et celles d'un genre diamétralement opposé, mais riche, de M. F. Horner, de Bâle.

Une *Vue du port de Rippetta*, à Rome, est un croquis franchement traité et tout chaud encore de l'inspiration, par M. Bonnet. Ce peintre nous a gratifiés d'une foule de croquis remplis de verve, de fraîcheur et d'esprit. Son grand tableau, *Une fête dans la villa Pamphili*, est d'une savante et belle composition. Sur le premier plan le parc d'une villa étale ses terrasses, ses fontaines et ses beaux pins d'Italie. Partout des groupes variés aux costumes pittoresques, aux poses vives et naturelles. Quant à la couleur, elle miroite un peu du bleu au jaune sans trop s'arrêter au vert. — *Le Panthéon* du même auteur vaut bien mieux sous ce rapport, c'est une charmante peinture; mais pourquoi M. Bonnet ne fait-il que des croquis?

Sans connaître M. Bocion, on devinerait, à la variété et à la spontanéité de son talent, qu'il est jeune et qu'il cherche à se compléter. Il a presque autant de genres que de tableaux exposés. C'est tantôt un cul de sac formé de vieilles baraques enfumées où le voyageur fourvoyé demande sa route à des enfans, seuls gardiens de cette retraite, d'une couleur sombre, mais d'une crue vérité ; tantôt des barques aux voiles penchantes dans un ciel d'azur; tantôt une fête, la foule des curieux devant laquelle le bon public lausannois s'extasie ou se formalise à l'aspect de ressemblances pour la plupart imaginaires; tantôt enfin un portrait. Partout la recherche du vrai, le courage de la difficulté à vaincre. Parfois aussi un échec; témoin le platane de sa *Navigation*, hardiment posé, mais auquel il eût fallu donner en même temps vigueur, modelé et transparence. Le pinceau de Diaz l'aurait fait; celui de M. Bocion a encore besoin d'exercice.

En voyant les paysages de M. Bryner à quelque distance on ne peut s'empêcher de s'écrier : Bravo! très-ressemblant! comme on le fait à l'aspect de l'orfévrerie Ruoltz. En effet, c'est bien là quelque chose qui rappelle un peu Calame, les grands monts, les effets de lumière sur

les glaciers. les sapins aux bras fantastiques. Mais qu'on s'approche!
la nullité des premiers plans, la vulgarité du dessin, des arbres, la
maigreur de la couleur, partout, feront déchoir un peu ce mérite d'imitation aux yeux du moindre connaisseur. Il n'y a qu'un certain arrangement qui relie, on ne sait trop comment, ces fragiles matériaux, de
manière à en former un tout quelconque. Si M. Bryner ne nous eût
pas donné son *Château de Chillon*, nous n'eussions peut-être pas découvert des faiblesses de détail plus habilement dissimulées ailleurs.
—Sa *Handeck* est d'un bon effet, mais ce que nous avons vu de mieux
de lui; c'est une toute petite toile qui n'a été exposée que dans les
derniers jours, et d'une dimension qui convient admirablement à ce
genre de peinture. N'oublions pas, au reste, la grande part que M. Bryner a prise à la réussite de l'exposition comme membre du comité.
Nous devons à son zèle assez de nobles plaisirs pour rester indulgens
envers son talent.

  L'*Entrée d'un bois*, près de Lausanne, par M. Coindet, est un morceau vigoureux, mais encore plus *école genevoise* que *nature*. Les
Environs de Villeneuve, du même, valent mieux. Il y a là de la poésie
et une jolie couleur. Les montagnes y sont bien étudiées. Mais l'équipage militaire, fort bien peint dans le milieu de ce paysage, par M. Humbert, ajoute beaucoup à l'intérêt de la composition.
  Voici une immense toile de M. Dunand. Ce n'est qu'avec peine qu'on
peut y découvrir un paysage, tant elle est placée défavorablement.
C'est le *Château de la Rochette, effet du matin*. Le premier plan est
parfaitement senti. Un étang d'une transparence charmante paraît dormir à gauche sous ses roseaux. A droite un vaste terrain bien éclairé
et savemment traité, occupe, ce nous semble, un peu trop d'espace.
Le second plan en paraît tout rétréci. La lumière s'y égare et l'effet en
souffre. Néanmoins c'est une belle peinture qui témoigne d'un talent
mûr et distingué.
  Le *Chemin des Steppes*, de M. Frégevize, est d'une lividité de couleur qui en eloigne ceux qui pourraient y admirer une jolie composition.
  M. Georges a envoyé un assez grand nombre de jolis tableaux. Ses
cadres ovales ressemblent un peu à des têtes de romance. Son *Bord
de la mer* rappelle Vernet. Mais il y a dans une *Vue prise à Mornez*
et dans son *Souvenir du bois de Frontemay*, une tendance à l'originalité que nous sommes heureux de constater.
  M. Humbert est toujours un grand peintre d'animaux. Son *Défrichement* est une belle toile pleine de style, et qui nous a rappelé Mlle Rosa
Bonheur. Ses *Chevaux de labour* sont admirables de modelé, de couleur et de vie. — L'*Amateur vaudois* du *Nouvelliste* a trouvé que
M. Humbert peignait *dans le sentiment* de Léopold Robert. Pourquoi?
Vous ne le devineriez pas? C'est que M. Humbert a fait des bœufs, et
Léopold Robert des buffles. Vous n'avez donc pas lu votre Buffon,
M. l'*Amateur vaudois!* D'ailleurs, c'est une manie chez vous que de
rechercher l'imitation partout, et vous la poussez, ma foi, jusqu'au ly-
risme. Mais Alfred de Musset va vous le dire :

  C'est imiter quelqu'un que de planter des choux.

  M. Lacaze devrait dessiner au crayon ses tableaux à l'huile. La composition n'en est, en effet, pas mauvaise, mais quelle couleur!....
  Voici de la bonne peinture! C'est un *Paysage des environs de Ge-*

nève, par M. Armand Leleux, dont on admirait *Un Espagnol* à la dernière exposition des Tuileries. Nulle recherche d'effet et beaucoup d'effet, une composition plus que simple et un charmant tableau. L'arbre du premier plan est admirable de relief et de forme. La petite femme dont la robe rose et bleue se reflète dans l'eau, au second plan, donne un petit ton criard au milieu du paysage, mais tout y est si naturel, si spontané, qu'on oublie l'art devant cette petite toile pour s'y enivrer de douce rêverie et de paix. — Les *Intérieurs* de M. Leleux sont trop connus par leur harmonie et l'habileté de leur exécution pour que nous ajoutions une louange à leur renommée. Mais qu'il continue à nous donner des paysages comme il sait les faire. C'est tout ce que nous lui demandons.

Il arrive parfois un moment où l'artiste, après avoir étudié et embrassé d'un vaste regard tout le champ de la science acquise, se recueille, indécis, devant tant de chefs-d'œuvre et se demande s'il pourra travailler sans les imiter. Il en est qui savent se faire un piédestal de la science et résumer dans leurs tableaux tout cet ensemble de qualités diverses. Tel est M. Gleyre.

D'autres, comme M. Menn, préfèrent retourner en arrière, oublier tout chemin frayé, et se tracer tout seuls, à travers la nature inspiratrice, une route libre et nouvelle. Les petits tableaux de M. Menn témoignent de cette étude réfléchie, sincère, intelligente, dirigée par un goût exquis et par un sentiment élevé. Quel style dans ces simples compositions ! que de grâce dans le groupé des figures ! que de transparence dans ces ombres qui laissent si bien reconnaître la couleur du terrain sur lequel elles ne font que passer ! Quelle entente de la perspective aërienne, de la dégradation des tons, du clair-obscur ! *La source. Les cerises, Le brouillard*, etc., sont autant de grands tableaux pour la science, toute de sentiment, dont ils font preuve.

M. Viot a du goût, beaucoup de goût. Son *Ruisseau* est ombragé par un beau groupe d'arbres et sa *Chaumière en Dombes* est une des plus jolies compositions du salon.

M. Collin, à Paris, nous a donné sous le nom de *Pont de Royat* un paysage d'un beau style et d'une couleur ferme et harmonieuse.

Une certaine brusquerie de composition et de couleur attire au *Paysage* de M. Castan les éloges de la foule. Il y a du relief dans cette peinture, et un caractère que le manque d'harmonie dans les tons ne laisse pas moins percer.

M. Thurau, de Constance, peint avec des couleurs si fraîches et si délicates qu'il semble les avoir dérobées à l'aurore. Mais c'est un peu féminin.

L'effet de neige de M. Schwegler est un joli tableau qui attire la foule.

La superbe marine de M. Morel-Fatio, *L'attaque d'un bâtiment négrier*, n'est arrivée que dans les derniers jours de l'exposition. Nous en avons admiré le magique effet de soleil sur les flots, la vivacité de l'action et la hardiesse de la touche. — Une *Marine* de M. Lindsay a plutôt l'air d'un coup de tête que d'un coup de vent. *Audaces fortuna juvat.*

Nous avons réservé pour la fin de cette rapide revue des paysages MM. Diday et Duval, parce qu'à notre avis ils se disputent la palme du paysage dans cette exposition. Si M. Calame eût été là, il aurait sans doute tranché la difficulté. — M. Diday ne nous a pas envoyé de ses meilleures toiles. Energie et dessin à part, son *Souvenir des rives du*

Léman nous a laissé froid. Il y a pourtant, là de ces belles pierres et de ces beaux arbres touchés de main de maître. Il y a même des figures, des baigneuses, assez mal dessinées, du reste. Eh bien ! rien n'a pu nous émouvoir. Mais nous avons beaucoup regardé ce tableau parce qu'il était signé : Diday.

M. Duval n'appartient pas à l'école genevoise. Sa nature est vraie et grande. Soit qu'il nous ouvre les plaines de la Provence avec leur horizon rêveur et leur surface chatoyante sous les ombres des nuages qui passen ; soit dans l'île de Caprée, pendant la moisson, où les blés se balancent sous un air chaud et pur, où les laboureurs fatigués se reposent à l'ombre des grands arbres ; soit à Civita-Castellane, partout sa nature est animée, noble et palpitante de vie et de soleil. Comme Claude Lorrain, il est tout style et tout harmonie.

Genre. — Le *genre* est toujours ce que le public admire le plus et ce qu'il comprend le mieux. Heureux le peintre de genre ! pourvu que son idée soit clairement rendue, que la scène qu'il représente soit intéressante, on lui fait grâce du reste, et ses tableaux sont admirés ; mieux encore, on leur fait presque toujours les honneurs de la lithographie.

Deux enfans devant une porte, vraie peinture de Nuremberg, ont trouvé bien des admirateurs.

La *Diseuse de bonne aventure* de M. Lacaze, en est plus digne. C'est un joli tableau d'effet.

Les *Pâtres* de M. Guignard, tantôt prennent un *repas,* tantôt se *chagrinent,* tantôt enfin ont la *fièvre* et s'en vont *en pélerinage.* Les ciels sont chauds ; mais une teinte de tristesse est répandue sur toutes ces compositions. Le musée Arlaud possède une toile de M. Guignard, bien supérieure à tout ce qu'il a exposé.

M. Hébert est toujours un excellent dessinateur. Il dessine même parfois trop bien et manque son effet à force d'accuser ses formes savantes. Il n'en reste pas moins le premier élève de Lugardon.

Nous avons de ce dernier trois charmants sujets : Le *Souterrain de Chillon* d'une couleur sombre et énergique ; la *Halte du blessé,* admirable groupe du dessin le plus châtié et d'un superbe mouvement. La figure de la jeune femme à genoux est d'une belle transparence de ton. C'est de la bonne couleur, solide et savante. Sous ce rapport M. Lugardon s'est bien amélioré.

Comme pendant, nous voyons deux jeunes filles sur un cimetière. Un vif rayon de soleil les éclaire par derrière et vient se jouer sur les tombes, devant leurs yeux. L'une d'elle, à genoux, pleure une affection perdue. L'autre relève la tête avec tout le feu d'un cœur jeune et croyant. Il y a une grande poésie dans ce morceau qui est intitulé : *Souvenir et Espoir.* — Le paysage de ces deux tableaux, de M. Calame, est parfaitement harmonié avec la couleur un peu chaude de Lugardon.

L'Ane favori est vraiment par trop renouvelé des Flamands. Que M. Perret fasse des nature-morte, il y réussit bien mieux.

M. Volmar paraît peindre habilement les animaux ; mais pourquoi les recouvre-t-il de tons aussi étranges ?

M. A. van Muyden sait entourer d'une couleur fine, harmonieuse, séduisante, de charmantes compositions. — Un *Confessional à Albano,* ses *Enfans traversant un ruisseau,* son *Intérieur des montagnes de la Sabine* sont autant de chefs-d'œuvre de goût et de sentiment.

L'Ecluse, de M. Hornung, rappelle le mot d'Esope, qu'un arc ne peut pas toujours rester tendu. Il y a des moments où l'artiste sérieux aime à prendre quelques ébats et à sourire à des jeux d'enfans.

Quelle est cette coquette dont le regard nous attire de tout loin et dont l'œil séduisant paralyse la critique sur nos lèvres? C'est *la Toilette* de *Mme Munier-Romilly*, une jeune femme qui savait bien qu'on faisait son portrait quand elle a revêtu le brillant négligé qui la recouvre à peine. On s'étonne en la contemplant que le pastel ait pu donner des tons aussi chauds.

Une *Madeleine* du même auteur est plutôt un tableau d'histoire, mais nous ne voulons pas la séparer de sa compagne, d'autant plus qu'elle paraît en exprimer la moralité. C'est un Héraclite en jupons près de son ami Démocrite. Le sourire est bien près des larmes. Ce dernier tableau est saisissant, bien conçu, tout rempli de la poésie de la couleur, et, si l'on en excepte les mains, d'un dessin plus châtié que l'autre.

M. Grosclaude a le don de charmer la multitude. Le choix de ses sujets et la richesse de sa palette justifient assez cet empressement. Sa *Jeune fille parcourant un album* a la tête bien naïve pour la tournure qu'elle développe avec tant de complaisance. A voir ses grandes manches flottant à ses côtés, on dirait qu'elle va, comme un beau cigne, s'envoler vers d'autres régions. La naïveté ne touche pas toujours à la grâce. — Les accessoires sont, du reste, peints de main de maître.

Son *Etude de jeune fille* est mieux dessinée. La couleur en est charmante. On regrette que la nature soit moins bien peignée que cela.

L'Electeur indécis, de M. d'Albert-Durade, est une peinture froide et presque triviale, surtout dans la dimension d'un grand portrait. Le *Niveleur* est mieux dessiné. La tête a quelque chose de moins vulgaire et on lui trouvera plus d'allure, mais peut-être encore moins de signification. C'est un homme qui porte une pelle, et voilà!.... Le raccourci de la pelle est, du reste, hardiment accusé.

Portraits. — En parlant du portrait nous ne reviendrons pas sur les émaux. C'est un genre dans lequel il est bien difficile de discerner ce qui est talent de ce qui est patience.

Les portraits de M. Chaumont font preuve d'une grande facilité. Son *Jeune page*, dont nous aurions pu parler plus haut, est traité avec beaucoup de verve et d'entrain.

Mme Duplan-Veillon a exposé *Une jeune mendiante*. C'est fort bien traité pour un amateur, et les joues roses de la pauvre enfant font deviner que Mme Duplan, tout en peignant un joli portrait, a fait une bonne action.

M. Glardon, jeune, manie le crayon avec une rare habileté. Son *portrait de M. F. G.* est un chef-d'œuvre pour le fini de l'exécution.

M. Bocion se montre excellent coloriste dans son *portrait de M. S.* Tout le monde en a admiré la ressemblance et l'expression.

Deux portraits. *Mlle de Clermont*, par Mlle Julie Miéville et un *portrait de femme*, par Mme de Chavagnac, auraient plu, l'un dans le dix-septième siècle, l'autre sous l'empire.

M. Hornung nous a envoyé deux de ses belles productions. La première, le *portrait de Louisa Thérésa de Bourbon* se ressent un peu de la froideur du modèle. Mais on y retrouve toujours cette vigueur étonnante jointe à l'exécution la plus soignée qui font de M. Hornung le premier portraitiste et le plus brillant coloriste de Genève. Toutes ces éminentes qualités se trouvent réunies dans son célèbre *portrait de Mme H...*

Histoire. — A première vue le tableau de *La mort du major Davel,* par M. Gleyre, nous a paru froid. Habitués que nous sommes, tantôt à la richesse de coloris, tantôt à la désinvolture de dessin des artistes modernes, nous ne comprenions pas cette scène d'une simplicité presque monotone, qui nous apparaissait sous un jour si peu dramatique. Il nous fallut chercher pour trouver. Mais aussi quelle découverte !

Il faut en prendre son parti : c'est la tête seule de Davel qui résume toute la pensée de l'œuvre. Le reste explique seulement comment il se fait que cet homme, dont le regard ravi plane déjà dans les espaces célestes, appartient encore à la terre. — « Cette figure rayonne ! » disait une dame. Et cependant c'est bien un martyr, ce n'est pas un ange que nous avons sous les yeux, pas même un poète ou un illuminé. C'est un homme de bien qui reporte vers le ciel toute l'ardente sincérité de son âme. ...

A droite se tient le ministre de l'Evangile, qui vient accompagner le mourant jusqu'aux frontières de l'éternité. Il échange avec lui, dans une dernière pression de main, toute l'entente mystique du grand secret. Le jeune pasteur qui est derrière eux ne comprend pas, lui, mais il admire et s'effraie.

Dans le fond et à gauche de Davel, on voit un manteau rouge et un glaive. C'est le bourreau ; et auprès, un aide prêt à l'assister dans son œuvre.

Il y a un courage un peu osé dans la simplicité presque symétrique de cette composition ; mais quand le succès est à la hauteur du courage, c'est au génie qu'il faut s'en prendre. C'est se sentir fort que d'oser être simple.

En somme, c'est une peinture que nous ne pouvons juger au point de vue de l'art, parce que celui-ci ne s'y trahit ni par une *manière,* ni par une excentricité, mais qu'il s'y fond dans la perfection de la vérité.

Reste à savoir si le spiritualisme de M. Gleyre répondra aux besoins du jour. On ne croit plus guère au dévouement de l'enthousiasme, et le dernier cri de la raison qui proteste aurait plus d'écho dans nos' âmes que cette sublime abnégation de la foi. Mais l'œuvre nous survivra et M. Gleyre, au lieu d'un tableau historique, aura laissé à nos descendans la représentation toujours vivante de l'éternel martyre de la liberté.

La physionomie du salon est fort animée. Non-seulement Lausanne, mais encore tout le canton y envoie son contingent de dilettantes. Plusieurs tableaux se sont vendus. Le Conseil d'Etat en fera un choix pour le Musée et nos artistes lausannois ne se plaindront plus de l'indifférence du public. Sous d'aussi beaux auspices, nous verrons d'autres expositions succéder à celle-ci. Le goût s'épurera et notre pays sentira grandir en lui un sens de plus : l'intelligence de la peinture. Les interprètes de la nature nous auront révélé ses admirables secrets, et en les contemplant sous ce jour tout nouveau pour nous, notre belle Suisse nous en deviendra plus chère.   W. R.

Lausanne, 9 *Octobre.* — Discourir d'art et juger les artistes, sans être artiste soi-même , est toujours chose périlleuse ; le terrain est glissant et la chute facile ; aussi me trouvai-je bien heureux que le travail d'un ami me dispense de vous parler de notre Exposition. Je me borne à rassembler quelques souvenirs de la Suisse allemande.

L'exposition de Berne était riche et intéressante. Ne l'ayant vue qu'une fois, il y a déjà long-temps , je vous parlerai seulement de quelques tableaux dont l'impression m'est restée , au risque d'en oublier des meilleurs. L'absence d'Ed. Girardet , pour ceux qui connaissent son talent, se fait vivement sentir à l'exposition de Lausanne. A Berne, il avait trois tableaux. L'un d'eux, la *Jeune fille mourante*, plein d'ame et de recueillement, un autre, le *Peintre ambulant*, pétillant de verve et d'*humour*, si cette expression nous est permise. Un étranger a frappé à la porte d'une maison de village. Il est peintre, il fait des portraits, promettant ressemblance parfaite ; sans doute il n'est pas cher, et l'occasion est trop belle pour ne pas se donner un doux plaisir, celui de contempler désormais sur la paroi, bien encadrés , les traits aimés de la jeune mère. Mais quel remue-ménage dans toute la maison, qui n'a jamais vu pareille fête ! voyez plutôt le tableau. Le peintre se renverse sur sa chaise et regarde avec complaisance le barbouillage informe qu'il vient d'esquisser sur la toile; tous les membres de la famille l'entourent, cherchant à voir, à découvrir la ressemblance, et s'extasient sans bien comprendre ; en face, la jeune femme est assise, sérieuse et pénétrée, et, au coin du tableau, une petite fille, très-sérieuse aussi, passe une couche de rose sur les joues de sa poupée , avec un pinceau qu'elle a sournoisement dérobé. Ce petit tableau nous semble un des plus jolis de Girardet. Espérons qu'une prochaine fois il ne tiendra pas rigueur à Lausanne. Il ignorait probablement notre exposition , car nos avis ne vont guère jusqu'aux solitudes du lac de Brientz. Parmi les autres tableaux dont nous nous souvenons encore se trouvait un Diday, bien supérieur, ce nous semble, au nôtre, puis plusieurs toiles de l'école allemande. Les paysages de M. Stephan, de Münich, sont d'un bel effet et d'un style large. On admirait beaucoup un grand tableau, aussi d'école allemande, représentant l'entrée d'un princillon dans une ville de ses états. La scène se passe au 18e siècle, ce qui nous explique la raideur des personnages. Il ne manquait qu'un petit coup de pinceau français, pour jeter sur cette toile un peu de vie et de mouvement. Berne n'était guère représentée que par les gracieux tableaux de Dietler.

Mais d'où vient donc que ce canton, qui a produit des poètes distingués, ait été toujours plus pauvre en artistes? Les petits cantons, où l'on trouverait à peine un nom à citer en poésie, sont bien mieux partagés sous ce rapport. Serait-ce la différence de l'esprit protestant à l'esprit catholique, le premier, plus spirituel, le second, plus ami de la forme et du sensible? Uri a son sculpteur Imhof, Unterwalden a eu son Würsch, et a maintenant son Deschwanden. S'il suffisait, pour faire un grand peintre religieux, de rendre sur les figures la profondeur du sentiment, Deschwanden serait sans doute du premier rang. Homme pieux, tout à son art, qui, dans sa confession, est pour lui un véritable sacerdoce, il met son âme dans ses tableaux. Rien de plus pur, de plus céleste, et en même temps de plus divers, que ses figures d'anges; et, surtout, on n'y trouve pas cette expression trop féminine, cette absence de caractère, qui les rend à l'ordinaire si insignifiants. Sa composition est simple, sans aucun apprêt. On regrette cependant de sentir quelquefois, dans la figure principale du tableau, l'influence trop marquée d'Overbeck, dont Deschwanden a été l'élève. Overbeck, allemand converti au catholicisme, et fixé à Rome, est le représentant moderne de ce que l'on pourrait appeler l'école *ascetique* en peinture. Exprimer le sentiment, l'âme est tout ce qu'il veut; il cherche autant que possible à effacer le corps; ses formes sont plates et sans modelé. Heureusement que Deschwanden n'a pas adopté entièrement cette manière; mais il gagnerait à s'en débarrasser tout à fait. On peut transfigurer la forme humaine sans avoir l'air de la dédaigner. Deschwanden est peu connu parmi nous; ses tableaux sont destinés à des églises, et il ne recherche pas les applaudissements du public; mais qu'aucun voyageur, ami de la grande et belle peinture, ne passe à Stantz sans visiter son atelier.   S.

· GENÈVE, 8 *octobre* 1850. — Nos journaux ont pris, depuis quelques semaines, un développement inattendu, auquel les prochaines élections des députés au Grand-Conseil ne sont probablement pas étrangères. Le *Journal de Genève*, organe principal du parti conservateur, paraît maintenant six fois par semaine, et renferme entr'autres une correspondance suivie et régulière de Paris, qui est lue avec intérêt. De son côté la *Revue de Genève*, organe de M. James Fazy, et journal quasi officiel du gouvernement, paraît aussi tous les jours; c'est assez vous dire que la lutte politique devient de plus en plus vive, et que le jour de la réconciliation, entre les partis qui divisent le canton de Genève, semble vouloir s'éloigner constamment de nous. — Quant aux élections qui auront lieu dans le courant du mois de novembre pour le renouvellement intégral du Grand-Conseil, il est très-vraisemblable que l'élément conservateur l'emportera dans les campagnes, et l'élément radical dans la ville, nonobstant la scission qui a éclaté entre les socialistes et les radicaux proprement dits. Cette scission, qui n'était plus un mystère depuis quelques mois, a éclaté au grand jour à l'occasion des querelles qui se sont élevées entre M. Galeer, rédacteur du *Citoyen*, et quelques enfants perdus du parti radical, cachés sous le voile de l'anonyme, mais dont le nom est loin d'être énigme pour le

public de Genève. Dans de telles circonstances, il est de mise et d'u-
sage chez nous de publier une brochure; aussi M. Galeer en a-t-il publié une qui a fait quelque bruit. — De son côté, le docteur Baumgartner a repris la plume, et s'avance de nouveau sur le champ de
bataille. L'écrit qu'il a fait paraître, à propos de la *Statue de Pierre
Fatio*, aborde, avec un style énergique et original, des questions délicates et ardues, des souvenirs irritants, qu'il eût peut- être été mieux
de ne pas remuer d'une manière aussi directe et aussi profonde; cet
écrit renferme du reste, comme la plupart des publications du célèbre docteur, beaucoup de choses qui ont uniquement trait à sa personne, notamment un récit détaillé de la journée du 12 novembre.

M. James Fazy, après avoir accepté avec reconnaissance le magnifique *don national* que lui ont fait, le Grand-Conseil, pour le canton,
et le Conseil-Municipal, pour la ville de Genève, semble n'être pas
absorbé entièrement par le rôle politique important qu'il joue chez
nous. On annonce de lui une *Histoire de Genève*, en 5 volumes, qui
doit être mise au jour prochainement, et dont on peut déjà se faire
une idée par les précédentes publications de l'auteur. Cependant
M. James Fazy poursuit avec persévérance ses idées favorites, et, dans
peu de jours, le Conseil d'Etat fera vendre une partie du terrain des
fortifications. Deux nouveaux quartiers vont s'élever sur les deux rives
du lac, l'un à la suite de l'hôtel des Bergues, l'autre à la suite de
l'hôtel de la Couronne, jusqu'au delà de la prison pénitentiaire, qui
devra tôt ou tard disparaître et se réfugier ailleurs. — On a beaucoup
parlé aussi, ces derniers temps, de la construction d'une nouvelle
église catholique dans la ville de Genève, c'est là une question qui
chez nous ne saurait rester inaperçue. On a prétendu qu'un dissentiment grave avait éclaté à ce sujet entre le gouvernement et la majorité des catholiques genevois; toutefois un comité a été nommé par
ces derniers, qui paraît devoir arranger à l'amiable avec le gouvernement la question d'une nouvelle église catholique, dont la nécessité
absolue ne peut être sérieusement contestée.—J'ai parlé tout-à-l'heure
d'une histoire de Genève par M. James Fazy; elle excitera sans doute
vivement la curiosité; mais une publication qui plus tard aura aussi
du retentissement dans toute la Suisse, est celle des *Mémoires* de
M. l'ancien premier syndic, M. Rigaud-Saladin, notre député à la
Diète de 1838. Cet habile magistrat, dont le rôle a été si important
dans nos affaires cantonales et fédérales, a utilisé les loisirs que lui
laissent sa retraite des affaires et une santé chancelante, à rédiger sur
sa vie politique et sur les événements contemporains, des mémoires
qui ne seront publiés qu'après sa mort, et qui renferment, dit-on, des
choses fort intéressantes. — Notre savant architecte, M. Blavignac, a
publié récemment un *Rapport sur les recherches et les travaux exécutés en 1850, dans le temple de Saint-Pierre*. Ce rapport divisé en
quatre parties, contient d'abord l'analyse des procès-verbaux de la

commission qui avait été nommée pour examiner le temple de Saint-Pierre, puis la description des objets découverts, et l'indication des travaux de restauration qui ont été exécutés, enfin un aperçu des réparations que l'auteur estime encore nécessaires. — M. le professeur Bétant, désireux de faciliter l'étude des plus anciens poètes lyriques grecs, a mis au jour, sous le titre de *Choix de poésies grecques*, un recueil destiné à être interprété au gymnase et à servir de préparation à la lecture des poètes dramatiques. Ce recueil qui porte sur seize poètes différents, et qui est accompagné de notes explicatives, renferme sur chacun d'eux des documents historiques d'autant plus utiles qu'il y a dans le recueil bien des fragments d'auteurs que l'on ne trouve guères que dans les bibliothèques spéciales.

Genève a perdu dernièrement Mme De La Rive-Duppa, femme de notre illustre physicien, et qui était connue elle-même comme écrivain de mérite. On lui doit un ouvrage sur l'histoire suisse. — M. Hornung, fils, vient d'être appelé comme professeur extraordinaire de littérature française à l'académie de Lausanne. — M. Marc Monnier est de retour de Naples, et séjourne maintenant à Genève. Vous avez annoncé dans le temps son départ pour Naples; je donne une meilleure nouvelle à vos lecteurs en leur annonçant son retour. Le dernier numéro de l'*Artiste*, renferme un article dû à la plume de votre jeune collaborateur. Nous désirons que le talent de M. Monnier soit apprécié à l'étranger comme il l'est parmi nous; nous avons tout lieu d'espérer aussi que M. Monnier restera fidèle à la *Revue Suisse*, et que ses succès en France ne lui feront pas oublier notre pays.   ***

Autre corr : — *Genève*, 6 octobre 1850. A part les démentis que se donnent et se rétorquent chaque jour et selon leurs caractères le *Journal de Genève* et la *Revue;* à part les spirituelles satires du *Genevois* et les grossièretés du *Revenant*, notre canton est presque calme au point de vue politique, et il le restera probablement jusqu'au mois prochain, que doivent avoir lieu les élections pour le renouvellement du Grand-Conseil. — Or, je ne crois pas me tromper en disant que ce calme est apathie, dégoût ou fausse patience d'une part, satisfaction affectée ou peu raisonnée de l'autre. Cependant dans toutes les pensées, ou du moins dans toutes les bouches sont ces mots : « Il y a quelque chose à faire ! » mais il ne se fera rien, soyez-en sûr. Les radicaux manquent d'hommes capables pour remplacer ceux, ou plutôt *celui* qui nous gouverne, les conservateurs de leur côté ne connaissent pas l'énergie. — Et pourtant, que ne pourrait-on pas faire si l'on voulait s'entendre, s'entendre pour travailler dans un but commun et désiré de tous; si les radicaux honnêtes voulaient dire hautement ce qu'ils pensent, et si les conservateurs se mettaient enfin à aimer le pays plus qu'eux-mêmes !.. Cette entente que je désire n'est pas chose si impossible qu'on peut bien le croire : il ne nous manque de part et d'autre qu'un peu de générosité pour son accomplissement.

Il ne faut pas se le dissimuler : à Genève tous pensent à peu près de même; il n'y a personne, les socialistes exceptés, qui n'y soit au fond républicain, personne qui n'y désire la liberté pour l'avenir de son pays; même tous sont d'accord sur un point bien délicat, c'est qu'il ne s'agit, pour le rétablissement de l'ordre moral, que de changer le personnel du gouvernement... et pas autre chose. En effet, la constitution qui nous régit, bien que basée sur le suffrage universel, donne pourtant une autorité telle au Conseil d'Etat que celui-ci, s'il est honnête homme, peut satisfaire à la fois et à ceux de ses commettants les plus opposés à la Constitution et à la Constitution elle-même. — Mais comment faire?.. Les radicaux n'ont qu'un pis-aller, comme je viens de vous le dire; mais ce pis-aller ils le maintiendront tant que les conservateurs ne présenteront personne, tant qu'à l'approche des élections les candidats de la liste *blanche* ne se seront pas fait connaître par une profession de foi quelconque. — C'est, nous l'avouons, chose singulière que notre parti conservateur, ce parti qu'on appelle celui de l'opposition et dont pourtant les membres ne se rattachent à aucune idée connue! Et je suis vraiment confus d'avoir à le dire : dans son sein, à l'exception des jeunes gens, je ne connais pas douze personnes qui auraient osé franchement monter à la tribune d'une assemblée populaire, et là faire hautement leur profession de foi politique.... Notre Grand-Conseil compte environ quarante conservateurs sur le total de ses membres qui est de quatre-vingt treize, eh bien! avec une minorité si respectable, croiriez-vous qu'il n'y a pas eu quatre séances durant l'année où l'opposition ait compté plus de dix de ses membres présents!.. et encore sur ces dix membres n'y en avait-il jamais que deux ou trois qui parlassent!...

Mais je m'égare. On est d'accord, vous disais-je, mais on ne veut pas l'avouer; et puis les désignations de partis ont toujours leur prestige : les mots *aristocrates* et *démocrates* sont toujours employés avec fureur, hélas! sans que nul ne se prenne à penser que dans une république ces deux mots envisagés en fin de compte, ne sont qu'une seule et même chose. En effet, au jour d'une élection importante, si les deux partis veulent être de bonne foi, même en continuant de mériter leur désignation, toutes les voix ne se déverseront-elles pas sur les mêmes individus, sur les citoyens les plus intègres, les plus capables je ne dis pas de chacune des opinions, mais du pays tout entier? — Tant que l'on ne voudra pas comprendra cela, tant que le seul patriotisme ne viendra pas remplacer les partis, je vous l'ai dit, et je maintiens mon dire, rien ne se fera à moins que la jeunesse ne se mette en avant. Nos aînés sont dégoutés de la vie politique; ils peuvent avoir leurs raisons pour cela. A la jeunesse donc de les remplacer! C'est en ses bras qu'est la force, en sa tête que'sont les nobles pensées, et nulle part enfin plus que dans son cœur ne sont les sentiments généreux. Et puis c'est à elle qu'est l'avenir, *l'avenir de la patrie*! Que la patrie donc s'attende à elle. PH. P.

GLARIS, *octobre* 1850. — L'état de l'industrie dans les cantons de St-Gall, Appenzell et Glaris fleurit chaque jour davantage. Nos fabriques ne peuvent suffire aux commandes qui arrivent de toutes parts. On ne trouve presque plus assez de bras pour les nombreux bâtimens que l'on entreprend partout. Cette année on a érigé une nouvelle filature et deux imprimeries de toile de coton. Dans notre canton il est peu de villages qui n'aient quelque manufacture, et malgré leur nombre elles font toutes de bonnes affaires. Les artisans aussi sont surchargés d'ouvrage. J'apprends qu'il en est de même des cantons de Saint-Gall et d'Appenzell, et j'ai lieu de croire que l'indusirie n'est pas en souffrance dans les autres cantons orientaux. On a cherché à introduire une filature de soie dans notre canton, mais elle n'a pu concourir avec Zurich et Bâle. — Nos industriels prendront part à la grande exposition de Londres; on se propose même d'y envoyer des gravures sur bois, et j'ai lieu d'espérer qu'elles feront honneur au pays.

Nos voisins des Grisons sont en plein démêlé avec leur évêque à propos de la réunion des deux écoles cantonales en un seul établissement. L'évêque, ne pouvant y mettre obstacle, défend à ses ouailles de fréquenter la nouvelle école. Il craint pour elles, dit-il, le contact des protestants; je crois cependant que son opposition vient plutôt de ce qu'il voit échapper de ses mains la haute surveillance qu'il exerçait sur l'ancienne école cantonale catholique. Le gouvernement des Grisons ne sait pas trop par quelles mesures il pourra vaincre l'opposition de l'évêque. Il a recours à l'introduction du placet, mais c'est là se préparer cent embarras pour un. En attendant, la population catholique s'est chargée de répondre à la circulaire de l'évêque, en envoyant sa jeunesse plus nombreuse à la nouvelle école cantonale que par le passé. Plus de quarante nouveaux élèves se sont présentés; et le nombre des étudiants catholiques dépasse le chiffre de 90. Tous les districts y sont représentés.

Un nouveau poète, Jacob Kübler a publié dernièrement un volume de poésies à Winterthour. Kübler appartient à la nouvelle génération des poètes qui ont pour chef Geoffroi Keller. Le jeune chantre qui entre aujourd'hui dans la lice paraît vouloir se ranger parmi les lyriques, tout en décelant cependant une tendance pour le genre didactique. Ses poésies sont empreintes d'un vif sentiment patriotique et religieux. Ses *élégies* du Righi méritent une mention particulière, ainsi que quelques odes sur un rythme ancien; nous avons aussi remarqué son poème sur la guerre de Bourgogne *(die Burgunderschlachten)* que l'on peut hardiment placer à côté de la *Bataille de Marignan*, de Fröhlich, et d'autres poèmes épiques sur les combats des Suisses. La dernière partie du livre, composée essentiellement de pièces satyriques, est sans contredit la plus faible, le caractère sérieux et sentimental de notre poète se prêtant mal à ce genre de compositions. En somme Kübler est un poète sur lequel il est permis de fonder de légitimes espérances.

Les 26 et 27 septembre s'est réunie à Coire la société suisse d'utilité publique. Le premier jour elle fit une excursion à Felsberg, ce village si souvent menacé du sort terrible de Goldau; le soir, en rentrant à Coire, la société trouva la ville illuminée, et ornée d'arcs de triomphe et de guirlandes. L'un des objets les plus importants qu'il y eût à traiter, était le meilleur emploi à faire de la donation de Juíz. On sait que cet officier suisse au service de Naples a fait un don de L. 54,000 au canton de Schwytz, sous la réserve que cette somme doit être placée hors du canton, et les intérêts affectés à l'instruction publique de ce pays. La société suisse d'utilité publique est chargée d'administrer ce fonds en se conformant aux vœux du donateur. Le gouvernement de Schwytz proposait de le consacrer à la fondation d'une école normale; la société n'a pas paru goûter ce projet, et a préféré nommer une commission chargée de formuler des propositions. — La société a ensuite entendu la lecture d'un rapport sur les écoles des pauvres, auxquelles elle a accordé un *nouveau crédit*, et d'un compte-rendu des dons recueillis en faveur des habitans de Felsberg, lesquels se montent à 80,000 florins, dont 40 à 50,000 ont déjà été employés. Enfin il a été lu un rapport sur les travaux entrepris dans les cantons d'Uri et du Tessin, pour préserver ces pays des inondations. — La prochaine réunion de cette société aura lieu à Arau. Ph. J.

POÉSIE.

—

LES MOISSONS.

A M. J. Petitsenn.

—

I.

C'était jour de fête au village.
Le char des dernières moissons
S'avançait, orné de feuillage,
Lentement, au bruit des chansons.

Les champs depuis vingt-cinq années
N'avaient comblé le moissonneur
De récoltes si fortunées :
Les vieillards pleuraient de bonheur.

Et les rustiques jeunes filles
De bluets couronnant leur front
Et le fer courbé des faucillés,
Devant le char dansaient en rond ;

Ou bien, joignant leurs voix à celles
Des petits enfants rassemblés,
Tous chantaient les grâces nouvelles
Du Dieu qui fait mûrir les blés.

Des flots de sereine lumière
Baignaient ces tableaux gracieux ;
Le ciel souriait à la terre,
La terre bénissait les cieux.

II.

Les bœufs, tout couverts de ramée,
De la colline avec lenteur·
Ont gravi la pente embaumée ;
Ils s'arrêtent sur la hauteur.

De la fête voici la reine
Qui s'avance au bras d'un danseur.
Jeune enfant de seize ans à peine,
Que ton front pur a de douceur !

L'or des épis blonds qui te pare
Te sied bien mieux que les joyaux
Des diadèmes qu'on prépare
Pour l'ornement des fronts royaux.

Tandis que la jeunesse brille
Dans ton sourire et ton regard,
Jouis du plaisir, jeune fille,
Demain sera-t-il point trop tard !

Souris à ton ciel d'Italie,
Aux fleurs qu'on jette sous tes pas,
Souris à ton danseur, — oublie
Que le bonheur ne dure pas !

III.

Regardez, la voilà ; c'est elle,
Sous l'ombrage des orangers,
Dansant la vive tarentelle
Au son des tambourins légers.

Son corps svelte et souple se penche
Et se relève tour à tour,
Et les plis de sa robe blanche
En dessinent le pur contour ;

Ses cheveux que le vent dénoue
Roulent leurs noirs anneaux flottants
Sur son épaule, sur sa joue,
Et sur ses bras nus éclatants.

Comme ses pieds délicats glissent
Dans leurs pas variés... mais quoi !
Les roses de son teint pâlissent :
D'où lui vient ce subit effroi ?

Son genou tremblant se dérobe,
Elle tombe, le corps ployé,
Sans voix, plus blanche que sa robe,
Aux pieds du danseur effrayé.

IV.

Voyez-vous ce convoi qui passe,
Là-bas, au flanc du coteau vert,
Vieillards, enfants, la tête basse,
Près d'un drap noir de fleurs couvert ?

C'est le sien. Ces fleurs desséchées
Sont celles qui, deux jours passés,
En fraiche guirlande attachées
Couronnaient ses cheveux lissés.

Sous les cyprès on se découvre.
A genoux, le prêtre a béni
Le noir cercueil ; la terre s'ouvre,
Se referme : tout est fini.

Autour de la tombe fermée
Et jeunes filles et garçons
Pleurent celle qu'ils ont aimée :
« La jeune reine des moissons

» Est morte à la fleur de son âge !
» Ni jeunes filles ni garçons
» Ne danseront point au village
» Au temps des prochaines moissons ?»

                            Louis Tournier.

BULLETIN BIBLIOGRAPHIQUE.

HUIT LETTRES AU RÉDACTEUR DE L'AVENIR (¹), sur les institutions modernes de sœurs et de frères protestants, par l'auteur du *Mariage au point de vue chrétien*, etc. Lausanne. Imprimerie S. Genton, Luquiens et Comp. 1850. Quatre broch. in-12.

Il y a quelques années, un établissement de diaconesses, ou de femmes chrétiennes se consacrant exclusivement au soin des malades, fut fondé dans le canton de Vaud, à l'imitation des établissements de Kaiserswerth, en Allemagne, et de Paris (²). Cette institution fut saluée avec joie par tous les amis du christianisme et de l'humanité. Jusqu'à ce jour, elle avait obtenu de tous la même sympathie. Tout-à-coup un cri de *haro* s'est fait entendre, et une discussion très-vive sur ces établissements s'est engagée dans l'*Avenir*, un de nos journaux religieux. L'auteur de l'attaque a publié à part ses lettres, ce sont celles que nous annonçons.

Nous ne nous arrêterons pas aux qualités littéraires de ces brochures. Chacun connaît le talent facile, abondant, brillant, nous voudrions pou-

---

(1) En publiant cet article, la *Revue Suisse* ne veut que donner un gage de sa sympathie à la cause défendue par notre collaborateur, et ne s'envisage nullement comme engagée à poursuivre une discussion sur le sujet ici traité, discussion qui doit trouver sa place dans les journaux voués spécialement aux questions religieuses.
                            (Note de la Rédaction)

(2) On peut lire dans la *Revue Britannique*, juillet 1850, un article très-intéressant sur les divers établissemens ici rappelés, et intitulé : *Les diaconesses protestantes.*
                            (Note de la Rédaction)

voir dire. scintillant, de l'auteur du *Mariage au point de vue chrétien* et du *Voyage au Levant*. Mais la discussion soulevée est grave ; spéciale en apparence, elle touche aux questions religieuses les plus importantes et les plus actuelles qui se débattent au sein de la société moderne, et c'est à ce titre que nous croyons pouvoir en dire quelques mots dans la *Revue Suisse*.

L'auteur des *Lettres* fait aux établissements de frères et de sœurs protestants, comme il les appelle, trois reproches principaux; la *non-rémunération*, ou renoncement au salaire, le *célibat* et la *direction*. Il voit sans doute dans ces trois caractères le pendant des trois vœux catholiques de *pauvreté*, de *chasteté* et d'*obéissance*, exigés pour l'entrée dans les congrégations religieuses. C'est confondre deux choses bien différentes, le vœu, qui lie la conscience, et des conditions toutes extérieures, je dirai même matérielles. Otez la non-rémunération ; qu'importe? entre l'entretien complet et un salaire équivalent, la différence n'est pas grande. Il en est autrement du célibat. Nous concevons très-bien un diacre marié ; mais non une diaconesse mariée, par la raison toute simple qu'il est impossible d'être en même temps au four et au moulin, comme on dit chez nous, de soigner sa famille et son ménage, et de se consacrer en même temps *exclusivement* au soin des malades. L'essentiel, c'est qu'il y ait liberté entière de sortir en tout temps de l'établissement. Cette liberté existe, et si, après cela, des personnes se sentent appelées à cette œuvre, et ne trouvent la possibilité de s'y vouer que dans un établissement pareil, pourquoi leur fermer ce moyen d'être utiles ? Quant à la direction, ce nous semble aller bien loin que de la comparer à l'autorité catholique. Nous ne concevons pas d'organisation sans direction ; appelez-la comité, directeur, tout ce que vous voudrez; sans direction, un établissement de diacres ou de diaconesses ne peut pas plus marcher qu'un simple hôpital, une maison de commerce ou un atelier. Dans tous ses arguments, l'auteur nous semble s'être tenu sur le terrain des idées, et n'avoir pas tenu compte des nécessités pratiques. Ce n'était pas en invoquant les principes, c'est en discutant les exigences de fait qu'il fallait trancher ces questions.

« Très-bien, répond l'auteur, je veux admettre pour un instant que ces conditions soient simplement extérieures; mais vous êtes sur une pente fatale, vous nous ramènerez aux couvents. A l'origine des ordres religieux, tout était libre, peu à peu tout devint obligatoire ; vous commencez comme eux par la liberté, vous finirez par l'esclavage aussi bien qu'eux.» La position est cependant bien différente. Alors, si l'on s'associait, c'était pour sortir du monde ; aujourd'hui, c'est pour agir. Entre ces deux idées, il y a un abîme. Et le monde ne recule pas. Le cœur individuel reste le même ; l'humanité avance. Depuis les premiers temps de l'église, chaque conséquence des vérités chrétiennes fait lentement et péniblement son chemin dans le monde, elle conquiert au milieu des luttes sa place au soleil ; mais une fois gravée dans la conscience des peuples, elle ne s'en sépare plus. La liberté, sans doute, n'a pas encore remporté sa complète victoire; mais le principe romain de l'autorité est brisé ; et cela est si vrai, que plus les fondations religieuses catholiques se rapprochent des temps modernes, plus elles sont timides à l'égard des engagements exigés; la loi française elle-même, comme l'avoue l'auteur, consacre la liberté individuelle en ne reconnaissant pas de vœux légaux. Des réactions partielles sont possibles, nous en convenons ; si l'auteur des Lettres n'eût fait que signaler des abus existants ou à venir, nous l'eussions compris, nous l'eussions approuvé. Quelques faits, quelques paroles peut-être l'ont péniblement frappé ; ici-bas rien n'est parfait ; mais il n'a vu qu'un côté des choses, et lançant au galop son imagination, franchissant les obstacles sans même les voir, il a conclu aussitôt de ces faits que l'institution était mauvaise. On irait loin avec cette manière de raisonner. Quelle est l'institution de ce monde qui ne présente des abus? Et que dirait l'auteur si l'on voulait appliquer ses arguments aux diverses Eglises chrétiennes? Dans toutes il y a des abus, s'ensuit-il que l'institution doive être détruite; l'auteur ne le pense pas, mais son raisonnement y conduit. Qui dit organisation, dit forme, dit limitation de la liberté individuelle; pas de liberté complète sans l'anéantissement de toute espèce d'institution. Reste encore à savoir si l'on réussirait. Regardez les frères de Plymouth.

Pour nous, nous avons d'autres craintes. Il est curieux que l'auteur, qui voit les établissements de diacres et de diaconesses nous ramener le monachisme dans quelques siècles, n'ait pas su voir les conséquences de ses propres principes à dix ou vingt ans d'ici. Nous en touchions un mot tout à l'heure. Partout, dans toutes ses lettres, perce la glorification de l'individu et de l'œuvre individuelle, et l'horreur des spécialités. Chaque chrétien doit s'occuper de tout; quelques semaines de préparation, le dévouement seul suffit pour former aux œuvres les plus difficiles (Lettre 1re, pag. 17). Et si quelqu'un trouvait que nous allons trop loin, que nous faisons trop dire à l'auteur, nous citerons ici un passage du *Journal d'un Voyageur au Levant*, dont les Lettres sur les institutions de frères et de sœurs protestants ne sont que l'application. Voici ce passage:

« La spécialité, si l'on veut l'exclusisme, tue l'homme. S'il ne le tue pas, il le mutile. L'homme spécial n'est pas un homme, cette création harmonieuse et complète, que Dieu fit pour répondre à tous les besoins de tout ce qui se meut autour de lui, pour en comprendre toutes les beautés ; il est l'homme d'une idée, il est l'homme d'un projet; il est l'homme des plantes sèches, des chemins de fer, de la Chambre, de la Bourse, de ce que vous voudrez; mais de cela seulement: sourd, aveugle, pierre pour tout ce qui n'est pas son affaire.» ... « On a dans l'ordre moral des bossus, des manchots, des borgnes et des boiteux; on a des têtes qui vont sur deux pieds, sans buste et sans cœur! — Hélas! c'est ainsi que sont faits les savants et les artistes, et les industriels, et les politiques, et même les chrétiens.... Si la spécialité s'appelle *devoir*, c'est encore pis. La porte de la conscience restait entrebaillée; les verroux se tirent, plus d'espoir. C'est bien alors, quand l'homme a décoré sa spécialité d'un nom sacré; quand il l'appelle vocation, mission, que sais-je? c'est bien alors qu'il brise les autres, et qu'il se bronze sans remords. ... On se donne à Dieu en s'ôtant à l'homme, ce que Dieu ne veut pas; et l'on a des moines et des nonnes dans le mariage. Les moines et les nonnes! voilà le triomphe de la spécialité... Et que de moines dans notre pauvre monde! — hommes de foi, hommes d'Etat, hommes de science, homme d'industrie : moines.» — Et ailleurs : « moines maçons, moines tisserands, nonnes plieuses, nonnes brocheuses, tout ce que vous voudrez.» (*Journal d'un Voyage au Levant*. Tom. II, pag. 360 et sqq).

Nous ne voulons pas être injuste. Que l'auteur attaque l'exclusisme, ou cette spécialité exagérée qui abrutit l'homme, il a raison; mais il confond partout spécialité et exclusisme. « Tout est dans tout,» ajoute-t-il plus loin. Que les diacres et les diaconesses se consolent : si ce sont des moines et des nonnes, ils ne le sont pas seuls. Et qui de nous, au compte de l'auteur, n'est moine par quelque endroit? Vous êtes négociant, je suppose; le soin de vos affaires réclame tout votre temps; vous n'êtes ni de ceci, ni de cela ; vous accomplissez les devoirs généraux de tout homme, mais vous avez votre spécialité; prenez garde, vous êtes un moine. Ou bien vous avez du loisir,

et vous désirez l'employer au bien de vos semblables; une œuvre se présente à vous, vous vous en chargez, vous en devenez l'homme, prenez garde!
A côté de votre institution d'orphelins, par exemple, il fallait vous occuper
de traités, d'évangélisation, de tout. Eh! n'est-ce pas notre premier devoir
de remplir chrétiennement notre tâche *particulière?* Nous disons chrétiennement, c'est-à-dire en homme, sons oublier notre famille, notre pays et
l'humanité. Mais l'accomplissement de ces devoirs généraux par chacun ne
suffit pas. Les esprits capables de tout embrasser sont rares, et souvent ils
sont superficiels. Gaspiller son activité en mille endroits, c'est vouloir ne
rien faire, au moins ne rien faire de bon. A côté des œuvres de tous, il faut
les hommes des œuvres. S'appuyant ainsi et se portant l'un l'autre, le but
commun sera rempli. Il ne s'agit pas de croiser les forces diverses, mais de
les harmoniser. Et qu'est-ce que l'individu, je vous prie, si ce n'est un caractère particulier, en d'autres termes, une spécialité? A quoi bon des individus, si chacun doit remplir exactement la même tâche, si chacun est la
copie et le singe de l'autre, en un mot si tout est en tout? Ne craignez pas
que nous venions faire de chaque homme un simple instrument, un rouage
particulier de la grande machine humaine : avec les principes que nous
combattons, on y arrivera plus tôt que nous. L'individu est à la fois tout et
partie; tout, par ce qui l'unit à Dieu; partie, par ce qui le rattache au
monde; d'un côté, personnalité morale, consciente et immortelle, de l'autre,
limité dans le temps, limité dans l'espace, limité dans ses facultés, anneau
inaperçu dans la chaîne des âges, note distincte dans l'harmonie de la création. Unité au fond, variété infinie dans la forme; c'est ce mélange de généralité et de spécialité qui constitue l'individu. En niant, ou, ce qui revient
à peu près au même, en exagérant l'un ou l'autre de ces deux caractères,
on arrive à des résultats également funestes et faux. Faites de l'individu le
centre du monde, dites-lui qu'il doit s'occuper de tout, se mêler de tout,
isolez-le, sous prétexte de ne pas enchaîner sa liberté, et vous le verrez
bientôt, fatigué de cette nouvelle dignité dont vous l'aurez écrasé, se débarrasser et rejeter avec elle ses plus nobles priviléges. Vous le verrez, celui
que vous aurez élevé si haut, courber la tête sous le premier joug venu,
simplement parce que c'est un joug, et que votre liberté solitaire l'épouvante. Les caractères inhérents à la nature humaine ne se laissent pas effacer d'un trait de plume; on les croit étouffés, lorsque soudain ils repa-
raissent, et plus l'on a été loin dans un sens, plus l'on va loin dans le sens
opposé. La loi du pendule n'est pas seulement une loi physique. Prendre la
résultante des forces diverses est le seul chemin qui conduise au but.
L'exemple du radicalisme est bon à méditer. Individualiste outré à son début, et il n'y a pas long-temps encore, il aboutit au socialisme, c'est-à-
dire à l'anéantissement de l'individu. Et plaise à Dieu que les frères de
Plymouth, avec leur haine de toute forme, et les triples verroux sous lesquels ils enferment l'individualité, ne nous en donnent pas un second et
triste exemple. Le principe protestant, ou plutôt chrétien, de la justifica-
tion par la foi, donne une base inébranlable à la responsabilité et à la personnalité individuelle; les conséquences de ce principe ont été long-temps
à se dégager; de nos jours nous les tirons encore; mais craignons de n'en
développer que le côté négatif. Il y a des personnes qui marchent dans la
vie chrétienne comme sur des œufs, et pour lesquelles l'Evangile semble
être encore le Décalogue, ou même une espèce de code pénal. Le catholicisme, pris dans son ensemble, a été la religion de l'imagination; le protestantisme, pour la masse, est une religion de la tête, négative avant tout.
Même chez des hommes pieux, il a gardé une partie de ce caractère; c'est

un système de doctrine que le raisonnement mine peu à peu, parce qu'on le laisse agir tout seul. La route des archiprotestants, ou des radicaux en protestantisme, conduit de l'individualisme à l'anarchie et à la dissolution, et de là au socialisme. L'esprit humain demande une forme, une organisation quelconque; lui faire goûter les aberrations de l'individualisme, c'est le dégoûter de son individualité, c'est la tuer, et le livrer sans résistance à la première autorité un peu vivace qui voudra s'emparer de lui. Assez longtemps on a protesté, assez long-temps on a repoussé tout ce qui ne suivait pas Christ avec nous; il est temps d'en venir à un christianisme plus large, plus pratique, plus positif; il s'agit maintenant de construire, et non plus de démolir. La foi vivante en la personne de Christ est une base assez forte pour fonder sur le roc notre propre personnalité; mettons de côté les craintes d'une logique à courte vue, et laissons la vie tirer ses conséquences. La foi opérante par la charité, tel est le mot de l'avenir; l'amour, qui édifie, l'amour, qui unit les individualités en les respectant, l'amour, qui accepte le bien partout où il se trouve, et par le fait même de son caractère positif, exclut plus énergiquement le mal. Il est étonnant que la première institution protestante qui porte cette empreinte évangélique sans mélange d'aucun élément négatif, soit l'objet d'aussi vives attaques. Oh! cessons de poursuivre des fantômes; le socialisme, le panthéisme, voilà l'ennemi; lui vaincu, nous aurons bon marché des tendances socialistes qui se trouvent dans le catholicisme. Quoi! nous ne trouverions rien de bon, rien de chrétien dans l'Eglise romaine! et si nous en trouvions, nous hésiterions à l'accepter. Il faut le transformer, cela va sans dire. Vinet disait souvent que le catholicisme conservait de précieuses vérités chrétiennes, mais stéréotypées, et que pour les recouvrer il suffisait de leur rendre le mouvement et la vie. L'institution des sœurs de la Charité est à peine de ce nombre; elle est hautement, profondément chrétienne, et si elle renferme des abus, ils viennent du catholicisme et non de l'institution. Gardons, dans nos institutions protestantes, la liberté évangélique conquise par nos pères, ne mettons pas l'œuvre de quelques-uns au-dessus de l'œuvre de tous, mais n'allons pas croire non plus que le protestantisme entraîne la destruction des œuvres spéciales. Si c'était protestant, en tout cas ce ne serait pas chrétien. Saint-Paul n'était pas de cet avis, lorsqu'il admettait des spécialités dans le ministère (Eph. IV, 11, 12), et qu'il décrivait si admirablement la position des membres de l'Eglise, chacun dans sa spécialité, les uns vis-à-vis des autres et de Christ. (Rom. XII, 4-8). On nous demandera s'il est question d'institution dans ce passage. Pas le moins du monde; mais bien de spécialités. Il n'est pas question non plus d'instituts de missions dans les Epitres de Paul, l'apôtre ne dit pas un mot de l'abolition de l'esclavage; et cependant qui nierait que les instituts de missions et l'abolition de l'esclavage ne soient dans l'esprit de l'Evangile? Toutes les sociétés qui existent de nos jours, où étaient-elles alors? où étaient-elles au XVIᵉ siècle? Ne fermons pas les yeux à l'histoire; sachons reconnaître que si le fond est resté le même, les circonstances ont changé, et ne faisons pas du formalisme par horreur de la forme. Restons dans la simplicité, restons dans le vrai, acceptons le bien, de quelque part qu'il vienne, l'important n'est pas de raisonner, c'est de vivre. «En elle (dans la Parole) était la vie, et *la vie était la lumière des hommes*» (Jean 1, 4). Que l'auteur des Lettres, au lieu d'écouter sur ces institutions la logique d'un principe dépourvu de contrepoids, laisse parler sa foi et son cœur, et il changera peut-être d'avis. Pour nous, nous ne sommes pas attristés de cette discussion; il est bon de s'expliquer et de s'entendre; ce qui a été dit de vrai restera; s'il y a des abus, ils disparaîtront; mais les institutions de diacres et de diaconesses ne périront pas. Si elles venaient à mourir, ce serait un triste symptôme pour la vie de l'Eglise ; le signe d'un temps de disputes vides èt sans fruit, de négation et non d'édification. Mais nous avons meilleur espoir en l'avenir.   A. S.

LA FILLE DU PASTEUR, par Jacob Abbot. Dans toutes les librairies religieuses. Prix 1 fr. 50 centimes.

Les livres pour enfans abondent, et toujours on se plaint d'en manquer : c'est que les petits lecteurs sont très-gloutons, très-délicats, et bien vite dégoûtés de ce qui ne s'adresse qu'à eux. L'ouvrage que nous annonçons est, au contraire, d'une solidité et d'une gravité qui n'excluent ni l'attrait, ni l'intérêt. C'est l'histoire, exprimée par des dialogues et de petits récits, d'une petite fille bien décidée à lutter de toutes ses forces pour la défense de sa propre volonté contre la vérité religieuse. Les objections les plus formelles et les plus hardies du cœur humain contre la domination de Dieu y sont nettement posées et débattues. C'est un bon livre, et qui peut être très-utile en certaines occasions, tout en restant un livre de lecture intéressant pour de jeunes intelligences.

ELISÉE, FILS DE SAPHAT, par F. W. Krummacher. — Traduit de l'Allemand. — Lausanne, chez Georges Bridel. — Genève, chez veuve Beroud et Guers. — Neuchâtel, chez J.-P. Michaud. Prix fr. 2 » 50.

Peu d'écrivains possèdent au même degré que F. W. Krummacher le don de l'interprétation et de la paraphrase bibliques. Joignant à une vaste science théologique la connaissance pratique du cœur humain si rare chez les hommes d'étude, il sait toujours appliquer les textes sacrés dans le sens le plus propre à produire de salutaires effets sur l'esprit de ses lecteurs, et de manière à en faire une nourriture substantielle pour les âmes. On a déjà pu juger de ses divers mérites par le remarquable ouvrage du même auteur, intitulé : *Elie le Thisbite*, dont la traduction, publiée par la *Société de traduction d'ouvrages chrétiens allemands*, est parvenue en 1844 à sa seconde édition. Son ouvrage sur *Elisée* est la continuation immédiate du précédent ; ces deux grands prophètes, tout différens que soient leurs caractères et leurs actes, ne peuvent guère être séparés l'un de l'autre, ou plutôt ils sont unis comme un fils le serait à son père, comme un disciple à son maître. « Elie » fut l'astre brillant qui devait illuminer Israël ; mais Elisée apparut comme » la lune dont les rayons ne répandent que calme et sérénité... Tandis qu'E-» lie se présentait comme un autre Moïse pour rétablir la loi qui avait été mé-» prisée et foulée aux pieds, Elisée devait venir comme un héraut de la misé-» ricorde divine et ramener au Seigneur les cœurs que son zélé prédécesseur » avait frappés du marteau de la loi, et tirés par sa puissante énergie d'une » longue et funeste sécurité. » Voilà la double action providentielle que ces deux envoyés de Dieu exercèrent au milieu des hommes, l'un plus grand, plus puissant, l'autre plus doux et plus débonnaire.

La vie d'Elisée, telle qu'elle est racontée dans les premiers chapitres du second livre des Rois, est étudiée dans le volume que nous annonçons d'après le même plan que celle d'*Elie le Thisbite*. L'auteur suit pas à pas le texte biblique, il circonscrit un discours, un chapitre sur quelques passages de son texte qui offrent un fait unique, un enseignement complet, et développe ce même texte au moyen d'une analyse scripturaire et riche en édification. Cette marche si simple fournit à l'auteur l'occasion de traiter une foule de sujets et de leçons évangéliques. Surtout il s'attache à faire ressortir l'obéissance parfaite d'Elisée à l'Eternel dans toutes les circonstances de sa vie, son zèle et sa foi inébranlables ; les enseignemens que nous pouvons retirer de l'étude de cette vie peuvent être rangés au nombre des plus salutaires.

Il est peu de passages où l'interprétation donnée par Krummacher à telle portion de son texte nous ait paru hasardée et trop forcée. Le lecteur qui recherchera avant tout l'édification dans cette lecture en fera facilement la part. Pour en tirer encore plus de fruit, peut-être serait-il convenable de lire, comme étude préliminaire, la *Préface* mise en tête des trois volumes d'*Elie le Thisbite*. Tout ce qu'elle renferme s'applique aussi au volume que nous recommandons aujourd'hui.

CORRESPONDANCE FRANÇAISE DE CALVIN AVEC LOUIS DU TILLET, sur les questions de l'Eglise et du ministère évangélique, découverte et publiée pour la première fois par A. Crottet, premier pasteur à Yverdon. — Genève, chez Cherbuliez, libraire.—Lausanne, chez G. Bridel, prix fr. 2.

La vivacité de la lutte qui s'est élevée de nos jours sur les graves questions de l'organisation de l'Eglise et de ses rapports avec l'Etat, doit faire rechercher avec avidité toutes les œuvres destinées à porter la lumière dans ce débat. On ne saurait contester un vif attrait de ce genre à un écrit qui s'annonce sous le nom imposant et glorieux de Calvin, comme c'est le cas de la brochure que M. Crottet vient de publier sur la correspondance française de Calvin, découverte parmi les manuscrits de la Bibliothèque nationale. Voici comment le *Semeur*, dans son n° du 28 août, esquissait l'historique de ce précieux manuscrit :

« Un passage du cardinal du Perron faisait allusion à ces lettres, mais on les croyait perdues ; elles ont été retrouvées sous ce titre : *Epistres de deux jeunes hommes français (Espeville et de Haulmont), qui s'étoyent retirés en Allemagne pour le fait de la religion.* Calvin conserva le pseudonyme d'Espeville sous lequel il a déguisé son nom dans cette correspondance. Louis Du Tillet se faisait appeler Haulmont ; mais les motifs qu'il avait alors de se cacher ne subsistèrent pas long-temps.

« Les lettres publiées par M. Crottet sont d'un extrême intérêt ; Du Tillet fut, selon toute apparence, l'un des premiers disciples de Calvin. Il l'accompagna à Bâle et en Italie, et demeura quelque temps avec lui à Genève, lorsque Calvin se décida à s'y fixer. Mais la crainte d'avoir cédé à un entrainement inconsidéré, en abandonnant la cure de Chaix, le remplit bientôt d'une vive angoisse ; il quitta Calvin, se rendit à Strasbourg auprès de Bucer, et finit par retourner en France, où il reprit ses fonctions, et parvint plus tard à la dignité d'archidiacre. Les épîtres des deux amis, écrites en 1557 et en 1538, sont relatives surtout à cette rupture. Calvin ouvre la correspondance par des reproches pleins de franchise et de fermeté. Du Tillet se justifie ; puis, après s'être défendu autant qu'il le trouve nécessaire, il prend l'offensive. Nous avons ainsi, non-seulement l'histoire de cette séparation, mais aussi l'espôsé authentique des raisons qui l'ont amenée.....»

LES GRISONS ET LA HAUTE ENGADINE, par W. Rey. — Genève, chez les principaux libraires et chez H. Gruaz. Un vol. de 150 pages, 1850.

· Les excursions de M. Rey dans les Grisons et la Haute-Engadine étaient faites essentiellement dans un but scientifique et pour y travailler, par ordre du général Dufour, à la carte militaire de la Confédération. C'est à nos yeux une recommandation pour un récit de voyage, lorsque le voyageur n'a pas eu à se préoccuper avant tout des impressions qu'il doit recueillir pour en faire part ensuite à ses lecteurs, et qu'un autre but tracé d'avance lui faisait une loi de prolonger son séjour dans un pays qu'il n'aurait fait que traverser s'il eût été simple touriste. Aussi M. Rey nous présente-t-il un tableau animé et complet des vallées grisonnes, si rapprochées de nous et encore si peu connues. On le suit avec intérêt dans ses courses périlleuses sur les sommités du Mortiratch et de la Bernina, on sourit à la peinture qu'il nous fait des mœurs de l'Engadine, de ses anti-pâtissiers, de leur étrange goût en fait de gastronomie, enfin on s'instruit à la lecture des descriptions pittoresques et des appréciations historiques dont il entremêle ses récits. — Nous doutons que le livre de M. Rey engage beaucoup de touristes à suivre ses traces dans le pays et sur les montagnes qu'il décrit, mais à coup sûr beaucoup de nos lecteurs voudront suivre notre exemple et lire cet instructif et agréable volume.

VIE DE A.-G. SPANGENBERG, par Ledderhose, traduite par H. Kruger. — Un vol. in-12, prix 50 cent. — Lausannne, chez Georges Bridel, — Genève, chez Mme Beroud et Guers, — Neuchâtel, chez J.-P. Michaud.

Le nom de Spangenberg est lié intimément à celui plus célèbre encore de Zinzendorf; tous deux, chefs spirituels de nombreuses églises moraves, travaillèrent d'un commun accord à faire luire, en plein dix-huitième siècle, la pure lumière de l'Evangile au milieu des hommes; une conformité de goûts et de pensées, une même œuvre et un même but réunirent ces deux disciples de Christ durant leur longue carrière, et l'un d'eux, Spangenberg, devint le biographe de son ami qui le précéda dans la tombe.

Né en 1704 et mort en 1792, Spangenberg consacra toutes ses forces et ses éminentes facultés à l'extension et à la direction des églises des Frères. Après avoir étudié à l'université d'Iéna, il fut quelque temps professeur à Halle; puis sentant toujours mieux sa vocation pour la prédication et l'évangélisation, il entra au service de l'église morave; dès lors sa vie fut d'aller d'un lieu dans un autre, là où l'appelaient les soins spirituels des troupeaux. Il prit une part active à une œuvre dans laquelle les chrétiens de sa confession ont toujours déployé beaucoup de zèle et obtenu de précieux avantages, nous voulons dire la mission chez les peuples payens; lui-même fit quatre voyages en Amérique pour organiser et diriger les églises naissantes chez les tribus encore sauvages du Nouveau-Monde.

Tous les détails de cette vie éminemment chrétienne sont racontés avec clarté et concision dans le petit volume écrit par Ledderhose et qu'on vient de traduire. Entr'autres mérites principaux, le biographe a su éviter dans son livre toute discussion religieuse et de polémique; d'ailleurs le caractère de Spangenberg prêtait peu à la controverse; il était avant tout homme d'action. Voici une de ses paroles pleines de sens et d'expérience chrétienne, où il se peint admirablement lui-même : Qnelqu'un le questionnant sur le vrai chemin de la conversion : « Je vais vous le dire, répondit-il : deux » hommes ont également froid? mais le premier, homme simple s'approche » aussitôt du foyer; il désire se réchauffer et il se réchauffe; l'autre, au » contraire, homme très savant, se promène autour du foyer, fait de sub- » tiles recherches et des dissertations sur la nature du feu et demeure tout » froid. Lequel des deux est le plus sage?... — C'est évidemment le pre- » mier.» (Pag. 108).

HENRI WOLFRATH, ÉDITEUR.

UN ÉPISODE

DE LA VIE DES EAUX.

NOUVELLE. (¹)

A Mademoiselle Belcombe , à Genève.

Saint-Gervais, 1 septembre.

En voyant les habitants des Bains disparaître peu à peu, j'é‑
prouve l'impression d'un captif oublié dans sa prison. Déjà les
feuilles jaunissent ; chaque jour le soleil arrive plus tard dans notre
froid vallon et disparaît plus promptement. L'été va finir, le re‑
trouverai-je en sortant d'ici? Mais le docteur exige encore quel‑
ques jours ; ce serait une puérilité de ne pas lui obéir.

Je me fais une fête de retrouver ma vie habituelle et mon cabi‑
net de travail, mais surtout, chers enfants, de vous embrasser.
C'était une grande affaire de vous laisser seuls; il me semblait pres‑
que que je manquais à mes devoirs. Grâces à Dieu, dans moins
d'une semaine nous serons réunis. Il me tarde de lever la sévère
consigne que tu t'es imposée.

La baronne, qui a été pour moi une amie fort inattendue, part
demain; à mesure que la société diminuait, notre intimité deve‑
nait plus grande; elle ne compte pas s'arrêter à Genève, elle re‑
commence ses courses. La reverrai-je une fois? Que Dieu soit
avec cette âme agitée, et lui montre la route qu'elle doit suivre.

Ce soir, elle m'a prié de l'accompagner dans une dernière pro‑
menade; la lune éclairait les montagnes; nous avons gravi lente‑
ment le sentier en zigzag au dessus de la grande vallée de l'Arve

(¹) Voir la première partie, livraison d'octobre 1850 , page 650.

et de la maison des bains, dont nous voyions la lumière à nós pieds. A un coude du chemin nous nous sommes arrêtés. Je lui faisais remarquer la cîme de Varens avec ses contours adoucis par les vapeurs de l'air, le blanc clocher de Saint-Gervais étincelant des reflets de la lune, à sa base les vieux arbres avec leur ombre épaisse. Pour tout bruit on entendait la chute du Bonnant et le murmure de l'Arve dans l'éloignement. Contre son ordinaire, elle ne répondait pas, j'ai cru qu'elle était distraite, mais en la regardant j'ai vu une larme le long de ses joues éclairées par la lune. Elle a couvert ses yeux et est restée un moment silencieuse.

— «Je vous ai prié, m'a-t-elle dit, de m'accompagner, moins pour me protéger contre les dangers de cette promenade nocturne que contre la vivacité de mes impressions. Il est des tableaux si grands, si émouvants, que j'ose à peine m'y exposer. Je me sens assaillie par une foule de souvenirs. Je pense au passé, à l'avenir, à l'éternité, à la jeunesse qui s'enfuit, au vague qui m'entoure, à tant de choses qui se pressent au-dedans de moi.

— «Ces pensées élevées, madame, l'attrait qui vous porte vers tout ce qui est grand et beau, ne sont ici-bas que des ébauches qui ne satisfont jamais complètement. Ne l'avez-vous pas observé?... les impressions qui semblent les plus pures, laissent toujours quelque chose à désirer : l'ame aspire à plus encore. La vue du ciel, une belle soirée, une nuit telle que celle-ci nous font entrevoir un état supérieur qu'il ne nous est pas donné encore d'atteindre. C'est un élan, un soupir vers une existence meilleure, après lequel on retombe.

— « Je regrette, me dit-elle, que vous ne lisiez pas l'allemand; nous possédons des poésies du caractère le plus relevé pour cette situation de l'âme. Quand je suis abattue, que je me vois sans devoirs et sans avenir dans le monde, je les répète. Il me semble trouver dans l'écrivain un confident de mes peines.

— « Ce n'est pas de poésie que votre ame a besoin, m'écriai-je, vous ne vous en êtes que trop nourrie. Votre cœur est religieux, madame, quoiqu'il ne soit pas encore éclairé. Il lui faut un aliment plus fort que celui que vous lui donnez. Croyez-moi, c'est auprès de Dieu que vous devez chercher un remède à cette agitation qui vous consume. Lui seul peut vous donner la paix.

— «Vous avez raison, plus d'une fois je l'ai pensé. Vous qui êtes meilleur que moi, soyez mon guide. Dites-moi ce que je dois faire; qu'ordonnez-vous? Parlez…

— « Ce n'est pas à une faible créature, dont la foi a besoin d'être dirigée, qu'il appartient de conduire les autres et de prendre l'attitude d'un docteur. Je vous dirai, madame, ce que je sens: je vous indiquerai les livres qui me font du bien. Il ne vous manquera pas de directeurs plus éclairés que moi, si vous les cherchez.

— « Ne tardez donc pas : votre ame est trop douce, monsieur, pour que vous ayez pu sentir les souffrances d'une vie agitée et mondaine. Vous ne connaissez pas les tempêtes par lesquelles j'ai été ballotée. Je craindrais de me montrer à vous telle que je suis encore quelquefois. »….

Quand tu auras reçu cette lettre, Amélie, il sera inutile de m'écrire, j'irai moi-même chercher la réponse.

—

Au moment où ma correspondance avec ma fille se termine, j'ai recours à mon journal que je recommençai avant de quitter Saint-Gervais, pour achever ce qui me reste à dire sur celle qui m'a occupé.

—

Journal.

4 septembre.

Hier au soir j'ai écrit assez tard. Après minuit, j'ai cru entendre frapper un faible coup à ma porte; ce coup s'est fait entendre de nouveau. J'ai ouvert, et je me suis trouvé en face de Catherine.
— « Je craignais de vous réveiller, m'a-t-elle dit, mais puisque vous ne dormez pas, venez, Mme de Blitzdorf désirerait vous voir. Je l'ai trouvée fort agitée, se promenant à grands pas dans sa chambre.

— « Debout encore à cette heure? madame, vous qui devez être fatiguée des préparatifs du départ.

— « Il m'avait été impossible de dormir. Je suis heureuse de vous voir. Je crains, monsieur, de vous avoir laissé de moi une meilleure opinion que je n'aurais dû. Il reste quelque chose au fond de mon cœur à vous avouer. Asseyez-vous, écoutez-moi :

« Pendant l'époque que j'appelle ma vie d'artiste, le hasard me fit faire connaissance avec le comte de ....., ou plutôt ce fut un sentiment auquel une femme ne résiste guères qui l'amena près de moi, celui de l'admiration, assurait-il. Il faut savoir, monsieur, à quel point le genre de vie que j'avais adopté donne le désir de captiver les suffrages, pour comprendre l'empressement avec lequel j'acceptai une assistance aussi bienveillante que la sienne. Retiré de la vie active, tout occupé des arts, il bornait son ambition au rôle modeste d'amateur. La tête pleine de projets, de mes rapports avec les grands compositeurs, de ma coopération à leurs travaux, vous comprenez de quel prix était pour moi un ami qui joignait à un goût parfait les manières aimables de la société.

» Mais il eût fallu s'en tenir là. Le comte avait une famille ; pouvais-je croire qu'il cédât à un autre sentiment qu'à une amitié désintéressée ? Hélas ! suis-je bien sincère quand je vous dis cela, monsieur ? N'ai-je pas démêlé qu'il y avait autre chose ? n'en ai-je point été flattée ? n'ai-je point joué avec le sentiment que je voyais naître ? C'est ce qui fait mon tourment.

» Vous devinez peut-être ce qui suivit. Quand la passion du comte éclata avec la véhémence d'un sentiment long-temps contenu : quand le voile tomba, j'en fus effrayée ; en vain pour ne pas le perdre, je m'efforçai de le ramener à la raison, il y eut des moments dont le souvenir m'émeut encore : des reproches, des emportements, de sinistres prédictions, des menaces.

» Nous dûmes nous séparer. Je lui dis que quand le temps et la réflexion l'auraient calmé, je serais heureuse de retrouver un ami. Il ne devait pas en être ainsi. Pauvre Ferdinand !...

» Peu de temps après, j'appris qu'une terrible catastrophe avait terminé ses jours. Quelle part avais-je dans cette horrible détermination ? Je ne l'ai jamais su, je l'ignore encore. Je n'ai pas osé chercher à le savoir. Une affreuse incertitude pèse sur mon cœur.

» J'ai voulu me persuader qu'une santé délicate, une disposition mélancolique, des peines peut-être que je ne connaissais pas, pouvaient m'absoudre. Le croirez-vous ? monsieur, souvent je parviens à éloigner cette pensée et à calmer ma conscience. Des semaines entières, des mois se passent sans que j'en sente l'aiguillon. Et puis, quand je retombe, quand une pénible disposition vient m'envahir, je retrouve ces souvenirs, ces remords avec leur effrayant cortége. La nuit, pendant de longues insomnies, je vois celui que, pour prix d'une affection si vive et de tant de dévouement, j'ai rendu malheureux, je pense à ses enfants, à cette femme qui en sait peut-être plus que moi, qui a lu dans le cœur de son mari, qui m'accuse, qui me déteste...

, » Ah ! si j'avais eu quelqu'un à qui confier mon secret, il m'aurait dirigée, il m'eût dit que je me condamnais à tort; il aurait expliqué d'une toute autre manière.... Mais je n'ai pas osé, j'ai tout renfermé au-dedans de moi.

» Quand j'entre dans une de ces cathédrales catholiques, où nous, protestants, nous ne venons qu'attirés par l'éclat d'une cérémonie, ou pour admirer une œuvre de l'art, je cherche ces confessionnaux où l'on entend chuchotter les aveux d'un cœur agité. Là se révèlent des fautes qui resteront ignorées, là bien des âmes inquiètes retrouvent la paix. Une pénitente s'approche de celui qui ne connaîtra jamais son nom, mais qui l'écoute avec avec charité et avec le pouvoir de l'absoudre ; il la renvoie heureuse d'avoir un moyen d'expier ses fautes.

» Croiriez-vous qu'il m'est venu quelquefois la pensée d'usurper une place qui ne m'appartient pas; heureusement la crainte d'une profanation m'a arrêtée. Un soir dans un moment d'égarement, je me suis présentée devant cet asile qu'une obscurité profonde protégeait. Et puis, tandis que presque sur le seuil j'hésitais, une femme pauvre, misérable, est venue sans crainte chercher ce que je n'avais pas le droit de demander.

« C'est à vous, monsieur, dont le caractère m'inspire tant de respect, que j'adresse ma confession; vous n'avez pas la puissance de m'absoudre, n'importe! déjà je sens l'influence salutaire d'un aveu complet.... »

J'ai causé long-temps avec Mme de Blitzdorf, j'ai cherché à la calmer, assez embarrassé des consolations que je pouvais lui donner. Je ne l'ai quittée que lorsque nous avons vu le jour grisâtre se lever sur le torrent.

—

Une saison aux eaux est une image assez fidèle de la vie en raccourci.

Je suis arrivé à Saint-Gervais il y a vingt-cinq jours, mais quand je me reporte à ce moment, il me semble beaucoup plus éloigné. Au commencement la manière était différente, la société a complètement changé. Les jours étaient plus longs, le soleil plus ardent; c'était la jeunesse de la vie; on ne pensait qu'à se divertir, on formait mille projets. Le mouvement a cessé, la maison semble déserte. La maturité et la vieillesse sont arrivées.

En faisant ces réflexions, je parle moins pour moi, qui suis resté en dehors du mouvement, que pour ceux que j'ai vus si occupés de la course de la veille et de celle du lendemain, qui avaient besoin de se rencontrer à chaque heure, et qui se sont dispersés pour ne plus se revoir peut-être. Une seule personne a embelli mon séjour et l'a rempli d'intérêt; elle nous a quittés ce matin, son départ a fait une grande sensation. Jamais Mme de Blitzdorf n'avait été si gracieuse. Elle avait réservé tous ses moyens de séduction pour le dernier moment, elle n'a oublié personne, elle a dit un mot aimable au moindre des domestiques. Josette, la famille de paysans qu'elle visitait, fondaient en larmes, et quand sa voiture a disparu, nous semblions tous sous le poids d'un malheur.

Je sens vivement le vide qu'elle laisse, et je n'ose plus passer devant sa chambre abandonnée. J'éprouve un besoin impérieux de me retrouver au milieu des miens. Il me semble que les trois jours que je suis condamné à rester encore ne finiront jamais.

—

5 septembre.

J'ai eu cette après-midi la visite de Josette; sans doute elle regrette les avantages que lui procurait le séjour de Mme de Blitzdorf, mais il y avait plus que cela dans le vide qu'elle éprouve: elle cherchait quelqu'un à qui parler de sa protectrice.

— «Vous êtes bien triste aussi, monsieur, n'est-ce pas? vous que Mme la baronne aimait tant. Elle me l'a dit elle-même. Il lui faisait plus de plaisir de causer avec vous qu'avec point d'autres.»

Elle m'a entretenu long-temps.

— » Le jour que je vous ai dit que j'avais trouvé madame si triste, nous n'allâmes pas bien loin sur la route de Saint-Nicolas. Elle fit arrêter, et elle s'assit sur une roche au milieu d'une prairie; elle me dit d'attacher là mule, et de venir près d'elle. Là elle resta un bon quart d'heure sans rien dire, mais on voyait qu'elle avait le cœur trop plein et qu'il fallait qu'il se dégonflât.

» Moi qui m'imaginais qu'avec toutes ses belles robes; Mlle Catherine qui la soignait si bien, tous ces messieurs si empressés, Mme la baronne n'avait rien à désirer.... — Va; ma pauvre Josette, tu es plus heureuse que moi!» fit-elle.

— » Oh! Mme la baronne, comment pouvez-vous dire cela?

» Elle branla la tête, puis peu à peu elle me raconta qu'elle avait eu pour mari un jeune militaire qui l'aimait beaucoup, avec lequel elle avait vécu bien heureuse, mais que des gens s'étaient mis en travers, et avaient gâté son ménage. Elle s'en était allée avec la pensée de ne plus le revoir, mais puisqu'elle avait perdu ce mari qu'elle avait tant aimé, plus jamais elle n'en prendrait un autre.

» Elle me causa là plus d'une grosse heure, et elle ne pensait pas à s'en aller, que déjà le soleil était sur Combeloux. Elle pleurait, et moi qui cherchais à la consoler, mais je n'y faisais rien. Elle disait que si elle était de notre religion, elle se mettrait dans un couvent pour le reste de sa vie. Ce sont pourtant des choses terribles. Comprenez-vous qu'on ait eu le cœur de quitter une femme si charmante? Pauvre dame! j'aurais dans l'idée de faire dire une messe pour elle, si j'osais....»

—

Voici une aimable lettre que j'ai reçue ce matin.

Bonneville 4 septembre.

» Je puis passer encore une heure avec vous, monsieur et digne ami; j'espère que la soirée d'hier ne s'effacera jamais de mon souvenir. Puissé-je profiter de vos bonnes paroles. Hélas! il faut attendre encore: la machine fortement lancée ne peut s'arrêter tout-à-coup. Je suis poussée comme le Juif errant, et peut-être comme lui j'expie mes torts.

» Mais je ne tarderai pas beaucoup à effectuer mes projets de retraite. On a bientôt assez de la femme qui court le monde sans mari, sans cet appui indispensable à notre faiblesse. On est disposé à la juger sévèrement; j'en ai fait la fâcheuse expérience. D'ailleurs il m'en coûterait de me montrer avec le triste cortége du déchu de la vie. Je voudrais rester dans le souvenir de mes amis en leur laissant quelques impressions de jeunesse. Ce n'était pas une vie mal calculée que celle de ces personnages célèbres, qui après avoir épuisé les émotions d'une existence agitée, se retiraient du monde pour finir, leurs jours dans la méditation et la prière.

» Voici mon projet; je possède en Poméranie, non loin de la mer, un gothique chateau, auquel se rattachent des traditions de la guerre de Trente ans. C'est là, parmi les pins et les bouleaux, que je compte passer mes dernières années. Le temps ne me manquera pas pour des lectures solides et de profondes réflexions. J'ai quitté cette demeure bien jeune, mais il m'en reste quelques souvenirs. Je vois sa façade éclairée par les rayons du soleil couchant, et tout au loin les lacs et les marais briller de lumière au milieu des plaines sombres. Je vois la grande salle où, dans mon enfance, quand on me laissait seule avec les noirs portraits de mes ancêtres, je m'effrayais de leurs silencieux regards qui me suivaient partout. Là je reviendrai aux mœurs des siècles passés, je me mettrai en bonne ménagère à la tête de ma maison, comme mes grand-mères je filerai entourée des filles de mes vassaux, entendant les récits qui leur ont été transmis sur l'arrivée du grand roi de Suède, et je pourrai leur répéter les chansons qne ma nourrice m'avait apprises.

» Dans les longues soirées de ce pays rapproché du pôle, je m'occuperai, au cri lugubre des oiseaux de nuit, à me retracer ma vie, cette vie aventureuse, tantôt mondaine, tantôt celle d'un artiste. Que de souvenirs, que de personnages marquants, que de scènes brillantes! Mais aussi que d'impressions mélancoliques! même au milieu des fêtes et des applaudissements. Au moins le tableau de Saint-Gervais restera sans nuages. Parmi toutes ces figures que j'aurai le temps de passer en revue, je n'oublierai pas l'homme à l'expression calme et bienveillante qui, avec cette indulgence que donne une vie pure, a cherché à me faire du bien.

« En arrivant ici, j'ai trouvé la route submergée par l'inondation de l'Arve, qui pénétrait dans de misérables cabanes sur les bords du chemin, à la grande joie d'une troupe d'enfans déguenillés, s'enfonçant dans l'eau jusqu'à la ceinture. Il a fallu soutenir la voiture. — Quel est ce grand monument, ai-je demandé, en voyant une longue colonne qui portait une figure dans les nues? — C'est la statue que nous avons élevée à notre roi. — Et à quelle occasion? — C'est pour avoir digué la rivière. — Belle digue en effet! Pauvre peuple, si bon, si soumis! si au moins on avait employé à le défendre, les pierres entassées là.

» Adieu, pensez quelquefois à moi. Quand le cocher m'a dit qu'il fallait s'arrêter deux heures à Bonneville, j'en ai été déconcertée, et maintenant je trouve ce temps trop court, je regrette de vous quitter ; on m'attend.

» J'aimerais quelques mots de vous, monsieur ; vous avez encore des directions à me donner. Il faut adresser *poste restante* à Lyon, où je crois que je me dirigerai d'abord ; si je change d'avis, je prendrai des mesures pour que la lettre me parvînt. »

Genève 2 septembre.

Quelle heureuse journée ! Ce matin j'étais encore dans la vallée couverte de brouillards du Bonnant, et me voilà au milieu de tous ceux que j'aime. Me voilà auprès de mes livres et de mes papiers comme si je ne les avais jamais quittés.

Déjà en sortant de Bonneville, j'ai senti l'émotion du retour. Avec quel bonheur j'ai vu le soleil dorer les tours de Saint-Pierre ! Au moment où la diligence s'est arrêtée, j'ai vu sur la place mon fils et ma fille qui m'attendaient, bien portants, pleins de gaieté. Ah ! il y a de beaux moments dans la vie, il y a des joies supérieures à toutes les autres. J'ai pris le bras d'Amélie, j'ai donné la main à Auguste, et je me suis sauvé emmenant mes trésors, oubliant mes effets auxquels Jeannette heureusement a pensé.

La maison avait une apparence de fête : un repas tout prêt, des fleurs, des lumières. Le soir nos parents et M. Lenoir sont venus.

— « Mon ami, m'a dit celui-ci, votre fille est charmante ; » tant il est facile à la jeunesse de captiver l'âge mûr. On m'a beaucoup questionné.

— » Vous êtes bien bon d'être content de vous retrouver ici, a dit Amélie, vous mon père, qui avez été si bien entouré par de belles dames.

— » Quand je te revois, chère enfant, je ne pense plus aux belles dames ; tu as été si sage, si raisonnable pendant mon absence. Ah ! ce printemps, lorsque j'étais malade, j'avais tort d'être inquiet, je vois maintenant que si Dieu....

— » Pourquoi dire des choses tristes aujourd'hui ?

— « Tu as raison, je me tais. »

10 septembre.

Ce matin au détour d'une rue, je me suis trouvé tout-à-coup en face de.... Mme de Blitzdorf, que je croyais à cent lieues! Je m'étais souvent occupé d'elle. Notre dernière soirée, sa lettre; quelques mots de Catherine m'avaient laissé de tristes impressions; sa confiance; sa légèreté, le besoin qu'elle a d'ouvrir son cœur, ce mélange de défauts et d'heureuses qualités me faisaient souvent penser à elle. Je lui cherchais un avenir, je n'en trouvais pas. Elle m'avait dit que jamais elle ne consentirait à se remarier, et je l'avais approuvée. Chaque soir je priais pour elle, regrettant qu'une femme si bien douée n'eût pas mieux arrangé sa vie.

Je m'inquiétais, je crois, plus sur son compte qu'elle ne s'inquiétait elle-même. Ce n'était plus déjà la femme de Saint-Gervais avec des projets de réformes que je retrouvais; elle m'est apparue plus gaie, plus disposée à s'étourdir que jamais. Elle m'a conduit dans son hôtel où nous avons causé long-temps.

— « Que direz-vous en me retrouvant ici? Mon intention était d'aller vous chercher dès que je vous saurais revenu. Vous savez qu'en quittant les bains j'avais vingt projets. Une de mes amies m'attendait à Lyon, une autre à Berne pour la course de l'Oberland: mais en quittant Bonneville, j'ai fait route avec Mme de Labanof qui revenait des glaciers, elle m'a retenu à Genève. Nous nous réunissons dans sa maison de campagne. Le matin nous courons les ateliers de bijouterie, le soir on fait de la musique. Nous avons eu deux jours un célèbre virtuose de Milan. Hier on nous a conduites sur le lac; il y avait un orchestre dans la petite île, des bateaux et des voiles à l'entour. Nous avons vu le soleil dorer les glaciers et les feux s'allumer dans la ville. C'était une soirée ravissante.

» Ne prenez pas, je vous prie, mon bon monsieur, votre air sérieux, je crois que vous avez envie de me gronder. Enfin, puisqu'il faut vous tout avouer, il est question pour cet hiver d'un voyage en Italie, un dernier voyage! L'occasion est si belle! ce ne sera pas Mme de Blitzdorf, ce sera Sidonie qui ira dire adieu à cette ravissante musique, à l'existence du Midi, aux arts, aux artistes, à tout ce qui a fait le charme de sa vie.

» Ah! tout cela ne me fait pas oublier Saint-Gervais. Voyez ce panier en paille que m'a donné Josette, et ce bouquet de rhododendron que j'ai cueilli moi-même, ils me suivront sur les bords de la mer Baltique.....

» Je n'oublierai jamais, s'écria-t-elle tout-à-coup, frappée d'un souvenir, cette paysanne qui habitait seule avec son enfant et son chien, en face d'un glacier qui, lorsque nous arrivâmes, se couvrait de nuages, où l'on voyait briller la foudre. Il y avait dans le regard de cette femme beaucoup de douceur, elle avait cette expression un peu mélancolique que l'on remarque chez les habitants des hautes Alpes. L'orage ne l'effrayait point, elle n'avait des yeux que pour son nourrisson et pour le sourire qu'elle obtenait par ses agaceries.

» Nous cherchâmes un abri dans sa cabane, nous causâmes avec elle. Elle passe l'été sur cette montagne, tandis que son mari travaille dans la plaine. L'hiver ils se réunissent au village de Saint-Gervais. Elle était allée une seule fois à Bonneville; le reste du monde lui était inconnu. Quelle leçon pour moi !...

« Mais que vais-je vous conter? Vous ne sauriez croire, monsieur, le plaisir que j'ai à vous revoir, vous me rappelez la vie de Saint-Gervais, cette vie pleine de grandes impressions, qui déjà commençait à s'effacer, comme tout passe et s'efface dans le monde. Et ma petite chambre sur le torrent, et nos longs entretiens... Vous me teniez un langage qui me faisait du bien, je vous écoutais avec bonheur. Pourquoi tout cela a-t-il fini?... Avec vous je serais devenue meilleure, tandis que me voilà encore avec de nouveaux projets. Je veux aller vous voir, vous causer de tout cela, je veux faire connaissance avec votre famille...»

—

— «Qui crois-tu, dis-je à ma fille en rentrant chez moi, que j'aie invité à dîner demain? Mme la baronne de Blitzdorf.

— » La baronne de Blitzdorf! Vous plaisantez....

— » Je ne plaisante point.

— » Cette dame si brillante ?

— » Elle-même.

— » Demain ?...

— » Demain, ainsi tu n'as pas du temps à perdre.

Comment allons-nous faire? Amélie est revenue avec un plan qu'elle m'a soumis. Il fallait commander un repas dans l'un des meilleurs hôtels de la ville, s'assurer de deux domestiques de place, inviter le pasteur Lenoir, ainsi que M. le professeur Méville, supplier enfin sa femme qui est si bonne et si aimable de venir nous secourir dans cette grave circonstance.

— » Tu oublies qu'il faudrait aussi renouveler nos meubles et avoir assez de place dans notre sombre salle à manger.

— » Je n'y avais pas pensé, a-t-elle répondu d'un ton mélancolique.

— » Tu m'as soumis ton plan, voici le mien : Jannette fera le meilleur dîner dont elle est capable, nous prierons sa sœur de venir le servir. Pour convives toi et moi seulement. Mᵐᵉ de Blitzdorf l'a exigé.

— » Vous croyez? mon père.

— » Oui, je le crois. Ne comprends-tu pas que, dussions-nous renverser la maison de fond en comble, nous ne pourrions rien offrir à cette dame qui ressemblât à ce qu'elle a vu si souvent et à ce que sans doute elle ne vient pas chercher chez nous. Ce serait maladroit de sortir de notre position ; plus nous y mettrons de simplicité et plus nous serons à notre place.

— Allons! » a dit Amélie d'un ton de résignation.

11 septembre.

Malgré toute la philosophie dont j'ai fait preuve, la maison a été ce matin dans un grand mouvement. On frottait et on déplaçait les meubles : sans égard à mes représentations, j'ai été expulsé de mon cabinet par des femmes armées de longs balais. Cependant il ne m'a pas paru que ce travail ait produit grand effet. — « Je suis heureux, ai-je dit à Amélie, de te voir mettre de l'importance à l'ordre et à l'arrangement, cependant je dois t'avouer que Mᵐᵉ de Blitzdorf y tient fort peu pour elle-même.» A deux heures nous étions sous les armes. Notre convive ne s'est pas fait attendre. En arrivant elle a embrassé ma fille : — «Je vous connais déjà, ma chère demoiselle, lui a-t-elle dit, bientôt nous serons, j'espère, d'anciennes amies. » Un quart d'heure après on riait et on était à son aise.

On s'est mis à table. La baronne, on le devine, trouvait excellent tout ce qu'on lui offrait, elle s'est récriée sur un mets du pays qu'elle ne connaissait pas. Je demanderai, a-t-elle dit, un quart d'heure d'entretien à votre cuisinière pour obtenir son secret, il me rappellera mes amies de Genève. Alors Françoise qui a jugé le moment convenable pour prendre part à la conversation, a cherché de derrière la chaise de la dame à expliquer la recette. Celle-ci s'est tournée et l'a écoutée avec une grande attention. — « Répétez-moi, ma bonne, tout ce que vous avez dit, et je demanderai un crayon pour l'écrire.

— » Savez-vous, madame, que ma fille ne croyait pas possible de recevoir une aussi belle dame que vous dans notre pauvre maison ; elle voulait tout changer.

— « Ah mon père! ne dites pas,... » s'est écriée Amélie en rougissant. Mais j'ai continué impitoyablement.

— » Vous me connaissez bien, monsieur. Et vous chère amie, a dit la baronne en lui tendant la main. Vous aviez donc peur de moi.

— » Un peu, madame, mais je vous aimais aussi, depuis que je savais tout ce que vous avez fait pour mon père.

— » Pour monsieur votre père, je n'ai rien fait, c'est lui qui m'a été d'un grand secours dans des moments difficiles.

— » Je vous ai souvent envié les moments que vous passiez avec lui.

— » Et moi, après l'avoir long-temps entretenu de mes peines, pour le récompenser je lui parlais de sa fille. Je n'ignorais pas que j'avais à Genève une rivale qui me ferait oublier. »

Tout cela a égayé le dîner. Nous avons pris le café dans ma bibliothèque. — « C'est ici sans doute, s'est écriée la baronne, que votre fille a profité de votre absence pour s'introduire furtivement.

— » Quoi donc? mon père vous aurait lu.....

— » Chère amie, je lui ai avoué tant de choses sur mon compte, qu'il était bien forcé de m'introduire dans l'intérieur de sa famille. »

J'ai montré des éditions rares et des autographes. Mme de Blitzdorf a raconté des anecdotes sur l'Allemagne. A peine nous est-il resté du temps pour une promenade dont nous avions formé le projet.

— » J'ai reçu une lettre de M. Durner de Lausanne, m'a dit la baronne, dans un moment où nous étions séparés des enfants.

— » Puisque vous abordez ce sujet, il faut bien que je vous gronde. N'avez-vous pas fait du mal à ce pauvre garçon?

— » Vous croyez?... m'a-t-elle répondu d'un ton qui exprimait fort peu de repentir.

— » Oui, je le crois, je crains que vos beaux yeux, vos longues conversations ne tiennent une trop grande place dans son cœur.

— » Mon cher monsieur, s'est-elle écriée en riant, vous me jugez donc bien dangereuse.....

— » N'en ai-je pas fait moi-même l'expérience? Savez-vous, madame, ce qu'il m'a fallu de réflexions sur mon âge et ma position pour combattre une influence trop séduisante?

— » Ah! toujours des réflexions... Mais enfin, puisque vous m'accusez de si mauvaises choses, dont dans le fond je suis bien innocente, ces réflexions pourront servir à M. Durner, car je l'attends. il m'a écrit, je lui ai répondu que je le reverrai volontiers; ce jeune homme, avec son air ingénu et primitif, m'avait intéressé.

— » Pauvre M. Durner!

— » Que son cœur ait été un peu ému, il n'y aurait pas grand mal, un poète! — Je suis loin de lui en savoir mauvais gré.

— » Mais un étudiant en théologie!

—»Eh bien, oui! un théologien; sans doute il faut du sérieux et une haute moralité dans cette vocation, il faut du grec et de fortes études; mais quand le futur orateur arriverait, avec un peu plus de connaissance du monde et par quelques légères épreuves, à mieux connaître son cœur et celui de ses auditeurs, croyez-vous que ceux-ci eussent à s'en plaindre?

—»Ah! madame, ne me laissez pas croire que vous ayez quelques rapports avec les femmes vaines, légères, souvent cruelles, qu'on désigne sous le nom de coquettes; le mot seul gâterait l'idée grande et généreuse que je me fais de madame de Blitzdorf.»

Des enfants sont arrivés, nous nous sommes assis dans la grande allée du jardin des plantes; sous ces ombrages nous avons vu finir la journée. Une belle soirée, toujours revêtue de quelque chose de solennel, a amené peu à peu des idées plus sérieuses. La baronne est redevenue la dame de la dernière nuit de Saint-Gervais.

— « Vous m'avez parlé, madame, d'un projet de retraite dans vos terres. C'est une bien grande détermination. Croyez-vous qu'avec tous les dons qui sont votre partage, votre brillante imagination, vous puissiez.....

— » J'avais une amie qui une fois voulait m'accompagner dans mon château; nous devions y finir doucement la vie ensemble. Nous avions fait bien des projets. Depuis elle a oublié ses promesses, elle s'est mariée, elle est heureuse, elle ne pense plus à moi. Ne dois-je pas être contente qu'elle ait trouvé mieux que ce que je pouvais lui offrir? Il faudra bien que j'aille seule.

— » N'avez-vous donc plus de parents à Berlin?

— » Une tante et quelques vieilles cousines profondément versées dans les traditions de la cour, qui vivent encore sur les glorieux souvenirs de Frédéric H, et qui estiment le Brandebourg le pays le plus favorisé du globe : que feraient-elles d'une brebis égarée, d'une Blitzdorf qui refusé une place auprès d'une princesse pour courir le monde, d'une Blitzdorf artiste errante et délaissée.....»

Nous sommes revenus à la maison prendre le thé; puis elle s'est levée. — «Qu'on est heureux ici! a-t-elle dit, mais il ne faut pas s'oublier. Vous devez avoir assez de moi.

— » Pas encore, madame, vous finirez la journée avec nous en assistant à notre culte de famille.

— » Que je vous remercie de me l'avoir proposé.

Après la lecture, Amélie a dit la prière qu'elle fait chaque soir. Aux premières paroles j'ai saisi une légère émotion dans sa voix, mais seul j'ai pu comprendre qu'il lui avait fallu un peu d'effort ; elle s'est bientôt remise. Elle a su même dire un mot pour l'amie qui était avec nous.

La baronne était visiblement émue, elle nous a serré la main et elle est partie.

Pauvre femme! que faire pour elle?

—

12 septembre.

Hier, après le départ de Mme de Blitzdorf, nous avons causé long-temps, nous félicitant du succès de notre fête; Amélie ne tarissait pas sur l'amabilité de cette dame si brillante, si spirituelle et cependant si simple. Elle m'a fait une foule de questions. — « Je lui voudrais, dis-je, des projets plus arrêtés, plus de suite et de jugement.

— » Sans doute elle n'est pas parfaite. Elle peut avoir des défauts : ce sont au moins des défauts qui attachent et font aimer. »

Je suis rentré tard dans ma chambre, où j'ai écrit. Mille pensées m'ont ensuite occupé. Il me semblait que je n'avais pas dormi long-temps, lorsque le bruit de la sonnette et des coups à la porte m'ont réveillé en sursaut. Je me suis levé. C'était un domestique de l'hôtel qui, avec force excuses, m'a remis une lettre, disait-il, fort pressée. C'était de la baronne. Je l'ai ouverte, pestant un peu contre ces belles dames qui font de la nuit le jour; mais la lecture a changé mon impression :

« Chers amis ,

» J'étais trop émue en vous quittant pour vous dire combien j'ai été heureuse chez vous, et combien j'ai été touchée de la manière dont la journée s'est terminée. Que je voudrais en passer encore de semblables. Remerciez, monsieur, votre pieuse fille de la place qu'elle m'a donnée dans la prière de famille. Demandez-lui de continuer, j'en ai plus besoin que jamais.

» En rentrant, j'ai trouvé une lettre d'une amie d'enfance. Elle m'écrit qu'elle avait reçu tout-à-coup la demande instante de se rendre auprès de mon ..... de Max, qu'elle avait depuis long-temps perdu de vue, et qui s'est excusé de cette démarche sur l'état de sa santé qui ne lui permet plus de sortir. Sophie a l'impression qu'il est sérieusement malade.... Il l'avait fait prier de venir pour lui parler de moi, tandis qu'il en avait encore la force, disait-il.

» Hélas! le pauvre Max n'a pas été plus heureux dans son second mariage qu'il ne l'a été avec moi. Il s'est élevé des discussions dans le ménage; la jeune femme, qui m'avait paru l'aimer si tendrement, l'a quitté; ils n'ont plus de rapports. Sophie a trouvé Max triste, souffrant, abandonné. Dans cette situation, le souvenir des années que nous avons passées ensemble s'est représenté, embelli sans doute de tout ce qui avait suivi. Il l'a chargée de me demander pardon des torts qu'il avait eus, de me dire qu'il n'avait jamais perdu le souvenir de ce que j'avais été pour lui, et de m'assurer qu'il avait toujours conservé de l'affection pour sa première compagne.

» Alors une pensée s'est présentée à moi, elle est devenue un désir irrésistible, celui de le voir encore. Il aurait peut-être du plaisir à retrouver celle qu'il avait aimée, qu'il aime encore, dit-il. Et moi aussi j'ai besoin de lui demander pardon, de le supplier d'oublier tant de choses qui pèsent sur mon cœur.

» Qu'en dites-vous, mon projet vous paraît-il insensé? Ah! ne me jugez pas d'après les idées de votre pays. Rappelez-vous que je suis Allemande. Je puis en peu de jours, par les chemins de fer, être à Berlin, ce Berlin que je ne voulais plus revoir et où je brûle de me retrouver.

» Je vous écris tandis que l'on prépare tout pour le départ. Nous ne nous sommes pas couchées, les lumières ont brûlé ici toute la nuit. Catherine plie, emballe. Il faut que nous soyions prêtes à six heures. Les chevaux sont commandés. Que j'aimerais vous voir encore. Me laisserez-vous partir sans donner votre approbation à ce voyage?

» Je renonce avec regret aux courses dont nous avions formé le projet et à tant de conversations que je voulais avoir avec vous. Serez-vous assez bon pour venir me toucher la main pour la dernière fois. J'aimerais vous en épargner la peine, mais il me reste tant de choses à faire! En voyant les montagnes d'effets qui encombrent ma chambre, je désespère d'être prête. Que de choses superflues!.... Vous l'entendez, ce ne sera pas avant six heures. Dans cet espoir je me hasarde à vous envoyer ceci à cette heure indue, vous demandant pardon du trouble que je vais causer dans votre maison d'ordre et de paix.»

Pendant que je lisais, le jour commençait à poindre : j'ai porté cette lettre à ma fille, elle a voulu se lever et m'accompagner. Nous avons vu de loin la voiture que l'on chargeait devant la porte de l'auberge.

— » Que vous êtes bons! s'est écriée Mme de Blitzdorf, vous m'avez pardonné mon indiscrétion. J'avais besoin de vous revoir... Cette nuit j'étais si agitée; maintenant tout est à peu près fini. C'est Dieu qui m'a envoyé cette pensée, n'est-ce pas, monsieur? C'est la prière de hier au soir.... Peut-être Dieu m'accordera d'arriver à temps; je pourrai le revoir, me consacrer au seul homme que j'aie véritablement aimé. Il est malade, abandonné. Je pourrai lui donner un moment de bonheur. Ah s'il en était ainsi!... — Monsieur, une prière à Celui qui peut tout. Ma bonne Amélie, un mot de votre voix pure pour la pauvre femme errante et fourvoyée. Que je puisse verser dans son sein tant de choses qui me brûlent; que prenant près de son lit la place de l'étrangère qui le sert, cette place qui aurait dû toujours être la mienne, je puisse soutenir sa tête, lui présenter sa boisson. Qu'il me dise: «Ma bonne Thérèse, je te remercie,» et je serai mille fois payée de ce que j'aurai fait, et je me croirai la plus heureuse des créatures.»

C'est dans ces discours entrecoupés que nous passâmes une demi-heure ensemble. On vint dire que tout était prêt. — Vous m'avez donné de la force, dit Mme de Blitzdorf. Je me sens beaucoup plus calme. Nous la mîmes en voiture et elle partit.

J'ai conduit Amélie, que ce départ avait ému, dans la petite île; nous nous sommes assis en face des montagnes qui s'éclairaient des rayons du soleil. Je regardais tantôt du côté de Saint-Gervais, maintenant abandonné, tantôt de celui du lac, où je suivais la marche de notre amie, priant Dieu de la bénir. — « Je ne la connaissais que de hier, s'est écriée Amélie, mais j'éprouvais un grand attrait pour elle. Ah! qu'il est triste de voir partir ceux qu'on se disposait à tant aimer :...» puis pensant à Auguste qui n'avait rien su de notre excursion matinale, nous nous sommes mis en route pour aller dejeûner avec lui. Dans la rue nous avons été abordés par le jeune étudiant vaudois; il est venu à moi avec empressement. — « J'ai appris, m'a-t-il dit, que Mme de Blitzdorf est maintenant à Genève, vous me direz où elle demeure.

— » Malheureusement elle est déjà partie, mon cher monsieur. Nous venons, ma fille et moi, de la mettre en voiture.

— » Partie! s'est-il écrié, cela n'est pas possible. Elle m'avait écrit que je la trouverais ici. Je lui apportais un ouvrage qu'elle désirait connaître,» et il tirait de sa poche un volume sur lequel je crains qu'il n'eût bâti bien des châteaux en Espagne. Elle est partie, et pour quel pays?...

— » Pour Berlin.

— » Elle ne reviendra plus?

— » Je ne le crois pas.

— » Hier j'aurais pu la voir...

— » Elle a dîné avec nous. C'est une circonstance inattendue qui a tout-à-coup déterminé son départ. Le soir en nous quittant, elle n'y pensait pas. »

. La rencontre de M. Durner a fait diversion aux impressions que nous venions de recevoir, surtout lorsqu'après l'avoir quitté, nous l'avons vu de loin à peu près à la même place où nous l'avions laissé.

Je me préparais à tirer pour Amélie quelque instruction de ce qui venait de se passer, elle m'a prévenu; à notre retour elle m'a embrassé en s'écriant : — «Ah! mon père, qu'on est heureux d'avoir des devoirs à remplir!»

Ayant rencontré plus tard le jeune Durner, je l'ai amené dîner à la maison. On voyait qu'il était heureux de trouver un compagnon de Saint-Gervais pour parler de ce pays si beau pour lui. Il a rougi lorsque je lui ai fait la commission de Mme de Blitzdorf. « Si vous voyez le jeune poète de Lausanne, dites-lui mon regret de manquer sa visite, et remerciez-le encore d'avoir si bien compris notre belle vallée. » — Il n'aurait, je crois, demandé qu'un prétexte pour la suivre à Berlin. Je sais un peu mauvais gré à notre amie de s'être amusée à le tourmenter, dans le moment même où elle paraissait occupée de sentiments sérieux. Hélas! ces belles dames sont toutes de même, elles ne savent pas refuser le plus petit succès à leur vanité.

—

Bâle, le 16 septembre.

» Depuis que je vous ai quitté, monsieur, j'ai couru, occupée seulement de deux pensées. Arriverai-je à temps? consentira-t-il à me revoir? Quelque obstacle imprévu, insurmontable ne viendra-t-il point s'opposer à ma volonté insurmontable aussi? Mais enfin le mouvement de la voiture, les incidents de la route, quelques difficultés à se procurer des chevaux et un arrêt à Berne, sont venus briser forcément le fil de mes idées. Dans le fait, je n'ai voyagé que trop rapidement, forcée de m'arrêter pour attendre la réponse de Sophie. En partant de Genève je lui avais écrit de m'adresser ici sa réponse. Dans une ville où je ne connais personne, où je n'ai rien à faire, que deviendrais-je, en proie à mes conjectures, si je ne vous avais pas, mes bons amis, pour vous confier mes sentiments?

» Je viens de parler au commis de la poste, je l'ai intéressé à ma position, il m'a promis de m'envoyer la lettre au moment de l'arrivée, mais il juge impossible que ce soit avant demain à six heures. Dans la nuit il y a un second courrier. Sophie aura-t-elle pu me répondre tout de suite? Quelle attente!... J'ai mal arrangé tout cela. Je suis partie beaucoup trop tôt, il me semblait que je ne pouvais assez vite me mettre en route. A quoi bon?... J'aurais pu passer avec vous ces deux jours que je ne sais comment dépenser.

» Catherine vient de m'engager à une promenade; nous sommes allées sur les bords du Rhin, qui est fort large, dominé par des jardins et de belles maisons. Ici cessent les grandes montagnes;

dans un autre moment je verrais à regret disparaître les derniers côteaux de la Suisse, mais maintenant ce sont les longues plaines qu'il me faut et les rives de la Sprée. Pendant que je me promène, que se passe-t-il à Berlin?

» J'ai eu un moment délicieux en sortant de Genève, après vous avoir dit adieu. Fatiguée par ma vie agitée et par tant d'émotions, je me suis endormie sur la route de Lausanne. Il y avait long-temps que je n'avais passé une bonne nuit, la pensée qu'enfin j'étais en route et que j'avançais, l'air du matin, la vue des montagnes et de cette belle nappe d'eau avaient calmé mon esprit comme par enchantement. Je ne me suis réveillée qu'après avoir fait six lieues. En dormant j'ai revu Max, je l'ai revu tel qu'il était il y a dix ans, lors de notre mariage, jeune, plein de tendresse et de soins; tout était oublié, ou plutôt ce qui s'était passé n'était plus qu'une illusion dont nous parlions en riant. Jamais nous n'avions été véritablement séparés. Ah! quel moment... L'existence prenait des formes si douces, tous les rapports étaient si faciles; l'heureuse influence s'en est fait sentir assez long-temps, et m'a remplie d'espoir et de bonheur. Mais enfin cette impression s'est effacée, et maintenant mon cœur est en proie à mille pressentiments.

» *Jeudi* 6 *heures.* Rien; ah! quelle longue journée! Il me semble qu'il y a trois semaines que je suis à Bâle. Il faut attendre le courrier de cette nuit. Et si la réponse n'était pas bonne, que ferais-je? Il serait au-dessus de mes forces de rétrograder. J'ai eu tort de m'arrêter ici. Je ne fais que des bêtises; quelle nécessité d'attendre cette lettre? Il fallait continuer; à cette heure je ne serais pas loin d'arriver. Je me serais fait conduire chez Sophie, elle m'aurait tout dit. Mais il me semblait que j'avais besoin de son autorisation pour rentrer à Berlin.

» La voici: on m'attend, elle m'annonce que je serai bien reçue. Sophie, sans me rassurer complètement sur l'état de Max, dit qu'il ne dépend pas d'une heure ou d'un jour. Elle m'engage à me calmer, à voyager paisiblement. Me calmer! ah! c'est facile à dire.

» Elle était chez Max lorsqu'on a apporté ma lettre avec la suscription: *Pressée.* Il a été fort ému en entendant mon projet qu'elle lui a annoncé cependant le plus doucement possible. Sophie me promet de le soigner jusqu'à mon arrivée. Elle occupe ma place, me dit cette bonne amie, mais elle ne me remplace pas. Max m'attend avec une impatience un peu fiévreuse, il lui parle de moi, il calcule le jour où je pourrai arriver. Les torts de celle qui m'avait remplacée lui ont fait oublier et mon caractère et mes volontés si fortes. C'est une obligation que j'ai à cette femme; je vous assure, monsieur, maintenant je ne la déteste presque plus. »

—

A Albert Dubourg, à Paris.

Je t'ai écrit une fois une lettre, s'il m'en souvient, furibonde et ultra poétique. Elle sera tombée comme une bombe dans le paisible quartier des études; tu l'auras lue peut-être dans une de ces silencieuses bibliothèques où tu passes de longues heures, et en quittant le pesant volume des pandectes de Justinien, elle t'aura paru bien ridicule. Il faut t'en dire la suite.

J'ai amplement savouré en rentrant dans mon pays tous les désappointements que je m'étais promis d'avance; la vie m'y a paru pesante, le ciel terne, la nature flétrie; je me savais mauvais gré de ne pas mieux apprécier l'accueil si tendre de ma mère et de ma sœur. Pour la première fois il y avait entre elles et moi quelque chose dont je ne leur parlais pas. Malgré mes efforts, ma mère m'a deviné. Comment se soustraire à ses regards pénétrants et scrutateurs?

— » Dis-moi, Jules, tu trouves que les bains.....

— » Ont eu un excellent effet, chère mère. Jamais je ne me suis senti plus fort. Je n'ai pas le moindre ressentiment de ma maladie.

— » Et alors pourquoi?.,... Dis-moi, cher enfant, serais-tu triste de te retrouver au milieu de nous? Ta sœur qui se réjouissait tant de te revoir....

— » Que dites-vous? Moi, triste auprès de vous!... Mais serait-il étonnant qu'à mon âge je sentisse le besoin d'une vie moins monotone? Presque tous mes camarades ont quitté Lausanne, les uns à Paris, d'autres en Allemagne; là il y a une belle langue à étudier, et de profondes études à faire.

— » Jamais tu ne m'avais parlé de ce désir, répondit ma mère avec douceur. N'y aurait-il point sous cette idée quelque chose de caché. Ah! je pénètre encore un peu cette jeune tête qui voudrait m'échapper. Je ne prétends point, Jules, t'arracher ton secret : peut-être un de ces sentiments qui d'abord sont si vifs et qu'à ton àge on oublie. Un jour tu me le diras; j'attendrai, tu me trouveras toujours pour t'écouter .Pauvre garçon! ajouta-t-elle en souriant et en passant sa main dans mes cheveux, il y a trois mois que tu étais dans ton lit accablé d'une fièvre ardente et que je te mettais complétement dans la main de Dieu. Cette pensée seule pouvait me soulager. »

Combien il m'en coûtait de ne pas sauter au cou d'une mère si indulgente, et de ne pas tout lui avouer. Ah! si ç'eût été un véritable chagrin, un chagrin dont on pût parler sans avoir pitié de soi-même.—«Un jour, un jour, ma chère mère, je vous le promets,» m'écriai-je en m'enfuyant.

Et cependant j'ai voulu revoir cette dame si dangereuse. Elle m'avait écrit qu'elle m'attendrait à Genève, et puis, quand je suis arrivé, plein de bonheur et d'émotion, elle venait d'en partir, elle avait oublié celui qui pensait trop souvent à elle. Dois-je le regretter? Albert: elle est retournée auprès de son mari, dont depuis long-temps elle vivait séparée. Si je m'intéresse à elle, si j'ai, comme je le dois, à cœur les intérêts de son âme, ne dois-je pas être heureux d'une détermination qui la replace dans la position qu'elle aurait dû toujours occuper! Il y a eu, je crois, bien des secousses, bien des orages dans sa vie. Elle se laissait deviner : elle semblait avoir besoin de l'avouer, c'est cet abandon qui lui donnait tant de charmes. Maintenant je suis sa marche dans cette noble Allemagne si célèbre par ses bardes, ses grandes découvertes, ses penseurs, ses poètes. Ah! puisse-t-elle y trouver le bonheur!

Tandis que j'errais dans les rues de Genève, abandonné, j'ai été accueilli par un monsieur dont j'avais fait la connaissance aux bains; il m'a conduit chez lui et m'a invité à dîner : lui et sa fille avaient beaucoup vu Mme de Blitzdorf pendant les jours qu'elle a passés ici. Nous avons parlé d'elle, de Saint-Gervais, de notre vie dans cette vallée; ils m'ont montré tant de bonté que je me suis demandé s'ils ne devinaient point ces sentiments, si ce n'était pas une sorte de pitié qu'ils éprouvaient pour moi. M. Belcombe me donnait de sages conseils, sans avoir l'air cependant de me faire des leçons. Et sa fille.... Elle n'a aucun rapport avec Mme de Blitzdorf. Il y a donc chez les femmes bien des moyens de plaire, puisqu'elles peuvent y parvenir par des manières si différentes. Mlle Belcombe, qui admire comme moi Mme de Blitzdorf, est simple et timide. Je suis content d'avoir fait connaissance avec cette famille, et je serai heureux de retrouver quelquefois cet intérieur si intime et si doux.

—

A M. Belcombe, à Genève.

Berlin, 28 septembre.

Je l'ai revu, monsieur, j'ai pu le soigner! Me voilà sa garde-malade, c'est tout ce que je demandais à Dieu. Il m'a dit plus d'une fois : Ma bonne Thérèse, je té remercie, — et d'autres choses tendres que je voudrais pouvoir vous raconter. Il faut éviter tout ce qui peut l'émouvoir, il faut se refuser à ces retours sur le passé, qui ne seraient pas sans douceur, mais qui, dans les circonstances actuelles, ont aussi tant de tristesse. Pauvre Max, que la dernière fois j'avais vu si brillant à la tête de son escadron, dans quel état je le retrouve! Il m'a fallu sortir après notre première entrevue, pour pleurer loin de lui. Sophie ne m'avait pas assez préparée à son extrême changement. Mais j'ai retrouvé ce cœur qui a besoin d'attachement, et que je n'ai pas su garder; je retrouve ce regard, cette voix, cette impression qui me ramènent à dix ans en arrière; je suis tentée d'oublier tout ce qui s'est passé, je reviens à l'intimité première. Que de choses nous aurions à dire! étrange et douloureuse situation!

J'écris de la chambre à côté de la sienne, et je vous quitte quelquefois pour aller auprès de lui. J'entends à cette heure rouler les voitures, de brillants équipages entrent dans la cour de l'hôtel, il y règne un air de fête. Je me rappelle le temps où Max et moi, jeunes et pleins de bonheur, nous partions pour les réunions du monde, ce Max que je vois pâle, faible, dormant d'un sommeil agité. J'avais promis une fois de l'aimer toujours, de l'entourer de soins, et Dieu, dans sa bonté, m'a donné le temps d'arriver auprès de lui. J'ai perdu mon nom d'épouse, mais je n'avais pas pu cesser d'être son amie. Ah, monsieur! que de pensées sérieuses dans les heures de recueillement auprès du lit d'un malade! Que n'êtes-vous ici pour me soutenir; vous qui comprenez si bien les sentiments profonds, qui vous y associez pour les sanctifier... Adieu!... Adieu, chère Amélie, demandez à celui qui peut tout, de prolonger les jours où le bonheur de le soigner m'est accordé; c'est la seule grâce que je doive espérer.

A Mme la baronne de Blitzdorf, à Berlin.

Genève, 5 octobre.

Remerciez Dieu, ma chère madame, d'avoir donné à votre voyage l'issue que vous aviez désirée, et de vous avoir placée dans un port où vous êtes à l'abri des orages de votre propre cœur. Vous avez revu celui que vous aimiez une fois, et que peut-être vous n'aviez jamais cessé d'aimer. Je crois que ce sentiment vous a été d'un grand secours dans la carrière glissante et dangereuse où vous vous étiez lancée.

Je ne vous cacherai pas qu'avec la manière de juger que vous appelez genevoise, et que je crois celle de beaucoup d'autres pays, un mur me semblait vous séparer de celui qui une fois avait été tout pour vous. Mais enfin, mes idées ne sont pas celles de votre nation, elles ne sont pas les vôtres. Vous sentiez le besoin de réparer les torts que vous vous êtes durement reprochés. Vous pensiez avoir encore des devoirs à remplir. Je ne vois rien là que de pur et de chrétien. Sanctifiez votre ame par l'exercice de ces soins pieux qui sont l'attribut des femmes. Dans vos moments de peine, élevez votre âme à Dieu, on le trouve plus facilement près d'un malade que partout ailleurs. Le besoin que vous aurez de son secours dans les moments pénibles qui vous attendent, peut-être, vous révélera sa présence mieux que tous les raisonnements.

Nous parlons souvent ici de celle qui semblait si éloignée de nous, et dont un heureux hasard a fait notre amie. Vous pouvez, madame, vous représenter cette petite maison où vous avez laissé de si rapides, mais de si vifs et si agréables souvenirs, et comprendre la place que vous prenez dans les entretiens du père et de la fille. Une des épreuves de la vie c'est de voir tout finir, et surtout ces relations qui intéressent vivement et qui cessent tout-à-coup. Amélie vous envoie un ouvrage qu'elle a eu du plaisir à faire en pensant à vous. Votre esprit est trop relevé, madame, pour de semblables bagatelles; croyez cependant que toutes simples qu'elles soient, elles peuvent offrir dans la solitude une occupation qui n'est ni sans intérêt, ni sans utilité.

Adieu, vous savez ce que je demande pour vous. Croyez à la sincérité de mon affection, et recevez, madame, etc.

G. M.

LETTRES ÉCRITES D'AMÉRIQUE.

LES ENFANTS EN AMÉRIQUE. — ÉDUCATION PUBLIQUE,
SYSTÈME ET APPLICATION (¹).

~~~~~~~~~~~

XV

Beauté des enfants de race anglaise. — Leur tenue sérieuse — Jeux enfantins. — Délassemens de l'âge mûr. — Système d'éducation adopté. —
Budget de l'instruction. — Organisation des écoles. — Bâtimens d'écoles.
— Les instituteurs ; salaires élevés. — Préférence donnée aux institutrices. — Enfans des deux sexes réunis. — Insuffisance des moyens d'éducation en Europe. — De l'éducation primaire gratuite. — Degré d'instruction des maîtres en Amérique. — Statistique scolaire. — Ce qui forme
le côté pratique du caractère de l'Américain. — Vices du système actuel
d'éducation en Europe. — En quoi l'éducation que reçoit l'Américain le
rend supérieur à l'Européen.

J'avais souvent entendu vanter la remarquable beauté des enfants en Angleterre; comme tous les enfants me semblent beaux
(du moins quand ils sont propres), je ne me faisais aucune idée de
cette supériorité physique de l'enfant britannique, que j'attribuais
à une de ces jactances patriotiques dont l'anglomanie ou John Bull
n'est pas avare; car assurément les pes des fils d'Albion, qui
dans l'été parcourent nos Alpes, n'ont rien dans l'extérieur qui
autorise une telle renommée. En arrivant en Amérique, j'ai cependant reconnu tout d'abord la vérité de cet éloge donné au sang
anglais; et j'avoue avec plaisir que je n'ai rien admiré avec autant
d'enthousiasme que ces troupes de chérubins qu'on voit s'ébattre
dans les places et sur les rues des villes et des villages et aux bords
des fermes : chérubins aux grands yeux bleus, aux joues rebondies,

(¹) Voir la lettre précédente, livraison de septembre 1850, page 565.

blanches et roses, aux lèvres souriantes, aux formes replètes et bien modelées; chérubins toujours propres; le plus souvent vêtus élégamment, parfois aussi surchargés de riches oripeaux de soie ou de velours, qui ne s'harmonisent guère avec les douces figures d'innocence et de pureté de ces petits amours.

Le caractère distinctif du peuple anglais, le sérieux, est cependant trop fortement empreint sur toutes ces belles jeunes figures de Yankee en herbe. C'est avec raison que je leur donne ce nom, car en Amérique il n'est presque pas de transition perceptible entre l'enfance et l'état d'homme fait. Ce sérieux a bien quelque chose de naturel et qui tient de la famille; mais il faut pourtant avouer que les Américains font tout ce qu'ils peuvent pour l'augmenter et le rendre ridicule. C'est ainsi que les enfants reçoivent de bonne heure, du moment où ils peuvent bégayer quelques paroles, les dénominations respectueuses de monsieur et de mademoiselle; ils sont laissés à eux-mêmes, et ne reçoivent que fort rarement de légères réprimandes; ils ont pleine liberté de se servir à table de tout ce qu'on sert aux repas. Il y a mieux : leurs manières et leurs vêtements sont autant que possible moulés et taillés sur les usages et la mode dominante; il n'est pas rare de rencontrer sur les rues un bambin de sept à huit ans se promenant gravement, affublé du frac noir et du chapeau rond. Les jeux de l'enfant américain ont, eu égard à son caractère et à ses allures posées, quelque chose de beaucoup moins bruyant, de beaucoup moins expressif que ceux des enfants en Europe, et ce qui m'a souvent frappé, il les adopte et s'y livre avec une persévérance qu'aucune fatigue ne paraît abattre. La balle, les marbres, le saut, tels sont les exercices les plus ordinaires, et les mieux faits pour développer l'élasticité des membres et la vigueur du corps. Leur influence naturelle, ou les effets qu'ils produisent sur l'enfant avec d'autant plus de succès qu'ils offrent toujours le plaisir pour attrait, leur influence, dis-je, est infiniment plus grande que celle de ces brillants assauts d'équilibre et de corde, que la gymnastique a mis de nos jours à la mode pour créer une gêne de plus à nos pauvres enfants d'Europe. Pauvres enfants, dont la liberté est déjà si limitée! Les jeux enfantins en Amérique ont d'ailleurs un côté national et patriotique; une foule d'anecdotes vraies ou fausses, rapportées sur Washington et les héros les plus connus de l'Indépendance, célèbrent l'adresse, l'élasticité des muscles et les sauts prodigieux de ces grands hommes, la vigueur avec laquelle ils pouvaient lutter contre un torrent, ou sauter de glaçons en glaçons pour traverser, au dégel une rivière dangereuse; l'énorme distance à laquelle même dans un âge avancé; plusieurs d'entr'eux pouvaient chasser une balle, etc. Est-ce pour cette raison, et parce que ces exercices sont ainsi ennoblis par l'histoire, que l'adolescence et même l'âge mûr les conservent? J'ai vu souvent en hiver, pendant les séances des chambres et devant l'hôtel-de-ville, des commis de bureaux, des secrétaires de messieurs les députés et les sénateurs; des députés et des sénateurs mêmes, se livrer avec un imperturbable sérieux au jeu de la balle, et faire assaut d'adresse et de vigueur physiques avant de monter dans la salle du conseil et de discuter les intérêts de la patrie. Ces messieurs jouaient au Washington, ou peut-être *se faisaient-ils la main* pour ces luttes d'athlètes qu'ils se permettent quelquefois dans leurs virulentes' discussions. Pour des législateurs américains, le jeu, à mon avis, avait bien son mérite. Quoi qu'il en soit, l'adolescence n'a pas ici de récréations et de jeux qui lui soient propres, et il est permis de dire qu'elle n'existe pas ou ne se reconnaît qu'à la forme du corps. Les indigènes eux-mêmes le sentent, s'en plaignent, et nombre de journaux publient de fort beaux articles sur ce sujet, affirmant que la virilité précoce du Yankee est due à un étiolement physique, et que cet étiolement lui-même est produit par les éducations intellectuelles trop tôt commencées.

Il est certain que l'éducation exigée par notre civilisation actuelle n'a rien de commun avec celle qui formait les chevaliers d'autrefois, ces guerriers dont nous pouvons à peine soulever maintenant la dague, le casque ou la lance. Mais chaque siècle a ses exigences; d'ailleurs, si nous voulions juger au point de vue européen, nous trouverions que la constitution physique du Yankee est loin d'avoir autant déchu que la nôtre. Cependant, je me trouve ici devant un dilemme embarrassant; car si les journalistes américains, qui attribuent à la même cause l'étiolement intellectuel, émettent des conclusions vraies, les capacités du cerveau seraient sur le vieux continent réduites à des proportions minimes; d'autre part, si ces conclusions sont fausses, il faudrait admettre l'avantage des éducations intellectuelles, commencées au sortir du berceau, comme elles le sont en Europe, ce qui serait contraire à mon opinion. Pour le moment, laissant de côté l'examen de ces questions, je me contenterai d'affirmer que ce n'est certes pas par les fatigues de l'école ou les exercices intellectuels commencés trop tôt, que la race Yankee est étiolée, si tant est qu'il y ait étiolement ; car il est fort rare que les enfants soient envoyés aux écoles avant l'âge de six ou sept ans, et les travaux n'y sont pas assez actifs pour avoir une fâcheuse influence sur le développement physique. En général on exige peu des enfants dans les classes, et comme tout s'apprend à l'école, c'est-à-dire que tout se fait sous les yeux du maître pendant les cinq ou six heures du jour destinées aux leçons, l'élève n'ayant ensuite ni mémorisation ni devoir qui le préoccupe, a bien assez de temps pour les exercices du corps. Je dis ceci des écoles publiques, gratuitement ouvertes à tous, où les enfants puisent les connaissances nécessaires à la vie pratique ordinaire, où ils apprennent la lecture, l'écriture, l'orthographe, la grammaire anglaise, quelque peu de géographie américaine et de l'arithmétique, autant qu'il en faut pour le commerce. Si l'on veut une instruction plus relevée, on peut l'acquérir aux académies particulières ou dans les universités. Mais ces institutions sont rares, très-peu fréquentées, et l'instruction n'y est pas gratuite. Le jeune Américain y entre avec un but déterminé, pour faire son apprentissage de droit, de médecine, de marine, de mathématiques appliquées, etc. : tout comme il entrerait dans un comptoir ou dans un atelier pour y apprendre son état. Chercher l'instruction pour l'instruction seule ou la science, sans tenir compte de ce qu'elle rapporte, ne s'accorderait pas avec le caractère de l'Américain.

La question de l'éducation du peuple a toujours une haute importance ; elle est et sera toujours discutée par les hommes qui se préoccupent du bonheur et de l'avenir de leur nation ; il est donc juste, ce me semble, de lui accorder une place dans ces lettres, et d'entrer dans les détails nécessaires pour faire comprendre quelle valeur on y attache en Amérique, quels moyens on emploie pour mettre l'instruction à la portée de tous ; et quels résultats on a obtenus jusqu'à présent.

Les écoles, en Amérique, sont gratuitement ouvertes à tous, sans distinction d'âge ou de sexe, et partout aussi on reçoit à peu près le même degré d'instruction dans les trois ou quatre classes où les élèves sont répartis suivant leur âge ou leurs connaissances acquises. Ces écoles, loin d'être limitées à un nombre fixé, sont aussi multipliées que les besoins de la population l'exigent. Quand un certain nombre d'enfants peuvent se réunir dans un local, ou dès que le nombre croissant des écoliers gêne la marche d'une classe établie, on autorise immédiatement une école nouvelle, dont l'état ou la ville fait les frais. Ainsi, comme les instituteurs reçoivent généralement un salaire élevé, les divers états ont au budget des sommes considérables affectées aux besoins de l'instruction. La ville de Boston, qui supporte les dépenses de ses écoles, paie annuellement pour les 365 instituteurs de ses 186 écoles, plus de neuf cent mille francs, sans compter un capital de cinq millions de francs qui repose sur les bâtiments, les meubles et les bibliothèques. Dans l'Obio, l'entretien des écoles et le salaire des instituteurs coûte aujourd'hui un million et demi de francs par année, et cette somme est bien loin d'avoir atteint son maximum. On s'étonnera, sans doute, de savoir comment une ville, comment une seule province, peuvent suffire à des besoins si étendus, et faire de si grandes dépenses en dehors des frais occasionnés par les autres services indispensables du gouvernement. Ordinairement il y a pour chaque Etat et pour les grandes villes un fonds particulier des écoles, noyau formé de dons individuels, ou de propriétés réservées par le congrès dans le partage des territoires à vendre. Les revenus de ce fonds sont augmentés d'une taxe sur les recettes publiques, sur les banques, sur les médecins et les avocats; et la taxe est proportionnée aux besoins des écoles: voilà tout le mystère. Dans l'Ohio le gouvernement prélève sur les recettes du budjet le quatre pour mille, et comme ces recettes sont essentiellement le produit de la taxe de 1 à 1 et demi pour cent imposée chaque année sur les propriétés et le capital, de quelque manière qu'il soit représenté, meubles, marchandises, etc., il en résulte que ce sont les riches, c'est-à-dire, ceux qui paient les taxes les plus élevées, qui font surtout les frais de l'instruction publique. Mais ce sont là précisément ceux qui en profitent le moins, puisqu'ils envoient d'ordinaire leurs enfants faire leur éducation aux académies ou aux universités qui, nous l'avons dit, ne sont pas gratuites. Ne semble-t-il donc pas qu'il y ait à cette organisation-là une souveraine injustice?.... l'injustice, je le crois, n'est qu'apparente; et j'avoue que de tout ce que j'ai admiré en Amérique, le système scolaire est en première ligne. Non-seulement l'instruction, en se répandant de plus en plus, anime le commerce, augmente la population, le bien-être, et par conséquent élève la valeur des propriétés, avantage dont les riches profitent plus que les pauvres ; mais il est certain qu'en adoucissant les mœurs, en diminuant les penchants vicieux, elle contribue à la sécurité des transactions et des propriétés, sécurités dont les riches aussi profitent davantage. Mais n'en fût-il pas ainsi, la société est une grande famille au bien de laquelle chaque membre doit contribuer suivant son pouvoir. L'emploi et le but des autres impôts peuvent soulever des objections valables, car les revenus publics sont parfois employés suivant les vues d'un parti politique, et pour des intérêts absolument opposés à ceux du parti contraire, et cependant payant ; ou encore les mêmes revenus peuvent être dilapidés par l'ignorance et la mauvaise foi des gouvernements, sans que la grande famille du peuple en retire le moindre profit. Il n'en est pas ainsi, il ne peut en être de même quand il s'agit de l'instruction générale, quand il s'agit d'ouvrir à tous la voie du bien-être, de donner à chacun un instrument de perfectionnement moral, de fixer avec générosité et justice ce niveau du départ, d'où chaque individu ira ensuite s'élancer dans l'arène pour la parcourir suivant sa volonté, suivant ses forces et ses talents. Chez un peuple dont l'instruction primaire n'est pas gratuite pour tous, il y aura toujours nombre de parents qui trouveront des motifs de la refuser à leurs enfants, quelque faible que soit la rétribution à payer pour l'admission aux écoles.

Un autre grand mérite du système d'éducation en Amérique, c'est sa réalité ou son réalisme, si je puis ainsi dire, une réalité d'application, dépouillée de tout ce luxe d'apparât, qui en Europe exige des frais énormes, et ne produit rien que d'illusoire. Les comtés des divers Etats de l'Union sont d'ordinaire partagés en un certain nombre de distrits scolaires, et chaque district a une école, du moment où une dizaine ou vingtaine d'enfants peuvent se réunir dans une localité. A mesure que la population augmente, le nombre des écoles s'accroît dans chaque district, et toujours la maison d'école est bâtie, non pas pour l'embellissement ou à la convenance de tel ou tel village, mais là où l'accès en est le plus facile et à la portée du plus grand nombre. Ainsi, dans les villes populeuses, il y a une école dans chaque quartier, et chaque famille a pour ses enfants des moyens d'instruction qui ne peuvent être repoussés par la crainte des dangers d'un long trajet. Puis, comme dans toutes les écoles les leçons sont les mêmes, que les livres d'études sont semblables, si la famille change de demeure, les enfants sont envoyés à une autre école, sans courir le risque d'avoir à recommencer une étude qui leur est étrangère, ou d'interrompre un cours commencé. Les bâtiments sont simples, sans aucun luxe extérieur: les salles sont commodes, bien aérées pour l'été, et parfaitement chauffées en hiver; chaque enfant a un pupitre et un siége séparés; c'est là tout ce qu'il faut, beaucoup plus que nous n'avons en Europe dans les écoles de village. Et quelle différence n'y a-t-il pas dans les dépenses et les frais de construction! dans les campages, une maison d'école construite en briques, avec trois chambres, et par conséquent disposée pour trois classes, coûte de cinq à sept mille francs. Les divers bâtiments des écoles à Colombus ont coûté quinze mille francs chacun, sans le sol. Ils sont tous distribués pour quatre classes. J'ai vu à Lancastre (Ohio), une maison d'école de 50 pieds sur 80, à deux étages, avec huit chambres, pour 50 écoliers chacune, et qui a coûté trente mille francs, dont quatre mille francs pour le sol. A Boston, où le terrain pour les constructions est à un prix excessivement élevé, et où les écoles sont d'ordinaire de grands et beaux bâtiments, la moyenne des frais de construction pour 25 écoles publiques s'élève à 125 mille francs pour chacune. Il est vrai de dire que ces bâtiments sont en briques et les matériaux à bas prix; mais la main-d'œuvre est ici deux fois plus chère qu'en Europe.

En regard de cette économie dans les constructions et de ce mépris de tout luxe inutile, il est intéressant de voir comment l'Américain paie les instituteurs, et par conséquent quel cas il fait de ceux qui s'occupent du soin de l'enfance et la préparent à la vie active. Ici, comme partout ailleurs, et plus que partout ailleurs peut-être, le prix accordé au travail est en proportion de la valeur qu'on lui attache.

Dans les campagnes, un maître de classe supérieure, c'est-à-dire un maître qui peut enseigner la lecture, l'écriture, l'orthographe, la géographie et l'arithmétique, est payé, dans l'Ohio, 2000 fr. par année, pour cinq ou six heures de leçons à donner chaque jour. Dans les villes ou les villages populeux, le salaire s'élève à 3000 fr. et quelquefois davantage. Ainsi le maître de la classe supérieure de l'école de Sandusky a un salaire de 3500 fr.; à Columbus il reçoit 4000 fr., à Cincinnati, à l'école centrale, 7500 fr. par année. A Boston, un maître de latin, ou maître supérieur pouvant enseigner le latin, reçoit suivant les classes de 7 à 10,000 fr. par année. Généralement les institutrices reçoivent un salaire de moitié 'moindre. — Transportons-nous maintenant en Europe, et comparons les faits. Il y a vingt ans à peine que la commission d'éducation de la Chaux-de-Fonds faisait élever, avec des dépenses de cinq à six cent mille francs, un magnifique bâtiment pour ses écoles. Là elle entassait quatre à cinq cents enfants dans quatre classes (les classes des garçons), et payait à l'instituteur de la classe supérieure, qui outre le latin et l'allemand devait enseigner une foule de choses, payait, dis-je, un salaire de dix-huit cents francs par an, dans une localité où les choses nécessaires à la vie sont à un prix cinq ou six fois plus élevé qu'il ne l'est en Améri-que. Cet exemple n'est pas une exception; si je le cite, c'est uni-quement qu'étant alors moi-même un des intéressés, j'ai gardé bon souvenir des chiffres. Chacun sait au reste que presque par-tout en Suisse et en Europe il en est de même, et que le plus noble de tous les états, celui d'instituteur de la jeunesse, est relégué vers les degrés inférieurs de l'échelle sociale. Ai-je tort de dire qu'en Amérique le système d'éducation a beaucoup plus de *réa-lité* qu'en Europe? (*)

Ce qui me fait dire aussi que ce système est plus *réel*, c'est que'il intéresse chacun à s'occuper de l'éducation de l'enfance, comme si c'était là la chose essentielle pour la société. Les écoles sont pu-bliques, c'est-à-dire qu'elles sont ouvertes à tout le monde, que cha-cun peut y entrer à toute heure et assister aux divers exercices, que même chacun est libre de faire ses observations sur la conduite et les travaux des élèves, et de leur proposer des questions en rapport avec la leçon du moment. On comprend quel élan peut donner aux études cette surveillance publique, combien les élèves en reçoivent d'encouragement, et comment les maîtres, tenus sans cesse en haleine et excités à des efforts constants, sont forcés de mettre de côté cette charlatanerie d'études, qui dans nos écoles d'Europe se pratique si souvent pour obtenir le résultat de pom-peux examens, sans aucun bénéfice pour l'intelligence et le carac-tère des enfants. Bien plus, n'y a-t-il pas une entente réelle de la

(*) La fille du président actuel de l'Union américaine, d'une contrée grande comme l'Europe, Mlle Fillmoore, est maintenant maîtresse ou ins-titutrice dans une des écoles de Buffalo. Ce fait prouve sans commentaire l'égalité des classes en Amérique, et la considération accordée à tous ceux qui s'occupent de l'instruction de la jeunesse.

bonne éducation dans ce système, qui vise au développement de
l'intelligence, de la raison, de la morale, et même se préoccupe
des forces physiques et de la santé du corps, plutôt que de suivre
notre système européen qui, dans les écoles primaires du moins,
ne cultive guère que la mémoire, et laisse les autres facultés de
l'intelligence dans l'ombre. N'y a-t-il pas plus de réalité dans ce
système qui n'oublie rien de ce qui peut aider l'enfant à arriver au
but, et même prend à partie son cœur pour exciter son courage et
son émulation? Car c'est pour cela, ainsi que pour des motifs d'é-
conomie, qu'en Amérique on confie le plus souvent aux femmes
la direction des écoles. L'expérience a prouvé qu'en général les
institutrices obtiennent, dans l'éducation primaire, des résultats
plus avantageux que les hommes, et que même, sous une bonne
direction, on peut les employer utilement comme aides dans des
études ou des classes plus relevées. Avec beaucoup de douceur et
de patience, les femmes ont toutes cet instinct maternel qui sait
trouver le cœur et le toucher, et nous savons quelle sympathie
éprouve l'enfant pour tout ce qui ressemble à sa mère.

Dans la plupart des écoles en Amérique, surtout dans les campagnes, les enfants des deux sexes assistent aux mêmes leçons
dans les mêmes salles. Il peut y avoir, à ce mélange, de grands
inconvénients en Europe; je n'hésite pas à affirmer qu'ici il n'y en
a presque aucun. Ce que j'ai dit, dans une autre lettre, de la sévérité des mœurs dans les rapports entre les deux sexes, pourra
faire comprendre comment la séparation naturelle existe toujours,
malgré le rapprochement dans les écoles. L'avantage que les Américains y trouvent est réel; c'est que les femmes, recevant une
éducation aussi bonne et aussi sérieuse que celle des hommes, sont
mieux en état de diriger leur famille, d'instruire leurs enfants ou
de surveiller les leçons qu'on leur donne. Et comme en général les
pères ne s'occupent jamais de leur famille que pour satisfaire aux
exigences matérielles, aller au marché ou procurer l'argent nécessaire, il est fort utile que les femmes reçoivent une bonne et sévère éducation.

Mais où donc cela n'est-il pas utile? Où donc cet exemple serait-
il plus profitable que dans notre société européenne, où peu à peu
tous les liens de famille se brisent, parce que ni l'un ni l'autre des
époux ne sont préparés pour les devoirs que la famille impose. Où

voit-on les mères surtout, sans éducation aucune, ou élevées dans la frivolité de ces éducations de pensionnats, inutiles ou corruptrices, et n'ayant aucune idée des services sérieux de la maternité et par conséquent nul désir de les remplir. On a beaucoup écrit sur l'éducation des enfants; chaque jour de nouveaux livres paraissent sur ce sujet; mais on se contente d'écrire, de donner des conseils généraux et de les recevoir, comme s'ils s'adressaient à d'autres: quant à la pratique, rien ne se fait. Lorsque le peuple ou les chefs de l'Etat apprécieront la valeur d'une éducation bien dirigée; quand ils emploieront à s'occuper des écoles quelques-unes de ces journées si complètement perdues dans des discussions politiques inutiles pour tous, peu à peu alors le sentiment de l'étendue de ce devoir se répandra dans les masses, passera dans chaque individu, dans chaque père de famille, et l'éducation publique, aidée par l'éducation de la famille, atteindra le degré de perfection vers lequel l'Amérique tend à s'approcher par de grands efforts et de grands sacrifices. Certes, il y a du vrai dans ce proverbe américain : « Tels maîtres, tels élèves; telle commission d'éducation et tels examinateurs, tels maîtres, tels législateurs, tels examinateurs. »

Mais alors, me dira-t-on, l'éducation n'est plus libre, et vous brisez d'un coup cette plante à peine levée, et qui plus tard portera dans notre civilisation des fruits autrement précieux que ceux du végétal exotique que vous nous vantez.... — Certes, je ne brise rien, car j'admets précisément la liberté comme servant de base à un bon système d'éducation primaire. Qu'un gouvernement ouvre partout de bonnes écoles gratuites et les paie, qu'il ait en tête une commission d'hommes éclairés et libres dans leur action, et dont il pourra apprécier l'influence et l'activité par des rapports annuels, je le demande, en quoi et comment la liberté d'instruction serait-elle gênée? Il est vrai, les écoles particulières se fermeront, parce que chacun aimera mieux envoyer ses enfants recevoir gratuitement les leçons de maîtres reconnus instruits et capables, que de payer des maîtres particuliers dont les mérites sont inconnus; est-ce là une gêne, une restriction, un défaut de liberté? Je crois qu'on n'oserait l'affirmer. Répétons d'ailleurs encore pour être bien compris, que ceci ne s'applique qu'à l'éducation primaire, à celle que tout homme, dans une nation, dans un peuple, a le droit, je dirais presque la nécessité, de recevoir, pour qu'il ait les moyens de remplir ses devoirs de citoyen.

·, L'approbation que je donnne ici au principe tel qu'il est admis en Amérique ne doit pas s'étendre à l'application ou à la manière dont le peuple profite des moyens d'éducation mis à sa portée. Il faudra long-temps encore jusqu'à ce que cette proposition tant vantée et tant répétée : *Tous les Américains savent lire*, approche de la vérité. En effet, j'affirme par expérience, et avec connaissance de cause, puisque je ne puis converser qu'au moyen de l'écriture, que les hommes des campagnes sont pour le moins aussi ignorants ici qu'en France ou en Allemagne, même à l'endroit de la lecture et de l'écriture. C'est encore parmi les fermiers Yankee un préjugé fort répandu, que les enfants qui perdent leur temps sur les livres, c'est-à-dire aux écoles, restent toute leur vie des *bons-à-rien;* et l'on sait assez par ce que j'en ai dit, quel cas les Américains en général font de la science et comment ils la comprennent et la recherchent.

· Le salaire élevé, payé aux instituteurs, ne prouve nullement en faveur de leur savoir, car, sous le rapport des connaissances acquises, tout est ici comparativement si inférieur à l'Europe, que ce qui, au-delà de l'Atlantique, produirait des prodiges d'efforts et de science, n'a pas grande influence ici. Le temps employé aux études est toujours fort limité; l'Américain n'aime pas le travail suivi, surtout le travail d'intelligence; toute place à remplir est pour lui une affaire de spéculation qu'il abandonne dès qu'une autre affaire plus favorable se présente: aucune raison ne l'engage à se préparer long-temps d'avance à une carrière qu'il n'atteindra qu'éventuellement. Aussi la disette de bons instituteurs est-elle toujours fort grande, et pour ne pas laisser les écoles dépourvues, les examinateurs sont souvent obligés d'accorder des *permis d enseigner* à des hommes qui n'ont pas le moindre caractère indispensable pour leur charge. C'est cette nécessité-là qui nous donne l'explication de faits semblables aux suivants. Dans le rapport d'un sous-examen des instituteurs de l'Ohio (ces sous-examens se font de temps en temps pour renouveler les permis d'enseigner qu'on n'accorde ordinairement que pour une ou deux années), tous maîtres ayant pratiqué plusieurs années, je lis entr'autres réponses curieuses : A cette question : — «Nommez quelques-uns des organes de la parole,» un instituteur du comté d'A... répond : «*Les dans, la lenge et la chik,*» ce qui signifie : les dents, la langue et la salive produite par la mastication du tabac. A celle-ci : — «Citez quelques faits qui prouvent que le monde est rond, » un autre écrit en réponse : « *Les lions*, *les tigres* et les *rhinocéros.*» — Un troisième, interrogé sur la nature du mot *parole* dans cette phrase: *l'écriture est la parole visible*, en fait un verbe et le conjugue dans tous les temps, etc. Ceci pourrait sembler des exceptions ou même de ces aberrations spontanées et momentanées comme un examen en fait surgir dans tous les pays; les chiffres sont là pour prouver qu'il n'en est pas ainsi. Sur cent instituteurs examinés, on en trouve généralement, dans l'Ohio du moins, 40 qui savent lire et écrire seulement, et 60 qui peuvent de plus enseigner la grammaire, la géographie et l'arithmétique. Dans ce dernier nombre, 1 peut enseigner l'histoire, 10 l'algèbre, 4 la géométrie, 1 l'arpentage, 1 la trigonométrie, 7 la philosophie naturelle, 4 la chimie, 2 l'astronomie, 1 l'allemand. Mais toutes les sciences ici nommées ne doivent pas être prises à la lettre : ce qu'on en demande aux régents, ce n'est que les premiers éléments et souvent même les noms des sciences ne représentent nullement la chose. Ainsi la philosophie naturelle, que toutes les académies particulières rappellent pompeusement dans leurs prospectus avec la chimie et l'astronomie, n'est autre chose qu'un exposé des premiers éléments de la physique du globe. L'astronomie se borne à l'étude de quelques constellations sur une carte du ciel, et la chimie à celle des premières lois de la physique, pesanteur, calorique, etc.

Disons maintenant un mot de la manière en laquelle les Américains profitent des moyens d'instruction gratuite qui sont mis à leur portée. Je choisis pour point de comparaison le comté d'Ashtabula dans l'Ohio, comté où les directeurs des études et la population paraissent rivaliser de zèle en faveur de l'instruction. La population entre 4 et 21 ans, apte à fréquenter les écoles, y est de 8,373 enfants, les écoles et les instituteurs tant permanents que temporaires au nombre de 392. En comptant les quelques jeunes gens dont l'éducation plus relevée se fait en dehors des écoles publiques et gratuites, on trouve que 6,500 enfants seulement profitent des bienfaits des institutions, et que près d'un quart les repoussent ou les négligent, bien qu'ils soient à leur portée! Le recensement décennal se fait cette année dans toute l'Amérique; s'il était terminé et publié j'aurais des chiffres plus positifs à citer; cependant on, peut compter sur l'exactitude de mes rapports, tout insuffisants qu'ils soient. Dans tout l'Ohio, je trouve, en tenant compte des mutations produites par le prodigieux accroissement de la popula-tion, que sur 730,000 enfants qu'il y a actuellement entre 4 et 21 ans, il y en a 203,000 qui ne reçoivent aucune instruction et ne fréquentent jamais les écoles. Plusieurs états de l'Union sont sous ce rapport infiniment plus avancés, je le sais, les Massachusets et le New-York surtout, le Michigan aussi. Cependant il en est un grand nombre qui sont plus en arrière, et l'Ohio compte générale-ment comme un des plus favorisés sous le rapport de l'ins-truction.

En étudiant le système scolaire américain, j'ai cherché plus d'une fois à me rendre compte de l'influence que doivent avoir sur le ca-ractère général du peuple ces éducations faciles, uniformes, limi-tées au strict nécessaire, circonscrites dans les heures d'école et par conséquent poursuivies et achevées sous les yeux et la direction du maître.

Il est certain que les connaissances acquises ainsi le sont fort lentement, et qu'elles enrichissent fort peu l'intelligence, mais il faut avouer en revanche qu'elles lui laissent toute sa force, toute son activité, ce qu'elle a de naturel, ce qu'en un mot nous appe-lons le bon sens ou le sens droit; un jugement vrai de ce qui est le mieux approprié aux circonstances et aux événements présents. Cette faculté est remarquablement développée dans le peuple amé-ricain, et il faut avouer qu'elle ne brille pas en nous, Européens. Ce même système d'éducation, en fixant, en bornant l'intelligence à la connaissance ou à l'étude des choses d'un usage journalier, la rend infiniment pratique, lui ôte ce vague par lequel au contraire nos études en Europe se distinguent d'une façon si remarquable, je ne dis pas si avantageuse! Assurément personne ne le nie; c'est précisément ce vague, cette fluctuation d'études ébauchées sur une foule de sujets, ce clair-obscur de la pensée, qui monte l'i-magination et la laisse sans frein et sans guide s'égarer sur des chimères, qui excite ainsi une foule de vanités individuelles et sans base réelle, et crée ce malaise général dont toutes les classes de notre société européenne sont tourmentées. Quand nous commen-çons à marcher sans but, quand nous poursuivons un chemin qui mène on ne sait où, que faire, sinon errer avec le sentiment que ce chemin n'est pas le nôtre? que faire, sinon regarder sans cesse à travers les haies vers les sentiers voisins, et s'élancer au milieu des épines vers une nouvelle voie qui ne sera ni moins rude, ni mieux définie. Oui, c'est là le grand vice de l'éducation actuelle en Europe, c'est le vague, c'est le manque d'application, c'est l'éparpillement des forces sur une foule de sujets, d'où naît cet incessant besoin de chercher l'inconnu comme la seule chose qui soit à notre portée et facile à atteindre. On sourit de pitié aujourd'hui, lorsque vous rappelez qu'il y a vingt-cinq à trente ans on employait dans nos colléges sept années entières à l'étude du grec et du latin seulement, et que dans nos écoles de village, il y a un demi-siècle, les enfants apprenaient à lire, à écrire, et souvent rien de plus. Mais à quelle époque, je vous prie, faut-il remonter pour trouver encore un peu de bon sens dans les habitants de nos campagnes et les artisans de nos villages ? Afin de se convaincre de ce que vaut pour la pensée, pour l'habitude et la persévérance du travail surtout, cette vigoureuse gymnastique de l'intelligence à laquelle on soumettait jadis l'enfant, que le curieux fasse comme moi, qu'il consulte les tabelles des écoles ou des colléges, et il jugera. A Neuchâtel, par exemple, il trouvera que tous les hommes distingués d'aujourd'hui, hommes de tout état, de toute vocation, pasteurs, médecins, littérateurs, historiens, naturalistes, professeurs, sont sortis de cette fameuse école du *père Jordan*, pour qui les sciences dans leur immensité se résumaient à l'étude du grec et du latin. Et pourquoi? parce que celui-là qui a tout appris, ignore ce qu'il faut pour toute étude véritable; il n'a ni l'habitude du travail longtemps poursuivi vers un même but, ni la persévérance; parce que celui qui n'a appris qu'une chose, mais qui la sait bien, a trouvé au fond la clef de toutes les sciences.

Le vague des idées, le manque d'énergie dans la poursuite d'un but, sont dus encore à une fâcheuse tendance de notre éducation d'Europe, l'habitude de soumettre l'enfance aux plus grandes restrictions, et de ne lui accorder que le moins possible l'usage de sa volonté. « C'est précisément là, » me disait un sénateur américain avec qui je discutais cette question sur un bateau à vapeur du Mississipi, » c'est précisément là le beau résultat de l'éducation » telle que nous la pratiquons. Nous laissons à l'enfant le plein » usage de sa volonté; il s'habitue de bonne heure à savoir ce qu'il » veut, à chercher ce qu'il veut à l'encontre des obstacles; et aussitôt sorti des écoles, il est capable d'agir avec énergie pour faire

» son chemin ou préparer sa carrière. Certes, nos jeunes gens ne
» sont pas des rêveurs, et vous n'en trouverez guère un seul qui,
» à 18 ou 20 ans, puisse employer une heure de la journée et
» moins encore des journées entières à rêver sous un arbre sans
» poursuivre une idée, ou à racler une mauvaise guitare en re-
» gardant passer les nuages, comme vos étudiants sont si aptes à
» le faire. Mais en échange, mettez nos enfants en face d'un dan-
» ger subit, d'une nécessité pressante ou inattendue, et vous
» verrez si tout d'abord ils ne savent pas se tirer d'affaire cent
» fois mieux que tous vos rêveurs et vos racleurs de guitare à la
» la fois. Et en preuve, ajoutait-il, voyez cette foule de vos jeunes
» compatriotes arrivés en Amérique, avec la conviction que tout
» va ployer devant eux, que rien ne résistera au mérite de leur
» intelligence ou de leur figure: que deviennent-ils? Dépaysés d'a-
» bord, désenchantés ensuite, découragés bientôt par des décep-
» tions bien naturelles, ils errent de contrée en contrée, prome-
» nant leurs lamentations et leurs plaintes, comme si la Providence
» avait pris plaisir à les créer pour le malheur, et cela sans trou-
» ver la force et l'énergie suffisante pour se faire une position dans
» une contrée comme la nôtre, où la chose est si facile.» — Et
comme je reprochais à mon interlocuteur cet abandon total de
l'enfance au moment où les habitudes se forment et où le caractère
se décide en bien ou en mal; et cette lenteur, cette paresse d'intelligence favorisée par des études trop faciles, laquelle ôte à l'A-
méricain tout désir et toute aspiration vers les choses les plus
nobles de la vie : — «Mais, me répondait-il, l'enfant dirigé par
» ses instincts, l'est-il plus mal que l'enfant gouverné par les mau-
» vaises passions de ses parents. Cherchez quelle influence vous
» pouvez avoir reçue de la colère, de l'aigreur, des punitions in-
» justes, des ordres arbitraires, pour ne pas dire exactement mau-
» vais, de ceux qui gouvernent votre enfance, faites-en la somme,
» et vous la trouverez égale, pour ne pas dire supérieure, à celle
» du mal que la nature seule vous aurait appris. Mais bien plus!
» Le caractère dominant de votre société est la faiblesse; et d'a-
» près ma conviction, la faiblesse fait plus d'hommes méchants
» que la nature abandonnée à elle-même n'en produit. Quelque
» bons que soient vos enfants, la moindre influence mauvaise les
» corrompt dès qu'elle agit sur eux. Quelque mauvais que soient
» les nôtres, ils peuvent rencontrer sur leur chemin un bon

» exemple, un bon conseil, une bonne pensée; ils s'en emparent,
» l'admettent ou la suivent, et rien dès-lors ne les détourne du
» sentier du devoir et de la vertu. Et cette indépendance de ca-
» ractère a d'autant plus de valeur pour nous, que toutes nos in-
» fluences sociales sur l'adolescence sont bonnes, que l'éducation
» morale ne se fait ou ne se termine pas aux écoles, mais qu'au
» contraire elle ne commence guère qu'au moment où l'enfant va
» devenir homme. Nos journaux, la sévérité du culte et des pra-
» tiques religieuses, la stricte observation du jour du Dimanche, les
» sociétés de tempérance, l'élan patriotique et politique, qui sert
» comme de contre-poids ou de soupape de sûreté à des passions
» plus mauvaises, tout agit sur l'Américain pour le pousser vers ce
» qui est noble et bon, quand à la même époque de sa vie le jeune
» homme en Europe ne rencontre autour de lui que de mauvais
» livres, une société irréligieuse, ou du moins, où toute apparence
» de religion se voile, et où règnent une foule d'idées burlesques et
» déplorables, puisées dans des fictions entraînantes, et auxquelles
» il n'a à opposer ni bon sens, ni énergie de volonté.»

» Et maintenant, j'avoue que jusqu'à présent l'Amérique a pro-
» duit un fort petit nombre de ces hommes que vous appelez
» hommes de génie, par cela seul qu'ils ont entassé dans leur mé-
» moire, collationné, comparé un plus grand nombre de faits que
» d'autres n'ont pu le faire. Mais chaque nation a son génie. Et
» pour un poète, un artiste, un grand philosophe d'Europe, je
» vous nommerai dix de nos hommes de pratique, hommes du
» peuple si vous voulez, hommes de peu de science, je l'admets
» encore, mais dont le génie industriel, dont les inventions et les
» travaux d'application ont aidé au bonheur de leurs semblables,
» à la richesse de notre peuple, cent fois plus que tous les poètes,
» les artistes et les philosophes de l'Europe n'auraient pu le faire.»
J'aurais pu répondre à mon orateur Yankee, qu'avec un grand
fond de vérité, son système a aussi sa bonne part d'erreurs ou d'illusions; que si une éducation ne développe qu'une partie des éléments
de l'être intellectuel, elle est inférieure à celle qui agit sur l'ensemble ou du moins en développe les plus nobles; qu'ainsi la faculté
d'application est bien loin d'atteindre à la faculté d'invention ou au
génie. Que si l'Américain à des chemins de fer partout et des machines à vapeur pour tous les besoins de la vie, Fulton était un de
nos rêveurs d'Europe, souvent occupé à regarder courir les nuages,

et que s'il n'est pas une seule science, une seule invention dont l'Américain ne tire pari, toutes sont d'abord venues d'Europe jusqu'à lui. Celui qui s'occupe à réimprimer les œuvres d'autrui avec des caractères nouveaux ou à couvrir les livres d'une autre reliure, n'est pas pour cela un auteur; je pense. J'aurais pu lui dire encore : que si nous laissons trop peu de liberté à l'enfance, il ne faut pas oublier que les premières impressions reçues dans ce monde sont les plus durables, que la condamnation de son système est écrite par les résultats mêmes; car avec leur liberté, leur énergie de volonté, au milieu de toutes les influences favorables qu'ils reçoivent, les jeunes Américains ne sont ni plus religieux ni plus moraux que nos jeunes gens d'Europe, et que le contraire serait fort appréciable, s'il était vrai que notre civilisation laissât l'adolescence exposée sans défense et sans force à toute espèce de séduction. J'aurais pu lui dire enfin : que le génie et la morale d'un peuple sont en étroit rapport avec son caractère; que l'Américain tire parti de toute science, parce que sa passion dominante est l'argent; qu'il fait bon marché des erreurs que sa nature repousse, et qu'il brise à grand bruit et pour la satisfaction de sa vanité quelques idoles encensées par notre jeunesse; mais en revanche, qu'il se garde de toucher à sa grande statue de Mammon, et de blâmer ou combattre la rapacité qui est un trait si distinctif de son caractère. — Mais nous étions arrivés au débarcadère, et mon sénateur américain s'était éclipsé pendant que je lisais sa harangue.

Léo Lesquereux.

(La suite prochainement.)

CHRONIQUE

DE LA

REVUE SUISSE.

—

NOVEMBRE.

Singulier résultat d'une époque qui aspire avant tout à marcher et à marcher vite, on n'y mesure plus la route que par momens, par étapes de quelques minutes, et ces momens ne valent pas toujours des siècles, à moins que ce ne soit par l'anxiété ou l'ennui. Nous avons des hommes d'un moment, des situations d'un moment, des pensées... je vous laisse à décider si elles vont beaucoup au-delà : *en ce moment* est le mot caractéristique de notre âge, celui qu'il a le plus souvent sur les lèvres et qu'il devrait porter sur son front pour devise, d'autres diront : pour sentence et pour condamnation.

En ce moment donc, il y a trêve ici entre les parties belligérantes dans les hautes régions du pouvoir, comme au moment d'hier il y avait discorde et guerre. Le feu qui couve depuis long-temps sous la cendre commençait à pétiller, la brouille était déclarée. Des nuages noirs s'amoncelaient sur les Tuileries, résidence du général Changarnier; d'autres leur répondaient en grondant de l'Elysée. Des deux parts on se tenait sur le qui-vive; puis on se mit à faire des sorties, pour essayer ses forces et tâter celles de son adversaire. La première eut pour résultat la prise du général d'Hautpoul, bonapartiste renforcé; il fut enlevé de son poste où il bravait le général Changarnier, c'est-à-dire qu'il dut donner sa démission de ministre de la guerre; mais il reçut en échange le gouvernement de l'Algérie, et fut remplacé comme ministre par le général Schramm, qui lança à l'instant un ordre du jour à l'armée dans lequel il rappelait à tout le monde, et par conséquent au général Changarnier sans le nommer, la subordination militaire. Tel fut le premier pas, le début, faible encore et d'un succès égal des deux côtés ; la partie était seulement engagée : ce n'était qu'un pion de perdu et aussitôt remplacé. Le jeu se tourna bientôt sur une plus grosse pièce.

Le général Neumayer (on voit que nous en sommes aux *généraux* si nous n'en sommes pas encore aux *Césars*, auxquels nous tendons fatalement suivant M. Romieu ([¹]) ; mais il y a temps pour tout, et ceux-là sont ici de très-naturels intermédiaires), le général Neumayer commandait l'une des divisions militaires placées immédiatement sous les ordres du général Changarnier. Il passe pour lui être dévoué corps et âme ; à tort ou à raison, on le croyait même fort capable de recevoir de lui n'importe quelle consigne, et de l'exécuter à l'aveugle, comme un vieux soldat endurci dans le métier. Sa division, d'ailleurs, au défilé de la revue de Satory, était imperturbablement demeurée bouche close : pas le moindre cri de Vive Napoléon ! de Vive l'Empereur ! Soudain, sa révocation part de l'Elysée comme une bombe. Grande fureur aux Tuileries ; grand tapage secret dans la Commission de permanence. L'Elysée tient bon à moitié ; il envoie le général Neumayer en province avec un commandement supérieur. Celui-ci veut refuser cette faveur dont on enveloppe sa disgrace. Il a soixante-quatre ans, une toute jeune femme, une famille et pas de fortune ; il va être la victime, le bouc émissaire des partis ; on l'y excite de son bord, dont les journaux, portant son désintéressement jusqu'aux nues, le poussent charitablement par l'épaule au nom de l'honneur. Mais cela n'eût sauvé que les apparences. Le général Changarnier demeurait amoindri. La retraite pure et simple d'un de ses subordonnés dont il passait pour avoir inspiré la conduite, aurait fini par entraîner sa propre démission. Un moment embarrassé par ce coup de partie, il prend soudain sa revanche : lui aussi, il publie son ordre du jour ; il rappelle, un peu tard il est vrai, « qu'aux termes de la loi, l'armée ne délibère point ; » qu'aux termes des règlements militaires, elle doit s'abstenir de toute » démonstration et ne proférer aucun cri sous les armes. » Il décoche ainsi un blâme rétrospectif sur les vivats de Satory et, du même trait de Parthe, venge son lieutenant.

Si l'on exagère la gloire militaire du général Changarnier, s'il y a plus d'engouement et de parti pris que de réalité appuyée sur les faits à le donner, suivant le langage de son parti, pour l'épée et le bouclier de la France, pour un des premiers hommes de guerre de ce temps et de tous les temps, on ne peut lui refuser du moins de se montrer tacticien habile dans les grandes manœuvres du jour. Sa position était entamée, il vient de rétablir sa position ; on lui enlève une pièce, il en prend une autre. Reste à savoir lequel fera son adversaire échec et mat. Les Tuileries ou l'Elysée ? car on les distingue et on les oppose maintenant comme deux puissances : c'est, en ce

([¹]) Voir notre *Chronique* de septembre, page 619 de ce volume.

moment, le résumé le plus clair de la situation ; c'est là le jeu qui se joue., toujours en ce moment.

A en croire des bruits, connus et répétés tout haut dans Paris, mais qui commencent seulement à percer dans les journaux, ce jeu en cacherait un autre, non pas plus serré, mais plus aventureux, et dont le premier ne serait que la traduction officielle. Les membres de la Commission de permanence, les principaux meneurs de la Chambre, ceux qui naviguent pour arriver un peu plus tôt ou un peu plus tard à une restauration monarchique, quitte à s'entendre après sur le comte de Paris ou le comte de Chambord ; les burgraves, comme on les appelle, voyant le Président marcher de revue en revue à une prorogation si ce n'est à une usurpation de pouvoir, et feignant de croire de sa part à des tentatives de violence, auraient formé contre lui un complot, resté à l'état vague et par conséquent insaisissable, mais réel. Ils voulaient prendre les devants (on aurait ainsi présenté la chose), l'accuser, s'emparer de sa personne, proclamer dictateur le général Changarnier, M. Thiers ministre dirigeant ; après quoi on aurait attendu l'instant favorable, préparé les voies et cherché à s'entendre sur la conclusion. Peut-être faut-il plus de courage qu'il n'y en a aujourd'hui dans les cœurs pour qu'un pareil projet ait été formé. Quoi qu'il en soit, s'il y a eu réellement quelque semblant de complot, quelque plan secret de résistance ou d'attaque en cas de violences, on aurait commis la faute de ne pas y faire entrer le préfet de police, M. Carlier qui, éventant la mine, aurait averti l'Elysée. De là, la brusque destitution du principal lieutenant du général Changarnier.

L'Elysée eût bien mieux aimé la destitution du chef lui-même, et les journaux élyséens, par leurs provocations, leurs injures, leurs insinuations blessantes, le poussent, du mieux qu'ils peuvent, à la donner. Mais il fait la sourde oreille, et, d'autre part, on ne se sent pas de force à le renvoyer. Orléaniste ou légitimiste (on ne sait trop lequel) il est l'homme du parti anti-bonapartiste et de l'Assemblée. Or, le président de la Chambre a le droit de convoquer des forces pour la protéger, dès l'instant qu'elle serait menacée, et le général Changarnier est muni, dit-on, d'un blanc-seing de M. Dupin qui l'investit du commandement de ces forces s'il se présentait une telle éventualité : moyennant quoi, il serait à peine destitué par l'Elysée et, contraint de quitter les Tuileries, qu'il se trouverait à la tête d'une autre armée. On ne ferait donc que passer à l'état de guerre ouverte en quittant celui de guerre souterraine. Aussi, les mineurs ne se sont-ils pas plutôt rencontrés que, voyant le sol trembler sous les coups. qu'ils se portent dans l'ombre, ils se hâtent de remonter au jour et, là, de se donner une accolade fraternelle, pour rassurer tout le monde et eux-mêmes. Ils se mordent bien encore un peu, mais enfin ils s'embrassent, et le bon public qui n'y regarde pas de si près, s'en va ou fait mine de s'en aller tout édifié. Puis, comme de ces deux personnages infernaux d'un róman de Lesage, on n'en reste que plus ennemi juré après l'embrassade, et le lendemain c'est à recommencer.

En ce moment (pour continuer notre refrain), on en est donc, ne pouvant mieux faire, à s'accuser de complots. Nous venons de dire celui de hier; voici celui d'aujourd'hui, en attendant celui de demain.

Dans la Commission de permanence, un membre déclare un jour qu'il est à sa connaissance que vingt-six affiliés de la *Société du Dix-Décembre*, réunis chez l'un d'eux, dans une rue écartée, ont juré et voté à l'unanimité la mort de M. Dupin et du général Changarnier; qu'ils ont tiré au sort quels seraient les deux assassins; que celui des conjurés auquel était échu le billet marqué de la lettre C (Changarnier) avait accepté d'emblée; que son compagnon du billet D (Dupin) avait d'abord gardé un silence douteux, mais que les cris de fureur de ses complices accompagnés de quelques verres d'eau-de-vie brûlée pour le reconforter, n'avaient pas tardé à vaincre son hésitation.

Le *Journal des Débats* se fait précipitamment le narrateur de l'étrange aventure. Là dessus, nouvelle émotion à la Bourse dans la journée. Mais aussitôt déclaration de M. le préfet de police, des journaux officiels, et des journaux élyséens qu'il n'y a pas un mot de vrai dans cette histoire, que le tout n'est qu'une pure mystification. Ils rejettent l'affaire sur le commissaire de police de l'Assemblée, M. Yon qui, voulant faire du zèle, cherche partout des complots et a été dupe d'un de ses agens, ivrogne, dupe lui-même de propos de cabarets. M. Yon est cette fois-ci le bouc émissaire, comme le général Neumayer l'avait été la veille dans l'autre machination : on lui suspend son traitement. Toute la presse élyséenne part d'un même éclat de rire sur la panique de la Commission de permanence et la belle découverte de son garde-du-corps, M. Yon. Le *Constitutionnel* raconte que le prétendu tribunal vehmique devait s'être assemblé chez un épicier de la rue des Saussayes, et il insère une lettre des trois seuls épiciers établis dans cette rue, lesquels se déclarent citoyens paisibles et inoffensifs; puis, après s'être bien égayé sur toute cette épicerie, après y avoir puisé à pleines mains le poivre et le sel, il termine son article, intitulé *une mauvaise plaisanterie*, en se lamentant d'un air de componction sur une « si regrettable crédulité : » Coup de patte dont la moitié, pour le moins, était à l'adresse du *Journal des Débats*. De confrère à confrère on se tend la main quand l'un est tombé, mais ce n'est pas précisément pour lui venir en aide. Les autres feuilles rendent au malencontreux journal le même genre de service en passant; la *Presse*, se hâtant de lui fermer les yeux, le déclare mort de sa propre autorité, et le gratifie d'une oraison funèbre à sa manière. « Ce matin, dit-elle, il faut l'avouer, l'attitude du *Journal des Débats* » est piteuse. Cette feuille décidément n'existe plus; M. de Tinguy l'a » ensevelie dans son fameux amendement. M. Bertin (le propriétaire et

» le rédacteur en chef du *Journal des Débats*) est tombé au rang le
» plus bas des plus obscurs glaneurs et des plus piètres rédacteurs de
» nouvelles de la salle des Pas-Perdus.»

Cependant, si M. Bertin demeure en effet tout étourdi et confus de
son énorme pas de clerc, d'autres font meilleure contenance; *l'Ordre*,
qui passe pour être le principal organe du général Changarnier,
maintient l'existence du complot; les journaux de l'opposition ne sont
pas fâchés de tirer de là pied ou aile : tous, disons-nous, tiennent bon
à la place des *Débats* ahuris et désarçonnés. Ces feuilles déclarent n'ê-
tre nullement édifiées par les explications officielles; elles insistent sur
une coïncidence, trop frappante, selon elles, pour venir uniquement
du hasard : savoir, la dissolution, par ordre ministériel, de la société
des Dix-Décembristes, ou des *Décembraillards* comme on les appelle,
dissolution suivant de quelques heures le récit du complot, vrai ou
faux. La Commission de surveillance elle-même semble partager ces
doutes; elle prend son commissaire de police sous sa protection; elle
décide d'envoyer toutes les pièces au procureur de la République, pour
qu'il fasse une enquête et que la justice ait son cours. Enfin, on demande : s'il y a eu mystification, quel est le mystificateur et qui précisément voulait-on mystifier? Quel a été au juste le rôle (actif ou passif?) de M. Dupin, le renseigneur officieux des *Débats*? a-t-on cru nécessaire de répondre à une accusation de complot par une autre, afin
d'avoir de quoi chauffer la Chambre à son retour? dans le camp opposé,
n'éprouvait-on pas le besoin inverse de jouer quelque bon tour à la
Commission de permanence, et de lui administrer à la fin de son règne
une bonne douche de ridicule pour lui faire expier ses airs de surveillance et d'opposition? M. Yon a-t-il été simplement dupe, ou est-
il tombé dans quelque panneau? la police a-t-elle réellement dormi,
ou en a-t-elle seulement fait semblant, pour mieux donner le change
à ceux qu'elle voulait laisser s'enferrer?

Mais toutes ces suppositions et d'autres analogues nous paraissent
bien compliquées. Le fait est, qu'avec ou sans complots, on a peur
et qu'on se fait peur les uns aux autres. Comme il s'agissait ici de la
question de famille, et non plus d'une question de principes, Napoléon Bonaparte, le fils de Jérôme, tout démocrate qu'il est, était ac-
couru en hâte de la campagne pour défendre son cousin. Ceux, d'autre part, qu'on appelle les burgraves, ne doivent pas précisément ce
titre à leur esprit belliqueux et ne passent pas pour mettre volontiers
flamberge au vent. On se pourchasse donc comme des rivaux qui crient
alerte en tremblant, dès qu'ils aperçoivent quelque chose dans l'ombre. Les grands chefs de parti ne rêvent plus et ne savent plus que
s'accuser d'assassinats. Aussi, l'un des rédacteurs du feuilleton du
Siècle, M. Desnoyers, au lieu de dire à ses lecteurs : *Comment vous
portez-vous ce matin?* leur dit-il assez spirituellement : *Comment
vous assassinez-vous?* Tout cela est bien ridicule, bien misérable, si

ce n'est réellement que cela. Ce l'est même trop pour qu'on en rie et qu'on s'en donne à cœur joie : les intéressés ne le voient pas, mais la foule se contente d'en hausser les épaules. Tels sont, néanmoins, les grands incidens qui se passent ici *en ce moment*. Mais il y a une autre mystification, et celle-ci est sérieuse, ou honteuse, comme on voudra : la mystification de la France ; car avec le rôle qu'on lui fait jouer, au degré où on la rabaisse dans l'opinion, que son avenir soit la république ou la monarchie, elle saurait difficilement être plus mystifiée qu'elle ne l'est...... en ce moment.

— En ce moment, la Prusse et l'Autriche sont peut-être aux prises, sur le dos de la Hesse, pour commencer. La première mobilise toute son armée et sa landwehr. Hier, elle cédait sur toute la ligne, et, reculant devant sa rivale, elle pliait respectueusement le genou devant leur commun arrêt, parti de Varsovie. En ce cas, on pouvait résumer sa situation comme le faisait déjà la *Gazette de France*, journal légitimiste : « La Prusse n'est plus qu'une vassale de l'Autriche, laquelle » n'est elle-même qu'une vassale de la Russie. » Est-ce réellement quelque chose comme l'ombre indignée du grand Frédéric qui la ramène en avant? où n'est-ce encore qu'un nouveau mouvement de théâtre, cette fois dans le goût des jeux du Cirque, avec du canon et de la mousqueterie? C'est là, cependant, une manière de jeter de la poudre aux yeux qui a son danger et qui risque de mettre le feu à l'édifice. Quoi qu'il en soit, le problème se pose de plus en plus : ou l'Allemagne sera à la Prusse, ou elle ne sera plus à elle-même, elle sera à la Russie; et alors le testament, vrai ou faux, de Pierre-le-Grand sera bien près de réaliser l'une des alternatives de la fameuse prédiction de Napoléon.

Notre siècle, si savant en politique qu'il y est tout esprit, tout idée, et qu'il n'y peut rien enfanter de réel, ne manque pas de belles raisons pour se prouver doctement à lui-même que la Russie, au fond, est dénuée de ce qui fait la force des grands Etats, que c'est un colosse sans vie. En attendant, le colosse marche. Il prouve ainsi qu'il n'a pas précisément la mort dans les flancs. Cette preuve en vaut bien une plus philosophique : mais que voulez-vous? à nous autres gens doctes, elle ne suffit pas. Hélas! chacun vit et marche à sa manière. La Russie a la sienne, qui n'est pas la nôtre, c'est vrai, mais qui la vaut bien, à ce qu'il paraît. Nous la jugeons d'après nous, voilà pourquoi nous n'y entendons rien, et pourquoi elle nous déroute (¹). Elle manque de beaucoup de choses, elle n'a pas nos ressources, elle est encore à moitié dans la barbarie, à moitié enfouie dans ses déserts glacés.... aussi brûle-t-elle d'en sortir; elle fait un peu la guerre à la

(¹) On trouvera ces idées plus développées dans notre *Chronique* de septembre 1849, pages 550-555 du tome XII de la *Revue Suisse*.

façon des loups..... mais elle s'avance aussi à pas de loup : voïlà sà marche. O grands docteurs qui nous dites si bien comment les nations doivent se mouvoir ! l'essentiel n'est point de former des pas justes et cadencés selon toutes les règles de l'art ; pour vous-mêmes du moins, convenez-en, l'essentiel est de marcher, de faire un beau et rapide chemin, n'importe dans quel sens. Quand on est de si bonne composition sur le succès, pourquoi donc tant de savantes chicanes sur les moyens?

— On sait l'orage que vient d'exciter en Angleterre la prétention du pape à y établir non seulement spirituellement, mais territorialement, la hiérarchie catholique, à diviser le pays en archevêchés et évêchés romains, ayant pour désignations et pour siéges les principales églises ou les principales cités anglaises. Ainsi, le cardinal Wiseman est nommé archevêque de Westminster : c'est comme si la reine d'Angleterre nommait et envoyait résider à Rome un archevêque anglican de Saint-Pierre ou du Vatican. Les manifestations par lesquelles l'Angleterre protestante a répondu à cet acte, ne sont pas toujours de bon goût, tant s'en faut, et plaise à Dieu qu'elles ne pèchent jamais que par là ! Mais John Bull a naturellement les manières rudes ; il présente volontiers son front peu avenant, même lorsqu'on ne le prend pas par les cornes et qu'on ne le houspille pas d'une façon aussi téméraire. Voyez comme il traite ses orateurs et ses députés dans les meetings ! Et quelle nation, d'ailleurs, se montre jamais bien mesurée dans ses colères et ses manifestations populaires ! Ce qu'il faut donc noter ici, c'est moins la forme que le fond, savoir ce fait grave d'un soulèvement général de l'opinion contre la mesure du Saint-Siège. Celui-ci avait cru faire une bonne niche à l'Angleterre; il pourrait bien se trouver qu'il s'en soit fait une fort grosse à lui-même. Le taureau a senti l'aiguillon, et ses ruades, comme on le sait, ont de la portée; quand il frappe du pied le sol de son île, l'ébranlement peut s'en prolonger au loin. Déjà on annonce que l'emprunt de dix millions demandé par Mazzini pour révolutionner de nouveau l'Italie n'est plus aussi dénué de chances de trouver des souscripteurs. La destinée de Pie IX serait-elle de soulever partout des tempêtes qu'il n'est pas capable de mener à bonne fin, et qui laissent son trône un peu plus chancelant?

Mais c'est au point de vue religieux que cet événement mérite surtout l'attention. L'Angleterre est punie par où elle a péché : elle a porté l'esprit d'aristocratie jusque dans l'église et les choses religieuses, elle en recueille aujourd'hui le fruit : c'est par cette porte de l'aristocratie des idées et des mœurs que le catholicisme, une fois les barrières légales levées, a pénétré chez elle dans ces derniers temps avec un incontestable et rapide progrès. Le protestantisme tout entier, lui aussi, est puni de ses divisions et de ses disputes à l'infini sur des points le plus souvent secondaires, de la prédominance qu'il accorde à l'idée théologique et abstraite sur la foi vivante et réelle ; à la lettre même sur l'esprit et la charité. C'est là, au surplus, le défaut de tout le christianisme de notre âge, dans ses diverses communions. Chez toutes, même en se plaçant pour chacune d'elles à leur point de vue particulier, il est bien moins esprit et vie que philosophie et système. S'il en devait rester là, nous ne dirions pas qu'il serait perdu, car il recèle trop évidemment le rayon immortel ; mais nous dirions que les parties de la terre où il demeurerait dans cet état, le perdraient, pour le voir passer à d'autres ; il leur arriverait comme à ces contrées qui furent autrefois son berceau, et qu'il a quittées, non parce que lui était mort, mais parce qu'elles étaient mortes pour lui. , xl, , , rd,

Dans le catholicisme (en laissant de côté les questions) et les différences de dogme), le christianisme revêt aussi une tendance analogue, plus extérieure qu'intérieure, alors même qu'elle est très-savante et très-systématisée. Comme le protestantisme le met trop exclusivement dans l'idée, dans l'intelligence au lieu de le mettre dans un esprit de vie, le catholicisme, à son tour, le met dans les traditions et les formes. Il crée ou renouvelle en son honneur des ordres, des rits, il institue des évêchés et des archevêchés. Il exhume les monumens du moyen-âge, et il s'agenouille devant ces débris, sans s'apercevoir qu'il ne fait œuvre que d'archéologue. C'est ainsi qu'il croit restaurer le christianisme dans son sein et lui reconquérir le monde ; tandis qu'en réalité c'est le catholicisme qui voudrait bien reconquérir celui-ci. ,u

, Il y a, en effet, ce danger dans la tendance prononcée vers les formes : elles impliquent la domination extérieure et matérielle. Le catholicisme s'y élance hardiment ; âprement aujourd'hui. L'Angleterre ne s'y est pas trompée, et la France ne s'y trompe pas non plus, en voyant quel usage habile il sait faire des institutions libérales et comment, par ses fondations religieuses de toute espèce, par ses maisons d'éducation qui poussent à l'envi de tous côtés, il ne poursuit pas seulement une œuvre chrétienne à sa manière, mais reprend partout pied et domination sur le sol. Aussi, qu'il ne se berce pas d'illusion ! contre lui s'amasse une sourde et profonde colère qui éclatera tôt ou tard. On se figure que les guerres et les persécutions religieuses ne sont plus de notre âge incrédule. On pensait comme cela en Suisse il y a quelques années : on a pu voir ce qui en était. Le fanatisme est de toutes les époques et de tous les systèmes : il ne souffle pas seulement dans les siècles de foi ; son vent de feu est tout aussi à l'aise dans les siècles d'incrédulité.

. ł —ł Comme nous venons de le dire, les établissemens d'éducation dirigés par des prêtres se multiplient sur tous les points de la France. C'était bien la peine d'applaudir et de pousser à la destruction du collége de Fribourg, comme le faisaient alors les journaux et les chefs de l'opposition réformiste, maintenant hommes d'ordre et journaux conservateurs! pour un de renversé au dehors, ils en peuvent déjà compter un bon nombre qui remplacent celui-là bien plus commodément à l'intérieur. Et ce nombre et celui de toutes les institutions cléricales d'éducation primaire et secondaire, ne sauraient manquer de s'accroître avec la nouvelle loi sur l'enseignement. L'Université, qui du reste, nous l'avons déjà remarqué, à plus d'un égard a mérité son sort, l'Université voit désormais ses murs vacillans et ses portes forcées. Les évêques ont une part considérable dans sa direction, et une part prépondérante dans beaucoup de questions qui peuvent se rattacher à la doctrine et à la morale : grâce à ces mêmes questions au contraire, les établissemens cléricaux entendent bien se soustraire à son contrôle. Ils ont dans l'Eglise, avec ses quarante mille prêtres subventionnés, une pépinière naturelle toute trouvée : par cette raison et par d'autres, en particulier par le célibat, ils ont surtout l'avantage du bon marché sur l'enseignement libre, placé ainsi en présence d'une concurrence qui d'avance l'écrase. Que résultera-t-il de tout ceci? sous la Restauration qu'en est-il résulté? On rechantera *Hommes noirs*, et qui sait, malheureusement, si l'on se contentera de chanter!

— Il a paru un nouveau pamphlet rétrospectif sur la révolution de Février: *la République dans les carrosses du Roi* par M. Tirel. C'est un récit de l'envahissement des écuries royales, suivi de la liste détaillée des voitures et des chevaux de la cour mis en réquisition par les membres du gouvernement provisoire et par les principaux fonctionnaires de ce temps dont on oublie trop les difficultés. Cette liste est présentée sous la forme de mémoires à payer par chacun de ceux qui y figurent : tant par voiture et par cheval pour tant de jours, et tout cela, bien et duement additionné, aboutit pour plusieurs à des sommes assez rondes. Il va sans dire que M. Tirel dresse ces mémoires de sa propre autorité. Cette malice et d'autres épigrammes de son crû, ou de celui de M. Ladières à qui l'on attribue la rédaction des notes fournies par M. Tirel, n'ont pas été trouvées très-heureuses ; elles se ressentent *des lieux que fréquentait l'auteur*, et surtout elles viennent un peu tard. Le *Journal des Débats*, quand on se rappelle sa contenance humble d'alors, n'a pas fait preuve de bon goût en patronant cette brochure. Elle a, d'ailleurs, soulevé des réclamations de fait, avec offre de preuves à l'appui, de la part de plusieurs des intéressés.

— Le *roi Louis-Philippe et sa Liste Civile* par M. de Montalivet, est, en revanche, un document qui aura une valeur sérieuse pour l'histoire, si elle n'en sanctionne pas toutes les appréciations générales. Il ne restera pas non plus sans contradictions sur les faits. Les légitimistes ont déjà commencé, en ce qui les concerne. Une personne informée de très près, nous dit aussi, par exemple, que les deux cent mille francs donnés à Benjamin Constant par Louis-Philippe après la révolution de 1830, ont été pris, non sur la liste civile comme le veut M. de Montalivet, mais sur les fonds secrets. Malgré, toutefois, les objections qui pourront survenir sur les chiffres, il n'en restera pas moins prouvé que Louis-Philippe ne thésaurisait pas, quel que soit, d'ailleurs, le jugement que l'on porte sur l'emploi qu'il faisait de ses revenus.

— Un amateur, M. le comte d'Orsay, ayant fait le buste de Lamartine, celui-ci lui a répondu par des strophes que nous allons citer. Il y pousse bien loin la reconnaissance envers l'auteur de ce buste (jusqu'à l'appeler Phidias), et sa propre complaisance envers lui-même dans l'analyse et la contemplation de son image. Cependant, malgré ces taches et quelques autres plus uniquement littéraires, on retrouve dans ces vers le poète des *Méditations;* c'est le même courant poétique, si l'âge, les tribulations et les injustices en ont rendu le flot moins pur et un peu amer. Ils sont curieux à ce double égard, comme retour d'inspiration et comme sentiment personnel.

A MONSIEUR LE COMTE D'ORSAY.

I.

Quand le bronze écumant dans ton moule d'argile,
Léguera par ta main mon image fragile :
A l'œil indifférent des hommes qui naîtront,
Et que, passant leurs doigts sur ces tempes ridées,
Comme un lit dévasté du torrent des idées,
Pleins de doute, ils diront entre eux : De qui ce front?

II.

Est-ce un soldat debout frappé pour la patrie?
Un poète qui chante, un pontife qui prie?
Un orateur qui parle aux flots séditieux?
Est-ce un tribun de paix soulevé par la houle,
Offrant, le cœur gonflé, sa poitrine à la foule,
Pour que sa liberté remontât pure aux cieux?

III.

Car dans ce pied qui lutte, et dans ce front qui vibre,
Dans ces lèvres de feu qu'entr'ouvre un souffle libre,
Dans ce cœur qui bondit, dans ce geste serein,
Dans cette arche du flanc que l'extase soulève,
Dans ce bras qui commande et dans cet œil qui rêve,
Phidias a pétri sept âmes dans l'airain.

IV.

Sept âmes, Phidias ! et je n'en ai plus qu'une !
De tout ce qui vécut je subis la fortune.;
Arme cent fois brisée entre les mains du temps,
Je sème de tronçons ma route vers la tombe,
Et le siècle hébété dit : « Voyez comme tombe
A moitié du combat chacun des combattans !»

V.

Celui-là chanta Dieu, les idoles le tuent !
Au mépris des petits les grands le prostituent :
Notre sang, disent-ils, pourquoi l'épargnas-tu ?
Nous en aurions taché la griffe populaire !...
Et le lion couché lui dit avec colère :
Pourquoi m'as-tu calmé ? Ma force est ma vertu.

VI.

Va, brise, ô Phidias, ta dangereuse épreuve ;
Jette-s-en les débris dans le feu, dans le fleuve,
De peur qu'un faible cœur, de doute confondu,
Ne dise en contemplant ces affronts sur ma joue :
« Laissons aller le monde à son courant de boue,
» Et que faute d'un cœur un siècle soit perdu !»

VII.

Oui, brise, ô Phidias, dérobe ce visage
A la postérité, qui balotte une image
De l'Olympe à l'égoût, de la gloire à l'oubli.
Au pilori du temps n'expose pas mon ombre !
Je suis las des soleils, laisse mon urne à l'ombre.
Le bonheur de la mort, c'est d'être enseveli.

VIII.

Que la feuille d'hiver au vent des nuits semée,
Que du coteau natal l'argile encore aimée
Couvrent vite mon front moulé sous son linceul !
Je ne veux de vos bruits qu'un souffle dans la brise,
Un nom inachevé dans un cœur qui se brise ;
J'ai vécu pour la foule, et je veux dormir seul.

— On dit toujours qu'on aura bientôt les Mémoires de George Sand,
que les trois premiers volumes sont prêts ; et l'on ajoute qu'ils conduisent seulement la vie de l'auteur jusqu'à l'âge de quinze ans. C'est

ce qui s'appelle s'arrêter juste au moment difficile. Les volumes suivans piqueront davantage la curiosité; mais on croit néanmoins que
les premiers seront très-intéressans; les souvenirs et l'imagination y
étant à la fois plus libres et s'y confondant mieux, George Sand,
pense-t-on, aura pu y déployer à l'aise toutes les ressources de son
talent et toute la magie de son style.

— La *Revue Suisse* a eu une véritable bonne fortune avec ces morceaux inédits des *Confessions* de Rousseau qu'elle a donnés dans sa
dernière livraison. Leur intérêt n'a pas échappé à M. Sainte-Beuve qui,
en citant la source d'où ils lui étaient venus, les a mis aussitôt à profit
pour un de ses récents articles dans le *Constitutionnel*. Nos lecteurs
se souviennent que c'est aussi la *Revue Suisse* qui la première a publié
des fragmens de la correspondance alors inédite de Mme de Charrière
et de Benjamin Constant ([1]).

— Le centime de timbre par numéro et par exemplaire a décidément mis en désarroi le roman-feuilleton. Pour un journal de 30,000
abonnés, ce petit centime qui n'a l'air de rien, fait un surcroît de dépense de 300 francs par numéro, de 1,200 francs par semaine si le
roman paraît quatre fois tous les huit jours selon l'usage ancien, et
de 62,400 francs par an. C'est un peu cher, plus cher probablement
que ce que l'on paie en outre à l'auteur, même à l'auteur le plus à la
mode, et surtout c'est plus cher que cela ne vaut. Aussi, tous les
journaux ont-ils beaucoup rayé de leur budjet cette dépense de luxe,
les uns totalement, les autres à moitié ou aux trois quarts. Ils font
ainsi double économie, celle du timbre et celle du roman. Il n'y a que
les auteurs qui pâtissent : des romanciers très en vogue en sont, dit-
on, à crier famine. Les lecteurs, cependant, ne sont guère refaits par
ce qu'on leur sert à la place des romans-feuilletons pourchassés par le
fisc.

Le *Constitutionnel* avait annoncé des pièces de théâtre. Il vient de
publier une petite comédie d'Alfred de Musset, intitulée *Carmosine*.
C'est toujours une distinction pour un journal, sinon un événement,
que de publier quelque chose de ce poète; ajoutons que c'est une
chose assez rare. Faut-il le dire, bien que tout le monde le dise et que
le principal intéressé ne s'en cache pas? le chantre de la *Nuit de Mai*
ne s'enivre pas précisément à la fontaine des Muses : voilà bien des
années qu'il a pris l'habitude de puiser fréquemment à des flots beaucoup plus vulgaires. Il a même inventé, à son usage personnel, un affreux mélange de bière et d'eau-de-vie. De là un état qui peut bien
favoriser la rêverie et les voyages somnolens dans le pays des songes,

([1]) Voir la *Revue Suisse* de 1844, t. VII de la collection, pages 181-107,
245-251, 327 et 709.

mais non pas la production et le travail. Dernièrement, en débouchant une bouteille, qu'il aurait mieux fait apparemment de laisser tranquille, il se blessa au doigt; la *Dive* parfois est maligne, même envers ses fidèles; n'ayant cédé qu'avec répugnance, elle mordit son vainqueur dans sa défaite. La morsure était légère, mais comme elle menaçait de s'envenimer, le blessé dut s'imposer une phase de régime. Il en profita pour écrire *Carmosine*. M. Véron fut si charmé de cette pièce, que, renvoyant tout le monde, il voulut en écouter les trois actes tout d'une fois. Il l'admit d'emblée, la paya grassement; et comme, grâce à l'armistice avec la nation des bouteilles, il ne restait plus de trace du mal, un splendide souper aux Frères Provençaux, avec nymphes et violons, inaugura le retour de la santé et la rentrée en campagne.

Carmosine, pourtant, n'a pas répondu à ce qu'on savait des prodiges de sa naissance et de l'épopée de son berceau. C'est l'histoire d'une jeune fille qui aime le roi de Naples et qui risque de mourir de son amour. Il y a quelques détails touchans, de la grâce et de la fantaisie; mais l'action languit, et, malgré la finesse et le tour habituel de la prose du poète, on cherche en vain de scène en scène un traître mot qui, en se décrochant, vous déride ou vous fasse tressaillir. Décidément la dive Bouteille a prolongé sa rancune : si elle s'est contentée de planter un de ses dards sur une main seulement; l'autre, celle sans doute qui tenait la plume, a eu sa part du venin; elle en est restée amortie.

— Ce qui a beaucoup plus attiré l'attention, c'est une espèce de comédie dans le genre de M. Alfred de Musset, mais dans un esprit tout différent; car celle-ci est du rédacteur en chef du journal ultramontain l'*Univers*, M. Louis Veuillot, qu'il ne faut pas confondre avec son frère Eugène, tout aussi catholique d'ailleurs, et non moins militant ni moins acerbe que lui. Ce petit ouvrage a paru dans la *Revue des Deux Mondes* du 1er Octobre; il est intitulé : *Une Samaritaine*, *dialogue*. C'est plutôt, en effet, un dialogue satirique sur le vice élégant, sur les belles pécheresses, les Samaritaines, et en général sur l'amour faux et l'amour vrai, sur les liaisons immorales et sur l'adultère. Les personnages sont au nombre de trois seulement, une marquise, une baronne, et un comte; il ne se passe rien entre eux, ils ne font guère que causer sur leurs chaises, mais l'absence d'action extérieure n'empêche pas qu'il n'y en ait une d'une autre sorte, et très-vive, dans le mouvement de la pensée, s'avançant pas à pas, et prenant le contre-pied de ce qui est généralement toléré ou admis en pareille matière.

Le comte s'est converti, et il veut convertir la marquise qu'il aime. Il fait, de l'amour vulgaire et des aventures d'amour du beau monde, une peinture où le mordant et la verve vont jusqu'à la brutalité. On

sent, et la chronique assure que l'auteur a largement passé par là. A
cette peinture le principal interlocuteur en oppose une autre, celle de
l'amour vrai et d'une union chrétienne. Ici, l'auteur n'est plus aussi
bien dans son fort, l'attaque; la satire; ce second tableau n'a pas autant de vigueur et d'effet que le premier; il manque de sentiment et
de charme; il a quelque chose de roide et de solennel, de dur et de
sec; il n'atteint pas l'émotion qu'il comporterait, et qui pourrait rester pure alors même que le cœur humain serait pris d'une façon plus
humaine. Ce défaut tient, en outre, à ce qui se mêle ici d'étranger à
une vérité plus haute, la vérité religieuse. Les pratiques extérieures
y tiennent une place qui devrait être mieux réservée à la simple foi;
on en déroule le catalogue avec une complaisance qui vous met en
doute à la fin si l'auteur ne sait pas mieux sa religion qu'il ne le croit.
Une grande dame nous est présentée comme le modèle des mères
chrétiennes, parce qu'ayant perdu son fils, elle assiste impassible au
service mortuaire, et qu'ensuite elle meurt; le comte a besoin, pour
prier, d'entrer dans une église; en venant chez la marquise, il a un
chapelet dans sa poche, et il achève de le dire en montant l'escalier:
je vois dans tout cela quelque chose de théâtral et de conventionnel
qui me choque ou me laisse froid. Le héros du dialogue se proclame
dévot, et il s'en fait gloire: c'est bien; mais il a le tort d'y joindre
aussi de la bravade et de l'ostentation.

La bravade, en effet, la provocation, l'agression poussée à l'extrême sont dans la nature et, si l'on veut, dans le talent de M. Louis
Veuillot; mais il est évident qu'il y cherche aussi un moyen d'exciter,
de frapper, d'appeler l'attention sur lui et sur ses écrits, un moyen de
succès et de succès littéraire. Avec plus de mesure, ou du moins avec
un excès tempéré par la force et par la grandeur, cette tactique était
déjà celle de de Maistre; elle s'est vulgarisée dans son école, et on
ne saurait la méconnaître chez M. de Montalembert. Dans la *Samaritaine*, M. Louis Veuillot l'a poussée jusqu'aux dernières personnalités. Son héros fait des portraits de personnages contemporains; ils ne
sont pas seulement caustiques, ils sont corrosifs; il dit non seulement
tout ce qu'on peut dire, mais plus et par delà. Ainsi, il ne se contente pas de parler avec dédain, dans un endroit, « d'une certaine
Elvire » et de son « rimeur; » dans un autre, il fait tout au long, et
sans plus de voile qu'un changement d'initiales, l'histoire d'une grande
dame mariée « qui se fit enlever par son professeur de piano » (lisez
Listz et la comtesse d'Agoult, ou Daniel Stern). Il y revient à plusieurs
reprises; il en tire une suite d'argumens et de plaisanteries; il raconte
ce qu'on sait et ce qu'on ne sait pas et ce qu'on ne peut pas savoir.
Vous me direz que c'est là du scandale; mais le scandale est aussi un
moyen de succès. Seulement, cela jure bien un peu avec le fond religieux du tableau, et la charité ne prêche guère ici en faveur de la foi.

Cependant, comme M. Louis Veuillot ne manque pas d'habileté

dans ses hardiesses ; comme, après tout, il jette à la face du public
parisien bien des vérités exprimées d'une voix claire ; comme il a de
l'esprit , de la verve, du style, bien que plaqué par endroits ; comme,
surtout, son sujet est agaçant, irritant, insultant ; par conséquent
suprêmement nouveau , et que , pour le rendre mieux tel, il a su insulter avec art , il a réussi : la *Samaritaine* a fait sensation et presque un petit événement dans certains salons littéraires.

, — M. Emile de Girardin a voulu aussi à son tour mystifier son
monde. La veille du jour où devait paraître le Message du Président,
il en a publié un de sa façon , composé de paragraphes découpés dans
les œuvres de Louis-Napoléon Bonaparte, et il l'a bravement signé de
ce nom ; en le donnant comme le vrai Message présidentiel. Mais,
après s'être tant moqué de son confrère des *Débats* (voir plus haut) ,
c'est lui qui a été mystifié en définitive ; non pas tant parce que la
Presse se voit poursuivie pour son article , que parce que le véritable
Message, loin d'être écrasé par le faux, a fort bien supporté le pavé,
car il s'est trouvé tout autre et beaucoup mieux qu'on ne s'y attendait. Il a fort réussi à la Chambre, et même dans le public, particulièrement le résumé et l'appel chaleureux qui le termine. Attendons,
pour le juger , de voir ce qui en sortira. . ,

Soit abnégation, soit nécessité (chaque parti explique naturellement
la chose en sa faveur), l'Elysée a complétement viré de bord , et renoncé à tous ces projets , dont, pour sa part, il nie d'ailleurs l'existence. Ainsi ont pris fin tant d'incidents et de mystères, ainsi se sont
évanouis les fantômes. Qui les avait évoqués ? le saura-t-on jamais
bien ? mais le fait est que les voilà rentrés sous terre.... en ce moment.

En ce moment a été notre refrain de ce mois, et vous voyez si c'é-
tait sans cause, puisque mystifications, bruits de coups d'Etat, complots, tout cela est déjà passé. Si notre Chronique en a souffert, si elle
est bien sèche et bien brève, si elle ne vous dit pas grand'chose, ce
n'est pas uniquement notre faute ,.... du moins en ce moment.

Paris, 14 novembre 1850.

SUISSE.

Porrentruy , 10 *novembre.* — Dans le dernier article que la *Revue
Suisse* consacrait à la Société Jurassienne d'Emulation, l'on annonçait la réunion générale de la Société à Moutiers, le 23 septembre. Je
prends la liberté de vous transmettre, un peu tard, il est vrai, le

rendu-compte, de cette réunion intéressante par le nombre et la variété des travaux qui y ont été produits.   t

La séance s'est ouverte par la lecture du *Rapport annuel* sur les travaux et la marche de la société. Les lecteurs de ce recueil ont déjà été initiés dans notre chronique à la plupart des études mentionnées dans le rapide tableau tracé par M. X. Kohler, secrétaire de la société.

Un bureau fut constitué, pour la réunion annuelle; M. le D.ʳ Fallet occupa le fauteuil de la présidence. Nous indiquerons, d'après leur nature, les travaux présentés par les sociétaires.

HISTOIRE. — M. Quiquerez a lu un *Mémoire sur la collégiale de Moutiers-Grandval,* extrait d'un travail étendu sur l'abbaye et la prévôté de ce nom. L'auteur s'est surtout attaché à donner l'historiqué de la collégiale, bâtie au VIIIᵉ siècle dans la forme des basiliques latines, et ruinée au XVIᵉ siècle. Cette esquisse fut suivie de détails sur la tenue des champs de mai et des plaits du prévôt devant cette église, puis d'un exposé des causes de l'introduction de la réforme dans là prévôté. — M. Thurmann a présenté de la part de MM. Maupassant et de Klöckler une *Notice sur les antiquités de Monterriblè*, accompagnée de croquis représentant plus de cent objets trouvés sur le plateau dit de Jules-César. La collection que ces messieurs ont formée ; comprend en outre 2500 médailles de l'an 59 avant Jésus-Christ à l'an 518. Ce travail est d'un haut intérêt archéologique, et servira peut-être à fixer les opinions sur la station romaine de Monterrible.

EDUCATION. — Les fragments d'un travail sur l'*Ecole normale de Porrentruy* présentés par M. Pequignot, se rapportent à l'enseignement et à la discipline tels qu'il les a organisés dans cet établissement. Dans l'enseignement, les maîtres s'initient aux procédés nouveaux, mais n'adoptent les théories qu'autant qu'elles offrent des garanties suffisantes. La discipline repose principalement sur la persuasion, l'étude des caractères, la culture des qualités de l'âme. — Les *vues sur la réorganisation des collèges du Jura* par M. Dupasquier, ont été soumises ensuite à la réunion. Les lecteurs de la *Revue Suisse* connaissent déjà ce travail en partie. Les pages dont il a été donné lecture, traitent de la lutte entre le réalisme et le classisme, et des travaux élaborés de 1837 à 1849, par différentes commissions éducatives à Porrentruy dans la prévision de la réorganisation du collége de cette ville.

SCIENCES PHYSIQUES ET NATURELLES. — M. Thurmann a lu une *notice sur une collection d'autographes* des géologues et botanistes qui se sont occupés de la chaîne du Jura. Cette collection renferme plus de 250 lettres ou pièces originales et forme un fragment d'histoire scientifique relatif à l'étude de nos montagnes depuis le milieu du siècle dernier jusqu'à nos jours. — L'*Enumération des plantes du district de Delémont* par M. Bonanomi, présente des espèces nouvelles pour la contrée, quelques stations sporadiques curieuses, et plusieurs plantes rares, comme les *geranium palustre, sedum dasyphyllum,* *primula farinosa, orchis odoratissima, hircina,* etc.' — MM. Bonanomi et Greppin ont communiqué une *notice* sur le terrain tertiaire du Val de Delémont, qu'ils ont étudié en commun.' Comme M. Gressly, ils reconnaissent dans 'la vallée entre le nymphéen 'et le tritonien un terrain saumâtre. Entre les stations,' qui leur ont fourni des données paléontologiques importantes, figure Develler', riche en débris d'*halianassa.* — M. E. Troté, ingénieur topographe,' a 'lu un rapport *sur l'étude géodésique de Porrentruy et ses environs.* Il a tracé la marche des opérations relatives à la carte topographique dont il est chargé. L'échelle de $\frac{1}{10,000}$ choisie pour l'expédition, permettra de représenter nettement les maximum de pente.

LITTÉRATURE. — M. X. Kohler a exposé le plan d'un *Essai sur l'histoire de la poésie française dans l'ancien Evêché de Bâle,* depuis le 12e siècle jusqu'à nos jours, et a présenté une étude sur *Simon* *de Boncourt.* Il revendique pour l'Ajoie ce trouvère inconnu jusqu'à présent, et rappelé dans une charte de l'Evêché de 1363, et lit deux de ses poésies conservées dans un manuscrit de la biliothèque de Berne (N° 389); elles sont complètement inédites. Simon de Boncourt nous représente fidèlement la poésie romane du 13e siècle. — M. Isenschmid a terminé la séance par une poésie touchante sur St-Germain, l'apôtre de Moutiers.

'Un banquet réunit les sociétaires à l'hôtel du Cerf. Les toasts prononcés respirèrent le meilleur esprit, et la plus franche cordialité régna entre tous les convives. Un discours de M. Thurmann fut surtout vivement applaudi. L'honorable président de la société proclamant' *l'union des sentimens patriotique et religieux,* trouvait un écho dans tous les cœurs et exprimait le but auquel tend la société Jurassienne d'Emulation.

Nous nous réjouissons de la prospérité de cette association utile au pays, et formons des vœux pour qu'elle soit toujours à l'abri des passions politiques et des agitations continuelles auxquelles notre pauvre Suisse semble destinée.

Dans sa réunion générale, la société a voté l'impression du *Rapport* *annuel.* Il sera accompagné du procès-verbal de la séance du 23 septembre, et du tableau des incidens qui ont marqué cette journée d'un heureux augure pour le Jura. Cette publication paraîtra prochainement.   ⋆⋆

GENÈVE, 12 *novembre* 1850. — Nous avons eu hier nos élections des 80 citoyens députés pour deux ans au Grand-Conseil : le résultat en est aussi étrange que triste : pas un seul conservateur n'a été élu, ensorte que cette opinion, qui au scrutin ([1]) compte de 1600 à 1700

([1]) Où un assez grand nombre ont imprudemment fait défaut.

contre 2860, (1er. élu). radicaux, n'a *aucun* représentant dans le Conseil. Nous sommes probablement le seul peuple chez qui pareille chose se voie : un gouvernement sans opposition, c'est une dictature en forme. D'où vient cela ? — Comme toujours, plusieurs conservateurs, découragés ont eu le tort de s'abstenir ; puis, l'esprit de parti tue la patrie : les différentes nuances, n'ont pas su se réunir ; cependant un programme conciliateur avait été publié, posant les bases les plus larges et les plus sages, et fait pour satisfaire tous les esprits, pour rallier tous les cœurs animés de l'amour de la patrie. Un des motifs de ces divergences a été dans le mode des élections préparatoires : comme j'ai accepté et voté, sans un seul changement, toute la liste, je suis bien placé pour vous expliquer ce qui a détourné un grand nombre ; il y a même devoir à ce que chacun dise ce qu'il a remarqué. De 1842 à 1846, les conservateurs ont suivi un mode large, très libéral, le seul qui permette à chaque opinion de se faire jour, et par conséquent de concourir à l'expression de l'opinion générale. On se réunissait pour entendre la lecture du rôle de tous les électeurs de l'arrondissement. *Une voix* suffisait pour faire retenir, accepter un nom ; la liste de tous ces noms retenus était envoyée à chaque électeur conservateur pour servir à une ou deux élections finales. De cette façon chacun avait voix en chapitre, chacun se sentait bien libre ; chacun risquait son enjeu, mais contre un autre enjeu, et par conséquent acceptait facilement le résultat, et s'en faisait un devoir d'honneur autant qu'un devoir de citoyen. Cette fois-ci, voulant abréger probablement, on a réuni les conservateurs afin d'élire un petit comité qui a émis, pour les 44 députés de la ville, une liste de 70 noms. Il est vrai qu'en dehors de ces 70 on pouvait en chosir d'autres, mais qui ne sent que c'était illusoire, car on ne pouvait s'entendre sur ce grand nombre extérieur, tandis que les 70 avaient toutes les chances : c'était le cas de dire que les absents ont tort.

Ces 70 noms étaient choisis avec soin et conscience, bien que tels fissent contraste avec nos circonstances ; le comité était composé de citoyens très-distingués, en qui chacun a pleine confiance, au zèle, au dévouement et aux lumières desquels chacun rend plein hommage et reconnaissance ; mais ce n'était plus une élection directe, c'était une élection au second degré, péchant donc par la base, erronée par conséquent dans son résultat, n'arrivant point à exprimer le vœu public comme le fait l'autre moyen : enfin ce second degré, bon pour des électeurs de la capacité desquels on se défie, était superflu dans une ville de culture comme la nôtre, et pour une catégorie qui offre tant d'instruction ; c'est là ce qui a déplu à plusieurs. Il faut mieux connaître les hommes et les prendre comme ils sont, puisqu'on ne peut les changer. — Voilà une des causes de divergence. Tant il est vrai que pour défendre la liberté on ne devrait recourir qu'à la liberté. Espérons que la leçon profitera soit ici soit ailleurs.

Les radicaux ont voté avec un parfait ensemble : leur élection préparatoire s'était faite sous l'influence d'une liste autographiée. Il y avait eu schisme : M. *Galeer*, bernois, chef des socialistes, et pour cela vivement et victorieusement combattu par M. James Fazy, avait réuni 200 votes pour une autre liste; mais au dernier jour il s'est rallié *pour cette fois encore* à la liste gouvernementale, en publiant une protestation, satire sanglante du gouvernement [1].

Sur les 80 députés au Grand-Conseil de Genève, *la Rome protestante*, il y a 34 catholiques.

Il y à bien eu quelques désordres, quelques injures, beaucoup de *surveillants* (nom honnête) observant les votants, mais à tout prendre l'élection s'est passée tranquillement. Il y a même eu un progrès de civilisation : les conservateurs ont osé afficher l'annonce de leurs réunions; l'affiche et les réunions ont été respectées. Bien plus, la liste conservatrice (jaune) était placardée à côté de la radicale (rose) devant chacune des 200 places du pupitre d'élection, dans le temple de Saint-Pierre.... Le *temple*!... hélas! oui, monsieur, c'est dans les temples que se font les élections; on y entend gronder les passions politiques, l'injure, les rixes, on y fume, on y boit... Jésus n'est plus là pour chasser les profanateurs! Espérons que sur le nouveau terrain d'agrandissement de la ville on élèvera quelque salle pour les élections, les expositions d'art ou de fleurs, les concerts, etc.

MÉLANGES.

UNE VUE SUR DAVEL.

L'entreprise du major Davel pour secouer la domination bernoise, est certainement un des faits les plus extraordinaires que notre histoire puisse présenter. Et tel est l'intérêt qui s'attache à la pureté de caractère que conserva son auteur au milieu de ses plus étranges illusions, et à l'héroïsme qui brilla surtout dans la fin de sa vie, qu'il semble que rien de ce qui peut jeter le moindre jour sur une figure si marquante, ne doit être négligé. Nous hasarderons donc sur l'origine, la filiation, si l'on veut, de son entreprise, une vue qui ressort du rapprochement de quelques dates.

Davel naquit en 1667; il n'avait que 21 ans lorsque se manifesta, en 1688, l'étrange phénomène religieux de la prophétie extatique des Cévennes; et 35 ans, lorsque, en 1702, ces prétendues révélations don-

[1] Le *Journal de Genève* l'a publiée.

nèrent· naissance à l'insurrection armée des Camisards. C'est là une des pages les plus excentriques de, l'histoire des siècles modernes. On sait que, croyant obéir à l'ordre positif de, Dieu, ces montagnards simples et intrépides firent, des exploits militaires étonnants. Poussés à bout par une, persécution si cruelle que les expressions manquent pour la qualifier, sous la conduite de :,eurs soi-disant prophètes, entr'autres du fameux Cavalier, souvent d'un désintéressement admirable, quelquefois commettant par, représailles ; et au nom de Dieu, des barbaries révoltantes, ils plongèrent le gouvernement de Louis XIV en des embarras inouis. L'illustre maréchal de Villars fut employé à les réduire, et malgré sa réputation militaire, il.dut en venir à une capitulation avec.ces montagnards ignorants et méprisés.

Immense: fut le retentissement de.tous ces faits. L'Europe protestante. surtout, en fut profondément, émue; et comme plusieurs des prophètes cévenols se retirèrent dans le Pays de, Vaud (remarquons ce fait), la préoccupation y fut peut-être plus grande encore qu'ailleurs: Plusieurs crurent voir dans la prophétie des Cévennes, et dans les faits extraordinaires et; surnaturels en apparence qui l'accompagnaient, le retour des dons miraculeux de l'Eglise. primitive. Or il nous est impossible de:.ne pas croire que tous ces, faits n'aient exercé: une puissante influence sur l'imagination jeune et mystique de, Davel. Selon toute apparence ;. elle en fut profondément frappée. Peut-être la mission qu'il croyait avoir reçue d'en haut pour la délivrance de son pays, date-t-elle de cette époque. A coup sûr, le retentissement de la prophétie cévenole en implanta profondément et en développa le germe, si elle ne le déposa pas dans son cœur. Et l'exemple des prophètes camisards prêchant au nom de Dieu l'emploi des armes, fit taire la répugnance qu'un cœur aussi pieux devait naturellement éprouver pour l'emploi de ce moyen. Le mysticisme neutralisa chez Davel l'influence de la parole écrite. En tous cas, ce point de contact entre l'insurrection camisarde et l'entreprise du major Davel, nous paraît digne d'être remarqué. FRÉD. DE CHARRIÈRE.

EXPOSITION DE PEINTURE A LAUSANNE. — Nous désirons compléter le compte-rendu publié dans notre précédente livraison sur l'exposition vaudoise, en reproduisant ici quelques extraits des lettres qui nous parviennent de Lausanne sur ce sujet. Voici, sur le tableau de M. Gleyre, quelques lignes où l'une des plus hautes intelligences de notre Suisse romande résume à grands traits ce qui en a été dit :

« Le tableau de Davel a été le sujet de jugemens très-divers, et qui ne sont pas tous sans vérité. Comme œuvre d'art, le tableau de Gleyre peut être l'objet de plus d'une critique, et lui-même a été le premier à se juger, comme des connaisseurs impartiaux l'ont fait. Mais pour le comprendre, il faut se placer à son point de vue. Avant tout, il a lume, les deux récits dont le titre est en tête de cet article. Les difficultés qu'offrait la traduction étaient grandes, et peut-être M. Steinlen ne les a-t-il pas toutes résolues; s'il continue son travail, il s'affranchira sans doute mieux encore de certains liens qui l'ont tenu trop attaché, à son texte original, et se fera moins traducteur pour être plus imitateur. Mais quoi qu'il en soit, nous sommes déjà heureux de posséder ce petit volume tel qu'il est, et nous désirons vivement que la lecture s'en répande dans nos villes, et surtout dans nos campagnes, où les excellents principes de Gotthelf pourraient faire beaucoup de bien.

Nous savons de bonne source qu'un autre ouvrage plus important du même auteur, *Ulric le valet*, est en voie d'impression; il est traduit par une autre plume, et nous semble également destiné à un succès durable. La propagation des œuvres de Jérémias Gotthelf serait un heureux contre-poids à opposer aux livres immoraux dont Paris et l'Allemagne inondent nos campagnes; et pour ne citer qu'un exemple, que dire des *Mystères du peuple*, d'Eugène Suë, que des colporteurs infatigables introduisent jusque dans nos chaumières les plus reculées. Il y a là un mal profond à arrêter, puisqu'il est déjà trop tard pour le guérir.

EXERCICES DE STYLE ET DE COMPOSITION, à l'usage des instituteurs des écoles primaires et des pères de famille, par C. Mignot, régent à Rolle. — Prix batz 15. — Se vend chez l'auteur, et chez les principaux libraires de Lausanne, Genève, Neuchâtel.

L'auteur de cet ouvrage nous paraît s'être proposé un but excellent, et l'avoir atteint à plusieurs égards. Ayant essentiellement en vue les débutants dans l'art d'exprimer une pensée, et surtout ces nombreux enfants de village que les travaux des champs réclament jeunes encore et qui ont hâte d'acquérir les connaissances qui leur sont indispensables; M. Mignot a voulu mettre à leur portée les élémens de l'art d'écrire, et surtout placer entre les mains des instituteurs et des pères de famille un guide méthodique et complet, qui facilite leur tâche et accélère les progrès des élèves. Ce livre ne formera pas des littérateurs, des poètes, et certes nous savons gré à l'auteur de n'avoir pas songé à ce résultat; mais, ce qui vaut mieux, il apprendra d'abord aux enfants à se rendre compte de leurs jugemens, des faits qui se passent sous leurs yeux, des objets et des énoncés qui se gravent dans leur mémoire. Une étude graduée leur enseignera ensuite la manière d'exprimer leur pensée avec simplicité et clarté, de décrire tel objet usuel ou tel phénomène de la nature en termes corrects et choisis. — Puis, dans une autre partie du livre, l'auteur donne un grand nombre de sujets à traiter qui sont d'un ordre plus relevé; ici l'élève s'essaie à écrire de petites compositions, dont l'instituteur pourra à volonté tempérer ou accroître les difficultés; la plupart des modèles et des sujets de composition proposés par l'auteur, nous ont paru heureusement choisis, et tirés des faits de la vie des champs. — Enfin les derniers chapitres sont consacrés à la rédaction des actes sous seing-privé dont chacun est appelé à faire un si fréquent usage. — En résumé, ces *Exercices de style*, malgré les imperfections dont ils ne sont pas exempts sans doute, sont un travail consciencieux et qui rendra des services importants aux personnes appelées à pratiquer l'enseignement élémentaire. L'accueil flatteur que ce livre a reçu dès sa publication sera sûrement confirmé par l'expérience.

HENRI WOLFRATH, ÉDITEUR.

J. PETIT-SENN [1]

A M. H. Wolfrath..

~ᴧᴧᴧᴧᴧᴧᴧᴧᴧᴧᴧᴧ~

Vous vous en souvenez, mon ami, il y a de cela deux ans et demi, si je ne me trompe, et c'était un beau jour d'été. Nous montâmes ensemble dans une de ces boîtes doublées de poussière que l'on nomme les omnibus, de Chêne, et, une demi-heure après, joyeux malgré la grande route, dispos malgré la voiture, nous arrivions devant la grille verte de la villa que vous savez bien. D'un bond l'escalier fut enjambé, la porte ouverte, et nous étions sur cette galerie, citadine et rustique à la fois, toute grande ouverte aux spectacles du dehors, à la coquetterie odorante du jardin, à la féconde grandeur de la plaine et à la sauvagerie du Salève. Sur cette galerie, l'ami que nous cherchions, malade et charmant comme toujours, se promenait à grands pas, talonné par la Muse, et en nous voyant s'arrêta, et tournant le dos à son hôtesse invisible, nous salua du sourire, — du sourire malicieux et bon enfant qui s'appelle : Petit-Senn.

Puis, quand nous nous sommes assis auprès du poète, vous avez écouté cette phrase vive, souple, habile à jouer avec le mot, à le retourner de mille manières et à le choquer contre un mot rival; vous avez admiré cette prestesse de l'épigramme à saisir l'impression et à la coiffer de sa marotte; cette fécondité d'esprit qui fait passer devant vous, dans un instant, vingt générations d'idées, sortant toutes les unes des autres, naissant et mourant en quelques mots; ce labyrinthe de phrases incidentes; cet éternel printemps de la parole toujours jeune, vivant, fleuri et traversé de temps en

---

[1] BLUETTES ET BOUTADES, troisième édition. Paris et Genève. Joël Cherbuliez, éditeur.

lume, les deux récits dont le titre est en tête de cet article. Les difficultés qu'offrait la traduction étaient grandes, et peut-être M. Steinlen ne les a-t-il pas toutes résolues; s'il continue son travail, il s'affranchira sans doute mieux encore de certains liens qui l'ont tenu trop attaché à son texte original, et se fera moins traducteur pour être plus imitateur. Mais quoi qu'il en soit, nous sommes déjà heureux de posséder ce petit volume tel qu'il est, et nous désirons vivement que la lecture s'en répande dans nos villes et surtout dans nos campagnes, où les excellents principes de Gotthelf pourraient faire beaucoup de bien.

Nous savons de bonne source qu'un autre ouvrage plus important du même auteur, *Ulric le valet*, est en voie d'impression; il est traduit par une autre plume, et nous semble également destiné à un succès durable. La propagation des œuvres de Jérémias Gotthelf serait un heureux contre-poids à opposer aux livres immoraux dont Paris et l'Allemagne inondent nos campagnes; et pour ne citer qu'un exemple, que dire des *Mystères du peuple*, d'Eugène Suë, que des colporteurs infatigables introduisent jusque dans nos chaumières les plus reculées. Il y a là un mal profond à arrêter, puisqu'il est déjà trop tard pour le guérir.

EXERCICES DE STYLE ET DE COMPOSITION, à l'usage des instituteurs des écoles primaires et des pères de famille, par C. Mignot, régent à Rolle. — Prix batz 15. — Se vend chez l'auteur, et chez les principaux libraires de Lausanne, Genève, Neuchâtel.

L'auteur de cet ouvrage nous paraît s'être proposé un but excellent, et l'avoir atteint à plusieurs égards. Ayant essentiellement en vue les débutants dans l'art d'exprimer une pensée, et surtout ces nombreux enfants de village que les travaux des champs réclament jeunes encore et qui ont hâte d'acquérir les connaissances qui leur sont indispensables, M. Mignot a voulu mettre à leur portée les élémens de l'art d'écrire, et surtout placer entre les mains des instituteurs et des pères de famille un guide méthodique et complet, qui facilite leur tâche et accélère les progrès des élèves. Ce livre ne formera pas des littérateurs, des poètes, et certes nous savons gré à l'auteur de n'avoir pas songé à ce résultat; mais, ce qui vaut mieux, il apprendra d'abord aux enfants à se rendre compte de leurs jugements, des faits qui se passent sous leurs yeux, des objets et des énoncés qui se gravent dans leur mémoire. Une étude graduée leur enseignera ensuite la manière d'exprimer leur pensée avec simplicité et clarté, de décrire tel objet usuel ou tel phénomène de la nature en termes corrects et choisis. — Puis, dans une autre partie du livre, l'auteur donne un grand nombre de sujets à traiter qui sont d'un ordre plus relevé; ici l'élève s'essaie à écrire de petites compositions, dont l'instituteur pourra à volonté tempérer ou accroître les difficultés; la plupart des modèles et des sujets de composition proposés par l'auteur, nous ont paru heureusement choisis, et tirés des faits de la vie des champs. — Enfin les derniers chapitres sont consacrés à la rédaction des actes sous seing-privé dont chacun est appelé à faire un si fréquent usage. — En résumé, ces *Exercices de style*, malgré les imperfections dont ils ne sont pas exempts sans doute, sont un travail consciencieux et qui rendra des services importants aux personnes appelées à pratiquer l'enseignement élémentaire. L'accueil flatteur que ce livre a reçu dès sa publication sera sûrement confirmé par l'expérience.

HENRI WOLFRATH, ÉDITEUR.

J. PETIT-SENN [1]

A M. H. Wolfrath.

~~nnⲛⲛⲛⲛⲛ~~

· Vous vous en souvenez, mon ami, il y a de cela deux ans et
demi, si je ne me trompe, et c'était un beau jour d'été. Nous montâmes ensemble dans une de ces boîtes doublées de poussière que
l'on nomme les omnibus, de Chêne, et, une demi-heure après,
joyeux malgré la grande route, dispos malgré la voiture, nous
arrivions devant la grille verte de la villa que vous savez bien. D'un
bond l'escalier fut enjambé, la porte ouverte, et nous étions sur
cette galerie, citadine et rustique à la fois, toute grande ouverte
aux spectacles du dehors, à la coquetterie odorante du jardin, à
la féconde grandeur de la plaine et à la sauvagerie du Salève.
Sur cette galerie, l'ami que nous cherchions, malade et charmant
comme toujours, se promenait à grands pas, talonné par la Muse, et
en nous voyant s'arrêta, et tournant le dos à son hôtesse invisible,
nous salua du sourire, — du sourire malicieux et bon enfant qui
s'appelle : Petit-Senn.

Puis, quand nous nous sommes assis auprès du poète, vous avez
écouté cette phrase vive, souple, habile à jouer avec le mot, à le
retourner de mille manières et à le choquer contre un mot rival ;
vous avez admiré cette prestesse de l'épigramme à saisir l'impression et à la coiffer de sa marotte ; cette fécondité d'esprit qui fait
passer devant vous, dans un instant, vingt générations d'idées,
sortant toutes les unes des autres, naissant et mourant en quelques
mots ; ce labyrinthe de phrases incidentes ; cet éternel printemps
de la parole toujours jeune, vivant, fleuri et traversé de temps en ·

---

[1] BLUETTES ET BOUTADES, troisième édition. Paris et Genève. Joël Cherbuliez, éditeur.

temps par un nuage qui l'assombrit pour le rendre meilleur ; cette conversation, en un mot, qui vous étonne et ne vous fatigue pas : qui laisse toujours voir, sous la gaze de sa médisance, la charité de sa bonhomie, — et qui se nomme aussi Petit-Senn.

Enfin, poussant plus loin vos investigations, quand derrière les allures du poète vous avez cherché la vie ; quand, sous le manteau bigarré du langage, vous avez cherché le cœur, vous avez reposé avec joie votre regard intérieur sur ces bons sentiments traduits en bonnes œuvres, qui, mieux que le sourire et mieux que la parole, peuvent s'appeler Petit-Senn. Vous vous êtes dit en vous-même : Oh ! heureux le poète, s'il connaît son bonheur ! Il se lève avant le soleil ; il va contempler cette belle nature qui est toute à lui et doublement à lui, car le poète a deux sens pour posséder ce qu'il admire ; il descend dans la plaine, avec ses beaux rêves qui lui font compagnie, il traverse les bois et les champs, causant avec le ruisseau familier dont il connaît le murmure, saluant les arbres qu'il a vus naître, ou pleurant ceux qu'il a vus tomber ; il rencontre de tous côtés des visages amis, heureux, dont il a commencé la fortune, ou malheureux dont il essuie les pleurs ; çà et là quelques ingrats qui lui inspirent une boutade : l'ingratitude est douloureuse, mais la boutade est applaudie, et le poète est consolé. Et il va toujours où il lui plaît, cherchant sa rime, affilant sa phrase, se reposant aux distractions du chemin ; — puis, quand le jour s'avance, il rentre chez lui, au milieu des siens : il prend la plume et écrit son travail de la matinée ; — plus tard viennent les amis, les rimailleurs en herbe, la jeune poésie toute fière de saluer son maître, tout heureuse de trouver quelque part, hors du monde, pour se consoler de l'isolement où on la laisse, une main bienveillante et ferme, qui la soutienne en la caressant. Viennent aussi les journaux de France qui apportent à l'homme de lettres leur tribut d'encens. Viennent les curieux et les bavards, viennent les artistes et les gens d'esprit : le poète n'est plus à la campagne, il est en ville, il est à Paris. Enfin le soleil décline, les amis s'en vont, la Muse du soir renaît grave et sereine, elle chante, se recueille et s'endort ; — ainsi vient le jour, ainsi vient la nuit, et c'est la vie du poète.

Voilà ce que vous disiez, mon ami, moitié tout haut, moitié en vous-même, lorsque nous quittions cette demeure hospitalière ; et telle fut la promenade que nous fîmes ensemble il y a deux ans.

Voulez-vous encore de ma compagnie? Je vous propose une course plus longue et aussi belle: nous allons sauter de presque un demi-siècle en arrière, et revenir au point où nous sommes, mais pas à pas, en suivant notre poète dans sa vie et dans ses œuvres, pour le retrouver, à la fin du voyage, tel qu'il est aujourd'hui. Y consentez-vous? — En route!

Voyez-vous à Lyon (nous sommes, je crois, en 1812) un tout jeune homme, un enfant de Genève, qui est venu dans la seconde ville de France pour y conquérir le génie commercial. Il marche à pas pressés: où va-t-il? à son bureau, croyez-vous?—Point; chez un libraire. — Pour tirer sur ce monsieur une somme de..... — Point; pour acheter un livre. — Le cours des changes? — Point; un almanach. — Celui des vingt-cinq mille adresses! — Point: celui des muses.

Oui, mon ami, l'*Almanach des Muses*. Il le demande en rougissant; il le reçoit en tremblant: il l'emporte en courant! il vole chez lui, bondit dans sa chambrette, brûle de l'ouvrir et n'ose. Peu à peu cependant il s'enhardit, avance un doigt, puis la main, puis la tête, parcourt, feuillette, s'arrête enfin, oh bonheur! les voici, ce sont elles, une, deux, trois pièces de vers, insérées, publiées sans fautes d'impression..... heureux jeune homme! — Ah! c'est que souvent, dans ses heures de loisir ou d'ennui, il détournait les yeux du grand-livre, et se prenait à regarder les fenêtres de son bureau, à contempler le ciel boueux de la cité commerçante, et à chercher, par delà les brouillards et les nuages, ce Phœbus mythologique dont les Lyonnais ont toujours douté. Il regardait long-temps, puis s'inclinait de nouveau sur le grand-livre, et se remettait courageux au travail. Mais alors, chose étrange! aux chiffres se substituaient des rimes, aux mots barbares des mots charmants, si bien que l'*avoir* chantait force chansons, et le *doit* pleurait force élégies. Un beau jour, en voyant un de ces recueils, si nombreux alors, où les jeunes poètes exposaient leurs essais, il s'était pris à dire: Mon petit bagage vaut bien celui-ci, pourquoi ne le mettrais-je pas en montre? Il avait donc envoyé des vers à l'*Almanach des Muses*, et l'almanach les avait accueillis. Voilà le début de M. Petit-Senn.

Retournons maintenant à Genève, je vous prie: notre ami nous y attend déjà. Le voici moins enfant et plus libre. La seconde ville de France, en fait de génie commercial, lui a donné ce qu'elle n'a pas, une source féconde de poésie. Il rime donc, il rime sans trêve ; il étale toutes les richesses de ses vingt ans, il met dans ses vers toute son ame, et cette sensibilité sincère qu'il a reçue de Dieu, remuée par l'agitation du dedans, grossie par les impressions du dehors, déborde en élégies. Mais le public n'écoute pas. L'élégie n'a jamais été comprise à Genève ; il semble que les gens d'ici, sauf d'honorables exceptions, ne se plaisent qu'aux extrêmes : il leur faut ou ce qui est tout-à-fait ennuyeux, comme les sciences exactes, ou ce qui est tout-à-fait amusant, comme le vaudeville, ou ce qui est à-peu-près absurde, comme l'opéra. Or l'élégie tient juste le milieu entre le genre fastidieux et le genre plaisant, entre le vrai et l'absurde. Notre jeune poète l'a bientôt compris, et il fait volte-face.

Regardez-le maintenant, mon ami : il est frais, joyeux, bon vivant : il n'a plus de larmes dans les yeux, il s'est fait son malicieux sourire ; aussi est-il partout le bienvenu : dans les soirées, les repas, les fêtes nationales, on le recherche, on le convie, on se l'arrache. L'homme heureux ! maintenant il marche de pair avec ses maîtres ; il donne le bras à son mentor, le roi du conte, M. Gaudy ; il serre la main à son aîné, le roi de la chanson, M. Chaponnière ; et, autour de cette trinité joyeuse, se pressent des nuées de rimeurs aimables, un chœur d'éclats de rire dont la source ne tarit jamais. Oh ! le beau printemps pour la Genève poétique ! Le beau réveil d'âmes allègres qui ne demandent qu'à chanter ! Que vous me plaisez, poètes insouciants, qui n'êtes point des gens de lettres, avec votre gaîté sans inquiétude et votre génie sans ambition ! Le monde, la postérité, l'avenir ne vous gênent pas ; la Muse ne vient point à vous avec des lauriers qui l'enchaînent, lourde de gloire, bouffie d'orgueil ; loin de là ! elle est rieuse et libre, la jeune fille, elle ne demande qu'un jour à vivre, pourvu que ce jour soit heureux ; elle entre la tête haute dans vos réunions de jeunes hommes ; elle brave le rigorisme des sots, tout en gardant sa chasteté d'honnête femme ; elle ne se targue pas de sa puissance ; elle n'écrase pas les convives de son outrecuidante autorité ; elle attend son tour de parole ; quand on le lui indique elle se lève, et reçoit avec une joie naïve et franche la couronne de bravos et d'éclats de rire qui la fait reine un instant. — Comme on chantait alors, et comme on s'aimait surtout ! Il y avait déjà des coteries sans doute, de la fureur politique et du fanatisme religieux, enfants parricides du patriotisme et de la foi, qui hâchaient tristement la famille genevoise; mais les poètes faisaient coterie à part: ils étaient tous sous la même bannière, la meilleure de toutes , celle dont les partis ne veulent pas, mais que les hommes de bien reconnaissent: celle où la religion écrit : *charité*, où la patrie écrit: *fraternité*, où la jeunesse écrit: *amour.* — Maintenant, hélas! comme tout a changé! Peu à peu ces pléiades de poètes se sont dispersées: ils sont morts, les uns dans les affaires, les autres dans les Conseils, la plupart dans l'oubli: Genève s'est aigrie, ses enfants sont devenus vieux: ses poètes, excepté les tout jeunes dans la société de Belles-Lettres, ne se sont plus réunis pour chanter ensemble, et, chacun de son côté, qui dans sa coterie, qui dans les pays étrangers, qui dans la solitude, balbutie un air que Genève n'entend plus..... Cette trinité même, dont je vous parlais tout à l'heure, n'est plus unie comme autrefois ; elle s'est dispersée aussi, non pas, grâce à Dieu, au vent de la haine, mais au gré de la vie, ou au caprice du hasard. M. Gaudy s'est enseveli à Onex, dans une retraite inaccessible ; il a voulu goûter, comme Esther, le plaisir de se faire oublier, et il n'y a pas réussi, car les Genevois sont fidèles, et ils n'ont cessé d'aimer les contes de leur poète, comme on aime un beau souvenir. M. Gaudy vient de mourir dans son ermitage; il a quitté la terre sans bruit, parce qu'il ne vivait plus que par ses œuvres : il était déjà mort pour le monde, et son corps, en passant au cimetière, n'a fait que changer de tombeau. — M. Chaponnière, après avoir long-temps gardé le silence, a repris il y a un an la parole, en publiant : *Il fallait çà !* ce charmant badinage qui, pareil aux poésies antiques, s'était déjà répandu sans le secours de Guttemberg ; et maintenant, dit-on, comme voulait faire Béranger, il a laissé la chanson pour l'histoire. — Quant à M. Petit-Senn.... reprenons, s'il vous plaît, notre voyage.

Nous l'avons quitté poète insouciant, nous allons le retrouver journaliste. Il y a une époque où le jeune homme se prend au sérieux, et, si c'est un malheur pour lui, ce n'est certe pas un tort Un beau jour, un cercle d'amis se réunit pour faire de la politique. Ces amis se nommaient Chaponnière, Petit-Senn, Gosse, S. Cougnard, Moré, J. Humbert, Mayor et... James Fazy (1826). Le *Journal de Genève* sortit tout armé du conclave! Ce journal commença par être libéral! M. James Fazy fut un des fondateurs du

Journal de Genève!!! En ce temps là — c'est de l'histoire bien ancienne — les journalistes étaient d'honnêtes gens : ils avaient bien un parti, mais ils ne lui immolaient pas leur Genève : ils faisaient bien de l'opposition, mais une opposition spirituelle et courtoise, comme une discussion entre gens du monde ; sincère et bonne, comme un reproche d'ami. M. Fazy, lui seul, logicien plus intraitable, esprit plus fervent, tranchait avec ses collègues ; aussi ne tarda-t-il pas à les quitter. Le journal, ainsi dirigé par des hommes d'élite, eut un succès remarquable ; il était vraiment national et vraiment littéraire : il a souvent regretté ce temps-là !... Parlons d'autre chose.

M. Petit-Senn n'a fait jusqu'à-présent que côtoyer la politique, mais ce n'est pas là son monde, il l'a déjà senti, il vise plus haut, il songe à l'avenir : le voici homme de lettres. Il cherche un travail à faire, une œuvre solide, un premier monument. Jusqu'à présent ses élégies, ses chansons, ses épigrammes et ses contes, éparpillés dans des feuilletons et des almanachs, ou morts avec l'actualité qu'ils ont célébrée, n'ont montré que sa souplesse : il veut faire preuve de vigueur. Les lois de sa république ont fait de lui, homme de plume, un homme d'épée : il est devenu soldat, puis lieutenant. Le contraste entre la prospérité paisible de Genève et les manies belliqueuses des Genevois ; le spectacle de ces camps inoffensifs, de ces guerriers pacifiques et de ces sabres casaniers, inspire notre poète. Il tient son sujet ; il prend la plume et cette fois se hâte lentement. Il écrit des vers purs, bien coupés et bien rimés, et cependant vifs, joyeux et faciles. Il met dans cette œuvre cette observation rapide et heureuse qui devine plutôt qu'elle ne comprend, ce regard juste qui mène l'épigramme droit au but, cette malice éveillée qui a l'œil à tout, cette imagination habile à rapprocher les idées, à entrechoquer les mots, et toujours çà et là, pour couper la monotonie du sourire, un élan de sensibilité ou d'enthousiasme, une larme ou un cri du cœur (1829). — L'œuvre est finie ; maintenant, mon ami, suivez-moi. Montons à la société littéraire, le cercle des gens les plus spirituels de Genève ; il y a aujourd'hui grande soirée, la salle est comble ; les belles dames sont venues en foule pour écouter de beaux vers. M. Petit-Senn a la parole : il n'a pas ouvert la bouche et l'on applaudit déjà. On attend un conte spirituel ou une élégie touchante ; ce soir il a mieux que cela : tout un poème. Il annonce la *Miliciade*, les applaudissements redoublent. Il lit le premier chant, on demande le deuxième à grands cris. Il lit le deuxième chant, la salle chancelle. Il lit le troisième chant, la salle croule. On demande le dernier chant, mais le poète épuisé refuse, son œuvre paraîtra demain, qu'on l'achète! — Plaignez-vous encore de l'impatience de Genève, elle vient d'écouter dix-huit cents vers : elle en écouterait trois mille, si vous le vouliez bien : plaignez-vous de son avarice : l'édition du poème fut épuisée en quelques jours! Plaignez-vous, jeunes poètes, plaignez-vous à chaudes larmes de votre pays! — vous ne vous plaindrez plus, je vous en réponds... quand vous aurez fait une *Miliciade!*

Un saut encore, et nous arrivons à l'an de grâce 1832. M. Petit-Senn est maintenant dans la plénitude de sa force et de sa sève: il a besoin de produire : un jour vide est pour lui un remords. Il n'est pas de travail qui l'effraie, pas d'obstacle qui l'arrête ; son talent est souple, il veut le montrer tout entier. Il entre dans tous les chemins, non pas pour chercher le sien, mais pour les connaître tous. Il a lu quelque part : n'écrit pas en prose qui veut; il écrit en prose, et, pour faire mentir le proverbe, mieux qu'en vers. Il fait de la politique, de la morale, de la fantaisie; il sabre tout ce qu'il peut sabrer : ses ennemis, ses amis, lui-même. Tantôt à Genève, tantôt à Mornex où il se fait un ermitage populeux, il roule une vie comble, passez-moi le mot : il trouve le soir, dans le monde, le sujet de son article du matin, et il n'est pas de visage nouveau, de conversation ou de rêverie qui ne lui inspirent de quoi remplir des volumes. De là le *Fantasque*, ce journal qu'il a mené presque seul, à brides abattues, cinq ans entiers.

..Voilà l'écrivain : voulez-vous connaître l'homme ? Il s'est déjà montré tel qu'il est aujourd'hui; non-seulement il fait des vers, mais il protège la poésie; il appelle à lui les jeunes rimeurs, il va de lui-même au devant de leur affection, il cumule les fonctions d'Horace et de Mécène(¹). Un pauvre garçon, rebuté partout, parce qu'il n'a pas de penchant bien décidé pour la calligraphie, mais poète au fond de l'âme, vient à lui. M. Petit-Senn lui ouvre tout ce qu'on peut ouvrir : sa porte, ses bras, son cœur, et même ce qu'on n'ouvre pas, sa bourse, — il le fait connaître à Genève, puis à Paris,

(¹) C'est là du reste le titre que lui a décerné une réunion de jeunes gens, artistes pour la plupart : la société des *Noctambules*, qui se rassemble chez lui tous les jeudis.

il fait tout ce qu'il peut pour l'empêcher de mourir; puis, quand la maladie et la misère ont tué ce pauvre jeune homme, notre Mécène lui fait encore du bien; il le protége mort, il le ressuscite pour ainsi dire en publiant un beau livre : les poésies de *Galloix.* — Ce qu'il fait pour Galloix, il le fait aussi pour d'autres : Charles Didier, Antoine Carteret, Blanvalet, Marc Fournier (je ne cite que les plus illustres) ont tous passé sous sa protection. Ce qu'il fait pour les poètes, il le fait aussi pour les artistes, même pour les bourgeois, quelquefois pour tout le monde : il perdit un jour sept mille francs pour offrir à Genève une belle saison théâtrale! Voilà, certes, un beau rôle, et un rôle qui n'est pas toujours doux à jouer. Pauvre Mécène! Avez-vous entendu de mauvais vers dans votre vie!... sans compter les miens. Vous souvenez-vous, mon maître, de la première visite que je vous ai faite? Je n'avais pas quinze ans encore, et j'alignais des vers de collége, grands alexandrins tout rapiécés de chevilles, hémistiches fabuleux, rimes décrépites : gloire et victoire, montagnes et campagnes, lauriers et guerriers. Vous étiez sur votre lit, toujours souffrant de cette longue maladie qui vous attriste et vous vieillit si peu; en face de vous sur un canapé, sourcillait Albert Richard, ce robuste neveu du Dante. Je m'assis entre vous deux, et j'osai réciter mes vers en regardant parfois à droite et à gauche, comme pour interroger vos yeux. M. Albert Richard baissait la tête et joignait les mains ; il semblait fouiller sous terre et crier aux cinq poètes des Limbes : Vous êtes heureux, seigneurs, vous n'avez rien entendu! Mais vous, maître de vos sens, et comme accoutumé à des cadeaux semblables, vous vous éventiez avec précipitation comme pour chasser l'éclat de rire, et vous murmuriez ces mots : Mais oui... mais certainement... ces vers sont très-justes... vous promettez, jeune homme; continuez et je vous assure... que vous pourrez devenir un poète... correct! — Dès-lors j'ai eu mes entrées chez vous, et seul vous n'avez pas désespéré de moi : vous m'avez tenu en bride, flatté de la main, excité de l'éperon, ranimé de la voix, assoupli au manége, lancé devant le monde, — et si vous n'avez pas réussi à faire de moi un petit Pégase, la faute n'en est certes pas à vous. Hélas!. pourquoi ces lignes de gratitude peuvent-elles si peu pour votre gloire? « C'est la première fois, dirait Nodier, que je rougis d'être obscur. »

Mais pardon, mon ami, j'oublie M. Petit-Senn, ou du moins je lui parle de moi, au lieu de vous parler de lui. Reprenons notre voyage.

..Nous avons laissé le poète bien portant, prodigue de sa force, entouré d'amis; quelques pas encore, et le voici plus sobre, souffrant et seul. Le *Fantasque*, fils ingrat, a rongé le cerveau de son père, le travail a brisé le travailleur. M. Petit-Senn se condamne au repos et à l'exil; il va d'abord s'asseoir sous les orangers de Nice, puis il se fixe à Chêne dans la campagne où nous l'avons vu. Séparé de ces milliers de profils grotesques qu'il croquait si vite ; il a maintenant moins de choses à voir, mais il les regarde mieux. Isolé entre la nature et son ame, il contemple et se recueille; de cette vie nouvelle naît un homme nouveau. Son regard devient plus profond, sa voix plus grave, il parcourt pas à pas l'épreuve, la résignation, l'espérance, cette longue échelle que la douleur pose entre l'ame et Dieu. De là un repos où le poète retrempe ses forces, de là ces chants qui seront réunis un jour sous le titre de *Perce-neige*.

Mais (tant mieux pour M. Petit-Senn, tant pis pour les *Perce-neige*) le vieil homme, l'homme du *Fantasque* n'est pas mort. Tant pis pour les *Perce-neige*, parce que, au rebours de Scarron, qui avait toujours un pleur dans son rire, notre poète a toujours un rire dans son pleur, — et non pas le rire sérieux, le rire ironique de Dante et de Byron, ce rire éclair qui traversait en grondant leurs larmes, — non, un simple rayon de soleil, un rayon goguenard qui part tout-à-coup on ne sait pourquoi, et essuie malicieusement les poésies les plus humides, sans leur voler pourtant, hâtons-nous de le dire, leur richesse de style, de grâce et de sentiment. — Le vieil homme vit encore, tant mieux pour M. Petit-Senn, parce que c'est ce vieil homme là qui doit parcourir le monde, une trompette à la main, et faire connaître partout notre poète. C'est lui qui, en 1840, se cache dans les malles de M. Albert Richard, s'en va du côté de Berne, descend dans un vestiaire de publicité — ou, si vous aimez mieux, dans une imprimerie, — y achète un costume complet, deux gros volumes, et, ainsi revêtu, se répand chez les bonnes gens de Suisse et de France, partout où le goût et l'esprit sont bienvenus. C'est lui qui plus tard, tendant la main à l'homme nouveau, lui dit cordialement à l'oreille :

« Mon frère, tu es sensible et je suis insouciant, tu es sérieux et je suis le plus gai des hommes; mais, sortis de la même souche, nous

nous touchons par le cœur. Marchons donc ensemble, je te prie,
et travaillons de concert à quelque chose, où, sans nous gêner l'un
l'autre, nous nous donnions la main. Faisons des boutades.» Et les
Boutades parurent, humbles d'abord, cachées dans un coin de
Revue ou sous une colonne de journal, puis, plus hardies, en plein
soleil, à Paris, devant le grand monde littéraire, présentées par
M. L. Reybaud, acclamées par les plus hautes voix de la presse,
continuées plus tard dans les meilleures Revues de Paris, contre-
faites en Allemagne dans la collection des meilleurs écrivains de
France, de plus en plus nombreuses, de plus en plus répandues,
elles viennent de reparaître à Paris, à la librairie Cherbuliez, en
troisième édition, refondues et triplées par l'auteur.

C'est dans les boutades que M. Petit-Senn se montre le mieux et
le plus : c'est là l'expression de son talent déjà mûr, l'œuvre qui
lui assigne son rang parmi les auteurs de notre siècle. Ce que
nous avons vu plus haut dans ses œuvres et dans sa vie se retrouve
dans ce recueil : raillerie, observation, sensibilité, intelligence vive
et nette, démarche svelte et gracieuse, parler concis et clair. Et
c'est ici le plus grand mérite de notre écrivain : l'allure, l'expression, le style. Vous ne vous imaginez pas, lorsque vous voyez ces
boutades qui semblent partir, promptes et sûres, de l'œil du poète,
comme un regard parlant, vous ne vous imaginez pas ce que chacune d'elles a coûté de travail et de courage à son père. L'idée
est soumise, mais la parole ne l'est pas, et cette parole veut être
affilée, pressée, condensée, sans rien perdre en clarté ni en richesse. Aussi, que de luttes, avant de vous offrir la boutade telle
que vous l'aimez! Que de comptes à régler avec les mots! que
de courses à la poursuite de la phrase! que de tiraillements à droite
et à gauche, dans cette navigation entre deux écueils : dire trop
et ne pas dire assez; obscurité et bavardage, Charybde et Scylla!
Aussi arrive-t-il parfois au poète de se reposer après la victoire, et, comme pour se venger du mot déjà vaincu, de badiner
avec lui sans respect et de le bafouer à cœur joie : la pauvre boutade en souffre et frise de temps en temps le calembour, — mais
bientôt la lutte recommence, le travail sérieux se ranime, la boutade remonte à son rang de pensée, et le goût satisfait bat des
mains. Tel est le dernier recueil de M. Petit-Senn. Embrassez-
le dans son ensemble, ce n'est pas une pyramide à la Pascal, un
monument solide, hardi, gigantesque, mais effrayant et lugubre,

un tombeau, — non, c'est moins grand, mais plus aimable à voir : c'est un assemblage de gracieux détails, soigneusement taillés, artistement réunis, une mosaïque. — Regardez au fond maintenant : que découvrez-vous ? du scepticisme, de l'aigreur, de la misanthropie, comme on l'a prétendu ? Non, certes ! Voyez-vous, dans la galerie de Molière, cet homme brusque, raide, méchant, haïssant tous les hommes, les uns parce qu'ils sont mauvais, les autres parce qu'ils sont complaisants : c'est le misanthrope. Ouvrez les boutades et comparez : quelle différence ! Allons donc, laissons Alceste, laissons-le, quoi qu'en dise Jean-Jacques, avec ses colères ridicules et son orgueilleuse vertu. Mais, à côté de lui, voyez-vous cette femme, toute malice et bon sens, qui fouette si juste et si bien ; voyez-vous Célimène ? Mettez-lui une larme dans les yeux, de l'indulgence au cœur, de la foi dans l'ame : elle fera les boutades — et elle fera bien.

Voilà donc notre poète. Nous avons passé où il a passé : nous l'avons vu d'abord, artiste sans gouvernail, voguer à tout vent; plus tard, se frayer une route, et non plus seulement caressé, mais poussé par la brise littéraire, montrer sa force et crier son mot ; — puis de nouveau aller en zig-zag sur la mer, mais à son gré et non plus au hasard, dominant la vague et non plus dominé par elle, user sa première vigueur dans ses victoires de chaque jour, se reposer un instant au port, dans la contemplation et le recueillement, se redresser enfin de toute sa hauteur, et, avec tous ces trésors cueillis çà et là dans le monde, amassés plus tard dans la solitude, avec l'étude des autres et celle de soi-même, avec ses sourires et ses larmes, sa malice et sa bonté, tout ce qu'il a senti, tout ce qu'il a vu, tout ce qu'il a, composer son ouvrage capital : les *Boutades*. — Nous avons passé, dis-je, où il a passé ; reposons-nous maintenant où il se repose, et félicitons-le de la route facile et heureuse qu'il nous a fait parcourir. — M. Petit-Senn a bien fait de naître où il est né et de vivre où il a vécu. Genève est une bonne ville, quoi qu'on dise, et elle vaut bien cette France où les hommes grandissent et tombent dans un éclair. Genève n'est pas enthousiaste, mais elle est fidèle; si elle ne porte pas ses poètes en triomphe, du moins elle ne les renverse pas : et elle a pour eux non pas l'amour qui s'en va, mais l'amitié qui reste. Ses poètes ne sont pas jaloux les uns des autres ; et, quand ils se connaissent, comme il arrivait autrefois, ils se rapprochent, ils s'entr'aident, marchant de compagnie et chantant en chœur. M. Petit-Senn, sorti d'une famille haute et riche, n'a pas eu à combattre la misère ni le mépris; doué d'un talent conciliant et souple, n'a pas eu à dominer le mauvais vouloir ni l'indifférence. Il a plu dès son premier sourire, il est resté vainqueur dès son premier succès. —Puis, lorsqu'il a voulu demander à la France la confirmation de ses victoires, la France lui a battu des mains. Béranger, Delavigne, Ancelot, Barthélemy, Balzac, A. Karr, se sont empressés de l'acclamer poète.— Hugo lui a écrit en 1829 (ou à-peu-près, car je n'ai pas l'autographe sous les yeux et je dois citer de mémoire) : « Votre » *Miliciade* est un poème plein d'esprit et de goût, un de ces ouvra- » ges de formes et d'origine parisiennes, dont la tradition se per- » drait parmi nous sans nos deux excellents poètes Méry et Barthé- » lemy. Vous nous prouvez, monsieur, que pour le goût, la grâce » et la bonne plaisanterie, Genève est encore une ville toute fran- » çaise. »—Chateaubriand, en 1831 : «J'ai déjà lu, monsieur, avec » un extrême plaisir, les deux petits poèmes que vous m'avez fait » l'honneur de m'envoyer. Je vous félicite, monsieur, de rire avec » grâce : nous avons perdu en France ce talent que Voltaire a » laissé dans votre pays.»— Janin, en 1835 : «J'accepte, monsieur, » avec empressement et en toute reconnaissance, vos trois années » de combats, de goût et d'esprit. J'ai lu d'excellentes pages du » *Fantasque*, et je ne peux trop vous dire combien cela m'a paru » vif, animé, honnête, honorable pour l'écrivain et pour le lecteur. » Voilà comme il faut écrire un journal dont on est seul à répon- » dre!...... Très-bien ! monsieur, et je comprends parfaitement » votre succès. — Vous êtes un de ces hommes dont on est fier » d'être loué, dont on serait heureux d'être aimé. » — Lamartine en 1847 : « Tout ce qui me rappelle votre nom et votre talent si » original est bienvenu, même quand cela s'appelle *Bluettes et* » *Boutades.* Qu'est-ce que Sterne ? une boutade de génie. Vous » en avez de cette grâce et de cette excentricité charmantes. Je » vous emporte à la campagne, où l'on a le temps de savourer les ». choses fines et délicates. »·

Je vous quitte, mon ami, pour imiter Lamartine. Je vais savourer aussi, — non pas à la campagne, hélas! il n'y en a déjà plus, — mais au coin de mon feu, cette troisième édition des Boutades.

Genève, 22-24 novembre 1850. MARC MONNIER.

LETTRES ÉCRITES D'AMÉRIQUE.

LES JOURNAUX. — LES ANNONCES ET LES RÉCLAMES (¹).

XVI.

Influence des journaux. — Leur multiplicité. — Caractère pratique de la presse. — Sa tendance de moralisation et d'enseignement. — Les réclames. — Charlatanisme des annonces. — Les humbugs. — Indifférence de l'Américain pour les attaques de la presse. — Conséquences d'une liberté illimitée de la presse.

Ce n'est certes pas sans raison que des écrivains distingués attribuent aux journaux une grande part dans l'éducation du peuple américain. Malgré l'élan imprimé depuis un demi siècle aux publications périodiques en Europe, nous ne pouvons, avant de l'avoir reconnu de nos yeux, nous faire une idée de l'influence des journaux en Amérique. On peut affirmer qu'ici toutes les opinions, toutes les idées, toutes les sectes, toutes les vocations et toutes les industries, des plus relevées aux plus humbles, ont un avocat qui plaide leur cause, qui contribue à leur propagation, qui les élabore, les développe, et fait passer à l'état raisonné et scientifique, ce qui d'abord n'était qu'instinct ou habitude machinale. Bien plus, ces idées ainsi élaborées entrent partout, pénètrent dans les riches demeures et dans les plus pauvres cabanes, se répandent dans les villes et sont transportées jusqu'aux fermes les plus reculées. Il n'est guère de village de trois ou quatre cents habitants où l'on ne trouve une presse en activité et un journal, et je me suis souvent arrêté dans de petites villes où il m'était impossible de me procurer

(¹) Voir la lettre précédente, livraison de novembre 1850, page 741.

une feuille de papier gris pour sécher mes plantes, mais où, en échange, je trouvais des ballots de maculature à l'office du journal (¹).

Malgré cette activité, ou peut-être précisément à cause de cette prodigieuse activité de la presse périodique, l'état de journaliste n'est nullement en Amérique une puissance individuelle, un degré pour arriver aux places ou aux positions les plus élevées ; c'est un métier comme tout autre, et rien de plus, souvent même un métier facile. En effet, avec un système d'échange un peu étendu (tous les journaux s'échangent), un éditeur responsable, quand même il ignorerait la spécialité qu'il représente, peut faire un choix passable d'articles intéressants et satisfaire les besoins de sa clientelle. Les journaux scientifiques, littéraires, religieux, etc., sont ordinairement dirigés par des hommes compétents. Si l'on n'y trouve pas souvent des vues nouvelles ou profondes, il est certain que pour le zèle, l'énergie et la praticabilité des idées, ils sont de beaucoup supérieurs à ceux d'Europe.

Une autre supériorité, c'est la dimension considérable des feuilles et la quantité de matières qu'elles renferment, en admettant toutefois qu'en fait de lignes la quantité soit une valeur. Le commerce ne se fait pas en Amérique à l'aide de commis-voyageurs ou de circulaires, mais toute notoriété s'acquiert par les annonces. Ainsi, dans les villes populeuses, bon nombre de journaux ont trois de leurs pages remplies par les affiches, quelquefois même une partie de la quatrième est occupée de même, en sorte qu'il ne reste qu'un fort petit espace pour les nouvelles commerciales et les nouvelles télégraphiques d'Europe. Le reste, on s'en passe. Cependant, il y a un grand nombre d'exceptions, et généralement avec les nouvelles politiques, le journal américain offre au lecteur des histo-

(¹) La ville de Boston compte, d'après le dernier recensement, 150 mille habitants. Elle a maintenant 140 à 150 journaux quotidiens, hebdomadaires ou semi-hebdomadaires. Dans le nombre il y a environ 60 journaux politiques ou mélangés ; une douzaine de journaux littéraires, autant de journaux religieux et défenseurs de sectes particulières, six journaux d'agriculture, à-peu-près autant de gazettes de l'enfance et de la jeunesse, et autant pour les diverses branches de la franc-maçonnerie ; puis des journaux de marine, de médecine et d'autres sciences. On peut généralement admettre en Amérique un journal par deux mille habitants, à ce que je pense du moins. A ce compte nous aurions, avec une proportion semblable, 20 ou 30 journaux dans le canton de Neuchâtel.

riettes, des traits d'esprit, les naïvetés de Mme Partington (1) et.
ce qui vaut mieux, d'excellentes leçons de morale, des conseils
pour la pratique de la vie, des directions pour conserver la santé de
l'âme et la santé du corps aussi. Tout cela, mêlé sans ordre, forme
une macédoine curieuse. On est forcé cependant de reconnaître et
de louer sans réserve le bon sens et la haute portée morale des
conseils et des directions donnés par la presse périodique américaine; sa tendance générale est d'appuyer, de louer, d'encourager
tout ce qui est noble et bon, et de témoigner un mépris déclaré
pour tout ce qui pourrait exciter à la licence et à l'abandon des
pratiques religieuses. J'excepte toutefois les journaux allemands,
qui sous ce rapport font une triste exception. — La presse américaine est comme une vaste confrérie qui comprend sa mission
d'instruire, qui l'aime et veut s'en rendre digne. C'est peut-être là le
secret de sa force; c'est du moins une excellente excuse à sa prodigieuse activité. Et quand on reconnaît que ce jeune peuple sort
des écoles avec un seul instrument, celui qui sert à l'acquisition de
toute science, la lecture; que par la paresse de son intelligence il
ne peut puiser dans des traités arides ou des ouvrages savants
les connaissances qui lui manquent et qui lui sont nécessaires, on
s'effraie moins de le voir se jeter avec tant d'avidité sur cette lecture facile et agréable des journaux, et faire ainsi peu à peu son
éducation politique, religieuse, scientifique et littéraire par des
feuilles périodiques, qui lui offrent chaque jour quelques articles
agréables comme stimulants, et quelques autres plus substantiels,
comme nouriture.

Cette confraternité dans la presse périodique n'est pas, il faut
le dire, purement philanthropique et dévouée gratuitement au bien-
public; s'il en était ainsi, elle ne serait pas américaine. Derrière le
journal, il y a toujours l'éditeur, j'allais dire l'entrepreneur responsable, qui vise à la réussite de son affaire, et qui, pour son

(1) Mme Partington est un personnage imaginaire sur lequel les journaux
américains entassent la grosse plaisanterie en lui attribuant l'usage d'une
foule d'expressions burlesques. Il n'est guère de journal Yankee qui ne s'é-
vertue au moins une fois la semaine à faire un petit article adressé par madame Partington. Celui qui me tombe aujourd'hui sous les yeux est le résultat d'une consultation du médecin. La dite dame raconte comment elle a une
irritation du canal *élémentaire* (alimentaire) qui dégénérera en fièvre *cathédrale* si elle ne produit pas une *stupéfaction abominable* (tuméfaction abdo-
minale) et ainsi de suite. Je cite, on le comprend, tant seulement pour
donner une idée du *gros sel* de l'esprit américain.

propre compte ou par esprit de corps stimule l'ardeur des souscripteurs, et fait donner la pratique. « Lisez ma gazette, c'est
» certes la meilleure qui puisse vous tomber sous la main, et je le
» prouve par le nombre de mes abonnés qui tantôt atteindra.....
(n'importe quel chiffre, les plus hauts sont les meilleurs : les millions mêmes passent sans contestations), et si la mienne ne vous
» convient pas, lisez en d'autres, ou bientôt vous serez tellement
» dépassés par le flot de notre civilisation, que vous resterez isolé
» comme un Paria, inutile à vous-même, inutile aux autres. Les
» membres mêmes de votre famille se détourneront de vous avec
» dégoût et vous renieront avec honte, etc. » On pourrait citer
des volumes de réclames semblables ; car la grande confrérie de la
presse accorde à chaque homme la gentillesse, la moralité, la
science, les vertus, toutes les facultés en un mot, en proportion du
nombre de feuilles qu'il reçoit en un jour et qu'il paie en une année. Je dis qu'il paie ! Généralement en Amérique les souscriptions
ne se paient pas d'avance, mais seulement quand cela convient aux
abonnés. Et comme le Yankee n'est pas payeur, une foule de gens
reçoivent les journaux qu'on leur adresse, laissent leur compte
s'accroître d'année en année, et résistent énergiquement à tous les
moyens employés pour atteindre leur bourse. Ces moyens sont
aussi nombreux que variés. Quelques journaux publient chaque année une table noire, la table des débiteurs arriérés. C'est une heureuse idée ; car si le Yankee s'inquiète fort peu de son honneur,
il tient au contraire beaucoup à son crédit. D'autres ont recours
aux lois et aux officiers de police. C'est le grand remède, mais il
est dangereux ; car souvent ainsi l'éditeur n'obtient rien.... qu'une
longue note de frais à solder à l'homme de loi. D'autres encore se
plient au commerce d'échange, et pour l'encre et le papier qu'ils
envoient régulièrement à la ferme ou à la boutique de l'épicier,
acceptent les choses et les denrées nécessaires à sa famille, la farine,
un cochon, le beurre, le sucre, le café, etc. D'autres enfin ferment
l'office pour un temps, annonçant à leurs lecteurs que grâce à
l'avarice, à la négligence des abonnés, ils n'ont plus ni encre, ni
papier, ni caractères, ni presses même, et qu'ils reprendront le
journal quand ceux qui aiment à le lire leur auront envoyé quelqu'argent. Puis, toujours le petit paragraphe de réclame, un bout
d'oreille par trop visible dans des avis comme celui-ci : « L'homme
» qui paie toujours ses abonnements d'avance est arrivé hier à

» l'hôtel. Nous sommes allés lui serrer la main, et il nous a ré-
» pété ce que nous savions déjà : que depuis trente ans il n'a pas
» eu un seul jour de malheur.» — Ou bien : «S... a été pendu
» pour meurtre avant-hier à B.... Avant de mourir, il a avoué au
» pasteur qu'il n'avait jamais payé son journal, et que ce premier
» vol l'avait conduit au meurtre et par conséquent à l'échafaud. »

Si nous, Européens, habitués à respecter non-seulement les distinctions sociales, mais cette dignité naturelle qu'il est permis et
juste de supposer en tout homme de bonne éducation ; si, dis-je,
nous nous sentons déjà dépaysés en arrivant en Amérique, à la
vue du sans gêne, je dirais presque de l'impertinence des relations
d'homme à homme, combien plus le sommes-nous en voyant
ainsi étalées dans les journaux ces réclames éhontées, cette jactance, ces pompeuses louanges de soi-même et de ses œuvres
dictées par la cupidité et l'amour du gain. Comme tout ce qui,
par une pratique journalière, entre profondément dans la vie d'une
nation, l'annonce et la réclame surtout ont atteint de ce côté de l'O-
céan leur plus haut point de perfection. C'est presqu'une science
dont les adeptes les plus habiles sont partout les favoris de la fortune. L'annonce déjà est rarement simple. Tantôt elle est précédée d'un animal mystérieux et inconnu, tantôt d'un pompeux
Hurrah ! comme s'il s'agissait de la découverte d'un nouveau
monde. Un cordonnier fait une pièce de vers pour recommander
ses bottes. Un charlatan, à propos d'une bouteille d'élixir universel, offre cent mille francs de récompense à celui qui pourra prouver que sa drogue ne guérit pas tous les maux, et publie une ou
deux pages de certificats *authentiques* signés des noms les plus
célèbres de l'univers (¹). Un tailleur annonce que sa boutique

(¹) Il est au premier coup-d'œil impossible de comprendre comment se
paient ces longues affiches de charlatans américains, affiches qui remplissent souvent deux ou trois colonnes et qu'on trouve dans toutes les gazettes
de l'Union. Car, au prix ordinaire des annonces, il faudrait annuellement
des sommes immenses pour ces publications. En moyenne, un carré de 12
lignes coûte 50 sous pour un seul avertissement, et quinze francs pour trois
mois. Une colonne entière ne coûte pas moins de 3 à 400 francs par année,
et çe n'est pas trop affirmer que certaines médecines sont annoncées à la
page dans plus de mille journaux à la fois. Les charlatans en gros obtiennent des journalistes des rabais considérables, en achetant une ou deux colonnes pour un temps illimité. Et comme la matière première de leurs drogues ne coûte rien, et qu'une prodigieuse publicité en fait vendre des quan-

donne plus de profit à l'humanité que toutes les mines de la Californie ; parce qu'il vend ses paletots quelques sous meilleur marché que son voisin, et l'épicier du coin fait imprimer en lettres énormes en tête d'une offre de café à douze sous et de sucre à dix : *C'est moi, le seul homme au monde qui puisse faire cela!*

Mais la réclame a bien d'autres allures plus graves, plus mystérieuses et plus séductrices. Elle prend d'ordinaire le pas honnête et bon homme de l'histoire, et publie comme dictées par l'opinion publique des auto-biographies, des éloges, des actions, dont toute la vérité gît dans l'imagination de l'auteur lui-même. Pour sa pièce de cent sous, le premier venu peut s'accorder ainsi, dans le journal du lieu, son certificat de gloire et d'immortalité, et se décerner des lauriers par faisceaux. Et si l'individu a quelque peu de savoir-faire, s'il a le talent d'intéresser à son jeu quelques-uns des journaux qui dirigent l'opinion, ces ovations personnelles ainsi publiées, font le tour de l'Amérique entière. Encore passe s'il n'y avait là que le ridicule des vanités satisfaites ; mais pour un peuple crédule comme l'est l'Américain, il y a constamment le danger d'un fâcheux emploi d'argent et quelquefois pis ! Exemple : — Il y a un mois, deux messieurs soi-disant de New-Yorck ou de Boston, arrivent à Sandusky et s'annoncent comme professeurs d'une nouvelle science, la *Biologie.* Le journal favorisé de la visite des professeurs parle le lendemain en termes magnifiques de leurs mérites et de leur célébrité, surtout de l'étrangeté de cette science nouvellement découverte, « qui pénètre dans les plus profonds secrets de notre être, saisit la vie, analyse son es-» sence, la décompose, la suspend ou la ranime à volonté, de cette » science qui rend la vie aux aveugles, l'ouie aux sourds ; la pa-» role aux muets ; qui ouvre pour ceux auxquels les adeptes com-» muniquent le souffle vivifiant, les secrets de l'avenir et les mys-» tères de l'éternité.... » Que sais-je ! Pour conclusion, toutes ces merveilles doivent être exposées dans une séance publique où chacun est admis moyennant un billet payé d'avance. Naturelle-ment la salle est comble. Les dits biologistes font quelques mauvaises expériences de mesmérisme et d'électro-magnétisme, et parviennent entr'autres à endormir si bien deux curieux de

tités immenses, les bénéfices sont non-seulement assez forts pour suffire aux frais des annonces, mais encore pour constituer ordinairement des fortunes considérables à ceux qui se livrent à ce genre d'affaires.

bonne volonté qui se prêtaient aux expériences, que les pauvres gens en sont devenus fous, ou peut-être ne purent être réveillés. Le lendemain, nos illustres partent en oubliant de payer la réclame. Rendre fous deux individus, passe encore ; on n'en aurait soufflé mot ; mais partir sans payer le distributeur de la gloire, c'est une autre affaire. Aussitôt, le journal fait amende honorable, annonce que, comme cela se pratique d'ordinaire, ces byologistes ont apporté à l'office un article préparé par eux-mêmes et qu'il a imprimé en toute bonne foi. Que pour rétribution, il a reçu un billet gratuit pour un spectacle dont les acteurs mériteraient la corde, etc. etc. On comprend que le journaliste volé ne parle pas des professeurs avec tout le respect qu'ils s'accordent à eux-mêmes dans leur réclame. ..:

La *plus grande découverte de notre âge ! !* Il est impossible que les journaux d'Europe n'aient pas répété quelques-uns des rapports *authentiques* publiés en si grand nombre sur la *grande* découverte d'un M. Payne, produisant la lumière et la chaleur par la décomposition de l'eau, avec un instrument de la plus grande simplicité. Pour trente francs, nous répétait-on de tous côtés, un ménage entier sera pourvu, de générations en générations et jusqu'à l'éternité s'il le faut, du feu, du calorique et de la lumière dont il aura besoin. Le bois, le charbon, le gaz, tout cela était passé de mode, inutile, mis au rang des vieilleries, et le monde, révolutionné par une invention toute américaine cette fois, allait prendre une face nouvelle. Les journaux de Boston, l'Athène américaine, journaux qui ne sont pas les derniers à faire ou à répéter les réclames, publiaient que la vente de cette invention à des sociétés de Boston, de New-Yorck et de Washington, s'était faite moyennant 50 millions de francs payés comptant à M. Payne. Et tout cela n'était qu'un puff bien monté, un *humbug* comme disent les Américains, car en français nous n'avons pas de mots pour de semblables choses, un humbug donc, qui aurait pu valoir quelques millions à son auteur, sans une visite inopportune et presque secrète faite par quelques chimistes aux instruments de M. Payne. Ce dernier produisait la chaleur et la lumière par la décomposition de l'eau, si l'on veut, mais en brûlant de la térébenthine.

Plus j'étudie le caractère Yankee, plus je persiste dans ma première idée, que la découverte des mines de la Californie n'est

qu'un immense humbug national, nourri, sinon mis au monde par la diplomatie du père Jonathan. Je sais qu'on apporte de l'or de ce fameux pays, comme on en trouve aussi dans la Georgie et dans les ruisseaux de la Caroline du Sud. Mais quelle prodigieuse disproportion entre la réalité et les résultats annoncés par la plupart des journaux ! Depuis que je suis à Columbus, j'ai vu partir une infinité de Jasons, et pas un seul n'est encore revenu. Quoi qu'il en soit, la vérité se fait jour et la fièvre de l'or passe. Les lettres écrites de Californie à quelques gazettes ne présentent plus les choses sous un jour brillant, et je trouve aujourd'hui dans un journal de Cincinnati les fragments suivants d'une correspondance de San-Francisco : « Cette expédition de la Californie est un splen-
» dide *humbug*. Une foule de jeunes gens, artisans, mécaniciens,
» commis, fermiers, etc, qui faisaient de bonnes affaires chez eux,
» sont venus ici pour s'apercevoir par eux-mêmes et trop tard
» qu'il en est comme nous le disons. Ils ont voulu voir l'éléphant
» et ils l'ont vu; pour le prendre et le mettre en cage c'est une
» autre affaire. A peu près un sur cinq cents de ceux qui arrivent
» réussissent; la proportion n'est certainement pas plus forte; et
» encore nul ne peut se vanter d'un succès qui n'est dû qu'au
» hasard, ou le plus souvent à des actes que, dans une contrée un
» peu civilisée, on n'oserait avouer. »

Puisque, comme je l'ai dit, les feuilles périodiques se remplissent surtout par la compilation des journaux échangés, on comprend que cette déplorable manie de réclames, de *humbugs*, répande le mensonge et la fraude dans des proportions énormes, et que celui-là dont la conscience est assez hardie pour ne pas s'effrayer de l'emploi d'un semblable instrument, peut par son aide arriver aux plus brillantes positions. Le docteur Thounsend, de New-Yorck, a fait ainsi en peu d'années, et en vendant par le secours de l'affiche une décoction de racine de salse-pareille, une immense fortune; puis, à l'aide de la réclame, il s'élève maintenant aux plus hautes fonctions du gouvernement. Qu'y faire ? Le caractère de l'Américain se distingue par beaucoup de ruse naturelle, et son éducation le laisse ignorant d'une foule de choses. Ainsi fait, moitié Géronte et moitié Scapin, il faut bien en conclure qu'il se trouve dans les conditions les plus favorables à la fabrication et à la consommation de ces perpétuelles duperies pour lesquelles il a inventé le terme particulier de humbug.

Je sais que plusieurs des lecteurs bienveillants de mes lettres à la *Revue suisse* s'étonnent que je puisse émettre si librement mes opinions sur les Américains sans crainte de leur déplaire, et d'attirer sur moi l'animadversion des quelques amis avec lesquels je me suis lié depuis mon arrivée aux Etats-Unis. A cet égard, je suis tout-à-fait à l'aise : d'abord parce que je dis la vérité et raconte ce que je vois; ensuite parce qu'il y a, dans le caractère Yankee, assez de bonhomie naturelle pour le mettre à l'abri de toute susceptibilité inutile. D'ailleurs les journaux Américains parlent de leur peuple avec cent fois moins de révérence que moi, et personne ne se moque autant de type Yankee que le Yankee lui-même. Il semble qu'il se complaise dans ses allures burlesques, et qu'il aime à regarder son caractère au miroir. Peut-être prend-il le portrait pour une caricature outrée: quoi qu'il en soit, le *Knickenbrocker* de New-Yorck, comme aussi quelques journaux spirituels de Boston, où ses tics sont constamment mis en évidence et tournés en ridicule de mille manières, sont certainement les journaux qui sont lus avec le plus d'entraînement et le plus souvent pillés par la généralité de la presse. La susceptibilité n'est pas la même chose que le respect de soi-même ; cependant ces deux sentiments ont une source commune; et le peu de modestie de l'Américain dans les jugements qu'il porte de lui-même, explique en quelque sorte l'indifférence avec laquelle il supporte les plus rudes attaques, les plus grandes injures, la liberté illimitée des discussions de la presse. Non-seulement dans les journaux politiques les discussions des partis sont plus grossièrement animées qu'elles ne le sont en Europe ; mais elles ne respectent rien, ni les choses, ni les personnes. Rien! je fais une exception pour ce qui touche à la morale, à la religion et à Dieu. Hormis ces trois points tout appartient au journaliste, depuis le Old-Zack, ridicule sobriquet de Zacharie Taylor, le dernier président, jusqu'au vagabond coureur des rues; depuis les institutions publiques jusqu'aux plus intimes secrets de la vie privée. Le journaliste pénètre partout, il sait tout, il raconte tout, et il n'est pas un homme public, pas une personne exposée quelque peu aux regards, surtout pas un seul employé payé par les caisses de l'état, qui ne doive s'attendre à voir ses moindres actes exposés en plein jour, commentés et jugés suivant la couleur politique des journaux qui le prennent à parti. A la même heure, le même homme est prôné comme un demi-

dieu dans une feuille de whigs, et déclaré dans le journal démocrate, le plus exécrable, le plus abominable, le plus noir démon
que la terre ait porté.

Ainsi illimitée, la liberté de la presse est-elle un bien, est-elle
un mal? — Faut-il défendre au chiffonnier des villes de s'en aller,
lanterne en main, fouiller tous les égoûts des rues? Il étale des
ordures cachées, il met à découvert des foyers pestilentiels, il
entasse dans sa hotte immonde quelques joyaux perdus au milieu
des chiffons et des oripeaux auquel l'industrie rend une valeur et
qu'elle remet en circulation. Toutefois, dans une république constituée comme l'Union Américaine, cette liberté de la presse est certainement la meilleure sauve-garde contre les empiétements illi-
cites, le seul vrai guide de l'opinion publique, le plus solide boulevard de la liberté, le défenseur le plus actif des droits et des intérêts de tous. Trois responsabilités pèsent ici sur l'employé public;
en Amérique ce n'est pas trop : la responsabilité vis-à-vis de la
conscience, la responsabilité vis-à-vis du gouvernement, la responsabilité vis-à-vis de l'opinion publique. Si la conduite de
l'homme en place n'est pas dirigée par l'amour du devoir, au
moins le sera-t-elle par la crainte des conséquences d'un jugement
sévère, public et inévitable.

Léo. Lesquereux.

(La suite prochainement.)

VI.

LETTRES ÉCRITES DE LAUSANNE.

LE MUSÉE DE VERSAILLES — LE LOUVRE. (¹)

Il est bien temps, monsieur, que j'acquitte mon tribut annuel à la *Revue Suisse*, en vous adressant quelques lignes descriptives; cette fois-ci je les choisis dans un journal de voyage; c'est à Paris que j'essaierai de conduire ou de ramener vos lecteurs. Il m'a semblé que la mort de Louis-Philippe donnait un intérêt particulier aux fragments que je vais transcrire, c'est pourquoi je les ai préférés. Le souvenir de ce prince demeurera étroitement lié au Musée historique dont il a enrichi Versailles et la France; les Tuileries, dans leur état actuel, offrent un spectacle plus instructif encore que tout ce que les tableaux, rassemblés par lui et destinés à célébrer les *Gloires de la France*, racontent à l'étranger.

La première ligne de chemin de fer construite en France nous a transportés à peu de distance du Parc de Versailles, étalant sa fraîche verdure de mai. Nous n'eûmes pas le temps de parcourir ses allées étroites et ses bosquets ornés de statues, comme le sont les pompeuses avenues qui rayonnent autour du château. Les dieux, les amours et les nymphes en marbre noirci par le temps, les vastes bassins, parmi lesquels celui du Dragon occupe le premier rang, sont toujours les mêmes. Les rois vont et viennent; la nation avance ou recule, peu importe; le grand amusement que procure aux Parisiens l'eau jaillissant de ces griffons, dragons, tritons et autres figures fantastiques, est toujours aussi goûté de la foule; toujours on accourt pour voir jouer les eaux de Versailles, et les journées merveilleuses où le public vient en admirer les prodiges, rapportent à la ville cinquante mille francs, disent les gens bien informés.

Le temps d'aller au grand et au petit Trianon nous manqua; j'avais un souvenir distinct de ces châteaux où l'on rêve à l'infortunée Marie-Antoinette — Louis-Philippe les a fait restaurer; la duchesse d'Orléans a souvent habité le Petit Trianon, embelli par la métairie, le

(¹) Voir la précédente de ces *Lettres*, p. 523 du volume XII, année 1849.

petit lac, les lieux champêtres créés pendant l'anglomanie à la mode sous Louis XVI. — Le magnifique escalier qui conduit à l'Orangerie est coupé au milieu par une rampe douce, destinée à la voiture basse dans laquelle Louis XIV, vieux et malade, aimait à se promener. Il suivait cette pente, triomphant encore de la création de ce Versailles où la royauté elle-même devait bientôt s'engloutir.

La République a conservé une nuée d'employés chargés de faire la police et les honneurs de la galerie. Ils laissent les touristes inoffensifs en liberté, mais ils ne peuvent les engager à bien calculer le temps à dépenser dans le somptueux labyrinthe à visiter pendant quelques heures. Il faudrait consacrer à cette promenade historique des journées et des semaines, afin d'en retirer quelque profit. L'étendue, la magnificence des salles, la profusion inouie des tableaux, la richesse des plafonds, la longueur des galeries, le nombre des escaliers à monter, toute cette grandeur *babélique* cause un étourdissement, je dirai presque une stupeur, dont on ne sort pas à la première visite. Il y a dans cet ensemble quelque chose de surhumain, de monstrueusement vaste, de disproportionné avec l'homme et sa native petitesse ; il semble naturel que Versailles ait été funeste aux rois qui l'ont créé, habité et restauré.

Je ne sais qui m'a assuré qu'en plaçant tous les tableaux à la suite les uns des autres, on atteindrait une longueur de quatre ou cinq lieues : c'est très-possible ; mais du moins ce n'est pas donner de ce rassemblement de peintures une idée très-exagérée. La chronologie n'est pas suivie dans la manière dont les toiles sont placées ; on s'en est écarté souvent, à cause de complications ou de difficultés que l'on n'a pu vaincre. Les appartements du rez-de-chaussée sont tapissés de tableaux assez médiocres, la plupart modernes et traités en médaillons. J'y ai retrouvé les scènes de l'histoire de la Suisse, mêlées à celle de la France, à dater de la sanglante bataille de Saint-Jacques ; mais le 10 août ne figure nulle part. Le Musée de Versailles étant destiné à *toutes les gloires de la France*, il est naturel que les désastres en soient écartés : c'est donc de l'histoire, privée de sa morale ; celle-ci se retrouve aisément dans cette omission elle-même.

La salle des Croisades est une des plus remarquables par son étendue et les boiseries qui la décorent, en style byzantin, ornements peints en or, rouge et bleu. Le sultan Mahmoud a offert à Louis-Philippe, en 1836, deux portes en bois de cèdre, enlevées à Rhodes, dans le palais du Grand-Maître des Chevaliers : elles sont d'un fort beau travail, et figurent à merveille parmi les scènes des Croisades. A la suite de toutes ces figures de batailles, il en est une féminine d'une singulière beauté ; c'est toujours Jeanne d'Arc, au sacre de Charles VII. Paul Delaroche, si je ne me trompe, a supérieurement rendu la pieuse joie de cette rustique héroïne ; elle triomphe sur la terre, mais son âme est ailleurs. Il est impossible de suivre les flots de l'histoire de

France ; le spectateur en est abasourdi, écrasé, à peine peut-il reconnaître quelques-unes des principales scènes. Les conquêtes de Louis XIV ont été peintes par Van der Meulen, dont le pinceau fertile a dû plaire au potentat conquérant ; on ne s'y arrête guères, quoique l'artiste soit habile. Il n'a pas été nécessaire d'avoir recours aux peintres modernes pour cette époque des Fastes glorieux ; Louis-Philippe a fait sortir de tous les gardes-meubles les tableaux de l'Empire, et recueilli de partout les portraits de personnages célèbres à placer dans les salles qui leur sont destinées ; ceux du règne de Louis-le-Grand sont aussi intéressants que les nombreuses batailles de Van der Meulen le sont peu ; j'en parlerai plus tard. David et Horace Vernet, Gros et Gérard, ont illustré le règne de Napoléon ; les deux derniers sont devenus peintres de la Restauration, et l'on sait avec quel amour Horace Vernet s'est emparé de l'Afrique, son second champ de triomphe ; c'est incontestablement à Versailles que cet artiste brillant et fécond se retrouvera dans ses plus belles peintures.

Tout le monde connaît l'*Entrée d'Henri IV à Paris*, chef-d'œuvre de Gérard, auquel ce peintre fut obligé de faire un pendant peu célèbre, le *Sacre de Charles X* ; un effet de lumière diminue un peu l'insipidité de l'ensemble ; ce fut le dernier sacre sous les sombres voûtes de la cathédrale de Rhemis. — La *Présentation de Philippe V*, aussi par Gérard, aux ambassadeurs d'Espagne, rappelle la lutte incessante que la France entretint autour du trône de Madrid.

Le *Sacre de Napoléon et de Joséphine*, par David, celui de l'*Empereur et de Marie-Louise*, sont près l'un de l'autre. Voilà des pendants historiques, des tableaux instructifs. Puis viennent *Champaubert*, l'*Abdication à Fontainebleau*, le *Tombeau de Sainte-Hélène* entouré d'ombres guerrières ; un nouveau roi n'a pas éliminé la *Chute de l'empire* ; c'était sans doute, selon lui, une leçon à donner aux usurpateurs. Parmi les tableaux où figure Napoléon, j'en ai remarqué un dont l'exécution est plus que médiocre, mais le sujet fait penser : Alexandre Ier présente à son heureux rival, lors de leur entrevue à Tilsit, un groupe de ses soldats asiatiques, cosaques, baskirs et autres ; le bel autocrate sourit en] étalant ses spécimen étranges ; le conquérant regarde avec curiosité ces hommes et leurs costumes ; assurément il ne les attend pas dans Paris. — La reine Louise, saluant avec calme et dignité l'ennemi de la Prusse, sert de pendant à la scène de Tilsit, ou plutôt c'est son humiliation volontaire qui a dû premièrement inspirer l'artiste inconnu et courtisan.

Les sujets émouvants abondent. Il en est un, peint en grandeur naturelle, et le plus bel ornement de la collection des Etats-Généraux tenus en France à diverses époques : c'est la représentation de la dernière. Assemblée de ce genre, dans la salle même où elle a eu lieu. Le Tiers-Etat occupe la première place ; Mirabeau est debout, plein d'éclat et de sa terrible laideur ; une figure de paysan se cache sous l'étroit manteau de soie noire encore exigé. Le roi et la cour semblent déjà s'évanouir dans une demi-teinte qui remplit le fond du tableau ; les nobles et le clergé se croient encore maîtres du terrain ; mais le pinceau de Couder a parfaitement rendu la force concentrée dans la puissance que renfermait la France nouvelle. Aux *Etats-Généraux* s'arrête l'histoire de la Révolution. Le portrait de Louis XVIII, à sa première entrée aux Tuileries, par Gérard, est certainement le plus intéressant parmi ceux du règne de ce prince. Cette figure solitaire, sérieuse et bienveillante, ce roi rentré dans le cabinet de ses prédécesseurs après tant de vicissitudes, repose l'esprit et plaît aux yeux.

L'époque orléaniste n'est illustrée par aucune peinture distinguée. C'est toujours Louis-Philippe, lieutenant-général du royaume, puis prêtant son serment de roi, passant ses revues en uniforme de la garde-nationale, et partout entouré de sa nombreuse famille. Aujourd'hui sa mort, dans l'exil, adoucie par la présence et les prières de ses enfants, offrirait un noble sujet à suspendre dans le palais dont la galerie est un beau titre à la gloire et à la reconnaissance du peuple, dont il a pu mesurer toute la légèreté.

Horace Vernet s'est emparé des batailles d'Afrique où figurent les ducs de Némours et d'Aumale. Il n'a pas craint de couvrir soixante pieds de longueur par la *Prise de la Smala d'Abdel-Kader*, vrai tour de force, plus curieux que beau. On a voulu engager Horace, l'ami des princes, à défigurer leurs visages dans la *Bataille d'Isly* et la *Prise de Constantine ;* il fallait en faire des officiers quelconques ; l'artiste a répondu à cette bassesse républicaine avec l'indignation qu'elle devait inspirer. Le duc de Némours est demeuré montant à l'assaut avec audace et parfaite bonne grâce.

La collection des portraits est placée à l'écart dans les petits appartements jadis occupés par les dames, dignitaires et employés. Les cloisons ont été enlevées et les murs tapissés des images des princes et princesses, rois et reines des diverses dynasties ; à cette distinction de la naissance, en vertu de laquelle une foule de personnages insignifiants et oubliés ont obtenu une place, vient se joindre la distinction du talent : les princes de la pensée, artistes, auteurs, guerriers, savants, en un mot les hommes qui appartiennent *à toutes les gloires de la France ;* les noms des personnages guident les curieux, mais ils sont quelquefois inutiles, parce que dans cette riche galerie se rencontrent des portraits cent fois gravés, et que tout le monde connaît. On se plaît à saluer dans cet immense rendez-vous les hommes dont les œuvres immortelles, selon la vie terrestre, ont grandement contribué à notre éducation intellectuelle ; c'est une revue qui fait sentir très-vivement la supériorité littéraire du siècle de Louis XIV. Les figures de Bossuet, Fénélon, Racine, Corneille et tant d'autres, inspirent bien plus d'intérêt et de respect que celles des hommes célèbres qui ont brillé d'une lumière moins belle et souvent malfaisante. Parmi les femmes, qui peut-on comparer aux LaVallière, Maintenon et Sévigné? Il y a trois portraits de la première; ils sont doux et graves; ce ne fut point une beauté que cette Louise de la Miséricorde; en étudiant son visage pâle et sérieux, on entrevoit la prise de voile et la mort sur le lit de cendre. Mmes de Sévigné et de Grignan sont peintes en médaillons, enchaînées par une guirlande de fleurs; elles sont bien telles qu'on se les représente. Mme de Maintenon a de même l'expression et la tenue que son histoire fait supposer. Le meilleur de ces portraits doit être celui qui la représente avec le duc de Bourgogne. — A peu d'exceptions près, Louis XV, sa cour et les personnages de cette époque inspirent plus de dégoût moral que de curiosité; puis la compassion s'élève à la vue des personnages du règne suivant: deux beaux enfants jouent au pied d'un arbre; ils remplissent un panier de fleurs; ce sont les enfants du Temple, peints au Petit Trianon par Mme Lebrun, dont le pinceau gracieux les a fort bien groupés. Avec quelle impression la duchesse d'Angoulème, la reine de France, comme disent les légitimistes, pourrait-elle contempler ce tableau!...: Sa mère, jeune et charmante, est assise, vêtue de satin blanc, dans une attitude de causerie plutôt que de représentation, à côté du portrait d'une autre jeune femme, enguirlandée de roses, fraîche parure de bal. Un jour Marie-Antoinette vit passer la tête sanglante de son amie, la princesse de Lamballe, au bout d'une pique. Un peu plus loin, le bon Louis XVI, le roi victime, caracole sur un lourd cheval blanc, en habit de la grande Fédération du 14 juillet. Il va au Champ de Mars ou il en revient, portant une énorme cocarde, signe éclatant de sa ruine prochaine. Plusieurs portraits de Philippe-Egalité causent une impression pénible? il semble que son fils aurait dû les tenir dans l'ombre.

·On aimerait à passer de longues et solitaires matinées dans les salles où les souvenirs de l'histoire moderne sont évoqués avec tant de puissance.·Le rapide coup-d'œil dont il faut se contenter cause une sorte de vertige; c'est bien le cas de répéter : *Vanité des vanités*! et pourtant quelque chose d'impérissable restera d'un bien grand nombre des personnages groupés par le prince, tombé avant qu'il ait pu terminer son œuvre magnifique, celle qui vraiment lui fait honneur et qui, peut-être, demeurera à l'abri des folies et des fureurs populaires.

La chambre du *roi*, cela veut dire celle de Louis XIV, arrive après les salles dont j'ai dit quelques mots. On y entre par la fameuse galerie des audiences, des banquets d'apparat, celle où le créateur de Versailles se plaisait à étaler sa grandeur et sa dignité. Il a pris soin de la faire lambrisser en glaces; les obscures figures des visiteurs de toutes nations se multiplient et se varient à chaque instant sur ces panneaux où jadis on ne voyait que les grands de la terre et les serviteurs galonnés. — Quelle scène dut offrir la splendide galerie à l'invasion des faubourgs de Paris!... Louis XIV la traversait en quittant ses grands appartements; le carillon de sa pendule sonnait trois heures au moment où nous pûmes y pénétrer; comme Charles-Quint et Louis XVI, il aimait les pendules; car il y en a plusieurs dans cette chambre contiguë à la chambre à coucher. Dans celle-ci on voit un lit orné de plumes aux quatre coins des colonnes, et sur lequel on a placé une riche courte-pointe brodée par les dames de Saint-Cyr. C'est bien là, assure-t-on, que le roi est mort. Certes, le mot de Massillon, *Dieu seul est grand*, revient à la mémoire dans cette chambre historique. C'est autour de ce point central que se mouvait la Cour et ses intrigues. Louis XV habitait un autre appartement, mais on a le bonheur d'oublier ce mauvais souverain, avilissant la couronne entre le roi qui la porta si haut, et celui qui devait la laisser tomber brisée, ensanglantée.

On montre dans la chambre à coucher de Marie-Antoinette la porte secrète par où cette princesse parvint à s'échapper lors de l'invasion populaire; c'est aussi là que les marquises ou les duchesses la faisaient attendre en se disputant le droit de lui offrir un verre d'eau ou de lui présenter son mouchoir et son éventail. A côté de cette pièce, on entre dans le salon qui s'ouvre sur le balcon en face de la grande avenue. C'est là que vint comparaître la famille royale à la barre du peuple, devenu son maître. Quelle perspective pour le monarque menacé, que celle de toutes les têtes, à perte de vue, et poussant leurs cris de révolte! puis il fallut partir et mourir.....

La vue des petits appartements ajoute à la tristesse que ces lugubres souvenirs inspirent; ils sont privés de soleil et de vue, ce sont presque des cellules dont on ne peut s'expliquer le choix dans un monde de salons tel que Versailles; ces petites pièces contenteraient à peine aujourd'hui le plus mince bourgeois : ce sont des lieux de retraite et de refuge : le cabinet particulier du roi, sa bibliothèque et la salle à manger devaient pourtant convenir à la vie de famille. On fait remarquer dans un boudoir de la reine un jeu de perspective qui fait frémir. Une sorte d'alcôve en glace, ornée d'un canapé vert, est construite de façon à *décapiter* les personnes qui s'y regardent sur un certain angle. On s'y voit sans difformités, seulement la tête disparaît.

En quittant cette partie du château où l'on n'entre que si on le demande, nous avions encore à voir beaucoup de choses importantes, mais l'inexorable chemin de fer ne nous en laissait pas le loisir. Une sorte de *course au clocher*, au travers de la superbe galerie des Victoires, pendant magnifique de celle de Louis XIV, et que l'on nomme aussi Galerie Louis-Philippe, et de salles sans fin où sont rassemblés les héros de ces grandes batailles, maréchaux, généraux et guerriers célèbres, tous en pied, puis de la galerie des statues et des lieux où l'on montre les voitures de baptême du roi de Rome et du sacre de

Charles X, acheva de me pénétrer du néant des grandeurs humaines. Le château de Versailles est une plage couverte de naufragés.

Louis-Philippe a dépensé quarante millions à le restaurer et à créer la galerie historique. Depuis sa chute, la République a prélevé sur ses revenus en France les sommes nécessaires pour payer les tableaux commandés sous son règne. De grandes parois dégarnies attendent encore diverses scènes tirées des campagnes d'Afrique. Horace Vernet n'a pas voulu achever la prise de Mogador ; il n'en a ébauché que le lointain ; un éclatant coucher de soleil entoure les contours de l'île; elle a été conquise, et les fils du roi sont forcés de quitter l'armée !

Lorsque l'on traverse la cour du Louvres, on s'arrête devant un piédestal de grande dimension, aujourd'hui consacré par la *République française reconnaissante*, aux victimes de février 1848; on a sculpté de grosses larmes sur le marbre noir ; il n'y en a que neuf ou dix, fort semblables à des virgules colossales. Or, ce piédestal portait la statue du duc d'Orléans, érigée par l'armée au souvenir de ce prince; on s'est hâté de transporter en lieu de sûreté cette figure que le peuple avait entouré de regrets et de respect; il est question de lui donner asile à Versailles : hospitalité généreuse, en vérité !....

C'est à la petite chapelle que la reine Amélie a fait construire sur la route de Neuilly, à l'endroit même où son fils aîné cessa de vivre, qu'il faut aller chercher l'image de ce prince. — Quelques cyprès annoncent la destination de l'enceinte où les étrangers sont admis. Un petit corps de logis, en face de la chapelle, est habité par le prêtre qui dit ou disait la messe tous les jours. La reine se reposait dans un petit salon où venaient aussi, bien souvent, la duchesse d'Orléans et ses enfants.

La reine a marqué d'une manière ingénieuse et touchante la durée de l'agonie de l'héritier du trône. Deux sortes de pendules, en marbre noir et cadran d'ivoire, indiquent l'heure de la chute et celle de la mort. L'aiguille est un serpent, symbole de l'éternité; sur l'une de ces pendules immobiles, parce qu'elles n'ont qu'un instant à faire connaître, on lit : *midi moins dix minutes*, sur l'autre *quatre heures un quart;* on voit aussi le carreau brodé en noir, sur lequel la pauvre mère s'agenouillait dans la chapelle.

On est introduit par un serviteur à l'air grave, et qui s'exprime comme s'il continuait à garder avec sympathie, le mélancolique sanctuaire dont le soin lui a été confié par la reine elle-même. Un Christ mort, soutenu par Marie, éclairé d'en haut de manière à faire ressortir les ombres et les lumières, est placé au dessus de l'autel ; ce beau groupe en marbre blanc est de Triquety, auquel la statue du prince fut aussi confiée. Ary Scheffer, le grand artiste, que le duc d'Orléans appelait *son ami*, en a fait le dessin, traduit par le sculpteur avec un grand succès. Le jeune père de famille vient d'expirer. La pose, les vêtements, tout est vrai, simple, parfaitement naturel, et quoi de plus noble et de plus touchant que cette belle figure! Au dessus de cette tête expirante, un ange élève les mains vers le ciel et présente une offrande que l'œil ne peut voir et que sa prière accompagne. La princesse Marie a sculpté cette figure à la naissance du comte de Paris. C'était un signe de la joie de sa famille; maintenant, l'ange est consacré à son frère, renversé par une mort soudaine et mystérieuse : cet ange présente des pleurs, dit le gardien. Ce ne sont plus celles de la reconnaissance, hélas! — La France, le visage voilé, prosternée sur le drapeau gaulois couvert d'une branche de cyprès, verse aussi les pleurs de la patrie. Ce bas-relief acompagne bien la statue à laquelle il sert de base. « Ah! la France a de quoi pleurer,». — s'écria une voix de femme!

Quand on a contemplé ce monument, digne par son exécution de rappeler cette mort, désastreuse selon les courtes vues de l'homme, on est désagréablement impressionné en se trouvant en face d'un assez mauvais tableau, placé dans un enfoncement derrière l'autel, qui lui-même est posé à l'endroit où l'agonisant entra dans l'éternité. Ce tableau représente l'arrière-boutique de l'épicier et tous les personnages du 14 juillet 1842. Mais bientôt on passe sur la médiocrité de la peinture en songeant qu'à la même place, les mêmes personnages offrirent, sans qu'aucun artiste pût les voir, des scènes bien plus pathétiques. — Là, le roi, la reine, plusieurs de leurs enfants, les ministres d'état et les médecins consternés, attendirent le dernier soupir du prince; à mon gré la statue émeut bien davantage, mais il y a une grande leçon à recueillir de cette scène déchirante, et le spectateur le plus blasé, le plus léger, le plus impie même ne saurait en contempler la faible représentation avec indifférence. — Une chose rompt l'unité de l'impression morale. On a peint des portraits en peignant des saints sur les vitraux : St-Philippe, Ste-Amélie, Ste-Hélène, etc. A quoi bon? ou plutôt n'est-ce pas fâcheux et déplacé?

Le 1er mai, nous avons visité les Tuileries; les rues voisines et la Place de la Concorde étaient encombrées par les préparatifs de la fête du 4 mai, celle de la République. Il y a trois ans que l'anniversaire de Louis-Philippe fut célébré précisément le 1er mai; quinze petits-enfants apportèrent leurs bouquets au chef de la famille, qui, un an plus tard, devait être semée aux quatre vents. Il est difficile d'obtenir l'entrée de ce palais de malheur, mais pourquoi est-elle accordée? — A quoi bon quelques privilégiés sont-ils admis à juger, à se promener en ces murs dévastés et déserts? Il n'y a rien là qui puisse faire honneur à la nation et rien pour le plaisir des yeux.

On nous a fait voir, en premier lieu, le théâtre où tant de représentations d'élite ont été données aux princes reçus par la cour de France. Louis-Philippe n'a pas eu la satisfaction d'y voir siéger les monarques de l'Europe, mais il y fit de brillantes réceptions à ses gendres et à ses belles-filles. C'est près de cette salle que se trouve la splendide galerie qui porte son nom, et qu'il fit construire en même temps que la salle des Maréchaux fut restaurée. Rien de plus royal que cette partie des appartements; les ornements et les proportions sont superbes, un nouvel escalier en annonce la magnificence. Mais que voit-on dans cette salle des Maréchaux où se donnèrent les dernières grandes fêtes? Des meubles fanés et déchirés, des fenêtres sans rideaux, des cadres de portraits vides et dégradés : deux maréchaux seulement sont demeurés en place; les autres, indignement lacérés par le peuple souverain, seront restaurés ou remplacés, dit-on. On fait une étrange histoire sur les lustres de cette salle. Il y en a cinq : celui du milieu est d'une proportion énorme, il peut recevoir cent cinquante bougies. La branche de fer qui le suspend au plafond fut l'objet des attaques des hommes violents acharnés contre toutes les richesses du château : ils parvinrent à la rompre, le grand lustre tomba; les débris causés par sa chute et ceux des porcelaines et cristaux divers sont demeurés amoncelés dans les embrasures jusqu'au déblayement de la demeure royale; ils ont été mis en vente ce printemps seulement, estimés à la valeur surprenante de 16,000 fr. Les meubles de rechange déposés dans les gardes-meubles sont venus remplacer ceux que le peuple a fracassés, tachés et déchirés : un grand nombre des premiers étaient en usage sous l'empire; ils font singulière figure au grand jour de 1830. Les murs de la salle du trône ont particulièrement souffert; il y a eu assaut et victoire, la paroi contre laquelle s'adossaient le dais et son fauteuil est entièrement nue, lézardée et barbouillée. Pendant plusieurs semaines on a cherché à nettoyer l'intérieur des Tuileries, mais il n'a pas été possible d'enlever les traces de dévastations les plus éloquentes.

Le pavillon qu'habitait la duchesse d'Orléans fut épargné, une main bien inspirée avait tracé sur la porte d'entrée : *Appartements de la veuve*. On a beaucoup parlé de l'honnêteté des possesseurs provisoires, établis pendant plusieurs semaines au château, et parmi lesquels, cependant, on parvint à placer quelques gardes et soldats protecteurs ; mais s'ils ont puni le vol à la porte, ils se sont divertis par le plus stupide, le plus grossier brigandage : enfants en fureur ou qui seulement se plaisent à briser leurs joujoux.

Quelque chose de précieux est demeuré à l'abri du marteau démocratique; c'est une statue en argent, celle de la Paix, offerte par la ville de Paris à Napoléon en 1808; on le priait ainsi de faire cesser la guerre; cette figure, qui vaut, dit-on, 800,000 fr., siège toujours couronnée d'olivier, tenant à la main une belle gerbe d'épis dorés; elle assiste à tout ce qui se passe, et rien de plus dérisoire que sa présence en pareil lieu.

On rencontre çà et là quelques beaux meubles respectés, quelques lustres presque intacts ; les salons de réception ordinaire ont moins

souffert que les pièces de grand apparât. Une gigantesque pendule a
conservé une figure du roi détrôné. sans tête et sans bras.

C'est dans la galerie de Diane que la famille royale déjeunait et dînait; on y dressait quarante couverts : les dames et cavaliers d'honneur devaient y prendre place. On sait que c'est au commencement
du déjeûner que le terrible *sauve qui peut* fut prononcé! Quelle
scène!

La table ronde où les derniers actes du gouvernement ont été signés
est demeurée au milieu de la salle du conseil; les meubles de cette
pièce étaient tout neufs.: « Nous n'osions les toucher qu'avec des
gants, nous dit notre guide, voilà ce qu'ils sont devenus! » la dorure
est effacée, l'étoffe salie, c'est peu de chose, en pareille aventure. Une
autre table ronde que celle du conseil des ministres attire l'attention :
c'est celle où la reine et les princesses travaillaient chaque soir et recevaient les habitués de la cour. On raconte que la duchesse de Joinville, tout-à-fait inhaile aux ouvrages de goût, s'ennuyait à périr autour de cette table, et qu'après la dispersion de la famille royale elle
eût un éclair de joie en pensant qu'elle n'aurait plus à remplir sa
placé à la réunion quotidienne qu'on n'appelait pas le *cercle de la
reine.*

On pénètre dans la chambre à coucher de cette princesse, et là
sont encore près d'une grande cheminée son fauteuil et celui du roi,
couverts d'une housse en toile de Perse. Les lits de ce couple royal
sont voisins l'un de l'autre; celui de Louis-Philippe se distingue par
la grande planche sur laquelle reposait son mince matelas. Mad.
de Genlis a eu grande raison de chercher à l'endurcir dès son enfance. Combien n'a-t-il pas eu besoin de force physique et de force
morale. La dernière a faibli devant le trône, plus tard mis en pièces
et traîné dans la boue. Qu'ont dit Leurs Majestés au coin de cette
cheminée, la veille de leur fuite lamentable? Ceux qui les ont vus
dans l'intimité prétendent que le roi était tranquille et plongé dans
l'illusion la plus profonde. « *Ne te vante pas du jour de demain,
car tu ne sais ce qu'il enfantera*, dit la Parole de Dieu.

L'appartement du souverain chassé de France fut le théâtre des
ignobles divertissements de la populace; c'est chose toute simple,
mais il est naturel aussi de ne point parler de ces saturnales. Chose
étrange! les Trois Grâces, peintes à fresque, dansent dans le cabinet
de toilette depuis 1808 : elles ont été peintes sous l'Empire ; on les a
respectées; c'est un aimable trait de la politesse française ; mais ces
figures légères et brillantes sont singulièrement isolées au milieu de
tant de désastres. Le roi n'accordait aux princesses ses filles que de
petites pièces donnant sur la cour et presqu'au rez-de-chaussée. C'é-
tait, en vérité, un choix peu judicieux et très-peu paternel. L'une de
ces petites pièces s'appelait le cabinet artistique de la princesse Marie.
On en a brisé toutes les belles boiseries, style gothique, et jeté par la

fenêtre tous les trésors : livres, albums, statuettes, petits tableaux et dessins exquis, tout a volé sur le pavé, couvert de la tourbe parisienne; les pauvres princesses ont dû voir, en face de leurs propres visages, ces figures furieuses ou simplement curieuses; la chambre des enfants, garnie d'armoires pleines de joujoux, a fourni d'abondants matériaux à la rage destructive; les lettres des princesses et tous les papiers de la reine ont aussi voltigé en paquets ou en pièces. La reine a particulièrement regretté un cahier d'instructions maternelles donné par l'impératrice Marie-Thérèse à sa propre mère, trésor de famille qui devait avoir une fin déplorable. On a pu lui en présenter quelques feuilles détachées, depuis son établissement à Claremont.

Pourquoi les rois de France, que l'on vient si souvent chasser des demeures royales, n'ont-ils jamais essayé de demeurer en place, de se montrer plutôt que de fuir? Cette noble résistance ne serait-elle pas plus salutaire à leur avenir que leur prompte condescendance à disparaître?

Louis-Philippe et tous les siens, groupés précisément dans la salle du Trône, auraient-ils été maltraités, massacrés? Un grand courage impose le respect. Mais c'est une question impossible à résoudre. Ce qu'il y a de bien certain, c'est qu'en tout temps et en tous lieux on a vu des chrétiens sacrifier leur vie pour obtenir la couronne des cieux en demeurant fidèles à leur Maître; les couronnes terrestres sont redemandées par les peuples et abandonnées par les souverains.

C...

CHRONIQUE

DE LA

REVUE SUISSE.

—

DÉCEMBRE.

La Prusse a tenu quelques jours les esprits en suspens, l'attention en éveil, pendant ce mois. La Bourse se réglait sur les nouvelles de Berlin et de Vienne, et les journaux en faisaient leurs premiers-Paris de chaque matin. Déjà ils commençaient à disserter sur la maison de Brandebourg et ses origines; sur l'œuvre politique et morale du grand Frédéric; sur le bien et le mal qu'il avait fait à son pays; sur ses guerres si hardiment commencées, si fermement soutenues, mais qui avaient grand besoin d'être justifiées par le succès; sur son voltairianisme qui ne contribua pas moins que ses victoires à le rendre l'idole de son temps, et qui lui facilita le chemin des conquêtes matérielles par la conquête des esprits; sur la corruption d'idées et de mœurs dont il donna l'exemple et dont il fut un agent si actif en Allemagne; sur la perturbation, enfin, qu'il apporta dans l'ancienne constitution de celle-ci et, par le partage de la Pologne, dans l'équilibre européen. En sa double qualité de conquérant et de philosophe, ni l'un ni l'autre chez lui n'y regardant pas de si près et ne cherchant que la gloire et que le succès, Frédéric-le-Grand, sans aucun doute, a largement inauguré pour sa part l'ère des bouleversements de toutes sortes qui éclatèrent presque aussitôt après lui.

Il y a, en effet, beaucoup à dire sur tous ces points, et M. Capefigue, le diplomate de l'*Assemblée nationale*, n'a pas manqué de saisir là l'occasion d'une de ses élucubrations historiques. Mais pendant que les journalistes parisiens, du haut de leur plume, se mettaient en train de dire son fait à la monarchie prussienne, que les uns la voyaient déjà écrasée par l'Autriche, que le parti légitimiste et le parti ultramontain se déclaraient pour cette dernière, les conservateurs modérés pour l'expectative et la neutralité armée, l'Opposition pour la guerre générale, dont elle annonçait déjà hautement le début; pendant que le roi de Prusse lui-même faisait, casque en tête, un discours belliqueux à la Chambre qu'il allait proroger quelques jours, après, tout tendait à s'arranger pacifiquement et petitement par les conférences d'Olmutz. Nous avions donc bien raison, dans notre dernier numéro, d'incliner à penser que ce serait encore là du spectacle, avec quelques feux de mousqueterie pour augmenter l'illusion théâtrale.

Le cabinet de Berlin a eu certainement de très fortes raisons pour clore ainsi brusquement et tragi-comiquement le drame, sans risquer de le pousser plus loin. La Prusse a une armée nombreuse et bien exercée; mais cette armée n'a pas fait de grandes guerres depuis long-temps : elle n'a eu ni l'Algérie comme la France, ni l'Inde comme l'Angleterre, ni le Caucase, la Pologne et la Hongrie comme la Russie, ni l'Italie comme l'Autriche, et elle manque de généraux renommés. En outre, si ses finances sont dans un état plus florissant que celles de sa rivale, elle n'en serait pas moins dans la nécessité de vaincre d'un seul coup, d'une seule campagne; par elle seule, il lui serait difficile de se soutenir au-delà ; l'Autriche, au contraire, est douée d'une vie si singulière et si dure, qu'elle a beau sembler deux fois morte, elle trouve moyen de se relever encore, et maintenant en outre elle a la Russie derrière elle pour l'y aider au besoin. Enfin, et surtout, la guerre, devenant forcément nationale, eût risqué de rendre l'élan et les chances au mouvement révolutionnaire. Tout cela est très vrai : on s'est donc arrêté dans le jeu. Mais après?. ... Si léger qu'il soit, le jeu n'en est pas moins commencé. N'eût-il pas mieux valu ne pas jouer du tout, puisqu'on ne voulait pas continuer? Tous les renseignemens s'accordent à dire que la nation prussienne a été enflammée, et qu'elle ne trouve nullement de son goût la subite aspersion d'eau froide qu'on vient de lui administrer. Ce feu, qu'on a soi-même excité, couve toujours sous la cendre : toute la glace diplomatique suffira-t-elle à l'éteindre? il serait prudent de ne pas trop se flatter à cet égard. Le roi de Prusse (c'est ici l'impression générale), par ses qualités et ses goûts d'homme privé, semble être un de ces princes faits pour subir les grandes crises plutôt que pour les dominer. Il est orateur et artiste, comme Louis XVI était géographe et ouvrier industrieux, comme ce Jacques Ier que son contemporain, le malin Béarnais, appelait maître-Jacques et sous lequel couva la révolution d'Angleterre, était savant et théologien; comme Rodolphe II était un curieux de chimie et d'astronomie, mais qui, penché sur ses creusets ou visitant l'observatoire de Tycho-Brahé, n'y trouva rien pour conjurer ce long orage qu'on appelle la guerre de Trente Ans.

Sans doute l'Allemagne se meut lentement, mais enfin elle se meut. Peut-être ne saurait-elle faire sa révolution toute seule; mais il est

hors de doute que, politiquement, philosophiquement et socialement
elle contient tous les élémens révolutionnaires à une puissance formidable ; par elle, ou avec d'autres et pour d'autres, ils éclateront tôt
ou tard. C'est un sentiment général, non-seulement ici et ailleurs,
mais très répandu aussi parmi les Allemands eux-mêmes. Nous en
savons un, esprit croyant et profond, qui, sans être intéressé à penser comme le poète Heine, s'en va néanmoins répétant comme lui ;
que l'Allemagne et le monde avec elle sont réservés à une crise dont
le genre humain n'a pas encore vu la pareille dans les plus sombres
pages de ses tristes annales. Nous souhaitons sincèrement qu'ici l'a-
mour-propre germanique s'en fasse accroire à ce sujet. S'il en est
ainsi, si l'Allemagne échappe à la catastrophe que tant de bouches
lui prédisent, il est fort à craindre, en revanche, que ce ne soit pas
par elle-même et pour sa grandeur, mais plutôt pour son abaissement
futur. Déjà, dans ce moment, ses destinées se sont bien plus réglées
dans les conférences de Varsovie que dans celles qu'on prépare à
Dresde ou qui viennent d'avoir lieu à Olmutz.

Mais alors reparaît, seulement sur un champ plus étendu, la terrible question d'un grand bouleversement, d'une grande lutte dans l'a-
venir. Les élémens peuvent en être momentanément comprimés par
la force, endormis dans la lassitude actuelle ; mais ils existent, ils
s'accumulent sans cesse, et il est moralement bien difficile qu'ils ne
fassent pas explosion un jour. Quelle crise effroyable, s'il vient un
moment où ils se lèvent et s'entrechoquent tous à la fois ! Jamais, en
effet, le problème social n'a revêtu de formule si hardie et si géné-.
rale. Jamais deux camps si opposés, ni si vastes, ni si bien fournis de
toutes sortes d'armes et de ruses de guerre, de tout ce que l'homme
a su inventer de mieux pour détruire. Tantôt ils avancent, tantôt ils
reculent, entremêlés sur plusieurs points, mais toujours ennemis,
toujours irréconciliés. Déjà il est manifeste qu'ils tendent à se géné-
raliser et à se grouper chacun autour d'un centre. La Russie devient
de plus en plus celui du camp de la résistance. Elle a une main sur
l'Autriche ; elle commence, de l'autre, à peser sur la Prusse. Toutes
deux peuvent trouver pour le moment leur compte à lui céder, se tirer par là d'affaire chez elles, et débrouiller à leur profit la question
allemande. Mais toutes deux, en définitive, n'en seraient-elles pas
amoindries, subalternisées, si ce n'est pis ? L'Europe verrait alors la
Russie étendre sa domination médiate, ou immédiate (pourquoi pas ?
le monde a déjà subi d'aussi gigantesques empires), d'un côté jusqu'en Italie, de l'autre jusqu'au Rhin. Mais la Russie, c'est l'absolutisme incarné, politique et religieux. En face d'une si vaste coalition,
il n'y a qui soit de taille à lui tenir tête, que l'Angleterre, dont le principe de vie est aussi tout contraire, car c'est celui de la liberté politique et religieuse, ce principe dans lequel elle vient d'être si indis-
crètement blessée par un autre absolutisme, l'absolutisme ultramon-

tain. Pour plus d'une raison, l'acte de ce dernier a dû sourire au czar, ne fût-ce que pour le plaisir de savoir de nouveaux embarras à l'Angleterre. On dit aussi que, de toutes les institutions de la vieille Europe, la seule qui ait frappé l'empereur Nicolas dans ses voyages, la seule qu'il comprenne et qui ait répondu en lui à sa manière d'entendre la force et le pouvoir, c'est le Saint-Siége : dans l'omnipotence de l'un, celle de l'autre s'est reconnue ; dans le pape infaillible, l'autocrate a senti un frère. Il vaut donc peut-être la peine de noter qu'au moment où l'Angleterre libre voit la Russie despotique, sa rivale en Orient, prendre la première place dans l'un des deux camps qui partagent l'Europe, elle soit attaquée chez elle et si fortement réveillée dans son sentiment national par l'absolutisme religieux. Mais si, un jour, c'est l'Angleterre et la Russie qui doivent mener cette grande bataille des nations, quelle en sera l'issue? qui l'emportera, de Babylone ou de Tyr? surtout, quels que soient les soldats et les chefs, comment éviter le combat, et pourra-t-il en sortir autre chose que des ruines?

— L'agitation anti-papiste continue en Angleterre. Les explications données par les catholiques et, en particulier, par le docteur Wieseman, cardinal et archevêque de Westminster du fait du Saint-Siége, n'étaient pas propres à l'éteindre. L'*appel* de celui-ci *au peuple anglais,* est écrit avec une tranquillité et une modération feinte, sous laquelle on sent la superbe romaine, et même çà et là, contre le clergé anglican, contre les richesses de la Haute-Eglise, des traits d'une ironie douccreuse qui montrent la griffe sous la patte de velours et ne sont rien moins que le vrai langage de la religion et de la charité. Le nouveau prélat y déduit fort au long comme quoi le bref du pape n'est en rien contraire aux libertés anglaises, et ne fait qu'en profiter. Mais, outre qu'il ne songe guère à offrir la réciprocité dans les Etats de l'Eglise, il ne démontre en aucune façon que Rome ait le droit, non pas seulement de régulariser sa hiérarchie parmi ses fidèles en Angleterre, mais d'y établir des divisions administratives et territoriales sans l'assentiment ou même contre la volonté de la reine et du parlement. Décidément le Saint-Siége a risqué là un pas de clerc. Le résultat le plus clair en a été jusqu'ici de réveiller au plus haut degré les sentimens protestans de l'immense majorité du pays. L'anglicanisme, dans ce qu'il a d'aristocratique et de traditionnaire, pourra en être ébranlé ; mais certainement le catholicisme romain n'y gagnera pas. Le puséisme qui cherchait à ressusciter dans l'Eglise anglicane quelques-unes des formes romaines, et qui par là répondait à cet instinct d'aristocratie, à cet amour du passé et de toute espèce d'antiquité, à ce besoin de mode et de ton si influents dans la société anglaise, a vu soudain baisser son crédit éphémère et borné. Ses chefs ont dû se prononcer hautement contre les prétentions du pape, si, comme l'évêque d'Exeter, le principal d'entre eux, ils maintiennent leurs réserves sur la suprématie spirituelle du pouvoir royal. Des catholiques même, lord Beaumont et d'autres, en ont fait autant.

Ce mouvement anti-papiste a eu et aura son écho sur le continent. Il s'y lie avec un autre tout pareil par le but, s'il est différent par le point de départ. La France, en particulier, travaillée et tracassée qu'elle est à cette heure par les menées cléricales, l'a vu de bon œil; car la France, même celle qui n'est pas voltairienne, n'est nullement ultramontaine, preuve en soient les légitimistes, dont un côté, celui de la *Gazette de France*, s'est toujours déclaré gallican. Les journaux conservateurs uniquement politiques et sans croyances religieuses, comme les *Débats* et le *Constitutionnel*, affectent de dire, pour l'honneur du drapeau, que le pape n'a rien fait que de très-simple et de très-naturel; mais ce n'est pas là leur sentiment intime; ils sont embarrassés et si, par convenance, ils ne veulent pas trop blâmer, évidemment ils regrettent, voyant que l'on s'est si fort trompé sur le résultat. Quant aux journaux de l'opposition, il est clair qu'ils prennent franchement parti pour l'Angleterre : c'est pour eux pain béni que cette mésaventure du pape, et de voir que l'habile Rome se soit ainsi fourvoyée. Les plus modérés, comme le *Siècle*, si répandu dans la classe commerçante et la petite bourgeoisie, s'expliquent nettement dans ce sens, contre le pape, contre le *romanisme*, comme disent les Anglais; car, avec la chose, le mot commence aussi à passer le détroit. D'autres feuilles, comme la *République*, vont encore plus loin : elles ne se font nulle peine de déclarer qu'avec son industrie, son commerce, son empire dans les cinq parties du monde, ses œuvres philanthropiques de toute espèce, l'Angleterre, mise en regard de Rome tombée et ne se soutenant que par les baïonnettes étrangères, est bien plus *catholique* que cette dernière, a bien plus réellement le signe de l'*universalité*. Il y a sans doute de l'esprit de parti dans cet enthousiasme ; et peut-être, involontairement, l'emprunt Mazzini occupe-t-il une large place parmi les faits qui servent de base à cette formule historique. Mais ce n'est pas là le seul lien entre la politique anglaise et le mouvement des esprits sur le continent : variable et léger tant qu'on voudra, ce lien existe. Or, que la question religieuse soit venue s'y mêler et y ajouter un élément de plus, cela nous paraît au moins curieux, si ce n'est significatif.

— Ici, il ne s'est absolument rien passé de saillant dans ce mois. L'affaire du complot de la rue des Saussaies (voir notre dernier numéro) est tombée sous le ridicule. Il n'en est rien resté que le souvenir d'une incroyable mystification de la commission de permanence, de M. Dupin et de leur organe le *Journal des Débats*. Cependant il y a des gens qui persistent à croire, que si la fameuse séance dans l'arrière-boutique d'un épicier a été reconnue matériellement impossible, il s'est cependant passé à cette époque quelque chose de mystérieux et qui sentait le complot. Celui qui l'avait révélé, un agent nommé Allais, a été mis sous la main de la justice. Il aurait d'abord avoué que toute la pièce était de son crû, de sa pure invention. Puis on veut qu'il se soit rétracté : terrorisé d'abord ou voulant se venger de M. Yon par lequel il se croyait trahi et livré, il reviendrait maintenant à ses premières déclarations. On dit qu'il va publier ses mémoires, comme Chenu, comme Delahodde; il y chargerait fort le parti bonapartiste, lequel, suivant lui, aurait eu une grande part dans l'insurrection des terribles journées de Juin. Mémoires de mouchards. En vérité, quelle confiance accorder à de tels hommes et à de tels écrits !

— A l'Elysée, nous dit-on, on est assez découragé, assez triste. Le Message a réussi, mais il est déjà oublié, et l'on ne voit pas trop de facile issue avant ni pour 1852. En attendant, on se contente de l'ombre, puisqu'on ne peut pas avoir la réalité : on représente, on reçoit et on donne des fêtes, car la saison d'hiver a commencé; elle a été brillamment inaugurée par un grand bal à l'Hôtel-de-Ville.

— Une chose qui témoigne combien la situation reste au fond inquiète et sérieuse, bien qu'au dehors chacun en prenne assez gaîment et légèrement son parti, c'est qu'on se remet seulement au train matériel de la vie, à son courant grossier, aux plaisirs, aux affaires, mais à rien d'un ordre plus élevé. Epuisement ou repos naturel après l'orage, on sent que, pour un certain temps, tout est sûr et tranquille, qu'il n'y a rien à craindre; on se reprend donc à vivre comme de coutume, mais on dirait que l'on n'ose pas encore penser. Ainsi, il se publie peu de livres nouveaux, et jamais les journaux n'ont été si pâles ni si vides. La littérature romanesque et facile a eu sa bonne part du naufrage qui a emporté tant de choses moins légères; le timbre du feuilleton ne l'a pas aidée à y surnager. La presse socialiste, utopiste, est entravée, et il faut dire qu'elle sonnait creux depuis long-temps, que les événemens l'avaient bien mise à bout de rêves et d'idées. En un mot, la littérature d'avant Février est usée, et malgré le retour du calme, on ne voit pas encore même poindre celle qui doit la remplacer.

— *Monck et Washington* par M. Guizot n'est pas un livre nouveau, puisque ces deux morceaux historiques avaient déjà été publiés l'un à part, l'autre dans une *Revue;* mais ils le sont par leur réimpression dans les circonstances actuelles, et par les deux préfaces suivantes qui ont l'une et l'autre fait sensation, nous les donnons intégralement, car il faut les lire dans leur ensemble.

« WASHINGTON.

» FONDATION DE LA-RÉPUBLIQUE.

» *Préface de la nouvelle édition.*

« C'est sous la monarchie, et presqu'au sein des conseils du roi Louis-Philippe, que j'ai rendu cet hommage à Washington, à la fondation d'une grande République par un grand homme. J'éprouve, en le publiant de nouveau aujourd'hui, un profond sentiment de tristesse.

» Plus je regarde, plus je demeure convaincu que la République, noble forme de gouvernement, est le plus difficile et le plus périlleux des gouvernemens.

» C'est le gouvernement qui exige, de la Providence, les circonstances les plus favorables et les plus rares, et, de la société elle-même, le plus d'accord, de sagesse et de vertu.

» Et c'est celui qui, même à ce prix, impose à la société le plus d'épreuves, et lui fait courir le plus de chances.

» Les Etats-Unis d'Amérique étaient une société nouvelle, qui n'avait pas subi des tranformations orageuses et variées, qui ne portait pas le joug d'un long passé, qui n'avait rien à détruire quand elle eut son gouvernement à fonder.

» Cette jeune société n'avait autour d'elle point de rivaux, on pourrait dire point de voisins. Elle avait devant elle l'espace, un espace immense et libre, ouvert aux besoins et aux passions des hommes.

» Depuis long-temps, pour ses affaires intérieures, elle possédait et pratiquait la République. Elle ne connaissait la Monarchie que de loin, à travers l'Océan, comme un nom respecté plutôt que comme un pouvoir nécessaire et réel.

» Quand elle entra en lutte avec ce pouvoir, ce fut pour résister à des prétentions iniques, pour défendre ses droits, des droits anciens et légaux.

» Les citoyens de cette société, riches ou pauvres, éclairés ou ignorans, étaient à-peu-près unanimes en faveur du gouvernement républicain.

» Ils étaient chrétiens, de cœur comme de nom. Au même moment où ils rompaient avec leur roi, ils vivaient humblement devant Dieu, le roi des rois.

» Voilà comment la République des Etats-Unis a été fondée.

» Et malgré tant d'avantages, si elle eût été placée dans notre hémisphère au lieu du sien, et serrée entre les grands Etats d'Europe, au lieu de se répandre librement, comme ses fleuves, dans ses forêts et dans ses plaines, il est permis de douter qu'elle eût pu se fonder, et vivre paisible et glorieuse, comme elle a vécu.

» La France subit aujourd'hui, comme une épreuve inattendue, et avec une Constitution qui porterait le trouble dans la société la mieux réglée, cette forme de gouvernement que l'Amérique a reçue de son libre choix, selon sa pente naturelle, et par la situation sans exemple que le ciel lui a faite. La République, née comme elle est née parmi nous, en février 1848, obtiendra-t-elle les destinées de la République de Washington? C'est la question qui se débat aujourd'hui.

» On a fait beau jeu à la République. Malgré son origine, sans acception de goût, sans distinction de drapeau, des hommes de sens et de bien s'y sont retranchés comme derrière un rempart, pour se défendre tous ensemble, et défendre la société tout entière, contre de mortels ennemis. C'est au nom et dans l'intérêt de l'ordre, qu'elle a détruit, que la République dure. Elle n'avait pas droit de s'attendre à cette chance. En profitera-t-elle? Saura-t-elle pratiquer avec persévérance une forte politique de conservation et de reconstruction sociale? C'est celle que la France invoque. Pour qu'un gouvernement se fonde, il ne suffit pas que chaque jour il empêche la société de périr, il faut qu'il délivre la société de la crainte quotidienne de périr, et qu'il lui ouvre les perspectives d'une vie tranquille et longue.

» Je ne parle ni de liberté ni de gloire. J'espère pourtant que la France n'apprendra pas à s'en passer.»   GUIZOT. »

» Au Val-Richer, octobre 1850.

« MONCK.

» CHUTE DE LA RÉPUBLIQUE.

» *Préface.*

» Ceci n'avait point été écrit pour être publié. C'était vraiment une étude historique, entreprise pour moi seul, et dans l'unique but de me rendre compte avec précision du rétablissement de la Monarchie en Angleterre, en 1660, et du caractère de l'homme qui avait accompli ce grand événement. En 1837, quelques personnes qui avaient lu cette étude me pressèrent d'en permettre l'insertion dans la *Revue française* : j'y consentis. Elle n'a jamais été publiée séparément ni complétement.

» En 1837, elle avait un intérêt purement historique ; évidemment, elle en a un autre aujourd'hui.

» Etrange situation que celle de la France! Elle ne veut plus de révolutions; elle ne demande que la stabilité; et quatre ou cinq questions, qui toutes impliquent une révolution, sont incessamment dans tous les esprits et sur toutes les lèvres :

» La République peut-elle être fondée ?
» La Monarchie peut-elle être rétablie ?
. » Quelle Monarchie? l'Empire ou la maison de Bourbon?
» Quelle branche de la maison de Bourbon? L'aînée ou la cadette? ou toutes deux ensemble et de concert?

» Si la France ne veut que la stabilité, pourquoi agite-t-elle toutes ces questions? Qu'elle les supprime et qu'elle s'arrête dans ce qui est. Si elle ne croit pas à la stabilité de ce qui est, que ne fait-elle son choix entre les solutions des questions qu'elle agite?

» Est-ce que ces questions ne pourraient être ni supprimées, ni résolues?

» Ce serait la pire des conditions, car nous serions voués alors à l'immobilité dans l'anxiété. Point de foi dans le présent et point d'avenir.

» Je ne veux pas croire, je ne crois réellement pas que ce soit là l'état de mon pays.

» La France de 1850 et l'Angleterre de 1660 se ressemblent peu, et je n'ai garde, quoiqu'on m'en ait quelquefois accusé, de proposer l'une à l'imitation de l'autre. La France a ses destinées et son génie propres : qu'elle les conserve et qu'elle s'y confie.

Mais il y a quelque chose qui s'élève au dessus de toutes les diversités de destinée et de génie national, quelque chose qui est toujours et partout également nécessaire : c'est l'esprit politique, c'est-à-dire le bon sens qui, en politique comme ailleurs, et pour les nations comme pour les individus, donne seul le succès, le succès définitif et durable.

» Deux bons sens ont concouru au rétablissement de la Monarchie, anglaise en 1660 : le bon sens d'un homme et le bon sens du pays, ou, pour parler plus exactement, du parti monarchique dans le pays.

» On disait aussi en Angleterre, il y a deux cents ans, que la Monarchie avait disparu sans retour, et que la République seule était possible. Monk reconnut que cela était faux. Il crut à la Monarchie, quand la République subsistait, quand autour de lui, sincèrement ou hypocritement, et, lui-même comme les autres, tous ne parlaient que de la République. Et dès qu'après la mort de Cromwell et la chute de son fils Richard, la question fut réellement posée entre les deux gouvernemens, Monk se décida pour la Monarchie.

» On lui a contesté ce mérite; et Monk, en marchant à son but, a tant usé et abusé du mensonge, que des esprits prévenus ou superficiels ont pu douter en effet que sa résolution eût été précoce et constante. Mais, quand on étudie de près et à fond les événemens et les documens, le doute n'est plus possible. Dès le premier jour, Monk fut décidé; et, quoi qu'il fit ou qu'il dît, il fut décidé tous les jours, jusqu'au dernier. Il eut un avis et un parti arrêtés, quand tout le monde doutait et hésitait. Ce fut son premier acte de bon sens politique.

» En même temps qu'il fut décidé, Monk fut patient. Il sut attendre le succès en le poursuivant. Homme de guerre, et agissant par son armée, il fut fermement et constamment résolu à ne point recommencer les coups violens et la guerre civile. Il comprit que, pour être solidement rétablie, la Monarchie devait l'être pacifiquement, naturellement, comme une nécessité nationale et le dernier refuge du pays. En dépit de toutes les impatiences et de toutes les méfiances, il contint, dissimula, tarda, attendit, jusqu'à ce que l'événement s'accomplît en quelque sorte de lui-même. Et l'événement accompli, Monk voulut que dans les lettres-patentes qui consacraient sa fortune et sa gloire, on insérât ces mots : *Victor sine sanguine* (vainqueur sans effusion de sang); tant sa prudence avait été réfléchie et volontaire.

» Le parti monarchique aussi fut sensé. Sa situation était plus simple qu'elle n'est aujourd'hui parmi nous. Il ne flottait pas entre deux ou trois monarchies. Il n'en voulait qu'une, et tous voulaient la même. Le parti n'en était pas moins très-divisé. Les uns avaient fait la révolution, les autres l'avaient combattue. Ils s'étaient fait ardemment la guerre, pour ou contre le roi dont il s'agissait de rétablir le fils. Des idées, des passions, des intérêts divers les séparaient. Ils ajournèrent leurs dissensions. Jusqu'au jour du succès, ils réduisirent leurs idées, leurs passions, leurs intérêts. à l'idée, à la passion, à l'intérêt qui leur étaient communs. Ils subordonnèrent ce qu'ils eussent préféré à ce qu'ils voulaient. Ceci est la pierre de touche de l'intelligence politique des partis.

» Les royalistes anglais firent plus encore : ils se confièrent, dans la poursuite de leur dessein, à un homme dont ils se méfiaient, dont ils avaient droit de se méfier. Monk avait servi le roi, la Révolution, la République, Cromwell, le Parlement. Il restait profondément enveloppé et obscur. Il agissait et parlait souvent dans des sens contraires. Il mentait avec une fermeté froide qui troublait ses plus intimes affidés. Le parti monarchique était, à son sujet, plein de doute et d'inquiétude, passant tour-à-tour de l'espoir à la crainte, de la lumière entrevue à d'épaisses ténèbres. Ni leurs doutes, ni leurs craintes, ni leurs désirs, ni les obscurités de Monk n'égarèrent la conduite des royalistes. Monk était l'homme que leur donnait et leur imposait en même temps la situation. Il y avait, à tout prendre, plus de raisons d'espérer en lui que de s'en méfier. C'était encore une nécessité à accepter. Les royalistes comprirent et acceptèrent aussi celle-là. Ils ne se livrèrent point aveuglément à Monk; mais ils le secondèrent discrètement, l'attirant sans le compromettre, dociles à ses conseils, vigilans mais tranquilles derrière lui, comme derrière un chef de leur choix. Car il faut un chef à de tels desseins; et il n'y a de chef que celui qu'on laisse faire en le soutenant.

» Le succès répondit à la bonne conduite du parti monarchique et de son chef.

» Peuples, partis ou individus, les hommes, dans les grandes circonstances de leur destinée, se trompent de deux façons diverses et également fatales. Tantôt indécis et découragés, ils s'abandonnent eux-mêmes, restent inactifs comme des spectateurs impuissants, et s'en remettent de tout leur sort à cette force inconnue, que, selon leur foi ou leur impiété, ils appellent la Providence, la fatalité ou le hasard. Tantôt, aveuglément confiants et étourdis, ils s'agitent selon les caprices de leur imagination ou de leur désir, croyant que tout leur est possible, et que rien ne les empêchera de réussir comme ils veulent et espèrent. Dieu ne tolère et ne laisse impunies ni l'une ni l'autre erreur. Il veut que les hommes prennent leur part dans la conduite de leurs propres affaires, et en acceptent le travail comme les chances. Et en même temps, il ne souffre pas que les hommes se figurent qu'ils disposeront à leur gré des événements, et que toutes choses se plieront à leurs intérêts ou à leurs fantaisies. Avec ceux qui ne veulent rien faire pour eux-mêmes et qui attendent que Dieu seul les tire de peine, Dieu attend aussi et les laisse souffrir. A ceux dont la présomption se promet et tente tout ce qu'ils désirent, Dieu envoie des obstacles et des échecs qui les obligent à comprendre qu'il y a autour d'eux des forces, des droits, des intérêts autres que les leurs, et avec lesquels il faut compter et traiter. La bonne politique consiste à reconnaître d'avance ces nécessités naturelles qui, méconnues, deviendraient plus tard des leçons divines, et à y conformer de bonne grâce sa conduite.

» Je ne veux rien dire de la révolution de Février. Ce n'est pas à moi qu'il convient d'en parler aujourd'hui. Mais je ne puis croire, et pas un Français ne peut se résigner à croire que ce soit là le dénouement de la glorieuse histoire de la France. C'est le goût téméraire de mon pays de se lancer, n'importe à quel prix et avec quel péril, dans d'immenses et inouies expériences. On dirait qu'il se considère comme le grand laboratoire de la civilisation du monde. Mais, s'il est prompt à se hasarder, il est prompt aussi à se raviser et à revenir sur ses pas quand il s'aperçoit qu'il a fait fausse route et qu'il tombe. Déjà, à l'ombre d'un grand nom, il s'est arrêté. Mais une halte salutaire n'est·

pas le salut. Ce n'est pas assez que la France ne roule plus dans l'a-
bîme : il faut que l'abîme se referme et que la France se relève.
Washington ou Monck, il lui faut l'un des deux pour se relever.

» Lequel des deux nous accordera la Providence..... »

Vient ensuite, sur Richard Cromwell, un passage bien curieux s'il
faut y voir, non une simple queue de préface qui serait ici un hors-
d'œuvre, mais, comme on l'a pris généralement, une allusion à Louis-
Napoléon :

« Je voudrais répandre sur l'événement qui est l'objet de cette
étude toutes les lumières propres à l'éclairer et à nous éclairer nous-
mêmes à sa vue. Je publie, à la suite de mon récit, soixante-onze dépêches ou fragments de dépêches, adressées, en 1659 et 1660, au
cardinal Mazarin et à M. de Brienne, par M. de Bourdeaux, alors ambassadeur de France à Londres. Ces documens sont tirés des archives
du département des affaires étrangères. Il est curieux de voir quelles
informations recueillait jour par jour, et qu'elle influence tentait
d'exercer, sur la marche de Monck vers le rétablissement de la monarchie des Stuarts, le représentant de Louis XIV auprès de Cromwell.

» Je publie également une lettre adressée, quinze jours avant la
restauration de Charles II, par Richard Cromwell à Monck : « Afin,
» lui dit-il, que, lorsque le Parlement sera réuni, vous veuillez bien
» faire usage de votre crédit en ma faveur, pour que je ne reste
» pas sujet à des dettes que ni Dieu, ni ma conscience, j'en suis cer-
» tain, ne peuvent regarder comme miennes..... Car j'ai en vous
» cette confiance que, si je dois moi-même me juger peu digne de
» grandes choses, vous ne me jugerez pas digne d'une ruine com-
» plète. »

» Singulier mélange de modestie presque humble et d'un souvenir
de grandeur. »

» Au Val-Richer, octobre 1850.

GUIZOT. »

C'est surtout cette dernière préface et cette étude sur Monck qui a
donné lieu aux commentaires. Quoique M. Guizot ait voulu y conserver le ton du calme historique, les partis y ont vu une sorte d'invitation au général Changarnier à prendre un rôle analogue à celui du
général anglais. On reproche aussi à M. Guizot de n'avoir vu que le
rôle politique de Monck, de l'avoir trop accepté et pas assez sévèrement jugé au point de vue de la morale. Tout le monde ne va pas si
loin à cet égard que M. de Lamartine, qui, dans son *Conseiller du
Peuple*, après avoir dit que la paix est nécessaire à toutes les conditions du développement actuel de la France, ajoute : « Elle est né-
» cessaire à la République, car la guerre est une dangereuse diversion
» à la liberté; elle fanatise trop aisément les troupes pour des Bona-
» parte, des Cromwell, des Monck même, ce triste héros de la trahi-
» son, qu'on ne peut glorifier, comme vient de le faire parmi nous un
» homme d'Etat, dans son livre, *qu'en le louant d'avoir bien menti.*»

Mais un'journal conservateur et qui passe pour orléaniste, l'*Ordre*, exprime sous une forme plus adoucie et plus équitable, le regret qu'il éprouve de voir un jugement moral manquer à ce beau travail, si remarquable, d'ailleurs, par le coup-d'œil historique et le complet exposé des faits. « A supposer, demande cette feuille, qu'il n'y ait rien de contraire aux règles de la philosophie de l'histoire, à présenter le rôle, autrefois rempli par un homme sur un certain théâtre, comme utile à reproduire sur la scène contemporaine; à supposer cela, dirons-nous, s'ensuivrait-il que le personnage de Monck fût de ceux qu'il serait, à l'honneur de l'humanité, désirable de voir se répéter dans ses annales? Entre tant de héros dont M. Guizot pouvait proposer la vie en exemple à l'un quelconque de ses concitoyens, Monck avait-il au choix de l'illustre publiciste des titres bien éclatans de moralité et d'habileté? Et pour laisser là l'éclat et nous réduire au nécessaire, était-il suffisamment honnête homme et suffisamment homme d'Etat? Car enfin, pour qu'une vie soit désignée à une espèce de concours d'imitation, faut-il encore que cette vie se recommande au respect public ou par de grandes vertus ou par de grands talents. Que l'on s'écrie aux pieds de la statue de Washington : *Exoriare aliquis!*.... l'évocation est grande, et elle retentira au loin dans les âmes généreuses. Mais est-il bien sûr que Monck mérite une statue et vaille une évocation !....... A Dieu ne plaise que nous prétendions accuser M. Guizot d'avoir dissimulé dans Monck l'homme de peu qu'on vient de voir! Dans aucune histoire, au contraire, le personnage n'est peint avec autant de vérité et de naturel. Et il ressort bien évidemment de la biographie écrite par M. Guizot que son héros n'était pas du bataillon de Plutarque. Et pourtant, le dirons-nous? quelque chose manque à ce savant et ingénieux tableau d'histoire. Il y manque une de ces pages vengeresses de l'honnêteté outragée, de la morale publique insultée, de toutes les vertus humaines méprisées, qui consolent de la fortune des traîtres, en étalant à tous les regards la honte du prix dont il leur a fallu la payer. »

— On dit beaucoup de bien (nous n'avons pu encore en juger par nous-mêmes) de l'histoire de *Marie Stuart* par M. Dargaud. L'auteur n'aurait négligé aucun renseignement, documents officiels, chroniques, légendes; il a visité les lieux, interrogé les souvenirs et les traditions des vieux châteaux. Groupée autour de la principale figure, son œuvre serait le tableau à la fois poétique et fidèle du seizième siècle. Marie Stuart, sans perdre de son intérêt romanesque et tragique, qui a trop fait oublier ses passions, ses folies et ses crimes, y serait enfin rendue à la vérité historique.

— L'Académie a élu dernièrement M. Nisard. M. Alfred de Musset était en concurrence avec lui; il n'a eu qu'un petit nombre de voix.

L'Académie ne le trouve pas un candidat assez convenable, et il s'est conduit, il faut le dire, un peu lestement avec elle en certaines occasions. Néanmoins, le public ne comprend pas que le fauteuil se donne à d'autres titres que des titres avant tout littéraires, et aux mieux reconnus. Souvent l'Académie en a jugé autrement, mais elle n'a pas gagné à cela dans l'opinion, déjà peu disposée à lui accorder une place parmi les institutions qui se légitiment par leur caractère d'utilité ou de gloire nationale.

— Les théâtres, la plupart toujours assez mal en point dans leur situation financière, donnent force nouveautés, particulièrement les théâtres du boulevard. Parmi ces pièces, il en est, comme *Marianne* et *Paillasse*, l'un des bons rôles de Frédéric Lemaître, qui ont un grand succès d'acteur et de représentations multipliées; mais elles sont en général peu littéraires. Les *Contes de la reine de Navarre*, aux Français, sont loin de valoir *Bertrand et Raton*, *Une Chaîne* et ces autres comédies de M. Scribe qui ont plus d'esprit que de véritable comique. Les Italiens sont très-suivis cet hiver. Mme Sontag y attire la foule du beau monde. Sa voix est toujours belle, mais cependant on sent bien qu'elle n'est plus ce qu'elle a dû être autrefois. En outre, Mme Sontag n'est pas ou ne veut plus être actrice; elle chante avec un art infini, mais comme dans un concert. L'Opéra vient de donner l'*Enfant prodigue* de M. Auber. L'action se passe en Egypte, ce qui a fourni de beaux décors d'architecture, dans lesquels on s'est d'ailleurs peu soumis à la vérité historique. Il y a une scène d'orgie, fort décolletée, dit-on, et qui s'étale en plein théâtre. La musique, malgré de jolis morceaux, est en général médiocre; cela n'est pas étonnant, avec l'âge du compositeur; M. Auber a soixante-huit ans. La pièce a peu réussi : de là, pour la soutenir, cette file d'articles et de réclames qui ont paru dans les journaux.

— Les succès dramatiques de Mlle Rachel en Allemagne n'ont pas été sans doute aussi retentissans, aussi excentriques que ceux de Jenny Lind aux Etats-Unis; mais ils paraissent cependant avoir été très-réels. Nous trouvons, sur l'impression qu'elle a produite de l'autre côté du Rhin, quelques renseignemens curieux empruntés aux journaux allemands par M. Alexandre Weill, et assez curieusement relevés par lui. Ce n'est pas que nous tenions son jugement sur la célèbre tragédienne, ni sur la manière dont elle est appréciée par les critiques d'outre-Rhin, pour définitif et sans appel. A Paris même, les connaisseurs font leurs réserves sur Mlle Rachel : ils lui accordent un talent éminent et habile, un grand art, mais non pas le génie et toute la puissance de la muse tragique. Quant aux Allemands, il semble que M. Alexandre Weill, à voir la manière dont il les traite, veuille se faire pardonner de leur appartenir par quelque endroit, car s'il est politiquement français, il a dans ses veines du sang teuton et aussi du sang juif. De ces deux dernières nationalités, c'est la première qu'il sacrifie : on dirait qu'il a comme un remords de conscience de son nom et de son origine germaniques, et qu'il veut l'étouffer à force de dire du mal des Allemands et de l'Allemagne. Il est véritablement plus que Français en cela : or, c'est précisément là ne l'être pas. Son esprit aurait dû l'en avertir, car il en a, et parfois d'assez original, mais il y manque le choix. Il a une sorte de verve gloutonne qui ne lui permet guère de s'en tenir aux mets délicats. Il y joint en outre, à présent, de la mauvaise humeur, depuis qu'ayant cherché à se poser en écrivain et en homme politiques dans le parti légitimiste, tous ses efforts n'ont abouti qu'à le ramener, dans la *Gazette de France*, au feuilleton, d'où il était parti. C'est là que nous le retrouvons ferraillant contre l'Allemagne en faveur de la France et de Mlle Rachel.

« Mlle Rachel, dit-il, a semé en Allemagne une traînée de poudre qui partout a éclaté le lendemain de son départ. Malgré l'imminence de la guerre, presque tous les feuilletons allemands sont aux prises les uns avec les autres sur l'art, le talent, les manières de dire et de jouer de Mlle Rachel. Ajoutons que presque tous, après avoir poussé des cris d'admiration, essaient, par de petites critiques, d'effacer la trop profonde impression que cette grande comédienne a laissée partout où elle a passé. Nous ne relèverons pas les observations méticuleuses des petits journaux d'outre-Rhin ; bornons-nous aux critiques produites par les écrivains de quelque valeur.

» M. Dingelstedt, poète et publiciste, vient d'adresser à Mme Rettich, première tragédienne du théâtre de la Burg de Vienne, une lettre sur les qualités et les défauts de Mlle Rachel en particulier, et de la littérature dramatique de Paris en général. L'auteur qui, soit dit en passant, a fait un essai malheureux avec un drame, attaque en bloc la littérature théâtrale de Paris, qui, selon lui, est l'esclave de quelques individualités artistiques.

» Mlle Rachel, prétend-il, n'a jamais été classique ; c'est elle, au contraire, qui a introduit le romantisme dans la tragédie classique. C'est elle qui, au lieu de créer des *caractères*, n'a créé que des *rôles*. Aussi, ajoute-t-il, s'est-elle vue forcée d'aborder le drame et de se faire faire des pièces de circonstance, telle qu'*Adrienne Lecouvreur*, pièce qui, sans elle, n'a aucune valeur littéraire. Avec Mlle Rachel, s'écrie M. Dingelstedt, aucun ensemble n'est possible ; car, même dans ses propres rôles, elle sacrifie les vérités et les beautés littéraires à des parties qui font ressortir son individualité. Après avoir continué de la sorte durant plusieurs pages, M. Dingelstedt aborde la diction de Mlle Rachel.

» Ici, le poète rachelophobe prête tellement les flancs, qu'il se laisse battre par le compositeur de son feuilleton.

» Il commence par insinuer que Mlle Rachel a un système de diction brillant, mais *psycologiquement* faux ; qu'au lieu de graduer l'expression par l'élévation de la voix, elle descend d'ordinaire de plusieurs notes à la fin de chaque tirade. M. Dingelstedt cite ces vers de Camille :

Donnez-moi des conseils qui soient plus légitimes ,
Et plaignez mes malheurs, sans m'ordonner des crimes.
Quoiqu'à peine à mes maux je puisse résister ,
J'aime mieux les souffrir que de les mériter.

» Au lieu donc, ajoute le critique en question, de serrer le sens et les mots dans une gradation ascendante, Mlle Rachel arrache du dernier repli de son âme les trois premiers alexandrins d'une voix profonde et admirable, puis elle s'arrête et jette en face du spectateur le quatrième vers d'un ton de conversation négligée. Cela frappe, cela fait un grand effet, mais c'est faux.

» Le compositeur de la *Gazette de Cologne* lisant cela, fait l'observation suivante en marge :

« Une telle déclamation n'est-elle pas au contraire psychologique-
» ment justifiée ? C'est la pensée subite du SOUFFRIR qui s'impose im-
» périeusement à l'artiste et qui lui fait un effet à briser sa voix. »

» Jamais observation ne fut plus juste et avec elle tombe en lambeaux toute l'argumentation de l'homme savant.

» La diction de Mlle Rachel a produit en Allemagne une véritable révolution. La manière de parler comme elle s'est emparée de toutes les actrices allemandes, et déjà les mauvais plaisants pour faire rire tournent en ridicule la *chute gutturale* du vers à 'effet.

» Personne en France n'a étudié le secret de Mlle Rachel avec une telle sagacité. Nous allons en donner un aperçu.

» Il est d'usage, au théâtre, de graduer l'effet par la voix ascendante.

» En disant, par exemple : « Rome, Rome, Rome encore, » les acteurs, d'ordinaire, élèvent la voix pour le dernier *Rome encore*. Mlle Rachel, au contraire, aborde le premier *Rome* de son diapason naturel. Elle élève la voix d'une tierce mineure pour le second *Rome*; puis s'arrêtant, elle prononce : « *Rome encore* » en descendant d'une octave entière.

» Il y a dix ans que j'ai fait cette observation dans *Le monde élégant de Leipsig*, observation reproduite dans tous les journaux allemands. Mlle Rachel produit le même effet dans le vers : *Je vois, je sais, je crois* de Pauline. Ce n'est pas une manière, c'est d'instinct. Tout le talent de Mlle Rachel est instinctif. Elle a été aussi parfaite le premier jour qu'après dix années d'études ; l'on prétend même qu'elle a apporté de l'Allemagne des gestes et des mouvements dont elle ne s'est pas servi avant son voyage. Dans une réunion d'artistes et d'hommes de lettres allemands, feu M. Seydelmann, célèbre comme homme et comme acteur, m'assura que c'était là le secret du grand acteur Esslair, mais que l'étude n'y pouvait rien, que c'était un pur effet de voix. Il y ajouta qu'il fallait, pour produire cet effet, une voix de contralto, et qu'il était sûr que telle est la voix de Mlle Rachel.

» Quoi qu'il en soit, dans ce moment toutes les actrices allemandes se gargarisent pour produire des effets ventriloques. Un petit journal de Leipsig cite des vers drolatiques qu'une débutante allemande a dits *à la Rachel :*

(Bas) De la saucisse , de la saucisse.
(Plus haut.) Oui, il me faut de la saucisse.

» S'arrêtant et d'une voix caverneuse :

« Est-ce que vous n'aimeriez pas la saucisse ? »

» Plaisanterie à part, Mlle Rachel a prouvé aux Allemands qu'ils n'ont ni art, ni artistes dramatiques. D'abord ils s'en sont lamentés ; puis, faisant bonne mine à mauvais jeu, ils cherchent à s'en moquer. En vain ! Le dépit et l'impuissance percent partout. Ils enragent de ne pas parler français au lieu de parler allemand, d'autant que, selon l'observation d'un Allemand, Paris est la plus belle ville de l'Allemagne. Ils ne savent à quel saint se vouer pour critiquer la suprématie artistique et intellectuelle de la France.

» J'étais étonné de ne pas trouver dans la presse allemande quelques diatribes contre les juifs à propos de l'immense succès de Mlle Rachel.

» Car de même que les noirs détestent les blancs, certains écrivassiers allemands, envieux, sans talent et sans esprit, attaquent partout et toujours les juifs, qui leur sont supérieurs sous tous les rapports. Presque tous les hommes éminents en Allemagne, dans la musique, dans les lettres, dans la presse, dans l'université, dans le barreau, sont des juifs ou des juifs convertis.

» Ce sont ces mêmes critiques qui appellent les Français « les juifs » de la chrétienté. »

» Mon étonnement n'a pas duré long-temps. Ce même Dingelstedt finit sa diatribe par de mauvaises plaisanteries sur la religion de Mlle Rachel. En même temps, la *Gazette musicale* de Leipsig publie un factum d'un homme sans nom intitulé : les *Juifs musiciens.*

» Un journal de musique français n'a pas eu honte de reproduire ces misères. Selon ce barbouilleur de papier, MM. Meyerber et Mendelsohn sont coupables du crime de lèse-art, pour avoir fait les *Huguenots* et *Antigone.* Le fait est que dans ce moment, le *Prophète* jouit d'un véritable triomphe sur tous les théâtres allemands.

» Or, tout triomphateur doit avoir ses insulteurs. Mlle Rachel et M. Meyerbeer subissent la même loi que les vainqueurs romains. Ces messieurs qui mordent le génie de M. Meyerbeer et le talent natif de Mlle Rachel, ressemblent, selon l'expression de Schiller, à des rats qui rongent des statues de granit. »

— Malgré tous les soins de notre excellent éditeur et ami, M. Henri Wolfrath, il se glisse parfois quelques erreurs typographiques et autres dans ces pages, écrites au dernier moment pour avoir mieux l'ensemble et les dernières nouvelles du mois, de plus imprimées sans que jamais aucune épreuve, à cause de la distance, puisse passer sous nos yeux. Ces fautes typographiques ne sont pas très-nombreuses, comme on peut le voir dans l'errata minutieux où nous nous faisons un devoir de les relever à la fin du volume et, dans l'intervalle, sur la couverture de chaque livraison. Il en contient cependant un petit nombre d'essentielles qui, par un mot mal lu sur notre manuscrit, dénaturent le sens de la phrase ou lui ôtent toute espèce de sens; aussi, à la réception de notre exemplaire, imprimentelles à notre fibre d'auteur un tressaillement d'autant plus désagréable, qu'il est parfaitement inutile, le mal étant alors sans remède et accompli depuis plusieurs jours. C'est ainsi que dans notre dernière livraison, à propos de la *Samaritaine* de M. Louis Veuillot, on lit : « Les pratiques extérieures y tiennent une place qui devrait être mieux » réservée à la simple foi ; on en déroule le catalogue avec une com- » plaisance qui vous met en doute à la fin si l'auteur ne sait pas mieux » sa religion qu'il ne *le* croit. » Nous avions écrit : « qu'il ne *la* croit » (sa religion), et dit ainsi quelque chose de fort différent de ce que le changement d'une seule lettre nous fait dire. En effet, le rédacteur en chef de l'*Univers*, lequel, à force de provocation dans la pensée, d'audace dans l'attaque et dans la personnalité, a fini par conquérir l'attention pour lui et pour son journal, est regardé tout simplement par certaines personnes comme un homme d'esprit qui soutient un paradoxe, qui s'amuse et trouve son intérêt à le pousser jusqu'au bout. D'autres, rappelant ses antécédens d'homme de lettres, ne le traitent pas même si charitablement. Pour nous, nous n'allons pas si loin dans aucun sens. Nous nous en tenons à ses écrits, et nous l'y prenons pour ce qu'il s'y donne. Or, nous ne voyons pas en lui, ni dans l'école à laquelle il appartient, y compris M. de Montalembert, les caractères d'une foi véritable : nous voyons en eux des partisans, peut-être convaincus, d'un système théologique et politique, mais non pas des croyans. Ils savent leur système à merveille; ils le défendent avec acharnement, avec entêtement ; ils le déduisent, le premier point admis, avec une grande rigueur logique ; ils l'imposeraient, si l'occasion leur en était offerte, avec intolérance et avec fanatisme, mais comme d'autres savent, défendent et imposeraient aussi leurs systèmes sociaux ou scientifiques. Ils ont, en proportion de leur savoir et de leur sincérité, le genre de conviction que peut acquérir l'intelligence, que peut donner la science; ils n'ont pas la foi, qui est tout ensemble plus simple et plus profonde que cela, qui est sans orgueil et sans préjugés, qui ne cherche pas le royaume de ce monde, mais seulement celui de Dieu, et qui surtout ne va pas sans la charité. Voilà ce que nous avons voulu dire. On nous pardonnera d'y être revenu, l'*Univers* s'étant fait une position à part dans la presse parisienne, soit comme principal organe d'un parti qui rentre en scène, dangereusement pour lui et pour tous; soit à cause de l'allure agressive de ses rédacteurs et la conséquence furibonde qu'ils mettent dans leurs doctrines; soit, enfin, parce que cette feuille tranche au moins par là sur la nullité quotidienne des autres journaux.

— M. Eugène Pelletan a trop souvent le tort de courir après ce qu'il appelle *la beauté de la phrase;* il ne s'aperçoit pas que ce qu'il poursuit alors n'est le plus souvent qu'une courtisane enluminée, toute plaquée de céruse et de fard, au lieu d'être la beauté véritable.

Ce défaut est particulièrement sensible dans cette suite d'articles qu'il a commencé de publier sous ce titre : *Profession de foi du dix-neuvième siècle!* Il y a, dans ce seul titre et ce qu'il suppose, une ambition qui n'est encore à la taille de personne aujourd'hui, et que, même chez un homme de talent et d'esprit, on est bien forcé d'appeler naïve pour ne pas l'appeler autrement. Aussi la *phrase* s'en est-elle ressentie ; il a fallu lui faire de fréquens appels ; c'est elle, notablement, qui supporte le poids de l'œuvre, elle est une des principales colonnes de l'édifice, lequel, en conséquence, ne laisse pas sans quelque crainte sur la stabilité de ses fondements. Mais lorsque, dans son feuilleton du dimanche, le critique philosophique et littéraire de la *Presse* veut bien ne chercher que sa pensée et ne pas nous la donner pour celle du siècle, puis ne pas l'habiller non plus de tant d'or et de soie qu'elle disparaisse sous son enveloppe, il arrive à lui procurer mieux, et tout naturellement, une légitime attention. M. Pelletan trouve ainsi parfois de curieux filons d'observation et de polémique, dans l'exploitation desquels on le suit volontiers quand il ne s'y allonge ou ne s'y fourvoie pas. Dernièrement, par exemple, il faisait un rapprochement qui nous a frappé par le jour simple et net qu'il jette sur une des causes les plus générales et les plus profondes de la démoralisation des esprits dans notre temps. C'était à propos de l'*Histoire des deux Restaurations* par M. Achille de Vaulabelle, ouvrage de parti sans doute, comme toutes les histoires contemporaines, mais qui, en ravivant nos souvenirs d'une époque si voisine encore de la nôtre et déjà pourtant si inconnue, y ajoute plus d'un enseignement pour nous.

Voici cet article, que nous ne donnons pas pour ses conclusions, les laissant à M. Pelletan, mais pour le singulier rapprochement qu'il présente entre l'Assemblée Nationale, sous la République, et la Chambre des Députés sous la Restauration.

« Un jour de l'année 1821, le plus inoffensif, assurément, de tous les orateurs, M. Etienne, venait de prononcer sur la justice un discours débonnaire qui n'avait pas même provoqué la plus petite interruption de la majorité ; et, en reconnaissance de cette éloquence lymphatique, la majorité avait ordonné l'impression du discours. Le garde-des-sceaux était alors M. de Serre ; il demanda la parole :

« — Les orateurs, dit-il, qui professent ici chaque jour des principes
» *anarchiques*, et qui s'efforcent de les *mettre en action*, sont con-
» séquens avec eux-mêmes, quand ils attaquent l'ordre judiciaire tout
» entier.

» *MM. Laffitte, Foy, Casimir Perrier, Benjamin Constant, Auguste de Saint-Aignan et Lameth*, debout à leurs bancs : Nommez-
» les ! citez leurs noms ! Vous êtes en démence !

» *M. de Serre*, aux interrupteurs : Il est fort aisé, messieurs, de vi-
» der ce différend, tellement étrange qu'il est incroyable. Que vos ora-
» teurs déclarent qu'ils n'attaquent pas toute la magistrature, surtout
» les magistrats chargés de la poursuite des délits, je me rétracte.

» *M. Laffitte :* Calomniez encore ; vous ne faites que cela ! »

» *M. de Serre :* Si l'attaque la plus violente est libre, toute défense
» est-elle donc interdite ?

» *M. Dupont (de l'Eure) :* Mais le discours auquel vous répondez
» n'a pas été interrompu. Votre majorité en a même ordonné l'impres-
» sion ; c'est donc vous qui nous attaquez.

» *M. de Serre :* Comment, j'attaque !....

» *M. Labbey de Pompières :* Oui, par vos impertinences !...

» *M. Laffitte :* Par vos injures !...

» *M. de Serre :* Il me semble que si dans ce moment on adresse des
» injures, c'est au ministre du roi qui a la parole. Mais je déclare n'y
» répondre que par le mépris.

» La droite applaudit et crie : Bravo !

» *MM. Dupont (de l'Eure), de Saint-Aignan* et *de Lameth :* Nous
» vous le rendons bien !

» *M. de Corcelles :* Ce n'est pas le langage d'un ministre !

» *M. Laffitte :* C'est celui d'un furieux.

» *M. de Serre :* Je déclare m'honorer de vos injures ; heureux si je
» puis toujours m'honorer d'une aussi glorieuse récompense de mes
» efforts pour défendre la royauté...

» *M. Laffitte :* Vous la compromettez par vos fureurs ! Vous auriez
» mieux fait de rester en votre hôtel ; la chambre était calme ; vous ne
» venez ici que pour y porter le trouble.

» *M. de Serre,* se tournant vers la gauche : Ces honorables mem-
» bres... (Interruption à droite : Ils ne méritent pas le nom d'*hono-*
» *rables !*)

» *M. Casimir Perrier :* Que signifient ces vociférations ?

» *M. de Serre :* J'ai dit, et je soutiens, que les orateurs de l'extrême
» opposition ont souvent proféré à cette tribune des principes anar-
» chiques.»

» Nouvelle et violente interruption sur les bancs de la gauche.

» A droite : « Oui ! oui ! »

» *M. de Girardin :* Et qui donc ?

» *Voix nombreuses à droite :* Vous-même, monsieur de Girardin !

» *M. de Serre :* Avant-hier et hier encore...

» *M. Sébastiani :* Vous n'y étiez pas !

» *M. Jobez,* debout et gesticulant avec force : Vous êtes un boute-feu !
» un provocateur de scandales !

» *M. de Serre,* d'une voix altérée : Pourquoi ces violentes interrup-
» tions ? à moins qu'elles ne soient le témoignage de vos consciences
» qui s'élèvent contre vous.

» *A droite :* Oui ! oui !

» *M. Dussumier-Fombrune et d'autres membres du côté droit :* Ils
» se sentent *morveux.*

» *M. le général Foy :* M. le garde-des-sceaux vient de s'emporter
» et de traiter ses collègues d'orateurs anarchiques, et de s'ériger
» contre eux en accusateur public ; pour toute vengeance, pour toute
» punition ; je le condamne à lever les yeux, en sortant de cette en-
» ceinte, sur les statues de l'Hôpital et de d'Aguesseau !

« *M. Benjamin Constant :* M. le garde-des-sceaux a osé dire qu'il
» existait dans la chambre des orateurs professant des doctrines anar-
» chiques, et qui cherchaient à les mettre à exécution.

» *Voix à droite :* Oui, c'est vrai ; il a pu le dire.

» *M. Benjamin Constant :* Chercher à mettre en action des principes
» anarchiques, n'est-ce pas un crime?
ı »*Les mêmes voix à droite:* Sans doute.
» *M. Benjamin Constant :* Eh bien! quel est le devoir du ministre?
» N'est-ce pas de dénoncer les coupables?»

Nous ne poursuivrons pas plus loin le dialogue. Le ministre, comme vous le pensez, ne dénonça pas les coupables à la justice. Mais franchement, est-ce que nous n'assistons pas ici à une séance d'hier? Est-ce que nous n'avons pas la même chambre sous d'autres pseudonymes? Est-ce que nous n'entendons pas dès-lors, par anticipation, la voix de M. Denjoy? Est-ce que nous ne voyons pas à la tribune M. Rouher? Est-ce que nous n'applaudissons pas la répartie de M. Jules Favre, qui s'est nommé, pour la cironstance, Benjamin Constant? S'il y avait seulement pour brocher sur le tout un président quelque peu turlupin, l'illusion serait complète; nous serions tenté de croire que nos représentans actuels font des lois sous la restauration.

Nous ne connaissons pas l'opinion, que M. Etienne professait dans son discours sur la magistrature, mais nous connaissons, en revanche, l'opinion que M. Gilbert Desvoisins proclamait alors hautement à la tribune.

« L'inamovibilité, disait-il, mot vide de sens, qui ne produit nulle-
» ment l'indépendance du juge.»

Définitivement, cette opinion nous agrée, nous demandons la permission de la répéter.

» L'inamovibilité, mot vide de sens, qui ne produit nullement l'in-
» dépendance du juge.»

Ma foi, comme M. Gilbert a été président de la cour d'appel de Paris, et qu'il est maintenant conseiller de la cour de cassation, je demande la permission de répéter une troisième fois en son honneur :

« L'inamovibilité, mot vide de sens, qui ne produit nullement l'in-
» dépendance du juge.»

Mais, revenons à l'Assemblée, je voulais dire à la Chambre des Députés.

Le nom du général Lafayette était souvent mêlé aux procès de conspiration. Le général voulut un jour se justifier à la tribune. Or, voici par quelles exclamations la droite accueillit son discours.

» Vos doctrines sont abominables! Voulez-vous vous taire! Bon, pro-
» clamez le plus saint des devoirs! Allons, il se croit encore sur son
» cheval blanc! Vous avez donc toujours dormi depuis le 6 octobre?»

Et comme M. Pasquier avait employé, en parlant de M. de Lafayette, l'expression banale d'honorable député, la droite se leva trois fois pour protester contre cette formule de tribune :

» Ne dites pas honorable, criait-elle, il ne l'est pas pour nous, qu'il
» le soit pour ces messieurs!»

Et elle désignait les députés de l'opposition.

Il me semble que j'entends d'ici, dans ce chœur d'injures, la voix de M. de Montalembert.

Il ne manquait aucun talent d'interruption à la chambre de la légitimité. Elle avait aussi son M. Taschereau, sous une autre espèce. Seulement, ce M. Taschereau de bonne maison se nommait de Puymaurin.

M. Benjamin Constant se plaignait de la dilapidation des fonds votés pour la littérature.

» Le gouvernement, disait-il, n'encourage que des livres de parti.
» Il alloue des sommes considérables à de prétendues histoires de la
» Révolution, qui sont uniquement destinées à répandre l'injure, la
» calomnie et les fables les plus outrageantes contre des hommes dignes
» de l'estime et des respects de la France. Il ne doit pas ainsi empoi-
» sonner l'esprit de la jeunesse.

» *M. de Puymaurin :* C'est vous qui l'empoisonnez! Vous ne cher-
» chez qu'à l'exciter au désordre!

» *M. le Président :* Monsieur Taschereau, vous n'avez pas le droit
» d'interrompre.

M. de Puymaurin : Pourquoi se livre-t-on sans cesse à des calom-
» nies?

» *M. Benjamin Constant :* Je suis fâché que M. Taschereau sache in-
» terrompre et non répondre.

» *M. de Puymaurin :* Vous êtes un factieux, vous voulez tout ren-
» verser.

» *Le Président :* Pour la troisième fois, monsieur Taschereau, je
» déclare que vous troublez l'ordre, et je vous impose silence.»

En vérité, n'est-on pas vingt fois tenté de se tromper en lisant ce
passage, et de prendre ce M. de Puymaurin, qui sait interrompre et
ne sait pas répondre, pour M. Taschereau, qui a exactement la même
éloquence? Qui donc a dit : Les jours se suivent et ne se ressemblent
pas? Dans les calendriers, cela est possible, mais assurément cela
n'est pas vrai dans les assemblées.

Terminons par une dernière citation.

Le général Gérard avait pris la défense des officiers de l'empire sys-
tématiquement exclus des cadres de l'armée.

Le général Lafont lui répondit :

« La justice et la générosité ne peuvent suffire pour satisfaire des
» esprits orgueilleux qui ne veulent reconnaître aucun droit à la clé-
» mence royale.

» *Le général Foy :* Que parlez-vous de la clémence, sommes-nous
» donc des criminels qui attendent leur grâce?

» *Une foule de voix à gauche :* A l'ordre! à l'ordre l'insolent!

» *M. de Lameth :* Et M. le président écoute de sang-froid des injures
» aussi méprisables!

» *Le Président :* Cette phrase ne peut mériter un rappel à l'ordre. Il
» n'y a rien là de personnel.

» *Le général Foy :* Le sens en est très-clair. C'est une infamie!

» *Le président :* J'abuserais évidemment de mon autorité si je rap-
» pelais à l'ordre pour une pareille phrase.

» *M. Lameth :* C'est un effet de votre partialité accoutumée.

» *Le général Semelé* se lève et dirigeant son poing fermé vers l'ora-
» teur, il lui crie :

» Vous êtes un être vil, c'est moi qui vous le dis!

» *Une foule de voix à gauche :* Oui, oui, un misérable!

» *Le général Lafont :* L'orateur auquel je réponds a cru devoir faire
» l'éloge de son chef, qu'il a comparé pompeusement à Alexandre et
» César.

» *Le général Gérard :* Il était votre général.

» *Le général Lafont :* Il est loin de ma pensée de vouloir ternir la
» mémoire de ce capitaine dont j'ai moi-même suivi les drapeaux,

» mais qu'il me soit permis de dire qu'il y a au moins de l'indiscrétion
» à produire un pareil éloge à cette tribune.
» *M. Bignon :* Et pourquoi pas? c'est de l'histoire.
» *Le général Lafont :* Rien n'est plus déplacé que l'éloge de l'assas-
» sin du duc d'Enghien sous les voûtes de ce palais, patrimoine des
» Condé.»

Le lendemain, le général Lafont et le général Semelé échangeaient
trois balles au bois de Boulogne, à la satisfaction commune des témoins.

Je demande pardon à M. de Vaulabelle; j'admire sincèrement son
talent d'historien. Eh bien! à chaque instant j'ai envie de jeter là
son histoire.

Voyez, en effet, cette opposition de quinze années : elle défend infa-
tigablement tous les principes de liberté; elle avait à la tribune d'éloquentes colères contre la pression du pouvoir sur les élections. Un
capitaine d'état-major avait voté pour un candidat d'opposition. Le
lieutenant-général Jean de la Hamelinaye, — d'où cela sortait-il? —
lui signifie l'ordre suivant :

«Son excellence le ministre de la guerre m'écrit, sous la date du 24
de ce mois : .

» La conduite de M. La Fontaine, capitaine d'état-major, pendant
» les élections, et les principes qu'il manifeste étant très-répréhen-
» sibles, je vous invite à le faire mettre à la prison de la Ville pendant
» un mois, et à le prévenir que, s'il donne lieu à de nouvelles plaintes,
» il serait indigne d'en faire partie s'il continuait à professer des opi-
» nions contraires au gouvernement.»

Le parti libéral de la restauration protesta naturellement, à la tribune, contre cette singulière interprétation de la liberté du suffrage;
le duc de Bellune répondit à cette protestation en contresignant une
ordonnance qui déclarait M. La Fontaine rayé des contrôles et réformé
sans traitement.

Aujourd'hui le même parti envoie dans les compagnies discipli-
naires d'Afrique les soldats qui croient pouvoir imiter l'exemple du
capitaine Lafontaine. Et le capitaine Lafontaine, maintenant général
par la grâce de juillet, expédie peut-être sous son nom aux pauvres
condamnés la missive du général Laham... comment dirais-je? Lahame-
linaye?

Le parti libéral de la restauration faisait crouler les tréteaux de la
chambre sous le poids de ses imprécations contre les jésuites qu'il appelait les contrebandiers de la religion, et maintenant, le parti libéral,
converti à la dévotion du sacré cœur, chasse l'université des collèges
pour mettre à sa place la congrégation de Jésus.

Le parti libéral se jetait dans les sociétés secrètes pour renverser à
main armée le despotisme. Il préparait dans l'ombre une révolution
au nom de la souveraineté du peuple. Il achetait des fusils et fabriquait
des cartouches. Mais laissons parler M. de Vaulabelle.

« Une grande partie des hommes, dit-il, qui ont occupé les positions
» les plus importantes, durant les vingt dernières années, dans la po-
» litique, l'administration, les lettres, les arts ou l'armée, avaient ap-
» partenu à l'association des carbonari.

» La composition d'une seule vente, prise au hasard, pourra donner
» une idée du personnel qui les formait, à Paris, comme dans le reste
» de la France.

» Cette vente, qui avait pour *député M. de Corcelles, fils.* depuis
» représentant, comptait parmi ses membres MM. Augustin Thierry,
» l'historien de l'époque mérovingienne, M. Jouffroy, depuis profes-
» seur de philosophie; les deux frères Ary et Henri Scheffer; les cé-
» lèbres peintres; le colonel d'un des régimens composant la garnison
» de Paris; Pierre Leroux, Dubochet, riche industriel; Visinet, depuis
» préfet de la dynastie d'Orléans, etc.
» Les membres non militaires obéissant à une mesure prescrite à
» toute la charbonnerie, s'exerçaient au maniement du fusil. M. de Cor-
» celles était l'instructeur de M. Augustin Thierry.»

Et hier, peut-être, ce même M. de Corcelles, ce diplomate béat de
l'expédition romaine, tombé en dévotion, dressait peut-être quelque
pauvre conscrit de la *santa fede* au maniement des armes contre le
carbonarisme.

Et vous vous plaignez maintenant de l'anarchie des idées! Et vous
gémissez sur la décadence du principe d'autorité!

Allez, messieurs, vous avez maintenant la majorité. Vous avez repris le chemin de la restauration. Nous vous laissons aller..... Nous
nous contentons de regarder, par curiosité, l'arrière génération de Lafayette serrer la main des insulteurs de son aïeul. Nous n'avons qu'à
nous croiser les bras. Le temps conspire pour nous. Notre idée germe
partout. Il n'y a pas une femme qui accouche, à l'heure qu'il est, qui
n'accouche d'un socialiste.....»

M. Pelletan va peut-être un peu vite sur ce dernier point; mais il
ne dit que trop vrai sur l'anarchie des idées et l'une de ses principales causes, lorsque, dans ce parallèle entre deux époques parlementaires qui sembleraient devoir être si différentes, il nous montre
les personnages et les partis politiques adorant tour à tour ce qu'ils
ont brûlé et brûlant ce qu'ils ont adoré.

— Ainsi va le monde : il se ressemble encore, alors même qu'il est
le plus divers. L'homme cherche la nouveauté : sous une forme fausse,
c'est toujours ici son instinct de perfection, de progrès et, pour tout
dire en un mot, d'immortalité, qui le guide. Mais s'il la cherche en
lui, il ne la trouvera pas ; elle ne se trouve qu'en Dieu, à la fois
toujours nouveau et toujours immuable dans son éternité. Voyez
l'année qui va finir! Elle a été bien peu remplie, bien pâle, en comparaison des précédentes. Un mouvement qui semblait vouloir envahir
et bouleverser le monde, s'est subitement arrêté; le torrent est rentré
dans son lit. De tout ce qui s'était jamais vu peut-être de plus étrange
et de plus nouveau, il ne reste rien, ou presque rien : cela fait déjà
l'effet d'une vieillerie. Et par quoi l'a-t-on remplacé? par le rétablissement pur et simple de ce qui était : est-ce là du nouveau, et peut-on
promettre de grandes chances de durée à ce qu'on a déjà vu périr?
Entre le passé qui s'écroule et l'avenir qui recule ou qui trompe, que
reste-t-il donc? Il reste Dieu, dont toute la grandeur de l'homme,
puisqu'elle aboutit toujours à lui montrer sa faiblesse, l'avertit par là
qu'il ne saurait se passer. Telle est la haute leçon que nous donne en-

coré cette année, malgré son vide et son ombre ; telle est sa conclusion véritable à nos yeux, et la pensée sur laquelle nous aimons à
nous reposer avec le lecteur.

Paris, ce 14 décembre 1850.

SUISSE.

Genève, 7 décembre 1850. — Depuis un mois qu'elles ont eu lieu,
les élections pour le renouvellement du Grand-Conseil de notre pays
continuent à servir de thème à presque toutes les conversations politiques, — même au détriment de la question allemande qui, pour être
sur le point d'une solution prochaine, ne se montre pas plus claire
à bien des esprits.

— « Voyez comme l'opinion du peuple s'est manifestée ! » disent
triomphalement les radicaux.

— « Perfide système électoral ! » murmurent les conservateurs.

— « Nous avons deux églises à Genève ! » chuchotent entre eux les
catholiques.

— « Le peuple aura son jour ! » prophétisent les socialistes.

Et les *modérés* — je dis ainsi par politesse — les modérés vont de
l'un à l'autre parti, servant d'échos à l'exclamation de chacun. —
Quant à moi, pauvre chroniqueur, j'écoute et j'observe dans la double
intention et de vous être agréable et de trouver en même temps, pour
ma propre satisfaction, au milieu de ce chaos de passions politiques
et autres où nous vivons, le peu de bien que pourraient y revendiquer
les martyrs de nos temps héroïques.

Hélas ! c'est en vain que je cherche dans les chants de triomphe
des vainqueurs du jour quelque expression de fraternité vraie, quelque phrase mélodieuse où la note qui chante l'amour de la patrie
ne soit pas dominée par le cri de haine qu'on adresse aux vaincus.
C'est en vain aussi que je m'attends à voir quelque manifestation de
courage moral chez ces derniers. Depuis leur échec final la vie semble
les avoir définitivement abandonnés. Et pourtant ils devraient savoir,
aujourd'hui mieux que jamais, quel fut le principe de leur chute. Ne
fut-ce pas bien mieux leur apathie que la faiblesse de leur cause ? Et
si dès l'origine de nos disputes ils eussent pris pour exemple l'activité
de leurs adversaires, ne seraient-ils pas maîtres à cette heure ? ne com-
manderaient-ils aux événements au lieu d'être réduits à les déplorer ?
— Mais les récriminations ne sont pas dans mon rôle, et mes impressions personnelles ne sont pas positivement ce que je dois vous trans-

mettre. Je vous tairai donc ce que j'éprouve de pénible à la contemplation forcée des résultats qu'ont amené pour le pays le manque d'énergie, l'absence de générosité patriotique chez les représentants de l'opinion conservatrice. Vous attendez de moi l'exposition de quelques faits. En voici.

Aux élections du 11 novembre, 8,750 citoyens ont voté; — 3,500 ont porté la liste conservatrice; — pas un conservateur n'a été élu! — Voilà ce qui est; je vous ai rapporté plus haut ce qu'on dit: « L'opinion du peuple s'est manifestée! » Comparez!...

N'appert-il pas de votre comparaison que ce qu'on dit ne peut être tenu pour vrai, en présence de ce qui est, qu'à la condition de compter pour rien les 3,500 citoyens conservateurs qui ont voté?... C'est fâcheux à conclure, mais c'est vrai!

Or, à mon avis, ces 3,500 citoyens représentent cependant l'opinion dominante dans le pays. — Pourquoi? — C'est que catholiques et socialistes se sont réunis aux radicaux pour voter la liste de ces derniers. On vous a déjà parlé de cette alliance le mois dernier, à propos d'une protestation du parti *Galeer* qui l'établit, du moins en partie. Cette pièce est trop curieuse pour que je ne tienne pas à vous la transmettre tout entière :

« *Les citoyens* (socialistes) *qui ont voté aux élections préparatoires* (radicales) *la liste des démocrates indépendants, réunis le 8 novembre :* « Considérant que la liste pour le renouvellement du Grand-» Conseil, résultant des élections préparatoires de Chantepoulet, » n'offre point les garanties démocratiques nécessaires, étant presque » entièrement composée d'hommes habitués à suivre aveuglément » l'impulsion du Conseil-d'État, et par conséquent incapables de cons» tituer un pouvoir législatif sérieux et indépendant ; — Que cette ab» sence d'un Grand-Conseil indépendant est préjudiciable à la liberté » en concentrant tous les pouvoirs entre les mains du pouvoir exécu» tif ; — Que l'élection préparatoire est le produit monstrueux d'une » alliance anti-démocratique avec l'ultramontanisme ; — Que de sem» blables alliances sont contraires à la franchise et à la loyauté du peu» ple de Genève, et tendent à sa démoralisation en infiltrant dans ses » veines le poison de l'habileté et de la rouerie monarchiques ; — Con» sidérant cependant d'autre part qu'en se séparant du parti gouver» nemental, ils risqueraient d'ouvrir la porte à l'ancienne aristocratie ; » *Arrêtent :* de porter encore cette fois la liste entière qu'il a plu à » une coterie d'imposer aux citoyens ; mais de protester en même » temps de toutes leurs forces contre la composition de cette liste qui » a été inspirée toute entière par la pensée gouvernementale ; que » l'habileté et le servilisme ont réussi à faire adopter aux élections » préparatoires ; mais qui n'est nullement le produit d'un choix libre » des démocrates de Genève. »

Ce document explique assez l'alliance des socialistes avec les radicaux ; le motif de celle des catholiques est expliqué par le cadeau qu'on leur a fait d'un vaste emplacement pour la construction d'une seconde église dans notre ville. C'est en votant contre l'ancienne Genève, la *Rome protestante*, qu'ils lui témoignent leur reconnaissance pour le sacrifice qu'elle vient de leur faire !

Malgré cette imposante alliance la liste radicale n'a cependant passé qu'à la majorité de 2,850 voix sur 8,750 ; c'est pourquoi j'ai dit que l'opinion conservatrice est encore celle qui domine dans le pays. — Vous en serez du reste bien vite convaincu lorsque vous chercherez à vous rendre compte du murmure que l'on entend sortir de toutes les bouches de ce parti — si parti l'on peut dire. — « Perfide système électoral !» Il est perfide, en effet, d'abord dans son essence, puisque sous l'apparence de tout ce qu'il y a de plus démocratique dans une démocratie, il peut laisser sans représentant une partie notable de la population ; puis perfide dans son application à cause des fraudes qu'il permet — je m'abstiens de vous dire de quel côté elles se commettent,— vous savez à qui elles profitent ! Perfide enfin parce qu'il consacre en quelque sorte la nécessité du vote de confiance, principale cause de la défaite des conservateurs — après leur négligence.

Je devrais naturellement conclure, en vous présentant une idée quelconque sur les destinées de Genève entre les mains des représentants qu'on vient de lui faire. C'est au-dessus de mes forces. Le nouveau Grand-Conseil n'a encore eu qu'une séance, et cette séance fut d'une importance trop minime pour donner une idée sur les choses futures. Une votation cependant, qui fut contraire à ce qu'avait proposé M. James Fazy, pourrait bien donner à croire qu'une opposition, plus efficace que la précédente, pourra se former dans ce corps si homogène. — Dieu la veuille conduire, cette opposition ! et si c'est elle qui doit amener au peuple le jour que les socialistes prophétisent, comme je vous l'ai dit au commencement, que ce jour soit tel que durant ceux qui le suivront, je n'aie plus à vous écrire que des chroniques littéraires !   PH. P.

MÉLANGES.

Bluettes et boutades.

— Pour s'attacher les hommes, le bien qu'on leur a déjà fait ne vaut jamais celui qu'on peut leur faire encore.

— L'avare laisse tout à ses héritiers, sauf des regrets.

— Les ouvriers fainéants aspirent à un salaire qui les dispenserait du travail.

— L'ombre rampe à la suite du corps, comme le regret s'allonge après le bonheur.

— Pour celui à qui l'on rend des services, le dernier qu'il demande est toujours le plus important.

— On veut plaire, même aux hommes qu'on méprise, et l'on brigue les suffrages de ceux dont on dédaigne l'estime.

— Là où le niveau intellectuel descend, les médiocrités s'élèvent, comme ces rochers de la grève qui ne grandissent que de l'abaissement de la marée.

— S'il est aujourd'hui moins mauvais que hier, le chrétien prie Dieu de le rendre meilleur demain.

— Le silence, pour le criminel, retentit du cri de sa conscience, et la solitude se peuple de remords.

— Certains couples acariâtres semblent avoir fait aux autels, non le serment de s'aimer eux-mêmes, mais celui de haïr les autres.

— Nos vertus les plus vraies sont celles dont nous nous doutons le moins.

— A celui que l'expérience ne rend pas meilleur, elle enseigne les moyens de le paraître.

J. PETIT-SENN.

CRITIQUE LITTÉRAIRE.

LES EIDGNOTS OU GENÈVE SAUVÉE, poème dramatique en trois époques, accompagné de notes et de documents relatifs aux mœurs du temps, par J. Pictet de Sergy. Genève, 1 vol in-8°, 5 francs.

Le drame, et surtout le drame national, est rare dans la littérature suisse, bien que les sujets abondent et que la représentation d'œuvres nationales soit chose désirable, ne fût-ce que pour remplacer mainte mauvaise pièce et pour lutter contre l'envahissement des mœurs étrangères. Un drame national est donc une bonne fortune : ceux-ci ont été pris dans l'histoire de Genève.

Si petite qu'ait toujours été cette république, ses annales offrent par moments plus d'intérêt que celles de villes infiniment plus grandes, mais comme endormies dans le matérialisme ou sans caractère propre ; tandis que, pour résister à ses puissants voisins, Genève a dû déployer une vie réelle et forte, une.énergique nationalité: L'époque de 1517 à,1526, qui a fourni les sujets des *Eidgnots*, est surtout dramatiquement remarquable : c'est celle de l'affranchissement, ou plutôt de l'affermissement de la liberté, affranchissement qui précéda la Réformation et avec laquelle on le confond ordinairement, soit parce que plus tard ces deux principes s'entr'aidèrent et que la Réforme étant.européenne absorbât l'intérêt, soit parce que les Genevois luttèrent contre leur évêque; mais ce n'était que contre son pouvoir temporel, contre les empiètements du *prince* évêque, instrument de l'ambition du duc de Savoie: en effet, jamais la croyance ne fut mêlée à ces troubles; l'affranchissement fut atteint par l'alliance avec Fribourg *catholique*, laquelle fut jurée en 1526 en présence et avec le consentement de l'évêque ; c'est au sortir de la messe que Lévrier est arrêté, et il meurt *pour l'autorité de St-Pierre*; encore au mois d'août 1527 on disait que *Monsieur St-Pierre, patron des Genevois, ne voulait pas qu'un prince séculier régnât en sa ville;* la réformation ne commença à Genève que bien plus tard, et ne s'établit qu'en 1535 ; enfin l'évêque ne se retira de la ville qu'en 1533, et malgré les prières des Genevois. Le départ de l'évêque assura l'indépendance. A l'époque dont nous parlons la petite Genève, *enclavée* depuis longtemps dans les grands états des Ducs de Savoie, était le point de mire de leur ambition, surtout de Charles III, chez qui cela devint une idée fixe. L'intérêt de cette lutte s'accroît de cette petitesse même, de cette faiblesse en présence d'un ennemi si puissant, d'un but si noble et si beau, et d'une entreprise si ardue qui exigèrent tant d'énergie, de dévouement, d'infatigable persévérance. Si le théâtre est bien étroit les personnages n'en sont pas moins grands: le cœur s'attache comme l'esprit à ces péripéties qui saisissent, et l'étranger lui-même admire ces hommes de courage, s'affectionne à leur œuvre, s'identifie avec eux et se surprend à s'émouvoir de pitié, de terreur, d'espérance. Pour des Suisses l'intérêt augmente ; cette belle cause est leur; cette inégalité de lutte a des rapports avec leurs commencements; ils voient quelle était déjà à cette époque reculée la sympathie mutuelle de Genève et de la Suisse malgré la distance et l'ennemi qui les séparaient; ils voient leurs pères nous tendre généreusement la main d'amitié et de bon secours à l'heure du besoin, Fribourg d'abord, puis Berne, assurer à bras étendu notre indépendance, Bâle et le Valais nous offrir alliance, et tous préparer ainsi notre avènement dans la famille suisse. Et pour le Genevois, quel intérêt dans le récit des travaux et des vertus de cette époque et de la lutte d'un siècle qui suivit ! que de leçons dans ces vies d'efforts, d'abnégation, de dévouement, dans ces morts aussi fermes sur l'échafaud que dans le combat! que d'utiles exemples dans cette piété qui pliait le genoux avant la bataille et après la victoire, dans cette obéissance aux lois, dans ce respect qui fécondaient les cœurs ! Que d'enseignements dans ces péripéties! Que de fois tout ne sembla-t-il pas perdu! Que de fois Genève ne parut-elle pas sans espoir! quel que puisse être le nuage qui fasse pâlir son étoile, Dieu est toujours là, l'avenir est à lui, — mais n'oublions pas ce souverain arbitre.

Pour faire connaître et l'action et ses personnages de haute lice, fortement et noblement caractérisés, essayons une rapide esquisse d'après les chroniques.

Genève, dans une situation très commerciale, dotée de foires, par la sagesse de Charlemagne, devenue une des capitales de la Bourgogne-

Transjurane , avait prospéré, était ville libre impériale, c'est-à-dire sous la protection de l'empire (¹); elle élisait ses syndics qui, avec le peuple, faisaient des lois que sanctionnait — *sans autre, pouvoir séculier* — l'évêque, parce que Conrad le salique (1033) l'avait établi représentant de l'Empire. *Les évêques n'étaient que gardiens des lois faites , et non faiseurs d'icelles , et présidaient ainsi pour empêcher les aristocrates de tomber en oligarchie , et les démocrates en anarchie. Les syndics étaient assesseurs de l'Evêque pour le garder de tyrannie , et du peuple pour le garder de se déborder. Enfin le Conseil démocratique , composé de tous les chefs d'hôtel* (de maison, de famille) *s'assemblait deux fois l'année... et l'on faisait des édits que l'Evêque confirmait; ce qui était pour garder l'Evêque de tyrannie et le Petit Conseil d'oligarchie.* Les comtes de Genevois n'avaient autorité que sur le pays voisin et ne possédaient dans Genève qu'un léger droit de juridiction qu'ils hypothéquèrent aux ducs de Savoie. Ceux-ci, qui convoitaient cette ville, en profitèrent comme d'un germe de pouvoir qu'ils ne cessèrent de chercher à développer : pour y mieux parvenir ils firent nommer évêque (depuis 1444) des princes de leur maison (²) et , agissant sous leur nom, ils menacèrent tellement la liberté que sans des citoyens dévoués elle aurait succombé. La lutte fut longue, parce que l'intérêt particulier, la peur, le prestige du pouvoir aveuglaient la foule et faisaient au duc des partisans que cette servilité fit nommer *Mamelus* (*Mameluks*, milice d'esclaves). L'histoire de cette époque , comme celle de tous les temps et de tous les pays, offre de nobles aspirations à la liberté, que des intrigants ambitieux voudraient. sous de beaux noms, utiliser à leur profit, la tyrannie tantôt cruelle, tantôt perfide, les flatteries de l'avide servilité, les grands citoyens sourds aux menaces, aveugles aux périls, les agents provocateurs, les traitres, la popularité exploitée, les votes subornés, la pression du dominateur sur les délibérations (³), les majorités factices, les assemblées dites *générales*. — Rien de nouveau sous le soleil ! dit Salomon

Mais aussi, c'est alors qu'on voit surgir de grands courages , des libérateurs désintéressés , *donnant* leur sang pour la patrie ; leur histoire repose l'âme et l'enflamme pour le bien. En 1506, le Conseiller *Philibert Berthelier*, homme de haut caractère et de hardiesse, fait refuser l'artillerie que demandait le duc; plus tard il déchire en conseil son diplome de châtelain ducal ; son patriotisme, sa fermeté attirent autour de lui les cœurs indépendants, et il les tourne vers Fribourg avec qui, depuis des siècles, Genève avait de continuels rapports de commerce et d'amitié, (⁴) et dont l'appui, la combourgeoisie

(¹) Les armes de Genève en ont conservé l'aigle impériale et les couleurs or, noir et rouge (. les trois *Etats* de l'Empire : la noblesse, le clergé et le peuple), comme elles ont conservé l'une des clefs de saint Pierre, le patron de Genève.

(²) A commencer par *Amédée VIII* ; comte, puis duc de Savoie, puis Pape sous le nom de *Félix V*, puis ermite à Ripaille, puis évêque de Genève, titre qu'il abdiqua encore en faveur de son petit-fils *Pierre , âgé de huit ans.*

(³) Par exemple le *Conseil des hallebardes*, ainsi nommé des soldats qui l'entouraient.

(⁴) Il y avait eu un traité en 1495.

pouvait être de grand secours. Berthelier est le premier auteur de cette alliance; mais il en sentait bien le danger pour sa tête : *Touchez là*, M. mon compère, dit-il souvent à son digne ami François Bonnivard, le prisonnier de Chillon, *pour amour de Genève vous perdrez votre bénéfice, et moi la vie.*

En 1517 le duc quitta la peau de renard pour celle du lion. Jean *Pécolat*, petit-fils du syndic, est arrêté pour avoir dit que l'Evêque ne vieillirait pas *(non videbit ille dies Petri)*, prophétie facile sur une santé ruinée par la débauche. Les brisements de la torture lui arrachent quelques noms; alors, dans son regret et dans la crainte d'en révéler encore, il se coupe la langue…. Telle, lors de la conjuration d'Harmodius et d'Aristogiton contre les fils de Pisistrate, *Lionne*, athénienne, torturée pour des noms, se coupa la langue avec les dents et la rejeta à ses bourreaux : les Athéniens lui érigèrent une statue de lionne sans langue. Pécolat est délivré par l'habileté de Bonnivard qui fait intervenir l'Archevêque de Vienne et mettre Genève *à l'interdit*. Pécolat recouvra un peu la parole.

En 1518 *Navis* et *Blanchet*, jeunes amis de Berthelier, furent torturés; on voulait leur faire accuser Berthelier; puis ils sont décapités à Pignerol, leur tête et les quartiers de leurs corps sont envoyés à Genève et cloués à des arbres. Il y eut d'autres supplices encore. L'indignation fut générale. Berthelier accusé, poursuivi, revient hardiment de Fribourg pour être jugé, il est absous. A son inspiration est dû le Grutli genevois : dans la nuit du 5 octobre 1518, plus de 60 citoyens se réunissent et demandent l'appui et la combourgeoisie de Fribourg; c'était dans le droit de Genève déjà en combourgeoisie avec Aubonne, Thonon, Venise, Cologne, etc. Le duc se hâte d'entrer par surprise dans la ville avec dix mille hommes de pied et de la cavalerie. Quand les Syndics informèrent le peuple des prétentions de souveraineté du duc, *la plupart voyant qu'il fallait être assujettis ou mourir aimèrent mieux ce dernier*. Le Duc, craignant Fribourg, se retire la même semaine, mais, par son dévoué l'Evêque, il fait arrêter l'intrépide Berthelier malgré son sauf-conduit, et contrairement aux lois qui précisent que *tout laïc accusé devra être remis au Syndic comme juge*. *Berthelier était celui qui se souciait le moins encore qu'il eût le couteau sur la tête et qu'il sût qu'il mourrait. Je n'ai jamais vu un si grand mépriseur de mort que ce Berthelier*, dit Bonnivard. Il conserva le même calme jusqu'au dernier moment, ne voulut pas répondre au prévôt, disant qu'il n'était pas son juge compétent, et alla écrire à la paroi de sa prison : *Je raconterai les œuvres de Dieu. Le lendemain* 23 août 1519 il est décapité dans la tour de l'Ile, son corps pendu au gibet de Champel, sa tête clouée.

Cette mort héroïque exalte les citoyens; le duc sévit encore; il fait arrêter Franç. Bonnivard, un des ardents ouvriers de la combourgeoisie, et l'emprisonne deux ans à Grolée. Il espérait étouffer l'opposition et déjà par ses manœuvres il était parvenu à rompre l'alliance; mais, dans une réunion officielle, ayant revendiqué la souveraineté de Genève, Révérend Messire *Amédée Lévrier*, juge, s'avance avec assurance et la lui nie aux dépens de ses jours. Le 12 mars 1524 il est mené garrotté à Bonne, et décapité *le lendemain* aux flambeaux s'écriant : *Dieu m'accorde la grâce de mourir pour l'autorité de St Pierre et la liberté de ma patrie.*

Cette mort, qui semblait devoir rabattre la liberté, la releva à ja-

mais. (¹) *Dieu faisait le guet pour Genève* (²). Le sang des martyrs fertilisait les cœurs; un chef tombait-il d'autres se dressaient aussitôt. La nouvelle du supplice *revint à grand.épouvantement dans la cité et souleva les esprits* (³). *Besançon Hugues*, qui, pendant son syndicat, avait refusé de l'artillerie au duc, devint par son beau caractère et ses talents le chef révéré de l'alliance, et, malgré les périls, parvint à la renouveler avec Fribourg et Berne; les ambassadeurs suisses la jurèrent en Conseil vraiment général, le 12 mars 1526, en présence de l'Evêque Pierre de la Baume qui reconnut le droit des Genevois. Ce précieux traité fut le salut de Genève et assura l'indépendance. Les ducs de Savoie ne rentrèrent jamais dans la ville (⁴), malgré leurs efforts répétés pendant près d'un siècle, entre autres l'escalade nocturne du 12 décembre 1602.

Pour se venger de la part que Bonnivard avait prise aux affaires, le duc (en 1530) l'attira par un sauf-conduit à passer sur ses terres (⁵) pour aller voir sa vieille mère, et, par le moyen de deux traîtres, l'y fit saisir et enfermer dans le château de Chillon près de Vevey. Il ne fut délivré que le 29 mars 1536 à la prise du château par l'armée bernoise et par quatre frégates et une flotille genevoises, lorsque les Bernois conquirent le Pays de Vaud au sujet de la violation du traité de Sᵗ-Julien par le duc, traité qui leur donnait ce pays si le duc ne tenait pas sa parole.

Voilà l'action et les personnages des trois drames. Tout ce qu'il y a là-dedans de vie et de grandeur devait saisir l'esprit et le cœur si genevois de M. Jules Pictet, digne historien de Genève (⁶); sa verve s'est allumée et, sans ajouter d'intrigue d'amour, il a taillé là en pleine étoffe trois drames pleins d'intérêt, *Pécolat*, *Berthelier*, *Besançon Hugues* formant une trilogie, un ensemble qu'il a nommé les *Eidgnots*, du nom que prenaient les partisans de l'alliance, en altérant la prononciation du nom allemand des suisses *Eidgenossen*, c'est-à-dire *liés par le serment*, *confédérés*: ce mot difficile d'*Eidgnots*, fut changé en *huguenots* dont on a donné diverses explications peu satisfaisantes; qu'il me soit permis de dire la mienne : il me semble que *Huguenots* est basé sur *Hugues* (Besançon) nom du grand chef des Eidgnots que *Kléberger* (⁷) nommait *le père du pays*. Pendant une quinzaine d'années ce nom n'eut sa signification politique primitive, puis, la Réformation s'étant établie à Genève, il devint synonime de *réformé*.

Si le cadre historique est bien dramatique, il offre aussi beaucoup de difficultés, et, malgré son talent à triompher de la plupart, M. Pictet n'a pas toujours pu surmonter celles qui étaient particulières à l'historien. Il venait d'étudier cette époque avec les plus scrupuleuses recherches, il a été consciencieusement exact dans la peinture de la

(¹) Bérenger.
(²) Bonnivard.
(⁵) Chronique.
(⁴) Le roi Charles-Albert y a été élevé chez M. le pasteur Vaucher.
(⁵) Genève était enclavée dans les états du duc.
(⁶) M. Pictet de Sergy, auteur de: *Genève, origine et développement de cette épublique.*
(⁷) Qui donna à la ville le terrain nommé, en son souvenir, *les Bergues.*

vie d'alors, et ses drames sont frappants de vraie couleur locale, non
à la manière des romans du jour qui pensent avoir tout fait avec quelques noms et quelques mots barbares. Mais cette vérité même et l'ardent désir d'être fidèle, d'être historien, ont été le piége où le poëte
est tombé; car de là ces détails, ces descriptions, ces récits qui ral-
lentissent et refroidissent l'action, l'action ce but, cette essence du
drame, mot grec qui signifie *action;* l'histoire veut tout préciser,
mais non la poésie. De là encore ces mots anciens disparus de la langue (*faille, cocasses*, etc.), certains détails, certains personnages qui
sont là pour des noms illustrés depuis; ce boucher chassé de Berne et
à qui nul ne répond; ces trop longues prophéties de Pécolat; ces anciens couplets, pauvres de sens et de forme, que le spirituel poëte
pouvait, mieux qu'un autre, assaisonner du meilleur sel. Puis l'auteur,
connaissant à fond l'histoire, a un peu oublié qu'il n'en est pas de
même de chacun, et il n'a pas assez éclairé sa route, ce qui a exigé
des notes, notes du plus haut intérêt, mais dont la lecture ralentit
encore. Un drame étant destiné au théâtre doit pouvoir se passer d'explication. J'aurais aussi désiré que le supplice de Lévrier et surtout
sa dernière et sublime parole, eussent enrichi, ne fût-ce qu'en récit,
le 3e. drame; malheureusement l'historien a retenu le poëte qui n'a
plus eu les coudées franches; cependant il aurait pu même nous conduire à Bonne, car l'unité de lieu n'a pas été observée dans *Berthelier*
et l'unité de temps nulle part.

. Voilà des reproches; mais l'auteur a bien su choisir et ordonner
toutes les circonstances : que de vie dans ces drames! que de péripéties et d'oppositions heurtées! charivari et *interdit*, fêtes et supplices,
réjouissances et désespoir, noblesse et servilité. courage et perfidie,
ombre et lumière, M. Pictet a tout habilement entrelacé et relevé.
Quel intérêt plane sur toute l'action! Quels hommes que ces citoyens
ne voyant que la patrie, ne cherchant ni vaine popularité, ni gain, ni
places, ni vengeance d'amour-propre froissé, ni triomphe des systèmes d'un *parti*, mais pensant que la république, que la vraie liberté
doit être pure, sainte, s'appuyer sur la piété, la justice, la vertu!
on sent que le poëte parle d'abondance de cœur et que c'est un reflet
de sa vie. De belles pages de ces drames méritent d'être apprises par
cœur. (¹) La versification est facile, agréable, parfois concise et
énergique à la Corneille.

> Le présent est pour eux, pour nous est l'avenir.....
> Les faibles ne sont forts que serrés en faisceau.....
> Mort pour mort, la plus belle est celle que l'on brave.....
> Vaincus, nous trouverons au Ciel la liberté.....

On trouve cependant quelques négligences d'harmonie, de rime, de

---

(¹) Tels sont dans *Pécolat* la réponse de Lévrier père, menacé dans son
fils par le Vidome, Acte IV, sc. 5. *En père!* la sérénité de P. dans sa prison,
Acte V, sc. 1. *En vain de Pécolat*, sc. 2. *De ces pensers*, et plus loin, *Ami,
nous le jurons;* dans *Berthelier*, Acte I, sc. 3. *O jeunesse avilie*, sc. 6. *A regret*, Acte II, sc. 1; Acte IV, sc. 2 et 3; Acte V, sc. 3. Le monologue de
Berthelier : *Mourir bientôt*, qui rappelle le *To be or not to be*. ·

mesure que l'auteur eût bien pu corriger (*Zuric* et *arsenic*, *prix* et *Béatrix*, *arrèt* et *jamais*, *pour notre gloire Honteux*) fautes qui tiennent à la prononciation et montrent qu'elle doit être parfaitement connue du versificateur.

J'ai dit que l'historien a entraîné le poète ([1]) : mais ce défaut dramatique devient une qualité historique très-précieuse de cette trilogie qui, puisée aux sources par un homme si profondément instruit des choses genevoises, est ainsi une lecture de haute et agréable instruction que chaque famille genevoise voudra posséder, car l'histoire nationale doit, avec la géographie du pays, être enseignée aux enfants avec l'histoire et la géographie étrangère. La nationalité d'un peuple, un des éléments de sa vie, se fonde sur ses souvenirs historiques et sur la connaissance qu'il en a : les entretenir, les lui rendre familiers c'est fortifier la nationalité : aussi pour l'alanguir, l'éteindre, sous la domination de Napoléon, rien dans nos études ne rappelait notre histoire; c'était par oubli que la fête de l'*Escalade* était tolérée. Confédérés, dans chaque canton enseignons donc l'histoire nationale à nos enfants avant tout autre, au foyer paternel, à la table de famille, par des récits, des fêtes; conduisons-les aux lieux illustrés par nos pères: mais surtout enflammons ces jeunes âmes de sentiments qui les échauffent pour le bien, et les fécondent pour la patrie : ne parlons de nos discordes que pour les déplorer, pour en éteindre les mauvaises passions, pour leur faire un besoin de l'union : de même que dans une promenade on s'arrête aux points de vue, déroulons-leur, en leur suggérant des réflexions, la riche épopée de ce qui est beau et bon : montrons-leur ce que peut un peuple uni, sage, religieux, moral, animé du respect des choses saintes; présentons-leur ces attrayantes leçons sous une forme saisissante, poétique et dramatique; ornons de ces vers leur mémoire au logis et dans l'école; que cette histoire, que ces noms sacrés passent dans leurs jeux ([2]) : c'est leur préparer un trésor de nobles exemples de vie colorés au prisme des souvenirs de l'enfance et de la famille; c'est préparer à la patrie des cœurs dévoués et affectueux. Encourageons les sociétés d'Histoire nationale, les hommes qui, comme M. Pictet, consacrent leurs veilles à ces études et comme lui le font avec un sentiment et un but *citoyens*. Certes il a bien mérité de la patrie le poète qui, inspiré par elle, animé de son esprit, a évoqué ces grandes ombres de nos pères, pensées d'un intérêt général si propre à réveiller dans les cœurs la fraternité genevoise et à adoucir les ressentiments des partis. Ce livre est une œuvre de bon citoyen.

> Ah! d'un ardent amour aux discords faisons trève;
> Tous unis aimons-nous, Dieu bénira Genève.

Ce serait fertiliser cette pensée d'union que de [representer ces drames au théâtre, mais non sans y avoir apporté de notables modifications : notre directeur est enfant de Genève, il] réussira s'il a des acteurs comme lui à la hauteur du sujet, ne nous apportant pas des

([1]) C'est le contraire dans *les Girondins* de Lamartine.
([2]) Dans *l'ampro*, dans la kyrielle qui désigne le chercheur.

idées étrangères sur la liberté , et ne traduisant pas *patrie* par des poufs de gloire. Puissent les auditeurs réaliser ces vers de Pécolat :

> De l'amour fraternel regrettant les douceurs
> Ils sentiront bientôt leur colère et leur glaive
> Tomber devant l'amour que tous ont pour Genève,
> Pour la mère commune.

JOHN RUEGGER.

BULLETIN BIBLIOGRAPHIQUE.

Sciences théologiques.

LA CRITIQUE ET LA FOI, deux lettres par Edmond Schérer. Paris, Ducloux. 1850. — L'HÉRÉSIE MODERNE A GENÈVE, nouvelle lettre d'un laïque à un pasteur (avec cette épigraphe : *Il y a un temps d'arracher.*). — Paris et Genève, chez J. Cherbuliez ; Lausanne, G. Bridel. Prix 50 cent.

Il est un peu tard pour venir parler des lettres de M. Schérer. Tous ceux qui s'intéressent à la question les ont lues depuis long-temps et ont déjà pu se rendre raison de ce qu'ils savent, croient ou veulent à ce sujet. On a d'ailleurs, dans le courant de cette année, tant disputé, tant écrit, pour et contre la doctrine de M. Schérer, que nous ne pourrions guères aujourd'hui parler de son opuscule sans tenir compte de ce qui a été dit depuis, soit par ses adversaires, soit par lui-même. Et pourtant nous aimerions mieux en faire abstraction. Car, pour dire toute notre pensée, nous sympathisons beaucoup plus entièrement avec les principes énoncés par M. Schérer dans ses lettres, qu'avec les applications qu'il en a faites dès lors à l'Herméneutique, par exemple. Quoi qu'il en soit, personne ne s'est réjoui plus que nous en entrevoyant la nouvelle ère théologique dont M. Schérer nous paraît être le précurseur. Précurseur en effet, plutôt qu'initiateur, il aplanit les sentiers, il débarrasse le chemin des broussailles qui le couvrent, pour frayer la voie à un nouveau développement de la conscience chrétienne. Son œuvre, jusqu'ici, nous paraît n'avoir de valeur que comme œuvre de destruction; nous ne nous en effrayons pas néanmoins ; car, dans le domaine des idées, on ne tue que ce qui est déjà mort; et puis, comme le dit l'Ecclésiaste : *Il y a un temps d'arracher.*

C'est ce qu'a profondément senti l'auteur anonyme de la brochure dont nous avons joint le titre à celui des lettres de M. Schérer : cette *Nouvelle lettre d'un laïque* est sans contredit l'écrit le plus remarquable qu'ait provoqué la dispute théopneustique. Il y a dans cette dispute un côté pour ainsi dire matériel, ce sont les recherches sur l'authenticité de tel ou tel livre du Canon, sur le degré de crédibilité de tel ou tel récit évangélique, etc. C'est là, ce nous semble, le côté le plus faible de M. Schérer aussi bien que de ses adversaires. Prise à ce point de vue, la question n'a d'ailleurs plus rien d'original, et notre auteur, *quelque peu clerc*, ne s'est pas soucié de s'en préoccuper ; ce qui l'a intéressé dans la nouvelle hérésie, ce sont les nouveaux besoins de conscience qu'elle révèle :

« Permettez-moi, dit-il, de vous faire observer que pour les théologiens le fond de la controverse n'est pas précisément neuf. Le canon des saintes Ecritures dans son ensemble ou ses parties, la nature de l'inspiration, la valeur du principe d'autorité, sont des sujets que chacun traite à sa façon, mais enfin qu'on est assez endurci à voir manier sous toutes sortes de faces; et il est une certaine stupéfaction que les gens du métier auraient mauvaise grâce à affecter. Ce qu'il y a de neuf, c'est de voir un homme tout d'une pièce, qui renonce à faire deux parts dans son existence, l'une de science et d'érudition que l'on réserve pour la vie privée, l'autre pour les rapports d'édification, et dans laquelle il est vertu de faire abstraction de la précédente. Ce qu'il y a de neuf, c'est de voir un homme qui ne laisse rien subsister par devers lui comme contradiction à sa foi, qui ne garde pas de ces difficultés qu'on se vante à l'occasion de pouvoir soulever, et qu'on se glorifie pieusement en d'autres temps de savoir fouler aux pieds. Ce qu'il y a de neuf, c'est un homme qui a eu l'énergie de rechercher dans l'expression précédente de sa foi ce qui était blessé à mort, et de constater ce qui dans son ame fait actuellement le secret de sa force. Je l'atteste devant Dieu, c'est là un effort de piété! »

Ces lignes montrent suffisamment à quel point de vue se place l'auteur ; s'il semble parfois être à côté de la question, c'est qu'il est constamment au-dessus. Il y a de belles pages dans sa brochure, des pages qui feront battre le cœur de tous ceux chez qui la foi à ce qui est n'a pas tué la faculté de croire à ce qui sera, de tous ceux qui attendent de l'avenir, ou pour mieux dire, de la vie divine qui est dans l'Eglise, non pas une réformation seulement, mais une transformation.

Au moment où nous achevons d'écrire ces lignes, nous recevons une 3ᵐᵉ *Lettre d'un laïque à un pasteur sur la crise du Protestantisme en 1850*. Nous n'avons pas eu le temps d'en prendre connaissance assez à loisir pour pouvoir en entretenir nos lecteurs. C'est une esquisse historique du protestantisme, considéré comme procès d'affranchissement; l'auteur cherche à prouver que la tendance de M. Schérer est la fille seule légitime de l'école de Vinet, comme celle-ci est fille de la dissidence. Les aperçus lumineux abondent dans ce nouvel écrit comme dans les précédents; il est à regretter néanmoins que le style, qui en est toujours brillant, ne soit pas toujours également clair.   B.

DICTIONNAIRE HARMONIQUE ET ANALYTIQUE du Nouveau-Testament, grec-français et français-grec, ou Concordance du Nouveau-Testament d'après la version publiée en 1849 par une société de ministres de la Parole de Dieu; suivie d'une Table des noms propres du Nouveau-Testament avec leur signification, par Henri Olivier. — Lausanne, chez G. Bridel. 1850.

Quoique cet ouvrage soit fait spécialement d'après la *Version Suisse* du Nouveau-Testament (*Revue Suisse*, p. 207 de ce volume) à laquelle il sert en quelque sorte de pièce justificative, il n'en est pas moins d'un usage tout-à-fait général. Dans un format semblable à celui de cette version, il présente à la fois une Concordance complète du Nouveau-Testament et un double vocabulaire, grec-français et français-grec. Il sera pour chacun, ce nous semble, le meilleur et le plus commode des dictionnaires : les personnes qui n'ont pas un grand usage du grec et qui aiment cependant à lire le Nouveau-Testament dans la langue où il a été écrit, seront bien aises d'avoir ce petit manuel pour y trouver à côté de chaque mot grec le sens que ce mot comporte dans le Nouveau-Testament. Ceux qui font une étude plus savante des livres saints ne seront pas moins reconnaissants à M. Olivier du travail consciencieux qu'il a pris la peine de faire : car, grâces à son livre, il leur sera facile de se composer eux-mêmes leur dictionnaire : en comparant tous les passages dans lesquels le même mot se trouve employé, ils arriveront à une intelligence complète et intuitive de l'idée exprimée par le mot grec, et pourront, grâce aux indications de ce petit livre le corriger lui-même, s'il y a lieu. Toute l'ordonnance de cet ouvrage nous semble entendue on ne peut mieux, et l'exécution typographique ne laisse rien à désirer. Si nous voulions absolument trouver quelque chose à reprendre, il nous faudrait aller jusqu'aux dernières pages : l'auteur les consacre à donner le sens des noms propres cités dans le Nouveau-Testament ; quoique cette entreprise nous semble assez inutile dans un livre dont la destination est toute pratique, nous ne chicanerions pas néanmoins l'auteur là-dessus, s'il ne nous semblait qu'il a dans ces quelques pages offensé gravement et à réitérées fois toutes les règles de l'étymologie. Ainsi, sans parler des mots *Balaam* et *Ananias*, par exemple, qu'il traduit par *Ancien du peuple* et *nuée de l'Eternel*, nous lui demanderons pourquoi il a rendu *Abiud* par *louange de mon père*, tandis qu'il explique *Eliud* par *Dieu est ma louange* (ce qui vaut mieux, sans être encore rigoureusement correct). Nous pensons aussi qu'en dérivant le nom d'*Antioche* de celui d'*Antiochus*, et en expliquant celui-ci par *adversaire*, on serait plus près de la vérité étymologique et historique qu'en traduisant *Antioche* par *à la place d'un chariot* : ce qui ne nous apprend certes pas grand'chose. Nous pourrions citer maint exemple de ce genre ; mais nous nous sommes déjà trop arrêtés à un sujet de si minime importance. Que l'auteur nous le pardonne : c'est le louable désir de rendre son ouvrage le plus complet possible, qui l'a engagé à y joindre ces pages, compilées sans assez de critique ; et, si nous en avons parlé, c'est aussi afin que rien ne manquât à ce que nous avions à dire de cet excellent livre.

LETTRES SUR LA LIBERTÉ RELIGIEUSE dans le canton de Vaud. — Brochure de 63 pages, prix 75 cent — Lausanne, chez Georges Bridel, Genève, chez J. Cherbuliez.

L'auteur de cet opuscule, M. Dussaud, est du nombre de ceux qui ont pris la plume sur l'inépuisable sujet de la liberté religieuse, à l'occasion du concours ouvert par M. Haldimann. S'il n'est pas revenu de cette lutte pacifique avec les palmes de la victoire, du moins ne s'en est-il pas tiré sans honneur, puisque son Mémoire a été l'objet d'une mention particulière de la part du jury. Cette distinction était méritée, car l'écrit de M. Dussaud, où nous retrouvons dans tous ses détails l'historique de la grande crise ecclésiastique du canton de Vaud, est l'œuvre d'un esprit armé d'une logique puissante et serrée, d'un style précis et chaleureux et d'une connaissance parfaite de son sujet.

Dans l'appréciation des faits qu'il a entrepris de raconter, M. Dussaud a fait preuve d'impartialité. C'est ainsi qu'il ne se borne pas à flétrir l'odieuse tyrannie du gouvernement vaudois; il sait aussi, dans l'occasion (voyez p. 45) signaler les fautes commises par les pasteurs démissionnaires et montrer les ombres d'une aussi belle cause. Nous n'envisageons donc pas que cette brochure, après tout ce qu'on a déjà publié sur ce sujet, soit inopportune ; elle complète une collection de matériaux bien précieux, où se trouve traitée sous toutes ses faces la grande question de la liberté religieuse.

SOIRÉES CHRÉTIENNES. 1re série, qui comprend quatorze récits instructifs et édifiants. — Prix fr. 1»50 cent. Chez Mesd. Béroud et Guers, à Genève, G. Bridel, à Lausanne, J.-P. Michaud, à Neuchâtel.

- Ce volume s'annonce lui-même comme un ouvrage offert au public par les pasteurs de Genève. C'est une collection de quatorze récits dont plusieurs, tels que celui du *Naufrage du Kent*, sont déjà connus. D'autres comme celui de la *Vie de M. Cellérier*, sont nouveaux. Ils sont à la portée de tous, intéressans pour tous ; il en 'est plus d'un qui fera couler de douces larmes des yeux du lecteur, quel que soit son âge et son degré d'instruction ; nous pensons particulièrement au 11e intitulé : *Le capitaine David ou les heureux fruits de l'épreuve*. Ce volume est destiné à ce qu'il paraît, à ouvrir la publication d'une série d'autres recueils du même genre. Nous félicitons les pasteurs qui n'envisagent pas comme au dessous d'eux de s'occuper d'une œuvre en apparence aussi humble, et nous ne pouvons douter de la bénédiction dont Dieu couronnera ce travail. L'esprit purement évangélique qui l'anime, nous en est garant. Le prix si modique de l'ouvrage en facilitera la propagation dans toutes les classes. Nous en recommandons particulièrement l'acquisition aux bibliothèques religieuses populaires.

DIE ÆCHTE LAGE DES HEILIGEN GRABES (La vraie situation du Saint-Sépulcre), von *Albert Schaffter*, V. D. M. Berne. 1849.

M. Schaffter a écrit ce mémoire après un séjour à Jérusalem, qui lui a permis d'étudier par lui-même un point de topographie aussi intéressant que controversé. Dès long-temps déjà, et surtout depuis Robinson, le plus savant et le plus exact des voyageurs modernes qui ont parcouru la Terre-Sainte, on refusait généralement toute créance à la tradition d'après laquelle Jésus aurait été enseveli dans le lieu même où s'élève aujourd'hui l'Eglise dite du Saint-Sépulcre. Les recherches de MM. Schultz, Krafft et Finlay avaient pourtant commencé à ébranler sur ce point l'autorité du professeur américain; M. Schaffter est venu résumer les travaux faits à ce sujet, en les complétant par ses propres observations, et a achevé de rendre à l'opinion traditionnelle le plus haut degré de probabilité.

. Il y avait deux faits à établir : 1° l'identité de l'Eglise actuelle du Saint-Sépulcre avec celle qu'avait élevée Constantin ; 2° l'identité du lieu où Constantin bâtit son Eglise avec celui où avait été enseveli le Sauveur. Le premier de ces faits n'avait jamais été révoqué en doute que par Fergusson ; le second était celui qu'avait attaqué Robinson et sur lequel portait essentiellement la dispute. Nous ne suivrons pas M Schaffter dans les déductions ingénieuses au moyen desquelles il corrige le plan de Jérusalem donné par Robinson et adopté par la plupart des auteurs modernes : elles sont de nature à ne pouvoir être comprises que de ceux qui ont fait une étude approfondie de la topographie de Jérusalem, et ceux-là même ne peuvent, ce nous semble, prononcer d'une manière définitive, s'ils n'ont vu de leurs propres yeux les lieux sur lesquels porte la question : car ce n'est pas seulement dans leurs conclusions que les voyageurs diffèrent, mais leurs descriptions même ne s'accordent point ; l'un peut à peine trouver une pente appréciable dans ce qu'un autre prend pour un profond ravin (Voyez par exemple p. 31). Nous laissons donc de côté la partie proprement topographique de la dissertation, et nous préférons donner ici en résumé la série des faits historiques allégués par M. Schaffter, pour montrer à quel point il serait invraisemblable que la vraie tradition sur la situation du Saint-Sépulcre eût pu se perdre, pendant les trois siècles qui se sont écoulés entre la mort de Jésus-Christ et la fondation de l'Eglise de l'Anastasis par Constantin-le-Grand.

Aussitôt après la résurrection, une Eglise nombreuse se forma à Jérusalem, et quand les chrétiens, qui du temps de Titus s'étaient enfuis à Pella, purent rentrer dans la ville sainte, ils choisirent pour évêque, au rapport d'Eusèbe, Siméon, fils de ce Cléophas cité par les Evangiles comme oncle de Jésus; il est impossible de supposer que ce Siméon ne connût pas le lieu de la sépulture du Sauveur. On ne peut supposer non plus que les chrétiens de cette époque là n'eussent ce lieu en vénération particulière; car alors quelle eût été l'intention de la profanation du Saint-Sépulcre par Adrien? On sait en effet qu'après la révolte de Barcochébas, Adrien bannit tous les Juifs de leur capitale, et profana le tombeau du Christ, en y élevant un temple de Vénus. Ce temple dut fournir plus tard à Constantin un indice parfaitement sûr de la situation du Saint-Sépulcre. Aussi Eusèbe, en racontant la restauration du Saint-Sépulcre, ne dit point du tout qu'on en retrouva la situation, mais seulement qu'on le débarrassa de tous les matériaux qu'y avaient entassé les païens; il envisage comme un prodige qu'on l'ait retrouvé encore intact, mais il ne s'étonne point qu'on l'ait trouvé précisément là où l'on fit faire les fouilles. D'ailleurs, lors même que la situation du Saint-Sépulcre eût été oubliée du temps de Constantin, cet empereur, comme l'a fort bien prouvé Finlay, avait dans les régistres du cens un moyen infaillible de le retrouver, puisqu'on savait qu'il était dans un jardin appartenant, au temps de Jésus-Christ, à Joseph d'Arimathée. On peut voir dans Ulpien et ailleurs, à quel degré de minutieuse exactitude avait été porté le cens; c'était là une des gloires de l'administration romaine; or, il avait été introduit en Judée, déjà sous le règne d'Auguste, comme on le voit par Cassiodore et par Saint-Luc (II, 1-5).

On ne saurait douter de l'impartialité avec laquelle M. Schaffter a examiné la question; car il avoue franchement à la fin de son travail qu'il regrette d'arriver à ce résultat, en pensant aux scènes de scandale dont le tombeau du Sauveur est chaque année le théâtre. Nous comprenons ce regret; mais qu'il nous soit permis en revanche d'exprimer, d'un autre point de vue, le sentiment d'intime satisfaction que nous cause le résultat de ces recherches. Il fait si beau voir la critique aboutir, après ses longs travaux, au point d'où elle s'était éloignée d'abord, et prendre la défense de la tradition, qui semblait son ennemie naturelle. Ici la question est de bien peu d'importance; mais son histoire nous représente celle de toutes les autres questions : le libre examen protestant se trouve n'avoir été qu'un moyen pour confirmer l'autorité de la tradition catholique.

COMMENTAIRE PRATIQUE SUR L'EPITRE AUX PHILIPPIENS, par *Néander*. Traduit par Edmond de Pressensé. Précédé d'une lettre de l'auteur et d'une introduction du traducteur. — Lausanne, chez G. Bridel. — Genève, J. Cherbuliez et veuve Béroud et Guers. Neuchâtel, J.-P. Michaud.

Le nom de Néander recommande suffisamment ce livre. Nous nous sommes réjouis en voyant la littérature religieuse de la France s'enrichir d'un nouvel ouvrage du grand et pieux théologien que vient de perdre l'Allemagne. On connaît la méthode de Néander, c'est la méthode essentiellement historique; nul exégète n'a eu plus que lui l'intelligence de l'histoire de l'Eglise et du siècle apostolique en particulier; il possède au plus haut degré l'art de faire entrer ses lecteurs dans l'esprit de l'auteur qu'il commente et dans les circonstances où celui-ci se trouvait en écrivant. On trouvera dans le dernier n° de la *Revue de théologie et de philosophie chrétienne* un compte-rendu de l'ouvrage que nous annonçons, plus étendu que ne le comporte le cadre de notre Revue. Si quelques-uns de nos lecteurs hésitent à aborder ce commentaire à cause de l'appareil d'érudition qu'ils s'attendent peut-être à y trouver, nous leur rappellerons que ce n'est pas proprement un ouvrage scientifique, mais un commentaire *pratique*, et par conséquent à la portée de tous ceux qui sont tant soit peu familiarisés avec l'étude de l'Ecriture-Sainte.

ETUDES ÉLÉMENTAIRES ET PROGRESSIVES DE LA PAROLE DE DIEU, par L. Burnier. — Tomes IV et V, *Les Evangiles.* — Prix 3 francs le vol. — Lausanne, chez G. Bridel, Neuchâtel, chez J.-P. Michaud, Genève chez les principaux libraires.

La *Revue Suisse* a déjà eu plusieurs fois l'occasion d'entretenir ses lecteurs de l'important travail entrepris par M. Burnier. Dans la première livraison de cette année (v. p. 57) nous avons consacré au tome III, qui traite des *Prophètes* et qui termine l'étude de l'Ancien-Testament, un article où sont indiquées les qualités précieuses qui distinguent cet ouvrage, et qui, dès son début, l'on fait accueillir avec empressement par des personnes qui demandaient un guide pratique sur l'étude de la Bible, aussi bien que par celles qui l'emploient comme livre d'édification. « Ce qui donne surtout à ces *Etudes* un mérite à elles, disions-nous, ce qui les distingue des autres études élémentaires sur le même sujet, c'est qu'elles sont en même temps *progressives*. » Aujourd'hui elles arrivent au Livre par excellence, aux grandes scènes de la vie du Sauveur; cette portion du travail de M. Burnier a une telle importance qu'il a dû lui consacrer deux volumes; il lui reste donc, pour avoir achevé son œuvre, les Actes, les Epîtres et l'Apocalypse, et nous apprenons que le volume qui traite de cette dernière portion de la Bible ne tardera pas à paraître.

Les limites de cette annonce ne nous permettent pas d'entrer dans beaucoup de détails sur un livre qui est déjà entre les mains d'un si grand nombre de personnes, ni surtout de discuter la valeur des interprétations que M. Burnier fait de ces passages des Evangiles sur lesquels les théologiens n'ont pas encore su se mettre d'accord; pour lui, évitant toute polémique oiseuse, il les expose avec simplicité, avec clarté, et en se laissant guider par un esprit tout évangélique; il a cru devoir toutefois, et en cela nous l'approuvons grandement, signaler à ses lecteurs l'usage abusif que l'église catholique fait de certains passages dans l'intérêt de ses doctrines.

Au nombre des qualités précieuses qui distinguent ces *Etudes*, il en est une qui doit être relevée ici : c'est la sobriété et le tact délicat avec lesquels l'auteur fait allusion, lorsque l'occasion lui en est fournie par son texte, à des événements ou à des personnages contemporains. En cela il touche d'autant mieux au but qu'il semble y viser moins. Qu'on nous permette d'en citer un exemple assez frappant, puisqu'il s'agit d'un livre écrit et

publié aujourd'hui dans le canton de Vaud. « Lorsqu'on voit les esprits se
» préoccuper. des idées religieuses, s'agiter à leur occasion, se passionner
» même et s'irriter ; lorsque cette irritation se traduit en persécutions ou-
» vertes, c'est un signe du temps, signe que nous ne devons pas méconnaî-
» tre. Rien de tout cela n'arriverait si Jésus n'était pas là par son Saint-
» Esprit, si tout le monde dormait du sommeil de la mort, si aucune âme
» ne ressentait les impressions de la. grâce.de Dieu. Et quand on voit, de
» nos jours, des personnes qui accusent les chrétiens des troubles dont ils
» sont les victimes, ou même de l'incrédulité qui se manifeste à leur oc-
» casion, on peut leur dire avec le Seigneur : Hypocrites! car il en est
» de ces personnes comme des Pharisiens qui, se refusant à l'évidence, ne
» voulaient pas reconnaître que le temps du Messie était venu, le temps de
» se convertir et de faire ce qui est juste. »

Littérature de l'enfance.

VÉRITÉS ET FICTIONS, par l'auteur des *Récits d'une mère* et des *Contes*
d'une tante. — Ouvrage dédié à la jeunesse. — Un joli vol. de 330 pages,
prix fr. 1 » 75 — Se vend à Neuchâtel, chez J.-P. Michaud, à Genève,
chez Mmes Béroud et Guers, à Lausanne, chez G. Bridel.

L'une des conditions essentielles d'une éducation religieuse et morale
nous paraît être avant.tout le maintien du principe d'autorité. Il n'est malheureusement point hors de propos de rappeler aux parents que leur succès
dépend en grande partie de ce que, dès son plus jeune âge, ils habituent
l'enfant à l'obéissance, non pas à cette soumission servile et tremblante,
qui n'est obtenue que par la crainte du châtiment, mais à cette obéissance
qui découle de la persuasion et de la confiance. Cette autorité, les.parents
l'ont reçue de Dieu pour la conserver et la faire tourner·au bien de la jeune
créature dont ils ont à diriger les pas ; on ne le voit que trop souvent, l'enfant sait acquérir de bonne heure, par sa faiblesse même et par ses caresses,
un empire croissant, de telle sorte qu'il devient bientôt le maître de ses
alentours, si ce n'est un véritable petit despote. Se tromperait-on en disant
que l'une des causes des rébellions et des bouleversements qui de nos jours
surgissent dans les Etats, se trouve dans l'affaiblissement de l'autorité, de
cette autorité que les pères et les mères abdiquent si fatalement? Qui ne
reconnaît, dans l'envahissement des principes destructifs de tout ordre social, cet orgueil aveugle et impie qui s'élève au-dessus de tout ce qui est
vénérable, et qui a commencé le plus souvent par lever. l'étendard hideux
de la révolte dans la maison paternelle et contre l'autorité d'une mère.

Mais cette autorité salutaire, qui doit corriger et diriger les pas de l'enfance, elle ne peut être bénie que si elle a sa source et puise ses directions
dans la religion. L'éducation religieuse, celle qui est donnée à l'enfance
plus encore par l'exemple que par les préceptes, rend facile, rend possible,
dirons-nous, le maintien de l'autorité.

C'est cette éducation morale et religieuse que présuppose, chez les parents
qui liront son livre, l'auteur de l'ouvrage annoncé au commencement de cet
article. Les hautes vérités du christianisme, les admirables enseignements
de l'Evangile, qui savent si bien s'adapter à tous les âges, animent et vivifient, souvent d'une manière insensible, les récits enfantins que l'écrivain
offre à ses jeunes lecteurs. Comme il l'a déjà fait dans les *Récits d'une mère*,

854

il cherche à faire toucher du doigt par l'enfant les conséquences d'une faute ou d'un vice, et à lui faire pressentir les joies de la vertu. Tantôt c'est l'impatience, la colère, le désordre, tontôt l'égoïsme ou la bienfaisance qui font le sujet de ses gracieuses fictions. Ce mot de *fictions*, qui se trouve dans le titre du livre, n'est peut-être pas très-exact ; ce sont plutôt des tableaux, des scènes de l'enfance, et si la critique entrait dans le plan de cet article, c'est précisément ce côté de la fiction, de l'imagination et de l'imprévu qui fait un peu défaut, semble-t-il, dans l'ouvrage qui nous occupe. — Mais c'est par un mot d'encouragement que nous voulons terminer : pour l'auteur à continuer son œuvre, et pour les lecteurs à mettre souvent à profit l'agréable volume des *Vérités et fictions*.

LA SAGESSE DU HAMEAU. — LES COLONS DU RIVAGE, par J. Porchat.
— Neuchâtel, Genève et Lausanne, dans toutes les librairies principales.

Les succès obtenus par le petit livre de M. Porchat, *Trois mois sous la neige*, ont engagé son auteur à publier deux ouvrages destinés comme celui-là aux écoles primaires : *La sagesse du hameau, entretiens d'un aïeul et de ses petits enfants sur la famille, l'autorité paternelle, le travail, la propriété, les riches et les pauvres*, et *les Colons du rivage ou Industrie et probité*. Les titres seuls de ces excellents petits livres suffisent pour en faire connaître le contenu. Le premier, sous une forme simple et familière, résume et décide en peu de mots les grandes questions du jour ; il est semé d'apologues à l'appui des décisions de l'aïeul, et plein de traits heureux. On ne saurait répandre plus de notions saines et clairement exprimées dans un aussi petit volume ; il serait bon de l'introduire dans les écoles de la Suisse française et dans les bibliothèques populaires. M. Porchat, tout en s'occupant des enfants de village, n'oublie pas sa muse élégante et si agréablement moraliste ; à propos de richesse et de pauvreté, l'un des enfants récite la fable du *Pommier* :

Chargé de fruits, un beau pommier
Inclinait sa tête arrondie ;
Il faisait l'orgueil d'un fermier
De la fertile Normandie.
Ses voisins en étaient jaloux ;
Quel trésor ! disait-on ; pauvres gens que nous sommes !
Toutes les feuilles sont chez nous,
Et chez Robin toutes les pommes !
— Ne vous lamentez pas dit un vieux laboureur,
De cet arbre aujourd'hui vous enviez le maître ;
Demain vous le plaindrez peut-être ;
Tant de biens pour lui me font peur...
Et devant le pommier tandis que l'on devise,
Tout à coup rompant ses appuis
L'arbre éclate et se brise
Sous le poids de ses fruits.
Plus la fortune nous caresse,
Plus nous devons craindre sa main ;
Elle prend, elle donne, et reprend et nous laisse
Riche aujourd'hui, pauvre demain.

Les *Colons du rivage*, histoire d'une famille vivant à la Robinson pendant cinq années, raconte les efforts d'un jeune homme pour subvenir à l'existence de sa mère et de ses sœurs. — Cette fiction n'est pas plus romanesque que celles du chanoine Schmidt ou de Nieritz, dont les contes, traduits de l'allemand, ont été si bien accueillis en langue française. C'est une œuvre moins distinguée que le récit du châlet, couronné par l'académie française, mais on y sent toujours le peintre et l'ami de la nature, l'instituteur animé par le désir sincère d'inspirer le goût et la pratique du bien au milieu des difficultés qu'amènent la pauvreté et l'isolement.

CONTES D'UNE TANTE à Charles et à Julie, publiés pour l'instruction et l'amusement de la jeunesse. — Genève, chez Mesd. Beroud et Guers, éditeurs, Lausanne, chez G. Bridel, Neuchâtel, chez J.-P. Michaud, 1 vol. orné de 2 lithog. prix fr. 1»50 cent.

Ce petit volume est du nombre assez restreint des livres destinés à l'enfance, qui peuvent être mis en toute confiance entre les mains des jeunes lecteurs. Quel père de famille n'a pu se convaincre par lui-même de l'avidité avec laquelle, arrivés à l'âge où l'imagination prend son essor, un enfant dévore les livres d'anecdotes qui lui tombent sous la main, souvent sans discernement et sans profit. Il s'agit donc, pour les parents désireux de déposer des germes salutaires dans le cœur de leurs enfants, de satisfaire d'un côté à cette soif de lectures amusantes et à ce goût du merveilleux qui se manifestent chez leurs enfants, de l'autre de faire tourner ces mêmes lectures au profit de leur âme et de leur caractère, au moyen de bons livres où des récits attrayants puissent devenir des exemples salutaires. Nous avons pu nous convaincre que l'aimable *Tante*, dans le volume des *Contes* qu'elle dédie à Charles et à Julie, a su tenir la promesse qu'elle fait dans sa judicieuse préface, savoir : « d'éviter d'ennuyer, et cependant de fixer dans » l'esprit du lecteur une vérité utile ; et de ne jamais raconter dans le but » unique d'amuser.

Sciences historiques et littérature.

NOTICE HISTORIQUE sur la chambre des scolarques de la ville de Fribourg, depuis son origine jusqu'au XIXᵉ siècle, par M. le chanoine Fontaine, continué jusqu'à nos jours, avec une notice biographique sur le chanoine Fontaine par le Dʳ Berchtold, scolarque. Fribourg, 1850. br., in-8.

Voir le nom de M. Berchtold au titre d'une publication fribourgeoise est un indice certain que l'histoire de son pays acquerra une nouvelle richesse. Depuis l'*Histoire de Fribourg*, M. Berchtold nous a accoutumés à ces agréables surprises ; aussi n'est-ce pas sans un pressentiment de plaisir que nous avons ouvert la brochure qu'il édite aujourd'hui, et Dieu merci, notre attente n'a pas été trompée.

Avant de parler de la *chambre des scolarques*, il convient de dire un mot du chanoine Fontaine, auteur de la notice. M. Fontaine, dont M. Berchtold a écrit la biographie, mourut à Fribourg en 1854, à l'âge de 80 ans. C'est une des gloires littéraires de ce canton. Il est peu de branches du savoir humain où il ne se soit essayé et souvent avec succès : histoire, poésie, mu-

sique, éloquence de la chaire, sciences naturelles. Mais l'histoire fut sa
muse de prédilection; aussi ses deux ouvrages les plus importants, sa *collection diplomatique* en 23 vol. in-4° et les *comptes des trésoriers* en 34 vol.
in-4°, l'un et l'autre manuscrits, en font-ils le père des études historiques
dans sa patrie. M. Berchtold consacre 29 pages à la biographie du chanoine
Fontaine. Cette esquisse est pleine de vie et d'éclat; nous croyons cependant
qu'elle aurait gagné si l'auteur avait envisagé M. Fontaine plus à fond sous
toutes ses faces, au lieu de l'examiner presque exclusivement comme penseur, et dans ses rapports divers avec les jésuites.

La *Notice sur la chambre des scolarques* intéressera quiconque aime l'instruction publique. Cette chambre est une espèce de conseil d'éducation indépendant de l'état, créé à Fribourg à la fin du 16e siècle et continué jusqu'à nos jours. M. Fontaine donne le catalogue des scolarques ; parmi eux
figurent plusieurs hommes marquants, entre autres Sébastien Werro, dont
M. l'ancien chancelier Werro a écrit la vie; le prévôt Schneuwlin, le réformateur des mœurs publiques et de la discipline ecclésiastique à Fribourg,
le doyen Thorin, etc. — Les chapitres 2 à 5 qui traitent des *écoles de Fribourg au 16e siècle et de leur organisation* ont surtout captivé notre attention. On y voit que l'établissement de la chambre des scolarques fut alors
un grand bienfait; les écoles qu'ils établirent furent ce qu'on pouvait désirer de mieux à cette époque, nous y trouvons dans l'enseignement plusieurs pratiques reprises par le P. Girard. Au reste, cet enseignement demeurait circonscrit dans les limites d'une école primaire, sauf de 1577 à
1580 où s'ouvrit le collége des jésuites. Avant cette année-ci, l'école latine
avait été transformée en une école *triviale*, ou à trois voies, dans laquelle
on enseignait la grammaire, la dialectique et la rhétorique. Le cours entier
était de quatre classes ; dont chacune était sous divisée en plusieurs sections, d'après la portée des élèves (p. 14).

Cet opuscule se termine par le *Mémoire de M. Fontaine à Mgr. l'évêque
Jenny en faveur de l'enseignement du P. Girard*; noble plaidoyer où la dialectique acquiert une nouvelle force du bon droit et de l'amitié. Cette pièce
a un caractère historique.   K....

ULRIC, LE VALET DE FERME, ou comment Ulric arriva à la fortune,
par Jérémias Gotthelf; traduction libre de l'allemand. — Un vol. de
500 pages, prix 2 fr. 50. — Se trouve chez les principaux libraires de
Neuchâtel, Lausanne et Genève. — A Berne, chez Dalp.

Notre prochaine livraison contiendra un article développé sur ce livre
publié depuis peu de jours. En en faisant déjà aujourd'hui le sujet de cette
annonce, nous avons voulu le recommander d'une façon très-particulière
comme un ouvrage d'une haute portée morale, et qui renferme d'excellentes leçons présentées sous la forme la plus populaire et la plus attrayante;
aussi nous semble-t-il destiné à exercer la plus salutaire influence, principalement sur cette classe de lecteurs de la campagne entre les mains desquels nous ne voyons que trop maintenant les pernicieux ouvrages des Eugène Sue et consorts.

HENRI WOLFRATH, ÉDITEUR.

REVUE SUISSE.   1850.   TREIZIÈME ANNÉE.

TABLE DES MATIÈRES.

TOME XIII.

—◦◦◦◦—

NOUVELLES.— ÉTUDES ET MÉLANGES.

POÉSIES.

CRITIQUE. — HISTOIRE ET BIOGRAPHIE.

SCIENCES. — QUESTIONS SOCIALES. INTÉRÊTS PUBLICS.

CHRONIQUE.

Janvier. — Deux genres d'avenir, au choix, 36. — Les événements fictifs, 37. — Prévisions sinistres, 38. — La réalité présente, la situation se dessinant toujours plus, 39. — Lassitude et impatience, id. — M. Thiers sur la marine française et sur les Etats-Unis, 40. — Retour de M. Lamartine, 40. — Nouvelle publication de M. Guizot, id. — *Huet, évêque d'Avranches*, par M. Bartholmèss, 41. — Telesio, 42. — Le *Dictionnaire de la Bible*, par M. A. Bost, id. — Littérature, théâtre, pauvreté des journaux, 43.

862

REVUE BIBLIOGRAPHIQUE.

ERRATA

DU TOME TREIZIÈME.

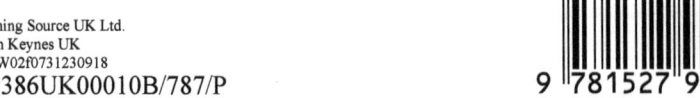